생활속 외래어로 영단어 정복하기 G-P

생활속 외래어로 영단어 정복하기 G-P

초판 1쇄 발행 2019년 3월 20일

지은이 차승현
펴낸이 이기봉
편집 좋은땅 편집팀
펴낸곳 도서출판 좋은땅
주소 경기도 고양시 덕양구 통일로 140 B동 442호(동산동, 삼송테크노밸리)
전화 02)374-8616~7
팩스 02)374-8614
이메일 so20s@naver.com
홈페이지 www.g-world.co.kr

ISBN 979-11-6435-135-0 (13740)

이 도서의 국립중앙도서관 출판예정도서목록(CIP)은 서지정보유통지원시스템 홈페이지(http://seoji.nl.go.kr)와 국가자료공동목록시스템(http://www.nl.go.kr/kolisnet)에서 이용하실 수 있습니다. (CIP제어번호 : CIP2019009045)

친숙한 외래어와 어원, 연상암기 기법으로 23,000단어 정복

생활속 외래어로 영단어 정복하기

차승현 지음

G–P

좋은땅

서 문

오늘날 전 세계적으로 영어 사용자는 대략 20억 명, 즉 세계인구의 약 3분의 1 가량으로 추산되며, 다양한 영역에서 국제공용어로서의 위상을 갖고 있다. 국제교류와 글로벌 경쟁이 치열해진 오늘날 영어의 가치는 더욱 더 높아지고 있다. 이러한 시대적 추세를 반영하여 필자는 영어학습이 딱딱하고 지긋지긋한 것이 아니라 보다 쉽고 즐거운 시간이 되도록 이 책을 편찬하게 되었다.

이 책은 다음과 같은 특징이 있다.

1. 생활 속의 수많은 외래어(Loanword)를 인용하여 쉬운 단어 암기를 도모했다.

이 책은 우리 생활 속에 널려있는 6,000여개의 외래어를 인용하여 파생어와 동족어원 단어를 연계하는 식으로 단어학습 영역을 확장해 나간다. 그렇게 하면 자연스럽고 효율적으로 학습할 수가 있다. 우리 실생활 속에 외래어가 많다는 것은 익히 알고 있었지만 이 책을 쓰면서 정말 많다는 것을 새삼 깨달았다. 외래어가 늘어간다는 것은 우리말이 설자리를 계속 잃어간다는 슬픈 이야기도 되지만 한 편으론 냉혹한 국제사회에서 경쟁력을 잃지 않고 학습하는데 다소나마 도움이 된다는 긍정적 측면도 있다고 생각된다. 우리말도 잘 보존하면서 국제경쟁력을 유지하는 지혜를 터득해야 하지 않을까 싶다. 외래어 연구를 하다 보니 솔직히 뜻도 제대로 모르면서 쓰는 외래어도 너무 많았다. 그래서 이 책은 우리에게 친숙한 외래어를 인용하여 영단어 학습을 쉽게 하면서 정확한 우리말의 의미도 같이 이해할 수 있도록 하였고, 콩글리시(Konglish ⇨ broken English)의 바른 표현도 아울러 습득할 수 있게 하였다.

2. 모든 단어에 어원(Ethymology)을 표기하였다.

어원은 Online Etymology Dictionary와 Wiktionary 그리고 Oxford Dictionaries를 주로 참조하였고, 그 외에도 많은 국내외 전문사전을 참조하였다. 영어는 앵글로·색슨어에서부터 켈트어, 노르드어, 노르만어, 게르만어, 라틴어, 그리스어, 산스크리트어, 아랍어, 히브리어 등 많은 언어들이 섞이다 보니 어원도 한두 가지가 아니다. 그 중 현대어와 가장 의미가 상통하면서도 오래된 어원 위주로 채택하였다.

학문에 왕도(王道)가 없다고 하지만, 영어단어 학습에도 왕도는 있다. 수학공식처럼 영어단어에도 공식이 있는데, 그것은 바로 각각 공통의 의미를 가지고 있는 접두사, 어근(語根), 접미사를 많이 외우는 것이다.

3. 재미있는 단어학습을 위해 풍부한 관련 상식과 삽화를 추가했다.

재미있는 관련 상식과 4,000여개의 삽화를 추가하여 단어암기 뿐만 아니라 상식도 풍부하게 하는 일석이조(一石二鳥) 효과를 도모하였다. 재미있는 책은 학습효과도 배가시킨다는 사실을 이 책이 입증해 줄 것이다. 저자는 과거 검정고시 대비반 학생들을 가르치면서 이 책에서 다루는 방식을 채택하여 학생들의 영어 합격율을 획기적으로 향상시킨 경험이 있다. 피할 수 없다면 즐겁게 공부하는 여건이라도 만들어야 한다. 이 책이 그에 대한 확실한 해답이 될 것임을 자부한다. 주변에 영어단어 때문에 좌절하는 이들이 있다면 이 책을 한번 소개해 볼 것을 권한다.

4. 대입수능, 공무원시험 등의 시험대비가 가능하도록 충분한 단어·숙어가 포함되었다.

세계최대 글로벌 어학교육기업인 EF(Education First)사(社)에 따르면 미국인의 일상대화, 뉴스, 잡지, 직장 내 대화의 90%가 3,000단어만으로 가능하다고 한다. 그래서 우리 교육부에서도 3,000단어를 초·중·고등학생용으로 지정하여 제시하고 있다고 생각한다.(초등 800단어, 중·고등 2,200단어). 그러나 이 책에서는 우리나라 교육의 현실성과 높은 시험수준을 감안하여 **초급**(초등학생용)

1,600단어(적색 표기), **중급**(중・고등학생용) 5,000단어(청색 표기), **고급**(대학생용) 2,000단어(갈색 표기), **심화** 14,400단어(흑색 표기)로 확대하였다. 따라서 이 책에 수록한 23,000단어와 5,200개의 숙어, 5,800개의 예문 및 관용구 등은 수험생뿐만 아니라 공무원시험까지도 대비가 가능하도록 고려하였으므로, 학습전문서로서는 충분한 양의 어휘를 탑재했다고 할 수 있다.

5. 등한시하기 쉬운 고유명사(인명 · 지명)도 포함하였다.

흔히 인명(人名)이나 지명(地名)은 등한시하기 쉽다 그러나 고유명사라도 절대 등한시해서는 안 된다. 우리가 '프랑스', '파리'나 '베를린', '모스크바', '시베리아', '우크라이나', '롯데', '마돈나'를 우리식대로 발음한다면 외국인은 잘 알아듣지 못한다. 그래서 고유명사도 정확한 스펠링과 발음에 대해 공부해야만 하는 것이다.

우리는 취학 뿐만 아니라 취직 이후에도 오랜 시간을 영어와 불가분의 관계를 유지하며 살아가는 글로벌 무한경쟁시대에 살고 있다. 가급적이면 즐겁게 공부하고, 능률도 높이는 학습을 해야 한다. 이 책에 수록된 단어를 처음부터 모두 암기하려고 시도하지 말라. 자신의 수준에 해당하는(예를 들면 초급은 적색, 중급은 청색, 고급은 갈색 위주의) 단어만 집중 공략하고, 기타 단어들은 정독하는 방식으로 학습을 진행하자. 그렇게 하면 부담 없는 가운데 효과적인 학습이 진행될 것이다. 부디 이 한권의 책이 여러분의 영단어 학습에 큰 보탬이 되고, 나아가 여러분의 미래를 바꾸는 소중한 계기가 되었으면 한다.

끝으로 이 책이 출간될 수 있도록 큰 힘이 되어 준 부모님과 가족에게 고마움을 전하고, 따뜻한 격려와 조언을 아끼지 않으신 친지, 선후배 및 동기생 그리고 좋은땅 출판사 이기봉 대표님과 허남 매니저님, 최선희 팀장님 및 편집팀 여러분께도 지면을 빌어 감사의 마음을 전합니다.

2019년 3월

차 승 현. (ctg0809@naver.com)

책 사용법 필독

브리핑 briefing (요약 보고)

♣ 어원 : brief, brevi, bridg 짧은, 줄인

■ **brief** [briːf] ⓗ **짧은, 간결한** ⓢ 요약하다 ☜ 라틴어로 '짧은, 낮은, 작은, 얕은'이란 뜻

■ **brief**ing [bríːfiŋ] ⓜ 요약보고, 상황설명 ☜ 짧게 하는(brief) 것(ing<명접>)

□ a**bridg**e [əbrídʒ] ⓢ **요약하다**, 단축하다(=shorten; reduce; cut down; curtail)
☜ 분리하여(a=off) **짧게**(bridg) 하다(e) ⓑ increase; add
비교 bridge 다리, 교각
♠ **abridge a long story 긴 이야기를 짧게 하다**

□ a**bridg**ed [əbrídʒd] ⓗ 요약한 ☜ abridge + ed<형접>

□ a**bridg**able [əbrídʒəbl] ⓗ 단축(축소)할 수 있는 ☜ abridge + able(~할 수 있는)

□ a**bridg**er [əbrídʒər] ⓜ 단축(축소)시키는 요소 ☜ abridge + er(것)

□ a**bridg**(e)ment [əbrídʒmənt] ⓜ 단축; 요약본, 초본 ☜ abridge + ment<명접>

□ una**bridg**ed [ànəbrídʒd] ⓗ 생략하지 않은, 완전한, 완비된
☜ 분리하여(a=off) 짧게 하지(bridg) 않(un=not/부정) 은(ed<형접>)

✚ ab**brevi**ate **생략하다**, 단축하다 ab**brevi**ation **생략**, 단축

연상 스포츠음료인 이온(ion)음료를 매일 마시면 이언(eon.영원,영겁)을 산다(?)

※ **ion** [áiən, -ɑn/-ɔn] ⓜ 〖물리〗 **이온** ☜ 고대 그리스어로 '나는 간다'란 뜻.
♠ a negative **ion** 음**이온**(=anion).
♠ a positive **ion** 양**이온**(=cation).

□ **aeon, eon** [iːən, -ɑn] ⓜ 무한히 긴 시대; 영구, 영원, 영겁
☜ 그리스어로 '시간의 긴 공간'이란 뜻
♠ **aeons of** geological history **수백억 년에 걸친** 지질학적 역사

1. 구성

① <u>□ **단어는 사전식 알파벳순으로 배열**</u>되며, 연관단어별로 모듈화(묶음화)되었다. 이 책에 수록된 단어는 총 23,000여 단어로, 초급(초등)단어 1,600단어, 중급(중·고등)단어 5,000단어, 고급(대학)단어 2,000단어, 심화단어 14,400단어이다.

② 생활속 외래어 또는 연상암기법을 사용하여 표제바 아래 연관단어를 묶었다.

③ □ : 학습할 단어 - 알파벳 순서대로 나열됨
□ : 학습할 단어 - 알파벳 순서대로 나열되지 않음
■ : □, □ 단어의 학습을 돕기 위해 인용한 참고용 동족(同族)어원 단어
※ : 동족(同族)어원 단어가 아닌 단순 참고용 단어
✚ 표시하의 단어 : 추가된 참고용 동족(同族)어원 단어들

④ **적색(빨간색) 단어**는 초급(초등학생 이하), **청색(파란색) 단어**는 중급(중·고등학생), **갈색단어**는 고급(대학생 이상), **흑색(검은색) 단어**는 심화단어이다.

⑤ <u>밑줄친 단어</u>는 표제바에서 언급된 단어이다.(학습단어 수가 적을 경우에는 밑줄이 생략됨) 예) <u>**brief**ing</u>

⑥ 철자는 미국식 단어 사용을 원칙으로 했고, 미국영어와 영국영어의 철자가 다른 경우는 <u>**tire, 《영》 tyre**</u> 처럼 미국식 철자 다음에 영국식 철자를 기술하거나 colo(u)r처럼 영국식 철자를 괄호안에 넣어 표시하였다.

⑦ 단어의 철자는 같으나 어원이 다른 경우에는 독립 단어로 분리하였다.

⑧ 단어의 **볼드체** 부분은 핵심어원 부분이며, 단어 자체의 어원은 단어 뒷부분에 녹색으로 표기하였다.

⑨ 콩글 은 콩글리시(Konglish: 한국에서만 통용되는 Broken English)이며,
연상 은 연상암기법이란 의미이다(※ 문장 내용은 사실에 입각하지 않는다)

⑩ 비교 는 학습단어와의 비교를 위해 포함하였고,
주의 는 발음상 묶음, 동음이의어, 혼동하기 쉬운 단어 등이 있을 때 사용하였다.

⑪ 예문은 핵심 단어에 대한 자연스러운 문장, 관용처럼 쓰이는 숙어, 속담 등

으로 구성하였다.

⑫ 단어에 대한 쉬운 이해를 도모할 수 있도록 약 4,000여개의 관련 삽화를 포함하였다.

⑬ 외래어 표기가 잘못된 경우는 **빠따 < 배트**처럼 **배트**가 바른 표기법임을 명시하였다.

2. 발음

① 미국식과 영국식 발음이 동일할 때는 하나의 발음기호를 사용하고, 발음이 두 가지 이상 사용될 경우는 [íːən, -ɑn]처럼 comma(,)를 써서 두 가지를 모두 표기했다.

② 미국식과 영국식 발음이 다를 경우엔 [æbskάnd/-skɔ́nd] 또는 [díkʃənèri/díkʃənəri, **딕**셔네뤼/**딕**셔너뤼]처럼 slash(/)로 구분하여 표기하였다.

③ **적색인 초급단어**는 발음기호에 익숙하지 못한 초등학생 이하의 어린이들을 위해 한글 발음을 표기하였다.(강하게 발음되는 부분은 **볼드체**로 표시)

3. 어형변화

① 명사의 복수형은 (pl.=plural)을 붙여 구분하였고,

② 동사의 시제변화는 해당 단어에 (-/**abode**〔abide**d**〕/**abode**〔abide**d**〕)처럼 (-/과거/과거분사)로 표기하였으며,

③ 형용사의 비교변화형은 (-<-l**er**<-l**est**)처럼 (-/비교급/최상급)으로 표기하였다.

4. 기호 및 약어

① 표제바에서의 [ ]는 단어의 카테고리나 어원의 모태어를 의미한다.
예) [그神] : 그리스 신화, [로神] : 로마신화
[Gk.] : Greek(그리스어), [L.] : Latin(라틴어), [Sp.] : Spain(스페인어), [It.] : Italy(이탈리아어), [Rus.] : Russia(러시아어), [Port.] Portugal(포르투갈어)

② 〖 〗는 단어의 카테고리를 의미한다.
예) 〖정치〗, 〖경제〗, 〖사회〗, 〖과학〗, 〖스포츠〗, 〖종교〗, 〖동물〗, 〖식물〗 등

③ 《 》는 쓰임새나 부가설명시 사용되었다.
예) ABBA **아바** 《스웨덴의 팝 그룹》
예) Batman **배트맨** 《박쥐인간. 영화 · 만화주인공》

④ 〘 〙는 문법적인 설명을 할 때 사용되었다.
예) 〘형용사로서는 서술적〙

⑤ 해설부에서 볼드체의 [ ]나 바탕체의 〔 〕는 대체의미를 뜻한다.
예) **계획[설계]하다**
예) 근원〔기원〕의

⑥ 주요 기호 및 약어

기호	의미	기호	의미
(명)	명사	[Gk.]	그리스어
(동)	동사	[L.]	라틴어
(대)	대명사	[Sp.]	스페인어
(형)	형용사	[Port.]	포르투갈어
(부)	부사	[It.]	이탈리아어
(전)	전치사	[Rus.]	러시아어
(접)	접속사	<명접>	명사형 접미사
(감)	감탄사	<동접>	동사형 접미사
(조)	조동사	<형접>	형용사형 접미사
[반]	반의어	<부접>	부사형 접미사
(pl.)	명사의 복수형	《영》	영국
[그神]	그리스신화	《미》	미국
[로神]	로마신화		

발음 기호 일람표

모음			자음		
기호		보기	기호		보기
단모음			b	ㅂ	base [beis/베이스]
ɑ	아	box [bɑks/박스]	v	ㅂ	vase [veis/베이스]
ɑː	아-	car [kɑːr/카-]	d	ㄷ	door [dɔːr/도어]
e	에	pen [pen/펜]	ð	ㄷ	this [ðis/디스]
æ	애	cat [kæt/캩]	θ	ㅆ,ㄸ	thank [θæŋk/쌩크]
ʌ	어	bus [bʌs/버스]	t	ㅌ	take [teik/테잌]
ə	어	again [əgén/어**겐**]	f	ㅍ	first [fəːrst/풔얼스트]
əː	어-	purse [pəːrs/퍼-얼스]	p	ㅍ	park [pɑːrk/파-크]
i	이	sing [siŋ/싱]	g	ㄱ	game [geim/게임]
iː	이-	eat [iːt/이-ㅌ]	k	ㅋ	keep [kiːp/키잎]
ɔ	오	body [bɔ́di/**보**디]	h	ㅎ	house [haus/하우스]
ɔː	오-	call [kɔːl/코-올]	j	이	year [jiər/jəːr/이어/여-]
u	우	book [buk/북]	s	ㅅ	sound [saund/사운드]
uː	우-	tool [tuːl/투-울]	ʃ	쉬	show [ʃou/쇼우]
			z	ㅈ	zipper [zípər/**지**퍼]
중모음			ʒ	지	pleasure [pléʒər/플**레**저]
ai	아이	eye [ai/아이]	ʤ	쥐	jump [dʒʌmp/졈프]
au	아우	hour [áuər/**아**우어]	dz	즈	hands [hændz/핸즈]
ei	에이	able [éibəl/**에**이벌]	ts	츠	cats [kæts/캐츠]
ɛə	에어	air [ɛər/에어]	tʃ	취	church [tʃəːrtʃ/춰-취]
iə	이어	ear [iər/이어]	l	ㄹ	call [kɔːl/코-올]
ɔi	오이	boy [bɔi/보이]	r	ㄹ	radio [réidiòu/**뤠**이디오우]
ou	오우	coat [kout/코우ㅌ]	m	ㅁ	man [mæn/맨]
ɔə, ɔːr	오어	door [dɔːə, dɔːr/도어]	n	ㄴ	noon [nuːn/누-운]
uə	우어	moor [muər/무어]	ŋ	ㅇ	sing [siŋ/싱]
			w	ㅇ	woman [wúmən/**우**먼]

개버딘 gabardine ([패션] 올이 단단하게 짜여진 능직의 옷감)

☐ **gabardine** [gǽbərdìːn] 명 능직(綾織)의 방수복지, **개버딘**; 개버딘제의 옷, (특히 중세 유대인의) 헐거운 긴 웃옷
☜ 고대 고지(高地) 독일어로 '순례자의 망토'란 뜻

연상 그 여자들은 개불을 먹으며 내내 개블(gabble.재잘)거렸다.

♣ **어원 : gab, gag 많이 말하다**

☐ **gab** [gæb] 명 《구어》 수다, 잡담; 말 많음
☜ 고대 프랑스어로 '조롱; 자랑'이란 뜻

☐ **gab**ble [gǽbəl] 동 **빨리 지껄이다**, 재잘〔종알〕거리다 명 지껄임
☜ 말을 많이 하(gab) + b<단모음+단자음+자음반복> + 기(le)
♠ You **gabble** me crazy. 너는 내가 미치도록 **지껄여댄다.**

☐ **gab**ber, **gab**bler [gǽbər], [gǽbələr] 명 수다쟁이
☜ 말을 많이 하는(gab) + b<단모음+단자음+자음반복> + 사람(er)

☐ **gab**by [gǽbi] 형 (-<-bi**er**<-bi**est**) 《구어》 수다스러운(=talkative) 명 《속어》 발성영화 (=talkie) ☜ 말을 많이 하(gab) + b<자음반복> + 는(y)

■ **gag**gle [gǽgəl] 동 꽥꽥 울다; 잘 지껄이다〔웃다〕 명 거위 떼; 꽥꽥 《우는 소리》; 시끄러운 여자들 ☜ 말을 많이 하(gag) + g<자음반복> + 다(le)

가봉 Gabon (아프리카 중서부의 공화국)

☐ **Gabon** [gæbɔ́ːŋ] 명 **가봉** 《아프리카 중서부의 공화국; 수도 리브르빌(Libreville)》
☜ 1485년 포르투갈 인들이 가봉의 삼각강(Gabon Estuary)으로 들어갈 때 강(江) 하구의 모습이 자신들이 입은 외투와 비슷하여 '외투'라는 뜻의 <가방>이라는 이름을 붙인 것이 <가봉>의 어원이 되었다

☐ **Gabon**ese [gæ̀bəníːz, -s] 형 **가봉**(사람)의 (pl. -) 명 **가봉** 사람 ☜ 가봉(사람)(Gabon) 의(ese)

가브리엘 Gabriel (성모 마리아에게 예수의 잉태를 알린 천사)

☐ **Gabriel** [géibriəl] 명 〖성서〗 천사 **가브리엘** 《처녀 마리아에게 그리스도의 강탄(降誕)을 예고한》

연상 사이보그 가제트(Gadget) 형사의 몸엔 가제트(gadget.간단한 기계장치)가 이식되어 있다.

© DHX Media

☐ **Gadget** [gǽdʒit] 명 **가제트** 《어설픈 사이보그 형사를 둘러싼 이야기의 애니메이션 시리즈 주인공》 ☜ gadget는 '(기계의) 간단한 장치'

☐ **gadget** [gǽdʒit] 명 《구어》 (간단한) **기계[전기]장치**, 장치; 묘안, 궁리
♠ a clever little **gadget** 기발한 작은 **장치**

☐ **gadget**eer [gæ̀dʒitíər] 명 기계 만지기를 좋아하는 사람 ☜ -eer(사람)

☐ **gadget**ry [gǽdʒətri] 명 [집합적] (간단한) 기계 장치; 실용신안(實用新案)
☜ gadget + ry<명접>

☐ **gadget**y [gǽdʒiti] 형 기계의; 장치가 된; 기계 만지기를 좋아하는
☜ gadget + y<형접>

게일인 Gael (아일랜드와 스코틀랜드의 민족)

☐ **Gael** [geil] 명 게일인(人)《스코틀랜드 고지의 주민, (드물게) 아일랜드의 켈트(Celt)인》
☜ 고대 웨일스어로 '야만인, 전사'란 뜻

개그맨 gagman (희극인) ➔ comedian, comic

☐ **gag** [gæg] 명 익살, **개그** 동 개그를 하다 ☜ 근대영어로 '익살'이란 뜻.
명 **재갈**, 입마개 동 입을 막다, 재갈을 물리다 ☜ 근세영어로 '재갈'이란 뜻.

♠ **for a gag 농담으로**

☐ **gag**man [gǽgmæ̀n] ⓜ (pl. **-men**) 개그 작가; **개그맨** ☜ 개그(gag)하는 남자(man)
★ gagman보다는 comedian이나 그냥 comic이 일반적임.

☐ **gag**ster [gǽgstər] ⓜ 개그맨; 《미.속어》 장난꾸러기, 익살꾼 ☜ -ster(사람<경멸적>)

가가린 Gagarin (구(舊) 소련의 세계최초 우주비행사)

☐ **Gagarin** [gəgɑ́ːrin] ⓜ **유리 가가린** 《Yuri Alekseyevich ~, 옛 소련의 세계 최초의 우주비행사 (1934-68); 1961년 Vostok 1호를 타고 인류 최초의 우주비행에 성공》

※ **Armstrong** [ɑ́ːrmstrɔ̀ːŋ] ⓜ **닐 암스트롱** 《Neil A. ~, 미국의 우주 비행사, 세계 최초의 달 착륙자 (1930-); 1969년 아폴로 11호를 타고 인류 최초로 달에 착륙했다》

게이 gay (동성연애자)

☐ **gay** [gei/게이] ⓜ **동성연애자, 호모** ⓗ (-<-**er**<-**est**) **명랑한, 즐거운, 쾌활한**
☜ 고대 프랑스어로 '즐거운, 행복한'이란 뜻
♠ **gay bar 게이바** 《동성연애자들이 출입하는 클럽》
♠ **gay marriage 동성연애자간의 결혼**

☐ **gai**ly, **gay**ly [géili] ⓑ **흥겹게; 화려하게**, 호사스럽게 ☜ gay + ly<부접>

☐ **gai**ety, **gay**ety [géiəti] ⓜ **유쾌**, 흥겨움; (복장의) **화려함** ☜ gay + ety<명접>

바겐세일 bargain sale (소매상이 하는 할인·특가 판매)

■ bar**gain** [bɑ́ːrgən] ⓜ **매매; (싸게) 산 물건**, 특가품 ⓓ 흥정(계약)하다
☜ 고대 불어로 '가격을 흥정하다, 싸게(bar<bare) 얻다(gain)'란 뜻

☐ **gain** [gein/게인] ⓓ **얻다, 획득하다; 도달하다; 이익을 얻다** ⓜ **이익, 증진**
☜ 고대 영어로 '사냥'이란 뜻
♠ **gain a reputation 명성을 얻다**
♠ **gain on** (upon) ~ **~을 바싹 쫓아가다, ~을 침식하다**
♠ **gain one's sight 시력을 회복하다**
♠ **gain weight 체중이 늘다**

☐ **gain**er [géinər] ⓜ 획득자, 이득자 ☜ gain + er(사람)

☐ **gain**ful [géinfəl] ⓗ 유리한 ☜ gain + ful(~이 가득한)

☐ **gain**ings [géiniŋz] ⓜ (pl.) 소득(액), 수익; 상금, 상품 ☜ gain + ing + s<복수>

※ **sale** [seil/쎄일] ⓜ **판매, 매매; 염가판매, 특매; 매출액**
☜ 고대영어로 '판매, 파는 행위'란 뜻

연상 톨게이트(tollgate)에서 모델이 멋진 게이트(gait.걸음걸이)를 선보이다.

※ **tollgate** [tóulgèit] ⓜ 통행료 징수소 《도로의》 ☜ toll(통행세) + gate(문)

※ **gate** [geit/게이트] ⓜ **문**, 출입문 ☜ 고대 영어로 '열려있는 곳'

☐ **gait** [geit] ⓜ **걷는 모양, 걸음걸이**; 《미》 보속(步速), (말의) **보조** (步調) ☜ 고대 노르드어로 '길'이란 뜻
♠ He walked **with a rolling gait.**
그는 (좌우로) **건들거리는 걸음걸이로** 걸었다.
♠ **go one's (own) gait 자기 방식대로 하다**

☐ **gait**ed [géitid] ⓗ 【보통 복합어를 이루어】 ~한 걸음걸이의 ☜ gait + ed<형접>
♠ heavy-**gaited** 무거운 **발걸음의**, slow **gaited** 천천히 **걷는**

☐ **gait**er [géitər] ⓜ 각반(脚絆) ☜ 고대 프랑스어로 '의복'이란 뜻

갈라쇼 Gala show (축하하기 위해 벌이는 공연)

♣ **어원 : gal 노래하다; 소리를 내다**

☐ **gal**a [géilə, gǽlə/gɑ́ːlə] ⓜ 축제(祝祭), 잔치 ⓗ 축제의, 축제기분의, 유쾌한 ☜ 고대 노르드어로 '노래하다'란 뜻과 이탈리아어로 '환각'이란 뜻이 있음.
♠ **a gala day 잔칫날**

© discoverbellydance.com

☐ **gal**e [geil] ⓜ **광풍, 강풍** ☜ '소리가 날 정도의 바람'이란 뜻

☐ **gal**lant [gǽlənt] ⓗ 씩씩한, **용감한** ☜ (즐기는) 소리가 나(gal) + l + 는(ant<형접>)

■ nightin**gal**e [náitəngèil, -tiŋ-] ⓜ **나이팅게일** 《유럽산 지빠귓과의 작은 새; 밤에 아름다운 소리로 욺》 ☜ 밤(night)에 + in + 노래(gal)하는 새(e)

※ **show** [ʃou/쇼우] ⓓ (-/show**ed**/**shown**(《드물게》 show**ed**)) **보이다; 출품하다, 나타내다** ⓜ **쇼**, 구경거리; 흥행; **보임**, 나타냄 ☜ 고대영어로 '보다'란 뜻

갈라파고스 제도 Galapagos Islands (에콰도르 서쪽 해상 군도)

☐ **Galapagos** [gəlápəgouz] ⓜ **갈라파고스** 《에콰도르 서쪽 해상 군도》
☜ 스페인어로 '거북이'란 뜻

※ **island** [áilənd/**아**일런드] ⓜ **섬**; **아일랜드** 《항공모함 우현의 우뚝 솟은 구조물》 ☜ 고립된(is) 땅(land)

갈라테아 Galatea ([그神] 피그말리온이 만든 처녀상)

키프로스 왕 피그말리온(Pygmalion)이 만든 상아의 처녀상(像). Pygmalion은 이 상을 매우 사랑하여 사랑의 여신 아프로디테(Aphrodite)에게 그 상(像)에게 생명을 줄 것을 기원하여 이를 부여받았음.

☐ **Galatea** [gæ̀lətíːə] ⓜ 〖그.신화〗 **갈라테아** 《Pygmalion이 만든 상아의 처녀상(像)》

※ **Pygmalion effect 피그말리온** 효과 《긍정적인 기대나 관심이 사람에게 좋은 영향을 미치는 효과》
☜ effect(결과, 효과)

갈브레이스 Galbraith (캐나다 태생의 미국 경제학자)

캐나다 태생의 미국 경제학자. "윤리와 도덕에 토대를 두지 않은 경제발전은 허구"이며, "생산자 주권만 관철될 뿐 소비자 주권은 허구"인 불확실성의 현대사회에서 바람직한 소비선택의 중요성을 역설하였다.

☐ **Galbraith** [gǽlbreiθ] ⓜ **갈브레이스** 《John Kenneth ~, 캐나다 태생의 미국의 경제학자 · 외교관; 1908-》 ★ **대표 저서 : 『불확실성의 시대』, 『풍요로운 사회』 『새로운 산업국가』 등**

갤럭시 galaxy (삼성의 대표적인 스마트폰 브랜드. <은하수>란 뜻)

☐ **galaxy** [gǽləksi] ⓜ (the G-) 〖천문〗 **은하, 은하수**(the Milky Way); 은하계
☜ 그리스어로 '밀크(milk)의 길'이란 뜻

☐ **gale**(광풍, 강풍) ➔ **gala**(축제, 잔치) **참조**

갈릴리 Galilee (그리스도가 전도하던 땅. 이스라엘 북부지방)

☐ **Galilee** [gǽləlìː] ⓜ **갈릴리** 《Palestine 북부의 옛 로마의 주》
☜ 히브리어로 '반지, 원, 고리'란 뜻
♠ the man of **Galilee 갈릴리** 사람 《예수 그리스도》

☐ **Galile**an [gæ̀ləlíːən] ⓗ Galilee (사람)의 ⓜ **갈릴리** 사람; 기독교도; (the ~) 예수 그리스도
☜ 갈릴리 사람(Galilee) 의(an)

갈릴레오 Galileo (지동설을 주장한 이탈리아의 천문학자)

☐ **Galileo** [gæ̀ləlíːou, -léiou] ⓜ **갈릴레오** 《~ Galilei, 이탈리아의 천문 · 물리학자; 1564-1642》

☐ **Galile**an [gæ̀ləlíːən] ⓗ Galileo의 ☜ 갈릴레오(Galileo) 의(an)
♠ **a Galilean telescope 갈릴레이 망원경**

갈리아 《L》 Gallia, 《E》 Gaul (고대 켈트족의 땅)

☐ **Galli**a, **Gaul** [gɔːl] ⓜ **갈리아, 골** 《고대 켈트족의 땅; 이탈리아 북부 · 프랑스 · 벨기에 · 네덜란드 · 스위스 · 독일을 포함한 옛 로마의 속령》; 갈리아〔골〕 사람
☜ 고대영어로 '게르만이 아닌 외국인'이란 뜻

연상 ▸ 골대(goal post)앞에 골(gall.쓸개즙)이 놓여 있었다.

※ **goal** [goul] ⓜ **골, 결승점**〔선〕; **득점**; 골문, 골대; 목적지, **목표**
☜ 중세영어로 '경계'란 뜻

☐ **gall** [gɔːl] ⓜ **담즙, 쓸개즙** 《척추동물의 간에서 만들어지는 소화액》
☜ 고대영어로 '담즙'이란 뜻 ★ **인간의 담즙은 bile을 씀.**

☐ **gall**bladder [gɔ́ːlblæ̀dər] ⓜ 쓸개, 담낭 ☜ 쓸개(gall) 방광/오줌보(baldder)

갈라쇼 Gala show (축하하기 위해 벌이는 공연)

♣ **어원 : gal 노래하다; 소리를 내다**

■ **gal**a [géilə, gǽlə/gɑ́ːlə] ⓜ 축제(祝祭), 잔치 ⓗ 축제의, 축제 기분의, 유쾌한
☜ 고대 노르드어로 '노래하다'란 뜻과 이탈리아어로 '환각'이란 뜻이 있음.

■ **gal**e [geil] ⓜ **광풍, 강풍** ☜ '소리가 날 정도의 바람'이란 뜻

□ **gal**lant [gǽlənt] ⓗ 씩씩한, **용감한** ☜ (즐기는) 소리가 나(gal) + l + 는(ant<형접>)
♠ **gallant soldiers 용감한 군인들**

□ **gal**lantly [gǽləntli] ⓑ **용감하게**, 씩씩하게 ☜ gallant + ly<부접>

□ **gal**lantry [gǽləntri] ⓜ **용감**, 용기, 의협 ☜ gallant + ry<명접>

■ nightin**gal**e [náitəngèil, -tiŋ-] ⓜ **나이팅게일** 《유럽산 지빠귓과의 작은 새; 밤에 아름다운 소리로 욺》 ☜ 밤(night)에 + in + 노래(gal)하는 새(e)

※ **show** [ʃou/쇼우] ⓓ (-/show**ed**/show**n**(《드물게》 show**ed**)) **보이다; 출품하다, 나타내다** ⓜ **쇼**, 구경거리; 흥행; **보임**, 나타냄 ☜ 고대영어로 '보다'란 뜻

갤러리 gallery (❶ 화랑 ❷ 골프 등의 관객)

□ **gallery** [gǽləri] ⓜ **화랑**, 미술관; **회랑**, 복도; (극장의) **맨 위층 관람석**; (국회·법정 등의) 방청석; (정구·골프 등의) **관객** ☜ 고대 불어로 '교회당의 입구'란 뜻
♠ **the National Gallery (런던의) 국립 미술관**

□ **galleri**ed [gǽlərid] ⓗ gallery가 있는 ☜ 갤러리(gallery)가 있는(ed)

□ **gallery** hit (shot, stroke) 대 인기(를 끌기) ☜ hit(때리다, 타격, 안타)

갤리선(船) galley (고대 그리스·로마의 전함)

□ **galley** [gǽli] ⓜ **갤리선(船)** 《옛날 노예나 죄수들에게 노를 젓게 한 돛배·전함》 ☜ 고대영어로 '배, 전함'이란 뜻

□ **galle**on [gǽliən] ⓜ **갤리온**선 《15-18세기 스페인·지중해에서 사용된 대범선》 ☜ galley + on<확대 접미사>

□ **galle**ass [gǽliæ̀s, -əs] ⓜ **갈레아스**선 《16-17세기 지중해에서 사용된 군함》 ☜ galleon의 영어식 표현

□ **gali**ot [gǽliət] ⓜ (돛과 노로 움직이는 쾌속의) 작은 **갤리**선 《옛날 지중해의》 ☜ 고대 프랑스어로 '작은 배'란 뜻

갈리아 《L》 Gallia, 《E》 Gaul (고대 켈트족의 땅)

♣ **어원 : Galli, Gallo 갈리아, 프랑스(사람)**

□ **Galli**a, **Gaul** [gɔːl] ⓜ **갈리아, 골** 《고대 캘트족의 땅; 이탈리아 북부·프랑스·벨기에·네덜란드·스위스·독일을 포함한 옛 로마의 속령》; 갈리아(골) 사람 ☜ 고대영어로 '게르만이 아닌 외국인'이란 뜻

□ **Galli**c [gǽlik] ⓗ **골**(Gaul)의; **골** 사람의; 《우스개》 프랑스(사람)의 ☜ Galli + ic<형접>

□ **Galli**can [gǽlikən] ⓗ **골**(옛 프랑스) 교회의 ⓜ 프랑스 천주교도 ☜ Gallic + an(~의/~사람)

□ **Gallo**-American [gǽlou-əmérikən] ⓜ 프랑스계 미국인 ☜ 프랑스(Gallo)계

□ **Gallo**-Briton [gǽlou-brítn] ⓜ 프랑스계 영국인 ☜ Briton(영국인)

□ **Gallo**mania [gæ̀louméiniə] ⓜ 프랑스 심취(광) ☜ 프랑스(Gallo) 광(mania)

□ **Gallo**phile [gǽloufàil] ⓗⓜ 프랑스를 좋아하는 (사람) ☜ 프랑스(Gallo) 사랑하는(phile)

□ **Gallo**phobia, -phobe [gæ̀loufóubiə], [-fòub-] ⓜ 프랑스 혐오 ☜ 프랑스(Gallo) 혐오(phobia)

□ **galo**sh [gəlάʃ/-lɔ́ʃ] ⓜ (보통 pl.) **갈로시**, 오버슈즈(overshoes) 《비올 때 방수용으로 구두 위에 신는 덧신》 ☜ '갈리아인의 신'이란 뜻

갤런 gallon (용량의 단위)

□ **gallon** [gǽlən] ⓜ **갤런** 《용량의 단위로 4quarts; 생략: gal., gall.》 ☜ 중세 불어로 '사발'
♠ **imperial gallon 영국 갤런**(4.546 ℓ)
♠ **U.S. (wine) gallon 미국 갤런**(3.785 ℓ)

□ **gallon**age [gǽlənidʒ] ⓜ 갤런량(量) ☜ 갤런(gallon)의 분량(age)

현대 갤로퍼 Hyundai Galloper (현대자동차 브랜드 중 하나)

현대정공이 제작하여 현대자동차 써비스가 판매한 스포츠유틸리티자동차(SUV). 차명인 갤로퍼는 <경주마가 전속력으로 질주하다>는 뜻을 가진 영어 gallop의 명사형으로, <질주하는 말>을 의미한다.

□ **gallop** [gǽləp] ⓜ **갤럽** 《말 등이 전속력으로 달리는 것》 ⓓ **질주하다**, 갤럽으로 달리다 ☜ 고대불어로 '잘 달리다'의 뜻 **비교** gallup
♠ **go for a gallop 한바탕 전속력으로 말을 달리러 가다**

□ **gallop**er [gǽləpər] 명 질주하는 말, 말을 갤럽으로 모는 사람 ☜ gallop + er(주체)

갤로우즈 The Gallows (미국의 공포영화. <교수대>라는 뜻)

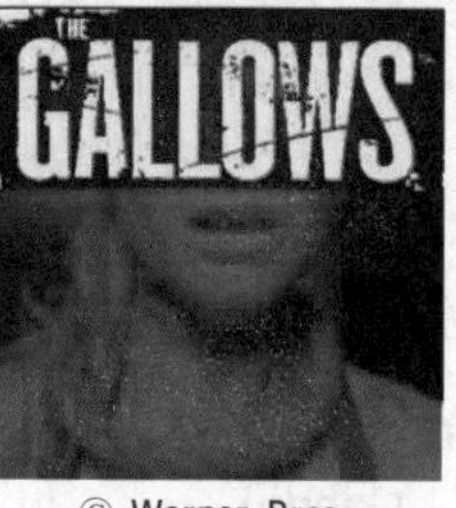

© Warner Bros.

2015년 개봉한 미국의 공포영화. 캐시디 지포드, 파이퍼 브라운 주연. 미국판 학교괴담. 1993년 한 고등학교에서 연극 <갤로우즈> 공연 중 주인공이 교수형 당하는 장면을 연기하다 사고로 목이 졸려 사망한다. 20년 후 이 학교 연극부에서 동명의 연극을 다시 추진하는데... <출처: 네이버영화>

□ **gallows** [gǽlouz] 명 (pl. **-es** [-ziz], **-**) 〖보통 단수취급〗 **교수대**; (the ~) 교수형 ☜ 고대영어로 '교수대'란 뜻
♠ **come to** 〔die on, go to, be sent to〕 **the gallows 교수형을 당하다**.

□ **gallows**-ripe [gǽlouzraip] 형 교수형에 처해야 할 ☜ 교수형(gallows)을 막 하게 되어 있는(ripe)

□ **gallows** tree 교수대 ☜ 교수형(gallows) 나무(tree)

갤럽 Gallup (미국의 여론연구소 소장)

□ **Gallup** [gǽləp] 명 **갤럽** 《George H. ~, 미국의 여론연구소 소장(1901~1984)》

□ **Gallup** poll 《미》 **갤럽** (여론) 조사 ☜ Gallup + poll(투표, 여론조사)

□ **galosh**(갈로시 신발) ➔ **Gallia**(갈리아) **참조**

바스코 다 가마 Vasco da Gama (포르투갈의 항해자)

□ **Gama** [gǽmə] 명 **가마** 《Vasco da ~, 아프리카 희망봉을 돌아 인도에 도착한 포르투갈의 항해자(1469 ? ~1524)》

감비아 Gambia (아프리카 서부의 공화국)

□ **Gambia** [gǽmbiə] 명 (the ~) **감비아** 《서아프리카의 공화국; 수도 Banjul》, (the ~) **감비아** 강 《서아프리카를 흘러 대서양으로 들어감》
☜ 감비아 강(江)에서 유래. 일설에는 감브르족에서 와전된 것이라고도 함.
★ 흑인작가 알렉스 헤일리의 미국노예 역사소설 『뿌리』의 근거지

갬블링 gambling (노름, 도박)

□ **gamble** [gǽmbəl] 동 **노름[도박]을 하다** 명 **노름**, 도박
☜ 고대영어로 '놀이'란 뜻
♠ **gamble at cards 카드로 도박하다**.

□ **gamble**r [gǽmblər] 명 **도박꾼, 노름꾼**; 투기꾼 ☜ -er(사람)

□ **gambl**ing [gǽmbliŋ] 명 **도박**, 내기 ☜ 노름(gamble) 하기(ing)

게임 game (놀이, 시합)

□ **game** [geim/게임] 명 놀이, 유희, 오락, 장난; **경기, 시합**, 승부 ☜ 고대영어로 '경기, 재미'
♠ **ball game 구기(球技)**, 야구
♠ **perfect game 완전 경기**(야구의 무안타·무사구·무실책)
♠ **shell game 셸 게임 요술, 사기 도박**
♠ **word game 말로 하는 놀이**

□ **game** room 오락실 ☜ 게임(game) 방(room)

□ **game**some [géimsəm] 형 장난치는; 재미있는; 놀기〔장난치기〕 좋아하는
☜ 놀이(game)하는 경향이 있는(some)

□ **game**ster [géimstər] 명 도박꾼, 노름꾼(=gambler) ☜ -ster(사람<경멸적>)

연상 ▶ 젠더(gender.사회학적 성(性))로 갠더(gander.거위의 수컷)를 정의하긴 어렵다.

♣ 어원 : **gen 종류**

※ **gen**der [dʒéndər] 명 〖문법〗 **성**(性), **성별** ☜ 라틴어로 '종류'란 뜻
★ gender는 사회학적 성(性), sex는 생물학적 성(性)을 의미한다.

□ **gander** [gǽndər] 명 숫거위(⇔ goose 암거위), 숫 기러기; 바보, 얼간이
☜ 고대영어로 '거위'란 뜻
♠ **take** 〔have〕 **a gander** (at) ~ **~을 슬쩍[흘끗] 보다**

간다라 Gandhara (그리스 영향을 받은 불교미술의 발상지)

☐ **Gandhara** [gʌndάːrə] ⓜ **간다라** 《인더스(Indus) 강 상류 일대의 옛 이름, 헬레니즘 양식의 불교미술이 융성》 ⓗ **간다라** 지방(사람, 미술)의
☜ 산스크리트어로 '향기(香氣), 토지, 계곡'이란 뜻

간디 Gandhi (영국 제국주의에 대항한 인도 해방운동의 지도자)

영국 제국주의에 대한 비폭력·불복종 운동 전개. 반이슬람 극우파 청년의 흉탄에 서거. 1922년 인도의 문호 타고르가 마하트마(Mahatma, 위대한 영혼)라고 칭송한 시(詩)로 인해 마하트마 간디로 부르게 됨.

☐ **Gandhi** [gάːndi, gǽn-] ⓜ **간디** 《Mohandas Karamchand ~ 인도 민족해방운동의 지도자(1869-1948)》
☐ **Gandhi**sm [gάːndizm, gǽn-] ⓜ 간디주의, 소극적 저항주의 ☜ Gandhi + sm(주의)

갱 Gang (폭력단)

G

☐ **gang** [gæŋ] ⓜ (노예·죄수 등의) 한 떼, 한 패; 일당, **폭력단**, **갱**단
☜ 고대 노르드어로 '한 무리의 사람들'이란 뜻
★ 한 사람의 갱은 a gangster라고 함.
♠ **a gang** of drug smugglers 마약 밀수**단**
☐ **gang**ster [gǽŋstər] ⓜ 《구어》 **갱 단원**, 폭력단원, 악한 ☜ -ster(사람<경멸적>)

연상 인간이 제일 견디기 힘든 곳은 제일(jail, gaol.감옥)이다.

☐ **gaol**, 《영》 **jail** [dʒeil] ⓜ **교도소, 감옥**, 구치소; 구류, 감금 ⓢ **투옥하다**
☜ 라틴어로 '우리(cage)'라는 뜻
♠ **break gaol (jail) 탈옥하다**
☐ **gaol**bird, 《영》 **jail**bird [dʒéilbə̀ːrd] ⓜ 《구어》 죄수; 전과자, 상습범; 악한
☜ 감옥(gaol)에 갇힌 새(bird)
☐ **gaol**break, 《영》 **jail**break [dʒéilbrèik] ⓜ 탈옥 ☜ 감옥(gaol) 파괴(break)
☐ **gaol**breaker, 《영》 **jail**breaker [dʒéilbrèikər] ⓜ 탈옥수 ☜ break(파괴하다) + er(사람)
☐ **gaol**er, 《영》 **jail**er, **jail**or [dʒéilər] ⓜ 교도관 ☜ 감옥(gaol)을 지키는 사람(er)

이상(理想)과 현실(現實)사이에는 큰 갭(gap.틈/차이)이 있다.

♣ 어원 : **gap 틈, 구멍; 입을 벌리다**
☐ **gap** [gæp] ⓜ **갈라진 틈[금]**, 구멍; **큰 차이, 격차** ⓢ 벌어지다
☜ 고대 노르드어로 '빈 공간, 틈'이란 뜻
♠ **bridge the gap 틈을 메우다**
☐ **gap**e [geip, gæp] ⓜ **입을 크게 벌림; 벌어진[갈라진] 틈** ⓢ (놀라) **입을 떡 벌리다**
☜ 고대 노르드어로 '입을 크게 벌리다'란 뜻
☐ **gap**ingly [géipiŋli, gǽp-] ⓑ 입을 떡 벌리고, 멍하니, 어이없이 ☜ 벌어(gap) 진(ing) + ly<부접>
☐ **gap**ped [gæpt] ⓗ 틈이 벌어진 ☜ 벌어(gap) + p<자음반복> + 진(ed<형접>)
☐ **gap**py [gǽpi] ⓗ 틈이 많은; 연락이 없는; 결함이 있는 ☜ gap + p + y<형접>

거라지 세일 garage sale (자기집 차고에서 하는 중고물품 세일)

☐ **garage** [gərάːʒ, -rάːdʒ/gǽrɑːdʒ, -ridʒ] ⓜ (자동차) **차고**; (자동차) **정비 공장** ⓢ **차고[정비 공장]에 넣다**
☜ 불어로 '오두막집에 넣다'라는 뜻
♠ a house with a built-in **garage 차고**가 설치되어 있는 주택
☐ **garage** sale 《미》 (자택의 차고에 벌려놓은) 중고 가정용품 염가판매
☜ sale(판매, 특매) ★ yard sale(앞마당 세일)도 비슷한 개념. flea market(벼룩시장)은 야외(노천) 중고매매 시장

© Wikipedia

☐ **garb**(복장, 의복) ➔ **garment**(의복, 의상) **참조**

가비지 타임 garbage time ([농구] 승패가 결정된 상황에서 남은 시간. <쓰레기 시간>이란 뜻)

☐ **garbage** [gάːrbidʒ] ⓜ (부엌) 쓰레기, **음식 찌꺼기** ☜ 중세영어로 '동물의 창자'란 뜻
♠ **garbage can (부엌) 쓰레기통** ☜ can(깡통, 양철통)

♠ **garbage collector** 〔man〕 **《미》 쓰레기 수거인** (《영》 dustman)
☜ collector(수집가)
♠ **garbage disposer 음식물쓰레기 처리기**
☜ disposer(부엌찌꺼기 분쇄 처리기)
♠ **garbage dump 쓰레기처리장** ☜ dump(내버리다, 부리다)
♠ **garbage truck** 〔wagon〕 **쓰레기차** ☜ wagon(4 륜차, 짐마차)

※ **time** [taim/타임] ⓜ (관사 없이) **시간, 때;** 시일, 세월; ~회, ~번
☜ 초기인도유럽어로 '나눈 것'이란 뜻

가든파티 garden party (정원에서 개최하는 연회)

☐ **garden** [gά:rdn/**가**-든] ⓜ **뜰**, 마당, **정원** ⓐ 정원의
☜ 고대불어로 '울타리를 두른 땅'이란 뜻.
♠ **garden plant(s) 원예식물, 재배식물** ☜ plant(식물)
♠ **garden party 가든파티, 원유회(園遊會)**
☜ party(모임, 파티, 정당)

☐ **garden**er [gά:rdnər] ⓜ **정원사; 원예가**; 채소 재배자 ☜ -er(사람)

☐ **garden**ing [gά:rdniŋ] ⓜ **조원**(造園)**(술)**, **원예**
☜ 정원(garden)을 가꾸는(ing)

※ **part**y [pά:rti/**파**-리/**파**-티] ⓜ (정치적) **파**, 당파, **정당; 일행; 당사자**; (사교상의) 모임, 회(會), **파티** ⓐ 파티(용)의; 정당의 ☜ 나누어진(part) 것(y). 즉 한쪽 편을 의미하여 '일행', '정당'이란 뜻과 '모임'이란 뜻을 지니게 됨

가그린 Garglin (구강세척제 브랜드), 가글 gargle (양치질)

☐ **gargle** [gά:rgəl] ⓥ 양치질하다, 물로 입속을 헹구다 ⓜ 양치질(하기)
☜ 고대 프랑스어로 '양치질하다; 목(구멍)'이란 뜻
★ 치약은 toothpaste나 dental cream으로, 가글액은 mouthwash로 표현한다.
♠ **gargle** with salt water 소금물로 **양치질하다**

가랜드 garland (장식용 꽃줄)

☐ **garland** [gά:rlənd] ⓜ **화환, 꽃줄**(=festoon) ⓥ 화환으로 장식하다
☜ 프랑스어로 '장식하다' ★ 만국기는 flags of all nations
♠ **a garland of laurel 월계관**(月桂冠)

갈릭 garlic (마늘을 곱게 다져 만든 조미료)

☐ **garlic** [gά:rlik] ⓜ 〖식물〗 **마늘**; 《넓은 뜻으로》 파
☜ 고대영어로 '서양 부추파(leek)의 어린 뿌리(gar)'란 뜻
♠ **a clove of garlic 마늘 한 쪽**

☐ **garlic**ky [gά:rliki] ⓐ 마늘 같은, 마늘 냄새〔맛〕이 나는 ☜ 마늘(garlic) 같은(ky)

보디가드 bodyguard (경호원)

♣ **어원 : guar(d), gar 보호하다, 지키다**

body**guard** [bάdigὰ:rd] ⓜ 경호원, **보디가드**, 호위병 ☜ 몸(body)을 지키는(guard) 사람

☐ **gar**b [gɑ:rb] ⓜ (특정양식의) **복장**, 의복 ☜ 고대불어로 '몸을 지키는 것'이란 뜻
♠ He **garbed himself as** a sailor. 그는 선원 **복장을 하고 있었다**.
♠ **prison garb 죄수복**

☐ **gar**ment [gά:rmənt] ⓜ **의복**, 의상 ⓥ 의상을 입히다 ☜ 지키는(gar) 것(ment)

☐ **gar**nish [gά:rniʃ] ⓜ 장식, **장식물[품]** ⓥ **장식하다** ☜ 지키게(gar) + n + 하다(ish)

☐ **gar**rison [gǽrəsən] ⓜ 〖군사〗 **수비대, 주둔군**〔병〕 ⓥ 주둔시키다
☜ 지키는(gar) + ri + 사람(son)

☐ **gar**ret [gǽrət] ⓜ **다락방**(=attic) ☜ 고대불어로 '지키기 위해 살피는 망루'란 뜻

가터벨트 garter belt (스타킹이 흘러내리지 않게 잡아주는 끈과 고리가 달린 벨트형태의 여성 속옷)

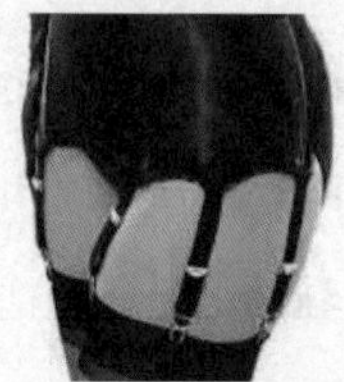

☐ **garter** [gά:rtər] ⓜ **양말 대님, 가터;** (the G-) 《영》 **가터** 훈장 《영국의 knight 최고 훈장》 ⓥ **양말대님으로 동이다**; 가터 훈장을 수여하다 ☜ 고대불어로 '장딴지'라는 뜻

♠ **a Knight of the Garter 가터 훈장 수훈자**(약자: K.G.).
※ **belt** [belt/벨트] 명 **띠**(=band); **지대**(=zone) 동 **띠를 매다** ☜ 라틴어로 '허리띠'라는 뜻

까스 < 가스 gas (공기 이외의 기체)

□ **gas** [gæs] 명 (pl. **-es**, 《미》 -s**es**) (공기 이외의) **가스, 기체**; 《미》 (구어) **휘발유** 동 가스를 공급하다 ☜ 그리스어로 '공기'란 뜻
♠ **This is a smell of gas. 가스 냄새**가 난다.
□ **gas** burner **가스버너** ☜ burn(불타다, 불태우다) + er(기계)
□ **gas** chamber 가스처형실 ☜ chamber(방, 실(室))
□ **gas** cooker 가스레인지(=gas oven, gas range) ☜ 요리하는(cook) 기계(er)
□ **gas** lamp 가스등 ☜ lamp(등불, 램프)
□ **gas** lighter 가스점화장치, **가스라이터** ☜ light + er(장비/기계)
□ **gas** mask 방독면, 방독마스크 ☜ mask(복면, 가면, 마스크)
□ **gas** oil 경유 ☜ oil(기름, 오일)
□ **gas** oven 가스조리기, **가스레인지** ☜ oven(솥, 가마, 오븐)
□ **gas** range **가스레인지** ☜ range((요리용) 레인지; 줄, 산맥, 범위)
★ gas range보다는 (gas) stove나 그냥 range가 일반적임.
□ **gas** station 《미》 **주유소**(=filling station) ☜ station(정거장, 역;)
□ **gas** stove 가스난로 ☜ stove(난로)
□ **gas** turbine **가스터빈** ☜ turbine([기계] 터빈)
□ **gas**eous [gǽsiəs, -sjəs] 형 **가스(체)의**, 가스 상태의 ☜ gas + e + ous<형접>
□ **gas**oline, -lene [gæ̀səlíːn] 명 **가솔린, 휘발유** (《영》 petrol) ☜ 가스(gas) 기름(ol) 물질(ine)
□ **gas**oline engine 〔motor〕《미》 가솔린기관 ☜ engine(엔진, 기관)

연상 이성에게 무작정 대쉬(dash.저돌적 접근)하면 개쉬(gash.깊은 상처)를 받기 쉽다

※ **dash** [dæʃ/대쉬] 명 **돌진, 충돌** 동 **돌진[매진]하다, 내던지다** ☜ 덴마크어로 '치다, 때리다'란 뜻
□ **gash** [gæʃ] 명 **깊은 상처**; (지면의) 갈라진 틈 동 깊은 상처를 입히다 ☜ 고대 그리스어로 '할퀴다, 긁다'란 뜻
♠ **make a gash 깊은 상처를 내다.**

연상 그녀는 자신에 관한 가십(gossip.험담)성 기사를 보고 개습(gasp.숨이 막히다)했다.

※ **gossip** [gάsip/gɔ́s-] 명 **잡담, 험담**; 뜬소문 이야기, **가십** 동 가십 기사를 쓰다 ☜ 비밀스런 화재거리 ⇦ 중세영어로 '대부모'란 뜻(즉, 대부모가 알게 된 세례받은 아이의 사생활에 대해 남에게 이야기한 데서 유래)
♠ **gossip column** (신문 · 잡지의) **가십난** ☜ column(신문의 칼럼; 기둥)
□ **gasp** [gæsp, gɑːsp] 명 **헐떡거림** 동 **헐떡거리다**, (놀람 따위로) 숨이 막히다; 갈망하다 ☜ 고대 노르드어로 '입을 크게 벌리다'라는 뜻
♠ **gasp out (words) 헐떡거리며 말하다**
□ **gasp**ing [gǽspiŋ/gάːsp-] 형 헐떡거리는, 숨이 가쁜 ☜ -ing<형접>
□ **gasp**er [gǽspər/gάːsp-] 명 헐떡거리는 사람 ☜ -er(사람)

연상 개스터(gastr-.위(胃))에 가스(gas.기체)가 많이 차있다.

♣ **어원 : gastr 위(胃)(=stomach), 복부, 창자, 장(腸); 식욕**
※ **gas** [gæs] 명 (pl. **-es**, 《미》 -s**es**) (공기 이외의) **가스, 기체**; 《미》 (구어) **휘발유** 동 가스를 공급하다 ☜ 그리스어로 '공기'란 뜻
□ **gastr**ic [gǽstrik] 형 위(胃)의 ☜ 위(gastr) 의(ic<형접>)
♠ **a gastric ulcer 위궤양**
□ **gastr**itis [gæstráitis] 명 『의학』 위염(胃炎) ☜ 위(gastr) 염증(-itis)
□ **gastr**ology [gæstrάlədʒi/-trɔ́l-] 명 위학(胃學); 요리학 ☜ 위(gastr) 학문(ology)
□ **gastr**onome [gǽstrənòum] 명 미식가(=good liver), 식도락가 ☜ 위(gastr)를 + o + 판결하는(nom<nem) 자(e)
□ **gastr**onomy [gæstrάnəmi/-trɔ́n-] 명 미식학; (어느 지방의 독특한) 요리법 ☜ 위/식욕(gastr)과 관계된 + o + 학문(nomy)
□ **gastr**onomic(al) [gæ̀strənάmik(əl)/-nɔ́m-] 형 요리법의; 미식법〔식도락〕의 ☜ gastronomy + ic(al)<형접>

□ **gastr**onomist [gæstrɑ́nəmist/-trɔ́n-] [명] 미식가, 식도락가 ☜ gastronomy + ist(사람)

톨게이트 tollgate (고속도로 요금소)

※ **toll** [toul] [명] **통행세**, (다리·유료 도로의) **통행료**, 나룻배 삯
☜ 고대영어로 '통행세, 의무'란 뜻

■ toll**gate** [tóulgèit] [명] 통행료 징수소 《도로의》 ☜ toll(통행세) + gate(문)

□ **gate** [geit/게이트] [명] **문**, 출입문 ☜ 고대영어로 '열려있는 곳'이란 뜻
♠ **a gate to success 성공에 이르는 문〔길〕**

□ **gate**keeper [géitkìːpər] [명] 문지기, 수위; **게이트키퍼** 《정보의 유출을 통제하는 사람》
☜ gate + 지키는(keep) 사람(er)

□ **gate**post [géitpòust] [명] 문기둥 ☜ gate + post(기둥, 말뚝)

□ **gate**way [géitwèi] [명] **대문**, 출입구, 통로 ☜ gate + way(길)

□ **-gate** [gèit] '추문(醜聞)·스캔들'이란 의미의 결합사

■ Water**gate** [wɔ́ːtərgèit] [명] **워터게이트** 사건 《1972년 Washington D.C.에 있는 민주당 전국위원회 본부에 닉슨 대통령의 재선을 획책하는 비밀공작반이 침입·도청하려다 발각된 사건, 이 결과로 Nixon 대통령이 사임함》 ☜ 워터게이트란 당시 사건이 발생했던 <워터게이트 호텔> 이름에서 유래된 것으로 <수문>이란 뜻. ★ 이 사건으로 '게이트'(gate)가 '권력형 비리 의혹'이란 의미로 쓰이게 된 계기가 됨.

G

해피투게더 Happy Together (KBS 2TV 오락프로그램)

연예스타들이 참여하여 펼치는 재미있는 게임(game)과 진솔한 토크(talk)를 통해 인기리에 방송 중에 있는 KBS 2TV 가족오락 프로그램. 직역하면 <같이 있어 행복한>이란 뜻이다.

※ **happy** [hǽpi/**해**삐] [형] (-<-p**ier**<-p**iest**) **행복한** ☜ 고대영어로 '행복한'이란 뜻.

■ **together** [təgéðər/터**게**더] [부] **함께**
☜ 고대영어로 '한 자리에 모이(gether<gather)도록 하기 위해(to)'란 뜻

■ al**together** [ɔ̀ːltəgéðər] [부] 아주, 전혀, **전적으로** ☜ 모두(al<all) 함께(together)

□ **gather** [gǽðər/**게**더] [동] **모으다, 모이다** ☜ 고대영어로 '한데 모으다'란 뜻
♠ **A rolling stone gathers no moss. 《속담》 구르는 돌에 이끼가 끼지 않는다. 한 우물만 판다.**

□ **gather**ing [gǽðəriŋ] [명] **모임, 회합, 집회** ☜ gather + ing<명접>

가트 GATT (관세 및 무역에 관한 일반 협정)

□ **GATT** **G**eneral **A**greement on **T**ariffs and **T**rade 관세 및 무역에 관한 협정

✚ **general 일반적인;** 〖군사〗 **대장** **agreement 협정**, 계약 **tariff 관세**(표); 요금〔운임〕표; 관세를 부과하다; 세율〔요금〕을 정하다 **trad**e **무역**: 〖야구〗 **트레이드; 장사하다; 교환하다**

고갱 Gauguin (프랑스의 후기인상파 화가)

문명세계에 대한 혐오감으로 남태평양 타히티섬으로 떠났고, 원주민의 건강한 인간성과 열대의 밝고 강렬한 색채가 그의 예술을 완성시켰다. 그의 상징성과 내면성 그리고 비(非)자연주의적 경향은 20세기 회화가 출현하는데 근원적인 역할을 했다. <출처 : 두산백과>

□ **Gauguin** [gougǽŋ] [명] **고갱** 《Paul ~ , 프랑스의 화가; 1848-1903》
★ **대표작 : <타히티의 여인들>, <황색의 그리스도> 등**

[연상] 구디(goody.좋은 것)와 고디(gaudy.촌스럽게 화려한)는 차원이 다르다.

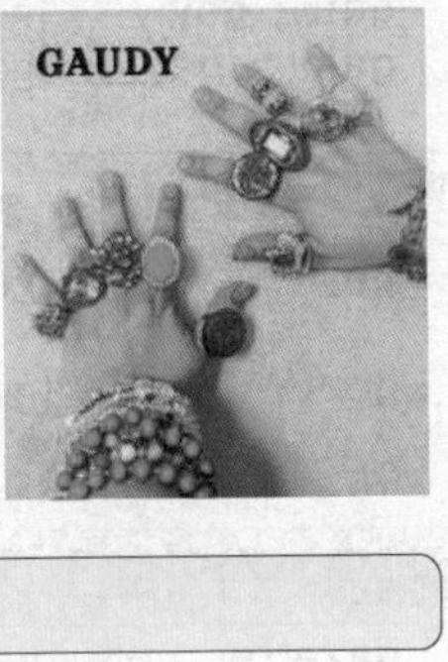

※ **good** [gud/굳] [형] (-<**better**<**best**) **좋은; 훌륭한** [명] **선**(善), **이익**
☜ 고대영어로 '훌륭한, 좋은'이란 뜻

※ **good**y [gúdi] [명] **맛있는 것, 매력적인 것; 주인공**, 착한 사람 ☜ -y<명접>

□ **gaud**y [gɔ́ːdi] [형] (-<-**ier**<-**iest**) **화려한, 야한**, 저속한; 지나치게 장식한 [명] 축제 ☜ 외양만 번지르르한 물건(gaud) 의(y)
♠ **gaudy clothes 촌스럽게 야한 옷**

□ **gaud**ily [gɔ́ːdi] [부] 저속하고 화려하게 ☜ 화려하(gaud) + i + 게(ly<부접>)

퓨얼미터, 퓨얼게이지 fuel (level) gauge (연료계기)

※ **fuel** [fjúːəl] [명] **연료** [동] 연료를 공급〔보급〕하다 ☜ 고대 프랑스어로 '불'이란 뜻

※ **level** [lévəl/**레**벌] [명] 수평, **수준** ☜ 가볍게 하는(lev) 것(el)

☐ **gauge, gage** [geidʒ] ⓜ **표준 치수**(규격); **계량기; 표준** ⓢ 측정하다
☜ 중세영어로 '측정의 표준'이란 뜻
♠ **gauge mass 질량을 측정하다**

건틀릿 The Gauntlet (미국 영화. <갑옷의 보호장갑>이란 뜻)

© Warner Bros.

1978년 개봉한 미국의 액션/스릴러 영화. 클린트 이스트우드, 산드라 록 주연. 형사 샤클리는 살인사건의 증인을 법정까지 호송하는 임무를 맡고 호송하던 중, 갑자기 경찰의 공격을 받게된다. 이 사건이 시장과 경찰 고위간부가 연루된 사건임을 알게 된 샤클리는 버스에 방탄막을 설치하고 돌진하는데... 한국에서는 'One Way Ticket'(편도 승차권)이란 제목으로 상영되었다. <출처 : 네이버영화>

♣ **어원 : gaunt 가늘고 긴; 여윈**

☐ **gaunt** [gɔːnt] ⓗ **수척한**, 몹시 여윈; 가늘고 긴; 무시무시한; 쓸쓸한
☜ 노르웨이어로 '길고 뾰족한 막대기'란 뜻
♠ **the gaunt moors 황량한 들**

☐ **gaunt**let [gɔ́ːntlit, gɑ́ːnt-] ⓜ 〖중세〗 (갑옷의) 목이 긴 보호장갑; 〖승마·펜싱〗 긴 장갑
☜ 고대 프랑스어로 '갑옷을 입은 기사가 낀 장갑'이란 뜻

디가우징 degaussing (자기장으로 컴퓨터 하드디스크를 복구 불가능하게 물리적으로 지우는 과정)

■ de**gauss** [diːgáus] ⓢ =demagnetize; (텔레비전 수상기 등의) 자장(磁場)을 중화하다; (군함 따위에) 자기기뢰 방어 장치를 하다
☜ 가우스(gauss)를 멀리 하다(de=away)

■ de**gauss**ing [diːgáuziŋ] ⓜ 감자(減磁), 소자(消磁), **디가우징** ☜ -ing<명접>

☐ **Gauss** [gaus] ⓜ **가우스** 《Karl Friedrich ~, 독일의 수학자·물리학자·천문학자; 1777-1855》 ☜ 전자기(電磁氣)학에도 큰 업적을 남김

☐ **gauss** [gaus] ⓜ (pl. **~, ~es**) 〖물리〗 **가우스** 《자기(磁氣)유도의 cgs 전자(電磁) 단위; 기호 G》 ☜ 전자기학의 체계를 확립한 가우스(Gauss)의 이름에서

가자지구 Gaza Strip (이스라엘 남서단의 팔레스타인 항만지역)
거즈 gauze (붕대로 사용되는 가볍고 부드러운 무명베)

■ **Gaza** [gɑ́ːzə/**가**-저, gǽ-, géi-] ⓜ **가자** 《가자지구의 항구도시; 삼손(Samson)이 죽은 곳》 ☜ 히브리어로 '힘'이란 뜻

☐ **gauze** [gɔːz] ⓜ **성기고 얇은 천**, 사(紗); **거즈**
☜ 팔레스타인 Gaza지역에서 최초로 생산된 데서 유래
♠ **sterilized gauze 소독 가제** ☜ sterilize(소독하다)

※ **stri**p [strip/스트립] ⓢ (-/**stript**〔strip**ped**〕/**stript**〔strip**ped**〕) (겉껍질 따위를) **벗기다**; 빼앗다; 옷을 벗다; **스트립쇼**를 하다 ⓜ 옷벗기; **좁고 긴 땅; 가늘고 긴 조각**
☜ 고대영어로 '약탈하다, 빼앗다'란 뜻

게이 gay (동성연애자)

☐ **gay** [gei/게이] ⓜ **동성연애자, 호모** ⓗ (-<-**er**<-**est**) **명랑한, 즐거운, 쾌활한**
☜ 고대 프랑스어로 '즐거운, 행복한'이란 뜻

☐ **gai**ly, **gay**ly [géili] ⓑ **흥겹게; 화려하게**, 호사스럽게 ☜ gay + ly<부접>

☐ **gai**ety, **gay**ety [géiəti] ⓜ **유쾌**, 흥겨움; (복장의) **화려함** ☜ gay + ety<명접>

연상 게이(gay.동성연애자)들이 나를 게이즈(gaze.뚫어지게 보다) 했다.

※ **gay** [gei/게이] ⓜ **동성연애자, 호모** ⓗ (-<-**er**<-**est**) **명랑한, 즐거운, 쾌활한**
☜ 고대 프랑스어로 '즐거운, 행복한'이란 뜻

☐ **gaze** [geiz/게이즈] ⓢ **뚫어지게 보다, 응시하다** ⓜ 응시, 주시 ☜ 중세영어로 '응시하다'
♠ **gaze wordless at ~ 말 없이 ~을 응시하다**

연상 사이보그 가제트(gadget)형사는 매일 아침 가제트(gazette.신문/관보)를 읽는다.

☐ **gazette** [gəzét] ⓜ **신문**, (시사문제 등의) **정기 간행물**; (G-) **~신문** 《명칭》; (the G-) 《영국》 **관보**, 공보 ☜ 17세기초 베니스 '가제트 신문'에서 유래

♠ appear in **the official gazette 관보**에 실리다

□ **gazette**er [gæ̀zətíər] ⓜ 지명(地名) 사전; 지명 색인; 《고어》 (관보) 기자 ☜ -er(사람/것)

기어 gear (❶ 톱니바퀴 장치 ❷ 자동차의 변속기어)

□ **gear** [giər] ⓜ 〖기계〗 **기어, 톱니바퀴 장치**; (자동차의) 변속기어
☜ 고대 노르드어로 '기계를 작동시키다'란 뜻
♠ **the landing gear** of an airplane
비행기의 **착륙 장치**
♠ **in** 〔out of〕 **gear 톱니가 맞물려서** 〔벗어나서〕,
상태가 좋게 〔나쁘게〕
♠ **gear (A) to** 〔for〕 **(B)**
A를 B에 맞게[적합하게] 하다

< 자동차 변속기어 >

□ **gear** change 《영》 (자동차의) 변속레버, 기어전환장치 ☜ change(바꾸다; 변경)
★ 미국에서는 gearshift라고 함.

지 Gee (소녀시대의 노래. <어머나>)

□ **gee** [dʒiː] ⓖ 《미.구어》 에구머니, 어머나, 저런, 깜짝이야, 쳇 등
☜ Jesus(예수 그리스도)를 완곡하게 표현한 것.
♠ **Gee, whiz(z)! 에구, 깜짝이야.**
♠ **Gee**, I didn't know that! **이런**, 그걸 몰랐네!
♠ **Gee**, this is swell fun! **오**, 이거 정말 재미있어!

□ **gee**-whiz [dʒíːhwíz] ⓗ 사람을 선동하는; 경탄할 만한
☜ whiz(윙(하고 날기); 만족할 협정/조처)

기프 geep (염소와 양의 교배종)

□ **geep** [giːp] ⓜ 염소와 양의 교배종(shoat) ☜ **g**oat(염소) + sh**eep**(양)

※ **shoat** [ʃout] ⓜ 양과 염소의 교배종 ☜ **sh**eep(양) + g**oat**(염소)

가이거 뮐러 계수관 Geiger-Muller counter (방사선의 강도를 측정하는 계기)

□ **Geiger** [gáigərmjúːlər] ⓜ **가이거** 《Hans ~, 독일의 물리학자; 1882-1945》 ☜ 1929년 독일의 Geiger라는 물리학자가 발명한데서

※ **Muller** [mʌlər] ⓜ **뮐러** 《W. Müller, 가이거의 제자; 1905-1979》

※ **count**er [káuntər] ⓜ **계산인; 계산대, 카운터**; 계수기, (방사선) 계수관
☜ 계산/측정하는(count) 곳(er)

젤라틴 gelatin (동물뼈 · 가죽 · 힘줄 등에서 얻는 유도단백질)

□ **gelatin, -tine** [dʒélətən, dʒélətən/dʒèlətíːn] ⓜ **젤라틴**, 정제한 아교풀
☜ 이탈리아어로 '젤리'란 뜻

□ **gel** [dʒel] ⓜ 〖물리학 · 화학〗 **젤라틴**; **겔** 《교화체》 ⓢ 교질화하다
☜ 근대영어로 '반고체'란 뜻

□ **gelatin**ate [dʒəlǽtənèit] ⓢ **젤라틴**화(化)하다, **젤라틴**이 되다
☜ gelatin + ate(만들다<동접>)

□ **gelatin**ous [dʒəlǽtənəs] ⓗ **젤라틴** 모양의, 아교질의; 안정된 ☜ gelatin + ous<형접>

■ **jelly** [dʒéli] ⓜ **젤리**(과자) ⓢ 젤리 모양이 되다 ☜ 고대 프랑스어로 '젤리'란 뜻

연상 재미로 제미(gemmy.보석같은) 사랑을 찾아 헤매다

□ **gem** [dʒem] ⓜ **보석, 보배**; 주옥(珠玉) ☜ 라틴어로 "꽃봉우리'란 뜻
♠ a crown studded with **gems 보석들**이 박힌 왕관

□ **gem** cutting 보석연마(술) ☜ gem + 잘라내(cut) + t<자음반복> + 기(ing)

□ **gem**my [dʒémi] ⓗ 보석이 많은; 보석 같은 ☜ gem + m<자음반복> + y<형접>

트랜스젠더 transgender (성전환자), 장르 genre (예술작품의 유형)

♣ 어원 : **gen** 종류

■ trans**gen**der [trænsdʒéndər] ⓜⓗ **트랜스젠더**(의), 성전환자(의)

☜ (반대편으로) 건너간<변화한(trans) 성(性)(gender)

☐ **gen**re [ʒάːnrə] 명 《F.》 유형, 양식, **장르** 형 『미술』 풍속도의
☜ 프랑스어로 '종류, 유형'이란 뜻

☐ **gen**der [dʒéndər] 명 『문법』 **성**(性), **성별** ☜ 라틴어로 '종류'란 뜻
★ gender는 사회학적 성(性), sex는 생물학적 성(性)을 의미

☐ **gen**eral [dʒénərəl/**제**너럴] 형 **일반의, 일반적인, 대체적인** 『군사』 (육군·해병대) **대장** ☜ 라틴어로 '어떤 종류(전체)의'란 뜻
♠ **general account 일반회계** ☜ account(계산; 계좌; 계정)
♠ **the General Assembly** (UN 등의) **총회**; 《미》 주의회 ☜ assembly(집회, 의회)
♠ **general outline 개요, 개관** ☜ outline(윤곽, 개요; 테두리)
♠ **general rule 총책** ☜ rule(규정, 규칙)
♠ **in general 일반적으로, 대체로**(=generally)

☐ **gen**erality [dʒènərǽləti] 명 일반성, 보편성; 개략; 대부분 ☜ -ity<명접>

☐ **gen**eralization [dʒènərəlizéiʃən] 명 **일반화**, 보편화; **개괄, 종합; 귀납적 결과** ☜ -zation(~화(化)하기)

☐ **gen**eralize [dʒénərəlàiz] 동 **개괄[종합]하다**; 일반 법칙화하다 ☜ -ize<동접>

☐ **gen**erally [dʒénərəli/**제**너뤌리] 부 **일반적으로**, 널리, **보통** ☜ general + ly<부접>
♠ **generally speaking 대체로 말하자면, 일반적으로 말하면**

☐ **gen**eralship [dʒénərəlʃip] 명 대장의 직위〔통솔력〕 ☜ general + ship(지위, 직위)

☐ **gen**eralissimo [dʒènərəlísəmòu] 명 (pl. **-s**) [It.] 대원수, 총통
☜ 이탈리아어로 '최고의(issimo) 대장(general)'이란 뜻.

☐ **gen**eral of the army 《미》 육군 원수 ☜ army(육군)

☐ **gen**us [dʒíːnəs] 명 (pl. **genera, -es**) **종류**, 부류, 유(類); 『생물』 속(屬)
☜ gen(종류) + us<단수형 어미>

제네레이터 generator (발전기), 엔진 engine (발동기)

< 제네레이터 원리 >

♣ **어원 : gen(e), gine, gnan 만들다, 태어나다, 발생하다; 출생, 유전, 기원**

☐ **gen**erate [dʒénərèit] 동 **낳다, 발생시키다**
☜ 만들(gene) + r + 다(ate<동접>)
♠ **generate** electrical power 전력을 **생산하다**

☐ **gen**eration [dʒènəréiʃən] 명 **세대, 한 세대의 사람들; 발생; 생산, 산출** ☜ -ion<명접>
♠ **girls' generation 소녀시대** 《SM 엔터테인먼트 소속의 댄스 걸 그룹》

☐ **gen**erative [dʒénərèitiv, -rə-] 형 생산〔발생〕하는, 생식의 ☜ -ative<형접>

☐ **gen**erator [dʒénərèitər] 명 **발전기, 제네레이터**, 발생시키는 사람〔물건〕
☜ 만들(gene) + r + 다(ate<동접>) + or(사람/물건)

☐ **gen**erous [dʒénərəs] 형 후한, **관대한**; 풍부한 ☜ (고귀하게) 태어(gene) + r + 난(ous<형접>)

☐ **gen**erously [dʒénərəsli] 부 **관대하게**, 풍부하게 ☜ generous + ly<부접>

☐ **gen**erosity [dʒènərάsəti/-rɔ́s-] 명 **관대**, 관용, 아량 ☜ -ity<명접>

☐ **gen**esis [dʒénəsis] 명 (pl. **-ses**) 발생, **기원**; (the G-) 『성서』 창세기 ☜ -sis<명접>

☐ **gene** [dʒiːn] 명 『생물』 유전자, 유전 인자 ☜ 그리스어로 '생산, 종족'이란 뜻

☐ **gen**etic [dʒənétik, -ikəl] 형 유전적인, 발생〔유전, 기원〕의 ☜ -tic<형접>

☐ **gen**etics [dʒinétiks] 명 (pl. 단수취급) 유전학; (복수취급) 유전적 특질 ☜ -ics(학문)

■ con**gen**ial [kəndʒíːnjəl] 형 **같은 성질의** ☜ 함께(con<com) 태어(gen) + i + 난(al)

■ de**gen**erate [didʒénərèit] 동 **퇴보하다** ☜ 아래(de)로 만들어(gene) + r + 내다(ate)

■ en**gin**e [éndʒin/**엔**진] 명 **엔진, 발동기**, 기관 ☜ 발생(gine)을 만들다(en)

제네바 Geneva (국제적십자사 본부가 있는 스위스의 도시)

☐ **Geneva** [dʒəníːvə] 명 **제네바** 《스위스의 도시》 ★ **'주네브'는 프랑스어식 읽기《Genève》**
☜ 라틴어로 '큰 강의 어귀', 초기 인도유럽어로 '구부러진 곳, 만곡부'란 뜻.
♠ **the Geneva Convention 제네바협정** 《1864년에 제네바에서 체결된 적십자조약》

■ **Genoa** [dʒénouə] 명 **제노바** 《이탈리아의 북서부에 있는 상항(商港); 원명 Genova》
☜ 초기 인도유럽어로 '구부러진 곳, 만곡부'란 뜻.

징기스칸, 칭기즈칸 Genghis Khan (중앙아시아를 정복한 몽골제국의 건국자)

<몽골 징기스칸동상 기념관>

몽골 제국의 제1대 왕(1167~1227). 본명은 테무친. 한자식 이름은 성길사한(成吉思汗). 몽골족을 통일하고 이 칭호를 받아 몽골제국의 칸이 되었다. 중앙아시아를 평정하는 한편, 서양까지 정벌하여 동서양에 걸친 대제국을 건설하였다.

☐ **Genghis** Khan, **Chingiz** Khan, **Jinghjs**-Khan [géŋgiskáːn, dʒeŋ-], [dʒíŋgiz-káːn] 명 **칭기즈칸**(成吉思汗)(1162~1227) 《몽골제국의 시조.

원나라의 태조》 ☜ 한자어로 '위대한 왕'이란 뜻

khan [kɑ:n, kæn] 명 **칸, 한**(汗) 《중세의 타타르 · 몽골 · 중국의 주권자의 칭호; 지금은 이란 · 아프가니스탄 등의 주권자 · 고관의 칭호》 ☜ 몽골어로 '군주, 왕자'란 뜻.

제네시스 Genesis (기원; 창세기), 엔진 engine (발동기)

♣ 어원 : gen(e), gine, gnan 만들다, 태어나다, 발생하다; 출생, 유전, 기원

< 현대자동차 제네시스 엠블럼 >

■ **gene**rator [dʒénərèitər] 명 **발전기, 제네레이터**, 발생시키는 사람〔물건〕
☜ 만들(gene) + r + 다(ate<동접>) + or(사람/물건)

■ **gene**sis [dʒénəsis] 명 (pl. **-ses**) 발생, **기원**; (the G-) 〖성서〗 창세기
☜ 만들(geni) 기(sis<명접>)

□ **geni**al [dʒí:njəl, -niəl] 형 (봄 날씨 따위가) **온화한, 정다운**
☜ 타고난(geni) 성질의(al<형접>)

□ **geni**ality [dʒì:niǽləti] 명 온화, 친절 ☜ 타고난(geni) 성질의(al) 것(ity<명접>)

□ **geni**tive [dʒénətiv] 명형 〖문법〗 소유격(의), 속격(屬格)(의)
☜ (~에게서) 만들어진(geni) 것의(tive<형접>)

□ **geni**us [dʒí:njəs, -niəs] 명 (pl. **-es**) **천재**, 비범한 재능; 수호신 ☜ 타고난(geni) 것(us<명접>)
♠ He has **a genius** for music. 그는 음악에 **천재적인 재능**이 있다.

□ **gen**ome, **gen**om [dʒí:noum/**지**-노움], [-nɑm] 명 〖생물〗 **게놈**, 유전정보 ★ **발음 주의**

□ **gen**teel [dʒentí:l] 형 품위 있는; **가문이 좋은** ☜ 불어이며, gentle과 같은 뜻

□ **gentile, Gentile** [dʒéntail] 명 〖성서〗 (유대인 입장에서) 이방인, 《특히》 기독교도 형 (or G-) 유대인이 아닌; 《특히》 기독교도의, 이교도의 ☜ 라틴어로 '(로마) 태생(gen) 의(tile)'란 뜻.

□ **gen**tle [dʒéntl/**젠**틀] 형 (-<-tl**er**<-tl**est**) **점잖은, 온화한**; 예의바른
☜ (고귀하게) 태어(gen) 난(le<형접>)
♠ **as gentle as a lamb 양처럼 순한**

□ **gen**tleman [dʒéntlmən/**젠**틀먼] 명 (pl. **-men**) **신사, 젠틀맨**; 신분이 높은 사람
☜ gentle + man(남자)

□ **gen**tlemanly [dʒéntlmənli] 형 신사적인, 점잖은 ☜ -ly<부접>

□ **gen**tlefolk [dʒéntlfouk/-fəuk] 명 (pl.) 문벌이 좋은 사람들
☜ gentle + folk(사람들, 민속음악) + s<복수>

□ **gen**tleness [dʒéntlnis] 명 **친절**, 정다움 ☜ gentle + ness<명접>

□ **gen**tly [dʒéntli] 부 **점잖게, 부드럽게**; 양반답게 ☜ -ly<부접>

□ **gen**try [dʒéntri] 명 《영》 귀족, **상류사회** ☜ -ry<명접>

□ **gen**uine [dʒénjuin] 형 순종의, **진짜의**, 진심인 ☜ 타고(gen + u + 난(ine<형접>)

□ **gen**uinely [dʒénjuinli] 부 **진정으로** ☜ genuine + ly<부접>

■ en**gine** [éndʒin/**엔**진] 명 **엔진, 발동기**, 기관 ☜ 발생(gine)을 만들다(en)

■ in**gen**ious [indʒí:njəs] 형 **재간[재치]있는, 정교한**
☜ 발생(gen)을 + i + 만드(in<en) 는(ous<형접>)

■ pre**gnan**t [prégnənt] 형 **임신한** ☜ 태어나기(gnan) 전(pre) 의(t)

□ **genre**(유형, 장르), **genus**(종류) ➔ **general**(일반적인, 육군 대장) **참조**

내셔널 지오그래픽 National Geographic (미국 다큐멘터리 TV채널)

미국국립지리학회가 1888년 창간한 잡지이자 내셔널지오그래픽협회와 21세기 폭스사가 1997년 설립한 미국의 TV채널. 내셔널지오그래픽 채널은 주로 자연, 과학, 문화, 역사, 과학적인 오락프로그램과 다큐멘터리를 방송하며 2013년 기준 미국 TV 가구 74%가 시청하고 있다. <출처 : 위키백과 / 일부인용>

♣ 어원 : geo 지구, 토지, 땅

※ **nation** [néiʃən/**네**이션] 명 **국가**, [집합적] 국민 ☜ 라틴어로 '출생'이란 뜻

※ **nation**al [nǽʃənəl/**내**셔널] 형 **국가**(국민)**의**, **국가**(국민)**적인** ☜ -al<형접>

□ **geo**graphic(al) [dʒì:əgrǽfik(əl)] 형 **지리학(상)의**; 지리(학)적인
☜ 땅을(geo) 그리는<묘사하는(graph) 학문(y) 의(cal)
♠ There are a lot of **geographic features** in china.
중국에는 많은 **지리적 특색**이 있다.

□ **geo**graphically [dʒì:əgrǽfikəli] 부 지리학상, 지리적으로 ☜ -ly<부접>

□ **geo**grapher [dʒi:ɑ́grəfər/dʒiɔ́g-] 명 **지리학자** ☜ -er(사람)

□ **geo**graphy [dʒi:ɑ́grəfi/dʒiɔ́g-] 명 **지리학** ☜ -y(학문)

□ **geo**logic(al) [dʒì:əlɑ́dʒik(əl)/dʒiəlɔ́dʒik(əl)] 형 **지질학(상)의**; 지질의
☜ 지질(geo) 학(logy) 의(cal)
♠ **geological survey 지질학자** ☜ survey(조사하는 사람)

□ **geo**logist [dʒi:ɑ́lədʒist/dʒiɔ́l-] 명 **지질학자** ☜ 지질(geo) 학자(logist)

□ **geo**logy [dʒi:ɑ́lədʒi/dʒiɔ́l-] 명 **지질학** ☜ 지질(geo) 학(logy)

☐ **geo**meter [dʒiːάmitər/dʒiɔ́m-] ⓜ **기하학자**; 〖곤충학〗 자벌레 ☜ 땅을(geo) 측정하는(meter) 사람
☐ **geo**metry [dʒiːάmətri/dʒiɔ́m-] ⓜ **기하학** ☜ geometer + y(학문)
☐ **geo**metric(al) [dʒìːəmétrik(əl)] ⓗ **기하학(상)의**; 기하학적인 ☜ geometry + ic(al)<형접>
☐ **geo**morphic [dʒìːəmɔ́ːrfik] ⓗ 지형의; 지형학의 ☜ 땅(geo)의 형태(morph)상 의(ic)
☐ **geo**morphology [dʒìːəmɔːrfάlədʒi] ⓜ 지형학 ☜ geomorphic + ology(학문)
☐ **geo**physics [dʒìːoufíziks] ⓜ 지구물리학 ☜ 지구(geo) 물리학(physics)
☐ **geo**politic(al) [dʒìːoupάlitik(əl)] ⓗ 지정학(상)의 ☜ 땅(geo)의 정치학(politic) 의(al)
☐ **geo**ponics [dʒìːəpάniks] ⓜ (pl. 단수취급) 농경술, 농학 ☜ 땅(geo)에 심는(pon) 학문(ics)
☐ **geo**science [dʒìːousáiəns] ⓜ 지구과학 ☜ 지구(geo) 과학(science)
☐ **geo**technology [dʒìːouteknάlədʒi/-nɔ́l-] ⓜ 지질공학 ☜ 지구(geo) 기술(techn) 학문(ology)

조지아 Georgia (❶ 미국 동남부의 주 ❷ 흑해 연안 러시아와 터키 사이에 위치한 조지아 공화국)

☐ **Georgia** [dʒɔ́ːrdʒə] ⓜ **조지아** 《미국 남부의 주; 생략: Ga; 주도 Atlanta》; **조지아**(공화국) 《옛 그루지야 공화국; 1991년 독립; 수도 트빌리시(Tbilisi)》
☜ 초기 기독교 순교자인 성(聖) 게오르기우스(Georgius)의 영어식 이름에서

G

제라늄 geranium (남아프리카 원산 관상용 여러해살이풀)

☐ **geranium** [dʒəréiniəm] ⓜ 〖식물〗 **제라늄**, 양아욱; (G-) 이질풀속(屬)
☜ 고대 그리스어로 '두루미'라는 뜻. 두루미를 닮았다고 한 데서.

연상 점(mole.피부의 점)을 점점 커지게 하는 점(germ.세균)

♣ 어원 : germ 싹, 봉우리
☐ **germ** [dʒəːrm] ⓜ 미생물, 병원균, **세균** ☜ 라틴어로 '싹, 눈'이란 뜻
♠ **germ warfare 세균전**
☐ **germ**inal [dʒə́ːrmənəl] ⓗ **새싹의**, 근원의
☜ 싹트는(germ) 것(in) 의(al<형접>)
☐ **germ**inant [dʒə́ːrmənənt] ⓗ 싹트는; 시초의
☜ 싹트는(germ) 것(in) 의(ant<형접>)
☐ **germ**inate [dʒə́ːrmənèit] ⓓ **싹트다**, 발아하다 ☜ -ate<동접>

Germ(세균)

게르만족(族) Germanic people (게르만어(語)를 사용하는 민족)

☐ **German** [dʒə́ːrmən/**저**-먼] ⓗ **독일의; 독일 사람의** ⓜ **독일 사람; 독일어**
☜ 라틴어로 '게르만 사람들'이란 뜻
☐ **German**y [dʒə́ːrməni/**저**-머니] ⓜ **독일** 《1990년 45년간의 동서분단 끝에 재통일 이룩; 공식 명칭 the Federal Republic of Germany 독일연방공화국》
☜ 라틴어로 '게르만 사람들의 땅'이란 뜻
☐ **German**ic [dʒəːrmǽnik] ⓗ 독일(사람)의; **게르만**민족의 ☜ -ic<형접>
※ **people** [píːpl/**피**-플] ⓜ [복수취급] **사람들; 국민**, 민족 ☜ 중세영어로 '사람들'

제론톨로지 gerontology (노화(老化)에 대하여 연구하는 학문)

♣ 어원 : ger, geront 늙은, 노령(의), 노인(의), 장로(의)
☐ **geront**ology [dʒèrəntάlədʒi/-tɔ́l-] ⓜ 노인학, 노년학 《노화 현상 연구》
☜ 노인(geront) + o + 학문(logy)
♠ That college does a lot of **research in gerontology**.
그 대학은 **노인학에 대한 연구**를 많이 하고 있다.
☐ **geront**ocracy [dʒèrəntάkrəsi/-tɔ́k-] ⓜ 노인〔장로〕 정치, 노인〔장로〕 정부
☜ 노인(geront) + o + 정치(cracy)
☐ **geront**ocratic [dʒiràntəkrǽtik] ⓗ 장로정치의 ☜ 노인(geront) + o + 정치(crat) 의(ic)

Gerontology

게리멘더링 GerryMandering (특정정당에 유리한 선거구 획정)

미국 매사추세츠 주지사였던 엘브리지 게리(E. Gerry)가 1812년의 선거에서 자기 당에게 유리하도록 선거구를 정했는데 그 부자연스러운 형태가 샐러맨더(salamander, 불속에 산다는 그리스 신화의 불도마뱀)와 비슷한 데서 유래하였다 <출처 : 시사상식사전 / 일부인용>

♣ 어원 : mander, meaner 뱀; 구불구불하다

□ gerry**mander** [dʒérimæ̀ndər, gér-] ⓢ《미》(선거구를) 자기 당에 유리하게 고치다; 부정(不正)을 하다, 속이다 ⓜ (당리를 위한) 선거구 개편, **게리맨더**; 속임수
☜ 매사추세츠 주지사 게리(**Gerry**) + 그리스 신화의 불 도마뱀(sala**mander**)

□ gerry**mander**ing [dʒérimæ̀ndəriŋ, gér-] ⓜ **게리멘더링**《선거시 특정한 당에게 유리하도록 선거구를 획정하는 것》 ☜ -ing(~하는 것<명접>)

■ sala**mander** [sǽləmæ̀ndər] ⓜ 【그.신화】 **샐러맨더**, 불도마뱀《불 속에 산다는 전설의 괴물》; 불의 정(精) ☜ 중세영어로 '불속에 살고 불을 먹는 도롱뇽'이란 뜻

■ **meander** [miǽndər] ⓜ (pl.) (강의) 구불구불함; 꼬부랑길; 정처 없이 거닒 ⓢ 완만히 굽이쳐 흐르다; 정처 없이 걷다 ☜ 라틴어로 '구불구불한 길'이란 뜻

제스처 gesture (몸짓)

♣ **어원 : gest, gist, ger 나르다, 운반하다, 전하다, 행하다**

□ **gest**ate [dʒésteit] ⓢ 임신하다; 창안(創案)하다; (계획 등이) 점차 구체화되다.
☜ (아이나 생각 등을) 가져오(gest) 다(ate<동접>)
♠ Ideas that I **gestated** in my youth. 내가 젊은 시절 **품었던** 이상들

□ **gest**ation [dʒestéiʃən] ⓜ 임신 (기간); (계획 등의) 창안, 그 기간 ☜ -ation<명접>

□ **gest**ure [dʒéstʃər] ⓜ 몸짓, 손짓, **제스처** ☜ (생각을) 전하는(gest) 것(ure)
♠ **a gesture** of sympathy 동정의 **의사 표시**

□ **gest**iculate [dʒestíkjulèit] ⓢ 몸짓으로 표시하다 ☜ (생각을) 전하는(gest) 것(cul)을 만들다(ate)

□ **gest**iculation [dʒestìkjuléiʃən] ⓜ 몸짓, 손짓 ☜ -ation<명접>

□ **ger**und [dʒérənd] ⓜ 【문법】 **동명사**《명사적 성질을 띤 동사 변화형의 일종: ~ing》
☜ 행하는(ger) 것(und)

✚ con**gest** **혼잡하게 하다** di**gest** **소화하다**; 요약하다; **요약**; 소화물 di**gest**ive **소화의**; 소화를 돕는 in**gest** 섭취하다 re**gist**er **기록부, 등록부** sug**gest** **암시하다, 제안[제의]하다**

G

골게터 goal getter ([축구 · 농구 등] 득점자, 고득점자)

※ **goal** [goul] ⓜ **골, 결승점[선]**; 득점; 목표, 목적지 ☜ 중세영어로 '경계'의 뜻

□ **get** [get/겥] ⓢ (-/**got**/**got**〔**gotten**〕) **받다, 얻다; ~에 이르다, 도달하다**
☜ 초기 인도유럽어로 '붙잡다, 움켜쥐다'란 뜻
♠ **get a chance to ~ ~할 기회를 갖다**
♠ **get a cold 감기에 걸리다**
♠ **get a good** 〔poor, bad〕 **grade 좋은** 〔나쁜〕 **점수를 받다**
♠ **get a rest 휴식을 취하다, 쉬다**
♠ **get a seat 자리에 앉다**
♠ **get about 돌아다니다; 퍼지다; 일에 열중하다**
♠ **get along (with) 살아가다; (일 따위가) 진척되다; ~와 사이좋게 지내다**
♠ **get at ~ ~에 도달하다; 이해하다**
♠ **get away 달아나다; 떠나다**
♠ **get away from ~ ~에서 떠나다, ~을 그만두다**
♠ **get away with ~ ~을 가지고 달아나다, (벌을 받지 않고) 해내다**
♠ **get back 돌아오다, 돌아가다; 되찾다; 돌려보내다; 복수하다**
♠ **get better 좋아지다, 나아지다, 회복하다**
♠ **get down ~ ~에서 내리다; 삼키다**
♠ **get down to ~ ~에 착수하다**
♠ **get exercise 운동을 하다**
♠ **get hold of ~ ~을 잡다**
♠ **get in ~ ~에 들어가다; (탈것에) 타다; 도착하다**
♠ **get in touch with ~ ~와 연락하다**
♠ **get into ~ ~에 들어가다; ~에 타다; 몸에 걸치다**
♠ **get it 이해하다; 벌을 받다, 꾸지람 듣다**
♠ **get lost 길을 잃다, 미아가 되다**
♠ **get married to ~ ~와 결혼하다**
♠ **get off (탈것에서) 내리다; 출발하다; ~을 피하다; ~을 면하다**
♠ **get on (탈것에) 타다; 출세하다; 입다; 진보하다**
♠ **get on with ~ ~와 의좋게 지내다; ~을 진척시키다**
♠ **get out 나가다, 달아나다**
♠ **get out of ~ ~에서 나오다, ~에서 내리다; ~에서 꺼내다, ~을 알아내다, ~으로부터 벗어나다**
♠ **get out of the** 〔one's〕 **way 방해되지 않도록 하다, 비키다, 피하다**
♠ **get over (병에서) 회복하다; ~을 건너다; ~을 잊어버리다; (곤란을) 극복하다**

♠ **get ready to (for) ~ ~할 준비가 되다, 기꺼이 ~하다**
♠ **get rid of ~ ~을 없애다, 제거하다**
♠ **get the better (worst) of ~ ~에 이기다** (지다)
♠ **get through 끝내다; 합격하다; 통과시키다; 다 써버리다**
♠ **get through with ~ ~을 끝내다; 완성하다**
♠ **get to ~ ~에 도착하다; ~하기 시작하다; ~이 되다; ~에 연락이 되다**
♠ **get to the point 요점을 말하다; ~의 단계[정도]에 이르다**
♠ **get together 모이다, 모으다; 협력하다**
♠ **get under (화재 따위를) 끄다, 진압하다**
♠ **get up 일어나다**
♠ **get well 병이 낫다, 회복하다**

☐ **get**ter [gétər] 명 갖는(얻는) 사람 ☜ 얻는(get) + t<자음반복> + 사람(사람)
☐ **get**away [gétəwei] 명 도망, 도주, 출발, 스타트 ☜ 멀리(away) 이르다(get)

게티즈버그 연설 Gettysburg Address (링컨이 게티즈버그에서 한 연설)

G

☐ **Gettysburg** [gétizbə̀ːrg] 명 **게티즈버그** 《미국 Pennsylvania주 남부의 도시; 남북전쟁 최후의 결전장(1863년)》 ☜ 1780년 이 도시를 설계한 제임스 게티스(James Gettys)의 이름 + 성(城)/도시(burg)
☐ **Gettysburg** Address [the ~] **게티즈버그** 연설 《1863년 11월 19일 링컨이 게티즈버그에서 한 민주주의 정신에 관한 유명한 연설》 ☜ address(연설; 주소)
♠ **Government of the people, by the people, for the people**
국민의, 국민에 의한, 국민을 위한 정부 - 링컨의 게티즈버그 연설 중 -

가나 Ghana (아프리카 서부의 공화국)

☐ **Ghana** [gáːnə] 명 **가나** 《아프리카 서부의 공화국; 수도 아크라(Accra)》
☜ 니제르 콩고어족인 만데(Mande)어로 '왕(王)'이란 뜻.
☐ **Ghana**ian, Ghanian [gáːniən, gǽ-] 형명 **가나**의, **가나** 사람(의) ☜ -ian(~의/~사람)

고스트 버스터즈 Ghostbusters (미국 SF 영화. <유령파괴자들>이란 뜻)

1984년 개봉한 미국의 SF/판타지/코미디영화. 뉴욕에서 괴짜교수 4명이 뉴욕에 출몰하는 유령들을 잡기위해 유령퇴치전문회사 '고스트 버스터즈'를 설립, 가지각색의 유령들을 잡아들이기 시작한다. 2016년 동명의 영화가 리부트(reboot)되어 개봉되었는데 남성 4인조가 여성 4인조로 대체된 것이 특징이다.

☐ **ghost** [goust] 명 **유령**, 망령(亡靈) ☜ 고대영어로 '영혼'이란 뜻
♠ **a creepy ghost story 오싹한 귀신 이야기**
☐ **ghost**ly [góustli] 형 (-<-li**er**<-li**est**) **유령의**, 유령 같은, 유령이 나올 듯한 ☜ ghost + ly<형접>
☐ **ghost** story 괴담 ☜ story(이야기)
☐ **ghost** writer 대작 문인(代作文人) ☜ write(쓰다) + er(사람)
☐ **ghast**ly [gǽstli, gáːst-] 형 (-<-li**er**<-li**est**) 핼쑥한; 송장 같은; **무서운** 부 **무섭게** ☜ 고대영어로 '두려워(하게)하다'란 뜻
※ **buster** [bʌstər] 명 파괴하는 사람(물건)(=trustbuster), 《구어》 거대한 물건, 굉장한 것(=blockbuster) ☜ 부수는(bust) 사람(er)

© Columbia Pictures

지 아이 제인 G.I.Jane (미국 액션 영화. <여군병사>란 뜻)

1997년 개봉한 미국의 액션 영화. 데미무어 주연. 정치적 희생양이 될 뻔한 미해군 특수부대 네이비씰(Navy SEAL) 최초의 여전사가 갖은 고난과 역경을 극복하고 탄생되는 과정을 그린 영화. <출처 : 네이버영화 / 일부인용>

☐ **GI, G.I.** **G**overnment(General) **I**ssue의 약자. 관(급)품; 미군병사
★ a G.I. Joe (남군병사), a G.I. Jane (여군병사)
※ **SEAL** [siːl] 【미.해군】 **Se**a, **A**ir, **L**and (Team) 《미해군 특수부대; 실》
☜ 바다와 하늘, 땅 어디에서든지 임무수행이 가능한 전천후 특수부대라는 뜻. 대한민국 해군에도 UDT/SEAL팀이 있다.

© Buena Vista Pictures

롯데 자이언츠 Lotte Giants (부산이 연고지인 프로야구단)

※ **Lotte** [láti/라티] 명 **롯데** 《여자 이름. Charlotte의 애칭》
★ 독일의 대문호 괴테의 불후의 명작 『젊은 베르테르의 슬픔』에서 순수한 청년 베르테르가 첫 눈에 반한 여자

☐ **giant** [dʒáiənt/**자**이언트] ⓜ (신화·전설 등에 나오는) **거인** ⓗ 거대한
☞ 그리스어로 '거대한 사람'이란 뜻
♠ He is a 2-meter-tall **giant**.
그는 키가 2 미터나 되는 **거인**이다.

■ **gigant**ic [dʒaigǽntik] ⓗ **거인 같은**, 거대한, 거창한
☞ gigant=giant + ic(같은)

지브롤터 Gibraltar (이슬람 타리크가 점령한 스페인 남단의 항구도시)

☐ **Gibraltar** [dʒibrɔ́ːltər] ⓜ **지브롤터** 《스페인 남단(南端)의 항구 도시로 영국의 직할식민지; 생략: Gib(r).》 ☞ '타리크의 언덕'이라는 뜻의 자발 알 타리크(Jabal al ārig)에서 유래. 타리크는 사라센의 대장으로 711년 이 곳에 상륙하여 성곽을 건설하였다.
♠ the Strait of **Gibraltar 지브롤터** 해협

오마이갓 Oh, My God (놀람의 감탄사)

♣ **어원 : god, gid 신(神)**

※ **oh** [ou/오우] ⓖ **오오 !**

※ **my** [mai/마이, məi, mə] ⓓ **나의** 《I의 목적격》 ☞ mine(나의 것)의 변형

■ **god** [gɑd/가드/gɔd/고드] ⓜ (G-) (일신교, 특히 기독교의) **신, 하나님**, 하느님, 조물주
☞ 고대영어로 '신, 조물주'란 뜻

☐ **giddy** [gídi] ⓗ (-<-di**er**<-di**est**) **현기증 나는**; 어지러운
☞ 초기독일어로 '신에 사로잡힌', 고대영어로 '광기의'라는 뜻
♠ **I feel giddy. 어지럽다**

앙드레 지드 Andre Gide (프랑스의 소설가, 비평가)

☐ **Gide** [ʒiːd] ⓜ **지드** 《Andre ~, 프랑스의 소설가이자 비평가. 1947년 노벨문학상 수상(1869~1951)》 ★ **대표작 : 『좁은 문』, 『사전꾼들』 등**

기프트샵 gift shop (선물가게)

☐ **gift** [gift/기프트] ⓜ **선물**; 타고난 재능 ☞ 고대영어로 '하늘이 준 것' 이란 뜻
ⓓ **선물로 주다** ★ **gift는 present 보다 형식을 차린 말**
♠ **birthday gifts 생일 선물**
♠ **gift certificate 상품권**

☐ **gift**ed [gíftid/**기**프티드] ⓗ **타고난 재능이 있는** ☞ 선물(gift)을 받은(ed)

☐ **gift**wrapping [gíftræpiŋ] ⓜ 선물용 포장재료 《포장지·리본 등》
☞ 선물(gift)을 싸(wrap) + p<**단모음+단자음+자음반복**> + 는(ing<**형접**>)

■ **give** [giv/기브] ⓓ (-/**gave**/**given**) **주다** ☞ 고대영어로 '하늘이 주다' 란 뜻

※ **shop** [ʃɑp/샵/ʃɔp/숍] ⓜ 《영》 **가게**, 상점; 소매점 (《미》 store); 《미》 **공장** ⓓ **가게에서 물건을 사다** ☞ 고대 독일어로 '벽이 없는 건물, 외양간'

기가 giga- (10억, 무수(無數)란 뜻의 결합사)

☐ **giga-** [gigə-, dʒigə] '10억, 무수(無數)'란 뜻의 결합사 ☞ 그리스어로 '거대한'
★ **킬로(K): 10의 3승 < 메가(M): 10의 6승 < 기가(G): 10의 9승 < 테라(T): 10의 12승 < 페타(P): 10의 15승 < 엑사(E): 10의 18승 < 제타(Z): 10의 21승 < 요타(Y): 10의 24승**

☐ **giga**bit [gígəbìt,dʒíg-] ⓜ 【전산】 **기가비트** 《10억 비트》

☐ **giga**bite [gígəbait,dʒíg-] ⓜ 【전산】 **기가바이트** 《1GB=1,024MB》

☐ **giga**hertz [dʒígəhèːrtz] ⓜ 【전자】 **기가헤르츠** 《10억 헤르츠; 생략: GHz》

☐ **giga**meter [dʒígəmìːtər] ⓜ 【길이】 **기가미터** 《10억 미터, 100만 킬로미터》

☐ **giga**ntic [dʒaigǽntik] ⓗ **거인 같은**, 거대한, 거창한 ☞ 거인(gigant=giant) 같은(ic)
♠ **a man of gigantic build** 〔strength〕 **거인 같은 큰 남자** 〔힘의 소유자〕

☐ **giga**watt [dʒígəwɑ̀t] ⓜ 【전기】 **기가와트** 《10억 와트; 생략: GW, Gw》

■ **giant** [dʒáiənt/**자**이언트] ⓜ (신화·전설 등에 나오는) **거인** ⓗ 거대한
☞ 그리스어로 '거대한 사람'이란 뜻

연상 ▶ 튀김이 지글지글(sizzle) 끓자 여자들은 기글(giggle.낄낄웃다)거렸다.

※ **sizzle** [sízəl] ⓓ (튀김·기름 등이) 지글거리다, 찌는 듯이 덥다 ⓜ 지글지글 ☞ 의성어

☐ **giggle** [gígəl] ⓓ [의성어] **킥킥[낄낄] 웃다** ⓜ 킥킥〔낄낄〕 웃음 ☞ 의성어
♠ She **giggled at** the joke. 그녀는 그 농담**을 듣고 킥킥거렸다**.

■ **jiggle** [dʒígəl] 동명 가볍게 흔들다[흔듦] ☜ 근대영어로 '앞뒤로, 위아래로 움직이다'란 뜻

■ **wiggle** [wígəl] 동 (몸 등을) 흔들다, 움직이다 명 뒤흔듦, 몸부림
☜ 중세 독일어로 '앞뒤로 움직이다'란 뜻

■ **wriggle** [rígəl] 동 몸부림치다, (지렁이 등이) **꿈틀거리다**
☜ 중세 저지(低地) 독일어로 '꿈틀거리다'란 뜻

© Paramount Pictures

아메리칸 지골로 American Gigolo (미국 범죄 영화. <미국 남창>)

1985년 개봉한 미국의 범죄/스릴러 영화. 리처드 기어, 로렌 허튼 주연. LA의 고급 남창(男娼)이 살인사건에 연루되자 그를 진실로 사랑한 미셜부인이 그의 알리바이를 증명해 주는데... <출처 : 네이버영화>

※ **America**n [əmérikən/어**메**뤼컨] 형 **아메리카의, 미국의** 명 **아메리카 사람, 미국인[영어]** ☜ 아메리카 대륙(America) 의/사람(an)

☐ **gigolo** [dʒígəlòu, ʒíg-] 명 (pl. **-s**) (창녀 등의) 기둥서방; 제비족(남자); (남자) 직업댄서
☜ 프랑스어로 '나이 든 여자가 돌봐주는 젊은 애인'이란 뜻
♠ He looks like a **gigolo**. 그는 꼭 **제비족**같이 생겼다

도전 골든벨 Golden Bell (KBS 1TV 고교 퀴즈프로그램. <황금종>이란 뜻)

■ **gold** [gould/고울드] 명 **금, 황금**, 황금(색) 형 금의, 금으로 된
☜ 고대영어로 '금'이란 뜻

■ **gold**en [góuldən/**고**울던] 형 (황)**금빛의; 귀중한; 융성한** ☜ 금(gold) 으로 된(en)

☐ **gild** [gild] 동 **~에 금[금박]을 입히다**, ~을 도금하다 ☜ 고대영어로 '얇은 금을 입히다'란 뜻
♠ **gild** a picture frame 사진틀에 **금박을 입히다**

☐ **gild**ed [gíldid] 형 금박을 입힌, 금도금한 ☜ -ed<형접>

☐ **gild**ing [gíldiŋ] 명 도금(술), 금박 입히기 ☜ -ing<명접>

☐ **gilt** [gilt] 명 **입힌[바른] 금; 겉치장**, 허식 ☜ gild의 과거분사 ➔ 형용사

☐ **gilt**-edged [gílt-èdʒd] 형 금테의, 최고급의 ☜ edge(테두리, 모서리) + ed<형접>

※ **bell** [bel/벨] 명 **종**; 방울, 초인종, **벨** ☜ 고대영어로 '고함치다, 소리지르다'란 뜻

길가메시 Gilgamesh (수메르와 바빌로니아 신화의 영웅)

세계에서 가장 오래된 바빌로니아의 서사시 <길가메시 서사시>의 주인공이자 영웅. 반신반인(半神半人)으로 전설상의 국가인 고대 메소포타미아 수메르 왕조의 우르크왕. 그의 적이자 변함없는 친구였던 엔키두와 함께 한 무훈담 <길가메시 서사시>는 기원전 2000년대의 점토판에 기록되어 있다.

☐ **Gilgamesh** [gílgəmèʃ] 명 『수메르 전설』 **길가메시** 《수메르와 바빌로니아 신화의 영웅》

잭앤질 Jack and Jill (미국 코미디 영화. <선남선녀>란 뜻)

2011년 제작된 미국 코미디 영화. 아담 샌들러, 알 파치노 주연. 아담 샌들러가 1인 2역을 했다. 오빠가 애물단지같은 쌍둥이 여동생을 시집보내기 위해 노력하지만 번번히 실패한다... 세간의 재미있다는 평가에도 불구하고 2012년 최악의 영화를 뽑는 제32회 골든 라즈베리 시상식에서 (무려 10개 부문에서) 최악의 영화로 선정되었다.

※ **jack** [dʒæk] 명 (J-) **사나이; 남자**, 놈; 노동자
☜ 라틴어로 Jacob(야곱), 영어로 John

※ **and** [ənd/언드, nd, ən, n; (강) ænd/앤드] 접 **~와, 그리고**
☜ 고대영어로 '그래서, 그 다음'이란 뜻

☐ **gill, Gill** [gil] 명 **처녀, 소녀**, 애인, 연인; ☜ 중세영어로 '처녀'란 뜻
아가미 ☜ 고대 노르드어로 '입술, 아가미'란 뜻
♠ **Jack and Gill** [Jill] **총각과 처녀, 젊은 남녀, 선남선녀(善男善女)**
♠ **Every Jack has his Gill.** 『속담』 **모든 남자들에겐 제각기 짝이 있다. 짚신도 짝이 있다.**

© Columbia Pictures

진토닉 Gin & Tonic (gin에 토닉워터를 첨가하여 만든 칵테일)

☐ **gin** [dʒin] 명 **진** 《노간주나무의 열매를 향기로 넣은 독한 술》
☜ 라틴어로 '노간주나무'란 뜻.

※ **&** [ənd, ænd], [et], [ǽmpərsæ̀nd] 접 『and 기호, **앰퍼샌드** (ampersand)』 **~와(과)**
☜ 라틴어 et(=and). 알파벳 E와 T를 결합해서 만든 기호

※ **tonic** [tάnik/tɔ́n-] ⓗ **튼튼하게 하는**; 원기를 돋우는 ⓜ **강장제; 토닉워터**
☞ 그리스어로 '펼치다(ton<ten) + ic<형접/명접>'

진저에일 giner ale (생강의 매운 맛과 향을 더한 탄산음료)

☐ **ginger** [dʒíndʒər] ⓜ 【식물】 **생강** ⓗ 생강맛의 ⓓ **생강으로 맛들이다** ☞ 산스크리트어로 '뿔의 형태를 지닌 몸'이란 뜻
♠ **a teaspoon of ground ginger 다진 생강 한 숟갈**

☐ **ginger**bread [dʒíndʒərbrèd] ⓜ **생강빵**(쿠키), **진저브레드** ☞ bread(빵)

☐ **ginger**y [dʒíndʒəri] ⓗ 생강의, 생강 맛이 나는
☞ 생강(ginger) 의(y<형접>)

※ **ale** [eil] ⓜ **에일맥주** 《lager beer보다 독하나, porter보다 약한 맥주》 ☞ 고대영어로 '에일 맥주'란 뜻

인삼(人蔘), 진생 ginseng

☐ **ginseng** [dʒínseŋ] ⓜ 【식물】 **인삼**; 그 뿌리 ☞ 한자의 인삼(人蔘), 즉 '사람모양의 풀뿌리'란 뜻. 1843년 러시아학자가 세계식물학회에 일본식 발음인 ginseng으로 등록한데서 유래했다.
♠ **ginseng tea 인삼차(人蔘茶)**

집시 Gipsy, Gypsy (유랑민족)

☐ **Gipsy, Gypsy** [dʒípsi] ⓜ **집시**. 《특히》 방랑자, 유랑민족 ☞ **Egyptian**의 두음소실 《16c. 영국인들이 이들을 이집트사람으로 착각한데서 유래. 통상 인도출신으로 추정》

아기기린 자라파 Zarafa (프랑스 영화. 아랍어로 <기린>의 어원)

2013년 개봉한 프랑스 애니메이션 영화. 주인공 마키와 기린 자라파가 아프리카 수단에서 터키를 거쳐 프랑스 그리고 다시 고향 아프리카로 돌아가는 과정에서 겪는 갖가지 모험과 위기를 통한 성장을 그린 영화. 1825년 이집트 총독 무하마드 알리가 유럽 국가들과의 관계회복을 위해 프랑스 샤를 10세에게 선물한 아기기린 자라파의 실화를 바탕으로 제작된 영화이다.

© Pathé

☐ **giraffe** [dʒərǽf, -rάːf] ⓜ (pl. **-s, -**) 【동물】 **기린, 지라프**
☞ 아랍어로 '빠르게 걷다'
♠ **The giraffe** has a long neck. **기린**은 목이 길다.

거들 girdle (배를 감싸는 판이 있는 탄력있는 여성 속옷)

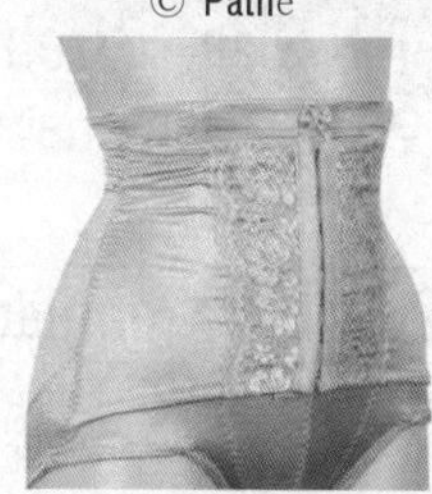

☐ **gird** [gəːrd] ⓓ (-/gird**ed**(**girt**)/gird**ed**(**girt**) **~의 허리를 졸라매다, 두르다** ☞ 고대영어로 '허리띠를 매다'란 뜻
♠ **Gird yourself** for a fight.
싸움에 대비하여 **각오를 단단히 해라**.

☐ **gird**le [gə́ːrdl] ⓜ (허리)**띠**; **거들** 《코르셋의 일종》 ⓓ 띠로 조르다
☞ 휘감는(gird) 것(le)

■ en**gird**, en**gird**le [engə́ːrd, -l] ⓓ 띠로 감다; 에워싸다, 둘러싸다
☞ 휘감게(gird) 하다(en)

걸그룹 girl band [group] (여자 아이돌 가수)

☐ **girl** [gəːrl/거얼] ⓜ **계집아이, 소녀**, 미혼여성 ☞ 고대영어로 '어린이' 라는 뜻
♠ She was a 15-year-old **girl**. 그녀는 15 살의 **소녀**였다.

☐ **girl** friend **여자친구**, 애인 **비교** boy friend 남자 친구 ☞ friend(친구)

☐ **girl**hood [gə́ːrlhùd] ⓜ 소녀임, **소녀[처녀] 시절** ☞ 소녀(girl) 시기(hood)

☐ **girl**ish [gə́ːrliʃ] ⓗ 소녀의; 소녀다운; (사내가) 계집애 같은 ☞ -ish<형접>

☐ **girl** scout 《미》 **걸스카우트**, 소녀단원 《7~17세의 일원》 ☞ scout(정찰, 척후(병))

※ **band** [bænd] ⓜ **그룹, 떼**, 한 무리의 사람들; **악단, 밴드**
☞ 고대영어로 '묶는 것, 매는 것'이란 뜻

※ **group** [gruːp/그루웁] ⓜ **떼; 그룹, 집단**, 단체 ⓓ **불러 모으다** ☞ 불어로 '덩어리'란 뜻

제스처 gesture (몸짓)

♣ 어원 : **gest, gist, ger 나르다, 운반하다, 전하다, 행하다**

■ **gest**ure [dʒéstʃər] 명 몸짓, 손짓, **제스처** ☜ (생각을) 전하는(gest) 것(ure)
□ **gist** [dʒist] 명 (the ~) (논문 · 일 따위의) **요점, 요지** ☜ (핵심을) 나르다(gist)
♠ explain **the gist 요지**를 설명하다

✚ **ger**und **동명사** con**gest 혼잡하게 하다** di**gest 소화하다**; 요약하다; **요약**; 소화물 di**gest**ive **소화의**; 소화를 돕는 in**gest** (음식 · 약 등을) 섭취하다 re**gist**er **기록부, 등록부** sug**gest** **암시하다, 제안[제의]하다**

기프트샵 gift shop (선물가게), 기브 앤 테이크 give-and-take (주고받기)

■ **gift** [gift/기프트] 명 **선물**; 타고난 재능 동 **선물로 주다**
☜ 고대영어로 '하늘이 준 것' 이란 뜻
★ gift는 present 보다 형식을 차린 말
■ **gift**ed [gíftid] 형 **타고난 재능이 있는** ☜ 선물(gift)을 받은(ed)
■ **gift**wrapping [gíftræpiŋ] 명 선물용 포장재료 《포장지 · 리본 등》
☜ 선물(gift)을 싸(wrap) + p<자음반복> + 는(ing)
□ **give** [giv/기브] 동 (-/**gave**/**given**) **주다** ☜ 고대영어로 '하늘이 주다'란 뜻
♠ **give a big hand 박수갈채를 보내다**
♠ **give a hand 도와주다, 도움을 주다**
♠ **give away 거저 주다; (비밀을) 누설하다**
♠ **give forth (소리 · 냄새 등을) 발하다, 내다; (소문 등을) 퍼트리다**
♠ **give in 항복[굴복]하다; 제출하다**
♠ **give it a try 시도하다**
♠ **give off (냄새 등을) 내다, 발하다**
♠ **give one's best wishes to ~ ~에게 안부를 전하다**
♠ **give one's love to ~ ~에게 안부를 전하다**
♠ **give oneself over to ~ ~에 열중하다**
♠ **give oneself (up) to ~ ~에 전념하다**
♠ **give out (힘이) 다하다, 다되다; 사라지다, 꺼지다; 분배하다; 발표하다**
♠ **give over 버리다, 그만두다, 단념하다, 양도하다**
♠ **give up 그만두다, 단념하다**
♠ **give ~ up for lost** 〔dead〕 **~를 죽은 것으로 치고 단념하다**
□ **give**-and-take [gívəntéik] 명 **기브앤테이크**, 주고받기 ☜ 주다(give) 그리고(and) 받다(take)
□ **give**n [gívən/기번] 형 **주어진; 경향이 있는, ~에 빠지는**
☜ give의 과거분사. 주어(give) 진(en<형접>)
※ **shop** [ʃɑp/샾/ʃɔp/숖] 명 《영》 **가게**, 상점; 소매점 (《미》 store); 《미》 **공장**
동 **가게에서 물건을 사다** ☜ 고대 독일어로 '벽이 없는 건물, 외양간'이란 뜻

기자 Giza, Gizeh (피라미드, 스핑크스가 있는 이집트 카이로 인근 도시)

□ **Giza, Gizeh** [gíːzə] 명 **기자** 《이집트 카이로 인근도시로 피라미드 · 스핑크스가 있음》
☜ 아랍어로 '고원(高原), 높고 평평한 곳'이란 뜻

인글레이셜 englacial (빙하내부의 상태)

빙하내부의 상태를 가리키는 용어로, 빙하 하부의 상태를 나타내는 서브글레이셜(subglacial), 빙하표면의 상태를 나타내는 서프라글레이셜(supraglacial) 그리고 빙하 주변상태를 가리키는 프로글레이셜(proglacial)과 구별된다. <출처 : 자연지리학사전>

♣ **어원 : glac 얼음, 빙하(기); 극한, 냉담**
■ en**glac**ial [ingléiʃəl] 형 빙하 속의, 빙하에 묻힌 ☜ 얼음(glac) 속(en<in) 의(ial)
□ **glac**ial [gléiʃəl] 형 얼음의; 차가운; 냉담한, 빙하기의 ☜ 얼음(glac) 의(ial)
♠ **the glacial epoch** 〖**지질**〗 **빙하기** ☜ epoch(시대)
♠ **the glacial period** 〖**지질**〗 **빙하시대** ☜ period(시대, 기간)
□ **glac**iate [gléiʃièit, -si-] 동 얼리다, 결빙시키다 ☜ 얼게(glac) + i + 하다(ate)
□ **glac**iation [glèiʃiéiʃən] 명 빙결; 빙하 작용 ☜ 얼게(glac) + i + 하(at) 기(ion)
□ **glac**ier [gléiʃər, glǽsjər] 명 **빙하** ☜ 어는(glac) + i + 것(er)

그라스 < 글라스 glass (유리컵), 글래머 glamour (콩글 육감적이고 풍만한 여성) ➔ a buxom (woman), a plump voluptuous woman

♣ **어원 : gla, gle(a) 빛; 빛나다, 영광스럽다, 기쁘다**
□ **glad** [glæd/글래드] 형 (-<-d**er**<-d**est**) 〔서술적〕 **기쁜**, 반가운, 유쾌한

☜ 고대 노르드어로 '밝은, 매끄러운, 기쁜'의 뜻
♠ **be glad of ~ ~하여 기쁘다**
♠ **be glad to ~ 기꺼이 ~하다; ~해서 기쁘다**

□ **glad**den [glǽdn] ⓢ 기쁘게 하다, 기뻐하다 ☜ glad + d<자음반복> + en<동접>
□ **glad**ly [glǽdli] ⓟ **즐거이, 기꺼이** ☜ glad + ly<부접>
□ **glad**ness [glǽdnis] ⓜ **기쁨**, 즐거움 ☜ glad + ness<명접>
□ **glad**some [glǽdsəm] ⓗ 《시어》 기쁜, 즐거운, 유쾌한 ☜ -some<형접>
□ **glam**o(u)r [glǽmər] ⓜ **성적**(性的) **매력**, 매혹, 신비적인 아름다움; **마법** ⓢ **매혹하다**
☜ '빛나는 마법'이란 뜻
♠ **glamour** girl **성적 매력이 많은** 여자
□ **glam**orous [glǽmərəs] ⓗ 매혹적인 ☜ glamor + ous<형접>
□ **gla**nce [glæns/글랜스/glɑːns/글란-스] ⓜ (섬광처럼) **흘긋 봄, 한번 봄**; 섬광
ⓢ **흘긋 보다**; 번쩍이다 ☜ 빛나는(gla) 것(nce)
♠ **at a glance 일견(一見)하여, 얼른 보아서**
♠ **at (the) first glance 처음 보았을 때, 얼핏 보면**
♠ **take 〔give〕 a glance at ~ ~을 힐끗 보다**
□ **gla**re [glɛər] ⓢ 번쩍번쩍 빛나다; 노려보다 ⓜ **번쩍이는 빛, 휘황**; 섬광; 노려봄
☜ 빛나는(gla) 것(r) + e
□ **gla**ring [glɛ́əriŋ] ⓗ **번쩍번쩍 빛나는**, 눈부신 ☜ glar + ing<형접>
□ **glass** [glæs/글래스/glɑːs/글라-스] ⓜ **유리(컵), 유리제품**; (pl.) **안경**
☜ 고대영어로 '빛나다' 란 뜻
□ **glass**ful [glǽsful] ⓜ 한 잔 가득 ☜ glass + ful(가득)
□ **glass**ware [glǽswer] ⓜ **유리제품** ☜ 유리(glass) 제품(ware)
□ **glass**y [glǽsi, glɑ́ːsi] ⓗ (-<-si**er**<-si**est**) **유리질의, 유리 모양의** ☜ 유리(glass) 의(y)
□ **gla**ze [gleiz] ⓜ 유리 끼우기 ⓢ **유리를 끼우다; 유리모양이 되다**; 윤을 내다
☜ 빛나게(gla) 하다(ze)
□ **gla**zier [gléiʒər/-zjər] ⓜ 유리 장수 ☜ glaze + er(사람)
□ **glea**m [gliːm] ⓜ **어스레한 빛**, 미광 ⓢ 어슴프레 빛나다
☜ 빛나는(glea) 것(m)
□ **glea**my [glíːmi] ⓗ 희미하게 빛나는, 비치는; 어렴풋한 ☜ -y<형접>

글래디에이터 gladiator (검투사)

RUSSELL CROWE
GLADIATOR
© Columbia Pictures

□ **gladi**ator [glǽdièitər] ⓜ 『고대로마』 **검투사**; 논쟁자, 논객(論客); 프로복서
☜ 라틴어로 '검(gladi)을 든 자(ator)'란 뜻
♠ **A gladiator** does not fear death.
검투사는 죽음을 두려워하지 않는다.
□ **gladi**atorial [glædiətɔ́ːriəl] ⓗ **검투사의**, 논쟁자의 ☜ -ial<형접>

□ **glamour**(성적 매력; 마법), **glamorous**(매혹적인) ➔ **glad**(기쁜) **참조**

연상 추수가 끝난 논에 가서 클린(clean.깨끗)하게 글린(glean.이삭을 줍다)해라.

※ **clean** [kliːn/클린-] ⓗ 청결한, **깨끗한** ☜ 고대영어로 '이물질이 섞이지 않은'이란 뜻
□ **glean** [gliːn] ⓢ (이삭을) **줍다**. 주워 모으다, 수집하다 ☜ 후기 라틴어로 '줍다'란 뜻
♠ **glean** heads of grain 이삭을 **줍다**
□ **glean**er [glíːnər] ⓜ 이삭 줍는 사람; 수집가 ☜ 줍는(glean) 사람(er)
□ **glean**ing [glíːniŋ] ⓜ 이삭줍기; 수집물 ☜ 줍(glean) 는(ing<형접>)

□ **glee**(기쁨) ➔ **glimmer**(희미하게 빛나다) **참조**

글렌체크 glen check ([Sc.] Glenurquhart <글래너카트 협곡>에서 제작된 체크무늬천)

□ **glen** [glen] ⓜ **(산)골짜기**, 좁은 계곡, 협곡 ☜ 초기 켈트어로 '계곡'
♠ **the monarch of the glen 계곡의 제왕 《수사슴》**
□ **glen** check 〔plaid〕 **글렌 체크, 글렌 플래드** 《격자무늬의 일종; 그 천》
☜ check(차단; 점검; 격자무늬), plaid(격자무늬, 격자무늬의 천)

글라이더 glider (활공기)

□ **glid**e [glaid] ⓜ **활주**, 미끄러지기; 『항공』 활공 ⓢ **미끄러지다**, 활주하다
☜ 고대영어로 '부드럽고 쉽게 미끄러지다'란 뜻

♠ **hang glide 행글라이더를 타다**

☐ **glid**er [gláidər] ⓜ 〖항공〗 **글라이더**, 활공기 ☜ 활공하는(glid) 기계(er)

☐ **glid**ing [gláidiŋ] ⓗ 미끄러지는; 활공〔활주〕하는 ⓜ 활공, 활주 ☜ glid + ing<형접/명접>

☐ **glid**ingly [gláidiŋli] ⓑ 미끄러지듯, 술술 ☜ gliding + ly<부접>

글로리아 Gloria (영광의 찬가), 립글로스 lip gloss (입술 윤기 화장품)

♣ 어원 : **gle, gli, glo 빛, 영광; 빛나다, 영광스럽다, 기쁘다**

■ **Glo**ria [glɔ́:riə] ⓜ (or G-) 영광의 찬가, 영광송; 후광(後光) ☜ 라틴어로 '빛나는 영광' 이란 뜻

■ **glo**ry [glɔ́:ri/글**로**뤼] ⓜ **영광**, 영예, **영화**(榮華); **장관**(壯觀) ⓢ **기뻐하다** ☜ 라틴어로 '빛나는 영광' 이란 뜻

☐ **gle**e [gli:] ⓜ **기쁨**, 즐거움, 환희 ☜ 빛나는(gle) 것(e)

♠ **in high glee 대단히 기뻐서, 매우 들떠서**

☐ **gle**eful [glí:fəl] ⓗ 매우 기뻐하는; 즐거운 ☜ glee + ful<형접>

☐ **gli**mmer [glímər] ⓢ **희미하게 빛나다** ⓜ 희미한 빛 ☜ 빛나는(gli) + mm + 것(er)

♠ **a glimmer of hope** *희망의* ***희미한 빛*** ➔ **한 가닥의 희망**

☐ **gli**mmering [glímәriŋ] ⓜ 희미한 빛 ⓗ 희미하게 빛나는 ☜ -ing<형접>

☐ **gli**mpse [glimps] ⓢ **흘긋 보다** ⓜ (섬광처럼) **흘끗 봄, 일견;** 《고어》 섬광 ☜ 빛나는(gli) + mp + 것(se)

♠ **catch 〔get〕 a glimpse of ~ ~을 흘끗 보다**

☐ **gli**nt [glint] ⓢ **반짝이다, 빛나다; 반사하다** ☜ 안에서(in) 빛나는(gl) 것(t)

♠ The sea **glinted** in the moonlight. 바다가 달빛에 **반짝거렸다.**

☐ **gli**sten [glísn] ⓢ **반짝이다**, 빛나다 ⓜ 반짝임, 빛남 ☜ -en<동접>

☐ **gli**tter [glítər] ⓢ **반짝반짝 빛나다**; 화려하다 ⓜ 반짝임, 빛남 ☜ 빛(gli)이 움직이는(it) + t<단모음+단자음+자음반복> + 것(er)

♠ **All that glitters is not gold. 《속담》 반짝인다고 다 금은 아니다**

☐ **gli**ttering [glítəriŋ] ⓗ **번쩍이는**, 빛나는; 화려한 ☜ glitter + ing<형접>

■ **glo**ss [glɔ:s, glɑs/glɔs] ⓜ 윤, **광택** ☜ 고대 노르드어로 '빛, 빛남' 이란 뜻

♠ **lip gloss 립글로스** 《입술에 영양과 윤기를 주는 화장품》

글로벌 global (전(全)지구적인, 세계적인)

♣ 어원 : **glob 둥근; 공, 구체(球體); 지구, 천체**

☐ **glob**al [glóubəl] ⓗ 구형의, 지구의; **세계적인**; 전체적인 ☜ 구체(glob) 의(al)

♠ **global village 지구촌(地球村)**

☐ **glob**alization [glòubəlizéiʃən] ⓜ 국제화, 세계화 ☜ 전 지구(global) 화(化) 되는 것(ization)

☐ **glob**e [gloub] ⓜ **구**(球), **공**; (the ~) **지구** ☜ 둥근(glob) 것(e)

☐ **glob**in [glóubin] ⓜ 〖생화학〗 **글로빈** 《헤모글로빈 속의 단백질 성분》 ☜ 둥근(glob) 물질(in)

☐ **glob**ular [glɑ́bjələr/glɔ́b-] ⓗ (작은) 공 모양의; 작은 구체로 된 ☜ 둥근(glob) 것(ul) 의(ar)

글루미 제너레이션 gloomy generation (나홀로족. <우울한 세대>란 뜻)

영어로는 '우울한 세대'를 뜻하지만 실제로 이들은 고독을 즐기는 사람들을 말한다. 이들은 '나홀로족', '글루미족' 등으로도 불리는데, 자기 뜻 데로 혼자 노는 것을 즐긴다는 특징이 있다. 이들은 싱글족이나 은둔형 외톨이와도 구분된다. <출처 : 한경경제용어사전>

♣ 어원 : **gloom, glum 얼굴을 찌푸리다, 어두워지다; 어둠, 우울**

☐ **gloom** [glu:m] ⓜ **어둑어둑함, 어둠; 우울** ⓢ **어두워지다** ☜ 고대영어로 '박명, 황혼; 어둠'이란 뜻

♠ **cast a gloom over ~ ~에 어두운 그림자를 던지다**

☐ **gloom**y [glú:mi] ⓗ (-<-mi**er**<-mi**est**) **어두운; 음울한, 우울한** ☜ gloom + y<형접>

■ **glum** [glʌm] ⓗ (-<-m**er**<-m**est**) 무뚝뚝한, 시무룩한, 음울한 ☜ 중세영어로 '눈살을 찌푸리다, 시무룩하다'란 뜻

■ **glum**py [glʌmpi] ⓗ 《고어》 음울한, 기분이 언짢은 ☜ glum(p) + y<형접>

※ **gene**rate [dʒénərèit] ⓢ **낳다, 발생시키다** ☜ 만들(gene) + r + 다(ate<동접>)

※ **gene**ration [dʒènəréiʃən] ⓜ **세대, 한 세대의 사람들; 발생; 생산, 산출** ☜ -ion<명접>

글로리아 Gloria (영광의 찬가), 립글로스 lip gloss (입술 윤기 화장품)

♣ 어원 : glo 빛, 영광; 빛나다, 영광스럽다, 기쁘다

☐ **Glo**ria [glɔ́:riə] ⓜ (or G-) 영광의 찬가, 영광송; 후광(後光)
☜ 라틴어로 '빛나는 영광'이란 뜻

☐ **glo**ry [glɔ́:ri/글로뤼] ⓜ **영광**, 영예, **영화**(榮華); **장관**(壯觀) ⓢ **기뻐하다**
☜ 라틴어로 '빛나는 영광'이란 뜻 ⓑ disgrace 수치, 치욕
♠ **morning glory 나팔꽃, 모닝글로리** ☜ '아침(morning)의 영광(glory)'

☐ **glo**rify [glɔ́:rəfài] ⓢ (신을) **찬미하다**, (영광을) 찬양하다
☜ 영광(glo)을 + ri + 만들다(fy<동접>)

☐ **glo**rification [glɔ̀:rəfikéiʃən] ⓜ (신의) 영광을 기림; 칭송, 찬미
☜ 영광(glori)을 만들(fic) 기(ation<명접>)

☐ **glo**rious [glɔ́:riəs] ⓗ **영광스러운**, 명예(영예)로운, 빛나는, **찬란한**
☜ 영광(glo) + ri + 스러운(ous<형접>) ⓑ **inglorious** 이름 없는, 불명예스러운

☐ **glo**riously [glɔ́:riəsli] ⓟ **훌륭히**, 멋지게 ☜ 영광(glo) + ri + 스럽(ous) 게(ly<부접>)

☐ **glo**ss [glɔ:s, glɑs/glɔs] ⓜ 윤, **광택** ☜ 고대 노르드어로 '빛, 빛남' 이란 뜻
♠ **lip gloss 립글로스** 《입술에 영양과 윤기를 주는 화장품》

☐ **glo**ssy [glɔ́(:)si, glɑ́si] ⓗ (-<-si**er**<-si**est**) **광택[윤]이 나는**; 모양 좋은
☜ 빛나(glo) + ss + 는(y<형접>)

☐ **glo**w [glou/글로우] ⓜ **백열(광)**; 홍보; (몸의) **달아 오름** ⓢ 달아올라 빛나다, **시뻘겋게 되다, 빛을 내다** ☜ 빛나다(glo) + w
♠ **glow lamp 백열전구, 백열등**
♠ **glow with anger (rage) 노하여 빨갛게 달아오르다**

☐ **glo**wing [glóuiŋ] ⓗ **백열의, 작열하는; 열렬한** ☜ glow + ing<형접>

☐ **glo**wworm [glóuwə̀:rm] ⓜ 개똥벌레의 유충 ☜ glow + worm(벌레)

연상 글라스(glass.유리잔) 표면에 글로스(gloss.주석)를 달다

♣ 어원 : gloss, glot 혀(舌); 어휘, 용어, 언어; 말하다

※ **glass** [glæs/글래스/glɑ:s/글라-스] ⓜ **유리(컵), 유리제품**; (pl.) **안경**
☜ 고대영어로 '빛나다' 란 뜻

☐ **gloss** [glɔ:s, glɑs/glɔs] ⓜ 주석, 주해; 용어해설 ⓢ 주석을 달다
☜ 라틴어로 '말, 혀'란 뜻

☐ **gloss**ary [glɑ́səri, glɔ́(:)s-] ⓜ **용어해설**, 어휘; 용어집 ☜ -ary(모음)
♠ a Shakespeare **glossary** 세익스피어 **용어 사전**

■ poly**glot** [pɑ́liglɑ̀t/pɔ́liglɔ̀t] ⓗ 수개 국어에 통하는 ⓜ 여러 나라 말을 아는 사람
☜ 많은(poly) 언어(glot)

글러브 glove ([야구 · 권투] 글러브)

☐ **glove** [glʌv/글러브] ⓜ (보통 pl.) (손가락이 갈라진) **장갑**; (야구 · 권투용) **글러브**
☜ 고대영어로 '장갑'이란 뜻 cf. mitten 벙어리장갑
♠ a pair of **gloves 장갑** 한 켤레

☐ **glove** box **글로브 박스** 《방사선 물질 등을 다루기 위한 밀폐 투명용기; 밖에서 부속 장갑으로 조작함》 ☜ box(박스, 상자)
비교 globe box 글로브 박스 《자동차 조수석 수납공간》

☐ **glow**(백열광), **glowing**(백열의) ➔ **glory**(영광) **참조**

글루건 glue gun (아교를 녹여 붙일 때 쓰는 총모양의 분무기기)

☐ **glue** [glu:] ⓜ **아교; 접착제** ⓢ **아교[접착제]를 붙이다**
☜ 고대불어로 '끈끈이'란 뜻
♠ a tube of **glue 접착제** 한 통

☐ **glue**y [glú:i] ⓗ (-<-ui**er**<-ui**est**) 아교를 바른; 아교질의; 끈적끈적한 ☜ glue + y<형접>

☐ **glue**-like [glú:làik] ⓗ 아교(풀)같은 ☜ glue + like(~같은)

※ **gun** [gʌn/건] ⓜ **대포, 총** ☜ 중세영어로 '돌을 던지는 전쟁용 기계'란 뜻

글리세린 glycerine (무색 무취 투명하고 단맛이 있는 알코올)

☐ **glycerin(e)** [glísərin, -rì:n] ⓜ 【화학】 **글리세린** 《무색무취의 알코올, 건조방지제, 방부제, 피부보호연고, 감미료 등에 쓰임》 ☜ 그리스로 '단맛'이란 뜻

☐ **glycerol** [glísəròul, -rɔ̀(:)l, -rɑ̀l] ⓜ 【화학】 **글리세롤** 《glycerin의 학명》

□ **G-man**(지맨, FBI 수사관) ➔ **government**(정부, 행정권) **참조**

네트 net (그물), 니트웨어 knitwear (뜨개질한 의류의 총칭)

♣ 어원 : net, knot, nod, gnarl 매듭, 마디, 혹 (* k나 g는 묵음)

■ **net** [net/넽] 명 **그물**, (테니스 등의) 네트, 거미줄 동 **그물로 잡다**
☜ 고대영어로 '그물, 거미줄'이란 뜻

■ **knit** [nit] 동 (-/knit**ted**(knit)/knit**ted**(knit)) **뜨다, 짜다**; (눈살을) **찌푸리다**
☜ 고대영어로 '매듭을 만들다'라는 뜻

■ **knit**wear [nítwὲər] 명 뜨개질한 옷, 뜨개것 ☜ wear(의류; 입다)

□ **gnarl** [nɑːrl] 명 (나무의) **마디, 옹이, 혹** 동 **비틀다** ☜ 중세영어로 '매듭, 나무의 옹이'란 뜻
♠ The wind **has gnarled** this old tree. 바람이 이 고목을 **비틀어 놓았다**.

□ **gnarl**ed [naːrld], **gnarl**y [nάːrli] 형 (-<-li**er**<-li**est**) 마디(혹)투성이의 ☜ -ed(형접), -y(형접)

✚ **nod**e 마디, 결절; 혹; **노드**《컴퓨터 네트워크에서 결절, 분기점》 **knot 매듭; 무리; 혹** 동 **매다, 매듭을 짓다** **knob 혹**, 마디; (문·서랍 따위의) **손잡이**

G

연상 왕이 내시를 무시하자 그는 내시(gnash.이를 부드득 갈다)했다.

□ **gnash** [næʃ] 동 (분노·고통 따위로) 이를 갈다 명 이를 갊
☜ 중세영어로 '이를 갈다'란 뜻 주의 g는 묵음
♠ **gnash one's teeth in anger 분해서 이를 갈다**

gnash(이를 부드득 갈다)

연상 낫에 냇(gnat.각다귀, 모기)이 붙어있다.

□ **gnat** [næt] 명 **피를 빨아먹는 작은 곤충**, 〖곤충〗 **각다귀, 등에** 《영》 **모기** ☜ 고대영어로 '각다귀, 모기'란 뜻
♠ **Strain at a gnat and swallow a camel.**
《성서》 하루살이는 걸러내고 낙타는 삼키다. 작은 일에 구애되어 큰 일을 소홀히 하다

※ **mosquito** [məskíːtou] 명 (pl. -**(e)s**) 〖곤충〗 모기
☜ 스페인어로 '모기; 날다'란 뜻

추(chew.씹다)와 노(gnaw.갉다)는 한 끗 차이 추잉 껌, 추잉 검 chewing gum (씹는 껌)

※ **chew** [tʃuː] 동 **씹다**; 깊이 생각하다 ☜ 고대영어로 '물다, 씹다'란 뜻

□ **gnaw** [nɔː] 동 **갉다, 갉아먹다; 물어 끊다** ☜ 초기 인도유럽어로 '할퀴다, 긁다'
♠ Rats **gnawed a hole** in (into, through) a board.
쥐가 판자를 **갉아 구멍을 냈다.**

□ **gnaw**er [nɔ́ːər] 명 무는 것(사람), (쥐 등) 설치동물 ☜ 갉는(gnaw) 것(er)

□ **gnaw**ing [nɔ́ːiŋ] 명 갉기; 부단한 고통 형 갉는, 쏘는 ☜ gnaw + ing<명접/형접>

※ **gum** [gʌm] 명 **고무질**, 점성(粘性) 고무 ☜ 중세영어로 '식물성 건조 수지'란 뜻

지엔피 GNP, G.N.P. (국민총생산), 지디피 GDP, G.D.P. (국가총생산)

□ **GNP** **G**ross **N**ational **P**roduction 국민총생산 ☜ 전체(gross) 국민의 생산

※ **GDP** **G**ross **D**omestic **P**roduction 국가총생산 ☜ 전체 국내의(domestic) 생산

□ **GNI** **G**ross **N**ational **I**ncome 국민총소득 ☜ 전체 국민의(national) 수입(소득)

※ **GDI** **G**ross **D**omestic **I**ncome 국내총소득 ☜ 전체 국내의 수입(소득)(income)

✚ **gross 뚱뚱한, 큰; 거친, 천한; 총계의; 총계, 총액** **nation**al **국가**(국민)**의**, **국가**(국민)**적인** **dome**stic **가정의, 국내의** **pro**duction **생산, 제품**; 영화제작소, **프로덕션** **in**come **소득, 수입**

고스톱 Go-Stop (한국의 화투놀이. <계속진행 또는 중단>이란 뜻)

□ **go** [gou/고우] 동 (-/**went**/**gone**) **가다**; 작동하다, 진행하다(되다)
☜ 고대영어로 '가다'란 뜻
♠ **go about 돌아다니다; 힘쓰다; (일에) 착수하다**
♠ **go abroad 외국에 가다**
♠ **go across 건너가다, 가로질러 가다**
♠ **go after ~ ~을 획득하려고 애쓰다; ~을 (찾아) 뒤쫓다; ~을 추구하다**
♠ **go against ~ ~에 반대[반항]하다; ~에 거스르다; (사업이) 부진하게 되다**

♠ **go along (with) 앞으로 나아가다, (~을) 실행하다; 행동을 함께 하다**
♠ **go around ~ ~의 둘레를 돌다**
♠ **go away 떠나다, 가 버리다; 가지고 달아나다**
♠ **go back (to) ~ ~로 돌아가다; (~으로) 거슬러 올라가다**
♠ **go back on (약속 따위를) 어기다; ~을 배반하다, 저버리다**
♠ **go beyond ~ ~을 넘다, ~보다 낫다, ~을 능가하다**
♠ **go by (세월이) 지나가다; (시간이) 경과하다; ~에 따라서 행동하다**
♠ **go down 내려가다, 기록되다; 항복하다; (배가) 침몰하다**
♠ **go far 성공하다; 멀리까지 가다; 크게 효과가 있다**
♠ **go for ~ ~을 가지러[부르러, 구하러] 가다, ~에 찬성하다**
♠ **go for a walk** (drive, jog) **산책** [드라이브, 조깅]**하러 가다**
♠ **go forth 나가다; (명령 따위가) 떨어지다**
♠ **go in for (시험을) 치르다, 참가하다; 좋아하다**
♠ **go into ~ ~로 들어가다; (출입구 등이) ~으로 통하다; 참가하다; ~을 조사하다**
♠ **go off (총 · 포탄이) 발사되다; 가 버리다; (빛이) 꺼지다**
♠ **go on 계속되다[하다], 진행하다, 계속해 나아가다**
♠ **go on a picnic 소풍을 가다**
♠ **go on to ~ 계속하여 ~하다; 다음에 ~하다**
♠ **go out 외출하다; (대사 · 선교사로서) 출국하여 가다**
♠ **go out of ~ ~에서 밖으로 나가다**
♠ **go over ~ ~을 넘어가다; ~을 정밀 조사하다; ~을 복습하다**
♠ **go round 돌다, 순력(巡歷)하다; 골고루 미치다**
♠ **go so far as to ~ 극단적으로 ~하다, 심지어 ~하는 데까지 이르다**
♠ **go straight 곧장 가다**
♠ **go through 통과하다; (고난 따위를) 겪다, 경험하다**
♠ **go through with ~ ~을 끝까지 하다; 완수하다**
♠ **go to ~ ~로 가다; 이르다; ~을 떠맡다**
♠ **go to bed 잠자리에 들다**
♠ **go to sleep 잠들다**
♠ **go to the movies 영화 보러 가다**
♠ **go too far** ***너무 멀리 가다*** **➔ 정도가 지나치다**
♠ **go up ~ ~를 오르다; (가치 따위가) 더해지다**
♠ **go up to ~ ~에 달하다, ~에 다가가다, ~에까지 가다**
♠ **go well** [wrong] **(with) 잘 되어 가다** [가지 않다]
♠ **go with ~ ~에 수반하다, ~와 조화하다**
♠ **go without ~ ~없이 지내다[때우다]**
♠ **go wrong (일이) 잘 안되다, 고장나다, 길을 잘못 들다**
♠ **It goes without saying that ~ ~은 물론이다, 말할 것도 없다**
♠ **be going to ~ ~하려고 하고 있다**(=will)**; ~할 작정[예정]이다**

□ **go**ing [góuiŋ/**고**우잉] ⓜ **가기, 출발** ⓗ 진행(활동) 중인 ☜ -ing<명접>

□ **go**ne [gɔːn/곤-, gɑn/gɔn] ⓗ **지나간, 죽은**; 이전 ☜ go의 과거분사. 가(go) 버린(ne)
♠ **Gone with the wind** 〖**영화**〗 **바람과 함께 사라지다**(1939)

□ for**go** [fɔːrgóu] ⓢ (-/forwent/forgone) ~없이 때우다[지내다]; 포기하다; 버리다; 그만두다 ☜ ~을 멀리하고(for=away) 가다(go)
♠ **forgo one's commission 자기의 직무를 버리다**

■ out**go**ing [áutgòuiŋ] ⓗ **나가는**; **떠나가는**; 은퇴하는 ☜ 밖으로(out) 가(go) 는(ing)

■ under**go** [ʌndərgóu] ⓢ (-/under**went**/under**gone**) (검열 · 수술을) **받다**; 경험하다 ☜ 아래로(under) 가다(go)

※ **stop** [stɑp/스땁/stɔp/스똡] ⓢ (-/stop**t**(stop**ped**)/stop**t**(stop**ped**)) **멈추다, 멈추게 하다, 그치다** ⓜ **멈춤; 정류소** ☜ 중세영어로 '마개, 막다'란 뜻

골인 goal in (콩글 골득점하다) ➔ make a goal, score a goal, fire one home, hammer one in 골키퍼 goalkeeper ([스포츠] 문지기)

□ **goal** [goul] ⓜ **골, 결승점[선]**; 득점; 목표, 목적지 ☜ 중세영어로 '경계'의 뜻
★ 우리말로 득점자나 득점 능력이 높은 플레이어를 골게터(goal getter)라고 하는데 goal getter외에도 축구에서는 striker가 많이 쓰인다. 또한 축구경기에서 연장전의 승부를 가리는 골든 골(golden goal)도 일부 사용은 하지만 winning goal이 일반적인 표현이다.
♠ **set a goal** (an objective) **목표를 세우다**

□ **goal**keeper [góulkìpər] ⓜ 〖축구 · 하키〗 **골키퍼** ☜ 골(goal)을 지키는(keep) 사람(er)

□ **goal**post [góulpòust] ⓜ 〖축구〗 골대, **골포스트** ☜ goal + post(기둥, 말뚝)

☐ **goal** kick 〖축구·럭비〗 **골킥** ☜ kick(차다)
☐ **goal** line 〖육상〗 **골라인** ☜ line(선, 줄)
※ **in** [in/인, (약) ən/언] [전] 〖장소·위치〗 **~의 속[안]에서, ~에서;** 〖시점·시간〗 **~동안[중]에, ~에, ~때에** ☜ 고대영어로 '~안에'란 뜻 [비교] inn 여관

고트스킨 goatskin ([패션] 고급신발 · 핸드백 등의 염소가죽 제품)

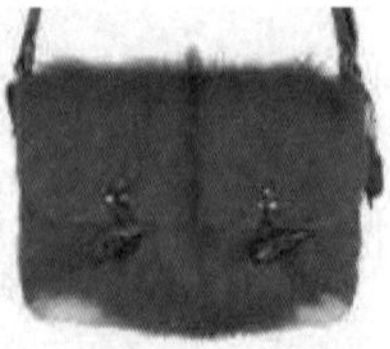

☐ **goat** [gout/고웉] [명] **염소** ☜ 고대영어로 '암염소'의 뜻
♠ **a billy goat = a he-goat 숫염소** ☜ billy(곤봉)
♠ **a nanny goat = a she-goat 암염소**
☜ nanny(아이 보는 여자)
☐ **goat**ee [goutíː] [명] (사람의 턱에 난) 염소 수염 ☜ 염소(goat)의 것(ee)
☐ **goat**ish [góutiʃ] [형] 염소 같은; 음란한, 호색인 ☜ 염소(goat) 같은(ish)
※ **skin** [skin] [명] **피부** ☜ 고대 노르드어로 '동물의 가죽'이란 뜻

고블렛 goblet (손잡이가 없고 줄기와 받침이 달린 잔)

♣ 어원 : gob 음식의 덩어리, 한 입

☐ **gob**let [gάblit/gɔ́b-] [명] **받침 달린 잔** 《금속 또는 유리제》; 《고어》 (손잡이 없는) 술잔 ☜ 작은(let) 한 입(gob)
♠ **The goblet** passed from hand to hand.
술잔이 손에서 손으로 건네졌다.
☐ **gob** [gɑb/gɔb] [명] 덩어리; 《구어》 입속에 가득한 침, 뱉은 침
☜ 중세영어로 '침 흘리며 마시다'란 뜻
☐ **gob**bet [gάbit/gɔ́b-] [명] 한 덩어리, 한 입 ☜ 작은(et) 한 입(gob) + b
☐ **gob**ble [gάbəl/gɔ́bəl] [동] 게걸스레 먹다; 탐독하다
☜ 음식 덩어리(gob)를 + b<자음반복> + 먹다(le<동접>)

고블린 goblin (이야기 속에 나오는 작고 추하게 생긴 마귀)

☐ **goblin** [gάblin/gɔ́b-] [명] **악귀, 도깨비** ☜ 고대 네덜란드어로 '도깨비'라는 뜻
♠ **Goblin** shark **마귀**상어 ☜ shark(상어)
♠ **A goblin** is an ugly and usually green colored creature.
도깨비는 추하며 대개 푸른색을 지닌 존재이다.
☐ **goblin**esque [gὰblinésk, gɔ̀b-] [형] 악마(악귀)와 같은 ☜ -esque(~같은)
☐ **goblin**ry [gάblinri] [명] 악마의 짓 ☜ 악마(goblin)의 것(ry)

오마이갓 oh!, my God (에구머니!, 세상에!, 엄마얏! 등의 감탄사. 직역하면 <오, 나의 신이여> 라는 뜻)

※ **oh** [ou/오우] [감] **오오, 아, 어허, 앗, 아아, 여봐** 《놀람 · 공포 · 찬탄 · 비탄 · 고통 · 간망(懇望)·부를 때 따위의 감정을 나타냄》
※ **my** [mai/마이, məi, mə] [대] 〖I의 소유격〗 **나의** ☜ mine(나의 것)의 변형
☐ **god** [gɑd/가드/gɔd/고드] [명] (G-) (일신교, 특히 기독교의) **신, 하나님**, 하느님, 조물주
☜ 고대영어로 '신, 조물주'란 뜻 [반] **devil 악마**
♠ **God Almighty 전능의 신**
☐ **god**damn, goddam [gάdæ̀m/gɔ́d-] [감] 《구어》 빌어먹을, 제기랄 ☜ 신(god)의 저주(damn)
☐ **god**dess [gάdis/gɔ́d-] [명] **여신** ☜ 신(god) + d<자음반복> + ess<여성 접미사>
♠ **The goddess of liberty 자유의 여신**
☐ **god**father [gάdfὰðər] [명] 〖가톨릭〗 **대부**(代父) 《세례식에 입회하여 이름을 지어주고 영혼의 부모로서 종교교육을 보증하는》 ☜ 신(god)을 대신한 아버지(father)
☐ **God**forsaken [gάdfərsèikən/gάdfə-] 성우 [형] (때로 G-) 하느님께 버림받은, 타락한, 황폐한
☜ 신(god)이 버린(forsaken)
☐ **God**less [gάdlis] [형] 신이 없는, 신앙이 없는 ☜ -less(~이 없는)
☐ **god**like [gάdlàik] [형] (때로 G-) **신과 같은**, 거룩한, 존엄한 ☜ -like(~같은)
☐ **God**ly [gάdli] [형] 신성한, 경건한 ☜ -ly<형접>
☐ **god**mother [gάdmʌ̀ðər] [명][동] **대모**(代母)(가 되다) ☜ 신(god)을 대신한 어머니(mother)
☐ **gosh** [gɑʃ/gɔʃ] [감] **아이쿠, 큰일 났군** ☜ God의 완곡어

괴테 Goethe (독일문학의 거장)

☐ **Goethe** [gə́ːtə/거-터] [명] **괴테** 《Johann Wolfgang von ~, 독일의 문호; 1749-1832》

★ 대표 저서 : 『파우스트』, 『빌헬름 마이스터의 편력시대』, 『젊은 베르테르의 슬픔』 등

가글, 고글 goggle (눈을 보호하기 위해 쓰는 안경)

□ **goggle** [gάgəl/gɔ́gəl] ⓜ **보안경**; 눈을 크게 뜸 ⓓ (눈을) 부라리다
☜ 중세영어로 '시선을 좌우로 돌리다'란 뜻
♠ Don't forget to wear **swimming goggles**.
수경을 착용하는 것을 잊지 마세요.
♠ **goggle one's eyes 눈알을 굴리다**.

□ **goggle**r [gάglər] ⓜ 눈을 휘둥그렇게 뜨고 보는 사람 ☜ goggle + er(사람)

□ **goggle**-box [gάglbὰks] ⓜ《영.속어》텔레비전 ☜ box(상자)

□ **goggle**-dive [gάgldàiv] ⓜ 잠수안경을 쓰고 하는 잠수 ☜ dive(잠수)

□ **goggle**-eyed [gάgəlàid/gɔ́gəl-] ⓗ 방울눈의, 부리부리한 눈의; 놀라서 눈을 부릅 뜬
☜ 부릅뜬(goggle) 눈(eye) 의(ed<형접>)

고고춤 go-go dance (1960년대 후반 미국을 중심으로 유행한 빠르고 격렬한 춤)

□ **go-go** [góugòu] ⓗ **고고**의, 록 리듬으로 춤추는; 활발한 ☜ 현대영어로 '유행의, 사교계의'
♠ **dance go-go 고고를 추다**

□ **go-go** boot **고고 부츠**《무릎까지 오는 여성용 장화》 ☜ boot(장화, 부츠)

□ **go-go** fund (주식의) 단기 투자 자금 ☜ fund(자금, 기금)

■ **a gogo** [aː góugòu, ə-] ⓜ 디스코테크, 고고 클럽 ⓗ 템포가 빠르고 활발한 ⓟ 마음껏
☜ 프랑스어로 '풍부한'이란 뜻

※ **dance** [dæns/댄스/dɑːns/단-스] ⓓ **춤추다** ⓜ **댄스, 춤**, 무용; 댄스곡
☜ 중세영어로 '춤추다'란 뜻

□ **going**(출발) ➔ **go**(가다) **참조**

도전 골든벨 Golden Bell (KBS 1TV 고교 퀴즈프로그램. <황금종>이란 뜻)
골든타임 golden time (콩글 황금시간대) ➔ prime time, peak time

□ **gold** [gould/고울드] ⓜ **금, 황금**, 황금(색) ⓗ 금의, 금으로 된
☜ 고대영어로 '금'이란 뜻
♠ **gold medal 금메달**
♠ **gold rush 골드러시**, 새 금광지도의 쇄도

□ **gold**en [góuldən/**고**울던] ⓗ (황)**금빛의; 귀중한; 융성한** ☜ -en<형접>
♠ **the golden age 황금시대, 전성기**
♠ **Golden Gate Bridge 금문교**《샌프란시스코에 있는 다리》
♠ **Golden palm 황금 종려**《The Cannes Film Festival 에서 장/단편의 각 대상에 수여하는 칸 영화제 최고상》
♠ **Golden Triangle 황금의 삼각지대**《태국 · 미얀마 · 라오스의 3 국이 메콩강에서 접하는 산악지대. 세계의 생아편의 70%를 생산 · 공급하는》
♠ **golden wedding 금혼식**《결혼 후 50 년째》

□ **gold**en bell 〖식물〗 **골든벨**, 개나리속의 일종 ☜ bell(종, 벨)

□ **gold**fish [góuldfìʃ] ⓜ **금붕어** ☜ 금색(gold) 물고기(fish)

□ **gold** leaf 금박(金箔) ☜ gold + leaf(잎, 금 · 은박)

□ **gold** mine 금광, 보고(寶庫) ☜ gold + mine(광산, 지뢰, 기뢰; 자원의 보고)

□ **gold**smith [góuldsmìθ] ⓜ **금 세공인** ☜ gold + smith(대장장이)

□ **gold** dust 사금(砂金) ☜ gold + dust(먼지, 티끌)

■ **gild** [gild] ⓓ **~에 금[금박]을 입히다**, ~을 도금하다
☜ 고대영어로 '얇은 금을 입히다'란 뜻
♠ **gild** a picture frame 사진틀에 **금박을 입히다**

■ **gild**ed [gíldid] ⓗ 금박을 입힌, 금도금한 ☜ 도금(gild) 한(ed<형접>)

■ **gild**ing [gíldiŋ] ⓜ 도금(술), 금박 입히기 ☜ 도금(gild) 하기(ing<형접>)

■ **gilt** [gilt] ⓓ gild의 과거, 과거분사 ⓜ **입힌[바른] 금; 겉치장**, 허식 ☜ gild의 과거분사

■ **gilt**-edged [gílt-èdʒd] ⓗ 금테의, 최고급의 ☜ edge(테두리, 모서리) + ed<형접>

※ **bell** [bel/벨] ⓜ **종**; 방울, 초인종, **벨** ☜ 고대영어로 '고함치다, 소리 지르다'

골프 golf (골프채로 공을 쳐서 구멍에 넣는 경기)

□ **golf** [gɑlf, gɔ(ː)lf] ⓜ **골프** ⓓ **골프**를 하다 ☜ 네델란드어로 '곤봉'이란 뜻. 또는 스코틀랜드 고어로 '치다'란 뜻
♠ **go golfing 골프 치러 가다**

☐ **golf** bag　**골프백** 《클럽이나 공을 넣은》 ☜ bag(가방)
☐ **golf** ball　골프공 ☜ ball(공, 볼)
☐ **golf** cart　**골프카트** 《골프백을 나르는 손수레, 골퍼를 나르는 전동차》 ☜ cart(손수레)
☐ **golf** club　골프채; **골프클럽** ☜ club(곤봉; 사교 클럽)
☐ **golf** course 〔links〕 골프장, **골프코스** ☜ course(진로, 코스)
☐ **golf**er　[gάlfər] ⓜ 골프치는 사람, **골퍼** ☜ golf + er(사람)

골고다 Golgotha (그리스도가 십자가에 못박힌 곳)

☐ **Golgotha**　[gάlgəθə/gɔ́l-] ⓜ **골고다** 《예루살렘(Jerusalem) 부근의 언덕; 라틴명 갈보리(Calvary)》; [g~] 묘지 ☜ 아람어(고대 중근동의 국제통용어)로 '해골'

골리앗 Goliath (❶ 양치기 소년 다윗에게 살해된 블레셋족의 거인 ❷ 대형 기중기)

☐ **Goliath**　[gəláiəθ/걸**라**이어쓰] ⓜ 〖성서〗 **골리앗**; [g~] 거인; 이동식 대형 기중기
※ **David**　[déivid/**데**이비드] ⓜ 〖성서〗 **다윗** 《이스라엘의 제2대 왕》
★ David and Goliath 다윗과 골리앗 《상대도 안 되는 약자가 강자를 이긴 경우의 비유; 이스라엘의 양치기 다윗(David)이 블레셋의 거인 전사 골리앗(Goliath)을 돌멩이 하나로 쓰러뜨린 성서의 고사에서》

고모라 Gomorrah (요르단 골짜기에 있었다는 죄악의 도시)

☐ **Gomorrah, -rha** [gəmɔ́ːrə] ⓜ 〖성서〗 **고모라** 《죄악의 도시; Sodom과 함께 죄악 때문에 멸망당함》; 죄악의 도시 ☜ 히브리어로 '곡식의 단, 묶음'이란 뜻
※ **Sodom**　[sάdəm/sɔ́d-] ⓜ 〖성서〗 **소돔** 《사해 남안의 옛 도시; Gomorrah와 함께 신이 멸망시켰다고 전해짐》; 죄악의 도시 ☜ 근세영어로 '남색(男色)', '비역[鷄姦]'이란 뜻

곤돌라 gondola (이탈리아 베니스 특유의 운하를 오가는 기다란 배)

☐ **gondola**　[gάndələ, gandóulə/gɔ́ndələ] ⓜ (Venice의) **곤돌라**; (케이블카 · 스키 리프트 · 비행선 · 비행기구에서) 사람이 앉는 자리 ☜ 비잔틴 그리스어로 '작은 꼬리'란 뜻
♠ **gondola car 무개화차** 《지붕이 없는 화물열차》
☐ **gondolier**　[gὰndəlíər/gɔ̀ndə-] ⓜ **곤돌라** 사공 ☜ gondola + er(사람)

☐ **gone**(지나간, 죽은) ➔ **go**(가다) **참조**

연상 놋쇠로 된 타악기 징을 영어로는 공(gong)이라고 부른다.

☐ **gong**　[gɔːŋ, gaŋ/gɔŋ] ⓜ **징**; 공《접시 모양의 종》, 벨; 《영.속어》 훈장(=medal) ⓢ 징을 쳐서 부르다 ☜ 17c. 말레이 의성어
♠ **strike a gong 징을 치다**
♠ **wooden gong 목탁** ☜ 나무(wood)로 된(en) 공(gong)

굿바이 good-by(e) (작별인사. <안녕히 가[계]세요>)

☐ **good**　[gud/굳] ⓗ (-<**better**<**best**) **좋은, 선량한, 유익한, 친절한, 잘하는** ⓜ **선**(善), **이익**; 좋은 것〔물건〕 ☜ 고대영어로 '훌륭한, 좋은'이란 뜻
♠ **Good luck ! 행운을 빈다.** ☜ luck(운, 운수)
♠ **be good at** 〔in〕 **~ ~에 능숙하다, 잘하다**
♠ **be good for ~ ~에 유익하다, ~에 적합하다**
♠ **a good** 〔great〕 **deal 많이, 크게; 상당한[대단한] 양**
♠ **a good** 〔great〕 **many 많은, 다수의**
♠ **do ~ good 이롭다, 도움이 되다, 기쁘게 하다**
♠ **do a good job 일을 잘 해내다**
♠ **for good (and all) 《구어》 영구히; 이것을 마지막으로**
♠ **for the good of ~ ~을 위하여**
☐ **good**-by(e)　[gùdbái/굳**바**이] ⓖ 안녕; **안녕히 가[계]십시오.** ⓜ (pl. **-s**) 작별인사 ☜ God be with ye(신이 당신과 함께 하시길).의 줄임말
☐ **good** morning **안녕하십니까** (오전 인사) ☜ morning(아침, 오전)
☐ **good** afternoon **안녕하십니까** (오후 인사) ☜ afternoon(오후)
☐ **good** day　**안녕하십니까** (다소 딱딱한 낮 인사) ☜ day(낮, 하루, 날) ★ Good day, mate.(안녕 친구), G'day mate(그다이 마잇)은 호주 · 뉴질랜드에서 흔히 쓰는 인사말

☐ **good** evening　**안녕하십니까** (저녁 인사) ☜ evening(저녁, 밤)
☐ **good**-for-nothing [gúdfərnʌθiŋ] ⓗ 쓸모없는 ⓜ 쓸모없는 사람
　☜ (nothing/전체 부정) + good for(~에 좋은)
☐ **good** night　**안녕히 주무십시오** (취침, 작별인사) ☜ 좋은(good) 밤(night)
☐ **good**ie　[gúdi] ⓜ《구어》(영화 따위의) 주인공 ☜ 착한(good) 사람(ie<명접>)
☐ **good**ly　[gúdli] ⓗ (-<-dli**er**<-dli**est**) **용모가 단정한, 잘생긴** ☜ ly<부접>
☐ **good**-humo(u)red [gúdhjúːmərd] ⓗ 기분 좋은, 명랑한; 상냥한
　☜ 좋은(good) 유머(humo(u)r) 의(ed<형접>)
☐ **good**-looking　[gúdlúkiŋ] ⓗ **잘생긴;** 잘 어울리는 ☜ 좋게(good) 보이는(looking)
☐ **good**-natured　[gúdnéitʃərd] ⓗ 마음씨 고운, **친절한** ☜ 좋은(good) 성질(nature) 인(ed<형접>)
☐ **good**-neighbor [gúdnéibər] ⓗ (국가간) 선린의, 우호적인 ☜ 좋은(good) 이웃(neighbor)
☐ **good**ness　[gúdnis] ⓜ **선량, 친절, 우수** ☜ 좋은(good) 것(ness<명접>)
　♠ **My goodness! 저런, 어럽쇼!**
☐ **good**s　[gudz] ⓜ (pl.) 물품, **상품** ☜ 좋은(good) 것들(s)
☐ **good**s train　화물 열차 ☜ goods(물품, 물자) train(열차, 기차)
☐ **good**-tempered [gúdtémpərd] 마음씨가 고운; 무던한; 성미가 좋은
　☜ 좋은(good) 성질(temper) 의(ed<형접>)
☐ **good**will, **good** will [gúdwíl] ⓜ **호의**, 친절, 후의; 친선 ☜ 좋은(good) 의지(will)

구글어스 Google Earth (구글의 위성영상 지도서비스)

인터넷 웹사이트 구글(Google)이 제공하는 위성사진 프로그램으로 세계의 여러 지역들을 볼 수 있는 세계 최초의 위성영상 지도서비스 <출처 : 시사상식사전>

☐ **Google**　[gugl] ⓜ **구글**《세계 최고의 검색사이트》 ⓢ 구글로 검색하다 ☜ 10의 100제곱이란 뜻
※ **earth**　[əːrθ/어-쓰] ⓜ (the ~) **지구**, 대지, 흙 ☜ 고대영어로 '흙, 토양'이란 뜻
　♠ the revolution 〔rotation〕 of **the earth 지구**의 공전 〔자전〕
　♠ **on earth** 〖의문문〗 **도대체**; 〖최상급〗 **세상에서**; 〖부정〗 **조금도**

구스다운 goose-down ([패션] 방한의류용 거위의 깃털)

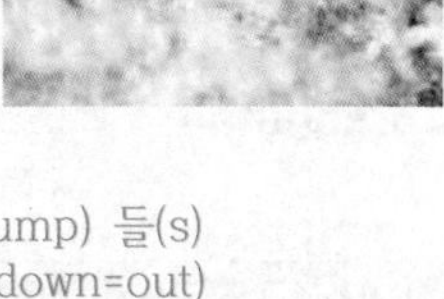

☐ **goose**　[guːs] ⓜ (pl. **geese**) (암)**거위**; 바보, 멍청이
　☜ 고대영어로 '거위'란 뜻 ★ 거위의 수컷은 gander, 새끼는 gosling, 울음소리는 gabble이다.
　♠ **golden goose 황금 알을 낳는 거위**
☐ **goose**berry　[gúːsbèri, -bəri, gúːz-] ⓜ 〖식물〗 **구즈베리**(의 열매)
　☜ 고대 프랑스어로 '거친 과일'이란 뜻. 여기서 goose는 '거위'와 무관하며, 고대 독일어의 gorst(거칠다)에서 유래.
☐ **goose** bumps 소름, 닭살(=gooseflesh) ☜ 거위(goose) + (피부에) 돋는 돌기(bump) 들(s)
☐ **goosedown**　[gúːsdaun] ⓜ 거위[기러기]의 깃털 ☜ 거위(goose)의 밑<바깥(down=out)

고르바초프 Gorbachev (구 소련을 개혁 · 개방한 공산당 서기장)

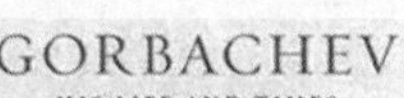

페레스트로이카(Perestroyka.개혁)와 글라스노스트(Glasnost.개방)를 추진하여 소련 국내의 개혁과 개방 뿐 아니라 동유럽의 민주화 개혁 등 세계질서에도 큰 변혁을 가져왔다. 1990년 노벨평화상을 수상하였으며, 1991년 공산당을 해체하여 구소련의 공산통치사에 마침표를 찍었다. 그러나 러시아인들에게는 구소련의 자존심에 상처를 입힌 '가장 실패한 지도자'라는 평가를 받고 있다 <출처 : 두산백과 / 일부인용>

☐ **Gorbachev**　[gɔ́ːrbətʃɔ́ːf/-tʃɔ́f] ⓜ **고르바초프**《Mikhail Sergeyevich ~, 구 소련 공산당 서기장, 대통령; 1931-)》

고르디우스의 매듭 Gordian knot (절대 풀 수 없는 매듭)

오늘날 터키 서부지역인 고대 프리기아의 수도 고르디움에는 고르디우스의 전차가 있었고, 그 전차에는 매우 복잡하게 얽히고 설킨 매듭이 달려 있었다. 아시아를 정복한 사람만이 그 매듭을 풀 수 있다고 전해지고 있었는데 알렉산더 대왕이 그 곳을 지나던 중 그 얘기를 듣고 칼로 매듭을 잘라버렸다고 한다. <출처 : 위키백과>

☐ **Gordian knot**　[the ~] **프리기아**(Phrygia) 국왕 **고르디우스**(Gordius)의 매듭; 어려운 문제(일)
　♠ **cut the Gordian knot 대담한 방법으로 난문제를 해결하다**
※ **knot**　[nɑt/nɔt] ⓜ **매듭**, 고 ☜ 고대영어로 '매듭'이란 뜻

고어물(物) gore picture [movie] (선혈이 낭자한 무서운 사진 · 영상)

☐ **gore**　[gɔːr] ⓜ《문어》(상처에서 나온) 피, **핏덩이**, 엉긴 피 ☜ 고대영어로 '오물, 똥'이란 뜻

♠ **reek with gore 피를 내뿜다**(=reek of blood) ☜ reek(피를 내뿜다)

☐ **gory** [gɔ́ːri] ⓗ (-<-ri**er**<-ri**est**) 피투성이의; 유혈의, 살인적인 ☜ gore + y<형접>
♠ **a gory accident 유혈 사고**

※ **picture** [píktʃər/**픽**춰] ⓜ **그림, 사진** ☜ 라틴어로 '색칠하다'란 뜻

※ **movie** [múːvi/**무**-뷔] ⓜ 《구어》 **영화** ☜ 움직이는(mov) 것(ie)

고저스 메이크업 gorgeous makeup (호화롭고 멋지며 매력적인 이미지를 강조한 스타일)

© StyleWe Blog

☐ **gorge**ous [gɔ́ːrdʒəs] ⓗ **호화스러운**, 화려한; 훌륭한, 멋진
☜ 고대 프랑스어로 '목(gorge)의 주름장식' 이란 뜻
♠ **You look gorgeous! 너 정말 멋져 보여!**

☐ **gorge** [gɔːrdʒ] ⓜ 목구멍; **골짜기** ⓢ 게걸스럽게 먹다 ☜ 고대 프랑스어로 '목'이란 뜻

☐ **gorge**ously [gɔ́ːrdʒəsli] ⓑ 화려하게 ☜ gorgeous + ly<부접>

☐ **gorge**ousness [gɔ́ːrdʒəsnis] ⓜ 화려 ☜ gorgeous + ness<명접>

※ **make-up, makeup** [méikəp] ⓜ **짜임새, 구성; 화장, 메이크업**
☜ 근세 영국 연극인들이 얼굴위에(up) 분장한(make)데서

고르곤 Gorgon ([그神] 공포스런 모습의 세자매 괴물)

스텐노(Sthenno), 에우리알레(Euryale), 메두사(Medusa). 이들의 머리카락은 뱀이며, 멧돼지의 어금니를 가졌다. 눈을 마주치면 누구든 온 몸이 굳어져 돌로 변하게 하는 능력을 지녔다. 원래 아름다웠던 메두사는 아테나 여신이 질투하여 그녀의 머리카락을 뱀으로 만들었다고 한다. 페르세우스가 메두사의 머리를 잘라 아테나 여신의 방패에 달아주었다. <출처 : 두산백과 / 일부인용>

☐ **Gorgon** [gɔ́ːrgən] ⓜ 〖그.신화〗 **고르곤** 《머리가 뱀이며, 보는 사람을 돌로 변화시켰다는 세자매의 괴물》

고릴라 gorilla (아프리카 적도 부근에서 서식하는 초식성 영장류)

☐ **gorilla** [gərílə] ⓜ 〖동물〗 **고릴라** ☜ 그리스어로 '큰 원숭이'란 뜻

※ **monkey** [mʌ́ŋki/**멍**키] ⓜ (pl. **-s**) **원숭이** 《포유류 영장목 중에서 사람을 제외한 동물》 ☜ 중세 네덜란드어로 '원숭이'란 뜻
★ 긴 꼬리가 있으면 monkey, 꼬리가 없으면 ape

※ **chimpanzee** [tʃìmpænzíː, tʃimpǽnzi] ⓜ 〖동물〗 **침팬지** 《아프리카산》
☜ 앙골라 반투어로 '서아프리카의 큰 원숭이'란 뜻

※ **orangutan** [ɔːrǽŋutæ̀n, ərǽŋ-/ɔ́ːrəŋúːtæn, -tæ̀ŋ] ⓜ 〖동물〗 **오랑우탄** 《동남아 산》 ☜ 말레이어로 '숲의 인간'이란 뜻

막심 고르키 [고리키] Maxim Gorky (소비에트 문학의 기수)

러시아 사회주의 혁명가이자 문학작가. '사회주의 리얼리즘'을 제창하고, 프롤레타리아 문학의 선구적인 문학가였다. 1905년 러시아혁명의 기폭제가 된 '피의 일요일' 사건을 주도했던 '가퐁신부사건'에 연루되어 투옥되었다. <출처 : 두산백과 / 일부인용>

☐ **Gorky, -ky** [gɔ́ːrki] ⓜ **고리키** 《Maxim ~ 러시아의 극작가 · 소설가; 1868-1936》
★ 대표작 : 『어머니』, 『유년시대』, 『사람들속에서』 등

☐ **gosh**(아이쿠) ➔ **god**(신) **참조**

가스펠 송 gospel song (미국 대중 사이에서 생겨난 복음노래)

☐ **gospel** [gɑ́spəl/gɔ́s-] ⓜ [the ~] **복음**, [G-] **복음서** ☜ 고대영어로 '좋은 소식'이란 뜻
♠ **gospel song 복음찬송가; 가스펠 송** 《흑인의 종교음악》

가십 gossip (언론에서 개인의 뜬소문을 흥미 본위로 다룬 기사)

☐ **gossip** [gɑ́sip/gɔ́s-] ⓜ **잡담, 험담**; 뜬소문 이야기, **가십** ⓢ 가십기사를 쓰다
☜ 비밀스런 화재거리. ⇦ 중세영어로 '대부모'란 뜻(즉, 대부모가 알게 된 세례받은 아이의 사생활에 대해 남에게 이야기한 데서 유래)
♠ **gossip column** (신문 · 잡지의) **가십난** ☜ column(신문의 칼럼, 난; 기둥)

☐ **got · gotten**(get의 과거분사) ➔ **get**(얻다, 잡다, 받다) **참조**

고딕(양식) Gothic (중세 서유럽에서 유행한 건축양식)

아치형의 무거운 천정과 두꺼운 벽, 그리고 작은 창문이 특징인 로마네스크 건축물의 단점을 극복하기 위해 12-16세기 고트족이 세운 뾰족한 지붕과 아치를 특색으로 하는 첨두아치 건축양식(고딕양식). 이후 고딕양식을 야만스런 건축양식이라고 비판하고 등장한 낮은 지붕과 벽면그림이 특징인 르네상스 양식과 양파모양의 지붕이 특징인 바로크 양식으로 발전하게 됨.

☐ **Goth** [gɑθ/gɔθ] ⓜ (the ~s) **고트**족(族) 《3-5세기경에 로마 제국을 침략하여 이탈리아 · 프랑스 · 스페인에 왕국을 건설한 게르만족의 일파》; **고트** 사람; (g-) 야만인(barbarian), 무법자
☜ 고대 노르드어로 '고트족(族)'이란 뜻

☐ **Goth**ic [gάθik/gɔ́θ-] ⓗ 【건축 · 미술】 **고딕** 양식의; **고딕**체의 ⓜ **고트**말; **고딕** 양식, **고딕**체 ☜ 고딕양식(Goth) 의(ic)

고담 Gotham (뉴욕시의 속칭)

☐ **Gotham** [gάtəm, góut-/gɔ́t-] ⓜ **고텀** 읍(邑); 잉글랜드 Newcastle시의 속칭
☜ 옛날에 주민이 모두 바보였다고 전해오는 잉글랜드의 한 읍
[gάθəm, góuθ-/gɔ́θ-] ⓜ 미국 뉴욕 시의 속칭

☐ **Gotham**ite [gάθəmàit, góuθ-/góuθ-] ⓜ [익살] 뉴욕시민; 《영》 고담사람, 바보
☜ Gotham + ite(명접)
★ 영화 배트맨(Batman)의 배경인 Gotham City는 New York시(市)가 아닌 가상의 공간이며, 구약성서에 나오는 소돔(Sodom)과 고모라(Gomorrah)을 합쳐 만들었다고 함.

연상 보디가드(bodyguard.경호원)가 고드(gourd.조롱박)을 차고 있었다

♣ 어원 : guar, warr 지키다, 망보다

※ **body** [bάdi/**바**리/bɔ́di/**보**디] ⓜ **몸; 본문** ☜ 고대영어로 '통'이란 뜻
ⓑ **mind** 마음, **soul** 정신

■ body**guard** [bάdigaːrd] ⓜ 경호원 ☜ 몸(body)을 보호하는(guar) 사람(d)

■ **guar**d [gaːrd/가-드] ⓜ **경계; 호위병[대]** ⓢ **지키다, 망보다, 경계하다** ☜ 고대 프랑스어로 '지켜보다, 지키다'란 뜻

☐ **gourd** [guərd, gɔːrd] ⓜ 【식물】 호리병박 《열매 또는 그 식물》; 조롱박
☜ 라틴어로 '조롱박'이란 뜻
♠ water leaked from **the cracked gourd**. **깨진 조롱박**에서 물이 샌다.

가바나 < 거버너 governor (디젤차량에서 엔진의 회전과 부하에 따라 연료량을 조절해 주는 장치)

☐ **govern** [gʌ́vərn] ⓢ **통치하다, 다스리다, 좌우하다, 제어[억제]하다**
☜ 라틴어로 '배의 키를 잡다'란 뜻
♠ **govern** a public enterprise 공공 기업을 **운영하다**.

☐ **govern**able [gʌ́vərnəbəl] ⓗ 통치(지배 · 관리)할 수 있는; 억제할 수 있는; 순응성이 있는
☜ govern + able(~할 수 있는)

☐ **govern**or [gʌ́vərnər/**거**붜너] ⓜ **통치자**, 《미》 **주지사**; 《영》 (식민지의) **총독**; 【기계】 조속기
☜ govern + or(사람)
♠ **the governor** of Texas 텍사스 **주지사**(=the Texas governor)
♠ **the governor** of the prison 교도소 **소장**(=the prison governor)

☐ **govern**ess [gʌ́vərnis] ⓜ **여자 가정교사**, 여성지사 ☜ govern + ess<명접>

☐ **govern**ment [gʌ́vərnmənt/**거**번먼트] ⓜ **정부, 행정권, 정치** ☜ govern + ment<명접>

☐ **govern**mental [gʌ̀vərnméntl] ⓗ **정부의, 정치(상)의** ☜ govern + ment + al<형접>

■ **G-man** [dʒíːmæ̀n] ⓜ (pl. **-men**) **지맨**, FBI 수사관; 형사; 환경 미화원
☜ G-man은 Government man(정부사람) 또는 garbageman(쓰레기 수거인)의 약자임

까운 < 가운 gown (긴 겉옷)

☐ **gown** [gaun] ⓜ **가운, 긴 웃옷**; 잠옷; (외과 의사의) 수술복, (판사 · 성직자 · 대학교수 · 졸업식 때 대학생 등이 입는) 가운 ☜ 라틴어로 '모피의복'이란 뜻
★ 잠옷 위에 입는 가운은 dressing gown이라고 한다.
♠ a judge's **gown** 판사**복**

고야 Goya (현대미술의 길을 연 스페인 화가)

로코코풍의 왕족초상화를 주로 그리던 궁정화가였으나 나폴레옹군의 침입으로 충격을 받게되자 그의 작품은 절망과 공포, 악마적인 분위기의 '검은 그림'으로 변모하게 된다. 평생 1870점에 달하는 방대한 양의 그림을 남겼다. <출처 : 스페인에서 보물찾기>

☐ **Goya** [gɔ́iə, gɔ́:jɑ:] (명) **고야**《Francisco José de ~, 스페인의 화가; 1746-1828》
★ **대표작 : <카를로스 4세의 가족>, <옷을 벗은 마하> 등**

☐ **Goya**-esque [gɔ̀iəésk] (형) **고야**풍의, 공상적이고 괴기한 ☜ 고야(Goya) 풍의(esque)

그레이스 켈리 Grace Kelly (미국 여배우이자 모나코 왕비)

미국의 영화배우이자 모나코(Monaco)의 왕비(1929-1982). 배우시절에는 우아한 미모와 연기로 인기를 끌었으며, 세계에서 가장 아름다운 왕비로 칭송받았다.

☐ **grace** [greis/그뤠이스] (명) **우아**, 호의 (동) **우아하게 하다**, 명예를 주다
☜ 라틴어로 '우미(優美)' 라는 뜻

그랜저 Grandeur (현대자동차의 브랜드. <위대함>이란 뜻)

G

☐ **grand** [grænd/그랜드] (형) 웅대한, **웅장한; 위대한** (명) **그랜드피아노**
☜ 고대 프랑스어로 '큰'이란 뜻

☐ **grand**eur [grǽndʒər, -dʒuər] (명) **웅대**, 장려(壯麗), **위대** ☜ -eur<명접>

그리스 Greece (고대 민주주의를 꽃피운 유럽 발칸반도 남단의 공화국)

☐ **Greece** [gri:s] (명) **그리스**, 헬라, 희랍《수도 아테네(Athens)》
☜ 아랍/힌두어 Yunan ➔ 페르시아어 Yunanistan ➔ 투르크어로 Greklond ➔ 라틴어 Graecia ➔ 영어 Greece로 변천
★ 그리스의 정식 국명은 헬레닉 공화국(Hellenic Republic)인데 이는 제우스의 홍수에서 살아남은 프로메테우스의 맏손자, 헬렌(Hellen)을 조상이라고 여겨 자신들의 나라를 '헬라스(Hellas, 그리스인은 '엘라스'로 발음)', 그리스인을 '헬레네스(Hellenes, 그리스인은 '엘리네스'로 발음)'로 부른다.

☐ **Grec**ian [grí:ʃən] (형) **그리스의, 그리스식**(式)**의** ☜ Greece + i + an<형접>
★ **Grecian은 건축 · 미술 · 사람의 얼굴 등에 대해 사용하며, 그 외에는 Greek를 쓴다.**

☐ **Greco**-Roman [grì:kouróumən, grè-] (형) **그리스 · 로마**(식)의 ☜ Greco(그리스의)

☐ **Greco**-Roman wrestling **그레코로만**형 **레슬링** ★ 상반신만을 사용하여 공격과 방어를 하는 레슬링의 경기방식으로 고대 그리스와 로마의 전통적인 레슬링경기를 모방한데서 유래했다.

☐ **Greek** [gri:k/그뤼익] (형) **그리스사람[말]의; 그리스(식)의** (명) **그리스 사람[말]**
☜ 고대영어로 '그리스 거주민'이란 뜻

그린베레 green beret (미국 육군 특수부대. <녹색 베레모>)

1952년 창설된 미국 육군 특수부대의 별칭으로, 직역하면 '녹색 베레모' 라는 뜻이다. 대(對) 게릴라전용으로 만들어진 정예부대다.

☐ **green** [gri:n/그륀] (명)(형) **녹색(의)** ☜ 고대영어로 '살아있는 식물의 색'이란 뜻

※ **beret** [bəréi, bérei] (명) **베레**모 ☜ 고대 프랑스의 가스코뉴(Gascon)어로 '모자'란 뜻.

그린피스 Greenpeace (국제 환경보호단체. <녹색 평화>란 뜻)

핵실험 반대와 자연보호운동 등을 통해 지구의 환경을 보존하고 평화를 증진시키는 활동을 벌이는 국제비정부기구(NGO).

♣ **어원 : peace, pease, paci 평화**

☐ **green** [gri:n/그륀-] (형) **녹색의** (명) **녹색** ☜ 고대영어로 '살아있는 식물의 색'이란 뜻

※ **peace** [pi:s/피-스] (명) **평화** ☜ 중세 앵글로 프렌치어로 '시민의 자유'란 뜻

그리니치 Greenwich (그리니치 천문대가 있는 영국 런던의 자치구)

☐ **Greenwich** [grínidʒ, grén-, -itʃ] (명) **그리니치**《런던 동남부 교외; 본초 자오선의 기점인 천문대가 있는 곳》 ☜ 고대영어로 '녹색(green) 마을(wich)'이란 뜻
♠ **Greenwich** Royal Observatory (본초자오선의 기점인) **그리니치** 천문대

■ **GMT** **G**reenwich **M**ean **T**ime **그리니치** 평균시 ★ 한국은 GMT시간보다 9시간 빠르다.

그림형제 Jakob Grimm, Wilhelm Grimm (독일의 동화작가형제)

☐ **Grimm** [grim] 명 **그림** 《Jakob Ludwig Karl ~ 독일의 언어학자(1785-1863)》, 《Wilhelm Karl ~ 독일의 동화 작가, 동생(1786-1859)》
★ **대표작 : 『그림동화』, 『독일 전설집』, 『독일어 대사전』 등**

☐ **Grimm**'s law 『언어』 **그림**의 법칙 《독일의 언어학자. Jakob Grimm이 발견한 게르만계 언어의 자음 전환의 법칙》 ☜ 그림(Grimm) 의('s) 법(law)

그립 grip (경기용구를 손으로 쥐거나 잡는 방법)

♣ **어원 : grip, grap, grasp, grop 꽉잡다, 붙잡다**

☐ **grip** [grip] 명 (손으로) **잡음**, 잡는법, 그립; **손잡이; 파악력; 지배력**
☜ 고대영어로 '꽉 잡다'란 뜻

☐ **grip**e [graip] 명 움켜잡기 동 꽉 쥐다, 움켜쥐다 ☜ 고대영어로 '~을 꽉 잡다'

☐ **grab** [græb] 동 **부여잡다, 움켜잡다** 명 부여잡기 ☜ 중세 저지(低地) 독일어로 '붙잡다'
♠ **make a grab at ~ ~을 잡아채다, 낚아채다**

☐ **grap**ple [grǽpəl] 명 붙잡기 동 **잡다**, 꽉 쥐다; 파악하다; **격투하다**
☜ 붙잡(grap) + p<자음반복> + 다(le)

☐ **grasp** [græsp, grɑːsp] 동 **붙잡다, 움켜잡다; 터득하다,** 붙잡으려 하다 명 **움켜잡기**
☜ 고대영어로 '접촉하다, 만지다'란 뜻

☐ **grasp**ing [grǽspiŋ] 형 욕심 많은 ☜ grasp + ing<형접>

☐ **grope** [group] 동 **손으로 더듬다**; (암중)모색하다 명 손으로 더듬기
☜ 고대영어로 '붙잡다'란 뜻 **비교** group 그룹, 집단
♠ She **groped** her way down the staircase in the dark.
그녀는 어둠속에서 계단을 내려가는 길에 **더듬더듬 거렸다**.

☐ **grop**ing [gróupiŋ] 형 손으로 더듬는; 모색하는 ☜ grope + ing<형접>

어메이징 그레이스 Amazing Grace (미국인의 영적인 국가(國歌)로 불리는 찬송가. <놀라운 은총>이란 뜻) * 실제 미국 국가(國歌)는 <The Star-Spangled Banner(별이 빛나는 깃발)>임.

영국 성공회 사제 존 뉴턴(1725~1807)이 과거 흑인 노예무역을 했을 때 흑인을 학대했던 것을 참회하며 1722년 작사했다.

♣ **어원 : grace, gree 호의**

※ **amaze** [əméiz] 동 **깜짝 놀라게 하다**
☜ 중세영어로 '놀라움으로 인한 혼란'이란 뜻

※ **amaz**ing [əméiziŋ] 형 놀랄 정도의, 어처구니 없는, **굉장한**
☜ amaze + ing<형접>

☐ **grace** [greis/그뤠이스] 명 **우아**, 호의; (신의) **은총**, 자비 동 **우아하게 하다**, 명예를 주다 ☜ 라틴어로 '우미(優美)' 라는 뜻
♠ **with grace 우아하게, 얌전하게**
♠ **May the grace of God be 〔go〕 with you. 신의 가호가 있기를.**

☐ **grace**ful [gréisfəl] 형 **우아한** ☜ grace + ful<형접>

☐ **grace**fully [gréisfəli] 부 우아하게 ☜ grace + ly<부접>

☐ **grace**less [gréislis] 형 버릇없는 ☜ grace + less(~이 없는)

☐ **graci**ous [gréiʃəs] 형 **품위있는**, 상냥한 ☜ grace + ous<형접>

☐ **graci**ously [gréiʃəsli] 부 **우아하게** ☜ graceous + ly<부접>

✚ a**gree** **동의하다**, 호응하다 disa**gree** **일치하지 않다**, 다르다

업그레이드 upgrade (품질 · 성능의 향상)

♣ **어원 : grad, gree 계단, 단계; (나아)가다**

■ up**grad**e [əpgreid] 명 《미》 오르막; 증가, 향상, 상승; 『컴퓨터』 **업그레이드**
☜ 위로(up) 나아가다(grade)

☐ **grad**ation [greidéiʃən] 명 (색체의) **단계적 변화, 그라데이션**, 농담법, 등급 매김
☜ 계단(grad) 만들(at) 기(ion<명접>)

☐ **grad**e [greid/그뤠이드] 명 **등급; 성적** 동 **등급을 매기다** ☜ 라틴어로 '걸음, 계단'이란 뜻
♠ **high-grade** petrol **고급** 휘발유
♠ **make the grade 표준에 달하다; 성공하다; (시험 · 검사에) 합격하다**

☐ **grad**er [gréidər] 명 등급을 매기는 사람; 채점〔평점〕자; **그레이더** 《땅 고르는 기계》; 《미》 (초등학교 · 중학교의) ~(학)년생 ☜ grade + er(사람/기계)

☐ **grad**ient [gréidiənt] 명 경사도, **기울기**, 변화도 형 경사져 있는
☜ 계단(grad)이 + i + 있는(ent<형접>)

☐ **grad**ual [grǽdʒuəl] 형 **단계적인, 점차적인** ☜ 계단(grad)이 + u + 있는(al<형접>)

☐ **grad**ually [grǽdʒuəli/그**래**주얼리] ㊄ **차차로, 서서히** ☜ gradual + ly<부접>
☐ **grad**uate [grǽdʒuèit, -it] ㊅ 《미》 **졸업하다**; 《영》 (학사) 학위를 받다 ㊈ **졸업생**
☜ 계단(grad)을 + u + 만들다(ate<동접>)
♠ **graduate from** Harvard 하버드 대학**을 졸업하다**
☐ **grad**uation [grӕ̀dʒuéiʃən] ㊈ 《영》 **학위 취득**; 《미》 **졸업(식)**
☜ 계단(grad)을 + u + 만들(at) 기(ion<명접>)

✚ de**grad**e **지위를 낮추다**, 퇴보하다 de**gree** **정도**; 등급 post**grad**uate 대학 졸업 후의, 대학원의; 대학원생 retro**grad**e 후퇴하는, 퇴화하는; 후퇴(역행)하다 under**grad**uate **대학 재학생**

그라피티 > 그래피티 graffiti (벽에 그린 낙서같은 그림이나 문자)

☐ **graffiti** [grəfíːtiː] ㊈ graffito의 복수
♠ **graffiti art** (보도 · 기둥 · 벽 · 교각 등에 하는) **낙서예술**
☐ **graffito** [grəfíːtou] ㊈ (pl. **-ti**) 〖고고학〗 긁은 그림(글자) ☜ 유적의 벽 등에 긁어서 쓴 고대 회화, 문자나 글씨 모양의 긁힌 자국. 그리스어로 '긁다, 긁어서 새기다'라는 뜻
☐ **graft** [grӕft, grɑːft] ㊈ **접붙이기**; 〖의학〗 이식(移植) 조직 ㊅ **접붙이다**, 식피하다
☜ 고대불어로 '조각도구로 조각하여 새기다, 잘라내어 붙이다'라는 뜻
♠ **get a skin graft 피부 이식수술을 받다**

그레인 위스키 grain whisky (옥수수 등 곡물로 만든 위스키)
그레인 벨트 Grain Belt (미국 중서부 북쪽의 곡창지대)

Grain Belt는 미국 중서부의 북쪽을 가로지르는 프레리(Prairie) 지역을 가리킨다. 이 지역은 세계에서 최고의 곡물산지이기 때문에 이렇게 불린다. 주로 밀, 옥수수, 대두 등이 생산되고 있다. 프레리는 대초원이라고도 하는데 동서길이가 약 1,000km, 남북 길이가 약 2,000km 정도이다. <출처 : 위키백과>

♣ **어원 : grain, gran 낟알, 곡물**
☐ **grain** [grein/그뤠인] ㊈ **낟알; 곡물**; 〔부정문〕 **(극)미량** ☜ 라틴어로 '낟알'이란 뜻
♠ **grain belt 곡창지대** ☜ belt(띠, 지대)
♠ **without a grain of love 티끌만큼도 애정이 없이**
☐ **grain**field [gréinfiːld] ㊈ 곡식밭 ☜ field(들판, 밭)
☐ **gran**ary [grǽnəri, gréi-] ㊈ 곡창, **곡물창고**; 곡창지대 ☜ 곡물(gran)을 보관하는 장소(ary)
☐ **gran**ite [grǽnit] ㊈ **화강암** ☜ 이탈리아어로 '낟알'이란 뜻
☐ **gran**ulate [grǽnjəlèit] ㊅ 낟알(알갱이)로 만들다; (표면을) 꺼칠꺼칠하게 만들다
☜ 낟알(gran<grain)을 작게(ul) 만들다(ate<동접>)
※ **whisk(e)y** [hwíski] ㊈ (pl. **-keys, -kies**) **위스키**; 위스키 한 잔 ㊉ 위스키의(로 만든)
☜ 스코틀랜드 게일(Gael)어로 '생명의 물'이란 뜻

그램 gram(me) (중량의 단위), 프로그램 program (진행순서)

♣ **어원 : gram, graph 그림, 문자, 기록; 쓰다, 기록하다**
☐ **gram**(me) [grӕm] ㊈ **그램** 《미터법의 중량의 단위, 생략: g, gm》
☜ 고대 그리스어로 '적은 무게, 미량'이란 뜻
♠ Meat is sold **by the gram**. 고기는 **그램으로** 판다.
☐ **gram**mar [grǽmər] ㊈ 체중이 ~그램인 사람 《주로 아기》 ☜ gram + m<자음반복> + er(사람)
☐ **gram**mar [grǽmər] ㊈ **문법** ☜ 그리스어로 '문자를 쓰는 기술'이란 뜻
♠ the basic rules of **grammar** 기본적인 **문법** 규칙들
☐ **gram**mar school 《영》 공립 중학교; 《미》 (초급) 중학교 과정 ☜ school(학교)
☐ **gram**marian [grəmέəriən] ㊈ **문법 학자** ☜ grammar + ian(학자)
☐ **gram**matical [grəmǽtikəl] ㊉ **문법(상)의; 문법에 맞는** ☜ 문법(gramma) 적인(tical)
☐ **gram**matically [grəmǽtikəli] ㊄ 문법상으로, 문법적으로 ☜ -ly<부접>
☐ **Gram**my [grǽmi] ㊈ (pl. **-s,** Gramm**ies**) 《미》 **그래미** 상 《레코드 대상(大賞)》
☜ Gramophone(축음기)의 단축 변형어
★ Grammy상은 TV의 Emmy상, 연극의 Tony상, 영화의 Academy(Osca)상과 함께 음악계의 가장 권위있는 상이다.
☐ **gram**ophone [grǽməfòun] ㊈ 《영》 **축음기**(《미》 phonograph) ☜ 소리(phone)의 기록(gram)

✚ picto**gram**, picto**graph** 그림문자, **픽토그램;** 상형 문자 pro**gram**(me) **프로그램, 진행순서**
tele**gram**, tele**graph** **전보, 전신**

그랜저 Grandeur (현대자동차의 브랜드. <위대함>이란 뜻)

♣ 어원 : grand 큰, 과장, 확대, 확장 * [가족] 일촌(一寸) 이상의 차이가 있는

□ **grand** [grænd/그랜드] ⓗ 웅대한, **웅장한; 위대한** ⓜ **그랜드피아노**
☜ 고대 프랑스어로 '큰'이란 뜻
♠ **have a grand vision 웅대한 뜻을 품다**

□ **Grand** Canyon [the ~] **그랜드캐년** 《미국 Arizona주 북서부의 Colorado강(江)의 대협곡》 ☜ grand + canyon(협곡)

□ **grand**child [grǽndtʃàild] ⓜ (pl. **-children**) **손자**, 손녀 ☜ child(어린이)

□ **grand**daughter [grǽnddɔ̀:tər] ⓜ 손녀(딸) ☜ daughter(딸)

□ **grand**eur [grǽndʒər, -dʒuər] ⓜ **웅대**, 장려(壯麗), **위대** ☜ -eur<명접>

□ **grand**father [grǽndfɑ̀:ðər/그랜드퐈-더] ⓜ **할아버지**, 조부 ☜ father(아버지)
★ 증조부 등 증~ 은 great-grand ~로 표현

□ **grand**ly [grǽndli] ⓑ **웅대[당당]하게**; 화려하게 ☜ grand + ly<부접>

□ **grand**ma [grǽndmɑ̀:] ⓜ 《구어·소아어》 **할머니** ☜ grand + ma(엄마)

□ **grand**mother [grǽndmʌ̀ðər/그랜드머-더] ⓜ **할머니**, 조모 ☜ grand + mother(어머니)

□ **grand**pa [grǽndpɑ̀:, grǽmpə] ⓜ 《구어·소아어》 **할아버지** ☜ grand + pa(아빠)

□ **grand**parent [grǽndpɛərənt] ⓜ **조부, 조모**; (pl.) 조부모 ☜ grand + parent(부모)

□ **grand** piano [pianofórte] ⓜ **그랜드 피아노** ☜ piano(피아노; 약하게, 부드럽게)

□ **grand** prix [grɑ̂:prí:] ⓜ (pl. **grand(s) prix**) 《F.》 **그랑프리**, 대상(大賞), 최고상
☜ grand + prix(불어로 상(=prize)이란 뜻)

□ **grand** slam **그랜드슬램**; 압승; 『야구』 만루홈런 ☜ slam(전승(全勝))

□ **grand**son [grǽndsʌ̀n] ⓜ **손자** ☜ grand(일촌 이상의 차이가 있는) + son(아들)

□ **gran**ny, -nie [grǽni] ⓜ (pl. **-nies**) 《구어·소아어》 **할머니; 노파**
☜ 위대한(gran) + n<단모음+단자음+자음반복> + 사람(y)

G

□ **granite**(화강암), **granulate**(낟알로 만들다) ➔ **grain**(곡물, 낟알) **참조**

연상 북군의 그랜트(Grant) 장군은 남군에 대한 공격을 그랜트(grant.승인)했다.

□ **Grant** [grænt, grɑ:nt] ⓜ **그랜트** 《Ulysses Simpson ~, 미국 남북 전쟁 때의 북군 총사령관 제18대 대통령; 1822-85》

□ **grant** [grænt/그랜트/grɑ:nt/그란-트] ⓢ 주다; **승인[허가]하다**
ⓜ 인가, 허가; **(국가) 보조금** ☜ 중세영어로 '허가, 승인'이란 뜻
♠ **granting (granted) that ~ 가령 ~이라 할지라도, 좋다고 인정할지라도**
♠ **take ~ for granted ~을 당연한 것으로 생각하다**

□ **grant** aid 무상원조 ☜ aid(원조; 돕다, 원조하다)

□ **grant**-in-aid 보조금, 교부금 《국가가 지방자치단체의 재정을 지원하는 금전》

연상 그래프(graph.도표)에는 온통 그레이프(grape.포도)만 그려져 있었다.

□ **grape** [greip] ⓜ **포도(열매)**(나무) ☜ 고대불어로 '포도; 덩굴의 열매'
♠ **the grape** of wrath 분노의 **포도** 《신의 분노의 상징; 미국 소설가 존 스타인백의 장편소설》
♠ **grape** juice **포도**즙 ☜ juice(주스, 즙, 액)
♠ **grape** sugar **포도**당 ☜ sugar(설탕)

□ **grape**fruit [gréipfrù:t] ⓜ 『식물』 **그레이프푸루트**, 자몽
☜ grape(포도) + fruit(과일)

□ **grape**vine [gréipvain] ⓜ 포도덩굴; [the ~] 비밀정보, 소문 ☜ 포도(grape) 덩굴(vine)

□ **graph** [græf, grɑ:f] ⓜ **그래프**, 도식(圖式), **도표** ☜ 그림, 문자, 기록

□ **graph**ic [grǽfik] ⓗ **그림[회화·조각]의; 도표의** ⓜ **시각예술작품** ☜ 그림(graph) 의(ic)
♠ **the graphic arts 그래픽 아트** 《일정한 평면에 문자·그림 등을 표시·장식·인쇄하는 기술이나 예술의 총칭》 ☜ art(예술)
♠ **graphic design 그래픽** 아트를 응용하는 상업**디자인** ☜ design(디자인, 도안)

□ **graph**ically [grǽfikəli] ⓑ **사실적으로**; 도표로 ☜ -ly<부접>

□ **grapple**(잡다, 격투하다), **grasp**(붙잡다) ➔ **grab**(부여잡다, 움켜쥐다) **참조**

그래스 벙커 grass bunker ([골프] 코스 내 잔디가 길게 자란 벙커)

□ **grass** [græs/그래스/grɑ:s/그라-스] ⓜ **풀**(=herb), **잔디** ⓢ **풀이 나게 하다** ☜ 고대영어로 '풀, 풀잎'이란 뜻

♠ Keep off the grass. 《게시》 잔디밭에 들어가지 마시오, 《비유》 참견 말 것

☐ **grass**-blade [grǽsblèid] 명 풀잎 ☜ blade(풀잎, 칼날)
☐ **grass** cutter 풀 베는 사람[도구] ☜ 자르는(cut) + t<자음반복> + 사람/기계(er)
☐ **grass** green (싱싱한) 풀빛, 연두색 ☜ green(녹색)
☐ **grass**hopper [grǽshɑ̀pər] 명 **배짱이, 메뚜기**
☜ grass + hop(뛰다) + p<단모음+단자음+자음반복> + er(사람/주체)
☐ **grass**land [grǽslæ̀nd] 명 **목초지**, 목장; (pl.) 대초원 ☜ grass + land(땅, 토지)
☐ **grass**y [grǽsi, grɑ́:si] 형 (-<s**ier**<-si**est**) **풀이 무성한** ☜ grass + y<형접>
☐ **graze** [greiz] 동 (가축이) **풀을 뜯어 먹다** 명 **방목** ☜ 고대영어로 '풀을 먹다'란 뜻
♠ There were cows **grazing** beside the river.
강가에서는 소들이 **풀을 뜯고 있었다.**
※ **bunk**er [bʌŋkər] 명 (배의) 연료 창고; 〖골프〗 **벙커** 《모래땅의 장애 구역》; 〖군사〗 **벙커**, 지하 엄폐호 ☜ 고대 스웨덴어로 '배의 화물을 보호하기 위해 사용된 널빤지'에서 18c. 스코틀랜드어로 '좌석, 긴 의자', 19c '흙으로 만든 의자', 1차대전시 '흙[구덩이]을 파서 만든 요새' 등으로 의미가 확장됨.

연상 그레이트 데인(Great Dane.큰 독일 개)의 발이 그레이트(grate.쇠창살)에 끼어 버렸다

※ **great** [greit/그뤠잍] 형 **큰, 중대한; 탁월한**; [the ~s] **위인들**
☜ 고대영어로 '큰'이란 뜻
♠ **Great Dane** '커다란 덴마크의 개'라고 불리우는 독일개 ☜ Dane(덴마크 사람)
※ **Dane** [dein] 명 **덴마크 사람**; 〖영.역사〗 **데인** 사람 《9-11세기경 영국에 침입한 북유럽인》; 덴마크종의 큰 개(Great ~) ☜ 'Dane족'이란 뜻
☐ **grate** [greit] 명 (난로 따위의) 쇠살대, **쇠창살, 쇠격자** 동 쇠살대[격자]를 달다; 갈다, **비비다**
☜ 중세 라틴어로 '격자, 창살'이란 뜻
♠ A wood fire burned in **the grate**. **쇠살대** 안에서 장작불이 탔다.
♠ **grate one's teeth 이를 갈다**
■ **grill** [gril] 명 **석쇠, 그릴** 동 **그릴[석쇠]로 굽다** ☜ 고대 프랑스어로 '석쇠'란 뜻

미국의 영화등급 G > PG > PG-13 > R > NC-17

■ **G** **G**eneral Audiences 일반영화 《모든 연령 관람가》
☐ **G**-rated film 일반용 영화 ☜ 일반(G: General) 등급(rate) 의(ed) 영화(film)
■ **PG** **P**arental **G**uidance Suggested 준(準)일반영화 《단, 부모의 지도 요망》
■ **PG-13** **P**arental **G**uidance-**13** 부모주의 《부분적 13세 미만 부적합》
■ **R** **R**estricted 제한 《17세 미만은 부모나 성인보호자 동반 필요》
■ **NC-17** **N**o **C**hildren under **17** admitted 《17세 미만 관람불가》

그라시아스 Gracias ([스페인어] 감사합니다)

♣ 어원 : **grac(e), grat(e), grati, gratuit 감사, 고마움**
■ **grace** [greis] 명 **우아**; 호의, (신의) **은총**; (식전·식후의) 감사기도
☜ 중세영어로 '신의 아낌없는 은혜, 사랑'이란 뜻
☐ **grate**ful [gréitfəl] 형 **감사하고 있는, 고마워하는** ☜ 감사(grate)로 가득 찬(ful)
♠ a **grateful** letter **감사의** 편지
☐ **grate**fully [gréitfəl] 형 감사하여 ☜ grateful + ly<부접>
☐ **grati**fication [grӕ̀təfikéiʃən] 명 만족시키기, 만족감 ☜ 감사함(grati)을 만들(fic) 기(ation<명접>)
☐ **grati**fy [grǽtəfài] 동 **기쁘게 하다, 만족시키다**; (욕망 따위를) 채우다
☜ 감사(grati)하게 만들다(fy)
♠ **gratify one's curiosity 호기심을 채우다**
☐ **grati**fying [grǽtəfàiiŋ] 형 즐거운, 만족시키는, 유쾌한 ☜ -ing<형접>
☐ **grati**s [gréitis, grǽt-] 부형 무료로[의], 공짜로(=for nothing) ☜ 고마움(grati)에 주는(s)
☐ **grati**tude [grǽtətjù:d] 명 **감사**, 보은의 마음; **사의**(謝意) ☜ -tude<명접>
♠ **express one's gratitude for ~ ~에 사의를 표하다**
☐ **gratuit**y [grətjú:əti] 명 선물(=gift); 팁(=tip), 사례금; 보수, 상금; 하사금
☜ 고마움(gratuit)에 주는 것(y<명접>)
☐ **gratuit**ous [grətjú:ətəs] 형 무료[무상, 무보수]의; 호의의; 이유[원인] 없는
☜ 고마움(gratuit)에 주는(ous<형접>)
☐ **gratuit**ously [grətjú:ətəsli] 부 무료로, 무상으로; 이유없이 ☜ -ly<부접>

✚ con**grat**ulation **축하**, 경하; (pl.) 축사 dis**grace** 창피, **불명예**, 치욕; **망신** in**grati**tude **배은망덕**, 은혜를 모름 un**grate**ful **은혜를 모르는**

그래비티 gravity (미국·영국 합작 영화, <중력>이란 뜻)
그레이하운드 grayhound (세계에서 가장 빠른 경주개. <회색 사냥개>)

© Warner Bros.

그래비티는 2013년 개봉한 미·영 합작의 SF/미스터리/스릴러 영화. 조지 클루니, 산드라 블록 주연. 지구로부터 600km, 소리도 산소도 없는 우주에서의 생존은 불가능하다. 허블 우주 망원경을 수리하기 위해 우주를 탐사하던 스톤박사는 폭파된 인공위성의 잔해와 부딪히면서 그곳에 홀로 남겨지는데... <출처 : 네이버영화>

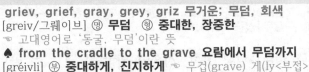

♣ **어원 : grav(e), griev, grief, gray, grey, griz 무거운; 무덤, 회색**

☐ **grave** [greiv/그뤠이브] 명 **무덤** 형 **중대한, 장중한**
☜ 고대영어로 '동굴, 무덤'이란 뜻
♠ **from the cradle to the grave 요람에서 무덤까지**

☐ **grave**ly [gréivli] 부 **중대하게, 진지하게** ☜ 무겁(grave) 게(ly<부접>)

☐ **grave**stone [gréivstòun] 명 **비석**, 묘석(=tombstone) ☜ 무덤(grave) 돌(stone)

☐ **grave**yard [gréivjaːrd] 명 **묘지, 무덤** ☜ 무거운(grave) 마당(yard)

☐ **grav**itate [grǽvətèit] 동 중력(인력)에 끌리다; 이끌리다; 가라앉다
☜ 무거운(grav) 곳으로 가게(it) 하다(ate<동접>)
♠ The earth **gravitates toward** the sun. 지구는 태양**에 끌린다**.

☐ **grav**itation [grӕ̀vətéiʃən] 명 『물리』 **인력, 중력** ☜ -ation<명접>

☐ **grav**itational [grӕ̀vətéiʃənəl] 형 **중력[인력]의**, 인력에 의한 ☜ -al<형접>

☐ **grav**ity [grǽvəti] 명 **중력**, 중량 ☜ 무거운(grav) 것(ity<명접>)
♠ **the center of gravity 무게 중심(中心)**(약어 : **C.G.**)

☐ **grave**l [grǽvəl] 명 **자갈, 밸러스트** 동 **자갈로 덮다, 보수하다** ☜ 무겁게(grave) 하는 것(l)
♠ a **gravel** path **자갈**길

☐ **gray, grey** [grei/그뤠이] 명 **회색** 형 **회색의**; 창백한 ☜ 무거운(gray, grey) 색
♠ **dress in gray 회색 옷을 입다**

☐ **gray**-blue [gréibluː] 명 회청색(灰靑色) ☜ gray + blue(파랑색, 청색)

☐ **gray**-haired [gréihɛ́ərd, -hédid] 형 **백발의** ☜ 머리털(hair) 의(ed<형접>)

☐ **gray**-headed [gréihédid] 형 백발의, 늙은 ☜ 회색(gray) 머리(head) 의(ed<형접>)

☐ **gray**hound [gréihàund] ➔ greyhound 명 **그레이하운드** 《몸이 길고 날쌘 사냥개》
☜ 회색(gray) 사냥개(hound)
♠ **greyhound** racing **그레이하운드** 경주 ☜ race(경주) + ing<명접>

그레이비 소스 gravy sauce (쇠고기·닭고기 로스트에 곁들이는 소스)

☐ **gravy** [gréivi] 명 **육즙, 그레이비, 고깃국물**
☜ 고대 프랑스어로 '맛을 내다'란 뜻
♠ pour **gravy** over meat 고기에 **그레이비**를 붓다.

※ **sauce** [sɔːs] 명 **소스**, 맛난이 ☜ 라틴어로 '소금을 치다'란 뜻

☐ **graze**(풀을 뜯어 먹다; 방목) ➔ **grass**(풀, 잔디) **참조**

베어링에 그리스(grease.반고체 상태의 윤활유)를 바르다

☐ **grease** [griːs] 명 **그리스, 유지**《반고체 상태의 윤활유》; 수지, 기름기; 윤활유 동 **기름을 바르다** ☜ 라틴어로 '녹은 동물성 지방'

☐ **grease** gun 윤활유 주입기 ☜ gun(총, 포)

☐ **greasy** [gríːsi, -zi] 형 (-<-si**er**<-si**est**) 기름을 바른, **기름이 묻은**, 기름진 ☜ grease + y<형접>

그레이트 데인 Great Dane (덩치가 큰 덴마크 종(種)의 독일개)

♣ **어원 : grand, great, gross 큰, 전체의; 과장, 확대, 확장**

☐ **great** [greit/그뤠잍] 형 **큰, 중대한; 탁월한**; [the ~s] **위인들**
☜ 고대영어로 '큰'이란 뜻
♠ **Great Britain 대영제국** 《잉글랜드·웨일스·스코틀랜드를 합친 것에 대한 명칭》 ☜ 프랑스에 있는 Brittany 지방보다 훨씬 큰 Brittany라는 뜻
♠ **the Great Charter 대헌장, 마그나카르타**(Magna Charta)
☜ charter(헌장)

♠ **Great Dane 그레이트 데인** 《'커다란 덴마크의 개'라고 불리우는 독일개》
☜ Dane(덴마크 사람)
♠ **the Great Wall** of China 중국의 **만리장성** ☜ China 의 큰(great) 벽(wall)
♠ **the Great Lakes (미국의) 오대호** ☜ 큰(great) 호수(lake)
♠ **the Great War 세계대전** ☜ 큰(great) 전쟁(war)

☐ **great**ly [gréitli/그뤠잇틀리] ㊌ **크게, 위대하게** ☜ great + ly<부접>
☐ **great**ness [gréitnis] ㊔ **큼, 다대함; 위대**(함) ☜ 큰(great) 것(ness<명접>)
☐ **great**(-)hearted [gréithɑ́ːrtid] ㊕ 마음이 넓은 ☜ 큰(great) 마음(heart) 의(ed<형접>)
※ **Dane** [dein] ㊔ **덴마크 사람**; 【영.역사】 **데인** 사람 《9-11세기경 영국에 침입한 북유럽인》; 덴마크종의 큰 개(Great ~) ☜ 'Dane족'이란 뜻

✚ **grand 웅장한; 위대한; 그랜드피아노 gross 뚱뚱한, 큰; 거친, 천한; 총계의; 총계, 총액**
en**gross** (마음을) 빼앗다, **몰두[집중ㆍ열중]시키다**

그리스 Greece (고대 민주주의의 요람, 지중해 발칸반도에 있는 공화국)

☐ **Greece** [griːs] ㊔ **그리스**, 헬라, 희랍 《수도 아테네(Athens)》
☜ 아랍/힌두어 Yunan ➔ 페르시아어 Yunanistan ➔ 투르크어로 Greklond ➔ 라틴어 Graecia ➔ 영어 Greece로 변천
★ 그리스의 정식 국명은 헬레닉 공화국(Hellenic Republic)인데 이는 제우스의 홍수에서 살아남은 프로메테우스의 맏손자, 헬렌(Hellen)을 조상이라고 여겨 자신들의 나라를 '헬라스(Hellas, 그리스인은 '엘라스'로 발음)', 그리스인을 '헬레네스(Hellenes, 그리스인은 '엘리네스'로 발음)'로 부른다.
☐ **Grec**ian [gríːʃən] ㊕ **그리스의, 그리스식**(式)**의** ☜ Greece + i + an<형접>
★ Grecian은 건축ㆍ미술ㆍ사람의 얼굴 등에 대해 사용하며, 그 외에는 Greek를 쓴다.
☐ **Greco**-Roman [grìːkouróumən, grè-] ㊕ **그리스ㆍ로마**(식)의 ☜ Greco(그리스의)
☐ **Greco**-Roman wrestling **그레코로만**형 **레슬링** ★ 상반신만을 사용하여 공격과 방어를 하는 레슬링의 경기방식으로 고대 그리스와 로마의 전통적인 레슬링경기를 모방한데서 유래했다.
■ **Greek** [griːk/그뤼익] ㊕ **그리스사람[말]의; 그리스(식)의** ㊔ **그리스 사람[말]**
☜ 고대영어로 '그리스 거주민'이란 뜻

연상 그리스(Greece)인들은 그리드(greed.욕심)가 많다(?)

※ **Greece** [griːs] ㊔ **그리스**, 헬라, 희랍 《수도 아테네(Athens)》
☜ 아랍/힌두어 Yunan ➔ 페르시아어 Yunanistan ➔ 투르크어로 Greklond ➔ 라틴어 Graecia ➔ 영어 Greece로 변천
☐ **greed** [griːd] ㊔ **탐욕, 욕심** ☜ 고대영어로 '욕심; 배고픔, 열망'이란 뜻
♠ **greed** for money 금전**욕**
☐ **greed**ily [gríːdili] ㊌ **욕심내어** ☜ greedy<y→i> + ly<부접>
☐ **greed**y [gríːdi] ㊕ (-<-di**er**<-di**est**) **욕심 많은; 대식하는** ☜ -y<형접>

그린 Green ([골프] 홀 주변에 만든, 퍼트를 하기 위한 잔디밭)

♣ 어원 : **green 녹색**
☐ **green** [griːn/그륀-] ㊕ **녹색의**; 야채의, 싱싱한 ㊔ **초록빛**, 녹색(안료ㆍ물건); 초원, 풀밭 ☜ 고대영어로 '살아있는 식물의 색'이란 뜻
♠ **green meadows 푸른 목장**
♠ **a green salad 야채 샐러드**
☐ **Green** Beret 【미군】 **그린베레**, 특전부대 ☜ beret(베레모)
☐ **Green**(s) fee 【골프】 **그린피**, 골프장 사용료 ☜ fee(요금)
☐ **Green**grocer [gríːngròusər] ㊔ 《영》 청과물 상인, 야채 장수 ☜ green(녹색의) grocer(식료품상인)
☐ **green**horn [gríːnhɔːrn] ㊔ 풋내기 ☜ 익지 않은<녹색의(green) 뿔(horn)
☐ **green**house [gríːnhàus] ㊔ **온실** ☜ 녹색(green) 집(house)
☐ **green**ish [gríːniʃ] ㊕ **녹색을 띤** ☜ green + ish<형접>
☐ **Green**land [gríːnlənd] ㊔ **그린란드** 《북아메리카 동북에 있는 큰 섬; 덴마크령》
☜ 녹색(green)의 땅(land)
☐ **Green** light 청신호, 안전신호 ☜ green + light(빛)
☐ **Green**ly [gríːnli] ㊌ 녹색으로, 새로이 ☜ green + ly<부접>
☐ **Green**ness [gríːnnis] ㊔ 초록색, 녹색; 신선; 미숙 ☜ green + ness<명접>
☐ **Green**peace [gríːnpiːs] ㊔ **그린피스** 《핵무기 반대ㆍ야생동물 보호 등 환경 보호를 주장하는 국제적인 단체; 1969년 결성》 ☜ 녹색(green) 평화(peace)
☐ **Green** tea 녹차 ☜ tea(차)

그리팅 카드 greeting card (연하장, 크리스마스카드 인사장)

□ **greet** [gri:t] ⓢ **인사하다**; 환영하다, 마중하다
☜ 고대영어로 '경례하다, 환영하다'란 뜻

□ **greet**ing [grí:tiŋ] ⓜ **인사**, 경례, 인사장; (pl.) 인사말 ☜ -ing<명접>
♠ **Season's Greetings ! 즐거운 크리스마스 [연말] 되세요. [새해 복 많이 받으세요].**

※ **card** [ka:rd/카-드] ⓜ **카드; 판지; 명함; (카드놀이의) 패**
☜ 중세 프랑스어로 '종이 한 장'이란 뜻

세그리게이션 segregation ([사회학] 사회 · 정치적 격리)

♣ **어원 : greg 떼, 무리**

■ se**greg**ate [ségrigèit] ⓢ **분리**(격리)**하다** ☜ 따로(se) 무리(greg)를 짓게 하다(ate)

■ se**greg**ation [sègrigéiʃən] ⓜ 분리, 격리, 차단 ☜ -ation<명접>

□ **greg**arious [grigέəriəs] ⓗ 떼 지어 사는, 군거성의; 사교적인 ☜ 무리(greg) 의(arious)
♠ Man is a **gregarious animals.** 사람은 **군거성 동물**이다.

□ **greg**ariously [grigέəriəsli] ⓑ 떼 지어, 집단적으로, 군거하여 ☜ -ly<부접>

✚ dese**greg**ate 인종차별을 폐지하다 ag**greg**ate **총액(의), 집합(의)** con**greg**ate **모이다, 모으다**

G

그레이하운드 greyhound (세계에서 가장 빠른 경주개. <회색 사냥개>)

♣ **어원 : grav(e), griev, grief, gray, grey, griz 무거운; 무덤, 회색**

□ **grey, gray** [grei/그뤠이] ⓜ **회색** ⓗ **회색의**; 창백한 ☜ 무거운(gray, grey) 색

□ **grey**hound [gréihàund] = grayhound ⓜ **그레이하운드** 《몸이 길고 날쌘 사냥개》 ☜ 회색(grey) 사냥개(hound)
♠ **Greyhound bus 그레이하운드 버스** 《미국의 최대 버스회사》

□ **grief** [gri:f] ⓜ **큰 슬픔, 비탄** ☜ 고대 프랑스어로 '무거운, 슬픈'이란 뜻
♠ She was **in deep grief**. 그녀는 **깊은 슬픔에 잠겨** 있었다.

□ **grief**-stricken [grí:fstrìkən] ⓗ 슬픔에 젖은, 비탄에 잠긴
☜ grief + stricken(다친, 시달리는, 괴로움을 당한)

□ **griev**ance [grí:vəns] ⓜ **불평거리**, 불만의 원인 ☜ 무겁게(griev) 하기(ance)

□ **griev**e [gri:v] ⓢ **슬프게 하다, 몹시 슬퍼하다** ☜ 무겁게(griev) 하다(e)

□ **griev**ous [grí:vəs] ⓗ **슬픈, 통탄할** ☜ 무거(griev) 운(ous<형접>)

□ **griz**zle [grízəl] ⓜ 회색; 회색머리 ⓗ 회색의 ⓢ 회색이 되다 ☜ 고대 프랑스어로 '회색'

□ **griz**zly [grízli] ⓗ (-<-zli**er**<-zli**est**) 회색의, 회색을 띤 ⓜ **회색곰** ☜ 회색(grizzle)의 것(y)

✚ ag**grav**ate **악화시키다** ag**griev**e 학대하다, (권리를) 침해하다; (감정 등을) 손상시키다

그릴 grill (열을 이용해 고기 등을 구워 요리할 때 사용하는 기구)

□ **grill(e)** [gril] ⓜ **석쇠** ⓢ (석쇠에) **굽다** ☜ 라틴어로 '작은 석쇠'
♠ **a radiator grille (자동차의) 라디에이터 그릴**(안전망)

□ **grid** [grid] ⓜ (쇠)격자(格子), 석쇠; 격자(바둑판) 눈금
☜ **grid**iron의 줄임말

□ **grid**iron [grídàiərn] ⓜ 석쇠, 적쇠, 굽는 그물 ☜ 격자(grid) 쇠(iron)

■ **grate** [greit] ⓜ (난로 따위의) 쇠살대, **쇠창살, 쇠격자** ⓢ 쇠살대(격자)를 달다; 갈다, **비비다** ☜ 중세 라틴어로 '격자, 창살'이란 뜻

연상 그림 속의 남자는 그림(grim.험상궂은)같은 얼굴이다.

□ **grim** [grim] ⓗ (-<-m**er**<-m**est**) **엄(격)한; 험상궂은**, 무서운, 싫은
☜ 중세영어로 '유령' 이란 뜻
♠ **grim humor** 정색을 하고 하는 심한 재담

□ **grim**ace [gríməs, griméis/griméis] ⓜ **얼굴을 찡그림**, 찌푸린 얼굴 ⓢ 얼굴을 찌푸리다 ☜ gram + a + ce<동접>

□ **grim**ly [grímli] ⓑ **엄하게**, 완강히; 무섭게, **잔인하게** ☜ -ly<부접>

연상 그녀는 홀인원하고 그린(green.잔디밭)에서 그린(grin.활짝 웃다)했다.

※ **hole-in-one** 〖골프〗 (pl. hole**s**-in-one) **홀인원** 《티 샷을 한 공이 단번에 홀에 들어가는 것》
☜ (골프공이) 단 한 번(one)에 구멍(hole) 안(in)에 들어감

※ **green** [gri:n/그륀-] ⓗ **녹색의**; 야채의, 싱싱한 ⓜ **초록빛**, 녹색

☜ 고대영어로 '살아있는 식물의 색'이란 뜻

□ **grin** [grin] (명) 씩〔싱긋〕 웃음 (동) (이를 드러내고) 씩 웃다
☜ 고대영어로 '이를 드러내다'란 뜻
♠ **grin like a Cheshire cat 공연히 능글맞게 웃다**
★ 체셔캣(Cheshire cat)은 영국의 체셔 지방에서 고양이 모양의 조각이나 치즈 등을 일컫던 말인데 루이스 캐럴(Lewis Carrol)의 유명한 동화 『이상한 나라의 앨리스』에 등장한 이후에 고유명사가 되었다.

□ **grin**-and-bear-it [grínəndbέərit] (형) (고통 · 실망 등을) 씩 웃고 참는〔견디는〕
☜ bear(참다, 견디다)

그라인더 grinder (분쇄기)

□ **grind** [graind] (동) (-/**ground/ground**) (곡식 등을 잘게) **갈다**; (갈거나 빻아서) **생산하다**
☜ 고대영어로 '이를 갈다'란 뜻
♠ **grind** something to powder 무엇을 가루로 **빻다**.

□ **grind**er [gráindər] (명) **빻는[가는] 사람[기구]; 분쇄기, 그라인더** ☜ -er(사람/기계)

□ **grind**ing [gráindiŋ] (명) **빻기**, 찧기, 갈기 (형) 빻는, 가는 ☜ -ing<명접/형접>

□ **grind**stone [gráindstòun] (명) **회전 숫돌**, 맷돌 ☜ 가는(grind) 돌(stone)

□ **grip**(꽉 쥐다; 파악) ➔ **grab**(부여잡다, 움켜쥐다) **참조**

□ **grizzly**(회색곰) ➔ **grief**(큰 슬픔, 비탄) **참조**

연상 드론(drone.무인비행체)이 추락하자 그녀는 그론(groan.신음소리)했다.

※ **drone** [droun] (명) (꿀벌의) **수벌**; **윙윙거리는 소리;** 무인비행체, **드론**
☜ 고대영어로 '수컷 꿀벌'이란 뜻

□ **groan** [groun] (동) **신음하다** (명) **신음[끙끙거리는] 소리**; 불평하는 소리
☜ 고대영어로 '신음하다, 슬퍼하다, 중얼거리다'란 뜻
비교 grown (grow의 과거분사)
♠ **groan with pain** 〔pleasure〕 **아파서 신음 소리를 내다** 〔기뻐서 낮게 탄성을 지르다〕

□ **groan**er [gróunər] (명) **그로우너** 《미국 프로레슬링 선수를 지칭하는 말》
☜ 레슬링 선수는 링 위에서 늘 신음소리를 낸다는 뜻. -er(사람)

□ **groan**ingly [gróuniŋli] (부) 신음하면서 ☜ groan + ing<형접> + ly<부접>

그랜저 Grandeur (현대자동차의 브랜드. <위대함>이란 뜻)
그로서런트 grocerant ([신조어] 식재료 구입과 요리가 가능한 음식점)

♣ **어원 : grand, great, gross, groc 큰, 전체의; 과장, 확대, 확장**

■ **grand** [grænd/그랜드] (형) 웅대한, **웅장한; 위대한** (명) **그랜드피아노**
☜ 고대 프랑스어로 '큰'이란 뜻

■ **grand**eur [grǽndʒər, -dʒuər] (명) **웅대**, 장려(壯麗), **위대** ☜ -eur<명접>

■ **great** [greit/그뤠잍] (형) **큰, 거대한, 중대한** ☜ 고대영어로 '큰'이란 뜻

□ **groc**er [gróusər] (명) **식료품 상인**, 식료 잡화상 ☜ 전 품목(groc)을 파는 사람(er)

□ **groc**erant [gróusərənt] (명) 『신조어』 **그로서란트** 《식재료를 사서 바로 그곳에서 요리를 해 먹을 수 있는 신(新) 식문화공간》
☜ **groce**ry(식재료) + restau**rant**(음식점)

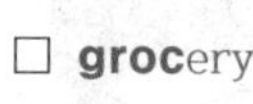

□ **groc**ery [gróusəri] (명) **식료품점**; **식료품류**; 잡화류
☜ (여러가지를 파는) 큰(groc<gross) 곳(ery)
♠ **grocery store 식품점, 슈퍼마켓**

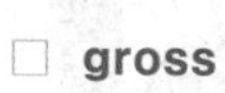

□ **gross** [grous] (형) **뚱뚱한, 큰; 거친, 천한; 총계의**
(명) **총계, 총액** ☜ 고대 프랑스어로 '큰, 강한'

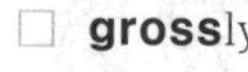

□ **gross**ly [gróusli] (부) 심하게 ☜ gross + ly<부접>

그루밍족 grooming 족(族) ([신조어] 패션 · 외모에 신경쓰는 남자)

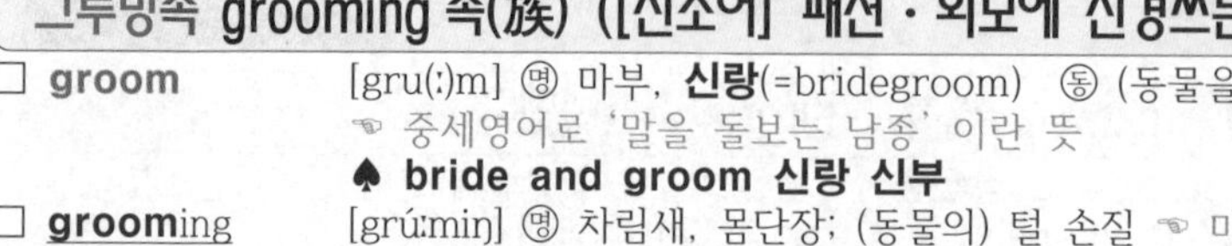

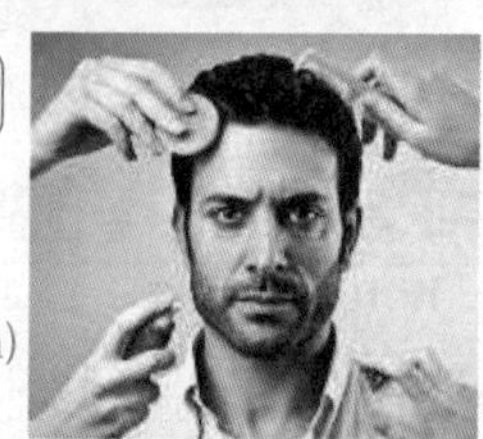

□ **groom** [gru(:)m] (명) 마부, **신랑**(=bridegroom) (동) (동물을) 돌보다
☜ 중세영어로 '말을 돌보는 남종' 이란 뜻
♠ **bride and groom 신랑 신부**

□ **groom**ing [grú:miŋ] (명) 차림새, 몸단장; (동물의) 털 손질 ☜ 마부(Groom)가 말을 빗질하고 목욕시켜 말끔하게 꾸민다는 뜻에서

■ bride**groom** [bráidgrù(:)m] [명] **신랑** ☜ 고대영어로 '신부(bride)의 남자(groom<guma)'란 뜻

그로테스크 grotesque (인간 · 동물 · 식물의 형상을 결합시킨 장식)

© Public Domain Review

♣ 어원 : gro 동굴, 구멍

□ **gro**ove [gruːv] [명] **홈**《문지방 · 레코드 판 등의》; **관례, 정상적인 법도** [형] (음악이) **흥겨운** ☜ 고대 노르웨이어로 '동굴'이란 뜻

□ **gro**oved [gruːvd] [형] 홈이 있는 ☜ groove + ed<형접>
♠ **grooved swing** 〖골프〗 **그루브드 스윙**, 바른 폼 ☜ 항상 같은 궤도를 그리는 스윙 이란 뜻

□ **gro**tesque [groutésk] [형] **그로테스크풍의; 괴상한** [명] (the ~) 〖미술〗 **그로테스크풍** ☜ 이탈리아어로 '동굴의 그림'이란 뜻

□ **gro**tto [grάtou] [명] 작은 동굴 ☜ 라틴어로 '지하실'이란 뜻

□ **grope**(손으로 더듬다) ➔ **grab**(부여잡다, 움켜잡다) **참조**

□ **gross**(총계) ➔ **grocery**(식료품점) **참조**

백그라운드 background (배경, 배경그림)

※ **back** [bæk/백] [명] **등, 뒤쪽** [형] **뒤(쪽)의** ☜ 고대영어로 '등, 뒤'라는 뜻

■ back**ground** [bǽkgràund] [명] **배경** [형] **배경의** ☜ 등 뒤(back)의 땅(ground)

□ **ground** [graund/그롸운드] [명] **지면, 땅, 운동장; 기초, 근거; 입장** [동] **~에 근거를 두다** ☜ 고대영어로 '땅바닥'이란 뜻
♠ **on the ground of (that) ~ ~을 이유로**

□ **ground** crew (항공기의) 지상 정비원 ☜ crew(승무원, 일단)

□ **ground** floor 《영》 1층(《미》 =first floor) ☜ floor(마루, 건물의 층)

□ **ground**less [gráundlis] [형] 근거 없는, 사실무근한 ☜ 근거(ground)가 없는(less)

□ **ground**-to-air [gráundtuέər] [형] 지대공의 ☜ 땅(ground)에서 하늘(air) 로(to)
♠ **ground-to-air missile 지대공미사일**(SAM=surface-to-air missile)

□ **ground**work [gráundwəːrk] [명] 기초, 토대 ☜ work(일; 공사; 보루)

✚ a**ground** 지상에; 좌초되어 play**ground 운동장**; 놀이터 under**ground 지하의; 《영》 지하철**

□ **ground**(가루로 빻은, grind의 과거분사) ➔ **grind**(빻다, 갈다) **참조**

걸그룹 girl group (젊은 여성 가수단) ➔ girl band [group]
그룹사운드 group sound ([콩글] 소(小) 악단) ➔ musical band

♣ 어원 : gro 커지다

※ **girl** [gəːrl/거얼] [명] **계집아이, 소녀**, 미혼여성 ☜ 고대영어로 '어린이' 라는 뜻

※ **band** [bænd] [명] **그룹, 떼**, 한 무리의 사람들; **악단, 밴드** ☜ 고대영어로 '묶는 것, 매는 것'

□ **group** [gruːp/그루웊] [명] **떼; 그룹, 집단**, 단체 [동] **불러 모으다** ☜ 불어로 '덩어리'란 뜻
♠ **group mind 군중심리** ☜ 집단(group)의 마음(mind)
♠ **a group of ~ 한 무리의 ~, 한 떼의 ~**

□ **group**ing [grúːpiŋ] [명] **그룹으로 나누기** ☜ group + ing<명접>

□ **group**-mind [grúːpmaind] [명] 집단(군중) 심리 ☜ mind(마음, 정신)

□ **gro**ve [grouv] [명] (산책에 적합한) **작은 숲** ☜ 커지고(gro) 있는 + v + 것(e)

□ **grow** [grou/그로우] [동] (-/**grew/grown**) **성장하다, ~하게 되다** ☜ 고대영어로 '커지다'
♠ She **grew up** in Boston. 그녀는 보스턴에서 **성장했다.**
♠ **grow on** (upon) **점점 더해지다; 점점 마음에 들게 되다**
♠ **grow out of ~ ~에서 생기다; (습관 따위)를 탈피하다; (자라서) ~을 못 입게 [쓰게]되다**
♠ **grow up 자라다, 성인이 되다; 성장[발달]해서 ~으로 되다**

□ **grow**ing [gróuiŋ] [형] **성장하는** [명] **성장** ☜ grow + ing<명접>

□ **grow**n [groun/그로운] [형] **성장한, 성숙한** ☜ grow의 과거분사. 커지고(grow) 있는(n<en)
[비교] groan 신음하다

□ **grow**n-up [gróunʌp] [형] **성숙한** [명] **어른** ☜ 위로(up) 성장하는(grown)

□ **grow**th [grouθ/그로우쓰] [명] **성장; 발전; 증대** ☜ 성장(grow) 하기(th)

□ **grouse**(뇌조) ➔ **grudge**(싫어하다; 원한) **참조**

그라울러 EA-18G Growler (미 해군 전자전기. <으르렁거리는 동물>)

□ **growl** [graul] 명 (개 등의) **으르렁거리는 소리** 동 **으르렁거리다**
★ 댄스팝 보이그룹 EXO가 2014년 발매한 앨범에 수록된 곡 <으르렁(growl)> ☜ 중세 네덜란드어로 '소란하게 하다, 으르렁거리다, 중얼거리다'란 뜻
♠ The dog **growled at** a stranger.
개가 낯선 사람을 **보고 으르렁거렸다**

□ **growl**er [gráulər] 명 으르렁거리는 사람〔짐승〕; 《미》 해군 EA-18B 전자전기 별명, **그라울러**
☜ 으르렁거리는(growl) 사람/동물(er)

그러브 나사 grub screw (드라이버용 홈이 있는 대가리 없는 나사)

♣ 어원 : **grub 땅을 파다**
□ **grub** [grʌb] 동 **개간하다, 땅을 파헤치다** 명 **땅벌레**, 굼벵이
☜ 고대 고지(高地) 독일어로 '땅을 파다, 찾다'란 뜻
♠ **grub up** a tree 나무를 **파내다**
□ **grub**ber [grʌ́bər] 명 나무뿌리를 파내는 사람〔연장〕; 열심히 일하는〔공부하는 사람〕 ☜ 땅을 파는(grub) + b<단모음+단자음+자음반복> + 사람(er)
□ **grub**by [grʌ́bi] 형 (-<-bi**er**<-bi**est**) 땅벌레가 많은, 더러운; 단정치 못한
☜ grub + b + y<형접>
※ **screw** [skruː] 명 **나사**(못), 볼트; (배의) **스크루**, 추진기 동 **나사로 죄다; (비)틀다**
☜ 고대 프랑스어로 '나사못'이란 뜻

페이머스 그라우스 The famous grouse (스코틀랜드 국민주류. <그 유명한 뇌조(雷鳥)> 라는 뜻)

♣ 어원 : **grou, gru 불평하다, 투덜거리다; 싫어하다**
※ **famous** [féiməs/**풰**이머스] 형 유명한 ☜ 명성(fame)이 있는(ous)
□ **grou**se [graus] 명 (pl. **-, -es**) **뇌조**(雷鳥); 《영.속어》 불평 동 불평하다 ☜ 라틴어/프랑스어로 '두루미, 학'이란 뜻
♠ **grouse** shooting **뇌조**사냥 ☜ shooting(사격, 사냥)
♠ **grouse** moors **뇌조**사냥터 ☜ moor(황무지; 사냥터)
♠ roast **grouse** 구운 **뇌조고기** ☜ roast(굽다; 구운)
□ **gru**dge [grʌdʒ] 동 (주기를) **싫어하다, 인색하게 굴다** 명 **원한**
☜ 고대불어로 '투덜투덜 불평하다'란 뜻
□ **gru**dgingly [grʌdʒiŋli] 부 아까워하면서, 마지못해 ☜ grudging + ly<부접>
□ **gru**ff [grʌf] 형 거친 목소리의, **거친** ☜ 중세 네덜란드어로 '조악한, 거친'이란 뜻
□ **gru**mble [grʌ́mbəl] 동 불평하다, **투덜대다** 명 **투덜댐** ☜ 중세 프랑스어로 '투덜거리다'란 뜻
□ **gru**nt [grʌnt] 동 (돼지가) **꿀꿀거리다**; (사람이) **투덜투덜 불평하다**
☜ 라틴어로 '투덜거리다'란 뜻
□ be**gru**dge [bigrʌ́dʒ] 동 시기하다; (무엇을) 주기를 꺼리다, 아까워하다
☜ 완전히(be/강조) 싫어하다(grudge)

괌 Guam (북서태평양의 마리아나 제도에 있는 미국령 섬)

인구 16만명, 우리나라 거제도 크기의 남북으로 길쭉한 형태의 섬. 태평양전쟁시 일본에 점령되었으며, 많은 한국인이 징용으로 끌려가 혹사당하거나 전사하였다. 현재 전략적인 위치상 미국의 해·공군기지가 있다. 경치가 아름답고 전적지도 있어 관광지로도 유명하다. 한국인 관광객은 매년 약 13만명이 방문한다.

□ **Guam** [gwaːm] 명 **괌** 《남태평양 북서부 마리아나 군도의 섬; 미국령》
☜ 서태평양 미크로네시아 차모로족어로 '우리들은 가지고 있다'는 뜻
□ **Guam**anian [gwaːméiniən] 형명 **괌**섬 (주민)(의) ☜ 괌(Guam) 주민(an) + i + 의(an)

보디가드 bodyguard (경호원), 개런티 guarantee (출연료 · 공연료)

♣ 어원 : **guar, warr 지키다, 망보다**
※ **body** [bάdi/**바**리/bɔ́di/**보**디] 명 **몸; 본문** ☜ 고대영어로 '통'이란 뜻
■ body**guard** [bάdigaːrd] 명 경호원 ☜ 몸(body)을 보호하는(guar) 사람(d)
□ **guar**d [gaːrd/가-드] 명 **경계; 호위병[대]** 동 **지키다, 망보다, 경계하다**
☜ 고대 프랑스어로 '지켜보다, 지키다'란 뜻
♠ **mount** 〔stand, keep〕 **guard over ~ ~을 지키다[보호하다]**
♠ **guard against accidents 사고가 생기지 않도록 조심하다**
♠ **off** 〔on〕 **guard 비번** 〔당번〕 **으로**
♠ **off** 〔on〕 **one's guard 방심하여** 〔경계하여〕

☐ **guar**ded [gɑ́:rdid] ⓗ 보호된 ☜ guard + ed<형접>
☐ **guar**dian [gɑ́:rdiən] ⓜ **감시인; 보호자** ☜ guar + di + an(사람)
☐ **guar**dianship [gɑ́:rdiənʃip] ⓜ 후견(인의 구실), 수호, 보호 ☜ guardian + ship(특성)
☐ **guar**antee [gæ̀rəntí:] ⓜ **보증서; 개런티** 《최저 보증 출연료》; 품질보증서
☜ 지키는<보증하(guar) 는(ant) 것(ee)
★ 출연료 · 공연료를 우리는 흔히 개런티(guarantee)라고 하는데, 보다 정확한 표현은 performance fee, an actor's (a singer's) fee이다.
☐ **guar**anty [gǽrənti] ⓜ **보증**(물), 담보, 보장 ☜ 지키는<보증하(guar) 는(ant) 것(y)

✚ van**guard** 『군사』 전위, 선봉; [집합적] 선도자 coast **guard** 해안경비대(원); 수상경찰(관)
safe**guard** 보호, 호위; **보호하다** **warr**ant **정당화하다, 보증하다;** 근거; **정당한 이유, 보증**

과테말라 Guatemala (중앙아메리카의 공화국)

☐ **Guatemala** [gwɑ̀:təmɑ́:lə] ⓜ **과테말라** 《중앙아메리카의 공화국. 수도 과테말라(Guatemala)》
☜ 원주민어로 '삼림이 많은 토지'라는 뜻
★ 1821년 스페인에서 독립. 마야문명의 중심지
☐ **Guatemala**n [gwɑ̀:təmɑ́:lən] ⓜⓗ **과테말라**(사람)(의) ☜ -an(사람; ~의)

게릴라 guerrilla (비정규전 · 유격전을 수행하는 전사)

☐ **guer(r)illa** [gərílə] ⓜ **게릴라, 비정규병**; (pl.) 유격대 ⓗ **게릴라**병의
☜ 스페인어로 '작은 전쟁'이란 뜻
♠ **guerrilla war (warfare) 게릴라전** ☜ war/warfare(전쟁)
※ **partisan, -zan** [pɑ́:rtəzən/pɑ̀:rtizǽn] ⓜ 도당, 일당; **빨치산**, 게릴라; 열렬한 지지자 ⓗ 편파적인
☜ 불어로 '당파'를 의미
※ **Resistance** [rizístəns] ⓜ **저항**, 반항; (종종 the R-) 『정치』 (특히 제2차 세계대전 중의 나치스 점령지에서의) **레지스탕스**, 지하 저항(운동)
☜ ~에 대항하여(re=against) 서있는(sist) 것(ance)

게스 guess (미국의 의류회사이자 의류 브랜드. <맞춰봐>란 뜻)

☐ **guess** [ges/게스] ⓢ **추측하다, 알아맞히다** ⓜ **추측**
☜ 중세영어로 '판단하다'
♠ **Guess what ! 있잖아, 이봐; 어떻게 생각해 ?; 맞혀봐 !**
♠ **Guess who ! 누군지 알아맞혀 봐 !**
♠ **All guess and no play makes Jack a dull boy.**
《속담》 공부만 시키고 놀리지 않으면 아이는 바보가 된다.
☐ **guess**work [géswə̀r:k] ⓜ **추측**, 억측, **짐작** ☜ 짐작(guess)하는 일(work)

게스트하우스 guesthouse (여행자들이 저렴하게 묵을 수 있는 숙박시설)

☐ **guest** [gest/게스트] ⓜ (초대받은) **손님**, 객, 내빈; (방송의) 특별 출연자, **게스트**
☜ 고대노르드어로 '낯선 사람'이란 뜻
♠ **invite a guest 손님을 초대하다**
☐ **guest**house [gésthaùs] ⓜ 고급 하숙; 영빈관; (순례자용) 숙소 ☜ 손님(guest) 집(house)
☐ **guest** room (여관 · 하숙의) 객실; 사랑방; 손님용 침실 ☜ room(방)

체게바라 Che Guevara (아르헨티나 출생의 쿠바 혁명가)

아르헨티나 출생의 쿠바 혁명가·정치가. 아르헨티나 의과대학 졸업. 남미 전역을 오토바이로 여행하던 중 남미의 가난과 고통을 체험하고 쿠바의 피델 카스트로와 함께 쿠바혁명에 가담했다. 남미 민중혁명을 위해 싸우다 볼리비아에서 사망했다. 이상적인 세상을 위해 열정을 바쳤던 그는 많은 젊은이들의 우상이 되었다.

☐ **Guevara** [gevɑ́:rə, gei-] ⓜ **게바라** 《Ernesto ~ , 아르헨티나 태생의 혁명가; 쿠바 혁명의 성공에 공헌, 후에 남아메리카에서 게릴라 활동을 하다 볼리비아에서 사살됨(1928-67); 통칭; Ché ~》
★ 'Che'는 스페인어로 '어이 친구'란 뜻이다.
☐ **Guevar**ism [gevɑ́:rizm] ⓜ **게바라**주의 ☜ -ism(~주의)

가이드 Guide (안내자)

□ guide [gaid/가이드] ⑧ **안내[지도]하다** ⑲ **안내자, 길잡이, 가이드; 지침**
☜ 고대불어로 '길을 알려주는 사람'이란 뜻
♠ act as **a guide 안내**를 맡다
□ **guide**book [gáidbùk] ⑲ **가이드북, 편람**, (여행) **안내서** ☜ book(책)
□ **guide**d missile 유도탄, 미사일 ☜ 유도되는(guided) 탄도병기(missile)
□ **guide**line [gáidlàin] ⑲ 희미한 윤곽선; **가이드라인**, 지침 ☜ 안내(guide)하는 선(line)
□ **guide**post [gáidpòust] ⑲ 도표(道標), **지침** ☜ 안내(guide) 푯말(post)
□ **guid**ance [gáidns] ⑲ **안내**, 길잡이; (학생) **지도**; 유도(誘導) ☜ guide + ance<명접>
■ mis**guide** [misgáid] ⑧ [주로 과거분사] 잘못 지도하다(=mislead) ☜ 잘못(mis) 지도하다(guide)

길드 guild, gild (중세 상인들의 동업조합)

□ **guild, gild** [gild] ⑲ (중세의) **상인단체, 길드; 동업조합** ☜ 고대 노르웨이어로 '형제애'란 뜻
♠ the screen actors' **guild** 영화배우**협회**
□ **guild**sman [gíldmən] ⑲ (pl. **-men**) **길드** 조합원 ☜ man(남자, 사람)

G

비가일드 The Beguiled (미국 서부영화. <매혹당한 사람들>)

2017년 제작된 미국 서부/드라마 영화. 엘르 패닝(Elle Fanning), 니콜 키드먼(Nicole Kidman) 주연. 미국 남북전쟁 시기 부상당한 장군이 여자 기숙학교에서 지내게 되면서 소녀들의 질투와 기만이 만연하자 원장은 특단의 조치를 내린다. 토마스 J. 칼리넌 소설을 영화화한 것.

THE BEGUILED

© Focus Features

♣ **어원 : guile 속이다; 사기**
■ be**guile** [bigáil] ⑧ **속이다**, 기만하다
☜ 완전히(be=completely) 기만하다(guile)
♠ **beguile** a person by flattery 감언으로 아무**를 속이다**
□ **guile** [gail] ⑲ **교활**, 배신; 기만; 술책 ☜ 고대불어로 '속이다; 사기'
♠ **by guile 간계를 부려서**
□ **guile**ful [gáilfəl] ⑱ 교활한, 음험한 ☜ 속임(guile)으로 가득한(ful)
□ **guile**less [gáillis] ⑱ 교활하지 않은, 정직한, 순진한 ☜ -less(~이 없는)

길로틴, 기요틴 guillotine (프랑스 의사 기요탱이 개발한 단두대)

□ **guillotine** [gílətiːn, gíːjə-] ⑲ 단두대, **기요틴**; (종이) 절단기 ⑧ 단두대로 목을 자르다 ☜ 프랑스 의사 J. I. Guillotin의 이름에서
♠ **The guillotine** decapitated the French King Louis XVI.
프랑스왕 루이 14세는 **단두대**에서 목이 잘렸다.

서바이벌 길트 survival guilt (전쟁이나 재해에서 살아남은 사람이 희생자들에 대해 가지는 죄의식. <생존자의 죄의식>이란 뜻)

♣ **어원 : guilt 죄(罪)**
※ **sur**vival [sərváivəl] ⑲ **살아남음, 생존**, 잔존; 생존자, 잔존물; 유물, 유풍
☜ survive + al<명접>
□ **guilt** [gilt] ⑲ (윤리·법적인) **죄**(sin), **유죄**; 죄를 범하고 있음, 죄가 있음; 〖법률〗 범죄행위; 〖심리〗 죄의식 ☜ 고대영어로 '죄, 범죄'란 뜻
♠ **put a crime upon ~ ~에게 죄를 덮어씌우다.**
♠ **be guilty of ~ ~의 죄가 있다, ~을 저지른 기억이 있다**
□ **guilt** complex 〖심리〗 죄책 콤플렉스 ☜ complex(복잡한, 복합; 강박관념)
□ **guilt**less [gíltlis] ⑱ **죄없는**, 무죄의, 결백한 ☜ 죄(guilt)가 없는(less)
□ **guilt** trip 죄의식에 사로잡힌 상태 ☜ guilt(죄) + trip(여행)
□ **guilt**y [gílti] ⑱ (-<-lti**er**<-lti**est**) **유죄의, ~의 죄를 범한; 떳떳하지 못한** ☜ -y<형접>
■ blood**guilt**, blood**guilt**iness [blʌdgilt], [blʌdgiltinis] ⑲ 살인죄; 유혈의 죄
☜ 피(blood)의 죄(guiltness)

기니 Guinea (아프리카 서부 해안의 공화국)

□ **Guinea** [gíni] ⑲ **기니** 《아프리카 서부의 공화국; 수도 코나크리(Conakry)》
☜ 베르베르어로 '검은 사람의 땅'이란 뜻
★ **1958년 프랑스 식민지에서 해방, 독립**
□ **guinea** [gíni] ⑲ **기니** 《영국의 옛 금화로 이전의 21실링에 해당함; 현재는 계산상의 통화 단위로, 상금·사례금 등의 표시에만 사용》 ☜ Guinea산 금으로 만든 데서 유래

□ **Guinea**-Bissau [gíːniːbisàu] 명 **기니비사우** 공화국 《서아프리카의 구(舊) Portuguese Guinea; 수도 비사우(Bissau)》 ★ **Guinea 바로 옆나라**

■ Equatorial **Guinea** 적도 **기니** 《적도 아프리카 중서부의 공화국; 수도 말라보(Malabo)》
☜ 적도(Equator) + i + 의(al)

■ Papua New **Guinea** **파푸아뉴기니** 《New Guinea 동반부의 독립국; 1975년 독립; 수도 포트 모르즈비(Port Moresby); 생략: P.N.G.》 ☜ Papua(파푸아섬)

기네스북 The Guinness Book of World Records

영국의 기네스 맥주회사가 세계최고의 기록들을 모아 해마다 발간하는 책. 기네스 맥주회사 사장이 사냥을 나갔다가 검은가슴물떼새가 너무 빨라 한 마리도 잡지 못하자 그 새에 대한 자료를 찾았다가 [illegible] 을 시작했다고 한다. 현재 윤리적으로 문제가 있거나 생명이 위험한 기록은 등재하지 않는다.

□ **Guinness** [gínəs] 명 (아일랜드산의) 흑맥주 《상표명》
☜ 맥주회사 창립자 아더 기네스(Arthur Guinness (1725-1803))의 이름에서

※ **book** [buk/북] 명 **책** ☜ 초기 독일어로 '너도 밤나무, 책'이란 뜻

※ **world** [wəːrld/워얼드] 명 **세계** 형 **세계의** ☜ 고대영어로 '세계, 남자의 시대'란 뜻

※ **record** [rékərd/뤠커드] 명 **기록**, 등록; 음반, **레코드** [rikɔ́ːrd/뤼코-드] 동 **기록하다**, 녹음하다 ☜ 다시(re) 마음(cord)속에 간직하다

연상 디즈가이스(these guys.이 녀석들)은 디스가이즈(disguise.변장)하고 나타났다.

© Moustache Madness

※ **these** [ðiːz/디-즈] 형 〖this의 복수형; 지시형용사〗 **이것들의**
대 〖지시대명사〗 **이것들[이 사람들]**
☜ this(이것, 이것의)의 복수형

※ **guy** [gai] 명 《구어》 **사내, 놈, 녀석**
☜ 중세 영국의 Guy Fawker 이름에서

□ **guise** [gaiz] 명 **외관**, 외양; 복장, 옷차림
☜ 고대 프랑스어로 '양식, 스타일'이란 뜻
♠ **under the guise of** (friendship) (우정)**을 가장하여**

■ dis**guise** [disgáiz] 명 **변장**, 가장 동 **변장[가장]하다**
☜ 외관(guise)과 거리가 먼(dis=away)

키타 < 기타 guitar

□ **guitar** [gitáːr] 명 **기타** 동 **기타를 치다**
☜ 페르시아어로 '3줄로 된 악기'란 뜻
★ 스페인의 안드레 세고비아(Andres Segovia)가 고전기타음악을 대중적으로 발전시켰다.
♠ **an acoustic guitar 보통기타**
♠ **an electric guitar 전기기타**

□ **guitar**ist [gitáːrist] 명 **기타리스트** ☜ 기타(guitar) 전문가(ist)

길던 < 굴덴 gulden (네델란드의 화폐단위)

□ **gulden** [gúːldn] 명 **굴덴** 《유로화 이전에 사용된 네델란드의 통화단위 (=100 Cent)》 ☜ 중세 네델란드어로 '금'이란 뜻

□ **guilder** [gíldər] 명 **길더** 《유로화 이전에 사용된 네덜란드의 화폐단위; 기호 G, Gld》; 길더 은화 ☜ 중세 네델란드어로 '금'이란 뜻

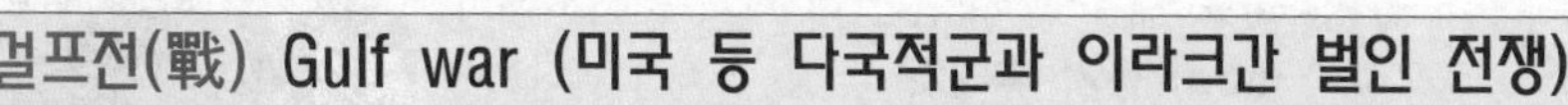

걸프전(戰) Gulf war (미국 등 다국적군과 이라크간 벌인 전쟁)

1990년 국경지역의 유전지대 소유권을 주장하며 이라크가 쿠웨이트를 침공하자, 미국 등 34개 다국적군이 이라크를 상태로 벌인 전쟁. 1991년 다국적군의 승리로 종결되었다. 이라크군 20만명, 다국적군 378명이 이 전쟁으로 사망했으며, 대한민국은 비전투병력(의료진 및 공군 수송기)만 다국적군에 참가했다.

□ **gulf** [gʌlf] 명 (pl. **-s**) **만**(灣) 《보통 bay보다 큼》; **심연**(深淵) ☜ 고대영어로 '만(灣)'이란 뜻
★ 걸프만(灣)은 원래 페르시아만으로 불렸으나 이는 페르시아 후손인 이란이 주장한 명칭인 반면 주변국은 아라비아만을 주장하는 분쟁지역이므로 걸프전(戰) 이후 그냥 Gulf라고 부르고 있음.

※ **war** [wɔːr/워-] 명 **전쟁**, 싸움, 교전상태 《주로 국가 사이의》
☜ 고대영어로 '대규모의 군사분쟁'이란 뜻
♠ **the War in the Pacific 태평양전쟁**(1941-45/일본 vs 연합국)
♠ **World War II 제2차 세계대전**(1939-45/연합국 vs 추축국)

조나단 리빙스턴 시걸 Jonathan Livingston Seagul <갈매기의 꿈>

미국 소설가 리처드 바크의 우화소설. 직역하면 <갈매기 조나단 리빙스턴>이지만 우리나라에서는 <갈매기의 꿈>으로 번역되었다. 단지 먹이를 구하기 위해 하늘을 나는 보통 갈매기와는 달리 조나단 리빙스턴은 비행 그 자체를 사랑하는 갈매기이다. 그의 행동은 사회의 오랜 관습에 저항하는 것으로 다른 갈매기들로부터 따돌림을 받고 추방까지 당하게 되지만, 진정한 자유와 자아실현의 꿈을 이룬다.

■ sea **gull** — **갈매기**; 《미.속어》 항구의 매춘부 ☜ 바다(sea) 갈매기(gull)
□ **gull** — [gʌl] 명 〖조류〗 **갈매기**(sea mew) ☜ 중세영어로 '갈매기'란 뜻
♠ **sea gull 갈매기**; 《미.속어》 항구의 매춘부 ☜ sea(바다)
□ **gull**ery — [gʌ́ləri] 명 갈매기 군서(번식)지 ☜ 갈매기(gull)들이 사는 장소(ery)

걸리버 여행기 Gulliver's Travels (영국 조나단 스위프트의 풍자소설)

영국 소설가 조나단 스위프트의 4부작 풍자소설. 걸리버라는 영국인 뱃사람이 해상에서 난파되어 떠돌다 기이한 나라에 가는 이야기 형식이다. (1부는 소인국, 2부는 거인국, 3부는 하늘에 떠있는 섬, 4부는 말(馬)의 나라) 스위프트는 이 소설을 통해 당시 영국 정치・사회의 타락과 부패를 통렬히 비판하였다.

□ **Gulliver** — [gʌ́livər] 명 **걸리버**. Lemuel Gulliver 《Gulliver's Travels의 주인공》
※ **travel** — [trǽvəl/츠**래**벌] 동 (멀리 또는 외국에) **여행하다; 움직여 가다** 명 **여행** ☜ 중세불어로 '애써서 가다'란 뜻

한국인들은 물을 꿀꺽 마시고, 영・미국인들은 걸프(gulp) 마신다.

□ **gulp** — [gʌlp] 동 〖의성어〗 **꿀꺽꿀꺽 마시다** 명 꿀꺽꿀꺽 마심 ☜ 의성어
♠ **gulp down** water 물을 **꿀꺽꿀꺽 마시다**
□ **gurgle** — [gə́ːrgəl] 동 〖의성어〗 (물 따위가) **꼴딱꼴딱[콸콸] 흐르다** ☜ 의성어
□ **gush** — [gʌʃ] 명 **분출** 동 **세차게 흘러나오다**, 분출하다 ☜ 독일어로 '토해내다'란 뜻
□ **gust** — [gʌst] 명 **돌풍**, 일진의 바람, **질풍** 동 (바람이) 갑자기 세게 불다 ☜ 고대 노르드어로 '일진의 차가운 바람'이란 뜻
□ **gust**y — [gʌ́sti] 형 (-<-i**er**<-i**est**) 돌풍의; 폭풍우가 휘몰아치는 ☜ -y<형접>

추잉검 chewing gum (껌)

※ **chew** — [tʃuː] 동 **씹다**; 깨물어 바수다 ☜ 고대영어로 '물다, 씹다'란 뜻
♠ **chewing gum 추잉검, 껌** ☜ 씹(chew)는(ing) 껌(gum)
♠ **chewing tobacco 씹는 담배** ☜ tobacco(담배)
□ **gum** — [gʌm] 명 **고무질**, 점성(粘性) 고무 ☜ 중세영어로 '식물성 건조 수지'란 뜻

탑건 Top Gun (미국 군사 액션 영화. 직역하면 <제1인자>란 뜻)

1987년 개봉한 미국의 액션영화. 톰 크루즈, 켈리 맥길리스 주연. 미 해군 F-14 전투기 조종사가 최우수조종사 양성학교인 탑건학교에 입학하게 되고, 항공물리학 여교관과 사랑에 빠진다. 그러나 그는 비행 도중 제트기류에 빠지고 엔진고장과 함께 탈출을 시도하다가 동승자 구조가 그만 목숨을 잃고 마는데...

© Paramount Pictures

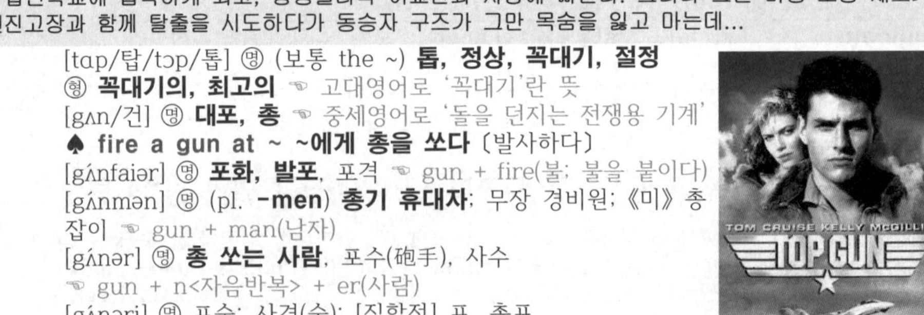

※ **top** — [tɑp/탑/tɔp/톱] 명 (보통 the ~) **톱, 정상, 꼭대기, 절정** 형 **꼭대기의, 최고의** ☜ 고대영어로 '꼭대기'란 뜻
□ **gun** — [gʌn/건] 명 **대포, 총** ☜ 중세영어로 '돌을 던지는 전쟁용 기계'
♠ **fire a gun at ~ ~에게 총을 쏘다** (발사하다)
□ **gun**fire — [gʌ́nfaiər] 명 **포화, 발포**, 포격 ☜ gun + fire(불; 불을 붙이다)
□ **gun**man — [gʌ́nmən] 명 (pl. **-men**) **총기 휴대자**; 무장 경비원; 《미》 총잡이 ☜ gun + man(남자)
□ **gun**ner — [gʌ́nər] 명 **총 쏘는 사람**, 포수(砲手), 사수 ☜ gun + n<자음반복> + er(사람)
□ **gun**nery — [gʌ́nəri] 명 포술; 사격(술); [집합적] 포, 총포 ☜ gun + n<자음반복> + ery(류(類))
□ **gun**powder — [gʌ́npàudər] 명 (흑색) **화약** ☜ gun + powder(가루, 분말)
□ **gun**ship — [gʌ́nʃip] 명 《미》 (기총 소사용의) 무장 헬리콥터, **건십** ☜ 총포(gun)를 단 배/항공기(ship)
□ **gun**shot — [gʌ́nʃàt] 명 사격, 포격, 발포 ☜ gun + shot(발사, 포격)

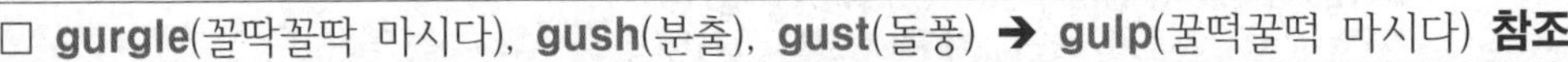

□ **gurgle**(꼴딱꼴딱 마시다), **gush**(분출), **gust**(돌풍) ➔ **gulp**(꿀떡꿀떡 마시다) **참조**

네스카페 돌체 구스토 NESCAFÈ Dolce-Gusto (스위스 식품업체인 네슬레사의 인스턴트 커피 브랜드. 돌체구스토는 <달콤한 맛>이란 뜻)
아시오 구스토 AsiO Gusto (아시아 · 오세아니아 슬로푸드 식문화운동)

아시오 구스토는 세계3대 슬로푸드 대회 중 하나. 아시아 · 오세아니아를 뜻하는 AsiO와 스페인어로 '맛, 기쁨'을 뜻하는 Gusto를 합쳐 이름지어졌다. 2013년 10월 경기도 남양주시에서 첫 대회가 개최되었다. 슬로푸드(slow food)란 패스트푸드(fast food)를 반대하는 개념이다. <출처 : 시사상식사전 / 요약인용>

※ **dolce** [dóultʃei/dɔ́ltʃi] 형 《It.》 〖음악〗 **돌체**, 달콤한, 감미로운, 부드러운 ☜ 라틴어로 '달콤한'이란 뜻

□ **gust** [gʌst] 명 맛, 미각, 풍미; 돌풍 동 맛보다 ☜ ❶ 고대 노르드어로 '차가운 바람'이란 뜻. ❷ gusto(맛)의 줄임말

□ **gusto** [gʌ́stou] 명 (pl. **-es**) 취미, 즐김, 기호; 맛있음, 맛, 풍미 ☜ 이탈리아어로 '맛'이란 뜻

□ **gusty** [gʌ́sti] 형 맛있는 ☜ 맛(gust)이 있는(y)

※ **Asia** [éiʒə/**에**이져, -ʃə] 명 **아시아** ☜ 고대 아카드 왕국의 언어로 '해 뜨는 동쪽'이란 뜻

※ **Oceania** [òuʃiǽniə, -ɑ́:niə] 명 **오세아니아**주, 대양주 《오스트레일리아와 그 주변의 섬》 ☜ ocean(대양, 해양) + ia(국명, 지명)

구텐베르크 Gutenberg (서양 최초의 금속활자 발명가)

□ **Gutenberg** [gú:tənbə̀:rg] 명 **구텐베르크** 《Johannes ~, 독일 활판인쇄 발명가(1400?-68)》

□ **Gutenberg** Bible [the ~] **구텐베르크** 성서 《1456년 이전에 인쇄된 라틴어 성서》

거터 gutter ([볼링] 레인 옆·바깥쪽에 있는 홈통)

□ **gutter** [gʌ́tər] 명 (처마 · 볼링의) **홈통**, (도로가의) **도랑; 흐른 자국** 동 홈통을 달다, 도랑이 생기다 ☜ 라틴어로 '낙하, 떨어짐'이란 뜻
♠ a blocked 〔leaking〕 **gutter** 막힌 〔물이 새는〕 **홈통**

□ **guttering** [gʌ́təriŋ] 명 홈통(재료); (촛농처럼) 흘러내림 ☜ 흘러(gutter) 내림(ing)

터프가이 tough guy (억센 사내; 깡패)

※ **tough** [tʌf] 형 **튼튼한, 강인한; 곤란한**, 힘든 ☜ 고대영어로 '강하고 질진 질감'이란 뜻

□ **guy** [gai] 명 《구어》 **사내, 놈, 녀석** ☜ 중세 영국의 Guy Fawkes 이름에서 유래
♠ **a queer** 〔nice〕 **guy 이상한** 〔좋은〕 **녀석**

□ **Guy** Fawkes Day **가이 포크스 데이**, 《영》 화약음모사건 기념일《1605년 11월 5일 영국 카톨릭에 대한 제임스 1세의 박해정책에 대항하여 가이 포크스 등 카톨릭 교도가 계획한 영국 의사당 폭파음모사건. 미수로 끝나고 모두 처형됨》
★ 가이 포크스(Guy Fawkes)는 2005년 영화 <브이 포 벤데타(V for Vendetta)>의 소재가 되면서 전 세계 반정부 시위의 상징 인물로 부각됐으며, 특히 세계적인 해커단체 어나니머스(Anonymous)가 이 가면을 쓰고 온라인에서 활동하면서 어나니머스의 상징이 되었다.

가이아나 Guyana (남미 동북부의 공화국)

□ **Guyana** [gaiǽnə, -ɑ́:nə] 명 **가이아나** 《남미 동북부 기아나 지방에 있는 공화국; 수도는 조지타운(Georgetown)》 ☜ 원주민어로 '물의 나라'란 뜻
★ 1978년 미국의 짐 존스 교수가 이끌던 광신자 단체 <인민사원>의 신자 914명이 수도 조지타운 인근 숲속의 농장에서 집단자살한 사건으로 유명한 나라.

■ **Guiana** [giǽnə, gai-, giɑ́:nə] 명 **기아나** 《남미 북동부의 Guyana · 프랑스령 기아나 · 수리남(Surinam)을 합친 해안 지방》 ☜ 원주민어로 '물이 많은 땅'이란 뜻

짐볼 gym ball (스트레칭 및 요가용의 공기를 채운 큰 공)

♣ 어원 : **gym gymn, gymna 나체; 벌거벗은**

□ **gym** [dʒim] 명 《구어》 **체육관**(☜ **gym**nasium의 줄임말); 체조, 체육
♠ He worked up a sweat **in the gym**.
그는 **체육관에서** 운동을 하며 땀을 뺐다.

□ **gymnasium** [dʒimnéiziəm] 명 (pl. **-s**, gymnasi**a**) **체육관** ☜ 그리스어로 '몸(gymna)을 단련하는(si) 곳(um)'이란 뜻

□ **gymnast** [dʒímnæst] 명 **체육교사**, 체육(전문)가 ☜ -ist(사람)

□ **gymnastic** [dʒimnǽstik] 형 **체조의**, 체육(상)의 ☜ -ic<형접>

□ **gymna**stics [dʒimnǽstiks] 명 [복수취급] **체조**, 체육 ☜ -ics(학문, 기술)
□ **gym** rat (운동선수) 연습벌레 ☜ rat(쥐)
□ **gym** suit 체육복 ☜ suit(옷, 복장)
※ **ball** [bɔːl/보-올] 명 **공,** 구(球); 탄알, 포탄 ☜ 중세영어로 '작고 꽉 채워진 구체'란 뜻

자이니칼러지 gynecology ([의학] 여성생식기 질환을 취급하는 의학)

♣ **어원 : gyn, gyneco 여자, 여성, 암컷, 암술; 씨방**
□ **gyneco**cracy [gàinikɑ́krəsi, dʒìn-, dʒàin-/-kɔ́k-] 명 여성 정치; 내주장(內主張)
☜ 여자(gyneco) 정치(cracy)
□ **gyneco**crat [gainíkəkræ̀t, dʒi-, dʒai-] 명 여성 정치론자, 여권론자
☜ **gynecocr**acy + **at**(사람)
□ **gyneco**cratic [gainìːkəkrǽtik, dʒi-, dʒai-] 형 여성 정치의 ☜ -ic<형접>
□ **gyneco**logy [gàinikɑ́lədʒi, dʒìn-, dʒài-/-kɔ́l-] 명 부인과 의학 ☜ 여자(gyneco) 학문(logy)
♠ He is qualified in **obstetrics and gynecology**.
그는 **산부인과** 의사 면허를 가지고 있다.

G

기브스 < 깁스 gyps (콩글 ▶ 석고 붕대) ➔ (plaster) cast

□ **gyps** [dʒips] 명 **깁스**, 석고(=gypsum) ☜ 그리스어로 '석고'란 뜻
□ **gyps**um [dʒípsəm] 명 〖광물학〗 **석고; 깁스**; =plasterboard 동 (흙 따위를) 석고로 처리하다 《비료로서》 ☜ 그리스어로 '석고'란 뜻
※ **plas**ter [plǽstər, plɑ́ːs-] 명 **회반죽**, 벽토; 분말 석고; 깁스; **고약**, 경고(硬膏); 《영》 반창고
동 회반죽을 바르다; 고약을 붙이다; 바르다 ☜ 형태(pals)를 + t + 만드는 것(er)
※ **cast** [kæst/캐스트/kɑːst/카-스트] 동 (-/cast/cast) **던지다, 내던지다**; (쇠를) 주조하다
명 던지기; 주형, 주조물; 배역 ☜ 고대 노르드어로 '던지다'란 뜻

집시 Gipsy, Gypsy (유랑민족)

□ **Gypsy, Gipsy** [dʒípsi] 명 **집시**. 《특히》 방랑자, 유랑민족 ☜ Egyptian의 두음소실.
16세기초 영국인들이 이들을 이집트인으로 착각한데서. 인도출신으로 추정

자이로컴퍼스 gyrocompass (회전나침판)

♣ **어원 : gyro 바퀴, 회전**
□ **gyro**compass [dʒáiroukʌmpəs] 명 **자이로컴퍼스**, 회전 나침반
☜ gyro(고대 그리스어로 '바퀴') + compass(라틴어로 '돌다')

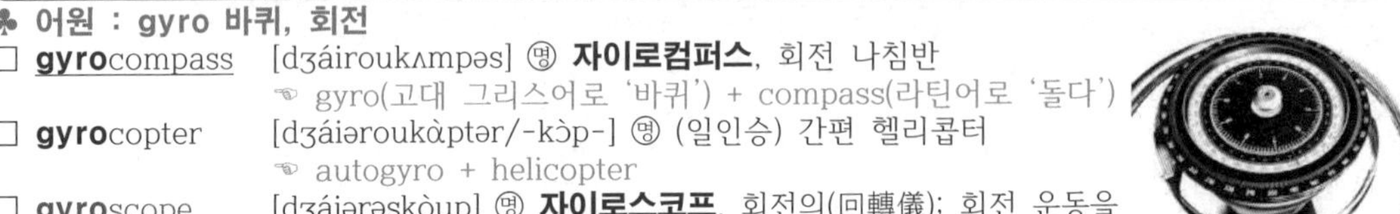

□ **gyro**copter [dʒáiəroukɑ̀ptər/-kɔ̀p-] 명 (일인승) 간편 헬리콥터
☜ autogyro + helicopter
□ **gyro**scope [dʒáiərəskòup] 명 **자이로스코프**, 회전의(回轉儀); 회전 운동을 하는 물체 ☜ 고대 그리스어로 '관찰하는(scope) 바퀴(gyro)'란 뜻

아~ ah (감탄사)

■ **ah** [ɑː/아-] ㉿ **아아 !** 《놀람 · 괴로움 · 기쁨 · 슬픔 · 분함 따위를 나타내는 발성》
■ **aha, ah ha** [ɑːhɑ́ː, əhɑ́ː] ㉿ **아하 !**
■ **alas** [əlǽs, əlɑ́ːs] ㉿ **아아 !**, 슬프다, 가엾도다
■ **aw** [ɔː] ㉿ 《미》 **저런!**, 아니 !, 에이 !
□ **ha** [hɑː] ㉿ **허어, 어마** 《놀람 · 기쁨 · 의심 · 주저 · 뽐냄 등을 나타내는 발성》; 하하 《웃음 소리》
■ **oh** [ou/오우] ㉿ **오오 !**

코엑스 COEX (한국종합무역센터에 있는 종합전시관 / 서울시 소재) 킨텍스 KINTEX (한국국제전시장 / 고양시 소재)

♣ **어원 : hibit, habit, have 잡다(=take), 가지다(=have), 살다(=live)**
■ **COEX** **CO**nvention and **EX**hibition center 국제회의 및 전시 센터
■ **KINTEX** **K**orea **INT**ernational **EX**hibition center 한국국제전시장
■ ex**hibit** [igzíbit] ⓢ **전람(전시 · 진열)하다, 출품하다** ⓝ **출품**; 진열, 공시, **전람** ☜ 밖에(ex) 두다(hibit)
■ ex**hibit**ion [èksəbíʃən] ⓝ **전람(회)**, 전시회, 박람회; 출품물 ☜ 밖에(ex) 두는(hibit) 것(ion)
□ **habit** [hǽbit/해빝] ⓝ **습관, 버릇** ☜ 가지고 있는 것 ⓢ **~에 살다**
♠ **Character is a habit long continued.**
《독일속담》 성격은 오래 계속된 습관이다.
♠ **be in the habit of ~ ~하는 버릇이 있다, 곧잘 ~하다**
♠ **fall into the habit of ~ ~하는 버릇이 생기다**
□ **habit**able [hǽbətəbəl] ⓐ **거주하기에 적당한** ☜ 살(habit) 수 있는(able)
□ **habit**ation [hæ̀bətéiʃən] ⓝ **주소; 거주** ☜ 사는(habit) 것(ation<명접>)
□ **habit**ual [həbítʃuəl] ⓐ **습관적인, 평소의** ☜ 사는(habit) 것의(ual<형접>)
□ **habit**ually [həbítʃuəli] ⓟ 습관적으로 ☜ habitual + ly<부접>
□ **habit**uate [həbítʃuèit] ⓢ 익숙하게 하다 ☜ -ate<동접>

✚ **have 가지다, 가지고 있다; 먹다** in**habit** **~에 살다**, 거주하다 in**hibit** **금하다**, 억제(제지)하다 pro**hibit** **금지하다**, 방해하다

해킹 hacking ([전산] 타인의 정보시스템에 몰래 침투하는 행위)

□ **hack** [hæk] ⓢ (자귀나 칼 따위로) **거칠게 자르다**, 난도질하다; 땅을 파다 ☜ 고대영어로 '자르다'란 뜻
♠ **hack** a tree **down** (난폭하게) 나무를 **잘라 넘기다**
□ **hack**er [hǽkər] ⓝ 컴퓨터광(狂); **해커** 《다른 사람의 컴퓨터 시스템에 불법으로 침입하는 사람》 ☜ hack + er(사람)
□ **hack**ing [hǽkiŋ] ⓝ 《속어》 광적인 컴퓨터 조작; **해킹** ☜ hack + ing<명접>

연상 김정은이 핵 거두는 날 그는 몰라보게 해거드(haggard.수척)해질 것이다.

♣ **어원 : hag 보기 흉한; 야생의**
□ **hag** [hæg] ⓝ 간악한(심술궂은) 노파; 《속어》 못생긴 여자 ☜ 고대영어로 '마녀'란 뜻
□ **hag**gard [hǽgərd] ⓐ **야윈, 수척한**, 초췌한; 말라빠진; (눈매가) 사나운, **야생의** ⓝ 길들지 않은 매 ☜ 고대불어로 '야생의 (매)'란 뜻
♠ He was looking very **haggard** and worn.
그녀는 아주 지치고 수척해 보였다.
□ **hag**gish [hǽgiʃ] ⓐ 마귀할멈 같은; 추악한 ☜ hag + g<자음반복> + ish(~같은)

헤이그 Hague (네델란드 서부의 도시로 사실상의 수도)

☐ **Hague** [heig] ⓜ (The ~) **헤이그** 《네덜란드의 행정상의 수도》
☜ 네델란드어로 '백작의 울타리'란 뜻

☐ **Hague** Tribunal [the ~] 헤이그 국제중재재판소 《공식명 Permanent Court of Arbitration. 직역하면 '상설 중재법원'이란 뜻》 ☜ tribunal(재판소), court(법정, 법원), permanent(영구한; 상설), arbitration(중재)

헤일 데미지 hail damage (우박피해)

☐ **hail** [heil] ⓜ **싸락눈, 우박** ⓢ 싸락눈(우박)이 내리다
☜ 고대영어로 '우박'이란 뜻
♠ **a hail** of bullets (**우박**처럼) 빗발치듯 쏟아지는 총알

☐ **hail**stone [héilstòun] ⓜ 싸락눈, 우박 ☜ hail(우박) + stone(돌멩이)

☐ **hail**storm [héilstɔ:rm] ⓜ 우박을 동반한 폭풍 ☜ hail(우박) + storm(폭풍)

☐ **hail**y [héili] ⓗ 우박 같은, 우박이 섞인 ☜ hail + y<형접>

※ **damage** [dǽmidʒ] ⓜ **손해, 피해** ⓢ 손해(피해)를 입히다
☜ 손해(dam)를 만들다(age)

하일 히틀러 《독》 Heil Hitler (나치경례. <히틀러 만세!>란 뜻)

■ **heil** [hail] ⓖ 《G.》 만세(=hail) ⓢ ~에게 Heil하고 인사하다

☐ **hail** [heil] ⓢ **환호하여 맞이하다, 소리쳐 부르다** ⓜ 환영; 환호
ⓖ 안녕, **만세** ☜ 고대 노르드어로 '건강, 번영, 행운'이란 뜻
♠ **hail to the chief 《미》 대통령 찬가** 《대통령 등장시 연주됨》

■ **hurrah, hurray** [hərɔ́:, -rɑ́:, huréi] ⓖ **만세, 후레이**
☜ 중세영어로 '선원들의 환호성, 격려, 박수치는 소리'라는 뜻

※ **Adolf Hitler** **아돌프 히틀러** 《독일 정치가이자 나치의 총통으로 제2차 세계대전을 일으킴; 1889-1945》

헤어스타일 hairstyle (머리를 자르거나 매만져서 만든 머리모양)
헤어샵 hair shop (콩글 미용실) ➔ beauty shop, salon

☐ **hair** [hɛər/헤어] ⓜ **털, 머리털** ☜ 고대영어로 '머리카락'이란 뜻 비교 hare 산토끼
♠ **blow a person's hair 《미.속어》 소름끼치게 하다**
♠ **by (the turn of) a hair 간신히, 겨우, 아슬아슬하게**

☐ **hair**breadth, **hair**'s-breadth [hɛ́ərbrèdθ, -brètθ] ⓜ 털끝만한 폭(간격) ⓗ 털끝만한 틈의, 위기일발의 ☜ 머리(hair) 폭/넓이(breadth)
♠ **by a hairbreadth 가까스로, 아슬아슬하게**

☐ **hair**brush [hɛ́ərbrʌʃ] ⓜ 머리솔 ☜ hair + brush(솔)

☐ **hair**-care [hɛ́ərkɛər] ⓜ 머리의 손질, 머리관리 ☜ hair + care(걱정, 관심, 보호)

☐ **hair** color 머리염색약 ☜ color(색)

☐ **hair**cut [hɛ́ərkʌt] ⓜ 이발; (여자 머리의) **커트** ☜ hair + cut(자르다)

☐ **hair**dresser [hɛ́ərdrèsər] ⓜ 미용사; 미장원; 《영》 이발사 ☜ 머리(hair)를 손질하는(dress) 사람(er)
★ 우리말의 헤어 디자이너(hair designer)는 콩글리시이며, hairdresser나 hair-stylist가 바른 표현이다.

☐ **hair** drier [dryer] **헤어드라이어** ☜ 건조하게(dry) 하는 것(er)

☐ **hair**ed [hɛərd] ⓗ 털이 있는; 털이 ~한 ☜ 털(hair)이 ~한(ed)

☐ **hair**less [hɛ́ərlis] ⓗ 털이 없는 ☜ 털(hair)이 없는(less)

☐ **hair**like [hɛ́ərlàik] ⓗ (머리)털 같은, 가느다란 ☜ 털(hair) 같은(like)

☐ **hair** spray **헤어스프레이** ☜ spray(분무기)

☐ **hair**style [hɛ́ərstàil] ⓜ (개인의) 머리 스타일 ☜ hair + style(모양, 양식)

☐ **hair**y [hɛ́əri] ⓗ (-<-ri**er**<-ri**est**) **털 많은**, 털투성이의 ☜ 털(hair)이 많은(y)

※ **shop** [ʃɑp/샵/ʃɔp/숍] ⓜ 《영》 **가게**, 소매점(《미》 store); 전문점
☜ 고대 독일어로 '벽이 없는 건물, 외양간'이란 뜻

아이티 Haiti (중앙 아메리카 카리브해에 있는 섬나라)

☐ **Haiti** [héiti] ⓜ **아이티** 섬; **아이티** 《서인도 제도(諸島)에 있는 공화국; 수도 포르토 프랭스(Port-au-Prince)》 ☜ 크레올어로 '산이 많은 땅'이란 뜻

☐ **Haiti**an Creole 아이티 프랑스어 《프랑스어를 모체로 한 아이티어》
☜ Creole 《서인도 제도에 사는 프랑스인과 흑인의 혼혈인》

하켄크로이츠 Hakenkreuz (독일 나치즘의 상징. <갈고리 십자가>란 뜻)

□ **Hakenkreuz** [hɑ́:kənkrɔ̀its] ⓜ《독》갈고리 십자(장(章))《나치스의 문장(紋章): 卐》 ☜ Haken(갈고리=hook) + kreuz(십자가=cross)
★ 현재 독일은 Hakenkreuz의 사용을 법적으로 금지하고 있다. 이에 비해 제2차 세계대전 기간 중 사용된 일본의 전범기인 욱일기(旭日旗)는 현재도 침략 역사를 부정하는 일본의 해상자위대 깃발, 극우파 혹은 스포츠 경기 응원에서 종종 사용되면서 많은 논란을 일으키고 있다.

연상 해일(海溢)로 많은 사람이 죽었지만 해일(hale.건강)한 그 노인은 살아남았다.

□ **hale** [heil] ⓗ (특히 노인이) **건강한**, 강건한, **정정한** ☜ 초기 독일어로 '건강한'이란 뜻
♠ **hale and hearty (늙었지만) 원기왕성한, 정정한**
☜ hearty(친절한, 애정어린; 건강한, 기운찬)
♠ a **hale** old man **정정한** 노인

하프타임 half time (중간휴식시간), 하프라인 half way line (경기장 중앙선)

□ **half** [hæf/핼/hɑ:f/하앞] ⓜ (pl. hal**ves**) **반; 절반; 2분의 1** ⓗ 절반의, 2분의 1의
☜ 고대영어로 '절반'이란 뜻
♠ **a half share 절반의 몫, a half hour 반 시간**
♠ **by halves 불완전하게, 어중간하게**
□ **half**-baked [hǽfbeikt] ⓗ 설구워진, 미숙한, 불완전한 ☜ 굽다(bake) + ed<형접>
□ **half**-boiled [hǽfbɔ́ild, hɑ́:f-] ⓗ 설익은 ☜ boil(끓다, 끓이다) + ed<형접>
□ **half**-hearted [hǽfhártid] ⓗ **마음 내키지 않는** ☜ heart(심장, 마음) + ed<형접>
□ **half**-heartedness [hǽfhártidnis] ⓜ 마음 내키지 않음 ☜ -ness<명접>
□ **half**-holiday [hǽfhɑ́lidèi] ⓜ **반휴일** ☜ half + holiday(휴일)
□ **half**-hour [hǽfauər] ⓜ **반시간, 30분**(간) ☜ half + hour(시간)
□ **half**penny [héipəni] ⓜ (pl. **-pence, -pennies**)《영》**반 페니 동전** ⓗ 값싼
☜ half + penny(페니, 1페니의 동전)
□ **half**-timbered [hǽftímbərd] ⓗ 뼈대를 목조(木造)로 한
☜ 반(half)만 목재로 받치(timber) 는(ed<형접>)
□ **half** time 『스포츠』 **하프타임**, 중간휴식시간; 반일근무 ☜ half + time(시간)
□ **half**way [hæ̀fwéi, hɑ̀:f-] ⓗ **도중의, 중간의** ⓟ **중도에서** ☜ half + way(길)
□ **half** way line 『축구·럭비·핸드볼』 중앙선 ☜ half + way + line(선)
□ **halve** [hæv, hɑ:v] ⓢ **2등분하다**; 반씩 나누다; 반감하다
☜ 중세영어로 '반으로 나누다'란 뜻

홀 hall (건물안의 넓은 공간)

□ **hall** [hɔ:l/홀-] ⓜ **홀**, 집회장, **현관의 넓은 공간**; (종종 H-) **공회당**, 회관
☜ 고대영어로 '집회장, 집, 궁전, 사원, 재판소'란 뜻
♠ **Hall of Fame 《미》 영예의 전당**《위인이나 공로자의 액자나 흉상을 장식해 놓은 기념관; New York 대학에 1900년 창설》
□ **hall**way [hɔ́lwèi] ⓜ **복도**(=corridor); 현관, 입구 홀 ☜ 홀(hall)의 길(way)

할렐루야 hallelujah ([기독교] <여호와를 찬양하다>란 뜻)

□ **hallelujah, -iah** [hæ̀ləlú:jə] ⓖⓜ《Heb.》**할렐루야**《'하느님을 찬송하라'의 뜻》
☜ 히브리어로 'halal(찬양하다) + Yah(여호와)

핼리혜성 Halley's Comet (태양주위를 76 년 주기로 도는 작은 별)

□ **Halley's Comet** [hǽliz-kɑ́mit] (종종 H- C-) 『천문』 **핼리**혜성《태양주위를 타원궤도로 도는 76년 주기의 작은 별. 빛을 내며 긴 꼬리가 있음》 ☜ 영국의 천문학자 E. 핼리가 1705년 발견한 데서 ★ **핼리혜성은 지난 1910년, 1986년 지구에 출현하였으며, 오는 2061년 다시 지구에 나타날 것으로 예측된다.**
※ **comet** [kɑ́mit/kɔ́m-] ⓜ 『천문』 **혜성**, 살별 ☜ 그리스어로 '머리가 긴'이란 뜻. = 꼬리가 긺
※ **comet**ary [-èri/-əri] ⓗ 혜성의; 혜성 같은 ☜ 혜성(comet) 같은(ary)

할로윈, 핼러윈 Halloween (미국의 유령·괴물 분장 축제)

기독교 축일인 만성절(10.31) 전날 미국 전역에서 다양한 복장을 갖춰입고 벌이는 축제. 본래 켈트인의 전통축제에서 기원했는데 켈트족은 한 해의 마지막 날이 되면 죽음의 신에게 제사를 올리며 죽은 이들의 혼을 달래고 악령을 쫓았다. 이때 악령들이 해를 끼칠까 두려워 자신을 악령으로 착각하도록 기괴한 모습으로 꾸몄다고 한다.

☐ **hallow** [hǽlou] ⓢ **신성하게[깨끗하게] 하다**
☜ 고대영어로 '성스럽게 하다'란 뜻
♠ **Hallowed be thy name. 이름을 거룩하게 하옵소서.**

☐ **hallow**ed [(기도 때는 종종) -ouid] ⓗ **신성화된**, 신성한 ☜ -ed<형접>

☐ **Hallow**een, -e'en [hæ̀ləwíːn, hæ̀louíːn, hɑ̀l-] ⓜ 《미국·Sc.》 **모든 성인**(聖人)**의 날 전야**(前夜) 《10월 31일》 ☜ All Hallows' Eve(만성절 전야)의 준말. Hallow(성인)

☐ **Hallow**mas [hǽloumæ̀s, -məs] ⓜ 《고어》 『가톨릭』 모든 성인의 축일; 『성공회』 제성도일(諸聖徒日)(All Saints'Day) 《11월 1일》 ☜ -mas(축일)

헤일로 halo (후광(後光))

☐ **halo** [héilou] ⓜ (pl. **-(e)s**) (해·달의) 무리; 후광 《그림에서 성인의 머리 위쪽에 나타내는 광륜(光輪)》 ⓢ 후광으로 두르다
☜ 고대 그리스어로 '태양이나 달의 무리(둥근 테)'란 뜻

H

홀터넥 halterneck (끈을 목뒤로 고정시켜 입는 여성의류스타일)

☐ **halt** [hɔːlt] ⓢ **멈춰서다, 서다** ☜ 고대영어로 '절름거리며 걷다'란 뜻
♠ **Halt ! 『군사』 제자리 섯 !**

☐ **halter** [hɔ́ːltər] ⓜ (말의) 고삐; 굴레; 목매는 밧줄; (팔과 등이 드러난) 여성용 드레스 ⓢ (말에) 굴레를 씌우다; 교수형에 처하다
☜ 고대영어로 '고삐, 마구(馬具)'란 뜻

☐ **halter**neck [hɔ́ːltərnek] ⓗ **홀터넥**의 《목 뒤에 매는 형식의》
☜ 목(neck)에 매는 고삐(halter)의

☐ **halve**(2등분하다) ➔ **half**(반, 절반) **참조**

햄 ham (돼지 허벅다리 고기를 소금에 절여 훈제한 것)

☐ **ham** [hæm] ⓜ **햄**; 돼지의 허벅다리(고기) ☜ 고대 아일랜드어로 '다리고기'란 뜻

■ sliced **ham** **슬라이스 햄** 《햄을 얇게 절단한 것》 ☜ slice(얇게 썰다) + ed<형접>

■ **spam** [spæ(ː)m] ⓜ **스팸** 《햄 통조림》 ☜ spiced ham(양념이 된)의 줄임말
★ 미국의 식품업체 호멜푸즈(Hormel Foods)가 이 spam을 엄청나게 광고하는 바람에 '광고공해'란 뜻으로 사용되어 오늘날 불필요한 인터넷 메일도 스팸(spam)이라고 부른다.

햄버거 hamburger (두개의 둥근빵에 패티·채소를 넣은 패스트푸드)

☐ **Hamburg** [hǽmbəːrg] ⓜ **함부르크** 《독일 북부의 항구도시. 독일 제2의 도시》
☜ 독일어로 '강의 하구에 있는 도시'란 뜻. 811년 카를 대제가 하마부르크 성(城)을 쌓은 것이 시(市)의 기원임.

☐ **hamburg**er [hǽmbəːrgər] ⓜ **햄버거** 《두 개의 둥근 빵에 쇠고기로 다져만든 패티(patty)와 간단한 채소를 넣어 만든 미국식 패스트푸드》
☜ '독일 함부르크(Hamburg) 식의(er) 스테이크'란 뜻

☐ **hamburg**(er) steak **햄버거 스테이크** ☜ steak(두꺼운 육류 조각을 구운 서양요리)

연상 햄릿(Hamlet)은 오필리아와 햄릿(hamlet.작은 마을)에서 살고 싶어 했다.

☐ **Hamlet** [hǽmlit] ⓜ **햄릿** 《Shakespeare 작의 4대 비극의 하나; 그 주인공》
★ 셰익스피어의 4대 비극 : 『햄릿』, 『오셀로』, 『리어왕』, 『멕베스』
♠ **like Hamlet without the Prince 중요한 것[알맹이]이 빠져 있는**
♠ **To be or not to be, that is the question.**
사느냐 죽느냐, 그것이 문제로다. - Shakespeare 작 Hamlet 중에서-

☐ **hamlet** [hǽmlit] ⓜ **작은 마을**, 부락 ☜ 고대 프랑스어로 '작은 마을'이란 뜻
♠ Ten or so houses were forming **a hamlet**.
열 채 남짓한 집들이 **하나의 촌락**을 이루고 있었다

※ **Ophelia** [oufíːljə/ɔ-] ⓜ 여자 이름; **오필리아** 《Hamlet의 여주인공》

함마 < 해머 hammer (쇠망치; 해머던지기에 사용되는 금속제 용구)

☐ **hammer** [hǽmər] ⓜ **해머, (쇠)망치**; (육상경기용의) **해머** ⓢ **망치로 두드리다,** 치다(때리다)

☜ 고대영어로 '돌로 된 연장'이란 뜻

☐ **hammer**er [hǽmərər] ⓜ 해머로 두드리는 사람, 대장장이 ☜ -er(사람)

☐ **hammer** throw [the ~] 〖경기〗 해머던지기 ☜ throw(던지기; 던지기)

해먹 hammock (기둥·나무 등에 달아매는 그물 침대)

☐ **hammock** [hǽmək] ⓜ **해먹** ☜ 아이티(Haiti)어로 '어망'이란 뜻

♠ **sling** 〔lash〕 **a hammock 해먹을 달다** 〔접다〕

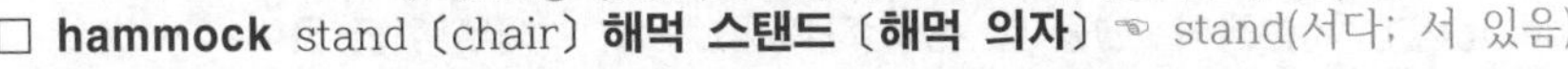

☐ **hammock** stand 〔chair〕 **해먹 스탠드** 〔**해먹 의자**〕 ☜ stand(서다; 서 있음)

연상 해군은 함포를 쏘며 적의 접근을 햄퍼(hamper.방해)했다

☐ **hamper** [hǽmpər] ⓢ **방해하다**, 훼방하다; 제한〔구속〕하다 ⓜ 방해물; 족쇄; 바구니

☜ 독일어로 '방해하다'란 뜻

♠ **hamper** 〔hinder〕 national development 국가발전을 **저해하다**

햄스터 hamster (애완용 · 연구용으로 많이 사육되는 비단털쥐)

☐ **hamster** [hǽmstər] ⓜ **햄스터**《일종의 큰 쥐; 동유럽 · 아시아산》

☜ 중세 고지(高地) 독일어로 '햄스터',

리투아니아어로 '땅 다람쥐'란 뜻

♠ keep 〔have, grow〕 **a hamster 햄스터**를 키우다

H

핸드백 handbag (휴대용 여성 손가방)
핸드폰 handphone (콩글 휴대폰) ➔ cell(ular) phone, mobile (phone)

☐ **hand** [hænd/핸드] ⓜ (사람의) **손**, 일손 ⓢ 건네주다 ☜ 고대영어로 '손'이란 뜻

♠ **hand down ~을 넘겨주다; (관습 등을) 후세에 전하다; (판결을) 언도하다**

♠ **hand in ~ ~을 내놓다, ~을 제출하다**

♠ **hand in hand 손에 손을 잡고, 제휴[협력]하여**

♠ **hand ~ on ~을 다음으로 돌리다**

♠ **hand over ~ ~을 넘겨주다; ~을 양도하다**

♠ **at hand 바로 곁에, 가까이에; 준비되어**

♠ **at first** 〔second〕 **hand 직접으로** 〔간접으로, 중고로〕

♠ **by hand (기계가 아니라) 손으로; (자연의 힘이 아니라) 인공으로**

♠ **from hand to hand (사람의) 손에서 손으로, 갑에서 을로, 직접으로**

♠ **give a hand 손을 빌리다, 돕다**

♠ **in hand 수중에 (있는), 당면한, (일 따위가) 진행 중(인), 착수하고 (있는); 통제[관리]하여**

♠ **join hands 힘을 합치다, 제휴하다**

♠ **on hand 손 가까이에**(=near), **마침 갖고 있는**

♠ **on one's hands 아무의 책임[부담]으로; (수중에) 팔다 남아서**

♠ **on the other hand 다른 한편으로는, 그 반면에**

♠ **put one's hands to ~ ~에 착수하다; ~에 종사하다**

☐ **hand**bag [hǽndbæ̀g] ⓜ **핸드백**, 손가방 ☜ bag(가방)

비교 《미》 purse (여성용) 작은 지갑, tote bag (여성용 대형) 손가방

☐ **hand**ball [hǽndbɔ̀l] ⓜ **핸드볼**; 송구 ☜ ball(공)

☐ **hand**bill [hǽndbil] ⓜ 삐라, (손으로 배부하는) 광고지 ☜ bill(계산서; 전단지)

☐ **hand**book [hǽndbùk] ⓜ 편람; **안내서** ☜ book(책)

☐ **hand** brake 수동식 브레이크 ☜ brake(브레이크, 제동장치)

☐ **hand**cart [hǽndkɑ̀ːrt] ⓜ 손수레 ☜ cart(2륜 짐마차, 손수레, 카트)

☐ **hand**cuff [hǽndkəf] ⓜ 수갑, 쇠고랑 ⓢ ~에게 수갑을 채우다 ☜ cuff(소맷부리, 수갑)

☐ **hand** drill 손 송곳, **핸드 드릴** ☜ drill(드릴, 송곳)

☐ **hand**(s)free [hǽndzfrìː] ⓗ 손대지 않고 조작할 수 있는, 손을 쓸 필요가 없는 ☜ free(자유로운)

☐ **hand**ful [hǽndfùl] ⓜ (pl. **-s, hands**ful) **한 움큼**, 한 줌; 소량, 소수

☜ 손(hand)에 가득한(ful<full)

☐ **hand**icap [hǽndikæ̀p] ⓜ **핸디캡**, 불리한 조건 ⓢ **핸디캡을 붙이다**

☜ hand in cap의 줄임말《모자 안에 벌금제비가 들어있고, 그것을 뽑은 사람이 벌금을 내던 예날 놀이에서 유래》

핸들 handle (콩글 자동차 등의 운전대) ➔ steering wheel

☐ **hand**icraft [hǽndikræ̀ft, -krɑ̀:ft] ⓜ (흔히 pl.) **수세공**(手細工), 수공예; 손재주
☞ craft(기교, 솜씨)

☐ **hand**icraftsman [[hǽndikræ̀ftsmən/-krɑ̀:fts-] ⓜ (pl. -**men**) 수세공인, 손일하는 장인, 장색 ☞ 손기술(handicraft) 의(s) 사람(man)

☐ **Hand**ie-Talkie **핸디토키** 《휴대용 소형 무전기; 상표명》 ☞ talkie(휴대용 무선전화)

☐ **hand**ily [hǽndili] ⓑ 솜씨 있게, 편리하게 ☞ hand + i + ly<부접>

☐ **hand**kerchief [hǽŋkərtʃif, -tʃì:f] ⓜ (pl. **-s, -chieves**) **손수건**
☞ 손으로 쓰는 'kerchief(여성의 머리수건, 손수건; 목도리)'의 뜻에서

☐ **handle** [hǽndl/**핸**들] ⓜ **손잡이, 핸들** ⓓ **손을 대다**, 조종하다, **대우[취급]하다**
☞ 고대영어로 '손으로 만지다'란 뜻
★ 자동차 핸들(handle)의 올바른 표현은 steering wheel(조종 핸들)이고, 자전거나 오토바이의 핸들은 handlebar(s)이다

☐ **handl**er [hǽndlər] ⓜ **취급하는 사람;** 『권투』 트레이너; 조련사 ☞ -er(사람)

☐ **handl**ing [hǽndliŋ] ⓜ **핸들링**, 손을 댐 ☞ handle + ing<명접>

☐ **hand**made [hǽndmèid] ⓗ 손으로 만든, 수제의, 수공의
☞ 손(hand)으로 만든(made: make의 과거분사)

☐ **hand**out [hǽndàut] ⓜ 접은 광고; **유인물, 배포 인쇄물** ☞ 밖(out)으로 건네다(hand)

☐ **hand**print [hǽndprint] ⓜ (먹을 묻혀 누른) 손바닥 자국, 손도장 ☞ print(인쇄, 인쇄물)

☐ **hand**saw [hǽndsɔ̀] ⓜ (손으로 켜는) 톱 ☞ saw(톱)

☐ **hand**shake [hǽndʃèik] ⓜ **악수** ⓓ 악수하다 ☞ 손(hand)을 흔들다(shake)

☐ **hand**some [hǽnsəm/**핸**섬] ⓗ (-<-m**er**〔**more** ~〕<-m**est**〔**most** ~〕) **잘생긴**, **핸섬**한
☞ 중세영어로 '손으로 다루기 쉬운, 알맞은 ➔ 보기좋은 ➔ 잘생긴'의 뜻.
-some(~ 특성의, ~에 적합한, ~경향이 있는)

☐ **hand**somely [hǽnsəmli] ⓑ 멋지게, 너그러이 ☞ -ly<부접>

☐ **hand**-to-mouth [hǽntumáuθ/hǽntə-] ⓗ 그날 벌어 그날 먹는 ☞ 손(hand)에서 입(mouth) 까지(to)

☐ **hand**writing [hǽndràitiŋ] ⓜ 손으로 씀, 육필; **필적** ☞ 쓰(write) 기(ing)

☐ **hand**y [hǽndi] ⓗ (-<-di**er**<-di**est**) **손재주 있는**; (쓰기) **편리한** ☞ 손(hand) 같은(y)

right〔left〕-**hand** ⓗ 오른〔왼〕편의, **오른[왼]손의** ☞ right(오른쪽), left(왼쪽)

행글라이더 hang glider (인간이 날개밑에 매달려 나는 글라이더)

☐ **hang** [hæŋ/행] ⓓ (-/**hung**〔hang**ed**〕/**hung**〔hang**ed**〕) **매달다, 걸다, 교수형에 처하다**; 매달리다 ☞ 고대영어로 '매달다, 걸다'
♠ **hang on** a person's arm 아무의 팔**에 꼭 매달리다.**
♠ **hang on to ~ ~을 꼭 붙잡고 늘어지다, 매달리다**
♠ **hang over (위험 따위가) ~에 다가오다; ~의 위로 쑥 내밀다; ~에 덮이다, ~을 덮다; 연기되다**
♠ **hang up ~ ~을 걸다, 매달다; ~을 연기하다; 전화를 끊다**

☐ **hang**er [hǽŋər] ⓜ 매다는〔거는〕 사람〔물건〕; 걸이, 옷걸이 ☞ -er(사람)

☐ **hang**er-on ⓜ (pl. hanger**s**- [-ərz-]) 《구어》 식객(食客) ☞ 꽉 붙잡는(hang on) 사람(er)
★ 식객(食客)이란 세력가의 집에서 얻어먹으며 문객노릇을 하던 사람 또는 하는 일 없이 남의 집에 얹혀 얻어먹고 지내는 사람을 말한다.

☐ **hang**ing [hǽŋiŋ] ⓜ 달아 맴; 교수형 ⓗ 교수형의 ☞ hang + ing<명접/형접>

☐ **hang**over [hǽŋòuvər] ⓜ 《미》 잔존물, 유물; 《구어》 여파; 《속어》 숙취(宿醉)
☞ 위에(over) 떠돌다(hang) ➔ 술 먹은 후 남아있는 것 ➔ 숙취

☐ **hanker** [hǽŋkər] ⓓ 동경하다, 갈망〔열망〕하다
☞ 중세 네델란드어로 '~에 더욱(er) 매달리다(hank=hang)'란 뜻

※ **glide** [glaid] ⓜ 미끄러지기; **활주, 활공** ⓓ 미끄러지다, 활주〔활공〕하다
☞ 고대영어로 '순조롭게 나아가다, 미끄러지다, 사라지다'란 뜻

※ **glide**r [gláidər] ⓜ 미끄러지는 사람〔물건〕; 『항공』 **글라이더, 활공기** ☞ -er(사람/기계)

행거 hanger (항공기 격납고)

☐ **hangar** [hǽŋər] ⓜ 격납고; 곳집; 차고 ⓓ 격납고에 넣다.
☞ 고대 프랑스어로 '집(han<hain=home) 마당(gar<gard=yard)'
♠ **a hangar deck** (항공모함의) **격납고 갑판**
★ 눈으로 만든 에스키모 이누이트의 집을 이글루(igloo)라고 하는데, 공군에서는 적의 공격으로부터 항공기를 보호할 목적으로 만든 지붕이 있는 전투형 격납고를 이글루라고 하고, 지붕이 없는 방호벽의 형태는 리베트먼트(revetment)라고 한다.

한니발 Hannibal (로마를 정복할 뻔했던 카르타고의 명장)

제2차 포에니전쟁 때 한니발은 코끼리부대를 이끌고 알프스산맥을 넘어 로마로 진격했다. 로마가 함락직전 로마의 스키피오장군이 역으로 카르타고를 공격하자 카르타고 정부는 한니발을 급히 불러들였고, 자마전투에서 스키피오군의 나팔소리에 놀란 한니발의 코끼리부대는 무너져 결국 전쟁에 패하고 만다.

☐ **Hannibal** [hǽnəbəl] 명 한니발《카르타고의 장군; 247-183 B.C.》
♠ There was a great general named **Hannibal**.
한니발이라는 위대한 장군이 있었다.

해프닝 happening (우발적으로 발생한 유희적인 행위) = unexpected, ridiculous incident, interesting incident

☐ **hap** [hæp] 명《고어》우연, 운; 우연히 생긴 일 동 (-/happ**ed**/happ**ed**) 우연히 ~하다
☜ 고대 노르드어로 '행운'이란 뜻

☐ **hap**hazard [hæ̀phǽzərd] 명 **우연**(한 일) 형부 우연의(히); 되는대로(의)
☜ hap(우연) + hazard(우연, 운; 위험, 위험요소)

☐ **happen** [hǽpən/**해**펀] 동 (일·사건 등이) **일어나다; 우연히 ~하다**
☜ 고대영어로 '우연히 일어나다'란 뜻
♠ **be likely to happen ~이 일어날 성싶다.**
♠ **happen to ~ 우연히 ~하다**
♠ **as it happens 공교롭게, 때마침, 이따금**
♠ **It (so) happens that ~ 우연히 ~하다**

☐ **happen**ing [hǽpəniŋ] 명 (우연히 일어난) 일, **우발사건; 해프닝** ☜ happen + ing<명접>

H

해피투게더 Happy Together (KBS 2TV 오락프로그램)

연예스타들이 참여하여 펼치는 재미있는 게임(game)과 진솔한 토크(talk)를 통해 인기리에 방송 중에 있는 KBS 2TV 가족오락 프로그램. 직역하면 <같이 있어 행복한>이란 뜻이다.

☐ **happy** [hǽpi/**해**삐] 형 (-<-pi**er**<-pi**est**) **행복한** ☜ 고대영어로 '행복한'
♠ **Happy birthday (to you)! 생일을 축하합니다.**
♠ **be happy with ~ ~로 행복하다[기쁘다], ~에 만족하다**

☐ **happy** end **해피엔드**《소설·영화 등에서 결말을 행복하게 끝맺는 것》☜ end(끝, 결말)

☐ **happi**ness [hǽpinis/**해**피니스] 명 **행복** ☜ 행복(happy) 함(ness)

☐ **happi**ly [hǽpili] 부 **행복하게**, 운좋게 ☜ 행복(happy) 하게(ly<부접>)

un**happy** [ʌnhǽpi] 형 (-<-pier<-piest) **불행한** ☜ un(=not) + happy

※ **together** [təgéðər/터**게**더] 부 **함께** ☜ 고대영어로 '한 자리에 모이(gether<gather)도록 하기 위해(to)'란 뜻

연상 내 헤어(hair.머리카락)는 헤어(hare.산토끼)의 털을 심은 것이다.

※ **hair** [hɛər/헤어] 명 [집합적] **털, 머리카락, 머리털**
☜ 고대영어로 '머리카락'이란 뜻

☐ **hare** [hɛər] 명 (pl. **-s**, (집합적) **-**) **산토끼** 동 질주하다
☜ 고대영어로 '산토끼'란 뜻

☐ **har**ass [hǽrəs, hərǽs] 동 **괴롭히다**
☜ 고대불어로 '개가 토끼(hare)의 엉덩이(ass)를 보고 쫓다'란 뜻
♠ **harass** a person with questions 아무를 질문 공세로 **괴롭히다**

☐ **har**assment [hərǽsmənt] 명 괴롭힘; 애먹음 ☜ harass + ment<명접>
♠ **sexual harassment 성희롱**

펄 하버 Pearl Harbor (미국 영화. 하와이의 <진주만>)

COLLECTOR'S EDITION
BEN AFFLECK
PEARL HARBOR
2-DISC

© Buena Vista Pictures

2001년 개봉한 미국의 드라마/액션영화. 벤 애플렉, 조쉬 하트넷, 케이트 베켄세일 주연. 테네시주에 사는 죽마고우 두 청년이 자라서 미공군 조종사가 되고, 그 중 한명은 군간호사와 사랑에 빠진다. 그는 이후 유럽전선에 배치되고 남은 친구와 간호사는 진주만에 배치된다. 어느날 유럽전선에서 온 친구의 사망통지서로 인해 남은 두 사람은 깊이 의지하며 사랑하기까지에 이르지만 죽었다는 이는 살아서 돌아오는데...

※ **pearl** [pəːrl/퍼얼] 명 **진주**; (pl.) 진주 목걸이 형 진주의
☜ 라틴어로 '진주, 바다홍합'이란 뜻

☐ **harbo(u)r** [háːrbər/**하**-버] 명 **항구; 피난처** 동 **숨겨주다**, (사상·감정 등을) **품다** ☜ 고대영어로 '군대의 피난처'라는 뜻
♠ **a harbor** of refuge 피난**항**

■ Pearl **Harbor** **펄하버**, 진주만《하와이 Hawaii의 오아후 Oahu섬 남안에 있는 군항》

하드웨어 hardware ([전산] 전자·기계장치의 몸체. <딱딱한 물질>)

♣ **어원 : hard 단단한, 딱딱한, 대담한, 견고한; 심한, 어려운, 힘든**

☐ **hard** [hɑːrd/하-드] ⓗ **굳은, 단단한**; 맹렬한; **곤란한, 어려운** ⓟ 굳게, **열심히**, 몹시
☜ 고대영어로 '단단한, 딱딱한'이란 뜻
♠ These nuts are **too hard** to crack. 이 호두는 **너무 딱딱해** 깰 수 없다.
♠ **It is hard to** climb the hill. 그 산은 오르**기 어렵다**.
♠ **be hard at** one's studies 공부**를 열심히 하다**.
♠ **be hard on** (upon) ~ **~에게 심하게 굴다; ~에게 견디기 어렵다**
♠ **be hard up (for) ~ (~에) 궁핍해 있다, 대단히 필요하다**

☐ **hard**board [hάːrdbɔ̀ːrd] ⓜ (톱밥 등으로 만든 목재 대용의) **하드보드**
☜ 단단한(hard) board(판지)

☐ **hard**-boiled [hάːrdbɔild] ⓗ (달걀 따위를) 단단하게 삶은 ☜ boil(삶다) + ed<형접>

☐ **hard** copy 『컴퓨터』 **하드 카피**《종이에 복사한》 ☜ copy(복사)

☐ **hard**-core [hάːrdkɔ́ːr] ⓗ **하드코아**의, 핵심의; (포르노영화 등) 극도로 노골적인 ☜ core(핵심)

☐ **hard**en [hάːrdn] ⓢ 굳히다, **딱딱하게 하다; 딱딱해지다** ☜ 단단하게(hard) 만들다(en<동접>)

☐ **hard**-fought [hάːrdfɔːt] ⓗ 격전의 ☜ 맹렬히(hard) 싸운(fought=fight의 과거분사)

☐ **hard** hearted [hάːrdhɑːrtid] ⓗ 무정한 ☜ 단단한(hard) 마음(heart) 의(ed<형접>

☐ **hard**ihood [hάːrdihùd] ⓜ 대담, 철면피; 불굴의 정신 ☜ 단단(hard) + i + 함(hood<명접>)

☐ **hard**ily [hάːrdili] ⓟ 대담하게, 뻔뻔스럽게 ☜ 단단(hard) + i + 하게(ly<부접>)

☐ **hard** labo(u)r 중노동 ☜ 심한(hard) 노동(labor)

☐ **hard**ly [hάːrdli/**하**-들리] ⓟ **(-<more ~<most ~) 거의 …아니다[하지 않다]**
☜ (~하기에) 힘든<거의 ~할 수 없는, 거의 ~가 아닌(hard) + ly<부접>
♠ She could **hardly** open her eyes. 그녀는 눈을 **거의** 뜨지 **못했다**.
♠ **hardly ~ when** (before) **~하자마자**(=as soon as)
I had **hardly** reached there **when** it began to rain.
거기에 도착**하자마자** 비가 오기 시작했다

☐ **hard**ness [hάːrdnis] ⓜ **견고함**; 《특히》 굳기, 경도(硬度); 곤란 ☜ -ness<명접>

☐ **hard**ship [hάːrdʃip] ⓜ **곤란**, 애로; 학대, 압제 ☜ 힘들게(hard) 하는 것(ship<명접>)

☐ **hard**ware [hάːrdwὲər] ⓜ **철물, 금속 제품**; 『군사·전산』 **하드웨어**
☜ 단단한(hard) 제품(ware) ⓑ software

☐ **hard**working [hάːrdwərkiŋ] ⓗ **근면한**, 열심히 일(공부)하는 ☜ 열심히(hard) 일(work) 하는(ing)

☐ **hard**y [hάːrdi] ⓗ (-<-di**er**<-di**est**) **단련된**, 강건한 ☜ 단단(hard) 한(y)

☐ **hare**(산토끼) ➔ **harass**(괴롭히다) **참조**

자동차회사 아우디의 Audi(듣다)와 hark(듣다)는 연관이 있다.

독일의 세계적인 자동차메이커 아우디(Audi AG)는 아우구스토 호르흐(August Horch)가 1909년에 설립했다. 그는 그의 성 Horch를 회사명으로 했는데 이는 영어로 hark(듣다)란 의미이다. 이후 그는 자신이 설립한 회사에서 쫓겨난 후 hark(듣다)의 라틴어 어원인 Audi라는 이름의 회사를 다시 차렸다.

※ **Audi** [áudi, ɔ́ːdi] ⓜ 『상표』 **아우디**《독일 Audi AG가 제조하는 승용차》 ☜ 라틴어로 '듣다'란 뜻

☐ **hark** [hɑːrk] ⓢ **(~을) 잘 듣다**, 경청하다《주로 명령문에서》
☜ 고대영어로 '경청하다, 듣다'란 뜻
♠ **Hark (ye)! 잘 들어라**
♠ **Hark away** (forward, off) **! 가라**《사냥개에게 하는 소리》

연상 햄(ham)으로 남에게 함(harm.해를 끼치다)하면 안된다.

※ **ham** [hæm] ⓜ **햄**; 돼지의 허벅다리(고기)
☜ 고대 아일랜드어로 '다리고기'란 뜻

☐ **harm** [hɑːrm/함-] ⓜ (정신·물질적인) **해**(害), 위해, 상해; **손해**, 손상
☜ 초기 독일어로 '해(害); 수치심; 고통'이란 뜻
♠ **be harmful to ~ ~에 해롭다**
♠ **do harm 해치다, 해를 끼치다** ⓑ do good 도움이 되다
♠ **Harm set, harm get. = Harm watch, harm catch.**
《속담》 남잡이가 제잡이. 남을 해치려는 자는 자신이 그 해를 입는다.

☐ **harm**ful [hάːrmfəl] ⓗ 해로운, **유해한** ☜ 해(harm)가 많은(ful<full)

☐ **harm**less [hάːrmlis] ⓗ **해롭지 않은**, 무해한 ☜ 해(harm)가 없는(less)

☐ **harm**lessly [hά:rmlisli] ⓟ 아무 해를 주지 않고, 악의 없이 ☜ harmless + ly<부접>

하모니카 harmonica (입으로 부는 작은 관악기)

♣ **어원 : harmon 조화 ⇦ 음악적으로 결합된(har) 상태(mon)**

☐ **harmon**ica [hɑ:rmάnikə] ⓝ **하모니카** ☜ 조화(harmon) 로운(ic) 것(a)
☐ **harmon**ic [hɑ:rmάnik] ⓐ 조화된, 음악적인 ☜ 조화(harmon) 로운(ic)
☐ **harmon**ious [hɑ:rmóuniəs] ⓐ **조화로운**, 균형 잡힌 ☜ harmony + ous<형접>
☐ **harmon**iously [hɑ:rmóuniəsli] ⓟ **조화되어**, 조화로이 ☜ harmonious + ly<부접>
☐ **harmon**ize [hά:rmənàiz] ⓥ **조화[화합]시키다, 조화하다** ☜ harmony + ize<동접>
☐ **harmon**y [hά:rməni] ⓝ (때로 a ~) **조화**, 화합, 일치 ☜ 결합(har)된 상태(mon) + y<명접>
♠ The natives live **in harmony with** nature.
원주민들은 자연**과 조화되어** 살고 있다.
♠ **in harmony with ~ ~와 조화를 이루어**
■ phil**harmon**ic [filhɑ:rmάnik, filər-/-mɔ́n-] ⓐ 음악 애호의; 《특히》 교향악단의
☜ 조화(harmon)를 사랑(phil) 하는(ic)

하니스 harness ([항공] 낙하산과 사람을 연결시켜 주는 멜빵)

☐ **harness** [hά:rnis] ⓝ (마차용) **마구**(馬具); 【항공】 (낙하산의) **멜빵**; 《속어》 (전화선 가설공의) 안전벨트 ⓥ **마구를 채우다**; (바람·물 등을) 동력화하다 ☜ 고대 프랑스어로 '마구; 갑옷, 장비'란 뜻
♠ **harness a horse 마구를 달다 [착용시키다]**

하프 harp (세모꼴의 틀에 47개의 현이 있는 현악기)

☐ **harp** [hɑ:rp] ⓝ **하프** ⓥ **하프**를 타다
☜ 옛 노르웨이어로 '줄로 켜는 악기'란 뜻
♠ **play a (the) harp 하프를 연주하다**
☐ **harp**er, **harp**ist [hά:rpər], [hά:rpist] ⓝ **하프** 연주자
☜ 하프를 타는(harp) 사람(er/ist)
☐ **harp**sichord [hά:rpsikɔ̀:rd] ⓝ **하프시코드**, 《It.》 쳄발로 《피아노의 전신》
☜ 중세불어/이탈리아어로 '하프(harp) 현(chord)'이란 뜻

해리어 Harrier (영국의 AV-8B 수직이착륙 공격기. <침략자>란 뜻)

☐ **harrier** [hǽriər] ⓝ 약탈자, 침략자; (H-) **해리어** 《영국 Hawker사가 개발한 세계 최초의 실용 V/STOL 공격기》; 《영》 (토끼·여우) 사냥개 ☜ 중세 프랑스어로 '방랑자'란 뜻

연상 노인에게 해로운 해로우(harrow.써레질)를 강요해 해로우(harrow.괴롭히다)했다.

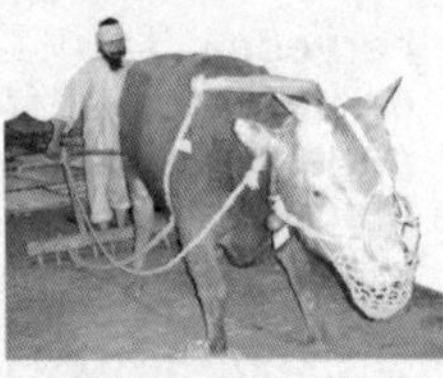

☐ **harrow** [hǽrou] ⓝ **써레(질)** ⓥ **써레질하다**; (정신적으로) **괴롭히다**
☜ 고대 노르드어로 '써레'란 뜻 ★ 써래(harrow)는 '갈아 놓은 땅의 흙을 고르는 데 쓰는 농기구'이다.
♠ **harrow** the ground 땅을 **써레로 고르다**
♠ **under the harrow 시달리어, 고초를 겪어**
☐ **harrow**ing [hǽrouiŋ] ⓐ 애통한; 비참한 ☜ 괴롭히(harrow) 는(ing<형접>)

연상 해리포터(Harry Potter)는 해리(harry.약탈하다)하는 사람이 아니다

☐ **Harry** Potter **해리포터** 《영·미 합작 판타지 영화; 또는 영화의 주인공》
☐ **Harry** [hǽri] **해리** 《남자 이름; Henry의 애칭》; (보통 old ~) 악마, 악귀; 미천한 젊은이, 런던 토박이 ☜ 고대 프랑스어 '앙리(Henri)의 중세영어식 표기
♠ **by the Lord Harry 맹세코, 꼭**
♠ **play old Harry with ~ ~을 뒤죽박죽으로 만들다, ~을 망쳐 놓다**
☐ **harry** [hǽri] ⓥ **약탈하다, 괴롭히다** ☜ 고대영어로 '전쟁을 일으키다, 약탈하다'란 뜻
♠ He has **been harried by** the press all week.
그녀는 일주일 내내 언론**에 시달렸다.**
☐ **harrow** [hǽrou] ⓥ 《고어》 약탈하다 ☜ 고대영어로 '약탈하다'란 뜻
☐ **harrow**ing [hǽrouiŋ] ⓝ 약탈 ☜ 약탈(harrow) 하기(ing<명접>)

하쉬타임 Harsh Times (미국 영화. <냉혹한 시대>란 뜻)

© MGM

2009년 개봉한 미국의 액션/범죄영화. 크리스찬 베일, 프레디 로드리게스 주연. 이라크의 테러리스트들을 제압하고, 명예전역한 '훌륭한 군인'이 사회에 적응하지 못한 채 소외된 군상으로 전락하는, 전쟁의 후유증과 외상 후 스트레스 장애에 대해 무책임하게 대처하고 있는 미국의 현실을 비판한 영화

☐ **harsh** [haːrʃ] ⓗ **거친**(⇔ smooth); **눈[귀]에 거슬리는; 가혹한**, 냉혹한
☜ 고대 노르드어로 '고약한, 불쾌한'이란 뜻
♠ a **harsh** cloth **꺼칠꺼칠한** 천
♠ **harsh to** the ear 귀**에 거슬리는**

☐ **harsh**en [háːrʃən] ⓢ 난폭(혹독)하게 하다(해지다)
☜ 거칠게(harsh) 하다(en)

☐ **harsh**ly [háːrʃli] ⓑ **거칠게**, 가혹하게 ☜ harsh + ly<부접>

☐ **harsh**ness [háːrʃnis] ⓜ 거칢 ☜ harsh + ness<명접>

※ **time** [taim/타임] ⓜ (관사 없이) **시간, 때;** 시일, 세월; ~회, ~번
☜ 초기인도유럽어로 '나눈 것'이란 뜻

연상 수사슴(hart)이 내게 하트(heart.♥)를 보냈다.

※ **heart** [haːrt/하-트] ⓜ **심장, 가슴, 마음; 애정; 하트모양**
☜ 인도유럽어로 '심장'이란 뜻

☐ **hart** [haːrt] ⓜ (pl. **-s**, [집합적] **-**) **수사슴**(=buck) ☜ 고대영어로 '수사슴'이란 뜻. 비교 doe 암사슴, deer 사슴
♠ **a hart of ten 뿔이 열 갈래로 갈라진 수사슴**

☐ **hart**shorn [háːrtshɔ̀ːrn] ⓜ 수사슴뿔; 녹각정(鹿角精)《옛날 사슴뿔에서 뽑아 암모니아 원료로 삼았음》 ☜ 수사슴(hart) 들(s)의 뿔(horn)

하버드대학교 Harvard University (미국 최고의 대학교)

☐ **Harvard** [háːrvərd] ⓜ **하버드** 대학 (=~ University)《미국에서 가장 오랜 대학, Massachusetts주 Cambridge에 있음; 1636년에 창립》
☜ 1638년 존 하버드(John Harvard) 목사가 젊은 나이에 사망하면서 그가 소장했던 400여 권의 도서와 재산의 절반이 대학에 기증된 데서 유래.
♠ famous schools like Yale and **Harvard** 예일과 **하버드** 같은 유명 대학들

☐ **Harvard**itis [hɑ̀ːrvərdáitis] ⓜ **하버드**병(病)《자식을 하버드대학에 넣고 싶어하는 부모들의 병》
☜ Harvard + -itis(~증(症), ~병(病))

☐ **Harvard**man [haːrvάːrdiən] ⓜ **하버드**대학 출신 ☜ man(사람, 남자)

하비스트 비스킷 Harvest Biscuit (롯데제과의 비스킷과자 브랜드)

☐ **harvest** [háːrvist] ⓜ **수확**(기), **추수**(기) ☜ 고대영어로 '수확기, 가을'이란 뜻
♠ **an abundant** (a bad) **harvest 풍작** (흉작)

☐ **harvest**er [háːrvistər] ⓜ 수확하는 사람(기계) ☜ harvest + er(사람)

☐ **harvest** festival (feast) 추수감사제《교회에서 올리는》 ☜ festival(축제)

☐ **harvest** moon 중추의 보름달 ☜ moon(달)

※ **biscuit** [bískit] ⓜ **비스킷**, (부드러운) 소형 빵 ☜ 라틴어로 '두 번(bis) 구운(cuit) 것'이란 뜻

☐ **has**(가지고 있다), **hasn't**(has not의 줄임말) ➔ **have**(가지고 있다) **참조**

연상 핵주먹 권투선수 타이슨(Tyson)이 빨리 시합하자고 헤이슨(hasten.재촉)하다.

< Mike Tyson >

☐ **hast**en [héisn] ⓢ **서두르다, 서두르게 하다, 재촉[촉진]하다**
☜ 서두르게(hast) 하다(en=make)

☐ **hast**e [heist] ⓜ **급함, 서두름** ⓢ **서두르(게 하)다** ☜ 서두(hast) 름(e)
♠ **in haste 서둘러서**(= in a hurry), **조급하게**
♠ **Haste makes waste. 《속담》 서두르면 일을 그르친다.**
♠ **More haste, less** (worse) **speed.**
《속담》 급할수록 천천히.

☐ **hast**ily [héistili] ⓑ **급히. 허둥지둥**, 성급히
☜ 서두(haste)<e→i> 르게(ly<부접>)

☐ **hast**iness [héistinis] ⓜ 화급; 경솔; 성급, 조급 ☜ haste + ness<명접>

☐ **hast**y [héisti] ⓗ (-<-ti**er**<-ti**est**) **급한, 성급한** ☜ 서두(hast) 른(y)

해트트릭 hat trick ([축구] 1선수가 3득점을 하는 것), 해치 hatch (갑판의 승강구)

해트트릭(hat trick)은 원래 영국의 크리켓 경기에서 연속 3명의 타자를 아웃시킨 재능(trick)있는 투수에게 모자(hat)를 선사한데서 유래했다.

< 배 갑판의 Hatch >

☐ **hat** [hæt/햍] 명 (테가 있는) **모자** ☜ 고대영어로 '머리를 가리는 것, '모자'란 뜻 **비교** cap (테가 없는) 모자, bonnet 보닛 《턱 밑에서 끈을 매는 여자·어린이용의 챙 없는 모자》 ☜ 고대영어로 '머리 덮개'란 뜻
♠ He had **a straw hat** on. 그는 **밀짚모자**를 쓰고 있었다.

☐ **hat**ter [hǽtər] 명 모자 제조인, 모자점 ☜ hat + t<자음반복> + er(주체)

☐ **hatch** [hætʃ] 명 (갑판의) **승강구, 뚜껑, 해치** 동 (알을) **까다, 꾸미다** ☜ 고대영어로 '울타리, 문'이란 뜻
♠ A sailor opened **a hatch** and climbed onto the deck. 선원이 **승강구[해치]**를 열고 갑판으로 올라갔다.
♠ **hatch an egg 알을 까다**

☐ **hatch**back [hǽtʃbæk] 명 **해치백** 《트렁크문이 위로 열리는 자동차》 ☜ back(뒤, 등)

※ **trick** [trik] 명 **묘기**(妙技), 재주; **비결, 책략, 계교**, 속임수 ☜ 고대 프랑스어로 '사람의 눈을 속임'이란 뜻

연상 북미 토인들이 해쳇(hatchet.전투용 도끼)으로 통나무집을 해체했다.

☐ **hatchet** [hǽtʃit] 명 (북미 원주민의) **전투용 도끼**(=tomahawk). **손도끼**(=small ax(e)) ☜ 불어로 '쳐서 자르다'란 뜻에서
♠ **bury the hatchet 《미》 무기를 거두어들이다, 전투를 중단하다, 화해하다.**
♠ **dig up** (take up) **the hatchet 전투를 재개하다, 무기를 들다.**

☐ **hatchet** face 도끼얼굴 《여위고 모난 얼굴(의 사람)》 ☜ face(얼굴)

☐ **hatchet** job 《구어》 악의에 찬 비평, 중상; (고용인 등의) 해고 ☜ job(직업)

아파르트헤이트 Apartheid (남아프리카공화국의 인종분리정책)

1950년부터 실시된 남아프리카공화국의 극단적 인종차별정책. 전 세계적으로 큰 비난을 받았고, 흑인집단거주지역에서 폭동이 발생하였으며, UN을 비롯한 국외압력도 잇따라 1991년 대부분 폐지되었다. 그리고 1994년 흑인이었던 넬슨 만델라가 남아공 자유총선거에서 최초의 흑인대통령으로 뽑히면서 완전히 철폐되었다.

■ Apart**heid** [əpɑ́ːrthèit, -hàit] 명 (남아프리카공화국의) 인종 격리 정책; 격리, 배타 ☜ 분리(apart)하고 증오(heid<hate)한다는 뜻

☐ **hate** [heit/헤이트] 동 **미워하다**, 몹시 싫어하다 명 혐오, 증오 ☜ 고대영어로 '싫어하다'란 뜻

☐ **hate**ful [héitfəl] 형 **미운**, 싫은, 증오에 찬 ☜ 미움(hate)이 가득 찬(ful)

☐ **hat**red [héitrid] 명 **증오**, 원한; 혐오 ☜ 미워하는(hate) 것(ed<id>)
♠ **have a hatred for ~ ~을 미워하다**

알토 alto (성악 중저음가수)

♣ 어원 : **alt, ult, ol, aught 높은, 성장하다**

■ **alt**o [ǽltou] 명 〖음악〗 **알토** 가수, 중고음(中高音)(남성 최고음, 여성 저음) ☜ 이탈리아어로 '높은'이란 뜻

☐ h**aught**y [hɔ́ːti] 형 (-<-ti**er**<-ti**est**) **오만한, 건방진** ☜ h + 자신을 높이(aught) 는(y<형접>)
♠ **a haughty attitude 거만한[불손한] 태도**

☐ h**aught**ily [hɔ́ːtili] 부 오만하게, 거만하게 ☜ h + aught + i + ly<부접>

✚ **alt**ar **제단** **alt**itude **높이**, 고도, 해발 ad**ult** **성인** ab**ol**ish **폐지[철폐]하다**

유홀 U-HAUL (미국의 대표적인 화물차량 렌탈 및 화물보관 용역회사)

☐ **haul** [hɔːl] 동 **(세게) 잡아끌다**; 끌어당기다; **운반하다** 명 끌어당김 ☜ 고대영어로 '당기다, 끌다'란 뜻
♠ **haul up** an anchor 닻을 **감아올리다**

☐ **haul**age [hɔ́ːlidʒ] 명 당기기, 끌기; 운반; 견인 ☜ 당기(haul) 기(age)

☐ **haul**er [hɔ́ːlər] 명 haul 하는 것(사람); 《특히》 운송업자 ☜ -er(사람)

연상 헌팅(hunting)으로 잠시 만났던 그녀가 혼팅(haunting.잊혀지지 않는)하고 있다.

※ **hunt** [hʌnt/헌트] ⓢ **사냥하다**, 추적하다; 찾다 ⓜ **사냥**
☜ 고대영어로 '추격하는 시합'이란 뜻.

※ **hunting** [hʌ́ntiŋ] ⓜ **사냥, 수렵**; 《영》 여우 사냥 ☜ 사냥하(hunt) 기(ing<명접>)
★ 길거리에서 마음에 드는 이성이 있으면 대쉬(dash)하는 것을 영어로는 hunting이 아니라 pick up이라고 한다.

☐ **haunt** [hɔːnt, hɑːnt] ⓢ **~에 자주 가다, 출몰하다**
☜ 고대 프랑스어로 '종종(주기적으로) 방문하다'란 뜻
♠ a **haunted** house 유령이 **출몰하는** 집

☐ **haunted** [hɔ́ːntid] ⓗ 유령이 나오는 ☜ haunt + ed<형접>

☐ **haunting** [hɔ́ːntiŋ] ⓗ 자주 마음속에 떠오르는, 뇌리를 떠나지 않는 ⓜ 출몰
☜ 마음속에 떠오르는(haunt) 것(ing<명접>)
♠ a **haunting** tune **잊혀지지 않는** 선율

아바나 Havana (중앙아메리카 카리브해의 섬나라인 쿠바 Cuba의 수도)

☐ **Havana** [həvǽnə] ⓜ **아바나** 《Cuba의 수도》 ☜ 쿠바에 거주했던 '인디언족의 이름'

☐ **habanera** [hɑ̀ːbənɛ́ərə] ⓜ **하바네라** 《탱고 비슷한 쿠바의 춤》 ☜ 'Havana'란 뜻

H

코엑스 COEX (한국종합무역센터에 있는 종합전시관 / 서울시 소재)
킨텍스 KINTEX (한국국제전시장 / 고양시 소재)

♣ 어원 : hibit, habit, have 잡다(=take), 가지다(=have), 살다(=live)

■ **COEX** **CO**nvention and **EX**hibition center 국제회의 및 전시 센터

■ **KINTEX** **K**orea **INT**ernational **EX**hibition center 한국국제전시장

■ ex**hibit** [igzíbit] ⓢ **전람(전시 · 진열)하다**, **출품하다** ⓜ **출품**; 진열, 공시, **전람** ☜ 밖에(ex) 두다(hibit)

■ ex**hibit**ion [èksəbíʃən] ⓜ **전람(회)**, 전시회, 박람회; 출품물
☜ 밖에(ex) 두는(hibit) 것(ion<명접>)

☐ **have** [hæv/해브, 약 həv, əv; "to"앞에서 흔히 hæf] ⓢ **가지다, 가지고 있다; 먹다, 마시다** ☜ 고대영어로 '가지고 있다'란 뜻
♠ I **have** a wonderful house. 나는 아주 멋진 집을 **가지고 있다**.
♠ He **has** a large fortune. 그는 많은 재산을 **가지고 있다**.
[현재완료] have + 과거분사
① 〔완료〕 ~을 완료하였다. I **have finished** my work. 난 일을 **다 마쳤다.**
② 〔경험〕 ~한 일(적)이 있다 **Have** you **seen** it? 너 그거 **봤니**?
③ 〔계속〕 ~을 (죽) 해오고 있다 I **have lived** here. 난 여기서 **죽 살아왔다**.
④ 〔결과〕 ~해 버렸다 I **have broken** the window. 내가 그 유리창을 **깼다**.
♠ **have a cold 감기에 걸리다**
♠ **have a cough 기침하다**
♠ **have a good** (fine, high) **time 즐겁게 지내다**
♠ **have a hard** (bad, difficult) **time 어려운 일을 당하다, 괴로움에 부딪히다**
♠ **have a headache 머리가 아프다, 두통이 있다**
♠ **have a look at ~ ~을 보다**
♠ **have a lot to do with ~ ~와 많은 관계가 있다**
♠ **have a mind to ~ ~하려고 하다, ~할 작정이다**
♠ **have a rest 쉬다, 휴식을 취하다**
♠ **have a runny nose 콧물이 나다**
♠ **have a seat 자리에 앉다**
♠ **have a share in ~ ~을 분담하다, ~에 관여하다**
♠ **have a sore throat 목이 아프다**
♠ **have a talk (with) ~ ~와 이야기를 나누다**
♠ **have anything** (something, nothing, much) **to do with ~ ~와 관계가 약간 있다** [조금 있다, 없다, 크게 있다]
♠ **have been ~ ~에 가본 적이[있었던 일이] 있다**
♠ **have been + 과거분사 [완료 수동태] ~되어 왔다, ~된 적이 있다**
♠ **have been ~ing [완료 진행형] 계속 ~해오고 있는 중이다**
♠ **have chance to ~ ~할 기회를 갖다**
♠ **have done with ~ ~을 끝마치다; ~와 관계를 끊다**
♠ **have fun 재미있게 놀다**
♠ **have got** 『구어』 **~을 가지다**(=have)

♠ **have got to ~ ~하지 않으면 안 되다**(=have to ~)
♠ **have ~in common 공통으로 ~을 갖고 있다**
♠ **have no idea 전혀 모르다, 묘안이 떠오르지 않다**
♠ **have on 입고[쓰고, 신고] 있다**
♠ **have one's** (own) **way 자기 뜻[마음]대로 하다**
♠ **have only to ~ ~하기만 하면 되다**
♠ **have respect for 존경하다, 존중하다**
♠ **have to ~ ~해야만 한다, ~하지 않으면 안 되다**(=must, ought to)
♠ **have trouble** (difficulty) **어려움을 겪다**
♠ **don't have to ~ ~할 필요가 없다**

□ **haven't** [hǽvənt/**해**번트] 《have not의 줄임말》
□ **has** [hæz/해즈, (약) həz, əz, z] 《have의 3인칭·단수·직설법·현재》
□ **hast** [hæst, (약) həst, əst, st] 《고어》 have의 2인칭·단수·직설법·현재 《주어가 thou일 때》
□ **hasn't** [hǽznt/**해**즌트] 《has not의 줄임말》
□ **had** [həd/허드, əd (모음 뒤에서) d: (강) hǽd/**해**드] 《have의 과거·과거분사》
♠ **had better ~ ~하는 편이 좋다 [낫다]**
♠ **had it not been for ~ ~이 없었더라면**
♠ **had rather (A) than (B) A 하는 편이 B 보다는 낫다, B 보다는 차라리 A 하고 싶다**

□ **hadn't** [hǽdnt/**해**든트] 《had not의 단축형》
■ must-**have** [mʌ́sthǽv] ⓗ 꼭 필요한 ⓜ 《구어》 필수품 ☜ 가지고 있다(have) + 해야만 하다(must)

✚ **habit 습관, 버릇; ~에 살다** in**habit ~에 살다**, 거주(존재)하다 in**hibit 금하다**, 억제(제지)하다 pro**hibit 금지하다**, 방해하다

구분	인칭	주 격	소유격	목적격	소유대명사	재귀대명서	be동사	do동사	have동사
단수	1	I	my	me	mine	myself	am	do	have
	2	You	your	you	yours	yourself	are		
	3	He	his	him	his	himself	is	does	has
		She	her	her	hers	herself			
		It	its	it	-	itself			
복수	1	We	our	us	ours	ourselves	are	do	have
	2	You	your	you	yours	yourselves			
	3	They	their	them	theirs	themselves			

세이프 헤이븐 Safe Haven (미국 로맨스 영화. <피난처>란 뜻)

© Relativity Media

2013년 개봉한 미국의 로맨스/서스펜스/미스터리영화. 조쉬 더하멜, 줄리안 허프 주연. 니콜라스 스파크스의 원작소설을 영화화한 작품. 남편을 살해하고 도망친 과거를 지닌 여자와 전처가 암으로 사망한 상처가 있는 남자간의 운명같은 사랑을 그린 영화. <출처 : 네이버영화>

※ **safe** [seif/쎄이프] ⓗ **안전한**; 『야구』 세이프의 ⓜ 금고
☜ 라틴어로 '상처가 없는'의 뜻

□ **haven** [héivən] ⓜ **항구; 안식처, 피난처** ☜ 고대영어로 '항구'란 뜻
비교 heaven (종종 pl.) 하늘
♠ The hotel is **a haven** of peace and tranquility.
그 호텔은 평화롭고 고요한 **안식처**이다.

하보크 Havoc (미국 아파치 헬기의 대항마로 개발된 러시아 MI-28 헬기의 별명. <대 파괴>란 뜻)

□ **havoc** [hǽvək] ⓜ 대 황폐; **대 파괴; 큰 혼란; 위력을 보임**
☜ 고대불어로 '약탈하다', '약탈할 때 신호로 지르는 고함소리'
♠ The bomb made **havoc** of the city.
폭탄이 그 도시를 **파괴**했다.

하와이 Hawaii (북태평양 동쪽에 있는 미국 섬, 하와이주(洲))

□ **Hawaii** [həwáii:, -wɑ́:-, -wɑ́:jə, hɑ:wɑ́:i:] ⓜ **하와이(제도)** 《1959년 미국의 50번째 주로 승격; 주도는 Honolulu》; **하와이 섬** 《하와이제도 중 최대의 섬》

☜ 하와이어로 '신이 계신 곳'이란 뜻

☐ **Hawaii**an [həwáiən, -wɑ́ːjən] ⓗ **하와이의; 하와이 사람[말]의** ⓜ **하와이 사람[말]**
☜ -an(~의<형접>/~사람 · 말)

✚ **Waikiki 와이키키** 《하와이 Honolulu의 해변 요양지》 **aloha 알로하** 《하와이어 인사》 **Honolulu 호놀룰루** 《하와이 주의 주도(州都)》 **Pearl Harbor** 진주만 《하와이에 있는 미해군 군항》

블랙호크 Black Hawk (UH-60 헬리콥터의 별명. <검은 매>란 뜻)
호크아이 Hawkeye (미국 해군의 E-2C 조기경보기 별명. <매의 눈>이란 뜻)

※ **black** [blæk/블랙] ⓗ **검은, 암흑의, 흑인의** ⓜ **검은색, 암흑**
☜ 고대영어로 '완전히 어두운'이란 뜻

☐ **hawk** [hɔːk] ⓜ **매**; 탐욕가, 사기꾼; 【정치】 강경론자, 매파(派)
☜ 라틴어로 '맹금'이란 뜻
♠ a **hawk-eyed** guard **눈이 날카로운** 감시인

☐ **hawk**er [hɔ́ːkər] ⓜ 매를 부리는 사람; 행상인 ☜ -er(사람)

☐ **hawk**eye [hɔ́ːkài] ⓜ (pl. **-s**) 한순간도 눈을 떼지 않는 정밀한 검사; 시각이 예민한(눈치 빠른) 사람; (H-) 【군사】 **호크아이** 《미국의 항공모함 탑재용 조기경보기》 ☜ 매(hawk)의 눈(eye)

< UH-60 Helicopter >

연상 ▸ 침을 쏜 벌이 날아가다가 쏜(thorn.가시)에 찔렸다.

■ **thorn** [θɔːrn] ⓜ (식물의) **가시**; (동물의) 가시털, 극모(棘毛)
☜ 고대영어로 '식물의 가시'

☐ haw**thorn** [hɔ́ːθɔːrn] ⓜ 【식물】 **산사나무**, 서양 산사나무
☜ 고대영어로 '산사나무(haw) 가시(thorn)'란 뜻
♠ a hedge of **hawthorn 산사나무** 울타리

연상 ▸ 헤이(hey.이봐) 친구! 헤이(hay.건초) 좀 갖다 줄래 ?

※ **hey** [hei] ⓖ **이봐, 어이** 《호칭》; 어《놀람》; 야아《기쁨》

☐ **hay** [hei] ⓜ **건초**, 말린 풀; 잔돈
☜ 고대영어로 '사료용으로 깎은 풀'이란 뜻
♠ **Make hay while the sun shines.**
《속담》 해 있을 때 풀을 말려라; 호기를 놓치지 마라

☐ **hay**field [héifiːld] ⓜ 건초밭 ☜ hay + field(들판, 논, 밭)

☐ **hay**fork [héifɔ̀ːrk] ⓜ 건초용 쇠스랑; 자동식 건초 기계 ☜ hay + fork(포크, 갈퀴)

☐ **hay**loft [héilɔ̀(ː)ft] ⓜ 건초간, 건초 보관장 ☜ loft(다락, 창고 등의 맨 위층)

☐ **hay**stack [héistæ̀k] ⓜ **건초 가리** ☜ hay + stack(더미; 다량)

하이든 Haydn (오스트리아의 작곡가. "교향곡의 아버지")

☐ **Haydn** [háidn] ⓜ **하이든** 《Franz Joseph ~, 오스트리아의 작곡가; 1732-1809》
★ 대표작 : <천지창조>, <사계(四季)> 등

해저드 hazard ([골프] 경기진행을 어렵게 하는 자연장애물 구역)

☐ **hazard** [hǽzərd] ⓜ **위험**, 모험; 【골프】 장애구역 ⓢ **위험을 무릅쓰고 하다** ☜ 고대 프랑스어로 '운에 좌우되는 주사위 놀이'
♠ a fire (safety) **hazard** 화재(안전) **위험 요소**

☐ **hazard**ous [hǽzərdəs] ⓗ 위험한; 모험적인 ☜ 위험(hazard) 한(ous)

※ **bunker** [bʌŋkər] ⓜ 석탄궤; 【골프】 **벙커** 《모래땅의 장애 구역》; 【군사】 **벙커**, 지하 엄폐호
☜ 근대 스코틀랜드어로 '좌석, 긴 의자'란 뜻

※ **rough** [rʌf/러프] ⓗ **거친**, 난폭한; 대강의; 【골프】 **러프** 《페어웨이(fairway) 양옆에 있는 기다란 잔디가 나있는 정비되지 않은 지역》 ☜ 중세영어로 '깨진 땅' 이란 뜻

해이즈 haze ([기상] 대기중에 떠있는 먼지나 염분의 입자)

☐ **haze** [heiz] ⓜ **아지랑이, 연무**, 실안개 ⓢ **아지랑이가 끼다, 연무로 뒤덮이다,** 흐릿해지다
☜ 고대영어로 '회색, 잿빛'이란 뜻
♠ a light **haze** 옅은 **안개**

☐ **hazy** [héizi] ⓗ (-<-zi**er**<-zi**est**) **아지랑이 낀**, 안개로 흐린, 어렴풋한, 몽롱한
☜ haze + y<형접>

헤이즐럿 hazelnut (개암나무 열매. 특유의 향이 있어 커피 · 제과 등에 쓰임)

밤처럼 생긴 헤이즐럿은 개암나무 열매를 말하며, 주생산지는 터키이다. 주로 커피원두에 헤이즐럿 주줄물 약간을 섞거나 인공으로 만든 향을 넣어서 만든다. 그러나 실제로 헤이즐럿이 가장 많이 사용되는 곳은 제과, 제빵이다. 기타 화장품이나 샴푸, 비누에도 사용된다. <출처 : 조리용어사전>

☐ **hazel** [héizəl] ⓜⓗ **개암(나무)**(의); 담갈색(의) ☜ 라틴어로 '개암나무'
☐ **hazel**nut [héizlnʌt] ⓜ 개암나무열매 ☜ 개암(hazel) 견과(nut)
♠ wild green **hazelnut** 야생 그린 **헤이즐넛**

연상 히스토리(history.역사)와 히스스토리(his story.그의[그리스도의] 이야기)는 일부 주장과는 달리 전혀 관련이 없다.

※ **history** [hístəri/**히**스터뤼] ⓜ **역사**(책); **경력**
☜ 고대 그리스어 historia로 '연구를 통해 얻은 지식'이란 뜻
☐ **he** [hiː/히-; (약) iː, hi] ⓓ (pl. **they**)《인칭 대명사의 3인칭 · 남성 · 단수 · 주격; 목적격은 him, 소유격은 his》 **그가[는]**
☜ 고대영어의 hē는 '그(he)'로, hēo, hīo는 '그녀(she)'로 발전
♠ **He** is a teacher. **그는** 선생님이다.
☐ **his** [hiz/히즈, (약) iz] ⓓ 《he의 소유격》 **그의**. 《he의 소유대명사》 **그의 것**
☐ **him** [him/힘, (약) im] ⓓ 《he의 목적격》 **그를, 그에게**
☐ **himself** [himsélf/힘**셀**프] ⓓ (pl. **themselves**)《3인칭 단수 · 남성의 재귀대명사》, 《oneself로》 **그 자신을[에게]** ☜ him(그) + self(자신)
※ **story** [stɔ́ːri/스**또**-뤼] ⓜ (pl. stor**ies**) **이야기** ☜ hi**story**의 두음소실에서

해딩 heading (콩글 축구공을 머리로 부딪치는 기술) ➔ header

☐ **head** [hed/헤드] ⓜ **머리**, 두부(頭部) ⓢ **앞장서다, 나아가다**
☜ 고대영어로 '몸의 꼭대기'란 뜻
♠ strike a person on **the head 머리**를 때리다.
♠ **head for ~ ~로 향하다, 향해 가다**
☐ **head**ache [hédèik] ⓜ **두통**; 골칫거리 ☜ 머리(head) 통증(ache)
☐ **head**er [hédər] ⓜ 우두머리, 수령; (못 등의) 머리 만드는 기계; 『축구』 **헤딩슛**
★ 축구공을 머리로 부딪쳐 골을 넣거나 패스하는 것을 헤딩(heading)이라고 하는데 이는 잘못된 표현이며, 바른 표현은 헤더(header)이다.
☐ **head**hunter [hédhʌ̀ntər] 인재스카우트 전문가, **헤드 헌터**《기업의 임원이나 첨단기술자 등 고급 기술 인력을 기업 · 기관에 소개해주고 거액의 수수료를 받는 민간인력 소개업체》; 사람 사냥꾼 ☜ 인재(head) 사냥(hunt) 꾼(er)
☐ **head**ing [hédiŋ] ⓜ **표제**; 비행방향, 침로 ☜ 머리(head)가 향하는(ing<형접>)
☐ **head**less [hédlis] ⓗ **머리가 없는**. 우두머리 없는; 양식없는 ☜ -less(~이 없는)
☐ **head**light [hédlait] ⓜ (종종 pl.) **헤드라이트**, 전조등 ☜ head + light(불, 빛)
☐ **head**line [hédlàin] ⓜ (신문기사 등의) **큰 표제**, 주요 제목, **헤드라인**
☜ 머리(head) 줄/정보/소식(line)
☐ **head**long [hédlɔ̀ːŋ/-lɔ́ŋ] ⓟ **곤두박이로**, 거꾸로
☜ 중세영어로 '머리(head) 쪽으로(long<ling=toward)'라는 뜻
☐ **head**master [hédmǽstər, -mɑ́ːs-] ⓜ **교장** ☜ 수석(head) 장(長)(master)
☐ **head**man [hédmən, -mæn, -mǽn] ⓜ (pl. **-men**) 수령, 우두머리 ☜ head + man(사람, 남자)
☐ **head** office 본점, 본사 ☜ office(사무실, ~소(所)) 비교 branch (office) 지점, 지사
☐ **head**phone [hédfòun] ⓜ (보통 a pair of ~s) **헤드폰** ☜ 머리(head)에 쓰는 이어폰(phone)
☐ **head**quarters [hédkwɔ̀ːrtərz] ⓜ (pl. 종종 단수취급) **본부**, 본영, 사령부
☜ 수뇌부(head)의 거처(quarters)
☐ **head**rest [hédrèst] ⓜ (치과의 의자 · 자동차 좌석 따위의) 머리 받침
☜ 머리(head) 휴식/받침대(rest)
☐ **head**strong [hédstrɔ̀(ː)ŋ] ⓗ 완고한 ☜ head + strong(강한, 완강한)
☐ **head**y [hédi] ⓗ 고집 센, 무모한 ☜ head + y<형접>
☐ **head**waiter [hédwèitər] ⓜ **급사장**, 웨이터의 장(長) ☜ head + 대기하는(wait) 사람(er)
☐ be**head** [bihéd] ⓢ 목을 베다, 참수하다 ☜ 머리(head)를 베다(be=cut)

헬스 클럽 health club (건강이나 미용을 증진하기 위한 체육관) ➔ fitness center, gym 힐링 healing (치료)

♣ 어원 : heal 완전하다

☐ **heal** [hiːl] ⓢ **고치다**, 낫게 하다 ☜ 고대영어로 '건강하게 하다, 온전하게 하다'란 뜻. 비교 heel 발꿈치
♠ **heal** disease 〔a wound〕 **병〔상처〕를 낫게 하다**

☐ **heal**ing [híːliŋ] ⓗ 치료의; 회복시키는 ⓜ 치료(법), **힐링** ☜ 완전하게(heal) 하기(ing)

☐ **heal**th [helθ/헬쓰] ⓜ **건강**(상태), 건전 ☜ 완전한(heal) 것(th)
♠ **be in good health 건강하다**
♠ **be in bad** 〔poor〕 **health 건강이 좋지 않다**
♠ **be out of health 건강이 좋지 않다**
♠ **lose one's health 건강을 잃다**

☐ **heal**th club **헬스클럽** 《신체단련·건강·미용 등을 위한 운동기구를 갖춘》 ☜ health + club(사교클럽, 곤봉)

☐ **heal**thful [hélθfəl] ⓗ **건강에 좋은**, 건강한; 위생적인 ☜ health + ful(~이 가득한)

☐ **heal**thy [hélθi] ⓗ (-<-hi**er**<-hi**est**) **건강한**; 건전한 ☜ health + y<형접>

■ un**heal**thy [ʌnhélθi] ⓗ (-<-hi**er**<-hi**est**) **건강하지 못한, 병약한**; 불건전한 ☜ un(=not) + healthy

연상 히프(hip.엉덩이)를 히프(heap.더미) 위에 걸치지 마라.

※ **hip** [hip] ⓜ **엉덩이, 둔부**(臀部), **히프** ☜ 고대영어로 '엉덩이'

☐ **heap** [hiːp] ⓜ (쌓아올린) **더미, 무더기, 많음** ☜ 고대영어로 '군대, 다수'란 뜻
♠ **have a heap of work to ~ 해야 할 일이 산더미같이 있다.**

히어링 hearing (듣기, 청취)

♣ 어원 : hear 듣다

☐ **hear** [hiər/히어] ⓢ (-/**heard/heard**) **듣다, ~이 들리다; 소식을 듣다** ☜ 고대영어로 '듣다'란 뜻 비교 here 여기에, 여기서
♠ I **heard** a siren somewhere 어디선가 사이렌 **소리가 들렸다**
♠ **hear about ~ ~에 관해서 자세히 듣다**
♠ **hear from ~ ~에게서 소식을 듣다[편지를 받다]**
♠ **hear of ~ ~의 소식을 듣다, ~에 관하여 듣다**
♠ **in one's hearing ~을 듣고 있는 데서[들으라는 듯이]**

☐ **hear**d [həːrd/허-드] ⓢ **들었다** ⓗ **들은** ☜ hear의 과거·과거분사

☐ **hear**er [híərər] ⓜ **듣는 사람**; 방청인, 청중 ☜ hear + er(사람)

☐ **hear**ing [híəriŋ] ⓜ **청각**, 듣기; **들려줌; 들리는 거리[범위]** ☜ hear + ing<명접>
★ 듣기평가는 hearing test가 아닌 listening (comprehension) test라고 해야 옳다.

☐ **hear**say [híərsèi] ⓜ 소문 ☜ 듣고(hear) 말하다(say)

하트 heart (애정의 표시, ♥)

♣ 어원 : heart 심장, 마음

☐ **heart** [hɑːrt/하-트] ⓜ **심장, 가슴; 마음; 애정, 동정심** ☜ 인도유럽어로 '심장'이란 뜻
♠ move his 〔her〕 **heart** 그의〔그녀의〕 **마음**을 움직이다
♠ **break one's heart ~를 비탄에 빠뜨리다, 낙담시키다**
♠ **learn** 〔**know**〕 **~ by heart 암기하다[하고 있다]**
♠ **take ~ to heart ~을 마음에 새기다, 명심하다; ~을 몹시 슬퍼하다, 괴로워하다**
♠ **with all one's heart 진심으로**

☐ **heart**ache [hάːrtèik] ⓜ 마음의 아픔; 비탄, 번민 ☜ 마음(heart) 통증(ache)

☐ **heart** attack 심장마비(心臟痲痺) ☜ attack(공격)

☐ **heart**break [hάːrtbrèik] ⓜ **비통, 비탄**, 애끊는 마음 《주로 실연(失戀)의》 ☜ break(깨짐; 깨다, 부수다)

☐ **heart**breaking [hάːrtbrèikiŋ] ⓗ **애끊는**; 진력나는 ☜ heartbreak + ing<형접>

☐ **heart**broken [hάːrtbròukən] ⓗ **비탄에 잠긴** ☜ broken(깨진)(break의 과거분사)

☐ **heart** disease 심장병 ☜ disease(병, 질병)

☐ **heart**en [hάːrtn] ⓢ 격려하다; 힘이 솟다 ☜ heart + en<동접>

☐ **heart** failure 심장마비, 죽음, 심부전(心不全) ☜ heart + failure(실패, 파산, 고장)

☐ **heart**felt [hάːrtfèlt] ⓗ 진심에서 우러나온 ☜ felt(느낀)(feel의 과거분사)

☐ **heart**ily [hάːrtili] ⓑ **충심으로**, 진심으로; 열심히 ☜ 마음(heart) 에서(ily<부접>)

☐ **heart**land [hάːrtlænd] ⓜ (세계의) 핵심〔심장〕 지역 《군사적으로 견고하고 경제적으로 자립하

고 있는 지역》 ☜ 심장(heart)의 땅(land)
☐ **heart**less [hάːrtlis] 형 **무정한** ☜ heart + less(~이 없는)
☐ **heart**y [hάːrti] 형 (-<-ti**er**<-ti**est**) **마음에서 우러난, 원기왕성한, 배부른** ☜ -y<형접>
☐ **heart**strings [hάːrtstrìŋs] 명 (pl.) 심금(心琴), 깊은 애정〔정감〕
☜ heart + string(끈, 악기의 현(絃)) + s<복수>
☐ **heart**warming [hάːrtwɔ̀rmiŋ] 형 **친절한**, 기쁜
☜ 마음(heart)을 따뜻하게(warm(따뜻하게) 하는(ing<형접>)

히터 heater (난방장치)

♣ 어원 : heat, heart 불, 열
☐ **heat** [hiːt/히-트] 명 **열, 더위**(⇔ cold); **열기, 열렬함** 동 **뜨겁게 하다**
☜ 고대영어로 '열, 온기'란 뜻
♠ **the heat** of the day 한낮 **더위**
☐ **heat**er [híːtər] 명 **가열기, 히터, 난방장치** ☜ 열(heat) 기계(er)
☐ **heart**h [hɑːrθ] 명 **하스, 벽난로 바닥, 노변**(爐邊) ☜ 불(heart)이 있는 곳(th)

히스 heath ([식물] 진달래과 erica속의 소관목)

☐ **heath** [hiːθ] 명 **히스**, 에리카(erica) 《황야에 번성하는 관목》; 《영》 (히스가 무성 한) **황야** ☜ 그리스어로 '밝지 못하다'란 뜻
★ 기름지지 못한 고지에서 많이 자생하며, 황무지가 넓게 펼쳐진다. 소설 『폭풍의 언덕』에 등장하는 황무지가 heath land이다.
☐ **heath**er [héðər] 명 **히스**(heath)**속**(屬)**의 식물** 《보라 또는 분홍색의 꽃이 핌》
☜ 영국 남부에서 사용된 heath의 변형어
♠ **set the heather on fire 소동을 일으키다**
☐ **heath**en [híːðən] 명 (pl. **-s**, [집합적] **-**) 【성서】 **이방인; 이교도** ☜ 황야(heath)에서 온 것(en)

헤비급(級) heavyweight (헤비급선수, 체중이 가장 무거운급)

☐ **heave** [hiːv] 동 (무거운 것을) **들어 올리다**(=lift), **높아지다** 명 **들어 올림**
☜ 고대영어로 '들어 올리다'란 뜻
☐ **heave**n [hévən/**헤**번] 명 **하늘, 천국** ☜ '신의 집'이란 뜻 《'하늘의 뜻에 따라 들어 올려지는 곳'이란 뜻》 비교 **haven 항구; 안식처, 피난처**
♠ the starry **heavens** 별이 반짝이는 **하늘**
♠ Stairway to **heaven 천국**으로 가는 계단 ★ 영국의 전설적인 4인조 하드록 그룹 레드 제플린의 명곡인 <Stairway to heaven>은 1970년대 미국 내 최다(最多) 라디오 신청곡이었다.
☐ **heaven**ly [hévənli] 형 (-<-nli**er**<-nli**est**) **하늘의, 천국의[같은]**; 거룩한, 하늘에서 온
☜ 하늘(heaven) 의(ly)
☐ **heavy** [hévi/**헤**뷔] 형 (-<-vi**er**<-vi**est**) **무거운; 대량의; 힘겨운; 맹렬한**
☜ heave(들어 올리다) + y<형접>
♠ a **heavy** suitcase **무거운** 가방
☐ **heavi**ly [hévili] 부 **무겁게; 답답하게; 심하게** ☜ 무겁(heavy) 게(ly<부접>)
☐ **heavi**ness [hévinis] 명 **무거움, 무게** ☜ 무거(heavy) 움(ness<명접>)
☐ **heavy** metal **헤비메탈**(록) 《묵직한 비트와 금속음이 특징》; 중금속; 중포(탄); 유력자, 강적
☜ 무거운(heavy) 금속(metal)
☐ **heavy**weight [héviwèit] 명 평균 몸무게 이상의 사람; (권투·레슬링 등의) **헤비급** 선수 《권투에서는 80kg이상, 레슬링에서는 87kg 이상》 ☜ 무거운(heavy) 무게(weight)

헤브라이즘 Hebraism (구약성서에 근원을 두는 유대문명)

☐ **Hebrai**sm [híːbreiìzəm, -bri-] 명 **헤브라이** 문화〔사상·정신〕; 유대교
☜ 헤브라이(Hebrai) 주의(sm) 비교 Hellenism 헬레니즘 《그리스 문명》
☐ **Hebrai**c [hibréiik] 형 헤브라이 사람〔말·문화〕의 ☜ 헤브라이(Hebrai) 의(ic)
☐ **Hebrew** [híːbruː] 명 **헤브라이 사람**, 유대인; **헤브라이어** 형 헤브루 사람〔말〕의, 유대인의
☜ 그리스어로 '(강)건너 온 사람'이란 뜻
♠ the Epistle to **the Hebrews** 【성서】 **히브리**서
♠ the **Hebrew** Bible **헤브루어** 성서〔구약성서〕

헥타르 hectare (면적단위), 헥토파스칼 hectopascal (기압의 단위)

♣ 어원 : hect-, hecto- 100; 다수의

☐ **hect**are [héktɛər, -tɑːr] 명 《F.》 **헥타르** 《면적의 단위; 1만m², 100아르; 기호 ha》
☜ 고대 그리스어로 '100(hect) + 지역(are=area)
※ 1ha = 10,000m² = 3,025평
☐ **hecto**gram(me) [héktəgræ̀m] 명 **헥토그램** 《100그램》 ☜ hecto(100) + g
☐ **hecto**liter, -tre [héktəlìːtər] 명 **헥토리터** 《100리터》 ☜ hecto(100) + ℓ
☐ **hecto**meter, -tre [héktəmìːtər] 명 **헥토미터** 《100미터》 ☜ hecto(100) + m
☐ **hecto**pascal [héktəpæskæ̀l] 명 **헥토파스칼** 《기압의 단위; 100 pascal; 1 millibar와 같음; 기호 hpa》 ☜ hecto(100) + pascal(압력의 단위)

헤지펀드 risk hedged fund (위험이 회피된 펀드. <손실위험으로부터 울타리로 보호된 투자금>이란 뜻)

☐ **hedge** [hedʒ] 명 **산울타리; 장벽**, 장애물; 방지책 ☜ 라틴어로 '울타리'란 뜻
♠ **a hedge** of stones **돌담**
♠ **a hedge** of convention 인습의 **장벽**
☐ **hedge** fund **헤지펀드** 《국제 증권 및 외환 시장에 투자하여 단기 이익을 올리는 민간 투자 기금. 최초 취지와는 달리 오늘날에는 위험성은 높으나 많은 이익을 기대할 수 있는 금융 상품으로 운영되고 있다.》 ☜ 울타리(hedge)를 쳐 (자산을) 안전하게 유지하면서 위험에도 수익을 내는 펀드(fund)'라는 의미 ★ **세계금융계의 큰 손인 워렌 버핏은 안정적 투자에, 조지 소로스는 고위험/고소득계 투자의 귀재들이다.**
☐ **hedge**hog [hédʒhɑ̀g] 명 **고슴도치**; 견고한 요새, 철조망 ☜ 산울타리(hedge) 돼지(hog)
☐ **hedge**row [hédʒròu] 명 (산울타리의) **죽 늘어선 관목, 산울타리** ☜ hedge + row(열, 줄)
※ **fund** [fʌnd] 명 **자금, 기금, 기본금** ☜ 라틴어로 '바닥, 기초'란 뜻

연상 ▸ 하이힐(high heels)로 걷어찰 때는 히드(heed.조심) 해야 한다.

☐ **heed** [hiːd] 동 **주의[조심]하다** 명 **주의**, 조심
☜ 고대영어로 '주의하다'란 뜻
♠ He **did not heed** the warning. 그는 경고를 **무시했다.**
♠ **give** (pay, take) **heed to ~ ~에 주의하다, ~을 조심하다**
☐ **heed**ful [híːdfəl] 형 **주의 깊은**, 조심하는 ☜ 조심성(heed)이 풍부한(ful)
☐ **heed**less [híːdlis] 형 **부주의한**, 조심성 없는 ☜ 조심성(heed)이 없는(less)
☐ **heel** [hiːl/힐-] 명 **(발) 뒤꿈치**; (신발・양말의) 뒤축; **말단**
☜ 고대영어로 '발 뒷부분'이란 뜻 비교 ▸ heal (상처・부상 등이) 낫다
♠ **take to one's heels 부리나케 달아나다, 줄행랑치다**(=run away)
high **heel**s, high-**heel**ed shoes **하이힐** 《굽이 높은 여자용 구두》 ☜ shoe(신, 구두)

헤겔 Hegel (독일의 고전적 관념론 철학을 완성한 철학자)

☐ **Hegel** [héigəl] 명 **헤겔** 《G.W.F. ~ , 독일의 철학자; 1770-1831》
★ **주요저서 : 『정신현상학』, 『논리학』, 『그리스도교의 운명과 정신』 등**
☐ **Hegel**ian dialectic 헤겔변증법 ☜ 헤겔(Hegel)의(ian) 대화(dialogue) 기술(tic)
☐ **Hegel**ism [héigəlizm] 명 헤겔철학 ☜ 헤겔(Hegel) 주의(ism)

헤게모니 hegemony (주도권, 지배권, 패권)

☐ **hegemon**y [hidʒéməni, hédʒəmòuni] 명 패권, 주도권, 지배권, **헤게모니**
☜ 그리스어로 '지배하기'란 뜻
★ 이탈리아 공산당 창설자인 안토니오 그람시(Antonio Gramsci)는 『옥중수고/Prison Notebooks』란 그의 저서에서 계급간의 관계, 특히 부르주아 계급이 노동자 계급에게 행사하는 통제의 의미로서 <헤게모니>를 설명했다.
☐ **hegemon** [hédʒəmɑ̀n/-mɔ̀n] 명 주도권을 장악하고 있는 사람(국가), 패권국
☜ 그리스어로 '권위자, 지도자, 지배자, 군주'란 뜻
☐ **hegemon**ic(al) [hèdʒəmɑ́nik(əl)/-mɔ́n-] 형 지배하는, 패권(霸權)(주도권)을 잡은 ☜ -ic(al)<형접>
☐ **hegemon**ism [hidʒémənizm, hédʒəmòunizm] 명 패권(霸權)주의 ☜ 패권(hegemon) 주의(ism)

하이힐 high heels [-heeled shoes] (굽이 높은 여자용 구두)

♣ **어원 : high, heigh 높은**
■ **high** [hái/**하**이] 형 **높은** ☜ 고대영어로 '높은, 키가 큰, 고급스런'이란 뜻.
☐ **heigh**t [hait/하잍] 명 **높이, 키; 고도; 높은 곳; 절정** ☜ 높은(heigh) 것(t)
♠ **at a height of** 3,000 meters 3,000m**의 고도로**

♠ **the height above (the) sea level 해발(海拔)**

□ **heigh**ten — [háitn] ⓢ **높게 하다, 높이다**; 고상하게 하다; 증가시키다; 과장하다
☜ 높임(height)을 만들다(en)
♠ **heighten** a person's anxiety 아무의 불안**을 고조시키다**.

※ **heel** — [hiːl/힐-] ⓜ **(발) 뒤꿈치**; (신발·양말의) 뒤축; **말단** ☜ 고대영어로 '발 뒷부분'이란 뜻

※ **shoe** — [ʃuː/슈] ⓜ **신, 구두** ☜ 고대영어로 '신발'이란 뜻

하이네 Heine (독일이 낳은 세계적 서정시인. 혁명가)

□ **Heine** — [háinə] ⓜ **하이네** 《Heinrich ~, 독일의 시인; 1797-1856》
★ **대표작 : 『로렐라이』, 『로만체로』, 『한여름밤의 꿈』 등.**
★ 숙부의 딸인 아말리아를 사랑했으나 이루어질 수 없는 사랑에 대한 실연의 고통을 시로 승화시켰으며, 유대인으로서 프랑스로 망명하여 생을 마침.
♠ Under Hitler **the works of Heine** were proscribed.
히틀러정권 하에서는 **하이네의 작품**이 금지되었다.

연상 그녀는 할머니의 헤어(hair.머리카락)를 유산으로 받은 에어(heir.상속인)가 되었다.

※ **hair** — [hɛər/헤어] ⓜ [집합적] **털, 머리카락, 머리털**; 몸의 털
☜ 고대영어로 '머리카락'이란 뜻 비교 hare 산토끼

□ **heir** — [ɛər] ⓜ (법정) **상속인**; 후계자, 계승자 ☜ 고대 프랑스어로 '상속자'란 뜻
♠ **fall heir to ~ ~의 상속인이 되다**

□ **heir** at law — 법정 상속인 ☜ 법(law) 에서의(at) 상속인(heir)

□ **heir**ess — [ɛ́əris] ⓜ **여자 상속인** ☜ heir(상속인) + ess(여성)

□ **heir**less — [hɛ́ərlis] ⓗ 상속인이 없는 ☜ -less(~이 없는)

□ **heir**ship — [ɛ́ərʃip] ⓜ 상속(권), 상속인으로서의 자격 ☜ 상속(heir) 권(ship)

헬렌 Helen ([그神] 스파르타 왕의 아내로 절세 미녀)

< 영화 Troy에서의 파리스와 헬렌 >

□ **Helen** — [hélən/-lin] ⓜ 『그.신화』 **헬렌**(=~ of Troy) 《Sparta 왕 Menelaus의 왕비; Paris에게 납치되어 Troy 전쟁의 발단이 됨》
☜ 그리스어로 '횃불'이란 뜻
♠ **Helen's abduction** by Paris caused the Trojan War.
파리스에 의한 **헬렌의 납치**는 트로이 전쟁의 원인이 되었다.

헬파이어 Hellfire (AGM-114 대전차미사일 별명)

□ **hellfire** — [hélfaiər] ⓜ 지옥의 불; 지옥의 괴로움; 『군사』 **헬파이어** 《주로 헬기탑재용 대(對)전차 미사일 AGM-114 별명》 ☜ 그리스어로 '지옥(hell)의 불(fire)'이란 뜻

헬리콥터 helicopter (회전하는 날개로 하늘을 나는 비행기)

♣ **어원 : helic(o) 나선 《소용돌이 모양의 곡선》**

□ **heli**copter — [hélikὰptər/**헬**리캅터, híːl-/-kɔ̀p-] ⓜ **헬리콥터**
☜ 그리스어로 '나선형 날개'란 뜻

□ **heli**pad — [hélipæ̀d] ⓜ **헬리패드,** 헬리콥터의 이착륙장
☜ pad(충격흡수대, 헬기이착륙장)

□ **heli**port — [hélipɔ̀ːrt] ⓜ **헬리포트,** 헬리콥터 전용 공항 ☜ port(공항, 항구)

□ **heli**borne — [hélibɔ̀ːrn] ⓗ **헬리본**, 헬리콥터로 수송되는, 헬리콥터 수송의
☜ borne(bear의 과거분사; 나르는, 옮기는)

□ **heli**spot — [hélispὰt/-spɔt] ⓜ **헬리스팟,** 임시 헬리콥터 이착륙장 ☜ spot(점; 지점)

□ **heli**x — [híːliks] ⓜ (pl. **helices, ~es**) 나선(螺旋); 나선형의 것
☜ 라틴어로 '나선모양의 것, (건축에서) 소용돌이 꼴'이란 뜻

헬륨 helium (공기보다 가벼운 불활성 기체로 풍선에 부력 제공)

♣ **어원 : heli, helio 태양**

□ **heli**um — [híːliəm] ⓜ 『화학』 **헬륨** 《비활성 기체 원소의 하나; 기호 He; 번호 2》
☜ 그리스어로 '태양의 것'이란 뜻
♠ fill a balloon with **helium (gas)** 풍선에 **헬륨가스**를 채우다

□ **heli**acal — [hiláiəkəl] ⓗ 『천문』 태양의; 태양에 가까운 ☜ 태양(heli) + a + 의(cal)

☐ **helio**centric [hìːliouséntrik] ⓗ 태양 중심의 ☜ 태양(helio) 중심(center) 의(ic)
♠ **the heliocentric theory** 〔system〕 (코페르니쿠스의) **태양중심설**
☐ **helio**latry [hìːliάlətri/-ɔ́l-] ⓜ 태양 숭배 ☜ 태양(helio) 방향으로(later)
☐ **helio**s [híːliὰs/-ɔ̀s] ⓜ 〖그.신화〗 **헬리오스**, 태양의 신
☐ **helio**sis [hìːlióusis] ⓜ 일사병 ☜ 태양(helio) 병(sis)

헬조선(朝鮮) hell + 조선(朝鮮) (콩글 <지옥 같은 한국사회>란 뜻)

한국의 옛 명칭인 조선(朝鮮)에 지옥이란 뜻의 접두어 헬(hell)을 붙인 합성어로 <지옥같은 한국사회>라는 뜻이다. 이는 신분사회였던 조선처럼 자산이나 소득수준에 따라 신분이 고착화되는 우리사회의 부조리함을 반영한 것이다. <출처 : 시사상식사전>

☐ **hell** [hel] ⓜ **지옥**, 저승 ☜ 고대영어로 '저승'의 뜻
♠ **Hell ! 제기랄 !, 빌어먹을 !**
♠ **To hell with ~ ! ~을 타도하라, 집어 치워라.**
☐ **Hel, Hela** [hel, helάː] ⓜ 〖북유럽신화〗 **헬,** 죽음과 저승의 여신; 명부, 저승
☜ 고대영어로 '지하세계'란 뜻
☐ **hell**fire [hélfàiər] ⓜ 지옥의 불; 지옥의 괴로움; 〖군사〗 **헬파이어** 《헬기탑재용 대(對)전차 미사일 AGM-114 별명》 ☜ 지옥(hell)의 불(fire)
☐ **hell**ish [héliʃ] ⓗ 지옥의, 지옥과 같은; 흉악한 ☜ -ish(~같은)

H

헬레니즘 Hellenism (고대 그리스 문화 · 문명)

☐ **Hellen**ism [hélənìzəm] ⓜ 그리스 문화〔정신, 국민성, 풍, 어법〕, **헬레니즘**
☜ Hellenic(그리스의) + -ism(~주의, 사상, 문명)
비교 Hebraism 헤브라이즘 《유대 문명 · 사상》
☐ **Hellen**e [héliːn] ⓜ (순수한) 그리스 사람 ☜ 그리스어로 '그리스인'이란 뜻
☐ **Hella**s [hέləs] ⓜ 《시어》 Greece의 별칭 ☜ 그리스어로 '그리스'란 뜻

헬로우 hello (여보게, 이봐; [전화] 여보세요)

☐ **hello** [helóu/헬**로**우, hə-, hélou] ⓖ **여보게, 이봐**; 어이구; 〖전화〗 여보세요
☜ hallo(여보세요)의 변형
■ **hallo(a), halloo** [həlóu, hæ-, -lúː] ⓖ **여보세요**, 이봐, 야 ☜ 고대영어로 '소리치며 뒤쫓다'란 뜻
■ **hallow** [həlóu] ⓖ 여보세요, 이봐, 야 ⓓ 소리치다, 소리치며 뒤쫓다
■ **hollo(a)** [hάlou, həlóu/hɔ́lou] ⓖ 어이, 이봐 《주의 · 응답하는 소리》
■ **hullo(a)** [həlóu, hʌ́lou, hʌlóu] ⓖ 《영》 = **hello**
■ **hey** [hei] ⓖ **이봐, 어이** 《호칭》; 어 《놀람》; 야아 《기쁨》
■ **hi** [hai] ⓖ 《구어》 **야아; 어어** 《인사 또는 주의를 끄는 말》
■ **hiya, hi ya** [háijə] ⓖ 《미.구어》 야아, 안녕하시오 《인사말》
■ **ho, hoa** [hou] ⓖ 호, 야, 저런 《주의를 끌거나 부를 때 또는 놀람 · 만족 · 득의 · 냉소 · 칭찬 따위를 나타내는 소리》

헬멧 helmet (머리보호용으로 만들어진 투구형의 모자)

♣ **어원 : helm 감추는 것; 투구**
☐ **helm** [helm] ⓜ 《고어 · 시어》 **투구**(=helmet); 키자루, 키조종장치, 타기 ☜ 고대영어로 '보호하기, 감추기; 왕관, 투구'란 뜻
♠ **be at the helm (of) ~ ~의 지도자 입장에 있다**
☐ **helm**et [hélmit] ⓜ 헬멧, **철모**; 투구 ⓓ ~에 헬멧을 씌우다 ☜ -et<명접>
♠ **wear** 〔take off〕 **a helmet 헬멧**을 쓰다〔벗다〕
☐ **helm**sman [hélmzmən] ⓜ (pl. **-men**) 타수(舵手), 키잡이 ☜ 키잡는(helm) + s + 사람(man)
■ **William** [wíljəm] ⓜ **윌리엄** 《남자 이름; 애칭 Bill(y), Will(y)》 ☜ 독일어로 Wilhelm이며, 이는 '강한 의지(will)로 투구(helm)를 쓴 사람'이란 뜻
■ w**helm** [hwelm] ⓓ 압도하다; (파도가) 삼키다 ☜ 고대영어로 '감추다'란 뜻

헬프데스크 help desk ([컴퓨터] 사용자들의 문의에 응답하는 도움창구)

☐ **help** [help/헬프] ⓓ **돕다**, 조력(助力)〔원조〕하다, **거들다** ⓜ **도움** ☜ 고대영어로 '도움'
♠ **Heaven helps those who help themselves.**
《속담》 하늘은 스스로 돕는 자를 돕는다.
♠ **help oneself to ~ ~을 마음대로 들다[먹다, 마시다]; ~을 착복하다, 횡령하다**
♠ **help (A) with (B) A가 B하는 것을 돕다; A에 B를 보급하다**

☐ **help**er [hélpər] 명 **조력자, 원조자; 조수**, 협력자 ☜ 돕는(help) 사람(er)
☐ **help**ful [hélpfəl] 형 **도움[소용]이 되는**, 유익한 ☜ 도움(help)이 풍부한(ful)
☐ **help**less [hélplis] 형 도움이 없는; **어찌할 수 없는** ☜ help + less(~이 없는)
☐ **help**lessly [hélplisli] 부 **어찌할 도리 없이**, 힘없이 ☜ helpless + ly<부접>
☐ **help**lessness [hélplisnis] 명 무력함 ☜ helpless + ness<명접>
☐ **help**mate, **help**meet [hélpmèit], [hélpmìːt] 명 협력자, 동료, 배우자
☜ help + mate(동료), meet(만나다; 모임, 모인 사람들)
※ **desk** [desk/데스크] 명 (공부 · 사무용의) **책상**; (the ~) 사무직
☜ 중세 라틴어로 '(글을) 쓰기 위한 탁자'란 뜻

헴 hem ([패션] 소매 · 바지 끝단을 접어 고정하는 마감처리)

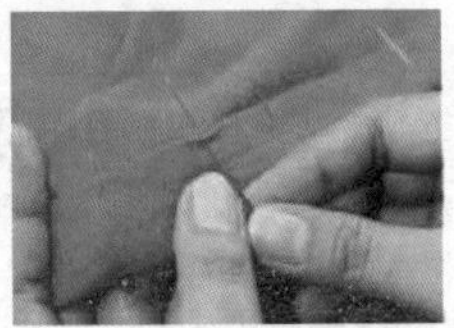

☐ **hem** [hem] 명 **헴**《특히 풀어지지 않게 감친 가두리》, **옷단; 감침질**; 가장자리 동 **단을 만들다, 둘러싸다**
☜ 고대영어로 '(천이나 옷의) 끝단, 가장자리'란 뜻.
♠ take up **the hem** of a dress
(길이를 짧게 만들기 위해) 원피스의 **단**을 올리다
♠ **be hemmed in by** enemies 적**에게 포위되다**

H

헤모글로빈 hemoglobin (적혈구속에 다량 들어있는 색소단백질)

♣ **어원 : hem, hemo, hema 피(=blood)**
■ **hemo**globin [hìːməglóubin] 명 『생화학』 **헤모글로빈**, 혈색소
☜ 피(hemo)속의 단백질(globin)
☐ **hem**al [híːməl] 형 혈액의, 혈관의 ☜ 그리스어로 '피(hem) 의(al)'란 뜻
☐ **hema**dynamometer [hìːmədainəmάmitər, hèmə-] 명 혈압계
☜ 피(hemo)의 동력(dynamo)을 재는 기계(meter)

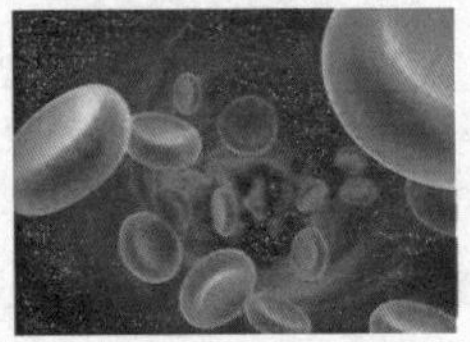

헤미 엔진 hemi engine ([자동차] 실린더 헤드가 반구형인 엔진)

♣ **어원 : hemi- 반(=half), 1/2**
☐ **hemi**cycle [hémisàikl] 명 반원형, 반구형《건물 · 경기장 · 방 등》
☜ 반(hemi) 원(cycle)
☐ **hemi**plegia [hèmiplíːdʒiə] 명 반신 불수 ☜ 반(hemi) 마비(plegia)
☐ **hemi**sphere [hémisfìər] 명 **반구체**; (지구 · 천체의) **반구**
☜ 반(hemi) 구형(sphere)
♠ the northern 〔southern〕 **hemisphere** 북〔남〕**반구**
※ en**gine** [éndʒin/**엔**진] 명 **엔진, 발동기**, 기관 ☜ 발생(gine)을 만들다(en)

헤밍웨이 Hemingway (퓰리처상 · 노벨문학상을 수상한 미국 소설가)

☐ **Hemingway** [hémiŋwèi] 명 **헤밍웨이**《Ernest ~, 미국의 소설가; Nobel 문학상 수상; 1899-1961. 1961년 엽총으로 자살》★ **대표작 : 『노인과 바다』, 『무기여 잘 있거라』, 『누구를 위하여 종을 울리나』** 등
♠ **『A fare wll to Arms』** was written by Erneset Hemingway.
『무기여 잘 있거라』는 어네스트 헤밍웨이에 의해 쓰여졌다.

헴록 hemlock ([식물] 미나리과의 독초)

☐ **hemlock** [hémlɑk/-lɔk] 명 『식물』 **헴록**《미나리과의 독초; 그것에서 뽑은 독약》 ☜ 고대영어로 '독(hem)이 있는 풀(lock<ling<식물 접미사>)'이란 뜻
♠ Socrates died in 399 B.C. from drinking **poison Hamlock**.
소크라테스는 기원전 399년 **헴록독**을 마시고 사망했다.

헤모글로빈 hemoglobin (적혈구속에 다량 들어있는 색소단백질)

♣ **어원 : hem, hemo, hema 피(=blood)**
☐ **hemo**globin [hìːməglóubin] 명 『생화학』 **헤모글로빈**, 혈색소 ☜ 피(hemo)속의 단백질(globin)
☐ **hemo**philia [hìːməfíliə, hèm-] 명 『의학』 혈우병 ☜ 피(hemo)를 사랑(phil)하는 병(ia)
☐ **hemo**rrhage, haem- [héməridʒ] 명 출혈 ☜ 피(hemo)의 + rr + 응고인자의 부족(hage)
☐ **hemo**stat [híːməstæ̀t, hém-] 명 지혈기, 지혈제 ☜ 피(hemo)의 진정제(stat)

헴프오일 hemp oil (대마향과 불포화지방산이 풍부한 대마식용유)

☐ **hemp** [hemp] ⓜ **삼, 대마; 대마초**, 마리화나; 《고어·우스개》 목매는 끈 ☜ 고대영어로 '대마초'란 뜻
♠ a **hemp** smoker **대마초** 흡연자
♠ weave **hemp** (flax) **cloth 삼베**를 짜다

☐ **hemp**(-)seed oil 대마씨 오일 《도료에 많이 쓰이는 대마씨 기름》 ☜ seed(씨앗)

☐ **hemp**en [hémpən] ⓗ 대마의(로 만든); 《고어》 교수형(밧줄)의 ☜ 대마(hemp) 의(en)

※ **oil** [ɔil/오일] ⓜ **기름**; 석유; 올리브유; 유화물감 ⓗ 기름의; 석유의 ☜ 중세영어로 '올리브 오일'이란 뜻

헨파티 hen party (결혼 전날 밤 예비신부가 女친구들과 여는 파티)

☐ **hen** [hen/헨] ⓜ **암탉** ☜ 고대영어로 '암탉' ⓑ cock, stag 수탉
♠ a **hen**'s eggs *닭(hen) 의('s) 알(egg)* ➔ 달걀

☐ **hen**house [hénhàus] ⓜ **닭장** ☜ 닭(hen)의 집(house)

☐ **hen** party 《구어》 여자끼리의 모임 ☜ party(파티, 모임; 정당)
ⓑ stag party 총각파티

☐ **hen**-versus-egg argument 닭이 먼저냐 달걀이 먼저냐의 논쟁 ☜ versus(~대(對), vs.), argument(논의, 논쟁, 주장)

H

컴히어 Come here (이리와 !)

♣ 어원 : he, her, here, hen 이곳, 지금, 이쪽으로

※ **come** [kʌm/컴] ⓓ (-/**came**/**come**) **오다, 도착하다** ☜ 고대영어로 '목적지를 향해 움직이다'란 뜻

■ **here** [hiər/히어] ⓟ **여기에(서)**; **자, 여기; 이봐** ⓜ **여기** ☜ 고대영어로 '이곳, 지금, 이쪽으로'란 뜻

☐ **hen**ce [hens/헨스] ⓟ 《문어》 **그러므로; 지금부터** ☜ 고대영어로 '지금부터(hen) + ce<부접>'란 뜻
ⓑ thence 《문어》 거기서부터; 《고어》 그 때부터
♠ **Hence** (comes) the name Cape of Good Hope.
여기에서 희망봉이란 이름이 나왔다.

☐ **hen**ceforth [hènsfɔ́:rθ] ⓟ **이제부터는, 앞으로** ☜ 이제(hen)부터(ce) 앞으로(forth) ⓑ thenceforth 그 때부터, 거기서부터

☐ **hen**ceforward [hènsfɔ́:rwərd] ⓟ **이제부터** ⓑ thenceforward 그 때부터, 거기서부터 ☜ 이제(hen)부터(ce) 앞으로(forward)

✚ **then**ce 그렇기 때문에; **거기서부터** **then 그때(에), 그 다음(에)**; **게다가; 그렇다면; 그때의** **than ~보다**, **~밖에는**, **~보다도**, ~에 비하여

연상 그녀(she)안에 그(he)가 있다.

■ **she** [ʃi:/쉬-, (보통 약) ʃi] ⓓ (pl. **they**) **그녀는[가]** 《3인칭 여성 단수 주격의 인칭대명사; 소유격·목적격은 her; 소유대명사는 hers》 ☜ 고대영어의 hē는 '그(he)'로, hēo, hīo는 '그녀(she)'로 발전

■ **he** [《보통》 hi:/히-, (약) hi] ⓓ (pl. **they**) **그가[는]** 《인칭 대명사의 3인칭 남성 단수 주격; 목적격은 him, 소유격은 his》 ☜ 고대영어의 hē는 '그(he)'로, hēo, hīo는 '그녀(she)'로 발전

☐ **her** [hə:r/허-, (약) hər] ⓓ (she의 목적격) **그녀를[에게]**; (she의 소유격) **그녀의** ☜ 고대영어의 hē는 '그(he)'로, hēo, hīo는 '그녀(she)'로 발전

☐ **hers** [hə:rz/허-즈] ⓓ (she의 소유대명사) **그녀의 것** ☜ 그녀의(her) 것(s)

☐ **herself** [hə:rsélf/허-**셀**프, hər-] ⓓ (pl. **themselves**) **그녀 자신을[에게]; 그녀 자신** 《3인칭 단수 여성의 재귀대명사》 ☜ 그녀의(her) 자신(self)

뉴욕헤럴드 The New York Herald (뉴욕헤럴드 트리뷴에 합병된 뉴욕신문사)

※ **New York City 뉴욕시** 《미국 뉴욕주에 있는 미국 최대의 도시; 略 N.Y.C.》 ☜ 1664년 이 지역을 접수한 영국의 요크(York)공의 이름에서 유래

☐ **herald** [hérəld] ⓜ **전달자, 사신**, 사자(使者); [H~] ~신문 ⓓ **고지[포고]하다** ☜ 고대 프랑스어로 '군대(her<koro)의 지휘관(ald<waldaz)'이란 뜻
♠ Time is **the herald** of truth. 시간은 진실의 **전령사**다.

허브 herb (잎 · 줄기가 식용 · 약용으로 쓰이는 향기가 나는 식물)

☐ **herb** [həːrb] 명 (뿌리와 구별하여) **풀잎, 풀**, 초본, 식용〔약용 · 향료〕 식물
☜ 고대 프랑스어로 '풀, 동물에게 먹일 식물'이란 뜻
♠ a **herb** garden **허브**정원
☐ **herb** doctor 한의사 ☜ doctor(의사)
☐ **herb** tea 〔water〕 『약초』 달인 약, 탕약 ☜ tea(차), water(물)
☐ **herb**icide [hə́ːrbəsàid] 명 제초제 ☜ 풀(herb)을 + i + 죽이는 것(cide)
☐ **herb**ivore [əːrbəvɔ̀ːr/hə́ː-] 명 초식 동물, 《특히》 유제류(有蹄類)
☜ 풀(herb)을 + i + 먹는(vor) 것(e)

헤라클레스 Hercules ([그神] 그리스신화 최고의 힘센 영웅)

☐ **Hercules, Heracles** [hə́ːrkjəlìːz] 명 『그.신화』 **헤르쿨레스** 《Zeus의 아들로, 그리스신화 최대의 영웅》; 장사; C-130 수송기의 별명
♠ **Hercules** is the strongest man in Greek mythology.
헤라클레스는 그리스신화에서 가장 힘센 남자이다.
☐ **Hercules'** choice 안일을 물리치고 스스로 고난을 택함 ☜ choice(선택)
☐ **Hercule**an [hə̀ːrkjəlíən, həːrkjúːliən] 형 Hercules의〔와 같은〕; 초인적인
☜ -an(~의; ~같은)

© Paramount Pictures

H

셰퍼트 < 셰퍼드 German shepherd (매우 영리한 독일의 국견)

■ shep**herd** [ʃépərd] 명 (fem. **-ess**) **양치기**, 목양견 《양떼를 지키는 개》; 목사, 교사 동 **(양을) 치다**, 지키다, 돌보다
☜ 양(sheep) 떼(herd)를 지키다
☐ **herd** [həːrd] 명 **가축의 떼**, 《특히》 소 · 돼지의 떼; 《경멸》 민중; 목자, 목동 ☜ 고대영어로 '가축 무리; 떼'란 뜻
♠ **a herd** 〔school〕 **of** whales 고래 **떼**
☐ **herds**man [həːrdzmən] 명 (pl. **-men**) **목자**, 목동; 소치는 사람
☜ 가축 떼(herd) 의(s) 남자(man)
☐ **herd**er [hέərdər] 명 목자(牧者), 목동 ☜ 가축 떼(herd)를 지키는 사람(er)

컴히어 Come here (이리와 !)

♣ 어원 : **he, her, here, hen, hither 이곳, 지금(부터), 이쪽으로**
※ **come** [kʌm/컴] 동 (-/**came/come**) **오다, 도착하다**
☜ 고대영어로 '목적지를 향해 움직이다'란 뜻
☐ **here** [hiər/히어] 부 **여기에(서)**; **자, 여기; 이봐** 명 **여기**
☜ 고대영어로 '이곳, 지금, 이쪽으로'란 뜻 비교 hear 듣다, 들리다
♠ **here and there 여기저기에**
♠ **Here you are.** 〔Here it is.〕 **(찾는 것을 내놓으며) 여기 있습니다.**
♠ **near here 이 근처에**
☐ **here**abouts [híərəbàuˌt] 부 이 근처에 ☜ 이곳(here) 주위에(abouts)
☐ **here**after [hiərǽftər, -ɑ́ːf-] 부 **차후**〔이후에〕, **앞으로**, 장차 ☜ 지금(here) 후에(after)
☐ **here**by [hìərbɑ́i] 부 《문어》 『법률』 이에 의하여, 이에 의하여, 이 결과
☜ 이것(here)에 의하여(by)
☐ **here**in [hìərín] 부 《문어》 이 속에, **여기에** ☜ 이(here) 속에(in)
☐ **here**into [hiəríntuː] 부 《문어》 이 안으로 ☜ 이(here) 안으로(into)
☐ **here**(up)on [hiər(əp)ɑ́n] 부 여기에 있어서 ☜ 여기에(here) 관하여((up)on)
☐ **here**with [hìərwíð, -wíθ] 부 《문어》 **이와 함께** ☜ 이(here)와 함께(with)
☐ **hen**ce [hens/헨스] 부 《문어》 **그러므로; 지금부터** ☜ 지금부터(hen) + ce<부접>
☐ **hen**ceforth [hènsfɔ́ːrθ] 부 **이제부터는, 앞으로**
☜ 이제(hen)부터(ce) 앞으로(forth) 반 thenceforth 그 때부터, 거기서부터
☐ **hen**ceforward [hènsfɔ́ːrwərd] 부 **이제부터** 반 thenceforward 그 때부터, 거기서부터
☜ 이제(hen)부터(ce) 앞으로(forward)
☐ **hither** [híðər] 부 《고어 · 문어》 여기에, **이쪽으로** 형 이쪽의
☜ 고대 노르드어로 '여기, 이것'이란 뜻
☐ **hither**to [híðərtùː] 부 **지금까지**(는), 지금까지로 봐서는 (아직) ☜ 지금(hither) 까지(to)

헤리티지 재단(財團) The Heritage Foundation (미국의 보수적인 정책연구재단. 두뇌집단. 직역하면 <유산재단>이라는 뜻)

♣ 어원 : her, heir 상속

☐ **her**itage [héritidʒ] ⓜ **상속[상속] 재산, 유산** ☜ 라틴어로 '계승하다'
♠ Spain's rich **cultural heritage**. 스페인의 풍부한 **문화유산**

☐ **her**editary [hərédətèri/-təri] ⓗ 세습의; 유전에 의한; **유전(성)의**
☜ 상속(her)을 받으러(ed) 가(it) 는(ary<형접>)

☐ **her**editary property 세습재산 ☜ property(재산)

☐ **her**editary peer 세습귀족 ☜ peer(동료; 귀족)

☐ **her**edity [hərédəti] ⓜ 유전; 형질 유전; 세습; 전통 ☜ 라틴어로 '상속'이란 뜻

in**her**it [inhérit] ⓢ **상속하다, 물려받다** ☜ 완전히(in/강조) 상속(her)하다 + it

글로벌 헤러시 Global Heresy (영국 · 캐나다 합작 영화. <세계적 이단아>)

2002년 개봉한 영국과 캐나다 합작의 코미디/드라마 영화. 피터 오툴, 조안 플로라이트, 알리시아 실버스톤 주연. 그들의 리더가 갑자기 사라진 이후 리더를 대체할 새로운 바시스트를 고용하고, 새로운 음악창작을 위해 영국에서 은둔생활까지 함으로써 훗날 성공에 이른 미국 락밴드에 관한 코미디 영화이다.

© Universal Studios

※ **glob**al [glóubəl] ⓗ 구형의. 지구의; **세계적인**; 전체적인
☜ 구체(glob) 의(al)

☐ **heresy** [hérəsi] ⓜ **이교**, 이단 ☜ 그리스어로 '선택'이란 뜻
♠ He was burned at the stake for **heresy**.
그는 **이단**으로 화형당했다.

☐ **heretic** [hérətik] ⓜ **이교도**, 이단자; 반대론자
☜ 선택(heretic) 한(al<형접>)

☐ **hereti**cal [hərétikəl] ⓗ 이교의, 이단의; 반대론자의 ☜ -ical<형접>

미사일 missile (추진기를 달고 순항하는 유도탄)

♣ 어원 : miss, mit 보내다

■ **miss**ile [mísəl/-sail] ⓜ **미사일, 유도탄** ☜ 라틴어로 '던질(miss) 수 있는 것(ile)'이란 뜻

☐ her**mit** [hə́ːrmit] ⓜ **수행자, 은둔자**, 은자 ☜ 자연(her)으로 보내지다(mit)
♠ the **Hermit** Kingdom **은자**의 왕국 《1637-1876 의 조선을 이름》
♠ **Hermit** Islands **허밋** 제도 《파푸아뉴기니섬 북쪽에 있는 작은 섬 무리》

☐ her**mit**age [hə́ːrmitidʒ] ⓜ 암자, 은자의 집 ☜ hermit + age<명접>

✚ compro**mise** **타협**, 화해, 양보; **타협하다** pro**mise** **약속**, 계약; **약속[서약]하다** trans**mit** (화물 등을) 보내다, **부치다**, 발송하다 vo**mit** **토하다**, 게우다

넥센 히어로즈 Nexen Heroes (서울시를 연고지로 하는 프로야구팀)

넥센(Nexen)그룹은 넥센타이어(주) 등 국내에 9개의 계열회사를 두고 있는 지주회사이다. 넥센(Nexen)이란 Next Century의 합성어로 '미래의 가치를 창조하는 기업'이란 뜻이라고 한다.

☐ **hero** [híːrou/**히**-로우, híər-] ⓜ (pl. **-es**) **영웅**; 위인; **주인공**
☜ 라틴어로 '영웅'이란 뜻
♠ **make a hero of ~ ~을 영웅화하다**
♠ **hero** worship **영웅** 숭배

☐ **hero**ic [hiróuik] ⓗ **영웅[용사]의**; 영웅적인, 용맹스러운 ☜ -ic<형접>

☐ **hero**ine [hérouin] ⓜ **여걸**, 여장부, 여주인공 ☜ -ine<여성형 명접>

☐ **hero**ism [hérouìzəm] ⓜ **영웅적 자질[행위]** ☜ 영웅(hero)적 행위(ism)

☐ **hero**worship [híərouwə̀ːrʃip] ⓜ 영웅 숭배 ☜ worship(예배, 숭배, 존경)

헤로도투스 Herodotus (그리스의 역사가. <역사의 어버지>)

☐ **Herodotus** [hirάdətəs/-rɔ́d-] ⓜ **헤로도토스** 《그리스의 역사가; 484?-?425 B.C.》
★ 주요 저서 : 『역사』 ☜ 그리스와 페르시아 전쟁사를 다룬 책
♠ **Herodotus**, the "Father of History" **헤로도투스**, "역사의 어버지"

연상 ▶ 헤로인(heroin.마취제)을 맞은 헤런(heron.왜가리)은 날지 못했다.

☐ **heroin** [hérouin] ⓜ **헤로인** 《모르핀제; 진정제 · 마약》; (H-) 그 상표

이름 ☜ hero(그리스어로 영웅) + ine<화학접미사>.
1898년 바이어 제약회사가 등록한 브랜드

☐ **heron** [hérən] ⓜ (pl. **-s**, [집합적] **-**) 『조류』 **왜가리, 백로**
☜ 고대 프랑스어로 '목과 다리가 긴 새'란 뜻
♠ **The heron** stands with the neck bent in an S shape.
왜가리는 S 모양으로 목을 구부리고 서 있는다.

☐ **heron**ry [hérənri] ⓜ 왜가리(백로)의 집단서식지; 왜가리(백로) 떼 ☜ -ry<명접>

연상 히어링(hearing)을 잘하는 사람은 헤링(herring.청어)소리도 잘 듣는다.

※ **hear** [hiər/히어] ⓢ (-/**heard/heard**) **듣다, ~이 들리다; 소식을 듣다** ☜ 고대영어로 '듣다'란 뜻

※ **hear**ing [híəriŋ] ⓜ **청각**, 듣기; **들려줌; 들리는 거리[범위]** ☜ -ing<명접>

☐ **herring** [hériŋ] ⓜ (pl. **-s**, [집합적] **-**) 청어 ☜ 고대영어로 '(물고기의 색깔이) 회색' 또는 고대 고지 독일어로 '다수, 떼'란 뜻
♠ kippered **herring** 훈제한 **청어**

☐ **hers**(그녀의 것), **herself**(그녀 자신) ➔ **her**(그녀의, 그녀를, 그녀에게) **참조**

헤르쯔 hertz (초당 주파수 · 진동수의 단위)

☐ **Hertz** [həːrts] ⓜ **헤르츠** 《Heinrich Rudolph ~, 독일의 물리학자, 헤르츠파(波)를 실증(實證); 1857-94》

☐ **hertz** [həːrts] ⓜ (pl. **-**, **-es**) 『전기』 **헤르츠** 《진동수 · 주파수의 단위; 기호 Hz》 ☜ 헤르츠파를 증명한 독일 물리학자 Hertz의 이름에서

☐ **hertz**ian [hə́ːrtsiən, hέərts-] ⓗ (때로 H-) **헤르츠**(식)의 ☜ -ian<형접>

☐ **hertz**ian telegraphy 무선전신 ☜ telegraphy(전신술)

☐ **hertz**ian wave 『전자』 **헤르츠**파, 전자파 ☜ 헤르츠(hertz) 의(ian) 파도(wave)

헤지플레이션 hesiflation (강한 인플레이션 요인을 안은 침체성장)

♣ **어원 : hesit 부착, 붙어있음 // flation 부풀린 것**

■ **inflation** [infléiʃən] ⓜ **부풀림**; 부풂, **팽창**; 『경제』 통화 팽창, **인플레(이션)**; (물가 · 주가 등의) 폭등 ☜ 안으로(in) 부풀린(fla) 것(tion<명접>)

■ **deflation** [difléiʃən] ⓜ 공기(가스)빼기, (기구(氣球)의) 가스 방출; 『경제』 통화수축, **디플레이션** ☜ 반대로(de=against, not) 부풀린(fla) 것(tion<명접>)

☐ **hesi**flation [hèzəfléiʃən] ⓜ 『경제』 **헤지플레이션** 《인플레이션의 한 형태로 경제 성장은 거의 정체를 보이면서 인플레이션은 급격하게 진행하는 상태》
☜ **hesi**tation(망설임) + in**flation**(통화팽창)

☐ **hesit**ancy [hézətənsi, -təns] ⓜ 주저 ☜ -ancy<명접>

☐ **hesit**ate [hézətèit] ⓢ **주저하다**, 망설이다 ☜ 라틴어로 '부착하다'란 뜻
♠ **Don't hesitate. 주저[사양]하지 마라**

☐ **hesit**atingly [hézitèitiŋli] ⓑ 주저하여 ☜ hesitate + ing<형접> + ly<부접>

☐ **hesit**ation [hèzətéiʃən] ⓜ **주저**, 망설임; 말을 더듬음 ☜ 망설인(hesitate) 것(ion<명접>)

☐ **hesit**ative, **hesit**ant [hézitèitiv], [hézətənt] ⓗ 주저하는 ☜ -ative/-ant<형접>

☐ **hesit**antly [hézətəntli] ⓑ **주저하면서** ☜ -ant<형접> + ly<부접>
♠ **without hesitation 망설임 없이, 주저하지 않고**

헤르만 헤세 Hermann Hesse (독일의 시인·소설가)

☐ **Hesse** [hésə] ⓜ **헤세** 《Hermann ~, 독일의 시인·소설가; 노벨 문학상 수상(1946); 1877-1962》 ★ **대표작 : <수레바퀴 밑에서>, <데미안>, <싯다르타>, <유리알 유희> 등**
♠ a novel by **Herman Hesse 헤르만 헤세**의 소설

호모 Homo (남성 동성애자(同性愛者)) ➔ Homosexual
헤테로 Hetero (이성애자(異性愛者)) ➔ Heterosexual

♣ **어원 : hetero- 다른(=other) // homo- 같은(=same)**

☐ **hetero**geneous [hètərədʒíːniəs, -njəs] ⓗ 이종(異種)의; 이질의; 다른 성분으로 된
☜ 다른(hetero) 종(種)(gene) 의(ous<형접>)

☐ **hetero**genous [hètərάdʒənəs/-rɔ́dʒ-] ⓗ 『생물』 외생(外生)의, 외래(外來)의; 잡다한
☜ 다른(hetero) 종(種)(gene) 의(ous<형접>)

□ **hetero**nomous [hètərάnəməs/-ɔ́n-] ⓐ 타율(성)의; 『생물』 다른 발달 법칙을 가진
☜ 다른(hetero) 법(nom) 의(ous<형접>)
♠ **heteronomous morality 타율적 도덕성**
□ **hetero**nym [hétərənìm] ⓝ 철자는 같으나 음과 뜻이 다른 말 ☜ 다른(hetero) 이름(nom=name)
□ **hetero**sexual [hètərəsékʃuəl] ⓐ 『생물』 이성애(異性愛)의; 다른 성(性)의 ⓝ 이성애자, 이성을 사랑하는 사람 ☜ 다른(hetero) 성(性)(sex) 의(ual)
□ **hetero**sexuality [hètərəsékʃuələti] ⓝ 이성애(異性愛) ☜ -ity<명접>

연상 휴(休.쉬다)하려면 먼저 도끼로 장작을 휴(hew.패다) 해라.

□ **hew** [hjuː] ⓥ (-/hew**ed**/**hewn**(hew**ed**)) (도끼·칼 따위로) **자르다**, 마구 베다; 베어 넘기다(내다); (장작을) **패다**
☜ 고대영어로 '자르다, 베다'란 뜻.
♠ **hew down** trees to the ground 나무**를 쳐서 넘어뜨리다**
□ **hew**er [hjúːər] ⓝ (나무나 돌을) 자르는 사람; 채탄부 ☜ -er(사람)

헬로우 hello (여보게, 이봐; [전화] 여보세요)

■ **hello** [helóu/헬**로**우, hə-, hélou] ⓘ **여보게, 이봐**; 어이구; 『전화』 여보세요
■ **hallo(a), halloo** [həlóu, hæ-, -lúː] ⓘ **여보세요**, 이봐, 야
■ **hallow** [həlóu] ⓘ 여보세요, 이봐, 야 ⓥ 소리치다, 소리치며 뒤쫓다
■ **hollo(a)** [hάlou, həlóu/hɔ́lou] ⓘ 어이, 이봐 《주의·응답하는 소리》
□ **hey** [hei] ⓘ **이봐, 어이** 《호칭》; 어 《놀람》; 야아 《기쁨》
■ **hi** [hai] ⓘ 《구어》 **야아; 어어** 《인사 또는 주의를 끄는 말》
■ **ho, hoa** [hou] ⓘ 호, 야, 저런 《주의를 끌거나 부를 때 또는 놀람·만족·득의·냉소·칭찬 따위를 나타내는 소리》
■ **hiya, hi ya** [háijə] ⓘ 《미.구어》 야아, 안녕하시오 《인사말》

에이치 아워 H-hour (공격·작전 개시시각)

□ H-**hour** [éitʃàuər] 『군』 공격(작전) 개시시각 ☜ H(hour의 첫글자) + hour(시간)
비교 D-day 공격·작전 개시일
※ **hour** [áuər/**아**우워] ⓝ 시간, **한 시간**; 시각 ☜ 라틴어로 '시기, 시절'이란 뜻
♠ What is your **dinner hour** ? 당신의 **저녁 식사 시간**은 몇 시입니까?

한국어로 딸꾹은, 영어로 히컵(hiccup)이다.

□ **hiccup, hiccough** [híkʌp] ⓝ 딸꾹질 ⓥ 딸꾹질하다 ☜ 중세영어의 의성어
♠ She gave a loud **hiccup**.
그녀가 크게 **딸꾹 하는 소리**를 냈다.

히코리 hickory (북미산 호두나무의 단단한 나무)

□ **hickory** [híkəri] ⓝ **히코리** 《북아메리카산 호두나뭇과(科) 식물》; 그 열매; **히코리** 나무 지팡이 ★ **히코리는 공구자루에도 많이 쓰임**
☜ 북미 인디언 알곤킨어로 '히코리 나무'란 뜻
♠ **Hickory** is a very hard tree.
히코리는 매우 단단한 나무이다.

히든카드 hidden card (남에게 보여주지 아니하는 비장의 카드)

□ **hide** [haid/하이드] ⓥ (-/**hid**/**hidden**(**hid**)) **숨기다, 감추다; 숨다** ⓝ 숨기, 잠복; 짐승의 생가죽 ⓥ 가죽을 벗기다 ☜ 고대영어로 '숨기다'
♠ The government **hid** the truth from the people.
정부는 국민에게 진실을 **은폐했다**.
□ **hid**den [hídn] ⓐ 숨은, **숨겨진**, 숨긴, 비밀의 ☜ hide의 과거분사
□ **hid**den card **히든카드** 《남에게 보여주지 아니하는 카드; 비장의 수, 비책》 ☜ card(카드, 판지)
♠ He has a hidden card. 그는 비장의 카드를 가지고 있다.
□ **hide**-and-seek [hάidnsiːk] ⓝ **숨바꼭질** ☜ 숨기/잠복(hide) 그리고(and) 찾기/탐색(seek)
□ **hide**away [hάidəwèi] ⓝ 《구어》 숨은 곳, 은신처 ⓐ 숨은 ☜ 멀리(away) 숨다(hide)
□ **hide**ous [hídiəs] ⓐ 무시무시한, 소름끼치는; **끔찍한** ☜ -ous<형접>
□ **hide**ousness [hídiəsnis] ⓝ 무서움 ☜ hideous + ness<명접>

아나키즘 anarchism (무정부주의)

♣ 어원 : arch 지배, 권력, 지도자

■ an**arch**ism [ǽnərkìzəm] 명 무정부주의; 무정부(상태) ☜ 그리스어로 'an(=not/~이 없는) + arch(지배권력/지도자) + sm(상태/주의)'란 뜻

□ hier**arch**y [háiərɑ̀:rki] 명 (사회·조직내의) **계급**; (큰 조직의) **지배층**; (사상·개념 등의) **체계** ☜ 신성한(hies) 지배·권력(arch)
♠ occupational **hierarchy** 직업상의 **서열**
♠ **a ruling hierarchy 지배계급**
♠ an academic **hierarchy** 학문상(분류) **체계**

하이라이트 highlight (가장 흥미있는 사건), 하이테크 high-tech (첨단기술의), 하이틴 high teen (콩글 10 대 후반의 청소년) ➔ one's late teens

□ **high** [hái/**하**이] 형 **높은; 고귀한; 고도의; 비싼** 부 높이 명 높은 곳, 고지 ☜ 고대영어로 '높은, 키가 큰, 고급스런'이란 뜻

□ **high**bred [háibréd] 형 상류가정에서 자라난; 순종의 ☜ bred(~하게 자란; breed의 과거분사)

□ **high**-class [háiklǽs, -klɑ́:s] 형 고급의, 제1급의; 상류의 ☜ class(종류, 등급, 계급, 학급, 학년)

□ hi-fi, [háifái] **high** fidelity **하이파이** 《음질의 고충실도》; **하이파이**장치 ☜ 높은(high) 충실도(fidelity)

□ H.F., **high** frequency 【전자】 고주파; 단파(3-30 Mhz) ☜ frequency(주파수, 진동수)

□ **high**-handed [háihǽndid] 형 고압적인, 횡포한 ☜ 높은(high) 손(hand) 의(ed<형접>)

□ **high**-heeled [háihí:ld] 형 굽 높은, **하이힐**의 ☜ heeled(뒤축이 높은)

□ **high**-key [háikí:] 형 【사진】 (화면이) 밝은 평조(平調)의 ☜ key(열쇠, 해답, 고음조)

□ **high**-keyed [háikí:d] 형 【사진】 화면이 밝은; 음조가 높은; 민감한, 신경질적인 ☜ high + key + ed<형접>

□ **high**land [-lənd] 명 (종종 pl.) **고지**, 산지, 고랭지; (the H-s) 스코틀랜드 북부의 고지 ☜ high + land(땅, 토지, 육지)

□ **high**light [háilàit] 명 **하이라이트**, **가장 흥미있는 사건** ☜ high + light(빛)

□ **high** living 호화로운 생활 ☜ live(살다) + ing<명접>

□ **high**ly [háili/**하**일리] 부 높이, **높은 위치에**; 고귀하게 ☜ high + ly<부접>

□ **high**ness [háinis] 명 **높음**; 높은 위치 ☜ high + ness<명접>

□ **high** noon 정오; 한낮; 전성기, 절정 ☜ noon(정오, 한낮)

□ **high**-pitched [háipítʃid] 형 음조가 높은; 몹시 긴장된 ☜ high + pitch(던지다; 음의 높이를 조정하다) + ed<형접>

□ **high**-rise [háiráiz] 형 고층의 명 고층건물 ☜ high + rise(오르다; 오름, 상승)

□ **high** school 《미》 **고등학교**(略 h.s.) ☜ school(학교)
♠ **a junior** (senior) **school 중**(고등)**학교**

□ **high** speed 고속의 ☜ speed(속도)

□ **high**-spirited [háispíritid] 형 의기양양한 ☜ high + 정신(spirit) 의(ed)

□ **high**-tech [háiték] 형 고도(첨단)기술의, **하이테크**의 ☜ high + tech(기술상의)

□ **high** technology 첨단기술, 고도과학기술 ☜ technology(과학기술)

□ **high** teen [háití:n] 《속어》 10대 후반의 소년[소녀] ☜ -teen<ten(십(十))

□ **high**way [háiwèi] 명 **간선도로, 큰길** ☜ high + way(길)

□ **high**wayman [háiwèimən] 명 (pl. **-men**) 노상 강도 ☜ highway + man(사람, 남자)

하이재킹 hijacking (항공기 공중납치)

□ hi**jack** [háidʒæ̀k] 동 《구어》 (수송 중인 화물 등을) 강탈하다; (배·비행기를) 약탈하다. **공중[해상] 납치하다** 명 공중(해상)납치, **하이잭** ☜ 미국 금주법이 시행되던 시기 위법주류운전차를 숨어서 기다리다가 이를 탈취하면서 "하이 잭(Hi Jack)"이라고 소리치는 약탈자가 많았던 데서 유래

□ hi**jack**ing [háidʒækiŋ] 명 (비행기) 공중(납치)납치 ☜ hijack + ing<명접>

■ sky**jack** [skáidʒæ̀k] 동 (비행기를) 탈취하다 ☜ sky(하늘) + jack<hijack

하이킹 hiking (도보여행) ➔ 《미》 bicycling, 《영》 cycling (자전거 하이킹)

□ **hike** [haik] 동 **하이킹**하다, 도보 여행하다; (집세·물가 등을) **갑자기 올리다** 명 (시골의) **도보여행** ☜ 중세영어로 '움직이다, 홱 비틀다'라는 뜻
♠ **go on a hike 하이킹을 가다**

□ **hike**r [háikiər] 명 **하이커**, **도보여행자** ☜ hike + -er(사람)

□ **hik**ing [háikiŋ] ⓜ **하이킹**, 도보 여행 ☜ hike + ing<명접>

✚ **trek** (소가) 짐수레를 끌다; 《남아공》 달구지 여행(하다) **trek**king **트래킹** 《산악등반과 하이킹의 중간형태》 **climb**ing 기어오르는; 상승하는; 등산용의; 산악등반, **클라이밍**

힐러리 클런틴의 힐러리(Hillary)는 <즐겁다>는 뜻이다

□ **Hillary** [híləri] ⓜ **힐러리** 《~ Rodham Clinton, 미국의 정치인, 빌 클린턴 대통령의 부인, 국무부장관, 민주당 상원의원, 제45대 미국 대통령 선거 민주당 후보; 1947-》 ☜ 라틴어로 '즐거운'이란 뜻.

□ **hilari**ous [hiléəriəs, hai-] ⓗ 들뜬, 명랑한, 즐거운 ☜ 라틴어로 '즐거운'이란 뜻. hilarity(환희, 유쾌한 기분) + ous<형접>

□ **hilari**ously [hiléəriəsli] ⓑ 유쾌하게, 법석대며 ☜ -ly<부접>

힐빌리음악 hillbilly music (미국 남부 산악지대의 민요조 음악. <두메산골사람의 음악>)

□ **hill** [hil/힐] ⓜ **언덕**, 작은(낮은) 산, 구릉 ☜ 고대영어로 '언덕'이란 뜻
♠ go over **a hill 고개**를 넘다

□ **hill**billy [hílbìli] ⓜⓗ [종종 경멸적] 남부 미개척지의 주민; 두메산골 사람 ☜ 산 촌놈. 언덕(hill)위의 빌리(Billy/남자 이름의 상징)

□ **hill**billy music **힐빌리**음악 《미국 남부 산악지대의 컨트리송》 ☜ music(음악)

□ **hill**man [hílmən] ⓜ 고원 거주인 ☜ man(사람, 남자)

□ **hill**ock [hílək] ⓜ 작은 언덕 ☜ hill + oc<축소 접미사> + k

□ **hill**side [hílsàid] ⓜ **산허리**, 언덕(구릉)의 중턱(사면) ☜ hill + side(측면, 비탈, 산중턱)

□ **hill**top [híltɑ̀p] ⓜ **언덕[야산] 꼭대기** ☜ hill + top(정상, 꼭대기)

□ **hill**y [híli] ⓗ 작은 산(언덕)이 많은 ☜ hill + y<형접>

■ up**hill** [ʌ́phìl] ⓗ 오르막의, **올라가는** ⓑ **고개[언덕]위로** ⓜ 오르막길 ☜ 언덕(hill) + 위로(up)

■ down**hill** [dáunhìl] ⓜ **내리막길**, 몰락 ☜ 언덕(hill) + 아래로(down)

힐트 hilt ([펜싱] 검의 잡는 부분; 칼자루)

□ **hilt** [hilt] ⓜ (칼·검·곡괭이 등의) **자루**; (권총 등의) **손잡이** ☜ 고대영어로 '검의 자루'란 뜻
♠ Let's fight **hilt to hilt 일대일로** 싸우자.
♠ **(up) to the hilt 자루 밑까지; 최대한**

□ **him**(그를, 그에게), **himself**(그 자신) ➔ **he**(그가, 그는) **참조**

히말라야 Himalaya Mountain (세계 최장·최고의 산맥)

□ **Himalaya** [hìməléiə-,himɑ́:ljə] ⓜ **히말라야** ☜ 고대인도어로 '만년설(hima)의 집(alaya)'이란 뜻
★ **세계의 지붕이라고 불림. 총연장 2,500km, 최고봉 에베레스트 8,848m**
♠ Mount Everest is part of **the Himalaya range**.
에베레스트는 **히말라야 산맥**의 일부이다.

□ **Himalaya**n [hìməléiən, himɑ́:ləjən] ⓗ **히말라야**(산맥)의 ☜ Himalaya + an(~의)

□ **Himalaya**s [hìməléiəz] ⓜ (pl.) (the ~) **히말라야 산맥** ☜ Himalaya + s<복수>

비하인드 스토리 behind story (숨겨진 이야기)

♣ **어원 : hind, hint 뒤(쪽), 후방**

■ be**hind** [biháind/비**하**인드] ⓑ **~ 뒤에** ☜ 뒤에(hind) 있다(be)
♠ **behind the house 집 뒤에**

□ **hind** [haind] ⓗ (-<-d**er**<-d(**er**) **most**) **뒤쪽의**, 후방의 ☜ 고대영어로 '뒤의'라는 뜻

□ **hind**(er)most [háind(ər)mòust] ⓗ 맨 뒤의 ☜ hind(er) + most(가장)

□ **hind**er [híndər] ⓗ **뒤의**, 후방의 ⓢ **방해하다**, 훼방하다 ☜ hind + er<형접/동접>
♠ **the hinder part** of a ship 배의 **후부**
♠ **hinder (A) from (B)-ing A 가 B 하는 것을 방해하다**

□ **hind**rance [híndrəns] ⓜ **방해**(물), 장애(물) ☜ hind + r + ance<명접>

□ **hint**erland [híntərlæ̀nd] ⓜ 《G.》 (해안·하안 등의) 배후지역 (⇔ foreland), 오지(奧地), 시골 ☜ 뒤쪽(hint) 의(er) 땅(land)

※ **story** [stɔ́:ri/스**또**-뤼] ⓜ (pl. -**ries**) **이야기** ☜ hi**story**(역사)의 두음소실에서. '옛날이야기'란 뜻

힌두교 Hinduism (고대 인도에서 발생한 종교), 인도, 인디언...

♣ **어원 : Hindu, Indus 인더스강 < 큰 강**

☐ **Hindu** [híndu:] ⓜ (pl. **-s**) **힌두사람** 《힌두교를 믿는 아리아 인종에 속하는 인도사람》; 힌두교도 ☜ 산스크리트어로 '강(江)'이란 뜻. 인더스강을 의미.

☐ **Hindi** [híndi:] ⓗ 북인도의, 힌디 말의 ⓜ 힌디 말《북인도 말》 ☜ Hind(=Hindu) + i<관계 접미사>

☐ **Hindu**ism, **Hindoo**ism [híndu:ìzm] ⓜ **힌두교** ☜ 힌두(Hindu) 교(ism)
♠ trust **Hinduism 힌두교**를 믿다

☐ **Hindu**stan [hìndustǽn, -stá:n] ⓜ **힌두스탄** 《인도의 페르시아 이름. 특히 Deccan 고원의 북부》 ☜ 힌두(Hindu)의 땅(stan)

☐ **Hindu**stani [hìndustá:ni, -stǽni] ⓜ 힌두스탄 말 ☜ Hindustan + i

☐ **Hin**glish [híŋgliʃ] ⓜ (힌두어와 영어가 섞인) 인도 영어 ☜ 인도(**Hin**du)의 영어(En**glish**)

✚ **Indi**a **인도** **Indi**an **인도의; 아메리카 인디언의;** 인도사람; 아메리카 인디언 **Indu**s **인더스**강

도어 힌지 door hinge (문에 달린 경첩)

※ **door** [dɔːr/도어] ⓜ **문**, 출입문, (출)입구 ☜ 고대영어로 '큰 문'

☐ **hinge** [hindʒ] ⓜ 돌쩌귀, 경첩 ⓢ 경첩을 달다 ☜ 중세영어로 '매달다'란 뜻
♠ **hinge on** 〔upon〕 ~ **~에 달려 있다**

☐ **hinge**d [hindʒd] ⓗ 경첩이 달린 ☜ 경첩(hinge)이 달린(ed<형접>)

☐ **hinge** joint (무릎 등의) 경첩 관절 ☜ joint(이음매, 접합부분)

H

힌트 hint (암시)

☐ **hint** [hint] ⓜ **힌트**, 암시 ⓢ 암시하다 ☜ 고대영어로 '붙잡다'란 뜻
♠ **take a hint 눈치를 채다**
♠ **give a hint 힌트를 주다**

☐ **hinterland**(배후지역) ➔ **hind**(뒤쪽의) **참조**

히프 hip (콩글 엉덩이) ➔ bottom, buttocks, butt, ass, rear-end, behind

☐ **hip** [hip] ⓜ **둔부**, 허리 《골반부》, **히프** ☜ 고대영어로 '엉덩이'란 뜻
★ 히프(hip)는 엉덩이의 양 측면, 즉 골반부를 의미하고, 엉덩이(bottom)는 의자에 앉았을 때 바닥에 닿는 부분이라고 생각하면 된다.
비교 B-W-H : bust(가슴)-waist(허리)-hip(골반부)의 약자
♠ She stood with her hands **on her hips**.
그녀는 **양 허리께에** 손을 얹고 서있었다.

☐ **hip**-pocket [híppὰkit] ⓜ (바지의) 뒷주머니 ⓗ 소형의, 소규모의 ☜ 엉덩이(hip) 주머니(pocket)

☐ **hip**py [hípi] ⓗ 《여자》 엉덩이가 큰 ☜ 엉덩이(hip)가 + p<자음반복> + 큰(y)

히피 hippie (기성사회에 반발하여 몸치장에 무관심한 젊은이)

☐ **hippie**, -py [hípi] ⓜ **히피**(족); 《널리》 장발에 색다른 복장의 젊은이
☜ 1960년대 등장한 탈사회적 행동을 하는 사람들. happy(행복한)에서 유래했다는 설, hipped(열중한, 화가 단단히 난)에서 유래했다는 설, 재즈 용어인 hip(가락을 맞추다), 엉덩이를 뜻하는 힙(hip)에서 유래했다는 설 등이 있다.
♠ He dresses **like a hippie**. 그는 **히피처럼** 옷을 입고 다닌다.

☐ **hippie**dom [hípidəm] ⓜ **히피**의 세계; **히피**(족) ☜ hippie + dom(신분)

☐ **hippi**sh [hípiʃ] ⓗ 우울한, 기운이 없는 ☜ hippie + ish<형접>

히포 hippo (하마)

♣ **어원 : hipp, hippo 말(馬)의**

☐ **hippo** [hípou] ⓜ (pl. **-s**) 《구어》 하마(河馬)
☜ **hippo**potamus의 줄임말

☐ **hippo**potamus [hìpəpɑ́təməs/-pɔ́t-] ⓜ (pl. **-es, -mi** [-mài]) 〖동물〗 **하마**
☜ 그리스어로 '강(江)(potamos)의 말(馬)(hippos)'이란 뜻
♠ There is a man who looks just like **a hippo**.
꼭 **하마**같이 생긴 남자가 있다.

히포크라테스 Hippocrates (고대 그리스의 의사, <의학의 아버지>)

☐ **Hippocrates** [hipάkrətìːz/-pɔ́k-] ⓜ **히포크라테스** 《그리스의 의사; 460?-377? B.C.; Father of Medicine이라 불림》

☐ **Hippocrat**ic [hipoukrǽtik] ⓗ **히포크라테스**의 ☜ -ic(형접)
♠ **take the Hippocratic oath 히포크라테스 선서를 하다**
★ 히포크라테스 선서는 히포크라테스가 말한 10가지 의료의 윤리적 지침으로 현재 전 세계 대부분의 국가에서 의사가 되고자 하는 자가 행하고 있다.

연상 타이어(tire) 대리점은 미모의 판매원을 하이어(hire.고용하다) 했다.

※ **tire**, 《영》 **tyre** [taiər] ⓜ **타이어** ☜ 중세영어로 '옷을 입히다'란 뜻. at**tire**(옷차림새, 복장)의 두음소실
ⓜ 피로 ⓢ **피로[피곤]하게 하다**, 피로해지다
☜ 고대영어로 '실패하다, 중지하다'란 뜻

☐ **hire** [haiər/하이어] ⓢ **고용하다**; 임대(차)하다 ⓜ **임대[차]료**, 고용 ☜ 고대영어로 '임금, 이자'란 뜻
♠ She **was hired** two years ago. 그녀는 2년 전에 **고용되었다**.

☐ **hire**d [haiərd] ⓗ 고용된; 빌린 ☜ hire + ed<형접>

☐ **hire**d hand (man) 고용인, 머슴, 농장일꾼 ☜ 고용된(hired) hand(손, 일손), man(남자)

☐ **hire**ling [háiərliŋ] ⓜ 고용된 사람 ☜ hire + ling<명접>

☐ **hire**r [háirər] ⓜ 고용주; (동산) 임차인 ☜ hire + er(사람)

☐ **hir**ing [háiəriŋ] ⓜⓗ 고용(계약(관계))(의); 임대차(의) ☜ hire + ing<형접/명접>

☐ his(그의; 그의 것) ➔ he(그는, 그가) 참조

스페인(Spain) = 에스파냐(España) = 히스파니아(Hispania)

♣ 어원 : **Hispano, span 스페인의**

■ **Spain** [spein] ⓜ **스페인**, **에스파냐** 《수도 마드리드(Madrid)》
☜ 그리스어로 '서쪽의 땅'이란 뜻

■ E**spañ**a [espάːnjaː] ⓜ **에스파냐** 《Spain의 스페인어명》
☜ E(=the) + Span(=Spain) + ña(=nia<나라이름 접미사>)

☐ Hi**span**ic [hispǽnik] ⓜ **스페인** 사람; (미국내 스페인어를 쓰는) 남미인, **히스패닉**
☜ (H)i(=the) + 스페인(Span) 사람(ic)

☐ Hi**span**ia [hispéiniə, -njə] ⓜ **히스파니아** 《이베리아 반도의 라틴명》
☜ (H)i(=the) + 스페인(Span) 나라(nia)

☐ Hi**span**iola [hìspənjóulə] ⓜ **히스파니올라** 《서인도제도 중에서 쿠바 다음으로 큰 섬》
★ **아이티(Haiti)와 도미니카(Dominica) 공화국을 포함하며, 다른 이름은 에스파뇰라(Española 스페인)임** ☜ 스페인어로 '스페인 섬'이란 뜻

☐ Hi**span**o [hispǽnou] ⓗⓜ (pl. ~s) 《미》 남미계의 (주민); (미국 남서부의) **스페인**계(**멕시코**계)의 (주민) ☜ '스페인어, 스페인 사람'이란 뜻

뱀소리를 한국어로는 쉭쉭거린다고 쓰고, 영어로는 히스(hiss)라고 쓴다.

☐ **hiss** [his] ⓜ 쉿하는 소리 ⓢ (뱀·증기 따위가) **쉭 소리를 내다; 야유하다** ☜ 의성어
♠ He **hissed at** them to be quiet. 그가 그들에게 **쉿!** 조용히 하라고 **했다.**
♠ **the snake's hiss 뱀이 쉭쉭거리는 소리**

☐ **hist** [hist] ⓖ 쉬잇! 조용히! ☜ 의성어

■ w**hist** [hwist] ⓖ 《고어·영국방언》 쉿, 조용히 ⓜ 침묵 ☜ 의성어

■ **shh** [ʃː] ⓖ 쉿! 조용히! ☜ 의성어
♠ **Shh, be quiet 쉿! 조용히 해!**

■ **hush** [hʌʃ] ⓖ **쉿**! ⓜ (or a ~) **침묵**, 조용함 ☜ 의성어

■ s**hush** [ʃʌʃ] ⓖ 쉿!, 조용히 해! ⓢ 쉿 하다 ☜ 의성어

히스토리 채널 The History Channel (미국의 A+E 네트웍스의 국제위성 및 케이블방송 채널. <역사 채널>이란 뜻)

THE HISTORY CHANNEL.

☐ **histor**y [hístəri/**히**스터리] ⓜ **역사**(책), 사실(史實); 경력
☜ 고대 그리스어 historia로 '연구를 통해 얻은 지식'이란 뜻
♠ **Ancient (Medieval · Modern) History** 고대**사** (중세**사** · 근대**사**)
★ 게르만족의 대이동으로 서로마제국이 멸망한 476년까지가 고대사, 십자군 전쟁 등을

거쳐 동로마 제국이 멸망한 1453년까지가 중세사, 르네상스 및 종교개혁, 대항해시대를 거쳐 1640년 청교도 혁명까지가 근세사, 프랑스혁명, 산업혁명을 거쳐 1945년 2차대전 종전까지가 근대사, 이후가 현대사이다.

☐ **histor**ian　[histɔ́:riən] ⓜ **역사가**, 사학자 ☜ -ian(사람)

☐ **histor**ic　[histɔ́(:)rik, -tɑ́r-] ⓗ **역사(상)의**, 역사적인 ☜ -ic<형접>

☐ **histor**ical　[histɔ́(:)rikəl, -tɑ́r-] ⓗ **역사(상)의**, (역)사적인, 역사의 ☜ -ical<형접>

☐ **histor**ically　[histɔ́:rikəli, -tɑ́r-] ⓑ 역사상, 역사적으로 ☜ -ly<부접>

※ **channel**　[tʃǽnl] ⓜ 강바닥, **수로; 해협** 《strait보다 큼》; 경로; (라디오 · TV 등의) **채널**
☜ 라틴어로 '물길, 수로'란 뜻

히트 상품 hit item (콩글 ▶ 흥행 성공한 상품) ➔ hot item

☐ **hit**　[hit/힡] ⓢ (-/**hit**/**hit**) **때리다, 치다**
☜ 고대영어로 '~와 우연히 만나다', 중세영어로 '때리다, ~와 접촉하다'란 뜻
♠ He **hit** my head〔face〕. 그가 내 머리〔얼굴〕을 **때렸다.**
♠ **hit on 〔upon〕 ~ ~을 생각해 내다, ~와 우연히 마주치다**

☐ **hit**-and-run　[hítənrʌ́n] 【야구】 **히트앤드런**의; 전격적인; 사람을 치고 달아나는
☜ 치(hit) 고(and) 달리다(run)
♠ **a hit-and-run accident (사람을 친) 뺑소니차 사고**

※ **hot**　[hɑt/**핱**/hɔt/호트] ⓗ (-<hott**er**<hott**est**) **뜨거운**, 더운 ☜ 고대영어로 '뜨거운'이란 뜻

※ **item**　[áitəm, -tem] ⓜ **항목,** 조목, 조항, 품목, 세목 ☜ 라틴어로 '마찬가지로'라는 뜻

H

히치하이킹 hitchhiking (무전여행 중 타인의 차를 얻어타는 행동)

☐ **hitch**　[hitʃ] ⓢ (말 따위를) **매다; 홱 움직이다; 왈칵 움직이다[끌리다]**
ⓜ **왈칵 당김 [움직임]** ☜ 중세영어로 '홱 움직이다'란 뜻
♠ **hitch** a horse to a tree 말을 나무에 **잡아매다**

☐ **hitch**hike　[hítʃhàik] ⓜ **히치하이크** 《지나가는 자동차에 편승하면서 하는 도보 여행》 ⓢ **히치하이크하다**
☜ hitch(와락 잡아당김, 급정지) + hike(도보여행)

☐ **hitch**hiking　[hítʃhàikiŋ] ⓜ **히치하이킹** ☜ hitch + hike + ing<명접>

☐ **hither**(이리로), **hitherto**(지금까지) ➔ **here**(여기) **참조**

히틀러 Hitler (제2차 세계대전을 일으킨 독일의 총통. 독재자)

오스트리아 출생의 독일의 정치가이자 독재자. 게르만 민족주의와 반유태주의를 내걸어 1933년 독일 수상이 되었고, 1934년 독일 국가원수가 되었으며, 총통으로 불리웠다. 제2차 세계대전을 일으켰지만 패색이 짙어지자 자살하였다. 주요 저서로는 <나의 투쟁>이 있다. <출처 : 두산백과>

☐ **Hitler**　[hítlər] ⓜ **히틀러** 《Adolf ~ , 나치당의 영수로 독일의 총통; 1889-1945》

✚ **Nazis** 《독》 **나치** 《전(前)독일의 국가 사회당원》(의) **Auschwitz 아우슈비츠** 《폴란드 남서부의 도시; 나치의 유대인 수용소로 유명함》 **S**chutz**s**taffel 히틀러 친위대(親衛隊) 《독일 Nazi 당의 정예 부대로 특별 경찰 활동도 겸했다. 통칭 SS》

비하이브 헤어 beehive hair (벌집모양의 윗머리 올림 스타일)

< 배우, 오드리 햅번 >

1961년 영화 <티파니에서 아침을>에서 오드리 햅번이 진주목걸이에 미니 블랙드레스 차림의 헤어스타일로 선보여 전 세계적 유명세를 탔다. <출처 : 패션전문자료사전>

■ bee**hive**　[bí:hàiv] ⓜ (꿀벌의) **벌집, 벌통** ☜ bee(꿀벌) + hive(꿀벌통)

☐ **hive**　[haiv] ⓜ **꿀벌통, 벌집**; 벌떼 ☜ 고대영어로 '벌집'이란 뜻
♠ **a hive** of industry 산업의 **중심지**

☐ **ho, hoa**(호! 어이!) ➔ **hellow**(안녕; 여보세요) **참조**

연상 ▶ 호두를 호드(hoard.비축)해라.

☐ **hoard**　[hɔ:rd] ⓜ **저장(물), 축적**; 비축(물) ⓢ **저장[축적]하다**, 사재기하다 ☜ 고대영어로 '보물'이란 뜻
♠ People have **begun to hoard** food and gasoline.
사람들은 음식과 기름을 **사재기하기 시작했다.**

☐ **hoard**er　[hɔ́:rdər] ⓜ 구두쇠, 수전노 ☜ -er(사람)

☐ **hoard**ing [hɔ́ːrdiŋ] 명 비축, 축적, 매점, 저장 ☜ -ing<명접>

연상 호스(hose.고무관)에 대고 고함을 질렀더니 호스(hoarse.목이 쉰)했다.

※ **hose** [houz] 명 (pl. hose**s**) **호스**; (pl. **-**) 《고어》 [집합적] **긴 양말**, 스타킹 ☜ 고대영어로 '다리를 감싸는 것'이란 뜻

☐ **hoars**e [hɔːrs] 형 **목쉰**(=husky); 쉰 목소리의 ☜ 고대영어로 '목쉰'이란 뜻 **비교** horse 말
♠ He shouted himself **hoarse**. 그는 고함을 질러 **목이 쉬**었다.

☐ **hoars**en [hɔ́ːrsn] 동 목쉬게 하다[되다] ☜ 목쉬게(hoars) 만들다(en)

호리 여우 hoary fox (남미에 서식하는 개과(科)의 포유류. <흰 여우>란 뜻)

☐ **hoar**y [hɔ́ːri] 형 **흰, 백발의**; 늙은; 재미없는, 시들한 ☜ 고대영어로 '회백색(hoar) 의(y<형접>)'란 뜻
♠ **hoary hair 백발**
♠ a **hoary** old joke **재미없는** 낡은 농담

☐ **hoar**frost [hɔ́ːrfrɔ̀ːst] 명 (흰)서리(=white frost) ☜ 흰(hoary) 서리(frost)

☐ **hoar**iness [hɔ́ːrinis] 명 머리가 흼; 노령; 고색창연; 엄숙함 ☜ -ness<명접>

☐ **hoar**y-headed [hɔ́ːrihédid] 형 흰머리의, 백발의 ☜ hoary + 머리(head) 의(ed)

※ **fox** [fɑks/팍스/fɔks/폭스] 명 (pl. **-es**, [집합적] **-**) **여우**, 교활한 사람 ☜ 고대영어로 '여우'란 뜻 반 vixen 암여우

호블 스커트 hobble skirt (통이 좁은 롱스커트. <절름거림 스커트>)

☐ **hobble** [hɑ́bəl/hɔ́bəl] 동 **절름거리다** 명 **절름거림** ☜ 중세영어로 '앞뒤, 위아래로 흔들다'란 뜻
♠ **be in** [get into] **a nice hobble 곤경에 빠져 꼼짝달싹 못하다[못하게 되다]**
♠ The old man **hobbled across** the road. 그 노인은 **다리를 걸며** 길을 **건너갔다.**

☐ **hobble**r [hɑ́blər/hɔ́b-] 명 절뚝거리는 사람, 절름발이 ☜ -er(사람)

※ **skirt** [skəːrt/스꺼-트] 명 **스커트, 치마** ☜ 고대 노르드어로 '치마'

하비홀릭 hobbyholic ([신조어] 취미광) * -holic(~중독의, ~광)

☐ **hobby** [hɑ́bi/hɔ́bi] 명 **취미** ☜ 고대 프랑스어로 '작은 말'이란 뜻. '어린이들이 타고 노는 장난감'이란 의미에서 '(좋아하는) 오락이나 취미'로 발전함.
♠ My **hobby** is to collect coins 내 **취미**는 동전 모으기야.

☐ **hobby**ist [hɑ́biist] 명 취미생활자 ☜ -ist(사람)

☐ **hobby**horse [hɑ́bihɔ̀ːrs] 명 흔들 목마, 목마; 좋아하는 화제 ☜ horse(말)

하키 hockey (막대기로 공을 패스 · 드리블하며 공을 넣는 스포츠)

☐ **hockey** [hɑ́ki/hɔ́ki] 명 **하키**; 《미》 ice hockey, 《영》 field hockey ☜ 고대불어로 '양치기의 막대기'란 뜻
♠ **play hockey 하키를 하다**
♠ **field hockey 필드하키** 《잔디구장에서 하는 하키게임》 ☜ field(들판)
♠ **ice hockey 아이스하키** 《빙상에서 하는 하키게임》 ☜ ice(얼음)
♠ **roller hockey 롤러하키** 《롤러스케이트를 신고 하는 하키게임》 ☜ 구르는(roll) 것(er) + hockey

연상 호우(豪雨)가 예보될 때 호우(hoe.괭이질) 해야 한다.

밀레의 <괭이를 든 사람>

☐ **hoe** [hou] 명 (자루가 긴) **괭이** 동 **괭이질하다** ☜ 프랑크족어로 '자르다, 베다'
♠ **hoe** the flower beds 화단에 **괭이질을 하다**

☐ **hoe**ing [houiŋ] 명 괭이질(=working with a hoe) ☜ -ing<명접>

☐ **hoe**r [houər] 명 괭이질하는 사람; 제초하는 사람, 제초기 ☜ -er(사람)

호프 hof (**콩글** 생맥주집) ➔ <미> bar, <영> pub

☐ **hof** [hɑ́f] 명 《독》 왕실; 마당; 농장 ☜ 한국에서 '호프(hof) = 생맥주집'으로 통용된 것은 1980년대 OB맥주회사에서 생맥주 체인점을 <OB호프>로 명명했는데, 이는 당시

독일 뮌헨에 있던 세계적인 양조장이자 술집이었던 <호프브로이하우스 (Hof-räuhaus)> 라는 곳을 벤치마킹한데서 유래했다. 이는 '왕실(Hof)의 양조(bräu) 집(haus)'이란 뜻이다. **비교** hop 뛰다, 뛰어 넘다; 도약; 《호주 속어》 맥주

소닉 더 헤지호그 Sonic the hedgehog (일본의 세계적인 비디오게임)

소닉 더 헤지호그 시리즈는 일본 비디오 게임회사 SEGA의 비디오게임. 음속으로 달릴 수 있는 파란 고슴도치 소닉과 그의 친구들이 에그먼 박사의 세계지배음모에 맞서 싸운다는 이야기의 고속 액션게임. 2017년 미국 파라마운트 픽처스가 2019년 개봉을 목표로 동명(同名)의 영화제작에 돌입한다고 밝혔다.

© SEGA

※ **sonic** [sάnik/sɔ́n-] ⓗ 소리의, 음(파)의; 음속의 ☜ 라틴어로 '소리'

※ **hedge** [hedʒ] ⓜ **산울타리**; **장벽**, 장애물; 방지책 ☜ 라틴어로 '울타리'
♠ **a hedge** of stones 돌**담**
♠ **a hedge** of convention 인습의 **장벽**

■ hedge**hog** [hédʒhàg] ⓜ **고슴도치**; 견고한 요새, 철조망 ☜ 산울타리(hedge) 돼지(hog)

□ **hog** [hɔ:g, hαg] ⓜ (식육용) **돼지; 욕심꾸러기** ⓓ (수염·말갈기) **짧게 하다** ☜ 고대영어로 '돼지'란 뜻 ★ **영국에서 hog는 비**유적인 어구에 많이 쓰이며, 그 외에는 pig를 씀.
♠ **hog on ice 일 처리가 미숙하여 미덥지 않은 사람** ☜ 빙판위에 있는 돼지는 잘 걷지 못한데서
♠ **hog in armor 안 어울리는 차림을 한 사람, 개 발에 편자**

□ **hog** cholera 〖수의〗 돼지콜레라(=swine fever)

H

호이스트 hoist (소형의 화물을 케이블로 들어 올리는 장치)

□ **hoist** [hɔist] ⓓ (기 따위를) **내걸다; 올리다** ⓜ **게양, 감아올리기; 감아올리는 기계[장치]** ☜ 중세영어로 '로프나 도르래로 들어 올리다'는 뜻
♠ **hoist down 끌어내리다**

□ **hoist**way, **hoist**hole [hɔ́istwèi], [hɔ́isthòul] ⓜ (화물 따위의) 승강로; 승강기의 통로 ☜ way(길), hole(구멍)

□ **hoise** [hɔiz] ⓓ 《방언》 (도르래 등을 써서) 들어 올리다, 높이 올리다 ☜ hoist의 변형

■ **heist** [haist] ⓜ 《방언》 (도르래 등을 써서) 들어 올리다, 높이 올리다 ☜ hoist의 변형

홀딩 holding ([스포츠] 붙들기)

□ **hold** [hould/호울드] ⓓ (-/**held**/**held**) **들고[갖고] 있다, 유지하다; 붙잡다**, 잡다; (그릇에) **담아있다; 소유[보유]하다; 억누르다**; 견디다 ☜ 고대영어로 '포함하다, 쥐다'란 뜻
♠ **hold** a book in one's hand. 손에 책을 **들고 있다**
♠ **hold back 저지[억제]하다; 주저하다; 중지하다; (진상 따위를) 감추다**
♠ **hold down (억)누르다, 압박하다; (지위를) 보존하다, 유지하다; (머리를) 숙이다**
♠ **hold good 유효하다, 적용되다; (~도 또한) 진리로 통하다**
♠ **hold on (전화를 끊지 않고) 기다리다; 꽉 쥐다, 붙잡고 있다; 지속하다; 지탱[유지]하다**
♠ **hold one's breath 숨을 죽이다**
♠ **hold one's peace** (tongue) **침묵을 지키다**
♠ **hold on to** (onto) **~ ~을 붙잡고 있다, ~에 의지하다**
♠ **hold out 지탱하다, 유지하다; 제출하다, 내밀다**
♠ **hold to ~ ~을 고수하다, 고집하다**
♠ **hold up 들어 올리다, 떠받치다; 강도질하다**
♠ **catch** (take, keep, seize, get) **hold of ~ ~을 잡다, 붙들다; 파악하다; 손에 넣다**

□ **hold**er [hóuldər] ⓜ **소유[보유]자**; 받침, **홀더** ☜ 붙잡는(hold) 사람/기기(er)

□ **hold**ing [hóuldiŋ] ⓜ **보유**, 쥠, 붙들기; **홀딩**; **토지 보유** ☜ hold + ing<명접>

□ **hold**back [hóuldbæ̀k] ⓜ 방해, 억제, 견제물 ☜ 뒤(back)에서 붙잡다(hold)

✚ down**hold** 삭감(하다), 억제(하다) up**hold** **받치다**, **지지하다** with**hold** **보류하다**; 억제하다

블랙홀 black hole (강한 중력장으로 모든 물체를 흡수해버리는 별) 홀인원 hole-in-one ([골프] 한번 쳐서 공이 홀에 들어가기)

< Black Hole >

※ **black** [blæk/블랙] ⓗ **검은, 암흑의, 흑인의** ⓜ **검은색, 암흑**
☜ 고대영어로 '완전히 어두운'이란 뜻

□ **hole** [houl/호울] ⓜ **구멍**; 함정; 결함 ☜ 고대영어로 '움푹한 곳'
비교 **whole 전부(의), 전체(의), 모든**
♠ He dug **a deep hole** in the garden.
그는 정원에 **깊은 구덩이**를 하나 팠다.

□ **hole**-in-one 【골프】 (pl. **holes-in-one**) **홀인원** 《티 샷을 한 공이 단번에 홀에 들어가는 것》
☜ (골프공이) 단 한 번(one)에 구멍(hole) 안(in)에 들어감
♠ **bolt-hole 안전한 은신처; 도피처** ☜ bolt(빗장, 볼트, 도주)
♠ **top-hole 《영.구어》 아주 뛰어난, 훌륭한; 최고급의** ☜ top(정상, 최고)
♠ **black hole 블랙홀** 《중력장이 극단적으로 강한 구멍》 ☜ black(검은)

□ **hollow** [hálou/**할**로우/hɔ́lou/**홀**로우] ⓗ **속이 빈; 오목한**, 움푹 들어간; 공허한
☜ 고대영어로 '속이 빈'이란 뜻

홀리데이 holiday (휴일)

♣ 어원 : holi, holy 성스러운

□ **holy** [hóuli/**호**울리] ⓗ (-<-li**er**<-li**est**) **신성한**, 성스러운; 경건한
☜ 고대영어로 '성스러운'이란 뜻
♠ **the Holy Bible 성서, 성경** ☜ Bible(성경)
♠ **Holy Mother 성모 (마리아)** ☜ mother(어머니)
♠ the **Holy** Roman Empire **신성**로마제국 《962-1806 년의 독일제국 칭호》
♠ **the Holy Spirit 성령**(Holy Ghost) ☜ spirit(정신, 영(靈))

□ **holi**day [hálədèi/**할**러데이/hɔ́lədèi/**홀**러데이] ⓜ **휴일**, 축(제)일; 휴가 ☜ 성스러운(holi) 날(day)
♠ **take a week's holiday 1주일 휴가**를 얻다
♠ **working holiday 도보 여행을 하는 휴가, 하이킹을 하는 휴일**
★ 워킹홀리데이(working holiday)란 나라간에 협정을 맺어 젊은이들로 하여금 여행중인 방문국에서 취업할 수 있도록 특별히 허가해주는 제도

□ **holi**daymaker [hálideimèikər] 《영》 행락객, 휴일의 소풍객 ☜ holiday + 만드는(make) 사람(er)

□ **holi**ness [hóulinis] ⓜ **신성(함)**; 청렴결백 ☜ 성스러(holi) 움(ness<명접>

홀랜드 Holland (네델란드)

□ **Holland** [hálənd/hɔ́l-] ⓜ **네덜란드** 《공식 명칭은 the Netherlands, 형용사는 Dutch》
☜ 네델란드어로 '나무(hol)의 나라(land)'란 뜻
비교 **Poland 폴란드(공화국) 《수도 바르샤바 Warsaw》**

※ **Nether**lands [néðərləndz] ⓜ (the ~) [단·복수취급] **네덜란드**(=Holland) 《공식명 the Kingdom of the ~; 수도 암스테르담(Amsterdam), 정부 소재지는 헤이그(The Hague)》
☜ (바다보다) 아래의(nether) 땅(land) 들(s)

※ **Dutch** [dʌtʃ/더취] ⓗ **네덜란드의** ⓜ **네덜란드 말[사람]**
☜ 본래 '독일의'란 뜻이었으나 17세기부터 '네델란드의'란 뜻으로 바뀜
★ 네델란드는 Holland, 공식적으로는 the Kingdom of the Netherlands 라고 칭한다. Dutch에는 경멸적인 뜻이 내포되어 있어 자국인들은 쓰지 않는다.

□ **hollow**(속이 빈, 오목한) ➔ **hole**(구멍) **참조**

헐리우드, 할리우드 Hollywood (미국 LA의 영화제작중심지)

□ **holly** [háli/hɔ́li] ⓜ **호랑가시나무**(가지) 《크리스마스 장식용》
☜ 고대영어로 '호랑가시나무; 왕자; 보호자'란 뜻

□ **Holly**wood [hάliwùd/hɔ́l-] ⓜ **할리우드** 《Los Angeles시의 한 지구; 영화제작의 중심지》; **미국 영화계** ☜ 호랑가시나무(holly)의 숲(wood)
♠ a galaxy of **Hollywood** stars 기라성 같은 **할리우드** 유명 배우들

셜록 홈즈 Sherlock Holmes (영국 코난도일 소설 속의 명탐정)

□ **Holmes** [houmz] ⓜ **홈스** 《Sherlock ~, 영국의 소설가 코난도일의 작품 중의 명탐정》
♠ Sherlock Holmes, the great detective 셜록 홈즈, 그 위대한 탐정

홀로코스트 holocaust (독일 나치스에 의한 유대인 대학살)
홀로그램 hologram (레이저 입체사진에 의한 입체화상)

♣ 어원 : holo 전체의, 완전한

☐ **holo**caust [hάləkɔ̀ːst, hóu-] ⓜ 【종교】 번제(燔祭) 《짐승을 통째 구워 신 앞에 바침》; 대학살; (the H-) 나치스의 유대인 대학살, **홀로코스트** ☜ 고대 그리스어로 '전체(holo=whole)를 태우다(caust=burn)'이란 뜻
♠ **predict a world holocaust 세계인류의 파멸**을 예상하다
※ **massacre** 대량 학살(하다), 몰살시키다
※ **slaughter 도살, 살육**; (특히 전쟁 등에 의한) **대량 학살**

☐ **Holo**cene [hάləsìːn, hóu-] ⓜⓗ (the ~) 【지질】 **홀로**세, 충적세(沖積世)(의) ☜ 그리스어로 ' 전체(holo)가 새로운(cene)'이란 뜻

☐ **holo**gram [hάləgræ̀m, hóu-] ⓜ 【광학】 **홀로그램** 《holography에 의해 기록된 간섭(干涉) 도형》 ☜ 전체(holo)의 기록/그림(gram)
♠ It's the first **hologram theater** in the world.
그것은 전 세계 최초의 **홀로그램 공연장**이다.

☐ **holo**graphy [həlάgrəfi, hou-/-lɔ́g-] ⓜ 【광학】 입체 영상, 레이저 사진술 ☜ 전체(holo)의 기록법(graphy)

© F.D. Cinematografica

< Hologram >
© spar3d.com

☐ **holy**(신성한) ➔ **holiday**(휴일) **참조**

H

호머 Homer (일리아드·오딧세이를 저술한 고대 그리스의 시인)

☐ **Homer** [hóumər] ⓜ **호메로스, 호머** 《기원전 10세기경의 그리스의 시인; 일리아드(Iliɑd) 및 오딧세이(Odyssey)의 작자로 전해짐》
♠ **(Even) Homer sometimes nods. 《속담》 호메로스 같은 대(大) 시인도 때로는 실수를 한다; 원숭이도 나무에서 떨어진다**

호모사피엔스 Homo sapiens (현생 인류)

♣ 어원 : hom, homo 사람

■ **Homo** sapiens 【인류】 **호모사피엔스**, 사람 《4~5만년전 지구상에 널리 분포한 현세인》; 현생 인류 ☜ 라틴어로 '현명한 사람'이란 뜻

☐ **hom**age [hάmidʒ/hɔ́m-] ⓜ **경의**, 존경; 신하의 예, 충성의 선서 ⓢ 경의를 표하다 ☜ 인간(hom<homo)이 모든 만물로부터 받아야 하는 것(age<명접>)
♠ They **paid homage** to no one. 그들은 누구에게도 **경의를 표하지** 않았다.

☐ **hom**ager [hάmədʒər, άm-/hɔ́m-] ⓜ (봉건시대의) 봉신(封臣), 가신(家臣) ☜ homage + er(사람)

☐ **hom**icide [hάməsàid/hɔ́m-] ⓜ 【법률】 살인《죄》; 살인 행위; 살인자, 살인범 ☜ 사람(hom)을 + i + 죽이다(cide)

홈그라운드 home ground, 홈페이지 homepage = website, 홈런 home run

☐ **home** [houm/호움] ⓜ **자기의 집, 가정; 고향** ⓗ **가정의, 본국의** ⓟ **자기집에[으로,에서]** ☜ 고대영어로 '사는 곳'이란 뜻
♠ There is nothing like **home**. **내 집**보다 나은 곳은 없다.
♠ **at home 집에서, 국내에서; 마음 편하게, 편히; 정통하여**
♠ **go home 귀가하다, 귀국하다**

☐ **home** ground [one's ~] **홈그라운드** 《팀소재지의 경기장》; 본거지 ☜ ground(지면, 땅, 운동장)

☐ **home**land [hóumlæ̀nd, -lənd] ⓜ 고국, 모국, 조국 ☜ home + land(뭍, 육지, 나라)

☐ **home**less [hóumlis] ⓗ **집 없는** ☜ home + less(없는)

☐ **home**ly [hóumli] ⓗ (-<-li**er**<-li**est**) 《미》 **못 생긴**, 《영》 **가정적인** ☜ home + ly<형접>

☐ **home**like [hóumlàik] ⓗ 자기 집 같은; 마음 편한, 편안한, 아늑한 ☜ home + like(~같은)

☐ **home**made [hóummèid] ⓗ **집에서 만든**; 국산의 ☜ home + made(만들어진; make의 과거분사)

☐ **home**maker [hóummèikər] ⓜ 주부(=housewife) ☜ 가정(home)을 꾸려가는<만드는(make) 사람(er)

☐ **home**making [hóummèikiŋ] ⓜ 가사, 가정(家政)과(科) ⓗ 가정(家政)의 ☜ -ing<명접>

☐ **home**page [hóumpèidʒ] ⓜ 【컴퓨터】 **홈 페이지** 《인터넷의 정보 제공자가 정보의 내용을 간단히 소개하기 위해 갖는 페이지》 ☜ 집(home) 소개 페이지(page)

☐ **home**r [hóumər] ⓜ 《구어》 【야구】 **본루타, 홈런** ☜ home + er<명접>

☐ **home**room [hóumrùːm, -rùm] ⓜ 【교육】 **홈룸** 《전원이 모이는 생활 지도교실》 ☜ home + room(방)

☐ **home** run [hóumrʌn] 【야구】 **홈런**(=homer), **본루타** ☜ run(달리다)

□ **home**sick [hóumsìk] 형 회향병(懷鄕病)의; **향수병에 걸린** ☜ home + sick(아픈)
□ **home**sickness [hóumsìknis] 명 향수(=nostalgia) ☜ home + ness<명접>
□ **home**spun [hóumspən] 형 **손으로 짠** 명 **홈스펀**《수직물 또는 그 비슷한 직물》 ☜ home + spun(실로 자은; spin의 과거분사)
□ **home**stay [hóumstèi] 명《미》**홈스테이**《외국인이 일반 가정에서 지내기》 ☜ home + stay(머무르다)
□ **home**stead [hóumstèd] 명 **농가**(=farmstead), 가옥 ☜ home + stead(장소; 대신)
□ **home**town [hóumtàun] 명 **고향** ☜ home + town(읍, 도회지, 촌락)
□ **home**ward(s) [hóumwərd(z)] 형 **집[모국]으로 향하는** 부 **집[모국]을 향하여** ☜ home + ward(s)(~쪽으로, ~를 향하여)
□ **home**work [hóumwə̀ːrk/**호**움워-크] 명 **숙제**, 가정학습 ☜ home + work(일)
♠ **do one's homework 숙제를 하다**
□ **hom**ing [hóumiŋ] 형 집에 돌아오(가)는; 귀소성(歸巢性)(회귀성)이 있는 ☜ home + ing<형접>

호모사피엔스 Homo sapiens (4~5만년전 살았던 현생인류), 휴머니즘 humanism (인본주의)

♣ **어원 : hom, homo, human 사람**
□ **hom**icide [hάməsàid/hɔ́m-] 명 〖법률〗 살인《죄》; 살인 행위; 살인자, 살인범 ☜ 사람(hom)을 + i + 죽이다(cide)
□ **Homo** sapiens [hóumou séipiənz] 〖인류〗 **호모 사피엔스**《4~5만년 전 지구상에 널리 분포한 현생 인류》 ☜ 라틴어로 '현명한 사람'이란 뜻
□ **Homo** erectus [hóumou iréktəs]《L.》**호모 에렉투스**《25~160만년 전 지구상에 널리 분포한 직립원인(猿人)》 ☜ 라틴어로 '직립한 사람'이란 뜻
□ **Homo** habilis [hóumou hǽbələs]《L.》**호모 하빌리스**《최초로 도구를 만들었다고 간주되는 약 200만년 전의 직립원인(猿人)》 ☜ 라틴어로 '능력있는 사람'이란 뜻
■ **human** [hjúːmən/**휴**-먼] 형 **인간의**, 사람의; **인간다운** 명 인간 ☜ 라틴어로 '사람'이란 뜻
■ **human**ism [hjúːmənìzm] 명 인간성. **인도주의. 인문[인본]주의**; (or H-) 인문학 ☜ -ism(주의)
※ **Cro(-)magnon** [kroumǽgnən, -mǽnjən] 명《F.》**크로마뇽**인(人)《1~4만년전 구석기 시대의 인간》 ☜ 유골이 발견된 프랑스의 동굴이름에서
※ **Australopithecus** [ɔ:strələupiθikəs] 명 **오스트랄로피테쿠스**《100만여년 전에 아프리카에 살았던 원시인》 ☜ '남방(australo)의 원숭이(pithecus)'란 뜻

호모 Homo = Homosexual (동성애자) ⇔ Heterosexual (이성애자)

♣ **어원 : hom, homo 동일(=the same)**
□ **homo**sex [hóuməsèks] 명 동성애, 동성 성욕(= homosexuality) ☜ 같은(homo) 성애(sex)
□ **homo**sexual [hòumousékʃəwəl] 형명 동성애의 (사람); 동성의 ☜ -ual<형접>
□ **homo**sexuality [hòumousekʃuǽləti] 명 동성애, 동성 성욕 ☜ -ity<명접>
□ **homo**erotic [hòuməirάtik] 형 동성애적인 ☜ 같은(homo) 성애(ero) 의(tic<형접>)
□ **homo**eroticism, -rotism [hòuməirάtisizm] 명 동성애 ☜ homoerotic + ism(주의)
□ **homo**geneous [hòumədʒíːniəs, hὰm-] 형 동종(동질, 균질)의 ☜ 같은(homo) 종(種)(gene) 의(ous<형접>)
□ **homo**geneity [hòumədʒəníːəti, hὰm-] 명 동종(성), 동질(성), 균질성 ☜ -ity<명접>
□ **homo**genize [həmάdʒənàiz, houmά-/-mɔ́-] 동 균질로 하다, 균질화하다 ☜ -ize<동접>
□ **homo**nym [hάmənìm/hɔ́m-] 명 동음이의어(同音異義語)《meet와 meat, fan(팬)과 fan(부채) 등》 ☜ 같은(homo) 이름(nym=name)
□ **homo**nymous [həmάnəməs, hou-/-mɔ́n-] 형 애매한; 동음이의어의 ☜ -ous<형접>
□ **homo**nymy [həmάnəmi, hou-/-mɔ́n-] 명 동음(동형) 이의(異義), 동명이인(同名異人) ☜ 같은(homo) 이름(nym=name)을 가진 자(y)

온두라스 Honduras (중앙아메리카의 공화국)

□ **Honduras** [hαndjúərəs/hɔn-] 명 **온두라스**《중앙아메리카의 공화국; 수도는 테구시갈파(Tegucigalpa); 생략: Hond.》 ☜ 스페인어로 '깊은 곳'이란 뜻
♠ The official language in **Honduras** is Spanish.
온두라스의 공용어는 스페인어이다.
□ **Honduran** [hαndjúərən/hɔn-], **Hondura**nean, -nian [hαndjúəréiniən/hɔn-] 형명 **온두라스**의(사람) ☜ -an(~의/사람)

어네스트 존 Honest John (미국이 개발한 지대지 로켓포. <정직한 사람>)
경남아너스빌 Honorsville (한국의 아파트 브랜드. <명예의 도시>)

□ **honest** [ɑ́nist/**아**니스트/ɔ́nist/**오**니스트] ⓗ **정직한**, 솔직한
☜ 라틴어로 '명예'란 뜻.
♠ She was **honest** about it.
그녀는 그 일에 대해 **솔직하**게 얘기했다.

□ **Honest** John 《미》 지대지로켓포. 《구어》 고지식한 사람 ☜ john(일반적인 남자)

□ **honest**ly [ɑ́nistli/ɔ́n-] ⓟ **정직하게** ☜ honest + ly<부접>

□ **honest**y [ɑ́nisti/ɔ́n-] ⓜ **정직**, 성실 ☜ honest + y<명접>
♠ **Honesty is the best policy. 《속담》 정직은 최선의 방책이다.**

■ dis**honest** [disɑ́nist/-ɔ́n-] ⓗ **부정직한**, 불성실한 ☜ 불(dis(=not) 성실한(honest)

□ **hono(u)r** [ɑ́nər/**아**너/ɔ́nər/**오**너] ⓜ **명예**, 영예; **경의** ⓢ **존경하다; 명예를 주다**
☜ 라틴어로 '명성, 아름다움'이란 뜻
♠ **the Medal of Honor 《미》 명예훈장** 《전투원에게 의회의 이름으로 대통령이 수여하는 최고 훈장》
♠ **in hono(u)r of ~ ~을 축하[기념]하여, ~에게 경의를 표하여**
♠ **on (upon) one's hono(u)r 명예를 걸고; 맹세코**
♠ **show hono(u)r to ~ ~에게 경의를 표하다, ~을 존경하다**

□ **hono(u)r**able [ɑ́nərəbl] ⓗ **명예로운, 존경할 만한** ☜ honor + able<형접>

□ **hono(u)r**ably [ɑ́nərəbli] ⓟ **장하게**, 훌륭하게, 올바르게 ☜ honor + ably<부접>

□ **honor**ary [ɑ́nərèri] ⓗ 명예상의 ☜ honor + ary<형접>

※ **-ville** [vil] '도시(=town, city)'란 뜻의 결합사

허니문 honeymoon (밀월, 신혼 후 첫 한 달)

□ **honey** [hʌ́ni/허니] ⓜ **벌꿀**; 사랑스런 사람 《부부·애인·아이 등에 대한 호칭》 ☜ 고대영어로 '벌꿀'이란 뜻
♠ Have you seen my keys, **honey** ? **자기야**, 내 열쇠 봤어 ?
♠ **(as) sweet as honey 꿀처럼 단**

□ **honey**bee [hʌ́nibìː] ⓜ 꿀벌 ☜ honey + bee(꿀벌)

□ **honey**comb [hʌ́nikòum] ⓜ **(꿀) 벌집** ☜ honey + comb(빗, 벌집)

□ **honey**moon [hʌ́nimùːn] ⓜ **결혼 첫 달, 밀월**, 신혼 여행(기간), **허니문** ☜ 행복한 신혼기를 보름달(moon)에 비유하며, 곧 이지러져 감을 암시한 익살스런 조어

□ **honey**suckle [hʌ́nisʌ̀kl] 인동(忍冬)덩굴 ☜ 고대영어로 '꿀(honey)을 빨아들이는(suck) 것(le)'이란 뜻

홍콩 Hong Kong, Hongkong (중국 동남쪽에 있는 특별행정구)

□ **Hong Kong, Hongkong** 홍콩(香港) ☜ 과거 '샹장[香江]' 또는 '샹하이[香海]'라고도 불리다가, 명(明)나라 때 동완(东莞)에서 생산된 향나무를 중계운송하기 시작하여 '샹강[香港]'이라고 불리게 됨. 샹강의 광동어 발음이 영어로 Hong Kong임.
♠ The liner called **at Hongkong**. 그 기선은 **홍콩에** 기항했다.

□ **hono(u)r**(명예; 존경하다), **hono(u)rable**(명예로운) ➔ **honest**(정직한) **참조**

후드티 hooded T-shirts (모자달린 티셔츠)

□ **hood** [hud] ⓜ **두건**; 두건 모양의 물건 ⓢ **두건으로 가리다**
☜ 고대영어로 '머리에 두르는 부드러운 덮개, 두건'이란 뜻
♠ She wore **a hooded T-shirt**. 그녀는 **후드티셔츠**를 입었다.

□ **hood**ed [húdid] ⓗ 두건을 쓴; 두건(모자) 모양의 ☜ hood + ed<형접>

※ **T-shirt, tee shirt** [tiːʃə̀ːrt] ⓜ T셔츠 ☜ T자 모양의 셔츠

연상 ▸ 훌라후프(Hula-Hoop)를 하다가 말의 후프(hoof.발굽)에 채였다.

※ Hula-**Hoop** [húːləhùːp] ⓜ **훌라후프** 《플라스틱 등의 테로서 허리나 목으로 빙빙 돌림》 ☜ 상표명. hula(하와이의 훌라댄스) + hoop(굴렁쇠)

□ **hoop** [huːp, hup] ⓜ **테**. (장난감의) 굴렁쇠 ⓢ **테를 두르다**
☜ 고대영어로 '띠'라는 뜻

□ **hoof** [huːf, huf] ⓜ (pl. **-s,** hoo**ves**) **발굽** ⓢ 《구어》 걷다; 《속어》 춤추다 ☜ 고대영어로 '발굽'이란 뜻
♠ **under the hoof of ~ ~에 짓밟혀서**

□ **hoof**beat [húːfbìːt, húfbìːt] ⓜ 발굽 소리 ☜ beat(비트, 치는 소리)

☐ **hoof** print　　발굽 자국 ☜ print(인쇄, 자국)

후크선장(船長) Captain Hook ([동화] 피터팬에 나오는 악당)

영국의 소설가·극작가 제임스 메튜 배리(James Matthew Barrie)의 동화 <피터팬(Peter Pan)>에 등장하는 해적선 선장. 피터팬과 싸우다 악어에 물려 왼쪽 손목을 잃고 후크(hook/갈고리)를 손목에 끼고 다니며 복수를 다짐하지만 번번히 피터팬에게 당한다.

♣ 어원 : hook, crook, crouch, croach 굽다, 구부러지다; 갈고리

※ **captain**　[kǽptin/캡틴] [명] **장**(長), **우두머리; 선장**; 【군】 (해군) 대령, (육군 · 공군 · 해병대) 대위 ☜ 중세영어로 '우두머리'라는 뜻

☐ **hook**　[huk] [명] **갈고리** [동] (갈고리 모양으로) **구부리다**
☜ 고대영어로 '갈고리, 낚시 바늘'이란 뜻
♠ Hang your towel **on the hook**. 수건은 **걸이에** 걸어라.
♠ **hook up ~에 연결**(접속)**하다; ~와 만나서 시간을 보내다**

☐ **hook**ed　[hukt] [형] **갈고리 모양의**; 갈고리가 달린 ☜ hook + ed<형접>
♠ **a hooked nose 매부리코**

✚ **crook 굽은 것[물건]**; 갈고리　**crook**ed **구부러진**　**crouch 몸을 구부리다**; 웅크리다　**creek** 《미》 **시내, 크리크**, 샛강; 《영》 작은 만　en**croach** 침입하다, 잠식(침해)하다; 침식하다

H

한국의 댄스팝 걸그룹 소녀시대의 노래, 훗 hoot (흥, 체 등의 코웃음)

☐ **hoot**　[huːt] [명] **야유하는 소리**; (흥, 체 등의) **코웃음**; 올빼미 울음소리, 부엉 부엉 [동] 야유하다; (올빼미가) **부엉부엉 울다** ☜ 고대 스웨덴어로 '경멸하다'
♠ The audience **hooted** the speaker **off** the platform.
청중은 연사를 **야유하여** 연단에서 **몰아냈다.**

☐ **hoot**er　[húːtər] [명] 야유, 올빼미; 기적, 경적 ☜ hoot + er<명접>

☐ **hoot** owl　(울음소리가 큰) 올빼미; 《미》 (공장의) 심야근무 ☜ owl(올빼미)

© SM Entertainment

호핑 hopping ([댄스] 한쪽발로 뛰어올랐다가 그 발로 착지하는 동작)

☐ **hop**　[hɑp/hɔp] [동] (한 발로) **깡총 뛰다**; 《구어》 춤추다; 뛰어넘다
☜ 고대영어로 '뛰다, 춤추다'라는 뜻
♠ **hop about in pain 아파서 껑충껑충 뛰다**

☐ **hop**ped-up　[hάptʌ̀p/hɔpt-] [형] 《미.속어》 흥분한, 흥분시키는; 마력을 높인; 마약한
☜ 위로(up) 뛰어(hop) + p<단모음+단자음+자음반복> + 오른(ed<형접>)

☐ **hop**per　[hάpər] [명] 깡총깡총 뛰는 사람; 메뚜기 ☜ 뛰는(hop) + p + 것(er)

☐ **hop**ping　[hάpiŋ] [형] 깡총 뛰는 [명] 홉 댄스 ☜ hop + p + ing<형접/명접>

✚ grass**hop**per **메뚜기, 베짱이**　bell**hop** (호텔 · 클럽의) 사환, 보이

그는 우리의 호프(hope.희망)이다.

☐ **hope**　[houp/호울] [명] **희망**; 기대; 가망(⇔ despair 절망) ☜ 고대영어로 '희망, 기대'란 뜻.
♠ Don't give up **hope**. **희망**을 잃지 마라.
♠ **While there is life there is hope. 《속담》 살아있는 한 희망도 있다.**
♠ **hope for** (to) **~ ~을 기대하다, 바라다, 희망하다**

☐ **hope**ful　[hóupfəl] [형] **희망에 찬**, 유망한 ☜ hope + ful(~이 가득한)

☐ **hope**fully　[hóupfəli] [부] 희망을 걸고, 유망하게 ☜ hopeful + ly<부접>

☐ **hope**less　[hóuplis] [형] **희망 없는**, 절망적인 ☜ hope + less(~이 없는)

☐ **hope**lessly　[hóuplisli] [부] 희망 없이, 절망적으로 ☜ hopeless + ly<부접>

호드 horde (유목민 무리), 골든 호드 Golden Horde (13세기에 유럽에 원정한 몽골군단. <황금 군단>이란 뜻)

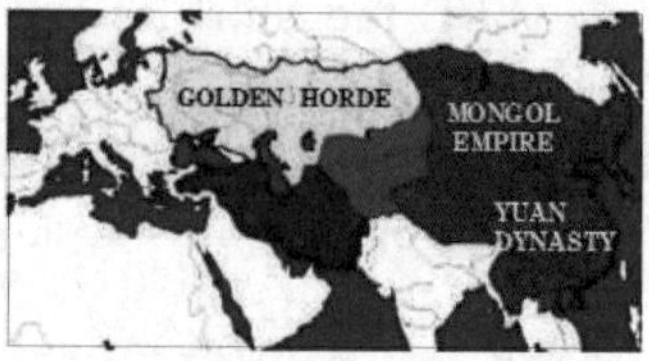

※ **gold**　[gould/고울드] [명] **금, 황금**, 황금(색) [형] 금의, 금으로 된 ☜ 고대영어로 '변색이 되지 않고, 색, 광택, 유연성 등으로 유명한 귀금속'이란 뜻

※ **gold**en　[góuldən/고울던] [형] (황)**금빛의; 귀중한; 융성한** ☜ 금(gold) 으로 된(en)

☐ **horde**　[hɔːrd] [명] **유목민의 무리**; 대약탈단(大掠奪團); 큰 무리, 떼
☜ 중앙아시아 유목민족의 '이동도읍' 오르투(Ortu, Ordo)'에서 유래
♠ **a horde of** students **큰 무리의** 학생들

☐ **horizon**(수평 · 지평선), **horizontal**(수평 · 지평선의) ➔ **horror**(공포) **참조**

호르몬 hormone ([생리] 몸의 기능유지와 성장을 돕는 내분비물)

☐ **hormon**e [hɔ́ːrmoun] ⓜ 『생리』 **호르몬** ☜ 그리스어로 '자극'이란 뜻
♠ **secrete hormones 호르몬을 분비하다** ☜ secrete(비밀로 하다; 분비하다)
♠ **male** (female) **hormone 남성**(여성) **호르몬**
♠ **growth hormone 성장호르몬** ☜ growth(성장; 증대)
♠ **environmental hormone 환경호르몬**(EDC : Endocrino Disruptor Chemicals) ☜ environment(환경) + al<형접>

☐ **hormon**al [hɔ́ːrmounl] ⓗ 호르몬의(영향을 받은) ☜ hormone + al<형접>

호러영화 horror film (공포영화)

♣ 어원 : hor(i), horn, hort 똑바른, 곧은, 곤두선; (앞쪽으로) 몰다

☐ **hor**ror [hɔ́ːrər, hɑ́r-] ⓜ **공포, 전율**
☜ 라틴어로 '(무서워) 털이 곤두서기'란 뜻
♠ **the horrors of war 전쟁의 참사**
♠ **in horror 놀라서, 기겁을 하여**

☐ **hor**rible [hɔ́ːrəbəl, hɑ́r-] ⓗ **무서운**, 끔찍한, 소름끼치는 ☜ -ible<형접>

☐ **hor**ribly [hɔ́ːrəbəli, hɑ́r-] ⓟ **무시무시하게**, 끔찍(지독)하게 ☜ -ly<부접>

☐ **hor**rid [hɔ́ːrid, hɑ́r-] ⓗ **무시무시한**; 지독한 ☜ hor + r<자음반복> + id<형접>

☐ **hor**rify [hɔ́ːrəfài, hɑ́r-] ⓓ **소름끼치게 하다**
☜ 털이 곤두서게(hor) + r<자음반복> + 하다(ify<동접>)

☐ **horn** [hɔːrn/호-온] ⓜ **뿔**, 촉각, **뿔나팔(경적)** ⓓ 뿔이 나게 하다
☜ 고대영어로 '동물의 뿔'이란 뜻. 뿔이 곤두서 있다는 의미.
★ 우리가 흔히 자동차 경적을 클락션(klaxon)이라고 하는데, 틀린 용어는 아니나 원래 Klaxon은 상표이름이므로, 보다 더 적절한 용어는 horn이다.

☐ **horn**less [hɔ́ːrnlis] ⓗ 뿔 없는; 나팔 없는 《축음기 등》 ☜ -less(~이 없는)

☐ **horn**y [hɔ́ːrni] ⓗ (-<-horni**er**<horni**est**) 뿔의, 뿔 모양의; 각질의; 뿔로 만든; 뿔처럼 단단(딱딱)한 ☜ -y<형접>

☐ **hori**zon [həráizən] ⓜ **수평선, 지평선**; 범위 ☜ 일직선으로 된(hori) 지역(zon)
♠ **above** (below) **the horizon 지평선** 위(아래)로

☐ **hori**zontal [hɔ̀ːrəzɑ́ntl/hɔ̀rəzɔ́n-] ⓗ 수평의, 평평한, 가로의; **수평선[지평선]의**
☜ horizon + tal<형접>

☐ **hori**zontally [hɔ̀ːrəzɑ́ntli, hɑ̀r-] ⓟ 수평으로 ☜ horizontal + ly<부접>

■ ex**hort** [igzɔ́ːrt] ⓓ **간곡히 타이르다**, 권하다, 훈계하다 ☜ 강력히(ex/강조) 몰다(hort)

■ ex**hort**ation [ègzɔːrtéiʃən, èksɔːr-] ⓜ **간곡한 권고**, 장려, 경고, 훈계
☜ 강력히(ex/강조) 몰아대는(hort) 것(ation<명접>)

다크호스 dark horse (예상못한 강력한 경쟁자. <검은 말>이란 뜻)

1831년 벤자민 디즈레일리가 자신의 소설 <The Young Duke>에서 '경마에서 우승한 알려지지 않은 말'이라는 의미로 사용하면서 선거·경기 등에서 예상 외로 힘을 가진 후보자나 선수를 말하게 되었다. dark는 '일반에게 알려지지 않은 비밀'이란 뜻이다. <출처 : 두산백과>

※ **dark** [dɑ́ːrk/**다**-악] ⓜ **어둠**, 암흑 ⓗ **어두운**, 암흑의 ☜ 고대영어로 '어두운; 슬픈'이란 뜻

☐ **horse** [hɔːrs/호올스] ⓜ (pl. horse**s**, [집합적] **-**) **말** ☜ 고대영어로 '말'이란 뜻
★ **horse는 수말, mare는 암말, 종마는 stallion** 비교 **hoarse** 목쉰, 쉰 목소리의
♠ **get on** (off) **a horse 말에 올라타다** (말에서 내리다)

☐ **horse**back [hɔ́ːrsbæ̀k] ⓜ **말 등** ⓟ **말을 타고** ☜ horse + back(뒤, 등)

☐ **horse**breaker [hɔ́ːrsbrèikər] ⓜ 조마사(조마師; 말을 길들이는 사람)
☜ 말(horse)의 (야성을) 깨는(break) 사람(er)

☐ **horse**-drawn [hɔ́ːrsdrɔ̀ːn] ⓗ **말이 끄는**; 말에 끌리는 ☜ horse + drawn(draw(끌다)의 과거분사)

☐ **horse**fly [hɔ́ːrsflài] ⓜ 말파리, 등에 ☜ horse + fly(날다; 날기; 파리)

☐ **horse**hair [hɔ́ːrshὲər] ⓜ **말총**, 말갈기 ☜ horse + hair(털)

☐ **horse**less [hɔ́ːrslis] ⓗ 말이 (필요) 없는 ☜ horse + less(~이 없는)

☐ **horse**man [hɔ́ːrsmən] ⓜ (pl. **-men**) **승마자, 기수**; 마술가 ☜ horse + man(남자)

☐ **horse**manship [hɔ́ːrsmənʃip] ⓜ **마술**(馬術) ☜ horseman + ship(특성, 기술)

☐ **horse**power [hɔ́ːrspàuər] ⓜ (단 · 복수 동형) **마력** 《1초에 75kg을 1m높이로 올리는 힘의 단위; 생략: HP, H.P., hp, h.p.》 ☜ 말(horse)의 힘(power)

☐ **horse** race, - racing (1회의) **경마** ☜ race(경주)

☐ **horse**shoe [hɔ́ːrsʃùː] ⓜ **편자** 《말굽에 붙이는 U자 모양의 쇳조각》 ☜ 말(horse)의 신발(shoe)

■ Pale **Horse** 창백한 말《죽음의 상징》, 죽음의 사자, 죽음 ☜ 창백한(pale) 말(horse)

호스 hose (고무관)

☐ **hose** [houz] ⓜ (pl. hose**s**) **호스**; (pl. **-**)《고어》[집합적] **긴 양말**, 스타킹 ⓢ (호스로 뜰 따위)에 물을 뿌리다, (차 등을) 물을 뿌려 씻다 ☜ 고대영어로 '다리를 감싸는 것'이란 뜻
♠ **hose (down)** the car (호스로) **물을 뿌려 세차하다**.
♠ six pairs of **hose 긴 양말** 6켤레

호텔 hotel, 호스티스 hostess (술집 접대부), 유스호스텔 youth hostel (청소년들의 국제우호를 지원하기 위한 비영리 숙박시설)

♣ **어원 : hospit, host, hot 주인; 접대[환대]하다**

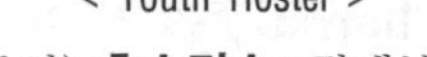

< Youth Hostel >

※ **youth** [juːθ/유-쓰] ⓜ **젊음, 청년시대; 청춘남녀;** 원기, 혈기 ☜ 고대영어로 '젊음, 청년; 어린 소'란 뜻
☐ **host** [houst] ⓜ (연회 등의) **주인**; 무리, **다수** ☜ 라틴어로 '접대자'란 뜻
♠ **a host of** rivals **많은** 경쟁자들
☐ **host**el [hástəl/hɔ́s-] ⓜ **호스텔**, 숙박소 ☜ 손님을 접대하는(host) 곳(el<명접>)
☐ **host**ess [hóustis] ⓜ (연회 등의) **여주인**(역); (술집·카바레·댄스 홀 등의) **호스티스**, 접대부 ☜ 손님을 접대하는(host) 여자(ess)
☐ **host**ler [háslər/ɔ́s-] ⓜ《고어》(여관의) 마부(=ostler) ☜ hostel + er(사람)
☐ **hot**el [houtél/호우**텔**] ⓜ **호텔**, 여관 ☜ 손님을 접대하는(hot) 곳(el<명접>)
☐ **hot**elier [òutəljéi, houtéljər] ⓜ **호텔리어**, 호텔경영자 ☜ hotel + ier(사람)
☐ **hospit**able [háspitəbəl] ⓗ **대우가 좋은, 손님 접대를 잘하는** ☜ 손님을 접대할(hospit) 수 있는(able<형접>)
☐ **hospit**al [háspitl/**하**스피를, hɔ́spitl/**호**스피틀] ⓜ **병원** ☜ 손님을 접대하는(hospit) 곳(al<명접>)
☐ **hospit**ality [hàspitǽləti/hɔ̀spi-] ⓜ **환대** ☜ 손님을 접대(hospit) 하는(al<형접>) 것(ity<명접>)
☐ **hospi**ce [háspis/hɔ́s-] ⓜ (종교 단체 등의) 여행자 숙박(접대)소; **호스피스**《말기 환자를 위한 병원》 ☜ 라틴어로 '환대; 여인숙'이란 뜻

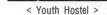

♣ **어원 : host 적** ☜ 적아식별이 잘 안됐던 고대에서는 환대한 주인이 적인 경우도 많았던 데서
☐ **host** [houst] ⓜ **무리**, 군중;《고어》**군**(軍), 군세 ☜ 라틴어로 '적, 군세'라는 뜻
☐ **host**age [hástidʒ/hɔ́s-] ⓜ **인질**; 담보 ☜ 적(host)의 상태(age)로 있는 것
♠ **hold (take) ~ hostage ~를 인질로 잡다**
☐ **host**ile [hástil/hɔ́stail] ⓗ **적의 있는, 적대하는** ☜ 적의(host)가 있는(ile)
☐ **host**ility [hɑstíləti/hɔs-] ⓜ **적의**(敵意); **적대 행위**; (pl.) **전쟁 행위** ☜ 적의(host)가 있는(ile) 것(ty<명접>)

핫도그 hot dog ➔《미》corn dog, 핫 라인 hot line (긴급통신선)

< hot dog >

☐ **hot** [hɑt/**핱**/hɔt/호트] ⓗ (-<hott**er**<hott**est**) **뜨거운**, 더운 ☜ 고대영어로 '뜨거운'이란 뜻
♠ **Strike the iron while it is hot.**
《속담》 쇠뿔은 단김에 빼라. 좋은 기회를 놓치지 마라.
☐ **hot** dog **핫 도그**《기다란 식빵에 뜨거운 소시지를 끼운 것》 ☜ dog(개). 유럽에서 건너온 닥스훈트(dachshund, 몸통이 길고 다리가 짧은 독일개) 모양의 프랑크푸르터 소시지가 20세기초 미국에서 핫도그(hot dog)라는 이름으로 불리게 되었다. 다만 핫도그는 꼬챙이가 없지만 콘도그는 꼬챙이가 있다.
☐ **hot** cake **핫 케이크**(=pancake) ☜ cake(케이크, 양과자)
☐ **hot** line **핫 라인**, 긴급통신선 ☜ line(선)
☐ **hot** pack **핫 팩**, 온습포 ☜ pack(짐 꾸러미)
☐ **hot** pants **핫 팬츠**《여자용 짧은 바지》 ☜ pants(바지)
☐ **hot** spring 온천 ☜ spring(봄, 스프링, 샘)
☐ **hot**bed [hátbèd] ⓜ 온상 ☜ bed(침대, 침상; 화단; 양식장; 바닥, 토대)
☐ **hot**house [háthaus] ⓜ 온실; 도자기 건조실 ☜ house(집, 집 모양의 것)
☐ **hot**ly [hátli] ⓟ **열렬히**, 뜨겁게, 몹시 ☜ -ly<부접>
☐ **hot**ness [hátnis] ⓜ 더위, 뜨거움; 성급함 ☜ -ness<명접>
☐ **hot**-tempered [háttémpərd] ⓗ 성급한 ☜ temper(성질, 화) + ed<형접>
☐ **hot** war 열전(熱戰)(⇔ cold war 냉전) ☜ war(전쟁)

heat [hiːt/히-트] 명 **열, 더위; 열기, 열렬함** 동 **뜨겁게 하다** ☜ 고대영어로 '열, 온기'란 뜻

폭스하운드 foxhound (영국산 여우사냥개), 그레이하운드 greyhound

※ **fox** [fɑks/팍스/fɔks/폭스] 명 (pl. **-es**, [집합적] **-**) **여우**, 교활한 사람 ☜ 고대 영어로 '여우'란 뜻

■ fox**hound** [fάkshàund] 명 **폭스하운드,** 여우 사냥개 ☜ 여우(fox) 사냥개(hound)

□ **hound** [haund] 명 **사냥개** 《앞에 blood-, deer-, fox-를 붙이는 일이 많음》 ☜ 고대영어로 '개'란 뜻
♠ **a hound** in the pursuit of rabbits 토끼를 쫓는 **사냥개**

< Foxhound >

□ **hound** dog 《미 남부》 사냥개; 《미.속어》 섹스만 생각하는 남자 ☜ dog(개)

■ grey**hound**, 《미》 gray- [gréihàund] 명 **그레이하운드** 《몸이 길고 날쌘 사냥개》 ☜ 회색(gray) 사냥개(hound)

러시아워 rush hour (교통이 혼잡을 이루는 시간대)

※ **rush** [rʌʃ/뤄쉬] 동 **돌진하다, 서두르다, 돌진시키다** 명 **돌진, 분주한 활동; 혼잡** ☜ 중세영어로 '앞쪽으로 서둘러 몰아대는', '대규모 이주'란 뜻

□ **hour** [áuər/**아**우어] 명 **한 시간** ☜ 라틴어로 '시기, 시절'이란 뜻
♠ There are **24 hours** in a day. 하루는 **24시간**이다.
♠ **the small hours 새벽 1~4 시경**

□ **hour**ly [áuərli] 형 **한 시간마다의** 부 **매 시간마다** ☜ hour + ly<부접>

□ **hour**glass [áuərglæ̀s] 명 모래〔물〕시계 ☜ glass(유리(잔); 모래〔물〕시계)

■ H-**hour** [éitʃàuər] 【군사】 공격〔작전〕 개시시각 ☜ H(hour의 첫글자) + hour(시간)
비교 D-day 공격·작전 개시일, 행사 당일

H

비닐하우스 vinyl house ➔ (vinyl) greenhouse (비닐온실)
모델하우스 model house ➔ model [show] home (견본주택)

※ **vinyl** [váinəl/**바**이널, vín-] 명 【화학】 **비닐** 《수지제의 플라스틱》 형 비닐제(製)의 ☜ poly**vinyl**의 줄임말

※ poly**vinyl** [pὰlivάinəl] 명형 【화학】 비닐 중합체(重合體)(의), **폴리비닐**(의) ☜ poly(많은) + vinyl(라틴어로 '포도주'란 뜻. 제품의 원료인 에틸 알콜은 와인에 함유된 일반적인 알코올이기 때문)

※ **model** [mάdl/**마**를/mɔ́dl/**모**들] 명 **모형, 모델; 모범** 동 **~의 모형을 만들다** ☜ 라틴어로 '근소한 차이, 표준'이란 뜻

□ **house** [haus/하우스] 명 **집**, 가옥, 주택 ☜ 고트어로 '신의 집'이란 뜻
♠ **An Englishman's house is his castle.**
《속담》 영국인의 집은 그의 성(城)이다. 그 누구도 침범 못한다.

□ **house**hold [háushòuld/**하**우스호울드, -hòuld] 명 **가족**, 세대 형 가족의 ☜ 집(house)에 대한 소유권 보유(hold)

□ **house**keeper [háuskiːpər] 명 **주부, 가정부** ☜ house + 지키는(keep) 사람(er)

□ **house**keeping [háuskiːpiŋ] 명 **살림살이**, 가계(비) ☜ house + 지키(keep) 기(ing<명접>)

□ **house**maid [háusmèid] 명 하녀 ☜ house + maid(미혼여성; 하녀, 가정부)

□ **house** rent 집세 ☜ rent(지대, 집세; 임대료)

□ **house**top [háustὰp] 명 용마루, **지붕** ☜ 집(house)의 꼭대기(top)

□ **house**wife [háuswàif] 명 (pl. **-wives**) **주부**(主婦) ☜ 집(house) 아내(wife)
★ 여성의 지위와 대우가 남성과 동등해지면서 성차별적 단어도 점차 중성적 의미의 단어로 바뀌고 있다. housewife도 homemaker로 변화됨.

□ **house**work [háuswərk] 명 **집안일, 가사**(家事) ☜ 집(house) 일(work)

□ **hous**ing [háuziŋ] 명 **주택 공급; 주택**; 피난처 ☜ house + ing<명접>

호버크래프트 Hovercraft (공기부양정), 호버링 hovering (공중정지)

□ **hover** [hʌ́vər, hάv-] 동 **공중을 떠돌다**, 공중에서 정지하다, (헬리콥터가) **호버링**(공중정지)하다 ☜ 중세영어로 '머무르다, 묶다'란 뜻
♠ Clouds **hovered over** the building.
구름이 빌딩 **상공에 멈춰 떠 있었다**.

□ **Hover**craft [hʌ́vərkræ̀ft] 명 **호버크라프트** 《고압 공기를 아래쪽으로 분사하여 기체를 지상〔수상〕에 띄워서 나는 탈것; 상표명》 ☜ craft(선박, 항공기)

□ **hover**ing [hʌ́vəriŋ] 명 【항공】 **호버링** 《공중에 정지해 있는 상태》 ☜ -ing<명접>

노하우 know-how (기술정보)

※ **know** [nou/노우] ⓢ (-/**knew/known**) **알다, 알고 있다; 구별할 수 있다** ⓜ 지식
☜ 고대영어로 '구별할 수 있다'란 뜻

☐ **how** [hau/하우] ⓟ 〖의문사〗 **어떻게, 어떤 방법으로, 어떤 이유로;** 〖감탄사〗 **참으로**
☜ 고대영어로 '어떻게'란 뜻
♠ **How are you ? 안녕하세요 ?** (인사말)
♠ **How about ~ ? ~에 대해서 어찌 생각하느냐, ~하는 것이 어떻습니까**
♠ **how many** 〔much〕 **~ 얼마 많은(양)** 〔많은(수)〕 **~**
♠ **how to ~ ~하는 법, 방법**

☐ **how**ever [hauévər/하우**에**버] ⓟ **아무리 ~할지라도**, 〖의문사 how의 강조형〗 도대체 어떻게 해서 ⓙ **~라고는 하지만**, 그렇지만 ☜ ever(언젠가, 도대체)

☐ **how**soever [hàusouévər] ⓟⓙ 아무리 ~이라도〔할지라도〕, 그렇지만
☜ how + soever(아무리 ~이라도〔하더라도〕)

하울링 howling (스피커와 마이크가 근접시 '삐' 하고 울리는 현상)

스피커음이 마이크로폰에 들어가 증폭되어서 다시 스피커를 통해 나오는 식으로 정형의 순환식 루프(loop)가 형성됨으로써 발진(전기적 진동)상태가 되기 때문에 일어나는 현상 <출처 : 전자용어사전>

H

☐ **howl** [haul] ⓢ (개가) **짖다, 바람이 윙윙거리다** ⓜ **짖는 소리**; 악쓰는 소리; 〖무선〗 **하울링** ☜ 고대영어로 '짖다'란 뜻
♠ **howl** with pain 아파서 **울부짖다**

☐ **howl**er [háulər] ⓜ 짖는 짐승, 울부짖는 사람; 큰 실패 ☜ howl + er(사람/주체)

☐ **howl**ing [háuliŋ] ⓗ 짖는; 울부짖는; 황량한; 엄청난 ☜ howl + ing<형접>

☐ **howl**ing wilderness (들짐승이 우짖는) 황야 ☜ wilderness(황야, 황무지)

인천공항은 아시아의 허브(hub.중심)공항이 되려고 매진하고 있다.

☐ **hub** [hʌb] ⓜ (차륜의) 바퀴통; (선풍기・프로펠러 등의 원통형) 중심축; (활동・권위・상업 등의) 중심, 중추 ☜ 중세영어로 '방패 중앙에 있는 돌기, 배꼽'
♠ **a hub** of industry 산업의 **중심지**

허클베리핀 Huckleberry Finn (마크 트웨인의 소년모험소설의 주인공)

Mark Twain의 소설 <허클베리핀의 모험(The Adventures of Huckleberry Finn)>(1885)의 주인공. 아버지가 죽자 더글러스 부인의 집에서 자라게 된 허클베리핀은 제약 많은 생활에서 벗어나 뗏목을 타고 넓은 미시시피강을 내려가면서 갖가지 모험에 부딪히며 극복해 나간다는 이야기 <출처 : 인명사전>

☐ **huckleberry** [hʌ́klberi] ⓜ 월귤나무류 《미국산》 ☜ 중세영어로 '월귤나무류'라는 뜻. huckle(엉덩이, 허리, 넓적다리) + berry(핵 없는 식용 소과실)
♠ (as) thick as **huckleberries**
***허클베리**처럼 빽빽한* ➔ 《구어》 빽빽이 밀생(密生)하여, 몹시 붐벼서

☐ **Huckleberry Finn** [hʌ́klberifín] **허클베리 핀** 《Mark Twain의 소설 Adventure of Huckleberry Finn의 주인공》

허드슨강(江) Hudson River (미국 뉴욕주 동부에 있는 강)

☐ **Hudson** [hʌ́dsən] ⓜ (the ~) **허드슨강** 《미국의 New York주 동부의 강》 ☜ 16c. 북미대륙을 탐험한 영국 탐험가 헨리 허드슨(Henry Hudson)의 이름에서

☐ **Hudson** Bay **허드슨**만(灣) 《캐나다 동북쪽의 만》 ☜ bay(만)

※ **river** [rívər/**뤼**버] ⓜ **강** ☜ 고대 프랑스어로 '강, 강가, 강둑'이란 뜻

연상 ▸ 허들(hurdle.장애물 육상경기)경기장에 관중이 허들(huddle.몰려들다)했다.

※ **hurdle** [hə́ːrdl] ⓜ 〖경기・경마〗 **장애물**(경주), **허들** ⓢ 장애물을 뛰어넘다 ☜ 초기 독일어로 '고리버들로 만든 틀'이란 뜻

☐ **huddle** [hʌ́dl] ⓢ **뒤죽박죽 쌓아 올리다**; 붐비다, **몰려들다** ⓜ 혼잡, 난잡 ☜ 저지(低地) 독일어로 '덮다, 숨기다'란 뜻
♠ **huddle** papers into a box 상자에 서류를 **쑤셔 넣다**
♠ **all in a huddle 매우 난잡하게**

연상 휴-하고 한숨을 쉬었더니 휴(hue.빛깔)있는 입김이 나왔다.

☐ **hue** [hjuː] 명 **색조, 빛깔**, 색상; 경향 ★ color, tint보다 문어(文語)적인 말
☜ 고대영어로 '외양, 형태; 종류; 색상'이란 뜻
♠ a garment of **a violent hue 현란한 색조**의 옷

☐ **hue**d [hjuːd] 형 《보통 합성어》 ~한 색조의 ☜ hue + ed<형접>
♠ **golden-hued 황금색의**

연상 호프(hof.생맥주)집에서 선생님이 아이들을 크게 허프(huff.호통치다)했다.

※ **hof** [hάf] 명 《독》 왕실; 마당; 농장 ☜ 한국에서 '호프(hof) = 생맥주집'으로 통용된 것은 1980년대 OB맥주회사에서 생맥주 체인점을 <OB호프>로 명명했는데, 이는 당시 독일 뮌헨에 있던 세계적인 양조장이자 술집이었던 <호프브로이하우스(Hofbräuhaus)>라는 곳을 벤치마킹한데서 유래했다. 이는 '왕실(Hof)의 양조(bräu) 집(haus)'이란 뜻이다.

☐ **huff** [hʌf] 동 호통치다; 발끈 화내다 명 발끈 화냄
☜ 스코틀랜드어로 '거칠게 숨을 쉬다'란 뜻
♠ **in a huff 성이 나서, 불끈하여**

프리허그 free hug (불특정 사람을 안아주는 행위)
백 허그 back hug (뒤에서 안아주는 행위)

프리허그란 길거리에서 'Free Hug'라는 피켓을 들고 기다리다가 자신에게 포옹을 청해오는 불특정 사람을 안아주는 행위. 일부 장난스럽게 이러한 행위를 하는 사람도 있으나, 본래적 의미는 포옹을 통해 파편화된 현대인의 정신적 상처를 치유하고 평화로운 가정과 사회를 이루고자 노력하는 것이다.

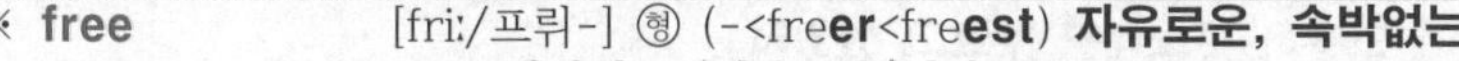

< Back Hug >

※ **free** [friː/프뤼-] 형 (-<fre**er**<fre**est**) **자유로운, 속박없는**
☜ 고대영어로 '자유로운'이란 뜻

※ **back** [bæk/백] 명 **등, 뒤쪽** 형 **뒤(쪽)의** ☜ 고대영어로 '등, 뒤'라는 뜻

☐ **hug** [hʌg] 동 (애정을 가지고) **꼭 껴안다**; (편견 등을) **품다**
☜ 고대 노르드어로 '위로, 위안', 중세영어로 '껴안다'란 뜻
♠ They **hugged** each other. 그들은 서로 **껴안았다**.

연상 주식폭락으로 휴지(huge.거대한)한 양의 주식이 휴지가 됐다.

☐ **huge** [hjuːdʒ/휴-쥐, juːdʒ] 형 **거대한**; 막대한 ☜ 고대 프랑스어로 '높은, 큰'이란 뜻
♠ **huge amounts of** data **엄청난 양의** 데이터

☐ **huge**ly [hjúːdʒli] 부 크게; 매우 ☜ huge + ly<부접>

☐ **huge**ness [hjúːdʒnis] 명 거대, 막대 ☜ huge + ness<명접>

빅토르 위고 Victor-Marie Hugo (프랑스의 낭만파 시인·소설가)

☐ **Hugo** [hjúːgou] 명 **위고** 《Victor ~ , 프랑스의 작가·시인; 1802-85》
★ 대표저서 : 『노트르담 드 파리』, 『레 미제라블』 등

※ **Les Misérables 레미제라블** 《비참한 사람들》 ☜ Les<복수형 정관사> + misérable < miserable(불쌍한, 비참한) + s<복수>

※ **Notre Dame** 《프》 **노틀담**, 성모마리아 ☜ 프랑스어로 '우리의(Notre) 여인(Dame)'이란 뜻

훌라후프 Hula-Hoop (허리 둘레에서 돌리는 플라스틱제의 둥근 고리)

☐ **hula**(-hula) [húːlə(húːlə)] 명 (하와이의) **훌라댄스**(곡) ☜ 하와이의 전통춤. '춤춘다'란 뜻
♠ **dance the hula 훌라댄스를 추다**

☐ **Hula**-Hoop [húːləhuːp] 명 **훌라후프** 《플라스틱 등의 테로서 허리나 목으로 빙빙 돌림》
☜ 상표명. hula(하와이의 훌라댄스(곡)) + hoop(굴렁쇠)

헬멧 helmet (머리보호용으로 만들어진 투구형의 모자)
헐마운트 소나 Hull-Mounted Sonar ([함선] 선체 고정형 음탐기)

< Hull-Mounted Sonar >

♣ 어원 : **helm, hull 감추다, 덮다; 감추는 것, 투구, 껍질**

■ **helm** [helm] 명 《고어 · 시어》 **투구**(=helmet); 키자루, 키조종장치, 타기 ☜ 고대영어로 '감추다; 왕관, 투구'란 뜻

■ **helm**et [hélmit] 명 헬멧, **철모**; 투구 동 ~에 헬멧을 씌우다 ☜ -et<명접>

☐ **hull** [hʌl] 명 껍질, 껍데기, **외피, (콩)깍지**; **선체** 동 껍질(깍지)을 벗기다

☜ 초기 독일어로 '덮다', 고대영어로 '겉껍질, 꼬투리'란 뜻
♠ **hull** 〔pod〕 beans 콩깍지**를 까다**
♠ salvage 〔refloat〕 **the hull 선체**를 인양하다

※ **mounted** [máuntid] ⓗ **말 탄**; ~에 설치한; 〚군사〛 기동력이 있는
☜ 설치(mount) 된(ed<수동형 형접>)

※ **sonar** [sóunɑːr] ⓜ **소나**, 수중 음파탐지기, 잠수함 탐지기
☜ **so**und **na**vigation **r**anging의 약어

헬로우 hello (여보게, 이봐; [전화] 여보세요)

□ **hello** [helóu/헬**로**우, hə-, hélou] ⓖ **여보게, 이봐**; 어이구; 〚전화〛 여보세요
☜ hallo(여보세요)의 변형

□ **hallo(a), halloo** [həlóu, hæ-, -lúː] ⓖ **여보세요**, 이봐, 야 ☜ 고대영어로 '소리치며 뒤쫓다'란 뜻

□ **hallow** [həlóu] ⓖ 여보세요, 이봐, 야 ⓢ 소리치다, 소리치며 뒤쫓다

□ **hollo(a)** [hάlou, həlóu/hɔ́lou] ⓖ 어이, 이봐 《주의・응답하는 소리》

□ **hullo(a)** [həlóu, hʌ́lou, hʌlóu] ⓖ 《영》 = **hello**

□ **hullabaloo** [hʌ́ləbəlùː] ⓜ 왁자지껄, 야단법석, 시끌벅적, 떠들썩함, 큰 소란
☜ 근대영어로 '시끄러운 소동'이란 뜻. hollow(=hello)의 운율적 중복
♠ **kick up** 〔make, raise〕 **a hullabaloo 야단법석을 떨다, 소동을 일으키다.**
★ 영국에 어린이 전용 훌라발루(the Hullabaloo/시끌벅적) 극장이 있다.

H

허밍 humming ([음악] 콧소리에 의한 발성)

□ **hum** [hʌm] ⓢ (벌・팽이・선풍기 따위가) **윙윙거리다; 콧노래를 부르다** ⓜ **윙윙(소리)**
☜ 중세영어로 '(벌 등이) 윙윙거리다'란 뜻
♠ She **was humming** softly to herself.
그녀는 혼자 조용히 **콧노래를 부르고 있었다**.

□ **hum**ming [hʌ́miŋ] ⓗ **윙윙거리는**; 콧노래를 부르는 ☜ hum + m + ing<형접>

□ **hum**mingbird [hʌ́miŋbəːrd] ⓜ 〚조류〛 **벌새** ☜ bird(새)

호모사피엔스 Homo sapiens (4~5만년전 살았던 현생인류), 휴머니즘 humanism (인본주의)

♣ 어원 : **homo, human 사람**

■ **Homo** sapiens 〚인류〛 **호모사피엔스** 《4~5만년 전 지구상에 널리 분포한 현생 인류》
☜ 라틴어로 '현명한 사람'이란 뜻

□ **human** [hjúːmən/**휴**-먼] ⓗ **인간의**, 사람의; **인간다운** ⓜ **인간** ☜ 라틴어로 '사람'이란 뜻
♠ **To err is human. 《속담》 실수하는 것이 인간이다. 과오는 인간의 상사(常事)**

□ **human** being **인간** ☜ being(있는 것, 존재)

□ **human** nature 인간성, 인성 ☜ nature(자연; 본성)

□ **human** power 인적자원 ☜ power(힘, 동력, 능력, 권력)

□ **human** relations 인간〔대인〕관계(론) ☜ relation(관계)

□ **human** rights 인권 ☜ right(옳은; 오른쪽의; 권리)

□ **human** sciences 인문과학 ☜ science(과학)

□ **human**e [hjuːméin] ⓗ **자비로운**, 인도적인 ☜ human의 변형

□ **human**ely [hjuːméinli] ⓟ 자비롭게, 인도적으로 ☜ -ly<부접>

□ **human**ism [hjúːmənìzm] ⓜ 인간성, **인도주의. 인문[인본]주의**; (or H-) 인문학 ☜ -ism(주의)

□ **human**ist [hjúːmənist] ⓜ 인간성 연구학자; 인문〔인본〕주의자, **휴머니스트** ☜ -ist(사람)

□ **human**itarian [hjuːmænitέəriən] ⓜ **인도주의자** ⓗ 인도주의의
☜ humanity + arian<~주의자<형접/명접>>

□ **human**ity [hjuːmǽnəti] ⓜ **인간성**, **휴머니티**, **인류** ☜ -ty(명접)

□ **human**ize [hjúːmənàiz] ⓢ 인간답게 만들다 ☜ -ize<동접>

□ **human**kind [hjúːmənkàind] ⓜ **인류**, 인간 ☜ 인간(human) 종족(kind)

□ **human**ly [hjúːmənli] ⓟ 인간답게; 인력으로(써) ☜ -ly<부접>

□ **human**oid [hjúːmənɔ̀id] ⓗ (형태・행동이) 인간에 가까운 ⓜ **휴머노이드** 《SF소설 등에 나오는 인류와 유사한 로봇, 우주인》 ☜ oid(~같은)

□ **humint, HUMINT** [hjúːmint] **Hum**an **Int**elligence **휴민트** 《사람에 의한 정보수집〔첩보활동〕》

유머 humo(u)r (익살, 해학)

♣ 어원 : **hum 땅; 습기**

□ **hum**ble [hʌ́mbəl] ⓗ (-<-bl**er**<-bl**est**) **겸손한**; (신분 등이) **비천한**

☜ 자신을 땅(hum)에 낮추는(ble<형접>)
♠ a man **of humble origin 미천한 집에서 태어난** 사람
♠ **humble pie 굴욕; 험블파이** 《영국의 록밴드 이름》

☐ **hum**bleness [hʌ́mblnis] ⓜ 겸손; 비천 ☜ humble + ness<명접>
☐ **hum**bly [hʌ́mbli] ⓟ **겸손하게** ☜ humble + ly<부접>
☐ **hum**id [hjúːmid] ⓗ **습기 있는**, 눅눅한 ☜ 습기(hum)가 있는(id<형접>)
☐ **hum**idity [hjuːmídəti] ⓜ **습기**; 【물리】 습도 ☜ humid + -ity<명접>
☐ **hum**iliate [hjuːmílièit] ⓓ 창피를 주다, **굴욕을 주다** ☜ 땅(hum)과 같게(ili) 하다(ate<동접>)
☐ **hum**iliation [hjuːmìliéiʃən] ⓜ **창피줌**; 굴욕, 수치 ☜ humiliate + ion<명접>
☐ **hum**ility [hjuːmíləti] ⓜ **겸손**, 겸양 ☜ 땅(hum)과 같게(ili) 하기(ty<명접>)
♠ **Life is a long lesson in humility. 인생은 겸손에 대한 오랜 수업이다.**
- 영국 소설가, 제임스 M. 배리 -

☐ **hum**or, **hum**our [hjúːmər] ⓜ **유머, 익살, 해학** ☜ 즐겁게 하기, 기분 맞추기.
⇦ 고대 북프랑스어로 '습기(hum)를 맞추는 것(our)'
♠ **be in a good 〔bad〕 humor. 기분이 좋다** 〔나쁘다〕

☐ **hum**o(u)rist [hjúːmərist] ⓜ **익살꾼**, 유머작가 ☜ -ist(~주의자)
☐ **hum**o(u)ristic [hjùːmərístik] ⓗ 익살스러운, 우스꽝스러운 ☜ -ic<형접>
☐ **hum**orous [hjúːmərəs] ⓗ **유머러스한**, 익살스러운, 재미있는 ☜ -ous<형접>
☐ **hum**us [hjúːməs] ⓜ **부식토** ☜ 라틴어로 '땅, 토양'이란 뜻. -us<명접>
■ ex**hum**e [igzjúːm, ekshjúːm] ⓓ 파내다, (특히 시신 · 유물을) 발굴하다
☜ 땅(hum)을 밖으로(ex) 파내다(e)
■ post**hum**ous [pɑ́stʃuməs/pɔ́s-] ⓗ 유복자로 태어난; 사후의
☜ 땅(hum)에 묻힌 후(post) 의(ous<형접>)

번들 bundle (무료제공 · 패키지판매 소프트웨어, <묶음>이란 뜻)

하드웨어 또는 소프트웨어를 구입할 때 무료로 제공하는 소프트웨어. '묶음'이란 뜻으로, 원래는 별도로 판매하는 제품을 한 데 묶어서 패키지로 판매하는 형태를 말한다.

♣ 어원 : **bundle, bunch, hunch, hump 혹, 덩어리, 솟아오른 것; 밀어 올리다**

■ **bundle** [bʌ́ndl] ⓜ **묶음, 묶은 것, 꾸러미**(로 만든 것) ☜ 고대영어로 '묶은(bund=bind) 것(le)'
■ **bunch** [bʌntʃ] ⓜ **다발, 송이**(=cluster); 무리 떼; 혹, 융기 ☜ 중세영어로 '돌출한 것, 혹'
☐ **hump** [hʌmp] ⓜ (잔등 · 낙타 따위의) 혹, **육봉**; (지면이) 툭 솟아오른 곳
☜ 중세 저지(低地) 독일어로 '솟아오른 것, 혹'이란 뜻
♠ a camel **with two humps 쌍봉**낙타
☐ **hump**back [hʌ́mpbæ̀k] ⓜ 꼽추, 곱사등(이) ☜ back(뒤, 등)
☐ **hump**ed [hʌmpt] ⓗ 혹이 있는, 등이 좁은 ☜ 솟아오(hump) 른(ed<형접>)
☐ **hunch** [hʌntʃ] ⓜ 군살, **혹**; 덩어리; **예감** ⓓ (등 따위를) 활 모양으로 구부리다
☜ bunch의 변형
♠ play one's 〔a〕 **hunch 직감**으로 행동하다
♠ Don't **hunch up** your back so. 그렇게 등을 **구부리지** 마라.
☐ **hunch**back [hʌ́ntʃbæk] ⓜ **곱사등(이)** ☜ back(뒤, 등)
♠ **The Hunchback** of Notre Dame 노틀담의 **꼽추** 《V. Hugo의 소설》

우리는 흥! 하고 비웃고, 영 · 미국인들은 흠!(humph)하고 비웃는다

☐ **humph** [hʌmm, hm̩, hm̩h] ⓖ 흥 《불만 · 의혹 · 혐오 · 모멸 따위를 나타내는 소리》

☐ **Humus**(부식토) ➔ **humble**(겸손한, 비천한) **참조**

☐ **Hun**(훈족, 흉노) ➔ **Hungary**(헝가리) **참조**

☐ **hunch**(혹, 예감; 구부리다) ➔ **hump**(낙타의 혹, 육봉) **참조**

호모헌드레드 homo-hundred ([신조어] 100 세 시대의 인간을 지칭하는 용어)

이 용어는 UN이 2009년 작성한 '세계인구고령화' 보고서에서 의학기술 등의 발달로 100세 이상의 장수가 보편화되는 시대를 지칭하면서 만들어졌다. 이 보고서에 따르면 평균수명이 80세를 넘는 국가가 2000년에는 6개국에 불과했지만 2020년에는 31개국으로 급증할 것으로 예상했다. <출처 : 시사상식사전>

※ **Homo** sapiens 【인류】 **호모사피엔스** 《4~5만년 전 지구상에 널리 분포한 현생 인류》
☜ 라틴어로 '현명한(sapiens) 사람(homo)'이란 뜻

☐ **hundred** [hʌ́ndrəd/**헌**드뤠드] ⓗ **100(개·명)의** ⓜ **100, 100개[명·살]**
☜ 고대영어로 '100의 수'란 뜻
♠ for **hundreds of** years **수백**년동안
♠ **the Hundred Years' War 백년전쟁** 《1337-1453년간 발발했던 영불전쟁》
♠ **hundreds of 수백의, 많은**
♠ **hundreds of thousands of 수십만의, 무수한**

☐ **hundred**th [hʌ́ndrədθ] ⓜⓗ **100번째(의)**; 100분의 1(의) ☜ -th(~번째)

헝가리 Hungary (아시아의 훈족[흉노족]이 세운 유럽 중부의 공화국)

☐ **Hun** [hʌn] ⓜ 훈족, 흉노(匈奴) 《4-5세기경 유럽을 휩쓴 아시아의 유목민》
☜ 중국에서 한<훈(Han<Hun)족, 흉노(Hiong-nu)족으로 알려진 부족

☐ **Hun**gary [hʌ́ŋgəri] ⓜ **헝가리** 《수도 부다페스트(Budapest)》
☜ 아시아 북방민족 흉노족의 일파인 '훈(hun)족의 땅(gary)'이란 뜻
♠ Budapest is the capital city of **Hungary**. 부다페스트는 **헝가리**의 수도이다.

☐ **Hun**garian [hʌŋgέəriən] ⓗ 헝가리(사람·말)의 ⓜ 헝가리 사람(말) ☜ Hungary + an(사람/말)

※ **Magyar** [mǽgjaːr, mάːg-] ⓜ (pl. **-s**) **마자르**(헝가리) 사람(말) ⓗ **마자르**사람(말)의
☜ 헝가리 토착민 이름

H

헝그리정신 hungry spirit (어려운 상황을 강하게 극복하는 정신)

☐ **hungr**y [hʌ́ŋgri/**헝**그리] ⓗ (-<-gri**er**<-gr**est**) **배고픈**, 주린 ☜ hunger + y<형접>
♠ **Are you hungry ? 배고프세요?**
♠ **the Hungry Forties** 〖영.역사〗 **기아의 40년대** 《1840-49년의 대기근》

☐ **hunger** [hʌ́ŋgər] ⓜ 공복, 배고픔; **굶주림**, 기아; **갈망**
☜ 고대영어로 '음식부족에 따른 불편 및 고통'이란 뜻
♠ **Hunger is the best sauce. 《속담》 시장이 반찬이다.**

☐ **hunger** strike 단식투쟁 ☜ strike(치기; 〖야구〗 스트라이크; 파업)

※ **spirit** [spírit/스**피**륕] ⓜ **정신**, 영혼; 원기 ☜ 숨을 쉬고 있는[살아 있는]

헌팅 hunting (콩글 길거리에서 마음에 드는 이성에게 대시하기) ➔ pick up girls [boys]

☐ **hunt** [hʌnt/헌트] ⓢ **사냥하다, 추적하다** ⓜ 사냥, 수렵; 추적
☜ 고대영어로 '사냥감을 쫓다'란 뜻
♠ Lions sometimes **hunt** alone. 사자는 때때로 혼자서 **사냥을 한다**.

☐ **hunt**er [hʌ́ntər] ⓜ **사냥꾼**; 사냥개, 사냥말; 탐구자 ☜ -er(사람)
♠ **The Deer Hunter 디어헌터** 《베트남전쟁의 후유증을 다룬 미국 영화》
♠ **head hunter 헤드 헌터** 《기업의 임원이나 첨단기술자 등 고급기술 인력을 기업·기관에 소개해주고 거액의 수수료를 받는 민간인력 소개업체》

☐ **hunt**ing [hʌ́ntiŋ] ⓜ **사냥, 수렵**; 《영》 여우 사냥 ☜ -ing<명접>
★ 영국에서는 shooting, racing과 함께 3대 스포츠라 함.

☐ **hunt**ress [hʌ́ntris] 여자 사냥꾼, [the H-] 수렵의 여신 Diana ☜ hunter + ess<여성 접미사>

☐ **hunt**sman [hʌ́ntsmən] ⓜ (pl. **-men**) **사냥꾼** ☜ hunt + s<소유격> + man(사람)

허들경기 hurdle race (장애물 육상경기)

☐ **hurdle** [hə́ːrdl] ⓜ 〖경기·경마〗 **장애물, 허들**; 장애물경주; 《영》 바자울타리 ☜ 고대영어로 '임시 차단막으로 사용되는 나무틀'이란 뜻
♠ His horse fell at **the final hurdle**.
그의 말이 **마지막 장애물**에 걸려 넘어졌다.

☐ **hurdle** race 장애물 경주 ☜ race(경주, 레이스; 경주하다)
비교 steeplechase 장거리(야외) 장애물 경주

☐ **hurdle**r [hə́ːrdlər] ⓜ **허들** 선수; 바자울타리를 엮는 사람 ☜ -er(사람)

헐링 hurling (아일랜드식 하키)

☐ **hurl** [həːrl] ⓢ **세게 내던지다**; 투구하다 ⓜ 투척 ⓗ 부상한, 파손된
☜ 중세영어로 '강하게 던지다, 세차게 돌진하다'란 뜻
♠ **hurl** a spear at a wild animal 들짐승에게 창을 **던지다**.

☐ **hurl**bat [hə́ːrlbæt] ⓜ (하키의) 타구봉 ☜ hurl + bat(타봉, 곤봉)

☐ **hurl**er [hə́ːrlər] ⓜ 던지는 사람; 〖야구〗 투수(投手) ☜ -er(사람)

□ **hurl**ey [hə́ːrli] [명] 헐링용 스틱; 헐링볼 ☜ 던지는(hurl) 것(ey<명접>)
□ **hurl**ing [hə́ːrliŋ] [명] 던지기; **헐링** 《아일랜드식 하키; 규칙은 하키와 거의 같음》 ☜ 던지(hurl) 기(ing<명접>)

하일 히틀러 《독》 Heil Hitler (나치경례. <히틀러 만세!>란 뜻)

■ **heil** [hail] [감] 《G.》 만세(=hail) [동] ~에게 Heil하고 인사하다
■ **hail** [heil] [동] **환호하여 맞이하다, 소리쳐 부르다** [명] 환영; 환호 [감] 안녕, **만세** ☜ 고대 노르드어로 '건강, 번영, 행운'이란 뜻
♠ **hail to the chief 《미》 대통령 찬가** 《대통령 등장시 연주》
□ **hurrah, hurray** [hərɔ́ː, -rɑ́ː, huréi] [감] **만세, 후레이** ☜ 중세영어로 '선원들의 환호성, 격려, 박수치는 소리'라는 뜻
※ **Adolf Hitler** **아돌프 히틀러** 《독일 정치가이자 나치의 총통으로 제2차 세계대전을 일으킴: 1889-1945》

[연상] 허리케인(hurricane.카리브해 태풍)이 오니 허리업(hurry up.서두르다) 해라.

□ **hurricane** [hə́ːrəkèin, hʌ́ri-/hʌ́rikən] [명] **폭풍, 태풍, 허리케인** 《초속 32.7m 이상》 ☜ 마야신화에 나오는 우라칸(Huracan)이라는 '태풍의 신'에서 유래
★ **태풍은 태평양에서 발생하면** typhoon, **카리브해에선** hurricane, **인도양에선** cyclone으로 불린다.
♠ **hurricane-force** winds **허리케인급** 강풍
□ **hurry** [hə́ːri/**허**-뤼, hʌ́ri] [명] **서두름**; 〖부정·의문문〗 **서두를 필요** [동] **서두르다, 재촉하다** ☜ 중세영어로 '돌진하다, 재촉하다'란 뜻
♠ **Hurry up. 서둘러라.**
♠ **in a hurry 급히**(=in haste), **허둥지둥**
□ **hurri**ed [hə́ːrid, hʌ́rid] [형] **재촉받은,** 황급한 ☜ -ed<형접>
□ **hurri**edly [hə́ːridli] [부] 서둘러, 다급하게 ☜ -ly<부접>
□ **hurry-scurry, -skurry** [hə̀ːriskə́ːri] [부] 허둥지둥 [형] 허겁지겁하는 [명] 허겁지겁함; 혼란, 법석 [동] 허둥지둥 서두르다〔달리다〕 ☜ hurry의 음율적 중복형
■ **scurry** [skə́ːri, skʌ́ri] [동] (종종 걸음으로) **달리다**, 급히 가다 [명] (pl. **-ries**) 종종걸음; 질주 ☜ hurry-**scurry**의 줄임말

[연상] 그의 이별통보는 나의 하트(heart.마음)에 허트(hurt.상처)를 주었다.

※ **heart** [hɑːrt/하-트] [명] **마음**, 가슴, 심장, 사랑하는 사람 ☜ 고대영어로 '마음, 정신'이란 뜻
□ **hurt** [həːrt/허-트] [동] (-/**hurt**/**hurt**) **다치게 하다, 상처를 주다; 아프다** [명] 상처, 아픔 [형] 부상한, 파손된 ☜ 중세영어로 '상처, 부상'이란 뜻
♠ I did'nt want to **hurt** his feelings.
나는 그의 감정을 **상하게 하**고 싶지 않았다.
□ **hurt** book 파손된 책자, 하자본 ☜ book(책)
□ **hurt**ful [hə́ːrtfəl] [형] 고통을 주는; 유해한 ☜ 아픔(hurt)이 가득한(ful)
□ **hurt**less [hə́ːrtlis] [형] 해가 없는, 무해한; 상처를 입지 않은 ☜ 아픔(hurt)이 없는(less)

비닐하우스 vinyl house ➔ (vinyl) greenhouse (비닐온실)

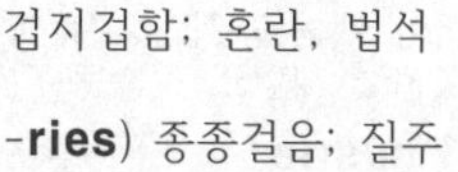

※ **vinyl** [váinəl/**바**이널, vín-] [명] 〖화학〗 **비닐** 《수지제의 플라스틱》 [형] 비닐제의 ☜ poly**vinyl**(〖화학〗 폴리비닐, 비닐중합체(重合體))의 줄임말
■ **house** [haus/하우스] [명] **집**, 가옥, 주택 ☜ 고트어로 '신의 집'이란 뜻
□ **hus**band [hʌ́zbənd/**허**즈번드] [명] **남편** [동] **절약하다** ☜ 고대영어로 '집<가정(house)을 하나로 묶는 끈(band)'이란 뜻
♠ This is **my husband**, Steve. 이 사람이 **제 남편** 스티브예요.
□ **hus**bandman [-mən] [명] (pl. **-men**) (농업의) 전문가; 《고어》 농사꾼, 농부 ☜ man(남자)
□ **hus**bandry [hʌ́zbəndri] [명] **농사**; 《고어》 **가정**; 절약 ☜ -ry<명접>

허시파피 Hush Puppies (미국 신발브랜드. <입다문 강아지들>이란 뜻)

허시파피는 미국의 가죽신발브랜드이다. 1958년에 탄생한 허시파피는 개(바셋하운드)를 로고로 쓰고 있는데 이 브랜드는 시끄럽게 짖는 개들에게 허시파피라는 옥수수가루로 만든 튀긴 빵을 던져주면 그걸 먹느라 조용해진다는 데서 착안해 아픈 발을 조용히 쉬게 해주는 신발이란 뜻으로 만들어졌다.

□ **hush** [hʌʃ] ㉭ [ʃː] 쉿《조용히 하라는 신호》 ㉯ **침묵** ㉰ **잠잠하게 하다**, 입 다물게 하다 ☜ 중세영어로 '조용한, 침묵한'이란 뜻
♠ **hush** a crying child to sleep 우는 아이를 **달래어** 재우다

□ **hush** money 입막음 돈, 무마비용 ☜ (입을) 잠잠하게 하는(hush) 돈(money)

□ **hush** puppy **허시파피** 《미국 남부의 옥수수 가루로 만든 둥근 튀김빵》; [H~ P~] **허시파피** 《가볍고 부드러운 가죽구두; 상품명》 ☜ 조용한(hush) 강아지(puppy)

Hush Puppies

□ **hush**ed [hʌʃt] ㉱ 조용해진, 고요한; 비밀의 ☜ hush + ed<형접>

□ **hush-hush** [hʌ́ʃhʌ̀ʃ] ㉱ 《구어》 극비의 ㉯ 비밀(주의); 검열 ㉰ 극비로 하다 ☜ hush의 중복 배열

허스키 보이스 husky voice (쉰 듯한 목소리. <껍질처럼 건조한 목소리>란 뜻)

□ **husk** [hʌsk] ㉯ **껍질**, 깍지; 외피 ㉰ 껍질을 벗기다, 쉰 목소리로 말하다 ☜ 중세영어로 '과일/씨앗의 겉껍질'이란 뜻

□ **husk**y [hʌ́ski] ㉱ (-<-**kier**<-**kiest**) **껍질의**; 바싹 마른; 거친; (매력적으로) 쉰 목소리의, 허스키한 ☜ '껍질처럼 건조한'이란 뜻
♠ She spoke in **a husky whisper**. 그녀는 **허스키한 목소리로 속삭였**다.

※ **voice** [vɔis/보이스] ㉯ **목소리**, 음성; **발언(권)** ☜ 부르는(voi) 것(ce)

H

허슬러 The Hustler (당구도박꾼의 삶을 묘사한 미국의 흑백 영화. <도박꾼>이란 뜻)

1961년 개봉한 미국의 도박영화. 폴 뉴먼, 파이퍼 로리, 조지 스콧 주연. 당구에 천부적인 재능을 가진 떠돌이 도박사와 그를 사랑하는 장애인 여성을 통하여 도시에서 소외된 현대인의 모습을 대변하고, 자기 각성을 통한 다른 삶으로의 전환을 그린 영화.

PAUL NEWMAN
THE HUSTLER
JACKIE GLEASON

© 20th Century Fox

□ **hustle** [hʌ́səl] ㉰ **떠밀다, 재촉하다,** (불법적으로) **팔다** ㉯ **매우 서두름**; 정력적 활동; **허슬** 《디스코음악에 맞추어 주는 격렬한》 춤 ☜ 네덜란드어로 '흔들다'란 뜻
♠ He **hustled** her **out of** the room.
그가 그녀를 방**밖으로 떠밀었다**.

□ **hustle**r [hʌ́slər] ㉯ 《속어》 사기꾼; 매춘부; 떠미는 사람 ☜ hustle + er(사람)

피자 헛 Pizza Hut (미국의 피자 체인점 브랜드. <피자 오두막>)

Pizza Hut

※ **Pizza (pie)** [píːtsə] ㉯ 《It.》 피자(=~ pie) ☜ 이탈리아어로 '케이크, 과일파이'

□ **hut** [hʌt] ㉯ (통나무) **오두막** ☜ 17세기 프랑스어로 '시골집, 오두막'
♠ build **a mud hut 움막**을 짓다

□ **hut**ch [hʌtʃ] ㉯ 저장 상자; 오두막 ☜ 중세 라틴어로' 뚜껑달린 대형상자'

□ **hut**ment [hʌ́tmənt] ㉯ 숙명(지), 【군사】 임시 막사 ☜ hut + ment<명접>

히아신스 hyacinth ([식물] 외떡잎식물 백합목 백합과의 구근초)

□ **hyacinth** [háiəsìnθ] ㉯ 【식물】 **히아신스**; 보라색 ☜ 고대 그리스어로 '진청색 꽃'이란 뜻.
♠ **Hyacinths** bloom in the spring. 히아신스는 봄에 핀다.

□ **hyacinth**ine [hàiəsínθin, -θain] ㉱ **히아신스**의〔같은〕, 보라색의; 사랑스러운 ☜ hyacinth + ine<형접>

□ **Hyacinth**us [hàiəsínθəs] ㉯ 【그.신화】 **히아킨토스** 《Apollo가 사랑한 미(美)소년, 죽을 때 그의 피에서 히아신스(hyacinth)가 났다고 함》 ☜ -us<명접>

하이브리드 카 hybrid car (휘발유·전기 병용 승용차. <혼성 승용차>)

□ **hybrid** [háibrid] ㉯ (동식물의) **잡종, 튀기; 혼성물** ㉱ 잡종의, 혼성의 ☜ 라틴어로 '잡종'
♠ **a hybrid dog 잡종개, 똥개**
♠ **a hybrid** of solid and liquid fuel 고체와 액체 연료의 **혼합물**

□ **hybrid** animal 잡종동물 ☜ animal(동물)

□ **hybrid** car **하이브리드**〔휘발유·전기 병용〕 승용차 ☜ car(자동차)

☐ **hybrid** culture 혼성문화 ☞ culture(문화)
☐ **hybrid** embryo 혼합배아 ☞ embryo(태아, 싹)
☐ **hybrid**ity [haibrídəti] 명 잡종성 ☞ hybrid + ity<명접>
☐ **hybrid**ize [háibridàiz] 동 잡종을 만들다, 잡종이 생기다 ☞ hybrid + ize<동접>

히드라 Hydra ([그神] 헤라클레스가 퇴치한 아홉 개의 머리를 가진 물에 사는 괴물뱀), 하이드로릭 hydraulic (수압이나 유압으로 작동하는)

♣ **어원 : hydr(au), hydro, hygro 물, 수분; 젖은, 습기**

< Hydra >

☐ **Hydra** [háidrə] 명 (pl. **-s, -e**) (H-) 『그.신화』 **히드라** 《Hercules가 퇴치한 머리가 아홉인 뱀; 머리 하나를 자르면 머리 둘이 돋아남》
☐ **hydrau**lic [haidrɔ́:lik] 형 수력의, 수압(유압)의, **하이드로릭**의 ☞ hydrau(물) + l + ic<형접>
☐ **hydrau**lic system 『항공』 유압장치(계통) 《유압으로 조종계통이나 착륙장치를 작동시키는》 ☞ system(체계, 계통)
☐ **hydro**-airplane, 《영》 -áero- 명 수상 비행기 ☞ airplane(비행기, 항공기)
☐ **hydro**electric [hàidrouiléktrik] 형 **수력 전기의** ☞ electric(전기의)
♠ **a hydroelectric power plant 수력 발전소** ☞ power(힘, 동력, 전력), plant(식물, 공장)
☐ **hydro**electricity [hàidrouilektrísəti] 명 **수력 전기** ☞ electricity(전기)
☐ **hydro**extractor [hàidrouikstrǽktər] 명 **원심 탈수기** ☞ extractor(추출장치)
☐ **hydro**gen [háidrədʒən] 명 『화학』 **수소** 《기호 H; 번호 1》 ☞ 그리스어로 '물(hydro)을 만들다(gen=generate)'란 뜻.
♠ **hydrogen bomb 수소폭탄**(H-bomb) ☞ bomb(폭탄)
☐ **hydro**phobia [hàidrəfóubiə] 명 공수병, 광견병(=rabies) ☞ phobia(공포병)
☐ **hydro**phone [hɑ́idrəfòun] 명 수중 청음기 ☞ phone(수화기, 이어폰)
☐ **hydro**plane [háidrəplèin] 명 수상 비행기; 수상 활주정(滑走艇); 수중익선(水中翼船); (잠수함의) 수평타(水平舵) ☞ 물(hydro)에서 뜨는 비행기(plane)
☐ **hydro**power [hɑ́idroupàur] 명 수력 전기 ☞ power(힘, 동력, 전력)
☐ **hydro**sphere [háidrəsfìər] 명 수권(水圈), (지구의) 수계(水界); (대기 중의) 물 ☞ 물(hydro)의 범위/영역(sphere)

하이에나 hyena (죽은 동물의 썩은 고기를 먹는 아프리카 육식동물)

☐ **hyena, -aena** [haií:nə] 명 『동물』 **하이에나** 《아시아·아프리카산으로 썩은 고기를 먹음》; 《비유》 잔인한 사람; 욕심꾸러기; 배신자 ☞ 그리스어로 '하이에나'란 뜻
♠ **Hyenas** feed on small dead animals. **하이에나**는 죽어있는 작은 동물을 먹고 산다.

히게이아 Hygeia ([그神] 건강과 위생의 여신)

♣ **어원 : hygei, hygi 건강, 위생**

☐ **Hygei**a, **Hygi**eia [haidʒí:ə] 명 『그.신화』 **히게이아, 히기에이아** 《건강과 위생의 여신》; [의인화하여] 건강 ☞ -a<명접>
☐ **hygei**an [haidʒí:ən] 형 건강의, 위생의 ☞ -an<형접>
☐ **hygi**ene [háidʒi:n] 명 **위생(학)**, 건강법 ☞ 건강(hygi)의 기술(ene)
☐ **hygi**enic(al) [hàidʒiénik, haidʒí:n-, -əl] 형 위생학의, 위생적인 ☞ -ic(al)<형접>
☐ **hygi**enics [hàidʒiéniks] 명 (pl. 단수취급) 위생학; 위생 관리 ☞ hygiene +ics(학문)

히드라 Hydra ([그神] 헤라클레스가 퇴치한 아홉 개의 머리를 가진 물에 사는 괴물뱀), 하이드로릭 hydraulic (수압이나 유압으로 작동하는)

♣ **어원 : hydr(au), hydro, hygro 물, 수분; 젖은, 습기**
■ **Hydra** [háidrə] 명 (pl. **-s, -e**) (H-) 『그.신화』 **히드라** 《Hercules가 퇴치한 머리가 아홉인 뱀; 머리 하나를 자르면 머리 둘이 돋아남》
■ **hydrau**lic [haidrɔ́:lik] 형 수력의, 수압(유압)의, **하이드로릭**의 ☞ hydrau(물) + l + ic<형접>
☐ **hygro**meter [haigrɑ́mitər/-grɔ́m-] 명 습도계 ☞ 습기(hygro)를 재는 것(meter)
☐ **hygro**metry [[haigrɑ́mitri] 명 습도 측정(법) ☞ hygrometer + y(방법, 기술)
☐ **hygro**scopic [hàigrəskɑ́pik, -skɔ́p] 형 습도계의; 축축해지기 쉬운, 습기를 빨아들이는, 흡습성의

☜ 습기(hygro)를 보는 계기(scope) 의(ic<형접>)

핸드폰 hand phone (콩글 휴대폰) ➔ cell(ular) phone, mobile)

♣ 어원 : phon(o), hem, hym 소리, 목소리; 노래

※ **hand** [hænd/핸드] 명 (사람의) **손**, 일손 동 건네주다 ☜ 고대영어로 '손'이란 뜻
■ **phone** [foun] 명《구어》**전화**(기); 수화기 동 **전화를 걸다** ☜ tele**phone**의 줄임말
■ anti**phon** [æntəfɑ̀n/-fɔ̀n] 명 (번갈아 부르는) 합창 시가(詩歌); 성가, 응답, 반응
☜ 그리스어로 '대답하는 소리'란 뜻. ⇦ 반대로(anti) 답하는 소리(phon)
■ ant**hem** [ǽnθəm] 명 성가, **찬송가**; [일반적] 축가, 송가 ☜ 중세영어로 '찬가'란 뜻.
⇦ (여럿이) 교대(ant=over against)로 내는 소리(hem=sound, voice)
♠ **a national anthem 국가(國歌)**
□ **hym**n [him] 명 **찬송가**, 성가; [일반적] 찬가 동 찬송하다
☜ 히브리어로 '신을 찬양하는 노래'란 뜻
♠ **sing (chant) a hymn 찬송가를 부르다**
□ **hymn**al [hímnəl] 명 찬송가집(=hymnbook) 형 찬송가의, 성가의 ☜ -al<명접/형접>

하이퍼링크 hyperlink (인터넷상에서 다른 사이트와 연결되는 것)

Link

♣ 어원 : hyper 건너편의; 초월; 과도히, 비상한

□ **hyper**bole [haipə́ːrbəliː] 명 【수사학】 과장(법), 과장 어구
☜ ~너머로/지나치게(hyper) (말을) 던지다(bole=throw)
비교 hyperbola 쌍곡선
□ **hyper**critic [hàipərkrítik] 명 혹평가 ☜ hyper + critic(비평가)
□ **hyper**critical [hàipərkrítikəl] 형 혹평하는 ☜ -al<형접>
□ **hyper**inflation [hàipərinfléiʃən] 명 **하이퍼 인플레이션**, 초(超)인플레이션
☜ hyper + inflation(인플레이션, 통화팽창)
□ **hyper**link [háipərliŋk] 명 **하이퍼링크**《문서·비디오·그래픽·소리 등을 짜맞추어 다각적인 정보로 제시키 위해 연결하는 link(고리)나 thread(실)》
☜ hyper(건너편, 초월) + link(연결 고리, 연결하는 것, 연동장치)
♠ There are no **hyperlinks** in this page. 이 페이지에는 **하이퍼링크**가 없다.
□ **hyper**market [háipərmɑ̀ːrkit] 명 **하이퍼마켓**, 《영》 대형 슈퍼마켓 ☜ hyper + market(시장)
□ **hyper**sensitive [hàipəsénsətiv] 형 【의학】 감각 과민(성)의, 과민한, 과민증의; 【사진】 초고감도의
☜ 과도하게(hyper) 느끼(sens) 는(itive<형접>)
□ **hyper**sensitivity [hàipərsènsətívəti] 명 (감각) 과민(성), 과민증 ☜ -ity<명접>
□ **hyper**sonic [hàipərsɑ́nik] 형 극초음속의 《음속의 5배 이상》 ☜ hyper + sonic(소리의, 음속의)
□ **hyper**tension [hàipərténʃən] 명 【의학】 고혈압(증); 과도한 긴장
☜ 과도한(hyper) 긴장/장력(tension)
□ **hyper**trophy [haipə́ːrtrəfi] 명 【생물】 비대, 영양 과다 ☜ hyper + trophy<영양, 발육 결합사>

하이픈 hyphen (붙임표, 연결부호(-))

□ **hyphen** [háifən] 명 **하이픈**, 연결 부호, 붙임표 동 하이픈으로 연결하다
☜ 그리스어로 '함께'라는 뜻
♠ **hyphen (hyphenate)** two words 두 낱말을 **하이픈으로 잇다**
□ **hyphen**ated [háifənèitid] 형 하이픈을 넣은, 하이픈으로 연결한 ☜ -ate(만들다) + ed<형접>

연상 히포크라테스(Hippocrates.의학의 아버지)는 히포콘드리(hypochondria.우울증) 환자가 아니다.

♣ 어원 : hypo 아래쪽; 숨겨져 있다, 모호하다; 배우(俳優)

※ **Hippocrates** [hipɑ́krətiːz/-pɔ́k-] 명 **히포크라테스** 《그리스의 의사; 460?-377? B.C.; 의학의 아버지(Father of Medicine)라 불림》
□ **hypo**chondria [hàipəkɑ́ndriə/-kɔ́n-] 명 【의학】 **히포콘드리**, 우울(심기(心氣))증
☜ 갈비뼈 연골(chondr) 아래(hypo)가 아프다고 생각하는 증상(ia)
□ **hypo**crite [hípəkrìt] 명형 **위선자**(의) ☜ 그리스어로 '배우'란 뜻
♠ **play the hypocrite 위선적인 태도를 취하다.**
□ **hypo**crisy [hipɑ́krəsi/-pɔ́k-] 명 **위선**; 위선적인 행위 ☜ 그리스어로 '배우의 연기'란 뜻
♠ **Hypocrisy is a homage that vice pays to virtue.**
《속담》 위선이라는 것은 악(惡)이 선(善)에게 바치는 경의다.
□ **hypo**critic(al) [hìpəkrítik(əl)] 형 **위선의; 위선(자)적인** ☜ -ic(al)<형접>
□ **hypo**dermic [hàipədə́ːrmik] 형 【의학】 피하(주사용)의 명 피하 주사(기); 피하 주사약

< Hippocrates >

☜ 피부(derm=skin) 아래(hypo) 의(ic<형접>)

☐ **hypo**dermis [hàipədə́:rmis] 명 (식물의) 하피(下皮), (동물의) 표피 ☜ -is<명접>

☐ **hypo**physis [haipάfəsis/-pɔ́f-] 명 (pl. **-ses** [-si:z]) 〖해부학〗 뇌하수체(腦下垂體)
☜ (시상*<뇌의 뒤쪽 회백질 부분>*) 아래에서(hypo) 자라는(phy) 것(sis)

☐ **hypo**thesis [haipάθəsis/-pɔ́θ-] 명 (pl. **-ses**) **가설**, 가정; 전제
☜ 그리스어로 '모호함의 배열'이란 뜻

☐ **hypo**thesize [haipάθəsàiz/-pɔ́θ-] 동 가설을 세우다, 가정하다 ☜ -ize<동접>

☐ **hypo**thetic(al) [hàipəθétik(əl)] 형 가설의; 가설에 근거한 ☜ -ic(al)<형접>

※ **hypnosis** [hipnóusis] 명 (pl. **-ses** [-si:z]) 최면 (상태), 최면술
☜ 잠을 자는(hypno) 상태(osis)

히스테리 hysteria (비정상적인 흥분 상태)

☐ **hyster**ia [histíəriə] 명 〖의학〗 **히스테리**; 병적 흥분 ☜ 그리스어로 '자궁'이란 뜻

☐ **hyster**ic [histérik] 형 = hysterical 명 **히스테리** 발작, 광란; **히스테리** 환자
☜ 자궁(hyster) 의(ic<형접/명접>)

☐ **hyster**ical [histérikəl] 형 **히스테리(성)의**; 병적으로 흥분한 ☜ -ical<형접>
♠ **hysterical screams 히스테리성 비명**

☐ **hyster**oid(al) [hístərɔ̀id(əl)] 형 **히스테리** 비슷한 ☜ -oid(~과 비슷한)

☐ **hyster**otomy, **hyster**ectomy [hìstərάtəmi/-rɔ́t-], [hìstəréktəmi] 명 〖의학〗 자궁 절개(술); 《특히》 제왕 절개(술) ☜ 자궁(hyster) + o + 자르(tom) 기(y)

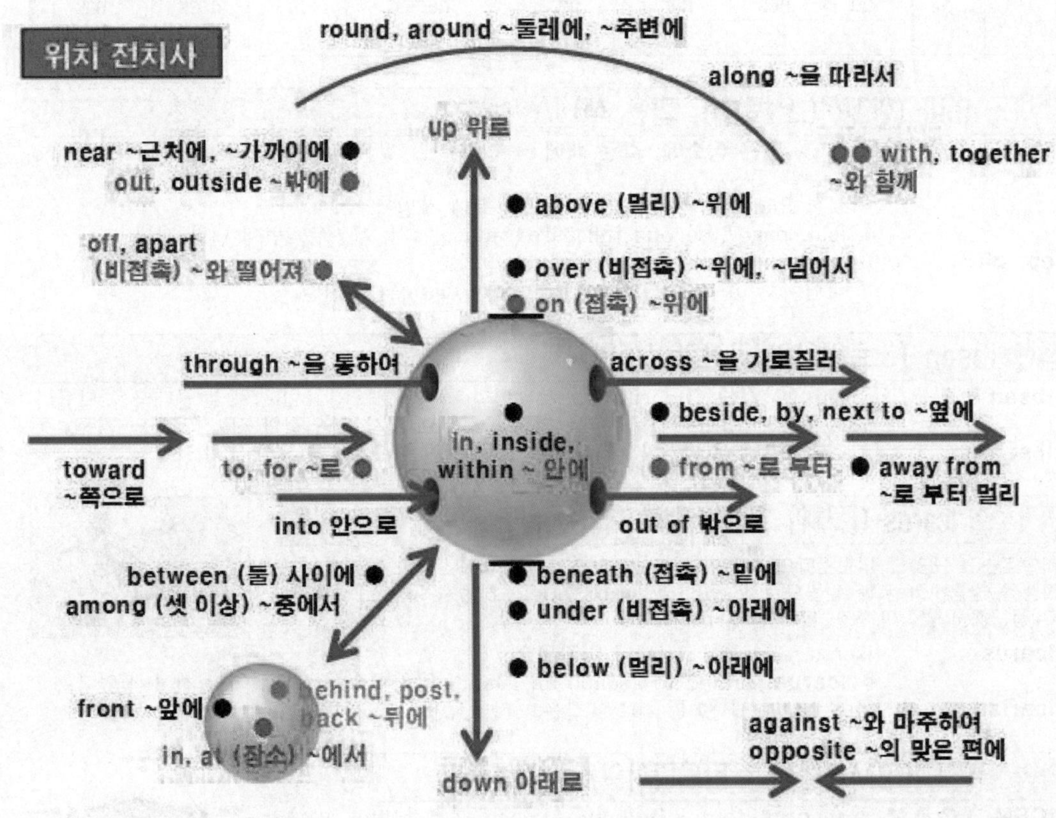

I

아이러브유 I love you (나는 당신을 사랑합니다)

☐ I　[ai/아이] ㊐ **나, 본인** ☜ 고대영어로 '나(1인칭 단수 대명사)'란 뜻
♠ **I am certain 반드시, 필히, 틀림없이**(= I am sure)
♠ **I am told ~ ~나는 ~라고 들었다**(= I hear)
♠ **I dare say 아마 ~일 것이다**

☐ I'd　[aid/아이드] I had(would, should)의 줄임말

☐ I'll　[ail/아일] I will(shall)의 줄임말, **나는 ~하겠다, 나는 ~할 것이다**

☐ I'm　[aim/아임] I am의 줄임말, **나는 ~이다**

※ love　[lʌv/러브] ㊔ **사랑** ㊍ **사랑하다**
☜ 고대영어로 '사랑하는 감정, 로맨틱한 성적 매력'이란 뜻

※ you　[juː/유-, (약) ju/유, jə] ㊐ **당신, 너, 여러분**
☜ 초기 인도유럽어로 '두 번째 사람'이란 뜻

구분	인칭	주 격	소유격	목적격	소유대명사	재귀대명서	be동사	do동사	have동사
단수	1	I	my	me	mine	myself	am	do	have
	2	You	your	you	yours	yourself	are		
	3	He	his	him	his	himself	is	does	has
		She	her	her	hers	herself			
		It	its	it	-	itself			

이비드 ibid (상게서(上揭書), 같은 책)

☐ ibid　[íbid] ㊕ **같은 장소에, 같은 책에** ☜ 라틴어로 '같은 장소에'(ibidem = in the same place)란 뜻.
★ 보통 ibid., ib. 꼴로 인용문·각주 등에 쓰임.
♠ Ibid. page7, second full paragraph 상게서, 제7쪽, 2번째 단락 전체

※ op. cit.　[ɑ́p sít] 앞서 언급한(인용한) 책에서
☜ 라틴어로 in the work cited= opere citato의 줄임말

입센 Ibsen (노르웨이의 극작가·시인)

☐ Ibsen　[íbsən] ㊔ **입센** 《Henrik ~, 노르웨이의 극작가·시인; 1828-1906. 근대극을 확립하였고, 여성해방운동에 큰 영향을 끼침》 ★ **주요 저서 : 『인형의 집』, 『사회의 기둥』 등**

☐ Ibsenism　[íbsənìzm] ㊔ **입센**주의 《사회의 인습적 편견을 고발》 ☜ -sm(주의)

이카루스 Icarus ([그神] 밀랍 날개로 하늘을 날다 추락해 죽은 인물)

다이달로스와 크레타 미노스왕의 여종인 나우크라테의 아들. 미노스왕이 통치하는 크레타섬을 탈출하기 위해 밀랍으로 만들어 붙인 날개를 달고 하늘을 날았으나 태양에 너무 접근해서 밀랍이 녹아 바다에 추락해 죽었다.

☐ Icarus　[íkərəs, ái-] ㊔ 『그.신화』 **이카로스**
♠ **Icarus** wanted to escape an island. **이카루스**는 섬에서 탈출하고 싶었다.

☐ Icarian　[ikέəriən, ai-] ㊙ Icarus의(같은); 저돌적인, 무모한 ☜ Icarus + ian<형접>

아이시비엠 ICBM (대륙간 탄도미사일)

☐ ICBM, I.C.B.M.　**I**nter**c**ontinental **B**allistic **M**issile 대륙간 탄도 미사일
비교 SLBM 잠수함 발사 탄도미사일, IRBM 중거리 탄도 미사일

✚ **inter** 가운데에, 사이에　**inter-** '간(間), 중(中), 상호'의 뜻　**continental 대륙의; 대륙성의**　**ballistic** 탄도(학)의; 비행 물체의　**missile 미사일**, **유도탄**(guided ~)

아이스크림 ice cream (우유 · 달걀 · 향료 · 설탕 등을 넣어 크림 상태로 얼린 것)

☐ **ice** [ais/아이스] ⓜ **얼음**; 빙판 ☜ 고대영어로 '얼음'이란 뜻
♠ **a piece 〔cube〕 of ice 얼음 한 조각**
☐ **ice** age [the ~] 빙하시대 ☜ age(나이, 시기, 시대)
☐ **ice**berg [áisbəːrg] ⓜ **빙산** ☜ 네델란드어로 '얼음(ice)의 산(berg)'이란 뜻
☐ **ice**boat [áisbòut] ⓜ 쇄빙선, 빙산 활주선 ☜ boat(보트, 작은 배)
☐ **ice**box [áisbɑ̀ks] ⓜ **아이스박스**(=cooler); 《미》 냉장고 ☜ box(상자)
☐ **ice**breaker [áisbrèikər] ⓜ 쇄빙선; 쇄빙기; **아이스브레이커**, 서먹서먹함을 푸는 것 《파티의 게임 · 춤 등》 ☜ 깨는(break) 기계/사람(er)
☐ **ice**cap [áiskæp] ⓜ **만년설**〔빙〕; 얼음주머니 ☜ cap(모자, 뚜껑; 종이 봉지)
☐ **ice** cream **아이스크림** ☜ cream(크림, 유지)
☐ **ice**fall [aisfɔ̀ːl] ⓜ 동결된 폭포; 빙하의 붕락(崩落) ☜ fall(떨어짐; 가을)
☐ **ice**-free port 부동항(不凍港) ☜ 얼음(ice)에서 자유로운(free) 항구(port)
☐ **ice** hockey **아이스하키** ☜ hockey(〖스포츠〗 하키)
☐ **ice**house [aishàus] ⓜ 얼음 창고, 저빙고 ☜ 얼음(ice) 집(house)
☐ **Ice**land [áislənd] ⓜ **아이슬란드** 《북대서양에 있는 공화국; 수도 레이캬비크(Reykjavik)》 ☜ land(땅, 지면, 나라)
☐ **ice** rink **아이스링크**, (실내) 스케이트장 ☜ rink(스케이트장)
☐ **ice** skate (보통 pl.) (빙상) 스케이트 구두〔날〕 ☜ skate(스케이트)
☐ **ice**-skate [áisskèit] ⓢ 스케이트를 타다
☐ **ice**d tea **아이스티** 《얼음을 넣어 차게 만든 홍차》 ★ ice tea는 잘못된 표현임.
☐ **ic**icle [áisikəl] ⓜ **고드름**, 빙주(氷柱); 냉담〔냉정〕한 사람 ☜ -cle(작은 것)
☐ **ic**y [áisi] ⓗ (-<ic**ier**<ic**iest**) **얼음의**, 얼음 같은; **쌀쌀한** ☜ -y<형접>
☐ **ic**ily [áisəli] ⓑ 얼음같이 차게 ☜ ice + ly<부접>
☐ **ice**d [aist] ⓗ 언 ☜ ice + ed<형접>

아이콘 icon ([컴퓨터] 특정사물을 표시하기 위하여 사용되는 그림문자)

☐ **icon, ikon, eikon** [áikɑn/-kɔn] ⓜ (pl. **-s, -es**) (회화 · 조각의) 상(像), 초상; 성상(聖像); 우상; 〖컴퓨터〗 아이콘 《그림 문자》
☜ 그리스어 'eikoon(상(像))'에서 유래
♠ Click the mouse on **the print icon.**
프린트 아이콘을 마우스로 클릭해봐.
☐ **icon**ic [aikɑ́nik/-kɔ́n-] ⓗ 상(像)의, 초상의; 우상의 ☜ icon + ic<형접>
☐ **icon**ize [áikənàiz] ⓢ 우상시〔화〕하다 ☜ icon + ize<동접>

☐ **ID**(신분) ➔ **identity**(동일함) **참조**

아이다호 Idaho (미국 북서부의 산악주)

☐ **Idaho** [áidəhòu] ⓜ **아이다호** 《미국 북서부의 주; 생략: Id., Ida.》
☜ 북미 인디언어로 '산들의 보석'이란 뜻
♠ **Idaho** is infamous for its freezing winter days.
아이다호는 혹독한 겨울날씨로 악명 높은 곳이다.
☐ **Idaho**an [áidəhòuən] ⓗⓜ **아이다호**(주)의; **아이다호**주의 사람 ☜ -an(~의/~사람)

아이디어 idea (문득 떠오르는 좋은 생각, 착상), 이데올로기 ideology (관념학)

♣ 어원 : **idea, ideo 보다, 생각하다, 알다; 이념, 관념, 생각; 형태, 양상**
☐ **idea** [aidíːə/아이**디**-어] ⓜ **생각**, 관념; **착상, 아이디어**
☜ 고대 그리스어로 '~을 보다(알다); 생각, 사고방식'이란 뜻
♠ **That's a good idea. 그거 좋은 생각이야.**
♠ **give (A) an idea of (B) A에게 B를 알게[깨닫게]하다**
♠ **have an idea of ~ ~을 알고 있다, ~의 관념을 갖고 있다**
☐ **idea**l [aidíːəl] ⓜ **이상**, 이상적인 것 ⓗ **이상의**, 이상적인 ☜ idea + al<형접/명접>
☐ **idea**l type 〖사회〗 이상형 ☜ type(유형, 타입)
☐ **idea**lism [aidíːəlìzm] ⓜ 이상주의, 관념론 ☜ ideal + ism(~주의)
☐ **idea**list [aidíːəlist] ⓜ **이상주의자** ☜ ideal + ist(사람)
☐ **idea**listic [aidìːəlístik] ⓗ **이상주의(자)의** ☜ idealist + ic<형접>
☐ **idea**lize [aidíːəlàiz] ⓢ 이상화하다 ☜ ideal + ize<동접>
☐ **idea**lization [aidìːələzéiʃən] ⓜ 이상화(理想化) ☜ idealize + ation<명접>

□ **idea**lly [aidíːəli] ⓟ 이상적으로; 관념상으로 ☜ ideal + ly<부접>
□ **ideo**logy [àidiάlədʒi, ìd-/-ɔ́l-] ⓜ 관념학(론); 『사회』 **이데올로기**, 관념 형태 ☜ 관념(ideo)의 학문(logy)
□ **ideo**graph [ídiəgræ̀f, áid-] ⓜ 표의(表意) 문자 ☜ 생각(ideo)을 쓰다(graph)
□ **ideo**graphic [ìdiəgræ̀fik, àid-] ⓗ 표의 문자의, 표의적인 ☜ -ic<형접>

아이디카드 I.D. [ID] card (신분증)

♣ **어원 : ident(i) 같은, 동일한**
□ **I.D. [ID]** **I**dentify (Identification) **C**ard 신분증
□ **identi**ty [aidéntəti] ⓜ **동일함**, 일치, 동일성 ☜ 라틴어 '같은(ident) 것(ity)'이란 뜻
♠ **mistaken** (false) **identity 사람을 잘못 봄**
□ **identi**fication [aidèntəfikéiʃən, i-] ⓜ **동일함**, 신분증명 ☜ 동일(ident)하게 + i + 만드는(fic) 것(ation<명접>)
□ **identi**fy [aidéntəfài] ⓢ **동일시하다**, 증명하다 ☜ 동일(identi)하게 만들다(fy)
♠ a temper-proof **identify card** 쉽게 조작할 수 없는 **신분증**
♠ **identify (A) with (B) A를 B와 동일시하다**
□ un**identi**fied [ənaidéntəfaid] ⓗ 확인되지 않은, 미확인의, 정체 불명의 ☜ un(= not) + identify<y→i> + ed<형접>
♠ **UFO U**nidentified **F**lying **O**bject 미확인 비행물체

□ **identi**cal [aidéntikəl, i-] ⓗ (보통 the ~) **아주 동일한** ☜ cal<형접>
※ **card** [kɑːrd/카-드] ⓜ **카드**, 판지 ☜ 중세 프랑스어로 '종이 한 장'이란 뜻

이디엄 idiom (관용구, 숙어)

□ **idiom** [ídiəm] ⓜ **숙어, 관용구, 이디엄**; 어법; 표현양식 ☜ 그리스어로 '자기의 것을 만들다'라는 뜻
♠ She didn't understand this **idiom** at all.
그녀는 이 **숙어**를 전혀 이해하지 못했다.
□ **idiom**atic(al) [ìdiəmæ̀tik, -əl] ⓗ **관용적인**; 어법에 맞는 ☜ -ic(al)<형접>
□ **idiom**atically [ìdiəmæ̀tikəli] ⓟ 관용적으로; 관용구를 써서 ☜ -ly<부접>

이디오사방 idiot savant ([의학] 특정능력을 지닌 정신발육지체아)

천재백치라고도 하며, 어떤 한정된 사항에 대해서만은 대단히 뛰어난 재능을 지니고 있는 정신지체아. 특별한 재능이란 달력, 시간표, 인명, 지명 등의 기계적 암기력이나 음악적 리듬감의 능력 등에 한정되고 있다. 최근 소아자폐증과의 연관성에 대해서도 논의되고 있다. <출처 : 간호학대사전>

□ **idiot** [ídiət] ⓜ **천치, 얼간이**, 바보 ☜ 그리스어로 '무식한 사람'이란 뜻
♠ **You stupid idiot! 이런 멍청한 바보 같으니라구!**
□ **idiot** box 바보상자, 텔레비전 ☜ box(상자)
□ **idiot** savant 『의학』 **이디오사방**, 천재백치 ☜ savant(학자, 석학)
□ **idiot**ic(al) [ìdiάtik(əl)/-ɔ́t-] ⓗ 백치의(같은), 바보 같은 ☜ -ic(al)<형접>
※ **savant** [sævάːnt, sǽvənt; 《F.》 savɑ̃] ⓜ 《문어》 학자, 석학; **서번트** ☜ 프랑스어로 '알다'란 뜻 **비교** servant 고용인, 하인

© Discogs

아이들 idle ([자동차 · 비행기] 엔진 공회전)

□ **idle** [áidl/**아**이들] ⓗ (-<idl**er**<idl**est**) **한가한, 게으른**; **(엔진)공회전의** ⓢ **빈둥거리고 [놀고] 있다, 공전하다** ☜ 고대영어로 '빈, 무가치한'이란 뜻
♠ an **idle** student **게으른** 학생
♠ **idle away 게으름 피우며 (시간을) 허송하다**(=waste)
□ **idle**ness [áidlnis] ⓜ **게으름**, 나태; 무위 ☜ 게으른(idle) 것(ness<명접>)
♠ **Idleness is the parent of all vice.**
《속담》 나태(懶怠)는 악덕(惡德)의 근원이다.
□ **idle**r [áidlər] ⓜ 게으름뱅이 ☜ idle + er(사람)
□ **idl**y [áidli] ⓟ **하는 일없이**; 무익하게 ☜ idle + ly<부접>

아이돌 idol (우상으로 떠받들어지는 인기연예인)

□ **idol** [áidl] ⓜ **우상**, 신상(神像); 숭배물 ☜ 그리스어로 '모습, 형태, 환영(幻影)'이란 뜻
♠ **make an idol of ~ ~을 숭배하다**

☐ **idol**ater [aidάlətər] 명 우상숭배자; 심취자 ☜ 우상(idol)을 만드는(ate) 사람(er)
☐ **idol**atry [aidάlətri/-dɔ́l-] 명 **우상숭배**, 맹목적 숭배, 심취 ☜ 우상(idol)을 만드는(ate) 것(ry)
☐ **idol**ize [áidəlàiz] 동 우상시하다, 숭배하다; 심취하다 ☜ -ize<동접>

이드에스트 《라틴어》 i.e. = id est (즉, 다시 말하면)

☐ **i.e.** [áiíː, ðæ̀tíz] **즉, 다시말하면** ☜ 이드 에스트 / id est 《L.》 (= that is)
※ **e.g.** [iːdʒíː, fərigzǽmpəl, -zάːm-] **예를 들면** ☜ 이그잼플리 그라티아 / exempli gratia 《L.》 (= for example)
※ **etc, & c.** [etsétərə, ənsóufɔ̀ːrθ] **기타, 등등** ☜ 엣 세테라 / Et cetera 《L.》(= and the rest)
※ **v.v.** 거꾸로, 반대로, 반대로도 또한 같음 ☜ 바이스 베르사 / vice versa 《L.》
※ **R.I.P.** 삼가 고인의 명복을 빕니다 ☜ 레퀴에스칸트 인 파케 / Requiescant in pace 《L.》 (= May he (she, they) rest in peace!)
※ **vs.** **~대(對), ~와 대비[비교]하여** ☜ 베르수스 / versus 《L.》 (=against)
※ **P.S., p.s., PS** (편지 말미의) 추신 ☜ 포스트스크립툼 / postscriptum 《L.》 (=postscript)

이프온리 If Only (미국 · 영국 합작 코미디 영화. <~었다면 좋았을텐데>라는 뜻)

2004년 개봉한 미·영 합작 로멘스/코미디/판타지 영화. 제니퍼 러브 휴잇, 폴 니콜스 주연. 옆에 있는 연인의 소중함을 깨닫지 못하고 지내던 남자가 그녀의 죽음으로 인해 그녀의 소중함을 깨닫고, 매일 자고나면 나타나는 그녀에게 최고의 사랑과 선물을 주려고 노력한다는 내용.

© Sony Pictures

☐ **if** [if/이프] 접 《가정 · 조건》 **만약 ~이면[하면]; 비록[설사] ~일지라도; ~인지 (아닌지)** ☜ 고대 노르드어로 '의심, 망설임'이란 뜻
♠ **If I were you.** I would help him.
만약 내가 너라면, 난 그를 도와줄 텐데.
♠ **if any** (anything) **있다 하더라도, 어느 편인가 하면, 만약 적이 있다면**
♠ **if ~ at all 일단 [적어도] ~한다면**
♠ **if it were not for 만약 ~이 없다면**(=but for)
♠ **if not ~ 비록 ~은 아닐지라도**(=though not)
♠ **if only ~ ~이면 좋을 텐데 [~였다면 좋았을텐데]** (소망을 나타냄)
If only I were rich. 내가 부자**라면 얼마나 좋을까**.
♠ **if you please 부디**(=please), **죄송하지만**
※ **only** [óunli/**오**운리] 형 **유일한, 단지 ~뿐인; 최적의**; 다만 ☜ 하나(on<one) 같이(ly=like)

이글루 igloo, iglu (에스키모 · 이누이트족의 얼음집)

☐ **igloo, iglu** [íglu:] 명 **이글루** 《에스키모의 얼음집; 주로 눈과 얼음으로 만듦》 ☜ 에스키모(Eskimo)어로 '집'이란 뜻
♠ It's very warm inside **the igloo.**
이글루 안은 매우 따뜻하다.
※ **ger** [gɛər] 명 **게르**, [중국어로] 파오(包) 《몽골인의 원형 주거 천막》 ☜ 몽골어로 '천막'이란 뜻
※ **yurt, yurta** [juərt, júərtə] 명 **유르트** 《중앙아시아 키르기스 유목민의 원형 주거 천막》 ☜ 투르크어로 '고향; 거주지'란 뜻

이그니션 스위치 ignition switch (엔진 시동키를 돌릴 때 전원이 공급되는 스위치)

< 자동차키 시동 스위치 >

♣ 어원 : ign 불(=fire)
☐ **ign**ition [igníʃən] 명 점화, 발화, 인화(引火); 연소; (내연기관의) 점화장치 ☜ 라틴어로 '불(ign) 지르기(ition<명접>'란 뜻
♠ turn on **the ignition 차의 시동**을 걸다
☐ **ign**ition key **이그니션키**, 시동키 ☜ key(열쇠)
☐ **ign**ition coil **이그니션코일** 《엔진 실린더내 점화플러그에 불꽃을 발생시키는 점화코일》 ☜ coil(전기 코일)
☐ **ign**ite [ignáit] 동 ~에 불을 붙이다; 연소시키다; 점화하다 ☜ -ite<동접>
☐ **ign**eous [ígniəs] 형 불의, 불같은; 『지질』 불로 인해 생긴 ☜ -ous<형접>
※ **switch** [switʃ] 명 『전기』 **스위치, 개폐기**; 《미》 **회초리** 동 **채찍질하다**; 《전기》 **스위치를 넣다** ☜ 초기 인도유럽어로 '흔들리는(swi) 것(tch)'이란 뜻

I

『이그노런스(Ignorance), 무지는 어떻게 과학을 이끄는가』

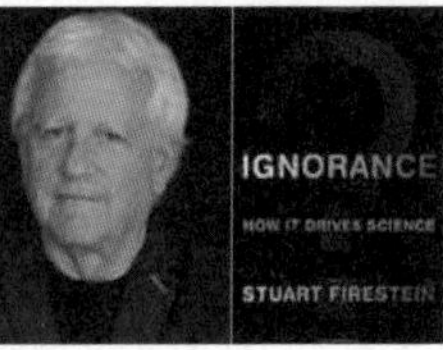

뉴욕 컬럼비아 대학 신경과학교수인 스튜어트 파이어스타인의 저서. 저자는 과학이 무지(이그노런스)를 만들고, 무지는 과학을 나아가게 하는 힘이며, 과학이 규정하는 무지를 통해 과학의 가치를 판단한다고 주장한다. 무지가 어떻게 과학의 발전을 이끄는지를 탐구한 책. <출처 : 인터넷 교보문고>

♣ 어원 : ig 없다; 무(無)

□ **ig**norance [ígnərəns] ⓜ **무지**, 무식 ☜ 라틴어로 '알지(nor<know) 못한(ig) 것(ance)'이란 뜻
♠ **Ignorance is bliss. 《속담》 모르는게 약(藥)이다.**

□ **ig**norant [ígnərənt] ⓗ **무지한**, 무식한 ☜ -ant<형접>
♠ **(be) ignorant of ~ ~을 모르는**

□ **ig**norantly [ígnərəntli] ⓟ 무식하게; 모르고 ☜ -ly<부접>

□ **ig**nore [ignɔ́ːr] ⓢ **무시하다**, 모른 체하다 ☜ 알지(nor<know) 못(ig) 하다(e)

□ **ig**noble [ignóubəl] ⓗ **비열한**, 야비한; 불명예스러운 ☜ 고귀함(noble)이 없(ig)는

□ **ig**nobly [ignóubli] ⓟ 비열하게, 천하게 ☜ -ly<부접>

□ **ig**nominy [ígnəmìni] ⓜ 치욕, 불명예 ☜ 이름(nomin<name) 없(ig) + 음(y<명접>)

□ **ig**nominious [ìgnəmíniəs] ⓗ 수치스러운, 불명예스러운 ☜ -ous<형접>

□ **ig**nominiously [ìgnəmíniəsli] ⓟ 수치스럽게, 불명예스럽게, 굴욕적으로 ☜ -ly<부접>

이구아나 iguana (열대 아메리카산의 큰 도마뱀)

□ **iguana** [igwáːnə] ⓜ 〖동물〗 **이구아나** 《서인도 및 남아메리카의 수림 속에 사는 큰 도마뱀》 ☜ 남미 최대어족인 아라와크족어로 '큰 도마뱀'이란 뜻
♠ This **iguana** is extremely strong. 이 **이구아나**는 매우 강하다.

□ **iguano**don [igwáːnədàn/-dɔ̀n] ⓜ 〖고생물〗 **이구아노돈**, 금룡(禽龍) 《백악기 공룡의 일종》 ☜ iguana + odon<odonys(=tooth/이빨)

일리아드 Iliad (그리스 최대 최고의 민족 대서사시)

□ **Iliad**, **Ilias** [íliəd], [íliəs] ⓜ (the ~) **일리아드, 일리아스** 《Troy 전쟁을 읊은 서사시; Homer작이라고 전해짐》 ☜ '일리오스(Ilios.트로이) 이야기'란 뜻. Ilias는 트로이의 별명 Ilios에서 유래한 것.
♠ **an Iliad** of woes *비통한* ***일리아드*** ➔ 연이은 불행

※ **Homer** [hóumər] ⓜ **호메로스, 호머** 《기원전 10세기경의 그리스의 시인; Iliad 및 Odyssey의 작자로 전해짐》

인피니트 Infinite (한국의 6인조 댄스팝 보이그룹. <무한한>)

♣ 어원 : in, im, il(l), ir ~이 아닌, 불(不), 비(非), 무(無), 미(未); 나쁜

■ **in**finite [ínfənit] ⓗ **무한한**, 무수한; 막대한, 끝없는 ☜ 끝(fin)이 없(in=not) 는(ite<형접>)

■ **im**possible [impɑ́səbəl/임**파**서블] ⓗ **불가능한** ☜ im<in(=not/부정) + (~에) 둘(pos) + s + 수 있는(ible)

□ **ill** [il/일] ⓗ (-/**worse**/**worst**) **병든; 나쁜** ⓟ **나쁘게; 형편에 맞지 않게; 거의 ~않다** ⓜ **악**(惡), 못된 짓 ☜ 고대 노르드어로 '나쁜, 어려운'
♠ **Ill weeds grow apace. 《속담》 잡초는 빨리 자란다.**
♠ **Ill news runs apace. 《속담》 나쁜 소식은 빨리 퍼진다.**
♠ **Ill got, ill spent. 《속담》 불의의 재물은 오래가지 않는다.**
♠ **ill at ease (마음이) 편하지 않은, 불안한**(=uneasy)

□ **ill**-bred [ílbred] ⓗ 버릇 없이 자란 ☜ 나쁘게(ill) 길러진(bred: breed의 과거분사)

□ **ill**-conditioned [ílkəndíʃənd] ⓗ 나쁜 상태에 있는 ☜ 나쁜(ill) 조건(condition) 의(ed)

□ **ill**-disposed [íldispóuzd] ⓗ 악의가 있는 ☜ 나쁘게(ill) 할 마음이 있(dispos) 는(ed)

□ **il**legal [ilíːgəl] ⓗ **불법[위법]의**, 비합법적인 ☜ 불(il) 법적인(legal)

□ **il**legal abortion 낙태(죄) ☜ illegal + abortion(유산)

□ **il**legal alien 불법입국자 ☜ illegal + alien(외국인, 외계인)

□ **il**legality [ìliːgǽləti] ⓜ 불법(행위), 비합법, 위법; 부정 ☜ -ity<명접>

□ **il**legalize [ilíːgəlàiz] ⓢ 불법화하다 ☜ -ize<동접>

□ **il**legible [ilédʒəbl] ⓗ 읽기〔판독하기〕 어려운, 불명료한 ☜ il(=not/부정) + 말할(leg) 수 있는(ible)

□ **il**legibility [ilèdʒəbíləti] ⓜ 읽기 어려움, 판독불능 ☜ il(=not/부정) + 말할(leg) 수 있는 능력(ibility)

□ **il**legitimacy [ìlidʒítəməsi] ⓜ 불법, 위법; 사생(私生) ☜ 비(il) 합법적임(legitimacy)

□ **il**legitimate [ìlidʒítəmit] ⓗ **불법의, 위법의**, 부조리한 ⓜ 서자, 사생아 ☜ 비(il) 합법적인(legitimate)

□ **ill**-fated [ílféitid] ⓗ 불운한 ☜ 나쁘게(il) 운명지워(fate) 진(ed<형접>)

☐ **ill**-favo(u)red [ílféivərd] ⓗ (용모가) 못생긴, 추한 ☜ ill(=not/부정) + 호의를 가(favor) 진(ed)
☐ **ill**-humo(u)red [ílhjúːmərd] ⓗ 기분이 언짢은 ☜ 나쁜(ill) 유머(humor) 의(ed<형접>)
☐ **il**licit [ilísit] ⓗ **불법의**, 부정한; 불의의 ☜ 불(il) 법적인(licit)
☐ **il**licitly [ilísitli] ⓑ 불법으로, 부당하게 ☜ -ly<부접>
☐ **il**literate [ilítərit] ⓗ **무식한**, 문맹의 ⓜ 무식자 ☜ 비(il) 교육받은 자(literate)
☐ **il**literacy [ilítərəsi] ⓜ 무학, 문맹 ☜ 읽고 쓰는 능력(literacy)이 없는(il=not/부정)
☐ **il**liberal [ilíbərəl] ⓗ 도량이 좁은; 반자유주의적인; 인색한; 교양 없는
☜ 마음이 넓지(liber) 못(ill=not/부정) 한(al<형접>)
☐ **il**liberally [ilíbərəli] ⓑ 편협하게, 인색하게 ☜ -ly<부접>
☐ **il**liberality [ilìbərǽləti] ⓜ 인색; 마음이 좁음, 편협 ☜ -ity<명접>
☐ **ill**-mannered [ílmǽnərd] ⓗ 버릇없는 ☜ 나쁜(ill) 예절(manner) 의(ed<형접>)
☐ **ill**-natured [ílnéitʃərd] ⓗ **심술궂은**, 비뚤어진 ☜ 나쁜(ill) 천성(nature) 의(ed<형접>)
☐ **ill**ness [ílnis] ⓜ [일반적] **병** ☜ 나쁜(ill) 것(ness<명접>)
☐ **ill**-tempered [íltémpərd] ⓗ 심술궂은, 성미가 까다로운 ☜ 나쁜(ill) 성질(temper) 의(ed<형접>)
☐ **ill**-treat [íltríːt] ⓢ 학대하다 ☜ 나쁘게(ill) 다루다(treat)
☐ **ill**-use [íljúːz] ⓜ 학대, 혹사 ⓢ 학대하다; 악용〔남용〕하다 ☜ 나쁘게(ill) 사용하다(use)

일리노이 Illinois (미국 중서부의 주. 미국 3대 도시 시카고가 있음)

☐ **Illinois** [ìlənɔ́i, -nɔ́iz] ⓜ **일리노이** 《미국 중서부의 주(州); 주도 스프링필그(Springfield; 생략: Ill., IL》 ☜ 북미 인디언 알곤킨족이 자신들을 Inoca/Ilinouek 라고 소개한 것을 이 지역을 탐험한 프랑스인이 ilinwe라고 발음한 데서 유래. '보통의 말하는 사람'이란 뜻
♠ He runs a dairy farm in **Illinois**. 그는 **일리노이**에서 낙농업을 하고 있다.

루미나리에 Luminarie (전구를 이용한 조형건축물 축제)
일러스트 illustration (설명을 돕기 위해 글속에 삽입되는 그림)

♣ **어원 : limin, lumen, lus, luc, lux 빛, 빛나다, 밝히다**
■ **lumin**arie [lùːmənéri] ⓜ **루미나리에** 《전구를 이용한 조형건축물 축제》
☜ luminaria의 복수
☐ il**lumin**ate [ilúːmənèit] ⓢ **조명하다**, 비추다; **계몽[계발]하다**
☜ 어두운 곳 안에(il<in) 빛(lumin)을 만들다(ate<동접>)
♠ **be poorly illuminated 조명이 나쁘다**
☐ il**lumin**ation [ilùːmənéiʃən] ⓜ **조명; 계몽** ☜ -tion<명접>
☐ il**lumin**ative [ilúːmənèitiv] ⓗ 밝게 하는; 계몽적인 ☜ -tive<형접>
☐ il**lumin**e [ilúːmin] ⓢ 비추다, 밝게 하다, 밝아지다; 계발하다
☜ 어두운 곳 안을(il<in) 밝히다(lumin) + e

< Luminarie >

☐ il**lus**ion [ilúːʒən] ⓜ 환영(幻影), **환각** ☜ 안에(il<in) 빛(lus)이 있는 것(ion<명접>)
♠ **be under an illusion that ~ ~라고 잘못 생각하다**
☐ il**lus**ive [ilúːsiv] ⓗ =illusory ☜ -ive<형접>
☐ il**lus**ory [ilúːsəri] ⓗ 가공의, 환영의, 착각을 일으키게 하는 ☜ -ory<형접>
☐ il**lus**trate [íləstrèit, ilʌ́streit] ⓢ **설명하다; 삽화를 넣다**
☜ 안을(il<in) 밝게(lus) 투과(tr) 하다(ate<동접>)
☐ il**lus**tration [ìləstréiʃən] ⓜ **실례, 예증; 삽화; 도해** ☜ -tion<명접>
☐ il**lus**trative [íləstrèitiv, ilʌ́strə-] ⓗ **실례[예증]이 되는** ☜ -tive<형접>
☐ il**lus**trator [íləstrèitər, ilʌ́s-] ⓜ **삽화가**; 도해(圖解)자 ☜ -or(사람)
☐ il**lus**trious [ilʌ́striəs] ⓗ **저명한**; (행위 따위가) 빛나는 ☜ -ous<형접>

✚ **lumen 루멘** 《광속의 단위》 **lumin**aria **루미나리아** 《미국 남서부의 크리스마스 장식용 등(燈)》 **lumin**ous **빛을 내는**; 총명한 **luc**id **맑은**, **번쩍이는** **lux** 『광학』 **럭스** 《조명도의 국제 단위》

아이엘오 ILO (국제노동기구)

☐ **ILO** **I**nternational **L**abor **O**rganization 국제노동기구

✚ **international 국제(상)의, 국제적인** **labor**, 《영》 **labour 노동**, 근로; **수고; 노동하다; 애쓰다** **organization 조직(화)**, 구성, 편제, 편성; 기구, 체제; 단체

이미지 image (개인이 가지는 관념이나 심상(心像))

♣ **어원 : im 유사, 모방; 초상**
☐ **im**age [ímidʒ/**이**미지] ⓜ **상**(像); **닮은 사람[것]**; (개인이 가지는) **이미지**, 인상
☜ 라틴어로 '모방/유사(im)한 것(age)'이란 뜻

♠ He is **the image** of his father. 그는 그의 아버지의 **판박이**다.

☐ **im**agery [ímidʒəri] ⓜ [집합적] 마음에 그리는 상(像), 심상; 『문학』 비유적 표현, 형상
☜ image + ry<명접>

☐ **im**agine [imǽdʒin/이**매**진] ⓢ **상상하다, 생각하다**, 추측하다
☜ 라틴어로 '마음에 그리다'라는 뜻

☐ **im**aginable [imǽdʒənəbəl] ⓗ **상상할 수 있는** ☜ -able(~할 수 있는<형접>)

☐ **im**aginary [imǽdʒənèri/-nəri] ⓗ **상상의**, 가공의 ☜ -ary<형접>

☐ **im**agination [imæ̀dʒənéiʃən/이메저**네**이션] ⓜ **상상**(력); 공상 ☜ -tion<명접>

☐ **im**aginative [imǽdʒənətiv, -nèitiv] ⓗ **상상력**(창작력 · 구상력)**이 풍부한** ☜ -tive<형접>

☐ **im**itate [ímitèit] ⓢ **모방하다**, 흉내 내다; 본받다; 모조하다 ☜ 라틴어로 '흉내 내다'란 뜻
♠ **imitate** a bird's cry with the lips 휘파람으로 새소리를 **흉내 내다**.

☐ **im**itation [ìmitéiʃən] ⓜ **모방**, 흉내; 모조, 모사, **이미테이션** ☜ -tion<명접>

☐ **im**itative [ímətèitiv, -tətiv] ⓗ 흉내내기 좋아하는, 모방의, 모조의 ☜ -tive<형접>

☐ **im**itator [ímitèitər] ⓜ 모방자, 모조자 ☜ imitate + or(사람)

연상 비버(beaver.하천에 사는 쥐목 동물)가 비버(bibber.술고래)가 되어 돌아왔다.

♣ 어원 : bib, bever 마시다

※ **beaver** [bíːvər] ⓜ (pl. **-s, -**) **비버** 《쥐목 비버과 비버속 동물》
☜ 고대영어로 '비버'라는 뜻

■ **bib** [bib] ⓜ 턱받이, 가슴받이 ☜ 라틴어로 '마시다'란 뜻에서

■ **bib**ber [bíbər] ⓜ 술고래, 모주꾼 ☜ 마시는(bib) + b<자음반복> + 사람(er)

☐ im**bib**e [imbáib] ⓢ (술 등을) 마시다; 흡입하다 ☜ 안으로(im<in) 마시다(bib) + e
♠ **imbibe** book knowledge 책에서 지식을 **흡수하다**.

☐ im**bib**ition [ìmbibíʃən] ⓜ 흡수(吸收), 흡입; 『화학』 흡수(吸水) ☜ -ition<명접>

■ **bever**age [bévəridʒ] ⓜ (물 이외의) **마실 것**, 음료 ☜ 마실(bever) 것(age)

I

아이엠에프 IMF, I.M.F. (국제통화기금)

세계무역 안정을 목적으로 설립한 국제금융기구. 주로 외환시세안정이나 가맹국의 국제수지가 일시적으로 불균형(적자)이 되었을 경우 자금공여 등의 업무를 하고 있다. 1997년 대한민국의 외환부족 위기로 국가부도 사태가 발생하였을 때 IMF로부터 긴급구제금융을 지원받고 IMF의 지침에 따라 국내 산업의 뼈아픈 구조조정과 범국민적 금모으기 운동 등을 통해 이 위기를 극복할 수 있었다.

☐ **IMF** **I**nternational **M**onetary **F**und 국제통화기금

✚ **international 국제(상)의, 국제적인** **money 돈, 화폐** **monet**ary **화폐의**, 통화의 **fund 자금**, 기금; **공채**

맥도날드 MacDonald's Corporation (세계적인 패스트푸드회사)

♣ 어원 : mac 아들, 자손; 반점

■ **Mac**Donald [məkdɑ́nəld/먹**다**널드] ⓜ **맥도널드** 《James Ramsay ~ , 영국 정치가; 1866-1937》 ☜ 도날드(Donald)의 아들(mac)

■ **mac**ula [mǽkjələ] ⓜ (pl. **-lae**) 《L.》 (광석의) 반점, 흠; (피부의) 모반(母斑); (태양의) 흑점 ☜ 점(mac)이 작은(ula) 것(a)

☐ im**mac**ulate [imǽkjəlit] ⓗ **오점 없는**; 흠 없는, **결점 없는**
☜ 반점(maculate=macula)이 없는(im=not)
♠ a person known for **immaculate** conduct **결백한** 품행으로 알려진 사람

※ **corp**oration [kɔ̀ːrpəréiʃən] ⓜ 『법률』 **법인**, 협회, 사단 법인
☜ (하나의) 육체/몸(corp)을 + or + 이루는(ate) 것(ion<명접>)

메트로폴리스 metropolis (거대도시)

♣ 어원 : metro-, metr-, matur- 큰, 거대한; 성숙한; 어머니

■ **metro**polis [mitrɑ́pəlis/-trɔ́p-] ⓜ (pl. **-es**) [the ~] **수도**; 중심도시, 주요도시; (활동의) 중심지
☜ 그리스어로 '어머니의=거대한(metro) 도시(polis)'란 뜻

■ **matur**e [mətjúər, -tʃúər] ⓗ 익은(=ripe), **성숙한** ☜ 라틴어로 '익은'이란 뜻

☐ im**matur**e [ìmətjúər] ⓗ **미숙한**; 미완성의; 미성년의 ☜ im(=not) + matur(성숙한) + e
♠ **immature** behaviour **미숙한** 행동

☐ im**matur**ity [ìmətjú(ː)rəti] ⓜ 미숙(상태), 미완성 ☜ -ity<명접>

■ pre**matur**e [prìːmətjúər] ⓗ **조숙한**; 시기상조의; 조산의 ☜ 미리(pre) 성숙한(matur) + e

메저링 컵 measuring cup (눈금이 새겨진 계량컵)

■ **measure** [méʒər/**메**저] [동] **~을 재다, 측정[평가]하다; ~의 길이[폭·높이]이다** ☜ 라틴어로 '측정하다'란 뜻
■ **measurable** [méʒərəbəl] [형] **잴 수 있는**, 측정할 수 있는; 알맞은 ☜ -able(~할 수 있는)
□ im**measur**able [iméʒərəbəl] [형] **헤아릴 수 없는; 광대한** ☜ im<in(=not/부정) + 측정(measur) 할 수 있는(able)
♠ cause **immeasurable** harm **헤아릴 수 없는** 해를 끼치다
□ im**measur**ably [iméʒərəbli] [부] 무한히 ☜ -ably<부접>
※ **cup** [kʌp/컵] [명] **찻종, 컵, 잔** ☜ 고대영어, 라틴어로 '잔'이란 뜻

미디어 media (신문·방송 등 정보를 전송하는 매체)

♣ 어원 : medi-, mid- 중간, 중앙
■ **medi**a [mí:diə] [명] (the ~) **매스컴, 매스미디어** ☜ medium의 복수
■ **medi**um [mí:diəm] [명] (pl. **-s,** medi**a**) **중간, 중용; 매개(물)**, 매체; 매질 [형] **중간[중등]의**; (스테이크가) 중간정도로 구워진 ☜ 라틴어로 '중간의'란 뜻
□ im**medi**ate [imí:diət/이**미**-디어트] [형] **즉각의; 직접의** ☜ 중간(medi)을 만들지(ate) 않은(im<in=not)
♠ an **immediate** reply **즉**답 (**즉각적인** 대답)
□ im**medi**acy [imí:diəsi] [명] 직접(성); 즉시(성); 긴급(성) ☜ -acy<명접>
□ im**medi**ately [imí:diətli/이**미**-디어틀리] [부] **곧, 바로, 즉시** ☜ -ly<부접>
■ **mid**dle [mídl/**미**들] [형] **한가운데의, 중간의**(=medial), 중앙의 [명] 중앙 ☜ mid + d<단모음+단자음+자음반복> + le<형접/명접>
♠ **middle school 중학교**(=junior high school)

메모 memo (비망록), 메모리 memory (기억장치)

♣ 어원 : mem(or) 기억하다
■ **memo** [mémou] [명] (pl. memo**s**) 《구어》 비망록, **메모** ☜ **memo**randum의 줄임말
■ **memor**andum [mèmərǽndəm] [명] (pl. **-s,** memorand**a**) **비망록**, 메모; 『외교』 각서 ☜ 기억(memor) 해야 하는(and) 것(um)
■ **memor**y [méməri/**메**머뤼] [명] **기억**(력); **회상**; 기억장치, **메모리** ☜ -y<명접>
■ **memor**ial [məmɔ́:riəl] [형] **기념의** [명] **기념물, 기념관[비]** ☜ -ial<형접/명접>
♠ **War Memorial 전쟁기념관**
□ im**memor**ial [ìmimɔ́:riəl] [형] **기억[기록]에 없는 먼 옛적의** ☜ im<in(=not/부정)
♠ an **immemorial** tradition **태곳적부터 내려오는** 전통
♠ from **time immemorial 아득한 옛날**부터
■ re**mem**ber [rimémbər/뤼**멤**버] [동] **기억하다**, 상기하다 ☜ 다시(re) 기억(mem) + b + 하다(er)

3D영화 three-dimensional film (3차원의 입체영화)

♣ 어원 : mens 재다, 측정하다
※ **three** [θri:/뜨리-/쓰리-] [명] **3, 3개** [형] 3의, 3개의 ☜ 고대영어로 '3'이란 뜻
■ di**mens**ion [dimén∫ən, dai-] [명] (길이·폭·두께의) **치수, 넓이** ☜ 따로(di<dis) 측정한(mens) 것(ion<명접>)
□ im**mens**e [iméns] [형] **거대한, 막대한** ☜ im(=not/부정) + 측정하다(mens) + e<형접>
♠ an **immense** sum of money **엄청난** 돈
□ im**mens**ely [iménsli] [부] 몹시, 매우; **무한히**; 대단히 ☜ immense + ly<부접>
□ im**mens**ity [iménsəti] [명] 광대; 무한; (pl.) 막대한 것 ☜ -ty<명접>
※ **film** [film] [명] **얇은 껍질**(막·층); **필름, 영화** [동] **엷은 껍질로 덮다[덮이다]** ☜ 고대영어로 '얇은 껍질(피부)'란 뜻

이머전시 emergency (비상사태)

♣ 어원 : merg, mers, urg 담그다, 잠기게 하다, 가라 앉히다
■ e**merg**e [imə́:rdʒ] [동] (물 속·어둠 속 따위에서) 나오다, **나타나다** ☜ 밖으로(e<ex) 담그다(merg) + e
■ e**merg**ency [imə́:rdʒənsi] [명] **비상**(돌발)**사태**, 위급 ☜ -ency<명접>
□ im**merg**e [imə́:rdʒ] [동] (물 따위에) 뛰어들다, 뛰어들듯이 사라지다 ☜ 안으로(im<in) 담그다(merg) + e

I

☐ im**merse** [imə́:rs] ⓢ **담그다**, 가라앉히다; 열중시키다, 빠져들게 하다
☞ 안으로(im<in) 담그다(mers) + e
♠ **immerse** oneself in a hot bath 열탕에 몸을 **담그다**
☐ im**mers**ion [imə́:rʃən, -ʒən] (물에) 담금, 『종교』 침례; 골몰, 몰두 ☞ -ion<명접>

✚ **merg**e **합병하다**, 합체(合體)시키다 sub**merg**e **물에 담그다**, 잠항하다 **urg**ent **긴급한**, 절박한, 매우 위급한 **urg**ency **긴급**, 절박, 위기

이머그레이션 immigration (office) ([공항] 출입국관리소)

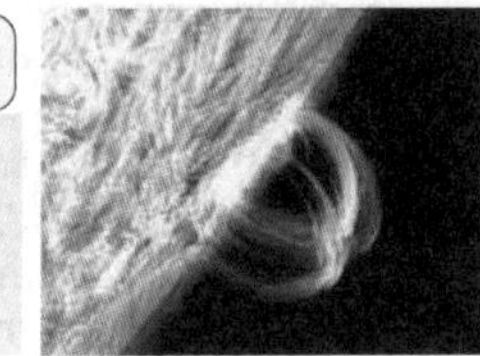

♣ **어원 : migr 이동하다, 이사하다**
☐ im**migr**ate [íməgrèit] ⓢ (타국에서) **이주하다**, 이주시키다
☞ 안으로(im<in) 옮기(migr) 다(ate<동접>)
☐ im**migr**ation [ìməgréiʃən] ⓜ **이주**; 입국; 이민자 ☞ -tion<명접>
♠ **immigration office 출입국관리사무소**
☐ im**migr**ant [ímigrənt] ⓗ (타국에서) 이주한 ⓜ **이주자, 이민** -ant(<형접>/사람)
■ e**migr**ate [éməgrèit] ⓢ (타국으로) **이주하다**, 이민하다
☞ 밖으로(e<ex) 이동하(migr) 다(ate<동접>)
■ **migr**ate [máigreit] ⓢ **이주하다**; 이동하다 ☞ 이동하(migr) 다(ate<동접>)

프라미넌스 prominence (태양의 가장자리에 보이는 홍염(紅焰))

태양의 가장자리에 보이는 불꽃모양의 가스. 흑점이 출현하는 영역에 집중적으로 나타나는 경향이 있다. 불꽃의 주성분은 수소원자로 붉은 빛이 강하며, 크기는 높이 3만 km, 길이 20만 km, 폭 500만 km이고, 온도는 약 7000K, 자장은 5~10 Gauss(가우스)이다. <출처 : 두산백과>

♣ **어원 : min 돌출하다, 내밀다**
■ pro**min**ent [prάmənənt/prɔ́m-] ⓗ **현저한, 두드러진**; 저명한; 돌기한
☞ 앞으로(pro) 튀어나오(min) 는(ent<형접>)
■ pro**min**ence, -ency [prάmənəns/prɔ́m-, -i] ⓜ **돌출; 탁월**, 두드러짐 ☞ -ence<명접>
☐ im**min**ent [ímənənt] ⓗ **절박한**, 급박한, 긴급한 ☞ 바로 위로(im<upon) 돌출하(min) 는(ent)
♠ A storm seems **imminent**. 폭풍우가 **곧 닥쳐올** 것 같다.
☐ im**min**ently [ímənəntli] ⓑ 임박하여, 절박하게 ☞ -ly<부접>
☐ im**min**ence, -cy [ímənəns, -si] ⓜ 급박, 긴박(성); 절박한 위험 ☞ -ence/-ency<명접>
■ e**min**ent [émənənt] ⓗ **저명한**; 신분이 높은; 현저한, 뛰어난
☞ 밖으로(e<ex) 돌출하(min) 는(ent<형접>)

☐ **immobile**(움직일 수 없는) ➔ **mobile**(이동할 수 있는) **참조**

모럴 해저드 moral hazard (도덕적 해이) * hazard 위험, 모험; [골프] 장애구역

♣ **어원 : mor(al) 도덕의, ,윤리의, 예의상**
■ **moral** [mɔ́(:)rəl, mάr-] ⓗ **도덕(상)의**, 윤리(상)의, 도덕〔윤리〕에 관한 ⓜ **교훈**; 도덕, 몸가짐, **수신**(修身) ☞ 라틴어로 '풍속, 습관에 관한'이란 뜻
☐ im**moral** [imɔ́(:)rəl, imάr-] ⓗ **부도덕한**; 행실 나쁜; 음란한 ☞ im<in(=not/부정) + moral
♠ It's **immoral** to steal. 절도는 **비도덕적인** 일이다.
☐ im**moral**ity [ìmərǽləti] ⓜ 부도덕, 패덕; 품행이 나쁨; 음란 ☞ -ity<명접>
■ a**moral** [eimɔ́:rəl, æm-, -mάr-] ⓗ 초(超)도덕의, 도덕 관념이 없는
☞ 도덕(moral)이 없는(a<an=not)

서브프라임 모기지 론 subprime mortgage loan (비우량 주택담보 대출)

미국의 주택담보대출은 prime>Alt-A>subprime으로 구분되는데 신용도가 가장 낮은 서브프라임은 대출금리가 높다. 2000년대 초반 미국 부동산가격 급등으로 서브프라임 대출도 급증했는데 2000년대 중반 집값이 급락하자 FRB(미국 연방준비제도이사회)는 금리를 대폭 올렸고, 이자부담이 커진 저소득층은 원리금을 갚을 수 없게 되면서 2007년 서브프라임 모기지 론 사태가 발생하여 세계는 글로벌 금융위기를 맞았다.

♣ **어원 : mort, morb, mori 죽음**
※ sub**prime** [sʌbpráim] ⓗ 2급품의; 금리가 prime rate이하의 《융자 등》
☞ prime(제1의)보다 아래의(sub)
■ **mort**gage [mɔ́:rgidʒ] ⓜ 『법률』 (양도) **저당**(권); **담보**
☞ (권한을 넘겨주어) 죽은(mort) + g + 것(age)
■ **mort**al [mɔ́:rtl] ⓗ **죽을 운명의; 치명적인**; 인간의 ☞ 죽음(mort) 의(al<형접>)
☐ im**mort**al [imɔ́:rtl] ⓗ **불사의, 불멸의**, 불후(不朽)의 ☞ im<in(=not/부정)

♠ The soul is **immortal**. 영혼은 **죽지 않는**다.

☐ im**mort**ally [imɔ́:rtli] 부 영원히, 죽지 않고 ☜ -ly<부접>

☐ im**mort**ality [ìmɔ:rtǽləti] 명 **불사, 불멸**, 불후; **불후의 명성** ☜ -ity<명접>

☐ im**mort**alize [imɔ́:rtəlàiz] 동 불후하게 하다 ☜ -ize<동접>

※ **loan** [loun] 명 **대부**(금) ☜ 중세 노르드어로 '추후 반환을 약속받고 제공한 것'이란 뜻

무비 movie (영화)

♣ **어원 : mov, mob, mot 움직이다, 활동하다, 운동하다**

■ **mov**e [mu:v/무-브] 동 **움직이다; 감동시키다**
☜ 고대 프랑스어로 '움직이다'

■ **mov**ie [mú:vi/**무**-뷔] 명 《구어》 **영화**; (종종 the ~) 영화관 ☜ move + ie<명접>

■ **mov**able [mú:vəbəl] 형 **움직일 수 있는**; 가동의; 이동하는 ☜ -able(할 수 있는)

☐ im**mov**able [imú:vəbəl] 형 **움직일 수 없는**, 부동의, 냉정한
☜ im<in(=not) + 움직(mov)일 수 있는(able)
♠ **immovable** estate 〔property〕 ***움직일 수 없는*** *토지* ➔ 부동산

☐ im**mov**ability [imù:vəbíləti] 명 **부동**(성) ☜ -ability(가능성)

커뮤니케이션 communication (의사소통)
파리 코뮌 the Commune (of Paris) (파리혁명정부)

파리코뮌은 1789년 프랑스 혁명 이후 1871년 3월 28일부터 5월 28일 사이에 파리 시민과 노동자들의 봉기에 의해서 수립된 혁명적 자치정부를 말한다.

< 파리코뮌 포스터 >

♣ **어원 : mun(i), mon (서로) 나누다, 공유하다, 교환하다; 의무를 다하다**

■ com**mun**e [kámju:n/kɔ́m-] 명 **코뮌** 《중세 유럽제국의 최소 행정구》; 지방 자치체; (공산권의) 인민공사 동 《문어》 **친하게 사귀다 [이야기하다]** ☜ 중세 프랑스어로 '자유 도시, 시민단'이란 뜻

■ com**muni**cation [kəmjù:nəkéiʃən] 명 **전달, 통신; 교통 수단**
☜ 함께(com) 주고받기(muni)를 + c + 만드는(ate) + 것(ion<명접>)

☐ im**mun**e [imjú:n] 형 면역(성)의 ☜ (이물질과) 교환하지(mun) + e + 않는(im<in=not)

☐ im**mun**e body 면역체, 항체 ☜ body(몸)

☐ im**mun**ity [imjú:nəti] 명 **면제, 면책; 면역**(성) ☜ immune + ity<명접>
♠ As an ambassador I have **diplomatic immunity**.
대사로서 나는 **외교 면책특권**이 있다.
♠ This helps you raise your **immunity**.
이것은 당신의 **면역력**을 높일 수 있도록 돕습니다.

☐ im**mun**ize [ímjənàiz] 동 면역이 되게 하다, 면역성을 주다 ☜ -ize<동접>

✚ com**mon** **공통의, 사회일반의; 보통의** **mun**icipal **시(市)의, 자치 도시의** **mun**ition **군수품**

커뮤터 commuter (정기권 통근자)

♣ **어원 : mut(e) 바꾸다(=change), 변하다**

■ com**mute** [kəmjú:t] 동 교환〔변환〕하다; 지급 방법을 바꾸다, 대체(對替)하다; 《미》 정기〔회수〕권으로 다니다 ☜ 라틴어로 '함께(com) 바꾸다(mute)'란 뜻

■ com**mut**er [kəmjú:tər] 명 《미》 (교외) 정기권 통근자〔이용자〕 ☜ commut + er

☐ im**mut**able [imjú:təbəl] 형 변경할 수 없는, 불변의, 변치〔바뀌지〕 않는
☜ im(=not/부정) + 바꿀(mut) 수 있는(able)
♠ **an immutable truism 불변의 진리**

☐ im**mut**ably [imjú:təbəli] 부 변함없이 ☜ -ably<부접>

☐ im**mut**ability [imjù:təbíləti] 명 불변성 ☜ -ability(able에 대한 명사어미)

님프 Nymph (그리스·로마 신화에 나오는 요정의 총칭)

■ n**ymp**h [nimf] 명 『그·로.신화』 **님프** 《산·강·연못·숲 등에 사는 예쁜 소녀 모습의 정령》, **요정** ☜ 그리스어로 '아름다운 어린 아내'란 뜻

☐ **imp** [imp] 명 **꼬마도깨비**; (익살) **장난꾸러기** ☜ 고대영어로 '어린 싹'이란 뜻
♠ What're you up to, you **imp** ? 너는 무엇을 하려고 하니, **악동** ?

딥임팩트 Deep Impact (미국 SF 영화. 미국의 혜성탐사선. <깊은 충돌>)

1998년 개봉한 미국의 재난/스릴러/SF영화. 미미 레더 감독(여성), 로버트 듀발, 티아 레오니 주연. 지구와 혜성과의 충돌 위기에서 지구를 구하기 위한 인류의 사투를 그린 영화.

© Paramount Pictures

※ **deep** [diːp/디입] ⓗ **깊은**; 깊이가 ~인
☜ 고대영어로 '심오한, 신비한, 깊은'이란 뜻

□ **impact** [ímpækt] ⓜ **충돌**; 충격, 쇼크; 영향(력)
☜ 속을(im<in) 때리다(pact=strike)
♠ soften 〔cushion〕 **the impact 충격**을 완화시키다

파 par ([골프] 기준 타수. <동등>이라는 뜻)

♣ **어원 : par, pair, per, peer 동등한, 같은**

■ **par** [pɑːr] ⓜ **동등**, 등가; 〖골프〗 기준타수 ☜ 라틴어로 '동등한'이란 뜻

■ **pair** [pɛər/페어] ⓜ (pl. **-s**, 《구어》 **-**) **한 쌍**(의 남녀), (두 개로 된) **한 벌**
☜ 라틴어로 '같은 것'이란 뜻

□ im**pair** [impɛ́ər] ⓓ **감하다**, 손상시키다, 해치다 ☜ 같지(pair) 않다(im<in=not)
♠ **impair** one's health 건강을 **해치다**

□ im**pair**ment [impɛ́ərmənt] ⓜ 손상, 해침; 감손; 〖의학〗 결함, 장애 ☜ -ment<명접>

□ im**per**ious [impíəriəs] ⓗ **전제적인, 고압적인**; 긴급한 ☜ -ous<형접>
♠ **an imperious** manner **오만한** 태도

□ im**per**ial [impíəriəl] ⓗ **제국**(帝國)**의**; [I~] **대영제국의**
☜ (다른 나라와) 같지(pair) 않(im<in=not) 은(al<형접>)

■ com**pare** [kəmpɛ́ər/컴페어] ⓓ **비교하다**, 견주다, 대조하다
☜ 양쪽 모두(com) 동등하게(par) 하다(e)

■ **peer** [piər] ⓜ **동료, 동배**, 대등한 사람 ☜ 라틴어로 '평등'이란 뜻

□ **imperil**(위태롭게 하다) ➔ **peril**(위험) **참조**

파트너 partner (동료), 아파트 apartment (5층 이상의 다세대 주거형 건물)

♣ **어원 : part 부분, 조각, 입자; 나누다**

■ **part** [pɑːrt/파-트] ⓜ **일부, 부분** ⓓ **갈라지다, 헤어지다**
☜ 라틴어로 '일부분'이란 뜻

■ **part**ner [pɑ́ːrtnər] ⓜ 조합원; 공동 경영자, 사원; **동료**, 협력자; **파트너**, (댄스 등의) **상대**
☜ part + n + er(사람)

■ a**part**ment [əpɑ́ːrtmənt] ⓜ 《미》 **아파트** (《영》 flat) ☜ 따로따로(a) 나눈(part) 것(ment<명접>)

□ im**part** [impɑ́ːrt] ⓓ **나누어 주다, 전하다** ☜ 안(im<in)을 나누다(part)
♠ **impart comfort to ~ ~에게 위안을 주다.**

□ im**part**ial [impɑ́ːrʃəl] ⓗ **치우치지 않는, 편견이 없는, 공평한** ☜ -ial<형접>

□ im**part**ially [impɑ́ːrʃəli] ⓑ 공평하게 ☜ impartial + ly<부접>

□ im**part**iality [impɑ̀ːrʃiǽləti] ⓜ 공평 ☜ impartial + ity<명접>

□ im**part**ation, -ment [impɑ̀ːrtéiʃən], [-mənt] ⓜ 나누어 줌, 분급; 전달 ☜ -ation/-ment<명접>

□ im**part**able [impɑ́ːrtəbl] ⓗ 나누어 줄 수 있는 ☜ -able(~할 수 있는)

■ com**part**ment [kəmpɑ́ːrtmənt] ⓜ 칸막이, **구획** ☜ 함께(com) 나누는(part) 것(ment<명접>)

■ **part**ial [pɑ́ːrʃəl] ⓗ **일부분의, 불공평한** ☜ part + ial<형접>

시험에 패스(pass.합격)하다, 패스포트 passport (여권), 패스워드 password

♣ **어원 : pass, pace, ped 발; 도보, 보행; 지나가다**

■ **pass** [pæs/패스/pɑːs/파-스] ⓓ **지나가다, 통과하다, 건너다; 합격하다; 보내다, 넘겨주다; 승인하다; 사라지다** ⓜ **통행**, 통과; **패스**; 여권; (산)**길, 고개**
☜ 라틴어로 '걸음, 보행'이란 뜻

■ **pass**port [pǽspɔːrt] ⓜ 여권; 통행 허가증 ☜ 항구(port)를 통과하다(pass)

■ **pass**word [pǽswə̀rd] ⓜ **패스워드**, 암호(말), 군호; 〖컴퓨터〗 암호
☜ 통과(pass)에 필요한 낱말/단어(word)

□ im**pass**able [impǽsəbəl, -pɑ́ːs-] ⓗ 통행할 수 없는, 지나갈〔통과할〕 수 없는
☜ im(=not/부정) + 지나갈(pass) 수 있는(able)
♠ **an impassable road 지나갈 수 없는 길**

□ im**pass**e [ímpæs] ⓜ 《F.》 막다름; 막다른 골목(=blind alley); 난국, 곤경 (=deadlock)
☜ 근대 프랑스어로 '통과할 수 없는 것'이란 뜻

I

파토스, 페이소스 pathos ([철학] 열정 · 고통 · 깊은 감정)
패시브 passive ([체육] 수동적 · 소극적인 선수)

♣ **어원 : pass, pat(i) 고통; 감정; 동정; 느끼다, 고통을 겪다, 견디다, 동정하다**

■ **path**os [péiθɑs/-θɔs] [명] **애절감**, 비애; 정념, **파토스**(⇔ logos 로고스, 이성)
☜ 그리스어로 '감정; 고통'이란 뜻

■ **pass**ive [pǽsiv] [형] **수동적인; 무저항의; 비활동적인** ☜ 견디(pass) 는(ive<형접>)

□ im**pass**ive [impǽsiv] [형] 감정이 없는, 무감각한, 태연한
☜ im<in=not(부정) + 감정(pass)이 있는(ive<형접>)
♠ her **impassive** expression 〔face〕
그녀의 **아무런 감정이 없는** 표정 〔**무표정한** 얼굴〕

□ im**pass**ively [impǽsivli] [부] 태연히, 무감각하게, 냉정하게 ☜ -ly<부접>

□ im**pass**ible [impǽsəbəl] [형] 아픔을 느끼지 않는, 무감각〔무신경〕한; 감정이 없는
[비교] impossible 불가능한

□ im**pass**ion [impǽʃən] [동] 깊이 감동〔감격〕하게 하다
☜ (마음) 속에(im=in) 느끼는(pass) 것(ion)을 불어 넣다

□ im**pass**ioned [impǽʃənd] [형] 감격한; 정열적인, 열렬한, 감동이 넘친 ☜ -ed<형접>

□ im**pati**ent [impéiʃənt] [형] 참을 수 없는(=intolerant), 몹시 ~하고 싶어 하는(=eager); **성급한**(=irritable) ☜ im<in=not(부정) + patient
♠ **be impatient 성격이 급하다**
♠ **be impatient for ~ ~을 안타깝게 바라다**(=be eager for)
♠ **be impatient of ~ ~을 못 견디다**(=be unbearable)

□ im**pati**ently [impéiʃəntli] [부] 안달복달하며, 마음 졸이며 ☜ impatient + ly<부접>

□ im**pati**ence [impéiʃəns] [명] 참을성 없음, **성급함**, 조바심 ☜ -ence<명접>

✚ com**pass**ion **불쌍히 여김,** (깊은) 동정(심) **pass**ion **열정**; 격정; **열애**, 열심, 열중 **pati**ent **인내심이 강한**; **환자** **pat**ience **인내**(력), 참을성; 끈기

페달 pedal (발판)

♣ **어원 : ped, pec 발; 도보, 보행; 걷다, 지나가다**

■ **ped**al [pédl] [명] **페달, 발판** [동] 페달을 밟다 ☜ 발(ped) 의(al<형접>)

□ im**pec**cable [impékəbəl] [형] 죄를[과실을] 범하는 일이 없는; 결함[흠] 없는
☜ im(=against/반대) + 발이(pec) 떨어지(cad=fall) 는(ble)
♠ **impeccable manners 흠잡을 데 없는 매너**

□ **impecunious**(돈이 없는) ➔ **penny**(페니) **참조**

페달 pedal (발판)

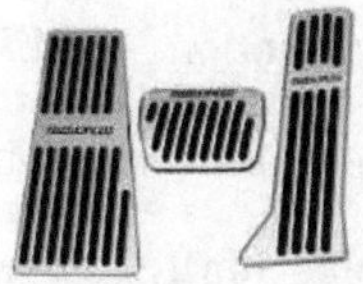

♣ **어원 : ped, pod, pus, fet, peach 발; 걸어가다, 발로 서있다**

■ **ped**al [pédl] [명] **페달, 발판** [동] 페달을 밟다 ☜ 발(ped) 의(al<형접>)

■ ex**ped**ient [ikspíːdiənt] [형] **편리한**; 마땅한 [명] **수단, 방편**
☜ 발(ped)을 족쇄에서 밖으로(ex) 나오게 + i + 하는(ent<형접>)

□ im**ped**e [impíːd] [동] **방해[저지]하다** ☜ 걷지(ped) 못하게(im<in=not) 하다(e)
♠ **impede** progress 진보**를 방해하다**.

□ im**ped**iment [impédəmənt] [명] **방해(물), 장애**; 신체 장애 ☜ -ment<명접>

□ im**ped**imental, -tary [impèdəméntl], [-təri] [형] 방해〔장애〕가 되는 ☜ -al/-ary<형접>

□ im**ped**itive [impédətiv] [형] 방해되는, 장애의 ☜ -itive<형접>

□ im**peach** [impíːtʃ] [동] **탄핵하다; 고발[고소]하다** ☜ 발(peach)을 안으로(im<in) 걸다
♠ **impeach** the President for taking a bribe 대통령을 수뢰 혐의로 **탄핵하다**

□ im**peach**ment [impíːtʃmənt] [명] 비난; 탄핵; 고발; 이의 신청 ☜ -ment<명접>

✚ octo**pus** **낙지, 문어** **pod**ium 토대석; 연단, 지휘대, **포디움** **fet**ter **족쇄**, 속박

프로펠러 propeller (회전날개, 선풍기나 배의 스크류 등의 추진날개)

♣ **어원 : pel 몰고 가다(=drive), 몰아가다, 몰아내다**

■ pro**pel** [prəpél] [동] **추진하다**, 몰아대다 ☜ 앞으로(pro) 몰고 가다(pel)

■ pro**pel**ler [prəpélər] [명] **프로펠러**, 추진기 ☜ -er(기계, 장치)

□ im**pel** [impél] [동] **추진[재촉]하다, 억지로 ~을 시키다** ☜ 안으로(im<in) 밀다(pel)
♠ **an impelling force 추진력**

□ im**pel**lent [impélənt] [형][명] 추진하는; 추진력 ☜ impel + l + ent<형접/명접>

I

✚ com**pel** **강요하다** dis**pel** **없애다, 쫓아버리다** ex**pel** **쫓아내다, 추방하다** re**pel** **격퇴하다**

펜던트 pendant (장식을 달아 늘어뜨린 목걸이)

♣ **어원 : pend, pens(e) 매달다, 무게를 달다, 계량하다**

■ **pend**ant [péndənt] ⓜ **펜던트**, 늘어뜨린 장식《목걸이 · 귀고리 따위》; 부록, 부속물 ☜ 매달려 있는(pend) 것(ant<명접>)

■ **pend**ing [péndiŋ] ⓗ **미정[미결]의**, 심리중의; 절박한; 〖법률〗 계류 중의 ☜ 매달려(pend) 있는(ing<형접>)

□ im**pend** [impénd] ⓓ (위험 · 사건 따위가) 절박하다, 바야흐로 일어나려 하다 ☜ im(완전히/강조) 매달리다(pend)

□ im**pend**ing [impéndiŋ] ⓗ **절박한, 임박한** ☜ -ing<형접>
♠ an **impending** disaster **임박한** 재난

✚ ap**pend**ix **부가물; 부록** de**pend** **~나름이다,** (~에) **달려 있다, 좌우되다** ex**pend** **소비[소모]하다** **pens**ion **연금**, 양로 연금, 부조금 sus**pend** **(매)달다**, 걸다

□ **imperative**(긴급한) ➔ **imperial**(제국의) **참조**

퍼센트 percent (백분율. <cent(100)에 대하여>란 뜻)

♣ **어원 : per(i), pess ~마다; 완전히**

■ **per** [pəːr, 약 pər] ⓙ《L.》〔수단 · 행위자〕 **~에 의하여, ~에 대하여, ~마다** ☜ 라틴어로 '~에 의해, ~ 때문에'란 뜻

■ **per**cent, **per** cent [pərsént/퍼**센**트] ⓜ (pl. **-, -s**) **퍼센트**, 100분 《기호 %; 생략: p.c., pct.》; 《구어》 **백분율** ☜ 라틴어로 '100에 대하여'란 뜻

■ **per**ceive [pərsíːv] ⓓ **지각**(知覺)**하다**, 감지하다, 인지하다; **이해하다**, 파악하다 ☜ 라틴어로 '완전히(per) 잡다(ceive)'란 뜻

■ **per**ceptible [pərséptəbəl] ⓗ **인지[지각]할 수 있는**; 눈에 뜨이는, 상당한 ☜ -ible<형접>

□ im**per**ceptible [ìmpərséptəbəl] ⓗ 감지할 수 없는; 알아차릴 수 없을 만큼의, 미세한 ☜ im<in=not(부정) + perceptible(인지할 수 있는)
♠ an **imperceptible** difference **극히 적은** 차이

□ im**per**ceptibly [ìmpərséptəbli] ⓑ 근소하게, 미세하게, 모르는 사이에 ☜ -ibly<부접>

픽션 fiction (허구, 소설), 논픽션 nonfiction (사실적 산문문학)

♣ **어원 : fect, fic(t), fac(t) 만들다(=make)**

■ **fic**tion [fíkʃən] ⓜ [집합적] **소설**; 꾸민 이야기, 허구, 가공의 이야기 ☜ (사실이 아닌) 만들어 낸(fic) 것(ion<명접>)

■ non**fic**tion [nànfíkʃən] ⓜ **논픽션**, 소설이 아닌 산문문학《전기 · 역사 · 탐험기록 등》 ☜ non(=not/부정) + fiction(허구)

□ imper**fect** [impəːrfikt] ⓗ **불완전한**, 미완성의, 결함이 있는 ☜ im<in(=not/부정) + perfect(완전한)
♠ an **imperfect** world **불완전한** 세상

□ imper**fect**ly [ìmpərféktli] ⓑ 불완전하게 ☜ -ly<부접>

□ imper**fect**ion [ìmpərfékʃən] ⓜ **불완전**(성). **결함**, 결점 ☜ -ion<명접>

✚ **fact** **사실**, 진실 de**fect** **결점**, 부족 ef**fect** **효과**, 결과 in**fect** **감염시키다,** (~에) **영향을 미치다** per**fect** **완전한**, 정확한

엠파이어 스테이트 빌딩 Empire State Building (미국 뉴욕시에 있는 지상 102층 건물. 높이 449m)

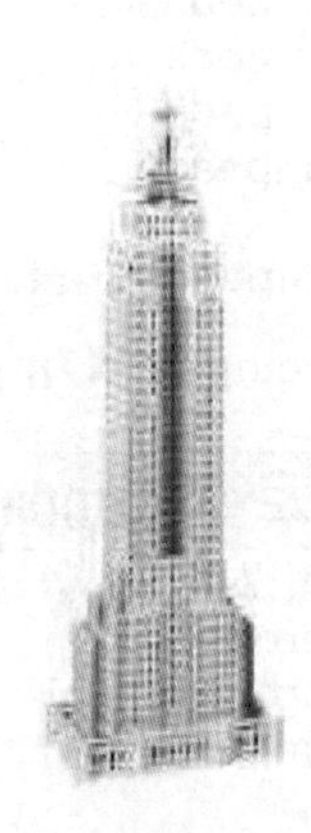

♣ **어원 : empir, emper, imper 지배, 통치, 명령; 최고의 지배권을 가지다**

■ **empir**e [émpaiər/**엠**파이어] ⓜ **제국**(帝國); (제왕의) 통치(권); (the E-) 대영제국(the British Empire); 신성 로마 제국 ⓗ (E-) **제국의** ☜ 라틴어로 '지배, 통치, 명령, 권력'이란 뜻

□ **imper**ial [impíəriəl] ⓗ **제국의**; [I~] **대영제국의** ☜ 제국(imper) + i + 의(al<형접>)
♠ the **imperial** army 〔palace, family〕 **제국의** 군대 〔황궁, 황실〕

□ **imper**ialism [impíəriəlìzm] ⓜ **제국주의** ☜ imperial + ism(~주의)

□ **imper**ialist [impíəriəlist] ⓜ 제국주의자 ☜ imperial + ist(사람)

□ **imper**ious [impíəriəs] ⓗ **전제적인, 거만한; 긴급한** ☜ -ous<형접>
♠ an **imperious** person 〔manner〕 **건방진** 사람 〔태도〕

☐ **imper**iously [impíəriəsli] [부] 건방지게, 당당하게, 긴급히 ☜ -ly<부접>
☐ **imper**ative [impérətiv] [형] 명령적인, 권위 있는; **피할 수 없는, 긴급한** [명] 명령; 의무
☜ 지배(imper)를 만드(ate) 는(ive<형접>)
☐ **imper**atively [impérətivli] [부] 명령적으로, 긴급히 ☜ -ly<부접>
※ **state** [steit/스테이트] [명] **상태**; (흔히 the S-) **국가**, 나라 [형] (종종 S-) 국가의
☜ 서있(st) 다(ate<동접>)
※ **build**ing [bíldiŋ/**빌**딩] [명] 건축(술), 건설; **건축물, 빌딩** ☜ 세우(build) 기(ing)

파마 permanent (곱슬형의 헤어스타일. <오래 지속됨>이란 뜻)

♣ **어원 : per(i), pess ~마다, ~에 대하여[따라서]; 완전히, 내내**
■ **per**manent [pə́ːrmənənt] [형] **(반)영구적인, 영속하는**; 불변의, 내구성의; 상설의
[명] **파마**(~ wave, perm) ☜ 라틴어로 '완전히(per) 머무르(man) 는(ent)'이란 뜻
■ **peri**scope [pérəskòup] [명] (잠수함의) 잠망경, **페리스코프**; (참호 따위의) 전망경(展望鏡)
☜ 라틴어로 '완전히<전방향을(peri)을 보는 기계(scope)'란 뜻
■ **per**ish [périʃ/**페**뤼쉬] [동] **멸망하다**, (비명(非命)에) **죽다**; 썩어 없어지다, 사라지다; 썩다,
타락하다 ☜ 라틴어로 '완전히(per) 가다(ish)'란 뜻
☐ im**per**ishable [impériʃəbəl] [형] **불멸의**, 불후의(=indestructible), 영속적인(=everlasting)
☜ im<in=not(부정) + perish + able<형접>
♠ win an **imperishabl**e memory **불후의** 명성[이름]을 남기다

페르소나 persona (연극배우가 쓰는 가면. 가면을 쓴 인격)

■ **person**a [pərsóunə] [명] (pl. **personae**) 《L.》 (pl.) (극 · 소설의) 등장
인물; 『심리』 **페르소나**, 외적 인격《가면을 쓴 인격》
☜ 라틴어로 '사람'이란 뜻
■ **person** [pə́ːrsən/**펄**-선] [명] **사람, 인물; 신체** ☜ 고대 프랑스어로 '인간'이란 뜻
■ **person**al [pə́ːrsənəl/**펄**-서널] [형] **개인의; 본인의; 인격적인; 신체의** ☜ -al<형접>
☐ im**person**al [impə́ːrsənəl] [형] **개인에 관하지 않는**, 일반적인; **비인칭의**
☜ im<in(=not/부정) + person + al<형접>
♠ a vast **impersonal** organization **인간미 없는** 거대한 조직
☐ im**person**ally [impə́ːrsənəli] [부] 객관적으로, 일반적으로, 비인격적으로, 비개인적으로
☜ im<in=not(부정) + person + al<형접> + ly<부접>
☐ im**person**ate [impə́ːrsənèit] [동] 대역을 하다; 의인화하다, 인격화하다; ~의 역을 맡아하다
[형] 구체화된 ☜ im<in=not(부정) + person + ate<동접>

텐트 tent (천막), 컨테이너 container (화물수송용 큰 금속상자)

♣ **어원 : ten(t), tend, tens, tin, tain 팽팽하게 뻗히다, 넓히다; 붙잡다**
■ **tent** [tent/텐트] [명] **텐트, 천막** ☜ 초기 인도유럽어로 '펼치다'에서 유래
■ **tens**ion [ténʃən] [명] **긴장(상태)**, 절박 ☜ 팽팽하게 늘린(tens) 것(ion<명접>)
■ con**tain**er [kəntéinər] [명] **그릇, 용기; 컨테이너** ☜ 모두(con) (안에) 붙들고 있는(tain) 것(er)
■ con**tin**ue [kəntínjuː/컨**티**뉴-] [동] **계속하다** ☜ 계속(con) 붙잡고(tin) 있다(ue)
☐ imper**tin**ent [impə́ːrtənənt] [형] **건방진**, 무례한; 적절하지 않은, 당치않은
☜ 완전히(per) 당기지(tin) 않(im<in=not) 은(ent<형접>)
♠ Don't **be impertinent** to your elders. 연장자에게 **무례하게 굴지** 마라
☐ imper**tin**ence, -ency [impə́ːrtənəns, -i] [명] **건방짐**, 주제넘음; 무례 ☜ -ence/-ency<명접>

터번 turban (이슬람교도 남자가 머리에 감는 두건)

♣ **어원 : turb(o), 돌다, 감다, 회전하다(=turn)**
■ **turb**an [təːrbən] [명] **터번** 《이슬람교도 남자가 머리에 감는 두건》; 터번
식 모자 ☜ 페르시아어로 '감아올린 모자'란 뜻
■ **turb**ine [təːrbin, -bain] [명] 『기계』 **터빈**
☜ 라틴어로 '회전시키는(turb) 것(ine)'이란 뜻
■ **turbo** [təːrbou] [명] **터보** = turbine ☜ 라틴어로 '팽이, 회전하는 것'
■ **turbo**jet [təːrboudʒèt] [명] 『항공』 **터보제트기** = turbojet engine ☜ turbo + jet(분출, 분사, 사출)
☐ imper**turb**able [impərtəːrbəbəl] [형] 침착한, 태연한, 동요하지 않는
☜ im(=not/부정) + 완전히(per) 혼란스러(turb) 운(able<형접>)
♠ **with imperturbable calm 대단히 침착하게**
☐ imper**turb**ably [impərtəːrbəbəli] [부] 태연히, 냉정히, 동요하지 않고 ☜ -ly<부접>
■ per**turb** [pərtəːrb] [동] **교란하다**, 혼란하게 하다; 마음을 어지럽히다, 불안하게 하다

☜ 라틴어로 '완전히(per) 혼란스럽게 하다(turb)'란 뜻

보이저 2호 voyager 2 (미국의 태양계 탐사위성)

♣ 어원 : vey, voy, via, vi 길(=way)

■ **voy**ager [vɔ́iidʒər, vɔ́iədʒ-] ⓜ 항해자, 항행자; 모험적 항해자; 여행자; (V-) 〖우주〗 **보이저** 《미국의 목성·토성 탐사 위성》 ☜ 항해(voyage)하는 자(er)

■ **via** [váiə, víːə] ⓟ 《L.》 **~을 경유하여, ~을 거쳐**(by way of) ☜ 길(via) 따라

■ per**vi**ous [pə́ːrviəs] ⓗ (빛·물 따위를) 통과시키는, 통하게 하는 ☜ 길(vi)을 통하(per) 는(ous)

□ imper**vi**ous [impə́ːrviəs] ⓗ 통하지 않는, 스며들게 하지 않는; 상하지 않는; 둔감한
☜ im(=not/부정) + 길(vi)을 통하(per) 는(ous)

✚ con**voy** **호송, 호위(대, 선단); 호위[경호, 호송]하다** ☜ 함께(con<com) 길(voy)을 가다

애피타이저 appetizer (식욕 촉진요리)

식사 순서 중 가장 먼저 제공되어 식욕 촉진을 돋구어 주는 소품요리

♣ 어원 : pet 추구하다, 찾다

■ ap**pet**ite [ǽpitàit] ⓜ **식욕**, 욕구
☜ 라틴어로 '~을(ap<ad=to) 추구한(pet) 것(ite)'이란 뜻

■ ap**pet**izer [ǽpitàizər] ⓜ **애피타이저** ☜ 식욕을 돋우는(appetize) 것(er)

□ im**pet**us [ímpətəs] ⓜ **힘, 원동력**, 추진력
☜ 안에(im<in) 추구하는(pet) 것(us)
♠ **give impetus to ~ ~에 박차를 가하다**

□ im**pet**uous [impétʃuəs] ⓗ **성급한**, 충동적인; **격렬한, 맹렬한** ☜ -ous<형접>
♠ an **impetuous** young woman **충동적인** 젊은 여성

□ im**pet**uously [impétʃuəsli] ⓑ 성급하게, 맹렬히 ☜ -ly<부접>

✚ com**pet**e **겨루다, 경쟁하다** per**pet**rate (나쁜 짓·죄를) 행하다, 범하다 per**pet**ual **영구의, 영속하는**

피에타 pieta (미켈란젤로가 조각한 <슬퍼하는 성모마리아상>)

♣ 어원 : pi, pite, piti, pity 충성[효성]의, 경건한; 인정이 많은, 불쌍히 여긴

■ **pi**eta [pjeitɑ́ː, pìːei-] ⓜ 《It.》 **피에타** 《예수의 시체를 안고 슬퍼하는 마리아상》 ☜ 이탈리아어로 '불쌍히 여김(pity)'이란 뜻

■ **pi**ty [píti/**피리**/**피티**] ⓜ **불쌍히 여김, 동정; 애석한 일, 유감스러운 일**; 유감의 이유 ⓓ **불쌍히[딱하게] 여기다**
☜ 불쌍히(pi) 여김(ty<명접>)

□ im**pi**ety [impáiəti] ⓜ 신앙심이 없음; 불경; 불충; 불효; (흔히 pl.) 불경한 행위 ☜ 경건/충성/효도하지(pi) 않은(im=not/부정) 것(ety<명접>)
♠ He was condemned to death **for impiety**.
그는 **불신앙이란 죄목으로** 사형을 선고받았다.

□ im**pi**ous [ímpiəs] ⓗ 신앙심이 없는, 불경한, 사악한; 불효한 ☜ -ous<형접>

플랭카드 plan card (콩글 현수막) ➔ placard

♣ 어원 : pla(c), pla(i)n, pleas 평평한; 평온한, 평화로운; 즐거운

■ **plac**ard [plǽkɑːrd, -kərd] ⓜ **플래카드**; 간판, 벽보, 게시; 포스터(=poster); 전단; 꼬리표, 명찰 [plækɑ́ːrd] ⓓ ~에 간판을〔벽보를〕 붙이다
☜ 고대 프랑스어로 '평평하게(plac) 놓다(ard)'란 뜻

□ im**plac**able [implǽkəbəl, -pléik-] ⓗ 달래기 어려운, 화해할 수 없는; 마음속 깊이 맺힌; 용서 없는, 무자비한 ☜ im(=not/부정) + 평온(plac) 한(able)
♠ **an implacable enemy 용서할 수 없는 적**

□ im**plac**ably [implǽkəbli, -pléik-] ⓑ 무자비하게, 사정없이 ☜ -ably<able의 부접>

□ im**plac**ability [implǽkəbli, -pléik-] ⓜ 달랠 수 없음, 무자비 ☜ -ability<able의 명접>

✚ **plac**e **장소; 입장, 지위; 자리, 좌석; 두다**, 놓다, 배치하다 **plac**id **평온한**, 조용한; 침착한
please **기쁘게 하다**; 부디, **제발**

오이디푸스 콤플렉스 Oedipus complex (무의식적 갈등)

오이디푸스 컴플렉스는 지그문트 프로이트가 제시한 개념이다. 남근기에 생기기 시작하는 무의식적인 갈등으로 어머니를 손에 넣으려는, 또한 아버지에 대한 강한 반항심을 품고 있는 앰비밸런스적인 심리를 받아들이는 상황을 말한다. <출처 : 위키백과>

< 스핑크스와 오이디푸스 >
© Britannica

♣ **어원 : ple, pli 채우다**

※ **Oedipus** [édəpəs, íːd-] 명 『그.신화』 **오이디푸스** 《부모와의 관계를 모르고 아버지를 죽이고 어머니를 아내로 삼은 테베(Thebes)의 왕》

■ com**ple**x [kəmpléks, kámpleks/kɔ́mpleks] 형 **복잡한**, 착잡한
[kámpleks/kɔ́m-] 명 복합체; 종합빌딩; 『정신분석』 **콤플렉스**, 무의식적 감정 ☜ 함께(com) 채우다(ple) + x

□ im**ple**ment [ímpləmənt] 명 **도구**, 수단; 앞잡이 동 ~에게 권한을 주다, 이행하다 ☜ 안에(im<in) 채워져<준비되어(ple) 있는 것(ment<명접>)
♠ agricultural **implements** 농**기구**

□ im**ple**mentation [ìmpləməntéiʃən] 명 이행, 수행; 보충 ☜ -ation<명접>

□ im**ple**mental [ìmpləméntl] 형 기구[도구]의; 도움〔힘〕이 되는 ☜ -al<형접>

애플리케이션 [앱] application [app] (스마트폰 응용프로그램)

스마트폰(smart phone) 등에 다운(down) 받아 사용할 수 있는 응용프로그램. 원어로는 어플리케이션(application)이나 줄여서 앱(app)이라고 부른다.

♣ **어원 : ply, plic 붙들다; 구부리다, 포개다, 겹치다, 싸다, 포함하다**

■ ap**plic**ation [æ̀plikéiʃən] 명 **적용, 신청**(서)
☜ ~에(ap<ad=to) 붙듦(plic)을 만들(ate) 기(ion<명접>)

□ im**ply** [implái] 동 **함축하다, 암시[의미]하다** ☜ 안으로(im<in) 포함하다(ply)
♠ Silence often **implies** consent. 침묵은 때때로 동의를 **의미한다**.

□ im**plic**ate [ímplikèit] 동 관련시키다, 휩쓸려 들게 하다; 함축하다
☜ 안으로(im<in) 포함(plic)함을 만들다(ate)
♠ **be implicated in** a crime 범죄**에 관련되다**

□ im**plic**ation [ìmplikéiʃən] 명 내포, **함축, 암시**; 연루 ☜ -ation<명접>

□ im**plic**ative [ímplikèitiv, implíkə-] 형 내포하는, 함축성 있는; 연루의 ☜ -ative<형접>

□ im**plic**it [implísit] 형 암시적인; 절대적인; 맹목적인 ☜ 안으로(im<in) 싸(plic) 는(it<ite<형접>)
♠ an **implicit** promise **암묵적인** 약속

□ im**plic**itly [implísitli] 부 은연중에, 암암리에, 절대적으로 ☜ -ly<부접>

□ im**pli**ed [impláid] 형 함축된, 암시적인; 언외의 ☜ imply<y→i> + ed<형접>

□ im**pli**edly [impláiidli] 부 암암리에, 넌지시 ☜ imply<y→i> + ed<형접> + ly<부접>

✚ com**plic**ation **복잡(화)**; (사건의) **분규**; 합병증 du**plic**ation **이중**, 중복; **복사** multi**plic**ation **증가**, 증식; 『수학』 **곱셈** sup**plic**ation 간청, **탄원**, 애원

인터넷 익스플로러 Internet Explorer (미국 MS사의 인터넷 정보검색 프로그램)

♣ **어원 : plor(e) 울다, 울부짖다; 외치다**

■ ex**plore** [ikspló:r] 동 **탐험하다**, 답사하다
☜ 밖으로(ex) 외치며 나가다(plore)

■ ex**plorer** [ikspló:rər] 명 **탐험가**, 탐구자; 탐사 기구
☜ explore + er(사람/장비)

□ im**plore** [implɔ́:r] 동 **애원[간청·탄원]하다**
☜ 속으로(im<in) 울며(plor) 사정하다(e<동접>)
♠ **Implore** God for mercy. 신에게 자비를 **구하라**.

□ im**plor**ation [implɔ:réiʃən] 명 탄원, 애원 ☜ implore + ation<명접>

□ im**plor**atory [implɔ́:rətɔ̀:ri/-təri] 형 탄원적인, 탄원의 ☜ -atory<형접>

□ im**plor**ingly [implɔ́:riŋli] 부 애원하듯이, 애원조로 ☜ implore + ing<형접> + ly<부접>

■ de**plore** [diplɔ́:r] 동 **한탄[개탄]하다**, 애도하다 ☜ 몹시(de/강조) 울부짖다(plore)

네일 폴리시 nail polish (광택·선명도를 위해 손톱에 바르는 매니큐어)

♣ **어원 : pol 닦다, 매끄럽게 하다, 광을 내다**

※ **nail** [neil/네일] 명 **손톱, 발톱; 못**; 징 동 못을 박다 ☜ 고대영어로 '손톱'이란 뜻

■ **pol**ish [páliʃ/pɔ́l-] 동 **닦다, 윤내다** 명 **광택**, 윤 ☜ 매끄럽게(pol) 하다(ish)

■ **pol**ite [pəláit] 형 (-<-**ter**<-**test**) **공손한**, 예의 바른; 세련된 ☜ 매끄럽게(pol) 하는(ite)

□ im**pol**ite [ìmpəláit] 형 무례한, **버릇없는** ☜ im<in(= not/부정) + polite(공손한)
♠ make **impolite** 〔rude〕 remarks **무례한** 말을 하다

I

포털 portal (네이버, 야후 등 인터넷 접속시 거쳐야 하는 사이트)

♣ 어원 : port 나르다, 운반하다

■ **port** [pɔːrt/포-트] (명) **항구**, 무역항
☜ 고대영어로 '(물건을) 나르는 곳'이란 뜻

■ **portal** [pɔ́ːrtl] (명) (우람한) **문, 입구; 정문; 포털사이트**
☜ (~를 통해) 운반하는(port) 곳(al<명접>)

□ im**port** [impɔ́ːrt] (동) **수입하다** (명) **수입(품)** ☜ 안으로(im<in) 운반하다(port)
♠ **imported goods 수입품**

□ im**port**ance [impɔ́ːrtəns/임**포**-턴스] (명) **중요성**, 중대함 ☜ -ance<명접>
♠ **give** (attach) **importance to ~ ~을 중시하다**
♠ **of importance 중요한**

□ im**port**ant [impɔ́ːrtənt/임**포**-든트/임**포**-턴트] (형) **중요한**; 거드름 피우는
☜ 안으로(im<in) (결과를) 들여오(port) 는(ant<형접>)
비교 impotent 무력한; 성교불능자

□ im**port**antly [impɔ́ːrtəntli] (부) **중요하게** ☜ -ly<부접>

□ im**port**ation [ìmpɔːrtéiʃən] (명) 수입(품) ☜ -ation<명접>

□ im**port**er [impɔ́ːrtər] (명) 수입업자 ☜ -er(사람)

✚ unim**port**ant **중요하지 않은**, 하찮은 **port**er **운반인**; 짐꾼, **포터** **port**able **휴대용의; 휴대용 기구** air**port 공항** ex**port 수출하다; 수출(품)**

포즈(pose.자세)를 취하다, 프로포즈 propose (청혼하다)

♣ 어원 : pos(e), posit 놓다, 두다; 배치하다

■ **pose** [pouz] (명) **자세, 포즈**; 마음가짐; 겉치레 (동) 자세(**포즈**)를 취하다 ☜ 고대 프랑스어로 '놓다, 두다, 위치시키다'란 뜻

■ pro**pose** [prəpóuz] (동) **신청하다**; 제안(제의)하다; 청혼하다
☜ 앞에(pro) (결혼하고 싶은 마음을) 내놓다(pose)

□ im**pose** [impóuz] (동) (의무를) 지우다, **부과하다**; 강요하다; **사기치다** ☜ 위에(im<on) 놓다(pose)
♠ **impose a tax** on an article 물품에 **과세하다**

□ im**pos**ing [impóuziŋ] (형) 위압하는, **당당한; 인상적인** ☜ -ing<형접>

□ im**pos**ition [ìmpəzíʃən] (명) 부과; 사기 ☜ 고대 프랑스어로 '세금, 의무'란 뜻. ~에(im<in=on) 부과하(pos) 기(ition<명접>)

□ im**pos**tor [impάstər] (명) 사기꾼 ☜ -tor(사람)

□ im**pos**ture [impάstʃər] (명) 사기 ☜ -ture<명접>

□ im**pos**sible [impάsəbəl/임**파**서블] (형) **불가능한**
☜ im<in(=not/부정) + (~에) 둘(pos) + s + 수 있는(ible)
♠ **Mission Impossible** 『영화』 **미션 임파서블** 《톰크루즈 주연의 미국 액션 영화》
☜ '임무(mission) 수행이 불가능한(impossible)'이란 뜻
♠ **"Impossible" is a word to be found only in the dictionary of fools. 내 사전에 불가능은 없다** - 나폴레옹이 군대를 이끌고 알프스산맥을 넘으며 한 말 -

□ im**pos**sibility [impὰsəbíləti/-pɔ̀s-] (명) **불가능**(성) ☜ im<in=not + poss + -ibility<ability(가능성)

✚ com**pose 조립[구성]하다**; **작문[작곡]하다** de**pose 면직[해임]하다** ex**pos**e (햇볕 따위에) **쐬다, 드러내다; 폭로하다; 진열**(노출)**하다** op**pose 반대**(대항)**하다** **posit**ion **위치, 장소**; 처지, 입장; 지위, 신분 sup**pose 가정**(상상)**하다**

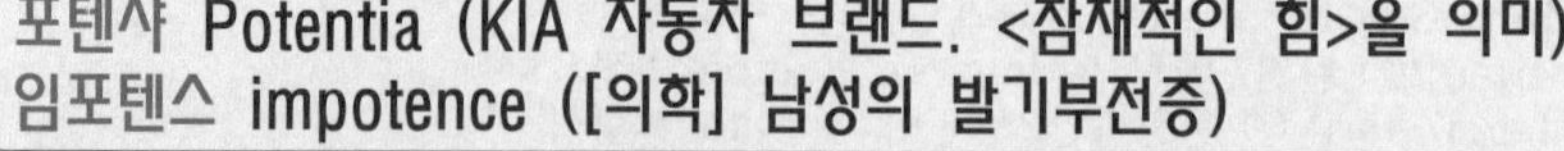

포텐샤 Potentia (KIA 자동차 브랜드. <잠재적인 힘>을 의미) 임포텐스 impotence ([의학] 남성의 발기부전증)

< KIA Potentia>

♣ 어원 : pot 가능(성)

■ **pot**ent [póutənt] (형) **세력 있는**, 유력한, 힘센 ☜ 가능(pot) 한(ent)

■ **pot**ential [pouténʃəl] (형) **잠재적인; 가능한** ☜ 가능(pot) 한(ent) 것(i) 의(al<형접>)

□ im**pot**ence, -cy [ímpətəns, -i] (명) 무력, 무기력, 허약; 『병리』 (남성의) 성교불능
☜ 불(im<in=not) 가능한(pot) 것(ence<명접>)

□ im**pot**ent [ímpətənt] (형) **무력한**, 허약한; 능력이 없는 (명) **성교불능자** ☜ -ent(<형접>/사람)
비교 important 중요한
♠ I'm **impotent to** help her. 나는 그녀를 도울 **능력이 없다**.

콤파운드 compound (차체에 발라서 닦는 자동차 흠집 제거 및 광택제)

■ com**pound** [kəmpáund, kɔ́mpaund] (동) (하나로) **합성하다, 조합[혼합]하다**

[kάmpaund/kɔ́m-] ⓗ **합성의**, 복합의, 혼성의; 복잡한 ⓜ 혼합〔합성〕물; 구내, 수용소 ☜ 함께(com) 두다(pound=put)
ⓑ analyze 분해하다

□ im**pound** [impáund] ⓢ 가두다; 압수〔몰수〕하다(=confiscate); (물을) 채우다 ☜ 안에(im=in) 두다(pound=put)
♠ **impounded water 저수**

□ im**pound**ment [impáundmənt] ⓜ 가둠; 압수; 병합; 수용; 저수, 인공호; 저수량 ☜ 안에(im=in) 두(pound=put) 기(ment<명접>)

하우스푸어 house poor (집만 있고, 대출 · 세금부담으로 빈곤한 사람들)

♣ **어원 : poor, pover 가난한, 빈곤한**

※ **house** [haus/하우스] ⓜ **집**, 가옥, 주택 ☜ 고트어로 '신의 집'이란 뜻
■ **poor** [puər/푸어] ⓗ **가난[빈곤]한**, 초라한, 불쌍한 ☜ 라틴어로 '가난한'의 뜻
■ house-**poor** [háuspùər] ⓗ 집 마련에 돈이 너무 들어 가난한 ☜ 집(house)(때문에) 가난한(poor)
■ **pover**ty [pάvərti/pɔ́v-] ⓜ **가난, 빈곤** ☜ 가난한(pover) 것(ty<명접>)
□ im**pover**ish [impάvəriʃ/-pɔ́v-] ⓢ **가난하게 하다**; 허약하게 하다 ☜ 가난(pover) 속으로(im<in) 가게하다(ish<동접>)
♠ Weeds **impoverish** the soil. 잡초는 토질을 **황폐시킨다**.
□ im**pover**ishment [impάvəriʃmənt/-pɔ́v-] ⓜ 빈곤, 질(質)의 저하, 불모 ☜ -ment<명접>

액션영화 an action film [movie] (활극영화) * film 필름, 영화 movie 영화

♣ **어원 : act 행위, 법령, 막(幕) // pract 실행하다**

■ **act** [ækt/액트] ⓢ **행하다**; 연기하다 ⓜ **행위**; 법령 ☜ 활동적으로 움직이다, 움직이게 하다
■ **act**ion [ǽkʃən/**액**션] ⓜ **활동, 행동, 동작; 연기**; 작용 ☜ 행하는(act) 것(ion)
■ **pract**ical [prǽktikəl/프**랙**티컬] ⓗ **실제의, 실제[실용]적인** ☜ 실행(pract) 하는(ical<형접>)
□ im**pract**ical [imprǽktikəl] ⓗ **비실용[비현실]적인**; 실행할 수 없는 ☜ im<in(=not/부정) + practical
♠ an **impractical** plan **비현실적인** 계획
□ im**pract**icable [imprǽktikəbəl] ⓗ **실행 불가능한** ☜ im<im(= not/부정) + 실행(pract) 할(ice) 수 있는(able)

제네레이터 generator (발전기), 엔진 engine (발동기)

♣ **어원 : gen(e), gine, gnan 만들다, 태어나다, 발생하다; 출생, 유전, 기원**

■ **gene**rator [dʒénərèitər] ⓜ **발전기, 제네레이터**, 발생시키는 사람〔물건〕 ☜ 출생(gene)을 + r + 만드는(ate) 사람/물건(or)
■ en**gine** [éndʒin/**엔**진] ⓜ **엔진, 발동기**, 기관 ☜ 발생(gine)을 만들다(en)

< 제네레이터 원리 >

■ pre**gnan**t [prégnənt] ⓗ **임신한** ☜ 태어나기(gnan) 전(pre) 의(t)
□ impre**gna**ble [imprégnəbəl] ⓗ **난공불락의, 견고한**; 움직일 수 없는; (신념 따위가) 확고부동한; (알 · 동물 따위가) 수정〔수태〕 가능한 ☜ im<in=not(부정) + 붙잡을(pregn<prehendere) 수 있는(able)
♠ an **impregnable** fortress **난공불락의** 요새

컴프레서 compressor (압축기), 프레스센터 Press Center (언론회관)

♣ **어원 : press, print 누르다, 찍다, 인쇄하다; 감명을 주다**

■ com**press**or [kəmprésər] ⓜ **압축기; 컴프레서** ☜ 완전히(com) 누르는(press) 장비(or)
■ **press** [pres/프뤠스] ⓢ **누르다; 강조하다; 압박하다**; 돌진하다; **서두르다** ⓜ **누름; 인쇄기; 출판물** ☜ 라틴어로 '누르다'란 뜻
■ **press**ure [préʃər] ⓜ **누르기**; 압력; 압축, 압착 ☜ 누르(press) 기(sure)
□ im**press** [imprés] ⓢ **~에게 감명을 주다, ~을 감동시키다** ☜ (마음) 속을(im<in) 누르다(press)
♠ His firmness **impressed** me. 그의 굳은 결의는 나에게 **감명을 주었다**.
♠ **be impressed by 〔with〕 ~ ~에 감동받다**
□ im**press**ed [imprést] ⓗ 감동하여, 감명을 받아 ☜ impress + ed<형접>
□ im**press**ion [impréʃən] ⓜ **인상, 감명, 느낌** ☜ impress + ion<명접>
□ im**press**ionist [impréʃənist] ⓜ **인상파 화가**〔작가〕 ⓗ 인상파의 ☜ -ist(사람)
□ im**press**ionable [impréʃənəbl] ⓗ **감수성이 예민한** ☜ 감명을 받을(impression) 수 있는(able)
□ im**press**ive [imprésiv] ⓗ **인상적인**, 감동을 주는 ☜ impress + ive<형접>

□ im**press**ively [imprésivli] ㊌ 감명적으로, 인상적으로 ☜ impressive + ly<부접>
□ im**print** [imprínt] ㊍ **누르다, 찍다; 인쇄하다; 감명을 주다** ㊎ **누른[찍은·박은] 자국** ☜ ~위를(im<on) 누르다(print)

✚ de**press** **풀이 죽게 하다, 우울하게 하다** op**press** **압박[억압, 학대]하다** re**press** **억누르다**; 저지(제지)하다; 진압하다 sup**press** **억압하다**; **진압하다** **print 인쇄[출판]하다; 인쇄, 자국**

서프라이즈 surprise (놀람, 경악)

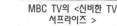

MBC TV의 <신비한 TV 서프라이즈 >

♣ **어원 : pris(e), pren 잡다(=take), 쥐다**
■ **sur<u>prise</u>** [sərpráiz/서프**롸**이즈] ㊍ (깜짝) **놀라게 하다** ㊎ **놀람, 경악** ☜ 위에서(sur) 갑자기 잡다(prise)
■ **pris**on [prízn/프**뤼**즌] ㊎ **교도소**, 감옥; 구치소; 금고, 감금, 유폐 ☜ 잡아두는(pris) 곳(on)
□ im**pris**on [imprízən] ㊍ **투옥하다**, 수감[감금, 구속]하다 ☜ 감옥(prison) 안에(im<in) 넣다
♠ He **was imprisoned for** possession of drugs.
그는 마약 소지죄**로 투옥되었다**.
□ im**pris**onment [imprízṇmənt] ㊎ 투옥, 구속 ☜ -ment<명접>

✚ ap**pren**tice **제자**(로 삼다); **견습**(으로 보내다) com**prise** **포함하다**; 의미[구성]하다 enter**prise** **기획**, 계획; **기업**(체), 사업; 기업경영

프롬프터 prompter (연기 중인 배우 또는 연설 중인 연설자에게 대사나 동작을 알려주는 역할을 하는 장치·사람)

■ **prompt** [prɑmpt/prɔmpt] ㊏ **신속한**, 기민한; 즉석의, 즉시(기꺼이) ~하는 ㊎ 자극(촉진)하는 것 ㊍ **자극하다**, 격려(고무)하다 ☜ 라틴어로 '앞으로(pro) 내놓다(mpt)'라는 뜻
■ **<u>prompt</u>**er [prɑ́mptər] ㊎ 격려(고무)자; 『연극』 (배우에게) 대사를 일러주는 자, **프롬프터** ☜ promt + er(사람)

■ Tele**PrompT**er [téləprɑ̀mptər/-prɔ̀mp-] ㊎ **텔레프롬프터** 《TV출연자에게 대본을 확대시켜 보이며, 화면에는 비치지 않는 장치; 상표명》 ☜ tele(원거리의) + prompter

□ im**prompt**u [imprɑ́mptjuː/-prɔ́m-] ㊌ 준비 없이, 즉석에서, 즉흥적으로 ㊏ 즉석의 ㊎ (pl. **-s**) 즉석연설(연주), 즉흥시 ☜ 신속함(prompt) 속으로(im<in) + u<접미사>

♠ **an impromptu address 즉흥 연설**

프라이버시 privacy (사생활)

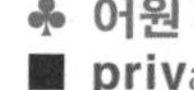
♣ **어원 : priv(i), per 사적인, 개인적인; 분리하다**
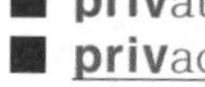
■ **priv**ate [práivit] ㊏ **사적인**; 비공식의, 비밀의 ☜ 사적으로(priv) 만들다(ate)
■ **<u>priv</u>**<u>acy</u> [práivəsi/prív-] ㊎ 사적(개인적) 자유; **사생활, 프라이버시**; 비밀 ☜ 사적인(priv) 것(acy)

■ pro**per** [prɑ́pər/프**롸**퍼/prɔ́pər/프**로**퍼] ㊏ **적당한, 적절한** ☜ 자신의 것(proper)인

□ impro**per** [imprɑ́pər/-prɔ́p-] ㊏ **부적당한**, 부적절한 ☜ im<in(=not) + proper
♠ **improper to** the occasion 그 자리**에 어울리지 않는**

□ impro**pri**ety [ìmprəpráiəti] ㊎ 부적당, 잘못 ☜ -ety<명접>

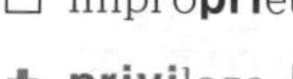
✚ **priv**ilege **특권; 특전** appro**pri**ate **적당한;** (공공물을) 전유하다, 착복하다, 충당하다

프로브 probe (자동차 배기가스 검사기에 딸린 탐침봉)

배기가스 중에 함유된 일산화탄소, 탄화수소 검사기에 딸린 튜브 모양의 탐침봉. 측정할 때에는 검사기에 호스를 연결한 다음 배기관 끝부분에 삽입하여 측정한다. <출처 : 자동차용어사전>

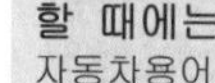
♣ **어원 : proof, prob, prov(e) 증명하다, 시험하다; 좋은**
■ **<u>prob</u>**<u>e</u> [proub] ㊎ 『의학』 **소식자**《의료용 대롱모양의 기구》, **탐침**(探針) ☜ 시험하는(prob) 것(e)
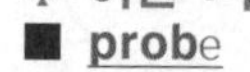
■ **prob**able [prɑ́bəbəl/prɔ́b-] ㊏ 개연적인, **있음직한** ☜ 증명할(prob) 수 있는(able)
□ im**prob**able [imprɑ́bəbəl/-prɔ́b-] ㊏ **있을 법 하지 않은** ☜ im<in(=not/부정)
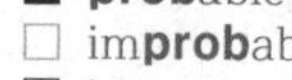
□ im**prove** [imprúːv] ㊍ **개량[개선]하다** ☜ 내부(im<in)적으로 시험하다(prove)
♠ **improve** a method 방법을 **개선하다**
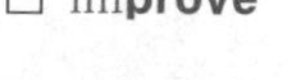
□ im**prove**r [imprúːvər] ㊎ 개량자 ☜ improve + er(사람)

□ im**prove**ment [imprúːvmənt] ㊎ **개량, 개선, 향상** ☜ -ment<명접>

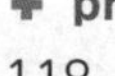
✚ **prove 증명하다**, 입증하다 dis**prove** **~의 반증을 들다**, ~의 그릇됨을 증명하다 **proof 증명, 증거;**

시험 water**proof** **방수의**; 물이 새지 않는; 《영》 방수복

비전 vision (미래상), 프루덴셜 Prudential Co. (영국에 본사를 둔 금융서비스회사. <신중한>이란 뜻

♣ **어원 : vis(e), vid, ud 보다, 보이다, 보여주다, 지켜보다; 시각**

■ **vis**ion [víʒən] ⓜ **시력**, 시각; 상상력; 환상; **미래상, 비전** ☜ 보는(vis) 것(ion<명접>)

■ pr**ud**ence [prúːdəns] ⓜ **신중**, 조심; 절약 ☜ 앞을(pr<pro) 내다 보(ud<vid) 기(ence<명접>)

■ pr**ud**ential [pruːdénʃəl] ⓗ 신중한, 세심한; 분별 있는 ☜ 앞을(pr<pro) 내다 보(ud<vid) 는(ential<형접>)

□ impro**vise** [ímprəvàiz] ⓢ (시・음악 등을) **즉석에서 짓다**; 즉흥적으로 하다 ☜ 미리 준비하지 않다. 미래를(pro) 보지(vis) 않(im<in=not) 다(e)
♠ **improvise** a bandage out of a towel 수건으로 붕대를 **임시변통으로 만들다**

□ impro**vise**r [ímprəvàizər] ⓜ 즉흥시인; 즉석 연주가 ☜ -er(사람)

□ impro**vid**ence [imprάvədəns/-prɔ́v-] ⓜ (장래에 대한) 대비가 없음, 절약심이 없음 ☜ 미래를(pro) 보지(vid) 않(im<in=not) 음(ence<명접>)

□ impro**vid**ent [imprάvədənt/-prɔ́v-] ⓗ 선견지명이 없는, 앞일을 생각하지 않는; 장래에 대비치 않는; 헤픈 ☜ -ent<형접>

□ impro**vis**ation [imprὰvəzéiʃən, ìmprəvi-] ⓜ 즉석에서 하기; 즉흥 연주, 즉석 작품 ☜ 미래를(pro) 보지(vis) 않(im<in=not)는 것(ation<명접>)

□ impr**ud**ence [imprúːdəns] ⓜ **경솔**, 무분별 ☜ -ence<명접>

□ impr**ud**ent [imprúːdənt] ⓗ **경솔한**, 무분별한 ☜ -ent<형접>
♠ **imprudent** behavior **경솔한** 행동

✚ super**vise** **관리[감독]하다** tele**vis**ion **텔레비전** 《= TV》 **vis**it **방문하다** ☜ 보러(vis) 가다(it)

페달 pedal (발판)

♣ **어원 : ped, pod, pud, pus 발; 걸어가다, 발로 서있다**

■ **ped**al [pédl] ⓜ **페달, 발판** ⓢ 페달을 밟다 ☜ 발(ped) 의(al)

■ **ped**dler [pédlər] ⓜ **행상인**; 마약 판매인 ☜ 걸어 다니는(ped) + dl<어근확장> + 사람(er)

□ im**ped**e [impíːd] ⓢ **방해[저지]하다** ☜ 걷지(ped) 못하게(im<in=not) 하다(e)

□ im**ped**iment [impédəmənt] ⓜ 방해(물), (신체)장애 ☜ impede<e→i> + ment<명접>

□ im**pud**ence [ímpjədəns] ⓜ **뻔뻔스러움**; 건방짐 ☜ (남의) 발(pud) 위에(im<on) (서) 있기(ence<명접>)

□ im**pud**ent [ímpjədənt] ⓗ **뻔뻔스러운**, 염치없는; 건방진 ☜ -ent<형접>
♠ an **impudent** beggar **건방진** 놈

✚ octo**pus** 낙지, **문어** **pod**ium 토대석; 연단, (오케스트라의) 지휘대, **포디움**

펀치 punch (❶ 구멍뚫는 기계 ❷ [복싱] 타격, 펀치)

♣ **어원 : pun(ch), pugn 창. 싸움; 찌르다, 싸우다**

■ **punch** [pʌntʃ] ⓜ **펀치**, 천공기; **주먹질, 펀치**; 《구어》 힘, 세력 ⓢ ~에 구멍을 뚫다, 주먹으로 치다 ☜ 고대 프랑스어로 '창'

□ im**pugn** [ìmpjúːn] ⓢ 비난[공격, 배격, 반박]하다, 이의를 제기하다 ☜ 싸움(pugn) 속으로(im=into)
♠ The lawyer **impugned** the witness's story.
변호사는 증인의 이야기에 **이의를 제기했다.**

□ im**pugn**able [impjúːnəbl] ⓗ 비난[공격, 반박]의 여지가 있는 ☜ -able(~할 수 있는)

프로펠러 propeller (회전날개, 선풍기나 배의 스크류 등의 추진기)

♣ **어원 : pel, pul 밀다, 밀어내다, 누르다**

■ pro**pel** [prəpél] ⓢ **추진하다**, 몰아대다 ☜ 앞으로(pro) 몰고 가다(pel)

■ pro**pel**ler [prəpélər] ⓜ **프로펠러**, 추진기 ☜ -er(기계, 장치)

□ im**pul**se [ímpʌls] ⓜ **추진(력); 충격; 자극**; 『전기』 충격, **임펄스** ☜ 내부로(im<in) 밀(pul) 기(se)
♠ a man **of impulse** **충동적인** 사람

□ im**pul**sion [impʌ́ʃən] ⓜ 충동, 자극 ☜ -sion<명접>

□ im**pul**sive [impʌ́lsiv] ⓗ 충동적인; 추진하는 ☜ -sive<형접>

✚ com**pel** **강요하다** dis**pel** **없애다, 쫓아버리다** ex**pel** **쫓아내다, 추방하다** **pul**se **맥박, 고동**, 동계

impel 추진[재촉]하다, 억지로 ~을 시키다 repel 쫓아버리다, 격퇴하다

페널티 킥 penalty kick (페널티 킥)

♣ 어원 : pen, pun 죄, 형벌; 벌주다, 벌받다

■ **pen**alty [pénəlti] 명 **형벌, 처벌** ☜ 형벌의 + ty<명접>
■ **pun**ish [pʌ́niʃ] 동 **벌하다**; 응징하다 ☜ 벌(pun) 하다(ish<동접>)
■ **pun**itive [pjúːnətiv] 형 형벌의, 징벌의, 응보의 ☜ -itive<형접>
□ im**pun**ity [impjúːnəti] 명 **형(벌·해·손실)을 받지 않음**, 처벌되지 않음 ☜ 벌받지(pun) 않(im<in/not) 음(ity)
♠ **with impunity 벌을[해를]받지 않고; 무사히, 무난히**
※ **kick** [kik/킥] 동 (공을) **차다, 걷어차다** ☜ 중세영어로 '발로 가하는 일격'이란 뜻

퓨리턴 Puritan (청교도)

© Ariel Learning

16세기 후반 영국 국교회(國敎會)에 반대하여 순결한 신앙과 철저한 신교주의를 취한 칼뱅파의 신교도로, 1620년 메이플라워호를 타고 신대륙으로 건너가 온갖 고난을 겪으며 미국 건축의 기초를 닦았다. 밀턴의 <실락원>은 청교도 문학의 대표적 작품이다. <출처 : 시사상식사전>

♣ 어원 : pur(e), puri 순수한, 청순한, 깨끗한, 맑은; 순종의

■ **pure** [pjuər/퓨어] 형 **순수한**, 깨끗한, 결백한, 맑은; 순종의 ☜ 고대 프랑스어로 '순수한' 이란 뜻
■ **Pur**itan [pjúərətən] 명 『종교』 **퓨리턴, 청교도** ☜ 깨끗한(puri) + t + 사람(an)
■ **pur**ity [pjúərəti] 명 **청결, 맑음; 순도** ☜ 순수(puri) 함(ty)
□ im**pure** [impjúər] 형 **더러운, 순수하지 않은, 불순한** ☜ im<in=not(부정) + pure(순수한)
♠ **impure** air **불결한** 공기
□ im**pur**ity [impjúərəti] 명 **불순(물)** ☜ im(부정) + puri + ty<명접>

컴퓨터 computer (전자회로를 이용, 다양한 데이터를 처리하는 기기)

♣ 어원 : put(e) 계산하다, 생각하다

■ com**pute** [kəmpjúːt] 동 **계산**(산정(算定))**하다**, 평가하다; 어림잡다 ☜ 함께(com) 계산하다(pute)
■ com**put**er, -tor [kəmpjúːtər] 명 **컴퓨터**; **전자계산기**; 계산하는 사람 ☜ 함께(com) 계산하는(put) 사람/기계(er)
□ im**pute** [impjúːt] 동 (불명예 따위를) **~에게 돌리다**, ~의 탓으로 하다 ☜ ~로(im=into) 생각하다(pute)
♠ He **imputes** his fault to his wife. 그는 자기 잘못을 아내**의 탓으로 돌린다**.
□ im**put**ation [ìmpjutéiʃən] 명 (죄·책임의) 전가; 비난, 누명 ☜ ~로(im=into) 생각하는(pute) 것(ation<명접>)

✚ de**pute** 대리자로 삼다, 위임하다 dis**pute** **논쟁[논의]하다** re**pute** **평판**; 명성; 신용; ~라고 여기다 re**put**ation **평판, 명성** ☜ -ation<명접>

인 마이 포켓 in my pocket (콩글 착복하다, 횡령하다) ➔ embezzel
인도어 indoor ([골프] 실내 연습장) ➔ driving range

❶ 시간(~에) : at은 특정한 시각, on은 날이나 요일, in은 주, 달, 계절, 연도 등 긴 기간 앞에 사용
❷ 시간의 경과(~후에) : in은 미래시제에, after는 과거시제에 사용
❸ 장소(~에서) : at은 좁은 지점, in은 넓은 지역, on은 위 접촉면, above는 위쪽, over는 바로 위, beneath는 아래 접촉면, under는 바로 아래, below는 아래쪽, up은 위쪽 방향으로, down은 아래쪽 방향으로 등에 사용

□ **in** [in/인, (약) ən/언] 전 『장소·위치』 **~의 속[안]에서, ~에서;** 『시점·시간』 **~동안[중]에, ~에, ~때에** ☜ 고대영어로 '~안에'란 뜻 비교 inn 여관
♠ **in** Korea 한국**에서**, **in** Chicago 시카고**에서**
♠ **in** the morning (afternoon, evening) 오전(오후, 저녁)**에**
♠ **in** March 3월**에**
♠ **in** (the) winter 겨울**에**
♠ **in** the twentieth century 20세기**에**
♠ **in half 절반으로**
♠ **in** many (some) **ways 많은** (몇 가지) **면에서**
♠ **in oneself 사랑은 본질적으로, 그 자체**

< Embezzel >

♠ **in order to ~ ~하기 위하여, ~할 목적으로**
♠ **in public 공개적으로**

■ **in**to [íntu/**인**투, íntuː, íntə] ㉶ **안으로**(에), ~로(에) ☜ 안(in) 으로(to)
■ **inter** [íntər] ㉶ 가운데에, 사이에 ☜ 라틴어로 '~사이에; 땅속에 (묻다)'란 뜻
■ **in**ner [ínər] ㉻ **안의, 내부의, 속의** ☜ 더(er) 안의(in) + n
■ **in**nermost [ínərmòust] ㉻ = inmost 맨 안쪽의, 가장 내부의; 내심의
㉮ (the ~) **가장 깊숙한 곳** ☜ 가장(most) 안쪽의(inner)
■ **in**door [índɔ̀ːr] ㉻ **실내의**, 옥내의 ☜ 문(door) 안의(in)
■ **en**ter [éntər/**엔**터] ㉯ **~에 들어가다, ~을 시작하다**
☜ 라틴어 intrare(=to go into/안으로 가다)에서 유래
※ **my** [mai/마이, məi, mə] ㉹ 〖I의 소유격〗 **나의** ☜ mine(나의 것)의 변형
※ **pocket** [pάkit/**파**킽, pɔ́ket/**포**켙] ㉮ **포켓, 호주머니**; 쌈지, 지갑
☜ 근대영어로 '작은(et) 주머니(pock)'란 뜻

에이블 뉴스 Able News (한국의 장애인 뉴스전문 인터넷 매체)
리허빌리테이션 rehabilitation ([의학] 재활요법; 사회복귀)

<에이블 뉴스>란 한국의 장애인 뉴스전문 인터넷 독립언론매체로
'장애인도 할 수 있다'는 의미이다.

에이블뉴스 Ablenews

♣ **어원 : able, abil 할 수 있는**
■ **able** [éibl/에이블] ㉻ (-<-**ler**<-**lest**) **할 수 있는**, 가능한 ☜ 라틴어로 '다루기 쉬운'이란 뜻
■ **abil**ity [əbíləti] ㉮ **능력**, (pl.) 재능(=talent, gift) ☜ 할 수 있는(abil) 것(ity)
□ in**abil**ity [ìnəbíləti] ㉮ **무능(력)**, 무력; **~할 수 없음**; 무자격
☜ in(=not/부정) + 할 수 있는(abil) 것(ity)
♠ **inability** to pay 지급 **불능**(支給不能)
■ reh**abil**itation [rìːhəbilətéiʃən] ㉮ **사회 복귀, 리허빌리테이션**; 명예(신용) 회복; 부흥; 복직, 복권
☜ 다시(re) + h + 할 수 있게(abil) 가는(it) 것(ation<명접>)
※ **new**s [njuːs/뉴-스, njuːz] ㉮ [보통 단수취급] **뉴스**(프로), 보도; (신문의) 기사(記事)
☜ 새로운(new) 것들(s)

악세서리 accessory (콩글 보석류) ➔ jewelry
액세스 Access ([컴퓨터] 데이터 관리 프로그램)

♣ **어원 : cess, cede 가다, 오다**
■ ac**cess** [ǽkses] ㉮ **접근, 출입** ☜ ~로(ac=to) 가다(cess)
■ ac**cess**ory, -ary [æksésəri] ㉮ **악세서리**, 장신구, 부속품 ㉻ 보조적인, 부속의
☜ ~로(ac<ad=to) 따라가는(cess) 것(ory/ary)
■ ac**cess**ible [æksésəbəl] ㉻ 접근하기 쉬운 ☜ access + ible<형접>
□ ina**ccess**ible [ìnəksésəbəl] ㉻ **가까이가기**(접근 · 도달하기, 얻기) **어려운**
☜ in(부정) + access + ible<형접>
♠ an **inaccessible** mountain **도저히 오를 수 없는** 산

액션영화 an action film [movie] (활극영화) * film 필름, 영화 movie 영화

♣ **어원 : act 행위, 법령, 막(幕)**
■ **act** [ækt/액트] ㉯ **행하다**; 연기하다 ㉮ **행위**; 법령
☜ 활동적으로 움직이다, 움직이게 하다
■ **act**ion [ǽkʃən/**액**션] ㉮ **활동, 행동, 동작; 연기**; 작용, 기능 ☜ -ion<명접>
■ **act**ive [ǽktiv/**액**티브] ㉻ **활동적인**, 적극적인; 능동의 ☜ -ive<형접>
□ in**act**ive [inǽktiv] ㉻ **활동[활발]하지 않은** ☜ in(=not/부정) + active
♠ an **inactive** volcano **휴**화산(休火山)
□ in**act**ivity [ìnæktívəti] ㉮ 활동하지 않음 ☜ -inactive + ity<명접>
□ in**act**ion [inǽkʃən] ㉮ 무위, 게으름 ☜ in(=not) + act + ion<명접>

✚ en**act** (법률을) 제정하다 ex**act** **정확한;** (복종 등을) 강요하다 inter**act** 상호 작용하다
re**act** **반작용하다** trans**act** (사무 등을) 집행하다, 행하다; 거래하다

이퀄 equal (같은, =)

♣ **어원 : equ(i) 같은, 같게, 공평한**
■ **equ**al [íːkwəl/**이**-퀄/**이**-퀄] ㉻ **같은, 동등한** ㉮ 동등(대등)한 사람 ㉯ ~와 같다(대등하다)

☜ 공평(equ) 한(al)

■ ad**equ**ate [ǽdikwət] (형) (어떤 목적에) 어울리는, **적당한, 충분한** ☜ ~에(ad=to) 공평(equ) 한(ate)
■ ad**equ**acy [ǽdikwəsi] (명) 적당(타당)함; 충분함 ☜ ~에(ad=to) 공평(equ) 함(acy)
□ inad**equ**ate [inǽdikwit] (형) **부적당한**, 부적절한, **불충분한** ☜ 부(不)(in=not) + 적당한(adequate)
♠ **He is inadequate to** (for) the present job.
그에게는 지금의 일이 **적합하지 않다.**
□ inad**equ**acy [inǽdikwəsi] (명) 부적당, 불완전; 불충분 ☜ -acy<명접>

✚ co**equ**al 동등한 (사람), 동격의 (사람)   in**equ**ality **같지 않음, 불평등**, 불공평, 불균형

애드벌룬 ad balloon (광고풍선) ➔ advertising balloon

♣ **어원 : vert 돌다, 돌리다(=turn)**
■ ad**vert**ise, -tize [ǽdvərtàiz] (동) **광고하다**(=make known), 선전하다
☜ ~로(ad) 고개를 돌리게(vert) 하다(ise). 즉, 주의를 끌다
■ ad**vert**isement, -tiz- (=ad) [æ̀dvətáizmənt, ædvə́:rtis-, -tiz-] (명) **광고**, 선전
☜ advertise + ment<명접>
■ ad**vert**ent [ædvə́:rtənt, əd-] (형) 주의(유의)하는
☜ ~로(ad) 고개를 돌리(vert) 는(ent<형접>)
□ inad**vert**ent [ìnədvə́:rtənt] (형) 부주의한, 소홀한, 태만한; 고의가 아닌
☜ in(=not/부정) + ~로(ad) 고개를 돌리(vert) 는(ent<형접>)
♠ **an inadvertent error 부주의로 인한 잘못**
□ inad**vert**ently [ìnədvə́:rtəntli] (부) 무심코, 우연히 ☜ -ly<부접>
※ **balloon** [bəlú:n] (명) **기구, 풍선** ☜ 큰 공(ball)의 뜻에서 유래

알리바이 alibi (현장부재증명), 알트키 Alt key = alternative key

현장부재증명(現場不在證明)이란 법학용어로 범죄사건 등이 일어났을 때에 그 현장에 없었다는 증명. 또는 그 증명을 뒷받침하는 사실

♣ **어원 : ali, alter, altru 다른, 이상한, 외래의, 외국의; 바꾸다**
■ **ali**bi [ǽləbài] (명) **현장부재증명** ☜ 다른(ali) 곳(bi)
■ **ali**en [éiljən, -liən] (명) **외국인**; 외계인, **에일리언** (형) **외국(인)의**
☜ 라틴어로 '이상한/외래의(ali) + en<형접/명접>
□ in**ali**enable [inéiljənəbəl] (형) (권리 등이) 양도할(넘겨 줄) 수 없는, 옮겨질 수 없는, 빼앗을 수 없는 ☜ in(=not/부정) + 바꿀(alien) 수 있는(able)
♠ the **inalienable rights** of man 인간의 **절대적 권리**
■ **alt**er [ɔ́:ltər] (동) **바꾸다**, 변경하다 ☜ 다르게(alt) 하다(er)
※ **key** [ki:/키] (명) (pl. **-s**) **열쇠, 키**; (문제·사건 등의) 해답; **해결의 열쇠**(실마리)(=clue)
☜ 중세영어로 '자물쇠를 여는 도구'란 뜻

□ inamorata(여자 애인), inamorato(남자 애인) ➔ amour(정사) 참조

애니메이션 animation (만화영화)

♣ **어원 : anim 생명, 호흡, 영혼, 마음**
■ **anim**al [ǽnəməl/**애**너멀] (명) **동물, 짐승** (형) **동물의, 동물적인**
☜ 생명(anim)이 있는(것)(al<명접/형접>)
■ **anim**ate [ǽnəmèit] (동) **살리다**, ~에 생명을 불어넣다; [ǽnəmit] (형) 산, 살아있는; 활기(원기) 있는 ☜ 생명(anim)을 불어넣다(ate)
■ **anim**ation [æ̀nəméiʃən] (명) **생기**, 활기; **만화영화**, **애니메이션** ☜ -ation<명접>
□ in**anim**ate [inǽnəmit] (형) **생명이 없는**, 활기 없는, 죽은 ☜ in(=not) + animate
♠ **inanimate** matter ***생명이 없는*** *물질* ➔ 무생물
□ in**anim**ately [inǽnəmitli] (부) 생기 없이, 활기 없이 ☜ -ly<부접>
□ in**anim**ation [inæ̀nəméiʃən] (명) 생명이 없음; 불활동, 무기력 ☜ -ation<명접>
■ un**anim**ous [ju:nǽnəməs/유-**내**너머스] (형) 한마음의, **만장일치의** 주의 발음주의
☜ 하나(un<uni)의 마음(anim) 의(ous<형접>)

인스턴트 아티클 instant article (페이스북 뉴스서비스)

※ in**stant** [ínstənt/**인**스턴트] (형) **즉시의, 즉각의** (명) **즉시**, 순간; **인스턴트식품** ☜ 가까이에(in) + 서다(stand)
■ **art**icle [ɑ́:rtikl/**아**-리클/**아**-티클] (명) **기사, 논설; 조항, 품목**
☜ 마디(art)로 + i + 된 것(cle<명접>)

■ **art**iculate [ɑːrtíkjəlit] ⓗ 발음이 분명한 ⓢ 또렷하게 발음하다
☜ 마디(art)로 + i + 된 것(cul)을 만들다(ate<동접>)
□ in**art**iculate [ìnɑːrtíkjəlit] ⓗ 똑똑히 말을 못하는, **발음이 분명치 않은**
☜ in(=not/부정) + articulate
♠ He **was inarticulate** with rage. 그는 너무 흥분해서 **말이 똑똑지 않았다.**

애즈 원 As One (여성 발라드 듀엣 가수. <하나같은>이란 뜻)

■ **as** [æz/애즈, əz/어즈] ⓑⓙ **~처럼, ~만큼, ~과 마찬가지로**
☜ 고대영어로 '그대로, 전적으로'라는 뜻
□ in**as**much **as** [ìnəzmʌ́tʃ-] **~이므로, ~로 인한, ~인 까닭에**(=because, since, seeing that ~); 《고어》 ~하는 한, ~인 한은(=insofar as)
☜ in as much as
♠ **Inasmuch as** I was afraid, I hid myself. 무서**워서** 나는 숨었다.
※ **one** [wʌn/원] ⓜⓗ **하나(의); 어느, 어떤** ☜ 고대영어로 '하나의'라는 뜻

© MBC TV <음악캠프>

텐트 tent (천막)

♣ 어원 : **tent, tend, tense 팽팽하게 뻗히다, 펼치다, 늘리다, 넓히다**
■ **tent** [tent/텐트] ⓜ **텐트, 천막** ☜ 초기 인도유럽어로 '펼치다'란 뜻
■ at**tent**ion [əténʃən/어**텐**션] ⓜ **주의, 주목** ☜ ~에게(at=to) 관심이 뻗친(tent) 것(ion)
□ inat**tent**ion [ìnəténʃən] ⓜ 부주의, 방심, 태만 ☜ 부(不)(in=not/부정) 주의(attention)
♠ **with inattention 주의를 게을리 하여, 경솔하게**

✚ con**tend** **다투다, 경쟁하다** ex**tend** **뻗히다, 늘리다, 넓히다, 베풀다** **tens**ion **긴장(상태)**, 절박

아우구스투스 Augustus (로마의 초대황제)

고대 로마에서는 황제가 취임하거나 국가적 대사가 있을 때 제사장[복점관]이 점을 쳐서 신의 뜻을 확인하는 과정이 있었는데 제사장으로 하여금 점을 치게 하는 것은 곧 '황제의 취임'을 의미하는 것이었다.

■ **Augu**stus [ɔːgʌ́stəs] ⓜ **아우구스투스**《로마 초대 황제 Gaius Octavianus의 칭호; B.C. 63-A.D. 14》 ☜ 로마 제사장(Augur)이 시작을 알려 '고귀한 사람'이란 뜻.
■ **Augu**st [ɔ́ːgəst/**오**-거스트] ⓜ **8월**《생략: Aug.》 ☜ 로마 황제 Augustus 이름에서
■ **Augu**st [ɔːgʌ́st] ⓗ 당당한; 존엄한; 위엄있는 ☜ 라틴어로 '존엄한, 위엄있는'이란 뜻
■ **augur** [ɔ́ːgər] ⓜ 『고대로마』 복점관(卜占官); [일반적] 점쟁이; 예언자 ⓢ 점치다; 예언하다
☜ 라틴어로 '징조를 알아차리다'란 뜻
□ in**augur**ate [inɔ́ːgjərèit] ⓢ **취임식을 거행하다**; 취임시키다
☜ 제사장(augur)이 점을 치게(in<en) 하다(ate<동접>)
♠ **inaugurate** a president 대통령〔총장〕 **취임식을 거행하다**
□ in**augur**al [inɔ́ːgjərəl] ⓗ **취임(식)의**; 개시의, 개회의 ☜ -al<형접>
♠ an **inaugural** address **취임** 연설
□ in**augur**ation [inɔ̀ːgjuréiʃən] ⓜ **취임(식)**; 개업〔개관·개통·개강·낙성·제막·발회〕식
☜ inaugurate + ion<명접>

□ **inauspicious**(불길한, 불운한) ➔ **auspicious**(상서로운, 경사스러운) **참조**

트윈폴리오 Twin Folio (한국 남성 듀엣 그룹. <악보의 마주보는 두 면>이란 뜻)

1960년대 후반 윤형주와 송창식으로 구성된 2인조(듀엣) 남성 포크(통키타) 그룹으로, 두 사람의 영롱한 어쿠스틱 기타(통기타) 연주와 감미로운 보컬 화음으로 초기 한국 포크송의 '고운 노래'를 확립했다.

■ **twin** [twin] ⓜ **쌍둥이**, '2'의 의미 ☜ 고대영어로 '2중의'란 뜻
■ be**tween** [bitwíːn/비**튀**-인] ⓙⓑ (둘) **사이에,** (둘) **사이의,** (둘) **사이에서**
☜ 둘(tween) 사이에 있다(be)
♠ **between ourselves**(you and me) **우리끼리 이야기지만**
□ in-**between** [in-bitwíːn] ⓗ 중간적인, 중간의 ⓜ 중간물; 중개자, 개재자
☜ 근대영어로 '중재〔조정〕하는 사람'이란 뜻
♠ **in-between** weather **춥지도 덥지도 않은** 날씨
■ go-**between** [gou-bitwíːn] ⓜ 매개자, 주선인, 중매인; (연애의) 중개인; 대변자
☜ 중세영어로 '음모와 협상 사이를 오가는 사람'이란 뜻
※ **foli**o [fóuliòu] ⓜ (pl. **-s**) (전지의) 2절지(二折紙); 2절판(折判) 책; 마주보는 두 페이지;

(서류 · 원고의) 한 장 ☜ 잎(foil) + o

베어링 bearing (축받이)

♣ 어원 : bear 나르다, 견디다; 애를 낳다

■ **bear** [bɛər/베어] ⓢ **운반하다, 지탱하다, 견디다; (애를) 낳다**
☜ 고대영어로 '나르다'란 뜻

■ **bear**ing [bέəriŋ] ⓜ **태도; 방위각**; 〖기계〗 축받이, **베어링** ☜ -ing<명접>

■ **born** [bɔːrn] ⓗ **타고난, 선천적인** ☜ bear(낳다)의 과거분사 ➔ 형용사

□ in**born** [ínbɔ́ːrn] ⓗ **타고난, 천부의**; 〖의학 · 생물〗 선천성의
☜ in(안에) 지니고 태어난(born)
♠ an **inborn** talent **선천적인** 재능

잉카 Inca (15~16 세기 남미 안데스지방을 지배한 고대제국)

□ **Inca** [íŋkə] ⓜ [the ~] **잉카**국왕 《스페인 사람들이 건너가기 전의 페루의 국왕》; **잉카**족, **잉카**사람 ☜ 남미 케추아족어로 '왕, 군주'란 뜻

□ **Inca**ic [iŋkéiik] ⓗ **잉카** 사람〔제국 · 말〕의 ☜ Inca + ic<형접>
♠ the **Incaic** Empire **잉카**제국 《12-16세기 페루에 있었던》

□ **incalculable**(헤라일 수 없는, 무수한) ➔ **calculable**(계산할 수 있는) **참조**

□ **incandescent**(백열의, 백열광을 내는) ➔ **candle**(양초) **참조**

컨셉 concept (개념), 캡춰 capture (갈무리)

♣ 어원 : cap, capt, cept, ceive 잡다, 받아들이다, 이해하다

■ con**cept** [kάnsept/kɔ́n-] ⓜ 〖철학〗 **개념**, 생각; 구상(構想), 발상 ☜ 함께(con<com) 생각을 잡다(cept)

■ **cap**able [kéipəbəl] ⓗ **유능한, 역량 있는**(able) ☜ 받아들일(cap) 수 있는(able)

□ in**cap**able [inkéipəbəl] ⓗ **~을 할 수 없는, 불가능한** ☜ in(=not/부정) + cap + able
♠ **incapable of** speech 말을 **하지 못하는**
♠ **be incapable of ~ ~을 할 수가 없다**

□ in**cap**ability [inkèipəbíləti] ⓜ 무능력, 무자격 ☜ in(=not) + capability(능력)

□ in**cap**acity [ìnkəpǽsəti] ⓜ 무능, ~을 감당할 수 없음 ☜ 무(無)(in=not) 능력(capacity)

□ in**cap**acitate [ìnkəpǽsətèit] ⓢ 무능력하게 하다; 부적당하게 하다; 자격을 박탈하다
☜ 무(無)(in=not) 능력(capacity)하게 만들다(ate)

✚ **cap**ture **포획; 사로잡다** de**ceive** **속이다**, 기만하다, 현혹시키다 inter**cept** **도중에서 빼앗다**, 가로채다, 차단하다 per**ceive** **지각**(知覺)**하다**, 감지[인식]하다 ac**cept** **받아들이다**, 수납하다

□ **incendiarism**(방화), **incense**(향) ➔ **candle**(양초) **참조**

연상 ▸ 인센티브(incentive.장려금)로 인센디브(incendive.불타기 쉬운)한 것을 주다

♣ 어원 : cens, cend, cent 불; 불타다

□ in**cend**ive [inséndiv] ⓗ 불타기 쉬운, 가연성의, 발화력(發火力)이 있는
☜ 불(cend) 속에(in) 있는(-ive)

□ in**cend**iary [inséndièri] ⓗ 불나게 하는, 방화의; 선동적인 ☜ -ary<형접>

□ in**cens**e [ínsens] ⓜ **향**(香); 향냄새〔연기〕; [일반적] 방향(芳香) ⓢ 몹시 화나게 하다
☜ 불(cens) 속에(in) 있는 것(e)
♠ burn **incense** **향**을 피우다

□ in**cens**e burner 향로 ☜ burner(버너, 연소실)

□ in**cent**ive [inséntiv] ⓗ **자극[고무]적인**, 장려〔격려〕하는 ⓜ 자극; 장려〔보상〕금
☜ 불(cent) 속에(in) 있는(ive<형접>)
♠ an **incentive** speech ***장려하는*** *말* ➔ 격려사

악세서리 accessory (콩글 ▸ 보석류) ➔ jewelry
액세스 Access ([컴퓨터] 데이터 관리 프로그램)

♣ 어원 : cess, cede 가다, 오다

■ ac**cess** [ǽkses] ⓜ **접근, 출입** ☜ ~로(ac=to) 가다(cess)

■ ac**cess**ory, -ary [æksésəri] ⓜ **악세서리**, 장신구, 부속품 ⓗ 보조적인, 부속의
☜ ~로(ac<ad=to) 따라오는(cess) 것(ory, ary)

☐ in**cess**ant [insésənt] ⓗ **끊임없는** ☜ 계속(in<on) 가(cess) 는(ant<형접>)
♠ an **incessant** noise **끊임없는** 소음
☐ in**cess**antly [insésntli] ⓟ 끊임없이 ☜ incessant + ly<부접>

인치 inch (길이의 단위. 2.54cm)

☐ **inch** [intʃ/인취] ⓜ **인치** 《12분의 1피트, 2.54cm; 기호 ″; 생략: in.》; 조금, 약간
☜ 1인치는 1피트(서양인의 발길이)의 1/12의 뜻
★ 보통 엄지손가락 한 마디 크기의 길이
♠ He is five feet **six inches** (tall). 그의 키는 5피트 **6인치**이다
♠ **every inch 어디까지나; 철두철미, 모든 점에서**

데카당스 decadence (세기말의 병적이고 퇴폐주의적인 문예퇴폐)

♣ **어원 : cad, cid, cas, cay 떨어지다, 갑자기 발생하다**
■ de**cay** [dikéi] ⓢ **썩다**, 부패[부식]하다, 쇠퇴하다 ⓜ 부패, 부식
☜ 아래로(de=down) 떨어지다(cay)
■ de**cad**ence, -ency [dékədəns, dikéidns, -i] ⓜ 문예퇴폐(기), **데카당스**: 쇠미, 타락
☜ 아래로(de=down) 떨어지는(cad) 것(ence<명접>)
■ ac**cid**ent [ǽksidənt/액시던트] ⓜ **사고; 우연**
☜ ~에서(ac=from) 갑자기 발생하게(cid) 된(ent<형접>)
☐ in**cid**ence [ínsədəns] ⓜ (사건·영향 따위의) 범위, 발생률, 발병률; (세금 등의) 부담
☜ ~에(in=on) (갑자기) 떨어진(cid) 것(ence<명접>)
☐ in**cid**ent [ínsədənt] ⓜ **사건** ⓗ **일어나기 쉬운** ☜ 안으로(in) 떨어지(cid) 는(ent)
☐ in**cid**ental [ìnsədéntl] ⓗ **우연히 일어나는, 부수적으로 발생하는** ⓜ 우발적 사건
☜ incident + al<형접/명접>
♠ dangers **incidental** to a soldier's life 군인 생활에 **흔히 있는** 위험
☐ in**cid**entlly [ìnsədéntəli] ⓟ 덧붙여 말하면, **부수적으로**; 우연히 ☜ -ly<부접>

✚ coin**cid**e 동시에 발생하다 cas**cad**e (작은) 폭포

콘사이스 concise (휴대용 사전 또는 소형 사전)

♣ **어원 : cis(e), cid(e) 자르다(=cut)**
■ **concise** [kənsáis] ⓗ **간결한**, 간명한
☜ (불필요한 것을) 모두(con<com) 자르다(cise)
☐ in**cise** [insáiz] ⓢ 절개하다; ~을 째다; ~에 표[문자, 무늬]를 새기다
☜ 안으로(in) 자르다(cise)
♠ **incise a tumor 종기를 절개하다**
♠ **incise** an inscription on a stone 돌 위에 비문**을 새기다**
☐ in**cise**d [insáizd] ⓗ 새긴, 조각한; 『의학』 절개한 ☜ incise + ed<형접>
☐ in**cis**ion [insíʒən] ⓜ 칼[벤]자국을 내기, 베기; 새김; 칼[벤]자국; 『의학』 쨈, 절개 ☜ incise + ion<명접>
☐ in**ci**sive [insáisiv] ⓗ 날카로운, 통렬한, 신랄한; 예리한; 앞니의 ☜ incise + ive<형접>

✚ de**cis**ion **결정, 결심**, 결의 sui**cid**e **자살**, 자살 행위; 자멸; 《법률》 자살자

익사이팅 스포츠 exciting sports (짜릿하고 신나는 스포츠)

번지점프, 래프팅 등 스포츠 중에서 다소 위험할 수도 있지만 짜릿하고 즐거우면서도 스트레스를 확 풀어주는 익스트림 스포츠(extreme sports)를 익사이팅 스포츠(exciting sports)라고도 한다.

< Rafting >

♣ **어원 : cite 소집하다, 불러내다**
■ **excite** [iksáit/익**싸**이트] ⓢ **흥분시키다**, 자극하다(=stimulate); (감정 등을) 일으키다
☜ ex(밖으로) 불러내다(cite)
■ **cite** [sait] ⓢ **인용하다**(=quote), **인증하다**; 소환하다 ☜ 라틴어로 '불러내다'란 뜻
☐ in**cite** [insáit] ⓢ **자극**[격려]**하다**; 부추기다, 선동하다 ☜ in(안으로) 불러내다(cite)
♠ **incite to** heroic deeds 영웅적 행동**을 하도록 격려하다**
☐ in**cite**ment [insáitmənt] ⓜ 격려, 선동, 자극(물), 동기 ☜ incite + ment<명접>
☐ in**cit**ation [ìnsaitéiʃən, -sit-] ⓜ = incitement ☜ incite + ation<명접>
※ **sport** [spɔːrt/스포트] ⓜ (또는 pl.) **스포츠**, 운동, 경기; (pl.) 운동회, 경기회
☜ 고대 프랑스어로 '기쁨, 즐거움'이란 뜻

클라이맥스 climax (최고조)

♣ **어원 : cli(m), cline 기울다, 경사지다, 구부러지다**

■ **cli**max [kláimæks] ⓜ (사건 · 극 따위의) **최고조**, 절정; 『수사학』 점층법
☜ 그리스어로 '사다리; 최고(max)로 기울인(cli)'이란 뜻

■ **clim**ate [kláimit] ⓜ **기후**, 풍토; 환경, 분위기, 기풍; 풍조
☜ 그리스어 klima로 '지구의 태양에 대한 경사(clim)가 만드는(ate) 것'

□ in**cline** [inkláin] ⓢ (마음이) **내키게 하다**, **기울이다**, (머리를) 숙이다; **기울다**
☜ 안으로(in) 기울다(cline)
♠ **incline one's ear to ~ ~에 귀를 기울이다**
♠ **be inclined to ~ ~하는 경향이 있다, ~하기 쉽다**

□ in**cline**d [inkláind] ⓗ (~하고 싶은) 마음(생각)이 드는; ~하는 경향의 ☜ incline + ed<형접>

□ in**clin**ation [ìnklənéiʃən] ⓜ **경향**, 기질, 성향, **좋아함**; 기울기, **경사** ☜ incline + ation<명접>

✚ re**cline** **기대(게 하)다**, 의지하다 de**cline** (아래로) **기울다**, 내리막이 되다; (해가) 져가다

클로우즈업 close-up (영화 · 사진의 근접촬영)

♣ **어원 : clos, claus, clud, clus 닫다, 덮다, 가두다, 밀착시키다**

■ **clos**e [klouz/클로우즈] ⓢ (눈을) 감다, (문 · 가게 따위를) **닫다, 닫히다** ⓗ **가까운**(=near) ☜ 라틴어로 '덮다, 닫다'란 뜻

■ **clos**e-up [klóusʌp] ⓜ 『영화 · 사진』 근접 촬영, **클로즈업**; (일의) 실상
☜ 더 크게(up/강조) 밀착시키다(close)

□ in**clos**e [inklóuz] ⓢ = enclose ☜ ~안에(in) 가두다(close)

□ in**clude** [inklúːd] ⓢ **포함하다**, 넣다 ☜ ~안에(in) 가두다(clude)
♠ **include interest to principal 원금에 이자를 가산하다**

□ in**clud**ing [inklúːdiŋ] ⓙ **~을 포함하여, ~함께 넣어**
☜ ~안에(in) 가두(clos) 는(ing<형접>)

□ in**clus**ion [inklúːʒən] ⓜ **포함**, 포괄 ☜ ~안에(in) 가두(clos) 기(ion<명접>)

□ in**clus**ive [inklúːsiv] ⓗ **~을 포함한, 포괄적인** ☜ -ive<형접>

□ in**clus**ively [inklúːsivli] ⓑ **~을 포함하여, 총괄적으로** ☜ -ive<형접>

✚ **claus**e (조약 · 법률 등의) 조목, **조항**; 『문법』 **절**(節) en**clos**e **둘러싸다, 에워싸다** dis**clos**e **나타내다; 드러내다**, 폭로(적발)하다 un**clos**e 열(리)다; 나타내다; 드러내다

컴백 comeback (복귀)

■ **come** [kʌm/컴] ⓢ (-/**came**/**come**) **오다, 도착하다**
☜ 고대영어로 '도달할 목적으로 움직이다'란 뜻

■ **come**back [kʌ́mbæ̀k] ⓜ (인기, 기능) 회복, 부흥 ☜ 다시(back) (돌아) 오다(come)

□ in**come** [ínkʌm] ⓜ **소득, 수입** ☜ 안으로(in) 온(come) 것
♠ earned (unearned) **income** 근로 (불로) **소득**

□ in**come** tax 소득세 ☜ tax(세금)

□ in**come** tax return 소득세 신고 ☜ return(귀환; 신고)

□ in**com**ing [ínkəmiŋ] ⓜ (들어)옴, 도래; (보통 pl.) 수입, 소득 ☜ -ing<형접>
♠ **incomings** and outgoings **수입**과 지출

✚ be**come** **~이[가] 되다; 어울리다** out**come** **성과, 결과, 결론** up**com**ing 다가오는, 닥쳐오는, 앞으로 올 wel**come** **어서 오십시오; 환영하다; 환영; 환영받는**

컴파스 compass (제도용 양각기)

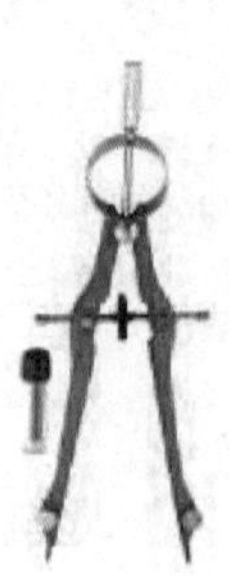

♣ **어원 : pass 걸음으로 재다 // par 자로 잰 듯이 동등한**

■ com**pass** [kʌ́mpəs] ⓜ **나침반**, 나침의; (보통 pl.) (제도용) **컴퍼스**, 양각기
☜ 양쪽 모두(com) (길이가 대등하게) 걸음으로 재다(pass)

■ com**par**e [kəmpέər/컴페어] ⓢ **비교하다**, 견주다, 대조하다
☜ 양쪽 모두(com) 동등하게(par) + e

□ incom**par**able [inkάmpərəbl] ⓗ 견줄(비길) 데 없는, **비교할 수 없는**
☜ in(=not/부정) + comparable
♠ one's **incomparable** beauty **비길 데 없는** 아름다움

□ incom**par**ably [inkάmpərəbli] ⓑ 비교가 안 될 정도로, 현저히 ☜ -ly<부접>

패시브 passive ([체육] 수동적 · 소극적인 선수)

♣ 어원 : pass, pat(i) 고통을 겪다, 견디다, 괴로워하다, 동정하다

■ **pass**ive [pǽsiv] ⓗ **수동적인; 무저항의; 비활동적인** ☜ 견디(pass) 는(ive<형접>)

■ com**pati**ble [kəmpǽtəbəl] ⓗ **양립하는**, 모순되지 않는
☜ 함께(com) 견딜(pati) + 수 있는(able<형접>)

■ com**pati**bility [kəmpæ̀təbíləti] ⓜ 양립성, 적합, 모순이 없음 ☜ compatible + ility<명접>

□ incom**pat**ible [ìnkəmpǽtəbəl] ⓗ **양립할 수 없는**, 모순된 ☜ in(=not/부정) + compatible(양립하는)
♠ **be incompatible with ~ ~와 양립할 수 없다; 모순되다, (성격이) 서로 맞지 않다**

□ incom**pat**ibility [ìnkəmpætəbíləti] ⓜ 양립하지 않음, 부조화; 성격의 불일치
☜ in(=not/부정) + compatibility(양립성)

✚ com**pass**ion **불쌍히 여김,** (깊은) 동정(심) **pati**ent **인내심이 강한**, 끈기 좋은〔있는〕 in**pati**ent 입원 환자 out**pati**ent (병원의) 외래환자

애피타이저 appetizer (식사 전에 먹는 식욕 돋우는 음식)

♣ 어원 : pet 찾다, 구하다, 추구하다, 열망하다

■ ap**pet**izer [ǽpitàizər] ⓜ 식욕 돋우는 음식; 전채(前菜)
☜ (식욕)을(ap<ad=to>) 구하는(pet) 것(izer)

■ ap**pet**ite [ǽpitàit] ⓜ **식욕**; 욕구, 욕망
☜ ~를(ap<ad=to>) 구하(pet) 기(ite<명접>)

■ com**pet**e [kəmpíːt] ⓢ 겨루다, **경쟁하다**; 서로 맞서다
☜ 함께<서로(com) 추구하(pet) 다(e)

■ com**pet**ent [kάmpətənt/kɔ́m-] ⓗ 적임의, **유능한**; 『생물』 반응력이 있는
☜ 겨룰(compete) 만한(nt<형접>)

□ incom**pet**ent [inkάmpətənt/-kɔ́m-] ⓗ **무능한**, 쓸모없는; 부적당한 ⓜ 무능력자
☜ in(=not/부정) + competent(유능한)
♠ He **is incompetent to** manage the hotel.
그는 호텔을 경영**할 능력[자격]이 없다**

□ incom**pet**ence, -ency [inkάmpətəns/-kɔ́m-], [-tənsi] ⓜ **무능력**, 부적당
☜ in(=not/부정) + competence(적성, 자격, 능력)

✚ im**pet**uous **격렬한, 맹렬한** im**pet**us **힘**, 추진력, **운동량**, 관성(慣性) per**pet**ual **영구의**, **끊임없는**

기름을 풀(full.가득)로 채우다

♣ 어원 : full 가득찬 ➔ fill, ple, pli 채우다

■ **full** [ful/뿔] ⓗ **가득한**; 가득 채워진, 충만한
☜ 고대영어로 '가득한'이란 뜻

■ com**ple**te [kəmplíːt/컴플**리**잍] ⓢ **완성하다** ⓗ **전부의, 완전한**
☜ 완전히(com) 채우다(ple) + te<동접/형접>

□ incom**ple**te [ìnkəmplíːt] ⓗ **불완전**〔불충분〕**한**, 불비한; 미완성의 ☜ in(=not/부정) + complete
♠ the **incomplete** verb 『문법』 **불완전** 동사

✚ accom**pli**shment **성취, 완성**, 수행, 이행 com**ple**ment **보충물; 보완하다** **ple**nty **많음**, 가득, 풍부, 다량, 충분 sup**ple**ment **보충**, **추가**, **부록;** 보충하다

엘시 LC = Listening Comprehension (듣기)
알시 RC = Reading Comprehension (독해)

LC & RC
Hello
TOEIC

토익(TOEIC)은 국제공용어로서의 영어숙달 정도를 평가하는 미국 ETS 사의 영어시험 또는 상표명이다. 듣기(LC)와 독해(RC)가 각각 100 문항씩이며, 총 990 점 만점. Test of English for International Communication 의 약자이다.

♣ 어원 : prehen(d) 붙잡다(=take)

■ com**prehend** [kὰmprihénd/kɔ̀mpr-] ⓢ **이해하다** ☜ (의미를) 모두(com) 잡다(prehend)

■ com**prehen**sion [kὰmprihénʃən/kɔ̀m-] ⓜ **이해** ☜ comprehend + sion<명접>

□ incom**prehen**sible [ìnkɑmprihénsəbəl, inkὰm-/inkɔ̀m-] ⓗ **이해할 수 없는**, 불가해한; 《고어》 (특히 신(神)의 속성이) 무한한 ⓜ 무한한 것 ☜ in(=not/부정) + comprehen + sible<형접>
♠ **be incomprehensible 이해하기 어렵다**

□ incom**prehen**sion [inkὰmprihénʃən/-kɔ̀m-] ⓜ 몰이해, 이해력이 없음
☜ in(=not/부정) + comprehension(이해)

✚ ap**prehend** 붙잡다; 이해하다; **염려하다** misap**prehend** 오해하다 re**prehend** 비난하다

컨셉 concept (개념), 캡춰 capture (갈무리)

♣ **어원 : cap, capt, cept, ceive 잡다(=take), 받아들이다, 이해하다**

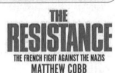

■ **concept** [kάnsept/kɔ́n-] 명 『철학』 **개념**, 생각; 구상(構想), 발상 ☜ 함께(con<com) 생각을 잡다(cept)

■ con**ceive** [kənsíːv] 동 (감정·의견 따위를) 마음에 품다; (계획 등을) 착상하다; 임신하다 ☜ 생각을 완전히(con<com/강조) 취하다(ceive)

■ **capture** [kǽptʃər] 명 **포획** 동 **사로잡다** ☜ 잡는(capt) 것(ure)

□ incon**ceiv**able [ìnkənsíːvəbl] 형 **상상할 수 없는**, 터무니없는 ☜ in(=not/부정) + conceive + able
♠ **inconceivable to ~ ~로서는 생각조차 할 수 없는**

✚ ac**cept 받아들이다**, 수납하다 de**ceive 속이다**, 기만하다, 현혹시키다 inter**cept 도중에서 빼앗다**, 가로채다, 차단하다 per**ceive 지각**(知覺)**하다**, 감지하다; ~을 눈치채다, 인식하다

시퀀스 sequence (사건·행동 등의 연쇄적인 순서·절차)

♣ **어원 : sequ, secu 뒤따르다(=follow)**

■ **sequ**ence [síːkwəns] 명 **연속, 속발**; **결과** ☜ 뒤따르는(sequ) 것(ence<명접>)

■ con**secu**tion [kὰnsikjúːʃən/kɔ̀n-] 명 연속; 논리적 관련, 조리(條理) ☜ 계속(con<com) 뒤따르는(secu) 것(tion<명접>)

□ incon**sequ**ent [inkάnsikwènt, -kwənt/-kɔ́nsikwənt] 형 비논리적인(=illogical), (앞뒤가) 모순된 ☜ in(=not/부정) + consequent(결과의, 필연의)
♠ **an inconsequent conclusion 비논리적 결론**

□ incon**sequ**ential [inkὰnsikwénʃəl/-kɔ̀n-] 형 논리에 맞지 않는, 불합리한; 하찮은 ☜ in(=not/부정) + consequent + ial<형접>

□ incon**sequ**ence [inkάnsikwèns, -kwəns/-kɔ́nsikwəns] n. 비논리성; 모순; 적절하지 못함 ☜ -ence<명접>

어시스트 assist ([축구·농구] 득점과 직접적으로 연결되는 패스) 레지스탕스 resistance (2차대전시 독일군에 대한 프랑스의 지하저항운동)

♣ **어원 : sist, sta, stit 서있다(=stand)**

■ as**sist** [əsíst] 동 **원조하다, 거들다**, 돕다, 조력하다 ☜ ~의 곁에(as) 서있다(sist)

■ re**sist** [rizíst] 동 **~에 저항하다**; 격퇴하다; 방해하다 ☜ ~에 대항하여(re=against) 서있다(sist)

■ re**sist**ance [rizístəns] 명 **저항**, 반항; 반대; 저항력; 방해 ☜ -ance<명접>

■ con**sist** [kənsíst/컨씨스트] 동 **~로 구성되어[이루어져] 있다; 일치하다** ☜ 함께(con<com) 서있다(sist)

□ incon**sist**ent [ìnkənsístənt] 형 **일치하지 않는**, 모순된; 변덕스러운 ☜ in(=not/부정) + consist + ent<형접>
♠ The witnesses' statements **were inconsistent.** 목격자들의 진술이 **서로 달랐다.**

© fivebooks.com

□ incon**sist**ency, -ence [ìnkənsístənsi, -təns] 명 **불일치**, 모순 ☜ -ency/-ence<명접>

✚ de**sist** 그만두다, 중지하다, 단념하다 in**sist 주장하다, 우기다** per**sist 고집하다, 지속하다**

□ **incontrovertible**(명백한) ➔ **controvertible**(논쟁의 여지가 있는) **참조**

이벤트 event (콩글 판촉행사) ➔ promotional event

♣ **어원 : ven 오다, 가다; 모이다**

■ e**ven**t [ivént/이벤트] 명 (중요한) **사건, 행사** ☜ 밖에서(e<ex) 모이는(ven) 것(t)

■ con**ven**ience [kənvíːnjəns] 명 **편리, 편의** ☜ 모든(con<com) 것이 (한 곳에) 모여있는(ven) + i + 것(ence<명접>)

□ incon**ven**ience [ìnkənvíːnjəns] 명 **불편(한 것)**, 성가심, **귀찮은 일** ☜ in(=not/부정) + convenience(편리)
♠ It is no **inconvenience** to me. 조금도 **불편하**지 않습니다

□ incon**ven**ient [ìnkənvíːnjənt] 형 **불편한, 형편이 나쁜** ☜ in(=not/부정) + convenient(편리한)

✚ ad**ven**ture **모험(심)** con**ven**tion 대회; **집회**; **협약** pre**ven**t **막다**, 방해하다; **예방하다**

코르드 발레 corps de ballet ([F.] 군무를 추는 조연 무용단원들)

♣ **어원 : corp (인간의) 몸, 육체**

■ **corp**s　[kɔːr/코-] ⓜ (pl. **corps** [kɔːrz]) 『군사』 **군단**, 병단; ~단(團); 부대 ☜ 라틴어로 '몸, 육체'이란 뜻
주의 corps의 p는 묵음　비교 corpse 시체, 송장

■ **corp**orate　[kɔ́ːrpərit] ⓗ **법인(조직)의**; 단체의
☜ (하나의) 몸을(corp) + or + 이루다(ate)

■ **corp**oration　[kɔ̀ːrpəréiʃən] ⓜ 『법률』 **법인**, 협회, 사단 법인 ☜ -ation<명접>

□ in**corp**orate　[inkɔ́ːrpərèit] ⓢ **통합[합병ㆍ편입]하다; 법인조직으로 만들다**
☜ ~안에(in) 몸(corp)을 + or + 만들다(ate<동접>)
♠ The colonies **were incorporated**. 식민지는 **합병됐다**.

□ in**corp**orated　[inkɔ́ːrpərèitid] ⓗ **법인 조직의; 합동**(합병ㆍ편입)**한**; 주식회사의, 《미》 유한 책임의
☜ incorporate + ed<형접>
♠ an **incorporated** company 《미》 **유한 책임** 회사

□ in**corp**oration　[inkɔ̀ːrpəréiʃən] ⓜ 합병, 편입; 법인 단체, 회사 ☜ -ation<명접>

※ **ball**et　[bǽlei/bæléi] ⓜ **발레**, 무용극; (the ~) **발레**단(음악, 악보)
☜ 라틴어로 '춤추다'란 뜻

다이렉트, 디렉트 direct (직행으로, 똑바로)

♣ **어원 : rect(i) 똑바른, 직접적으로; 올바른**

■ di**rect**　[dirékt/디**뤡**트/dairékt/다이**뤡**트] ⓢ **지도[지시]하다**; 관리(감독)하다
ⓗ 곧은, **직행의**; 직접의 ⓑ 똑바로, 직행으로; 직접적으로
☜ 아래(di=down)로 바르게(rect) 가리키다

■ di**rect**ion　[dirékʃən/디**뤡**션/dairékʃən/다이**뤡**션] ⓜ **방향**, 방위; 명령, **지시**; 감독, 지도, 관리
☜ direct + ion<명접>

■ cor**rect**　[kərékt/커**뤡**트] ⓗ **옳은, 정확한**　ⓢ 바로잡다, 정정하다
☜ 완전히(cor<com) 똑바른(rect)

□ incor**rect**　[ìnkərékt] ⓗ 부정확한, **옳지 않은**, 틀린 ☜ in(=not) + correct(옳은)
♠ **incorrect** behavior **온당치 못한** 행동

■ e**rect**　[irékt] ⓗ **똑바로 선**, 직립(直立)의　ⓢ 똑바로 세우다
☜ 밖으로<위로(e<ex=on) 똑바른(rect)

크레센도 crescendo ([음악] 점점 세게)

♣ **어원 : cresc, creas, cret, cru, cro 커지다, 기르다**

■ **cresc**endo　[kriʃéndou] ⓑ 《It.》 『음악』 점점 세게, **크레센도** 《생략: cres(c).; 기호 〈 》
☜ 이탈리아어로 '커짐, 커지다'란 뜻

■ **cresc**ent　[krésənt] ⓜ **초승달** ☜ 점차 커지는(cresc) 것(ent)

□ in**creas**e　[inkríːs/인크**뤼**-스] ⓢ **증가하다,** 늘다, 늘리다　ⓜ **증가**
☜ 안으로(in) 커지다(creas) + e　ⓑ decrease 감소; 감소하다
♠ His family **increased**. 그의 가족이 **늘었다**.
♠ **be on the increase 증가[증대]하고 있다**

□ in**creas**ing　[inkríːsiŋ] ⓗ 점점 증가(증대)하는 ☜ increase + ing<형접>

□ in**creas**ingly　[inkríːsiŋli] ⓑ **점점**, 더욱더; 증가하여
☜ 안으로(in) 커지(creas) 는(ing<형접>) + ly<부접>

□ in**cre**ment　[ínkrəmənt] ⓜ 증대, 증진, 증식, 증강; 증가량, 증액; 이익, 이득
☜ 안으로(in) 커지는(cre) 것(ment<명접>)

✚ de**creas**e **감소(하다)**, 축소; 줄(이)다　re**cru**it **신병**, 보충병; 신병을 들이다, 보충하다
con**cret**e **구체적인; 굳어진; 콘크리트**　**cro**wd **군중, 다수;** 군집하다, 꽉 들어차다

크레디트 카드 credit card (신용카드)
크레도스 Credos (기아자동차 중형승용차. <믿음, 신뢰>란 뜻)

♣ **어원 : cred 믿다**

■ **cred**it　[krédit/크**뤠**디트] ⓜ **신뢰, 신용, 신용대부; 명예가 되는 것**
ⓢ **믿다, 신용하다** ☜ 중세 프랑스어로 '믿음'이란 뜻

□ in**cred**ible　[inkrédəbəl] ⓗ **믿을**(신용할) **수 없는**; 거짓말 같은, 믿을 수 없을 정도의 ☜ in(=not/부정) + 믿을(cred) 수 있는(ible<형접>)
♠ an **incredible** story **거짓말 같은** 이야기

□ in**cred**ibly　[inkrédəbli] ⓑ 믿어지지 않을 만큼, 놀랍게도, 매우 ☜ -ly<부접>

□ in**cred**ulity [ìnkridjúːləti] ⓜ 쉽사리 믿지 않음, 의심이 많음, 회의심 ☜ -ulity<명접>
□ in**cred**ulous [inkrédʒələs] ⓗ 쉽사리 믿지 않는, **의심 많은** ☜ -ulous<형접>
※ **card** [kɑːrd/카-드] ⓜ **카드; 판지; 명함; (카드놀이의) 패**
☜ 중세 프랑스어로 '종이 한 장'이란 뜻

□ **incriminate**(~에게 죄를 씌우다) ➔ **crime**(죄, 범죄(행위)) **참조**

인큐베이터 incubator (미숙아 보육기)

♣ 어원 : **cub, cumb 눕다**
□ in**cub**ate [ínkjəbèit, íŋ-] ⓓ (알을) 품다, (세균 따위를) 배양하다, 숙고하다, (조산아 등을) 보육기에 넣어 기르다
☜ 속에(in) 눕게(cub) 하다(ate<동접>)
□ in**cub**ation [ìŋkjubéiʃən, ìn-] ⓜ 부화, 배양; 숙고; 잠복(기) ☜ -ation<명접>
♠ artificial **incubation** 인공 **부화**
□ in**cub**ative [ínkjəbèitiv, íŋ-] ⓗ 부화의; 잠복(기)의 ☜ -ive<형접>
□ in**cub**ator [ínkjəbèitər, íŋ-] ⓜ 부화기; 세균 배양기; 조산아 보육기, **인큐베이터**; 계획을 꾸미는 사람 ☜ incubate + or(사람/장비)
□ in**cumb**ent [inkʌ́mbənt] ⓗ **의지하는; 의무로 지워지는**; 현직의 ⓜ **재직자**
☜ 안에(in) 누워(cumb) 있는(ent<형접>)
■ en**cumb**er [enkʌ́mbər] ⓓ **방해하다**, 막다 ☜ 안에(en<in) 누워(cumb) 있다(er<동접>)

코스 course (진로)

♣ 어원 : **course, cur 달리다(=run), 흐르다(=flow)**
■ **course** [kɔːrs/코-스] ⓜ **진행, 방향, 진로; 방침, 과정** ⓓ 달리다
☜ 라틴어로 '달리기, 여행; 방향'이란 뜻
■ **cur**rent [kə́ːrənt, kʌ́r-] ⓗ 통용하고 있는; 현행의 ☜ 달리(cur) + r + 는(ent<형접>)
□ in**cur** [inkə́ːr] ⓓ (분노·비난·위험을) **초래하다** ☜ 안으로(in) 달려오다(cur)
♠ **incur** danger 위험을 **초래하다**
□ in**cur**sion [inkə́ːrʒən, -ʃən] ⓜ (돌연한) 침입, 침략; 습격; (강물 따위의) 유입 ☜ -sion<명접>
□ in**cur**rence [inkə́ːrəns, -kʌ́r-] ⓜ (불행·손해 등을) 초래함, 당함, (책임 따위를) 짐
☜ 안으로(in) 달려오는(cur) + r<자음반복> + 것(ence<명접>)
□ in**cur**rent [inkə́ːrənt, -kʌ́r-] ⓗ 물이 흘러드는, 유입하는〔시키는〕 ☜ -ent<형접>

✚ con**course** **집합**; 합류(점) con**cur** **동의[일치, 협력]하다** oc**cur** 발생하다, **일어나다, 생기다**

매니큐어 manicure (콩글 ▶ 손톱에 바르는 화장품) ➔ nail polish

♣ 어원 : **cure, cur(i) 돌보다, 관심을 기울이다, 치료하다, 조심하다**
■ mani**cure** [mǽnəkjùər] ⓜ **미조술**(美爪術), **매니큐어**
☜ 손을(mani) 돌보다(cure)
■ **cure** [kjuər] ⓜ **치료(법)** ⓓ **치료하다** ☜ 라틴어로 '돌보다'라는 뜻
□ in**cur**able [inkjúərəbəl] ⓗ 낫지 않는, **불치의**; 교정할〔고칠〕 수 없는
☜ in(=not/부정) + curable(치료할 수 있는)
♠ an **incurable** disease **불치**병
□ in**curi**ous [inkjúəriəs] ⓗ 호기심이 없는, 무관심한 ☜ in(=not/부정) + curious(호기심이 강한)

✚ **cur**able **치료할 수 있는** pro**cure** **획득하다**, (필수품을) 조달하다 se**cure** **안전한, 안정된; 튼튼한 안전하게 하다; 확보하다** ac**cur**ate **정확한; 정밀한** **curi**ous **호기심이 강한, 이상한, 묘한**

□ **incursion**(침입, 침략), **incurrence**(초래함, 당함) ➔ **incur**(초래하다) **참조**

데빗카드 debit card (직불카드)

신용 카드의 반대 기능을 가진 것으로 가게에서 물건을 사면 점포의 단말과 은행이 온라인으로 연결되어 자동적으로 예금구좌에서 인출되는 방식이다. 현금 매입과 같으나 직접 현금을 취급하지 않으므로 안전하며 또한 편리하다. <출처 : 패션전문자료사전 / 일부인용>

♣ 어원 : **bit, bt, dit, du 소유한 것, 주어진 것**
■ de**bit** [débit] ⓜ 차변(借邊)(⇔ credit 대변(貸邊)); 인출액 ⓓ (돈을) 인출하다
★ 차변(借邊)이란 재산의 출납·변동 따위를 밝히는 복식 부기(簿記)에서, 장부상의 계정계좌 왼쪽을 이르는 말로 자산의 증가, 부채·자본의 감소, 손실의 발생 따위를 기입한다. 장부의 오른쪽은 반대개념의 대변(貸邊)이다.
☜ 라틴어 debitum(빚, 부채), 따로(de=off) 소유한 것(bit)

■ de**bt** [det] 명 **빚, 부채**, 채무; 은혜 ☜ 따로(de=off) 소유한 것(bt)
□ inde**bt** [indét] 동 ~에게 빚을 지게 하다, ~에게 은혜를 입히다
☜ 안에(in) 따로(de=off) 소유하다(bt)
□ inde**bt**ed [indétid] 형 **부채가 있는**, 신세를 진 ☜ -ed<형접>
♠ I was **indebted** to him for his financial help.
나는 그의 재정적 **도움을 받았다**.
□ inde**bt**edness [indétidnis] 명 부채; 은혜를 입음, 신세; 책무 ☜ -ness<명접>
※ card [ka:rd] 명 **카드**; 판지(板紙), 마분지 ☜ card(종이 조각, 판지, 상자)

✚ cre**dit** **신용**; 영향력; 명성, 명예; 칭찬 **du**ty **의무**; 임무, 본분; 의무감, 의리

데코레이션 decoration (장식)
디슨트 워크 Decent Work (ILO의 표어. <품위있는 근로>란 뜻)

디슨트 워크란 '일할 보람이 있는 인간다운 일'이란 뜻으로 1999년에 국제노동기구(ILO) 총회에서 21세기 국제노동기구의 목표로 제안되었으며, 지지를 받은 개념이다. <출처 : 위키백과 / 일부인용>

♣ 어원 : dec, decor 보기 좋은; 예의바른; 어울리는, 적당한
■ **decor**ation [dèkəréiʃən] 명 **장식(법), 데코레이션**; (보통 pl.) 장식물; 훈장
☜ 보기 좋은(decor) 것(ation<명접>)
■ **dec**ent [dí:sənt] 형 **품위있는**, 보기 흉하지 않은, 예의 바른
☜ 올바(dec) 른(ent<형접>) 반 indecent 보기 흉한
■ **dec**ency [dí:snsi] 명 보기 싫지 않음, **품위**; 체면; 예절바름, (언동이) 고상함 ☜ 올바른(dec) 것(ency<명접>)
□ in**dec**ent [indí:snt] 형 버릇없는, 꼴사나운; 외설(음란)한
☜ in(=not/부정) + decent(품위 있는)
♠ **indecent** conduct (photos) **외설적인** 행동(사진)
□ in**dec**ency [indí:snsi] 명 예절 없음, 꼴사나움; 외설 ☜ -ency<명접>
※ work [wə:rk/워억] 명 **일**, 작업, 노동; **직업; 제작품; 예술 작품; 공사** 동 **노동하다, 일하다**; (기계·기관 등이) **움직이다; 일시키다** ☜ 고대영어로 '행한 일'이란 뜻

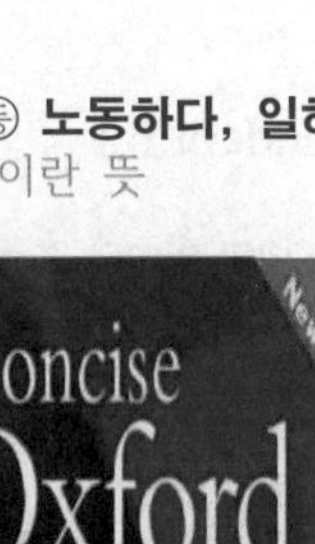

콘사이스 concise (휴대용 사전 또는 소형 사전)

♣ 어원 : cis(e) 자르다(=cut)
■ con**cise** [kənsáis] 형 **간결한**, 간명한
☜ 불필요한 것을 함께(con<com) 자르다(cise)
■ de**cis**ion [disíʒən/디씨전] 명 **결심, 결의**
☜ ~로부터(de=from) 자르는(cis) 것(ion)
■ de**cis**ive [disáisiv] 형 **결정적인, 결정하는** ☜ -ive<형접>
□ inde**cis**ion [ìndisíʒən] 명 우유부단, 주저
☜ in(=not/부정) + decision(결심, 결의)
♠ There's no more time **for indecision**.
더 이상 **망설일** 시간이 없다.
□ inde**cis**ive [ìndisáisiv] 형 우유부단한 ☜ in(=not/부정) + decisive(결정하는)
♠ a weak and **indecisive** man 허약하고 **우유부단한** 남자

Concise Oxford ENGLISH Dictionary

✚ ex**cise** 물품세, 소비세, 면허세; 잘라내다 in**cise** 절개하다; ~를 새기다 pre**cise** **정밀한, 정확한**

저스트두잇 Just Do It (스포츠의류·용품 회사인 나이키의 슬로고(slogo). <일단 해봐, 한번 해보는 거야>란 뜻) * just 단지, 바로, 이제 막, 정확히 it 그것

■ do [du:;/두- (약) du, də] 조동 **행하다**
☜ 고대영어로 '만들다, 행하다'란 뜻
■ **deed** [di:d] 명 **행위**, 행동, 소행 ☜ do의 명사형
□ in**deed** [indí:d/인디-드] 부 **실로, 참으로**
☜ in deed(실행상, 사실상)가 합쳐진 것
♠ I am **indeed** glad. = I am glad **indeed**. 나는 **정말** 기쁘다.

파이널 디시전 Final Decision (미국 스릴러 영화. <최종 결정>이란 뜻)

1996년 개봉한 미국의 스릴러/액션영화. 커트러셀, 스티븐 시걸, 할리베리 주연. 아랍 테러범들에게 납치된 민항기를 정보분석가이자 국제테러리즘 연구전문가와 미국특수부대가 공중도킹술로 비행기에 잠입하여 테러범들을 제거하고 구출한다는 내용. 원제는 Executive Decision(실행결심). <출처 : Naver 영화 / 요약인용>

♣ 어원 : fin(e), fini 끝, 한계; 끝내다, 한계를 정하다, 제한하다

■ **fin**al　[fáinəl/**퐈**이널] 형 마지막의, 최종의, **최후의**; 종국의 명 『경기』 결승전; 기말시험; 종국 ☜ 고대프랑스어로 '끝(fin) 의(al)'란 뜻

■ de**fine**　[difáin] 동 **한계를 정하다**, 규정짓다, 한정하다 ☜ 따로 구분하여(de=off) 한계를 정하다(fine)

■ de**fini**te　[défənit] 형 뚜렷한, 확실한, **명확한**; 한정된 ☜ define + ite<형접>

■ de**fini**tely　[défənitli] 부 **명확히**; 《구어》 확실히, 틀림없이 ☜ -ly<부접>

□ inde**fini**te　[indéfənit] 형 **불명확한, 분명하지 않은**, 막연한; 『문법』 부정(不定)의 ☜ in(=not/부정) + 한계를 정하(defini) 는(te)
♠ **indefinite** article **부정**관사

□ inde**fini**tely　[indéfənitli] 부 불명확하게, 막연히; 무기한으로 ☜ -ly<부접>

■ in**fini**te　[ínfənit] 형 **무한한**, 무수한 ☜ in(=not/부정) + 한계(fini)가 있는(te)

※ **decision**　[disíʒən/디**씨**전] 명 **결심, 결의** ☜ ~로부터(de=from) 자르는(cis) 것(ion)

© Amazon.com

□ **indemnify**(~에게 보상하다) ➔ **condemn**(비난하다, 나무라다) **참조**

덴트 dent ([자동차] 찌그러진 부위), 덴탈케어 dental care (치아관리)

♣ 어원 : den(t), dan 이빨

■ **dent**　[dent] 명 **움푹 팬 곳**, 눌려서 들어간 곳, 눌린 자국 ☜ '이빨자국'이란 뜻

■ **dent**al　[déntl] 형 **이의; 치과(용)의**, 치과의(齒科醫)의 ☜ 이빨(dent) 의(al)

■ **dent**ist　[déntist] 명 **치과의사** ☜ 이빨(dent) 전문가(ist)

□ in**dent**　[indént] 동 (가장자리에) 톱니 모양의 자국을 내다, 톱니 모양으로 (절취선을) 만들다; **만입시키다** 명 톱니모양, 오목함 ☜ 안으로(in) 난 이빨(dent) 자욱
♠ The sea **indents** the western coast of the island. 그 섬의 서쪽 해안은 바다가 들어가 **후미져 있다**.

□ in**dent**ure　[indéntʃər] 명 (한 종이에 정부(正副) 2통을 써서 톱니꼴로 쪼갠) 계약〔약정, 증명〕서; 톱니자국을 냄 ☜ -ure<명접>

■ **dan**delion　[dǽndəlàiən] 명 『식물』 **민들레** ☜ 톱니모양의 잎이 사자이빨 같아서 '사자의 이발'이란 뜻. 사자(lion) 의(de=of) 이빨(dan)

※ **care**　[kεər/케어] 명 **걱정**; **주의**, 조심 동 걱정하다, **주의하다, 돌보다** ☜ 고대영어로 '슬픔, 걱정'이란 뜻

DENTAL CARE

펜던트 pendant (장식을 달아 늘어뜨린 목걸이)

♣ 어원 : pend, pens(e) 매달다, 무게를 달다, 계량하다

■ **pend**ant　[péndənt] 명 늘어져 있는 물건, **펜던트**, 늘어뜨린 장식 《목걸이 · 귀고리 따위》; 부록, 부속물 ☜ 매달려 있는(pend) 것(ant)

■ de**pend**ence　[dipéndəns] 명 **의지함**, 의존〔종속〕 (관계 · 상태) ☜ 아래에(de) 매달린(pend) 것(ence<명접>)

■ de**pend**ent　[dipéndənt] 형 **의지[의존]하고 있는**; 종속관계의 ☜ -ent<형접>

□ inde**pend**ence　[ìndipéndəns] 명 **독립**, 자립, 자주 ☜ in(=not/부정) + 아래에(de) 매달린(pend) 것(ence<명접>)
♠ **the independence** of India from Britain. 인도의 영국으로부터의 **독립**
♠ **Independence day 《미》 독립기념일** 《7월 4일》
♠ **Independence Hall 《미》 독립기념관**

□ inde**pend**ent　[ìndipéndənt] 형 **독립한**, 자주의; 독립 정신이 강한 명 무소속인 사람〔의원〕 ☜ -ent<형접>
♠ **be independent of ~ ~에서 독립하다, ~과 관계없다**

□ inde**pend**ently　[ìndipéndəntli] 부 **독립하여**; ~와 관계없이 ☜ -ly<부접>

✚ **pend**ing **미정[미결]의**, 심리중의; 계류중인　**pens**ion **연금**, 부조금　sus**pend** **(매)달다**, 걸다

레시피 recipe (조리법), 스크립트 script (방송대본)

♣ 어원 : scrib(e), script, cipe 쓰다(=write)

■ re**cipe**　[résəpìː] 명 **조리법, 레시피**, 제조법 ☜ 라틴어로 '(약을) 받아라(=receive)'란 의미로 prescription(처방전)에서 유래. 미리(pre) 써준(script) 것(ion)

■ **script**　[skript] 명 정본, 손으로 쓴 것, **스크립트**, 방송대본 ☜ 라틴어로 '쓰여진 것'이란 뜻

□ inde**scrib**able　[ìndiskráibəbəl] 형 **형언할 수 없는**; 이루 다 말할 수 없는, 막연한 ☜ in(=not/부정) + describe + able<형접>

♠ The pain **was indescribable**. 그 고통은 **말로 다 할 수 없었다**.

✚ de**scribe** **기술[설명, 묘사]하다, 설명하다** manu**script** **원고, 필사본** pre**scribe** **규정[지시]하다,** (약을) **처방하다** pre**scrip**tion **명령, 규정**; 『의약』 **처방전** **Scrip**ture **성서** sub**scribe** **기부하다, 서명하다, 구독하다**

☐ **index**(색인) ➔ **indicate**(가리키다, 지시하다) **참조**

인디언 Indian (❶ 인도인 ❷ 아메리카 인디언), 인도 Indo, 힌두 Hindu

☐ **Indi**a [índiə/**인**디어] 명 **인도** 《영연방 소속의 아시아 남부의 공화국; 수도 뉴델리(New Delhi)》 ☜ 그리스어로 '인더스강(Indus)'의 뜻

☐ **Indi**an [índiən] 형 **인도의**; 인도 사람〔어〕의; **아메리카 인디언의** 명 인도인; 아메리카 인디언 ☜ -an(~의/~사람)
♠ **the Indian Ocean 인도양** ☜ ocean(대양, 해양)

☐ **Indi**ana [ìndiǽnə] 명 **인디애나** 《미국 중서부의 주; 주도 인디애나폴리스(Indianapolis); 생략: Ind.》 ☜ 인디언(Indian)의 땅(a)이란 뜻

☐ **Indi**es [índiz] 명 (pl.) (the ~) [단수취급] **인도 제국**(諸國) 《인도·인도차이나·동인도 제도 전체의 구칭》 ☜ indi + es<복수>

☐ **indi**go [índigòu] 명 쪽빛; **남색**; 『화학』 **인디고** 《남색염료》 ☜ 그리스어로 '인도(indi)의 색(go=color)' 이란 뜻

■ **Indo-** [índou, -də] '인도(사람)'의 뜻의 결합사

■ **Indo**-China, **Indo**china 명 **인도차이나** ☜ China(중국)
★ 인도차이나란 옛 프랑스령 인도차이나(베트남, 캄보디아, 라오스)만 가리키는 경우와 여기에 더해 미얀마(Myanmar), 태국(Thailand), 말레이(Malay)반도까지 포함하는 두 가지 경우가 있음.

■ **Indo**-European [índoujùərəpíən] 명형 인도 유럽어족(語族)(의) ☜ 유럽(Europe) 의(an)

■ **Hindu** [híndu:] 명 (pl. **-s**) 힌두사람〔교도〕, 인도사람 형 힌두(사람·교도)의 ☜ 아리아 인종에 속하는 인도 사람으로 힌두교를 믿는

딕셔너리 dictionary (사전)

♣ **어원 : dic(t), dex 말, 말하다**

■ **dic**tionary [díkʃənèri/**딕**셔네뤼, -ʃənəri] 명 **사전**, 사서, 옥편 ☜ 말하는(dic) 것(tion)의 모음(ary)

☐ in**dex** [índeks] 명 (pl. **-es, indices**) **색인**; 지시하는 것; 지침, 지표 ☜ indicate의 변형
♠ **Style is an index of the mind.**
글[문체]은 마음의 거울[지표]이다.

☐ in**dex** card 색인카드 ☜ card(카드, 판지)

☐ in**dex** number 『수학·경제·통계』 지수 ☜ number (수, 숫자, 번호)

☐ in**dic**ate [índikèit/**인**디**케**이트] 동 **가리키다**, 지시하다, 나타내다 ☜ ~쪽으로(in=to) 말(dic) 하다(ate<동접>)

☐ in**dic**ation [ìndikéiʃən] 명 **지시; 표시**; 징후 ☜ -ion<명접>
♠ Faces are a good **indication** of age. 얼굴은 나이의 좋은 **표시**이다.

☐ in**dic**ative [indíkətiv] 형 **지시하는**; 『문법』 직설법의 ☜ -ive<형접>

☐ in**dic**ator [índikèitər] 명 **지시자**; (신호) **표시기**(器), (차 따위의) 방향 지시기 ☜ -or(사람/기계)

☐ in**dic**es [índisì:z] **index의 복수**

☐ in**dict** [indáit] 동 기소〔고발〕하다 ☜ (사건속으로) 들어가(in) 말하다(dict)
비교 indite (시문·글 등을) 쓰다, 짓다

☐ in**dict**ment [indáitmənt] 명 **기소, 고발** ☜ -ment<명접>

☐ in**dict**or [indáitər] 명 기소자 ☜ -or(사람)

✚ **dict**ate **구술하다**, 받아쓰게 하다 bene**dic**tion **축복; 감사**; 기도 contra**dic**tion **부정; 모순** pre**dic**tion **예언; 예보**

카페리 car ferry (여객과 자동차를 실어 나르는 연락선)

♣ **어원 : fer 나르다, 가져가다**

※ **car** [kɑ:r/카-] 명 **자동차** ☜ 라틴어로 '2개의 바퀴가 달린 켈트족의 전차'란 뜻

■ **fer**ry [féri] 명 **나룻배; 나루터**, 도선장 ☜ 나르는(fer) 것/곳(ry)

■ dif**fer** [dífər] 동 **다르다**, 틀리다 ☜ 멀리(dif=away) 나르다(fer)

■ dif**fer**ence [dífərəns/**디**퍼런스] 명 **다름**, 상이; 차이 ☜ differ + ence<명접>

■ dif**fer**ent [dífərənt/**디**퍼런트] 형 **다른, 상이한** ☜ differ + ent<형접>

☐ indif**fer**ence [indífərəns, -i] ⓜ **무관심**, 냉담 ☜ in(=not/부정) + difference(다름). 다름이〔차이가〕 없으므로 '관심이 없음'이란 뜻.
♠ **show 〔display〕 indifference to ~ ~에 무관심하다**
☐ indif**fer**ent [indífərənt] ⓗ **무관심한**, 냉담한; 중요치 않는 ☜ -ent<형접>
♠ **be indifferent to ~ ~에 무관심하다, 냉담하다**
☐ indif**fer**ently [indífərəntli] ⓑ 무관심하게, 냉담히 ☜ -ly<부접>
■ trans**fer** [trænsfə́ːr] ⓢ **옮기다, 이동하다, 갈아타다** ⓜ **이전**(移轉)
☜ 가로질러(trans) 나르다(fer)

☐ **indigenous**(토착의, 원산의) ➔ **congenial**(같은 성질의) **참조**

제스처 gesture (몸짓), 리더스 다이제스트 Reader's Digest

♣ **어원 : gest 나르다, 운반하다, 전하다**
■ **gest**ure [dʒéstʃər] ⓜ 몸짓, 손짓, **제스처**
☜ (생각을) 전하는(gest) 것(ure)
■ di**gest** [didʒést, dai-] ⓢ **소화하다**; 요약하다 [dáidʒest] ⓜ **요약**; 소화물 ☜ 각각 떼어(di<dis=off) 나르다(gest)
♠ **Reader's Digest 리더스 다이제스트** 《미국의 월간잡지》
☜ '독자의 요약문'이란 뜻
■ di**gest**ible [didʒéstəbl, dai-] ⓗ **소화할 수 있는**; 소화하기 쉬운
☜ digest + ible(할 수 있는)
■ di**gest**ion [didʒéstʃən, dai-] ⓜ **소화** ☜ digest + ion<명접>
☐ indi**gest**ible [ìndidʒéstəbəl, -dai-] ⓗ **소화되지 않는**; 다루기 힘든; 이해되지 않은 ☜ in(=not/부정) + digestible
♠ an **indigestible** meal **소화가 잘 안 되는** 식사
☐ indi**gest**ion [ìndidʒéstʃən, -dai-] ⓜ **소화불량(증)**; (생각의) 미숙, 이해부족
☜ in(=not/부정) + digestion
■ in**gest** [indʒést] ⓢ (음식·약 등을) 섭취하다 ☜ 안으로(in) 나르다(gest)
■ con**gest** [kəndʒést] ⓢ **혼잡하게 하다** ☜ 함께 섞어(con<com) 나르다(gest)

맥 데인티 MAC Dainty (미국 MAC사의 화장품 브랜드. <우아한>이란 뜻)
디그니타스 Dignitas ([L.] 안락사를 지원하는 스위스 단체. <존엄>이란 뜻)

디그니타스는 죽을 권리를 호소하여 의사·간호사에 의해 안락사를 지원하는 스위스 단체. 말기암 환자나 불치병 환자가 생을 존엄하게 마감할 수 있도록 하기 위해 1998년 루드비히 미넬리가 설립하였다. <출처 : 위키백과>

♣ **어원 : dain, dign 훌륭한, 존엄한, 우아한, ~의 가치가 있는**
■ **dain**ty [déinti] ⓗ **우미[우아]한; 맛있는; 까다로운** ⓜ 진미(珍味)
☜ 가치가 있는(dain) 것(ty)

■ **dign**ify [dígnəfài] ⓢ **위엄을 갖추다**, 위엄있게 하다
☜ 가치 있게(dign) 만들다(fy)
■ **dign**ity [dígnəti] ⓜ **존엄**, 위엄; 존엄성; 품위 ☜ 가치 있는(dign) 것(ity)
☐ in**dign**ant [indígnənt] ⓗ **분개한**, 성난
☜ in(=not/부정) + 우아(dign) 한(ant)
♠ The man **was** hotly **indignant** at the insult.
그 사나이는 모욕을 당하자 몹시 **분개했다**.
☐ in**dign**antly [indígnəntli] ⓑ **분개하여**, 분연히 ☜ -ly<부접>
☐ in**dign**ation [ìndignéiʃən] ⓜ **분개** ☜ -ation<명접>
☐ in**dign**ity [indígnəti] ⓜ 모욕, **경멸**, 무례 ☜ in(=not/부정) + 존엄(dign) 함(ity)

☐ **indigo**(남색) ➔ **India**(인도) **참조**

딜리트 키 Del. = delete key ([컴퓨터] 키보드 자판의 삭제키)

■ **delete** [dilíːt] ⓢ **삭제하다**, 지우다 《교정 용어; 생략: del》
☜ 멀리(de=away) 지우다(lete)
☐ in**del**ible [indéləbəl] ⓗ **지울 수 없는**, 지워지지 않는 《얼룩 등》; 씻을〔잊을〕 수 없는《치욕 등》
☜ in(=not/부정) + 지울(del=delete) 수 있는(ible)
♠ **an indelible stain 지워지지 않는 얼룩**
※ **key** [kiː/키-] ⓜ (pl. **-s**) **열쇠**; 해결의 실마리 ☜ 중세영어로 '자물쇠를 여는 도구'란 뜻

카페리 car ferry (여객과 자동차를 실어 나르는 연락선)

♣ 어원 : fer 나르다, 가져가다

※ **car** [kɑːr/카-] ⓜ **자동차** ☜ 라틴어로 '2개의 바퀴가 달린 켈트족의 전차'란 뜻

■ **fer**ry [féri] ⓜ **나룻배; 나루터**, 도선장 ☜ 나르는(fer) 것/곳(ry)

■ dif**fer** [dífər] ⓢ **다르다**, 틀리다 ☜ 멀리(dif=away) 나르다(fer)

■ dif**fer**ence [dífərəns/**디**퍼런스] ⓜ **다름**, 상이; 차이 ☜ differ + ence<명접>

■ dif**fer**ent [dífərənt/**디**퍼런트] ⓗ **다른, 상이한** ☜ differ + ent<형접>

□ indif**fer**ence [indífərəns] ⓜ **무관심**, 냉담 ☜ in(=not/부정) + difference
♠ **public indifference 대중의 무관심**

□ indif**fer**ent [indífərənt] ⓗ **무관심한**, 마음에 두지 않는 ☜ -ent<형접>

■ trans**fer** [trænsfə́ːr] ⓢ **옮기다, 이동하다, 갈아타다** ⓜ **이전**(移轉) ☜ 가로질러(trans) 나르다(fer)

다이렉트, 디렉트 direct (직행으로, 똑바로)

♣ 어원 : rect(i) 똑바른, 직접적으로; 올바른

■ **di**rect [dirékt/dairékt, 디**렉**트/다이**렉**트] ⓢ **지도[지시]하다**; 관리(감독)하다 ⓗ 곧은, **직행의**; 직접의 ⓟ 똑바로, 직행으로; 직접적으로 ☜ 아래(di=down)로 바르게(rect) 가리키다

■ di**rect**ion [dirékʃən/디**렉**션/dairékʃən/다이**렉**션] ⓜ **방향**, 방위; 명령, **지시**; 감독, 지도, 관리 ☜ direct + ion<명접>

□ indi**rect** [ìndirékt, -dai-] ⓗ **간접적인**, 2차적인; 우회하는 ☜ in(=not) + direct(똑바른, 직접의)
♠ an **indirect** effect (cause) **간접적인** 영향(원인)

□ indi**rect**ion [ìndirékʃən, -dai-] ⓜ 간접적 수단(행동), 에두름; 부정직 ☜ -ion<명접>

□ indi**rect**ly [indəréktli] ⓟ 간접으로, 부차적으로 ☜ indirect + ly<부접>

✚ e**rect** **똑바로 선**, 직립(直立)의; 똑바로 세우다 cor**rect** **옳은, 정확한;** 바로잡다, 정정하다

시크릿 secret (한국의 댄스팝 걸그룹. <비밀>이란 뜻)

♣ 어원 : cre(t), cer(t) 나누다, 분리하다

■ **se**cret [síːkrit/**씨**-크릿] ⓗ **비밀[기밀]의** ⓜ **비밀**, 비결, 불가사의 ☜ 따로(se) 나누어진(cret)

■ se**cret**ary [sékrətèri/-tri] ⓜ **비서**(관), 서기(관); **장관** ☜ 비밀이(secret) 맡겨진 사람(ary)

■ dis**creet** [diskríːt] ⓗ **분별 있는**, 생각이 깊은; 신중한 ☜ 따로(dis) 분리한(creet)

■ dis**cret**ion [diskréʃən] ⓜ **신중**, 분별, 사려; **판단[선택·행동]의 자유** ☜ 따로(dis) 분리된(cret) 것(ion)

□ indis**creet** [ìndiskríːt] ⓗ **무분별한, 지각없는**, 경솔한 ☜ in(=not/부정) + 따로(dis) 분리해내는(creet)

□ indis**cret**ion [ìndiskréʃən] ⓜ **무분별**, 경솔, 지각없음 ☜ -ion<명접>
♠ **indiscretions** of youth 젊은 혈기가 빚은 **잘못**

시에스아이 CSI (미국 CBS 과학수사 드라마. <범죄현장수사>)
크라임씬 Crime Scene (JTBC 예능프로그램. <범죄현장>)

♣ 어원 : crime, crimin 죄, 범죄; 채로 쳐서 걸러내다

■ **CSI** **C**rime **S**cene **I**nvestigation 범죄현장수사 《미국 CBS에서 2000~2015년간 방영된 과학수사 드라마》

■ **crime** [kraim/크라임] ⓜ (법률상의) **죄, 범죄** (행위) ☜ 고대 프랑스어로 '범죄'란 뜻 비교 sin (종교·도덕상의) 죄

■ **crimin**al [krímənl] ⓜ **범인, 범죄자** ⓗ **범죄(성)의**, 형사상의 ☜ 범죄(crimin) 의(al<형접>)

■ dis**crimin**ate [diskrímənèit] ⓢ **구별하다**; 판별(식별)하다, 차별대우를 하다 ☜ 따로(dis=apart) 가려(crimin) 내다(ate<동접>)

□ indis**crimin**ate [ìndiskrímənit] ⓗ 무차별의, 닥치는 대로의, 분별없는; 난잡한 ☜ in(=not/부정) + discriminate(구별하다)
♠ **indiscriminate** reading habits **아무 책이나** 읽는 습관

□ indis**crimin**ately [ìndiskrímənətli] ⓟ 무차별, 닥치는 대로 ☜ -ly<부접>

※ **scene** [siːn] ⓜ (연극·영화의) **장면**; (영화의) 세트; (무대의) 배경 ☜ 그리스어로 '무대'란 뜻

※ **investigation** [invèstəgéiʃən] ⓜ **조사**, 연구, 수사 ☜ 안에서(in) 흔적을(vestig) 더듬기(ation<명접>)

✚ in**crimin**ate 죄를 씌우다; 고소〔고발〕하다 re**crimin**ate 되비난하다, 맞고소하다

펜던트 pendant (늘어뜨린 장식), 서스펜스 suspense (계속된 긴장감)

♣ **어원 : pend, pense 매달다, 무게를 달다, 계량하다; 걸리다**

■ **pend**ant [péndənt] ⓜ **펜던트, 늘어뜨린 장식** 《목걸이 · 귀고리 따위》 ☜ 매단(pend) 것(ant<명접>)

■ sus**pens**e [səspéns] ⓜ **서스펜스, 계속된 긴장감**; 미결; 모호함 ☜ 아래로(sus) 매단(pens) 것(e)

□ indi**spens**able [ìndispénsəbəl] ⓗ **필요불가결한, 반드시 필요한** ⓜ **반드시 필요한 사람[것]** ☜ in(=not/부정) + 따로(dis=apart) 무게를 달(pens) 수 있는(able)
♠ The information **is indispensable to** computer users. 그 정보는 컴퓨터 사용자**에게 절대 필요한 것이다**.
♠ **be indispensable to 〔for〕 ~ ~에 불가결하다, ~에 없어서는 안 되다**

□ indi**spens**ably [ìndispénsəbli] ⓟ 반드시, 꼭 ☜ -ably<부접>

✚ ap**pend**ix **부속물**, 부가물; **부록** de**pend** 믿다, **의지하다; ~에 달려 있다** dis**pens**e **분배하다** inde**pend**ence **독립**, 자립, 자주 ex**pend** **소비[소모]하다** **pens**ion **연금;** 연금을 주다 s**pend** (돈을) **쓰다, 소비하다**

컴퓨터 computer (전자회로를 이용해 데이터를 처리하는 기기)

♣ **어원 : put 계산하다, 생각하다**

■ com**put**e [kəmpjúːt] ⓢ **계산〔산정〕하다**, 평가하다; 어림잡다 ☜ 함께(com) 계산하다(put) + e

■ com**put**er, -tor [kəmpjúːtər] ⓜ **컴퓨터**; **전자계산기**; 계산하는 사람 ☜ 함께(com) 계산하는(put) 사람(er)

■ dis**put**e [dispjúːt] ⓢ **논쟁하다**; 논의하다 ☜ dis(=not) + put(생각하다) + e

□ indis**put**able [ìndispjúːtəbəl, indíspju-] ⓗ **명백한**, 논의〔반박〕의 여지가 없는 ☜ in(=not/부정) + disputable(의심스러운) 반 doubtful 의심스러운
♠ **indisputable** evidence **부인할 수 없는[명백한]** 증거

□ indis**put**ably [ìndispjúːtəbəli, indíspju-] ⓟ 명백하게, 말할 나위도 없이 ☜ -ably<부접>

□ indis**put**ability [ìndispjùːtəbíləti] ⓜ 논의할 여지가 없음, 명백함 ☜ in(=not/부정) + disputability(논의할 여지가 있는 일)

✚ de**put**e 대리자로 삼다, 위임하다 re**put**e **평판**; 명성; 신용; ~라고 여기다, 간주하다 re**put**ed 평판이 좋은, 유명한; ~이란 평판이 있는

디바이더 divider (제도용 분할 컴퍼스)

♣ **어원 : vid(e), vis 나누다, 분할하다**

■ di**vide** [diváid/디**봐**이드] ⓢ **나누다**, 분할하다, 가르다, 분계〔구획 · 분류〕하다 ☜ 둘로(di) 나누다(vide)

■ di**vid**er [diváidər] ⓜ 분할자, 분배자; 분할기, 양각기, **디바이더** ☜ 둘로(di) 나누는(vid) 기계(er)

□ indi**vid**ual [ìndəvídʒuəl/인더**뷔**주얼] ⓗ **개개의**; 독특한, 개성적인 ⓜ **개인** ☜ 나눌 수(divid<divide) 없(in=not) 는(ual)
♠ the rights of **the individual 개인**의 권리

□ indi**vid**ually [ìndəvídʒuəli] ⓟ 개별적으로; **개인적으로** ☜ individual + ly<부접>

□ indi**vid**ualism [ìndəvídʒuəlizm] ⓜ **개인주의**; 이기주의 ☜ individual + ism(~주의)

□ indi**vid**ualist [ìndəvídʒuəlist] ⓜ 개인〔이기〕주의자 ☜ individual + ist(사람)

□ indi**vid**uality [ìndəvìdʒuǽləti] ⓜ **개성**, 인격; 개인 ☜ individual + ity<명접>
♠ a man of **marked individuality 특이한 개성**의 사람

□ indi**vid**ualize [ìndə-vídʒuəlàiz] ⓢ 낱낱으로 구별하다, 개성을 부여하다 ☜ individual + ize<동접>

■ subdi**vide** [sʌ̀bdiváid] ⓢ 다시 나누다, 잘게 나누다, 세분하다 ☜ 아래로(sub) 나누다(divide)

□ **Indo-European**(인도 유럽어족의) ➔ **India**(인도) **참조**

연상 달러(dollar.영미권 화폐)가 없으니 돌러(dolor.슬픔)하다

♣ **어원 : dol, dole 노력, 고통, 슬픔; 슬프다, 우울하다**

※ **dollar** [dάlər/**달**러/dɔ́lər/**돌**라] ⓜ **달러** 《미국 · 캐나다 등지의 화폐단위; 100센트; 기호 $, $》 ☜ 독일어로 '골짜기에서 만들어진 것'이란 뜻

■ **dole** [doul] 명 《고어 · 시어》 **비애, 비탄**; 시주, 분배, (the ~) 실업 수당 동 비탄하다; 베풀다 ☜ 라틴어로 '슬퍼하다'란 뜻
■ **dolo(u)r** [dóulər] 명 《시어》 비애, 상심(grief) ☜ 슬픈(dole) 것(or)
□ in**dol**ent [índələnt] 형 **나태한, 게으른**
☜ 노력(dol)이 없(in=not) 는(ent<형접>)
♠ an **indolent** (idle) habit **나태한** 버릇
□ in**dol**ence [índələns] 명 나태, 게으름 ☜ -ence<명접>

✚ **dole**ful **슬픈, 쓸쓸한; 음울한** **dole**some 슬픈, 쓸쓸한; 음울한 con**dole** 조상(弔喪)하다, 조위(弔慰)하다; 위로(동정)하다 con**dole**nce 애도, (종종 pl.) 조상, 조사

콘도미니엄 condominium (공동지분 개념의 주거시설)

♣ 어원 : **domin, domain, domit 소유권, 지배권**
■ con**domin**ium [kɑ̀ndəmíniəm/kɔ̀n-] 명 (pl. **-s**) 《미》 **콘도미니엄**; 분양 아파트, 맨션; 공동 주권
☜ 함께(con) 소유 · 지배한(dominate) 것(ium<명접>)
■ **domain** [douméin] 명 **영토**, 영지; 소유지; 영역 ☜ 중세 프랑스어로 '소유지'란 뜻
■ **domin**ate [dɑ́mənèit/dɔ́m-] 동 **지배[통치]하다**, 위압하다 ☜ 지배권(domin)이 있다(ate)
□ in**domit**able [indɑ́mətəbəl/-dɔ́m-] 형 **굴복하지 않는**, 불굴의
☜ in(=not/부정) + 지배할(domit) 수 있는(able)
♠ an **indomitable** warrior **불굴의** 용사
■ pre**domin**ate [pridɑ́mənèit/-dɔ́m-] 동 주권장악하다, **우세하다**
☜ (남보다) 앞서(pre) 지배권(domin)이 있다(ate<동접>)

I

인도네시아 Indonesia (인구 세계 4위, 동남아시아 최대의 도서국가)

□ **Indonesia** [ìndouníːʒə, -ʃə] 명 **인도네시아** 《인도네시아 공화국. 수도 자카르타(Jakarta)》 ☜ 19c 중엽 영국 언어학자 J. R. 로건이 '인도의 섬들(Indo Nesos)'이라고 명명한 데서 유래. 현지인들은 '누산타라(Nusantara)'라는 명칭을 주로 사용하는데 이 역시 '많은 섬들의 나라'라는 뜻이다.
□ **Indonesia**n [ìndouníːʒən] 명형 인도네시아(의), 인도네시아 사람(의); 인도네시아어(語)(의) ☜ -an(~의/~사람)

도어락 door lock (출입문 자물쇠)

■ **door** [dɔːr/도어] 명 **문**, 출입문, (출)입구 ☜ 고대영어로 '큰 문'이란 뜻
□ in**door** [índɔ̀ːr] 형 **실내의**, 옥내의 ☜ 문(door) 안의(in)
♠ an **indoor** swimming pool **실내** 수영장
□ in**door**s [indɔ́ːrz] 부 **실내에[에서, 로]**, 옥내에(에서, 로)
♠ stay (keep) **indoors** **실내에** 머무르다, 외출하지 않다.
■ out**door** [áutdɔ̀ːr] 형 **집 밖의**, 옥외의, 야외의 ☜ 문(door) 밖의(out)
※ **lock** [lɑk/락/lɔk/로크] 명 **자물쇠** 동 자물쇠를 채우다, 잠그다
☜ 고대영어로 '가두다'란 뜻

프로듀서[피디] producer (영화감독, 연출가) ➔ 《미》 director

♣ 어원 : **duce, duct 이끌다, 끌어내다**
■ pro**duce** [prədjúːs/프러듀-스/프러쥬-스] 동 **생산[제작]하다**
☜ 앞<진보<발전<완성(pro)으로 이끌다(duce)
■ pro**duce**r [prədjúːsər] 명 **생산자, 제작자** ☜ 앞으로(pro) 이끄는(duce) 사람(er)
□ in**duce** [indjúːs] 동 **권하다; 야기하다**, 유도하다 ☜ (마음) 속으로(in) 이끌다(duce)
♠ **induce** customers to buy 소비자의 구매욕을 **자극하다**
□ in**duce**ment [indjúːsmənt] 명 **유인**(誘引), 유도; 동기, 자극 ☜ 안으로(in) 이끌(duce) 기(ment)
♠ **an inducement** to action 행동하게 **하는 것[동기]**
□ in**duct** [indʌ́kt] 동 인도하다, 안내하다; 취임(입회)시키다 ☜ 안으로(in) 이끌다(duct)
□ in**duct**ion [indʌ́kʃən] 명 **유도**, 감응; 귀납(법) ☜ -ion<명접>
♠ **induction** coil **유도**코일, **감응**코일
□ in**duct**ive [indʌ́ktiv] 형 **유도하는; 귀납적인** ☜ -ive<형접>

✚ e**duc**ate **교육하다** intro**duce** **소개하다** re**duce** **줄이다**, 감소시키다

연상 들쥐 맛에 너무 인들쥐(indulge.탐닉)하지 마라

♣ 어원 : dulg, dulc 양보하다, 친절하다; 달콤한, 감미로운

□ indulge [indʌ́ldʒ] 동 **~에 빠지다, 탐닉하다**; 제멋대로 하게 두다
☜ ~에게(in=to) 친절하다(dulg) + e
♠ **indulge (oneself) in ~ ~에 빠지다, ~에 탐닉하다**

□ indulgence, -ency [indʌ́ldʒəns, -i] 명 **마음대로 함; 방종, 도락**, 사치; 관용; 탐닉 ☜ -ence<명접>
♠ treat a person **with indulgence** 아무를 **관대하게** 다루다.

□ indulgent [indʌ́ldʒənt] 형 눈감아 주는, **관대한** ☜ -ent<형접>

인프라 infrastructure (사회기반시설)

♣ 어원 : struct, stroy, stri, stry 세우다, 건축하다

※ **infra** [infrə] 부 《L.》 아래에, 아래쪽에 ☜ 라틴어로 '아래의'란 뜻

■ **structure** [strʌ́ktʃər] 명 **구조(물)**, 건축물; 기구, 조직, 체계; 사회 구조
☜ 세운(struct) 것(ure)

■ infra**struct**ure [ínfrəstrəkʧər] 명 하부 조직(구조), 기반; 기초 구조, 토대
☜ 아래의<기반(infra) 구조(structure)

□ indu**stry** [índəstri/**인**더스트뤼] 명 (제조) **공업, 산업; 근면**
☜ 안으로(in) 가져와(dus) 세우(str) 기(y)
♠ **the chief industries** of a country 한 나라의 **주요 산업**

□ indu**stri**al [indʌ́striəl] 형 **공업[산업]상의** 명 산업근로자 ☜ -al<형접/명접>
♠ **industrial relations 노사관계**(=labor-management relations)
♠ **the Industrial Revolution 산업혁명** 《1760년경 영국에서 시작됨》

□ indu**stri**alize [indʌ́striəlàiz] 동 **산업**(공업)**화하다** ☜ -ize<동접>

□ indu**stri**alization [indʌ́striəlizéiʃən] 명 산업화, 공업화 ☜ -ation<명접>

□ indu**stri**alist [indʌ́striəlist] 명 **기업 경영자**, 실업가, 생산업자 ☜ -ist(사람)

□ indu**stri**ous [indʌ́striəs] 형 **근면한**, 부지런한 ☜ -ous<형접>

✚ con**struct** **조립하다; 세우다**, 건조(축조·건설)하다 de**stroy** **파괴하다**, 부수다; 멸망시키다; 파괴되다 in**struct** **가르치다**, 교육(교수)하다, 훈련하다 ob**struct** **막다; 차단하다**; 방해하다

□ **inedible**(먹을 수 없는, 식용에 적합하지 않는) ➔ **eat**(먹다) **참조**

피그말리온 이펙트 Pygmalion effect (피그말리온 효과)

© mythologytalesoflove.weebly.com

긍정적인 기대나 관심이 사람에게 좋은 영향을 미치는 효과. 자기충족적 예언(self-fulfilling prophecy)과 같은 말이다. 자신이 만든 여인조각상(갈라테이아)을 사랑한 피그말리온에 감동한 여신 아프로디테가 여인상에 생명을 불어넣어 주었다. <출처 : 상식으로 보는 세상의 법칙 / 요약인용>

♣ 어원 : fect, fac(t), fic 만들다, 만들어내다

※ **Pygmalion** [pigméiljən, -liən] 명 『그.신화』 **피그말리온** 《자기가 만든 조각상(像)에 반한 키프로스의 왕·조각가》

■ ef**fect** [ifékt/이**펙**트] 명 **효과, 결과** 동 초래[달성]하다
☜ 밖으로(ef<ex) 만들어내다(fect)

■ ef**fic**ient [ifíʃənt] 형 능률적인, **효과적인** ☜ -ient<형접>

□ inef**fic**ient [ìnifíʃənt] 형 무능한, **쓸모 없는**; 능률이 오르지 않는
☜ in(=not/부정) + efficient(효과적인)
♠ **inefficient use of time 시간의 비효율적인 사용**

✚ in**fect** **감염[오염]시키다**; 병균을 전염시키다 per**fect** **완벽한**, 완전한; 정확한; 완성하다

아답터 adapter (전기 가감장치)

♣ 어원 : apt, ept 알맞은, 적절한

■ **apt** [æpt] 형 **~하기 쉬운, ~하는 경향이 있는**; 적절한
☜ 고대 프랑스어로 '적합한, 적당한'이란 뜻

■ ad**apt** [ǽdəm] 동 **~을 적응시키다**(=fit); 개작(번안)하다(=remodel)
☜ ~에(ad) 적합한(apt) 비교 adopt 채용하다

■ ad**apt**er [ədǽptər] 명 (전기) 가감장치, **어댑터**; 개작자, 번안자 ☜ -er(사람/장치)

■ ad**ept** [ədépt] 형 숙련된, 정통한; 숙련자 ☜ ~에(ad=to) 적합한(ept)

■ in**apt** [inǽpt] 형 부적합한 ☜ 적합(apt)하지 않는(in=not/부정)

□ in**ept** [inépt] 형 **부적당한**; 부적절한; **서투른**, 무능한 ☜ 적합(ept)하지 않는(in=not/부정)

♠ an inept remark 서툰 발언

이퀄 equal (같은(=))

♣ 어원 : equ(i)- 같은, 같게

■ **equ**al [íːkwəl/이-퀄/이-퀄] ⓗ **같은, 동등한** ⓜ 동등[대등]한 사람 ⓢ ~와 같다[대등하다]
☜ 공평(equ) 한(al)

□ in**equ**ality [ìnikwάləti/-kwɔ́l-] ⓜ **같지 않음, 불평등**, 불공평, 불균형
☜ 불(in=not) 공평(equ) 한(al) 것(ity)
♠ **inequality** of opportunity 기회의 **불균등**

□ in**equ**ity [inékwəti] ⓜ **불공평, 불공정** ☜ 불(in=not) 공평한(equ) 것(ity)

✚ co**equ**al 동등한 (사람), 동격의 (사람) un**equ**al **같지 않은**, 동등하지 않은; 불공평한

아티스트 artist (예술가)

♣ 어원 : art, ert 기술, 기능, 예술

■ **art** [ɑːrt/아-트] ⓜ **예술, 미술**, 기술 ☜ 라틴어로 '예술, 기술'이란 뜻

■ **art**ist [άːrtist/아-리스트/아-티스트] ⓜ **예술가, 화가** ☜ 예술(art) 가/사람(ist)

□ in**ert** [inə́ːrt] ⓗ 생기가 없는, 활발하지 못한, 비활성의, 둔한; **자력이 없는**
☜ 기능(ert)이 없는(in=not)
♠ an **inert** gas **비활성** 기체

□ in**ert**ia [inə́ːrʃiə] ⓜ 『물리』 관성, 타성 ☜ (스스로의) 기능(ert)이 없는(in=not) 것(ia)

□ in**ert**ial [inə́ːrʃəl] ⓗ 관성의, 활발치 못한 ☜ -al<형접>
♠ **Inertial** Navigation System **관성**항법시스템(INS)

캡틴 captain (선장)

♣ 어원 : cap(e), cab 머리

■ **cap** [kæp/캡] ⓜ (양태 없는) **모자** 비교 hat (양태 있는) 모자

■ **cap**tain [kǽptin/캡틴] ⓜ **장(長), 우두머리; 선장**, 함장; 『육·공군』 대위,
『해군』 대령 ☜ 우두머리가 되다 ⇦ 머리(cap)를 잡다(tain)

■ es**cape** [iskéip/이스케이프] ⓢ **탈출[도망]하다**, 벗어나다
☜ 두목(cape) 밖으로(es<ex) 달아나다

■ es**cap**able [iskéipəbl] ⓗ 도망칠[피할] 수 있는 ☜ 도망칠(escape) 수 있는(able)

□ ines**cap**able [ìneskéipəbl] ⓗ **피할 수 없는** ☜ in(=not) + escapable
♠ an **inescapable** fact **피할 수 없는** 사실

✚ **cape** **곶**(=headland), **갑**(岬) **cab**bage **양배추** ☜ 머리(cab) + b<자음반복> + 모양의 것(age)

토요타 에스티마 Toyota Estima (일본 토요타 자동차의 미니밴. Estima는 스페인어로 <존경, 평가>라는 뜻)

♣ 어원 : estim- 평가

※ **Toyota** [toyota] ⓜ **토요타**자동차 (Toyota Motor Corporation)
《1937년 설립된 일본을 대표하는 세계적인 자동차 제조회사》
☜ 한자로 풍전(豊田), 즉 '풍요로운 밭'이란 뜻.

■ **esteem** [istíːm] ⓢ **존경[존중]하다; ~라고 생각하다** ⓜ **존중**, 존경
☜ 밖으로(e<ex) 평가(steem<stim)하다

■ **estim**ate [éstəmèit] ⓜ **견적; 평가** ⓢ **평가하다**, 견적하다 ☜ 평가(estim) 하다(ate<동접>)

□ in**estim**able [inéstəməbl] ⓗ **평가[측량·계산]할 수 없는**; 헤아릴 수 없는
☜ in(=not/부정) + 평가(estim)할 수 있는(able)
♠ a thing of **inestimable** value ***평가할 수 없는*** *가치의 것* ➔ 더없이 귀중한 것

■ over**estim**ate [òuvəréstəmeit] ⓢ 과대평가하다 ☜ 과대(over) 평가하다(estimate)

■ under**estim**ate [ʌndəréstəmeit] ⓢ **과소평가하다** ☜ 과소(under) 평가하다(estimate)

에비타 Evita (아르헨티나 영부인 에바페론의 애칭)

시골 빈민층의 사생아로 태어나 갖은 역경을 겪은 후 27세에 아르헨티나 영부인이 되고 파격적인 복지정책으로 성녀로 추앙받다가 33세로 요절한 에바페론<애칭: 에비타>. 그러나 그녀는 생전에 남편과 자신의 우상화 뿐만 아니라 사치스런 생활, 선심성 복지정책 등으로 오늘날 국민적 비판의 대상이 되기도 한다. evita를 어원적으로 풀면 <피하는 여자>란 뜻인데, 그녀가 살아있다면 이런 평가에서 도피하고 싶어하지 않을까?

♣ 어원 : evit 피하다

© Buena Vista Pictures

※ **Evita** **에비타** 《에바페론(Eva Peron)의 애칭, 아르헨티나 영화배우, 후안 페론 대통령의 부인; 1919-1952》

■ **evit**able [évətəbəl] ⓗ 피할 수 있는(=avoidable)
☜ 피할(evit) 수 있는(able)

□ in**evit**able [inévitəbəl] ⓗ **피할 수 없는, 필연적인**
☜ in(=not/부정) + 피할(evit) 수 있는(able)
♠ Death **is inevitable**. 죽음은 **피할 수 없다**.

□ in**evit**ably [inévitəbli] ⓟ **불가피하게** ☜ -ly<부접>

제스처 gesture (몸짓)

♣ **어원 : gest-, haust- 나르다, 운반하다, 전하다**

■ **gest**ure [dʒéstʃər] ⓜ 몸짓, 손짓, **제스처** ☜ (생각을) 전하는(gest) 것(ure)

■ ex**haust** [igzɔ́ːst] ⓢ **소모하다; 피폐시키다; 규명하다; 배출하다**
☜ 밖으로(ex) 나르다<버리다(haust)

□ inex**haust**ible [ìnigzɔ́ːstəbəl] ⓗ **지칠 줄 모르는**, 무진장의
☜ in(=not/전체 부정) + 밖으로(ex) 버릴(haust) 수 있는(ible)
♠ Her energy **is inexhaustible**. 그녀는 **지칠 줄 모른다**.

✚ con**gest** **혼잡하게 하다** di**gest** **소화하다**; 요약하다; **요약**; 소화물 in**gest** 섭취하다

오럴 테스트 oral examination [test] (구두평가), 오라클...

♣ **어원 : or(a) 입, 말; 말하다, 숭배[사모 · 존경]하다; 기도[기원]하다**

■ **or**al [ɔ́ːrəl] ⓗ **구두(口頭)의, 구술의** ⓜ (종종 pl.) 《구어》 구술시험
☜ 말(or) 의(al<형접/명접>)

■ ex**or**able [éksərəbl] ⓗ 《고어》 설득하기 쉬운, 사정을 하면 통하는
☜ 외부(인)(ex)의 기원(or)이 통하는<할 수 있는(able)

□ inex**or**able [inéksərəbəl] ⓗ **무정한, 냉혹한**; 굽힐 수 없는; 거침없는
☜ in(=not/부정) + exorable(설득하기 쉬운)
♠ the **inexorable** rise of crime **거침없이 계속되는** 범죄 증가

※ **examination** [igzæ̀mənéiʃən] ⓜ **조사**, 검사, **시험**, 심문 ☜ examine + ation<명접>

※ **test** [test/테스트] ⓜ **테스트, 시험**, 검사 ⓢ **시험하다** ☜ 라틴어로 '질그릇 단지'란 뜻. 금속 시험에 이 질그릇 단지를 사용한 데서 유래.

✚ **ora**cle **신탁**(神託); 신의 계시; [O~] 『컴퓨터』 **오라클** 《데이터베이스 소프트웨어의 선도적인 제조사》
orator 연설자, 강연자; **웅변가** ☜ 말하는(ora) + t + 사람(or)

펜던트 pendant (장식을 달아 늘어뜨린 목걸이)

♣ **어원 : pend, pens(e) 매달다, 무게를 달다, 계량하다; (돈을) 지불하다**

■ **pend**ant [péndənt] ⓜ 늘어져 있는 물건, **펜던트**, 늘어뜨린 장식 《목걸이 · 귀고리 따위》; 부록, 부속물 ☜ 매달려 있는(pend) 것(ant)

■ ex**pens**ive [ikspénsiv/익스**펜**시브] ⓗ 돈이 드는, **값비싼**
☜ 밖으로(ex) 지출(pens) 된(ive)

□ inex**pens**ive [ikspénsiv] ⓗ 비용이 많이 들지 않는, **비싸지 않은**
☜ in(=not/부정) + expensive(값비싼)
♠ a relatively **inexpensive** hotel 비교적 **덜 비싼** 호텔

✚ de**pend** ~나름이다, (~에) 달려 있다, 좌우되다 **pens**ion **연금**, 부조금 s**pend** (돈을) **쓰다, 소비[소모]하다** sus**pend** **(매)달다**, 걸다

엑스퍼트 expert ([댄스] 전문가, 경험많고 노련한 무용수)

♣ **어원 : per(i) 시험하다, 시도하다**

■ ex**per**t [ékspəːrt] ⓜ **전문가, 숙련가** ⓗ 숙련된, 노련한, 교묘한
ⓢ 전문적 조언을 하다 ☜ 밖에서(ex) 시도해 보는(per) 사람(t)

■ ex**peri**ence [ikspíəriəns/익스**피**어뤼언스] ⓜ **경험**, 체험 ⓢ 경험하다
☜ 밖에서(ex) 시도하(peri) 기(ence<명접>)

□ inex**peri**ence [ìnikspíəriəns] ⓜ **무경험**, 미숙 ☜ in(=not/부정) + experience(경험)
♠ **make (an) allowance for inexperience** **경험부족을 고려하다**

플라자 Plaza (광장), 플랫폼 platform (승강장)

♣ 어원 : pla(c), pla(i)n, plat, plic 편편한, 평평한; 명백한

■ **pla**za [plάːzə, plǽzə] 명 《Sp.》 대광장; 《미》 쇼핑센터 ☜ 편편한(pla) 장소(za)
■ **plat**form [plǽtfɔ̀ːrm] 명 (역의) **플랫폼**, 승강장 ☜ 편편한(plat) 장소(form)
■ ex**plic**it [iksplísit] 형 **명백한**, 명시된, 뚜렷한 ☜ 외부에(ex) 대해 명백한(plic) + it
□ inex**plic**it [ìniksplísit] 형 (말이) 명료하지 않은, 알쏭달쏭한 ☜ in(=not/부정) + explicit
□ inex**plic**able [inéksplikəbəl, ìnikspliḱ-] 형 **설명[해석]할 수 없는**, 불가해한 ☜ in(=not/부정) + explicable
♠ **inexplicable** behaviour **납득이 안 되는** 행동
□ inex**plic**ably [inéksplikəbli] 부 설명할 수 없을 정도로 ☜ -ly<부접>

✚ **plat**e **접시; 판금**, 금속판; 판유리; 문패 **plan**e **평면**, 수평면; **수준; 비행기; 편편한**, 평탄한 **plain 평평한; 분명한, 명백한; 검소한; 평범한; 평지** ex**plain 설명하다**, 명백하게 하다

폴트 fault ([네트경기] 서브볼이 네트에 걸렸을 때의 실패 · 반칙)

♣ 어원 : fall, fail, faul, fals(e) 떨어지다, 실수하다, 속이다

■ **fault** [fɔːlt/뽈-트] 명 **결점; 과실**, 실수; **책임** ☜ 실수한(faul) 것(t)
■ **fail** [feil/쀄일] 동 **실패[실수]하다**; 실망시키다, (기대를) 저버리다 명 **실패** ☜ 고대 프랑스어로 '부족하다, 실수하다, 낙담하다'란 뜻
■ **fall** [fɔːl/뽀올] 동 (-/**fell/fallen**) **떨어지다, 낙하하다** 명 **떨어짐**, 강하, 강우; **가을**; 붕괴 ☜ 고대영어로 '떨어지다, 실패하다, 썩다, 죽다'란 뜻
□ in**fall**ible [infǽləbəl] 형 결코 잘못이 없는, **전혀 오류가 없는**, 절대 확실한 ☜ 실수할(fall) 수 없(in) 는(ible)
♠ **No man is infallible. 《속담》 잘못 없는 사람은 없다.**
□ in**fall**ibly [infǽləbli] 부 전혀 틀림없이, 아주 확실히 ☜ -ibly<부접>
□ in**fall**ibility [infæ̀ləbíləti] 명 오류 없음, 무과실; 절대 확실 ☜ -ibility<명접>

✚ be**fall 일어나다**, 생기다; (~할) 운명이 되다 **false 그릇된**, 잘못된; 거짓의; **가짜의**, 위조의

미국 팝가수 아이린 카라(Irene Cara)의 히트곡 페임(fame.명성), 앙팡 enfant ([F.] 어린이 = 영어로 infant)

아이린 카라는 1959년 미국 출생의 싱어송라이터(singer-songwriter)이자 배우이다. 1980년에 주인공으로 출연했던 영화 <Fame>에서 부른 이 주제가는 아카데미상 주제가 부문에서 수상했다.

♣ 어원 : fa, fab, fam, fess 말하다

■ **fa**te [feit/쀄잍] 명 **운명, 숙명; 죽음** ☜ (신이) 말한(fa) 것(te)
■ **fam**e [feim/쀄임] 명 **명성**, 명예; 평판 ☜ 소문 ⇦ ~에 대해 말(fam)해진 것(e)
■ **fam**ous [féiməs/**쀄**이머스] 형 **유명한, 이름난, 훌륭한** ☜ 소문난 ⇦ ~에 대해 말(fam)이 많은(ous<형접>)
□ in**fam**ous [ínfəməs] 형 **수치스러운**, 불명예스러운; 악명 높은 ☜ 나쁘게(in/부정) 소문난(famous)
□ in**fam**ously [ínfəməsli] 부 악명 높게; 불명예스럽게도 ☜ -ly<부접>
□ in**fam**y [ínfəmi] 명 악평, 오명, 악명; **불명예**; 파렴치 행위 ☜ 나쁘게(in/부정) 말(fam)해진 것(y)
□ in**fa**nt [ínfənt] 명 **유아, 갓난아이**; 『법률』 미성년자 형 **유아의; 유치한** ☜ 말(fa)을 못(in=not) 하는(ant)
□ in**fa**ncy [ínfənsi] 명 **유년(기)**, 유아; **초기** ☜ 유아(infant) 기(cy<명접>)
♠ a **happy** infancy **행복한** 유년 시절
□ in**fa**nticide [infǽntəsàid] 명 유아〔영아〕 살해; 유아〔영아〕 살해 범인 ☜ 유아(infant) 죽이기(cide)
□ in**fa**ntile [ínfəntàil] 형 **유아(기)의**, 유아 같은 ☜ 유아(infant) 의(ile<형접>)
□ in**fa**ntry [ínfəntri] 명 [집합적] **보병** 비교 **cavalryman** 기병 ☜ 이탈리아어로 '젊은이' ⇦ 라틴어로 '아이(=infant/말을 못하는)'라는 뜻
♠ an **infantry** regiment 1개 **보병** 연대
□ in**fa**ntryman [ínfəntrimən, -mæ̀n] 명 (개개의) 보병(步兵) ☜ man(사람, 남자)

✚ af**fab**le **상냥한, 붙임성 있는** con**fess 고백[자백]하다; 고백[고해]하다** ef**fab**le **말[설명 · 표현]할 수 있는** **fab**le **우화, 꾸며낸 이야기** pro**fess 공언하다; 고백하다**

팩트 fact (사실), 팩스, 팩시밀리 fax = facsimile

♣ 어원 : fac 만들다, 행하다

■ **fac**t [fækt/빽트] 명 **사실**, 실제(의 일) ☜ 행한(fac) 것(t)
■ **fac**simile [fæksíməli] 명 모사; **팩시밀리**; 복사 전송 장치 동 **팩스**로

보내다 ☜ 유사하게(simile) 만들다(fac)

☐ in**fect** [infékt] (동) **감염시키다, (~에) 영향을 미치다**
☜ 안으로<내부적으로(in) 만드는 것(fect)
♠ His flu **infected** his wife. 그의 독감이 그의 아내**에게 옮았다**.

☐ in**fect**ion [infékʃən] (명) **전염, 감염**, 오염 ☜ infect + ion<명접>

☐ in**fect**ious [infékʃəs] (형) 전염하는; 《구어》 접촉 감염성의, **전염성의** ☜ infect + ious<형접>
♠ an **infectious** disease **전염**병

✚ **fac**tor **요인**, 원인; 요소 **fac**tory **공장** **fac**ulty **능력, 재능** **fac**ility **쉬움, 재주**; **설비, 시설**

카페리 car ferry (여객과 자동차를 싣고 운항하는 배)

♣ **어원 : fer 나르다, 가져가다, 낳다**

※ **car** [kɑːr/카-] (명) **자동차** ☜ 라틴어로 '2개의 바퀴가 달린 켈트족의 전차'란 뜻

■ **fer**ry [féri] (명) **나루터**, 도선장 ☜ 나르는(fer) 곳(ry)

☐ in**fer** [infə́ːr] (동) **추리[추론, 추측]하다**; 암시하다 ☜ (머리) 속으로(in) 나르다(fer)

☐ in**fer**ence [ínfərəns] (명) 추리, 추측, **추론; 추정** ☜ -ence<명접>
♠ **make (draw) an inference from ~ ~으로부터 추론하다, 단정하다**

☐ in**fer**ential [ìnfərénʃəl] (형) 추리(추론)의; 추리(추론)상의, 추단한
☜ (머리) 속으로(in) 나름(fer)을 만드(en) 는(tial<형접>)

✚ de**fer** **늦추다**, 물리다, 연기하다 de**fer**ence 복종; 존경, 경의 trans**fer** **옮기다, 이동[운반]하다**

인프라 < 인프라스트럭처 infrastructure (기반시설)

♣ **어원 : infra, infer, infero 아래의(=under), 하급의; 지옥, 악마**

■ **infra** [ínfrə] (부) 《L.》 아래에, 아래쪽에 ☜ 라틴어로 '아래의'란 뜻

■ **infra**structure [ínfrəstrʌktʃər] (명) 하부 조직(구조), 기반; 기초 구조, 토대
☜ 아래에(infra) 세운(struct) 것(ure<명접>)

☐ **infer**ior [infíəriər] (형) **하위의**, (손)아랫사람의; **열등한** (명) **손아랫 사람**, 열등한 사람
☜ 아래(infer) 의(ior)
♠ the **inferior** classes **하층** 계급
♠ **be inferior to ~ ~보다 열등하다**

☐ **infer**iority [infìəriɔ́(ː)rəti, -ɑ́r-] (명) **하위**, 하급; **열등**, 열세 ☜ -ity<명접>
♠ a sense of **inferiority** **열등**감

☐ **infer**nal [infə́ːrnl] (형) **지옥**(=inferno)**의**; 악독한, 지독한 ☜ 아래에(infer) 누(n) 운(al<형접>)
♠ the **infernal** regions **지옥**

■ **infer**no [infə́ːrnou] (명) (pl. **-s**) 《It.》 **인페르노**, 지옥(=hell); (걷잡을 수 없이 큰) 불; 지옥 같은 장소 ☜ 후기 라틴어로 '지옥'이란 뜻

연상 중세 페스트(pest.흑사병)균이 인페스트(infest.만연)했다

※ **pest** [pest] (명) 유해물; 해충; **페스트**, 흑사병; 역병(=plague)
☜ 라틴어로 '치명적인 전염병'이란 뜻

☐ in**fest** [infést] (동) (해충·해적·병 등이) **횡행[만연]하다**, 출몰하다
☜ (적진) 안으로(in) 침입하다(fest)
♠ **be infested with** pirates 해적**이 횡행하다**.

☐ in**fest**ation [ìnfestéiʃən] (명) 떼 지어 엄습함; 횡행; 만연 ☜ -ation<명접>

하이파이 Hi-Fi (원음을 충실하게 재생하는 음향기기의 특성. <고충실도>란 뜻)

♣ **어원 : fid, fed, faith, fy 믿다, 신뢰하다**

■ **Hi-Fi** [háifái] (명) (라디오·전축이 원음을 재생하는) 고충실도, **하이파이**
☜ high(높은) fidelity(충실도)의 약어

※ **high** [hái/**하**이] (형) **높은** ☜ 고대영어로 '높은, 키가 큰, 고급스런'이란 뜻

■ **fid**elity [fidéləti, fai-] (명) **충실**, 충성, **성실**; **정절** ☜ 신뢰하(fid) 는(el) 것(ity<명접>)

☐ in**fid**el [ínfədl] (형)(명) 신을 믿지 않는 (사람), 이교도(의)
☜ in(=not/부정) + 신뢰하다(fid) + el(<형접>/사람)

☐ in**fid**elity [ìnfidéləti] (명) 신을 믿지 않음, 불신앙; 배신 (행위); 불의, 간통
☜ in(=not/부정) + 신뢰하(fid) 는(el) 것(ity<명접>)

✚ con**fid**ence **신용, 신뢰** de**fy** **도전하다**; **무시하다** **fed**eral **연합의**; **연방(정부)의; 연방주의자**

인피니트 infinite (한국의 7인조 아이돌 보이 그룹. <무한한>이란 뜻)

2010년 데뷔한 한국의 울림엔터테인먼트 소속의 남성 7인조 아이돌(idol/우상) 가수그룹이다.

♣ **어원 : fin 끝내다, 끝나다**

☐ in**fin**ite [ínfənit] ⓗ **무한한**, 한정되어 있지 않은 ☜ in(=not) + finite
♠ an **infinite** universe **무한한** 우주

☐ in**fin**itely [ínfənitli] ⓟ **무한히**, 끝없이; 대단히, 극히 ☜ -ly<부접>

☐ in**fin**itive [infínətiv] ⓜ 〖문법〗 **부정사**(不定詞) ☜ 한정되지(fin) 않(in=not) 은(itive)
★ 부정사란 품사가 정해지지 않았다는 의미, 또는 동사와 달리 시간(시제)을 정할 수 없다는 의미이다. to를 앞세운 부정사를 <to부정사>라고 하고, to가 없는 부정사를 <원형부정사>라고 한다.

☐ in**fin**itesimal [infìnitésəməl] ⓗ 극소의, 극미의 ⓜ 극소량, 극미량; 〖수학〗 무한소 ☜ 무한히(infinite) 작은(simal=small)

✚ **fin**ish **끝내다**, 마치다 **fin**ite 한정(제한)되어 있는, **유한의** **fine 훌륭한, 뛰어난; 좋은; 벌금** con**fin**e **제한하다** af**fin**ity **인척**, 동족; 유사성, 친근성

로펌 Law Firm (전문변호사들로 구성된 법률회사)

♣ **어원 : firm 강한; 확실, 확인; 확고히 하다, 확실히 하다**

※ **law** [lɔː/로-] ⓜ (the ~) **법률, 법**, 국법; (개개의) 법률, 법규 ☜ 고대 노르드어로 '놓인 것, 정해진 것'이란 뜻

■ **firm** [fəːrm/풔엄] ⓗ (-<-m**er**<-m**est**) **굳은**, 단단한, 튼튼한, 견고한 ☜ 라틴어로 '단단하게 하다, 서명으로 확인시켜주다'란 뜻

☐ in**firm** [infə́ːrm] ⓗ (-<-**er**<-**est**) (신체적으로) 허약한; 쇠약한; 우유부단한 ☜ 강하지(firm) 않은(in=not)
♠ **infirm** with age 노**쇠한**

☐ in**firm**ity [infə́ːrməti] ⓜ **허약**, 쇠약, 병약; 병, 질환; 결점, 약점 ☜ 강하지(firm) 않은(in=not) 것(ity)
♠ **infirmities** of (old) age 노쇠에서 오는 **질환들**

☐ in**firm**ary [infə́ːrməri] ⓜ **병원**; (학교·공장 따위의) 부속 진료소, 양호실 ☜ 중세 라틴어로 '병약한(infirm) 자를 위한 장소(ary)'란 뜻.

✚ af**firm** 확언하다, **단언하다**; 긍정하다 con**firm** **확실히 하다**, 확증하다; **확인하다**

플라밍고 flamingo (홍학(紅鶴)), 후레쉬 < 플래시 flashlight (섬광등)

♣ **어원 : fla, flam(e), flar(e), flagr, flash 불꽃; 불에 타다**

■ **flam**ingo [fləmíŋgou] ⓜ (pl. **-(e)s**) 플라밍고, 홍학(紅鶴) ☜ 중세 스페인어로 '불꽃 색깔의 새'라는 뜻

■ **flash**light [flǽʃlàit] ⓜ **섬광(등)**; 《미》 회중 전등; **플래시** ☜ light(빛)

■ **flam**e [fleim/플레임] ⓜ (종종 pl.) 불길, **불꽃**; 정열 ⓓ **타오르다** ☜ 불에 타는 것(flame)

☐ in**flame** [infléim] ⓓ **불태우다. 흥분시키다**; 불타오르다, 흥분하다 ☜ 안으로(in) 불타오르다(flame)
♠ The setting sun **inflames** the sky. 지는 해가 하늘을 **붉게 물들인다**.

☐ in**flam**mation [ìnfləméiʃən] ⓜ 점화, 발화, 연소; 격노 ☜ 불타오르는(inflam) + m<단자음+단자음+접속어> + 것(ation<명접>)

☐ in**flam**matory [inflǽmətɔ̀ːri] ⓗ 열광(격앙)시키는, 선동적인; 〖의학〗 염증성의 ☜ 불타오르(inflam) + m + 는(atory<형접>)

☐ in**flam**mable [inflǽməbəl] ⓗ **불타기 쉬운**, 가연성의, 인화성의 ⓜ 인화 물질 ☜ 안으로(in) 불타기(flam) + m + 쉬운(able)
♠ Paper **is inflammable**. 종이는 **타기 쉽다**.

✚ **flar**e **너울거리는 불길**; 섬광 신호, 조명탄; (불꽃이) **너울거리다** **flash 번쩍이다**, 확 발화하다 **번쩍임, 번쩍 일어나는 발화** con**flagr**ation **대화재**; (전란·큰 재해 등의) 발생

인플레이션 inflation (통화팽창), 디플레이션 deflation (통화수축)

인플레이션이란 통화량의 증가로 화폐가치가 하락하고, 모든 상품의 물가가 전반적으로 꾸준히 오르는 경제 현상을 말하며, 디플레이션이란 그 반대현상을 말한다.

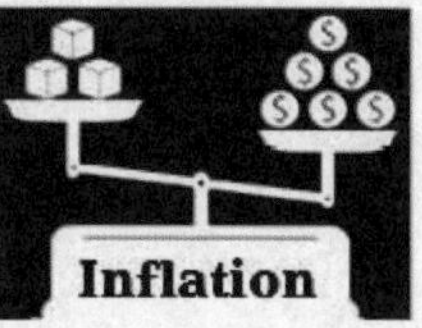

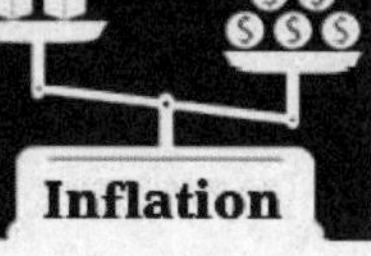

♣ **어원 : flat(e) 공기를 넣다**

☐ in**flate** [infléit] ⓓ **부풀리다** ☜ 안으로(in) 공기를 넣다(flate)

♠ **inflate** a balloon 풍선을 **부풀리다**

☐ in**flate**d [infléitid] ⓗ 팽창한, (문제가) 과장된 ☜ inflate + ed<형접>
☐ in**flat**ion [infléiʃən] ⓜ **부풀림**; 부풂, 팽창; 『경제』 **통화팽창**, **인플레(이션)** ☜ inflate + ion<명접>
☐ in**flat**ionary [infléiʃənèri/-əri] ⓗ 인플레이션(통화 팽창)의; 인플레를 유발하는, 인플레 경향의 ☜ inflation + ary<형접>
■ de**flat**ion [difléiʃən] ⓜ 공기(가스)빼기, 『경제』 통화수축, **디플레이션** ☜ 반대로(de=against, not) 부풀린(fla) 것(tion)
■ re**flat**ion [rifléiʃən] ⓜ 『경제』 통화 재팽창, **리플레이션** ☜ reflate + ion<명접>

Deflation

리플렉터 reflector ([카메라 · 촬영] 반사경; [자동차] 후부반사경) 플렉시블 조인트 flexible joint (탄력성이 있는 이음매)

< flexible joint >

♣ 어원 : **flect, flex 굽히다, 구부리다**

■ re**flect** [riflékt] ⓢ **반사[반영]하다**; 반성하다 ☜ 다시<반대로(re=back)) 구부리다(flect)
■ re**flect**or [rifléktər] ⓜ **반사경**, 반사판 ☜ reflect + or(물건)
■ **flex** [fleks] ⓢ (근육이 관절을) 구부리다; 굽히다; (근육을) 수축시키다 ☜ 중세영어로 '구부리다'란 뜻
■ **flex**ible [fléksəbəl] ⓗ **구부리기[휘기] 쉬운, 유연한; 유순한; 융통성 있는** ☜ 구부리기(flex) 쉬운(ible)
☐ in**flect** [inflékt] ⓢ (안으로) 구부리다, 굴곡시키다 ☜ 안으로(in) 구부리다(flect)
♠ **inflect** a noun 명사를 **어미 변화시키다**
☐ in**flect**ed [infléktid] ⓗ (말이) 변화된, (언어가) 굴절이 있는 ☜ -ed<형접>
☐ in**flect**ion, 《영》 -**flex**ion [inflékʃən] ⓜ **굴곡, 굴절**; 억양 ☜ 안으로(in) 구부린(flect) 것(ion)
☐ in**flect**ional [inflékʃənəl] ⓗ 굴곡(만곡)하는; 『문법』 굴절이(어미 변화가) 있는; 억양의 ☜ inflection + al<형접>
☐ in**flect**ive [infléktiv] ⓗ 굴곡하는; 어미 변화하는, 활용하는; (음이) 억양이 있는 ☜ 안으로(in) 구부러(flect) 진(ive<형접>)
☐ in**flex**ible [infléksəbəl] ⓗ 구부러지지(굽지) 않는; **불굴의; 강직한**, 완고한; 불변의 ☜ 구부러지지(flex) 않(in=not) 는(ible)
♠ an **inflexible** will **불굴의** 의지
☐ in**flex**ibility [inflèksəbíləti] ⓜ 구부릴 수 없음; 경직성, 강직함, 불요불굴, 확고부동, 불변 ☜ 구부릴(flex) 수 없(in=not) 음(ibility<ible의 명사형 어미>)
■ de**flect** [diflékt] ⓢ 빗나가다, 빗나가게 하다; (생각 등이) 편향되다 ☜ 멀리(de) 구부리다(flect)
※ **joint** [dʒɔint] ⓜ **이음매; 관절**; 『기계』 **조인트** ⓢ **잇대다** ☜ 붙인(join) 것(t)

화이팅 < 파이팅 fighting (콩글 힘내자) ➔ Way to go!, Go go! Go for it!, Let's go!, You can do it!, Come on!, Cheer up!

♣ 어원 : **fight, flict 치다, 때리다; 충돌하다**

■ **fight** [fait/파이트] ⓢ (-/**fought**/**fought** [fɔːt]) **싸우다**, 전투하다, 다투다; 겨루다 ☜ 고대영어로 '싸우다'란 뜻
■ **fight**ing [fáitiŋ] ⓜ **싸움, 전투**, 투쟁 ⓗ **싸우는**; **전투의**; 호전적인 ☜ fight(때리다) + ing<명접/형접>
☐ in**flict** [inflíkt] ⓢ (타격 · 상처 · 고통 따위를) **주다, 입히다**, 가하다 ☜ (마음) 속을(in) 때리다(flict)
♠ He **inflicted** a blow on(upon) me. 그가 나에게 일격을 **가했다**.
☐ in**flict**ion [inflíkʃən] ⓜ (고통 · 벌 따위를) 가(加)함, 과(課)함 ☜ -ion<명접>
♠ **the infliction** of punishment on a person 아무에게 벌을 **과함**

✚ af**flict** **괴롭히다**, 피해를 주다 af**flict**ion **고난**, 고뇌 con**flict** **충돌, 전투**; **갈등**; 충돌하다

플로차트 flowchart (순서도, 흐름도), 플루 flu (유행성감기), 인플루언서...

♣ 어원 : **flow, flu(ct), floo, flux 흐르다, 흐름**

■ **flow** [flou/플로우] ⓢ **흐르다**, 흘리다 ⓜ **흐름** ☜ 고대영어로 '흐르다'란 뜻.
■ **flow**chart [flóutʃɑ̀ːrt] ⓜ 작업 공정도(=flow sheet); 『컴퓨터』 흐름도, 순서도 ☜ 흐름(flow) 도표(chart)
■ **flu**ent [flúːənt] ⓗ **유창한** ☜ 물 흐르듯(flu) 한(ent<형접>)
☐ in**flow** [inflòu] ⓜ 유입(流入); 유입물; 유입량 ☜ 안으로(in) 흘러듦(flow)

□ in**flu**ence [ínfluəns/**인**플루언스] ⓜ **영향**(력), 세력 ⓢ 영향을 끼치다
☜ 내부로(in) 흘러(flu) 들어간 것(ence<명접>)
♠ **beneficial** influences **좋은** 영향
♠ **have influence on** 〔upon, in〕 ~ **~에 영향을 미치다**

□ in**flu**encer [influənsər] ⓜ 영향력을 행사하는 사람〔것〕; 감화시키는 사람

□ in**flu**ential [influénʃəl] ⓗ **영향력이 있는; 세력있는**, 유력한
☜ 내부로(in) 흘러(flu) 들어간(ent) 것의(ial<형접>)
♠ Those facts **were influential** in gaining her support.
그런 사실들이 그녀의 지지를 얻는 데 **영향을 미쳤다**.

□ in**flu**enza, **flu** [ìnfluénzə], [fluː] ⓜ **인플루엔자, 유행성 감기, 독감**
☜ 몸 안으로(in) 흘러들어간(flu) 것(enza<명접>)
⇦ flu는 구어(口語)로 in**flu**enza의 줄임말

< Flowchart >

□ in**flux** [ínflʌks] ⓜ 유입; 쇄도; 하구(河口) ☜ 안으로(in) 흘러들어옴(flux)

✚ **floo**d **홍수**, 범람; 범람시키다, **범람하다** super**flu**ous **여분의**, 남아도는

유니폼 uniform (제복), 아이티 IT (정보기술)

♣ **어원 : form 모양, 형태, 형식; 모양을 만들다**

■ **form** [fɔːrm/포옴] ⓜ **꼴**, 모양, **형상**, 외형, 윤곽 ⓢ 모양을 만들다
☜ 라틴어로 '모양, 형상'이란 뜻

■ uni**form** [júːnəfɔ̀ːrm/**유**너포옴] ⓗ **동일한**, 같은 ⓜ **제복**, 군복, 유니폼
☜ 하나의(uni) 형태(form)

< Uniform >

□ in**form** [infɔ́ːrm/인**포**-옴] ⓢ **알리다**, 통지하다; ~에게 정보〔지식〕를 주다 ☜ ~안에(in) 형태를(form) 부여하다 비교 infirm 허약한, 우유부단한
♠ Please **inform** me what to do next.
다음엔 무엇을 해야 할지 **가르쳐 주십시오**.
♠ **inform (A) of (B) A 에게 B 를 알려주다[가르치다]**

□ in**form**ant [infɔ́ːrmənt] ⓜ **통지자**; 정보 제공자, **밀고자** ☜ -ant(사람)

□ in**form**ation [ìnfərméiʃən/인풔**메**이션] ⓜ **통지**, 전달; **정보** ☜ -ation<명접>
♠ pick up **useful information 유익한 정보**를 얻다
♠ **Information Technology 정보기술(IT)**

□ in**form**ative [infɔ́ːrmətiv] ⓗ 정보의, **지식[정보, 소식]을 제공하는** ☜ -ative<형접>

□ **informal** [infɔ́ːrməl] ⓗ **비공식의, 약식의**; 평상복의 ☜ 형태/형식(form)이 없(in=not) 는(al)

□ **informality** [infɔːrmǽləti] ⓜ **비공식**, 약식; 약식 행위〔조처〕 ☜ -ity<명접>

□ **informally** [infɔ́ːrməli] ⓟ **비공식으로**, 격식을 차리지 않고
☜ 비(in=not) 형식적(formal) 으로(ly<부접>)

□ in**form**ed [infɔ́ːrmd] ⓗ 지식이 있는 ☜ inform + ed<형접>

□ in**form**er [infɔ́ːrmər] ⓜ 통지자, 정보 제공자 ☜ inform + er(사람)

✚ con**form ~에 따르게 하다, 맞게 하다** re**form 개정[개혁 · 개선]하다**, 개량하다 per**form 실행[이행 · 수행]하다, 연기[상연]하다** trans**form** (외형을) **변형시키다**, 바꾸다

인프라 < 인프라스트럭처 infrastructure (도로 · 항만 등의 사회 기반시설)

♣ **어원 : infra, infer, infero 아래의(=under), 하급의; 지옥, 악마**

□ **infra-** [ínfrə] [접두사] '밑에, 하부에'의 뜻

□ **infra** [ínfrə] ⓟ 《L.》 아래에, 아래쪽에 ☜ 라틴어로 '아래의'란 뜻
♠ See **infra** p. 20. **아래** 20페이지를 봐라.

□ **infra**red [ìnfrəréd] ⓗ 『물리』 **적외선의**, 적외선 이용의 ⓜ 적외선
☜ 근대영어로 '(스펙트럼에서) 적색(red) 아래의(infra)'란 뜻
♠ **infrared rays 적외선**

□ **infra**structure [ínfrəstrʌktʃər] ⓜ 하부 조직〔구조〕, (사회) 기반시설, **인프라**; 기초 구조, 토대
☜ 아래에(infra) 세운(struct) 것(ure<명접>)

✚ **infer**ior **하위의**, (손)아랫사람의; **열등한** **infer**no 《It.》 **인페르노**, 지옥; (큰) 불; 지옥 같은 장소

앤티프래절 antifragile (<스트레스에 더 강해지는 특성>을 뜻하는 신조어)

'충격을 받으면 깨지기 쉬운'이라는 뜻의 fragile에 '반대'라는 의미의 접두어 anti를 붙여 만든 신조어. <블랙스완>의 작가, 나심 탈레브가 2012년 내놓은 책의 제목이다. 탈레브는 그리스 신화의 머리가 여럿달린 뱀 히드라의 머리 하나를 자르면 그 자리에 머리 두 개가 나오면서 더 강해지는 것처럼 기업이 어려운 상황에 처했을 때 살아남는게 아니라 더욱 강해져야 한다는 논리를 담고 있다. <출처 : 시사상식사전>

♣ 어원 : frag, frac, frail, frang, fring, frit 깨지다, 깨다

※ **anti-** [ǽnti, -tai] 접두 '반대, 적대, 대항, 배척' 따위의 뜻
■ **fraction** [frǽkʃən] 명 **파편**, 단편; 〖수학〗 **분수** ☜ 부서진(frac) 것(tion)
■ **fragile** [frǽdʒəl/-dʒail] 형 **부서지기[깨지기] 쉬운; 무른, 허약한** ☜ 깨지기(frag) 쉬운(ile)
■ **fragment** [frǽgmənt] 명 **파편, 부서진 조각** ☜ 부서진(frag) 것(ment)
□ infract [infrǽkt] 동 (법률을) 어기다, 위반하다 ☜ 안으로(in) 깨다(frac) + t
♠ **infract a compact** 〔treaty〕 **계약**(조약)**을 위반하다**
□ infraction [infrǽkʃən] 명 위반; 침해; 위반 행위; 〖의학〗 불완전 골절 ☜ 스스로/안으로(in) 깬(frac) 것(tion<명접>)
□ infringe [infríndʒ] 동 (법규를) **어기다, 위반하다** ☜ 안으로(in) 깨다(fring) + e
□ infringement [infríndʒmənt] 명 (법규) 위반, 위배; (특허권 등의) 침해 ☜ -ment<명접>
♠ copyright **infringement** 저작권 **침해**
■ **frangible** [frǽndʒəbəl] 형 부서지기〔깨지기〕 쉬운, 약한 ☜ 깨지기(frang) 쉬운(ible)

Anti-fragile
Things that Gain from Disorder
Nassim Nicholas Taleb

✚ **fragment 파편, 부서진 조각** **fragrant 향기로운**; 유쾌한 **fraction 파편**, 단편; 〖수학〗 **분수** **frail 무른**, 여린, 허약한 **infract** 위반하다 **refractory** 말을 안 듣는, 다루기 어려운, 고집 센

□ **infrared**(적외선(의)), **infrastructure**(하부조직) ➔ **infra**(아래(쪽)에) **참조**

에프엠 FM = Frequency Modulation (주파수변조)

전파에 신호를 실어 보내는 방법 중 진폭변조방식(AM)이 소리의 강약을 진폭변화, 즉 전파의 파장(높낮이)에 변화를 주어 전송하는데 비해, 주파수변조방식(FM)은 전파의 진폭은 고정시키되 주파수변화(초당 진동수 조정)만으로 정보를 전달한다. FM방식은 AM방식보다 고주파수 대역을 사용하기 때문에 깨끗한 방송이 가능하고 혼선이 덜한데 비해 장애물의 영향을 많이 받고 멀리까지 전달되진 못한다.

♣ 어원 : frequ 붐비다

■ **frequency** [fríːkwənsi] 명 **자주 일어남, 빈번**; 빈도(수); 〖물리〗 진동수, **주파수** ☜ 붐비는(frequ) 것(ency)
■ **frequency modulation** 〖통신〗 주파수변조; (특히) **FM** 방송 ☜ modulation(조절; 변화, 억양(법); 변조)
비교 AM(Amplitude Modulation) 진폭변조
■ **frequent** [fríːkwənt] 형 **자주 일어나는, 빈번한** 동 **자주 가다** ☜ 붐비(frequ) 는(ent<형접>)
□ infrequent [infríːkwənt] 형 희귀한, 드문; 보통이 아닌, 진귀한 ☜ in(=not/부정)
♠ an **infrequent** occurrence **좀처럼 없는** 일

□ **infringe**(위반하다) ➔ **infract**(위반하다) **참조**

푸리에스 Furies ([그神] 뱀머리칼에 날개를 단 세 자매 복수의 여신)

♣ 어원 : furi 화남, 격분

■ **Furies** [fjúəriz] 명 (pl.) (the -) 〖그/로.신화〗 복수의 여신들 《Alecto, Megaera, Tisiphone의 세 자매》 ☜ 고대 그리스어로 '복수자들'
■ **fury** [fjúəri] 명 **격노, 격분** ☜ 고대 프랑스어로 '격노, 격분'이란 뜻
□ infuriate [infjúərièit] 동 **격노케 하다**, 격분시키다 ☜ 속으로(in) 화가 나게(furi) 만들다(ate)
♠ **infuriated at ~ ~에 노발대발하다.**

< FURIES >

✚ **furious 성난**, **맹렬한, 사납게 날뛰는** **furnace 노**(爐); **아궁이; 용광로**; 혹독한 시련

퓨전요리 fusion cuisine (여러 음식을 섞어 새로 발전시킨 요리)

♣ 어원 : fus(e), found 붓다, 섞다; 녹다

■ **fuse** [fjuːz] 명 (폭뢰·포탄 따위의) **신관**(信管), 도화선; 〖전기〗 **퓨즈** 동 **녹이다, 녹다** ☜ 근세영어로 '열로 녹이다'
■ **fusion** [fjúːʒən] 명 **용해**〔융해〕물; 합동, 연합, 합병; 〖물리〗 핵융합; 〖음악〗 **퓨전** 《재즈에 록 등이 섞인 음악》 ☜ 섞는(fus) 것(ion<명접>)
□ infuse [infjúːz] 동 **주입하다, 붓다, 불어넣다**; 우려내다, 우려나다 ☜ 안으로(in) 붓다(fuse)
♠ **infuse** a person with courage 아무에게 용기를 **불러일으키다**.
□ infusion [infjúːʒən] 명 주입, 불어넣음; 고취; (약 등을) 우려냄 ☜ -ion<명접>
※ **cuisine** [kwizíːn] 명 요리 솜씨, 요리(법) ☜ 라틴어로 '요리하다'란 뜻

✚ **confuse 혼동하다, 어리둥절하게 하다** **confound 혼동하다, 당황케[난처하게] 하다**

제네시스 Genesis (기원; 창세기), 엔진 engine (발동기)

♣ **어원 : gen(e), gine, gnan 만들다, 태어나다, 발생하다; 출생, 유전, 기원**

■ **gen**erator [dʒénərèitər] ⓜ **발전기, 제네레이터**, 발생시키는 사람〔물건〕
☜ (에너지를) 발생시키는(gene) + r + 사람/물건(ator)

■ **gen**esis [dʒénəsis] ⓜ (pl. **-ses**) 발생, **기원**; (the G-) 『성서』 창세기
☜ (신이 세상을) 만든(gene) 것(sis<명접>)

< 현대자동차 제네시스 엠블럼 >

■ en**gine** [éndʒin/**엔**진] ⓜ **엔진, 발동기**, 기관
☜ 발생(gine)을 + 만들다(en)

□ in**geni**ous [indʒíːnjəs] ⓗ **재간[재치]있는, 정교한** ☜ 발생(geni)을 + 만드(in<en) + 는(ous)
♠ an **ingenious** clock 〔machine〕 **정교한** 시계〔기계〕

□ in**geni**ously [indʒíːnjəsli] ⓟ 재치 있게 ; 교묘하게 ☜ -ly<부접>

□ in**genu**ity [ìndʒənjúːəti] ⓜ **발명의 재주**, 창의(력), 재간
☜ 발생(geni)을 + 만드(in<en) + 는(u) 것(ity<명접>)
♠ a man of **ingenuity 발명의 재능이 많은** 사람

□ in**gen**uous [indʒénjuːəs] ⓗ **솔직한; 순진한**, 천진난만한
☜ 속에서(in) (천성적으로) 만들어진(gen) 것(u) 의(ous<형접>)

✚ **geni**us **천재**, 비범한 재능 pre**gnan**t **임신한**

제스처 gesture (몸짓)

♣ **어원 : gest-, haust- 나르다, 운반하다, 전하다**

■ **gest**ure [dʒéstʃər] ⓜ 몸짓, 손짓, **제스처** ☜ (생각을) 전하는(gest) 것(ure)

■ di**gest** [didʒést, dai-] ⓢ **소화하다**; 요약하다 [dáidʒest] ⓜ **요약**; 소화물
☜ 각각 떼어(di<dis=off) 나르다(gest)

□ in**gest** [indʒést] ⓢ (음식・약 등을) 섭취하다 ☜ 안으로(in) 나르다(gest)
♠ **ingest vitamin C from fruits. 과일에서 비타민C를 섭취하다.**

□ in**gest**ion [indʒéstʃən] ⓜ 음식물 섭취 ☜ -ion<명접>

□ in**gest**a [indʒéstə] ⓜ (pl.) 섭취물 ☜ 안으로(in) 나른(gest) 것(a)

■ con**gest** [kəndʒést] ⓢ **혼잡하게 하다** ☜ 함께 섞어(con<com) 나르다(gest)

그라시아스 Gracias ([스페인어] 감사합니다)

♣ **어원 : grac(e), grat(e), grati 감사, 고마움**

■ **grace** [greis] ⓜ **우아**; 호의, (신의) **은총**; (식전・식후의) 감사 기도 ☜ 라틴어로 '우미(優美)'

□ in**grati**ate [ingréiʃièit] ⓢ 마음에 들도록 하다, 환심을 사다, 영합하다
☜ ~의 마음속을(in) 기쁘게(grati) 하다(ate<동접>)
♠ He **ingratiates** himself with his superior all the time.
그는 언제나 상사**의 비위를 맞춘다**.

□ in**grati**ating [ingréiʃièitiŋ] ⓗ 알랑거리는; 애교 있는, 호감을 주는 ☜ -ing<형접>

□ in**grati**ation [ingréiʃièiʃən] ⓜ 비위 맞추기, 환심사기; 영합 ☜ -ion<명접>

□ in**grati**tude [ingrǽtətjùːd] ⓜ **배은망덕**, 은혜를 모름 ☜ 감사(grati) 함(tude)이 없는(in=not)
♠ He repaid me only with **ingratitude**. 그의 나에 대한 보답은 **배은망덕**뿐이었다.

✚ con**grat**ulation **축하**, 경하; 축사 dis**grace** 창피, **불명예**, 치욕; **망신** **grate**ful **감사하고 있는, 고마워 하는** **grati**tude **감사**, 보은의 마음; **사의**(謝意) un**grate**ful **은혜를 모르는**

업그레이드 upgrade (품질・성능의 향상)

♣ **어원 : grad, gress, gree 가다, 걷다, 들어가다**

■ **grad**e [greid/그뤠이드] ⓜ **등급; 성적** ⓢ **등급을 매기다** ☜ 라틴어로 '걸음, 계단'이란 뜻

■ up**grad**e [əpgréid] ⓜ 《미》 오르막; 증가, 향상, 상승; **업그레이드** ☜ 위로(up) 나아가다(grade)

□ in**gred**ient [ingríːdiənt] ⓜ (the ~s) **성분**; 원료; 재료; 구성 요소, 요인
☜ 안에(in) 들어가는(gred) 것(ient)
♠ **the ingredients** of making a cake 케이크를 만드는 데 **필요한 재료**

□ in**gress** [íngres] ⓜ 들어섬〔감〕, 진입; 입구; 입장(入場)의 자유, 입장권
☜ 안으로(in) 들어가다(gress)
♠ **Ingress** will be north, egress south. **입구**는 북쪽, 출구는 남쪽이 될 것이다.

□ in**gress**ion [ingréʃən] ⓜ 들어감, 진입 ☜ -ion<명접>

□ in**gress**ive [ingrésiv] ⓗ 들어가는, 진입하는 ☜ -ive<형접>

✚ ag**gress**ion **공격, 침략** con**gress** (C~) **국회**; **대회** di**gress** 주제를 벗어나다 pro**gress** **전진, 진보**, 발달; **전진하다, 진척하다** pro**gress**ive **전진[진보]하는** re**gress** 후퇴, 역행; 역행〔퇴보〕

하다 trans**gress** 어기다, **~의 한계를 넘다**, 침범하다

코엑스 COEX (한국종합무역센터에 있는 종합전시관 / 서울시 소재)
킨텍스 KINTEX (한국국제전시장 / 고양시 소재)

♣ **어원 : hibit, habit, have 잡다(=take), 가지다(=have), 살다(=live)**

■ **COEX** — **CO**nvention and **EX**hibition center
국제회의 및 전시 센터〔코엑스〕

■ **KINTEX** — **K**orea **INT**ernational **EX**hibition center
한국국제전시장〔킨텍스〕

■ ex**hibit**ion — [èksəbíʃən] ⓜ **전람(회)**, 전시회, 박람회; 출품물
☜ 밖에(ex) 두는(hibit) 것(ion<명접>)

□ in**habit** — [inhǽbit] ⓢ **~에 살다**, 거주하다, ~에 존재하다 ☜ ~안에(in) 살다(habit)
♠ This neighborhood **is inhabited** by rich people.
이 지구(地區)에는 부자들이 **살고 있다**.

□ in**habit**ed — [inhǽbitid] ⓗ 사람이 살고 있는 ☜ inhabit + ed<형접>

□ in**habit**ant — [inhǽbətənt] ⓜ **주민**, 거주자; 서식 동물 ☜ ~안에(in) 사는(habit) 사람(ant)

□ in**habit**ation — [inhæ̀bətéiʃən] ⓜ 거주, 서식; 주거, 주소 ☜ -ation<명접>

□ in**hibit** — [inhíbit] ⓢ **금하다**, 억제〔제지〕하다 ☜ 안에(in) 붙들다(hibit)
♠ **inhibit** desires 〔impulses〕 욕망〔충동〕**을 억제하다**

□ in**hibit**ed — [inhíbitid] ⓗ 억제된, 억압된; 자기 규제하는, 내성적인 ☜ -ed<형접>

□ in**hibit**ion — [ìnhəbíʃən] ⓜ **금지**; 억제, 억압 ☜ 안에(in) 붙드는(hibit) 것(ion<명접>)

□ in**hibit**ory, in**hibit**ive [inhíbətɔ̀:ri], [-tiv] ⓗ 금지의; 억제하는 ☜ inhibit + ory<형접>

✚ ex**hibit** **전람**[전시 · 진열 · 출품]**하다**, **출품하다; 출품**; 진열, **전람** **habit 습관, 버릇** **habit**ation **주소; 거주** **have 가지다, 가지고 있다; 먹다** pro**hibit** **금지[방해]하다**

인헤일러 inhaler (호흡 곤란 환자들을 위한 흡입기)

♣ **어원 : hor, hal(e), halit 숨쉬다**

□ in**hal**ant — [inhéilənt] ⓜ 흡입제(劑); 흡입기〔장치〕 ⓗ 빨아들이는, 흡입용의 ☜ 안으로(in) 숨을 들이쉬다(hale) + ant<명접/형접>

□ in**hal**ation — [ìnhəléiʃən] ⓜ 흡입; 흡입제 ☜-ation<명접>

□ in**hale** — [inhéil] ⓢ (공기 따위를) **빨아들이다, 들이쉬다**
☜ 안으로(in) 숨을 들이쉬다(hale) ⓑ exhale 내뿜다
♠ She closed her eyes and **inhaled** deeply.
그녀는 눈을 감고 숨을 깊이 **들이마셨다**.

□ in**hal**er — [inhéilər] ⓜ 흡입자; 흡입기; 호흡용 마스크; 공기여과기; 흡입마취기
☜ 빨아들이는(inhale) 사람/기계(er)

✚ ex**hale** (숨을) 내쉬다, **발산[방출]하다** ex**hal**ation 숨을 내쉬기; 내뿜기; 발산; 증발 **halit**osis 〖의학〗 구취(口臭), 불쾌한 입냄새

어드히런트 닷컴 adherent.com (미국 종교통계전문사이트)

미국에 있는 세계적인 종교통계전문사이트이다. 2008년 북한의 주체사상이 신자수에서 세계 10대 종교안에 들어간다고 발표한 바 있다.

♣ **어원 : here, hes 붙이다, 붙어있다**

■ ad**here**nt — [ædhíərənt] ⓗ 들러붙는, 부착하는; 점착성의; 신봉하는 ⓜ 자기편; 지지자, 신봉자, 신자 ☜ ~에(ad=to) 붙어있다(here) + ent(<형접>/사람)

□ in**here** — [inhíər] ⓢ (성질 등이) 본래부터 타고나다; (권리 등이) 부여되어 있다, 귀속되어 있다
☜ 안에<내면에(in) 붙어있다(here)
♠ the meaning which **inheres** in words 단어에 **내재하는** 의미

□ in**here**nce, in**here**ncy [inhíərəns], [-i] ⓜ 고유, 타고남, 천부(天賦); 천성 ☜ inhere + nce/ncy<명접>

□ in**here**nt — [inhiersnt] ⓗ 본래부터 가지고 있는, **고유의, 본래의**
☜ 안에<내면에(in) 붙어(here) 있는(nt)
♠ A love of music is **inherent** in human nature.
음악을 사랑하는 마음은 인간이 타고난 **고유의** 성품이다.

✚ ad**here** **달라붙다**; 부착[집착]하다 co**here** 밀착하다; 응집(凝集)하다; 결합하다 **hes**itate **주저하다, 망설이다** **her**mit 수행자(修行者), 신선, 도사; 은자

헤리티지 재단(財團) The Heritage Foundation (미국의 보수적인 정책연구재단. 두뇌집단. 직역하면 <유산재단>이라는 뜻)

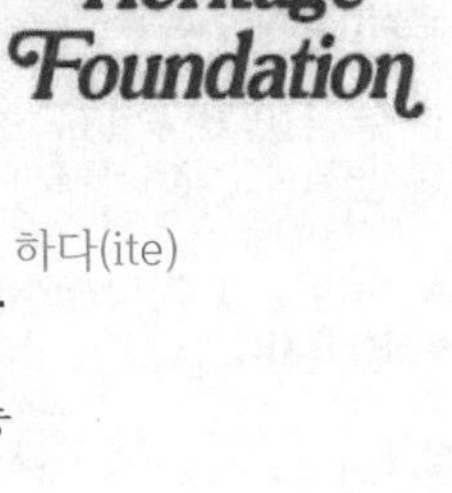

♣ 어원 : her, heir 상속

■ heritage [héritidʒ] ⓜ **상속[상속] 재산, 유산** ☜ 라틴어로 '계승하다'
♠ Spain's rich cultural **heritage**. 스페인의 풍부한 문화**유산**

■ hereditary [hərédətèri/-təri] ⓗ 세습의; 유전에 의한; **유전(성)의**
☜ 상속(her)을 받으러(ed) 가(it) 는(ary<형접>)

□ inherit [inhérit] ⓢ **상속하다, 물려받다** ☜ 완전히(in/강조) 상속(her) 하다(ite)
♠ **inherit** the family estate 대대로 전하는 재산을 **상속하다**

□ inheritor [inhéritər] ⓜ 상속인(相續人) ☜ inherit + or(사람)

□ inheritance [inhéritəns] ⓜ **상속(재산)**, 유산; 계승물; 유전성; 타고난 재능
☜ inherit + ance<명접>
♠ receive property by **inheritance** 재산을 **상속**받다.

※ foundation [faundéiʃən/빠운**데**이션] ⓜ **창설**, 설립; 근거, 기초, 토대; 기초화장품
☜ 기초(found)를 만드는(at) 것(ion)

□ **inhibit**(금하다), **inhibition**(금지) ➔ **inhabit**(~에 살다) **참조**

호텔 hotel, 호스티스 hostess (술집 접대부), 유스호스텔 youth hoestel (청소년들의 국제우호를 지원하기 위한 숙박시설)

< Youth Hostel >

♣ 어원 : hospit, host, hot 주인; 접대[환대]하다

※ youth [ju:θ/유-쓰] ⓜ (pl. **-s**) **젊음; 청년시대; 청춘남녀**
☜ 고대영어로 '젊음, 청년; 어린 소'란 뜻

■ hotel [houtél/호우**텔**] ⓜ **호텔**, 여관 ☜ 손님을 접대하는(hot) 곳(el<명접>)

■ hostess [hóustis] ⓜ (연회 등의) **여주인**(역); (술집·카바레·댄스 홀 등의) **호스 티스**, 접대부 ☜ 손님을 접대하는(host) 여자(ess)

■ hostel [hάstəl/hɔ́s-] ⓜ **호스텔**, 숙박소 ☜ 손님을 접대하는(host) 곳(el<명접>)

□ inhospitable [inhάspitəbəl] ⓗ 사람이 지내기(살기) 힘든; 손님을 냉대하는, 야박한, **불친절한**
☜ in(=not/부정) + 손님을 접대할(hospit) 수 있는(able)
♠ an **inhospitable** climate **사람이 살기 힘든** 기후

✚ **host** (연회의) **주인** **hospit**able **대우가 좋은, 손님 접대를 잘하는** **hospit**al **병원** **hospit**ality **환대**

호모사피엔스 Homo sapiens (4~5만년전 살았던 현생인류) 휴머니즘 humanism (인본주의)

♣ 어원 : homo, human 사람

■ Homo sapiens 『인류』 **호모사피엔스** 《4~5만년 전 지구상에 널리 분포한 현생 인류》
☜ 라틴어로 '현명한 사람'이란 뜻

■ humanism [hjú:mənìzm] ⓜ 인간성. **인도주의. 인문[인본]주의**; (or H-) 인문학
☜ human + ism(주의)

□ inhuman [inhjú:mən] ⓗ **몰인정한**, 비정한; 비인간적인; 초인적인 ☜ 비(in=not) 인간적인(human)
♠ Success was due to his **inhuman** effort.
성공은 그의 **초인적인** 노력 덕택이었다.

□ inhumanity [ìnhju:mǽnəti] ⓜ 몰인정, 잔인; 잔학한 행위 ☜ -ity<명접>

✚ **human 인간의; 인간다운; 인간** **human**e **자비로운**, 인도적인 **human**ist 인문(인본)주의자, **휴머니스트** **human**ity **인간성, 휴머니티, 인류** **human**oid (형태·행동이) 인간에 가까운; **휴머노이드** 《SF소설 등에 나오는 인류와 유사한 로봇》 **humint, HUMINT 휴민트** 《사람에 의한 첩보활동》

이퀄 equal (같은, =)

♣ 어원 : equ(i), iqu(i) 같은, 같게, 공평한

■ equal [í:kwəl/**이**-꿜/**이**-퀄] ⓗ **같은, 동등한** ⓜ 동등(대등)한 사람 ⓢ ~와 같다(대등하다)
☜ 공평(equ) 한(al)

□ iniquity [iníkwəti] ⓜ **부정, 불법, 죄악**; 부정(불법) 행위
☜ 불(不)(in=not) 공평한(iqui<equal) 것(ty<명접>)
♠ **the iniquity** of racial prejudice 인종적 편견의 **부당성**

✚ ad**equ**ate (어떤 목적에) 어울리는, **적당한, 충분한** co**equ**al 동등한 (사람), 동격의 (사람)

inequality **같지 않음, 불평등**, 불공평, 불균형

브렉시트 Brexit (영국의 유럽연합 탈퇴), 이니셜, 이니시어티브...

영국(Britain)과 출구(Exit)의 합성어로 영국의 유럽연합(EU) 탈퇴를 뜻하는 말이다. 이는 글로벌 경제위기로 EU 재정악화가 심화되자 영국의 EU 분담금 부담이 커졌고, 난민 등 이민자 유입이 크게 증가하자 EU 탈퇴움직임이 가속화되었다. 2016년 6월 23일 브렉시트 찬반투표에서 영국민 51.9%가 찬성하여 브렉시트가 결정되었다. <출처 : 시사상식사전 / 요약인용>

♣ **어원 : it 가다(=go)**

※ **Britain** [brítən] ⓜ **영국**《잉글랜드 + 웨일스 + 스코틀랜드. Great Britain이라고도 함》
★ 브리타니아(Britannia)는 현재의 영국 브리튼섬에 대한 고대 로마시대의 호칭

■ ex**it** [égzit, éksit] ⓜ **출구; 퇴장, 퇴진** ⓢ **나가다** ☜ 밖으로(ex) 가다(it)

□ in**it**ial [iníʃəl] ⓗ **처음의**, 최초의 ⓜ 머리글자; **이니셜**《성명의 첫글자. John Smith를 생략한 J.S. 등》 ☜ (맨 처음) 안으로(in) 들어가(it) 는(ial<형접>)
♠ the **initial** stage **초**기, **제1**기(期)
♠ an **initial** letter **머리**글자

□ in**it**ially [iníʃəli] ⓑ 처음에, 시초에 ☜ -ly<부접>

□ in**it**iate [iníʃièit] ⓢ **시작하다**, 창설하다; **가입**〔입회〕**하다** ☜ 안으로(in) 가(it=go) + i + 다(ate<동접>)
♠ **initiate** a new business 새 사업**을 시작하다.**

□ in**it**iator [iníʃièitər] ⓜ 창시자, 전수자 ☜ initiate + or(사람)

□ in**it**iation [inìʃiéiʃən] ⓜ **개시**, 창시; 가입, 입문; 전수 ☜ -ion<명접>
♠ **the initiation** of a new bus route 새 버스 노선의 **개통**

□ in**it**iative [iníʃiətiv] ⓜ **시작; 의안제출권**, 발의권, **이니시어티브; 독창력;** 『군사』 선제, 기선 ☜ 안으로(in) 들어가(it) + i + 는(ive<형접>)
♠ seize **the initiative 주도권**을 장악하다.

프로젝트 project (사업계획안(案)), 제트기(機) jet airplane

< Jet Airplane >

♣ **어원 : ject, jet 던지다**

■ pro**ject** [prədʒékt/프뤄**젝**트] ⓜ **계획(안)** ⓢ **계획[설계]하다**, 발사하다 ☜ 앞으로<미래로(pro) 내던지다(ject)

□ in**ject** [indʒékt] ⓢ **주사하다**, 주입하다 ☜ 내부로(in) 내던지다(ject)
♠ The satellite has **been injected into** its orbit.
인공위성이 궤도**에 쏘아 올려졌다**.

□ in**ject**ion [indʒékʃən] ⓜ **주입; 주사**(액); 우주선의 궤도진입 ☜ -tion<명접>
♠ **make 〔give〕 an injection 주사하다**

□ in**ject**or [indʒéktər] ⓜ 주사 놓는 사람; 주사기; (엔진의) 연료분사장치, **인젝터** ☜ inject + or(사람/기계)
♠ **a fuel injector (엔진의) 연료 분사장치**

■ **jet** [dʒet] ⓜ **분출**, 사출; **제트기**, 제트엔진 ⓗ 분출하는; 제트기(엔진)의 ☜ 프랑스어로 '던짐, 던지기'란 뜻

✚ ab**ject 비천한**, 비열한 de**ject** 기를 죽이다, 낙담시키다 e**ject** 몰아내다; (비행기에서) 긴급 탈출하다 re**ject 거부하다**, 물리치다

정크션 junction (두 개 이상이 만나는 지점)

두 개 이상의 능선이 만나는 지점. 이러한 지점에 솟아오른 봉우리는 정크션 피크(junction peak) 라고도 한다. 주 능선과 지능선이 만나는 지점도 정크션이라고 한다. <출처 : 등산상식사전>

♣ **어원 : junct 잇다, 연결하다, 결합하다(join), 접합하다**

■ **junct**ion [dʒʌ́ŋkʃən] ⓜ 연합, **접합(점)**, 교차점; (강의) 합류점 ☜ 결합(junct) 함(ion)

□ in**junct** [indʒʌ́ŋkt] ⓢ 금지〔억제〕하다. ☜ 연결하지(junct) 못하게(in/부정) 하다

□ in**junct**ion [indʒʌ́ŋkʃən] ⓜ **명령**, 지령, 훈령; (법원의) **금지〔강제〕명령** ☜ -ion<명접>
♠ **lay an injunction upon (A) to (B) A에게 B하도록 명하다**.

□ in**junct**ive [indʒʌ́ŋktiv] ⓗ 명령적인 ☜ -ive<형접>
♠ an **injunctive** maxim **명령적** 격언《하라〔해야 한다〕는 식의》

✚ ad**junct**ion 부가; 『수학』 첨가 con**junct**ion **결합**, **연결**; **접속**; **접속사** con**junct**ive **결합하는**; 공동의 dis**junct**ion 분리, 분열, 괴리, 분단

주어리 jury ([재판 · 경기] 배심원), 인저리 타임 injury time ([축구] 부상 등 경기지연에 대한 보상시간)

♣ **어원 : jur(e), jus (신에게) 맹세하다; 법, 맹세**

■ jury [dʒúəri] 명 [집합적] (재판 · 스포츠 경기에서의) **배심(원), 심사위원회**
☜ 라틴어로 '(신에게) 맹세하다'란 뜻

□ in**jure** [índʒər] 동 **상처[손해]를 입히다**, 다치게 하다
☜ 불법을 저지르다. in(=not/부정) + jure(법)

□ in**jure**d [índʒərd] 형 **상처 입은, 부상한**; 감정 · 명예가 손상된 ☜ -ed<형접>
♠ **the injured 부상자**

□ in**jur**ious [indʒúəriəs] 형 **해로운**, 유해한; 불법의, 부정한 ☜ -ious<형접>
♠ **injurious** to health 건강**에 유해한**

□ in**jur**y [índʒəri] 명 (사고 등에 의한) **상해, 부상, 위해**(危害) ☜ -y<명접>
★ 우리말 중에 축구경기의 추가시간을 로스타임(loss time)이라고 하는데 이것은 콩글리시이며, 정확한 표현은 injury time이다.

□ in**jus**tice [indʒʌ́stis] 명 **부정, 불법**, 불의, 불공평; 권리침해; 부당〔불공평〕한 처리; 부정〔불법〕행위 ☜ 법(jus)에 반하는(in/부정) 행위(tice)
반 justice 정의, 공정, 공평, 공명정대; 사법, 재판
♠ remedy **injustice 부정**을 바로잡다

※ **time** [taim/타임] 명 (관사 없이) **시간, 때;** 시일, 세월; ~회, ~번
☜ 초기인도유럽어로 '나눈 것'이란 뜻

✚ ab**jure** 맹세하고 버리다; (공공연히) 포기하다 con**jure 마술로 ~하다** per**jure** 위증(僞證)케 하다; 맹세를 저버리게 하다

I

잉크 ink (필기나 인쇄 등에 사용하는 유색의 액체)

□ **ink** [iŋk/잉크] 명 (필기용 · 인쇄용의) **잉크**, 먹, **먹물** 동 잉크로 쓰다 ☜ 라틴어로 '안에서(in) 타다(k<kaiein=burn)'란 뜻
♠ **write with pen and ink 펜으로 쓰다**

□ **ink**-jet [íŋkdʒèt] 형 (프린터 따위가) **잉크제트** 방식의《종이 위에 안개 형태의 잉크를 정전기적으로 분사하는 고속 인자법(印字法)》 ☜ 잉크(ink)를 분사하는(jet)

□ **ink**stand [íŋkstæ̀nd] 명 **잉크스탠드** = inkwell, ink bottle〔pot〕 잉크병
☜ 잉크(ink)를 담아 세워두는(stand) 그릇

□ **ink**stone [íŋkstòun] 명 벼루 ☜ ink + stone(돌)

□ **ink**y [íŋki] 형 잉크의, 잉크로 더럽혀진 ☜ ink + y<형접>

디즈니랜드 Disneyland (미국 LA에 있는 세계적인 유원지)

♣ **어원 : land 땅, 육지; 나라**

※ Disney [dízni] 명 **디즈니**《Walter Elias. ~, 미국의 만화영화 제작자; 1901-66》

■ Disney**land** [díznilæ̀nd] 명 **디즈니랜드**《1955년에 W. Disney가 Los Angeles에 만든 유원지》 ☜ 디즈니(Disney)의 땅(land)

□ in**land** [ínlənd] 형 **오지의**, 내륙의; **국내의** ☜ 안쪽의(in) 땅(land)
[inlǽnd, -lənd] 부 오지로, 내륙으로; 국내에 명 오지, **내륙**, 벽지, 국내
♠ We travelled further **inland** the next day.
우리는 그 다음날 **내륙**으로 더 깊이 들어갔다.

✚ Green**land 그린란드**《북아메리카 동북에 있는 큰 섬; 덴마크령》 Ice**land 아이슬란드**《북대서양에 있는 공화국》 is**land 섬**; **아일랜드**《항공모함 우현의 우뚝 솟은 구조물》

레이어 layer (그래픽편집 프로그램에서 여러개의 그림을 겹쳐놓은 층)

♣ **어원 : layer 층이 있는, 겹친 // lay 눕히다, 놓다, 설비하다, 새기다**

■ **lay** [lei/레이] 동 (-/**laid**/**laid**) **놓다, 눕히다**; (알을) 낳다; 쌓다; 넘어뜨리다, 때려눕히다; 제시〔제출〕하다
☜ 고대영어로 '두다, 내려놓다'

■ **lay**er [léiər] 형 **놓는[쌓는, 까는] 사람; 층** ☜ 놓는(lay) 사람〔것〕(er)

□ in**lay** [ínlèi] 동 (-/in**laid**/in**laid**) (장식을) 박아 넣다, 아로새기다; 상감하다 명 상감; 상감세공; 박아넣기 ☜ 안에(in) 새기다(lay)
♠ The table was decorated with **gold inlay**.
그 탁자는 **금으로 상감**장식이 되어 있었다.

□ in**laid** [ínlèid] ⓗ 아로새긴, **상감세공을 한**, 무늬를 박아 넣은
☜ 안에(in) 새겨 넣은(laid: lay의 과거분사 ➔ 형용사)

레쓰비 Let's be (롯데칠성음료의 커피음료)
렛잇고 Let it go (미국 애니메이션 영화 『겨울왕국』의 주제곡

❶ 레쓰비는 롯데칠성음료에서 생산/판매하고 있는 커피음료로 Let's Be Together에서 Together가 생략되었다. <우리 함께 레쓰비를 마시자>라는 뜻이라고 한다. ❷ 미국 애니메이션 영화 <겨울왕국>(Frozen)의 주제곡 Let it go는 전 세계적으로 큰 인기를 끌었으며 빌보드 싱글차트 13주 연속 1위를 했다. Let it go는 '그쯤해 둬, 내버려 둬'라는 뜻이다.

■ **let** [let/렡] ⓢ (-/**let**/**let**) 시키다, **하게 하다, ~을 허락하다**(=allow to)
☜ 고대영어로 '허락하다; 뒤에 남기다; 떠나다'란 뜻

■ **let's** [lets] ⓢ **~합시다** ☜ let us(우리가 ~하도록 허락하자)의 줄임말

□ in**let** [ínlèt] ⓜ **입구, 주입구; 작은 만**; 삽입물, 상감물; 끼워(박아) 넣기 ⓢ 끼워(박아) 넣다 ☜ 안으로(in) (들어오게) 하다(let)
♠ a fuel **inlet** 연료 **주입구**

■ out**let** [áutlet, -lit] ⓜ 배출구, **출구**; (상품의) 판로, 직판장, **아울렛**, 대리점; 『전기』 콘센트
☜ 밖으로(out) (나가게) 하다(let)

※ **be** [biː,/비-, bi/비] ⓢ (**be**(**am · are · is**)/**was · were/been**) **~이다, ~이 있다**
☜ 고대영어로 '존재하다, 되다'란 뜻

룸메이트 roommate (방을 함께 쓰는 친구)

♣ 어원 : **mate 친구**

■ room**mate** [rúmèit] ⓜ 동숙인(同宿人), 한 방 사람 ☜ 방(room) 친구(mate)

□ in**mate** [ínmèit] ⓜ (병원 · 교도소 따위의) **피수용자, 입원자, 수감자**; 《고어》 동거인
☜ (구역)안의(in) 친구(mate)
♠ a prison **inmate** 형무소 **수감자**

✚ class**mate** **동급생**, 급우; 동창생 inti**mate** **친밀한**, 친숙한; **깊은;** 친구 suite**mate** 같은 기숙사에서 지내는 친구

홀리데이 인 Holiday Inn (영국에 본사를 둔 인터콘티넨털 호텔스 그룹이 운영하는 호텔브랜드)

※ **holiday** [hάlədèi/**할**러데이/hɔ́lədèi/**홀**러데이] ⓜ **휴일, 축(제)일**; 정기휴일; **휴가** ⓗ 휴일의, 휴가의 ⓢ 휴일을 보내다(즐기다)
☜ 성스러운(holy) 날(day) ⇦ 하나님이 천지를 6일간 창조하시고 7일째 휴식을 취했다는 뜻에서

□ **inn** [in] ⓜ **여인숙, 여관** 《보통 hotel 보다 작고 구식인 것》 ☜ 고대영어로 '숙박'이란 뜻
비교 in ~안에
♠ a country **inn** 시골의 **여인숙**

□ **inn**keeper [ínkìpər] ⓜ **여관주인** ☜ 여인숙(inn)을 지키는(keep) 사람(er)

네이티브 스피커 native speaker (원어민)

♣ 어원 : **nat, nasc, naiss 태생(출생); 태어나다, 발생[창조]하다**

■ **nat**ive [néitiv/**네**이리브/**네**이티브] ⓗ **출생(지)의**; 원주민(토착민)의; **그 지방 고유의; 타고난** ☜ 태어(nat) 난(ive)

□ in**nat**e [inéit] ⓗ **타고난**, 천부의, 선천적인; 본질적인 ☜ 내부에(in) 생(nat) 긴(e)
♠ an **innate** instinct (characteristic) **타고난** 본능(특성).

□ in**nat**ely [inéitli] ⓑ 선천적으로 ☜ -ly<부접>

※ **speaker** [spíːkər] ⓜ **말[이야기]하는 사람**; 강연(연설)자; **스피커**, 확성기
☜ 말하는(speak) 사람/기계(er)

✚ **nat**ion **국가, 국민** **nat**ure **(대)자연, 본바탕, 천성**, 성질, 본질

인 마이 포켓 in my pocket (콩글 착복하다, 횡령하다) ➔ embezzel

■ **in** [in/인, (약) ən/언] ⓙ 『장소·위치』 **~의 속[안]에서, ~에서**
☜ 고대영어로 '~안에'란 뜻

□ **in**ner [ínər] ⓗ **안의, 내부의, 속의** ☜ 더(er<비교급>) 안의(in) + n

< Embezzel >

♠ one's **inner** thoughts **마음속의** 생각
□ **in**nermost [ínərmòust] (형) = inmost 맨 안쪽의, 가장 내부의; 내심의 (명) (the ~) **가장 깊숙한 곳** ☜ 가장(most) 안쪽의(inner)
※ **my** [mai/마이] (대) 〖I의 소유격〗 **나의** ☜ mine(나의 것)의 변형
※ **pocket** [pάkit/**파**킽, pɔ́ket/**포**켙] (명) **포켓, 호주머니**; 쌈지, 지갑 ☜ 근대영어로 '작은(et) 주머니(pock)'란 뜻

이닝 inning ([야구] 회(回)) * 1~9회의 각 회

□ **inning** [íniŋ] (명) (야구 · 크리켓 등의) **이닝**, (공을) 칠 차례, **회**(回); 행운 시대 ☜ 고대영어로 '~에 끼워넣기; ~에 들어가다'란 뜻. in(~안에) + n + ing<명접>
♠ the top 〔first half〕 of the fifth **inning** 5**회** 초
♠ **have a good innings 《구어》 행운이 계속되다, 장수하다**

이노센트 Innocent (한국의 가구 브랜드 중 하나)

♣ **어원 : noc, nec, nox, tox 독(毒), 해(害); 독이 있는, 해로운**
□ in**noc**ent [ínəsnt] (형) 무구한, **청정한, 순결한; 결백한; 순진한** ☜ 독이(noc) 없(in/부정) 는(ent<형접>)
♠ an **innocent** victim ***결백한*** *희생자* ➔ 억울한 누명으로 벌받은 사람
♠ **be innocent of ~ ~을 범하지 않다, ~이 없다**
□ in**noc**ently [ínəsəntli] (부) 죄 없이, 천진난만하게, 무해하게 ☜ -ly<부접>
□ in**noc**ence [ínəsns] (명) **무죄**, 청정, **순결; 결백**; 순진 ☜ -ence<명접>
♠ prove one's **innocence 무죄**를 입증하다.
□ in**noc**uous [inάkjuːəs/inɔ́k-] (형) (뱀 · 약 따위가) 무해한, 독 없는; 악의 없는; 재미없는 ☜ 독이(noc) 없(in=not) 는(uous)

✚ **nox**ious 유해한, 유독한; 불건전한 **tox**ic **독(성)의**; 유독한; 중독(성)의 inter**nec**ine 서로 죽이는, 내분의; 치명적인, 살인적인

카사노바 Casanova ([It.] 호색가, 엽색꾼, 색골)

♣ **어원 : new, nov(a) 새로운**
■ Casa**nova** [kæ̀zənóuvə, -sə-] (명) (or c-) 엽색(獵色)꾼, 색마(=lady-killer) ☜ 18c. 스페인계 이탈리아의 문학가이자 모험가이며 엽색가인 Giacomo Girolamo Casanova의 이름에서. Casanova는 '새로운(nova) 집(casa)'이란 뜻
□ in**nov**ate [ínouvèit] (동) **쇄신하다, 혁신하다**; 도입하다 ☜ 스스로<안에서(in) 새롭게(nov) 하다(ate)
♠ **innovate** new products *신제품을* ***혁신하다*** ➔ 획기적인 신상품을 내놓다
□ in**nov**ator [ínəvèitər] (명) 혁신자; 도입자 ☜ innovate + or(사람)
□ in**nov**ation [ìnəvéiʃən] (명) (기술)**혁신**, 일신, **쇄신**; 신제도 ☜ -ion<명접>
♠ **make innovations 여러 가지 개혁을 하다**
□ re**nov**ate [rénəvèit] (동) 새롭게 하다, 혁신하다, 쇄신하다 ☜ 다시(re) 새롭게(nov) 하다(ate)
□ re**nov**ation [renəvéiʃən] (명) 쇄신, 혁신; 수리, 수선; 원기 회복 ☜ -ation<명접>

백넘버 back number ([콩글] 등번호) ➔ player's number, uniform number, jersey number

♣ **어원 : number, numer(o) 수; 수를 세다**
※ **back** [bæk/백] (명) **등, 뒤쪽** (형) **뒤(쪽)의** ☜ 고대영어로 '등, 뒤'
■ **number, No., N°, no.** [nʌ́mbər] (명) **수**(數), 숫자; (pl. Nos., N°s, nos.) 〖숫자 앞에 붙여〗 **제 ~번, 제 ~호, ~번지** 《따위》 ☜ 라틴어로 '수'란 뜻
□ in**numer**ate [injúːmərit] (형) 수를 셀 줄 모르는, 간단한 산수도 못하는 ☜ in(=not/부정) + 수를 세(numer) 는(ate<형접>)
□ in**numer**able [injúːmərəbəl] (형) **셀 수 없는, 무수한**, 대단히 많은 ☜ in(=not/부정) + 수를 셀(numer) 수 있는(able<형접>)
♠ **innumerable** variations **무수한** 변화〔변형〕
□ in**numer**ably [injúːmərəbli] (부) 무수히 ☜ -ably(~할 수 있게<부접>)

✚ **numer**al 수의; 수를 나타내는; **숫자** **numer**ous **다수의**, 수많은 e**numer**ate **열거하다**; 낱낱이 세다

☐ **inopportune**(시기를 놓친, 시기가 나쁜) ➔ **opportunity**(기회) **참조**

오다 < 오더 order (주문), 서브오더 serve order ([배구] 선수들의 서브 순서)

♣ **어원 : ord(er), ordin 질서, 순서, 서열, 위치, 계급; 명령, 주문; 정하다**

※ **serve** [səːrv/써-브] ⓓ **섬기다**, 시중들다, 봉사하다
☜ 중세영어로 '~에게 습관적으로 복종하다'란 뜻

■ **order** [ɔ́ːrdər/**오**-더] ⓜ (종종 pl.) **명령, 주문; 순서**, 정돈, 질서 ⓓ **주문[명령, 정돈]하다**
☜ 고대 프랑스어로 '규칙, 종교적 질서', 라틴어로 '줄, 열; 배열'이란 뜻

■ **ordin**ary [ɔ́ːrdənèri/**오**-더네뤼, ɔ́ːdənri] ⓗ **보통의**, 통상의, 평상의 ⓜ 보통 일〔사람〕; 판사
☜ 라틴어로 '(여느 때처럼) 순서(ordi) + n + 대로의(ary)'

☐ in**ordin**ate [inɔ́ːrdənət] ⓗ 과도한, 터무니없는, 엄청난; 무절제한, 불규칙한
☜ 질서가(ordin) 없(in=not) 는(ate<형접>)
♠ They made **inordinate** demands. 그들은 **지나친** 요구를 했다.

☐ in**ordin**ately [inɔ́ːrdənətli] ⓑ 과도하게, 터무니없이; 무질서하게 ☜ -ly<부접>

☐ in**ordin**acy [inɔ́ːrdənəsi] ⓜ《고어》과도, 지나침, 과도한 일〔행위〕 ☜ -acy<명접>

에너지 energy (정력, 힘), 오르간 organ ([악기] 오르간)

♣ **어원 : erg, org, urg 일, 힘, 활동**

■ en**erg**y [énərdʒi/**에**너쥐] ⓜ **정력**, 활기, 원기
☜ 내재된(en<in) 힘(erg) + y

■ **org**an [ɔ́ːrgən/**오**-건] ⓜ **오르간**,《특히》파이프 오르간; (생물의) **기관, 장기**(臟器) ☜ 일하는(org) 기능(an)

■ **org**anic [ɔːrgǽnik] ⓗ **유기체[물]의; 기관의; 유기적인**, 체계적인
☜ -ic<형접>

☐ in**org**anic [ìnɔːrgǽnik] ⓗ **생활기능이 없는**, 무생물의; **무기성의**
☜ 활동(org) 기능이(an) 없(in/부정)) 는(ic<형접>)
♠ an **inorganic** compounds **무기**(無機) 화합물

✚ **org**anization **조직(화)**, 구성, 편제, 편성; 기구, 체제; 단체 all**erg**y 알레르기, 과민성; 반감, 혐오

인풋 / 아웃풋 input / output ([기계・전산] 입력 / 출력)

■ **put** [put/풑] ⓓ (-/**put/put**) (어떤 위치에) **놓다, 두다; 가져가다; 붙이다; 표현하다**
☜ 덴마크어로 '두다'란 뜻

☐ in**put** [ínpùt] ⓜ **입력, 투입(량)** ⓓ 입력하다. ☜ 안에(in) 넣다(put)
♠ **input** data into a computer 자료를 컴퓨터에 **입력하다**.
♠ **input** device 『컴퓨터』 **입력**장치《키보드・마우스・트랙볼 등》

■ out**put** [áutpùt] ⓜ 산출, **생산(량); 출력** ⓓ 출력하다 ☜ 밖으로(out) 가져오다(put)

앙케이트 < 앙케트 enquete ([F.] 소규모의 여론조사) ➔ questionnaire, survey

♣ **어원 : quest, quisit, quir(e), query, quet 찾다, 구하다; 묻다, 요구하다**

■ en**quet**e [aːŋkét; [F.] αkεt] ⓜ **앙케트**《똑같은 질문에 대한 여러 사람의 답변을 얻는 소규모의 설문 조사》
☜ 라틴어로 '안에서(en<in) 찾다(quet) + e

■ **quest** [kwest] ⓜ **탐색**(=search), 탐구(=hunt), 추구(=pursuit)
☜ 고대 프랑스어로 '찾다, 사냥하다'란 뜻

☐ in**quest** [ínkwest] ⓜ (배심원의) 심리, 사문(査問); 검시(檢屍)
☜ 안에서(in) 묻고 찾다(quest)

☐ in**quir**e, en- [inkwáiər/인**콰**이어] ⓓ **묻다**, 문의하다 ☜ 안으로(in) 질문하다(quir) + e
♠ **inquire** a person's name 아무의 이름을 **묻다**
♠ **inquire after ~ ~의 안부를[건강을] 묻다**
♠ **inquire for ~ ~의 안부를 묻다, ~을 구하다**
♠ **inquire into ~ ~을 자세히 조사하다, 심사하다**
♠ **inquire of (A) about (B) A 에게 B 에 대해 묻다**

☐ in**quir**er [inkwáiərər] ⓜ **묻는 사람**, 심문자; 탐구자, 조사자 ☜ -er(사람)

☐ in**quir**ing [inkwáiəriŋ] ⓗ 묻는; 조회하는; 캐묻기 좋아하는, 탐구적인; 미심쩍은 듯한
☜ inquire + ing<형접>

☐ in**quir**y, en- [inkwáiəri, ínkwəri] ⓜ **질문, 문의, 조사, 연구** ☜ -y<명접>
♠ find out by inquiry **문의하여** 알다

☐ in**qui**sition [ìnkwəzíʃən] ⓜ **조사, 심문, 심리**; 탐구, 탐색 ☜ -tion<명접>

♠ conduct **an inquisition 심문**을 실시하다.

☐ in**qui**sitive [inkwízətiv] ⓗ **호기심이 많은** ☜ -tive<형접>
♠ an **inquisitive** mind **탐구**심

✚ **que**stion **질문**, **의문; 문제; 질문하다**, 묻다 **quer**y 질문; 묻다, 질문하다 ac**quir**e **얻다**, 취득하다 con**quer 정복하다**, 공략하다 re**quir**e **요구하다, 필요로 하다** se**que**ster 격리하다, 은퇴시키다

새너토리엄 Sanatorium (질병환자 요양원)
인세인 insane (한국 가수 에일리(Ailee)의 노래. <미친>이란 뜻)

Comeback
Insane
Ailee

© MBC TV <음악중심>

♣ **어원 : san(e) 건강(한), 병을 고치는**

■ **<u>san</u>atorium** [sæ̀nətɔ́ːriəm] ⓜ (pl. **-s**, sanatori**a**) **새너토리엄**, (특히 결핵 환자의) **요양원**(=sanitarium); 보양〔요양〕지; (학교의) 양호실 ☜ 라틴어로 '병을 고치는(sanat) 것(orium)'이란 뜻

■ **sane** [sein] ⓗ **제정신의**; 온건한, 건전한 ☜ 라틴어로 '건강한'이란 뜻

☐ <u>in**sane**</u> [inséin] ⓗ (-<-n**er**<-n**est**) **미친**, 광기의; **제정신이 아닌** ☜ 건강하지(sane) 못한(in=not/부정)
♠ He **went insane**. 그는 **미쳤다.**

☐ in**san**ity [insǽnəti] ⓜ **광기, 미친 짓** ☜ -ity<명접>

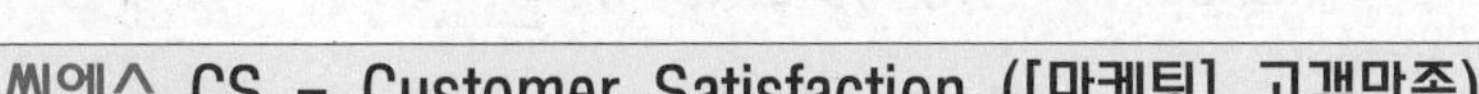

씨에스 CS = Customer Satisfaction ([마케팅] 고객만족)

♣ **어원 : sat, satis 충분하다, 만족하다**

※ **<u>customer</u>** [kʌ́stəmər] ⓜ (가게의) **손님, 고객**; 단골 ☜ 습관적으로(custom) 자주 가는 사람(er)

■ **<u>satis</u>faction** [sæ̀tisfǽkʃən] ⓜ **만족**(감) ☜ 충분하게(satis) 만드는(fac) 것(tion)

☐ in**sati**able [inséiʃəbəl] ⓗ 만족을〔물릴 줄〕 모르는, 탐욕스러운; 무작정 탐내는 ☜ in(=not/부정) + 만족할(sati) 수 있는(able)
♠ an **insatiable** curiosity **만족을 모르는** 호기심
♠ He **is insatiable of** power. 그는 권력**을 무작정 탐낸다.**

✚ dis**satis**fy **불만을 느끼게 하다**, 불쾌하게 하다 **satis**fy **만족시키다**; 충족시키다 un**satis**factory **불만족스런**, 불충분한

스크립트 script (방송대본)

♣ **어원 : scrib(e), script 쓰다(=write)**

■ **<u>script</u>** [skript] ⓜ 정본, 손으로 쓴 것, **스크립트**, 방송대본 ☜ 라틴어로 '쓰여진 것'이란 뜻

☐ in**scribe** [inskráib] ⓢ **새기다**, 파다, 적다; **등록하다** ☜ 안에(in) 쓰다(scribe)
♠ **inscribe** a name on a gravestone 묘비에 이름을 **새기다.**

☐ in**script**ion [inskrípʃən] ⓜ **명**(銘), 비명(碑銘), 비문(碑文) ☜ -ion<명접>

☐ in**script**ive [inskríptiv] ⓗ 명(銘)의, 명각(銘刻)의, 제명(題銘)의, 비명(碑銘)의 ☜ -ive<형접>

✚ de**scribe 기술하다, 설명하다** manu**script 원고, 필사본** post**script** (편지의) 추신(P.S.) pre**scribe 규정하다, 지시하다**; (약을) **처방하다** pre**script**ion **명령, 규정**; 『의약』 **처방전** sub**scribe 기부하다, 서명하다, 구독하다 script**ure **성서**

섹스 sex (성(性)), 섹션 TV section TV (MBC 주간 연예정보 프로그램)

♣ **어원 : sex, sect 자르다; 나누다**

■ **<u>sex</u>** [seks] ⓜ **성**(性), 성별, 남녀별; 성욕, 성교 ⓗ 성적인, 성에 관한 ⓢ 암수를 감별하다 ☜ 남녀를 나누다(sex)

■ **<u>sect</u>ion** [sékʃən/**쎅**션] ⓜ **부분**; 절단, 분할; 단면도; (문장의) **절** ☜ 자른(sect) 것(ion)

☐ in**sect** [ínsekt] ⓜ **곤충, 벌레** ☜ (마디마디가) 안으로(in) 잘린(sect) 것
♠ a long-legged **insect** 다리가 긴 **곤충**

☐ in**sect**icide [inséktəsàid] ⓜ **살충(제)** ☜ 벌레(insect)를 + i + 죽이는(cid) 것(e)

☐ in**sect**ifuge [inséktəfjùːdʒ] ⓜ 구충제 ☜ 벌레(insect)가 + i + 달아나게(fug) 하는 것(e)

☐ in**sect**ile [inséktl, -tail] ⓗ 곤충의, 곤충 같은 ☜ insect + ile<형접>

☐ in**sect**ival [ìnsektáivəl] ⓗ 곤충 특유의 ☜ insect + i + val<형접>

✚ bi**sect** 양분하다, 갈라지다 inter**sect 가로지르다**, 교차하다 dis**sect 해부[절개(切開)]하다**

시크릿 가든 secret garden (국제 혼성 듀엣 연주 그룹. <비밀정원>이란 뜻)

아일랜드 출신 피오뉼라 쉐리(여; 바이올린)와 노르웨이 출신 롤프 러블랜드(남; 피아노)의 두 연주자로 이루어진 혼성 듀엣 그룹. 1995년 유로비전 송 콘테스트에서 "Nocturne"이라는 곡으로 우승하여 국제적으로 유명해진 그룹이며, 유로비전 송 콘테스트 사상 최초로 악기 연주곡으로 우승을 한 그룹이기도하다.

♣ 어원 : se 따로 떼어내다

© secretgarden.no

■ **se**cret [síːkrit/씨-크륏] (형) **비밀의**; 『군사』 극비의; 은밀한 (명) **비밀**; [종종 pl.] (자연계의) **불가사의**; [보통 the ~] **비결**
☜ 라틴어로 '따로 떼 내어(se) (숨긴) 고기(cret)'란 뜻

□ in**se**cure [ìnsikjúər] (형) (-<-r**er**<-r**est**) 불안정(불안전)한, 위험에 처한; 불안한 ☜ in(=not/부정) + secure(안전한)
♠ feel **insecure 정서적 불안감**을 느끼다
♠ an **insecure** person **자신 없는** 사람

□ in**se**curely [ìnsikjúərli] (부) 불안정하게 ☜ -ly<부접>

□ in**se**curity [ìnsikjúəriti] (명) 불안전, 불안정 ☜ insecure + ity<명접>

※ **garden** [gάːrdn/**가**-든] (명) **뜰**, 마당, **정원** (형) 정원의
☜ 고대불어로 '울타리를 두른 땅'이란 뜻.

✚ **se**cure **안전한; 안정된; 안전하게 하다** **se**curity **안전; 안심; 보증**

센스 sense (분별력), 넌센스 nonsense (터무니없는 생각)

♣ 어원 : sens(e), sent 느끼다(=feel)

■ **sense** [sens/쎈스] (명) (시각·청각·촉각 따위의) **감각**; **의식, 분별**; **의미** (동) **느끼다**
☜ 라틴어로 '느끼다, 지각하다'란 뜻

■ **non**sense [nάnsens/nɔ́nsəns] (명) **무의미한 말**; 터무니없는 생각, **난센스**; 허튼말(짓); 시시한 일 (형) 무의미한, 엉터리없는 ☜ 감각/의미(sens)가 없는(non) 것(e)

■ **sens**ible [sénsəbəl] (형) **분별 있는**, 현명한; **느낄 수 있는** ☜ 느낄(sens) 수 있는(ible)

■ **sens**ibility [sènsəbíləti] (명) **감각**(력), 지각(知覺); 민감, 신경질; **감수성**
☜ 느낄(sens) 수 있는 능력(ibility)

□ in**sens**ible [insénsəbəl] (형) **무감각한; 의식이 없는** ☜ in(=not/부정) + 느낄(sens) 수 있는(ible)
♠ **be insensible** from cold 추위로 **감각을 잃고 있다**.

□ in**sens**ibly [insénsəbli] (부) 느끼지 못할 만큼 조금, 서서히 ☜ -ly<부접>

□ in**sens**ibility [insènsəbíləti] (명) **무감각**, 둔감; 무의식
☜ 느낄(sens) 수 있는 능력(ibility)이 없음(in=not/부정)
♠ his **insensibility** to the feelings of others 남의 감정에 대한 그의 **무관심**

□ in**sens**itive [insénsətiv] (형) 감각이 둔한, 무감각한, 감수성이 없는 ☜ -itive<형접>

■ **sent**iment [séntəmənt] (명) (고상한) **감정**, 정서, 정감 ☜ 느끼는(sent) 것(ment<명접>)

퍼레이드 parade (행진)

♣ 어원 : par, para, pare, pair 준비하다; 정돈하다; 배열하다

■ **par**ade [pəréid] (명) **열병**(식), 행렬, **퍼레이드**, 행진; **과시** (동) **열 지어 행진하다; 과시하다** ☜ 준비/정돈/배열하여(par) 움직이다(ade)

■ se**par**ate [sépərèit/**쎄**퍼뤠잍] (동) **떼어 놓다**, 분리하다, **가르다, 격리시키다** (형) 따로따로의 ☜ 따로 떼어(se) 준비하(par) 다(ate<동접>)

■ se**par**able [sépərəbəl] (형) 뗄 수 있는, 분리할 수 있는 ☜ -able(~할 수 있는)

□ inse**par**able [insépərəbəl] (형) **분리할 수 없는**; 불가분의; 떨어질 수 없는
☜ in(=not/부정) + separable(분리할 수 있는)
♠ Rights **are inseparable from** duties. 권리는 의무**와 분리할 수가 없다**

✚ pre**pare 준비하다**, 채비하다 re**pair 수리**(수선)**하다; 수선, 수리**

콘서트 concert (음악회)

♣ 어원 : sert, cert 결합하다(=join)

■ con**cert** [kάnsə(ː)rt/kɔ́n-] (명) **음악회, 연주회**
☜ (공연자와 청중이) 함께(con<com) 결합하다(cert)

□ in**sert** [insə́ːrt] (동) **끼워 넣다**, 끼우다, **삽입하다** (명) 삽입물, 끼우기 ☜ 안에(in) 넣다(sert)
♠ **insert a coin into** the slot (자동판매기 등의) 돈 구멍**에 동전을 집어넣다**.

□ in**sert**ion [insə́ːrʃən] (명) **삽입**(물), 끼워 넣기; 게재 ☜ 안에(in) 넣(sert) 기(ion<명접>)

인사이드 / 아웃사이드 inside / outside (안쪽 / 바깥쪽)

♣ 어원 : side 면, 쪽; 옆

☐ in**side** [ìnsáid/인**싸**이드] ⓜ (보통 the ~) **안쪽** ⓗ **내부의** ⓟ **내부[내면]에**, 안쪽에
☞ 안(in) 쪽(side)
♠ **the inside** of a box 상자의 **안쪽**
♠ **inside out 뒤집어; 완전히, 모두**

☐ in**side**r [ìnsáidər] ⓜ 내부자; 내막을 아는 사람, 소식통 ☞ -er(사람)

✚ out**side** **바깥쪽(에)**, 외면; **외부의;** 밖에, **외부에** out**side**r 외부인, 아웃사이더; **문외한**
up**side** **상부**, 윗면, **위쪽** down**side** 아래쪽(의)

레지던트 resident (인턴(intern)과정 수료 후 전문의가 되기 위해 수련중인 의사)

♣ **어원 : sid, sit, sed, sess 앉다**

■ re**sid**ent [rézidənt] ⓗ **거주하는; 고유의**, 내재하는 ⓜ **거주자**, 거류민; 텃새
☞ 계속(re) 앉아 있는(sid) 사람(ent)
《미》 전문의(醫), **레지던트**; 수련자 ☞ 19c말 미국식 영어에서 최초 등장

■ pre**sid**ent [prézidənt/프**뤠**지던트] ⓜ **의장, 총재, 회장, 총장**; (종종 P-) **대통령**
☞ 앞에(pre) 앉은(sid) 사람(ent)

■ **sit** [sit/싵] ⓓ **앉다**, 앉아있다 ☞ 고대영어로 '자리를 점유하다, 앉다'란 뜻

☐ in**sid**ious [insídiəs] ⓗ **음흉한, 교활한**, 잠행성(潛行性)의 ☞ 속에(in) 몰래 앉아있(sid) 는(ious)
♠ **an insidious smile 음흉한 웃음**

건사이트 gunsight ([사격] 총의 조준경)

♣ **어원 : sight 보다; 보이는 것, 조망, 광경, 경치**

※ **gun** [gʌn/건] ⓜ **대포, 총** ☞ 중세영어로 '돌을 던지는 전쟁용 기계'

■ **sight** [sait/싸이트] ⓜ **시각**(視覺)**, 시계; 봄, 조망** ⓓ **발견하다**,
조준하다 ☞ 고대영어로 '보이는 것'이란 뜻

☐ in**sight** [ínsàit] ⓜ 통찰, 간파; **통찰력** ☞ 속을(in) (꿰뚫어) 보기(sight)
♠ a man **of insight 통찰력이 있는** 사람

☐ in**sight**ful [ínsàitfəl] ⓗ 통찰력이 있는 ☞ -ful(가득한)

■ long-**sight**ed [lɔ́ːŋsáitid/lɔ́ŋ-] ⓗ 원시의; 선견지명〔탁견(卓見)〕이 있는, 현명한
☞ 멀리(long=far) 보(sight) 는(ed<형접>)

■ near-**sight**ed [níərsáitid] ⓗ 근시의 ☞ 가까이(near) 보(sight) 는(ed)

사인 sign (서명하다)

♣ **어원 : sign 표시; 표시하다**

■ **sign** [sain/싸인] ⓜ **기호, 표시**, 신호, 부호 ⓓ **서명[사인]하다**
☞ 고대 프랑스어로 '표시, 기호'란 뜻

☐ in**sign**ia [insígniə] ⓜ (pl. **-(s)**) 기장(記章)(=badges), 훈장, 표지; 휘장(=signs)
☞ 안에(in) 표시하는(sign) 것(ia)

☐ in**sign**ificant [ìnsignífikənt] ⓗ 무의미한(=meaningless), **하찮은**, 사소한, 시시한; 천한
☞ in(=not/부정) + 표시(sign)를 + i + 만드(fic) 는(ant<형접>)
♠ an **insignificant** talk **시시한** 이야기

☐ in**sign**ificantly [ìnsignífikəntli] ⓟ 근소하게; 무의미하게 ☞ -ly<부접>

☐ in**sign**ificance [ìnsignífikəns] ⓜ 무의미, 하찮음, 사소함 ☞ -ance<명접>

✚ **sign**al **신호(의)** **sign**ificant **중요한**, 의미있는 **sign**ature **서명** as**sign** **할당[배당]하다**
de**sign**ate **가리키다**, 지시하다 re**sign** **사임하다**

☐ **insincere**(불성실한) ➔ **sincere**(성실한) **참조**

사인곡선 sine curve = sinusoid ([수학] 사인함수의 그래프)

♣ **어원 : sin(u) 구부러지다, 굽어지다**

■ **sin**e [sain] ⓜ 『수학』 사인, 정현(正弦)《생략: sin》 ☞ 라틴어로 '구부리다'란 뜻

■ **sinu**ate [sínjuit, -èit] ⓗ 꾸불꾸불한(sinuous); 『식물』 (잎 가장자리가) 물결 모양의 ⓓ 구불구불 구부러지다; (뱀 따위가) 구불구불 기다 ☞ 구부러지게(sinu) 하다(ate<동접>)

☐ in**sinu**ate [insínjuèit] ⓓ 서서히〔교묘히〕 주입시키다; **넌지시 비추다, 빗대어 말하다**(=imply)
☞ (몸을) 굽히고(sinu) 안으로(in) 들어가다(ate<동접>)
♠ **insinuate** doubt into a person 아무의 마음에 **의심**을 **심어주다**.
♠ He **insinuates** that you are a liar.
그는 네가 거짓말쟁이라고 **은근히 내비추고 있다**.

☐ in**sinu**ation [insìnjuéiʃən] ⓜ 슬며시 들어감; 교묘하게 환심을 삼; 암시, 빗댐, 넌지시 비춤

☜ -ation<명접>
♠ **by insinuation 넌지시**

□ in**sinu**ative [insínjuèitiv] (형) 완곡한, 암시하는, 교묘하게 환심을 사는 ☜ -ative<형접>

※ **curve** [kəːrv] (명) **만곡(부)**, 굽음, 휨; 커브; **곡선** ☜ 근대영어로 '굽은 선'이란 뜻

어시스트 assist ([축구] 득점자에게 유효한 패스를 보낸 선수)
레지스탕스 resistance (2차대전시 독일에 대한 프랑스의 지하 저항운동)

♣ 어원 : **sist 서있다(=stand)**

■ as**sist** [əsíst] (동) **돕다**, 거들다, **조력하다**
☜ ~쪽에(as<ad=to) 서서(sist) 거들다

■ re**sist**ance [rizístəns] (명) **저항, 레지스탕스** ☜ resist + ance<명접>

© fivebooks.com

□ in**sist** [insíst/인**씨**스트] (동) **주장하다, 우기다**
☜ 위에(in<on) 서있다(sist)
♠ **insist on** that point 그 점을 **주장[역설]하다**

□ in**sist**ence, -tency [insístəns, -i] (명) **주장**, 강조, 고집; 강요
☜ -ence/-ency<명접>
♠ **insistence on** one's innocence 무죄**의 주장**

□ in**sist**ent [insístənt] (형) **주장하는, 강요하는**; 주의를 끄는 ☜ -ent<형접>
♠ He **was insistent** that he was innocent.
그는 무죄라고 **주장하였다**.

I

□ in**sist**ently [insístəntli] (부) 끈덕지게, 끝까지 ☜ insistent + ly<부접>

✚ con**sist** **구성하다** per**sist** **고집하다** re**sist** **저항하다** sub**sist** 존재하다, 생존하다

솔로 solo (독창, 독주)

♣ 어원 : **sol(e), soli(t), solo 혼자; 하나의, 외로운; 황량[황폐]한**

■ **solo** [sóulou] (명) (pl. **-s,** sol**i**) 『음악』 **독주(곡); 독창(곡)**; 『항공』 단독비행
☜ 라틴어로 '혼자서, 고독한'이란 뜻

■ **sole** [soul] (형) **오직 하나[혼자]의**, 유일한 ☜ 라틴어로 '혼자서'란 뜻

□ in**sol**ence [ínsələns] (명) **건방짐**, 오만, 무례 ☜ (마음)속에(in) 혼자(sol) 있는 것(ence)
♠ He had **the insolence** to tell me to leave the room.
그는 **무례**하게도 나에게 방을 나가 달라고 말했다.

□ in**sol**ent [ínsələnt] (형) **건방진,** 거만한, 무례한(=impudent) ☜ -ent<형접>
♠ an **insolent** young man **건방진** 젊은이

✚ **solit**ary **혼자서, 외로운**, 유일한; 은자 **solit**ude **고독; 쓸쓸한 곳**

솔루션 solution (해결책, 해법)

♣ 어원 : **solu(t), solv(e) 풀다, 느슨하게 하다; 녹다, 녹이다, 용해하다**

■ **solve** [sɑlv/sɔlv] (동) (문제를) **풀다, 해결하다** ☜ 라틴어로 '풀어버리다, 늦추다'란 뜻

■ **solut**ion [səlúːʃən] (명) **용해**; 분해; (문제 등의) **해결, 해법**(解法); 해제
☜ 푸는(solut) 것(ion<명접>)

□ in**solu**ble [insάljubəl/-sɔ́l-] (형) **녹지 않는**; 풀 수 없는, 설명〔해결〕할 수 없는
☜ 녹을/풀(solu) 수 없(in=not/부정) 는(ble<형접>)
♠ **be insoluble** in water 물에 **녹지 않다**

□ in**solv**ent [insάlvənt/-sɔ́l-] (형) 지급불능의, 파산한 (명) 지급불능자, 파산자
☜ 녹일/갚을(solv) 수 없(in=not/부정) 는(ent<형접>/사람)

✚ ab**solve** **용서하다**, 사면〔해제 · 면제〕하다 dis**solve** **녹이다**, 용해[분해]하다 re**solve** **분해하다**, (문제를) 풀다, 해결하다

스펙터클 spectacle (볼거리가 풍부한), 스펙트럼...

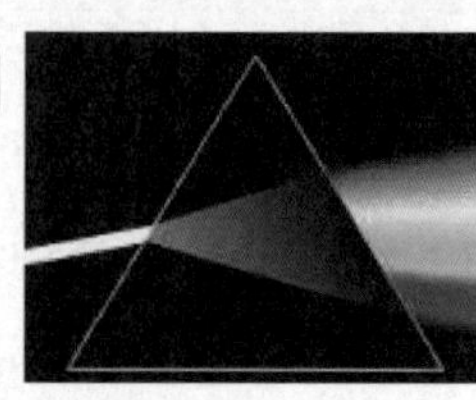

♣ 어원 : **spect, spic 보다(=look), 살펴보다, 조사하다**

■ **spect**acle [spéktəkəl] (명) **광경**, 볼만한 것, 장관(壯觀); (pl.) **안경**
☜ 볼 만한(spect(a)) 것(cle)

■ **spect**rum [spéktrəm] (명) (pl. spectr**a, -s**) 『광학』 **스펙트럼**, 분광
☜ 눈에 보이는(spect) + r + 것(um<명접>)

□ in**spect** [inspékt] (동) (세밀히) **조사하다**, 검사하다; **시찰하다**
☜ 내부를(in) 세밀히 보다(spect)
♠ **inspect** in detail 자세히 **조사하다**

☐ in**spect**ion [inspékʃən] ⓜ **정밀검사**, 감사; 점검, 검열 ☜ -ion<명접>
☐ in**spect**ive [inspéktiv] ⓗ 주의 깊은; 시찰〔검사〕하는, 조사의 ☜ -ive<형접>
☐ in**spect**or [inspéktər] ⓜ (fem. **-tress**) **검사자**〔관〕, 조사자〔관〕, 검열관, 감독자
☜ inspect + or(사람)

✚ con**spic**uous 눈에 띄는, **확실히 보이는** de**spic**able 야비한, 비열한 ex**pect** **기대[예기, 예상]하다**; 기다리다; ~할 작정이다 pro**spect** 조망(眺望), **전망**; 경치; **예상**, 기대 re**spect** **존경, 존중; 존경하다**; **존중하다** retro**spect** 회고, 회상, 회구(懷舊) su**spic**ious **의심스러운**, **수상쩍은**

스프라이트 sprite (사이다 음료. <요정>이란 뜻)

코카콜라(Coca-Cola; Coke)사(社)의 세계 1 등 사이다(soda pop) 브랜드.
* 영어로 cider 는 '소다음료'가 아닌 '사과주'를 의미함.

♣ **어원 : spir(e), xpir(e), spri 숨쉬다**
■ **spir**it [spírit/스**삐**릿] ⓜ **정신, 마음** ☜ 숨을 쉬고 있는〔살아 있는〕
■ **spri**te [sprait] ⓜ 요정 《자연물의 정령(精靈), 불가사의한 마력을 지닌 님프》 ☜ 숨을 쉬고 있는〔죽지 않은〕 정령
☐ in**spire** [inspáiər] ⓢ **고무시키다, 격려하다** ☜ 안으로(in) 숨을 불어넣다(spire)
♠ He **inspired** self-confidence in〔into〕 his pupils.
그는 학생들의 마음 속에 자신감을 **불어넣었다**.
☐ in**spir**ation [ìnspəréiʃən] ⓜ **인스피레이션, 영감**(靈感) ☜ -tion<명접>
♠ have a sudden **inspiration** 갑자기 **영감**이 떠오르다.
☐ in**spir**ing [inspáiəriŋ] ⓗ 분발케 하는; 고무하는; 영감을 주는 ☜ -ing<형접>
■ e**xpire** [ikspáiər] ⓢ **만료되다**; 숨을 내쉬다 ☜ 숨을 밖으로(ex) 내쉬다(spire)

인스톨 install (컴퓨터에 프로그램을 설치하는 것)

♣ **어원 : stall 서다, 세워놓다, 놓다; 장소**
☐ **install** [instɔ́ːl] ⓢ **설치**〔설비 · 장치〕**하다**; 취임시키다 ☜ 안에(in) 놓다(stall)
비교 instill (사상 따위를) 스며들게 하다, 주입시키다
♠ **install** a heating system in a house 집에 난방장치를 **설치하다**.
☐ in**stall**ation [ìnstəléiʃən] ⓜ **임명; 취임(식); 설치**, 설비; (보통 pl.) (설치된) **장치**
☜ install + ation<명접>
☐ in**stal(l)**ment [instɔ́ːlmənt] ⓜ **분할불입금, 할부**; 납입금; 1회분 ⓗ 할부의
☜ (조금씩) 안에(in) 놓는<넣는(stall) 것(ment<명접>)
♠ **sell on installment 할부[월부]로 팔다**
♠ **on the installment plan 분할불 판매법으로, 할부제로**

인스턴트식품 instant food (즉석 조리식품), 인스타그램 Instagram (사진 · 동영상 공유 SNS 어플리케이션. <즉석(instant) 전보(telegram)>란 뜻)

♣ **어원 : st(a), stand, stant, stead 서다, 세우다**
☐ **instant** [ínstənt/**인**스턴트] ⓗ **즉시의, 즉각의** ⓜ **즉시**, 순간; **인스턴트 식품** ☜ 가까이에(in) 서다(stand)
비교 instinct 본능, 직관, 육감
♠ **instant response 즉답**
♠ **the instant (that) ~ 《접속사적으로 쓰여》 ~하자마자**
☐ in**stant**ly [ínstəntli] ⓑ **즉시로** ☜ instant + ly<부접>
☐ in**st**ance [ínstəns/**인**스턴스] ⓜ **실례**(=example), **사례**, 예증
☜ 가까이에(in) 서(st) 있는 것(ance<명접>)
♠ **an instance** of true patriotism 진정한 애국적 행위의 **한 예**
♠ **for instance 예를 들면**(=for example)
☐ in**stant**aneous [ìnstəntéiniəs] ⓗ **즉시[즉석]의**, 순간의; 동시에 일어 나는, 동시적인
☜ instant + aneous<형접>
♠ **an instantaneous death 즉사**
☐ in**stant**aneously [ìnstəntéiniəsli] ⓑ 즉시 ☜ -ly<부접>
☐ in**stead** [instéd/인스**테**드] ⓑ **그 대신에**, 그보다도 ☜ (나서서) 안에(in) 서다(stead)
♠ Give me this **instead. 그 대신**에 이것을 주시오
♠ **instead of ~ ~대신에**(=in place of ~)
※ **food** [fuːd/푸-드] ⓜ **식품**, 식량; 영양물 ☜ 중세영어로 '자양물, 음식물, 연료'란 뜻

디스틸러즈 프라이드 Distiller's Pride (미국 켄터키주(州) 페어필드 증류소산(産) 버본 위스키. <증류업자의 자부심>이란 뜻)

♣ **어원 : still 떨어뜨리다**

■ **still** [stil] (명) 증류기, 증류소 (동) 증류하다 ☜ di**still**의 두음소실

■ di**stil(l)** [distíl] (동) **증류하다** ☜ 아래로(di=down) 떨어뜨리다(still)

■ di**still**er [distílər] (명) **증류자**; 증류주 제조업자; 증류기 ☜ -er(사람/기계)

□ in**stil(l)** [instíl] (동) (사상 따위를) **스며들게 하다**, 주입시키다
☜ 안으로(in) 떨어뜨리다(still)
♠ **instill** confidence in a person 아무에게 자신감을 **심어주다**

※ **pride** [praid/프라이드] (명) **자랑, 자존심**, 긍지 ☜ 고대영어로 '자존심'

스팅 sting (미국 범죄영화. <사기>란 뜻)

1978년 개봉한 미국의 코미디/범죄영화. 폴 뉴먼, 로버트 레드포드 주연. 1929년 대공황 직후 미국 시카고의 지하범죄 세계에서 두 사기꾼의 두목의 죽음에 대한 복수를 그린 영화. 세기의 명화. <출처 : Naver영화 / 요약인용>

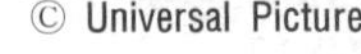
© Universal Pictures

♣ **어원 : sting, stinc, stig 찌르다, 자극하다**

■ **sting** [stiŋ] (동) (-/**stung/stung**) **찌르다**, 괴롭히다, **자극하다**; 속이다
(명) **찌르기**, 쏘기; **자극**; 격통; **사기**
☜ 고대영어로 '뾰족한 것으로 찌르다'란 뜻

□ in**stinc**t [ínstiŋkt] (명) **본능**; 직관, 직감
☜ (잠재의식) 안으로(in) 찌르(stinc) 기(t)
♠ **animal instincts 동물 본능**

□ in**stinc**tive [instíŋktiv] (형) **본능적인**, 직감(직관)적인 ☜ -tive<형접>
♠ Birds have an **instinctive** ability to fly. 새는 **본능적**으로 나는 능력이 있다.

□ in**stinc**tively [instíŋktivli] (부) **본능적으로**, 직감적으로 ☜ -ly<부접>

✚ di**stinc**t **별개의; 뚜렷한** di**sting**uish **구별하다**, 분별(식별)하다 e**xtinc**t (불이) **꺼진**, 사멸한; 끝난; 멸종한 e**xting**uish (불을) **끄다**; (화재를) **진화하다** pre**stig**e **위신**, 명성, 신망; 세력

스탠드 stand (세움대; 관람석)

♣ **어원 : st(a), stitu(te) 서다, 세우다**

■ **stand** [stænd/스땐드/스탄드] (동) (-/**stood/stood**) **서다, 서 있다**
☜ 라틴어로 '서있는(sta) 것/곳(nd)'이란 뜻

■ con**stitute** [kάnstətjùːt/kɔ́n-] (동) **구성하다**, 조직(설립)하다
☜ 함께(con<com) 세워놓다(stitute)

■ con**stitut**ion [kὰnstətjúːʃən/kɔ̀n-] (명) **구성**, **체질, 헌법, 정체** ☜ -ion<명접>

□ in**stitute** [ínstətjùːt] (동) **세우다, 설립하다**; 실시하다 (명) **기관, 연구소; 대학**
☜ 안에(in) 세우다(stitute)
♠ **institutes** of higher education 고등 교육 **기관들**

□ in**stitut**ion [ìnstətjúːʃən] (명) **학회**, 협회; **설립**, 창립; **제도, 관례; 공공시설** ☜ -ion<명접>

□ in**stitut**ional [ìnstətjúːʃənəl] (형) **제도[조직]상의**; 기관의 ☜ -al<형접>

□ in**stitut**ionalize [ìns-tətjúʃənəlàiz/-tjúː-] (동) 규정하다, 제도화[획일화]하다; 공공시설에 수용하다; ~을 협회[학회 등]로 하다 ☜ -ize<동접>

□ in**stitut**or [ínstətjùːtər] (명) 설립자, 제정자 ☜ -or(사람)

인프라 infrastructure (사회기반시설)

♣ **어원 : stru(ct), stroy 세우다, 건축하다**

※ **infra** [ínfrə] (부) 《L.》 아래에, 아래쪽에 ☜ 라틴어로 '아래의'란 뜻

■ **struc**ture [strʌ́ktʃər] (명) **구조(물)**, 건축물; 기구, 조직, 체계; 사회 구조
☜ 세운(struct) 것(ure<명접>)

■ infra**struct**ure [ínfrəstrəktʃər] (명) 하부 조직(구조), 기반; 기초 구조, 토대
☜ 아래의<기반(infra) 구조(structure)

□ in**struct** [instrʌ́kt] (동) **가르치다; 지시[명령]하다**, 훈련하다 ☜ (마음) 속에(in) 세우다(struct)
♠ **instruct** students in English 학생들에게 영어를 **가르치다**.
♠ **be instructed in ~ ~에 정통하다**
She **is instructed in** the subject. 그녀는 그 주제**에 대해 정통하다**

□ in**struct**ion [instrʌ́kʃən] (명) 훈련, **교수**, 교육, 교훈; (pl.) **지시**, 지령, **훈령**, 명령
☜ instruct + ion<명접>

♠ follow **instructions 지시**를 따르다

☐ in**struct**ive [instrʌ́ktiv] ⓗ 교훈〔**교육**〕**적인** ☜ instruct + ive<형접>

☐ in**struct**or [instrʌ́ktər] ⓜ (fem. -tress) **교사**, 교관, 강사 ☜ instruct + or(사람)

☐ in**stru**ment [ínstrəmənt] ⓜ 기구(器具), **도구; 기계, 계기; 악기**
☜ 안에(in) 쌓는데(stru) (필요한) 것(ment<명접>)
♠ **medical instruments 의료 기구**

☐ in**stru**mental [ìnstrəméntl] ⓗ 기계(器械)의, 기계를 쓰는; 유효한, **수단이 되는**
☜ instrument + al<형접>

✚ con**struct 조립하다; 세우다**, 건조〔축조 · 건설〕하다 de**struct 파괴;** 파괴용의; **파괴하다**
de**stroy 파괴하다**, 부수다; 멸망시키다; 파괴되다 ob**struct 막다; 차단하다**; 방해하다

오다 < 오더 order (주문), 서브오더 serve order ([배구] 선수들의 서브 순서)

♣ **어원 : ord(er), ordin 질서, 순서, 서열, 위치, 계급; 명령, 주문; 정하다**

※ **serv**e [səːrv/써-브] ⓢ **섬기다**, 시중들다, 봉사하다
☜ 중세영어로 '~에게 습관적으로 복종하다'란 뜻

■ **order** [ɔ́ːrdər/**오**-더] ⓜ (종종 pl.) **명령, 주문**; **순서**, 정돈, 질서 ⓢ **주문[명령]하다,** 정돈하다 ☜ 고대 프랑스어로 '규칙, 종교적 질서', 라틴어로 '줄, 열; 배열'이란 뜻

■ sub**ordin**ate [səbɔ́ːrdənit] ⓗ **하급의**; 종속의 ⓜ 하급자, 부하 ⓢ 하위에 두다
☜ 아래(sub) 서열/계급(ordin) + ate<동접/형접/명접>

☐ insub**ordin**ate [ìnsəbɔ́ːrdənit] ⓗ 고분고분〔순종〕하지 않는, 반항하는 ⓜ 순종하지 않는 사람, 반항자 ☜ in(=not/부정) + subordinate(순종하는)
♠ **insubordinate to** one's superiors 윗사람**에게 순종치 않는**

☐ insub**ordin**ation [ìnsəbɔ̀ːrdənéiʃən] ⓜ 불순종, 반항 ☜ -ation<명접>

픽션 fiction (꾸며낸 이야기), 논픽션 nonfiction (사실적 기록)

♣ **fic, fac 만들다(= make)**

■ **fic**tion [fíkʃən/**픽**션] ⓜ **소설, 꾸며낸 이야기** ☜ 만들어 낸(fic) 것(tion<명접>)

■ non**fic**tion [nʌnfíkʃən] ⓜ **논픽션**, 소설이 아닌 산문 문학(전기 · 역사 · 탐험 기록 등)
☜ 만든 것(fiction)이 아닌(non)

■ suf**fic**ient [səfíʃənt/써**퓌**션트] ⓗ **충분한**, 충족한, 적당한
☜ 아래에(suf<sub) 만들어(fic) (쌓아) 둔(ient<형접>)

☐ insuf**fic**ient [ìnsəfíʃənt] ⓗ **불충분한**, 부적당한(=inadequate) ☜ in(=not/부정) + sufficient(충분한)
♠ **He's insufficient for** the job. 그는 그 일**에 부적합하다.**

☐ insuf**fic**iently [ìnsəfíʃəntli] ⓟ 불충분하게; 부적당하게 ☜ -ly<부접>

■ **fac**tory [fǽktəri/**팩**터리] ⓜ **공장** ☜ 만드는(fac) 곳(tory=place)

캡슐 capsule (두 부분이 붙어 밀폐되어 있는 작은 수용성 알약)

♣ **어원 : sul(e) 감싸다; 섬**

■ cap**sul**e [kǽpsəl/-sjuːl] ⓜ (약 · 우주 로켓 등의) **캡슐**; 요약
☜ 덮개<모자(cap)를 감싸고(sul) 있는 것(e)

■ penin**sul**a [pinínsələ, -sjə-] ⓜ 반도; (the P-) 이베리아 반도《스페인과 포르투갈》
☜ (대륙의) 안에(in) 매달려(pen<pend) 감싸고(sul) 있는 것(a)

■ penin**sul**ar [pinínsələr, sjə-] ⓗ 반도(모양)의; (P-) Iberia 반도의 ☜ -ar<형접>

☐ in**sul**ar [ínsələr, -sjə-] ⓗ 섬사람의; 편협한(=narrowminded) ☜ 섬(sul) 안(in) 의(ar)
♠ **insular** prejudices **섬나라적인** 편견

☐ in**sul**arity [ìnsəlǽrəti] ⓜ 섬(나라)임; 고립; 섬나라 근성, 편협 ☜ -ity<명접>

☐ in**sul**ate [ínsəlèit, -sjə-] ⓢ 격리(隔離)하다, 고립시키다(=isolate)
☜ 섬(sul) 안(in)으로 가두다(ate)
♠ **insulate** a patient 환자**를 격리하다**

☐ in**sul**in [ínsəlin, -sjə-] ⓜ **인슐린**《췌장에서 분비되는 단백질 호르몬; 당뇨병 치료제》
☜ 라틴어로 '섬'이란 뜻. 섬(sul) 안(in)에 있는 것(in<화학 접미사>)

컨설턴트 consultant (상담역, 자문, 고문)

♣ **어원 : suit, xult, sault, sail, sal 뛰다**

■ con**sult** [kənsʌ́lt] ⓢ **의견[충고]를 구하다, 상담하다** ☜ 함께(con<com) 뛰다(sult)

■ con**sult**ant [kənsʌ́ltənt] ⓜ 의논상대, (회사의) **컨설턴트**, 고문, 자문 ☜ -ant<명접>

☐ in**sult** [ínsʌlt] ⓜ **무례, 모욕** ⓢ **모욕을 주다** ☜ 속(in)에서 (심장이) 뛰다(sult)
♠ Stop all these **insults**. 남을 **모욕**하는 짓거리들 그만둬라.

☐ in**sult**ing [insʌ́ltiŋ] ⓗ 모욕적인, 무례한 ☜ -ing<형접>

✚ ex**ult** **기뻐 날뛰다** as**sault** **강습, 습격** re**sult** **결**과, 결말, 성과, 성적 **sal**ly 출격, 돌격

슈퍼맨 superman ([영화] 크립톤 행성에서 와서 지구를 지키는 초인 · 영웅) 슈퍼 super (콩글 가게, 상점) ➔ store, convenience store, grocery store)

♣ **어원 : super- 이상, 과도, 극도, 초월; 위, 너머**

© Alexander Salkind, Dovemead Films

■ **super** [sú:pər/**쑤**-퍼/sjú:pər/**슈**-퍼] ⓜ 단역(端役), 엑스트라(배우) ⓗ《구어》**최고(급)의**, 극상의, **특대의**; 초고성능의
☜ 라틴어로 '(평범함) 이상의; 훌륭한)'이란 뜻

■ **super**man [sú:pərmæ̀n/sjú:pər-] ⓜ (pl. **-men**) **슈퍼맨**, 초인; (S-) 슈퍼맨《미국 만화 · 영화 주인공인 초인》 ☜ 초인(超人)
⇦ 초월하는(super) 남자(man) ★ '슈퍼맨'은 일부 영국인의 발음이고, 대부분 '수퍼맨'으로 발음한다.

■ **super**able [sú:pərəbəl] ⓗ 이길(정복할) 수 있는
☜ 넘을(super) 수 있는(able)

☐ in**super**able [insú:pərəbəl] ⓗ 정복할 수 없는, 무적(無敵)의
☜ in(=not/부정) + 넘을(super) 수 있는(able)
♠ **an insuperable obstacle** in the way of ~
~의 전도(前途) 에 놓여 있는 극복하기 힘든 장애

I

인슈어테크 InsurTech (IT 기술을 보험산업에 적용한 개념)

인슈어테크(InsurTech)란 인공지능(AI), 블록체인, 핀테크 등의 IT 기술을 보험산업에 적용한 개념이다. 영어의 Insurance(보험)와 Technology(기술)의 합성어이다. <출처 : 위키백과>

♣ **어원 : sur(e) 확실한, 안전한, 틀림없는; 확신하다, 보증하다**

■ **sure** [ʃuər/슈어] ⓗ **확신하는, 틀림없는** ⓟ **확실히**
☜ 중세영어로 '공격으로부터 안전한'이란 뜻

■ as**sure** [əʃúər/어**슈**어] ⓢ **~에게 보증[보장]하다, 안심시키다**
☜ 에게(as<ad=to) 확신시키다(sure)

■ en**sure** [enʃúər] ⓢ **~을 책임지다, 보장하다**, 안전하게 하다 ☜ 안전하게(sure) 만들다(en)

☐ in**sur**able [inʃúərəbəl] ⓗ 보험을 걸 수 있는, 보험의 대상이 되는
☜ (누군가를) 확신(sure) 속에(in) 둘 수 있는(able)

☐ in**sur**ance [inʃúərəns] ⓜ **보험**(계약), 보험금 ☜ -ance<명접>
♠ **pay one's insurance 보험료를 내다**

☐ in**sur**ant [inʃúərənt] ⓜ 보험 계약자; 피보험자 ☜ -ant(사람)

☐ in**sure** [inʃúər] ⓢ **보증하다, 보험에 들다** ☜ (누군가를) 확신(sure) 속에(in) 두다
♠ The painting **is insured for** $1 million.
그 그림은 백만 달러의 **보험에 들어 있다**.

☐ in**sure**d [inʃúərd] ⓗ 보험에 든 ⓜ 피보험자 ☜ -ed<수동 형접/객체>

☐ in**sure**r [inʃúərər] ⓜ 보험 회사, 보험업자; 보증인 ☜ -er(사람, 주체)

※ **techno**logy [teknɑ́lədʒi/-nɔ́l-] ⓜ **과학기술, 테크놀로지**; 공예(학); 전문어; 응용과학
☜ 기술(techno) 학문(logy)

윈드서핑 wind surfing (판(board) 위에 세워진 돛에 바람을 받으며 파도를 타는 해양 스포츠), 인터넷 서핑 web surfing

♣ **어원 : sur(g), sour 파도; 오르다, 일어나다**

< wind surfing >

※ **wind** [wind/윈드, 《시어》 waind] ⓜ **바람** ⓢ **감다, 돌리다; 굽이치다** ☜ 고대영어로 '움직이는 공기'란 뜻

■ **surf** [səːrf] ⓜ (해안에) **밀려드는 파도**, 밀려 와서 부서지는 파도 ⓢ 서핑을(파도타기를) 하다; 『컴퓨터』 검색하다
☜ 중세인도어로 '몰아치는(sur) 것(f)'란 뜻

■ **surg**e [səːrdʒ] ⓢ **파도처럼 밀려오다** ⓜ **큰 파도; 격동**
☜ 라틴어로 '일어나는/떠오르는(surg) 것(e)'란 뜻

☐ in**sur**rection [ìnsərékʃən] ⓜ 반란, **폭동**, 봉기
☜ ~를 향해(in<into) 들고 일어나(sur) 곧바로(rect) 향하는 것(ion<명접>)
♠ raise (rise in) **insurrection 모반[반란]**을 일으키다

☐ in**surg**ent [insə́:rdʒənt] ⓗ 모반하는, 폭동을 일으킨 ⓜ 폭도, 반란자
☜ ~를 향해(in<into) 들고 일어(surg) 난(ent<형접>)

☐ in**surg**ence, -ency [insə́:rdʒəns], [-i] ⓜ 모반, 폭동, 반란 ☜ -ence/ency<명접>

✚ **sour**ce **원천, 근원, 출처**, 근거　re**sour**ce **자원; 수단; 지략**, 기지

기브 앤 테이크 give-and-take (주고받기), 테이크아웃 takeout (사 가지고 가는 음식)

※ **give**　[giv/기브] ⓢ (-/**gave**/**given**) **주다** ☜ 고대영어로 '하늘이 주다'란 뜻
※ **and**　[ənd/언드, nd, ən, n; (강) ænd/앤드] ⓙ **~와, 그리고**
☜ 고대영어로 '그래서, 그 다음'이란 뜻
■ **take**　[teik/테익] ⓢ (-/**took**/**taken**) **받다, 잡다, 취하다**
☜ 고대 노르드어로 '취하다'란 뜻
■ **take**out　[téikàut] ⓜ 지출; 《미》 사 가지고 가는 음식 (《영》 takeaway)
☜ 밖으로(out) 취하다(take)
□ in**take**　[íntèik] ⓜ (물 · 공기 · 연료 따위를) 받아들이는 입구, **흡입구**
☜ 안으로(in) 취하다(take)
♠ the air〔fuel〕 **intake** 공기 **흡입구**〔연료 **주입구 · 주유구**〕

< give-and-take >

태그아웃 tag out ([야구] 공 또는 공이 든 글로브를 직접 주자의 신체에 접촉해 아웃시키는 것)

♣ **어원 : tag, tang, tact, tach, teg(r) 접촉하다(=touch)**
■ **tag**　[tæg] ⓜ **태그, 꼬리표, 늘어진 끝[장식]; 터치아웃** ⓢ **꼬리표를 달다; 붙잡다** ☜ 중세영어로 '접촉하다'란 뜻
■ **tact**　[tækt] ⓜ **재치**, 기지(機智) ☜ 라틴어로 '촉감'이란 뜻에서
□ in**tact**　[intǽkt] ⓗ **본래대로의**, 손대지 않은(=untouched), 완전한
☜ 손대지(tact) 않은(in=not)
♠ keep 〔leave〕 intact 손을 대지 않고 그대로 두다
□ in**tang**ible　[intǽndʒəbəl] ⓗ **만질 수 없는**; 실체가 없는
☜ in(=not/부정) + 만질(tang) 수 있는(ible)
♠ **intangible** assets **무형** 자산 《특허권 · 영업권 따위》
□ in**tang**ibly　[intǽndʒəbəl] ⓗⓜ 만질 수 없는 (것); 무형의 (것) ☜ -y<형접/명접>
□ in**tang**ibility　[intændʒəbíləti] ⓜ 손으로 만질 수 없음; 파악할 수 없음
☜ in(=not/부정) + 만질(tang) 수 있음(ibility)
□ in**tegr**al　[íntigrəl] ⓗ **완전한**(=entire); 필수의(=essential)
☜ 손댈(tegr) (필요가) 없(in=not) 는(al<형접>)
□ in**tegr**ate　[íntəgrèit] ⓢ 통합하다(=unify), 구성하다 ☜ -ate<동접>
♠ The theory **integrates** his research findings.
그 이론은 그의 연구결과를 **집대성한 것이다**
□ in**tegr**ation　[ìntəgréiʃən] ⓗ **통합**; 완성, 집성 ☜ -ation<명접>
□ in**tegr**ity　[intégrəti] ⓗ **완전(성); 성실**, 고결 ☜ -ity<명접>
♠ a man **of integrity 성실한** 사람
※ **out**　[aut/아웉] ⓑ **밖에[으로], (꽃이) 피어서; 큰 소리로; 마지막까지, 벗어나서**
☜ 고대영어로 '밖, ~이 없는'이란 뜻

✚ con**tact 접촉; 접촉[연락]하다**　con**tag**ious **전염성의**, 옮기 쉬운　**tang**ible **만져서 알 수 있는**

컬렉션 collection (물품을 수집해 모은 것) 아이큐 IQ (지능지수), 인텔리(겐차) intelligentsia (지식계급)

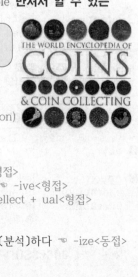

THE WORLD ENCYCLOPEDIA OF COINS & COIN COLLECTING

♣ **어원 : lect, leg, lig 고르다, 뽑다, 모으다**
■ col**lect**　[kəlékt/컬**렉**트] ⓢ **모으다**, 수집하다; **모이다**
☜ 모두(col<com) 모으다(lect)
■ **collection**　[kəlékʃən] ⓜ **수집**, 채집 ☜ 모두(col<com) 모으(lect) 기(ion)
□ intel**lect**　[íntəlèkt] ⓜ **지력**(知力), **지성; 지식인**
☜ 여럿 중에서(intel<inter) 선택할 수(lect) 있는 능력
♠ **a man of intellect 지성인**
□ intel**lect**ion　[ìntəlékʃən] ⓜ 지적 작용, 사고, 이해; 개념, 관념 ☜ -ion<명접>
□ intel**lect**ive　[ìntəléktiv] ⓗ 지능의, 지력의; 지적인; 이지적인, 총명한 ☜ -ive<형접>
□ intel**lect**ual　[ìntəléktʃuəl] ⓗ **지적인**, 지력의 ⓜ **지식인**, 식자 ☜ intellect + ual<형접>
♠ the **intellectual** faculties 〔powers〕 **지적** 능력
□ intel**lect**ually　[ìntəléktʃuəli] ⓑ 지적으로 ☜ -ly<부접>
□ intel**lect**ualize　[ìntəl-éktʃuəlàiz] ⓢ 지적으로 생각하다; 지성적으로 처리〔분석〕하다 ☜ -ize<동접>
□ intel**lig**ence　[intélədʒəns] ⓜ **지능, 지성; 정보** ☜ -ence<명접>
♠ **intelligence agent 정보원, 간첩**

♠ **Intelligence Quotient 지능지수, 아이큐** 《약 IQ, I.Q.》
♠ **intelligence satellite 첩보위성**

☐ intel**lig**ent [intélədʒənt] [형] **지적인, 이해력이 뛰어난**, 영리한 ☜ -ent<형접>
♠ an **intelligent** child **총명한** 아이

☐ intel**lig**ential [intèlədʒénʃəl] [형] 지력(知力)의, 지적(知的)인; 정보를 주는 ☜ -ial<형접>

☐ intel**lig**ently [intélədʒəntli] [부] **총명하게**, 이해력이 뛰어나서 ☜ -ly<부접>

☐ intel**lig**entsia, -tzia [intèlədʒéntsiə, -gén-] [명] 《러》 (보통 the ~) [집합적] 지식 계급, **인텔리겐차**
☜ 러시아어로 '지식계급'이란 뜻

☐ intel**lig**ible [intélədʒəbl] [형] **이해할 수 있는**, 알기 쉬운
☜ 여럿 중에서(intel<inter) 선택할 수(leg) 있는(ible)

☐ intel**lig**ibly [intélədʒəbli] [부] 알기 쉽게, 명료하게 ☜ ibly<ible의 부사형 접미사>

✚ el**ect** **선거하다**, 뽑다, 선임하다 sel**ect** **선택하다**, 고르다, 선발하다, 발췌하다, 뽑다

텐트 tent (천막)

♣ 어원 : **tent, tend, tense 팽팽하게 뻗히다, 펼치다, 늘리다, 넓히다, 당기다**

■ **tent** [tent/텐트] [명] **텐트, 천막** ☜ 초기 인도유럽어로 '펼치다'

■ **tend** [tend/텐드] [동] **~하는 경향이 있다**; 돌보다, 시중들다
☜ (어느 한쪽으로 관심이) 뻗치다

☐ in**tend** [inténd/인**텐**드] [동] **~할 작정이다, 의도하다** ☜ (마음) 속에서(in) 늘리다(tend)
♠ I **intend to** go there. = I **intend** going there. 거기에 **갈 작정이다**

☐ in**tend**ed [inténdid] [형] 기도된, 고의의 ☜ ~할 작정(intend) 인(ed<형접>)

☐ in**tense** [inténs] [형] (-<-s**er**<-s**est**) **강한**, 격렬한 ☜ 내부로(in) 팽팽하게 뻗힌(tense)
♠ an **intense** light **강렬한** 빛

☐ in**tense**ly [inténsli] [부] **강렬하게**, 격하게; 열정적으로 ☜ -ly<부접>

☐ in**tense**ness [inténsnis] [명] 강함, 격렬함; 열광적임 ☜ -ness<명접>

☐ in**tens**ify [inténsəfài] [동] **세게 하다**, 강렬하게 만들다 ☜ -fy(~하게 만들다<동접>)
♠ **intensify** one's efforts **더 한층** 노력**하다**

☐ in**tens**ity [inténsəti] [명] **강렬, 격렬; 강도**, 세기 ☜ -ty<명접>
♠ the degree of **intensity 세기**의 정도

☐ in**tens**ive [inténsiv] [형] **강한**; 철저한 [명] 강조어 ☜ -ive<형접/명접>

☐ in**tens**ion [inténʃən] [명] **세기**, 강도; 강화, 증강 ☜ -ion<명접>

☐ in**tent** [intént] [명] **의향, 목적, 의지** [형] 집중된, 열심인 ☜ (마음) 속에서(in) 늘리다(tent)
♠ **with evil** (good) **intent 악의** (선의)**를 가지고**
♠ **be intent on** (upon) ~ **~에 열심이다, ~에 여념이 없다**
He is **intent on** his studies. 그는 학문**에 여념이 없다**.

☐ in**tent**ly [inténtli] [부] **열심히**, 일사불란하게, 오로지 ☜ -ly<부접>

☐ in**tent**ion [inténʃən] [명] **의향, 의지**; 목적 ☜ -ion<명접>
♠ **without intention 무심코, 아무 생각없이**
♠ **Hell is paved with good intentions. 《속담》 지옥에의 길은 선의로 깔려 있다, 개심하려고 다짐하면서도 지옥으로 가는 사람이 많다.**
♠ **have the best (of) intentions 선의를 가지다**
♠ **with the intention of ~ing ~할 의도로[생각으로]**

☐ in**tent**ional [inténʃənəl] [형] 계획적인, **고의의**, 일부러의 ☜ -al<형접>
♠ an **intentional** insult **의도적인** 모욕

☐ in**tent**ionally [inténʃənəli] [부] 계획적으로, 고의로 ☜ -ly<부접>

✚ at**tent**ion **주의, 주목** at**tend** **~에 출석하다; 시중들다** con**tend** **다투다, 경쟁하다**
ex**tend** **뻗히다**, **늘리다**, **넓히다**, **베풀다** **tens**ion **긴장(상태)**, 절박

액션영화 an action film [movie] (활극영화) * film 필름, 영화 movie 영화

♣ 어원 : **act 행위, 법령, 막(幕)**

■ **act** [ækt/액트] [동] **행하다**(=do); 연기하다(=play) [명] **행위**(=deed); 법령
☜ 라틴어로 '움직이다, 움직이게 하다'란 뜻

■ **act**ion [ǽkʃən/**액**션] [명] **활동, 행동, 동작; 연기**; 작용, 기능 ☜ -ion<명접>

☐ inter**act** [intərǽkt] [동] 상호 작용하다 ☜ 둘 사이에(inter) 작용하다(act)

☐ inter**act**ion [intərǽkʃən] [명] **상호 작용**(영향) ☜ ~사이에(inter) 행하는(act) 것(ion<명접>)
♠ social **interaction** 사회적 **상호 작용**

악세서리 accessory ([콩글] 보석류) ➔ jewelry

♣ 어원 : cess, cease, cede, ceed 가다, 오다

■ ac**cess**ory, -ary [æksésəri] [명] (보통 pl.) 부속물; 부속품, **액세서리**
☜ ~로(ac<ad=to) 따라 가는(cess) 것(ory<명접>)

■ ex**ceed** [iksíːd] [동] (수량·정도·한도·범위를) **넘다, 초과하다**
☜ 외부로(ex) 넘쳐 나가다(ceed)

□ inter**cede** [ìntərsíːd] [동] 중재[조정·탄원]하다
☜ 둘 사이로(inter) 가다(cede)
♠ **intercede on somebody's behalf ~를 대신해 중재를 요청하다.**

□ inter**cess**ion [ìntərséʃən] [명] 중재, 조정; 탄원 ☜ 둘 사이로(inter) 가(cess) 기(ion<명접>)

✚ ne**cess**ary **필요한, 없어서는 안 될** pro**ceed** **나아가다, 전진하다** re**cede** **물러나다**, 퇴각하다

컨셉 concept (개념)

♣ 어원 : cept, ceit, ceive, cip 취하다, 잡다(=take)

■ con**cept** [kάnsept/kɔ́n-] [명] 〖철학〗 **개념**, 생각; 구상(構想), 발상 ☜ 완전히(con<com/강조) 취하기(cept)

□ inter**cept** [ìntərsépt] [동] **도중에서 빼앗다**(붙잡다), 가로채다; 〖군사〗 (적기·미사일을) 요격하다 [명] 가로채기; 차단, 방해; 〖군사〗 (적기·미사일 등에 대한) 요격; 〖경기〗 **인터셉트**
☜ 사이에서(inter) 취하다(cept) [비교] incept 섭취하다; 《고어》 시작하다.
♠ **intercept** a missile 미사일을 **요격하다**

□ inter**cept**ion [ìntərsépʃən] [명] 가로막음, 차단; 방해; 〖군사〗 요격, 저지; 〖경기〗 **인터셉션**
☜ intercept + ion<명접> [비교] inception 시작, 개시, 발단

□ inter**cept**or, -er [ìntərséptər] [명] 가로채는(저지하는, 가로막는) 사람(것); 〖군사〗 요격기
☜ intercept + or(사람/장비)

✚ anti**cip**ate **기대하다, 예상하다** con**ceit** 자부심, **자만** de**ceive** 속이다, 기만하다 ex**cept** **~을 제외하고; ~을 빼다, 제외하다** parti**cip**ate **참가하다** per**ceive** **지각**(知覺)**하다**, 감지하다; **이해하다** re**ceive** **받다**, 수령하다

체인지업 change-up ([야구] 속구 모션으로 타자를 속이는 완구)
인터체인지 interchange (고속도로의 입체 교차점)

체인지업이란 야구에서 투수가 던지는 공의 구질 중의 하나이다. 투수가 직구와 동일한 포즈로 공을 던지지만 플레이트 근처에 이른 공은 갑자기 아래로 휘어지며 속도가 뚝 떨어지는 구질이다. 빠른 직구를 예상했던 타자들을 속여 베트를 휘두르는 타이밍을 놓치게 한다. <출처 : 두산백과 / 요약인용>

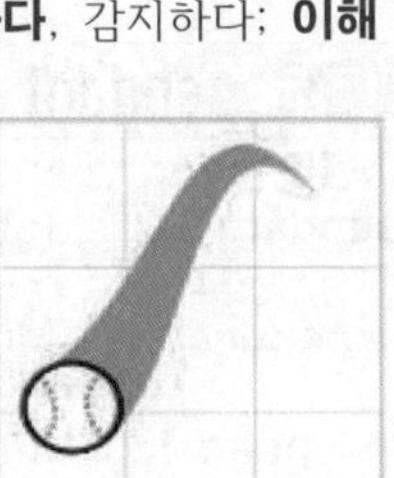

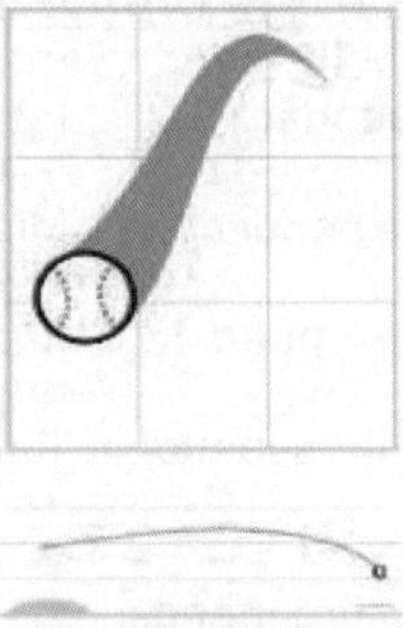
< Change-up >

♣ 어원 : change 바꾸다, 교환하다, 변하다

■ **change** [tʃeindʒ/췌인쥐] [동] **바꾸다**; 교환하다; 변하다; 갈아타다; (옷을) 갈아입다 [명] **변화; 거스름돈, 잔돈**
☜ 고대 프랑스어로 '바꾸다'란 뜻

■ **change**-up [tʃéindʒʌp] [명] 〖야구〗 = change of pace; (자동차 기어의) 고속 변환
☜ 위로<고속으로(up) 바꾸다(change)

□ inter**change** [ìntərtʃéindʒ] [동] **서로 교환하다** [명] 상호 교환, 교체; (고속도로의) 입체교차(점), **인터체인지** ☜ 서로(inter) 교환하다(change)
♠ **interchange** opinions freely 서로 자유로이 의견을 **나누다**

□ inter**change**able [ìntərtʃéindʒəbl] [형] 교환할 수 있는, 바꿀 수 있는; 교체할 수 있는
☜ -able(~할 수 있는)

✚ ex**change** **교환하다**, 바꾸다 un**change**d 불변의, **변하지 않는**, 본래 그대로의

커뮤니케이션 communication (의사소통)
파리 코뮌 the Commune (of Paris) (파리혁명정부)

1789년 프랑스 혁명 이후 1871년 3월 28일부터 5월 28일 사이에 파리 시민과 노동자들의 봉기에 의해서 수립된 혁명적 자치정부

< 파리코뮌 포스터 >

♣ 어원 : communi, common 공동의, 공공의; 나누다, 공유하다

■ **commune** [kάmjuːn/kɔ́m-] [명] **코뮌** 《중세 유럽제국의 최소 행정구》; 지방자치체; (공산권의) 인민공사 정부》; [동] 〖문어〗 **친하게 사귀다 [이야기하다]** ☜ 라틴어로 '공동의, 일반의'란 뜻

■ **communi**cation [kəmjùːnəkéiʃən] [명] **전달, 통신; 교통수단**
☜ 공동으로/서로 나눔을(communi) 만드는(ate) 것(ion<명접>)

I

□ inter**communi**cate [ìntərkəmjúːnəkèit] ⓢ 서로 왕래(연락, 교제)하다; (방 등이) 서로 통하다; (정보 등을) 교환하다 ☜ 서로(inter) 통하다(communicate)
□ inter**communi**cation [ìntərkəmjúːnəkèiʃən] ⓜ 상호의 교통, 교제, 상호 연락; 교통로 ☜ 서로(inter) 통하(communicate) 기(ion<명접>)
♠ **intercom**munication system **인터콤**, 상호 통신 방식, 선내 통화 장치

커넥션 connection (연결, 거래처), 커넥터 > 콘넥터 connector (연결기)

♣ **어원 : nect 묶다, 연결하다**
■ con**nect** [kənékt/커**넥**트] ⓢ **잇다, 연결하다** ☜ 함께(con<com) 묶다(nect)
■ con**nect**ion, 《영》 con**nex**ion [kənékʃən] ⓜ **연결, 결합; 접속; 관계** ☜ connect + ion<명접>
■ con**nect**or, -er [kənéktər] ⓜ 연결하는 것; 연결기; 연결관; 『전기』 접속용 소켓 ☜ connect + or/er(기기, 장비)
□ intercon**nect** [ìntərkənékt] ⓢ 서로 연락(연결)시키다(하다); (여러 대의 전화를) 한 선에 연결하다 ⓜ (전화에 의한) 내부 연락(통화) ☜ 서로(inter) 연결하다(connect)
♠ **connect the interconnect cables to ~ ~에 상호 연결 케이블을 연결하다.**
□ intercon**nect**ion, 《영》 -nexion ⓜ 상호 연락(연결) ☜ -ion<명접>

코스 course (진로)

■ **course** [kɔːrs/코오스] ⓜ **진로**, 행로; **코스**, 침로; 진행, 진전, 추이; 방침, 방향 ☜ 라틴어로 '달리기, 여행; 방향'이란 뜻
□ inter**course** [íntərkɔ̀ːrs] ⓜ (인간의) **교제**, 교류; **성교**(=sexual ~) ☜ 서로간의<상호(inter) 진행(course)
주의 오늘날에는 흔히 '성교'를 암시하므로 사용에 주의가 요구됨.
♠ **friendly intercourse 친교**

펜던트 pendant (장식을 달아 늘어뜨린 목걸이)

♣ **어원 : pend, pens(e) 매달다, 무게를 달다, 계량하다**
■ **pend**ant [péndənt] ⓜ 늘어져 있는 물건, **펜던트**, 늘어뜨린 장식 《목걸이·귀고리 따위》; 부록, 부속물 ☜ 매달려 있는(pend) 것(ant)
■ de**pend**ent [dipéndənt] ⓗ **의지하고 있는**, 의존하는; 종속관계의 ⓜ 부양가족, 식객(食客) ☜ depend + ent<형접>
■ inde**pend**ent [ìndipéndənt] ⓗ **독립한**, 자주의; 독립 정신이 강한 ⓜ 무소속인 사람(의원) ☜ -ent<형접>
□ interde**pend**ent [ìntərdipéndənt] ⓗ 서로 의존하는, 서로 돕는 ☜ 서로 간에(inter) 의지하(depend) 는(ent<형접>)
♠ **interdependent** economies (relationships) **상호의존적인** 경제(국가들) (관계)
□ interde**pend**ence, -ency [ìntərdipéndəns], [-ənsi] ⓜ 상호 의존(성) ☜ 서로 간에(inter) 의지하는(depend) 것(ence/ency<명접>)

✚ de**pend** **~에 의지하다** inde**pend**ence **독립**, 자주 **pens**ion **연금**, 부조금 sus**pend** **(매)달다**

딕셔너리 dictionary (사전)

♣ **어원 : dic, dict 말, 말하다**
■ **dic**tionary [díkʃənèri/**딕**셔네뤼, -ʃənəri] ⓜ **사전**, 사서, 옥편 ☜ 말하는(dic) 것(tion)의 모음(ary)
□ inter**dict** [ìntərdíkt] ⓢ 금지[제지·차단·방해]하다 ☜ ~사이에서(inter) (하지 말라고) 말하다(dict)
♠ **interdict ~ from an action**
~에게 어떤 행동을 하는 것을 금하다
□ inter**dict**ion [ìntərdíkʃən] ⓜ 금지, 금제(禁制), 정지 ☜ -ion<명접>
□ inter**dict**ory [ìntərdíktəri] ⓗ 금지의 ☜ -ory<형접>

✚ bene**dict**ion **축복; 감사**; 기도 contra**dict**ion **부정; 모순** **dict**ate **구술하다**, 받아쓰게 하다 **dict**ator 구술자; **독재자**, 절대 권력자 pre**dict**ion **예언; 예보**

인터넷 internet (세계규모의 컴퓨터 통신망)

♣ **어원 : inter ~사이에**
■ **Inter**net [íntərnèt] ⓜ **인터넷** 《국제적 컴퓨터 네트워크》 ☜ ~사이의(inter) 그물망(net)
□ **inter**est [íntərest/**인**터뤠스트] ⓜ **관심, 흥미; 중요성; 이익** ⓢ **흥미를 일으키게 하다**

☜ ~사이에(inter) 존재하다(est)
♠ **take (have) an interest in ~ ~에 흥미를[관심을] 갖다**
♠ **in the interests of ~ ~을 위하여**

□ **inter**ested [íntərestid/**인**터뤠스티드] ⓗ **흥미를 가진** ☜ interest + ed<형접>
♠ **be interested in ~ ~에 흥미가[관심이] 있다**

□ **inter**esting [íntərestiŋ/**인**터뤠스팅] ⓗ **흥미[재미]있는** ☜ interest + ing<형접>
♠ an **interesting** book **재미있는** 책

■ dis**inter**ested [disíntəristid, -rèst-] ⓗ **사심[사욕]이 없는**, 공평한, 흥미없는
☜ dis(=not/부정) + interest + ed<형접>

페이스북 facebook (인맥형성을 위한 인터넷 사회관계망 사이트)

♣ **어원 : face, fac 얼굴, 표면**

■ **face** [feis/**쀄**이스] ⓜ **얼굴; 표면** ⓓ **~에[을] 면하다; 향하다**
☜ 라틴어로 '형태, 표면, 외양'이란 뜻

■ **face**book [féisbuk/**쀄**이스북] ⓜ **페이스북** 《인맥형성을 위한 소셜 네트워크 웹사이트》 ☜ '얼굴사진첩' 이란 뜻

□ inter**face** [íntərfèis] ⓜ 중간면, 접촉면; 상호작용(전달)의 수단; 『컴퓨터』 **인터페이스** 《CPU와 단말 장치와의 연결 부분을 이루는 회로》 ⓓ 조화시키다
☜ 둘 사이의(inter) 접촉면(face)
♠ **the interface** between computer and printer
컴퓨터와 프린터 사이의 **접속회로**

■ sur**face** [sə́ːrfis/**써**어퓌스] ⓜ **표면, 수면; 외관** ☜ 위(sur)에 보이는 얼굴(face)

I

카페리 car ferry (여객과 자동차를 실어나르는 연락선)

♣ **어원 : fer 나르다, 가져가다**

※ **car** [kɑːr/카-] ⓜ **자동차** ☜ 라틴어로 '2개의 바퀴가 달린 켈트족의 전차'란 뜻

■ **fer**ry [féri] ⓜ **나룻배; 나루터**, 도선장 ☜ 나르는(fer) 것/곳(ry)

□ inter**fer**e [ìntərfíər] ⓓ **방해하다, 간섭하다** ☜ 사이에서(inter) 나르다(fer) + e
♠ **interfere with ~ ~을 방해하다, ~와 충돌하다**
interfere with a person in his affairs 아무의 일**에 간섭하다**

□ inter**fer**ence [ìntərfíərəns] ⓜ **방해; 간섭, 참견** ☜ -ence<명접>
♠ **interference** in internal affairs 내정 **간섭**

□ inter**fer**ing [ìntərfíərriŋ] ⓗ 간섭(방해)하는; 참견하는 ☜ interfere + ing<형접>

□ inter**fer**on [ìntərfíərən] ⓜ 『생화학』 **인터페론** 《바이러스 증식 억제 물질》
☜ 사이에서(inter) 나르는(fer) 물질(on<미립자 접미사>)

✚ dif**fer** **다르다** dif**fer**ence **다름**; 차이 indif**fer**ence **무관심**, 냉담 trans**fer** **옮기다, 갈아타다**

퓨전요리 fusion cuisine (여러 음식을 섞어 새로 발전시킨 요리)

♣ **어원 : fus(e), found 붓다, 섞다; 녹다**

■ **fuse** [fjuːz] ⓜ (폭뢰・포탄 따위의) **신관**(信管), 도화선; 『전기』 **퓨즈** ⓓ **녹이다, 녹다**
☜ 이탈리아어로 '(물레의 실을 감는) 가락'이란 뜻

■ **fus**ion [fjúːʒən] ⓜ **용해**(융해)물; 합동, 연합, 합병; 『물리』 핵융합; 『음악』 **퓨전** 《재즈에 록 등이 섞인 음악》 ☜ 섞는(fus) 것(ion)

□ inter**fuse** [ìntərfjúːz] ⓓ 혼입시키다(하다); 혼합하다; 침투시키다(하다); 스며들게 하다; 스며들다 ☜ ~사이로(inter) 붓다(fuse)
♠ **interfuse through the gap 틈을 통하여 (물이) 스며들다**

□ inter**fus**ion [-ʒən] ⓜ 혼입; 혼합; 침투 ☜ -ion<명접>

■ con**fuse** [kənfjúːz] ⓓ **혼동하다**, **어리둥절하게 하다**, 잘못 알다 ☜ 완전히(con<com) 섞다(fuse)

※ **cuisine** [kwizíːn] ⓜ 요리 솜씨, 요리(법) ☜ 라틴어로 '요리하다'란 뜻

인테리어 interior (콩글 실내장식) ➔ interior design [decoration]

□ **inter**im [íntərim] ⓗ **중간의; 임시의**, 한동안, 잠정의 ⓜ 중간 시기 ⓟ 그 사이에
☜ 그러는(im=this/that/이것저것) 사이에(inter)
♠ an **interim** report **중간** 보고

□ **inter**ior [intíəriər] ⓗ 안쪽의, **내부의** ⓜ (the ~) 안쪽, 내부 ☜ 더(ior) 안으로(inter)
♠ **interior** repairs **내부**수리

✚ **exter**ior 바깥쪽의, **외부의** **anter**ior 앞의, **전의** **poster**ior 후의, **뒤의**

프로젝트 project (사업계획안(案)), 제트기(機) jet airplane

< Jet Airplane >

♣ 어원 : ject, jet, jac 던지다

■ project [prədʒékt/프뤄젝트] [명] **계획(안)** [동] **계획[설계]하다**, 발사하다
☜ 앞으로<미래로(pro) 내던지다(ject)

□ interject [ìntərdʒékt] [동] **말참견하다**; 던져 넣다, 사이에 끼우다 ☜ 사이에(inter) 던지다(ject)
♠ 'You're wrong,' **interjected** Tom. "네 말은 틀렸어." 톰이 **말참견을 했다**.

□ interjection [ìntərdʒékʃən] [명] 불의에 외치는 소리, 감탄(사) ☜ -ion<명접>

✚ **jet 분출(하는)**, 사출; **제트기(의)**, 제트엔진(의) inject **주사[주입]하다** reject **거부하다**, 물리치다

라인 line (줄), 언더라인 underline (밑줄), 핫라인 hot line (긴급 직통 전화)

♣ 어원 : lin(e), lane 선, 줄, 실; 안감 ⇦ linen(아마)에서 실을 뽑은 데서

■ line [lain/라인] [명] **끈, 노끈, 밧줄; 선, 줄, 열** [동] **선[줄]을 긋다**
☜ 라틴어로 '리넨 밧줄'이란 뜻

□ interline [ìntərláin] [동] 행간에 글자를 써 넣다; (옷 등에) 심(心)을 넣다
☜ ~사이에(inter) 선을 긋다(line)
♠ **interline a draft 초고의 행간에 글씨를 써 넣다**

□ interlinear [ìntərláinər] [형] 행간의; 행간에 쓴 ☜ -ar<형접>

✚ underline **밑줄 긋다**; 강조하다; **밑줄** hot line **핫라인** 《정부 수뇌간 등의 긴급 직통 전화》
outline **윤곽**; 개요; 테두리, **아우트라인**; ~의 윤곽[약도]를 그리다

일루전 illusion (환상)

실재하지 않는 형상을 마치 실재하는 것처럼 지각하는 작용 및 형상.

♣ 어원 : lus, lud(e) 속이다, 연극하다, 연주하다; 놀리다, 장난하다

■ illusion [ilúːʒən] [명] **환각** ☜ 머릿속 내부(il<in)가 속임(lus)에 빠지는 것(ion<명접>)

□ interlude [íntərlùːd] [명] 짬, **사이**, 중간, 동안; 막간 ☜ 연극(lude) 사이(inter)
♠ a musical **interlude** (막간의) **간주**곡

✚ delude **속이다** ludicrous **익살맞은** prelude 『음악』 **전주곡**, 서곡 prolusion 서막, 서언

매스 미디어 mass media (대량전달매체)

♣ 어원 : med(i), mid 중앙, 중간(middle)

※ mass [mæs/매스] [명] **덩어리, 모임, 집단**
☜ 그리스어로 '보리로 만든 케이크'란 뜻.

■ media [míːdiə] [명] medium의 복수; (the ~) **매스컴, 매스미디어**
☜ 중간(medi) 매개체(a)

□ intermediate [ìntərmíːdiət] [형] **중간의**; 중등학교의 [명] 중간물; 중개(매개)자; **중재자**; 《영》 중간시험 [ìntərmíːdièit] [동] **중재[중개 · 조정]하다**
☜ ~사이에서(inter) 중간/중용(medi)을 만들다(ate)
♠ the **intermediate** examination 『영.대학』 **중간**시험

□ intermediation [ìntərmiːdiéiʃən] [명] 매개, 중개; 조정, 중재 ☜ -ation<명접>

□ intermediator [ìntərmíːdièitər] [명] 중개자; 조정자, 중재자 ☜ -ator(~하는 사람)

□ intermediary [ìntərmíːdièri] [형] 중간의; 중개의, 매개의 [명] 매개, 수단; 중개자, 조정자
☜ -ary<형접/명접>

✚ medium **중간, 매개물**, 매체; **중위[중등, 중간]의** immediate **즉각[당장]의**, 직접의 immediately **곧**, 바로, **즉시**; 바로 가까이에

터미널 terminal (종착역), 터미네이터 terminator (미국 SF 영화. <종결자>)

© Orion Pictures

♣ 어원 : termin 끝, 한계, 경계; 끝내다

■ terminal [tə́ːrmənəl] [형] **종말의** [명] **끝, 말단**; 종점(終點), 터미널, 종착역 ☜ 끝(termin) + al<형접/명접>

□ interminable [intə́ːrmənəbəl] [형] **끝없는, 무궁한**, 영구의, 시루한
☜ 끝(termin)이 없(in=not) 는(able<형접>)
♠ an **interminable** speech 〔wait · discussion〕
끝없이 계속되는 연설〔기다림 · 논의〕

□ in**termin**ably [intə́ːrmənəbli] [부] 그칠 줄 모르게; 끝없이, 무기한으로 ☜ -ably<부접>

✚ de**termin**e **결심시키다, 결정하다** ex**termin**ate 근절[박멸]하다 **termin**ate **끝내다**; 종결시키다

몽그렐 mongrel (잡종개)

♣ **어원 : ming. mong 섞(이)다**

■ **mong**rel [mʌ́ŋgrəl, mɑ́ŋ-] [명] (동식물의) **잡종**; 《특히》 **잡종개** [형] 잡종의
☜ 섞인(mong) 것(rel)

■ a**mong** [əmʌ́ŋ/어**멍**] [전] ~의 사이에(서), **~의 가운데에(서)**, ~에 둘러싸인
☜ 고대영어로 '~가운데'란 뜻. ⇦ ~속에(a=at/in/on) 섞인(mong)

■ **ming**le [míŋgəl] [동] **섞다, 혼합하다**; 어울리다 ☜ 중세영어로 '섞다'란 뜻
♠ joy **mingled with** pain 고통**이 뒤섞인** 기쁨

□ inter**ming**le [intərmíŋgl] [동] **섞다, 혼합하다**; 혼합시키다 ☜ ~사이에(inter) 섞다(mingle)
♠ Salt and sugar **intermingle** with each other. 소금과 설탕을 **섞다**

미사일 missile (유도탄), 트랜스미션 trnsmission (변속기)

♣ **어원 : miss, mit 보내다**

■ **miss**ile [mísəl/-sail] [명] **미사일**, **유도탄** ☜ 라틴어로 '던질(miss) 수 있는 것(ile)'이란 뜻

■ trans**miss**ion [trænsmíʃən, trænz-] [명] 전송; 송신; (특히 자동차의) 변속기, **트랜스미션**
☜ 건너<넘어서(trans) 보내(miss) 기(ion<명접>)

□ inter**miss**ion [ìntərmíʃən] [명] **중지, 중단** ☜ 사이로(inter) 보내(miss) 기(ion<명접>)
♠ Coffee was served during **the intermission**.
커피가 **중간 휴식 시간**동안 제공되었다.

□ inter**mit** [ìntərmít] [동] 일시 멈추다, 중단〔중절〕되다〔시키다〕(=suspend)
☜ 사이로(inter) 보내다(mit)
♠ Coffee was served **during the intermission.**
중간 휴식 시간에 커피가 제공되었다.

□ inter**mit**tent [ìntərmítənt] [형] 때때로 중단되는, 간헐적인
☜ intermit + t<자음반복> + ent<형접>

□ inter**mit**tently [ìntərmítəntli] [부] 간헐적으로 ☜ -ly<부접>

< Missile >

✚ e**mit** **방사하다**, 내뿜다 pro**mise** **약속**, 계약; **약속[서약]하다**

엔터키 Enter key (키보드에 있는 실행명령키), 엔트리, 인턴

♣ **어원 : enter, entre, inter(n), into 안으로, 내부의; 안으로 들어가다**

■ **enter** [éntər/**엔**터] [동] **~에 들어가다, 입학**〔취업〕**하다**
☜ 라틴어 intrare(=to go into/안으로 가다)에서 유래

■ **entr**y [éntri] [명] **들어감, 입장; 등록, 기입; 참가자(엔트리)**
☜ 들어가(entr) 기(y<명접>)

□ **intern** [íntəːrn] [명] 《미》 수련의(醫), **인턴**(=interne); 교육실습생〔교생〕 [동] 인턴으로 근무하다 ☜ 라틴어로 '내부로, 심화(=deep)의 뜻

□ **intern**al [intə́ːrnl] [형] **내부의**, 안의; 체내의; 〖약학〗 경구(經口)의 ☜ 안으로(intern) 의(al<형접>)
♠ **internal** regulations **내부** 규율
♠ **internal** peace **마음의** 평화

□ **intern**ally [intə́ːrnəli] [부] 내부에, **내면적으로**, 국내에서; 영(靈)적으로, 심적으로
☜ internal + ly<부접>

□ **intern**ship [íntəːrnʃìp] [명] intern의 신분〔지위, 기간〕 ☜ intern + ship(신분, 지위, 기간)

□ **intes**tine [intéstin] [형] 내부의; 국내의 [부] (보통 pl.) **장**(腸), **창자** ☜ 내부의(intes<inter) 것(tine)
♠ an **intestine** war **내**란

※ **key** [kiː/키-] [명] (pl. **-s**) **열쇠**; 해결의 실마리 ☜ 중세영어로 '자물쇠를 여는 도구'란 뜻

인터넷 internet (세계적 규모의 컴퓨터 통신망)

♣ **어원 : inter ~사이에**

□ **inter**national [ìntərnǽʃənəl/인터**내**셔널] [형] **국제적인** ☜ 국가(nation) 간(inter) 의(al)
♠ an **international** conference **국제** 회의
♠ **I**nternational **A**tomic **E**nergy **A**gency 국제원자력기구(IAEA)
♠ **I**nternational **C**ivil **A**viation **O**rganization 국제민간항공기구(ICAO)
♠ **I**nternational **C**ourt of **J**ustice 국제사법재판소(ICJ)
♠ **I**nternational **F**ilm **F**estival 국제영화제(IFF)
♠ **I**nternational **L**abor **O**rganization 국제노동기구(ILO)

♠ **I**nternational **M**onetary **F**und 국제통화기금(IMF)
♠ **I**nternational **O**lympic **C**ommittee 국제올림픽위원회(IOC)
♠ **I**nternational **R**ed **C**ross 국제적십자(사)(IRC)
♠ **I**nternational **T**rade **O**rganization 국제무역기구(ITO)

☐ **inter**nationalize [ìntərnǽʃənəlàiz] ⑤ 국제화하다; 국제 관리 아래에 두다
☜ international + ize<동접>

☐ **inter**nationalization [ìntərnǽʃənələzéiʃən] ⑬ 국제화 ☜ -ation<명접>

☐ **inter**nationally [ìntərnǽʃənəli] ⑭ 국제간에, **국제적으로** ☜ -ly<부접>

☐ **inter**nationalism [ìntərnǽʃənəlìzm] ⑬ 국제주의; 국제성 ☜ -sm(~주의)

☐ **Inter**net [íntərnèt] ⑬ **인터넷** 《국제적 컴퓨터 네트워크》 ☜ (국가) 사이의(inter) 그물망(net)

☐ **inter**planetary [ìntərplǽnətèri] ⑭ 〖천문〗 행성(혹성, 천체)간의; 태양계내의
☜ 행성(planet) + 간(inter) + 의(ary<형접>)
♠ **interplanetary** travel ***행성간의*** *여행* ➔ 우주여행

✚ **inter**est **관심, 흥미; 중요성; 이자; 흥미를 일으키게 하다** **inter**ested **흥미를 가진**
dis**inter**ested **사심[사욕]이 없는**, 공평한, 흥미없는

인터폰 interphone (구내전화) = intercom (인터콤)
인터폴 interpol (국제 경찰)

♣ **어원 : inter ~사이에**

☐ **inter**phone [íntərfòun] ⑬ 《미》 내부(구내) 전화, **인터폰** 《원래 상표명》
☜ ~사이의(inter) 소리/전화기(phone)

☐ **inter**pol [íntərpɔ̀(:)l, -pɑ̀l] ⑬ **인터폴**, 국제 경찰
☜ (국가) 사이의(inter) 경찰(pol=police)

☐ **inter**pose [ìntərpóuz] ⑤ ~의 사이에 끼우다; **삽입하다; 간섭하다**; 중재하다
☜ ~사이에(inter) 놓다(pose)
♠ He **interposed** his authority. 그는 권한을 이용하여 **간섭했다**

☐ **inter**position [ìntərpəzíʃən] ⑬ 개재(介在), 삽입(물) ☜ ~사이에(inter) 놓은(posit) 것(ion<명접>)

☐ **inter**pret [intə́ːrprit] ⑤ **통역하다, 해석하다** ☜ 사이에서(inter) 가격(pret<price)을 (흥정하다)
♠ **interpret** between two persons 두 사람 사이의 **통역을 하다**

☐ **inter**pretation [intə̀ːrprətéiʃən] ⑬ **통역, 해석**, 설명 ☜ -ation<명접>

☐ **inter**preter [intə́ːrprətər] ⑬ **해석자, 통역(자)** ☜ -er(사람)

☐ **inter**rogate [intérəgèit] ⑤ **질문하다**; 심문하다 ☜ ~사이에서(inter) 질문(rog)을 만들다(ate)
♠ The policeman **interrogated** him about the purpose of his journey. 경찰은 그의 여행 목적에 대해 **심문했다.**

☐ **inter**rogation [intèrəgéiʃən] ⑬ **질문, 심문**, 조사; 의문; 의문부(=question mark) ☜ -ation<명접>
♠ **interrogation** mark(point) **물음**표, **의문**부호(question mark)

☐ **inter**rogative [ìntərɑ́gətiv/-rɔ́g-] ⑭ **의문의**, 질문의, **미심쩍은 듯한** ⑬ 의문사, 의문문
☜ -ative<형접/명접>
♠ **interrogative** adverb 〖문법〗 **의문**부사 《when?, where?, why? how? 등》
♠ **interrogative** pronoun 〖문법〗 **의문**대명사 《what is this의 what 등》

☐ **inter**rupt [ìntərʌ́pt] ⑤ **가로막다**, 방해하다, **중단시키다** ☜ ~사이로(inter) 들어가 깨뜨리다(rupt)
♠ May I **interrupt** you a while?
이야기하시는데 잠깐 **방해해도**<실례해도 괜찮겠습니까?
♠ Please don't **interrupt**. **방해하지** 마십시오.

☐ **inter**rupted [ìntərʌ́ptid] ⑭ **중단된**, 가로막힌 ☜ -ed<형접>

☐ **inter**ruption [ìntərʌ́pʃən] ⑬ 가로막음, **중단**, 차단; **방해** ☜ -tion<명접>

인터뷰 interview (면담; 면접), 인터벌 interval (간격)

♣ **어원 : inter ~사이에**

☐ **inter**sect [ìntərsékt] ⑤ **가로지르다, ~와 교차하다**
☜ ~사이로/가로질러(inter) 자르다(sect)

☐ **inter**section [ìntərsékʃən] ⑬ **교차**, 횡단; (도로의) 교차점 ☜ -ion<명접>
♠ He is quickly crossing **the intersection**.
그가 빠르게 **교차로**를 건너고 있다.

☐ **inter**sectional [ìntərsékʃənəl] ⑭ 교차[횡단]하는; 공통부의; 각 부서간의 ☜ -al<형접>

☐ **inter**sperse [ìntərspə́ːrs] ⑤ 흩뿌리다, 산재시키다; 점점이 장식하다
☜ ~사이로(inter) 흩뿌리다(sperse=scatter)

☐ **inter**state [íntərstèit] ⑭⑭ (미국 따위의) 주(州) 사이의(에서); 각 주 연합의
☜ 주/국가(state) 사이의(inter)
♠ **interstate** commerce **각 주 사이의** 통상(通商)

☐ **inter**twine [ìntərtwáin] [동] 뒤얽히(게 하)다, 한데 꼬이(게 하)다
☜ 둘 사이로/서로(inter) 꼬다(twine)

☐ **inter**urban [ìntəráːrbən] [형] 도시 사이의 [명] 도시간 연락 철도 ☜ 도시(urban) 사이의(inter)

☐ **inter**val [íntərvəl] [명] (장소·시간적인) **간격**, 거리; **틈** ☜ 벽(val<wall) 사이의(inter)
♠ **at intervals 시차[간격]을 두고; 여기 저기에; 때때로, 이따금**
♠ after **an interval of** five years 5년**의 간격을** 두고

☐ **inter**vene [ìntərvíːn] [동] **사이에 끼다**, 개재하다; **방해하다** ☜ 사이에(inter) 오다(vene)
♠ Something usually **intervened in** my study.
늘 뭔가가 내 공부**를 방해했다**.

☐ **inter**vention [ìntərvénʃən] [명] 조정, **중재; 개입**, 간섭 ☜ -tion<명접>

☐ **inter**view [íntərvjùː] [명] **회견**; 회담, 대담; **인터뷰, 면접** [동] 인터뷰(면담)하다
☜ 둘 사이로/서로(inter) 보다(view)
♠ a job **interview** = **an interview** for a job 구직자의 **면접**

☐ **inter**viewer [íntərvjùːər] [명] 회견자, 면회자, 면접자; 탐방 기자 ☜ -er(주체)

☐ **inter**viewee [ìntərvjuːíː] [명] 인터뷰(면접)를 받는 사람, 피회견자 ☜ -ee(객체)

☐ **inter**weave [ìntəwíːv] [동] (-/-wove(-weaved)/-woven(-wove, -weaved)) 섞어 짜(이)다, 짜넣다; 뒤섞(이)다 [명] **인터위브**, 한데 짜기 ☜ ~사이에 서로(inter) 짜다(weave)
♠ **interweave joy with sorrow 환희와 비애를 뒤섞다.**

☐ **intestine**(창자, 장) ➔ **intern**(수련의) **참조**

룸메이트 roommate (방을 함께 쓰는 친구)

♣ **어원 : mate 친구**

■ room**mate** [rúmèit] [명] 동숙인(同宿人), 한 방 사람 ☜ 방(room) 친구(mate)

☐ inti**mate** [íntəmit] [형] **친밀한**, 친숙한; **깊은** [명] 친구
☜ (내면적으로) 정을 통하는 ⇦ 더 안에 있는(inti<inter) 친구(mate)
♠ She's **an intimate** of mine. 그녀는 내 **친구**이다.

☐ inti**mat**ion [ìntəméiʃən] [명] 암시; 통지, 통고, 발표 ☜ -ion<명접>

☐ inti**mate**ly [íntəmətli] [부] **친밀하게**; 밀접하게; 충심으로 ☜ -ly<부접>

☐ inti**ma**cy [íntəməsi] [명] **친밀**, 친교, 절친 ☜ intimate + cy<명접>
♠ be on terms **of intimacy 친한** 사이이다.

✚ class**mate 동급생,** 급우; 동창생 in**mate** (병원·교도소 따위의) **피수용자, 입원자, 수감자**; 《고어》 동거인 suite**mate** 같은 기숙사에서 지내는 친구 ☜ 붙은 방(suite) 친구(mate)

[연상] 타이머(timer.초시계)가 작동하자 티미드(timid.겁많은)한 소년은 울음을 터트렸다

♣ **어원 : tim, timid 겁; 무서워하는, 두렵게 하는**

※ **time** [taim/타임] [명] (관사 없이) **시간, 때;** 시일, 세월; ~회, ~번
☜ 초기인도유럽어로 '나눈 것'이란 뜻

※ **time**r [táimər] [명] 시간기록기; 초시계, 스탑워치, **타이머** ☜ -er(기계)

■ **timid** [tímid] [형] (-<-**er**<-**est**) **겁먹은**, 겁 많은, 소심한; 머뭇거리는
☜ 중세 프랑스어로 '무서워(tim) 하는(id)'이란 뜻

☐ in**timid**ate [intímədèit] [동] 겁주다, 위협하다, 협박하다.
☜ (마음) 속에(in) 겁(timid)을 만들다(ate<동접>)
♠ **intimidate (A) into (B)-ing A가 B하도록 협박하다.**

☐ in**timid**ation [intìmədéiʃən] [명] 위협, 협박 ☜ -ation<명접>
♠ surrender to **intimidation 협박**에 굴복하다.

인 마이 포켓 in my pocket ([콩글] 착복하다, 횡령하다) ➔ embezzel

■ **in** [in/인, (약) ən/언] [전] 『장소·위치』 **~의 속[안]에서, ~에서**
☜ 고대영어로 '~안에'란 뜻

☐ **in**to [íntu/**인**투, íntuː, íntə] [전] **안으로**(에), ~로(에) ☜ 안(in) 으로(to)
♠ go **into** the house 집 **안으로** 들어가다

☐ **inter** [intər] [전] 가운데에, 사이에 ☜ 라틴어로 '~사이에; 땅속에 (묻다)'

☐ **in**ner [ínər] [형] **안의, 내부의, 속의** ☜ 더(er) 안의(in) + n

☐ **in**nermost [ínərmòust] [형] = inmost 맨 안쪽의, 가장 내부의; 내심의
[명] (the ~) **가장 깊숙한 곳** ☜ 가장(most) 안쪽의(inner)

< Embezzel >

■ **en**ter [éntər/**엔**터] [동] **~에 들어가다, ~을 시작하다**
☜ 라틴어 intrare(= to go into/안으로 가다)에서 유래

※ **my** [mai/마이, məi, mə] [대] 《I의 소유격》 **나의** ☜ mine(나의 것)의 변형

※ **pocket** [pάkit/**파킽**, pɔ́ket/**포켙**] ⓜ **포켓, 호주머니**; 쌈지, 지갑
☜ 근대영어로 '작은(et) 주머니(pock)'란 뜻

프랑스 사회는 똘레랑스(tolerance.타인에 대한 존중)가 살아있는 사회다.

© socialndallas.com

♣ 어원 : **toler 올리다; 참다, 견디다, 지탱하다, 지지하다**

■ **toler**ance [tάlərəns/tɔ́l-] ⓜ **관용**; 아량, 포용력, 도량; 내구력
☜ 라틴어로 '참는(toler) 것(ance<명접>)

■ **toler**able [tάlərəbəl/tɔ́l-] ⓗ **참을 수 있는**, 허용할 수 있는
☜ 참을(toler) + 수 있는(able)

□ in**toler**able [intάlərəbəl/-tɔ́l-] ⓗ **참을〔견딜, 용납할〕 수 없는**
☜ in(=not/부정) + tolerable
♠ The heat **was intolerable**. 더위가 **참기 어려웠다**.

□ in**toler**ably [intάlərəbli] ⓟ 참을〔견딜〕 수 없이〔없을 만큼〕 ☜ -ly<부접>

□ in**toler**ance [intάlərəns/-tɔ́l-] ⓜ **불관용**(不寬容), 편협; 참을 수 없음, 아량이 없음
☜ -ance<명접>

□ in**toler**ant [intάlərənt/-tɔ́l-] ⓗ 아량이 없는; 편협한; 참을 수 없는 ⓜ 도량이 좁은 사람
☜ -ant(<형접>/사람)

목소리 톤(tone.음조), 잉크 토너(toner.착색수지분말), 자동차 튜닝(tuning.개조)

♣ 어원 : **tone, tune 음조; 음을 조정하다**

■ **tone** [toun/토운] ⓜ 음질, 음색, **음조; 어조**, 말투; 억양
☜ 그리스어로 '조음(調音)'이란 뜻

■ **tone**r [tóunər] ⓜ 가락을 조정하는 사람〔것〕; (프린터의) **토너** 《착색수지 분말》
☜ 조정하는(tone) 사람/것(er)

■ **tune** [tjuːn] ⓜ **곡조**, 멜로디; 선율; 가락, 장단; 기분 ☜ tone의 변형

■ **tun**ing [tjúːniŋ] ⓜ **튜닝**, 조율; 『통신』 (무전기의) 파장 조정; 『전자』 동조(同調)
☜ tune + ing<명접>

□ in**ton**ation [ìntənéiʃən, -tou-] ⓜ (시(詩) 등을) **읊음**, 영창; 『음성』 **인토네이션, 억양**
☜ 속으로(in) 음조(ton<tone)를 만들(ate) 기(ion<명접>)
♠ a falling 〔rising〕 **intonation** 하강〔상승〕**조**

□ in**ton**e [intóun] ⓢ 억양을 붙여서 말하다, (기도문 따위를) 영창(詠唱)하다
☜ 고대 프랑스어로 '노래하다'란 뜻

보톡스 Botox (잔주름을 없애주는 강력한 독성물질)

♣ 어원 : **tox(ic) 독(毒); 독이 있다**

■ Bo**tox** [boutaːks] ⓜ **보톡스** 《미국 제약회사 엘러간의 상표명. 흔히 얼굴의 주름살을 없애려고 주입하는 물질》 ☜ **bo**tulinum **tox**in 보톨리누스 중독(썩은 소시지 · 통조림 고기에서 생기는 보톨리누스 독소)의 합성어

■ **tox**ic [tάksik/tɔ́k-] ⓗ **독(성)의**; 유독한; 중독(성)의 ☜ 독(tox)이 있는(ic)

□ in**toxic**ate [intάksikèit/-tɔ́ksi-] ⓢ **취하게 하다**; 흥분시키다; 『의학』 중독시키다 (=poison) ☜ 안(in)에 독(toxic)을 바르다(ate<동접>)
♠ Too much drink **intoxicated** him. 너무 많이 마셔서 그는 **취해버렸다**.

□ in**toxic**ating [intάksikèitiŋ] ⓗ 취하게 하는; 도취 〔열중, 몰두〕케 하는
☜ intoxicate + ing<형접>

□ in**toxic**ation [intὰksikéiʃən] ⓜ 취하게 함; 흥분, 도취; 『의학』 중독 ☜ intoxicate + ion<명접>

□ de**tox** [diːtάks] ⓜ 《미》 해독(=detoxification) ⓗ 해독(용)의 ⓢ 해독하다(=detoxify)
☜ 독(tox)을 떼내다(de=off)

□ de**toxic**ation [diːtάksikèiʃən] ⓜ 해독(=detoxification) ☜ -ion<명접>

인트라넷 Intranet (기관이나 특정조직 내에서만 사용하는 작은 인터넷)

♣ 어원 : **intra-, intro- ~안의, 내부의**

□ **intra**mural [ìntrəmjúərəl] ⓗ 같은 학교[도시]내의, 교내의; 시내의; 건물 내의
☜ 벽(mur) 안(intra) 의(al<형접>)
♠ an **intramural** athletic meet 〔meeting〕 **교내** 체육 대회

□ **intra**muscular [ìntrəmʌ́skjələ(r)] ⓗ 『해부학』 (주사 등이) 근육내의 《생략: IM》
☜ 근육(muscul=muscle) 내부(intra) 의(ar)
♠ **get an intramuscular shot [injection] 근육주사를 맞다**

□ **intra**net [intrənét] ⓜ 《구어》 **인트라넷** 《기업내 컴퓨터를 연결하는 종합 통신망》

☜ 그물망(net) 안(intra)

☐ **intra**party [ìntrəpɑ́:rti] (형) 정당내의 ☜ 정당(party) 내의(intra)

☐ **intra**state [ìntrəstéit] (형) 《미》 주내(州內)의 ☜ 주(state) 내의(intra)

☐ **intra**venous [ìntrəví:nəs] (명)(형) 정맥(내)의, 정맥주사(의) 《생략: IV》
☜ 정맥(ven=vein) 내(intra) 의(ous<형접>)

도란스 < 트랜스(포머) transformer (변압기; 변화시키는 것) 트랜지션 transition (갈아타기)

♣ **어원 : trans, tres 이동, 변화, 전이; 옮기다, 나르다, 가로지르다, 관통하다**

■ **trans**former [trænsfɔ́:rmər] (명) 변화시키는 사람(것); 〖전기〗 변압기, **트랜스** ☜ 형태(form)를 변화시키는(trans) 사람/기계(er)

■ **trans**ition [trænzíʃən, -síʃən] (명) 변이(變移), **변천**, 추이; 과도기
☜ 변화하여/옮겨(trans) 가는(it) 것(ion<명접>)

■ **trans**itive [trǽnsətiv, -zə-] (형) 〖문법〗 **타동(사)의**; 이행하는; 중간적인, 과도적인 (명) **타동사**
☜ -ive<형접>

☐ in**trans**itive [intrǽnsitiv] (형) 〖문법〗 **자동(사)의** (명) **자동사**
☜ 이동해(trans) 가지(it) 않(in=not) 은(ive)
♠ In the sentence, this verb is **intransitive**. 문장에서 이 동사는 **자동사**이다.
♠ **intransitive verb 〖문법〗 비(非)전이동사, 자동사** 《동작이나 작용이 주어에만 미치는 동사; 약 vi., v.i.》

트레몰로 tremolo (음이나 화음을 빨리 규칙적으로 떨리는 듯이 되풀이하는 연주법)

♣ **어원 : trem, trom, trep 떨다, 떨리다**

■ **trem**olo [tréməlòu] (명) (pl. **-s**) 《It.》 〖음악〗 **트레몰로**; (풍금의) 트레몰로 장치
☜ trem(떨다) + o + lo<le(반복해서 ~하다)

■ **trem**ble [trémbəl/츠**뤰**벌] (동) **떨다**, 전율하다, 와들와들 떨다 (명) **떨림**, 전율
☜ trem + b + le(계속 ~하다)

☐ in**trep**id [intrépəd] (형) 두려움을 모르는, 용맹스러운, 호담한, 대담무쌍한
☜ in(=not/부정) + 떠(trep) 는(id<형접>)
♠ **an intrepid adventurer 두려움을 모르는 모험가**

☐ in**trep**idity [ìntrəpídəti] (명) 용맹, 대담, 무적; 대담한(무적의) 행위 ☜ -ity<명접>

마술사는 통상 트릭(trick.속임수)을 쓴다

♣ **어원 : tric, trig 얽힌 것, (복잡한) 장애물; 계략, 곤경, 속임수**

■ **tric**k [trik/트릭] (명) **계교**, 책략, 속임수; **비결; 장난; 재주** (동) **속이다** ☜ 고대 프랑스어로 '사람의 눈을 속임'이란 뜻

☐ in**tric**ate [íntrəkit] (형) **얽힌**; 복잡한(=complicated)
☜ 복잡한(tric) 것 안으로(in) 들어가게 하다(ate<동접>)
♠ an **intricate** machine **복잡한** 기계

☐ in**tric**acy [íntrikəsi] (명) 얽히고설킴, **복잡**, 착잡 ☜ -acy<명접>

☐ in**trig**ue [intrí:g] (명) **음모** (동) **음모를 꾸미다**
☜ 복잡한 것(trig) 안으로(in) 들어가다(ue)
♠ **intrigue with (A) against (B) B에 대해서 A와 음모를 꾸미다.**

☐ in**trig**uing [intrí:giŋ] (형) 음모를 꾸미는; 흥미를(호기심을) 자아내는 ☜ -ing<형접>

인테리어 interior (콩글 실내장식) ➔ interior design [decoration]

♣ **어원 : inter, intr ~안에, 내부에; 안으로**

■ **inter**ior [intíəriər] (형) 안쪽의, **내부의** (명) (the ~) 안쪽, 내부 ☜ 더(ior) 안으로(inter)

■ **inter**im [íntərim] (형) **중간의; 임시의**, 한동안, 잠정의 (명) 중간 시기 (부) 그 사이에
☜ 라틴어로 '그동안'이란 뜻. 그(im=this, that) 안으로 들어가는(inter<enter) 시간(에)

☐ **intr**insic, -sical [intrínsik, -əl] (형) **본질적인**, 고유의(=inherent), 내재하는
☜ 라틴어로 '내부의'란 뜻 (반) **extrinsic(al)** 고유의 것이 아닌, 비본질적인
♠ the **intrinsic** value of a coin 화폐의 **실질** 가치 《액면 가치에 대하여》
♠ **intrinsic** factor **내재성** 인자

☐ **intr**insically [intrínsikəli, -zik-] (부) 본질적으로 ☜ -ly<부접>

프로듀서[피디] producer (영화감독, 연출가) ➔ 《미》 director

♣ 어원 : duce, duct 이끌다(=lead)

■ pro**duce** [prədjúːs/프러**듀**-스/프러**쥬**-스] ⓢ **생산[제작]하다**
☜ 앞<진보<발전<완성(pro)으로 이끌다(duce)

■ pro**duce**r [prədjúːsər] ⓜ **생산자**, 제작자; 〖연극·영화〗《영》 감독, 연출가 (《미》 director); 《미》 **프로듀서** 《연출·제작의 책임자》
☜ 앞으로(pro) 이끄는(duce) 사람(er)

■ con**duct** [kάndʌkt/kɔ́n-] ⓜ **행위**; 품행; **지도**, 지휘 ⓢ 행동하다, **지휘하다, 이끌다**, 안내하다; **수행하다** ☜ 함께(con<com) 이끌다(duct)

□ intro**duce** [ìntrədjúːs/인트뤄**듀**-스] ⓢ 받아들이다; **소개하다** ☜ 안으로(intro<into) 이끌다(duce)
♠ Potatoes **were introduced into** Europe from America.
감자는 미국에서 유럽**에 전래되었다**
♠ **introduce (A) into (B) A를 B로 끌어들이다[넣다, 안내하다]**

□ intro**duct**ion [ìntrədʌ́kʃən] ⓜ **도입, 소개; 입문**(서) ☜ -ion<명접>
♠ **make an introduction 아무를 소개하다**

□ intro**duct**ive, -**duct**ory [ìntrədʌ́ktiv, -təri] ⓗ **소개의; 서론의**, 서문의; 예비적인
☜ -ive, -ory<형접>
♠ **introductory** remarks **머리**말

미사일 missile (유도탄), 미션 mission (임무)

♣ 어원 : miss, mit 허락, 위임, 용서; 보내다, 허락하다

■ **miss**ile [mísəl/-sail] ⓜ **미사일**, **유도탄** ☜ 라틴어로 '던질(miss) 수 있는 것(ile)'이란 뜻

■ **miss**ion [míʃən] ⓜ (사절의) **임무**, 직무; **사절(단); 전도**, 포교 ⓢ 임무를 맡기다, 파견하다
☜ 라틴어로 '보내(miss) 기(ion<명접>)'란 뜻

□ intro**mit** [ìntrəmít] ⓢ 들어가게 하다; 삽입하다 ☜ 안으로(into=inward) 보내다(mit)
♠ **intromit** the beggar into one's house 거지를 집**으로 들이다**

□ intro**miss**ion [ìntrəmíʃən] ⓜ 삽입; 입장[가입] 허가 ☜ 안으로(intro) 보내(miss) 기(ion<명접>)

스펙터클 spectacle (볼거리가 풍부한), 프로스펙스, 스펙트럼...

♣ 어원 : spect, spic 보다(=look), 살펴보다, 조사하다

■ **spect**acle [spéktəkəl] ⓜ **광경**, 볼만한 것, 장관(壯觀); (pl.) **안경**
☜ 볼 만한(spect(a)) 것(cle)

■ **spect**rum [spéktrəm] ⓜ (pl. spectr**a**, **-s**) 〖광학〗 **스펙트럼**, 분광
☜ 눈에 보이는(spect) + r + 것(um<명접>)

■ in**spect** [inspékt] ⓢ (세밀히) **조사하다**, 검사하다; **시찰하다**
☜ 내부를(in) 세밀히 보다(spect)

□ intro**spect** [ìntrəspékt] ⓢ 내성(內省)하다, 내관(內觀)하다, 자기 반성하다
☜ 안쪽을(intro) 들여다보다(spect)
♠ He **introspected** about his mistake. 그는 그의 잘못을 **반성했다**.

□ intro**spect**ion [ìntrəspékʃən] ⓜ 내성(內省), 내관(內觀), 자기 반성(self-examination)
☜ 안쪽을(intro) 들여다보는(spect) 것(ion)

□ intro**spect**ive [ìntrəspéktiv] ⓗ 내성적인, 내관적인, 자기 관찰〔분석〕의 ☜ -ive<형접>

버전 version (상품의 개발 단계 및 순서를 번호로 표시한 것)
컨버터블 convertible (접이식 지붕이 달린 승용차)

< Convertible >

♣ 어원 : verse, vert 향하다, 돌리다

■ **vers**ion [vəːrʒən, -ʃən] ⓜ **번역, 변형; 판, 버전** ☜ 도는<바뀌는(vers) 것(ion<명접>)

■ con**vert**ible [kənvəːrtəbl] ⓗ **바꿀 수 있는**, 개조할 수 있는 ☜ convert + ible(할 수 있는)

□ intro**vers**ion [ìntrəvəːrʒən, -ʃən] ⓜ 〖심리〗 내향(성), 내향, 내성(內省)
☜ 안으로(intro) 향한(vers) 것(ion<명접>)

□ intro**vert** [íntrəvəːrt] ⓗ 내향적〔내성적〕인 ⓜ 〖심리〗 내향적〔내성적〕인 사람
☜ 안으로(intro) 향하다(vert)
♠ **He is too introvert. 그는 너무 내성적이다.**

■ re**verse** [rivəːrs] ⓢ **거꾸로[반대로] 하다** ☜ 다시/뒤로(re) 돌리다(verse)

인트루더 Intruder (미국 해군의 A-6 공격기 별명. <침입자>)

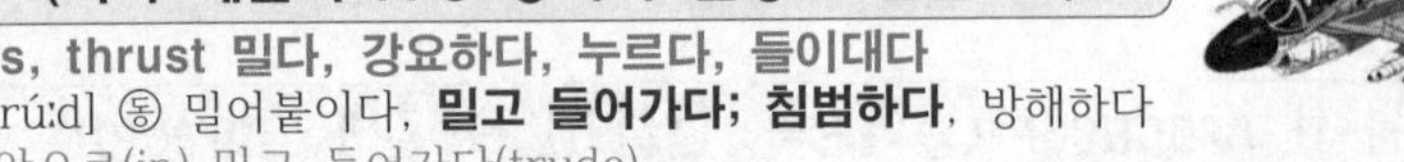

♣ 어원 : trud(e), trus, thrust 밀다, 강요하다, 누르다, 들이대다

□ in**trude** [intrúːd] ⓢ 밀어붙이다, **밀고 들어가다; 침범하다**, 방해하다
☜ 안으로(in) 밀고 들어가다(trude)

♠ **intrude into** a private property 사유지**에 침입하다**

☐ in**trude**r [intrúːdər] 명 **침입자**, 불청객 ☜ 안으로(in) 밀고 들어가는(trude) 사람(er)

☐ in**trus**ion [intrúːʒən] 명 **강요; 침입** ☜ -ion<명접>

☐ in**trus**ive [intrúːsiv] 형 강제하는; 침입하는, 거슬리는 ☜ -ive<형접>

✚ abs**trus**e 심원한, 난해한 de**trude** 밀어내다; 밀치다 ex**trude** **밀어내다**, 밀려나다; 쫓아내다; (금속 등을) 성형하다 pro**trude** **튀어나오다**, 돌출하다, 내밀다 ob**trude** 강요하다, 끼어들다

마이 튜터 My tutor (미국의 코미디 영화. <나의 개인교사>란 뜻)

1983년에 제작된 미국 코미디 영화. 카렌 케이, 매트 라탄지 주연. 대학 진학을 앞둔 고교생이 불어 점수가 낙제여서 아버지는 매력적인 가정교사를 초빙한다. 그러나 사춘기의 주인공이 불어 공부보다 이성간의 사랑에 더 큰 관심을 갖자 미모의 가정교사는 그에게 사랑에 눈을 뜨게 해주는데...

© Crown International Pictures

♣ 어원 : **tut, tuit ~을 보다, 지켜보다**

※ **my** [mai/마이, məi, mə] 대 〖I의 소유격〗 **나의** ☜ mine(나의 것)의 변형

■ **tutor** [tjúːtər] 명 (fem. **~ess**) **가정교사**(=private teacher); **튜터** 《영국 대학의 개별 지도교수; 미국 대학의 강사, instructor의 아래》 ☜ 고대 프랑스어로 'tuteor(감시인)'란 뜻. 지켜보는(tut) 자(or)

☐ in**tuit** [íntju(ː)it] 동 직관으로 알다〔이해하다〕, 직관〔직각(直覺)〕하다. ☜ 라틴어로 '~안을(in) 꿰뚫어 보다(tuit)'의 뜻
★ 인투잇(IN2IT)은 2017년 10월 데뷔한 한국의 8인조 댄스팝 보이 그룹으로 '본능, 직감적으로 알다(intuit)'라는 뜻과 '그것에 빠져들다(into it)'란 의미를 가지고 있다고 한다.

☐ in**tuit**ion [intjuíʃən] 명 **직관**(력); **직감**, 육감 ☜ intuit + ion<명접>
♠ He had **an intuition** that there was something wrong. 그는 뭔가 잘못되었다는 것을 **직감**했다.

☐ in**tuit**ional [ìntjuíʃənəl] 형 직감〔직각·직관〕의, 직감적〔직각·직관적〕인 ☜ intuition + al<형접>

☐ in**tuit**ive [intjúːitiv] 형 **직감적**〔직관적〕**인** ☜ intuit + ive<형접>

리바운드 rebound ([농구] 리바운드)

♣ 어원 : **bound, bund, und 튀어 오르다, 넘쳐흐르다**

■ re**bound** [ribáund] 명 되튐, 반동, 회복, 〖농구·하키〗 **리바운드** 동 되튀다, 회복하다, 만회하다 ☜ 다시(re) 튀어 오르다(bound)

■ a**bund**ant [əbʌ́ndənt] 형 **풍부한**, 많은 ☜ 위로 계속(a=on) 튀어 오르(bund) 는(ant)

☐ in**und**ate [ínəndèit, -nʌn-] 동 범람시키다, (강물이) 침수(浸水)시키다 ☜ 위로(in=on) 넘쳐흐르(und) 다(ate<동접>)
♠ The flood waters **inundated** the town. 홍수가 시가지를 **침수시켰다**.

☐ in**und**ation [ìnəndéiʃən] 명 범람, 침수; 홍수; 충만; 쇄도 ☜ -ation<명접>

☐ in**und**ant [inʌ́ndənt] 형 넘치는, 넘쳐흐르는 ☜ -ant<형접>

브리티시 인베이전 British Invasion (영국 록음악의 미국내 인기몰이) 이벤트 event (콩글 판촉행사) ➔ promotional event

브리티시 인베이전이란 <영국의 침공>이란 뜻인데, 이는 1960년대 영국의 비틀즈와 롤링스톤즈 등의 록그룹의 음악이 미국내에서 선풍적인 인기를 끌면서 미국 음악계를 좌지우지했던 사실을 말함.

♣ 어원 : **ven, vad(e), vas 오다, 가다; 모이다**

※ **British** [brítiʃ/브리디쉬/브리티쉬] 형 **영국의, 영국국민의** 명 (the ~) **영국인, 영어** ☜ 고대영어로 '고대 브리튼(Brit=Briton) (사람)의(ish)'란 뜻.

■ e**ven**t [ivént/이붼트] 명 (중요한) **사건, 행사** ☜ 밖으로(e<ex) 나오는(ven) 것(t)

■ e**vade** [ivéid] 동 (적·공격 등을 교묘히) **피하다, 면하다** ☜ 밖으로(e<ex) 가다(vade)

☐ in**vade** [invéid] 동 **침입[침공·침략·침투]하다**; 퍼지다 ☜ 안으로(in) (밀고 들어) 가다(vade)
♠ The enemy **invaded** our country. 적이 우리나라를 **침공했다**.

☐ in**vade**r [invéidər] 명 **침략자**〔**군**〕, 침입자 ☜ -er(사람)
♠ We prepared to repel **the invaders**. 우리는 **침략군**을 물리칠 준비를 했다.

☐ in**vas**ion [invéiʒən] 명 **침입**, 침략; **침해** ☜ -ion<명접>
♠ **make an invasion upon ~ ~에 침입하다, ~을 습격하다**

☐ in**vas**ive [invéisiv] 형 침입하는, 침략적인; 침습성(侵襲性)의 《암세포》 ☜ -ive<형접>

✚ adventure **모험(심)** pervade **~에 널리 퍼지다** prevent **막다, 예방하다**

네임 밸류 name value (콩글 이름값, 명성) ➔ social reputation

♣ 어원 : val(u), vail 가치, 의미, 가격; 강한

※ **name** [neim/네임] 명 **이름, 성명** 동 이름을 붙이다 ☜ 고대영어로 '이름'이란 뜻

■ **value** [vǽljuː]/**밸**유-] 명 **가치, 유용성** ☜ 고대 프랑스어로 '가치, 값'이란 뜻

□ in**val**id [invǽlid] 형 **효력 없는[무효한], 근거 없는, 무가치한**; 인식 불가능한 명 병약자 동 병약해지다; 《영》 의병(依病) 전역(轉役)시키다 ☜ 가치(val)가 없(in=not) 는(id)
♠ an **invalid** argument **근거 없는** 주장
♠ an **invalid** diet **환자용** 식사

□ in**val**idate [invǽlədèit] 동 (~을) 무효로 하다 ☜ invalid + ate<동접>

□ in**val**idity [ìnvəlídəti] 명 무효 ☜ invalid + ity<명접>

□ in**valu**able [invǽljuəbəl] 형 **값을 헤아릴 수 없는, 매우 귀중한** ☜ 가치(valu)가 없(in=not) 는(able)
♠ an **invaluable** art collection **귀중한** 미술 수집품

□ in**valu**ably [invǽljuəbli] 부 매우 귀중하게, 값을 알 수 없을 정도로 ☜ invaluable + ly<부접>

✚ a**vail** **유용하다; 효용** e**val**uate **평가하다** pre**vail** **우세하다, 이기다** **val**id **확실한, 유효한**

버라이어티 쇼 variety show (형식에 얽매이지 않고 노래/곡예/춤 등 다채로운 포맷과 내용을 담은 예능/오락쇼) * show 볼만한 것, 연극, 쇼; 보이다

♣ 어원 : var(i) 여러가지(의), 다양(한); 변하다, 변화(하다)

■ **vary** [vέəri] 동 **바꾸다**, 변화하다, 변경하다; **바뀌다** ☜ 변하(var) 다(y)

■ **vari**able [vέəriəbəl] 형 **변하기 쉬운**, 일정치 않은, 변덕스러운 명 변하는(변하기 쉬운) 것 ☜ 변하기(vari) 쉬운(able)

■ **vari**ety [vəráiəti/붜**롸**이어리/붜**롸**이어티] 명 **변화**, 다양(성), **갖가지; 종류** ☜ 변하는(vari) + e + 것(ty<명접>)

□ in**vari**able [invέəriəbəl] 형 **변치 않는, 불변의** 명 **불변의 것**; 『수학』 상수 ☜ 변하지(vari) 않(in=not) 는(able)
♠ an **invariable** rule **불변의** 법칙

□ in**vari**ably [invέəriəbli] 부 **변함 없이**; 항상, 늘 ☜ -ly<부접>

VARIETY SHOW

□ **invasion**(침입), **invasive**(침입하는) ➔ **invade**(침입하다) **참조**

이벤트 event (콩글 판촉행사) ➔ promotional event, 벤처기업...

♣ 어원 : ven 오다, 가다; 모이다

■ **event** [ivént/이**벤**트] 명 (중요한) **사건, 행사** ☜ 밖으로(e<ex) 나오는(ven) 것(t)

□ in**vent** [invént/인**벤**트] 동 **발명[창안]하다**; 날조하다 ☜ 라틴어로 '고안하다'란 뜻. 내부로(in) 들어가서(vent) 본질을 규명하다
♠ **invent** the steam engine 증기기관을 **발명하다**.

□ in**vent**ion [invénʃən] 명 **발명(품); 날조**, 조작한 것 ☜ -ion<명접>
♠ **Necessity is the mother of invention.**
《속담》 필요는 발명의 어머니

□ in**vent**ive [invéntiv] 형 **발명의**; 창의적인 ☜ -ive<형접>

□ in**vent**or, -er [invéntər] 명 (fem. **-tress**) 발명자, **발명가**; 고안자 ☜ -or/er(사람)

□ in**vent**ory [ínvəntɔ̀ːri/-təri] 명 (재산·상품 따위의) 물품, 재고품; 상품 목록 동 목록을 작성하다, 재고품을 조사하다 ☜ 고대 프랑스어로 '상세한 물품 목록'이란 뜻. 내부로(in) 들어가서(vent) 파악하는 것(ory<명접>)

< 미국 배우 톰 크루즈의 영화 프로모션 © 연합 >

✚ ad**vent**ure **모험**, 희한한 사건 a**ven**ue **대로**, 가로수길, **애비뉴** inter**vene** **사이에 들다**, 끼다, 방해하다 **vent**ure 모험, 모험적 사업, **벤처**, 투기

버전 version (상품의 개발 단계 및 순서를 번호로 표시한 것), 컨버터 converter (TV채널 변환기), 인버터 inverter (교류변환기)

v1 V2 V3 V4
< Version >

♣ 어원 : vers(e), vert 돌리다, 뒤집다, 바꾸다(=turn)

■ **vers**ion [vəːrʒən, -ʃən] 명 **번역**(서); (성서의) **역**(譯); **~판**(版)

☜ 돌리는(vers) 것(ion<명접>)

■ **con<u>vert</u>er** [kənvə́ːrtər] 명 주파수 변환기, TV 채널 변환기, **컨버터**
☜ 완전히(con<com) 바꾸는(vert) 기계(er)

□ **inverse** [invə́ːrs] 형 반대의, 역(逆)의, 거꾸로 된 명 반대, 역, 전도 ☜ 안을(in) 뒤집(vers) 기(e)
♠ (an) **inverse** proportion **반**비례

□ **inverse**ly [invə́ːrsli] 부 역으로 ☜ -ly<부접>

□ in**vers**ion [invə́ːrʒən, -ʃən] 명 전도(轉倒), **역**(逆), **정반대**; 도치, 반전
☜ 안을(in) 뒤집(vers) 기(ion<명접>)
♠ an **inversion** of the truth 진실의 **전도**

□ in**vert** [invə́ːrt] 동 **거꾸로 하다**, 역으로 하다, 뒤집다 ☜ 안을(in) 뒤집다(vert)

□ in**vert**er, -or [invə́ːrtər] 명 【전기】 **인버터**, (직류를 교류로의) 변환장치〔기〕 ☜ -er/-or(기계)

■ re**verse** [rivə́ːrs] 동 **거꾸로 하다**, 반대로 하다 명 반대, 이면; 역전 ☜ 반대로(re) 돌다(verse)

□ **invest**(투자하다) ➔ **investment**(투자) **참조**

에프비아이 FBI (미국 연방수사국)

♣ **어원 : vestig 발자취, 족적, 흔적**

※ **<u>FBI</u>** [èfbìːái] **F**ederal **B**ureau of **I**nvestigation 미국 연방수사국

※ **feder**al [fédərəl] 형 (국가간의) **연합의**; **연방(정부)의** 명 **연방주의자**
☜ 동맹/약속(feder) + al<형접/명접>

※ **bureau** [bjúərou] 명 (pl. **-s/-x**) (관청의) **국; 사무〔편집〕국**, 《미》 (거울 달린) 옷장, 《영》 (서랍 달린) 사무용 책상 ☜ 불어로 '책상'이란 뜻

□ in**vestig**ate [invéstəgèit] 동 **조사하다, 연구하다**, 수사하다
☜ 안에서(in) 흔적을(vestig) 더듬다(ate<동접>)
♠ The police **investigated** the cause of the accident.
경찰은 사고 원인을 **조사했다**.

□ <u>in**vestig**ation</u> [invèstəgéiʃən] 명 **조사, 연구**, 수사 ☜ -ation<명접>

□ in**vestig**ator [invéstəgèitər] 명 연구자, **조사자**, 수사관 ☜ -ator(사람)

■ **vestig**e [véstidʒ] 명 **자취, 흔적** ☜ 라틴어로 '발자국'이란 뜻

인베스트 코리아 Invest Korea (한국 국가투자유치기관) * Korea 한국

♣ **어원 : vest 옷; 옷을 입히다(=dress)**

■ **vest** [vest] 명 **조끼**(《영》 waistcoat) 동 **의복을 입다**〔입히다〕
☜ 라틴어로 '의복'이란 뜻

□ **<u>invest</u>** [invést] 동 **투자하다, 출자하다** ☜ 라틴어로 '옷을 입히다'란 뜻
♠ **invest** one's money in stocks 주식에 **투자하다**

□ in**vest**ment [invéstmənt] 명 **투자, 출자**; 투자액〔금〕; 투자의 대상 ☜ -ment<명접>
♠ **make an investment in ~ ~에 투자하다**

□ in**vest**or [invéstər] 명 **투자자**; 수여〔서임〕자; 포위자 ☜ -or(사람)

베테랑 veteran (어떤 분야에 오래 종사하여 노련한 사람) = master

♣ **어원 : veter 오래된, 나이 먹은**

■ **<u>veter</u>an** [vétərən] 명 **노병**(老兵); 《미》 **퇴역[재향] 군인**(《영》 ex-serviceman); 노련가, **베테랑**, 경험이 많은 사람 형 노련한
☜ 라틴어로 '나이 먹은(veter) 사람(an)'이란 뜻.

□ in**veter**ate [invétərit] 형 (감정 · 병이) 뿌리 깊은, 만성의; 상습적인
☜ 속에서(in) 오래(veter) 된(ate<형접>)
♠ **an inveterate disease 고질병, 숙환(宿患)**

□ in**veter**ately [invétəritli] 부 뿌리 깊게, 끈질기게, 만성[상습]적으로 ☜ -ly<부접>

□ in**veter**acy [invétərəsi] 명 《고어》 뿌리 깊음; 상습, 만성 ☜ -acy<명접>

□ **invidious**(질투심으로 가득한) ➔ **invisible**(눈에 보이지 않는) **참조**

비타민 vitamin (동물의 발육과 생리 작용에 필요한 영양소)

♣ **어원 : vit, vig 힘있는; 생명의, 생명력있는, 살아있는**

■ **<u>vitamin(e)</u>** [váitəmin/vít-] 명 **비타민** 《생물의 정상적인 생리 활동에 필요한 유기 화합물》 ☜ 라틴어 vita(=vital.생명의) + amine (【화학】 아민: 질소를 함유한 유기화합물) ★ **현재까지 발견된 비타민은 A, B, C, D, E, F, H, K, L, M, P, U 등이다.**

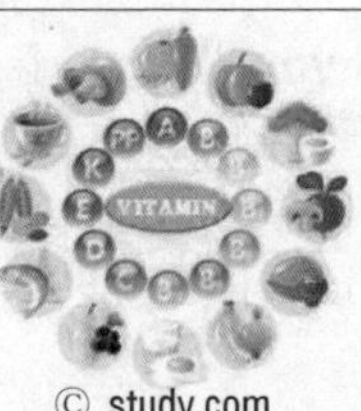

© study.com

I

■ **vig**o(u)r [vígər] 명 **활기, 정력**, 체력, 활력 ☜ 라틴어로 '활기를 띠다'란 뜻
□ in**vig**orate [invígərèit] 동 원기(활기)를 돋구다, 북돋다
☜ 활기(vigor) 안으로(in) 들어가다(ate<동접>)
♠ **invigorate the economy 경제를 활성화하다**
□ in**vig**orating [invígərèitiŋ] 형 기운을 돋구는, 격려하는; 상쾌한 ☜ -ing<형접>

✚ **vit**al **생명의**, 생생한, 살아있는; **치명적인; 극히 중요한** **vig**il **철야**, 불침번; 밤샘
vigorous **정력적인, 원기 왕성한**, 활발한, 강건한

빅토리 Victory ([로神] 승리의 여신), 빅토리아여왕 Queen Victoria, 인빈서블 HMS Invincible (영국 해군의 경항공모함: 1980-2014)

♣ **어원 : vict, vinc 승리(자), 정복(자); 승리하다, 정복하다**
■ **vict**ory [víktəri/**뷕**터뤼] 명 **승리**, 전승; 극복, 정복; 【로.신화】 (V~) 승리의 여신 ☜ -ory<명접>
■ **Vict**oria [viktɔ́:riə] 명 【로.신화】 **빅토리아**, 승리의 여신상; 영국의 빅토리아 여왕(1819-1901) ☜ 승리(vict) 자(or) + 이름접미사(ia)
□ in**vinc**ible [invínsəbəl] 형 **정복할 수 없는**, 무적의; 극복할 수 없는
☜ 승리(vinc)할 수 없(in=not) 는(ible)
♠ **invincible** ignorance **어떻게도 할 수 없는** 무지
♠ the **Invincible** Armada (스페인의) **무적**함대 《1588년 영국해군에 격파됨》
□ in**vinc**ibility [invìnsəbíləti] 명 무적(無敵), 불패(不敗)
☜ 승리(vinc)할 능력(ibility<ability)이 없음(in=not)
※ **HMS** **H**er/**H**is **M**ajesty's **S**hip 여왕(황제) 폐하의 군함 《영국 군함 이름 앞에 붙이는 경어적 표현》

< Victory >

비전 vision (통찰력), 비주얼 visual, 비자 visa, 비디오 video

♣ **어원 : vis, vid, vit 보다**
■ **vis**ion [víʒən] 명 **시력; 통찰력; 상상력; 환상** ☜ 보는(vis) 것(ion<명접>)
■ **vis**ual [víʒuəl] 형명 **시각의**, 시각적인 (요소) ☜ (눈에) 보이(vis) 는(것)(ual)
■ **vis**a [ví:zə] 명 (여권 따위의) 사증(査證), **비자** ☜ 보이는(vis) 것(a)
■ **vid**eo [vídiòu] 명 《미》 텔레비전; **비디오**, 영상(부문); 비디오 리코더 ☜ 보이는(vid) 것(eo)
□ in**vid**ious [invídiəs] 형 비위에 거슬리는, 불쾌한; 불공평한, 남의 시기를 살 만한
☜ 라틴어로 '질투심으로 가득한'. 안을(in) 들여다보(vid) + i + 는(ous<형접>)
□ in**vis**ible [invízəbəl] 형 **눈에 보이지 않는**; 감추어진 ☜ 보이지(vis) 않(in=not) 는(ible)
♠ Germs **are invisible to** the naked eye. 세균은 맨눈**으로는 안 보인다**.
♠ **invisible hand** 【경제】 **보이지 않는 손** 《아담스미스의 경제학에서 시장경제의 암묵적인 자율작동 원리를 지칭한 말》
□ in**vis**ibly [invízəbli] 부 눈에 보이지 않게(않을 정도로) ☜ -ly<부접>
□ in**vit**e [inváit] 동 **초청하다, 초대하다** ☜ 안으로(in) 보러(vit) 오게 하다(e)
♠ Have you **been invited** to the party? 너는 그 파티에 **초대받았**니?
♠ **invite (A) to (B) A를 B에 초대하다; A가 B하도록 요청하다**
□ in**vit**ation [ìnvətéiʃən] 명 **초대(장)** ☜ invite + ation<명접>
♠ **an invitation** to a dance 댄스 파티에의 **초대**
□ in**vit**ing [inváitiŋ] 형 초대하는; 마음을 끄는 ☜ invite + ing<형접>

✚ **vis**it **방문하다** en**vy** **질투**, 선망, 선망의 대상; 부러워하다

보이저 voyager (미국의 탐사위성)

♣ **어원 : voi, voy 보내다**
■ **voy**ager [vɔ́iidʒər, vɔ́iədʒ-] 명 항해자, 항행자; 여행자; (V-) 【우주】 **보이저** 《미국의 목성·토성 탐사 위성》
☜ 항해하는(voyage) 사람/기계(er)
■ en**voy** [énvɔi, ɑ́:n-] 명 (외교) **사절**, **특사** ☜ (나라) 안으로(en<in) 보내다(voy)
□ in**voi**ce [ínvɔis] 명 【상업】 **송장**(送狀), **대금청구서, 인보이스**
☜ (회사) 안으로(in) 보낸(voi) 것(ce)
♠ to send (issue, settle) **an invoice** for the goods
물품 **대금청구서**를 보내다 (발송하다, 처리하다)

보컬 vocal (노래하는 가수, 성악가), 보이스 voice (목소리)

♣ 어원 : voc, voke, voi 부르다, 목소리

■ **voc**al [vóukəl] [명] **보컬**《성악·노래를 부르는 가수나 성악가》
[형] **음성의** ☜ 목소리(voc) 의(al<형접>)

■ **voi**ce [vɔis/보이스] [명] **목소리**, 음성 ☜ 부르는(voi) 것(ce)

■ **voc**ation [voukéiʃən] [명] **직업**; 적성, 소질
☜ (신의) 부름(voc)에 응한(a) 것(tion<명접>)

□ in**voc**ation [ìnvəkéiʃən] [명] 기원, 기도; 탄원, 청원 ☜ (마음) 속으로(in) 부르는(voc) 것(ation)
♠ **utter the holy invocation 기도를 올리다**

□ in**voc**atory [invάkətɔ̀ːri/-vɔ́kətəri] [형] 기도의, 기원의 ☜ -atory<형접>

□ in**voke** [invóuk] [동] **빌다**, 기원하다 ☜ (마음) 속으로(in) 부르다(voke)
♠ **invoke** God's mercy. 신의 자비를 **빌다**.

✚ ad**voc**ate **옹호자**, 대변자; 옹호〔변호〕하다; 주장하다 e**voke** (기억을) **불러일으키다**
pro**voke** (감정을) **자극하다** pro**voc**ative **성나게 하는**

에듀윌 Eduwill (한국의 종합교육기업 중 하나) * education(교육) + will(의지)
윌리엄 [빌헬름] 텔 William Tell (스위스의 전설적 영웅, 활의 달인)

© shopper-stops.ml

♣ 어원 : will, vol 의지, 자유의사; 마음; 바라다

■ **will** [wil/윌, (약) wəl] [조] **~할 〔일〕 것이다; ~할 작정이다**, ~하겠다
[명] (the ~) **의지** ☜ 고대영어로 '원하다, 바라다'란 뜻

■ **Will**iam [wíljəm] [명] **윌리엄**《남자 이름; 애칭 Bill(y), Will(y)》
☜ 독일어로 Wilhelm이며, 이는 '강한 의지(will)로 투구(helm)를 쓴 사람'이란 뜻

□ in**vol**untary [invάləntèri/-vɔ́ləntəri] [형] **무심결의, 무의식적인**, 모르는 사이의; 본의 아닌 ☜ 의지(vol)가 없는(in=not) 상태(unt) 의(ary)
♠ **involuntary** servitude **강제** 노동

□ in**vol**untarily [invάləntèrəli/-vɔ́ləntər-] [부] 저도 모르게, 무의식중에; 본의 아니게 ☜ -ly<부접>

✚ bene**vol**ent 자비심 많은, **인자한**, 인정 많은 male**vol**ent 악의 있는, 심술궂은 **vol**ition **의지(력)**; 결의, 결단력; 의욕 **vol**untary **자발적인 (행동)**, 지원의 **vol**unteer **지원자;** 자발적인; 자원하다

리볼버 권총 revolver (탄창 회전식 연발권총)

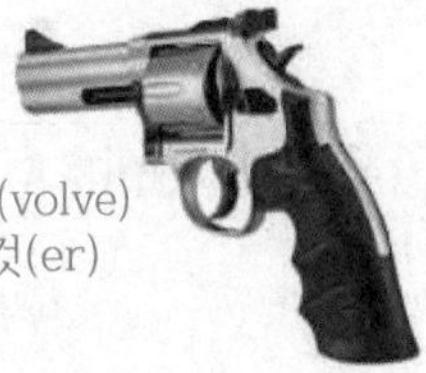

♣ 어원 : volv(e), volu 돌다, 회전하다; 변하다

■ re**volve** [rivάlv/-vɔ́lv] [동] **회전하다**, 선회(旋回)하다 ☜ 계속(re) 회전하다(volve)

■ re**volv**er [rivάlvər] [명] (회전식) **연발 권총** ☜ 계속(re) 회전하는(volv) 것(er)

□ in**volve** [invάlv/-vɔ́lv] [동] **포함하다, 수반하다**; 감싸다
☜ 안으로(in) 회전해(volve) 들어가다
♠ Any investment **involves** an element of risk.
어떤 투자이든 위험 요소**가 수반된다**.
♠ **be 〔get〕 involved with ~ ~에 휘말려들다, 관계하다**

□ in**volve**d [invάlvd] [형] **뒤얽힌**, 복잡한; 혼란한; (재정적으로) 곤란한 처지인
☜ involve + ed<형접>

□ in**volve**ment [invάlvmənt] [명] **말려듦**; 관련, 연루 ☜ involve + ment<명접>

□ in**volu**tion [ìnvəlúːʃən] [명] **말아넣음; 복잡**; 퇴행, 퇴화
☜ 안으로(in) 회전해(volu) 들어가기(tion<명접>)

✚ re**volu**tion **혁명**; 대변혁 e**volve** **전개하다**, 진화〔발전〕시키다 e**volu**tion **전개**, 발전, 진전; **진화**(론) e**volu**tionary **진화론적인**

[연상] 아궁이에 불(vul)을 넣어(ner) 숨어있던 쥐들이 불너(vulner-.상처)를 입었다.

♣ 어원 : vulner 상처; 상처를 받다[주다]

■ **vulner**able [vʌ́lnərəbəl] [형] **상처를 입기 쉬운**; 비난〔공격〕받기 쉬운, 약점이 있는; (유혹·설득 따위에) 약한, **~에 취약한**
☜ 상처받을(vulner) 수 있는(able)

□ in**vulner**able [invʌ́lnərəbəl] [형] 상처 입지 않는, 불사신의; 공격할 수 없는; 반박할 수 없는 ☜ in(=not/부정) + vulnerable(상처 입기 쉬운)

I

♠ He is in an **invulnerable** position.
그는 **공격할 수 없는 (안전한)** 위치에 있다.

☐ in**vulner**ability [invʌ̀lnərəbíləti] ⓜ 불사신; 난공불락; 반박할 수 없는 것
☞ in(=not/부정) + 상처를 입힐(vulner) 수 있음(ability)

인 마이 포켓 in my pocket (콩글 착복하다, 횡령하다) ➔ embezzel

♣ **어원 : in, en 안, 속, 중에; 들어가다**

< Embezzel >

■ **in** [in/인, (약) ən/언] ⓟ 〖장소·위치〗 **~의 속[안]에서, ~에서**
☞ 고대영어로 '~안에'란 뜻

■ **in**to [íntu/**인**투, íntuː, íntə] ⓟ **안으로**(에), ~로(에) ☞ 안(in) 으로(to)

☐ **in**ward [ínwərd] ⓗ **안(쪽)의**, 내부의; 본질적인 ⓑ 내부로, **안쪽으로의**
☞ 안(in) 쪽으로의(ward)
♠ The door opens **inward**. 그 문은 **안쪽으로** 열린다.

☐ **in**wards [ínwərdz] ⓑ 안으로, 내부로 ☞ 안(in) 쪽으로(wards)

☐ **in**wardly [ínwərdli] ⓑ **내부[안쪽]에**; 마음속에 ☞ inward + ly<부접>

■ **en**ter [éntər/**엔**터] ⓢ **~에 들어가다, ~을 시작하다**
☞ 라틴어 intrare(=to go into/안으로 가다)에서 유래

※ **my** [mai/마이, məi, mə] ⓓ 〖I의 소유격〗 **나의** ☞ mine(나의 것)의 변형

※ **pocket** [pάkit/**파**킽/pɔ́ket/**포**켙] ⓜ **포켓, 호주머니**; 쌈지, 지갑
☞ 근대영어로 '작은(et) 주머니(pock)'란 뜻

I

아이오시 IOC (국제올림픽위원회)

☐ **IOC, I.O.C.** **I**nternational **O**lympic **C**ommittee 국제올림픽위원회

✚ **inter**national **국제적인** **Olympic** (고대) 올림피아 경기의; (근대) 국제 올림픽 경기의; 올림포스의 신; **올림픽 경기** com**mit**tee **위원회**

요오드(아이오딘) io-dine (살균력이 강한 할로겐족의 비금속 원소)

☐ **iodine** [áiədàin, -dìːn] ⓜ 〖화학〗 **요오드**, 옥소《기호 I》
☞ 그리스어로 '보라색'이란 뜻. 상온에서 진한 보라색 결정인데서.
★ 요오드는 염소나 브롬과 같이 산화력이 강한 물질로 살균 표백 작용이 있어서 소독용 약품으로 많이 활용된다.
♠ **tincture of iodine 요오드팅크, 옥도정기(沃度丁幾)**

이오니아 Ionia (그리스 아테네를 중심으로 하는 한 지방)

☐ **Ionia** [aióuniə] ⓜ **이오니아**《소아시아 서안 지방의 고대 그리스의 식민지》 ☞ 〖성경〗 이오니아 땅에 거주했던 야벳의 넷째 아들 '야완(Javan)의 자손'이란 뜻.

☐ **Ionia**n [aióuniən] ⓗ 이오니아(인)의; 〖건축〗 이오니아식의 ⓜ 이오니아인 ☞ -an(~의/~사람)
♠ the **Ionian** Sea **이오니아**해(海)

☐ **Ionic** [aiάnik/-ɔ́n-] ⓗ 이오니아(사람)의; 〖건축〗 이오니아식의 ☞ -ic<형접>

아이오유 IOU = I owe you (약식 차용증서)

☐ **IOU, I.O.U.** [àiòujúː] ⓜ (pl. **-s, -'s**) 약식 차용증서
☞ I owe you(내가 너에게 빚지고 있다)의 약어
♠ write out **an IOU** for 200 pounds
200파운드의 **차용증**을 쓰다.

✚ **I 나, 본인** **owe 빚지고 있다**; (성공 등을) **~에 돌리다**, (은혜를) 입고 있다; ~의 덕택이다 **you 당신, 너, 여러분**

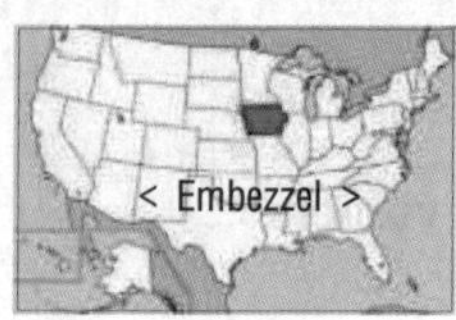

아이오아 Iowa (유색인종 비율이 가장 낮은 미국 중부의 주)

☐ **Iowa** [áiəwə, -wei] ⓜ **아이오와**《미국 중서부의 주(州), 생략: Ia., IA》 ☞ 북미 인디언 알곤킨어로 '졸린 사람들'이란 뜻.

아이큐 IQ (지능지수)

☐ **IQ., I.Q.** **I**ntelligence **Q**uotient 지능지수
비교 **E**ducational **Q**uotient 교육지수 《생략: **EQ**》, **E**motional **Q**uotient 감성지수 《생략: **EQ**》

✚ **intelligence 지성, 지능; 정보** **quot**ient 〚수학·컴퓨터〛 몫; 지수

이란 Iran (페르시아 제국의 후손, 아시아 남서부의 공화국)

☐ **Iran** [irǽn, ai-, -rɑ́ːn] 명 **이란** 《수도 테헤란(Teheran); 옛 이름은 페르시아(Persia)》
☜ '아리아인들(Aryans)의 땅' 이란 뜻
♠ the Plateau of **Iran 이란** 고원

☐ **Iran**ian [iréiniən] 형 이란(사람)의; 이란어계(語系)의 명 이란 사람; 이란 말 ☜ -an(형접/사람)

이라크 Iraq (바빌론의 영광이 그리운 아시아 남서부의 공화국)

☐ **Iraq, Irak** [irɑ́ːk] 명 **이라크** 《수도는 바그다드(Baghdad)》 ☜ 고대도시 오라크(Orak) 또는 우르크(Uruk)에서 유래. 페르시아어로 '낮은 지대'란 뜻.

☐ **Iraqi, Iraki** [irɑ́ːki] 명 (pl. **-s**) 이라크 사람〔말〕 형 이라크의; 이라크 사람〔말〕의
☜ 이라크(Iraq) 의(i)

아일랜드 Ireland (영국 서부에 있는 섬나라)

☐ **Ireland** [áiərlənd] 명 **아일랜드** 《아일랜드 공화국과 북아일랜드》
☜ '아일랜드 사람(Irish)의 땅'이란 뜻
♠ the Republic of **Ireland 아일랜드** 공화국 《영국 서부에 있는 공화국; 수도 더블린(Dublin)》

☐ **Irish** [áiriʃ] 형 아일랜드의; **아일랜드 사람[말]의** 명 **아일랜드 말**〔사람〕
♠ **the Irish Republican Army 아일랜드공화국군** 《북아일랜드 민족주의자의 반영(反英) 조직; 약 I.R.A., IRA》

☐ **Irish**man [áiriʃmən] 명 (pl. **-men**) 아일랜드 사람 ☜ man(사람, 남자)

아이린 카라 Irene Cara (미국의 세계적인 여성 팝 가수)

아이린 카라는 미국의 세계적인 팝 가수이자 배우이다. 1983년 AMA(American Music Awards) 최우수 팝 싱글, 1984년 그래미 어워드 여성 팝 보컬상을 수상했다. 대표곡으로는 <Fame>, <Flashdance, what a Feeling> 등이 있다.

☐ **Irene** [airíːni] 명 〚그.신화〛 **이레네** 《평화의 여신》 ☜ 그리스어로 '평화'

☐ **Irene** Cara [airíːn kǽrə/áiriːn -] 명 **아이린 카라** 《~ Escaler. 미국의 가수이자 배우. 1959 ~ 》

☐ **iren**ic(al) [airénik(əl), -ríːn-] 형 평화의; 평화주의의, 평화적인, 협조적인
☜ 평화(iren) 의(ic/ical<형접>)

아이리스 Iris (붓꽃; [그神] 무지개 여신)

이탈리아에 예쁘고 착한 귀족출신의 아이리스라는 여인이 로마왕자와 결혼했으나 곧 남편과 사별하게 되었다. 그러자 한 화가가 그녀에게 청혼하였는데, 그때 아이리스는 그에게 '살아있는 것과 똑같은 꽃을 그려 달라'고 요구했다. 화가가 그림을 그려 그녀에게 보여주자 그녀는 '꽃에 향기가 없다'고 말했다. 그때 나비 한 마리가 날아와 그림 꽃에 앉아 키스하자 그녀도 그에게 키스를 전했다고 한다.

☐ **Iris** [áiris] 명 〚그.신화〛 **이리스, 아이리스** 《무지개의 여신》
☜ 그리스어로 '무지개, 신의 사자(使者); 붓꽃, 안구의 홍채'란 뜻

☐ **iris** [áiris] 명 (pl. **-es,** iri**des**) 붓꽃; (안구의) 홍채(虹彩); 조리개
♠ open 〔close〕 **the aperture** 〔**iris**〕 조리개를 열다〔닫다〕

☐ **Irish**(아일랜드의) ➔ **Ireland**(아일랜드) **참조**

☐ **irk**(지루하게 하다, 증오하다) ➔ **irritate**(화나게 하다) **참조**

아이롱 < 아이론 iron (다리미; 미용실의 아이롱펌 기계)
아이언맨 Iron Man (미국 SF(공상과학) 영화. <철갑인간>이란 뜻)

스탠리가 그린 미국만화 마블코믹스에 등장하는 슈퍼영웅. 아이언맨 시리즈 영화에서는 로버트 다우니 주니어가 주연을 맡았다. 부자이자 천재발명가인 토니는 심장에 치명적인 상처를 입은 자신의 목숨을 지키며 동시에 세계를 지킬 강화슈트(철갑옷)을 제작하는데 과학의 결정체로 만들어진 그 슈트를 입고 아이언맨이 되어 범죄와 싸워나간다는 이야기

© Paramount

☐ **iron** [áiərn/**아**이언] [명] **철** 《Fe》, **쇠**; 다리미, **아이언** [형] **철의, 쇠 같은** [동] **다림질하다** ☜ 고대영어로 '금속 철'이란 뜻
♠ **Strike while the iron is hot.**
《속담》 쇠는 뜨거울 때 두드려라
♠ **the Iron Age 철기시대**
♠ **an Iron Cross (독일의) 철십자훈장**
♠ **the iron curtain 철의 장막** 《구소련 공산당체제의 정치·사상적 벽》 [비교] bamboo curtain 죽의 장막 《중국 공산당체제의 정치·사상적 벽》

☐ **iron**clad [áiərnklæ̀d] [형] 철판을 입힌(댄), **장갑의** ☜ clad(장비한)
☐ **iron**ing [áiərniŋ] [명] 다리미질 ☜ -ing<명접>
☐ **iron** lung 철의 폐(肺) 《소아마비 환자 등에 쓰는 철제 호흡보조기구》 ☜ lung(폐)
☐ **iron**-masked [áiərnmæ̀skt] [형] 철가면을 쓴 ☜ 마스크(mask)를 쓴(ed)
☐ **iron**monger [áiərnmʌ̀ŋgər] [명] 철물상(인) ☜ monger(상인)
☐ **iron**work [áiərnwə̀ːrk] [명] 철제품 ☜ work(일, 제품; 일하다)
☐ **iron**works [áiərnwə̀ːrks] [명] 철공장, 제철소 ☜ works(공장)
☐ **iron**y [áiərni] [형] 철의, 쇠 같은; 철을 함유하는 ☜ 철(iron) 의(y)

I

아이러니 irony (반어법)

☐ **irony** [áirəni] [명] **풍자**, 비꼬기, **빈정댐**; 빈정거리는 언동 ☜ 그리스어로 '모른 체 하기'란 뜻
♠ a bitter **irony** 신랄한 **풍자**
☐ **ironi**c(al) [airɑ́nik(əl)/-rɔ́n-] [형] 반어의, **반어적인**, 비꼬는, **빈정대는;** 풍자적인 ☜ -ic(al)<형접>
☐ **ironi**cally [airɑ́nikəli] [부] 빈정대어; 얄궂게도 ☜ -ly<부접>
☐ **ironi**st [áirənist] [명] 빈정대는 사람 ☜ -ist(사람)

레이다 radar (무선탐지 및 거리측정기), 라디에이터 radiator

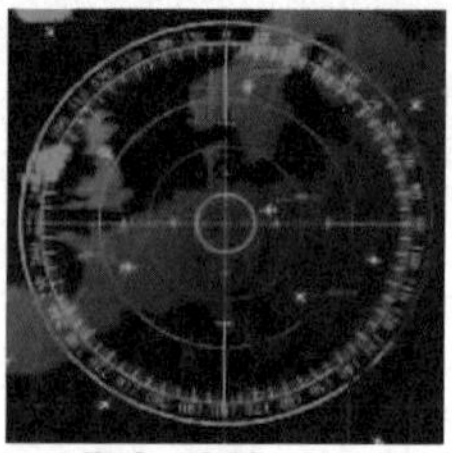

♣ **어원 : rad(i), radio 빛, 광선, 전파, 무선, 방사(능), 반지름**
■ **radar** [réidɑːr] [명] 『전자』 **레이더**, 전파 탐지기; (속도 위반 차량 단속용) 속도 측정 장치 ☜ **Ra**dio **D**etecting **A**nd **R**anging의 약자
■ **radi**ate [réidièit] [동] (중심에서) 방사상으로 퍼지다; **빛을 발하다**, 빛나다; 방사하다 [형] 방사하는, 방사(복사)상의 ☜ 방사(ra야) 하다(ate<동접>)
■ **radi**ator [réidièitər] [명] **라디에이터**, 방열기, 난방기, (자동차·비행기의) **냉각 장치**; 『통신』 송신 안테나 ☜ radiate + or<기기, 장비>
☐ ir**radi**ate [iréidièit] [동] 비추다, 밝히다; 빛나다, 번쩍이다 ☜ ~안으로(ir<in) 빛(radi)을 비추다(ate<동접>)
♠ a face **irradiated by** (with) a smile 미소**로 빛난** 얼굴

씨레이션 C-ration ([미군] C형 전투식량), 레티오·레이쇼 ratio (비율)

그리스어 logos(이성) ➔ 라틴어 ratio ➔ 프랑스어 raison ➔ 영어 reason으로 변천했다.

♣ **어원 : rat, reas 이성, 합리, 논리; 비율, 몫, 배급량; 판단**
■ **rat**ion [rǽʃən, réi-] [명] 정액(定額), **정량; 배급(량)**, 할당(량); (pl.) **식량**, 양식 ☜ 비율에(rat) 맞는 것(ion)
♠ **C (D, K) ration** 『미군』 **C (D, K)형 전투식량**, **씨레이션**
■ **rat**ional [rǽʃənl] [형] **이성의**, 합리적인; **이성주의의** [명] 유리수 ☜ -al<형접/명접>
☐ ir**rat**ional [irǽʃətnəl] [형] **불합리한**; 이성(분별)이 없는 [명] 『수학』 무리수 ☜ ir(=not) + rational(합리적인)
♠ You're being **irrational**. 당신은 **비이성적인** 태도를 보이고 있어.

✚ **rat**io 『수학』 **비**(比), **비율** **reas**on **이성**; **이유** **reas**onable **분별 있는, 합리적인, 이치에 맞는**

☐ **irrefutable**(반박할 수 없는) ➔ **refuse**(거절하다; 폐물) **참조**

레귤레이터 regulator (속도 · 온도 · 압력 등의 조절장치)

♣ **어원 : reg 곧은, 바른; 직선의, 정해진, 경직된; 규칙**

■ **reg**ular [régjələr/뤠결러] ⓗ **규칙적인**, 정연한, **정례[정기]적인; 정식의, 정규의** ☜ 정해진(reg) 것(ul) 의(ar)

■ **reg**ulator [régjəlèitər] ⓜ 규정자, 조정자; 단속자, 정리자; 『기계』 조정기, 조절기 ☜ -or(사람/기계)

□ ir**reg**ular [irégjələr] ⓗ **불규칙한**; 불법의, 규율이 없는, 비정규의 ☜ 불(不)(ir<in=not) 규칙적인(regular)

□ ir**reg**ularity [irègjəlǽrəti] ⓜ **불규칙(성)**; 반칙, 불법〔부정〕 행위; 난잡한 행실 ☜ -ity<명접>

□ ir**reg**ularly [irégjulərli] ⓑ **불규칙하게**, 이상하게 ☜ -ly<부접>

□ **irrelevant**(부적절한) ➔ **relevant**(관련된) **참조**

퍼레이드 parade (행진)

♣ **어원 : par, para, pare, pair 준비하다; 정돈하다; 배열하다**

■ **par**ade [pəréid] ⓜ **열병**(식), 행렬, **퍼레이드**, 행진; **과시** ⓓ **열지어 행진하다; 과시하다** ☜ 준비/정돈/배열하여(par) 움직임(ade)

■ re**par**ation [rèpəréiʃən] ⓜ 보상, **배상**; (pl.) 배상금, 배상물(物) ☜ -ation<명접>

□ irre**par**able [irépərəbəl] ⓗ 고칠〔만회할, 돌이킬〕 수 없는; 불치의 ☜ ir(=not/부정) + 수리(repair)할 수 있는(able)
♠ **irreparable** damage **심각한** 피해, **막대한** 손해

□ irre**par**ably [irépərəbli] ⓑ 회복[수리]할 수 없을 정도로, 심각하게 ☜ -ly<부접>

✚ pre**pare** **준비하다**, 채비하다 re**pair** **수리**〔수선, 회복〕**하다, 보상[배상]하다; 수선, 수리**; 회복, 보상

I

□ **irreplaceable**(바꾸어 놓을 수 없는) ➔ **replace**(제자리에 놓다) **참조**

어시스트 assist ([축구] 득점자에게 유효한 패스를 보낸 선수)
레지스탕스 resistance (2 차대전시 독일에 대한 프랑스의 지하 저항운동)

♣ **어원 : sist 서있다(=stand)**

■ as**sist** [əsíst] ⓓ **돕다**, 거들다, **조력하다** ☜ ~쪽에(as<ad=to) 서서(sist) 거들다

■ re**sist**ance [rizístəns] ⓜ **저항**, **레지스탕스** ☜ ~에 대항하여(re) 서있는(sist) 것(ance<명접>)

□ irre**sist**ible [ìrizístəbəl] ⓗ **저항할 수 없는**; 압도적인; 매혹적인; 사람을 녹이는 ☜ 뒤에(re) 서있을(sist) 수 없(ir<in=not) 는(ible)
♠ **irresistible** impulse **억제할 수 없는** 충동

✚ con**sist** **구성하다** re**sist** **저항하다**

솔루션 solution (해결책, 해법)

♣ **어원 : solu(t), solv(e) 풀다, 느슨하게 하다; 녹다, 녹이다, 용해하다**

■ **solve** [sɑlv/sɔlv] ⓓ (문제를) **풀다, 해결하다** ☜ 라틴어로 '풀어버리다, 늦추다'란 뜻

■ **solut**ion [səlúːʃən] ⓜ **용해**; 분해; (문제 등의) **해결, 해법**(解法); 해제 ☜ 푸는(solut) 것(ion<명접>)

© sandler.com

□ irre**solut**e [irézəlùːt] ⓗ **결단력이 없는**, 우유부단한 ☜ 완전히<다시(re) 녹이지(solut) 못(ir<in=not) 하는(e)
♠ an **irresolute** fellow **우유부단한** 자

□ irre**solut**ion [irèzəlúːʃən] ⓜ 결단성 없음, 우유부단 ☜ -ion<명접>

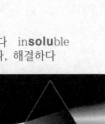

✚ ab**solve** **용서하다**, 사면〔해제 · 면제〕하다 dis**solve** **녹이다**, 용해하다, 분해하다 in**solu**ble **녹지 않는**; 풀 수 없는, 설명〔해결〕할 수 없는 re**solve** **분해하다**, (문제를) 풀다, 해결하다

스펙터클 spectacle (볼거리가 풍부한), 스펙트럼 spectrum

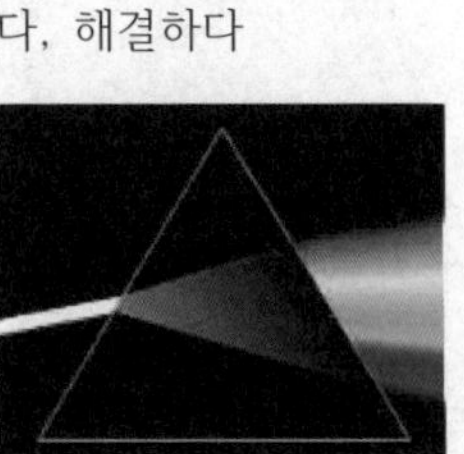

♣ **어원 : spect 보다(=look), 살펴보다, 조사하다**

■ **spect**acle [spéktəkəl] ⓜ **광경**, 볼만한 것, 장관(壯觀); (pl.) **안경** ☜ 볼 만한(spect(a)) 것(cle)

■ **spect**rum [spéktrəm] ⓜ (pl. spectr**a**, **-s**) 『광학』 **스펙트럼**, 분광 ☜ 눈에 보이는(spect) 것(rum)

■ re**spect**ive [rispéktiv] ⓗ **각각의**, 각기의, 각자의 《보통 복수명사를 수반함》
☜ '(하나하나 세밀하게) 다시(re) 살펴보(spect) 는(ive<형접>)' 이란 뜻

□ irre**spect**ive [ìrispéktiv] ⓗ **관계없는**, 상관〔고려〕하지 않는
☜ ir(=not/부정) + 다시(re) 살펴보(spect) 는(ive<형접>)
♠ **irrespective of ~ ~에 관계없이, ~을 고려하지 않고**
irrespective of age 〔sex〕 연령〔성별〕**에 관계없이**

✚ e**x**pect **기대[예상]하다** in**spect** **조사[검사, 시찰]하다** pro**spect** 조망(眺望), **전망**; 경치; **예상**, 기대 re**spect** **존경(하다)**, 존중(하다), 경의(를 표하다) retro**spect** 회고, 회상

스폰서 sponsor (후원자)

♣ **어원 : spond, spons (대)답하다, 약속하다, 서약[보증]하다**

■ **spons**or [spάnsər/spɔ́n-] ⓜ **보증인**(=surety), **후원자, 스폰서** ⓢ **후원하다**
☜ 약속하는(spons) 사람(or)

■ re**spons**ible [rispάnsəbəl/-spɔ́n-] ⓗ **책임 있는, 신뢰할 수 있는** ☜ -ible<형접>

□ irre**spons**ible [ìrispάnsəbəl/-spɔ́n-] ⓗ **책임이 없는; 무책임한**
☜ 무(無)(ir<in=not) 책임한(sponsible)
♠ an **irresponsible** father **무책임한** 아버지

✚ de**spond** 실망〔낙담·비관〕하다; 《고어》 낙담, 실망 re**spond** **응답[대답]하다** re**spons**e **응답**, 대답; 반응 re**spons**ibility **책임**, 의무

□ **irretrievable**(돌이킬 수 없는) ➔ **retrievable**(되찾을 수 있는) **참조**

□ **irreverence**(불경, 불손) ➔ **reverence**(숭배, 존경) **참조**

□ **irreversibility**(취소불가능, 불가역성) ➔ **revert**(되돌아가다) **참조**

이리게이션 irrigation ([의학] 세척)

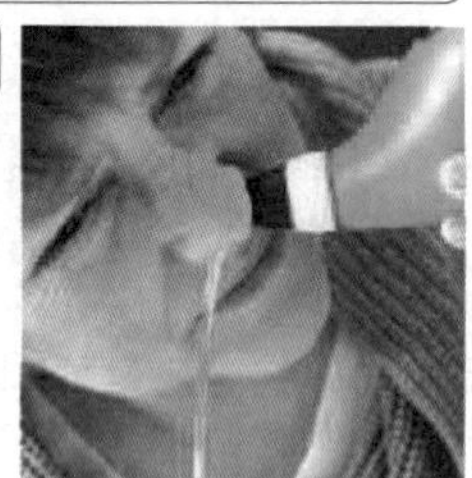

♣ **어원 : rig 물**

□ ir**rig**ate [írəgèit] ⓢ (토지에) **물을 대다; 관개하다**(=water); 〖의학〗 (상처 등을) 세척하다 ☜ ~에(ir=to) 물(rig)을 대다(ate<동접>)

□ ir**rig**ation [ìrəgéiʃən] ⓜ **물을 댐; 관개**; 〖의학〗 (상처 등을) 씻음
☜ -ation<명접>
♠ an **irrigation** canal 〔ditch〕 **용수**로 ☜ ditch(도랑, 시궁창)

□ ir**rig**ator [írəgèitər] ⓜ 관개자(者)〔차(車)〕; 〖의학〗 세척기(器)
☜ -or(사람/기계)

안티 이리테이션 Anti Irritation ([화장품] 민감성 피부관리 기능) * anti 반대

♣ **어원 : irrit, ira, irasc, irk, 화, 분노; 흥분**

□ **irrit**able [írətəbəl] ⓗ 성급한, 성마른; 민감한, **화를 잘 내는**, 흥분하기 쉬운 ☜ 화(irrit)를 내기 쉬운(able)
♠ an **irritable** disposition **격하기 쉬운** 기질

□ **irrit**ability [ìrətəbíləti] ⓜ 성마름 ☜ 화(irrit)를 내기 쉬움(ability)

□ **irrit**ate [írətèit] ⓢ **노하게[화나게] 하다, 짜증나게 하다**, 초조하게 하다
☜ 화(irasc)를 내다(ate)
♠ He **was irritated against** 〔with〕 you.
그는 너**에게 화를 내었다**.

□ **irrit**ating [írətèitiŋ] ⓗ 흥분시키는, 자극하는; 짜증나는 ☜ -ing<형접>

□ **irrit**ation [ìrətéiʃən] ⓜ **짜증나게**〔성나게〕 **함**; 초조, 노여움; 〖의학〗 자극(상태), 흥분 ☜ -ion<명접>
♠ feel a rising **irritation** 점점 **초조**해지다.

□ **irk** [əːrk] ⓢ 지루하게 하다, 지치게 하다; 증오하다, 싫어하다
ⓜ 지루함(의 원인) ☜ 중세영어로 '권태를 느끼다, 피로하다'란 뜻
♠ **It irks (A) to (B) A는 B하는 것을 질색해 한다**

□ **irk**some [ə́ːrksəm] ⓗ 진력〔싫증〕나는, 넌더리나는; 지루한 ☜ -some<형접>

✚ **ira**te 성난, 노한 **irasc**ible 성을 잘 내는, 성미가 급한, 성마른

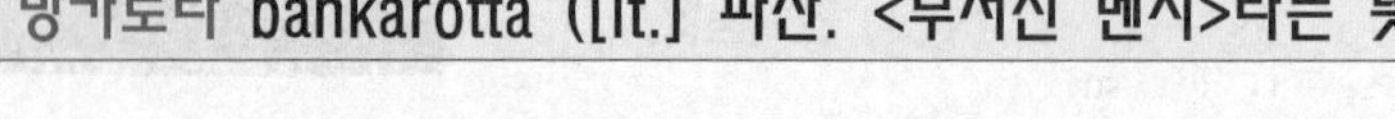

방카로타 bankarotta ([It.] 파산. <부서진 벤치>라는 뜻)

중세 이탈리아의 환전소를 방카(banka)라 하는데, 이들이 고객을 속였을 경우 행정관이 이 방카를 부숴다(rotta)는 데서 유래하였다.

♣ **어원 : rupt 부수다, 깨다**

■ bank**rupt** [bǽŋkrʌpt] ⓜ **파산자, 지불불능자** ⓗ **파산한**
☜ 환전상의 책상(bank)이 파괴된(rupt)

□ ir**rupt** [irʌ́pt] ⓓ 침입〔돌입〕하다 ☜ 안으로(ir<in>) 부수고(rupt) 들어가다
♠ **irrupt in** a frenzied demonstration 광폭한 시위**로 돌입하다**.

□ ir**rupt**ion [irʌ́pʃən] ⓜ 돌입; 침입, 난입 ☜ -ion<명접>

✚ ab**rupt** **뜻밖의** cor**rupt** **타락한, 부패한** cor**rupt**ion **타락; 퇴폐** e**rupt** 분출[폭발]하다 inter**rupt** **가로막다, 중단시키다**

레쓰비 Let's be (롯데칠성음료의 커피음료)

롯데칠성음료에서 생산/판매하고 있는 커피음료로 Let's Be Together에서 Together가 생략되었다. <우리 함께 레쓰비를 마시자>라는 뜻이다.

※ **let** [let/렡] ⓓ (-/**let**/**let**) 시키다, **하게 하다, ~을 허락하다**(=allow to) ☜ 고대영어로 '허락하다; 뒤에 남기다; 떠나다'란 뜻

※ **let's** [[lets] **~합시다** ☜ let us(우리가 ~하도록 하다)의 줄임말

■ **be** [biː,/비-, bi/비] ⓓ (**be**〔**am** · **are** · **is**〕/**was** · **were**/**been**) **~이다, ~이 있다**
☜ 고대영어로 '존재하다, 되다'란 뜻

□ **is** [iz/이즈, (무성음의 다음) s] 《be의 3인칭 · 단수 · 직설법 · 현재형》 **~이다, ~이 있다**
☜ 라틴어로 is<est(존재하다)란 뜻.
♠ He **is** a teacher. 그는 교사**이다**.
♠ It **is** a book. 그것은 책**이다**.

□ **isn't** is not의 단축어. **~이 아니다, ~이 없다**
♠ He **isn't** (is not) a teacher. 그는 교사가 아니다.

구분	인칭	주 격	소유격	목적격	소유대명사	재귀대명사	be동사	do동사	have동사
단수	1	I	my	me	mine	myself	am	do	have
	2	You	your	you	yours	yourself	are		
	3	He	his	him	his	himself	is	does	has
		She	her	her	hers	herself			
		It	its	it	-	itself			
복수	1	We	our	us	ours	ourselves	are	do	have
	2	You	your	you	yours	yourselves			
	3	They	their	them	theirs	themselves			

이슬람 Islam (회교(回敎). <신의 뜻에 복종함>이란 뜻)
아이에스 IS (이슬람급진 수니파 무장단체. <이슬람 국가>란 뜻)

□ **IS** **I**slamic **S**tate 이슬람 국가. ★ 2003년 국제 테러조직 알카에다의 이라크 하부조직으로 출발한 단체. 이라크에서 각종 테러활동을 벌이다 2011년 시리아 내전이 발발하자 거점을 시리아로 옮겼다. 2018년 말 시리아 및 이라크내 IS는 대부분 와해된 상태이다.

□ **Islam** [íslaːm, íz-, -læm] ⓜ **이슬람교(도)**, 회교(도)
☜ 아랍어로 '신에 뜻에 복종함'이란 뜻

□ **Islam**abad [islɑ́ːməbɑ̀ːd] ⓜ **이슬라마바드** 《파키스탄의 수도》 ☜ '이슬람의 도시'란 뜻

□ **Islam**ic, **Islam**itic [islǽmik, -lɑ́ːmik, ìsləmítik] ⓗ 이슬람교(도)의, 회교도의, 이슬람교적인
☜ -ic/-tic<형접>
♠ **Islamic** militia group **이슬람** 무장단체

※ **sta**te [steit/스테이트] ⓜ **상태**; 신분; (흔히 the S-) **국가**, 나라 ☜ 서있는(sta) 상태(te)

아일랜드 island (항공모함 우현 갑판상 높은 구조물. <섬>이란 뜻)

♣ **어원 : is(l), isol 섬; 고립된**

□ **is**land [áilənd/아일런드] ⓜ **섬**; **아일랜드** 《항공모함 우현의 우뚝 솟은 구조물》
☜ 고립된(is) 땅(land) **비교** Ireland [áiərlənd] 아일랜드 공화국
주의 island의 s는 묵음임.

♠ live on (in) an island **섬**에서 살다.

☐ **is**lander [áiləndər] ⓜ 섬 사람 ☜ -er(사람)

☐ **is**le [ail] ⓜ《시어》**섬**, 작은 섬 ⓢ 작은 섬에 살다
☜ 작은(e) 섬(isl)
♠ the British **Isles** 영국 **제도**

☐ **isl**et [áilit] ⓜ **작은 섬** ☜ 작은(et) 섬(isl)

☐ **isol**ate [áisəlèit, ísə-] ⓢ **고립시키다**, 분리(격리)하다
☜ 섬(isol=island)을 만들다(ate<동접>)
♠ a community that had **been isolated** from civilization
문명으로부터 **고립된** 사회

☐ **isol**ated [áisəlèitid] ⓗ **고립된**; 격리된 ☜ isolate + ed<형접>
♠ an **isolated** house **외딴**집

☐ **isol**ation [àisəléiʃən] ⓜ **고립**(화), 고독; 격리, 분리; 교통 차단; 『전기』 절연 ☜ -ation<명접>
♠ **keep ~ in isolation ~을 분리[격리]시켜 두다.**

이스라엘 Israel (아시아 서남부에 있는 유대인의 나라, 선민사상의 나라)

☐ **Israel** [ízriəl, -reiəl] ⓜ **이스라엘 공화국**《1948년에 창건된 유대인의 나라; 수도 예루살렘(Jerusalem)》; 이스라엘 왕국《B.C. 10-8세기 팔레스타인(Palestine)의 북부에 있었음》; [집합적] 이스라엘 자손(사람), 유대인(Jew) ☜ 히브리어로 '하나님이 지배하신다', '하나님과 겨루어 이김'이란 뜻. 이는 구약성경에 나오는 유대인의 조상 야곱이 하나님의 천사와 겨루어 이긴 후 부여받은 이름이라고 함. 선민사상(選民思想)이란 하나님의 선택을 받은 민족이란 뜻.

지중해

☐ **Israel**i [izréili], **Israel**ite [ízriəlàit] ⓗ (현대의) 이스라엘(사람)의 ⓜ (pl. **-(s)**) (현대의) 이스라엘 사람(국민) ☜ -i/-ite<형접/명접>

※ **Jew** [dʒuː] ⓜ (fem. Jewess) **유대인**, 유대교도; 고대 유다 왕국의 백성 ⓗ《경멸적》유대인의(같은) ☜ 히브리어로 '유다(Judah) 사람'이란 뜻

※ **Jew**ish [dʒúːiʃ] ⓗ **유대인의**; 유대인 같은, 유대교의 ☜ -ish<형접>

이슈 issue (논란의 쟁점), 핫이슈 hot issue (뜨거운 쟁점) * hot 뜨거운

♣ 어원 : su(e), sequ 뒤따르다, ~의 뒤를 쫓다

☐ **issue** [íʃuː/**이**슈, ísjuː] ⓜ **발행(물); 유출; 논(쟁)점** ⓢ **나오다, 유래하다, 발행하다**
☜ 고대 프랑스어로 '출구'란 뜻
♠ Don't confuse **the issue. 쟁점**을 흐리지 말아요.
♠ We **issue** a monthly newsletter. 우리는 월간 소식지를 **발행한다**.
♠ **hot issue** 『**주식**』 **관심주; 뜨거운 쟁점**

☐ **issu**able [íʃuːəbəl] ⓗ 발행할 수 있는; 발행이 인가된; 쟁점이 될 수 있는
☜ 밖으로(is<ex=out) 뒤따라 나갈(su) 수 있는(able)

☐ **issu**ance [íʃuːəns] ⓜ 발행, 발급, 배급 ☜ issue + ance<명접>

☐ **issu**eless [íʃuːlis] ⓗ 자식이 없는; 결과가 없는; 쟁점이 없는 ☜ -less(~이 없는)

이스탄불 Istanbul (터키의 옛 수도; 동로마[비잔티움] 제국의 수도)

☐ **Istanbul** [ìstænbúːl, -tɑːn-] ⓜ **이스탄불**《터키의 옛 수도; 구명 콘스탄티노플(Constantinople)》☜ 터키어로 '이슬람(Istan=Islam) 도시(bul<bolu=city)',또는 그리스어 eis ten polin으로 "도시로"란 뜻. ★ 콘스탄티노플(Constantinople)은 로마제국의 수도를 로마에서 비잔티움(이스탄불)로 옮긴 콘스탄티누스 1세 황제 이름을 딴 '콘스탄티누스의 도시'란 뜻이며, 오늘날 터키의 수도는 이스탄불이 아닌 앙카라(Ankara)이다.

렛잇비 Let it be (1970년 빌보드차트 1위에 오른 비틀즈 노래)
렛잇고 Let it go (미국 애니매이션 영화 <겨울왕국>의 주제곡)

❶ 렛잇비는 폴 매카트니가 작사/작곡한 노래. 이 곡은 비틀즈의 마지막 앨범 『Let It Be』의 타이틀곡으로서, 1970년 3월 21일에 처음 차트에 진입한 뒤 1위까지 오른 명곡이다. Let It Be는 '순리에 맡겨라'라는 뜻이다.
❷ 이디나 멘젤이 부른 미국 애니메이션 영화 <겨울왕국(Frozen)>의 주제곡 Let it go는 전세계적으로 큰 인기를 끌었으며, 빌보드 싱글차트 13주 연속 1위를 했다. Let it go는 '그쯤해 둬, 내버려 둬'라는 뜻이다.

※ **let** [let/렡] ⓢ (-/**let**/**let**) 시키다, **하게 하다, ~을 허락하다**(=allow to)
☜ 고대영어로 '허락하다; 뒤에 남기다; 떠나다'란 뜻

☐ **it** [it/잍] ⓓ 〖주어〗 **그것은**(이); 〖비인칭동사, 형식상의 주어〗; 〖목적어〗 **그것을**(에)
☜ 초기 인도유럽어로 '이것'이란 뜻 ★ it은 특정한 것을 가리키는 명사 대신으로

쓰고, 아무것이라도 상관없는 하나의 것을 가리키는 명사 대신으로는 one을 씀.
♠ What's that? - **It**'s a book. 그것은 무엇이냐? - (**그것**은) 책이다
♠ **It**'s raining. 비가 오고 있다 ☜ 비인칭 주어로서의 it
♠ **It is no use ~ing ~하여도 소용 없다**
♠ **It is no use crying over spilt milk. 《속담》 (이미) 엎지른 물**

☐ **It'**d [ítəd] 《구어》 it had(would)의 줄임말
☐ **it'**ll [ítl] 《구어》 it will의 줄임말
☐ **it**s [its/잇츠] 〖it의 소유격〗 그것의
☐ **It'**s [its/잇츠] 《구어》 it is, it has의 줄임말
☐ **it**self [itsélf/잍**셀**프] 〖it의 강조형〗 그것 자체, 바로 그것 ☜ 그것(it) 자체(self)
※ **be** [biː,/비-, bi/비] ⓢ (**be(am · are · is)/was · were/been**) **~이다, ~이 있다**
☜ 고대영어로 '존재하다, 되다'란 뜻
※ **go** [gou/고우] ⓢ (-/**went/gone**) **가다**; 작동하다, 진행하다(되다)
☜ 고대영어로 '가다'란 뜻

구분	인칭	주 격	소유격	목적격	소유대명사	재귀대명서	be동사	do동사	have동사
단수	1	I	my	me	mine	myself	am	do	have
	2	You	your	you	yours	yourself	are		
	3	He	his	him	his	himself	is	does	has
		She	her	her	hers	herself			
		It	its	it	-	itself			

이탈리아 Italy (로마제국이 태동한 유럽남부의 공화국)

☐ **Italy** [ítəli/**이**덜리/**이**털리] ⓜ **이탈리아** (공화국) 《수도 로마(Rome)》
☜ 에트루리아어로 '송아지'라는 뜻. 과거 남이탈리아에서 소를 많이 키워 그리스인들이 송아지라는 의미의 Vitelia라고 부른데서 유래
☐ **Itali**a [itáːljaː] ⓜ 이탈리아 ☜ Italy의 이탈리아어 표기형태
☐ **Itali**an [itǽljən/이**탤**연] ⓗ **이탈리아의**; 이탈리아 사람(말)의 ⓜ **이탈리아 사람[말]**
☜ -an(~의/~사람)
♠ an **Italian** restaurant **이탈리아(식)** 레스토랑
☐ **itali**c [itǽlik] ⓗ 〖인쇄〗 **이탤릭체의** ⓜ 이탤릭체 글자 ☜ -ic<형접/명접>

세븐 이어 잇치 The Seven Year Itch (미국 코미디 영화. 직역하면 <7년만의 욕망> 정도가 되겠으나 국내에서는 <7년만의 외출>로 상영되었다.)

❶ 세븐 이어 잇치(Seven Year Itch)는 마릴린 몬로가 주연했던 <7년만의 외출>의 영문 제목이다. ❷ 프로레슬링에서 세븐 이어 잇치는 공격선수가 링의 탑로프에 올라가 몸을 앞으로 회전시키면서 링에 다운되어 있는 상대선수를 덮치는 초고난도 기술을 말한다.

© 20th Century Fox

※ **seven** [sévn/**세**븐] ⓜ **일곱, 7** ⓗ 일곱의, 일곱 개(사람)의
☜ 고대영어로 '7'이란 뜻
※ **year** [jiər/이어, jəːr/여-] ⓜ **해, 년**(年); **1년간**; (pl.) **나이, ~살**
☜ 고대영어로 '해, 년'이란 뜻
☐ **itch** [itʃ] ⓜ (an ~) **가려움**; (the ~) 옴; 참을 수 없는 욕망, 갈망
ⓢ 가렵다 ☜ 고대영어로 '가렵다'란 뜻
♠ I **have an itch** on my back. 등이 **가렵다**.
☐ **itch**ing [itʃiŋ] ⓜ 가려움, 갈망 ⓗ 가려운 ☜ -ing<명접/형접>
☐ **itch**y [itʃi] ⓗ (-<-hi**er**<-hi**est**) 옴이 오른; 가려운 ☜ -y<형접>

아이템 item (항목, 품목)

☐ **item** [áitəm, -tem] ⓜ **항목,** 조목, 조항, 품목, 세목 ☜ 라틴어로 '마찬가지로'라는 뜻
♠ sixty **items** on the list 목록상의 60개 **품목**
☐ **item** veto 《미》 (의결법안의 대한 주(州) 지사의) 부분 거부권 ☜ veto(거부권, 거부하다)
☐ **item**ize [áitəmàiz] ⓢ 조목별로 쓰다, 항목별로 나누다, 세목별로 쓰다. ☜ -ize<동접>
☐ **item**ization [àitəməzéiʃən] ⓜ 항목별 기재 ☜ 항목(item)별로 쓰(ize) 기(tion<명접>)

엑시트 exit (출구)

♣ **어원 : it, itiner 길; 여행; 가다**

■ **exit** [égzit, éksit] ⓜ **출구; 퇴장, 퇴진** ⓢ **나가다** ☜ 밖으로(ex) 가다(it)
□ **itiner**ant [aitínərənt, itín-] ⓗ **순회하는, 순방하는** ⓜ 순방자, 순회자
☜ 여행을 가다(itiner) + ant<형접/명접>
♠ an **itinerant** peddler 〔trader〕 (**돌아다니는**) 행상인
□ **itiner**ary [aitínərèri, itín-/-rəri] ⓜ 여정(旅程); 여행계획(서); 여행안내서; 여행기
ⓗ 순회〔순방〕하는 ☜ 여행을 가다(itiner) + ary<형접/명접>
□ **itiner**ate [aitínərèit, itín-] ⓢ 순회〔순방〕하다 ☜ 여행을 가(itiner) 다(ate<동접>)

✚ amb**it**ion 대망, **야망** circu**it** **순회**, 순회 여행; **우회**; 〖전기〗 **회로** in**it**ial **처음의**, 최초의; 머리글자; **이니셜** trans**it** **통과**, 통행; 횡단; **변화;** 가로지르다, 횡단하다 **vis**it **방문하다**

□ **itself**(그 자체) ➔ **it**(그것) **참조**

아이티오 ITO (국제무역기구)

□ **ITO, I.T.O.** **I**nternational **T**rade **O**rganization 국제무역기구

✚ **inter**national **국제적인** **Trade** 매매, 상업, 장사, 거래, **무역, 교역**
organization **조직(화)**, 구성, 편제, 편성; 기구, 체제; 단체

아이반호 Ivanhoe (영국 작가 월터스콧의 역사소설)

[문학] 영국의 작가 월터 스콧이 1819년 발표한 역사 소설. 중세 영국의 앵글로색슨족과 노르만족간의 대립을 배경으로 기사 아이반호가 위기에 처한 사자왕 리처드 1세를 구출하고 로위너 공주를 사랑하게 되는 과정을 그린 이야기이다.

□ **Ivanhoe** [áivənhòu] ⓜ **아이반호** 《Walter Scott의 소설(1819), 또는 그 주인공》
♠ **Ivanhoe is the main character and the hero of the novel.**
아이반호는 그 소설의 주인공이자 영웅이다.

아이보리색 ivory (상아색)

□ **ivory** [áivəri] ⓜ **상아**, 상아 제품; 상아빛〔색〕 ⓗ 상아제의, 상아빛의
☜ 중세 라틴어로 '상아'란 뜻
♠ a ban on the **ivory** trade **상아** 무역 금지령
♠ **ivory black 아이보리 블랙** 《상아를 태워 만든 흑색물감》
♠ **Ivory Coast 코트디부아르**(Republic of Cote d'Ivoire)의 영어식 표기 《서아프리카 공화국; 수도 야무스크로(Yamoussoukro)》 ☜ '상아 해안'이란 뜻
♠ **ivory tower 상아탑** 《실제 사회와 동떨어진 사색·몽상의 세계》
♠ **ivory towered 속세를 떠난, 상아탑에 사는**
□ **ivory**-towerism [àivəritáuərìzm] ⓜ 현실도피주의, 비현실적 태도
☜ 상아탑(ivory tower: 속세에서 거리가 먼 사색의 세계) + 주의(ism)

아이비 리그 Ivy League (미국 북동부의 명문 8대학. <담쟁이 덩굴>이란 뜻. 오랜 역사와 전통을 의미)

미국 북동부의 오랜 전통을 가진 8개의 명문 대학(하버드, 예일, 콜롬비아, 프린스턴, 브라운, 펜실베니아, 코넬, 다트머스) 등이다. 오랜 역사를 지닌 이들 대학의 건물이 담쟁이 덩굴(Ivy)로 덮여있는 모습에서 <아이비 리그>라는 명칭이 생겨났다.

□ **ivy** [áivi] ⓜ 〖식물〗 **담쟁이덩굴**; (보통 I-) 《미.구어》 = **Ivy League의 대학** ⓗ **학원의; 학구적인** ☜ 고대영어로 '올라가는 식물'이란 뜻
♠ **the Ivy League** 《미》 (Harvard, Yale, Princeton, Columbia, Pennsylvania, Brown, Cornell, Dartmouth 등) 북동부 8개 명문대학; 이 8개 대학으로 된 운동경기 연맹
♠ **an Ivy League college 《미》 아이비 칼리지** 《북동부의 명문 대학》
※ **league** [li:g/리-그] ⓜ **연맹, 리그(전)** ☜ 한 데 묶(leag) 기(ue)

그 권투선수는 상대선수에게 연타로 잽(jab.짧은 직선 펀치)을 날렸다.

☐ **jab** [dʒæb] ⑤ (날카로운 것으로) 푹 찌르다; 들이대다〔밀다〕; (권투에서) 잽을 넣다
㉮ 갑자기 찌르기〔때리기〕 ☜ 근대영어로 '주먹질'이란 뜻
♠ **jab** the steak with a fork 포크로 스테이크**를 찌르다**
♠ He **jabbed** his gun into my neck. 그는 내 목에다 권총**을 들이댔다**.

자켓 < 재킷 jacket (셔츠위에 입는 짧은 겉옷)
잭나이프 jackknife, 잭팟 jackpot, 하이잭 hijack

♣ **어원 : jack 남성, 사내, 놈; 힘이 센, 큰**

☐ **jack** [dʒæk] ㉮ (J-) **사나이; 남자**, 놈; 노동자; 잭《무거운 것을 들어 올리는 장치》 ⑤ 들어 올리다
☜ 라틴어로 Jacob(야곱), 영어로 John
♠ **Jack of all trades, and master of none.**
《속담》 다예(多藝)는 무예(無藝), 팔방미인이 뛰어난 재주 없다
♠ **Jack and Gill** 〔Jill〕 **총각과 처녀, 젊은 남녀, 선남선녀(善男善女)**
♠ **Every Jack has his Gill. 《속담》 모든 남자에게는 제각기 짝이 있다. 짚신도 짝이 있다.**

☐ **jack**et [dʒǽkit] ㉮ (셔츠위에 입는) 겉옷, **재킷**; 양복저고리 ⑤ 재킷을 입히다
☜ '사내(jack)의 것(et)'. 14세기 후반 프랑스 군인들이 착용했던 자크(jaque)에서 유래
♠ I have to **wear a jacket** and tie to work.
나는 직장에서는〔출근할 때는〕 **양복 상의를 입**고 넥타이를 매야 한다.

☐ **jack**knife [dʒǽknàif] ㉮ **잭나이프** 《튼튼한 휴대용 접이식 칼》; 잭나이프 다이빙
⑤ 잭나이프로 베다 ☜ 사내(jack)의 칼(knife)

☐ **jack**pot [dʒǽkpɑ̀t] ㉮ 【포커】 계속 거는 돈〔판돈〕, 거액의 상금; 《구어》 **잭팟**, (뜻밖의) 큰 성공, 대박 ☜ 사내(jack)의 단지(pot)

☐ **jack**rabbit [dʒǽkræbit] ㉮ 【동물】 (귀가 아주 큰 북아메리카산) 산토끼
☜ '나귀(jack<jackass)처럼 귀가 큰 토끼(rabbit)'란 뜻.

■ hi**jack** [háidʒæ̀k] ⑤ 《구어》 (수송 중인 화물 등을) 강탈하다; (배·비행기를) 약탈하다. **공중[해상] 납치하다** ㉮ 공중〔해상〕납치, **하이잭**
☜ 미국 금주법이 시행되던 시기 위법주류운전차를 숨어서 기다리다가 이를 탈취하면서 "하이잭(Hi Jack)"이라고 소리치는 약탈자가 많았던데서 유래

야곱 Jacob ([성서] 아브라함의 손자, 이스라엘인의 조상)

☐ **Jacob** [dʒéikəb] ㉮ 【성서】 **야곱** 《이스라엘 사람의 조상》; 제이콥 《남자 이름》
☐ **Jacob**'s ladder 【성서】 야곱의 사닥다리 《야곱이 꿈에 본 하늘에 닿는 사닥다리》; 【항해】 줄사닥다리 (=rope ladder) ☜ ladder(사다리)

재규어 jaguar (❶ 중남미산 표범 ❷ 영국제 고급 승용차)

☐ **jaguar** [dʒǽgwɑːr, -gjuɑ́ːr/-gjuər] ㉮ 【동물】 **재규어**, 아메리카 표범; (J-) 영국제 고급 승용차 ☜ 포르투갈어로 '큰 점박이 고양이'
♠ The little animal is **a jaguar**. 이 작은 동물은 **재규어**예요.

연상 ▸ 인간이 제일 견디기 힘든 곳은 제일(jail, gaol.감옥)이다.

☐ **jail**, 《미》 **gaol** [dʒeil] ㉮ **교도소, 감옥**, 구치소; 구류, 감금 ⑤ **투옥하다**
☜ 라틴어로 '우리(cage)'라는 뜻
♠ **break gaol** 〔jail〕 **탈옥하다**

☐ **jail**bird, 《미》 **gaol**bird [dʒéilbəːrd] ㉮ 《구어》 죄수; 전과자, 상습범; 악한(惡漢)
☜ 감옥(gaol)에 갇힌 새(bird)

☐ **jail**break, 《미》 **gaol**break [dʒéilbrèik] ㉮ 탈옥 ☜ 감옥(gaol) 파괴(break)

☐ **jail**breaker, 《미》 **gaol**breaker [dʒéilbrèikər] ㉮ 탈옥수 ☜ -er(사람)

☐ **jail**er, **jail**or《미》**gaol**er [dʒéilər] 명 교도관 ☜ 감옥(gaol)을 지키는 사람(er)

자카르타 Jakarta (인도네시아의 수도)

☐ **Jakarta, Dja-** [dʒəkɑ́ːrtə] 명 **자카르타**《인도네시아 공화국의 수도; 옛 이름은 바타비아(Batavia)》
☜ 산스크리트어로 '완벽한 승리'란 뜻.
♠ **Jakarta** is the capital city of Indonesia. **자카르타**는 인도네시아의 수도이다.

재밍 jamming ([통신] 전파방해)

☐ **jam** [dʒæm] 동 **쑤셔 넣다**, (꽉) 채워 넣다; 막다, **움직이지 않게 하다**(되다); 방해하다 명 꽉 들어참, 붐빔, 혼잡; 고장, 정지 ☜ 근대영어로 '꼼짝 못하게 되다'란 뜻.
♠ **jam** a thing into a box. 물건을 상자에 **쑤셔 넣다**
♠ **traffic jam 교통정체**
♠ **be jammed with ~ ~으로 꽉 차다, 혼잡하다, 붐비다**

☐ **jam**mer [dʒǽmər] 명 『통신』 **재머**, 방해 전파 (발신기), 방해기
☜ jam + m<단모음+단자음+자음반복> + er(기계)

☐ **jam**ming [dʒǽmiŋ] 명 『통신』 **재밍**, 전파 방해 ☜ jam + m + ing<형접>

☐ **jam**-pack [dʒǽmpǽk] 동《구어》(장소·용기 등에) 빈틈없이 꽉 채우다, 가득 채우다
☜ pack(싸다)

잼 jam (과일에 감미료를 넣고 조려서 만드는 저장식품)

☐ **jam** [dʒæm] 명 **잼**;《영.속어》맛있는 것; 유쾌한 일 동 ~에 잼을 바르다
☜ 18세기 영어로 '과일을 으깨어 저장한 것'이란 뜻
♠ a **jam** jar (pot) **잼** 단지, **잼**병
♠ **bread and jam 잼 바른 빵**

☐ **jam**boree [dʒæ̀mbəríː] 명 대축제, 큰 잔치; (보이·걸) 스카우트 대회, **잼버리**;《구어》흥겹고 유쾌한 연회(모임) ☜ 북미 원주민 말로 '유쾌한 잔치'란 뜻
♠ the movie industry's annual **jamboree** at Cannes
해마다 (프랑스) 칸에서 열리는 영화 산업의 **큰 잔치**

자메이카 Jamaica (중미 카리브해에 있는 영연방 독립국. 우사인 볼트의 나라)

☐ **Jamaica** [dʒəméikə] 명 **자메이카**《카리브해 북부 서인도 제도에 있는 영연방 내의 독립국; 수도 킹스턴(Kingston)》 ☜ 서인도 아라와칸어로 '샘이 많은 나라'
♠ a dream holiday to **Jamaica 자메이카**로의 꿈 같은 휴가

☐ **Jamaica**n [dʒəméikən] 형명 자메이카의 (사람); 자메이카산 독한 마리화나 ☜ -an<형접/사람>

제임스타운 Jamestown (북미 최초의 영국 식민지)

1607년 영국인들이 북미 신대륙에 처음으로 식민지를 개발하고 정착한 곳. 현재의 버지니아 동부 폐촌지역이며, 당시 영국 국왕이던 제임스 1세의 이름을 따서 명명되었다.

☐ **James**town [dʒéimstàun] 명 **제임스 타운**《Virginia주 동부의 폐촌; 영국인이 북아메리카에 최초로 정주한 곳》 ☜ 영국 국왕 제임스 1세의 이름에서 유래.

지 아이 제인 G.I. Jane (미국 군사 액션 영화. <여군병사>란 뜻)

1997년 개봉한 미국의 액션 영화. 데미무어 주연. 정치적 희생양이 될 뻔한 미해군 특수부대 네이비씰(Navy SEAL) 최초의 여전사가 갖은 고난과 역경을 극복하고 탄생되는 과정을 그린 영화. <출처 : 네이버영화 / 요약인용>

※ GI, G.I. **G**overnment(General) **I**ssue의 약자. 관(급)품; 미군병사
★ G.I. Joe (남군병사), G.I. Jane (여군병사)

☐ **jane** [dʒein] 명 **제인**《여자 이름》; (j-)《미.속어》계집애, 여자; 애인; 여자 화장실 비교 John《속어》사내, 놈; 남자화장실
♠ **an average Joe [Jane] 평범한 사람**

※ **SEAL** [siːl] 『미.해군』 **Se**a, **A**ir, **L**and (Team)《미해군 특수부대; 씰》
☜ 바다와 하늘, 땅 어디에서든지 임무수행이 가능한 전천후 특수부대라는 뜻. 대한민국 해군에도 UDT/SEAL팀이 있다.

© Hollywood Pictures

야누스 Janus ([로神] 두 얼굴을 가진 문의 수호신)

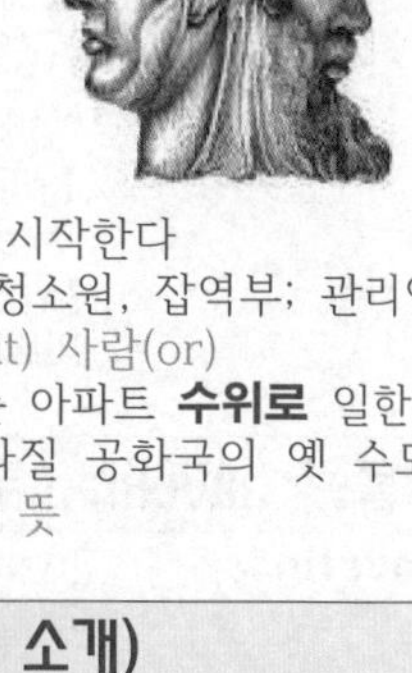

♣ **어원 : jan 문**

□ **Jan**us [dʒéinəs] 명 〖로.신화〗 **야누스**, 양면신(兩面神) 《문 · 출입구의 수호신》 ★ 야누스는 2개의 얼굴를 가지고 있는데 한쪽 얼굴은 과거를, 다른 얼굴은 미래를 바라본다고 한다.

□ **Jan**uary [dʒǽnjuèri/**재**뉴에리, -əri] 명 **1월** 《생략: Jan.》 ☜ 야누스신의 달
♠ A new semester starts **in January**. 새 학기는 **1 월에** 시작한다

□ **jan**itor [dʒǽnətər] 명 (fem. **-tress**) (아파트 · 사무소 · 학교 등의) 청소원, 잡역부; 관리인; 《고어》 **수위, 문지기**(=doorkeeper) ☜ 문(jan)으로 들어가는(it) 사람(or)
♠ He works as **a janitor** of an apartment building. 그는 아파트 **수위로** 일한다

■ Rio de **Jan**eiro [ríːoudeiʒənέərou, -dədʒəníərou] **리우 데 자네이루** 《브라질 공화국의 옛 수도; 생략: Rio》 ☜ 포르투갈어로 '1월(Janeiro) 의(de) 강(Rio)'이란 뜻

지팡구 Jipangu ➔ Japan (마르코폴로가 일본(日本)을 지팡구로 소개)

중국 당나라 사람들이 일본(日本)을 <짓폰>이라고 발음한 것을 마르코폴로는 그의 『동방견문록』에 황금이 무진장 많은 나라 <지팡구.Zipangu>라고 소개한데서 Japan(재팬)이 유래했다. 한편 일본인들은 공식적인 행사와 일본 엔화의 경우 <닛폰>으로 표기하고, 현대 회화에서는 <니혼>을 주로 사용한다.

□ **Japan** [dʒəpǽn/저**팬**] 명 **일본** ☜ 해가 뜨는 나라 ⇦ 태양(日)의 근원(本)
♠ **Japan** needs to face up squarely to history.
일본은 역사를 올바로 직시해야 한다.

□ **Japan**ese [dʒæ̀pəníːz/재퍼**니**-즈, -s] 형 **일본의; 일본인[말]의** 명 (pl. **-**) 일본인; 일본말 ☜ Japan + ese(~의<형접>)

□ **Japan**ology [dʒæ̀pənɑ́lədʒi/-nɔ́l-] 명 일본학, 일본 연구 ☜ 일본(Japan) + o + 학(logy)

□ **Japan** Self-Defense Force 일본 자위대(自衛隊) ☜ Japan + 스스로의(self) 방어(defense) 군(force)

메이슨 자 Mason jar (손잡이 달린 식품보존용 유리병)

■ mason **jar** 식품 저장용의 아가리가 넓은 유리병 ☜ 1858년 미국 필라델피아의 존 랜디스 메이슨(John Landis Mason)이 개발한데서 유래

□ **jar** [dʒɑːr] 명 (아가리가 넓은) **병, 항아리, 단지**; 한 단지의 맥주(술) ☜ 아랍어로 '토기'란 뜻
♠ **a jar of** jam **한 단지의** 잼

□ **jar**ful [dʒɑ́ːrfùl] 명 항아리(병, 단지)에 가득한 양 ☜ -ful(~이 가득한)

■ **jug** [dʒʌg] 명 (주둥이가 넓은) **주전자**, 물병; (손잡이가 달린) 항아리 ☜ 고대영어로 '손잡이와 주둥이가 달린 물주전자'란 뜻.

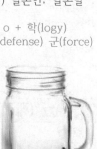

자스민차 < 재스민차 jasmine tea (재스민 식물을 달여 만든 차(茶))

□ **jasmine, jessamine** [dʒǽzmin, dʒǽs-/ dʒésə-] 명 **재스민**속(屬)의 식물; 재스민 향수; 재스민 색 《밝은 노랑》 ☜ 페르시아어로 '자스민 향기'란 뜻
♠ Most people like the sweet **smell of jasmine**.
대부분의 사람들은 달콤한 **자스민 향**을 좋아한다.

※ **tea** [tiː/티-] 명 **(홍)차** ☜ 중국어 '차(茶)'에서 유래

젠틀맨 gentleman (신사)

♣ **어원 : gen, jaun 온화함, 부드러움; 진정, 진심, 진짜; 신사, 귀족**

■ **gen**tle [dʒéntl/**젠**틀] 형 (-<-tl**er**<-tl**est**) **점잖은, 온화한**; 예의바른 ☜ (고귀하게) 태어(gen) 난(le<형접>)

■ **gen**tleman [dʒéntlmən/**젠**틀먼] 명 (pl. **-men**) **신사, 젠틀맨**; 신분이 높은 사람 ☜ gentle + man(남자)

■ **gen**tly [dʒéntli] 부 **점잖게, 부드럽게**; 양반답게 ☜ -ly<부접>

□ **jaunty** [dʒɔ́ːnti, dʒɑ́ːn-] 형 (-<-ti**er**<-ti**est**) 쾌활(명랑)한; 근심이 없는; 의기양양한; 스마트한, 멋부리는 ☜ 고대 프랑스어로 '고상한, 고귀한'이란 뜻. jaunty는 gentle과 어원이 같은 단어이다.
♠ a **jaunty** smile **의기양양한** 미소
♠ a **jaunty** little man **박력 있는** 작은 남자

자바 Java (인도네시아의 본섬)

□ **Java** [dʒɑ́ːvə, dʒǽvə] ⓜ **자바** 《인도네시아 공화국의 중심이 되는 섬》; 자바종닭; 자바산 커피; (종종 j-) 《구어》 커피; 〖컴퓨터〗 **자바** 《Sun Microsystems사(社)가 개발한 프로그램 언어》 ☜ 원래 산스크리트어의 Yavadvipa(보리섬)가 줄어 Yava(=Java)가 된 것이며, 컴퓨터 프로그램 언어의 Java는 선 마이크로 회사 사장이 Java산 커피를 좋아한데서 붙여진 이름이라고 함. ★ 인도네시아는 자바, 수마트라, 보르네오, 셀레베스 등 대소 1만 3,677개의 섬들로 이루어진 세계 최대의 도서(島嶼)국가이다.
♠ applications written in **Java 자바**언어로 된 응용프로그램

□ **Java** man 〖인류〗 (the ~) **자바**인 《원시인의 한 형(型); 1891년 자바에서 화석(化石)을 발견; Pithecanthropus의 하나》 ☜ man(사람, 남자)

재블린 Javelin (휴대용 대(對)전차 미사일. <창(槍)>이란 뜻)

□ **javelin** [dʒǽvəlin] ⓜ **던지는 창**(=dart); (the ~) 〖경기〗 창던지기; (J~) **재블린** 《미·영의 휴대용 대(對)전차 미사일(FGM-148); 영국의 전천후 전투기》 ☜ 고대 프랑스어로 '창'이란 뜻
♠ **javelin** throw **창**던지기, 투**창**

조 크러셔 Jaw crusher (원석을 1차로 파쇄하는 기계) * crusher 분쇄기, 파쇄기

□ **jaw** [dʒɔː] ⓜ **턱**, 《특히》 아래턱 ☜ 고대 프랑스어로 '뺨', 중세영어로 '입의 뼈'란 뜻
♠ He has a strong **square jaw**.
그는 강인해 보이는 **사각턱**을 하고 있다.

J

□ **jaw**bone [dʒɔ́bòun] ⓜ 턱뼈; 《특히》 아래턱뼈 ☜ 턱(jaw) 뼈(bone)

□ **jaw**breaking [dʒɔ́ːbrèikiŋ] ⓗ 《구어》 (이름 등) 발음하기 어려운 ☜ 턱(jaw)이 깨지(break) 는(ing<형접>)

□ **jaw**ed [dʒɔːd] ⓗ 턱이 있는; [결합사로] ~한 턱을 가진 ☜ jaw + ed<형접>
♠ **square jawed 턱이 네모진**

재즈 jazz (재즈 음악)

□ **jazz** [dʒæz] ⓜ **재즈**, 재즈 음악〔댄스〕 ⓗ 재즈의 ⓢ 재즈음악을 연주하다 ☜ 근대영어로 '활기'란 뜻
♠ play **jazz 재즈**를 연주하다

□ **jazz**band [dʒǽzbænd] ⓜ 재즈 악단 ☜ 재즈(jazz) 전문 악단(band)

□ **jazz**rock [dʒǽzrɑ̀k] ⓜ **재즈 록** ☜ 재즈(jazz)와 록(rock)이 혼합된 음악

뉴질랜드 New Zealand (남서태평양에 있는 섬나라. <새로운 열정의 땅>)
젤로스 Zelos ([그神] 질투의 신. 승리의 신 니케(NIKE)와는 남매지간)

♣ **어원 : zeal, zelo, jeal 열심, 열의, 열성; 질투**

■ New **Zeal**and [njuː zíːlənd] ⓜ **뉴질랜드** 《남태평양에 있는 영연방의 하나; 수도 웰링턴(Wellington)》 ⓗ 뉴질랜드의; 〖생물지리〗 뉴질랜드구〔아구(亞區)〕의 ☜ '새로운(new) 열정(zeal)의 땅(land)'이란 뜻

■ **Zelo**s, **Zelu**s [zílous] ⓜ **젤로스**: 고대 그리스에서 경쟁심의 화신(化身) 《Titan 신족(神族)인 Pallas와 Styx의 아들로, Bia, Cratus, Nike의 형제》

< Zelos >

■ **zeal** [ziːl] ⓜ 열중, 열의, **열심**; 열성; 열정 ☜ 라틴어로 '열정'이란 뜻

■ **zeal**ous [zéləs] ⓗ **열심인, 열광적인**; 열망하는 ☜ -ous<형접>

□ **jeal**ous [dʒéləs] ⓗ **질투심이 많은, 투기가 심한** ☜ jeal + ous<형접>
♠ a **jealous** disposition **샘이 많은** 기질

□ **jeal**ously [dʒéləsli] ⓑ **투기[시샘]하여**; 방심하지 않고 ☜ -ly<부접>

□ **jeal**ousy [dʒéləsi] ⓜ **질투**, 투기, 시샘 ☜ -y<명접>

블루진 blue jeans (질긴 무명으로 만든 청바지)

※ **blu**e [bluː/블루] ⓗⓜ **파란(색)** ☜ 고대 프랑스어로 '창백한', 중세영어로 '하늘색'이란 뜻

□ **jean** [dʒiːn/dʒein] ⓜ (때로 ~s) [단수취급] **진** 《올이 가늘고 질긴 능직(綾織) 무명의 일종》 ☜ 중세영어로 '이탈리아 제노바산의 면포'라는 뜻
♠ a pair of **blue jeans 청바지** 한 벌

지프 jeep (전쟁의 역사와 궤를 같이 한 지프차)

1940년대 미국의 아메리칸 밴텀이 최초 개발했고, 제2차 세계대전 중에는 윌리스-오버랜드와 포드자동차가 합작하여 60만대 이상이 생산된 군용 지프(Jeep)는 전쟁의 역사와 궤를 같이 한 4륜구동(4WD) 자동차다. 특히 산악전과 기습작전에서 기대 이상의 성능을 발휘하며 존재감을 크게 부각시켰다.

□ **jeep** [dʒiːp] ⓜ 《미》 **지프**; (J-) 그 상표명
☜ G.P.(General-Purpose), 즉 '다목적용'이라는 뜻에서 유래
♠ This is **a jeep** with four-wheel drive. 이것은 4륜 구동 **지프차**이다.

연상 ▸ 지프(jeep)를 타고 다니면서 적군을 지어(jeer.조롱)하다

□ **jeer** [dʒiər] ⓜ 조소, **조롱**, 야유 ⓢ 조소하다, 야유[**조롱**]**하다**
☜ 근세영어로 '비웃다', 네델란드어로 '소리치다'란 뜻
♠ They **jeered** me. 그들은 나를 **조롱했다**.
□ **jeer**ingly [dʒiəriŋli] ⓑ 희롱조로, 조롱[야유]하여 ☜ jeer + ing<형접> + ly<부접>

여호와 Jehovah (전능하신 하나님)

□ **Jehovah** [dʒihóuvə/쥐**호**우붜] ⓜ 『성서』 **여호와**《구약성서의 신》, **야훼**; 전능한 신 (=the Almighty) ☜ 히브리어 성서에 기록된 YHWH에서 유래
♠ **Jehovah**'s Witnesses **여호와**의 증인 《기독교의 한 종파》
■ **Yahveh/ Yahweh** [jάːve/ jάːwe, -ve] ⓜ 『유대교 · 성서』 **야훼**(=Jehovah) 《히브리어로 '하느님'의 뜻인 YHWH의 음역; 구약성서에서 하느님에 대한 호칭의 하나》
☜ 히브리어의 YHWH에서
※ **Jesus** [dʒíːzəs, -z] ⓜ **예수 그리스도**, 여호와의 아들, 구세주
☜ 히브리어로 '여호와의 도움'이란 뜻

지킬박사와 하이드 Dr. Jekyll And Mr. Hyde (이중인격자)

© scholastic.com

소설 『보물섬』으로 유명한 스코틀랜드 소설가 로버트 스티븐슨이 1886년 발표한 괴기 소설. 지성인이자 자비심이 많은 지킬박사는 인간 선악의 모순된 2중성을 약품으로 분리할 수 있을 것이라는 착상에서 약품을 만들어 복용한 결과, 악성을 지닌 추악한 하이드로 변신하고 살인을 저지른 후 자살로 생을 마감한다. 자신의 진정한 자아 안에 내재하는 제2의 자아에게 쫓기는 한 인간의 2중성(2중인식)을 다룬 작품.

□ **Jekyll** and Hyde [dʒékələnháid] 이중인격자
♠ He will star in the musical '**Jekyll and Hyde**'.
그는 뮤지컬 '**지킬 앤 하이드**'에 출연할 예정이다.
□ **Jekyll**-and-Hyde [dʒékələnháid] ⓗ 2중 인격자의, 2중 인격적인

젤리 jelly (저장성이 뛰어난 당질의 반고체식품)

□ **jelly** [dʒéli] ⓜ **젤리**(과자) ⓢ 젤리 모양이 되다 ☜ 고대 프랑스어로 '젤리'란 뜻
♠ **jelly** and ice cream **젤리**와 아이스크림
□ **jelly**bean [dʒélibiːn] ⓜ **젤리빈**, 콩 모양의 젤리과자 ☜ 콩(bean) 모양의 젤리(jelly)
□ **jelly**fish [dʒélifiʃ] ⓜ 『동물』 **해파리**; 《구어》 의지가 약한 사람
☜ 젤리(jelly) 형태의 물고기(fish)

제퍼디 jeopardy (다양한 주제를 다루는 미국 ABC TV 퀴즈 쇼)

《제퍼디!》 (Jeopardy!)는 1964년 미국 NBC에서 시작해서 현재까지 ABC 방송에서 진행되고 있는 역사, 문학, 예술, 팝 문화, 과학, 스포츠, 지질학, 세계사 등의 주제를 다루는 텔레비전 퀴즈 쇼이다.

□ **jeopardy** [dʒépərdi] ⓜ 위험(=risk), 위기
☜ 라틴어로 '시합(jeo=game)의 일부분(pard=part) + y<명접>'이란 뜻
♠ **be in jeopardy 위태롭게 되어 있다, 위험에 빠져 있다.**

저킹 jerking ([양궁] 활을 겨냥하던 중 팔이 갑자기 흔들리는 것)

□ **jerk** [dʒəːrk] ⓜ 급격한 움직임, **갑자기 잡아당김**[밀침, 찌름, 비틈, 던짐] ⓢ 갑자기 움직이다, 급히 흔들다[당기다, 밀다, 던지다] ☜ 중세영어로 '채찍질'이란 뜻.
♠ **jerk** reins 고삐를 **확 당기다**

□ **jerk**ing [dʒə́ːrkiŋ] 명 『양궁』 **저킹** 《풀 드로(full draw)로 겨냥하고 있을 때 팔이 갑자기 흔들리는 것》 ☜ jerk + ing<형접>

□ **jerk**y [dʒə́ːrki] 형 (-<-ki**er**<-ki**est**) 갑자기 움직이는, 경련적인 ☜ -y<형접>

뉴저지 New Jersey (미국 북동부 대서양 연안에 있는 주)

□ **Jersey** [dʒə́ːrzi] 명 **저지** 《영국 해협에 있는 영국 최대의 섬》; 저지산 젖소
☜ 바이킹족 Geirr에서 유래한 것으로 추정. 'Geirr's island(섬)'이란 뜻.

□ **jersey** [dʒə́ːrzi] 명 (운동경기용) 셔츠; **저지**천 《부드럽고 곱게 직조한 직물》
☜ 제조지인 영국해협의 가장 큰 섬인 Jersey섬에서 유래.
♠ made from 100% cotton **jersey** 100퍼센트 면 **저지천**으로 된

■ New **Jersey** [njuː dʒə́ːrzi] **뉴저지** 《미국 동부의 주; 주도 Trenton; 속칭 the Garden State; 약어 NJ, NJ》 ☜ 조지 카터렐 경이 자신의 고향 영국 저지섬의 이름을 따서 '새로운(new) 저지(Jersey)'라는 뜻의 지명을 붙였다

예루살렘 Jerusalem (유대교·기독교·이슬람교의 성지)

이스라엘과 팔레스타인의 분쟁지역으로 이스라엘이 점령하고 있지만 국제법상 어느 나라의 소유도 아닌 도시. 서(西)예루살렘은 이스라엘의 정치·문화의 중심지이며, 동(東)예루살렘에는 사적이 많다. 특히 통곡의 벽(유대교), 성묘교회(기독교. 예수의 무덤), 오마르사원(이슬람교) 등이 유명하다.

□ **Jerusalem** [dʒirúːsələm, -zə-] 명 **예루살렘** 《Palestine의 옛 수도; 현재 신시가는 이스라엘의 수도》 ☜ 히브리어로 '평화의 도시'란 뜻
♠ **Jerusalem** has a long history of conflict.
예루살렘은 긴 갈등의 역사를 가지고 있다.

연상 그는 제스처(gesture.몸짓)로 농담을 잘해 제스터(jester.농담을 하는 사람)로 불린다.

※ **gest**ure [dʒéstʃər] 명 **몸짓**, 손짓, **제스처**
☜ (생각을) 전하는(gest) 것(ure<명접>)

□ **jest** [dʒest] 명 **농담**(=joke), 익살, 장난, 희롱 동 농담하다, 놀리다
☜ 라틴어로 '공로담'이란 뜻
♠ speak **half in jest, half in earnest.**
농담 반 진담 반으로 말하다.
♠ **in jest 농(담)으로**

□ **jest**book [dʒéstbùk] 명 소화집(笑話集), 만담책 ☜ 농담(jest) 책(book)

□ **jest**er [dʒéstər] 명 농담을 하는 사람; 어릿광대(=fool) 《중세 왕후·귀족들이 거느리던》 ☜ jest + er(사람)

□ **jest**ing [dʒéstiŋ] 명 익살, 시시덕거림; 희롱 형 농담의, 익살스런
☜ jest + ing<명접/형접>

< 희극 배우 찰리 채플린 >

예수, 지저스 Jesus (기독교의 시조)

□ **Jesus** [dʒíːzəs, -z] 명 **예수**, 예수 그리스도(= ~ Christ) 《'구세주'의 뜻; Christ Jesus, Jesus of Nazareth라고도 함. 생략: Jes.》
☜ 히브리어로 '여호와의 도움'이란 뜻
♠ pray **in Jesus' name 예수의 이름으로** 기도하다

□ Jesus Christ 예수 그리스도, **지저스 크라이스트**
★ 예수는 인간 예수를 뜻하며, 그리스도란 히브리어 '메시아'의 그리스어 번역으로, 하나님의 아들이자 세상의 왕으로서의 나자렛 예수에 대한 칭호. '기름을 발라 축성된 임금, 대제관' 이란 뜻을 지닌다.

제트기(機) jet airplane, 프로젝트 project (사업계획안(案))

♣ 어원 : jet, ject 던지다

□ **jet** [dʒet] 명 **분출**, 사출; **제트기**, 제트엔진 형 분출하는; 제트기(엔진)의 ☜ 프랑스어로 '던짐, 던지기'란 뜻
♠ **jet** of water 〔gas〕 물〔가스〕의 **분출**
♠ **jet** engine 〔motor〕 **제트**〔분사추진〕 엔진
♠ **jet** fighter **제트** 전투기
♠ **jet** plane **제트**기

< Jet Airplane >

□ **jet**tison [dʒétəsən, -zən] 명 투하 동 (배·항공기에서) 투하하다, 내던지다
☜ 던진(jet) + ti + 것(son)

project [prədʒékt/프뤄젝트] ⓜ **계획(안)** ⓢ **계획[설계]하다**, 발사하다
☜ 앞으로/미래로(pro) 내던지다(ject)
reject [ridʒékt] ⓢ **거부하다**, 물리치다 ☜ 뒤로(re) 던지다(ject)

유다, 유대 Judah, Judea (팔레스티나 남부의 옛 왕국)

■ **Judah** [dʒúːdə] ⓜ 〖성서〗 **유다** 《야곱(Jacob)의 넷째 아들; 가롯 유다(Judas)와는 다름》; 유다로부터 나온 종족; 팔레스타인의 고대 왕국 ☜ 히브리어로 '축복받은'이란 뜻
■ **Judea** [dʒuːdíːə] ⓜ **유대** 《팔레스타인 남부에 있었던 고대 로마령(領)》 ☜ Judah의 변형
□ **Jew** [dʒuː] ⓜ (fem. **Jewess**) **유대인**, 유대교도; 고대 유다 왕국의 백성 ⓗ 《경멸》 유대인의(같은) ☜ 히브리어로 '유다(Judah) 사람'이란 뜻
♠ an orthodox **Jew** 정통파 **유대교도**
□ **Jew**ish [dʒúːiʃ] ⓗ **유대인의**; 유대인 같은, 유대교의 ☜ -ish<형접>
♠ the local **Jewish** community 지역 **유대인** 공동체
□ **Jew**ry [dʒúəri] ⓜ [집합적] 유대인; 유대민족; 〖역사〗 유대인 사회, 유대인가(街)(=ghetto) ☜ -ry<명접>
※ **Yiddish** [jídiʃ] ⓜ **이디시** 말 《독일어·히브리어 등의 혼성 언어; 중부〔동부〕 유럽 여러 나라, 미국 등의 유대인이 씀》 ⓗ 이디시 말의; 유대인의 ☜ 그리스어로 '유대의'란 뜻

주얼리 jewelry (귀금속이나 보석으로 만들어진 장신구의 총칭)

□ **jewel** [dʒúːəl] ⓜ (깎아 다듬은) **보석**, 보배; 귀중품; 소중한 사람
☜ 라틴어로 '장식에 쓰는 것'이란 뜻
♠ a ring set with a **jewel 보석** 반지
♠ **jewel** box 〔case〕 **보석**함〔상자〕
□ **jewel**(l)er [dʒúːələr] ⓜ **보석 세공인; 보석상인** ☜ jewel + er(사람)
□ **jewel**ry, 《영》 **jewel**(l)ery [dʒúːəlri] ⓜ [집합적] **보석류**(=jewels); (보석 박힌) **장신구** 《반지·팔찌 등》 ☜ jewel + ery<명접>
★ 한국의 댄스팝 걸그룹 중에 <쥬얼리(Jewelry: 2001-2015)>가 있다.

집 크레인 jib crane (건축공사·카메라촬영시의 선회크레인)

□ **jib** [dʒib] ⓜ 〖항해〗 뱃머리의 삼각돛 《이물에 있는 제2사장(斜檣)의 버팀줄에 달아 올림》; 〖기계〗 **지브** 《기중기의 앞으로 내뻗친, 팔뚝 모양의 회전부》 ⓢ 주저하다, 망설이다
☜ 스웨덴어로 '위아래로 움직이다'란 뜻
♠ He **jibbed** at undertaking the job. 그는 그 일을 맡기를 **주저했다**.
※ **crane** [krein] ⓜ **기중기, 크레인**; **학**, 두루미 ☜ 근대영어로 '(목이) 늘어나다'란 뜻

지하드 Jihad (이슬람 옹호를 위한 성전(聖戰))

□ **jihad, je-** [dʒihάːd] ⓜ (회교 옹호의) 성전(聖戰); (주의·정책 등의) 옹호〔반대〕 운동 《against; for》 ☜ 아랍어로 '고군분투'라는 의미
♠ a **jihad** for temperance 금주 **운동**

짐 크로 Jim Crow (과거 미국의 인종차별정책)

1830년대 미국 코미디 뮤지컬에서 토마스 라이스라는 백인 배우가 연기해 유명해진 바보 흑인 캐릭터(Jim Crow) 이름에서 유래했다. 남북전쟁 후 남부인은 노예해방을 무효화하기 위해 일련의 인종차별법을 제정했는데 이 법이 짐크로법으로 불렸다. 그러나 1964년 차별을 금지한 연방민권법이 제정되고 이듬해 투표권법도 제정되면서 짐크로법은 결국 폐지되었다. <출처 : 시사상식사전 / 요약인용>

□ **Jim Crow** [dʒímkróu] 《미.구어》 인종차별, 인종격리정책 ★ Jim Crowism이 일반적
☜ Jim(James의 애칭) + crow(까마귀; 흑인의 경멸적 표현)
♠ **Jim Crow** car 〔coach〕 **흑인전용**차
♠ **Jim Crow** laws **흑인차별**법
♠ **Jim Crow** school **흑인**학교
□ **Jim-Crow** [dʒímkróu] ⓗ 《미.구어》 인종차별의, 흑인전용의 ⓢ (흑인을) 차별하다
□ **Jim Crow**ism [dʒímkróuizm] 《미.구어》 흑인차별주의 ☜ -ism(주의)

제임스타운 Jamestown (북미 최초의 영국 식민지)

1607년 영국인들이 북미 신대륙에 처음으로 식민지를 개발하고 정착한 곳. 현재의 버지니아 동부 폐촌지역이며, 당시 영국 국왕이던 제임스 1세의 이름을 따서 명명되었다.

■ **James**town [dʒéimstàun] ⓜ **제임스 타운** 《Virginia주 동부의 폐촌; 영국인이 북아메리카에 최초로 정주한 곳》 ☜ 영국 국왕 제임스 1세의 이름에서 유래.

□ **Jimson**-weed [dʒímsnwìːd] ⓜ (또는 j-) 흰독말풀 《유독 식물》 ☜ jamestown weed(잡초)의 줄임말.

징글벨 jingle bell (딸랑거리는 방울)

□ **jingle** [dʒíŋgəl] ⓜ [의성어] **딸랑딸랑**, 짤랑짤랑 《방울·동전·열쇠 등의 금속이 울리는 소리》 ⓢ 딸랑딸랑 울리다(울리게 하다) ☜ 중세영어로 '딸랑딸랑'이란 의성어

□ **jingle** bell **징글벨** 《딸랑거리는 방울, 썰매의 방울 등》 ☜ bell(벨, 종)

□ **jingl**y [dʒíŋgli] ⓗ 듣기 좋게 울리는, 딸랑딸랑 울리는 ☜ -y<형접>

징고이즘 jingoism (배타적 애국주의, 광신적 대외강경주의)

특정 사회집단에서 발생하는 타집단에 대한 적대적·자기중심적 심리상태를 일컫는 말. 편협·맹목적·배타적 애국주의 및 광신적 대외강경주의, 저돌적 주전론까지 포함한다. 징고는 1877~78년 러-투르크전쟁때 유행한 대중가요에서 유래한다. We don't want to fight, but by jingo.(싸우고 싶지 않지만, 덤비면 어림도 없지). 여기서 by jingo는 '어림없는, 가당찮은' 이란 뜻이다. <출처 : 두산백과·위키백과 / 요약인용>

□ **jingo** [dʒíŋgou] ⓜ (pl. **-es**) 주전론자, 대외 강경론자; 맹목적 애국자(=chauvinist) ⓗ 대외 강경의, 주전론의; 저돌적인 ☜ jingo는 Jesus(예수)의 완곡한 표현이란 설이 있다.
♠ **by (the living) jingo! 《구어》 절대로, 정말로; 어림없는, 가당찮은**

□ **jingo**ism [dʒíŋgouìzm] ⓜ 강경 외교 정책, 주전론 ☜ -ism(~주의, ~사상)

□ **jingo**ist [dʒíŋgouist] ⓜ 강경 외교 정책 주창자, 주전론자 ☜ -ist(사람)

□ **jingo**istic [dʒìŋgouístik] ⓗ 주전론적인, 대외 강경론의 ☜ -ic<형접>

J

징크스 jinx (불운을 가져오는 재수없는 것)

□ **jinx** [dʒiŋks] ⓜ 《미.속어》 재수 없는(불길한) 물건(사람), 불운, **징크스** ⓢ ~에게 불행을 가져오다 ☜ 그리스에서 '마술에 쓰인 새'의 이름에서 유래
♠ break (smash) **the jinx 징크스**를 깨다

잔다르크 Joan of Arc ([F.] Jeanne d'Arc) (프랑스를 구한 성녀(聖女))

□ **Joan of Arc** [dʒóun-əv-άːrk/**조**운 어브 **아-**크] ⓜ **잔다르크** 《영국과 프랑스간의 100년 전쟁에서 프랑스를 구한 성스러운 처녀; 1412~31년》
♠ **Joan of Arc** was burnt at the stake. **잔 다르크**는 화형대에서 화형당했다.

잡코리아 Job Korea (온라인 취업정보제공 기업·사이트) * Korea 한국

□ **job** [dʒɑb/잡/dʒɔb/좁] ⓜ **일; 직업, 직장** ☜ 근세영어로 '일'이란 뜻
♠ No sleeping **on the job**! **작업 중**에 졸지마!
♠ **Good job! 잘했어 (훌륭해) !**
♠ **be on the job 일하는 중이다; 활발히 활동하다, 일에 힘쓰다**
♠ **do a good job 일을 잘 하다; 유익한 일을 하다**

□ **job** seeker 구직자 ☜ 찾는(seek) 사람(er)

□ **job**less [dʒάblis] ⓗ 실직한, 무직의, 실업자의 ☜ 직장(job)이 없는(less)
♠ a **jobless** rate **실업**율

■ **OJT** **o**n-the-**j**ob **t**raining 현장교육훈련, 직장내 훈련

디제이, 디스크쟈키 DJ = disk jockey (음악방송 진행자)

※ **disc, disk** [disk] ⓜ 평원반 (모양의 것); **디스크, 레코드** ☜ 라틴어로 '고리, 원반'이란 뜻

□ **jockey** [dʒάki/dʒɔ́ki] ⓜ **경마의 기수**; 운전자 ⓢ (남을 앞서기 위해) 다투다 ☜ 중세영어로 '소년, 친구'란 뜻
♠ **jockey** for position 자리를 **차지하려고 다투다**

※ **VJ** **V**ideo **J**ockey 비디오자키 《DJ에 영상을 추가한 것》

□ **jocund**(명랑한) ➔ **joke**(농담) **참조**

조깅 jogging (건강 유지를 위해 가볍게 달리는 운동)

□ **jog** [dʒɑg/dʒɔg] ⓢ **살짝 밀다**(당기다), 흔들다; **조깅하다** ⓜ **조깅**; 살짝 밀림
☜ 중세영어로 '위아래로 흔들다'란 뜻
♠ I go **jogging** every evening. 나는 저녁마다 **조깅**을 한다.
□ **jog**ger [dʒάgər/dʒɔ́g-] ⓜ 조깅하는 사람 ☜ jog + g<자음반복> + er(사람)
□ **jogging** [dʒάgiŋ/dʒɔ́g-] ⓜ **조깅**, 달리기 ☜ jog + g + ing<명접>
□ **jog**gle [dʒάgəl/dʒɔ́gəl] ⓢ 흔들다; 흔들리다, 휘청거리다 ⓜ (가벼운) 흔들림
☜ jog + g<자음반복> + le<동접/명접> 비교 juggle 저글링하다

세례 요한 John the Baptist ([성서] 구약의 마지막 선지자)

침례교[침례파]는 프로테스탄트의 최대 교파의 하나. 유아세례를 인정하지 않고 자각적인 신앙고백에 의거 전신을 물에 담그는 침례에 의한 뱁티즘(baptism, 세례)을 주장하는 것에서 이 이름이 붙었다.

□ **John** [dʒɑn/dʒɔn] ⓜ **존** 《남자 이름》; 『성서』 **세례 요한**(~ the Baptist); 사도 요한; (신약성서의) 요한복음; (때로 j-) 《속어》 사내, 놈
☜ 히브리어로 '여호와가 사랑한 자, 자애로운 자'란 뜻
♠ She married **John**. 그녀는 **존**과 결혼했다.
※ **bapti**ze [bæptáiz] ⓢ **세례를 주다** ☜ 중세영어로 '세례의식을 행하다'란 뜻
※ **bapt**ist [bǽptist] ⓜ 침례교도, **세례주는 사람** ☜ baptize + ist(사람)
※ **bapt**ism [bǽptizəm] ⓜ **세례(식)** ☜ baptize + ism(~행위)

조인트 joint (기계 · 기재 따위의 접합 · 결합; 합동)
조인트스타즈 E-8 Joint STARS (미국 공군의 지상작전 관제기)

< E-8 Joint STARS >

♣ 어원 : **join(t) 잇다, 붙이다, 합치다; 이음매, 붙인 것, 합친 것, 마디**
□ **join** [dʒɔin/조인] ⓢ **결합하다, 합치다; 참가하다** ⓜ 이음매
☜ 중세영어로 '결합하다'란 뜻
♠ **join** two things together 두 물건을 **하나로 잇다**
♠ **join hands with ~ ~와 손을 잡다, ~와 제휴하다**
♠ **join in ~ ~에 가담하다, 한패가 되다**
□ **join**er [dʒɔ́inər] ⓜ 결합자; 접합물 ☜ -er(사람/물품)
□ **joint** [dʒɔint] ⓜ **이음매**, 접합 부분; 『기계』 **조인트; 관절**, 마디 ⓢ 잇대다 ⓗ 공동의, 합동(연합)의 ☜ 결합한(join) 것(t)
♠ **joint** declaration **공동**선언
♠ **Joint** Force(s) **통합**군, **합동**군
비교 combined(united) force(s) 연합군, allied force(s) 동맹군
□ **joint**ed [dʒɔintid] ⓗ 마디(이음매)가 있는; 관절이 있는 ☜ 붙여(joint) 진(ed<형접>)
♠ well-**jointed** 잘 **이어진**
□ **joint**ly [dʒɔ́intli] ⓑ 공동으로, 합동으로 ☜ joint + ly<부접>
□ **joint** stock 공동 자본 ☜ stock(나무의 줄기, 종족; 자본, 주식; 저장)
■ **E-8 J-STARS** **J**oint **S**urveillance and **T**arget **A**ttack **R**adar **S**ystem 합동 감시 및 표적 공격 레이다 시스템 《미 공군의 지상작전 관제기》

조크 joke (농담, 익살)

♣ 어원 : **joc, jok, jol, josh 농담, 웃음; 즐거운, 유쾌한, 명랑한**
□ **joke** [dʒouk/조우크] ⓜ **농담**, 익살, 조크; 장난 ☜ 라틴어로 '농담'이란 뜻
♠ **have a joke with ~ ~와 농담을 주고받다.**
♠ **play a joke on ~ ~을 놀리다, 조롱하다**
□ **jok**er [dʒóukər] ⓜ **농담하는 사람**, 익살꾼; 『카드놀이』 **조커** 《특별한 기능을 하는 카드》
☜ -er(사람/물품)
□ **jok**ingly [dʒóukiŋli] ⓑ 농담으로 ☜ jok + ing + ly<부접>
□ **jok**y [dʒóuki] ⓗ (-<-ki**er**<-ki**est**) 농담을 좋아하는(=jokey) ☜ -y<형접>
□ **joc**und [dʒάkənd, dʒóuk-/dʒɔ́k-] ⓗ **명랑한**(=cheerful), 즐거운(=merry)
☜ 유쾌(joc) 한(und<형접>)
□ **joc**undity [dʒoukʌ́ndəti] ⓜ **유쾌, 쾌활**, 명랑(=gaiety); 그런 언행 ☜ jocund + ity<명접>
□ **jol**ly [dʒάli/dʒɔ́li] ⓗ (-<-li**er**<-li**est**) **명랑한, 즐거운**, 유쾌한
☜ jol + l<단모음+단자음+자음반복> + y<형접>
♠ a **jolly** fellow **재미있는[유쾌한]** 친구

■ **josh** [dʒɑʃ/dʒɔʃ] ⓜ《미.구어》 악의 없는 농담, 놀리기 ⓢ 놀리다, 조롱하다(=banter)
☜ 근대영어로 '즐겁게 하다'란 뜻

연상 졸도할 정도로 졸트(jolt.세게 치다)하다

□ **jolt** [dʒoult] ⓢ **세게 치다**(때리다), 충격을 주다, **갑자기 세게 흔들다**, 심하게 흔들리다, 덜컹거리다 ⓜ (갑자기) 덜컥하고 움직임; 가슴이 철렁한 느낌
☜ 근세영어로 '두드리다, 난폭하게 때리다'란 뜻
♠ The car **jolted along**. 차는 **덜컹덜컹 흔들거리면서 갔다**.
♠ Her heart **jolted** when she saw him.
그녀는 그를 보자 가슴이 **철렁했다.**

□ **jolt**y [dʒóulti] ⓗ (-<-ti**er**<-ti**est**) 동요가 심한, 덜커덕거리는 ☜ -y<형접>

요르단, 요단강 Jordan (아라비아의 왕국; 그 나라에 있는 강)

□ **Jordan** [dʒɔ́ːrdn] ⓜ **요르단**《아라비아 반도에 있는 왕국; 수도 암만(Amman)》; (the ~) **요단강**(江)《예수가 세례를 받은 팔레스타인 지방의 강》; **마이클 조던**《Michael ~, 미국의 프로 농구 선수(1963-)》 ☜ 히브리어로 '단(Dan)에서 흐른다'라는 뜻
♠ consecrated water brought from **the Jordan 요단강**에서 흘러내린 성스러운 물

□ **Jordan**ian [dʒɔːrdéiniən] ⓜⓗ 요르단 사람(의) ☜ -an(~의/~사람)

요셉 Joseph ([성서] 그리스도의 어머니인 성모 마리아의 남편)

□ **Joseph** [dʒóuzəf] ⓜ **조지프**《남자 이름》; 〖성서〗 **요셉**《야곱(Jacob)의 아들; 이집트의 고관》; 요셉《성모 마리아의 남편으로 나사렛의 목수》
☜ 히브리어로 '여호와(Jehovah)'를 돕는 자'란 뜻

□ **Jos.** [dʒas] Joseph; Josephine; Josiah의 애칭

□ **Joseph**ine [dʒóuzəfiːn] ⓜ **조세핀, 조제핀**《나폴레옹 1세의 황비》
★ 나폴레옹(Napoleon) 1세의 최초의 황비(1763-1814). 사교계에서 미모로 이름을 날렸으며, 사치스럽고 낭비가 심할 뿐만 아니라 후사까지 없던 탓에 이혼당했다.

여호수아 Joshua ([성서] 이스라엘 민족의 지도자, 모세의 후계자)

□ **Joshua** [dʒɑ́ʃuə/dʒɔ́ʃuə] ⓜ **조수아**《남자 이름; 애칭 Josh》; 〖성서〗 **여호수아**《모세의 후계자》; (구약성서의) 여호수아기(記) ☜ 히브리어로 '신이 구원한다'는 뜻
♠ **Joshua** is 20 years old. **조슈아**는 20살이다.

롯데 캐슬 Lotte Castle (롯데건설의 아파트 브랜드), 레슬링 wrestling

< Castle Gate >

롯데캐슬(Lotte Castle)은 롯데건설의 아파트 브랜드이다. 캐슬(성채)이라는 이름답게 웅장함을 강조하며, 통상 아파트단지 입구에 세워지는 캐슬게이트는 롯데캐슬 아파트만의 상징이다.

♣ **어원 : stle 보내다, 밀치다, 공격하다**

※ **Lotte** [láti] ⓜ 한국의 롯데그룹 ☜ 독일의 문호 괴테가 쓴 <젊은 베르테르의 슬픔>의 여주인공 '샤롯데'의 애칭인 '롯데'를 따와 지은 것

■ ca**stle** [kǽsl, kɑ́ːsl] ⓜ **성**(城), 성곽, 성채 ☜ 공격(stle)을 차단하는(ca<carve) 곳

□ jo**stle** [dʒɑ́sl/dʒɔ́sl] ⓢ **(난폭하게) 밀다**; 찌르다; 밀치다; ~와 겨루다
☜ ~에 대해(jo=against) 공격하다(stle)
♠ He **jostled** me **away**. 그는 나를 **밀어 제쳤다**.
♠ The students **jostled against** the police. 학생들은 경찰**과 격돌했다**.

□ jo**stle**r [dʒɑ́slər] ⓜ jostle 하는 사람; 《미.속어》 소매치기 ☜ -er(사람)

■ wre**stl**ing [résliŋ] ⓜ **레슬링**; 씨름 ☜ -ing<명접>

✚ apo**stle** (A-) **사도**《예수의 12제자의 한 사람》 hu**stle** **떠밀다, 재촉하다,** (불법적으로) **팔다; 매우 서두름**; **허슬**《디스코음악에 맞추어 주는 격렬한》 춤 wre**stle** **맞붙어 싸우다**, 레슬링(씨름)하다

연상 품질이 조타(좋다)고 정평이 난 조터(jotter.메모장)

□ **jot** [dʒɑt/잘/dʒɔt/조트] ⓜ (매우) **적음**, (극히) 조금, 약간
ⓢ **메모하다**, 적어두다 ☜ 그리스어로 '가장 작은 부분', 근대영어로 '짧게 적다'란 뜻

♠ **jot down** one's passport number 여권 번호를 **적어 두다.**
☐ **jot**ter [dʒάtər] 명 **메모하는 사람; 메모장**, 비망록 ☜ jot + t + er(사람, 물품)
☐ **jot**ting [dʒάtiŋ] 명 **메모**, 약기 ☜ jot + t<단모음+단자음+자음반복> + ing<명접>

저널리즘 journalism (언론계)

♣ **어원 : journ, diurn 하루**
☐ **journ**al [dʒə́ːrnəl] 명 **일지**, 잡지, **신문** ☜ 하루(journ)의 기사를 쓰기(al<명접>)
♠ a college **journal** 대학**신문**
☐ **journ**alism [dʒə́ːrnəlìzəm] 명 신문잡지업(계), **저널리즘** ☜ journal + ism(업계)
♠ **follow journalism** as a profession 직업으로서 **저널리즘에 종사하다**.
☐ **journ**alist [dʒə́ːrnəlist] 명 신문잡지기자, 기고자, **저널리스트** ☜ journal + ist(전문가)
☐ **journ**alistic [dʒə̀ːrnəlístik] 형 **신문잡지 같은** ☜ journal + ist + ic(적인<형접>)
☐ **journ**ey [dʒə́ːrni/**저**-니] 명 **여행** ☜ 하루(journ)의 일(ey)
♠ go on 〔make, take〕 **a journey 여행**을 가다〔하다〕
☐ **journ**eyman [dʒə́ːrnimən] 명 (pl. -**men**) 날품팔이 일꾼[장인] ☜ man(사람, 남자)
☐ **journ**eywork [dʒə́ːrniwə̀ːrk] 명 (장인의) 일; 날품팔이 일; 허드렛일 ☜ work(일, 작업)

✚ ad**journ** **연기하다**, 일시 중단하다 **diurn**al 낮 동안의, 주간의 so**journ** 머무르다

엔조이 enjoy (즐기다), 조이스틱 joy stick (조종간) * stick 막대기, 지팡이

♣ **어원 : joy, jov 기쁨, 즐거움; 유쾌, 쾌활**
■ en**joy** [endʒɔ́i/엔**조**이] 동 **즐기다** ☜ 즐거움(joy)을 만들다(en)
☐ **joy** [dʒɔi/조이] 명 **기쁨, 즐거움** ☜ 중세영어로 '기쁜 감정'이란 뜻
♠ **joy stick 조종간, 조종[조작]장치, 제어장치** ☜ '즐거움을 주는 막대기'란 뜻
☐ **joy**ful [dʒɔ́ifəl] 형 **즐거운**(=happy), **기쁜**, 유쾌한 ☜ 즐거움(joy)이 가득한(ful)
♠ **joyful** news **기쁜** 소식
☐ **joy**fully [dʒɔ́ifəli] 부 **즐겁게**, 기뻐서 ☜ joyful + ly<부접>
☐ **joy**ous [dʒɔ́iəs] 형 《문어》 = joyful ☜ 즐거(joy) 운(ous<형접>)
☐ **joy**ously [dʒɔ́iəsli] 부 **즐겁게**, 기뻐서 ☜ joyous + ly<부접>
☐ **jov**ial [dʒóuviəl] 형 쾌활한, 명랑한, 즐거운, 유쾌한(=merry) ☜ 즐거(jov) + i + 운(al<형접>)
☐ **jov**iality [dʒòuviǽləti] 명 쾌활, 명랑; 즐거움 ☜ -ity<명접>

J

주빌리 jubilee (특정한 <기념주기>를 일컫는 말)

일정한 기간마다 죄를 사하거나 부채를 탕감해 주는 기독교적 전통에서 유래되었다. 25년은 실버 주빌리, 50년은 골든 주빌리, 60년은 다이아몬드 주빌리, 70년은 플래티넘 주빌리라고 한다. <출처 : 시사상식사전>

50 Years Golden Jubilee

☐ **jubilee** [dʒúːbəlìː] 명 『유대史』 희년(禧年), 요벨(안식)의 해; 『가톨릭』 성년(聖年), **주빌리**, 대사면(赦免)의 해 ☜ 히브리어의 요벨(yobel. 숫양)에서 비롯된 라틴어 jubilaeus는 '신에 바쳐진 성스러운 해'를 뜻한다.
♠ the silver 〔golden〕 **jubilee** 25(50)**년제**
♠ the Diamond **Jubilee** Victoria 여왕 즉위 60**년제** 《1897년 거행》
♠ the Jubilee (Line) **주빌리**(선) 《영국 London의 지하철 노선》

유다, 유대 Judah, Judea (팔레스티나 남부의 옛 왕국)

☐ **Judah** [dʒúːdə] 명 『성서』 **유다** 《야곱(Jacob)의 넷째 아들; 가롯 유다(Judas)와는 다름》; 유다로부터 나온 종족; 팔레스타인의 고대 왕국 ☜ 히브리어로 '축복받은'이란 뜻
☐ **Judea** [dʒuːdíːə] 명 **유대** 《팔레스타인 남부에 있었던 고대 로마령(領)》 ☜ Judah의 변형
■ **Jew** [dʒuː] 명 (fem. **Jewess**) **유대인**, 유대교도; 고대 유다 왕국의 백성 형 《경멸》 유대인의〔같은〕 ☜ 히브리어로 '유다(Judah) 사람'이란 뜻
♠ an orthodox **Jew** 정통파 **유대교도**

유다 Judas ([성서] 예수를 배반한 사도)

☐ **Judas** [dʒúːdəs] 명 『성서』 **가롯 유다** 《~ Iscariot, 예수의 제자 중 한 사람으로 예수를 배반했음; 야곱의 넷째 아들 Judah와는 다름》; 반역자, 배반자
비교 Jude 『성서』 Saint ~ 성(聖) 유다(Judas) 《12사도의 하나》
★ 비틀즈의 노래 Hey, Jude는 폴 메카트니가 아내와 이혼하려는 존 레논을 말리던 중 폴 메카트니에게 안기는 존 레논의 어린 아들 줄리안(Julian)을 보며 이 곡을 작곡

했다고 한다. 원제목은 Hey Julie였다가 다시 Hey Jude로 수정하였다.

☐ **Judas** kiss　유다의 키스, 가식(겉치레)의 호의, 배반행위 ☜ kiss(키스, 입맞춤)

☐ **Judas** tree　유다나무; 〖식물〗 박태기나무속(屬)의 일종 ☜ 가롯 유다가 이 나무에 목매었다는 전설에서

☐ **Judas**-colored　[dʒúːdəskʌ̀lərd] ⓗ 머리칼이 붉은 ☜ 가롯 유다의 머리칼이 붉었다는 전설에서

저지 드레드 Judge Dredd (영국 SF 영화. <심판관 드레드>란 뜻)

저지 드레드는 2012년 개봉한 영국의 SF/액션영화이다. 칼 어번, 올리비아 썰비 주연. 핵전쟁으로 망가져버린 먼 미래. 정부통치기능은 마비되고 범죄에 무방비로 노출된 암울한 사회에서 범죄를 심판하는 드레드 심판관의 이야기이다. 1995년 동명 영화를 리메이크한 작품이다. Dredd란 이름은 '공포(dread)'와 발음이 같은 것을 교묘히 이용한 것으로 보인다. <출처 : Naver 영화 / 요약인용>

♣ **어원 : jud(g) 판단하다**

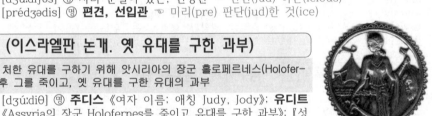

© Walt Disney Studio

☐ **judg**e　[dʒʌdʒ/저쥐] ⓜ **재판관**, 법관, 판사; 심판관; 감정가 ⓢ **재판하다; ~라고 판단하다** ☜ 판단하다(judg) + e
♠ The court **judged** him guilty. 법정은 그에게 유죄**판결을 내렸다**.

☐ **judg**e-made　[dʒʌ́dʒmèid] ⓗ 재판관이 제정한, 재판관의 판례에 의한 ☜ 판단(judg)이 (이미) 만들어진(made)
♠ the **judge-made** law **판례**법

☐ **judg**eship　[dʒʌ́dʒʃìp] ⓜ 재판(심판)관의 지위(직, 임기, 권한) ☜ 판단(judg)의 + e + 권위(ship)

☐ **judg**(e)ment　[dʒʌ́dʒmənt/**저**쥐먼트] ⓜ **재판**, 심판, 판결, 선고 ☜ 판단(judg)의 + e + 행위(ment<명접>)
♠ **the Judgment** of Paris 〖그.신화〗 파리스의 **심판** 《Paris가 Aphrodite, Athena, Hera 세 여신이 서로 갖기를 다투던 황금 사과를 Aphrodite에게 준 판정》
♠ **Judgement day (신의) 심판의 날, 이 세상의 종말**

☐ **jud**icial　[dʒuːdíʃəl] ⓗ **사법의**, 재판의; 법관의; 공정한 ☜ 판단(jud) 하는(icial)
♠ **judicial** power(s) 사법권

☐ **jud**icious　[dʒuːdíʃəs] ⓗ 사려 분별이 있는, 현명한 ☜ 판단(jud) 하는(icious)

■ pre**jud**ice　[prédʒədis] ⓜ **편견, 선입관** ☜ 미리(pre) 판단(jud)한 것(ice)

유디트 Judith (이스라엘판 논개. 옛 유대를 구한 과부)

B.C. 2세기경 위기에 처한 유대를 구하기 위해 앗시리아의 장군 홀로페르네스(Holofernes)에게 몸을 바친 후 그를 죽이고, 옛 유대를 구한 유대의 과부

☐ **Judith**　[dʒúːdiθ] ⓜ **주디스** 《여자 이름; 애칭 Judy, Jody》; **유디트** 《Assyria의 장군 Holofernes를 죽이고 유대를 구한 과부》; 〖성서〗 유디트서(書) 《구약성서 외전(外典)의 하나; 생략: Jud.》 ☜ 히브리어로 '유대의 여자'란 뜻
♠ **Judith** saved the country. **주디트**는 나라를 구했다.

유도 Judo (16세기 우리나라가 일본에 전수하여 체계화된 무술)

☐ **Judo**　[dʒúːdou] ⓜ 《일》 **유도** ☜ '부드러운 것이 능히 굳센 것을 이긴다'는 '유능제강(柔能制剛)의 원리를 실현하는 무예'라는 뜻
♠ He's a black belt in **judo**. 그는 **유도** 검은 띠 유단자이다.

메이슨 자 Mason jar (손잡이 달린 식품보존용 유리병)

■ mason **jar**　식품 저장용의 아가리가 넓은 유리병 ☜ 1858년 미국 필라델피아의 존 랜디스 메이슨(John Landis Mason)이 개발한데서 유래

■ **jar**　[dʒɑːr] ⓜ (아가리가 넓은) **병, 항아리, 단지**; 한 단지의 맥주(술) ☜ 아랍어로 '토기'란 뜻

☐ **jug**　[dʒʌg] ⓜ (주둥이가 넓은) **주전자**, 물병; (손잡이가 달린) 항아리 ☜ 고대영어로 '손잡이와 주둥이가 달린 물주전자'란 뜻

저글링 juggling (잡다한 물건을 가지고 부리는 기술이나 재주)

☐ **juggl**e　[dʒʌ́gəl] ⓢ **요술을 부리다**; 속이다 ⓜ 요술; 사기, 속이기 ☜ 고대 프랑스어로 '요술부리다'란 뜻
♠ **juggle** with truth 진실을 **속이다**

□ **juggl**er [dʒʌ́glər] (명) 요술쟁이, (던지기의) 곡예사; 사기꾼 ☜ -er(사람)
□ **juggl**ery [dʒʌ́gləri] (명) 요술, 마술; 사기 ☜ -ery(~하는 것<명접>)
□ **juggl**ing [dʒʌ́gl] (명) **저글링**, 재주부리기 ☜ -ing(~하기<명접>)
비교 zergling (스타크래프트의) **저글링** 《저그종족의 기초 병력》

주스 juice (과일 · 야채 · 고기 등의 즙)
쥬시 후레쉬 껌 Juicy Fresh Gum (롯데제과의 껌 브랜드)

□ **juice** [dʒuːs] (명) (과일 · 채소 · 고기 따위의) **주스, 즙**, 액(液)
☜ 중세영어로 '허브를 끓여 얻은 액체'란 뜻
♠ **mixture of fruit juices** 여러 가지 과일의 **액**을 섞은 과즙
□ **juicy** [dʒúːsi] (형) (-<-ci**er**<-ci**est**) **즙이 많은**, 수분이 많은; 흥미진진한; 활기 있는
☜ juice + y<형접>
□ **juici**ness [dʒúːsinis] (명) 즙이 많음 ☜ juice + i + ness<명접>
※ **fresh** [freʃ/프뤠쉬] (형) 새로운, **신선한**, 싱싱한 ☜ 고대영어로 '소금기가 없는'이란 뜻
※ **gum** [gʌm] (명) **고무(질); 추잉껌** ☜ 중세영어로 '식물성 건조 수지'란 뜻

주크박스 Jukebox (동전을 넣어 음악을 듣는 장치)

과거의 주크박스는 동전을 넣고 음악을 듣는 기계였으나 이후 컴퓨터의 경우 여러개의 CD-ROM을 한꺼번에 사용할 수 있도록 해주는 시스템을 말하였고, 최근에는 우측 사진처럼 동전을 넣고 음악을 듣는 스마트 주크박스가 등장했다.

□ **juke** [dʒuːk] (명) 《미.속어》 = jukebox; juke jouse (동) 예상치 못한 행동을 취하여 속이다; 몸놀림을 하다
☜ 미국 동남부 흑인사투리 Gullah어로 '사악한, 무질서한'이란 뜻
□ **juke**box [dʒúkbὰks] (명) **주크박스**, 자동전축 《요금을 넣고 희망하는 곡을 들을 수 있는》 ☜ juke + box(상자)
□ **juke** house 《미.남부》 싸구려 여인숙(술집); 매춘굴 ☜ juke + house(집)
□ **juke** joint 《미.속어》 (jukebox가 있는) 싸구려 술집(음식점), 자그마한 술집
☜ juke + joint(이음매; 비밀 술집, 싸구려 레스토랑)

줄리어스 시저 · 카이사르 Julius Caesar (로마의 장군 · 정치가)

□ **Julius** Caesar [dʒúːljəs síːzər] (명) **줄리어스 시저, 카이사르** 《로마의 장군 · 정치가 · 역사가; 100-44 B.C.》; 로마 황제
♠ **Julius Caesar** was born about the year 100 B.C.
율리우스 시저는 기원전 100년경에 태어났다.
□ **Julian** [dʒúːljən] (명) **줄리언** 《남자 이름; Julius의 별칭》; **율리아누스** 《로마황제(361-363); 이교(異教)로 개종하여 그리스도 교도를 탄압했음; 331-363》 (형) Julius Caesar의; 율리우스력(曆)의
☜ Julius의 별칭
□ **Julian** calendar [the ~] **율리우스**력(曆) 《Julius Caesar가 정한 구 태양력》 ☜ calendar(달력)
□ **July** [dʒuːlái/줄**라**이] (명) (pl. **-s**) **7월** 《생략: Jul., Jy.》 ☜ Julius Caesar의 생월에서 유래
♠ **July** the Fourth **7월** 4일 《미국 독립 기념일》
※ **Caesar**ean, -ian [sizέəriən] (형) Caesar의; 로마 황제의; 제왕의 ☜ -ean, -ian<형접>
※ **Caesar**ean section(operation) 제왕절개 수술 ☜ 시저가 제왕절개로 태어났다는 설에서 유래

줄리엣 Juliet (셰익스피어作 <로미오와 줄리엣>의 여주인공)

© Paramount Pictures

□ **Juliet** [dʒúːljət, dʒùːliét] (명) **줄리엣** 《여자 이름; Shakespeare작의 Romeo and Juliet의 여주인공》
♠ **Romeo and Juliet** families were enemies.
로미오와 줄리엣의 가족은 원수 사이였다.
※ **Romeo** [róumiòu] (명) **로미오** 《Shakespeare작의 Romeo and Juliet의 남주인공》

연상 정글(Jungle.밀림지대)내 나무들이 점블(jumble.뒤범벅)이 되다

※ **jungl**e [dʒʌ́ŋgl] (명) (보통 the ~) (인도 등지의) **정글, 밀림지대**; 비정한 생존경쟁(장) (동) 밀림에 살다 ☜ 힌두어로 '미개의 삼림'이란 뜻
※ **jungl**y [dʒʌ́ŋgli] (형) 정글의, 밀림의 ☜ -y<형접>
□ **jumbl**e [dʒʌ́mbl] (동) **뒤죽박죽을 만들다**, 뒤범벅이 되다 (명) 뒤범벅, 뒤죽박죽; 혼란

☜ 중세영어로 '혼란스런 섞음'이란 뜻
♠ **a jumble of** books and paper **뒤죽박죽 섞여 있는** 책과 종이들

☐ **jumbl**y [dʒʌ́mbli] ⓗ 뒤죽박죽의, 혼란된 ☜ -y<형접>

점보 제트기 jumbo jet (초대형 여객기)

☐ **jumbo** [dʒʌ́mbou] ⓜ (pl. **-s**) 《구어》 크고 볼품없는 사람(동물, 물건) ⓗ 엄청나게 큰, 거대한(huge); 특대의
☜ 19세기말 미국의 서커스에서 인기를 얻은 코끼리 이름에서
♠ a **jumbo** pack of cornflakes 특대형 콘플레이크 한 통

☐ **jumbo** jet **점보 제트** 《초대형 여객기》 ☜ jet(제트기, 제트엔진; 분출)

☐ **jumbo**ize [dʒʌ́mbouàiz] ⓓ (탱커 등을) (초)대형화하다 ☜ -ize<동접>

점프 jump (뛰어오름, 도약), 잠바, 점퍼 jumper (잠바, 작업용 상의)

☐ **jump** [dʒʌmp/점프] ⓓ **뛰다, 뛰어오르다**; (낙하산으로) 낙하하다; 도약하다, **뛰어넘다** ⓜ **뜀, 뛰어오름, 도약** ☜ 중세영어로 '뛰어오름'이란 뜻
♠ **jump on** to the stage 무대 **위에 뛰어오르다**
♠ **jump at ~ ~에 달려들다, ~에 쾌히 응하다**

☐ **jump**er [dʒʌ́mpər] ⓜ **뛰는 사람**; 도약 선수; **점퍼** 《작업용 상의》 ☜ -er(사람)

☐ **jump**ing [dʒʌ́mpiŋ] ⓗ 뛰는, 도약(점프)(용)의 ⓜ 도약 ☜ -ing<형접/명접>

※ **jack**et [dʒǽkit] ⓜ (셔츠위에 입는) 겉옷, **재킷**; 양복 저고리 ⓓ 재킷을 입히다
☜ '사내(jack)의 것(et)'이란 뜻. 14세기 후반 프랑스 군인들이 착용했던 자크(jaque)에서 유래

J

정크션 junction (도로 · 선로의 교차로, 나들목)

♣ 어원 : **junc, join(t) 연결; 합치다, 연결하다, 짝을 맺다**

☐ **junc**tion [dʒʌ́ŋkʃən] ⓜ 연합, 접합, 합체; **접합점**, **교차점**; 합류점; (회로의) 중계선 ☜ 연결(junc) 하기(tion<명접>)
♠ Come off the motorway **at junction 6**.
6번 나들목에서 고속도로를 빠져나가세요.

☐ **junc**ture [dʒʌ́ŋktʃər] ⓜ 접합, 접속, **연결**; 접합점, 관절; (중대한) 때 ☜ 연결(junc) 하기(ture<명접>)

■ **join** [dʒɔin/조인] ⓓ **결합하다, 합치다; 참가하다** ⓜ 이음매 ☜ 중세영어로 '결합하다'란 뜻

■ **joint** [dʒɔint] ⓜ **이음매**, 접합 부분; 〖기계〗 **조인트; 관절**, 마디 ⓓ 잇대다 ⓗ 공동의, 합동(연합)의 ☜ 결합한(join) 것(t)

주피터 Jupiter ([로神] 모든 신의 우두머리)
주노 Juno ([로神] 결혼의 여신, 주피터의 아내)

☐ **Jupiter** [dʒúːpətər] ⓜ 〖로.신화〗 **주피터** 《고대 로마 최고의 신으로 하늘의 지배자; 그리스의 제우스(Zeus)에 해당》; 〖천문〗 목성

☐ **Juno** [dʒúːnou] ⓜ 〖로.신화〗 **주노** 《Jupiter의 아내로 결혼의 여신》; 품위 있는 미인 비교 Hera 〖그.신화〗 헤라 《Zeus신의 아내》

☐ **June** [dʒuːn/준-] ⓜ **6월** 《생략: Jun., Je.》 ☜ Juno 여신의 달
♠ the 20th of **June 6월** 20일

< JUPITER >

융프라우 Jungfrau (스위스 알프스산에 있는 높은 봉우리)

☐ **Jungfrau** [júŋfràu] ⓜ (the ~) **융프라우** 《알프스 산맥 중의 고봉(高峰); 4,158m》
☜ 독일어로 '젊은(jung) 여인(frau)'이란 뜻
★ 산악열차가 3,454m에 있는 융프라우요흐까지 올라간다.
♠ Prominent mountains include Mont Blanc (4,810 m), Matterhorn (4,478 m), and **Jungfrau** (4,158 m). 유명한 산으로 몽블랑(4,810m), 마터호른(4,478m), **융프라우**(4,158m) 등이 있다.

정글 Jungle (밀림지대)

☐ **jungl**e [dʒʌ́ŋgl] ⓜ (보통 the ~) (인도 등지의) **정글, 밀림지대**; 비정한 생존경쟁(장) ⓓ 밀림에 살다 ☜ 힌두어로 '미개의 삼림'이란 뜻

♠ New York is **a jungle** after dark. 뉴욕은 어두워지면 **살벌하고 위험한 곳**이다.
♠ the law of **the jungle 정글**의 법칙 《약육강식》

☐ **jungl**y [dʒʌ́ŋgli] ⓗ 정글의, 밀림의 ☜ jungle + y<형접>

슈퍼주니어 Super Junior (한국의 댄스팝 보이 그룹)

♣ **어원 : jun, juv(en) 젊은, 어린**

※ **super** [súːpər/**쑤**-퍼/sjúːpər/**슈**-퍼] ⓜ 단역(端役), 엑스트라(배우) ⓗ《구어》**최고(급)의**, 극상의, **특대의**; 초고성능의 ☜ 라틴어로 '(평범함) 이상의; 훌륭한)'이란 뜻
♠ a **super** player **최고의** 선수

☐ **jun**ior [dʒúːnjər/**주**-녀] ⓗ **손아래의**, 연소한; 청소년의; **2세의**; 《영》 초·중등 과정의, 하급의; 《미》 (고등학교나 칼리지의) 2학년의 ⓜ **하급자, 연소자,** 청소년 선수; 《영》 초등학생, 《미》 (고등학교나 칼리지의) 2학년학생, (4년제 대학의) 3학년학생; 어린 아들 ☜ 더(-ior<비교급/형접>) 젊은(jun) ⓑ senior 고위의; 상급자
비교 minor 보다 작은, 2류의
♠ She's four years **his junior**. 그녀는 **그보다** 네 살 **어리다**.
♠ **junior high** school 《미》 **중학**교 비교 senior high school 고등학교
♠ **junior** school 《영》 **초등**학교(=primary school)

☐ **juven**ile [dʒúːvənəl, -nàil] ⓗ 젊은, 어린, **소년[소녀]의** ☜ 젊(juven) 은(ile<형접>)
♠ **juvenile** literature 아동문학
♠ **juvenile** delinquency 청소년 범죄(비행)

☐ **juv**ie, **juv**ey [dʒúːviː] ⓜ 소년원, 소년교도소 ☜ 어린(juv) 사람이 있는 곳(ie, ey)

☐ re**juven**ate [ridʒúːvənèit] ⓢ 도로 젊어지(게 하)다, 활기 띠게 하다 ☜ 다시(re) 젊어지게(juven) 하다(ate<동접>)
♠ Honey water can **rejuvenate** you.
*꿀물은 당신에게 **활기를 줄** 수 있다.* ⇨ 꿀물은 피로 회복에 좋다.

☐ re**juven**ation [ridʒùːvənéiʃən] ⓜ 되젊어짐, 회춘(回春), 원기 회복 ☜ -ation<명접>

정크푸드 Junk food (고열량 저영양의 인스턴트 식품. <쓰레기 음식>이란 뜻)

☐ **junk** [dʒʌŋk] ⓜ《구어》쓰레기(=trash), 잡동사니, **폐물**(廢物); 고철 ⓢ《미.구어》(폐물·쓰레기로) 버리다 ☜ 라틴어로 '하찮은 물건'
♠ get rid of **junk 쓰레기**를 처분하다

☐ **junk** art 폐물(이용 조형) 미술 ☜ art(미술, 예술)

☐ **junk** mail 대량선전·광고 우편물 ☜ mail(우편, 우편물)

☐ **junk**-shop 고물상 ☜ shop(가게, 상담)

※ **food** [fuːd/푸-드] ⓜ **음식**, 식품, 식량 ☜ 중세영어로 '자양물, 음식물, 연료'란 뜻

주노 Juno ([로神] 결혼의 여신, 주피터의 아내)
주피터 Jupiter ([로神] 모든 신의 우두머리)

☐ **Juno** [dʒúːnou] ⓜ 【로.신화】 **주노** 《Jupiter의 아내로 결혼의 여신》; 품위 있는 미인
비교 Hera 【그.신화】 헤라 《Zeus신의 아내》

☐ **Jupiter** [dʒúːpətər] ⓜ 【로.신화】 **주피터** 《고대 로마 최고의 신으로 하늘의 지배자; 그리스의 제우스(Zeus)에 해당》; 【천문】 목성

■ **June** [dʒuːn/준-] ⓜ **6월** 《생략: Jun., Je.》 ☜ Juno 여신의 달
♠ the 20th of **June 6월** 20일

☐ **Jupiter**(주피터) ➔ **June**(6월) **참조**

쥬라기 공원 Jurassic Park (미국의 공상과학 모험영화)

1993년 제작된 미국 스티븐 스필버그 감독의 공상과학(SF) 모험영화. 유전자 복제기술로 공룡들을 부활시켜 만든 테마파크에서 개장 전 예상치 못한 사고로 인간들이 공룡들의 습격을 받게 되는 이야기. 잘못된 환상을 실현하려는 인간의 이기심과 통제를 벗어난 과학기술의 위험성을 경고하는 영화이다. <출처 : 세계영화작품사전 / 요약인용>

© Universal Studio

☐ **Jura**ssic [dʒuərǽsik] ⓗ 【지질】 **쥐라기**(紀)의, (암석이) 쥐라계(系)의 ⓜ (the ~) **쥐라기**(계) ☜ 알프스 북측에 있는 쥐라 산맥에 발달되어 있는 지층에서 유래 ★ 【지질】 중생대 오래된 순서부터 트라이아스기 ➔ 쥐라기 ➔ 백악기 순(順)
♠ **the Jurassic period 쥐라기**

※ **park** [pɑːrk/파-크] ⓜ **공원**; 주차장 ☜ 고대영어로 '울막은 장소'란 뜻

인저리 타임 injury time ([축구] 부상 등 경기지연에 대한 보상시간)
유스티니아누스 법전 Justinaian Code (유스티니아누스 황제 법전)

인저리 타임이란 경기도중 선수부상 또는 선수교체 등으로 경기가 지연될 경우 또는 각종 반칙 등 지연행위로 정상적인 플레이가 되지 못한 경우 주심 또는 주최측에서 이 지연시간을 추정해 재량에 따라 임의로 보상[연장]해 주는 시간을 말한다. <출처 : 두산백과 / 요약인용>

♣ 어원 : jur(e), jury, juris, just 법; 바른, 옳은, 공평한; 맹세하다

■ injury [índʒəri] 명 (사고 등에 의한) **상해, 부상, 위해**(危害)
☞ 옳지(jure) 않음(in=not)

□ **juris**diction [dʒùərisdíkʃən] 명 **재판권, 사법권**
☞ 법(juris)을 말하는(dic) 것(tion<명접>)

□ **juris**dictional [dʒùərisdíkʃənl] 형 사법권의, 재판권의; 관할권의; 관할의 ☞ -al<형접>

□ **jur**ist [dʒúərist] 명 **법학자**, 법리학자 ☞ -ist(전문가)

□ **jury** [dʒúəri] 명 [집합적] (재판·스포츠 경기에서의) **배심(원), 심사위원회**
☞ 라틴어로 '(신에게) 맹세하다'란 뜻 비교 jurywoman 여자배심원
비교 referee (축구·권투 등의) 주심, umpire (경기의) 부심

□ **jury**man [dʒúərimən] 명 (pl. **-men**) 배심원(=juror) ☞ man(사람, 남자)

□ **Just**inian Code **유스티니아누스** 법전 《동로마 제국의 황제 유스티니아누스가 명하여 만들어진 법전》
★ 유스티니아누스 황제(Justinaian: 483-565)는 동로마 제국의 황제로 콘스탄티노플(지금의 이스탄불)에 소피아 성당을 지었고 『로마법 대전』을 편찬했다.

✚ ab**jure** 맹세하고 버리다; (공공연히) 포기하다 con**jure** **마술로 ~하다** in**jure** **상처[손해]를 입히다**, 다치게 하다 per**jure** 위증(僞證)케 하다; 맹세를 저버리게 하다

J

저스티스 justice (미국 하버드대학 마이클샌델 교수의 정치철학서. <정의>란 뜻)

미국 하버드대학교(Harvard University) 교수이자 정치철학자로 유명한 Michael J. Sandel이 지은 정치 철학서. 원제는 『Justice : What's the right thing to do? (정의란 무엇인가?)』. 한국에서도 베스트셀러에 올랐던 책이다.

♣ 어원 : jur(e), jury, juris, just 법; 바른, 옳은, 공평한; 맹세하다

□ **just** [dʒʌst/저스트] 형 **올바른**, 공정한 부 **정확히, 틀림없이, 바로, 꼭, 이제 막, 겨우, 오직** ☞ 라틴어로 '정직한'이란 뜻
♠ **just in one's dealings 하는 일이 올바른**
♠ **just then 바로 그때**
♠ **just as (much) (A) as (B) B와 마찬가지로 A한**
♠ **just now 바로 지금; 《과거형과 함께》 방금, 이제 금방**

□ **just**ice [dʒʌ́stis/저스티스] 명 **정의, 공정, 공평; (당연한) 응보; 사법, 재판** ☞ -ice<명접>
♠ **with justice 공평하게**
♠ **do justice to ~; do ~ justice ~ ~을 정당하게 다루다[평하다]; (음식)을 잔뜩 먹다**
♠ **in justice (to) ~ (~을) 공평히 말해서[취급해서]**

□ **just**ification [dʒʌ̀stəfikéiʃən] 명 (행위의) **정당화**; 변명의 사유
☞ 옳음(just)을 + i + 만들(fic) 기(ation<명접>)

□ **just**ify [dʒʌ́stəfài/저스터퐈이] 동 **옳다고 주장하다, 정당화하다**
☞ 옳음(just)을 + i + 만들다(fy<동접>)
♠ **The end justifies the means. 《속담》 목적은 수단을 정당화한다.**

□ **just**ifiable [dʒʌ́stəfàiəbl] 형 **이치에 닿는**, 지당한 ☞ justify + able<형접>

□ **just**ly [dʒʌ́stli] 부 **바르게**, 공정하게, 정당하게 ☞ -ly<부접>

□ **just**ness [dʒʌ́stnis] 명 (올)바름, 공정, 정당; 타당 ☞ -ness<명접>

■ ad**just** [ədʒʌ́st] 동 (꼭) **맞추다, 조정하다** ☞ 옳은(just) 쪽으로(ad=to)

■ un**just** [ʌndʒʌ́st] 형 부정한, 불법의, 부조리한; **불공평한**, 부당한
☞ 옳지(just) 않은(un=not)

저스틴 마터 [유스티누스] Justin Martyr (고대 로마의 순교자)

로마의 기독교 순교자. 이교도 출신. 스토아·페리파토스·피타고라스·아카데메이아 학파 등을 편력, 어느 학파에도 만족하지 못하여 마지막으로 그리스도에까지 이른다. 이후 기독교야말로 가장 완전한 철학이라 믿고 로마에 학교를 세워 호교(護敎)에 분투, 165년의 박해로 참수되었다. <출처 : 인명사전>

□ **Justin** [dʒʌ́stin] 명 저스틴 《남자이름》; **유스티누스**, 로마의 호교가(護敎家)

※ **martyr** [mɑ́ːrtər] 명 **순교자**; 희생자 동 (사람을) 주의〔신앙〕 때문에 죽이다

☞ 그리스어로 '증인'이란 뜻

♠ **a martyr** to a cause 어떤 주의〔목적〕**에 한 몸을 바친 사람**

유틀란트 Jutland (독일북부의 반도로 덴마크 대부분을 차지)

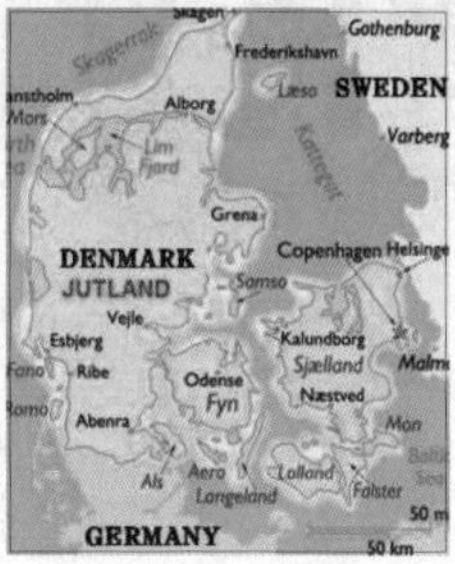

♣ **어원 : jut 튀어나온, 불쑥 내민; 돌출**

□ <u>**Jut**land</u> [dʒʌ́tlənd/**저**틀런드] [명] **유틀란트** 반도《독일 북부의 반도; 덴마크(Denmark)가 그 대부분을 차지함》 ☞ 튀어나온(jut) 땅(land)

♠ **Battle of Jutland 유틀란트 해전**《제1차 세계대전이 한창이던 1916년 5.31~6.1일간 덴마크 유틀란트 반도 인근 북해에서 영국과 독일 해군간 벌어진 전투〔함대결전〕. 양쪽 모두가 승리를 주장했다》

□ **jut** [dʒʌt] [명] **돌기**, 돌출부 [동] **돌출하다**, 불룩 나오다
☞ jet(분출)의 변형

□ **jut**ting [dʒʌtiŋ] [형] 튀어나온 ☞ jut + t + ing<형접>

♠ a **jutting** chin **튀어나온** 턱

주트족(族) Jute (앵글로 색슨의 일부인 게르만족의 한 부족)

□ **Jute** [dʒuːt] [명] **주트** 사람; (the ~s) **주트**족《5-6세기에 영국에 침입한 게르만 민족》

□ **juvenile**(소년[소녀]의) ➔ **junior**(손아래의) **참조**

포즈(pose.자세)를 취하다, 프로포즈 propose (청혼하다)

< Bruce Lee의 포즈 >

♣ **어원 : pos(e), posit 놓다, 두다; 배치하다**

■ <u>**pose**</u> [pouz] [명] **자세, 포즈**; 마음가짐; 겉치레 [동] 자세〔**포즈**〕를 취하다 ☞ 고대 프랑스어로 '놓다, 두다, 위치시키다'란 뜻

■ <u>pro**pose**</u> [prəpóuz] [동] **신청하다**; 제안〔제의〕하다; 청혼하다
☞ 앞에(pro) (결혼하고 싶은 마음을) 내놓다(pose)

□ juxta**pose** [dʒʌkstəpóuz] [동] 나란히 놓다, 병렬하다
☞ 옆에(juxta=beside) 놓다(pose)

♠ She **juxtaposed** two dresses. 그녀는 두 벌의 드레스를 **나란히 놓았다**.

□ juxta**posit**ion [dʒʌ̀kstəpəzíʃən] [명] 나란히 놓기, 병렬 ☞ -ion<명접>

✚ com**pose 조립[구성]하다; 작문[작곡]하다** de**pose 면직[해임]하다** ex**pos**e (햇볕 따위에) **쐬다, 드러내다; 폭로하다; 진열**〔노출〕**하다**

K

카바 신전 Kaaba (사우디아라비아 메카에 있는 이슬람교 성전)

☐ **Ka(a)ba, Caa-** [kɑ́:bə] 명 (the ~) **카바** 《아라비아의 Mecca의 Great Mosque에 있으며 이슬람교에서 가장 신성한 신전. 이슬람교의 제1성소(聖所)로서 전 세계의 이슬람교도들은 이쪽을 향하여 예배를 드린다. 아담(Adam)이 지었다고 전해진다.》
☞ '정방형의 건물(입방체)'이란 뜻
♠ Muslims **face the Kaaba** when they pray five times a day.
무슬림들은 1일 5회 기도할 때 **카바 신전을 바라보며** 기도한다.

카불 Kabul (아프가니스탄의 수도)

☐ **Kabul** [kɑ́:bul, kəbú:l] 명 **카불** 《Afghanistan의 수도》 ☞ 페르시아어로 '창고(Kabura)'란 뜻
♠ In 1776, **Kabul** became its new capital. **카불**은 1776년에 새 수도가 되었다.

카프카 Kabul (체코출신의 유대계 독일작가. 실존주의 문학의 선구자)

☐ **Kafka** [kɑ́:fkɑ:, -kə] 명 **카프카** 《Franz ~, 유대계 독일 소설가; 1883-1924》
★ 주요 저서 : **『변신』, 『심판』, 『실종자』, 『성』** 등
♠ Prague is the birthplace of **Franz Kafka**. 프라하는 **프란츠 카프카**의 출생지이다.

시저 · 케사르 · 카이사르 Caesar (로마의 장군 · 정치가)

■ Julius **Caesar** [dʒú:ljəs sí:zər] 명 **줄리어스 시저, 카이사르** 《로마의 장군 · 정치가 · 역사가; 100-44 B.C.》; 로마 황제
■ **Caesar**ean, -ian [sizɛ́əriən] 형 Caesar의; 로마 황제의; 제왕의
☞ -ean, -ian<형접>
☐ **kaiser** [káizər] 명 (종종 K-) **황제, 카이저** 《신성로마제국 · 독일제국 · 오스트리아 제국 황제의 칭호》 **비교** czar (종종 C-) **차르**, 러시아 황제 ☞ Caesar(원수, 황제)의 독일어식 변형
♠ **Kaiser** Wilhelm 빌헬름 **황제**

페리스코프 periscope (잠수함의 잠망경)

♣ 어원 : **scope 보는 기계**
■ peri**scope** [pérəskòup] 명 (잠수함의) 잠망경, **페리스코프**; (참호 따위의) 전망경(展望鏡)
☞ 라틴어로 '완전히<전방향을(peri)을 보는 기계(scope)'란 뜻
☐ kaleido**scope** [kəláidəskòup] 명 만화경(萬華鏡), **칼레이도스코프**; 《비유》 변화무쌍한 것 ☞ 그리스어로 '아름다운(kal<kalos) 형상(eidos)을 보는 기계(scope)'란 뜻
♠ **the kaleidoscope** of life 인생 **만화경**

✚ tele**scope** **망원경** micro**scope** **현미경** fiber**scope**, 《영》 -bre- **파이버스코프** 《유리섬유에 의한 위내시경 등》

칼리카크가(家) Kallikak family (유전학의 증거가 된 미국의 칼리카크 가문)

☐ **Kallikaks** [kǽləkæ̀k] 명 **칼리카크** 집안, **캘리캑**가 《미국 New Jersey주에 실재한 집안의 가명(假名); 질병자 · 범죄자의 속출로 악질 유전의 전형을 뜻함》
☞ Kallikaks란 가명인데, 이는 그리스어로 '좋고-나쁜'이란 뜻

카마수트라 Kamasutra (고대 인도의 성애(性愛)에 관한 경전)

4세기경에 산스크리트언어로 쓰인 고대 인도의 성애에 관한 경전이자 교과서. 카마수트라는 성애의 기교, 소녀와의 교접(交接), 아내의 의무, 남의 아내와의 통정(通情), 유녀(遊女), 미약(媚藥) 등에 관해 논술하여 일반시민을 성지식(性知識)의 결여에서 오는 위험으로부터 구하고자 한 책이다. <출처 : 두산백과>

☐ **Kama** [kɑ́:mə] ⓜ 〖힌두신화〗 **카마** 《사랑의 신》; (k-) 욕망, 정욕
☞ 산스크리트어로 '애욕'이란 뜻

☐ **Kama**sutra [kɑ̀:məsú:trə] ⓜ **카마수트라** 《4세기에 쓰인 인도의 힌두 성전(性典)》
☞ kama(사랑) + sutra(경전)

가미카제 Kamikaze (태평양전쟁시 일본 해군의 항공자살특공대. <神風>이란 뜻)

제2차 세계대전 태평양전쟁 말기 일본군은 연합군의 진군을 막는 수단으로 가미카제 특공대를 편성하였다. 조종사들은 천황을 위해 폭탄이 장착된 비행기로 연합군 함대에 부딪치는 무모한 공격을 가했다. 이 공격으로 연합군은 30척 이상의 군함과 350척이 넘는 전함이 피해를 입었으나 항공모함은 침몰시키지 못했다. 1945년에는 오키나와를 방어하기 위해 1,000명이 넘는 특공대원이 가미카제 공격을 했다. <출처 : 두산백과>

© ozy.com

☐ **Kamikaze** [kɑ̀:mikɑ́:zi] ⓜ (제2차 세계 대전 중 일본의) **가미카제**(神風) 특공기〔대원〕 ⓗ 가미카제기의〔와 같은〕, 경솔하고 무모한
☞ 신(kami)의 바람(kaze)
♠ A Japanese **kamikaze** plane hit the deck in an explosion of fire.
한 일본 **가미카제** 비행기가 폭염을 뿜으며 갑판에서 폭발했다.

캥거루 Kangaroo (아랫배에 아기주머니가 있는 호주산 초식성 동물)

☐ **kangaroo** [kæ̀ŋgərú:] ⓜ (pl. **-s**, [집합적] **-**) 〖동물〗 **캥거루** 《유대목 캥거루과 포유류 동물》 ☞ 호주 원주민어로 '난 모른다'는 뜻. 1770년 제임스 쿡이 원주민에게 "저 동물은 무엇이냐?"라고 묻자, 원주민이 "난 모른다(캥거루)"고 말한데서 유래.
♠ **Kangaroo** lives in groups and moves rapidly by leaping.
캥거루는 무리 지어 살며, 껑충껑충 뛰면서 재빨리 이동한다.

☐ **kangaroo** pocket 〖복식〗 **캥거루 포켓** 《옷의 진면 중앙에 다는 대형 포켓》
☞ pocket(포켓, 호주머니)

캔자스 Kansas (미국의 정중앙에 있는 주)

☐ **Kansas** [kǽnzəs] ⓜ **캔자스** 《미국 중부의 주; 주도 토피카(Topeka); 속칭 the Sunflower State; 생략: Kan. 또는 Kans.》 ☞ 아칸시족 언어로 '남풍의 국민'이란 뜻
♠ rural southeast **Kansas 캔자스** 남동부의 전원 지역

칸트 Kant (서양 근대철학을 종합한 독일 철학자)

☐ **Kant** [kænt] ⓜ **칸트** 《Immanuel ~, 독일의 철학자; 1724-1804》
★ **대표 저서 : 『순수이성비판』, 『판단력 비판』 등**
♠ the philosophical writings of **Kant 칸트**의 철학 관련 저술

☐ **Kant**ianism, **Kant**ism [kǽntiənìzm] ⓜ 칸트 철학 ☞ -ism(학설, 사상)

캐럿 karat (순금 함유도를 나타내는 단위)

☐ **karat** [kǽrət] ⓜ **캐럿** (《영》 carat) 《순금 함유도의 단위; 순금은 24 karats; 생략: k., kt.》 ☞ 딱딱하기로 유명한 지중해·인도의 '캐럽(carob)나무의 열매'에서 유래 ★ **보석** 200mg**의 질량이** 1 캐럿(karat)이며, 18/24의 금을 함유한 것이 18 karats임.
♠ This item is plated with **24K** gold.
이 물건은 (표면이) **24K**로 도금이 되어 있다.

카르스트 karst ([지질] 침식된 석회암 대지)

☐ **karst** [kɑ:rst] ⓜ 〖지리〗 **카르스트** 지형 《침식된 석회암 대지》
☞ 슬로베니아의 크라스(Kras)라는 지명에서 유래
★ doline, -na 〖지질〗 **돌리네** 《석회암 지역의 구덩이》
♠ the Postojna caves in Slovenia's **Karst region**
슬로베니아의 **카르스트 지역**에 있는 포스토이나 동굴

카트 cart (2륜 짐마차), 캐리어 carrier (화물운반기구)

♣ 어원 : car, char 탈 것, 달리다, 나르다, 흐르다

■ **car** [kaːr/카-] [명] **자동차** ☜ 라틴어로 '2개의 바퀴가 달린 켈트족의 전차'란 뜻

■ **car**t [kaːrt] [명] 2륜 **짐마차**(달구지), 손수레 ☜ 고대영어로 '2륜 짐마차, 마차, 전차'란 뜻

■ **car**rier [kǽriər] [명] **운반인**, 운송업자; **항공모함** ☜ -er(사람/장비)

□ **kart** [kaːrt] [명] **카트** 《경주용 소형 자동차》, 어린이용 놀이차, **고카트**(go-kart, go-cart)
☜ 상표명 Go Kart에서. kart란 '로마시대에 사용하던 전차'이다.
♠ She is crazy about **kart racing**. 그녀는 **카트레이싱**에 푹 빠져 있다.

□ **kart**ing [kάːrtiŋ] [명] **카팅** 《kart를 타고 하는 자동차 경주》 ☜ -ing<명접>

카트만두 Katmandu (네팔 왕국의 수도)

□ **Katmandu** [kὰːtmaːndúː] [명] **카트만두** 《Nepal의 수도. 히말라야 관광의 입구》
☜ 카트만두는 '카르만답'사원에서 유래했는데 이는 '나무 사원'이란 뜻
♠ Mt. Everest is located **in Katmandu, Nepal**.
에베레스트 산은 **네팔 카트만두에** 위치하고 있다.

카투사 KATUSA (주한 미육군에 파견근무하는 한국 군인)

□ **KATUSA, Katusa** [kətúsə] **K**orean **A**ugmentation **T**roops to **U**nited **S**tates **A**rmy **카투사**
[비교] '카투사'가 아닌 '카츄샤(카튜샤)'는 러시아 여자 이름으로 '예카테리나'의 애칭이다. 영어의 Catherine, Katharine(캐서린)에 해당하는데 이는 그리스어로 순수함을 뜻하는 '카타로스(katatos)'에 해당한다.
♠ **Katusas** are on a joint duty with U.S. soldiers.
카투사는 미군과 합동 근무를 한다.

✚ **Korea 대한민국** **aug**mentation 증가, 증대; 첨가물; 증가물 **troop** 대(隊), **떼, 무리**; 군대, **병력** **unite**d **하나가 된**, 결합된, 연합한 **st**ate **상태**; (S~) **국가**; **진술(성명)하다** **arm**y **군대, 육군**

K

카자흐스탄 Kazakhstan (중앙아시아 북부에 있는 공화국, 중앙아시아 최대 자원국)

□ **Kazakh**stan [kὰːzaːkstάːn] [명] **카자흐스탄** 공화국 《Republic of ~; 중앙아시아의 독립국가 연합 가맹국; 수도 아스타나(Astana)》 ☜ 투르크어로 '유목민(Cossack) + 페르시아어로 '땅, 국가(stan)'란 뜻
♠ **Kazakhstan** contains more than a hundred nationalities.
카자흐스탄에는 백 개가 넘는 민족이 있다.

케이비에스 KBS (한국방송공사)

□ **KBS** **K**orean **B**roadcasting **S**ystem 한국방송공사
♠ He's an announcer for **KBS TV station**.
그는 **KBS TV 방송국**의 아나운서이다.

✚ **Korean** 한국의; 한국인(어)의; 한국인 **broad**casting 방송, 방영 **System** 체계, 계통, 시스템

케이디아이 KDI (한국개발연구원)

□ **KDI** **K**orea **D**evelopment **I**nstitute 한국개발연구원 《국무총리 산하 경제사회연구회 소관 연구기관으로 국내외 경제사회 제 분야를 종합적으로 연구하는 정부출연 연구기관》

✚ **Korea 대한민국** de**velop**ment **발달**, 발전; 성장; **개발** in**stitute 세우다, 설립하다; 연구소; 대학**

케밥 Kebab (작게 썬 고기조각을 구워먹는 터키 전통요리)

□ **kebab, kebob** [kéibab, kəbɔ́b/ kəbάb] [명] (보통 pl.) **케밥** 《꼬챙이에 채소와 고기를 꿰어 구운 요리, 산적(散炙) 요리》
☜ 아랍어로 '구운 고기'란 뜻
[비교] kabob (인도의) 불고기; (보통 pl.) 동양의 산적요리
♠ **Kebab** is a tasty Turkish dish. **케밥**은 맛있는 터키 음식이다.

킬 보트 keel boat (배의 옆 흐름을 막기 위해 선저 용골의 일부분을 깊게 만든 소형배)

☐ **keel** [kiːl] [명] (배나 비행선의) **용골** [동] 전복되다(시키다), 쓰러지다
☜ 중세영어로 '배의 가장 낮은 곳에 쓰이는 중요한 목재'란 뜻
★ 용골(龍骨)이란 선체의 중심선을 따라 선수(船首)에서 선미(船尾)까지 연결된 골격 재료
♠ **The keel** hit the rock first. **용골**이 먼저 암초에 부딪쳤다.
♠ Several of them **keeled over** in the heat.
더위 속에서 그들 중 몇 명이 **쓰러졌다**.

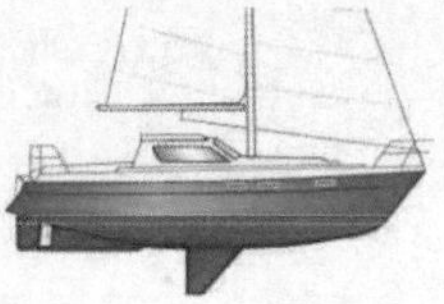

※ **boat** [bout/보우트] [명] **보트, 배** ☜ 고대영어로 '쪼갠 것'이라는 뜻.

[연상] 그 킹(king.왕)은 매우 킨(keen.예민)한 성격의 소유자였다.

※ **kind** [kaind/카인드] [명] **종류**; 본질, 본성, 성질 ☜ 고대영어로 '태생'이란 뜻
[형] **친절한** ☜ 고대영어로 '천성에 따라'란 뜻
☐ **keen** [kiːn] [형] **날카로운**, 예리한(=sharp); **예민한; 열심인**
☜ 중세영어로 '날카로운, 매서운'이란 뜻
♠ Bears **are keen of** scent. 곰은 후각**이 예민하다**.

골키퍼 goalkeeper ([축구 · 하키 · 핸드볼 등] 문지기)

♣ **어원 : keep 지키다, 유지하다, 보존하다; 보존, 유지**
※ **goal** [goul] [명] **골, 결승점**(선); **득점**; 골문, 골대; 목적지, **목표** ☜ 중세영어로 '경계'란 뜻
☐ **keep** [kiːp/킾] [동] (-/**kept/kept**) 보유하다, **보존하다; 지키다**, 따르다; 부양하다; 붙잡고(쥐고)있다; (어떤 위치 · 상태 · 관계에) 두다(있다); 관리(경영)하다; 기입하다; 계속하다; 견디다 ☜ 고대영어로 '쥐고 있다, 잡고 있다'는 뜻
♠ **keep a diary 일기를 (습관적으로) 쓰다**
♠ **keep a** (one's) **promise 약속을 지키다**
♠ **keep a watch on** (upon) **~ ~의 파수를 보다, 감시하다**
♠ **keep abreast with** (of) **~ ~와 병행하여 나아가다, (시대 조류 따위에) 뒤떨어지지 않도록 하다**(=keep up with)
♠ **keep** (stand) **aloof from ~ ~로부터 떨어져 있다, ~에 초연해 있다**
♠ **keep at ~ ~에게 귀찮게 졸라대다[불평하다]; 계속해서 하다; 한결같이 노력하다**
♠ **keep away** (from) **~ ~을 멀리하다, ~에 가까이 하지 않다**
♠ **keep back 억제하다, 억누르다, 만류하다**
♠ **keep down 억누르다, 진정하다**
♠ **keep (A) from (B) A가 B하는 것을 금하다, A를 B로부터 보호하다** (=prevent ~ from)
♠ **keep in mind 마음에 새기다, 기억하다**
♠ **keep in touch** [contact] **with ~ ~와 접촉[연락]을 유지하다**
♠ **keep off 막다, 가까이 못 오게 하다, 가까이하지 않다**
♠ **keep on 계속하다; (몸에) 걸친[입은, 쓴, 신은] 채로 있다**
♠ **keep one's promise** (word) **약속을 지키다**
♠ **keep oneself 자활하다, (어떤 상태로) 그대로 있다**
♠ **keep out ~ ~을 내쫓다, 안에 들이지 않다**
♠ **keep ~ out of ~을 안에 들이지 않다**
♠ **keep quiet** (silence) **침묵을 지키다, 조용히 하다**
♠ **keep to ~ ~을 굳게 지키다, ~을 고집하다**
♠ **keep ~ to oneself ~을 자기 혼자 간직하다**
♠ **keep under ~ ~을 억누르다, 무리하게 억제하다**
♠ **keep up 버티다, 유지하다; 계속하다**
♠ **keep up with ~ ~에 낙오하지 않다, 뒤떨어지지 않도록 하다**
☐ **keep**er [kíːpər] [명] **파수꾼**, 간수, 수위; (동물의) **사육자** ☜ -er(사람)
☐ **keep**ing [kíːpiŋ] [명] **지님; 부양; 맡음** ☜ -ing<명접>
☐ **keep**sake [kíːpsèik] [명] **기념품**, 유품 ☜ 보존(keep) 목적(sake)용
☐ **kept** [kept/켚트] [동] keep의 과거 · 과거분사 [형] 유지(손질)된; 금전상의 원조를 받고 있는
♠ **a kept mistress** (woman) **첩(妾)**

✚ gate**keep**er 문지기, 수위; **게이트키퍼**《정보의 유출을 통제하는 사람》 house**keep**er **주부, 가정부** store**keep**er《미》**가게 주인**(《영》 shopkeeper) up**keep 유지**(비), 보존

케말 아타튀르크 Kemal Atatürk (터키공화국 건국의 아버지, 초대 대통령이었던 케말 파샤, 평생 독신으로 삶)

☐ **Kemal Ataturk** [kəmál-ǽtətəːrk] [명] **케말 아타튀르크**《터키 공화국의 초대 대통령(1923-38); 케말

파샤(Kemal Pasha)라고도 함; 1881-1938》 ☜ 아타튀르크(Atatürk)란 '터키의 아버지'란 뜻
♠ **Mustafa Kemal Ataturk** founded modern Turkey after the collapse of the Ottoman Empire.
무스타파 케말 아타튀르크는 오스만 제국의 붕괴 이후 근대 터키를 세웠다.

케네디 Kennedy (미국의 35대 대통령, Dallas에서 암살됨)

< 피격직전의 케네디대통령 >

미국의 제35대 대통령. 구소련과의 대결에서 쿠바미사일 배치 위기를 극복하고, 부분적인 핵실험 금지조약을 체결하였으며, 중남미 여러나라와 '진보를 위한 동맹'을 결성하였고, 평화봉사단을 창설하기도 하였다. 1963년 유세지인 텍사스주 댈러스에서 자동차로 퍼레이드 도중 암살자의 총탄에 맞아 사망하였다.

☐ **Kennedy** [kénədi] ⓜ **케네디** 《John Fitzgerald ~, 미국의 제35대 대통령; 1917-63》
♠ **John Fitzgerald Kennedy** is often known by JFK.
존 피츠제럴드 케네디는 흔히 JFK로 알려져 있다.

☐ **Kennedy** International Airport 케네디 국제공항 《뉴욕 롱아일랜드에 있는 국제공항; 속칭 JKF》
♠ That flight is Asiana 828, departing **JFK** at 8:15.
그 항공편은 아시아나 828편으로 8시 15분에 **JFK 공항**을 출발한다.

연상 캔터키(Kentucky)주는 켄(ken.시야)이 좋다(?)

☐ **Ken**tucky [kəntʌ́ki] ⓜ **켄터키** 《미국 남부의 주; 생략: Ky., Ken.》
☜ 인디언어로 '어두운 피가 고인 토지'라는 뜻

☐ **ken** [ken] ⓜ **시야**, 시계; 지식의 범위 ⓓ 알다, 인정하다
☜ 고대영어로 '인정하다; 알다'란 뜻
♠ **beyond** (outside, out of) **one's ken 시야밖에**

켄넬 클럽 kennel club (애견가 클럽)

THE KENNEL CLUB

☐ **kennel** [kénəl] ⓜ **개집**; (보통 pl.) 개의 사육 (훈련)장
☜ 라틴어로 '개'라는 뜻
♠ We put the dog **in kennels** when we go away.
우리가 어디 갈 때는 **개를 돌봐 주는 곳**에 맡긴다.

※ **club** [klʌb/클럽] ⓜ **곤봉**; 타봉(打棒); (사교 따위의) **클럽**, 동호회; **나이트 클럽**, 카바레 ⓓ 곤봉으로 치다, 때리다 ☜ 고대 노르드어로 '몽둥이', 중세영어로 '무리지어 모이다'

켄트 Kent (영국 남동부의 주)

☐ **Kent** [kent] ⓜ **켄트** 《잉글랜드 남동부의 주; 주도 Maidstone》; 고대 Kent 왕국; **켄트** 《미국산 담배; 상표명》 ☜ 고대영국 켈트어로 '구석진 지역, 가장자리 땅' 또는 '주인(군대)의 땅'이란 뜻

☐ **Kent**ish [kéntiʃ] ⓗ Kent주(사람)의 ☜ -ish<형접>

☐ **Kentucky**(미국의 켄터키 주) ➔ **ken**(시야) **참조**

케냐 Kenya (동아프리카의 공화국)

☐ **Kenya** [kénjə, kíːn-] ⓜ **케냐** 《동아프리카의 공화국; 수도 나이로비(Nairobi)》
☜ 캄바어로 '타조(Kiinyaa)의 산'이란 뜻
♠ In fact, the number three Arabica producer is **Kenya**.
사실 아라비카 커피의 3번째 생산국은 **케냐**이다.

케플러 망원경 Kepler telescope (독일 천문학자 케플러이름을 딴 우주망원경)

☐ **Kepler** [képlər] ⓜ **케플러** 《Johann ~, 독일의 천문학자(1571-1630); 행성 운동에 관한 Kepler's law를 발견》

☐ **Kepler** telescope 케플러 우주망원경

피치커넬 오일 peach kernel oil (복숭아씨로 만든 오일)

※ **peach** [piːtʃ] ⓜ 『식물』 **복숭아**, 복숭아나무(~ tree) ☜ 라틴어로 '페르시아의 사과'란 뜻

☐ **kernel** [kə́ːrnəl] ⓜ (과실의) **씨**, 인(仁), 심(心); (쌀·보리 따위의) **작은 낟알**; (문제 따위의) 요점, 핵심, 가장 중요한 부분 ☜ 작은(el) 낟알(kern=corn)

♠ **the kernel** of a matter 〔question〕 사건〔문제〕의 **핵심**

※ **oil** [ɔil/오일] ⓜ **기름**; 석유; 올리브유; 유화물감 ⓢ ~에 기름을 바르다
☜ 중세영어로 '올리브 오일'이란 뜻

케로신 Kerosene (등유)

☐ **keros**ene, -sine [kérəsìːn] ⓜ **등유**, 등불용 석유
☜ 그리스어로 '밀랍(keros)'이란 뜻
★ **미국에서는** coal oil, **영국에서는** paraffin oil**이라고도 함**
♠ a **kerosene** stove **등유** 난로

케찹 < 케첩 ketchup (토마토 액기스와 향신료를 가공하여 만든 소스)

☐ **ketchup** [kétʃəp] ⓜ (토마토 따위의) **케첩**(=catchup, catsup)
☜ 중국 푸젠성 아모이어로 '생선의 젓국'이란 뜻
♠ in the ketchup 《속어》 적자인, 적자운영 하는

케틀벨 kettle bell ([체육] 쇠로 만든 공에 손잡이가 달린 운동기구)
케틀드럼 kettledrum ([악기] 반구형의 큰 북)

☐ **kettle** [kétl] ⓜ **주전자**, 솥 **비교** cattle [kǽtl] 소
☜ 고대 북유럽어로 '금속제 솥'이란 뜻
♠ **The pot calls the kettle black. 《속담》 냄비가 솥 보고 검다고 한다. 똥 묻은 개가 겨 묻은 개를 나무란다.**

☐ **kettle** bell **케틀벨** 《쇠로 만든 공에 손잡이가 달린 근력강화기구》
☜ bell(종, 벨, 종모양의 것)
♠ She works out with **kettle bells** every day for 20 minutes.
그녀는 **케틀 벨**을 가지고 매일 20분씩 운동한다.

< Kettle Bell >

☐ **kettle**drum [kétldrʌ̀m] ⓜ 〖음악〗 **케틀드럼** 《솥 모양의 큰 북》 ☜ drum(북, 드럼)

케블라 Kevlar (미국 듀폰사가 개발한 고강력 합성섬유)

☐ **Kevlar** [kévlaːr] ⓜ **케블라** 《강한 합성섬유; 타이어코드·벨트·방탄복 등에 쓰임; 상표명》 ☜ 듀폰사의 상품이름으로 어원 확인 불가
♠ I have an extra **kevlar helmet**.
내겐 여분의 **케블라 헬멧**이 있다.

■ **KFRP** **K**evlar **F**iber **R**einforced **P**lastics 케블라 섬유강화 플라스틱

< 케블라 방탄복 >

키 key (열쇠; 문제해결의 실마리)

☐ **key** [kiː/키] ⓜ (pl. **-s**) **열쇠**; (문제·사건 등의) 해답; **해결의 열쇠**〔실마리〕(=clue); (컴퓨터 키보드·피아노 건반 등의) **키** ☜ 중세영어로 '자물쇠를 여는 도구'란 뜻
♠ **turn the key** on a prisoner 죄수를 옥에 가두고 **문에 쇠를 채우다**.

☐ **key**board [kíːbɔ̀ːrd] ⓜ **건반, 키보드** ⓢ (컴퓨터 등의) 키를 치다 ☜ board(판, 판자)
♠ **a keyboard instrument 건반악기**

☐ **key**hole [kíːhòul] ⓜ 열쇠 구멍 ☜ hole(구멍)

☐ **key** industry 기간 산업 ☜ industry(공업, 산업)

☐ **key**man [kíːmæ̀n] ⓜ (pl. **-men**) (기업의) 중심 인물, **키맨** ☜ man(남자, 사람)

☐ **key**note [kíːnòut] ⓜ 〖음악〗 으뜸음, 바탕음, **주음**(主音) ☜ note(음조, 어조) < Kettle Bell >

☐ **key**pad [kíːpæ̀d] ⓜ 〖컴퓨터〗 **키패드** 《컴퓨터나 TV의 부속 장치로서 손 위에 놓고 수동으로 정보를 입력하거나 채널을 선택하는 작은 상자 꼴의 것》 ☜ key + pad(받침)

☐ **key**phone [kíːfòun] ⓜ **키폰**, 버튼식(式) 전화기(=push-button telephone)
☜ key + phone(전화기)

☐ **key** point 착안점 ☜ point(점, 점수; 뾰족한 끝)

☐ **key** punch (컴퓨터 카드의) 천공기(穿孔機), **키펀치** ☜ punch(구멍 뚫는 기구)

☐ **key**punch [kíːpʌ̀ntʃ] ⓢ (카드)에 키펀치로 구멍을 내다. ☜ punch(구멍 뚫는 기구)

☐ **key**smith [kíːsmìθ] ⓜ 열쇠 제조〔수리〕업자; 열쇠 복제 기능공 ☜ smith(대장장이, 금속세공인)

☐ **key** station 〖라디오·TV〗 **키스테이션**, 본국(本局) 《네트워크 프로를 보내는 중앙국》
☜ station(역; 소(所), 서(署), 국(局), 부(部))

☐ **key**stone [kíːstòun] ⓜ (아치의 꼭대기에 있는) 홍예머리; 요지; 근본 원리
☜ key + stone(돌, 바위, 석재)

☐ **key** word **키워드**, (문장·암호문 뜻풀이의) 열쇠〔단서〕가 되는 낱말; 주요 단어

☜ 핵심(key) 낱말/단어(word)

■ high-**key** [háikíː] ⓗ 『사진』 (화면 · 피사체가) 밝고 평조(平調)의 ☜ high(높은)

■ low-**key** [lóukíː], -**key**ed ⓗ 삼가는 투의, 감정을 겉에 드러내지 않은, 저자세의 ☜ low(낮은)

케인즈, 케인스 Keynes (영국의 경제학자)

영국의 경제학자. 그의 저서인 『고용, 이자 및 화폐의 일반이론』에서 완전고용을 실현, 유지하기 위해서는 자유방임주의가 아닌 정부의 보완책(공공지출)이 필요하다고 주장하였다. 이 이론에 입각한 사상의 개혁을 케인스 혁명이라고 한다. <출처 : 두산백과 / 요약인용>

□ **Keynes** [keinz] ⓜ **케인스** 《John Maynard ~ 1st Baron, 영국의 경제학자; 1883-1946》

□ **Keynes**ian [kéinziən] ⓗ 케인스의; 케인스 학설의 ⓜ 케인스 학파의 사람 ☜ -ian(~의/~사람)

♠ **Keynesian** economics **케인스** 경제학

카키색 khaki (군복색)

□ **khaki** [kάːki, kǽki] ⓗ 카키색의, 황갈색의 ⓜ **카키색** (옷감); 카키색 군복〔제복〕

☜ 인도 우르두어로 '먼지가 많은'. 페르시아어로 '먼지'란 뜻

♠ **get into khaki. 육군에 입대하다.**

□ **khaki** election 카키선거 《비상시를 이용하여 치르는 정략 선거》 ☜ 영국에서 1902년 보어전쟁 중과 1918년 제1차 대전 후에 시행했던 의원선거에서 유래

크메르 루즈 Khmer Rouge (캄보디아의 공산혁명세력)

□ **Khmer** [kəmέər] ⓜ **크메르**인〔족〕; **크메르**어 《캄보디아의 공용어》 ⓗ **크메르**인〔족〕의, **크메르**어의

☜ 캄보디아의 주요 민족인 Khmer족 이름에서

□ **Khmer** Rouge [kəmέərrúːʒ] **크메르 루즈** 《캄보디아 내의 공산계 게릴라의 일파》 ☜ 붉은(rouge) 크메르(Khmer)

■ **Killing Fields** 대량학살현장, 인간도살장; **킬링필드** 《캄보디아에서 1975~79년 4년 동안 폴 포트의 급진 공산주의 정권 크메르루즈가 양민 200만 명을 학살한 20세기 최악의 사건 중 하나》

☜ 죽이는(killing) 현장<벌판(field) 들(-s)

★ 1985년 영국에서 이를 소재로 한 영화 <킬링필드>가 제작되기도 했다.

♠ The **Killing Fields** is well known movie about genocidal tragedy in Cambodia. **킬링필드**는 캄보디아 집단학살의 비극에 대해 잘 알려진 영화이다.

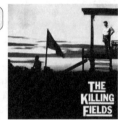

< 영화, 킬링필드 >
© Warner Bros.

호메이니 Khomeini (이란혁명의 최고지도자인 이슬람교 시아파 지도자)

□ **Khomeini** [kouméini, hou-] ⓜ **호메이니** 《Ayatollah Ruhollah Mussaui ~, 이란 이슬람 공화국 최고지도자; 1900-89》

♠ **Khomeini** did not have the means to mount a revolution. 호메이니는 혁명을 일으킬 수단을 갖고 있지 않았다.

흐루시초프 Khrushchev (스탈린 비판을 제기했던 구 소련의 공산당 서기장)

□ **Khrushchev** [krúːʃtʃef, krúːʃtʃɔːf] ⓜ **흐루시초프** 《Nikita (Sergeevich) ~, 옛 소련의 수상; 1894-1971》

♠ **Khrushchev** agreed to remove the missiles. **흐루시초프**는 미사일을 제거하기로 동의했다.

킥복싱 kick boxing (발차기가 허용되는 태국 복싱)

□ **kick** [kik/킥] ⓢ **차다**, 걷어차다 ⓜ **차기**, 걷어차기

☜ 중세영어로 '발로 가하는 일격'이란 뜻

♠ **kick** a ball 공을 **차다**

□ **kick** boxing **킥복싱** 《태국 특유의 권투. 현재는 태국식(式) 복싱에서 위험한 기술을 많이 제한하여 일본식으로 규칙을 바꾼 격투기를 뜻함》

☜ 복싱(boxing) ⇦ 박스(box)내에서 하는 것(ing)

□ **kick**er [kíkər] ⓜ 차는 사람; 차는 것 ☜ kick + er(사람)

□ **kick**off [kíkɔ̀f] ⓜ 『축구』 **킥오프**; 《구어》 시작, 개시; 첫단계, 발단

☜ (상대편이 공에서) 떨어지게 하고(off) (자유롭게 놓고) 차다(kick)

♠ the election **kickoff** 선거유세의 **첫 시작**

□ **kick**out [kíkàut] ⓜ 『축구』 **킥아웃**; 《미.속어》 해고, (군(軍)에서의) 추방

☜ 밖으로(out) 걷어차다(kick)

☐ **kick** turn　〖스키〗 **킥턴** 《정지했다가 행하는 180˚의 방향 전환법》; 〖스케이트 보드〗 **킥턴** 《전륜(前輪)을 치켜 올리고 방향을 바꾸기》 ☜ turn(방향을 바꾸다<회전하다)

☐ **kick**y　[kíki] 형 (말 따위가) 차는 버릇이 있는; 멋진, 재미있는 ☜ -y<형접>

김연아 키즈(kids.아이들) (제2의 김연아가 되고 싶어하는 어린이들)
키덜트 kidult (어린이의 감성을 가진 어른. <kids + adult(성인)>의 합성어)

※ **Yuna Kim**　김연아 《전(前) 대한민국 국가대표 피겨스케이팅 선수, 밴쿠버 동계올림픽 금메달리스트. 세계 피겨스케이팅 챔피언십 여자 싱글 다수 우승: 1990~》

☐ **kid**　[kid/키드] 명 **새끼염소**; 《구어》 **아이**(=child) ☜ 고대 노르드어로 '어린 양'이란 뜻
♠ I have **three kids**. 나는 **아이가 셋** 있다.

☐ **kid** brother　《미.구어》 남동생 ☜ brother(남자 형제)

☐ **kid**nap　[kídnæ̀p] 동 (아이를) 채가다; 꾀어내다, **유괴하다** ☜ 아이(kid)를 채가다(nap)

☐ **kid**nap(p)ing　[kídnæ̀piŋ] 명 유괴 ☜ kidnap + p<자음반복> + ing<명접>

☐ **kid** sister　《미.구어》 여동생 ☜ sister(여자형제)

☐ **kid** 〔**kids**'〕 stuff 《구어》 어린애 같은 짓; 아주 간단한〔쉬운〕 일 ☜ stuff(재료; 요소; 일)

☐ **kid**ult　[kídʌlt] 명 **키덜트** 《어린이 같은 취미를 가진 성인》; 〖TV〗 어린이·어른을 위한 연속 모험 영화 ☜ **kid**(어린이) + ad**ult**(성인)의 합성어

연상 ▸ 호주 시드니(Sydney) 사람들은 키드니(kidney.신장)가 좋다?

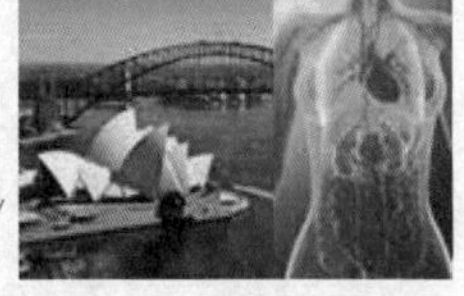

※ **Sydney**　[sídni] 명 **시드니** 《오스트레일리아〔호주〕 최대의 도시. 남동부의 항구도시》 ☜ 1788년 영국 정부 내무장관이었던 시드니 자작(Viscount Sydney)의 이름을 딴 시드니 코브(Sydney Cove/시드니 만(灣))를 시드니(Sydney)로 줄여 부른데서 유래.

☐ **kidney**　[kídni] 명 〖해부학〗 **신장**(腎臟); 양·소 따위의 콩팥《식용》; 《문어》 성질, 기질 ☜ 고대영어로 '콩팥, 신장'이란 뜻
♠ a **kidney** infection **신장**염
♠ a man of **that kidney 그런 기질**의 사람

☐ **kidney** machine 인공 신장 ☜ machine(기계)

☐ **kidney** stone　신장 결석 ☜ stone(돌)

☐ **kidney** transplant 신장 이식 ☜ trans(옮겨) plant(심다)

케에르케고르 Kierkegaard (덴마크 종교철학자·사상가·기독교 실존주의자)

☐ **Kierkegaard**　[kíərkəgὰːrd] 명 **키르케고르** 《Sören Aabye ~, 덴마크의 신학자·철학자·사상가; 1813-55》 ★ **대표 저서 : 『이것이냐 저것이냐』, 『철학적 단편』 등 다수**
♠ He surprised me with his **intimate knowledge of Kierkegaard**.
그는 **키에르케고르에 대한 깊은 지식**으로 나를 놀라게 했다.

킬리만자로 Kilimanjaro (탄자니아에 있는 아프리카 최고봉)

☐ **Kilimanjaro**　[kìləməndʒάːrou] 명 **킬리만자로** 《Tanzania에 있는 5,895m의 아프리카 최고봉이자 휴화산》 ☜ 스와힐리어로 '빛나는 산'이란 뜻
♠ **Kilimanjaro** is the highest mountain in Africa.
킬리만자로는 아프리카에서 가장 높은 산이다.

에프 킬라 F-Killer (한국존슨의 파리, 모기 살충제 상표 이름)

※ **fly**　[flai/플라이] 동 (-/**flew/flown**) (새·비행기 따위가) **날다,** 날리다, **비행하다; 도망치다** 명 나는 곤충, **파리**; 날기, **비행** ☜ 고대영어 fleoge(날아다니는 곤충)에서.
★ <에프 킬라>의 F는 fly의 곤충을 의미.

☐ **kill**　[kil/킬] 동 **죽이다**, 살해하다 ☜ 중세영어로 '강한 타격'이란 뜻
♠ He **was killed in** a traffic accident. 그는 교통사고**로 죽었다**.
♠ **Killing two birds with one stone. 《속담》 일석이조(一石二鳥)**
♠ **kill time (빈둥거리며) 시간을 보내다**

☐ **kill**er　[kílər] 명 **죽이는 것[사람]**; 살인자〔마〕, 살인 청부업자, **킬러**; 살인귀 ☜ kill + er(사람/물건)

☐ **kill**ing　[kíliŋ] 형 **죽이는**, 치사(致死)의(fatal); 죽을 지경의 명 살해, 도살 ☜ kill + ing<형접/명접>

☐ **kill**-time　[kíltàim] 형 심심풀이의 ☜ 시간(time)을 죽이는(kill)

■ **quell** [kwel] ⓢ (반란 등을) **진압하다**, 평정하다; (공포 등을) **억누르다**, 가라앉히다
☜ 고대영어로 '죽이다'란 뜻. kill과 발음 및 의미 유사

킬로그램 kg = kilogram (1,000g), 킬로미터 km (1,000m)

□ **kilo-** [kílou, -lə] ⓒ '1,000(千)'의 뜻의 결합사 ☜ 그리스어 chilioi(1,000)에서 유래.
□ **kilo**gram, 《영》 -gramme [kíləgræ̀m] ⓜ **킬로그램** 《1,000g, 약 266.6돈쭝; 생략: kg》
☜ kilo(1,000) 그램(gram)
□ **kilo**hertz [kíləhəːrts] ⓜ **킬로헤르츠** 《주파수의 단위; 생략: kHz》 ☜ kilo(1,000) 헤르쯔(herz)
□ **kilo**liter, 《영》 -tre [kíləlìːtər] ⓜ **킬로리터** 《1,000리터; 생략: kl》 ☜ kilo(1,000) 리터(liter)
□ **kilo**meter, 《영》 -tre [kilάmitər, kíləmìːtər/kilɔ́-] ⓜ **킬로미터** 《1,000m; 생략: km》
☜ kilo(1,000) 미터(meter)
♠ The national border between the US and Canada is more than 4,000 **kilometers** long. 미국과 캐나다의 국경은 4천 **킬로미터**가 넘는다
□ **kilo**watt [kíləwὰt/-wɔ̀t] ⓜ 【전기】 **킬로와트** 《전력의 단위; 1,000와트; 생략: kW》
☜ kilo(1,000) 와트(watt)

킬트 kilt (스코틀랜드 고지 지방에서 입는 남자의 짧은 스커트)

□ **kilt** [kilt] ⓜ **킬트** 《스코틀랜드 고지 지방에서 입는 남자의 짧은 스커트》; (the ~) 스코틀랜드 고지 사람의 의상 ⓢ (자락을) 걷어 올리다; ~에 세로 주름을 잡다
☜ 중세영어로 '끝을 접어 올리다'란 뜻
♠ **The kilt** is a skirt worn by Scottish men. **킬트**는 스코틀랜드의 남자들이 입는 치마이다.

K

김치 kimchi (한국의 김치)

□ **kimchi, kimchee** [kímtʃiː] ⓜ 김치 ☜ 김치는 순수 우리말로 생각하기 쉽지만 한자의 '침채(沈菜)'가 세월 따라 변해서 생긴 단어임. 침채(沈菜)란 '채소를 소금물에 담가 우린 것'이란 뜻.

□ **kin**(친족, 혈통) ➔ **kindred**(친척, 혈연) **참조**

킨더 초콜렛 kinder chocolate (어린이 간식용 초콜렛)

킨더 초콜릿(Kinder Chocolate)은 이탈리아의 페레로에서 만든 초콜릿이다. 부드러운 우유맛이 강한 밀크초콜릿이다. 킨더(kinder)는 독일어로 '아이들'이란 뜻이다. <출처 : 위키백과 >

□ **kinder**garten [kíndərgὰːrtn] ⓜ 《독》 **유치원**, 유아원
☜ 어린이들(《독》kinder=《영》children)의 정원(《독》garten=《영》garden)
♠ As a English tutor, I read with **the kindergarten children**. 영어 가정교사로서 나는 **유치원 아이들**의 학습을 돕는다.
※ **chocolate** [tʃɔ́ːkəlit/**초**-컬릿, tʃάk-/tʃɔ́k-] ⓜ **초콜릿**; (pl.) 초콜릿 과자; 초콜릿 음료
☜ 멕시코 아즈텍어로 '카카오콩'이란 뜻. 카카오콩은 초콜릿의 원재료
★ 16세기 초 멕시코를 탐험한 에르난 코르테스(Hernán Cortés)가 스페인의 귀족층에 초콜릿을 소개함으로써 17세기 중반 유럽 전역으로 퍼졌다.

킨들 kindle (미국 전자회사 <아마존>의 전자책 단말기 · 전자책 서점)

♣ 어원 : **cand(id), cend, chand, kind 흰, 빛, 빛나다, 불타다**

□ **kindle** [kíndl] ⓢ **불붙이다**, 태우다; **불붙다**
☜ 고대 노르드어로 '불태우다'란 뜻.
♠ **kindle a fire** with a match 성냥으로 **모닥불을 피우다**.
■ en**kindle** [enkíndl] ⓢ 불붙이다; (정열을) 타오르게 하다; (전쟁을) 일으키다 ☜ 안에(en=in) 불붙이다(kindle)
■ **cand**le [kǽndl] ⓜ **(양)초**, 양초 비슷한 것; 촉광
☜ 초기 인도유럽어로 '빛나는(cand) 것(le)'이란 뜻
■ **chand**elier [ʃæ̀ndəlíər] ⓜ **샹들리에** 《장식을 호화롭게 한 집합등》
☜ 중세영어로 '촛대'란 뜻.

라이언 킹 The Lion King (미국 만화영화. <사자왕>이란 뜻)

1994년 제작된 미국 애니메이션 영화. 어린 사자 심바는 아버지 무파사가 죽은 후 사악한 숙부 스카에 의해 추방된다. 스스로 자신을 지켜야만 하는 심바는 품바와 티몬이라는 괴상한 캐릭터들과 친구가 되고 암사자 날라를 사랑하게 되고, 마침내 돌아가 자랑스러운 우두머리로서 자신의 자리를 되찾는다. 아카데미 주제곡, 주제가 상 수상. <출처 : 죽기 전에 꼭 봐야 할 영화 1001편 / 요약인용>

♣ **어원 : kin, kind 종족, 친족; 태생, 천성**

※ **lion** [láiən/**라**이언] ⓜ (pl. **-s, -**) **사자** ☜ 고대영어로 '사자'란 뜻

□ **kin** [kin] ⓜ [집합적] **친족**, 친척, 일가(=relatives); **혈통** ⓗ 동족인 ☜ 고대영어로 '가족, 종족'이란 뜻
♠ **near of kin 근친인**
♠ **be (of) kin to ~ ~의 친척이다; ~와 동류이다**

■ a**kin** [əkín] ⓗ **혈족의, 동족의** ☜ 친족(kin) 쪽으로(a<ad=to)

□ **kind** [kaind/카인드] ⓜ **종류**; 본질, 본성, 성질 ☜ 고대영어로 '태생'이란 뜻
ⓗ **친절한** ☜ 고대영어로 '천성에 따라'란 뜻
♠ **kind of ~ 《미.구어》 약간, 그저, 어느 정도**
♠ **a kinds of ~ 일종의 ~; 마치 ~같은 것; 하찮은**
♠ **all kinds of ~ 온갖 종류의 ~**
♠ Give my **kind** 〔best〕 **regards** to your mother. 당신의 어머니에게 **안부** 전해 주세요.

© Walt Disney Pictures

■ un**kind** [ʌnkáind] ⓗ **불친절한**, 몰인정한 ☜ 천성(kind)에 반하는(un=not)

□ **kind**less [káindlis] ⓗ (사람이) 불쾌한, 마음에 안 드는 ☜ 천성(kind)이 없는(less)

□ **kind**lily [káindlili] ⓟ 친절하게, 다정하게, 상냥하게 ☜ kindly<y→i> + ly<부접>)

□ **kind**liness [káindlinis] ⓜ **친절**, 온정; 친절한 행위 ☜ kindly<y→i> + ness<명접>

□ **kind**ly [káindli/**카**인들리] ⓗ (-<-l**ier**<-l**iest**) **상냥한; 온화한** ⓟ **친절하게; 부디** ☜ 친절(kind) 하게(ly<부접>)
♠ Would you **kindly** shut the door? (**부디**) 문 좀 닫아 **주시겠습니까** ?

□ **kind**ness [káindnis] ⓜ **친절, 친절한 행위** ☜ kind + ness<명접>

□ **kin**dred [kíndrid] ⓜ [집합적] 친족, **친척; 혈연**, **일족** ☜ 친족(kin) 상태(dred)

□ **kin**g [kiŋ/킹] ⓜ **왕**, 국왕, 군주; (K-) 신 ☜ 종족(kin)을 대표하는 자(g)
★ 2018년을 뜨겁게 달군 드루킹 댓글조작사건이 있었는데, 드루킹이란 드루이드(Druid) + 킹(King)이란 의미로 추측된다. Druid는 고대 켈트(현재의 영국·프랑스) 지역에서 신(神)의 의사를 전하는 점술·마법사를 말하며, 킹(king)은 말 그대로 왕(王)이다.
♠ **King Arthur 아더왕** 《6세기경의 전설적인 영국왕》

□ **kin**gcraft [kíŋkræft/-krɑ̀ːft] ⓜ (왕으로서의) 치국책(治國策), 통치 수완; 왕도 ☜ 왕(king)의 통치 기술(craft)

□ **kin**gdom [kíŋdəm/**킹**덤] ⓜ **왕국**, 왕토 ☜ 종족(kin)을 대표하는 자(g)의 국가/영토(dom)
♠ **the kingdom** of Heaven 하느님 **나라**, 천국

□ **kin**gly [kíŋli] ⓗ (-<-li**er**<-li**est**) **왕의**, 왕자의; **왕다운** ☜ -ly<부접>

□ **kin**sfolk [kínzfòuk] ⓜ (pl.) 친척, 일가 ☜ folk(사람들, 가족; 국민, 민족)

□ **kin**ship [kínʃip] ⓜ **혈연관계**, 친척임; 유사(類似) ☜ 친족(kin) 상태(ship)

□ **kin**sman [kínzmən] ⓜ (pl. **-men**) **혈족의 사람**, 혈연자; 혈족〔친척〕의 남자 ☜ 친족(kin)의(s) 남자(man)

킨제이 보고서 Kinsey Reports (베스트셀러가 된 미국인의 성(性)생활에 대한 연구서)

□ **Kinsey** [kínzi] ⓜ **킨제이** 《Alfred Charles ~, 미국의 동물학자; 1948년과 1951년에 각각 남·여의 성(性)행동에 관한 연구 보고를 발표; 1894-1956》
♠ **Kinsey** was a taxonomist, and approached human sexuality in a similar way. **킨제이**는 분류학자이며 비슷한 방법으로 인간 성생활에 접근했다.

※ **report** [ripɔ́ːrt/뤼포-트] ⓢ (연구·조사 등을) **보고하다** ⓜ **보고(서)**; 공보; **보도**, 기사; (학교의) 성적표 ☜ 라틴어로 '뒤로(re) 나르다(port)'란 뜻

□ **kinsfolk**(친척, 일가), **kinship**(혈연관계), **kinsman**(동족인 사람) ➔ **kindred**(친척, 혈연) **참조**

코엑스 COEX (한국종합무역센터에 있는 종합전시관 / 서울시 소재)
킨텍스 KINTEX (한국국제전시장 / 고양시 소재)

■ **COEX** **CO**nvention and **EX**hibition center 국제회의 및 전시 센터

□ **KINTEX** **K**orea **INT**ernational **EX**hibition center 한국국제전시장

K

키스 kiss (입맞춤)

☐ **kiss** [kis/키스] ⓜ **키스**, 입맞춤 ⓢ 입맞추다, **키스하다** ☜ 고대영어로 '키스, 포옹'이란 뜻
♠ **kiss** one's love 연인에게 **키스하다**
☐ **kiss**able [kísəbl] ⓗ 키스하고 싶어지는 《입·입술》 ☜ -able<형접>
☐ **kiss** ass 《비어》 아첨(꾼) ☜ 엉덩이(ass)에 하는 키스(kiss)
☐ **kiss**-ass [kísəǽs] ⓗ 《비어》 아첨하는, 빌붙는
☐ **kiss**er [kísər] ⓜ 키스하는 사람; 《속어》 얼굴; 입; 입술 ☜ kiss + er(사람)
☐ **kiss**ing [kísiŋ] ⓗⓜ 키스하는(하기) ☜ kiss + ing<형접/명접>

장난감 키트(kit.조립용품 세트)

☐ **kit** [kit] ⓜ **연장통**(주머니); 도구 한 벌; **(조립) 재료**(부품) ⓢ ~에 장비를(복장을) 달다
☜ 중세 네덜란드어로 '테가 있는 둥근 나무통'이란 뜻
♠ **a first-aid kit 구급 상자**

키친 타올 kitchen towel (부엌용 종이수건) * towel 수건, 타월

☐ **kitchen** [kítʃən/키천] ⓜ **부엌**, 조리장, 취사장 ☜ 라틴어로 '요리하다'의 뜻
♠ The man is cooking **in a kitchen**. 남자가 **부엌에서** 요리를 하고 있다.
☐ **kitchen** cabinet 부엌 찬장; (대통령 등의) 사설 정치 고문단, 브레인 ☜ cabinet(진열장)
★ <키친 캐비넷>은 대통령의 식사에 초대받아 격의 없이 대화를 나누는 지인들로 사적 이해나 정치 관계와 무관하게 여론을 전달하는 비공식 통로 역할을 한다. 따라서 행정부의 내각과는 구분된다.
☐ **kitchen**et(te) [kìtʃənét] ⓜ 간이 부엌, 작은 주방 ☜ 작은(et) 부엌(kitchen)
☐ **kitchen** garden 채소밭 ☜ garden(정원, 뜰, 마당)
☐ **kitchen** knife 부엌칼 ☜ knife(칼)
☐ **kitchen**maid [kítʃənmèid] ⓜ 식모; (요리사 밑에서 일하는) 가정부 ☜ maid(소녀, 하녀)
☐ **kitchen** stuff 요리의 재료 《특히 야채》; 부엌 찌꺼기 ☜ stuff(재료, 물건, 음식물; 잡동사니)
☐ **kitchen**ware [kítʃənwèr] ⓜ 부엌 세간 ☜ kitchen + ware(상품, 제품)

K

카이트 서핑 kite surfing (서핑과 패러글라이딩을 접목한 레저스포츠)

☐ **kite** [kait] ⓜ **연**; 『조류』 **솔개** ☜ 고대영어로 '연'이란 뜻
♠ fly (send up) **a kite 연**을 날리다
♠ **A kite** is flying in a circle. **솔개**가 원을 그리며 날고 있다
※ **surf** [səːrf] ⓜ (해안에) **밀려드는 파도**, 밀려 와서 부서지는 파도
ⓢ 서핑을(파도타기를) 하다; 『컴퓨터』 검색하다
☜ 중세인도어로 '몰아치는 소리'
※ **surf**ing [sə́ːrfiŋ] ⓜ **서핑**, 파도타기; 『컴퓨터』 **서핑** 《웹 브라우저를 사용하여 인터넷을 탐색하는 것》 ☜ 파도 타(suf) 기(ing<명접>)

헬로 키티 Hello kitty (일본에서 개발한 가장 비싼 캐릭터)

Hello Kitty

※ **hello** [helóu/헬로우, hə-, hélou] ⓚ **여보게, 이봐**; 어이구; 『전화』 여보세요. ☜ hallo(여보세요)의 변형
☐ **kit**ty [kíti] ⓜ **새끼고양이**(=kitten); 《소아어》 야옹, 고양이 ☜ -ty<명접>
♠ a cute little **kitty** 작고 귀여운 **새끼고양이**
☐ **kit** [kit] ⓜ 새끼고양이 ☜ **kit**ten의 줄임말
☐ **kit**ten [kítn] ⓜ **새끼고양이**; (널리 작은 동물의) 새끼; 《영국》 말괄량이 ⓢ (고양이가 새끼를) 낳다 ☜ kit + t<자음반복> + en(작은 것<명접>)
♠ a little fluffy **kitten** 솜털이 보송보송한 작은 **새끼 고양이**
■ **cat** [kæt/캣] ⓜ **고양이** **비교** kitty, kitten 새끼고양이 ☜ 고대영어로 '집고양이'란 뜻

키위 kiwi (❶ 뉴질랜드산 날지못하는 새 ❷ 다래과 덩굴성 낙엽과수)

☐ **kiwi** [kíːwiː] ⓜ 『조류』 **키위**, 무익조(無翼鳥)(=apteryx); 《구어》 (항공 관계의) 지상 근무원; (K-) 《구어》 뉴질랜드 사람
☜ 수컷의 울음소리가 'keewee'하고 울어서 뉴질랜드 마오리족이 붙인 이름
☐ **kiwi** fruit (berry) 『식물』 양다래, **키위**(프루트) 《뉴질랜드산 과일; 중국 원산》
☜ 생김새가 kiwi새를 닮은 데서 붙여진 이름

케이케이케이 KKK (백인우월주의를 내세우는 미국의 비밀결사단)

☐ **KKK, K.K.K.** [kéikéikéi] **K**u **K**lux **K**lan 미국의 백인우월주의 비밀결사단
☜ 그리스어 Kyklos(단체)와 영어 Clan(집단)의 합성어
♠ Most of **the Ku Klux Klan** had fought in the Confederate Army. 대부분의 **KKK**는 남부연맹군에 소속되어 싸웠다.

☐ **klan**sman [klǽnzmən] 명 (pl. **-men**) Ku Klux Klan 단원 ☜ klan의(s) 남자(man)

클락션, 클랙슨 klaxon (자동차의 경적) ➔ horn

☐ **klaxon** [klǽksən] 명 (자동차용) 경적(警笛), **클랙슨**; (K-) 그 상표 이름
☜ 그리스어로 '소리치는(klax<klazein) 것(on)'이란 뜻

※ **horn** [hɔːrn] 명 **뿔, 뿔나팔**; 『음악』 호른; (자동차 따위의) **경적**
☜ 고대영어로 '동물의 뿔'이란 뜻. 뿔이 곤두서 있다는 의미.

※ **honk** [hɔːŋk, hɑŋk/hɔŋk] 명 기러기의 울음소리(와 같은 목소리〔소리〕); 자동차의 경적 소리 ☜ 근대영어로 '경적을 울리다'란 뜻

☐ km(킬로미터) ➔ kilometer(킬로미터) 참조

연상 ▸ 노크(knock.두드리다)도 내크(knack.요령)가 있다.

※ **knock** [nɑk/낙/nɔk/노크] 동 **치다, 두드리다; 때리다** 명 두드리기, **구타; 문 두드리기, 노크** ☜ 고대영어로 '두드리다, 치다'란 뜻

☐ **knack** [næk] 명 숙련된 기술; 교묘한 솜씨〔기교〕; **요령** ☜ 중세영어로 '속임수'란 뜻
♠ **the knack** of teaching mathematics 수학을 가르치는 **요령**

☐ **knack**y [nǽki] 형 요령 있는, 숙련된; 교묘한 ☜ -y<형접>

K

냅색 knapsack (간편한 배낭)

☐ **knap** [næp] 명 언덕, 작은 야산 ☜ 중세영어로 '작은 덩어리, 작은 언덕'
명 노크 동 쾅쾅 두드리다 ☜ 중세영어로 '갑작스런 일격'

☐ **knap**sack [nǽpsæk] 명 (여행용의) **냅색,** (작은) **배낭** ☜ 작은 산(knap)을 오를 때 사용하는 면가방(sack) 비교 ▸ rucksack 배낭, 룩색, backpack 등짐; 등짐을 지고 여행하다
♠ shoulder 〔take off〕 **a knapsack 배낭**을 메다 〔벗다〕

연상 ▸ 나이프(knife.칼)를 휴대하면 네이브(knave.악한)으로 몰리기 쉽다

♣ 어원 : knav 나쁜

☐ **knife** [naif/나이프] 명 (pl. kni**ves**) **나이프, 칼; 부엌칼**(kitchen ~); 수술용 칼 동 칼로 베다; 단도로 찌르다 ☜ 고대영어로 '짧은 날과 손잡이가 달린 베는 도구'란 뜻

☐ **knav**e [neiv] 명 **악한**, 무뢰한, 악당; 『카드놀이』 **잭**(jack); 《고어》 사내아이; 하인
☜ 나쁜(knav) 놈(e)
♠ **play the knave 나쁜 짓을 하다.**

☐ **knav**ery [néivəri] 명 속임수; 무뢰한〔파렴치한〕의 짓; 부정 행위; 악행 ☜ 나쁜(knav) 짓(ery)

☐ **knav**ish [néiviʃ] 형 악한의, 악한 같은, 무뢰한의; 부정한 ☜ 나쁜(knav) 성질의(ish)

니더 kneader ([제빵] 반죽하는 기계)

☐ **knead** [niːd] 동 **반죽하다**; 개다; 주무르다; 혼합하다, (근육을) 안마하다
☜ 고대영어로 '주무르다, 반죽하다'란 뜻
♠ **knead clay 점토를 개다[반죽하다]**

☐ **knead**er [níːdər] 명 반죽하는 기계 ☜ -er(기계)

☐ **knead**ing-trough 명 (나무로 된) 반죽통 ☜ 반죽(knead) 하는(ing) 통(trough)

니캡 kneecap (무릎보호대), 니킥 knee kick ([킥복싱] 무릎치기)

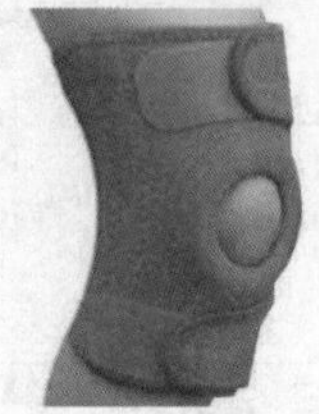

< Kneecap >

☐ **knee** [niː/니-] 명 **무릎**, 무릎 관절; (의복의) 무릎 부분
☜ 고대영어로 '무릎'이란 뜻
♠ up to **the knees** in water **무릎**까지 물에 잠기어
♠ **bring ~ to his knees ~를 굴복[복종]시키다**
♠ **on** 〔upon〕 **the** 〔one's〕 **knees 무릎을 꿇고; 저자세로; 크게 실패하여**

☐ **knee**cap [níkæ̀p] 명 〖해부학〗 슬개골(=patella), 종지뼈; 무릎보호대, 무릎받이
☜ cap(모자, 뚜껑)
☐ **knee**-deep [nídíːp] 형 무릎까지 빠지는; 바쁜 ☜ 무릎(knee)까지 깊은(deep)
☐ **knee** joint 무릎 관절 ☜ joint(이음매, 접합부분)
☐ **knee** kick 〖킥복싱〗 **니킥** 《무릎치기》; 〖축구〗 **니킥** 《볼을 무릎으로 받아 넘기는 킥》
☜ kick(차다)
☐ **kneel** [niːl] 동 (-/**knelt**〔kneel**ed**〕/**knelt**〔kneel**ed**〕) **무릎 꿇다**, 무릎을 구부리다
☜ 고대영어로 '무릎을 꿇다'란 뜻
♠ **kneel (down)** in prayer **무릎을 꿇고** 기도하다.

연상 넬(내일) 아침 죽음의 넬(knell.장례식 종소리)이 울릴 것이다.

☐ **knell** [nel] 명 **종소리**, 조종(弔鐘); 불길한 징조, 흉조 동 조종을 울리다; (흉한 일을) 알리다; (조종이) 울리다; 불길하게 들리다
☜ 고대영어로 '천천히 치는 종소리'란 뜻
♠ **sound** 〔toll, ring〕 **the (death) knell of ~**
~의 조종(弔鐘)을 울리다; ~의 소멸을 〔종말을〕 알리다
※ **bell** [bel/벨] 명 **종**; 방울, 초인종, **벨**; (보통 pl.) 〖항해〗 시종(時鐘)
동 방울〔종〕을 달다; (전차 따위가) 종을 울리다
☜ 고대영어로 '고함치다, 소리지르다'란 뜻

니커보커스 Knickerbockers (무릎까지 오는 품이 넉넉한 서양식 바지)

본래는 네덜란드의 남자옷에서 볼 수 있었던 것으로 19세기 후반에 유럽에서 자전거가 보급되고 영국의 윈저 공(에드워드 8세)이 입기 시작한 후부터 널리 퍼지게 되었다. 그 후 스포츠/등산/여행용으로 많이 이용되고 현재는 여성도 착용한다.

K

☐ **Knicker**bockers [níkərbɑ̀kərs] 명 (pl.) (무릎 아래서 졸라매는 느슨한) 짧은 양복바지 ☜ 네덜란드어로 '크래커(knicker) + 굽는 사람(bocker <baker) + s' 비교 **NICO BOCO(니코보코) : 화장품 사업에 도 진출한 한국의 스포츠 패션 브랜드**
☐ **knicker**s [níkərz] 명 (pl.) 《구어》 =Knickerbockers; 니커보커형의 여성용 블루머(=bloomer) ☜ **Knicker**bocker**s**의 줄임말
☐ **Knicker**bocker [níkərbɑ̀kər] 명 New York에 이민 온 네덜란드인의 자손; 뉴욕 시민; knickers ☜ 네덜란드인을 지칭한 통속어

나이프 knife (한쪽만 날이 있는 칼) * 양쪽에 날이 있으면 dagger

☐ **knife** [naif/나이프] 명 (pl. kni**ves**) **나이프, 칼; 부엌칼**(kitchen ~); 수술용 칼 동 칼로 베다; 단도로 찌르다
☜ 고대영어로 '짧은 날과 손잡이가 달린 베는 도구'란 뜻
비교 **검(sword), 단도(dagger). 수술용 칼(Scalpel)**
♠ have a horror of **the knife**
***칼**에 대한 공포가 있다* ➔ 수술을 무서워하다.
☐ **knife**-edge [náifèdʒ] 명 나이프의 날; 예리한 것 ☜ edge(모서리, 날카로움)
☐ **knife**-edged [náifèdʒd] 형 칼 같은 날이 있는; 칼날같이 날카로운
☜ knife + edged(날이 있는, 날카로운)
☐ **knife** grinder 칼 가는 사람〔기구〕 ☜ 가는(grind) 사람(er)

나이트 작위 knighthood (기사 작위)

☐ **knight** [nait/나이트] 명 (중세의) **기사**; (근세 영국의) **나이트작**(爵), 훈작사(勳爵士) 동 ~에게 나이트 작위를 수여하다. ☜ 고대영어로 '하인, 종자'란 뜻
★ **Sir 칭호가 허용되며, baronet(준남작)의 아래에 자리하는 당대에 한한 작위**
비교 night 밤, 야간
♠ **the Knights** of the Round Table 원탁(圓卓)의 **기사단**
☐ **knight**age [nɑ́itidʒ] 명 [집합적] 기사단; 훈작사단; 훈작사 명부 ☜ knight + age(집합)
☐ **knight**hood [náithùd] 명 **기사[무사]의 신분**; 기사도; 기사 기질; **나이트 작위** ☜ -hood(신분)
☐ **knight**ly [náitli] 형 **기사의**; 기사다운; 의협적인; 훈작사의 부 《고어》 기사답게; 의협적으로
☜ knight + ly<형접/부접>

네트 net (그물), 니트웨어 knitwear (뜨개질한 의류의 총칭)

♣ 어원 : net, knot, nod, gnarl 매듭, 마디, 혹 (* k나 g는 묵음)

■ **net** [net/넽] ⓜ **그물**, (테니스 등의) 네트, 거미줄 ⓢ **그물로 잡다**
☜ 매듭으로 연결된 것

□ **knit** [nit] ⓢ (-/knit**ted**(**knit**)/knit**ted**(**knit**)) **뜨다, 짜다**; (눈살을) **찌푸리다** ☜ 고대영어로 '매듭을 만들다'라는 뜻
♠ **knit** a sweater out of wool 털실로 스웨터**를 짜다**

□ **knit**ting [nítiŋ] ⓜ 뜨개질; 편물 ☜ knit + ing<명접>

□ **knit**wear [nítwὲər] ⓜ 뜨개질한 옷, 뜨개것 ☜ wear(의류; 입다)

□ **knot** [nɑt/nɔt] ⓜ **매듭; 무리; 혹** ⓢ **매다, 매듭을 짓다** ☜ 초기 독일어로 '매듭'이란 뜻

□ **knot**ty [nɑ́ti] ⓗ 옹이가 있는, 마디가 많은 ☜ knot + t<자음반복> + y<형접>

□ **knob** [nɑb/nɔb] ⓜ **혹**, 마디; 원형의 덩이; (문・서랍 따위의) **손잡이**
☜ 중세 저지(低地) 독일어로 '매듭, 나무의 옹이'이란 뜻

■ **nod**e [noud] ⓜ 마디, 결절; 혹; **노드**《컴퓨터 네트워크에서 결절, 분기점》
☜ 중세영어로 '매듭'이란 뜻

✚ **gnarl** (나무의) **마디, 옹이, 혹; 비틀다** **gnarl**ed, **gnarl**y 마디(혹)투성이의

노크 knock (문 두드리기) 케이오 KO ([권투] 녹아웃)

□ **knock** [nɑk/낰/nɔk/노크] ⓢ **치다, 두드리다; 때리다** ⓜ 두드리기, **구타; 문 두드리기, 노크** ☜ 고대영어로 '두드리다, 치다'란 뜻
♠ **knock at** (on) **the door 문을 두드리다, 노크하다**
♠ **knock down 때려눕히다; 낙찰시키다**
♠ **knock out 때려눕히다; 항복시키다, 녹아웃시키다, 급히 해치우다**

□ **knock**down [nákdàun] ⓜ **녹아웃**, 때려눕히기; 타도하는 일격; 난투 ⓗ **타도하는**
☜ knock + down(아래로)

□ **knock**er [nɑ́kər] ⓜ (문 등을) 두드리는 사람; 독설가 ☜ knock + er(사람)

□ **knock**ing [nɑ́kiŋ] ⓜ 노크(소리); (엔진의) **노킹** ⓗ 두드리는 ☜ -ing<명접/형접>

□ **knock**out [nɑ́kàut] ⓗ (타격이) 맹렬한 ⓜ 『권투』 **녹아웃**《생략: **KO**, **K.O.**, **k.o.**》
☜ 때려서(knock) (정신이) 나가게(out) 만들다

K

연상 저녁 노을이 노올(knoll.작은 산, 야산)에 걸렸다

□ **knoll** [noul] ⓜ 작은 산, 둥그런 언덕, 야산, 흙무덤이; (해저의) 작은 해구(海丘); 종소리 ⓢ《영.고어》(종을) 치다; (종이) 울리다
☜ 덴마크어로 '작은 언덕, 흙덩어리'란 뜻
♠ **go up the knoll** (hill) **동산에 오르다**

크노소스 Knossos (고대 미노아 문명의 중심지, 크레타섬의 옛도시)

□ **Knossos** [knɑ́səs/-nɔ́-] ⓜ **크노소스**《에게 문명의 중심지였던 Crete섬의 고도(古都)》

□ **knot**(매듭) ➔ **knit**(뜨다, 짜다) **참조**

노하우 know-how (비결)

♣ 어원 : know 알다, 알게 하다, 승인[인식]하다

□ **know** [nou/노우] ⓢ (-/**knew**/**known**) **알다, 알고 있다; 구별할 수 있다** ⓜ 지식
☜ 고대영어로 '구별할 수 있다'란 뜻
♠ **Let me knew** the result. 결과를 제게 **알려 주세요**.
♠ **know about ~ ~에 대해서 알고 있다**
♠ **know better 좀더 분별이 있다, (~할 만큼) 어리석지는 않다**
♠ **know ~ by heart 외우고 있다**
♠ **know (A) from (B) A와 B를 분간하다, 구별하다**(=distinguish)
♠ **know of ~ ~의 일을 알고 있다**

□ **know**-how [nóuhàu] ⓜ (방법에 대한) 비결, **노하우**
☜ 어떻게 하는가 하는 방법(how)을 알다(know)

□ **know**ing [nóuiŋ] ⓜ **아는 것**, 지식 ⓗ **사물을 아는, 빈틈없는** ☜ know + ing<형접>

□ **know**ingly [nóuiŋli] ⓟ 아는 듯이; 빈틈없이 ☜ knowing + ly<부접>

□ **know**-it-all [nóuitɔ̀:l] ⓜ 아는 체하는 사람 ☜ 그것(it)을 모두(all) 아는(know) 체하는 사람

□ **know**n [noun/노운] ⓗ **알려진** ☜ know의 과거분사 ⓑ **unknown** 알려지지 않은, 알 수 없는
♠ **a known fact 기지[주지]의 사실**
♠ **be known as** (for) **~ ~로서[로] 알려져 있다**

♠ **be known to ~ ~에 알려져 있다**

■ well-**know**n [wélnóun] ⓗ 유명한, **잘 알려진** ☜ 잘(well) 알려진(known)

□ **know**ledge [nάlidʒ/nɔ́l-] ⓜ **지식**, 정보 ☜ 아는 것(know)으로 인도하(lead) 기(dge)

♠ **Knowledge is power. 《속담》 아는 것이 힘이다.**

■ ac**know**ledge [æknάlidʒ] ⓢ **인정하다**
☜ ~에게(ac<ad=to) 아는 것(know)을 인도하(lead) 기(dge<명접>)

너클볼 knuckleball ([야구 · 축구] 공의 회전을 없애 바람의 영향을 쉽게 받아 진로를 예측하기 어려운 공)

□ **knuckle** [nʌ́kəl] ⓜ (특히 손가락 밑 부분의) **손가락 관절**(마디); 주먹 ⓢ 손가락 마디로 치다(밀다, 비비다) ☜ 중세영어로 '손가락 마디'란 뜻

♠ bruise one's **knuckle 손가락 관절**이 멍들다

□ **knuckle**ball [nʌ́klbɔ̀:l] ⓜ 『야구』 **너클볼** 《손가락 끝을 공 표면에 세워서 던지는 볼; 타자 근처에서 낙하함》 ☜ ball(볼, 공)

□ **knuckle**bone [nʌ́klbòun] ⓜ 손가락 마디의 뼈 ☜ bone(뼈)

□ **knuckle** joint 『기계』 **너클조인트**, 연결쇠 ☜ joint(이음매, 접합)

코알라 koala (새끼를 업고 다니는 호주산 포유류)

□ **koala** [kouά:lə] ⓜ 『동물』 **코알라**(=~ bear) 《새끼를 업고 다니는 곰; 오스트레일리아산》 ☜ koala는 '물이 없다'는 뜻. 코알라는 식물을 통해 물을 섭취해 따로 물을 마시는 일이 거의 없기 때문에 이와 같은 별명이 붙었음.

♠ When a **koala** is born, he has no fur.
코알라는 태어날 때 털이 없다.

K

공자 Confucius (중국 춘추전국시대의 사상가, 유교(儒教)의 창시자)

공자(孔子, BC 551~BC 479)는 중국 춘추 시대 말기에 활동한 사상가 이자 교육자로서 유학(儒學)의 창시자[종장]이며, 세계 4대 성인의 한 사람이다.

□ **Kongzi** [kɔ́:ŋzí:] ⓜ 공자(孔子) ☜ 본명은 공구(孔丘), 자는 중니(仲尼). 공자의 '자(子)'는 존칭이다. 공부자(孔夫子)라고도 한다. ★ 중국은 공산화 이후 유교를 말살하지만 한국은 그대로 유지해왔다. 따라서 1950년대 말 중공의 한자 간자체 사용 정책 이후 고대 한자로 된 유학을 이해 못하고 오히려 한국의 한문학자들에게 조언을 구했다고도 한다. 또한 중국에서는 사라진 제사 전통이 한국에서는 아직도 유지되고 있다.

■ **Confucius** [kənfjú:ʃəs/컨**퓨**-셔스] ⓜ **공자** 《552-479 B.C.; 유교의 창시자》
☜ 중국어 孔夫子의 라틴어식 표기

■ **Confucian** [kənfjú:ʃən] ⓗ 공자의; 유교의 ☜ -an(~의)

코란 Koran (이슬람교의 경전)

□ **Koran** [kouræ̀n, -rά:n, kɔ:rά:n] ⓜ (the ~) **코란** 《회교 성전》 ☜ 아랍어로 '암송'이란 뜻

♠ a **Koran** dated 556 AH 이슬람력 556년도에 만들어진 **코란**

코리아 Korea (한국), 콩글리시 Konglish (콩글 한국어식 영어) ➔ broken english (엉터리 영어)

□ **Korea** [kəríːə-/커**뤼**-어, kouríːə] ⓜ **대한민국** 《공식명은 the Republic of Korea; 생략: ROK》 ☜ '고려(高麗)'시대의 국호가 서양에 전해진 데서

♠ **Korea** has too many people for its limited land space.
한국은 좁은 국토에 비해 인구가 많다.

□ **Korea**n [kəríːən/커**뤼**-언, kouríːən] ⓗ **한국의**; **한국인[어]의** ⓜ **한국인** ☜ -an(~의/~사람)

♠ **Korean ginseng 고려 인삼**

♠ **the Korean War 한국전쟁**, 6 · 25동란 《1950-53》

♠ **the Korean** Strait **대한**해협, 현해탄(玄海灘)

★ 현해탄(玄海灘)이라는 단어는 일본식 표현이며, 원래는 큐슈와 인근의 이키섬 사이의 좁은 수역만을 가리키는 말이었으나 이 말이 일제강점기에 우리나라에 들어오면서 대한해협의 의미로 쓰이게 되었다고 한다.

□ **Korea**town [kəríːətàun] ⓜ (미국 도시의) 한국인 거주지 《특히 Los Angeles의 것이 큼》
☜ town(읍, 도회지)

코트라 KOTRA (대한 무역투자 진흥 공사)

☐ **KOTRA** **K**orea **T**rade-Investment **P**romotion **C**orporation 대한무역투자진흥공사
♠ **KOTRA** announced its plans to support five Korean characters recently.
코트라는 최근 다섯 가지의 한국 캐릭터들을 지원하는 계획을 발표하였다.

✚ **Korea 대한민국** **Trade** 매매, 상업, 장사, 거래, **무역, 교역** in**vest**ment **투자, 출자**; 투자액(금) pro**mot**ion **승진**, 진급; **촉진**, 장려; **판매 촉진** **corp**oration 〖법률〗 **법인**, 협회, 사단 법인

크렘린 > 크레믈린 궁전 Kremlin (러시아 모스크바에 있는 옛 궁전)

☐ **Kremlin** [krémlin] 명 (러시아 도시의) 성곽, 요새; (the K-) (Moscow에 있는) **크렘린** 궁전; (특히 대외적인 관계에서) 구 소련 정부(간부)
☜ 러시아어로 '성채, 성벽'이란 뜻
♠ Red Square is northeast of **Kremlin**.
붉은 광장은 **크렘린**의 북동쪽에 위치한다.

☐ **Kremlin**ism [krémlinizm] 명 크렘린 주의 《구 소련 정부 특유의 정책》
☜ -ism(~주의)

☐ **Kremlin**-watcher [krémlinwàtʃər/-wɔ̀tʃər] 명 구 소련 문제 전문가
☜ 주시하는(watch) 사람(er)

크로나 krona (유로화(貨) 외 유럽의 주요 통화단위)

EU 회원국이면서도 유로화를 사용하지 않는 나라는 스웨덴, 덴마크, 헝가리, 체코, 불가리아, 루마니아, 크로아티아, 폴란드 등이다. 그리고 브렉시트(Brexit)를 선언한 영국도 유로화 대신 파운드화를 사용한다.

☐ **krona** [króunə] 명 (pl. kron**or**) **크로나** 《스웨덴의 화폐 단위; =100 öre; 기호 Kr》; 그 은화; (pl. kron**ur**) **크로나** 《아이슬란드의 화폐 단위; =100 aurar; 기호 Kr》; 그 화폐 ☜ 스웨덴어로 '왕관(crown)'이란 뜻

☐ **krone** [króunə] 명 (pl. **-r**) **크로네** 《덴마크·노르웨이의 화폐 단위; =100 öre; 기호 Kr》; 그 은화; (pl. **-n**) **크로네** 《본래의 독일 10마르크 금화; 본래 오스트리아 은화》
☜ 덴마크어로 '왕관'이란 뜻

K

케이투 K2 (파키스탄과 중국 접경에 있는 세계 제2의 고봉. 8,611m)

☐ **K2** [kéi-túː] 명 **K2**봉(峰) 《Karakoram 산맥에 있는 세계 제2의 고봉; 8,611m》
☜ 카라코람산맥에서 '두 번째로 탐사한 산'이라는 뜻

콸라 룸푸르 Kuala Lumpur (말레이시아의 수도)

☐ **Kuala Lumpur** [kwáːlə-lúmpuər] 명 **콸라 룸푸르** 《말레이시아의 수도》
☜ 말레이시아어로 '흙탕물의 합류'라는 뜻

쿠빌라이칸 Kublai Khan (원나라의 초대 황제. 징기스카의 손자)

☐ **Kublai Khan** [kúːblai-káːn] 명 **쿠빌라이칸** 《忽必烈汗, 원나라의 초대 황제; 1259-94》

쿵푸 < 쿵후 Kung fu (중국의 대표적인 무술)

☐ **Kung fu** [kʌ́ŋ fùː] 《중》 **쿵푸**(功夫) 《중국의 권법(拳法)》
☜ 중국어로 '배우고 익힌 기술'이란 뜻
♠ He thinks he can become like **the Kung Fu Panda**.
그는 **쿵푸 팬더**처럼 될 수 있다고 생각한다.

쿠웨이트 Kuwait (아라비아 동북부 페르시아만에 면한 회교국)

☐ **Kuwait, -weit** [kuwéit] 명 **쿠웨이트** 《아라비아 북동부의 회교국; 그 수도》
☜ 아랍어로 '요새, 성'이란 뜻
♠ **Kuwait** is one of the smallest countries in the world.
쿠웨이트는 세계에서 가장 작은 나라들 중 하나입니다.

로스엔젤리스 [엘에이] Los Angeles [L.A.] ([Sp.] 천사들) * Los = the

미국 캘리포니아주 남부의 태평양에 면한 도시로 뉴욕에 다음가는 미국을 대표하는 대도시이다. 미국내 한국 교포가 가장 많이 살고 있으며, 북서부의 할리우드에는 광대한 영화 스튜디오가 있고, 비벌리힐스는 영화배우와 유명인사들의 고급 주택가로 유명하다.

□ **L.A.** [élei] ❶ **L**os **A**ngeles 로스엔젤레스 ☜ 스페인어로 '천사들'이란 뜻
❷ **L**atin **A**merica 남아메리카, 라틴아메리카
※ **angel** [éindʒəl] 명 **천사**, 수호신 ☜ 그리스어로 '전령, 사자(使者)'란 뜻

라벨 label (꼬리표)

□ **label** [léibəl] 명 **라벨**, 레테르, 딱지, 쪽지, 꼬리표, 부전(附箋); (표본 따위의) 분류 표시 ☜ 고대 프랑스어로 '자투리'란 뜻
♠ **put labels** on one's luggage 화물에 **꼬리표를 달다**

콜라보레이션 collaboration (음악가들간의 일시적 협업)

♣ **어원 : labor 노동, 고생; 일하다**
■ col**labor**ate [kəlǽbərèit] 동 **공동으로 일하다**, 합작〔공동연구〕하다
☜ 함께(col<com) 노동(labor)을 만들다(ate)
■ col**labor**ation [kəlæ̀bəréiʃən] 명 **협동**, 합작, 공동연구; 협조 ☜ -ation<명접>
□ **labo(u)r** [léibər/레이버] 명 **노동**, 근로; **수고** 동 **노동하다; 애쓰다**
☜ 라틴어로 '고생'이란 뜻
♠ He **labored** to complete the task.
그는 그 일을 완성시키려고 **노력하였다**.
♠ **International Labor Organization 국제노동기구(ILO)**
□ **labor**atory [lǽbərətɔ̀ːri/ləbɔ́rətəri] 명 **실험실**; 연구소〔실〕
☜ 땀 흘려 일하는(labor) 장소(atory)
♠ a chemical **laboratory** 화학 **실험실[연구소]**
♠ **laboratory** animals **실험용** 동물
□ **labor**er [léibərər] 명 **노동자**, 인부 ☜ labor + er(사람)
□ **labor**ing [léibəriŋ] 형 노동에 종사하는; 고생하는; 괴로워하는; 진통에 시달리는
☜ labor + ing<형접>
□ **labor**ious [ləbɔ́ːriəs] 형 **힘드는**, 고된, 곤란한; 부지런한 ☜ -ious<형접>
□ **labor**iously [ləbɔ́ːriəsli] 부 힘들여 ☜ -ly<부접>
□ **Labor** Day 《미》 노동절 《9월의 첫째 월요일로 유럽의 May Day에 해당》
□ **labor** dispute 노동 쟁의 ☜ dispute(논쟁하다, 말다툼하다, 논하다; 저항하다)
□ **labor** force 노동력; 노동 인구 ☜ force(힘, 세력, 폭력, 무력)
□ **labor**-management [léibərmǽnidʒmənt] 명 노사 형 노사의 ☜ management(관리, 경영)
□ **labor** market 노동 시장 ☜ market(시장)
□ **labor** movement 노동 운동 ☜ movement(운동, 이동)
□ **labor** pains 진통, 분만의 고통, 산고 ☜ pain(고통, 괴로움; 노고)
□ **labor** relations 노사 관계 ☜ relation(관계)
□ **labor** union 노동조합 ☜ union(결합, 합동, 단결, 조합)
□ **Labour** Party [the ~] (영국의) 노동당 ☜ party(파티모임; 정당)
□ **lab** [læb] 명 《구어》 연구〔실험〕실〔동(棟)〕 ☜ **lab**oratory의 줄임말

래버린스 labyrinth ([그神] 미노타우로스가 갇혀 있었던 미궁)

[그神] 크레타의 왕 미노스가 아내 파시파에가 황소와 관계를 맺어 낳은 괴물인 반은 인간이고 반은 소의 모습을 한 미노타우로스를 감금하기 위해 만들게 한 미궁으로, 한번 들어가면 나오는 문을 찾을 수 없도록 설계되어 있다. 미노스의 명을 받아 공예 및 건축의 명장 다이달로스가 지었다. <출처 : 그리스로마신화 인물백과>

□ **labyrinth** [lǽbərìnθ] 명 (진로·출구 등이 알 수 없는) **미궁; 미로**(=maze)

☜ 그리스어로 '미궁, 복잡한 통로가 있는 건물'이란 뜻
♠ We lost our way in **the labyrinth of** streets.
우리는 **미로 같은** 거리에서 길을 잃었다.

레이스(lace.끈)가 달린 옷

□ **lace** [leis] ⓜ (구두·각반·코르셋 등의) **끈**, 끈 끈; 레이스 ⓢ **끈으로 묶다〔졸라매다〕; 끈으로 매어지다** ☜ 라틴어로 '올가미'
♠ **lace up** one's shoes 구두**끈을 매다**
□ **lace**d [leist] ⓗ 끈이 달린, 레이스로 장식한 ☜ lace + ed<형접>
□ **lac**ing [léisiŋ] ⓜ 끈으로 맴; 끈으로 결어짜기; 레이스로 장식하기 ☜ lace + ing<능동형 명접>
□ **lac**y [léisi] ⓗ (-<-ci**er**<-ci**est**) 끈의; 레이스(모양)의 ☜ lace + y<형접>
■ **las**so [lǽsou] ⓜⓢ (pl. **-(e)s**) 올가미밧줄(로 잡다) ☜ 라틴어로 '덫, 올가미'란 뜻

연상 래커(wrecker.견인차)로 끌고 온 사고차량을 랙(rack.선반)에 올리려 하니 공간이 랙(lack.부족)하다

※ **wreck** [rek] ⓜ (배의) **난파**; 파괴, 파멸 ☜ 중세영어로 '파괴하다'란 뜻에서
※ **wreck**er [rékər] ⓜ 파괴자; 난선 약탈자; 《미》 건물해체업자; 《미》 조난선 구조자〔선〕; 구난자동차, **레커**차(=tow truck) ☜ '난파된 배(wreck)에서 (화물을 인양하는) 사람(er)'
※ **rack** [ræk] ⓜ **~걸이, 선반; 파괴** ⓢ 선반에 얹다; **괴롭히다**
☜ 중세 네델란드어로 '뼈대, 골조'라는 뜻에서
□ **lack** [læk/랙] ⓜ **부족**(=want), 결핍, 결여 ⓢ **~이 없다; 결핍하다, 모자라다**
☜ 중세 네델란드어로 '결여'란 뜻에서
♠ Money **is** the chief **lack**. 무엇보다도 돈이 **모자란다**.
□ **lack**ing [lǽkiŋ] ⓗ 부족한, **부족하여** ☜ lack + ing<형접>
♠ Money **is lacking** for the plan. 그 계획에는 자금이 **부족하다**.
♠ **be lacking in ~ ~이 부족하다, 결핍하다**

라카 < 래커 lacquer (섬유소·합성수지 용액에 안료를 섞은 도료)

□ **lacquer** [lǽkər] ⓜ **래커** 《도료의 일종》; 칠(漆), 옻; [집합적] 칠기(漆器) ⓢ ~에 래커를〔옻을〕 칠하다 ☜ 산스크리트어로 '옻나무'란 뜻
□ **lacquer** ware 칠기 ☜ ware(제품)

우리팀이 상대팀을 3:2로 리드(lead.이끌다)하고 있다

♣ 어원 : **lead, lad 이끌다, 이끌리다**
■ **lead** [liːd] ⓢ (-/**led**/**led**) 이끌다, **인도[안내]하다; 뛰어나다; ~에 이르다** ⓜ **선도**, 솔선, **지휘; 납** ☜ 중세영어로 '이끄는 행위'란 뜻
□ **lad** [læd/래드] ⓜ **젊은이**, 청년(=youth), **소년**(=boy) ☜ 중세영어로 '(군주에게 이끌리는) 보병, 젊은 남자 하인'이란 뜻에서 비교 lass 젊은 여자; 미혼 여성
♠ He's **a nice lad**. 그는 **괜찮은 청년**이다.
□ **lad**die, **lad**dy [lǽdi] ⓜ 《주로 Scot.》 젊은이, 소년; 《속어》 자네
☜ 작은(ie) 남자(lad) + d<단모음+단자음+자음반복>

제이콥스 래더 Jacob's ladder (❶ [성서] 야곱이 꿈에서 본 하늘에 닿는 나무계단으로 된 줄사다리 ❷ 사다리 형태의 운동기구)

♣ 어원 : **lad 오르다**
※ **Jacob** [dʒéikəb] ⓜ 『성서』 **야곱** 《이스라엘 사람의 조상》; 제이콥 《남자 이름》
■ **Jacob**'s **ladder** 『성서』 야곱의 사닥다리 《야곱이 꿈에 본 하늘에 닿는 사닥다리》; 『항해』 줄사닥다리(rope ladder)
□ **ladder** [lǽdər] ⓜ **사닥다리** ⓢ 사닥다리로 오르다
☜ '오르는(lad) + d + 도구(er)'
♠ move up the social 〔corporate〕 **ladder**.
사회〔회사〕의 출세 **계단**을 올라가다.
□ **ladder** truck (소방용) 사닥다리차(=hook-and-ladder truck)
☜ truck(트럭, 화물차)
□ **ladder** company (소방용 사닥다리차를 조작하는) 사닥다리반

☜ company(떼, 일단의 사람들; 친구, 동아리; 단체, 회사)

☐ **ladder**tron [lǽdərtrὰn/-trɔ̀n] [명] 【원자】 **래더트론** 《하전(荷電)입자 가속장치의 일종》
☜ 사다리(ladder)형 소립자 처리장치(-tron)

다운로드 download (파일 내려받기), 업로드 upload (파일 올리기), 업무 로드(load.무거운 짐)가 심하다

♣ **어원 : load, lad 짐; 짐을 지우다**

■ **load** [loud/로우드] [명] **적하 화물**, 무거운 짐, 부담; 근심, 걱정 [동] 짐을 싣다; 탄알을 장전하다 ☜ 중세영어로 '짐을 두다, 무게를 더하다'란 뜻

■ down**load** [dáunlòud] [명] 【컴퓨터】 **다운로드** 《상위 컴퓨터〔서버〕에서 하위〔단말〕 컴퓨터로 데이터 내려받기》 [동] 【컴퓨터】 다운로드하다 ☜ down(아래로)

■ up**load** [ʌ́plòud] [명] 【컴퓨터】 **업로드** 《하위 컴퓨터에서 상위 컴퓨터〔서버〕로 데이터 전송》 [동] 업로드하다 ☜ up(위로) + load

☐ **lade** [leid] [동] (-/**laded**/**laden**) 짐을 싣다(=load), 적재하다; (열차·배)에 싣다
☜ 고대영어로 '짐을 지우다'란 뜻

☐ **lade**n [léidn] [동] lade의 과거분사 [형] **짐을 실은**, 적재한; (과실이) 많이 달린
☜ lade + en<수동형 형접>
♠ **trees laden with** fruit 열매가 **많이 열린** 나무

✚ over**load** **짐을 너무 많이 싣다**, 너무 부담을 주다; 과적재, 과부하 un**load** (배·차 따위에서) **짐을 부리다**〔내리다〕; (근심 등을) 덜다

퍼스트 레이디 first lady (대통령 부인, 영부인)

※ **first** [fəːrst/풔-스트] [형] **첫째의, 최초의** [부] **첫째로, 우선; 처음으로**
☜ 가장 맨 앞에. fore의 최상급

☐ **lady** [léidi/**레**이디] [명] (pl. lad**ies**) **귀부인, 숙녀** ☜ 고대영어로 '군주의 아내; 빵을 반죽하여 만드는 여자'란 뜻에서
♠ **Ladies and Gentlemen 신사 숙녀 여러분**

L

☐ **lady**like [léidilàik] [형] 귀부인다운, 고상한, 정숙한; 여자 같은《남자》 ☜ lady + like(~같은)

☐ **lady**bird, **lady**bug [léidibəːrd], [léidibʌg] [명] 무당벌레
☜ lady + bird(새), bug(곤충, 벌레). 여기서 lady는 숙녀가 아니라 '성모 마리아'를 의미. 중세 유럽에서 해충 피해가 심했을 때 성모마리아에게 빌자 무당벌레들이 나타나서 해충을 없애주었다는 설에서

☐ **ladi**es' room [때로 L~ r~] 《미》 (호텔·극장 등의) 여성용 화장실
☜ ladies(lady의 복수) + '(~의/~를 위한) + room(방, 실(室))

☐ **ladi**es' maid (귀부인의 치장 등을 돌보는) 시녀, 몸종
☜ ladies(lady의 복수) + '(~의/~를 위한) + maid(아가씨, 하녀, 미혼여성)

■ **lass** [læs] [명] **젊은 여자, 소녀**; (특히 미혼) 여성 ☜ 고대 스웨덴어로 '미혼 여자'란 뜻에서

■ **lass**ie [lǽsi] [명] 《주로 Scot.》 계집애, 소녀 ☜ 작은(ie) 여자(lass)

☐ **laddie, laddy**(젊은이, 소년) ➔ **lad**(젊은이, 청년) **참조**

제트 래그 신드롬 jet lag syndrome (장거리 비행시 지역간 시차(時差)로 인해 일시적으로 피로해지거나 멍해지는 등의 증세)

※ **jet** [dʒet] [명] **분출**, 사출; 분사 [형] **분출하는** [동] **분출하다**
☜ 프랑스어로 '던짐, 던지기'란 뜻에서
♠ **jet** of water 〔gas〕 물〔가스〕의 **분출**

☐ **lag** [læg] [동] 처지다, **뒤떨어지다; 천천히 걷다**, 꾸물거리다(=linger)
☜ 노르웨이어로 '천천히 가다'란 뜻에서
♠ **lag behind** in production 생산이 **뒤지다**

※ **syndrome** [síndroum, -drəm] [명] 【의학】 증후군, 일정한 행동양식 ☜ 같은(syn) 증상(drom) + e

라거 비어 lager beer (저장 중 발효되어 마실 수 있게 된 맥주)

☐ **lager** [lάːgər] [명] **라거비어**, 저장맥주 《저온에서 6주 내지 6개월 저장한 것; ale 보다 약함》 ☜ 그리스어로 '저장실의 맥주'란 뜻
[비교] larger 더 큰, 더 넓은 《large<larger<largest》

※ **beer** [biər] [명] **맥주, 비어** ☜ 고대영어로 '음료'란 뜻
★ 발효 도중 생기는 거품과 함께 상면으로 떠오르는 효모를 이용하여 만드는 상면발효맥주로는 ale, porter, stout가 있으며,

발효가 끝나면서 가라앉는 효모를 이용하여 만드는 하면발효맥주는 Lager 맥주가 있다.

□ **laid**(가로놓인, 눕혀진) ➔ **lay**(놓다, 눕히다) **참조**

솔트 레이크 시티 Salt Lake City (미국 유타주의 주도(州都). <소금 호수의 도시>)

그레이트솔트(Great Salt) 호수 남동 연안의 해발 고도 1,330m에 위치한 미국 유타 주의 주도이다. 지명은 '소금 호수의 도시'라는 뜻이다. 모르몬교의 중심지로 '뉴 예루살렘', '성인의 도시'라고 하였다. 호수 지역의 소금을 원료로 하는 화학 공업이 발달하였다. <출처 : 세계지명 유래 사전 / 요약인용>

※ **salt** [sɔ:lt/솔트] ⓜ **소금**, 식염; 【화학】 염(塩), 염류 ☜ 고대영어로 '소금'이란 뜻
□ **lake** [leik/레이크] ⓜ **호수**; (공원 따위의) 못, 연못 ☜ 라틴어로 '연못, 웅덩이'란 뜻
♠ He swam **in the lake**. 그는 **호수에서** 수영을 했다.
□ **lake**front [léikfrənt] ⓜ 호반(湖畔; 호숫가), 호안(湖岸)(에 연한 땅) ☜ 호수(lake) 앞(front)
□ **lake**let [léiklit] ⓜ 작은 호수 ☜ 작은(let) 호수(lake)
□ **laky** [léiki] ⓗ (-<-ki**er**<-ki**est**) 호수(모양)의, 호수가 많은 ☜ -y<형접>
※ **city** [síti/**씨**리/**씨**티] ⓜ **시, 도시**, 도회 《town보다 큼》 ☜ 고대 프랑스어로 '시, 도시'란 뜻

램스킨 lambskin (장식용 새끼양의 털가죽, 양피지)

□ **lamb** [læm/램] ⓜ **새끼 양**; 새끼 양의 고기, **램** ; 교회의 어린 신자 ☜ 고대 그리스어로 '붉은 사슴'이란 뜻
♠ a stray **lamb** 길 잃은 **양**
□ **lamb**kin, -ling [læ̃mkin, -liŋ] ⓜ 새끼 양; 《애칭》 귀여운 아기 ☜ lamb + kin(어린, 새끼)
□ **lamb**like [læ̃mlàik] ⓗ 새끼양 같은; 온순한; 순진한 ☜ -like(~ 같은)
□ **lamb**skin [læ̃mskìn] ⓜ (털 붙은) 새끼양 가죽; 무두질한 새끼양 가죽; 양피지 ☜ lamb + skin(피부, 가죽)

레임 덕 lame duck (정치 지도자의 집권 말기 지도력공백현상. <절룩거리는 오리>란 뜻)

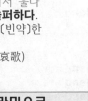

♣ 어원 : lame 절룩거리는, 불구가 된
□ **lame** [leim] ⓗ **절름발이의**, 절룩거리는; 불구의 ⓢ 절름발이로 만들다 ☜ 고대영어로 '절름발이'란 뜻
♠ He's **lame** in one leg. 그는 한쪽 다리를 **절고 있다**.
□ **lame duck** 《구어》 불구자; 무능자; 파산자; 《미.구어》 재선거에 낙선하고 남은 임기를 채우고 있는 정치인; **레임덕** 《정치지도자의 집권 말기 지도력 공백현상》 ☜ 절룩거리는(lame) 오리(duck)
□ **lame**ly [léimli] ⓑ 절룩거리며; 불완전하게, 불안하게, 힘없이 ☜ -ly<부접>
□ **lame**ness [léimnis] ⓜ **절름발이**; 불구 ☜ -ness<명접>
□ **lame**nt [ləmént] ⓢ **슬퍼하다**, 비탄하다; 애도하다, 애석해 하다
ⓜ **비탄**, 한탄; 애도 ☜ 라틴어로 '울다'란 뜻 ⇦ [암기] 불구가 되서 울다
♠ **lament for** (over) the death of a friend 친구의 죽음을 **슬퍼하다**.
□ **lame**ntable [læ̃məntəbəl, ləmént-] ⓗ **슬퍼할**, 통탄할; 가엾은; 《경멸적》 비참(빈약)한 ☜ lament + able<형접>
□ **lame**ntation [læ̀məntéiʃən, -men-] ⓜ **비탄**; 애도; 통곡, 비탄의 소리; 애가(哀歌) ☜ lament + ation<명접>

라미네이트 laminate (치아의 앞면을 최소로 삭제한 뒤 그 위에 세라믹으로 제작된 얇은 판을 부착하는 치과 보철의 하나)

♣ 어원 : lamin, lamell 얇은 판; 비늘
□ **lamin**a [læ̃mənə] ⓜ (pl. **-e, -s**) 얇은 판자(조각), 박막(薄膜), 얇은 층 ☜ 얇은(lamin) 것(a)
□ **lamin**ar [læ̃mənər] ⓗ 얇은 판자(조각) 모양의, 얇은 판자로(조각으로) 된 ☜ -ar<형접>
□ **lamin**ate [læ̃mənèit] ⓢ 얇은 판자로(조각으로) 만들다, (금속을) 박(箔)으로 하다; ~에 박판(薄板)을 씌우다 ☜ -ate(~을 만들다<동접>)
♠ **laminate** a book cover 책 표지를 **비닐로 코팅하다**
□ **lamin**ated [læ̃mənèitid] ⓗ 얇은 조각(판)으로 된 ☜ -ed<수동형 형접>
□ **lamin**ation [læ̀mənéiʃən] ⓜ 얇은 판자로(조각으로) 만들기; 적층(積層); 얇은 판자(조각) 모양(의 것) ☜ -ation<명접>

램프 lamp (등불)

☐ **lamp** [læmp/램프] ⑲ **등불, 램프**, 남포 ☜ 중세영어로 '가연성 액체를 담고 있는 용기'란 뜻.
♠ an electric (a gas) **lamp 전등**(가스등(燈))
☐ **lamp**light [lǽmplàit] ⑲ 등불, 램프 빛 ☜ lamp + light(빛)
☐ **lamp**post [lǽmppòust] ⑲ 가로등 기둥 ☜ lamp + post(기둥, 말뚝)
☐ **lamp**stand [lǽmpstæ̀nd] ⑲ 램프대, **램프스탠드** ☜ lamp + stand(세움대, 세우개)
☐ **lamp**wick [lǽmpwìk] ⑲ 램프의 심지, 등심 ☜ lamp + wick(심지)

프리랜서 free-lancer (자유계약 작가 · 배우 · 기자 · 방송인)

♣ **어원 : lanc(e) 창(槍); 절개하다**
■ **free** lance (중세의) 영주에 소속되지 않은 무사, 용병; 자유로운 입장에 있는 사람 ☜ 자유로운(free) 창(lance)
■ **free**-lance [fríːlæ̀ns] ⑱ 자유계약의 ⑤ 자유계약으로 일하다 ☜ 자유로운(free) 창(lance)
■ **free**-lancer [fríːlæ̀nsər] ⑲ 자유계약의 작가(배우 · 기자) ☜ 자유로운(free) 창(lance)을 가진 자(er)
☐ **lance** [læns, lɑːns] ⑲ **창**, 작살; (pl.) 창기병(槍騎兵) ⑤ 창으로 찌르다 ☜ 고대 프랑스어로 '창'이란 뜻
♠ **throw a lance** (spear) **창**을 던지다
☐ **lanc**er [lǽnsər, lɑ́ːns-] ⑲ 창수(槍手); 창기병(槍騎兵); (pl.) 창기병 연대 ☜ lance + er(사람)
☐ **lanc**iform [lǽnsəfɔ̀ːrm, lɑ́ːn-] ⑱ 창 모양의 ☜ 창(lanc) + i + 모양의(form)
☐ **lanc**inate [lǽnsənèit, lɑ́ːn-] ⑤ 《드물게》 찌르다; 꿰뚫다; 째다 ⑱ (통증이) 찌르는 듯한 ☜ 창(lanc)을 안으로(in) 들이밀다(ate<동접>)
☐ **lanc**ination [lǽnsənèiʃən, lɑ́ːn-] ⑲ 찌름, 찢음; 격통 ☜ -ation<명접>

디즈니랜드 Disneyland (미국 LA에 있는 세계적인 유원지)

♣ **어원 : land 땅, 육지; 나라**
※ Disney [dízni] ⑲ **디즈니** 《Walter Elias. ~, 미국의 만화영화 제작자; 1901-66》
■ Disney**land** [díznilæ̀nd] ⑲ **디즈니랜드** 《1955년에 W. Disney가 Los Angeles에 만든 유원지》 ☜ -land(땅) 
☐ **land** [lænd/랜드] ⑲ **뭍, 육지; 땅, 토지; 나라, 국토** ⑤ **상륙[착륙]시키다** ☜ 고대영어로 '땅, 흙'이란 뜻
♠ **travel by land 육로로** 가다
♠ **the Land** of the Morning Calm 조용한 아침의 **나라** 《한국》 ☜ morning(아침), calm(조용한)
☐ **land**-based [lǽndbèist] ⑱ 육상 기지 발진(發進)의 ☜ 육지(land)에 기지(base)가 있는(ed<형접>)
☐ **land**ed [lǽndid] ⑱ **토지를 소유한**; 땅의, 땅으로 된; 양륙된 ☜ -ed<형접>
☐ **land**holder [lǽndhòuldər] ⑲ 지주; 차지인(借地人) ☜ 땅(land)을 가지고 있는(hold) 사람(er)
☐ **land**ing [lǽndiŋ] ⑲ **상륙**, 양륙 ☜ -ing<능동형 명접>
♠ **landing** area **착륙**구역, **상륙**지역 ☜ area(지역)
♠ **landing** gear **착륙[착수]**장치 ☜ gear(기어; 기구, 장치)
♠ **landing** ship 대형 **상륙용** 주정, **상륙용** 함정 ☜ ship(함정)
☐ **land**lady [lǽndlèidi] ⑲ (여관 · 하숙 등의) **여주인, 안주인** ☜ 땅(land)을 가진 여자(lady)
☐ **land**lord [lǽndlɔ̀rd] ⑲ **주인, 집주인, 지주** ☜ 땅(land) 주인(lord)
☐ **land**mark [lǽndmɑ̀ːrk] ⑲ **경계표**; 육상 지표(地表) 《항해자 등의 길잡이가 되는》 ☜ 땅(land) 표지(mark)
☐ **land**owner [lǽndòunər] ⑲ **땅 임자, 지주** ☜ 땅(land)을 소유한(own) 사람(er)
☐ **Land** Rover **랜드로버** 《영국 Rover Group 회사 제작의 범용 4륜 구동차》 ☜ rover(배회자, 방랑자)
☐ **land**scape [lǽndskèip] ⑲ **풍경**, 경치; 조망, 전망 ☜ -scape(경치)
☐ **land**slide [lǽndslàid] ⑲ **사태**, 산사태 ☜ slide(미끄러짐, 사태)
☐ **land**ward(s) [lǽndwərd(z)] ⑱⑰ 육지쪽으로(의) ☜ ward(s)(~쪽으로(의))
☐ **land** mine **지뢰** ☜ mine(광산, 지뢰, 기뢰)

✚ Deutsch**land** 독일, **도이칠란트** dream**land** 꿈나라, 유토피아 Eng**land 잉글랜드**, 《광의》 **영국** fairy**land 요정[동화]의 나라, 선경**(仙境) father**land** 조국; 조상의 땅 farm**land** 경작지, **농지**, 농토 Fin**land 핀란드** grass**land** 목초지, 목장; 대초원 Green**land 그린란드** high**land 고지**, 산지지; (H~) 스코틀랜드 북부의 고지 Hol**land 네덜란드** home**land** 고국, 모국, 조국 Ice**land 아이슬란드** in**land 오지(의)**, 내륙(의); **국내(의)** is**land 섬**; **아일랜드** Nether**lands 네델란드**

언더 라인 underline (밑줄), 핫라인 hot line (긴급 직통 전화)

♣ 어원 : line, lane 선, 줄

■ **line** [lain/라인] ⓜ **끈, 노끈, 밧줄; 선, 줄, 열** ⓢ **선[줄]을 긋다**
☜ 라틴어로 '린네르 밧줄'이란 뜻

■ under**line** [ʌndərláin] ⓢ **~의 밑에 선을 긋다**; 강조하다 ⓜ **밑줄**, 하선
☜ 아래의(under) 선(line)

■ hot **line** **핫라인** 《정부 수뇌간 등의 긴급 직통 전화》 ☜ hot(뜨거운, 긴급한)

■ sea **lane** **씨레인**, (대양상의) 항로, 해상 교통로, 통상 항로 ☜ sea(바다)

□ **lane** [lein] ⓜ **좁은 길**, 골목; 통로, 규정 항로; **차선**; (경주) 코스, (볼링의) **레인**
☜ 고대영어로 '좁은 길'이란 뜻
♠ **It is a long lane that has no turning.**
《속담》 구부러지지 않은 길이란 없다; 쥐구멍에도 볕들 날이 있다.
♠ a **4-lane** highway **4차선** 도로
♠ **lane** change 〔changing〕 **차선** 변경

□ de**line**ate [dilínièit] ⓢ (선으로) ~의 윤곽을〔약도를〕 그리다; (말로) 묘사〔기술〕하다
☜ 아래에(de=down) 선(line)을 만들다(ate)

□ de**line**ation [dilìniéiʃən] ⓜ 묘사; 윤곽; 도형; 설계, 도해 ☜ -ation<명접>

보디랭귀지 body language (몸짓 언어, 신체 언어) * body 몸, 본문

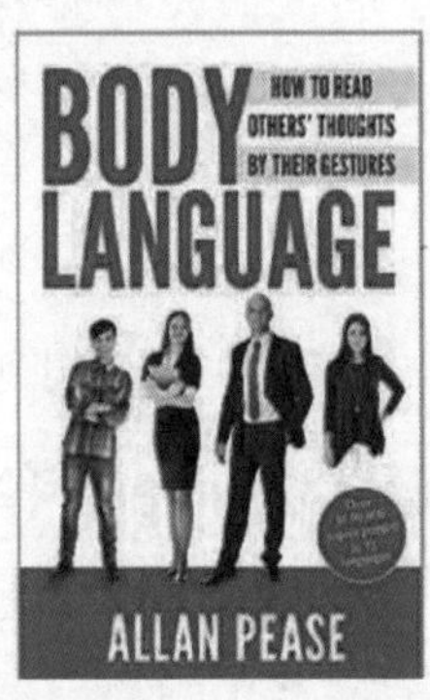

♣ 어원 : langu, lingu 혀, 말

□ **langu**age [lǽŋgwidʒ/**랭**귀쥐] ⓜ **언어**, 말, **국어; 어법**
☜ 라틴어로 '혀, 언어'란 뜻
♠ **Language** is an exclusive possession of man.
언어는 인간 고유의 것이다.
♠ **body language 보디랭귀지, 신체언어, 몸짓 말**
♠ **T**est **o**f **E**nglish as a **F**oreign **L**anguage **토플** 《외국어로서의 영어 능력 평가》(**TOEFL**)

■ **lingu**ist [líŋgwist] ⓜ 어학자, **언어학자** ☜ -ist(사람)

롱타임 longtime (긴 시간), 롱패스 long pass (먼 거리 패스)

♣ 어원 : long, lang, ling 긴

■ **long** [lɔːŋ/롱, lɔŋ] ⓗ (-<-**er**<-**est**) **긴**; **길게 느껴지는**
☜ 고대영어로 '끝에서 끝까지 지속되는'이란 뜻
ⓢ **애타게 바라다**, 열망〔갈망〕하다 ☜ 고대영어로 '나에게는 길게 보이다'란 뜻

■ **long**time [lɔ́ŋtàim] ⓗ 오랫동안의 ☜ long + time(시간)

□ **lang**uid [lǽŋgwid] ⓗ 노곤한, **나른한**, 활기〔기력〕없는; 관심〔흥미〕 없는
☜ 길게(lang=long) + u + 늘어진(id<형접>)
♠ a **languid** attempt **마음 내키지 않는** 시도

□ **lang**uish [lǽŋgwiʃ] ⓢ 나른해지다, **기운[생기]이 없어지다**; 쇠약해지다, 녹초가 되다; (식물이) 시들다, 퇴색하다 ☜ lang + u + ish<동접>

□ **lang**uishing [lǽŋgwiʃiŋ] ⓗ 차츰 쇠약해지는; 번민하는; 그리워하는 ☜ languish + ing<형접>

□ **lang**uor [lǽŋgər] ⓜ 나른함, 피로; 무기력, 침체; 시름; 번민; (날씨 따위의) 음울
☜ lang + u + or<명접>

□ **linger** [líŋgər] ⓢ (우물쭈물) **오래 머무르다**, 떠나지 못하다 ☜ 오래(ling) 끌다(er<계속 동접>)
♠ Students **lingered around** the coffee shop.
학생들은 다방에 별다른 이유없이 **오래도록 머물러 있었다**.

□ **linger**ing [líŋgəriŋ] ⓗ 오래〔질질〕 끄는, 우물쭈물하는 ☜ -ing<형접>

※ **pass** [pæs/패스/pɑːs/파-스] ⓜ 『구기』 **합격, 패스; 통행허가** ⓢ **지나(가)다**, 경과하다, **합격하다** ☜ 중세영어로 '지나가다, 바뀌다'라는 뜻

연상 ▸ 상위에 랭크(rank.순위)된 걸그룹들은 한결같이 랭크(lank.홀쭉)했다.

※ **rank** [ræŋk/랭크] ⓜ (pl.) **계급**, 등급; 열, 줄, 횡렬; 사회층, 신분 ⓢ **나란히 세우다; 분류하다; 자리잡다** ☜ 고대 노르드어로 '일직선의, 똑바로 선'이란 뜻

□ **lank** [læŋk] ⓗ 여윈, 홀쭉한 ☜ 고대영어로 '여윈, 마른'이란 뜻

□ **lank**y [lǽŋki] ⓗ (-<-ki**er**<-ki**est**) (손발·사람이) **홀쭉〔호리호리〕한**; 멀대같은
☜ lank + y<형접>
♠ his **lanky** figure 그의 **마른** 모습

랜턴 lantern (콩글 손전등) ➔ 《미》 flashlight, 《영》 torch

☐ **lantern** [lǽntərn] 명 **랜턴**, 호롱등, 제등; 환등(기)(magic ~). (등대의) 등(화)실(燈(火)室) ☜ 그리스어로 '횃불, 등불'이란 뜻
♠ **a lantern** parade (procession) **제등** 행렬

☐ **lantern** slide 환등 슬라이드 ☜ slide(미끄러짐, 환등기 슬라이드)

라오스 Laos (인도차이나 북서부의 사회주의 공화국)

☐ **Laos** [lɑ́:ous, léiɑs] 명 **라오스** 《인도차이나 서북부의 나라; 정식 명칭은 라오인민민주공화국(Lao PDR, Lao People's Democratic Republic), 수도 비엔티안(Vientiane)》 ☜ 'Lao족의 나라'란 뜻

☐ **Lao** [lau] 명 **라오**족 ☜ 타이 북부와 라오스에 분포하는 타이계 종족

☐ **Lao**tian [leióuʃən, láuʃiən] 명형 라오스 사람(말)(의) ☜ -ian(~의/~사람)

랩탑 laptop computer (무릎형 컴퓨터, 휴대형 컴퓨터)

☐ **lap** [læp] 명 **무릎; 핥기** 동 **겹치게 하다; 핥다**
☜ 고대영어로 '무릎; 핥다'란 뜻
♠ The child jumped into my **lap**.
그 아이는 내 **무릎** 위로 뛰어올랐다.
♠ The dog **lap** ped up the milk. 개가 우유를 말끔히 **핥아 먹었다**.

☐ **lap**top [lǽptàp] 명 『컴퓨터』 **랩톱** 《무릎에 얹어놓을 만한 크기의 휴대용 퍼스널 컴퓨터》 ☜ 무릎(lap) 위(top)

※ com**put**er, -tor [kəmpjú:tər] 명 **컴퓨터; 전자계산기** ☜ 함께(com) 계산하는(put) 기계(er)

슬리퍼 slipper (실내화), 타임랩스 time lapse (영상빨리돌리기, 미속(微速)촬영)

♣ **어원 : (s)lip, lap, lapse 넘어지다, 떨어지다, 미끄러지다; 버리다**

※ **time** [taim/타임] 명 (관사 없이) **시간, 때;** 시일, 세월; ~회, ~번
☜ 초기인도유럽어로 '나눈 것'이란 뜻

■ **slip**per [slípər] 명 (pl.) (가벼운) **실내화** ☜ 미끄러지는(slip) + p + 것(er)

☐ **lapse** [læps] 명 **착오, 실수**; (시간의) **경과**, 추이 동 (나쁜 길로) 빠지다
☜ 라틴어로 '미끄러져 떨어지다'란 뜻
♠ after a lapse of several years 수년이 지난 후에

☐ **lapse**d [læpst] 형 한물 지난; 실효한; 타락한, 배교의 ☜ -ed<수동형 형접>

■ ec**lip**se [iklíps] 명 『천문』 (해・달의) **식**(蝕) 동 (천체가) 가리다
☜ 라틴어로 '버리다'라는 뜻 비교 **ellipsis** (말의) 생략, 생략부호

라드 lard ([요리] 돼지비계를 녹여 정제한 후 굳힌 것)

☐ **lard** [lɑ:rd] 명 **라드** 《돼지 비계를 정제한 반고체의 기름. 과자나 파이, 채소나 콩 요리에 많이 사용된다.》, 돼지기름 동 ~에 라드를 바르다 ☜ 고대 프랑스어로 '베이컨, 돼지 훈제살'이란 뜻
♠ render **lard 라드**를 녹이다

☐ **lard** oil **라드 오일** 《라드에서 뽑은 윤활・유등유》 ☜ oil(기름; 유화물감)

☐ **lard**y [lɑ́:rdi] 형 (-<-di**er**<-di**est**) 라드의; 라드가 많은; 지방이 많은, 살찐 ☜ lard + y<형접>

엑스라지 < 엑스트라 라지 XL = Extra Large ([의류] 특대형)
라르고 largo ([음악] 아주 느리게)

의류사이즈 크기를 표시하는 기준으로 보통 숫자나 영문 약호를 쓴다. 통상 가장 작은 순부터 XXS-XS-S-M-L-XL-XXL로 표기한다. 다만 숫자로 표기할 경우 각국이 각기 다르게 표기함을 명심해야 한다.
X: Extra(특), S: Small(소형), M: Medium(중형), L: Large(대형)

♣ **어원 : large 큰, 넓은; 장엄한**

※ **extra** [ékstrə] 형 **여분의**, 임시의, **특별한** 부 **특별히**
☜ **extra**ordinarily(대단히, 엄청나게, 특별히)의 줄임말

☐ **large** [lɑ:rdʒ/라-쥐] 형 (공간적으로) **큰**, 넓은; **다량[다수]의; 도량이 넓은** ☜ 고대 프랑스어로 '풍부한, 큰, 많은'이란 뜻
♠ a **large** tree (building) **큰** 나무 (건물)
♠ **at large 일반적으로**; 상세하게; (범인이) 잡히지 않고, 도망중의

□ **large**-handed [lάːrdʒhǽndid] ⓗ 손〔통〕이 큰; 활수한, 마음이 후한 ☜ 큰(large) 손(hand) 의(ed)
□ **large**-hearted [lάːrdʒhάːrtid] ⓗ 마음이 큰, 도량이 넓은; 인정 많은, 박애의 ☜ 큰(large) 마음(heart) 의(ed)
□ **large**ly [lάːrdʒli] ⓑ 대부분, **주로**(=mainly); **대량으로**, 대규모로, 크게 ☜ large + ly<부접>
♠ His success was **largely** due to luck. 그의 성공은 **주로** 행운에 의한 것이었다.
□ **large**ness [lάːrdʒnìs] ⓜ 큼, 거대, 다대, 위대; 광대 ☜ -ness<명접>
□ **large**-scale [lάːrdʒskéil] ⓗ **대규모의, 대대적인**; 대축척(大縮尺)의《지도 등》☜ scale(눈금)
□ **largo** [lάːrgou] ⓗⓑ 〖음악〗《It.》 장엄한〔하게〕 그리고 느린〔느리게〕 ⓜ (pl. **-s**) (템포가) 느린 곡, **라르고** 악장(樂章) ☜ 이탈리아어로 '폭이 넓은, 광대한'이란 뜻
□ **larghetto** [lɑːrgétou] ⓗⓑ 〖음악〗《It.》 조금 느린; 조금 느리게 《largo 보다 빠름》 ⓜ (pl. **-s**) 조금 느린 곡, **라르게토** ☜ -ette/etto(작은, 약간)
■ en**large** [enlάːrdʒ] ⓢ **크게 하다**, 확대〔증대〕하다 ☜ 크게(large) 만들다(en)

스카이 락 Sky Lark (일본의 패밀리 레스토랑 체인 기업. <종달새>란 뜻)

* 스카이 락은 1996-2006년간 한국에서 영업 후 철수하였으며, 그 자리는 CJ푸드빌의 빕스(VIPS)가 대체했다.

※ **sky** [skai/스까이] ⓜ (the ~ 〔skies〕) **하늘**; 천국 ☜ 고대영어로 '구름(장막)'이란 뜻
□ **lark** [lɑːrk] ⓜ 〖조류〗 **종다리, 종달새**(=skylark); 《구어》 희롱, 장난 ☜ 라틴어로 '종달새'란 뜻
♠ **If the sky falls, we shall catch larks. 《속담》 하늘이 무너지면 종달새가 잡힐 테지. 공연히 미리 걱정할 것은 없다.**
■ sky**lark** [skáilὰːrk] ⓜ 〖조류〗 **종다리, 종달새**; 《구어》 야단법석, 장난 ☜ sky(하늘) + lark(종달새)
■ wood**lark** [wúdlὰːrk] ⓜ 숲종다리 《유럽·미국산(産)》 ☜ wood(숲, 나무) + lark(종달새)

라바 인 뉴욕 Larva in New York (한국의 JEI 재능TV 만화드라마)

□ **larva** [lάːrvə] ⓜ (pl. larva**e**) 〖곤충〗 **애벌레, 유충** ☜ 라틴어로 '유령'이란 뜻
♠ **Larva** is a popular TV animated series in Korea. **라바**는 한국에서 인기 있는 TV 만화 시리즈이다.
※ **in** [in/인, (약) ən/언] ⓙ 〖장소·위치〗 **~의 속[안]에서, ~에서** ☜ 고대영어로 '~안에'란 뜻
※ **New York** [njuːjɔ́ːrk] **뉴욕** 시(=New York City) 《생략: N.Y.C.》; **뉴욕** 주(=New York State) 《생략: N.Y., NY》 ☜ 새로운(new) 요크(York: 영국 노스 요크셔주의 주도)

레이저 laser ([물리] 유도방출로 증폭된 빛. "죽음의 광선")

레이저란 일정한 공간에 넓게 퍼져 있는 에너지를 빛의 응축 성질을 이용하여 한 곳에 집약시킨 것이다. 이렇게 같은 공간에서 빛의 파동을 중첩하면 엄청난 에너지를 집중시킬 수 있다. 이 에너지를 이용하여 쇠를 자르고, 미사일도 격추시킬 수 있다. <출처 : 세상을 움직이는 물리 / 일부인용>

□ **LASER** [léizər] **L**ight **A**mplification by the **S**timulated **E**mission of **R**adiation **레이저**, 유도방출에 의한 광(光)증폭
♠ **The laser printer** can produce letter-quality printing. **레이저 프린터**는 고선명의 인쇄를 한다.
□ **laser** beam 레이저 광선 ☜ beam(광선, 지향성 전파; 대들보)
□ **laser** bomb 레이저 유도 폭탄 ☜ bomb(폭탄)
□ **laser** ranger 레이저 거리 측정기 ☜ 거리(range)에 도달하는 기계(er)
□ **laser** surgery 레이저 수술 ☜ surgery(외과 수술)

슬래쉬 slash (사선, 빗금, /)

♣ **어원 : lash, rash (채찍으로) 때리다, 치다**
■ s**lash** [slæʃ] ⓢ **깊이 베다**, (예산 등을) **삭감하다**; (채찍을) 휘두르다; 혹평하다 ⓜ 일격, 썩 벰; 베인 상처; 삭감; 사선, **슬래쉬**, 빗금 ☜ 중세영어로 '무기로 일격에 벰'이란 뜻
□ **lash** [læʃ] ⓜ 채찍(질); (통상 pl.) 속눈썹(=eyelash) ⓢ (채찍으로) **때리다** ☜ 중세영어로 '일격을 가하다, 때리다'란 뜻
♠ receive **20 lashes 매 20대**를 맞다
■ th**rash** [θræʃ] ⓢ **마구 때리다, 두드리다; 몸부림치다** ⓜ 때림 ☜ 중세영어로 '두드려 곡물을 타작하다'란 뜻.

퍼스트 레이디 first lady (대통령 부인, 영부인)

※ **first** [fəːrst/퍼-스트] ⓗ **첫째의, 최초의** ⓟ **첫째로, 우선; 처음으로**
☜ 가장 맨 앞에 ☜ fore의 최상급

■ **lady** [léidi/**레**이디] ⓜ (pl. lad**ies**) **귀부인, 숙녀**
☜ 고대영어로 '군주의 아내; 빵을 반죽하여 만드는 여자'란 뜻에서

□ **lass** [læs] ⓜ **젊은 여자, 소녀**; (특히 미혼) 여성
☜ 고대 스웨덴어로 '미혼 여자'란 뜻에서 비교 lad 젊은이, 청년, 소년
♠ a bonnie(=bonny) lass 예쁜 소녀

□ **lass**ie [lǽsi] ⓜ《주로 Scot.》계집애, 소녀 ☜ 작은(ie) 여자(lass)

베스트셀러 best seller (가장 많이 팔린 물건) * seller 판매인, 잘 팔리는 상품

♣ 어원 : -st, -est (최상급)

■ **best** [best/베스트] ⓗ 〚good · well의 최상급〛 **가장 좋은, 최선의**
☜ 고대영어로 '가장 품질이 좋은, 첫 번째의'란 뜻 ⓑ **worst** 가장 나쁜, 최악의
비교 good · well < better < best

■ fir**st** [fəːrst/퍼-스트] ⓗ **첫째의, 최초의** ⓟ **첫째로, 우선; 처음으로**
☜ 가장 맨 앞에 ⇦ fore의 최상급

■ wor**st** [wəːrst/워-스트] ⓗ 〚bad, ill의 최상급〛 **최악의, 가장 나쁜** ⓜ 최악, **최악의 것[사람]**
ⓟ 〚badly, ill의 최상급〛 **가장 나쁘게**; 매우, 대단히 ☜ 고대영어 wyrst(가장 나쁜)에서

□ la**st** [læst/래스트/lɑːst/라-스트] ⓗ (the ~) (순서상으로) **마지막의, 최후의**; (the ~) **최근의**; 최신(유행)의 ⓟ **마지막으로** ⓜ **최후의 것[사람]** ☜ 가장 나중에 ⇦ late의 최상급
ⓓ **계속[지속]하다; 견디다** ☜ 마지막까지 유지하다
♠ **the last day** of the vacation 휴가의 **마지막 날**
♠ **the last day, L- D- 최후 심판의 날**(=Judgement Day)
♠ **the Last Judgment 최후의 심판(일)**《하나님이 마지막으로 인류에게 내리는》
♠ **last name 성**(姓)(=surname) ☜ 마지막(last) 이름(name)
♠ **at last 마침내, 드디어**(=finally, at length)
♠ **(the) last (A) to** 〔that〕 **(B) 가장 B할 것 같지 않은 A**
♠ **last night 어젯밤에**
♠ **last time 지난번에**
♠ **to the last drop** 〔cent, man, etc〕 **최후의 한 방울** 〔1센트, 한 사람 따위〕 **까지**

□ la**st**ing [lǽstiŋ, lɑ́ːst-] ⓗ **영속하는**; 오래가는〔견디는〕; 영원한, 영구(불변)한 ☜ -ing<형접>

□ la**st**ly [lǽstli] ⓟ **최후로**; 드디어, 결국(=finally) ☜ -ly<부접>

라스베이거스 Las Vegas (도박으로 유명한 미국 네바다주의 도시)

□ **Las Vegas** [lɑːsvéigəs/lǽs-] ⓜ 〖지리〗 **라스베이거스**《미국 Nevada 주의 도시; 도박으로 유명》
☜ 스페인어로 '초원'이란 뜻

라트비아 Latvia (전국이 평지인 북유럽 발트해 연안의 공화국)

□ **Latvia** [lǽtviə] ⓜ **라트비아**(공화국)《1940년 옛소련에 병합되었다가 1991년 독립; 수도 리가(Riga)》 ☜ 'Lat인의 나라'란 뜻. ★ 국토면적은 한반도의 1/3

래치 볼트 latch bolt ([건축] 문을 닫으면 자동 작동되는 걸쇠 볼트)

□ **latch** [lætʃ] ⓜ **걸쇠**, 빗장 ⓓ **걸쇠를 걸다** ☜ 고대영어로 '붙잡다'
♠ set **the latch 빗장**을 걸다
♠ off **the latch 걸쇠**를〔**빗장**을〕 벗기고
♠ on **the latch** (자물쇠는 안 잠근 채) **걸쇠**만 걸고

□ **latch**key [lǽtʃkiː] ⓜ 걸쇠의 열쇠, 바깥문의 열쇠 ☜ key(열쇠)

※ **bolt** [boult] ⓜ **볼트, 전광**; 나사못, **빗장** ☜ 고대영어로 '화살'이란 뜻

라스트 last (마지막으로)

■ **last** [læst/래스트/lɑːst/라-스트] ⓗ (the ~) **마지막의, 최후의**; (the ~) **최근의**; 최신(유행)의 ⓟ **마지막으로** ⓜ **최후의 것[사람]** ☜ 가장 나중에 ⇦ late의 최상급
ⓓ **계속[지속]하다; 견디다** ☜ 마지막까지 유지하다

□ **late** [leit/레이트] ⓗ (-<lat**er**〔latt**er**〕<lat**est**〔**last**〕) **늦은, 지각한; 최근에 죽은, 고**(故)
ⓟ **늦게, 뒤늦게; 지각하여; 밤이 깊어[깊도록]** ☜ 고대영어로 '느린, 게으른'이란 뜻

★ later, latest는 '때·시간'의, latter, last는 '순서'의 관계를 보임.
♠ **It is never too late to mend. 《속담》 잘못을 고치는 데 늦는 법은 없다.**
♠ **as late as 바로 ~인 최근**
♠ **be late for ~ ~에 늦다[지각하다]**
♠ **of late 요사이**(=lately)

☐ **late**ness [léitnəs] 명 늦음, 지각 ☜ late + ness<명접>

☐ **late**nt [léitənt] 형 **숨어 있는**, 보이지 않는; **잠재적인**; 『의학』 잠복성(기)의 ☜ 보이지 않는, 잠재적인 ⇦ 늦게까지(late) 대기하는(ent<형접>)
♠ **latent** power **잠재**(능)력
♠ **latent** period 『의학』 병의 **잠복**기

☐ **late**ncy [léitənsi] 명 숨음, 안 보임; 잠복, 잠재(물); 『컴퓨터』 **레이턴시** 《메모리가 다음 명령을 처리할 때까지 걸리는 대기시간》 ☜ late + ency<명접>

☐ **late**ly [léitli] 부 **요즈음**, 최근(=of late) ☜ -ly<부접>

☐ **late**r [léitər] 형 《late의 비교급》 **더 늦은, 더 뒤의** 부 **뒤에**, 나중에 ☜ 더(er) 늦은(late)
♠ **See you later. 나중에 봐.**
♠ **later on 그 후; 후에, 나중에**

☐ **late**st [léitist] 형 《late의 최상급》 **최신의**, 최근의 ☜ 가장(est) 늦은(late)

☐ **lat**ter [lǽtər/**래**러/**래**터] 형 《late의 비교급》 **나중쪽의**, 마지막의; (the ~) **후자의** ☜ 더(er) 늦은(late)

☐ **lat**terly [lǽtərli] 부 근래에, 만년에 ☜ latter + ly<부접>

☐ be**lat**ed [biléitid] 형 늦은, 뒤늦은; 구식의, 시대에 뒤떨어진 ☜ 늦게(late) 되어(be) 진(ed<형접>)

래터럴 패스 lateral pass ([구기 스포츠] 측면의 동료에게 행하는 패스)

♣ **어원 : lat, later 옆, 가로; 폭, 넓이**

☐ **later**al [lǽtərəl] 형 **옆의**(으로의), 측면의(에서의, 으로의), 바깥쪽의 명 옆쪽 ☜ 옆면(later) 의(al)
♠ a **lateral** branch *옆 가지* ➔ (친족의) 방계(傍系) 《형제자매의 자손》

☐ **lat**itude [lǽtətjùːd] 명 **위도**(緯度) 《생략: lat.》, 위선(緯線) ☜ 가로(lat)로 + i + 된 것(tude<명접>)
반 longitude 경도, 경선
♠ at 38° north **latitude** = in **latitude** 38° north 북**위** 38°에

☐ **lat**itudinal [lǽtətjùːdinəl] 형 위도(緯度)(위선)의, 위도 방향의 ☜ -al<형접>

※ **pass** [pæs/패스/pɑːs/파-스] 명 『구기』 **합격, 패스; 통행허가** 동 **지나(가)다**, 경과하다, 넘겨주다, **합격하다** ☜ 중세영어로 '지나가다, 바뀌다'라는 뜻

☐ **latest**(최신의) ➔ **late**(늦은) **참조**

라틴어 Latin language (고대 로마제국의 공영어)

☐ **Latin** [lǽtin/**래**틴] 형 **라틴어의**, 라틴(어)계(系)의 명 **라틴계 사람**; 라틴어 ☜ 로마근처의 'Latium 지역의 언어'란 뜻 ★ **라틴은 이탈리아 중부의 라치오(Lazio)** 지역을 말하는데, 라치오의 원래 명칭인 라티움(Latium)은 로마신화에서 라틴 부족들의 왕, Latinus의 이름에서 따왔다는 설과 라치오에 펼쳐진 평야지대를 보고 라틴어로 '넓다'는 뜻의 Latus에서 따왔다는 설이 있다. 이곳의 라틴 민족이 훗날 로마를 중심으로 로마제국을 세웠다.
♠ the **Latin** peoples (races) **라틴계** 민족 《프랑스·이탈리아·스페인·포르투갈·루마니아 따위의 라틴계 말을 하는 민족》

☐ **Latin** America **라틴 아메리카** 《라틴계 언어인 스페인어·포르투갈어를 쓰는 멕시코, 중앙·남아메리카, 서인도 제도의 총칭》

☐ **Latin**-American [lǽtənəmérikən] 형 **라틴아메리카**(사람)의 ☜ -an(~의/~사람)

☐ **Latino, latino** [lætíːnou, lə-] 명 (pl. **-s**) **라티노** 《미국에 사는 라틴계 사람》

☐ **latter**(나중 쪽의) ➔ **late**(늦은) **참조**

래티스 워크 latticework ([패션] 직각으로 교차한 격자 세공 문양)

☐ **lattice** [lǽtis] 명 **격자**(格子), **래티스**; 격자창(窓); 격자꼴 문장(紋章) ☜ 고대영어로 '격자'란 뜻에서

☐ **lattice**work [lǽtiswəːrk] 명 격자 세공(무늬), **래티스 워크** ☜ work(세공(물))

♠ a low wall of stone **latticework 격자 모양의** 낮은 돌담

연상 우리는 업무 로드(load.부담)를 주지 않는 상사를 로드(laud.찬미)한다.

※ **load** [loud/로우드] ⓜ **적하 화물**, 무거운 짐, **부담**; 근심, 걱정 ⓢ 짐을 싣다; 탄알을 장전하다
☜ 중세영어로 '짐을 두다, 무게를 더하다'란 뜻

☐ **laud** [lɔːd] ⓢ 기리다, 찬미(찬양, 칭찬)하다 ⓜ 기림, 찬미
☜ 고대 프랑스어로 '칭찬하다'란 뜻 **비교** loud 시끄러운
♠ **laud ~ to the skies ~를 극구 칭찬하다**

☐ **laud**able [lɔ́ːdəbəl] ⓗ 칭찬할 만한, 기특한; 【의학】 (분비 작용이) 건전한
☜ laud + able<형접>

☐ **laud**ation [lɔːdéiʃən] ⓜ 상찬, 찬미 ☜ laud + ation<명접>

☐ **laud**atory [lɔ́ːdətɔ̀ːri/-təri] ⓗ 찬미(상찬)의 ☜ laud + atory<형접>

엘오엘 LOL (<크게 웃다>, <사랑을 듬뿍 보냄>이란 뜻의 이메일 · 문자)

■ **LOL, LoL** [elouel] **l**augh **o**ut **l**oud(크게 웃다) 또는 **l**ots **o**f **l**ove(사랑을 듬뿍 보낸다)의 줄임말 《이메일 · 문자 메시지에서》

☐ **laugh** [læf/래프/lɑːf/라-프] ⓢ (소리 내어) **웃다; 비웃다** ⓜ **웃음**
♠ **burst out laughing 폭소하다**
♠ **He who laughs last laughs longest. 《속담》 최후에 웃는 자가 진짜 웃는 자이다, 지레[성급히] 기뻐하지 마라.**
♠ **He who laughs, lasts! 웃는 자가 승자일지니!**
- 미국의 풍자시 작가, 메리 페티본 풀 -
♠ **laugh at ~ ~을 보고[듣고] 웃다; ~을 비웃다**
♠ **laugh away (슬픔 · 걱정 따위를) 웃어 풀어[떨쳐] 버리다**

☐ **laugh**able [lǽfəbl] ⓗ 우스운 ☜ laugh + able<형접>

☐ **laugh**ing [lǽfiŋ] ⓗ **웃는**, 웃고 있는 (듯한); 우스운 ⓜ 웃기, 웃음
☜ laugh + ing<형접/명접>

☐ **laugh**ingstock [ǽfiŋstɑ̀k] ⓜ 웃음거리(감) ☜ laughing + stock(원료, 표적)

☐ **laugh**ter [lǽftər, lɑ́ːf-] ⓜ **웃음; 웃음소리** ☜ 더 오래도록(ter) 웃기(laugh)

프리랜서 free-lancer (자유계약 작가 · 배우 · 기자 · 방송인)
론칭 launching ((상품의) 출시, 개시)

♣ 어원 : **lanc(e), launch 창(槍); 절개하다**

■ **free** lance (중세의) 영주에 소속되지 않은 무사, 용병; 자유로운 입장에 있는 사람
☜ 자유로운(free) 창(lance)

■ **free**-lancer [fríːlænsər] ⓜ 자유계약의 작가(배우 · 기자) ☜ er(사람)

■ **lance** [læns, lɑːns] ⓜ **창**, 작살; (pl.) 창기병(槍騎兵) ⓢ 창으로 찌르다
☜ 고대 프랑스어로 '창'이란 뜻

☐ **launch** [lɔːntʃ, lɑːntʃ] ⓢ (배를) **진수시키다**; (로켓 등을) 발사하다; (세상에) **내보내다**, 진출하다 ☜ 고대 프랑스어로 '창을 던지다'라는 뜻
♠ The Navy is to **launch** a new warship today.
해군은 오늘 새 군함을 **진수시킨다**.

☐ **launch** complex (위성 · 우주선 등의) 발사시설 ☜ complex(복합체)

☐ **launch**er [lɑ́ːntʃər, lɔ́ːn-] ⓜ 발사대, 발사장치 ☜ launch + er(장치)

☐ **launch**ing pad (미사일 · 로켓 등의) 발사대 ☜ pad(받침, 대)

☐ **launch**ing site 발사기지 ☜ site(장소, 부지)

론드리 백 laundry bag (세탁물 담는 비닐 주머니) * bag 가방, 자루
라벤더 lavender (라벤더 꽃 · 향수)

♣ 어원 : **lav, lau(nd) 씻다, 목욕하다, (물을) 퍼붓다; 호우**

☐ **laund**ry [lɔ́ːndri, lɑ́ːn-] ⓜ [집합적] **세탁물; 세탁소, 세탁실**(장)
☜ 씻는(lau) + nd<어근확장> + 장소(ry)
♠ a pile of clean (dirty) **laundry** 깨끗한 (더러운) **세탁**물

☐ **laund**ry room 세탁실 ☜ room(방, 실(室))

☐ **laund**ryman [lɔ́ːndrimən, lɑ́ːn-] ⓜ (pl. **-men**) 세탁인 ☜ man(남자, 사람)

☐ **laund**er [lɔ́ːndər, lɑ́ːn-] ⓢ 세탁하다, 세탁하여 다리미질하다 ☜ -er<동접>

☐ **laund**ress [lɔ́ːndris] ⓜ 세탁부 ☜ laundry + ess<여성 접미사>

< Laundry Bag >

☐ **laund**erette [lɔ̀:ndərét, lɑ̀:n-] 명 (동전 투입식) 셀프 서비스식 임대 세탁소, 빨래방
☜ 작은(ette) 씻는(laund) 곳(er)
☐ **lav**a [lɑ́:və, lǽvə] 명 **용암**, 화산암; 용암층 ☜ 씻겨(흘러) 내려간(lav) 것(a)
☐ **lav**ation [lævéiʃən, lei-] 명 씻음, 세정(=washing); 씻는 물, 세정수
☜ -tion<명접>
☐ **lav**atory [lǽvətɔ̀:ri/-təri] 명 《미》 **세면장**, 화장실
☜ 씻는(lav) 장소(atory)
☐ **lav**ender [lǽvəndər] 명 『식물』 **라벤더** 《방향 있는 꿀풀과(科)의 식물》; 라벤더의 말린 꽃(줄기) 《의복의 방충용》; 라벤더 향수
☜ 라틴어로 '목욕할(lav) 때 넣는 것(ender)'이란 뜻
☐ **lav**ish [lǽviʃ] 형 **아낌없는**, 후한; 낭비벽이 있는 동 **아낌없이[후하게] 주다** ☜ 퍼붓(lav) 는(-ish)
♠ **lavish** of (with) money = **lavish** in giving 돈을 **잘 쓰는**

< Lavender >

로럴 크라운 Laurel crown (월계관) * crown 왕관

☐ **laurel** [lɔ́:rəl, lɑ́:r-] 명 『식물』 월계수; **월계관** ☜ 라틴어로 '월계수'란 뜻
♠ **The laurel** fell on his head. **월계관**은 그에게 돌아갔다
☐ **laurel**(l)ed [lɔ́:rəld] 형 월계관을 쓴(받은), 영예를 얻은 ☜ -ed<형접>
☐ **laure**ate [lɔ́:riit] 형 **월계관을 쓴**(받은) ☜ -ate<형접>

로스쿨 law school (법과 대학원) * school 학교, 양성소
로펌 Law Firm (전문변호사들로 구성된 법률회사) * firm 회사; 확고한

☐ **law** [lɔ:/로-] 명 (the ~) **법률, 법**, 국법; (개개의) 법률, 법규
☜ 고대 노르드어로 '놓인 것, 정해진 것'이란 뜻
♠ **Murphy's law 머피의 법칙** 《일이 잘 풀리지 않고 오히려 점점 꼬여만 가는 현상》 ☞ Murphy 참조
☐ **law** court **법정**(=court of law) ☜ court(안뜰, 궁정; 법정; 테니스/농구 코트)
☐ **law** enforcement 법의 집행 ☜ enforcement(시행, 실시, 강제집행)
☐ **law** office (변호사 등의) 법률 사무소 ☜ office(사무소, 사무실)
☐ **law** school 법과 대학원 ☜ school(학교)
☐ **law**-abiding [lɔ́:əbàidiŋ] 형 법률을 지키는 ☜ 법(law)을 준수하(abide) 는(ing)
☐ **law**breaker [lɔ́:brèikər] 명 법률 위반자, 범죄자 ☜ 법(law)을 깨는(break) 사람(er)
☐ **law**ful [lɔ́:fəl] 형 **합법의, 적법의**; 정당한 ☜ -ful(가득한)
☐ **law**giver [lɔ́:gìvər] 명 **입법자**, 법률 제정가 ☜ 법(law)을 주는(give) 사람(er)
☐ **law**less [lɔ́:lis] 형 **법(률)이 없는, 법(률)이 시행되지 않는**; 무법의; 불법적인
☜ law + less(~이 없는)
☐ **law**maker [lɔ́:mèikər] 명 **입법자**, (국회)의원 ☜ 법(law)을 만드는(make) 사람(er)
☐ **law**suit [lɔ́:sù:t] 명 소송 ☜ suit(소송, 고소)
☐ **law**yer [lɔ́:jər] 명 **법률가; 변호사**; 법률학자(=jurist) ☜ -er(사람)
♠ He's a good (a poor, no) **lawyer**. 그는 **법률**에 밝다(어둡다).

The Garcia Law Firm

L

론 테니스 lawn tennis ([스포츠] 잔디 코트에서 하는 테니스)

☐ **lawn** [lɔ:n] 명 **잔디**(밭) ☜ 중세영어로 '숲 사이의 빈터'란 뜻
♠ **Keep off the lawn. 잔디밭에 들어가지 말 것.**
☐ **lawn** mower 잔디 깎는 기계 ☜ 풀 베는(mow) 사람/기계(er)
☐ **lawn** tennis 잔디밭에서 하는 테니스
☐ **lawn**y [lɔ́:ni] 형 (-<-ni**er**<-ni**est**) 잔디의, 잔디 같은; 잔디가 많은
☜ lawn + y<형접>

☐ **lax**(헐렁한, 단정치 못한) ➔ **lazy**(게으른) **참조**

레이어 layer (그래픽편집 프로그램에서 여러개의 그림을 겹쳐놓은 층)

♣ 어원 : layer 층이 있는, 겹친 ⇦ lay 눕히다, 놓다, 설비하다, 새기다
☐ **lay** [lei/레이] 동 (-/**laid**/**laid**) **놓다, 눕히다**; (알을) **낳다; 쌓다; 넘어뜨리다, 때려눕히다**; **제시[제출]하다** ☜ 고대영어로 '두다, 내려놓다'란 뜻
♠ **lay** a child to sleep *아이가 자도록* ***눕히다*** ➔ 아이를 재우다.
♠ **lay aside 옆에 두다; 중지하다; 저금하다; 보존하다**
♠ **lay by 저축하다, 옆에 두다**
♠ **lay down 내려놓다, 눕혀놓다; 버리다; 안을 세우다**

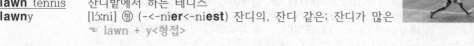

♠ **lay on 가하다; 칠하다; (가스 · 전기 등을) 끌다; 부과하다**
♠ **lay out (돈을) 쓰다; 투자하다; 설계하다; (편집에서) 배열하다**
♠ **lay up 저축하다; (병으로) 몸져눕다, 몸져눕게 하다**

□ **lay**er [léiər] ⓗ **놓는[쌓는, 까는] 사람; 층** ☜ 놓는(lay) 사람〔것〕(er)
□ **lay**man [-mən] ⓜ (pl. **-men**) **속인**(俗人), 평신도《성직자에 대해》; 아마추어, 문외한 ☜ (아래에) 놓인(lay) 사람(man)
□ **lay**out [léiàut] ⓜ (지면 · 공장 따위의) 구획, 배치, **설계**(법), **레이아웃** ☜ 분리하여(out) 두다(lay)
□ **laid** [leid/레이드] ⓗ **가로놓인, 눕혀진** ☜ lay의 과거분사
♠ The strong man **laid** into the bear at a time. 힘이 센 남자는 곰을 한 번에 **때려눕혔다**.

✚ in**lay** (장식을) 박아 넣다, 아로새기다; 상감하다; 상감; 상감세공; 박아 넣기 in**laid** 아로새긴, **상감세공을 한**, 무늬를 박아 넣은 out**lay** 비용, 경비; 지출; 소비하다, 지출하다

릴렉스 relax (긴장을 풀다)

♣ **어원 : laz, lax 게을리 하다, 늦추다; 느슨한; 연약한**
■ re**lax** [rilǽks] ⓢ **늦추다**, 완화하다; **편하게 하다; 느슨해지다** ☜ 뒤로(re) 늦추다(lax)
□ **lax** [læks] ⓗ 느슨한, 헐렁한; 단정치 못한 ☜ 라틴어로 '느슨한'이란 뜻
♠ **lax** security 〔discipline〕 **느슨한** 보안〔규율〕
□ **lax**ative [lǽksətiv] ⓜ 설사제 ☜ (변을) 느슨하게(lax) 하는 것(ative<명접>)
□ **laz**e [leiz] ⓢ 빈둥빈둥 지내다, 게을리 하다 ☜ 연약하(laz) 다(e<동접>)
□ **laz**y [léizi] ⓗ (-<-zi**er**<-zi**est**) **게으른**, 나태한, 게으름쟁이의 ☜ 초기 독일어로 연약(laz) 한(y<형접>)
♠ He was not stupid, just **lazy**. 그는 어리석은 것이 아니라 단지 **게을렀**을 뿐이다.
□ **laz**ily [léizi] ⓑ **게으르게**, 빈둥빈둥 ☜ lazy + ly<부접>
□ **laz**iness [léizinəs] ⓜ **게으름**, 나태 ☜ lazy + ness<명접>
□ **laz**ybones [léizibòuns] ⓜ (pl.) [일반적으로 단수취급] 《구어》 게으름뱅이 ☜ (활동하길 싫어하는) 게으른(lazy) 뼈(bone) 들(s)

L

파운드 pound = lb. (무게의 단위. <(L.) libra pondo의 줄임말>)

■ **pound** [paund/파운드] ⓜ (pl. **-s**, [집합적] **-**) **파운드**《무게의 단위; 생략: lb.; 상형(常衡)(avoirdupois)은 16온스, 약 453.6g; 금형(金衡)(troy)은 12온스, 약 373g》; **파운드**《영국의 화폐 단위; 1971년 2월 15일 이후 100 pence; 종전에는 20 shillings에 해당; 생략: ￡》 ☜ 라틴어로 '매달다'라는 뜻. libra pondo의 줄임말
□ **lb.** [paund/파운드] ⓜ (pl. lb**s** [-z]) 《약어》 libra(=pound) **파운드** ☜ 라틴어 libra pondo(무게를 매달다)의 줄임말
★ lb.는 중량 단위인 pound의 약어이고, 통화단위의 pound 기호는 ￡.임.

리더 leader (지도자, 선도자), 치어리더 cheerleader (응원단장)

♣ **어원 : lead 이끌다, 나르다**
□ **lead** [li:d] ⓢ (-/**led**/**led**) 이끌다, **인도[안내]하다; 뛰어나다; ~에 이르다** ⓜ **선도**, 솔선, **지휘; 납** ☜ 중세영어로 '이끄는 행위'
♠ **lead** a blind man by the hand 장님의 손**을 이끌어 주다**.
♠ **All roads lead to Rome. 《속담》 모든 길은 로마로 통한다.**
♠ **lead astray 미혹시키다; 잘못가게 하다; 타락시키다**
♠ **lead the way 앞서 가서, 안내하다; 솔선하다**
♠ **lead to ~ ~에 통하다, ~에 계속하다, ~에 귀착하다**
□ **lead**er [lí:dər/**리**-더] ⓜ **선도자, 지도자, 리더** ☜ lead + er(사람)
□ **lead**ership [lí:dərʃip] ⓜ 지도, 지휘, **지도력**; 통솔(력), **리더십; 지휘자의 지위**〔임무〕 ☜ leader + ship(성질)
□ **lead**ing [lí:diŋ/**리**-딩] ⓜ **지도**, 선도, 통솔; 납세공, 납틀 ⓗ **이끄는**, 선도〔지도〕하는; **손꼽히는** ☜ lead + ing<명접/형접>
♠ a man of **light and leading 계몽**가, 지도자
■ cheer**lead**er [tʃíərli:dər] ⓜ 《미》 (보통 여성인) **응원단장** ☜ 환호하도록(cheer) 이끄는(lead) 사람(er)
■ mis**lead** [misli:d] ⓢ (-/mis**led**/mis**led**) **잘못 인도[안내]하다**; 현혹시키다 ☜ 잘못(mis) 인도하다(lead)

리플렛 leaflet (광고 전단)

□ **leaf**	[li:f/리잎] 명 (pl. lea**ves**) **잎**, 나뭇잎, 풀잎; (책종이의) **한 장** 《2페이지》 ☜ 고대영어로 '식물의 잎, 종이 한 장'이란 뜻 ♠ **come into leaf 잎이 나오다, 잎이 나기 시작하다**
□ **leaf** blade	잎사귀 ☜ blade(잎, 칼날)
□ **leaf** bud	싹, 잎눈 ☜ bud(싹, 눈)
□ **leaf**less	[lí:flis] 형 **잎이 없는**; (나무·가지가) 잎이 떨어진 ☜ -less(~이 없는)
□ **leaf**let	[lí:flit] 명 **작은 잎, 어린 잎**; 낱장으로 된 인쇄물; **전단 광고, 리플릿** ☜ -let(작은) + leaf
□ **leaf**y	[lí:fi] 형 (-<-fi**er**<-fi**est**) 잎이 우거진; **잎이 많은** ☜ leaf + y<형접>

✚ clover**leaf** (네 잎 클로버꼴의) 입체 교차로〔점〕; 네 잎 클로버꼴의 gold **leaf** 금박 inter**leaf** (책 따위의) 삽입(백)지, 간지(間紙), 속장 tea-**leaf** 차잎사귀

메이저리그 major-league baseball (미국 프로야구의 American League와 National League를 아우르는 말) * baseball 야구

MAJOR LEAGUE BASEBALL

※ **major**	[méidʒər/메이저] 형 **큰 쪽의**, 대부분의; **주요한**, 일류의 명 (육·공군·해병대의) 소령 ☜ 라틴어로 '위대한'의 비교급
□ **league**	[li:g/리-그] 명 **연맹, 리그(전)** 동 동맹〔연합〕하다 ☜ 한 데 묶(leag) 기(ue) ♠ **the League of Nations 국제 연맹**
■ big **league**	《미.구어》 = major league(메이저리그), 톱클라스(의 것) ☜ big(큰)
■ big-**league**	[bíglí:g] 형 《미.구어》 (직업 분야에서) 최상위의; 최대의, 가장 중요한
■ bush **league**	《미.구어》 = minor league(마이너리그), 동네 야구 리그전 ☜ bush(관목, 수풀; 지방, 시골)

리킹 leaking ([자동차·항공] 연료나 오일 등이 새는 것)

□ **leak**	[li:k] 명 **새는 구멍** 동 **새다, 누출시키다** ☜ 고대 노르드어로 '방울져 떨어지다'란 뜻 ♠ a gas **leak** 가스의 **누출**
□ **leak**age	[lí:kidʒ] 명 샘, 누출; 【전기】 누전; 누수; (비밀 따위의) 누설 ☜ 새는(leak) 것(age<명접>)
□ **leak**proof	[lí:kprù:f] 형 새지 않는; 기밀누설 방지의 ☜ -proof(~을 막는)
□ **leak**y	[lí:ki] 형 (-<-ki**er**<-ki**est**) 새기 쉬운; 새는 구멍이 있는 ☜ -y<형접>
■ **lack**	[læk/랙] 명 **부족**(=want), 결핍, 결여 동 **~이 없다; 결핍하다, 모자라다** ☜ 중세 네덜란드어로 '결여'의 뜻

린온미 lean on me (미국 가수 빌 위더스의 노래. <나에게 기대세요>란 뜻)

보컬 트레이너계의 대가 세스릭스에게 미국의 벽을 뛰어넘을 수 있는 유일한 동양가수라는 찬사를 받은 한국의 소향이 2017년 4월 KBS-2TV <불후의 명곡>에서 불러 마이클 볼튼이 극찬하면서 더 유명해진 노래. 빌 위더스가 1972년 발표한 곡이며, 그 후 많은 가수들이 리메이크하여 불렀다. 그래미상을 다수 수상한 실력파 아티스트 마이클 볼튼도 1989년 음반에 이 곡을 6번째로 수록하였다.

© KBS-2TV <불후의 명곡>

□ **lean**	[li:n/린-] 동 (-/**leand**〔《영》 **leant**〕/**leand**〔《영》 **leant**〕) **기대다**; **의지하다; 비스듬히 기대어 놓다** 형 **야윈**, 마른 ☜ 고대영어로 '기대다, 드러눕다, 쉬다'란 뜻. ♠ **lean against** a wall 벽**에 기대다**. ♠ **lean on** 〔upon〕 ~ **~에 기대다, 의지하다**
□ **lean**er	[lí:nər] 명 기대는〔의지하는〕 사람 ☜ lean + er(사람)
□ **lean**ing	[lí:niŋ] 명 경사; 경향, 성향, 성벽(性癖); 기호, 편애 ☜ lean + ing<명접> ♠ **the Leaning Tower** of Pisa 피사의 **사탑(斜塔)**
※ **on**	[ɑn/안, ɔ:n/온-, ɔn/온] 전 【장소·위치】 **~의 위에, ~에서; ~을 타고;** 【시점·시간】 **~에, ~때에** ☜ 고대영어로 '~위에, ~안에, ~안으로'라는 뜻
※ **me**	[mi:/미-, mi] 대 〔I의 목적격〕 **나를, 나에게** ☜ 1인칭 단수 인칭대명사의 변형된 형태

퀀텀 리프 quantum leap ([물리] 양자 도약)

독일 물리학자 막스 플랑크가 주창한 양자도약은 원자 등 독립적 양을 가진 양자(量子)가 에너지를 흡수해 다른 상태로 변화할 때 서서히 변하는 것이 아니라 일정 수준에서 급속도로 변하는 것을 의미한다. 양자의 변화는 다른 사물과 달리 연속성을 갖지 않고 일정한 조건이 형성되면 급격하게 변한다. 경제용어로는 기업의 혁신적 도약을 의미한다. <출처 : 한경 경제용어사전 / 요약인용>

© Universal Studio

※ **quant**um [kwάntəm/kwɔ́n-] [명] (pl. -ta) 《L.》 양(量); 할당량, 몫; 〖물리학〗 양자(量子) [형] 획기적인, 비약적인 ☜ quant(양) + um<명접>

※ **quant**ity [kwάntəti/**콴**터티, kwɔ́n-] [명] **양**(量); 분량, 수량, 액; (종종 pl.) 다량, 다수 ☜ -ity<명접>

□ **leap** [liːp/맆-] [동] (-/leap**ed**〔**leapt**〕/leap**ed**〔**leapt**〕) **껑충 뛰다**, 뛰다, 도약하다, **뛰어넘다** [명] **뜀, 도약** ☜ 중세영어로 '높이 뛰는 행위'란 뜻
★ 현재는 보통 jump를 씀.
♠ **Look before you leap. 《속담》 실행하기 전에 잘 생각하라; 유비무환.**

□ **leap** year 윤년 ☜ 한 해(year)를 뛰어넘다(leap)

□ **leap**er [líːpər] [명] 뛰는 사람〔말〕 ☜ leap + er(사람)

이러닝 e-learning (전자매체, 특히 인터넷을 기반으로 한 원격교육)

※ **electronic** [ilèktrάnik/-trɔ́n-] [형] **전자(학)의**, 전자공학의, **일렉트론**의 ☜ 전자(electr) + on + 의(ic)

□ **learn** [ləːrn/런-] [동] (-/learn**ed**〔learn**t**〕/learn**ed**〔learn**t**〕) **배우다, 익히다,** 공부하다; (들어서) **알다** ☜ 고대영어로 '지식을 얻다'
♠ He has **learned** to drive a car.
그는 자동차 운전을 **배웠다.**
♠ **learn 〔know〕 by heart 암기하다**

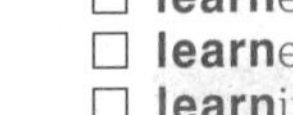

□ **learn**ed [lə́ːrnid] [형] **학문[학식]이 있는**, 박학〔박식〕한 ☜ -ed<형접>

□ **learn**er [lə́ːrnər] [명] **배우는 사람**, 학습자, 제자; 초학자, 초심자(初心者) ☜ -er(사람)

□ **learn**ing [lə́ːrniŋ/**러**-닝] [명] **배움; 학문**, 학식, 지식; 박식; (터득한) 기능 ☜ -ing<능동형 명접>
♠ a man of **learning 학**자(**學**者)

L

리스 lease (어떤 물건을 사용료를 받고 타인에게 빌려주는 일)

□ **lease** [liːs] [명] (토지·건물 따위의) **차용 계약**, 임대차 계약, **리스**; 임차권 [동] 빌리다, **임대[임차]하다** ☜ 라틴어로 '토지를 넓히다, 풀어놓다'란 뜻
♠ **put (out) to lease 임대하다**.

□ **leas**able [líːsəbl] [형] (땅이) 임대〔임차〕할 수 있는 ☜ lease + able(~할 수 있는)

□ **lease**hold [líːshòuld] [형] 임차한, 조차(租借)의 [명] 차지(借地)(권); 정기 임차권 ☜ lease + hold(가지고 있는)

리틀엔젤스 the Little Angels (소녀들로 구성된 한국 전통예술공연단. <어린 천사들>)

1962년 한국의 문화 예술을 전 세계에 알리기 위해 약 200여명의 10대 소녀들로 구성된 한국 전통예술 공연단. 지금까지 전 세계 50여개 국가에서 5,000여 차례 공연 활동을 벌여 세계적으로 유명하다. 영국 왕실, 미국 백악관, 평양에서도 공연한 바 있다. 무용과 합창, 가야금 병창 등이 주요 공연 레퍼토리이다.

■ **little** [lítl/**리**틀/**리**틀] [형] (-<**less**〔**lesser**〕<**least**) 〖가산명사·집합명사를 수식하여〗 **작은**; 귀여운; 어린; **시시한, 사소한** [부] 〖긍정문〗 **약간**; 〖부정문〗 **거의 ~않다, 전혀 ~하지 않다** [대] **조금** ☜ 고대영어로 '크지 않은, 많지 않은'이란 뜻
★ 서술적 용법에서는 small이 보통

■ **less** [les/레스] [형] 〖little의 비교급〗 《양(量)》 **보다 적은**, [명][대] **보다[더] 적은 수**[양/액] [부] **보다 적게** ☜ 고대영어로 '더 적은'이란 뜻

□ **least** [liːst/리-스트] [형] 〖little의 최상급〗 **가장 작은; 가장 적은** [부] [때로 the ~] **가장 적게** ☜ 고대영어로 '가장 작은, 가장 낮은'이란 뜻
♠ It'll cost **at least** 500 dollars. 그것은 **적어도** 500달러는 들[할] 것이다.
♠ **least of all 가장 ~이 아니다, 특히 ~않다**
♠ **not in the least 조금도 ~하지 않다**(=not at all)
♠ **at (the) least 적어도**

※ **angel** [éindʒəl] [명] **천사**, 수호신 ☜ 그리스어로 '전령, 사자(使者)'란 뜻

레자 시트 leather seat ([콩글] 인조가죽 시트커버)

레자는 leather(가죽)의 일본식 발음이며, 의미 또한 천연가죽이 아니라 인조가죽을 지칭하므로 완전한 콩글리쉬라고 해야 한다. 영어로 천연가죽은 leather, 인조가죽은 artificial leather, imitation leather 또는 leatherette 등이므로 정확하게 사용할 수 있도록 해야 한다.

☐ **leather** [léðər/레더] 명 (무두질한) **가죽**; 가죽제품 ☜ 고대영어로 '동물의 가죽'이란 뜻
♠ a **leather** dresser **피혁**공
♠ artificial **leather** 인조**가죽** ☜ artificial(인공의, 인위적인)
♠ imitation **leather** 인조**가죽** ☜ imitation(모방, 흉내, 모조)
☐ **leather**ette [lèðərét] 명 모조가죽《상표명》 ☜ -ette(모조품)
☐ **leather**n [léðərn] 형《미·영.고어》가죽의, 가죽으로 된; 혁질(革質)의 ☜ -ern<형접>
☐ **leather**y [léðəri] 형 가죽 비슷한, 피질(皮質)의; 가죽빛의; 가죽처럼 질긴 ☜ -y<형접>
※ **seat** [siːt/씨이트] 명 **자리, 좌석** 동 **착석시키다** ☜ 고대 노르드어로 '자리, 위치'라는 뜻

리빙 더 레인 leaving the lane ([스포츠] 트랙경기의 주자가 자기 레인을 벗어나 달리는 것으로 실격사유에 해당하는 것. <코스를 벗어남>이란 뜻)

☐ **leave** [liːv/리-브] 동 (-/**left**/**left**) **떠나다; 그만두다;** (뒤에) **남기다; 버리다; ~한 상태로 놓아 두다; 맡기다; 가버리다, 사라지다** 명 **허가**
☜ 네덜란드 북부의 고대 프리슬란트어로 '떠나다'란 뜻
♠ **leave** a puppy alone 강아지를 홀로 **남겨 두다**
♠ **leave** of absence 휴가(결석)의 **허가**
♠ **leave behind ~ ~을 두고 가다[오다], 둔 채 잊다**
♠ **leave for ~ ~를 향해 출발하다[떠나다]**
♠ **leave off 그만두다, 멎다; 벗다**
♠ **leave out 빼다, 생략하다**
♠ **leave over 남기다; 미루다, 연기하다**
♠ **leave to oneself 방임하다, 홀로 버려두다**
♠ **leave (A) with (B) A를 B에게 맡기다[부탁하다]**
♠ **take one's leave of ~ ~에게 작별을 고하다**
♠ **what is left of ~ ~의 나머지**
☐ **leave**-taking [líːvtèikiŋ] 명 작별, 고별(=farewell) ☜ 떠나감(leave)을 취하(take) 기(ing)
☐ **leav**ing [líːviŋ] 명 (pl.) 나머지, 찌꺼기 ☜ 남겨진(leave) 것(ing) 들(s)
※ **lane** [lein] 명 **좁은 길**, 골목; 통로, 규정 항로; **차선**; (경주) 코스, (볼링의) **레인**
☜ 고대영어로 '좁은 길'이란 뜻

레븐 leaven ([제빵] 발효한 밀가루 반죽)

☐ **leaven** [lévən] 명 **효모**(酵母); 발효소(醱酵素); 발효시킨 밀반죽; 팽창제(劑)《베이킹 파우더 등》 동 발효시키다; 생기를 주다
☜ 라틴어로 '들어 올리다'
♠ **the old leaven 묵은 누룩; 낡은 습관**
☐ **leaven**ing [lévəniŋ] 명 발효시키는 것; 효모; 《비유적》 영향(을 미치는 것), 감화
☜ leaven + ing<명접>

레바논 Lebanon (이스라엘 북부의 공화국)

☐ **Lebanon** [lébənən] 명 **레바논**《지중해 동부의 공화국; 수도 베이루트(Beirut)》
☜ 고대 아랍어로 '하얀 산맥'이란 뜻
☐ **Leban**ese [lèbəníːz] 형 레바논(사람)의 명 (pl. **-**) 레바논 사람 ☜ -ese(~의/~사람)

레전드 legend (전설)

♣ 어원 : **lec(t), leg, lig 읽다**
■ **leg**end [lédʒənd] 명 **전설**; 위인전 ☜ 라틴어로 '읽혀야 할 것'이란 뜻
☐ **lect**ern [léktərn] 명 성서대; 독서대; 강의 책상[탁자]
☜ 라틴어 lectrum에서. 읽을(lect) 것을 두는 곳(ern)
☐ **lect**ure [léktʃər] 명 **강의**, 강연 ☜ 읽는(lec) 행위(ture<명접>)
♠ **deliver (give) a lecture to ~ ~에게 강의를 하다**
☐ **lect**ure room 강의실 ☜ room(방, 실(室))
☐ **lect**urer [léktʃərər] 명 **강연자**; (대학의) 강사 ☜ lecture + er(사람)
☐ **lect**or [léktɔːr, -tər] 명 『교회』 성구를 낭독하는 사람; (주로 유럽 대학의) 강사
☜ 읽는(lec) 사람(tor)

© 20th Century Fox

✚ **leg**ible (필적 · 인쇄가) 읽기 쉬운 il**leg**ible 읽기〔판독하기〕 어려운, 불명료한 intel**lig**ible 이해할 수 있는, 알기 쉬운

엘이디 LED (전류가 흐르면 빛을 발산하는 반도체소자)

☐ **LED** **L**ight-**E**mitting **D**iode 발광소자 《컴퓨터 · TV · 전자시계 등에 씀》

✚ **light 빛**, 불꽃; **가벼운, 밝은** **emit 방사하다**, 내뿜다 **diode** 〖전자〗 이극(二極)(진공)관; 다이오드

맨온렛지 Man On A Ledge (미국 스릴러 영화. <난간위의 남자>란 뜻)

2012년 개봉한 미국의 스릴러/범죄 영화. 샘 워싱턴, 엘리자베스 뱅크스 주연. 전직 경찰이 억울한 죄로 누명을 쓰고 절박한 상황에 처하자 자신의 명예와 무죄를 입증하고자 뉴욕 맨하탄의 한 고층 빌딩의 난간에 선다. 이것을 자살상황으로 본 경찰은 네고시에이터(협상가)를 급히 투입하지만 네고시에이터의 의견을 무시한 SWAT(FBI의 특공대) 팀은 그를 긴급 체포하려 하는데...

© Di Bonaventura Pictures

※ **man** [mæn/맨] ⓜ (pl. **men**) **남자**, 사내; **사람, 인간**, 인류; (pl.) **병사** ⓢ **인원[병력]을 배치하다** ☜ 고대영어로 '인간, 사람'이란 뜻

※ **on** [ɑn/안, ɔːn/온-, ɔn/온] ⓙ 〖장소 · 위치〗 **~의 위에, ~에서; ~을 타고;** 〖시점 · 시간〗 **~에, ~때에** ☜ 고대영어로 '~위에, ~안에, ~안으로'라는 뜻

☐ **ledge** [ledʒ] ⓜ (벽에서 돌출한) **선반**; 난간; (해중 · 수중의) **암붕**(岩棚), 암초; 〖광산〗 광맥(lode) ☜ 중세영어로 '두다, 놓다'란 뜻
♠ seabirds nesting **on rocky ledges 절벽 끝 바위에** 둥지를 틀고 사는 바닷새

☐ **ledge**d [ledʒid] ⓗ 선반〔불쑥 내민 곳〕이 있는 ☜ -ed<형접>

연상 로버트 리(Lee) 장군 얼굴에 리치(leech.거머리)가 득실거리다.

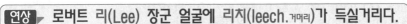

※ **Robert Edward Lee** 로버트 에드워드 리 《미국 남북전쟁 당시 남군 총사령관. 1807-1870》 ★ **1865년 4월 남북결전에 패하여 북군 총사령관 U.S. 그랜트 장군에게 항복함.**

☐ **leech** [liːtʃ] ⓜ 〖동물〗 **거머리** 《특히 의료용의》; 흡혈귀, 고리 대금업자 ⓢ ~에 달라붙어 피를〔돈을, 재산을〕 착취하다 ☜ 고대영어로 '거머리'란 뜻
♠ stick 〔cling〕 **like a leech 찰거머리처럼** 떨어지지 않다.

☐ **leech**like [líːtʃlaik] ⓗ 거머리〔흡혈귀〕와 같은 ☜ -like(~같은)

리크 leek (영국 웨일즈를 상징하는 서양부추파)

☐ **leek** [liːk] ⓜ 〖식물〗 **리크**, 서양부추파 ☜ 고대영어로 '정원초, 부추'
♠ It's a kind of **a wild leek**. 이것은 일종의 **야생 부추**이다.
♠ **eat the** 〔one's〕 **leek 굴욕을 참다**

레프트 left ([권투] 왼손 펀치; [야구] 좌익)

☐ **left** [left/레프트] ⓗ **왼쪽의**, 좌측의 ⓑ **왼쪽에**, 좌측에 ⓜ **좌**(左), 왼쪽 ☜ 고대영어로 '약한, 가치없는' 이란 뜻 ⓑ right 오른쪽의
♠ **at** 〔on〕 **his left hand 그의 왼쪽에**

☐ **left** field 〖야구〗 좌익, **레프트 필드** ☜ 왼쪽(left) 들판(field)
☐ **left** fielder 〖야구〗 좌익수 ☜ 왼쪽(left) 들판(field)을 지키는 사람(er)
☐ **left**-hand [léfthǽnd] ⓗ 왼손의; 왼쪽〔왼편〕의, 왼손으로 하는 ☜ left + hand(손)
☐ **left**-handed [léfthǽndid] ⓗ **왼손잡이의; 서투른**; 의심스러운 ☜ left-hand + ed<형접>
☐ **left**-handedness [léfthǽndidnis] ⓜ 왼손잡이임; 애매함 ☜ left-handed + ness<명접>
☐ **left**ish [léftiʃ] ⓗ 좌파의, 좌익적인 경향의 ☜ left + ish<형접>
☐ **left**ist [léftist] ⓜ (종종 L-) 좌익(사람), 좌파, 《미.구어》 왼손잡이 ☜ left + ist(사람)
☐ **left**-tending [léftténdiŋ] ⓗ (정치적으로) 좌경의 ☜ 왼쪽(left) 경향(tend) 의(ing)
☐ **left**ward [léftwərd] ⓗ 왼쪽의, 좌측의 ⓑ 왼쪽에〔으로〕, 왼손에〔으로〕 ☜ left + ward(~쪽으로)
☐ **left** wing [the ~; 집합적] (정치의) 좌파, 좌익; 〖축구〗 좌익수 ☜ left + wing(날개, 익(翼))
☐ **left**y [léfti] ⓜ 《구어》 왼손잡이; 좌완 투수(=southpaw); 좌익《사람》 ☜ left + y<명접>

레깅스 leggings (타이즈처럼 몸에 딱 붙는 바지)

☐ **leg** [leg/렉] ⓜ **다리** 《특히 발목에서 윗부분 또는 무릎까지, 넓은 뜻으로는 foot도 포함》, 정강이; (식용 동물의) 다리, 발
☜ 고대 노르드어로 '다리, 다리뼈'란 뜻
♠ I **broke my leg** playing football.
축구를 하다가 **내 다리가 부러졌다**.

☐ **leg**ged [légid] ⓗ 다리가 있는, 다리가 ~한 ☜ -ed<형접>

☐ **leg**gings [legiŋz] ⓜ **레깅스**(몸에 딱 붙는 바지); (다리에 두르는) **각반**
☜ 다리(leg)에 + g + 붙는(것)(ing) + s<복수> ★ **레깅스는 팬티스타킹과 거의 흡사하나 양말부분이 없는 바지형태임.**

☐ **leg**gy [légi] ⓗ (-<-gi**er**<-gi**est**) 다리가 긴; (여자가) 다리가 미끈한
☜ leg + g<단모음+단자음+자음반복> + y<형접>

☐ **leg** warmer **레그 워머** 《발목에서 넓적다리까지를 가리는 니트의 여성용 방한구》
☜ 다리(leg)를 따뜻하게(warm) 하는 것(er)

☐ **legacy**(유산, 물려받은 것) ➔ **legate**(유산으로 물려주다, 유증하다) **참조**

리걸마인드 legal mind (법률적 사고방식, 법률적 사고능력)

[법학] 리걸마인드란 법이론을 정확하게 이해하고 현실 문제에 적용할 수 있는 능력을 말한다.

♣ **어원 : leg 법(=law)**

☐ **leg**al [líːgəl] ⓗ **법률(상)의**, 법률에 관한; 합법의 ☜ 법률(leg) 의(al<형접>)
♠ have no **legal basis 법적인 근거**가 없다

☐ **legal** age 법적 연령, 성년 ☜ age(나이)

☐ **leg**alistic [líːgəlistik] ⓗ 법률을 존중하는, 형식에 구애되는 ☜ -istic<형접>

☐ **leg**ality [liːgǽləti] ⓜ 적법, 합법, 정당함 ☜-ity<명접>

☐ **leg**alize [líːgəlàiz] ⓢ 법률상 정당하다고 인정하다, 공인하다; 적법화[합법화]하다 ☜ -ize<동접>

☐ **leg**alization [lìːgəlizéiʃən] ⓜ 법률화, 적법화, 합법화; 공인 ☜ legalize + ation<명접>

☐ **leg**ally [líːgəli] ⓑ **법률적[합법적]으로**, 법률상 ☜ legal + ly<부접>

※ **mind** [maind/마인드] ⓜ **마음, 정신** 《물질·육체에 대하여》; **마음[지성]의 소유자; 의견**
ⓢ **주의[유의]하다, 염두에 두다** ☜ 고대영어로 '기억, 사고'라는 뜻

L

레거시 legacy (유산)

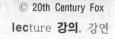

♣ **어원 : leg 보내다; 물려주다**

☐ **leg**acy [légəsi] ⓜ **유산**; 유증(遺贈)재산; 이어[물려]받은 것
☜ 물려주는(leg) + a + 것(cy)
♠ **inherit a legacy 유산을 상속하다**

☐ **leg**ate [ligéit] ⓢ 유산으로서 물려주다, 유증하다(=bequeath)
☜ 물려줌(leg)을 만들다(ate<동접>)
[légət] ⓜ 로마 교황 사절, 교황 특사; 공식 사절 ☜ 보내진(leg) 신분(ate<명접>)

☐ **leg**atee [lègətíː] ⓜ 『법률』 유산 수령인, (동산의) 수유자(受遺者)
☜ 물려주(leg) 다(ate<동접> + 받은 사람/피동인(ee)

☐ **leg**ation [ligéiʃən] ⓜ **공사관**(직원); 사절, 파견 ☜ 보낸(leg) 것(ation<명접>)

☐ **leg**ator [ligéitər] ⓜ 유증자(遺贈者), 유언자 ☜ 물려준(leg) 사람(ator)

☐ re**leg**ate [réləgèit] ⓢ 추방하다; 좌천시키다, 격하하다; 위탁하다
☜ 뒤로(re=back) 보내(leg) 다(ate<동접>)

☐ re**leg**ation [rèləgéiʃən] ⓜ 추방; 좌천, 격하; 위탁 ☜ -ation<명접>

레전드 legend (전설)

© 20th Century Fox

♣ **어원 : lec, leg, lig 읽다(=read)**

☐ **leg**end [lédʒənd] ⓜ **전설**; 위인전 ☜ 라틴어로 '읽혀야 할 것'이란 뜻
♠ **the legends** of King Arthur and his knights
아서왕과 그 기사들의 **전설**

☐ **leg**endary [lédʒəndèri/-dəri] ⓗ **전설(상)의**; 전설적인; 믿기 어려운
☜ legend + ary<형접>

☐ **leg**endize [lédʒəndàiz] ⓢ 전설화하다 ☜ -ize<동접>

☐ **leg**endry [lédʒəndri] ⓜ [집합적] 전설류, 설화집 ☜ -ry<집합적 명접>

✚ **leg**ible (필적·인쇄가) 읽기 쉬운 il**leg**ible 읽기[판독하기] 어려운, 불명료한 **lec**ture **강의**, 강연 intel**lig**ible 이해할 수 있는, 알기 쉬운

□ **leggings**(각반) ➔ **leg**(다리) **참조**

컬렉션 collection (물품을 수집해 모은 것)

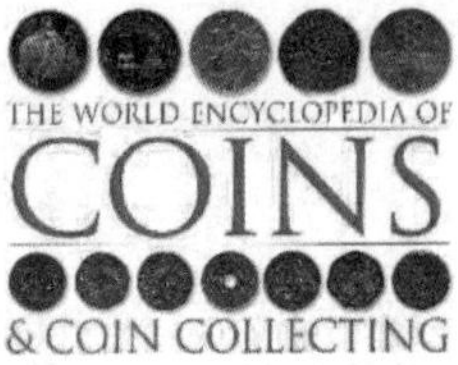

♣ 어원 : **lect, leg 고르다, 선택하다, 모으다**

■ **col**lect [kəlékt/컬렉트] [동] **모으다,** 수집하다; **모이다**
☜ 함께<한 곳으로(col<com) 골라내다(lect)

■ <u>col**lect**ion</u> [kəlékʃən] [명] **수집**, 채집 ☜ collect + ion<명접>

□ **leg**ion [líːdʒən] [명] (고대 로마의) **군단** 《300-700명의 기병을 포함하여 3,000-6,000명의 보병으로 구성》; 군세(軍勢), 군단, **군대**; 다수 ☜ 골라낸(leg) 것(ion<명접>)
[비교] region 지역

□ **leg**ionary [líːdʒənèri] [형] 군단의, 다수의 ☜ legion + ary<형접>

✚ e**lect** **선거하다**, 뽑다, 선임하다 se**lect** **선택하다**, 고르다, 선발하다, 발췌하다, 뽑다

리걸마인드 legal mind (법률적 사고방식, 법률적 사고능력)

[법학] 리걸마인드란 법이론을 정확하게 이해하고 현실 문제에 적용할 수 있는 능력을 말한다.

♣ 어원 : **leg 법(=law)**

■ <u>**leg**al</u> [líːgəl] [형] **법률(상)의**, 법률에 관한; 합법의 ☜ 법률(leg) 의(al<형접>)

■ **leg**ally [líːgəli] [부] **법률적[합법적]으로**, 법률상 ☜ legal + ly<부접>

□ **leg**islate [lédʒislèit] [동] 법률을 제정하다 ☜ 법(leg)이 운영되도록<가게(is) + l + 만들다(ate)

□ **leg**islation [lèdʒisléiʃən] [명] **입법, 법률제정** ☜ legislate + ion<명접>
♠ **Legislation** will be difficult and will take time.
법률 제정은 힘이 들고 시간이 걸린다.

□ **leg**islative [lédʒislèitiv, -lət-] [형] **입법상의**, 입법부의 [명] 입법권; 입법부
☜ legislate + ive<형접/명접>
♠ the **legislative** body (branch) **입법**부

□ **leg**islator [lédʒislèitər] [명] (fem. **-tress, -trix**) **입법자**, 법률 제정자; 입법부(국회) 의원
☜ legislate + or(사람)

L

□ **leg**islature [lédʒislèitʃər] [명] **입법부**, 입법 기관; 《미국》《특히》 주(州) 의회
☜ legislate + ure<명접>

□ **leg**itimacy [lidʒítəməsi] [명] 합법성, 적법; 정당(성) ☜ 법(leg) 안으로(im<in) 가게(it) 하기(acy)

□ **leg**itimate [lidʒítəmit] [형] **합법적인**, 적법의; 옳은, 정당한
[lidʒítəmèit] [동] 합법으로 인정하다, 정당화하다 ☜ -ate<동접>

□ **leg**itimation [lidʒitəméiʃən] [명] 적법(합법)화, 정당화 ☜ -ation<명접>

※ <u>**mind**</u> [maind/마인드] [명] **마음, 정신** 《물질・육체에 대하여》; **마음[지성]의 소유자; 의견**
[동] **주의[유의]하다, 염두에 두다** ☜ 고대영어로 '기억, 사고'라는 뜻

레이 lei (하와이의 나뭇잎이나 꽃으로 만든 화환)

□ **lei** [lei, léiiː/léiiː] [명] 《Haw.》 **레이**, 화환 《사람을 영송할 때 그 목에다 걺》 ☜ 하와이어로 '꽃이나 나뭇잎의 화환'이란 뜻.
♠ **put a lei** (wreath) on a winner
승자의 목에 **화환을 걸어 주다**

라이프니쯔 Leibni(t)z (미적분법을 창시하여 17세기 천재로 불리는 독일의 수학자)

□ **Leibniz, -nitz** [láibnits] [명] **라이프니츠** 《Gottfried Wilhelm von ~, 독일의 철학자・수학자; 1646-1716》

레저 leisure (여가), 레포츠 leports ([콩글] 한가한 시간에 즐기면서 신체를 단련할 수 있는 운동) ➔ leisure sports

□ <u>**leisure**</u> [líːʒər, léʒ-/léʒ-] [명] **틈, 여가**, 한가한 시간; **자유시간**
☜ 고대 프랑스어로 '스스로 즐기다'란 뜻
♠ have no **leisure** for reading (to read) 느긋하게 독서할 **틈**이 없다.
♠ **at leisure 한가하여**(=free), **천천히**

□ **leisure**d [líːʒərd] [형] 틈(짬)이 있는, 한가한; 느긋한 ☜ -ed<수동형 형접>

□ **leisure**ly [líːʒərli] [형] **느긋한**, 유유한, 여유 있는 [부] 천천히, 유유히 ☜ -ly<형접/부접>

레몬 lemon (레몬 열매)

☐ **lemon** [lémən] 명 **레몬(열매)**, 레몬나무; 레몬의 풍미〔향료〕; 레몬음료; 레몬빛, 담황색 형 레몬의, 레몬이 든; 레몬 빛깔의 ☜ 고대 프랑스어로 '감귤', 말레이어로 '(레몬 비슷한) 라임과일'
♠ a gin and tonic **with ice and lemon 얼음과 레몬을 넣은** 진토닉 한 잔
☐ **lemon** soda 《미》 **레몬소다** 《레몬 맛이 나는 탄산음료》 ☜ soda(탄산수)
☐ **lemon**ade [lèmənéid] 명 **레모네이드** 《레몬즙에 설탕과 물을 탄 청량음료》 ☜ lemon + ade(~제품) ★ **레몬 주스(lemon juice)는 레몬 즙을 말하는 것이며, 레모네이드(lemonade)가 우리가 생각하는 레몬즙 청량음료인 레몬주스이다.**
☐ **lemon**y [léməni] 형 레몬 맛이〔향기가〕 나는; 《Austral.속어》 화를 낸, 성이 난 ☜ -y<형접>

렌드리스 the Lend-Lease Act (무기대여법)

미국이 제2차 세계대전 동안 연합국들에게 막대한 양의 전쟁물자를 제공할 수 있게 만든 법. 제1차 세계대전 때와 달리 이 법을 적용받는 전쟁물자는 미국이 해당국에 무료로 운송하였다. 이 법은 1941년 3월에 발효되었고, 1945년 9월 2일에 만료되었다. 이 법은 제1차 세계대전 이후로 지속되어온 미국의 고립주의 정책을 포기하고 국제정세에 개입하는 쪽으로 돌아서게 된 계기가 되었다. <출처 : 위키백과>

☐ **lend** [lend/렌드] 동 (-/**lent**/**lent**) **빌려주다**, (이자를 받고) 빚을 주다, 대부〔대출〕하다; 임대(賃貸)하다 ☜ 고대영어로 '대부(loan)'이란 뜻 반 **borrow** 빌리다, 차용하다
♠ **lend a book 책을 빌려주다**
☐ **lend**er [léndər] 명 빌려주는 측〔사람〕; 대금(貸金)업자, 고리대금업자 ☜ -er(사람)
☐ **lend**ing [léndiŋ] 명 빌려주기, 대여, 대출 ☜ lend + ing<명접>
※ **lease** [liːs] 명 (토지·건물 따위의) **차용 계약**, 임대차 계약, **리스**; 임차권 동 빌리다, **임대[임차]하다** ☜ 라틴어로 '토지를 넓히다, 풀어놓다'란 뜻
※ **act** [ækt/액트] 명 **행위**, 짓; (the ~) **행동**; 현행; (종종 A-) **법령**, 조례; (보통 the A-s) (법정·의회의) 결의(서) ☜ 라틴어로 '움직이다'란 뜻

롱타임 longtime (긴 시간), 롱패스 long pass (먼거리 패스)

■ **long** [lɔːŋ/롱, lɔŋ] 형 (-<-**er**<-**est**) **긴**, 길이가 긴; **길게 느껴지는** ☜ 고대영어로 '끝에서 끝까지 지속되는'이란 뜻
■ **long**time [lɔ́ːŋtàim] 형 오랫동안의 ☜ long + time(시간)
☐ **length** [leŋkθ/렝스] 명 **길이**, 장단; 세로; 키; 기간 ☜ long의 명사형
비교 breadth 너비, 폭, thickness 두께
♠ **the length of a journey 여정(旅程**: 여행의 과정이나 일정**)**
♠ **at length 드디어; 자세히, 충분히; 기다랗게**
♠ **at some length 상당히 자세하게[길게]**

< Long Pass >

☐ **length**en [léŋkθən] 동 **길게 하다**, 늘이다 ☜ -en<동접>
☐ **length**wise [léŋkθwàiz] 부형 **세로의[로]**, 긴〔길게〕 ☜ -wise(~쪽으로)
☐ **length**y [léŋkθi] 형 (-<thi**er**<-thi**est**) **긴**, 기다란; 말이 많은, 장황한 ☜ length + y<형접>
☐ **length**ily [léŋkθili] 부 길게, 기다랗게 ☜ -ly<부접>
☐ **Lent** [lent] 명 〖종교〗 사순절(四旬節) 《기독교인들이 예수의 고행을 기리는, 성회 수요일(Ash Wednesday)부터 부활절 일요일(Easter) 전날까지의 40일간》
★ 예수가 세례를 받은 뒤 40일 동안 황야에서 금식하며, 사탄의 유혹을 이겨낸 기간을 기념해 생긴 관습으로 이 기간 중 성도들은 단식과 참회를 행함
☜ 고대영어로 '해가 길어지는(**leng**thening), 즉 만물이 소생하는 봄'이란 뜻.
♠ **Lent term 봄 학기** 《크리스마스휴가 후 시작되어 부활절 무렵에 끝남》
※ **pass** [pæs/패스/pɑːs/파-스] 명 〖구기〗 **합격, 패스; 통행허가** 동 **지나(가)다**, 경과하다, **합격하다** ☜ 중세영어로 '지나가다, 바뀌다'라는 뜻

레닌 Lenin (러시아의 사회주의 혁명가, 소련 최초의 국가 원수)

러시아의 혁명가·정치가. 소련 최초의 국가 원수. 러시아 11월 혁명(볼셰비키혁명, 구력 10월)의 중심인물로서 러시아파 마르크스주의를 발전시킨 혁명이론가이자 사상가이다. 무장봉기로 과도정부를 전복하고 이른바 프롤레타리아 독재를 표방하는 혁명정권을 수립한 다음 코민테른을 결성하였다. <출처 : 두산백과>

☐ **Lenin** [lénin] 명 **레닌** 《Nikolai ~, 러시아의 혁명가; 1870-1924》
☐ **Lenin**grad [léningræ̀d, -grɑ̀ːd] 명 **레닌그라드** 《Petersburg의 옛 소련 시절의 이름》 ☜ Lenin + grad(도시)
☐ **Lenin**ism [léninìzm] 명 레닌주의 ☜ -ism(~주의)
☐ **Lenin**ist [léninist] 명형 레닌주의자(의) ☜ -ist(사람)

렌즈 lens (빛을 모으거나 분산하기 위해 수정·유리를 갈아서 만든 투명한 물체), 카메라 렌즈, 콘택트 렌즈...

☐ **lens** [lenz] ⓜ (pl. **-es**) **렌즈**; 렌즈꼴의 물건; 『해부』 (눈알의) 수정체
☜ 라틴어로 '렌즈콩(lentil)이란 뜻. 렌즈란 이 콩의 모양에서 유래되었다.

♠ a pair of glasses with **tinted lenses 색 렌즈**를 끼운 안경 하나
♠ **camera lens 카메라렌즈** ☜ camera(사진기)
♠ **contact lens 콘텍트렌즈** 《눈의 앞면, 각막에 장착하여 시력교정, 눈의 치료, 미용 등의 목적으로 사용하는 렌즈》 ☜ contact(접촉)

☐ **Lent**(사순절) ➔ **length**(길이) **참조**

레오나르도 다빈치 Leonardo da Vinch (이탈리아의 예술가·과학자)

15세기 르네상스 시대 이탈리아의 천재적 미술가, 과학자, 기술자, 사상가. 그는 조각, 건축, 토목, 수학, 과학, 음악에 이르기까지 다양한 방면에 재능을 보였는데 그의 대표적 유작으로는 <모나리자>, <최후의 만찬> 등이 있다. 또한 그는 수학과 해부학에도 깊은 조예가 있었으며, 자동차, 비행기, 잠수함, 로봇 등 70여종의 발명품을 디자인하기도 했다. 그가 남긴 문서는 무려 1만 3천 페이지에 이른다고 한다.

☐ **Leonardo da Vinch** [lìːənáːrdou-də-víntʃi] ⓜ **레오나르도 다빈치** 《이탈리아의 예술가·과학자 (1452-1519)》

레퍼드, 레오파드, 레오파르트 Leopard (독일전차 이름. <표범>)

LEOPARD 2A4 MAIN BATTLE TANK

☐ **leopard** [lépərd] ⓜ 『동물』 **표범**(=panther); 표범의 털가죽 ☜ 중세 영어로 '(아프리카와 남아시아의) 숲이 우거진 나라의 큰 고양이'란 뜻
♠ Can **the leopard** change his spots? **표범**이 그 반점을 바꿀 수 있느냐? 《성격은 좀처럼 못 고치는 것》

☐ **leopard**ess [lépərdis] ⓜ 암표범 ☜ -ess<여성형 접미사>

연상 그 래퍼(rapper.랩가수)는 알고보니 레퍼(leper.나병환자)였다.

※ **rap** [ræp] ⓜ (문·테이블 따위를) **톡톡 두드림**; 두드리는 소리; 《속어》 비난, 질책; 고소, 고발; 수다, 잡담; **랩 음악** ⓢ 톡톡 두드리다; 랩 음악을 하다
☜ 중세영어로 '빠르고 가볍게 치기'란 뜻

※ **rap**per [rǽpər] ⓜ 두드리는 사람〔것〕; (문의) 노커; 《미.속어》 남에게 누명을 씌우는 죄; 랩 음악인〔연주자〕 ☜ rap + p<자음반복> + er(사람)

☐ **leper** [lépər] ⓜ **나(병)환자**, 문둥이 ☜ 고대 그리스어로 '나병환자'란 뜻.
♠ a **leper** village **나병 환자** 마을

레즈비언 lesbian (동성애에 빠진 여자)

☐ **lesbian** [lézbiən] ⓗ (여성간의) 동성애의 ⓜ 동성애하는 여자 ☜ 그리스의 'Lesbos섬의 여자들'이란 뜻. 이는 기원전 6세기 이 섬에 살던 고대 그리스의 여류 서정시인 사포(Sappho)가 제자들과 동성애를 했다는 전설에서 유래한 것이다.
♠ **lesbian love 여성간의 동성애**

☐ **lesbian**ism [lézbiənìzm] ⓜ (여성간의) 동성애 (관계) ☜ -ism(~주의, ~관계)

레미제라블 Les Miserables (빅토르 위고의 소설. <비참한 사람들>)

☐ Les **Miser**ables **레미제라블** 《비참한 사람들》 ☜ 프랑스어로 Les(영어로 복수형 정관사 the) + misérable < miserable(불쌍한, 비참한 (사람)) + s<복수>

레소토 Lesotho (남아프리카공화국 속에 존재하는 왕국)

☐ **Lesotho** [ləsúːtuː, -sóutou] ⓜ **레소토** 《아프리카 남부의 왕국; 수도는 마세루(Maseru)》
☜ '소토(sotho)족의 나라'란 뜻 ★ **인구 195만명, 면적은 남한 면적의 1/3정도임.** 전 세계에서 한 국가 속에 국가가 있는 나라는 산마리노, 바티칸, 레소토 3국 뿐이다.

리틀엔젤스 the Little Angels (소녀들로 구성된 한국 전통예술공연단. <어린 천사들>)

1962년 한국의 문화 예술을 전 세계에 알리기 위해 약 200여명의 10대 소녀들로 구성된 한국 전통예술 공연단. 지금까지 전 세계 50여개 국가에서 5,000여 차례 공연 활동을 벌여 세계적으로 유명하다. 영국 왕실, 미국 백악관, 평양에서도 공연한 바 있다. 무용과 합창, 가야금 병창 등이 주요 공연 레퍼토리이다.

■ **little** [lítl/**리**를/**리**틀] ⓗ (-<**less**〔**lesser**〕<**least**) 〔가산명사 · 집합명사를 수식하여〕 **작은**; 귀여운; 어린; **시시한, 사소한** ⓟ〔긍정문〕 **약간**; 〔부정문〕 **거의 ~않다, 전혀 ~하지 않다** ⓓ **조금** ☜ 고대영어로 '크지 않은, 많지 않은' 이란 뜻
★ 서술적 용법에서는 small이 보통

□ **less** [les/레스] ⓗ 〔little의 비교급〕 《양(量)》 **보다 적은**, ⓜⓓ **보다[더] 적은 수**[양/액] ⓟ **보다 적게** ☜ 고대영어로 '더 적은'이란 뜻
♠ **less developed** countries **저개발** 국가들
♠ I **have two less** children than you. 나는 너보다 어린애가 **둘 적다**.
♠ **no less than ~ ~와 마찬가지인, (수 · 양이) 꼭 ~만큼이나**

□ **less**en [lésn] ⓢ **작게[적게] 하다**, 줄이다, 감하다 ☜ less + en<동접>

□ **less**er [lésər] ⓗ 〔little의 이중 비교급〕 **더욱 작은[적은]**, 작은〔적은〕편의 ☜ less + er<비교급 접미사>

□ **least** [liːst/리-스트] ⓗ 〔little의 최상급〕 **가장 작은; 가장 적은** ⓟ [때로 the ~] **가장 적게** ☜ little + st<최상급 접미사>

■ un**less** [ənlés] ⓙ 〔부정의 조건을 나타내어〕 **~이 아닌 한**, 만약 ~이 아니면 ☜ 중세영어로 '~보다 덜하지(less) 않은(un=not/부정)'이란 뜻

※ **angel** [éindʒəl] ⓜ **천사**, 수호신 ☜ 그리스어로 '전령, 사자(使者)'란 뜻

레슨 lesson (학과, 수업)

♣ 어원 : **lec, leg, les 읽다**

□ **less**on [lésn/**레**슨] ⓜ **학과**, 과업, **수업**, 연습; **교훈** ☜ 라틴어로 '읽기'란 뜻
♠ **give** 〔teach〕 **a lesson (in) ~ ~를 가르치다.**

■ **leg**end [lédʒənd] ⓜ **전설**; 위인전 ☜ 라틴어로 '읽혀야 할 것'이란 뜻

■ **lec**ture [léktʃər] ⓜ **강의**, 강연 ☜ 읽는(lec) 행위(ture<명접>)

레스트 위 포겟 lest we forget (영 · 미권 국가에서 나라를 위해 희생한 호국용사들을 기리는 캐치프레이즈. <잊지 말자>란 뜻)

□ **lest** [lest/레스트] ⓙ **~하지 않도록, ~하면 안 되므로**(=for fear that ~); 〔fear, afraid 등의 뒤에서〕 ~은 아닐까 하고, ~하지나 않을까 하여(that ~) ☜ 중세영어로 '~에 대한 두려움 때문에'
♠ Be careful **lest** you (should) fall from the tree.
나무에서 떨어지**지 않도록** 조심해라.
♠ I fear **lest** he (should) die. 그가 죽**지나 않을까** 걱정이다.
♠ **lest ~ should ~하지 않도록** 주의 lest는 unless처럼 not의 뜻이 포함되어 있으므로 lest ~ should not로 쓰면 안된다.

※ **we** [wiː/위-, wi] ⓓ 〔인칭대명사 1인칭 복수 · 주격〕 **우리가[는]** 《소유격 our, 목적격 us, 소유대명사 ours》 ☜ 고대영어로 '나와 또 다른 사람'이란 뜻

※ **forget** [fərgét/풔**겟**] ⓢ (-/for**got**〔for**gat**〕/for**gotten**〔for**got**〕) **잊다, 망각하다** ☜ 갖고 싶음(get)을 멀리하다(for<far=away)

❶ 레쓰비 Let's be (롯데칠성음료의 커피음료), ❷ 렛잇고 Let it go ❸ 아웃렛 outlet store (재고상품을 싸게 파는 직영소매점)

❶ 레쓰비는 롯데칠성음료에서 생산/판매하고 있는 커피음료로 Let's Be Together에서 Together가 생략되었다. <우리 함께 레쓰비를 마시자>라는 뜻이다. ❷ 미국 애니메이션 영화 <겨울왕국>(Frozen)의 주제곡 Let it go는 전세계적으로 큰 인기를 끌었으며, 빌보드 싱글차트 13주 연속 1위를 했다. Let it go는 '그쯤해 둬, 내버려 둬'라는 뜻이다.

□ **let** [let/렛] ⓢ (-/**let**/**let**) 시키다, **하게 하다, ~을 허락하다** (=allow to) ☜ 고대영어로 '허락하다; 뒤에 남기다; 떠나다'
♠ **Let's go. 갑시다.**
♠ **let alone ~은 말할 것도 없고; 내버려 두다**
♠ **let go (one's hold) of ~ (잡고 있는 것을) 놓다**
♠ **let in 들이다**
♠ **let on 폭로하다; (비밀 따위를) 누설하다; 체하다**
♠ **let out 내보내다; 누설하다; 늘리다; 빌리다, 임대하다**

♠ **let up 그치다; 《미》 그만두다**
♠ **let us say 예를 들면; 글쎄**

□ **let**down [létdàun] 명 감소, 감퇴, 부진; 실망; (착륙을 위한) 강하 ☜ 밑으로(down) (가게) 하다(let)
□ **let's** [[lets] **~합시다** ☜ let us(우리가 ~하도록 허락하다)의 줄임말
■ out**let** [áutlet, -lit] 명 배출구, **출구**; (상품의) 판로, 직판장, 대리점; 『전기』 콘센트 ☜ 밖으로(out) (나가게) 하다(let)
■ in**let** [ínlèt] 명 **입구, 주입구; 작은 만**; 삽입물, 상감물; 끼워(박아) 넣기 동 끼워(박아) 넣다 ☜ 안으로(in) (들어오게) 하다(let)
※ **be** [biː,/비-, bi/비] 동 (**be**(am · are · is)/**was · were/been**) **~이다, ~이 있다** ☜ 고대영어로 '존재하다, 되다'란 뜻

리썰웨폰 Lethal Weapon (미국 액션 영화. <흉기>란 뜻)

* weapon 무기, 흉기

1987년 개봉한 미국의 범죄 액션 스릴러 영화. 맬 깁슨, 대니 글로버 주연. 술집 여종업원이 호텔에서 뛰어내려 죽는 사건을 맡게 된 베테랑 형사와 좌충우돌 말썽쟁이 형사가 이 사건이 마약 범죄조직과 연루되어 있음을 알고, 범죄조직내에 잠입하여 일망타진한다는 이야기

LETHAL WEAPON

© Warner Bros.

□ **leth**al [líːθəl] 형 죽음을 가져오는, 치사의, 치명적인 ☜ 죽음(leth) 의(al)
♠ **a lethal** dose of poison **치사량의** 독극물
□ **lethal** weapon 흉기 ☜ weapon(무기, 흉기)
□ **leth**ality [liːθǽləti] 명 치명적임; 치사율; 치사성(性) ☜ -ity<명접>

레테 Lethe ([그神] 망각의 여신; 망각의 강(江))

□ **Lethe** [líːθi(ː)] 명 『그.신화』 **레테** 《그 물을 마시면 일체의 과거를 잊는다고 하는 망각의 강(江); Hades(황천, 지옥)에 있다는 저승의 강》; 망각의 여신; (l-) 망각(忘却) ☜ 그리스어로 '망각'이란 뜻
□ **Lethe**an [liːθíːən] 형 Lethe의; 과거를 잊게 하는 ☜ -an<형접>

< 망각의 여신, 레테 >

L

러브레터 love letter (연애편지), 레터링 lettering (문자 도안화)

♣ 어원 : **liter, letter 글자, 문자**
※ **love** [lʌv/러브] 명 **사랑** 동 **사랑하다** ☜ 고대영어로 '사랑하는 감정, 로맨틱한 성적 매력'이란 뜻
□ **letter** [létər/**레**러/**레**터] 명 **글자**, 문자; **편지**, 서한; **문학** ☜ 중세영어로 '문자'란 뜻
♠ a capital (small) **letter** 대(소)**문자**
♠ post (mail) **a letter 편지**를 부치다
♠ man of **letters 문**인, **문학**가
□ **letter** box (개인용의) 우편함(《미》 mail box); 우체통 ☜ box(상자, 통)
□ **letter** paper 편지지 ☜ paper(종이)
□ **letter**ed [létərd] 형 글자를 넣은, 학식(교양)이 있는 ☜ -ed<형접>
□ **letter**ing [létəriŋ] 명 글자 쓰기, 글자 새기기; **레터링**(문자 도안화) ☜ letter + ing<명접>
■ **liter**ature [lítərətʃər, -tʃùər] 명 **문학, 문헌** ☜ 문자(liter)로 쓰여진 것(ature)

레티스 그린 lettuce green (연한 연두색, 양배추색)

□ **lettuce** [létis] 명 『식물』 **상추**, 양상추; 《미.속어》 (달러) 지폐, 현찰 ☜ 중세영어로 '샐러드용 정원 풀'이란 뜻
♠ a bacon, **lettuce** and tomato sandwich
베이컨, **상추**, 토마토를 넣은 샌드위치
※ **green** [griːn/그린-] 형 **녹색의** 명 **녹색** ☜ 고대영어로 '살아있는 식물의 색'이란 뜻

LETTUCE GREEN

131

엘리베이터 elevator (승강기), 레버 lever (지레)

♣ 어원 : **lev, lay, liev, lief 가벼운, 편안한, 평탄한; 가법게 하다, 올리다**
■ e**lev**ator [éləvèitər/**엘**러붸이러/**엘**러붸이터] 명 **엘리베이터, 승강기** ☜ 밖으로<위로(e<ex=on) 들어 올리(lev) 는(at) 기계(or)
□ **lev**er [lévər, líːvər] 명 **지레, 레버** ☜ 가법게(lev) 해주는 기계(er)
□ **lev**ity [lévəti] 명 경솔, 경박, 가벼움 ☜ 가볍게(lev) 처신하는 것(ity)
□ **lev**el [lévəl/**레**벌] 명 **수평, 수준**; 평면(=plane) 형 **수평의**; 평평한; **같은 수준[높이]의**

㉯ **평평하게 하다** ☜ 평탄한(lev) 것(el)
♠ **the level** of living 생활 **수준**
♠ above **sea level** ***바다수면*** *위 (높이)* ➔ 해발(海拔)
♠ **level off 평평하게 하다[되다]; 안정시키다[되다]**
♠ **level up** 〔down〕 **표준을 올리다** 〔내리다〕

□ **lev**y [lévi] ㉯ (세금 등을) 부과하다, **징수하다** ㉮ 징세, 부과
☜ 고대 프랑스어로 '들어 올리다'란 뜻
♠ **levy** a large fine 많은 벌금을 **부과하다**

✚ al**lev**iate 경감하다, 완화시키다 re**liev**e **경감하다**; 구제하다 re**lief** **경감**, 제거; **구원**

연상 ▸ 누드(nude.나체) 사진이 너무 루드(lewd.외설적)이다

※ **nude** [njuːd] ㉱ **벌거벗은, 나체의** ㉮ 벌거벗은 사람〔그림〕 ☜ 라틴어로 '발가벗은, 나체의'
□ **lewd** [luːd] ㉱ 추잡한, 음란한; **외설적인**; 호색의 ☜ 중세영어로 '교양 없는'이란 뜻
♠ **lewd** manners **음탕한** 풍조
□ **lewd**ly [lúːdli] ㉲ 음탕하게; 방탕하게 ☜ lewd + ly<부접>
□ **lewd**ness [lúːdnis] ㉮ 음탕함, 방탕함 ☜ lewd + ness<명접>

노블레스 오블리주 noblesse oblige (고위직의 도덕적 의무)

프랑스어로 '고귀한 신분(귀족)'을 뜻하는 noblesse 와 '책임이 있다'는 oblige 가 합해진 것. 높은 사회적 신분에 상응하는 도덕적 의무를 말한다.

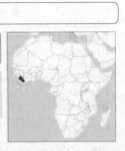

♣ **어원 : lig, li, leag, log, loy, ly 묶다, 연결하다**
※ **noble** [nóubəl/**노**우벌] ㉱ **귀족의, 고귀한** ☜ 알(k**no**w) 만한(a**ble**)
※ **noblesse** [noublés] ㉮ 귀족, 귀족계급
☜ 알(k**no**w) 만한(a**ble**) 위치에 있는 신분(**sse**)
■ ob**lig**e [əbláidʒ/어블라이쥐] ㉯ **~에게 의무를 지우다**
☜ ~에(ob=to) 묶어두려(lig) 한다(e)
□ **li**able [láiəbəl] ㉱ ~할 책임[의무]이 있는; **~하기 쉬운** ☜ 묶어둘(li) 수 있는(able)
□ **li**ability [làiəbíləti] ㉮ **~의 책임이 있음**; 경향, 의무 ☜ 묶어둘(li) 수 있는(abil) 것(ity)
♠ **liability for** military service 병역**의 의무** ★ liability for + ㉮
♠ **liability to** pay taxes 납세**의 의무** ★ liability to + ㉯
□ **li**aison [líːəzàn, liːéizɑn/liːéizɔːŋ] ㉮ **연락**, 접촉, 연락원
☜ 하나로 묶어주는(li) + ai + 사람(son)

✚ al**ly** **동맹[연합 · 제휴]하게 하다** **leag**ue **연맹, 리그(전)** re**lig**ion **종교** re**li**able **의지가 되는**, 믿음직한 re**ly** **의지하다**, 신뢰하다

□ **liar**(거짓말쟁이) ➔ **lie**(거짓말; 드러눕다) **참조**

라이베리아 Liberia (미국에서 해방된 노예들이 건국한 아프리카 서부의 공화국)

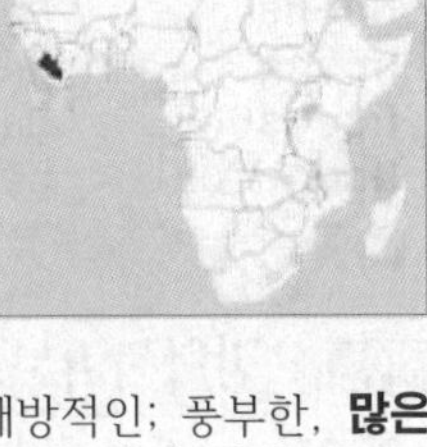

미국에서 해방된 노예들이 1847년 건국한 아프리카 최초의 흑인공화국. 라이베리아란 '자유의 나라'라는 뜻이다. 수도 몬로비아는 당시 미국 대통령이었던 '제임스 몬로'의 이름을 따서 지었다.

♣ **어원 : liber, liver 자유; 해방시키다**
□ **Liber**ia [laibíəriə] ㉮ **라이베리아** 《아프리카 서부의 공화국; 수도 몬로비아(Monrovia)》 ☜ '자유의 나라'란 뜻
□ **liber**al [líbərəl] ㉱ **자유주의의**, 진보적인; **관대한**(=tolerant), **후한**, 개방적인; 풍부한, **많은** ㉮ 편견 없는 사람; 자유주의자, 진보주의자; (L-) 자유당원 ☜ -al<형접/명접>
♠ **liberal** democracy **자유**민주주의
□ **liber**alism [líbərəlìzm] ㉮ **자유[진보]주의** ☜ -ism(주의)
□ **liber**alist [líbərəlist] ㉮ 자유〔진보〕주의자 ☜ -ist(사람)
□ **liber**alistic [lìbərəlístik] ㉱ 자유주의적인 ☜ -istic<형접>
□ **liber**ality [lìbərǽləti] ㉮ 활수(滑水), 관대함, 베푸는 것 ☜ -ity<명접>
□ **liber**alize [líbərəlàiz] ㉯ 자유(주의)화하다; 개방적이 되다 ☜ -ize<동접>
□ **liber**ally [líbərəli] ㉲ 자유로이; 관대하게; 개방적으로 ☜ -ly<부접>
□ **liber**ate [líbərèit] ㉯ **해방하다, 자유롭게 하다**; 방면〔석방〕하다; 벗어나게 하다 ☜ -ate<동접>
♠ **liberate** a slave 노예를 **해방하다**
□ **liber**ation [lìbəréiʃən] ㉮ 해방; 석방; 해방운동 ☜ -ation<명접>

☐ **liber**ation theology 해방 신학 ☜ theology(신학)
☐ **liber**ator [líbərèitər] 명 해방자 ☜ 해방시키다(liberate) + 사람(or)
☐ **liber**ty [líbərti] 명 **자유**(=freedom), 자립 ☜ 해방시킨(liber) 것(ty)
♠ **the Statue of Liberty 자유의 여신상**
★ 미국 뉴욕항의 리버티섬에 있는 거대한 여신상. 프랑스가 우정의 표시로 1866년 미국 독립 100주년을 기념하여 선물한 것이다. 프랑스 파리의 센강에 있는 크기가 작은 <자유의 여신상>은 프랑스대혁명 100주년을 기념해서 프랑스에 있는 미국 인회에서 기증한 것이다.
♠ **at liberty 자유롭게, 한가해서, 마음대로 ~해도 좋은**
♠ **Give me Liberty or give me Death. 자유가 아니면 죽음을 달라.**
- 패트릭 헨리(1775 년) -
■ de**liver** [dilívər] 동 **배달하다**; 인도하다, 교부하다
☜ 멀리 떨어진 곳에(de=away) 해방시키다(liver)

리비도 libido (성욕 · 생활력의 근원인 생명력)

☐ **libido** [libíːdou, -bái-] 명 (pl. **-s**) 애욕, 성적 충동; 『정신의학』 **리비도** 《성본능의 에너지》
☜ 라틴어로 '욕망'이란 뜻
♠ **have a high libido 성욕이 강하다**
☐ **libid**inous [libídənəs] 형 호색의, 육욕적인(=lustful), 선정적인 ☜ 욕망(libid) 속(in) 의(ous)

라이브러리 library (도서관)

☐ **libr**ary [láibrəri/**라**이브러뤼] 명 **도서관**, 도서실; (개인 소유의) 장서; 문고, 서고; 서재
☜ 책(libr)이 있는 장소(ary)
♠ **the Library** of Congress 《미》 국회 **도서관**
☐ **libr**arian [laibrέəriən] 명 **도서관 직원**; 사서(司書) ☜ -an(사람)

리비아 Libya (2011년 독재자 카다피가 사살된 아프리카 북부의 사회주의 공화국)

L

☐ **Libya** [líbiə] 명 **리비아** 《이집트 서쪽의 아프리카 북부 지방의 옛 명칭. 북아프리카의 공화국; 정식 명칭은 리비아 인민사회주의 아랍공화국(The Great Socialist People's Libyan Arab Jamahiriya), 수도 트리폴리(Tripoli)》 ☜ 이집트어로 '베르베르 부족'의 뜻.
☐ **Libya**n [líbiən] 형 리비아(사람)의 명 리비아 사람; 베르베르 사람(말) ☜ -an(~의/~사람 · 말)

라이센스 license (면허장)

☐ **licens**e, -cence [láisəns] 명 **면허[장]**, 인가(서); 관허, 특허 동 면허를 내주다
☜ 라틴어로 '자유; 마음대로 할 수 있는 권한'이란 뜻
♠ **a driver's license 운전 면허증**
☐ **license** number 차량번호판 번호 ☜ number(수, 번호)
☐ **license** plate 차량번호판 ☜ plate(접시, 금속판)
☐ **licens**ed [láisənst] 형 면허를 얻은, 허가(인가)된; 세상이 인정하는 ☜ -ed<수동형 형접>
☐ **licens**ee [làisənsíː] 명 면허(인가)를 받은 사람 ☜ -ee<수동형 사람>
☐ **licens**er, -sor [láisənsər] 명 허가(인가)자, 검열관 《법률 용어로는 licensor》 ☜ -er/or<능동형 사람>
☐ **licens**ure [láisənʃər, -ʃùər] 명 면허(증) 교부, 개업 허가; 면허제도 ☜ license + ure<명접>
☐ **licent**ious [laisénʃəs] 형 방종한; 방탕한; 음탕한
☜ 라틴어로 '방종의, 자유로운'이란 뜻. license + -tious<형접>

연상 강아지가 도어록(door lock.출입문 자물쇠)을 릭(lick.핥다)했다.

※ **door** [dɔːr/도어] 명 **문**, 출입문, (출)입구 ☜ 고대영어로 '큰 문'이란 뜻
※ **lock** [lɑk/락/lɔk/로크] 명 **자물쇠** 동 자물쇠를 채우다, 잠그다
☜ 고대영어로 '가두다'란 뜻
☐ **lick** [lik] 동 **핥다** ☜ 라틴어로 '핥다'라는 뜻
♠ The dog **licked up** the spilt milk. 그 개는 엎질러진 우유를 다 **핥아먹었다.**
☐ **lick**erish [líkəriʃ] 형 미식(美食)을 좋아하는, 가리는 것이 많은, 입짧은; 게걸스러운; 호색의
☜ 핥는(lick) 사람(er)이 좋아하는(-ish<형접>)
☐ **lick**ing [líkiŋ] 명 핥음; 한 번 핥기; 《구어》 매질, 때림 ☜ -ing<명접>

연상 팀을 리드(lead.이끌다)하던 사람이 상자의 리드(lid.뚜껑)를 열었다.

※ **lead** [liːd/리-드] 동 (-/**led/led**) 이끌다, **인도[안내]하다; 뛰어나다; ~에 이르다**

㉢ **선도**, 솔선, **지휘; 납** ☜ 중세영어로 '이끄는 행위'란 뜻

□ **lid** [lid] ㉢ **뚜껑**; 눈꺼풀(=eyelid); 《속어》 모자 ☜ 고대영어로 '문'
♠ a dustbin **lid** 휴지통 **뚜껑**

□ **lid**ded [lídid] ㉭ 뚜껑이〔덮개가〕 있는; 눈꺼풀이 ~한
☜ lid + d + ed<형접>

□ **lid**less [lídlis] ㉭ 뚜껑이 없는; 눈꺼풀이 없는; 경계하는(=vigilant)
☜ -less(~이 없는)

트루라이즈 True Lies (미국 액션 코미디 영화. <순수한 거짓말>)이란 뜻

1994년 개봉한 미국의 액션 코미디 영화. 아놀드 슈왈제네거, 제이미 리 커티스 주연. 컴퓨터 회사 판매담당인 남편에게 싫증이 난 아내가 가짜 첩보원과의 비밀스런 만남을 즐기지만 남편이야 말로 진짜 첩보원이었던 것. 가족까지 철저히 속이고 비밀임무 수행에 매진해온 남편이지만 질투에 눈이 멀어 아내와 테러범들의 인질신세가 되고 마는데... <출처 : 네이버영화 / 요약인용>

SCHWARZENEGGER True Lies

© 20th Century Fox

※ **true** [truː/츠루-] ㉭ **진실한, 사실의** ☜ 고대영어로 '성실한, 정직한'

□ **lie** [lai/라이] ㉢ **거짓말** ㉣ (-/lie**d**/lie**d**) **거짓말하다;**
☜ 고대영어로 '배신하다, 속이다'란 뜻.
(-/**lay/lain**) **드러눕다, 누워있다**
☜ 고대영어로 '드러눕다, 쉬고 있다'란 뜻
♠ **lie down 눕다**
♠ **lie down on the job 《구어》 일을 태만히 하다**
Don't **lie down on the job** in any case.
어떤 경우라도 **일을 태만히 하지** 마라
♠ **lie in ~ ~에 있다**(=consist in)
All their hopes **lie in** him. 그들의 모든 희망이 그**에게** 집중되어 **있다**.
♠ **lie in one's way 아무의 앞 길에 놓여 있다**
♠ **lie on one's back 반듯이 눕다**
♠ **lie with ~ (책임 따위가) ~에 있다; ~의 의무[권한]이다**

□ **lie**-down [láidàun] ㉢ 곁잠, (쉬려고) 누움, 드러눕기(데모) 비교 sit down
☜ 밑에(down) 드러눕다(lie)

□ **li**ar [láiər] ㉢ **거짓말쟁이** ☜ 거짓말하는(lie) 사람(ar)
♠ a cunning **liar** 교활한 **거짓말쟁이**

□ **ly**ing [láiiŋ] ㉭ **거짓말하는**, 거짓의; 드러누워 있는 ㉢ **드러누움** ☜ -ing<형접/명접>

□ be**lie** [bilái] ㉣ 거짓〔잘못〕 전하다, 잘못〔틀리게〕 나타내다, 속이다
☜ 거짓말(lie) 하다(be=do)

컨테이너 container (화물수송용 큰 금속상자)

♣ **어원 : tain, tin, ten 확보하다, 유지하다, 보유하다(=hold)**

■ con**tain** [kəntéin/컨테인] ㉣ **포함하다; 억제하다** ☜ 모두(con<com) 보유하다(tain)

■ con**tain**er [kəntéinər] ㉢ **그릇, 용기; 컨테이너** ☜ contain + er(장비)

□ lieu**ten**ant [luːténənt] ㉢ 《생략: lieut., 복합어일 때는 Lt.》 **상관대리**, 부관; 『미.육군·공군·해병대』 **중위**(first ~), 소위(second ~); 『영.육군』 중위; 『미·영 해군』 **대위**
☜ 좁은 지역(lieu=local)을 휘어잡고(ten) 있는 사람(ant)
♠ be commissioned **second lieutenant 소위**로 임관하다

□ lieu**ten**ant colonel 육·공군 중령 ☜ colonel(육·공군 대령)

□ lieu**ten**ant commander 해군 소령 ☜ commander(지휘관, 사령관; 해군 중령)

□ lieu**ten**ant general 육군 중장 ☜ general(장군, 대장; 일반적인)

□ lieu**ten**ant governor 《영》(식민지의) 부총독; 《미》 (주의) 부지사
☜ governor(통치자, 지배자; 미국의 주지사)

□ lieu**ten**ant junior grade 『미해군』 중위 ☜ junior(연소한, 손아래의, 저학년의), grade(등급, 계급; ~학년)

✚ con**tin**ue **계속하다** enter**tain 대접[환대]하다**; 즐겁게 하다 main**tain** 지속하다, **유지하다**
ob**tain 얻다, 획득하다** re**tain 보류하다; 계속 유지하다**; 존속시키다 sus**tain 유지[계속]하다**

라이프스타일 life-style (생활양식) * style 스타일, 양식, 방식; 문체
스카이라이프 Skylife (무궁화 위성을 이용한 디지털위성방송사업자)

♣ **어원 : lif(e), liv(e) 생명; 살아있다**

※ **sky** [skai/스까이] ㉢ (the ~ 〔skies〕) **하늘**; 천국 ☜ 고대영어로 '구름(장막)'이란 뜻

☐ **life** [laif/라잎] ⓜ (pl. li**ves**) **생명; 목숨**; (생명있는) **사람, 생물; 생활;** (사람의) **일생, 인생; 전기(傳記), 원기** ⓗ 일생의
☜ 고대영어로 '살아있는 존재'란 뜻
♠ the origin of **life 생명**의 기원
♠ **all one's life (through) 한평생**
♠ **come** 〔bring〕 **(back) to life 소생하다[시키다]**
In my dream all my toys **came to life**.
내 꿈속에서는 내 장난감들이 모두 **살아서 움직였다**.
♠ **for life 종신(의)**

♠ **for one's life 필사적으로**
♠ **for the life of me 《보통 1인칭 주어의 부정문에서》 아무래도**
♠ **live** 〔lead〕 **a life 생활을 하다**
She **lived a** very happy **life**. 그녀는 매우 행복한 **생애를 살았다.**
♠ **take one's own life 자살하다**
He **took his own life** in the woods. 그는 숲 속에서 **자살했다**.
♠ **take the life of ~ ~을 죽이다**

<Sky Life 가정용 안테나>

☐ **life** insurance 생명보험 ☜ insurance(보험, 보험금, 보험료; 보증)
☐ **life** jacket 구명자켓, 구명의(衣) ☜ jacket(재킷, 소매달린 짧은 웃옷; 책의 커버)
☐ **life** science 생명과학 《생물학 · 생화학 · 의학 · 심리학 등》 ☜ science(과학, ~학(學))
☐ **life**boat [láifbòut] ⓜ **구명보트**, 구명정, 구조선 ☜ life + boat(보트, 작은 배)
☐ **life**guard [láifgɑ̀ːrd] ⓜ (수영장 따위의) 감시원, 구조원 ☜ life + guard(감시)
☐ **life**less [láiflis] ⓗ **생명이 없는; 활기가 없는** ☜ life + less(~이 없는)
☐ **life**like [láiflàik] ⓗ 살아있는 것 같은 ☜ life + like(~같은)
☐ **life**long [láiflɔ̀(ː)ŋ, -lɑ̀ŋ] ⓗ **일생**〔평생〕**의**, 생애의 ☜ life + long(긴, 오랜)
☐ **life**-potential [láifpəténʃəl] ⓜ 평균 여명(餘命) ☜ potential(잠재성; 잠재적인)
☐ **life**-saver [láifsèiviŋ] ⓜ **인명구조자**; 생명의 은인 ☜ 구조하는(save) 사람(er)
☐ **life**saving [láifsèivər] ⓗ 구명의; 《미》 수난〔해난〕 구조의
☜ life + save(구하다) + ing<형접>
☐ **life**-size(d) [láifsàiz(d)] ⓗ 실물크기의 ☜ 실물(life) 크기(size) 의(ed<형접>)
☐ **life**-style [láifstàil] ⓜ 사는 방식, 생활양식, **라이프스타일** ☜ life + style(양식)
☐ **life**time [láiftàim] ⓜ **일생**; (생물의) **수명** ⓗ 일생의 ☜ life + time(시간)
☐ **life**-work [láifwəːrk] ⓜ 일생의 사업 ☜ life + work(일, 업무, 직장; 제작품)
☐ **live** [liv/리브] ⓢ **살다**, 살아 있다, 생존하다 ☜ 고대영어로 '살아있다, 생명이 있다, 존재하다'란 뜻
[laiv/라이브] ⓗ **살아 있는** ☜ 근세영어로 '생명이 있는, 죽지 않은'이란 뜻

L

리프트 카 lift car (높은 곳의 점검 수리를 위한 작업용 기계)

♣ **어원 : lift, loft 하늘, 올림; 승강기**
☐ **lift** [lift/리프트] ⓢ **들어 올리다, 올리다; 향상시키다; 올라가다**
ⓜ **올림, 들어 올림; 차에 태워줌; 승강기**; 공중수송
☜ 고대 노르드어로 '하늘'이란 뜻
♠ **lift** a barbell 바벨을 **들어 올리다**
♠ **lift off (헬리콥터 · 로켓 따위가) 이륙하다**
Ten minutes to **lift-off. 발사** 10분 전
※ **car** [kɑːr/카-] ⓜ **자동차** ☜ 라틴어로 '2개의 바퀴가 달린 켈트족의 전차'란 뜻

✚ air**lift** 공중 보급로〔선(線)〕; 공수(空輸); 공수하다 face-**lift**ing (얼굴의) 주름 펴는 성형 수술; 개장 ski **lift 스키리프트** up**lift** (사기를) 앙양하다; 향상시키다; **들어 올리다;** 들어 올림 **loft 지붕 밑 방, 다락방;** 다락에 저장하다 **loft**y **매우 높은**, 치솟은; **고상한**

라이트 light (빛), 라이터 lighter (불붙이는 물건)
라이트급 lightweight ([권투 · 레슬링 등] 경량급 선수)

♣ **어원 : light 빛, 불; 밝은, 가벼운; 빛나다**
☐ **light** [lait/라이트] ⓜ **빛**, 광선; **일광; 발광체; 불꽃** ⓗ **밝은, 연한; 가벼운; 쉬운; 경쾌한** ⓢ **불을 붙이다**, **(등)불이 켜지다**
☜ 고대영어로 '무겁지 않은'이란 뜻
※ flashlight 섬광등, headlight (자동차의) 전조등, moon light 달빛, starlight 별빛, red light 적신호, searchlight 탐조등, torchlight 횃불, traffic light 교통신호등
♠ **turn out the light(s) 불 [전등] 을 끄다**
♠ **in a good** 〔bad〕 **light 잘 보이는**〔보이지 않는〕 **곳에; 유리**〔불리〕**한 견지에서**
♠ **in the light of ~ ~에 비추어, ~을 생각하면, ~(관점)에서 보면; ~의 모습**

으로, ~로서
♠ **light up 밝게 하다, 빛나다; 명랑해지다**

☐ **light** aircraft 경비행기(=lightplane) ☜ aircraft(항공기)
☐ **light** bulb 백열전구 ☜ bulb(전구)
☐ **light** music 경음악 ☜ music(음악)
☐ **light** oil 경유 ☜ oil(기름)
☐ **light** tracer 예광탄 ☜ tracer(추적자)
☐ **light** water (nuclear) reactor 경수로, 경수형 원자로 ☜ water(물), nuclear(핵), reactor(반응자; 원자로)
☐ **light**en [láitn] ⓢ **밝게 하다**, 비추다; **가볍게 하다**, 가벼워지다 ☜ -en<동접>
☐ **light**er [láitər] ⓜ **불을 켜는 사람[것]; 라이터**, 점등〔점화〕기 ☜ -er(사람/장비)
☐ **light**-fingered [láitfíŋgərd] ⓗ 솜씨 좋은 ☜ 가벼운(light) 손가락(finger) 의(ed<형접>)
☐ **light**-footed [láitfùtid] ⓗ 발걸음이 가벼운, 걸음이 빠른 ☜ 가벼운(light) 발(foot) 의(ed<형접>)
☐ **light**hearted [láithà:rtid] ⓗ 마음이 가벼운, 마음 편한, 근심걱정 없는 ☜ 가벼운(light) 마음(heart) 의(ed<형접>)
☐ **light**house [láithàus] ⓜ **등대** ☜ light + house(집)
☐ **light**ing [láitiŋ] ⓜ 채광(採光); **조명**(법); 무대 조명 ☜ light + ing<명접>
☐ **light**ing emitting diode 『전자』 발광다이오드 《약어 LED》 ☜ 빛(lighting)을 방사하(emit) + t<자음반복> + 는(ing) 2극 진공관(diode)
☐ **light**ly [láitli] ⓑ **가볍게; 민첩하게; 부드럽게; 경솔히** ☜ light + ly<부접>
☐ **light**ness [láitnis] ⓜ 밝음; 밝기; 가벼움; 민첩; 경솔 ☜ light + ness<명접>
☐ **light**ning [láitniŋ] ⓜ **번개**, 전광 ☜ 빛나게(light) 하는(en) 것(ing<명접>)
☐ **light**some [láitsəm] ⓗ 경쾌한; 민첩한; 빛나는, 밝은 ☜ light + some<형접>
☐ **light**s-out [láitsáut] ⓜ 『군사』 소등 신호〔나팔〕; 정전 ☜ 불(light) + s<복수>을 끄다(out)
☐ **light**weight [láitwèit] ⓜ 표준 무게 이하의 사람〔물건〕; 『권투·레슬링』 라이트급 선수 ⓗ 경량의 ☜ 가벼운(light) 무게(weight)

✚ en**light**en **계몽하다**, 계발〔교화〕하다 flash**light** **섬광(등)**; 손전등; 『사진』 **플래시** green **light** 파란 불, 청신호 head**light** **헤드라이트**, 전조등 moon**light** **달빛(의)** red **light** 붉은 신호; 적〔위험〕신호 s**light** 약간의, **근소한**; 가벼운; **경시하다; 경멸** search**light** **탐조등**, 탐해등; 그 불빛 star**light** 별빛(의) torch**light** 횃불 traffic **light** 교통 신호등 twi**light** **어스름**, 박명(薄明), 땅거미, 황혼 un**light**ed **불을 켜지 않은**, 어두운

L

아이 러브 유 I love you. (나는 당신을 사랑합니다) * I 나, you 너, 당신(들)
아이 라이크 유 I like you. (나는 당신을 좋아합니다)

■ **love** [lʌv/러브] ⓜ **사랑**, 애정, **연애; 애호** ⓢ **사랑하다** ☜ 고대영어로 '사랑하는 감정'이란 뜻
☐ **like** [laik/라이크] ⓢ **좋아하다** ⓜ **좋아하는 것**, 기호 ☜ 고대영어로 '~의 마음에 들다'란 뜻
♠ I **like** green tea. 나는 녹차(綠茶)**를 좋아한다**.
☐ **lik**ing [láikiŋ] ⓜ **좋아함**(=fondness), 애호; (one's ~) 기호, 취미 ☜ 좋아하(like) 기(ing<명접>)
♠ **have a liking for ~ ~을 좋아하다**
I **have a** great **liking for** travel. 나는 여행을 매우 **좋아한다**.
■ dis**like** [disláik] ⓢ **싫어하다** ⓜ 싫어함, 혐오 ☜ dis(=not/부정) + like(좋아하다)

라이크 어 버진 Like a Virgin (미국 마돈나의 노래. <처녀처럼>)

미국의 pop 가수 Madonna가 1984년 발표하여 그녀를 세계적인 스타로 만들어준 노래. 전 세계적으로 2,100만장의 앨범 판매고를 올렸으며, 빌보드 앨범차트 및 싱글차트 정상에 올랐다.

♣ **어원 : lik(e) 비슷한, 유사한; ~와 같은**
☐ **like** [laik/라이크] ⓗ **~처럼, ~와 같은** ⓢ **좋아하다** ☜ 고대영어로 '~와 같은, 비슷한'이란 뜻
♠ **like father, like son 《속담》 그 아버지에 그 아들, 부전자전(父傳子傳)**
♠ **and the like ~따위, 등등, 기타**(=and so forth)
♠ **nothing like ~ ~만한 것은 없는; 조금도[전혀] ~같지 않은**
He looks **nothing like** a human being. 그는 전혀 사람 **같지 않**다.
☐ **like**ly [láikli/**라**이클리] ⓑ **~할 것 같은, 있음직한** ⓑ 대개, 아마 ☜ ~와 같(like) 게(ly<부접>) 반 **unlikely** 있을 것 같지 않은
♠ **be likely to ~ ~할 것 같다**

Winter **is likely to** be cold this year. 금년 겨울은 추울 **것 같다**.

□ **like**lihood [láiklihùd] ⓜ **있음직함**, 있음직한 일 ☜ ~와 같(like)은 + li + 것(hood)
♠ **in all likelihood 아마, 십중팔구(十中八九)**

□ **like**-minded [láikmáindid] ⓗ 한 마음의, 동지의; 같은 취미를 가진 ☜ 같은(like) 마음(mind) 의(ed<형접>)

□ **like**n [láikən] ⓓ ~에 비유하다(=compare) ☜ like + en<동접>

□ **like**ness [láiknis] ⓜ **비슷함, 유사** ☜ ~와 같(like)은 것(ness)

□ **like**wise [láikwàiz] ⓗ **~와 마찬가지로, ~같이** ☜ ~와 같(like)은 쪽으로(wise)

■ a**like** [əláik] ⓗ **서로 같은**, 비슷한 ☜ 완전히(a/강조) 같은(like)

■ un**like** [ʌnláik] ⓗ **닮지[같지] 않은**, 다른 ⓙ **~을 닮지 않고**; ~와 달라서 ☜ ~같지(like) 않은(un=not/부정)

※ **virgin** [vəːrdʒin] ⓜ **처녀**, 동정녀 ⓗ **처녀의**, 더럽혀지지 않은 ☜ 고대 프랑스어로 '처녀; 동정녀 마리아'란 뜻

라일락 lilac ([식물] 꽃말이 <첫사랑 · 젊은 날의 추억>인 관상용 꽃)

□ **lilac** [láilək] ⓜ 【식물】 **라일락**, 자정향(紫丁香); 연보라색 ⓗ 연보라색의 ☜ 페르시아어인 '릴락(푸름)'에서 나온 프랑스어
♠ It holds **lilac festivals** every year.
매년 **라일락 축제**가 열린다.

릴리 lily ([식물] 나리 · 백합꽃)

□ **lili**ed [lílid] ⓗ 《시어》 백합 같은(이 많은); 하얀 ☜ lily<y→i> + ed<형접>

□ **lily** [líli/릴리] ⓜ **나리, 백합; 백합꽃**; 순결한 사람; 순백의 물건 ☜ 라틴어로 '흰 꽃'이란 뜻
♠ **the lilies and roses**
《비유》 백합과 장미처럼 아름다운 얼굴빛, 미모

□ **lily**-livered [lílilívərd] ⓗ 겁 많은(=cowardly) ☜ 백합처럼 흰(lily) 간(肝)(liver) 의(ed<형접>)

□ **lily**-white [lílihwáit] ⓗ 백합처럼 흰, 새하얀; 흠(결점)없는, 결백한(=innocent) ☜ lily + white(흰)
♠ **lily-white** skin **백옥같이 하얀** 피부

L

림 limb ([양궁] 활의 깃)

□ **limb** [lim] ⓜ (사람 · 동물의) **손발, 팔다리**; (새의) 날개; 큰 가지 ⓓ **~의 팔다리를 자르다**, ~의 가지를 치다 ☜ 고대영어로 '팔다리, 나뭇가지'란 뜻
♠ an **artificial** limb ***인공의*** 수족 ➔ 의수(의족)

□ **limb**ed [limd] ⓗ (~한) 사지(가지)가 있는 ☜ limb + ed<형접>
♠ crooked-limbed *굽은* ***가지의*** ➔ 가지가 굽은

라임라이트 Limelight (찰리채플린의 코미디 영화. <옛 극장의 무대조명>)
나의 라임(lime) 오렌지나무 (브라질 조제 마우루 지 바스콘셀루스의 소설)

<나의 라임 오렌지나무>는 브라질 소설가 조제 마우루 지 바스콘셀루스가 1968년에 펴낸 소설. 브라질 상파울루 부근 작은 도시 방구시에 사는 철없고 미워할 수 없는 악동이며 놀라운 감수성을 가진 다섯 살짜리 제제의 맑은 동심을 통해 황폐해져 가는 우리들의 마음을 동심으로 적셔주는 감동적인 이야기. 베스트셀러에 오른 작품.

□ **lime** [laim] ⓜ **석회**(石灰); **라임** 《레몬 비슷하며 작고 맛이 심》 ☜ 아라비아어로 '감귤'이란 뜻
♠ **lime** and water **석회**수
♠ peeled slices of **lime** 껍질을 벗겨 얇게 썬 **라임** 몇 조각

□ **lime**ade [làiméid] ⓜ **라임에이드** 《라임 과즙에 설탕물 등을 혼합한 음료》 ☜ lime + ade(감미음료)

□ **lime**light [láimlàit] ⓜ 석회광(石灰光); 눈길을 끄는 입장, 세상의 주목을 받는 입장 ☜ 석회(lime) 빛(light) ★ 라임라이트는 석회(石灰) 막대를 산수소(酸水素) 불꽃에 태웠을 때에 생기는 백색광(白色光)으로 19세기 후반 극장에서 무대용 스포트라이트 조명으로 사용되었다.

□ **lime**stone [láimstòun] ⓜ 석회석, **석회암** ☜ lime + stone(돌, 바위)

□ **lim**y [láimi] ⓗ (-<-mi**er**<-mi**est**) 석회질의, 끈적끈적한 ☜ lime + y<형접>

리미티드 에디션 Limited Edition (한정판)

리미티드 에디션은 마케팅의 일환으로 음반이나 DVD 등 제품들을 발매할 때 따로 보너스곡이나 화보집 등을 수록한 한정판을 말한다. <출처: 위키백과 / 요약인용>

♣ **어원 : limin, limit 문턱, 입구; 경계**

□ **limit** [límit/**리**밑] ⓜ (종종 pl.) **한계(선)**, 한도, 극한 ⓢ **한정[제한]하다** ☜ 라틴어로 '경계선'이란 뜻
♠ **within the limits of ~ ~의 범위 안에서**

□ **limit**ed [límitid] ⓗ **한정된**, 유한의 ☜ limit(제한하다) + ed<형접>

□ **limit**ed edition 한정판 ☜ edition(~판(版), 간행)

□ **limit**ation [lìmətéiʃən] ⓜ 제한, **한정**, 규제 ☜ limit(제한하다) + ation<명접>

□ **limit**less [límitlis] ⓗ 무한의 ☜ limit + less(~이 없는)

✚ un**limit**ed **끝없는**, 광대한, **무제한의** e**limin**ate **제거하다**, 배제하다, 삭제하다 e**limin**ation **배제, 제거** pre**limin**ary **예비의**, 준비의; **준비; 예비시험**

공항 리무진 버스 airport limousine bus (콩글 공항과 시내 사이의 여객 수송용 버스) ➔ airport shuttle bus

※ **air**port [ɛ́ərpɔ̀ːrt/**에**어포-트] ⓜ **공항** ☜ air + port(항구)

□ **limousine** [líməziːn] ⓜ **리무진** 《운전석과 객석 사이에 유리 칸막이가 있는 대형자동차》; (공항과 시내 사이의 여객 수송용) 소형 버스; 호화 대형 승용차
☜ 리무진은 원래 프랑스 중심부에 위치한 리무진 지역의 양치기가 입는 망토란 뜻이었다. 20세기 초 바깥 공기에 오래 노출된 초기 자동차 운전사들이 이 망토를 걸쳤다가 이 단어가 점차 자동차로 전의되었다고 한다.

※ **bus** [bʌs/버스] ⓜ (pl. **-(s)es**) **버스** ☜ 프랑스어 omni**bus**(승합마차)의 줄임말

연상 떨어진 램프(lamp)에 맞아 다리를 림프(limp.절뚝거리다)하다

※ **lamp** [læmp] ⓜ **등불, 램프**, 남포 ☜ 중세영어로 '가연성 액체를 담고 있는 용기'란 뜻

□ **limp** [limp] ⓢ **절뚝거리다**; (배가) 느릿느릿 가다《고장으로》 ⓜ 절뚝거리기
☜ 중세 고지(高地) 독일어로 '절뚝거리다'란 뜻
♠ She had twisted her ankle and **was limping**.
그녀는 발목을 삐어서 다리를 **절뚝거렸다**.

□ **limp**en [límpən] ⓢ 절름발이가 되다 ☜ limp + en<동접>

링컨 Lincoln (흑인 노예를 해방시킨 미국 제 16 대 대통령)

□ **Lincoln** [líŋkən] ⓜ **링컨** 《Abraham ~, 미국의 제16대 대통령(1809-65)》; 미국제의 대형 고급승용차 ★ '국민의, 국민에 의한, 국민을 위한 정부'(the government of the people, by the people, for the people)라는 말은 1863년 링컨이 게티즈버그에서 한 말인데 이는 민주주의를 가장 간결하면서도 알맞게 표현한 것이다.
♠ **Lincoln** emancipated slaves. **링컨**은 노예를 해방시켰다.

린드버그 Lindbergh (1927 년 최초로 대서양을 단독 횡단 비행한 미국 비행사)

□ **Lindbergh** [líndbəːrg] ⓜ **린드버그** 《Charles Augustus ~, 1927년 최초로 대서양 무착륙 횡단에 성공한 미국인 비행사; 1902-74》

린덴 linden (보리수 · 참피나무 무리)

□ **linden** [líndən] ⓜ 『식물』 **린덴** 《참피나무속(屬)의 식물; 참피나무 · 보리수 따위》 ☜ 초기인도유럽어로 '유연한(lind) 것(en)'이란 뜻

언더라인 underline (밑줄), 핫라인 hot line (긴급 직통 전화)

♣ **어원 : lin(e), lane 선, 줄, 실; 안감 ⇦ linen(아마)에서 실을 뽑은 데서**

■ under**line** [ʌ̀ndərláin] ⓢ **~의 밑에 선을 긋다**; 강조하다 ⓜ **밑줄**, 하선 ☜ 아래의(under) 선(line)

■ hot **line** **핫라인** 《정부 수뇌간 등의 긴급 직통 전화》 ☜ hot(뜨거운, 긴급한)

■ out**line** [áutlàin] ⓜ (종종 pl.) **윤곽; 약도**; 개요, 요강; 테두리, **아우트라인** ⓢ ~의 윤곽을 그리다; ~의 약도를 그리다; 개설(概說)하다 ☜ 바깥쪽(out) 선(line)

□ **line** [lain/라인] ⓜ **끈, 노끈, 밧줄; 선, 줄, 열** ⓢ **선[줄]을 긋다;**

☜ 라틴어로 '리넨 밧줄'이란 뜻
~에 안감을 대다, 안을 붙이다 ☜ 안감으로 '리넨(아마사로 짠 직물)'을 사용한데서
♠ **(as) straight as a line 일직선으로**
♠ **all along the line 전선(戰線)의 도처에; 모든 점에서; 전면적으로**
♠ **drop** (send) **a line** (a few lines) **몇 줄 써 보내다**
♠ **stand in line 줄을 서다, 열을 짓다**
♠ **line up 줄을 서다**

☐ **line**ar [líniər] ⓗ **선의**, 직선의; 선과 같은 ☜ -ar<형접>
☐ **line**n [línin] ⓜ **아마포**(布), **리넨, 린네르**; 아마사(絲) ☜ 리넨(아마)로 실을 뽑은 데서
☐ **line**r [láinər] ⓜ **정기선(船)** 《특히 대양 항해의 대형 쾌속선》; **정기 항공기**(=airliner) ☜ 길<선(line)을 가는 것(er)
☐ **line**ate, -ated [líniit, -èitid] ⓗ 선이 있는 ☜ 선(line)이 있는(ate<형접>)
☐ **line**al [líniəl] ⓗ 직계의, 정통의 ☜ -al<형접>
☐ **line**age [líniidʒ] ⓜ 혈통, 계통; 계보, 가계(家系) ☜ -age<명접>
☐ **line**-up, **line**up [láinʌ̀p] ⓜ 사람(물건)의 열(列); **라인업**, (선수의) 진용(표); 재고품; (시합전) 정렬 ☜ 위로(up) 선을 긋다(line)
☐ **lin**ing [láiniŋ] ⓜ **안감대기**; (옷 따위의) 안(받치기) ☜ 안감으로 '리넨(아마사로 짠 직물)'을 사용한데서
☐ **lin**net [línit] ⓜ 【조류】 홍방울새 ☜ 고대 프랑스어로 '아마(亞麻)'란 뜻. 이 새가 아마(亞麻)씨를 좋아해서 붙인 이름이라고 함.
☐ **lin**oleum [linóuliəm] ⓜ **리놀륨** 《마루의 깔개》 ☜ '아마기름'의 뜻 ⇦ 리넨(linen) 오일(ole<oil) + um<명접>
☐ **lin**seed [línsìːd] ⓜ **아마(亞麻)씨** ☜ seed(씨, 씨앗)
■ **lane** [lein] ⓜ **좁은 길**, 골목; 통로, 규정 항로; **차선**; (경주) 코스, (볼링의) **레인** ☜ 고대영어로 '좁은 울타리길'이란 뜻

✚ de**line**ate ~의 윤곽을 그리다; (말로) 묘사(기술)하다. a**lign**, a**line** 한 줄로 하다, 일렬로 세우다

☐ **linger**(오래 머무르다) ➔ **languid**(노곤한, 나른한) **참조**

보디 랭귀지 body language (몸짓 언어, 신체 언어)
링구아 프랑카 lingua franca (동(東)지중해에서 사용되는 상업적 공통어)

링구아 프랑카(lingua franca)는 주로 동(東)지중해에서 사용된 이탈리아어, 프랑스어, 그리스어, 스페인어, 아랍어, 히브리어가 섞인 상업적 공통어로 여러 언어가 혼합되고, 문법이 간략한 특징이 있다. 링구아 프랑카라는 명칭은, 이탈리아어(또는 라틴어)로 <프랑크의 언어>라는 뜻인데 이는 십자군시대에 유럽인들을 통틀어 프랑크(Frank)라고 칭하던 아랍인들의 표현을 이탈리아어로 번역한 것이라고 한다.

♣ **어원 : lingu, langu 혀, 언어; 말하다**
※ **body** [bɑ́di/**바**리/bɔ́di/**보**디] ⓜ **몸; 본문** ☜ 고대영어로 '통'이란 뜻
반 mind 마음, soul 정신
■ **language** [lǽŋgwidʒ/**랭**귀쥐] ⓜ **언어**, 말, **국어; 어법** ☜ 라틴어로 '혀, 언어'란 뜻
☐ **lingo** [líŋgou] ⓜ (pl. **-(e)s**) 《경멸》 뜻 모를(알 수 없는) 말 《사투리·외국어·술어 따위》; 【언어학】 **링고**, 전문어 ☜ 라틴어로 '말, 언어, 혀'란 뜻
☐ **lingu**a [líŋgwə] ⓜ (pl. **-e**) 《L.》 혀; 설상(舌狀) 기관; 언어 ☜ -a<명접>
☐ **lingu**al [líŋgwəl] ⓗ 혀(모양)의; 【음성】 설음(舌音)의; 말(언어)의
ⓜ 설음; 설음자(字) 《t, d, th, s, n, l, r 등》 ☜ -al<형접/명접>
☐ **lingu**ist [líŋgwist] ⓜ 어학자, **언어학자** ☜ -ist(사람)
♠ She's an excellent **linguist**. 그녀는 뛰어난 **어학자**이다.
☐ **lingu**istic(al) [liŋgwístik(əl)] ⓗ **말의**, 언어의; 언어학의; 언어 연구의 ☜ -stic/-stical<형접>
☐ **lingu**istically [liŋgwístikəli] ⓟ 언어학상으로 ☜ -ly<부접>
☐ **lingu**istics [liŋgwístiks] ⓜ (pl.) [단수취급] 어학; **언어학** ☜ -istics(학문)

✚ bi**lingu**al 두 개 언어로 말하는(사람) mono**lingu**al 하나의 언어를 사용하는 (사람) multi**lingu**al 여러 언어로 말하는 (사람) tri**lingu**al 3개 언어를 사용하는 (비문)

☐ **lining**(안감대기) ➔ **line**(선) **참조**

링크 link ([통신] 두 점간의 물리적인 연결)

인터넷에서 하이퍼텍스트에서의 링크는 특정 단어나 그림 또는 정보개체를 다른 곳으로 연결을 제공하는 부분을 의미하며, 월드와이드웹(www)과 같은 멀티미디어 환경에서는 소리나 동영상 등도 링크를 통해 연결될 수 있다. <출처 : NEW 경제용어사전 / 요약인용>

□ **link** [liŋk] 명 (사슬의) **고리** 동 **~을 잇다**, 연결하다, **연결되다**
☜ 고대 고르스어로 '연결고리'란 뜻
♠ **a link road 연결** 도로

□ **link**age [líŋkidʒ] 명 결합; 연쇄; 연계; 연동장치 ☜ -age<상태 접미사>

□ **link**s [liŋks] 명 (pl.) 골프장 비교 rink 스케이트장
☜ 고대영어로 '(융기한 땅이 연결된) 산등성이'란 뜻.

□ **linnet**(홍방울새), **linoleum**(리놀륨), **linseed**(아마(亞麻)씨) ➔ **line**(선) **참조**

라이노타이프 linotype (키를 두드리면 글자가 한 행씩 주조되는 기계)

■ **line** [lain/라인] 명 **끈, 노끈, 밧줄; 선, 줄, 열** 동 **선[줄]을 긋다;**
☜ 라틴어로 '리넨 밧줄'이란 뜻

□ **lin**otype [láinoutàip] 명 자동 주조 식자기, **라이노타이프**《상표명》
동 라이노타이프로 식자하다 ☜ line of type(한 줄의 활자)란 뜻

삼성 라이온즈 Samsung Lions (대구를 연고지로 하는 KBO 소속 프로야구팀. <삼성의 사자들>이란 뜻)

♣ **어원 : lion, leo 사자**

□ **lion** [láiən/**라**이언] 명 (pl. **-s, -**) **사자, 라이온**
☜ 고대영어로 '사자'란 뜻
★ 사자는 영국 왕실의 문장(紋章)으로 Great Britain의 상징
♠ **tame a lion 사자를 길들이다**

□ **lion**ess [láiənis] 명 암사자 ☜ -ess<여성형 접미사>

□ **lion**et [láiənit, -nèt] 명 새끼사자(=cub) ☜ 작은(et) 사자(lion)

□ **lion**heart [láiənhɑ̀ːrt] 명 용맹(담대)한 사람; (L-) 사자왕《영국왕 Richard 1세의 별명》 ☜ lion + heart(마음, 심장)

□ **lion**hearted [láiənhɑ̀ːrtid] 형 용맹한 ☜ 사자(lion)의 마음을(heart) 가진(-ed<형접>)

□ **lion**like [láiənlàik] 형 사자 같은 ☜ lion + like(~같은)

□ **lion**'s mouth [the ~] 매우 위험한 장소 ☜ 사자(lion) 의('s) 입(mouth)

□ **lion**-tamer 사자 부리는 사람 ☜ 길들이는(tame) 사람(er)

■ sea-**lion** [síːlàiən] 【동물】 바다사자, 강치 ☜ 바다(sea) 사자(lion)

■ **liger** [láigər] 명 **라이거**《수사자와 암범 사이의 종간잡종》 ☜ **li**on(사자) + ti**ger**(호랑이)

■ dande**lion** [dǽndəlàiən] 명 【식물】 **민들레** ☜ 사자(lion) 의(de) 이빨(dan); 민들레 잎이 사자 이빨을 닮았다는 데서 유래

립서비스 lip service (말뿐인 호의), 립스틱 lipstick (입술연지), 립싱크 lip-sync

□ **lip** [lip/립] 명 **입술** 동 **~에 입술을 대다** ☜ 고대영어로 '(한 쪽) 입술'이란 뜻
♠ **the upper (lower, under) lip** 윗(아랫) **입술**
♠ full lips 도톰한 입술 주의 **thick lips나 fat lips로 표현하면 안됨, fat lips는 (남에게 맞아서) 부은 입술**

□ **lip** language 시화(視話)《벙어리가 입술을 움직여 행하는 말》 ☜ language(말, 언어)

□ **lip** print 입술자국 ☜ print(인쇄, 자국)

□ **lip** reading 독순술(讀脣術)《입술모양만 보고 말을 이해하는 기술》 ☜ 읽(read) 기(ing<명접>)

□ **lip** service **립서비스**, 말뿐인 호의 ☜ service(봉사, 서비스)

□ **lip** speaking 순화술(脣話術)《소리없이 입술만 움직여 말하는 기술》 ☜ 말하(speak) 기(ing<명접>)

□ **lip**py [lípi] 형 (-<-p**ier**<-p**iest**)《구어》 입술이 큰; 건방진 (말씨의), 수다스러운
☜ lip + p<단모음+단자음+자음반복> + y<형접>

□ **lip**stick [lípstik] 명 **입술연지, 립스틱** ☜ 입술(lip) 막대(stick)

□ **lip**-sync(h) [lípsìŋk] 동명 【TV · 영화】 **립싱크**, 녹음(녹화)에 맞추어 말(노래)하다(하기)
☜ **lip synch**ronization의 합성어. '입술 동기화'란 뜻

리큐어 > 리큐르 liqueur (증류주에 과즙 · 약초 · 감미료 등을 섞은 혼성주) 엘엔지 LNG (액화천연가스), 엘피지 LPG (액화석유가스)

♣ **어원 : liqu 액체; 흐르다**

□ **liqu**eur [likə́ːr/-kjúər] 명《F.》 **리큐어**《달고 향기 있는 독한 술》 동 리큐어로 맛들이다

☜ 액체(liqu)로 만든 것(eur<명접>)

☐ **liqu**efy [líkwifài] ⓢ 녹이다, 용해시키다; 액화시키다, 녹다; 액화하다
☜ -fy(만들다)
♠ **L**iquefied **N**atural **G**as 액화 천연 가스(**LNG**)
♠ **L**iquefied **P**etroleum **G**as 액화 석유 가스(**LPG**)

☐ **liqu**id [líkwid] ⓗ **액체의** ⓜ **액체** ☜ -id<형접/명접>
♠ the transition from **liquid** to vapour **액체**에서 기체로의 전이

☐ **liqu**idate [líkwidèit] ⓢ 청산하다; 말살하다 ☜ 라틴어로 '(녹여서) 액체(liquid)로 만들다(ate)', '(녹여) 없애다, 죽이다'란 뜻

☐ **liqu**idity [likwídəti] ⓜ 유동성; 유창함 ☜ liquid + ity<명접>

☐ **liqu**or [líkər] ⓢ 술에 취하다 ⓜ **알코올 음료**, 술 ☜ -or<성질 명접>

☐ **liqu**orish [líkəriʃ] ⓗ 술을 좋아하는; 알코올성의 ☜ -orish<형접>

블랙리스트 blacklist (요주의 인물 명부) * black 검은

☐ **list** [list/리스트] ⓜ **목록**, 표, 일람표, 명세서, **리스트; 명부** ⓢ **목록[명부]에 올리다**
☜ 근대영어로 '이름 목록'이란 뜻
♠ draw up (make) **a list 목록[표]**를 작성하다
♠ **black list 블랙리스트**, 요주의(시찰) 인명부 ☜ 검은색(black) 목록(list)
♠ **white list 화이트리스트**, 바람직한 것의 리스트 ☜ 흰색(white) 목록(list)
♠ **bucket list 버킷리스트** 《죽기 전에 꼭 하고 싶은 일의 목록》
★ 고대 자살방법 중 하나인 높은 곳에 밧줄을 매달고 양동이 위에 올라가 밧줄을 목에 건 다음 양동이를 발로 걷어차는 것(kick the bucket 죽다, 자살하다)에서 bucket list는 죽기 전 하고 싶은 일의 목록을 뜻하게 되었다.
♠ **waiting list 대기자[후보자] 명단** ☜ list(목록)

☐ **list**ed [lístid] ⓗ (증권 따위가) 상장된; 표에 실린 ☜ list + ed<형접>

☐ **list**ing [lístiŋ] ⓜ 명부에 올림; 리스트 작성; 일람표, 목록 ☜ list + ing<명접>

■ **check**list [tʃéklìst] ⓜ 《미》 대조표, 점검표, **체크리스트** ☜ check + list(표)

■ en**list** [enlíst] ⓢ **병적에 편입하다**; 모병하다 ☜ 리스트(list)를[에] 만들다[올리다](en)

L

리스닝 listening (듣기, 청취)

♣ **어원 : list 귀 기울려 듣다, ~에 관심[흥미]을 갖다; 경청, 관심**

☐ **listen** [lísn/**릿**슨] ⓢ **듣다**, 귀를 기울이다, 경청하다 ☜ 고대영어로 '듣다'란 뜻
♠ **listen to ~ ~에 귀를 기울이다, 경청하다**
Listen to me. 내 말을 **들으시오.**

☐ **listen**er [lísnər] ⓜ 듣는 사람, **경청자** ☜ listen + er(사람)

☐ **listen**ing [lísniŋ] ⓜ 경청; **청취**, 들음 ⓗ 주의 깊은 ☜ listen + ing<명접/형접>

☐ **list**less [lístlis] ⓗ ~할 마음이 없는; 열의 없는, 무관심한 ☜ 관심(list)이 없는(less)

☐ **list**lessly [lístlisli] ⓑ **께느른하게** 《몸을 움직이고 싶지 않을 만큼 느른하게》 ☜ -ly<부접>

리터 liter (미터법에서 쓰는 부피의 단위. 1,000cc)

☐ **liter**, 《영》 **litre** [lí:tər] ⓜ **리터** 《1,000cc, 약 5홉 5작; 생략: l., lit.》
☜ 그리스어로 '(무게의 단위로서의) 파운드(pound)'란 뜻.
♠ I need **a liter** of milk. 우유 **1 리터**가 필요하다.

러브레터 love letter (연애편지), 레터링 lettering (문자 도안화)

♣ **어원 : liter, letter 글자, 문자**

※ **love** [lʌv/러브] ⓜ **사랑** ⓢ **사랑하다**
☜ 고대영어로 '사랑하는 감정, 로맨틱한 성적 매력'이란 뜻

■ **letter** [létər/**레**러/**레**터] ⓜ **글자**, 문자; **편지**, 서한; **문학** ☜ 중세영어로 '문자'란 뜻

☐ **liter**acy [lítərəsi] ⓜ **읽고 쓰는 능력**; (전수받은) 교육, 교양 ☜ -acy<명접>

☐ **liter**al [lítərəl] ⓗ 문자의, **문자상의; 글자 그대로의** ☜ -al<형접>
♠ the **literal** meaning **글자 그대로의** 의미

☐ **liter**ally [lítərəli] ⓑ **글자 뜻대로**; 축어적으로 ☜ literal + ly<부접>

☐ **liter**arily [lítərərili] ⓑ 문학상(으로) ☜ -arily<부접>

☐ **liter**ary [lítərèri/-rəri] ⓗ **문학의**, 문필의, 문예의; 학문의 ☜ -ary<형접>

☐ **liter**ate [lítərit] ⓗ 읽고 쓸 수 있는; 학식(교양)이 있는 ⓜ 교육받은 사람, 학자
☜ -ate<형접/명접>

☐ **liter**ator [lítərèitər] ⓜ 문학자, 저술가 ☜ -or(사람)

☐ **liter**ature [lítərətʃər, -tʃùər] ⓜ **문학, 문헌** ☜ 문자(liter)로 쓰여진 것(ature)

♠ English **literature** 영**문학**

캘리그라피 calligraphy (손으로 쓴 아름답고 개성있는 글자체)

♣ **어원 : graph 쓰다, 기록하다, 그리다**

■ calli**graph**y [kəlígrəfi] ⓜ **달필**; **서도**(書道), 서예; 필적
☜ 아름다운(calli) 서법/서풍/기록법(graphy)

□ litho**graph** [líθəgræ̀f, -grὰ:f] ⓜ 석판 인쇄, 석판화 ⓢ 석판으로 인쇄하다
☜ 돌(litho=stone)에 기록하다(graph)
♠ To print **a lithograph**, you need a smooth surface.
석판화를 만들기 위해서는 매끄러운 단면이 필요하다.

□ litho**graph**y [liθάgrəfi/-θɔ́g-] ⓜ **리소그래피**, 석판 인쇄(술)
☜ 돌(litho=stone) 기록(graph) 법(y)

□ litho**graph**ic(al) [lìθəgrǽfik(əl)] ⓗ 석판의, 석판 인쇄의 ☜ lithograph + ic(al)<형접>

□ lithology [liθάlədʒi/-θɔ́l-] ⓜ 암석학; 『의학』 결석학(結石學) ☜ 돌(litho=stone) 학문(logy)

□ lithologic(al) [liθάlədʒik(əl)/-θɔ́l-] ⓗ 암석학의 ☜ lithology + ic(al)<형접>

□ lithologist [liθάlədʒist/-θɔ́l-] ⓜ 암석학자 ☜ lithology + ist(사람)

✚ caco**graph**y 오철(誤綴); 악필 epi**graph**y 비문; 금석학(金石學) ortho**graph**y 바른 철자, 정자법, 철자법 Porno**graph**y 춘화, 외설책, 에로책; 호색 문학, **포르노그래피**

리투아니아 Lithuania (북유럽 발트해 연안의 공화국)

□ **Lithuania** [lìθjuéiniə] ⓜ **리투아니아** 《유럽 동북부, 발트해 연안의 공화국의 하나》
☜ 리투아니아로 '해안의 토지'란 뜻

□ **Lithuania**n [lìθjuéiniən] ⓗⓜ 리투아니아의; 리투아니아 사람〔말〕(의) ☜ -an(~의/~사람 · 말)

리트머스 시험지 litmus paper (산성 · 알칼리성 판별지)

□ **litmus** [lítməs] ⓜ **리트머스** 《보라색 색소》
☜ 고대 노르드어로 '색소 이끼'란 뜻

□ **litmus**less [lítməslis] ⓗ 긍정도 부정도 하지 않는, 중립적인
☜ -less(~이 없는)

□ **litmus** test 『화학』 리트머스 시험; 그것을 보면 사태〔본질〕가 분명해지는 일
☜ test(시험)

연상 4리터(liter)짜리 우유를 리터(litter쓰레기)속에 버렸다.

■ **liter**, 《영》 **litre** [lí:tər] ⓜ **리터** 《1,000cc, 약 5홉 5작; 생략: l., lit.》
☜ 그리스어로 '(무게의 단위로서의) 파운드(pound)'란 뜻.

□ **litter** [lítər] ⓜ (짐승의) **깔짚; 어지러진 물건**, 잡동사니; 찌꺼기, 쓰레기; **난잡**
ⓢ **흩뜨리다**; 새끼를 낳다 ☜ 라틴어로 '휴대용 침대'란 뜻
♠ **No litter, please. 《게시》 쓰레기 버리지 말 것**

□ **litter**bag [lítərbæ̀g] ⓜ (자동차 안 따위에서 쓰는) 쓰레기 주머니 ☜ bag(가방, 주머니)

□ **litter**basket, **litter**bin [lítərbæ̀skit], [lítərbin] ⓜ (길가의) 쓰레기통
☜ basket(바구니), bin(저장통, 쓰레기통)

□ **litter**bug [lítərbʌ̀g] ⓜ 《미》 길거리 · 공공 장소에 함부로 쓰레기를 버리는 사람
☜ bug(곤충, 벌레)

□ **litter**y [lítəri] ⓗ 깔짚(투성이)의; 어수선한, 어지러뜨린 ☜ -y<형접>

리틀엔젤스 the Little Angels (소녀들로 구성된 한국 전통예술공연단. <어린 천사들>)

1962년 한국의 문화 예술을 전 세계에 알리기 위해 약 200여명의 10대 소녀들로 구성된 한국 전통예술 공연단. 지금까지 전 세계 50여개 국가에서 5,000여 차례 공연 활동을 벌여 세계적으로 유명하다. 영국 왕실, 미국 백악관, 평양에서도 공연한 바 있다. 무용과 합창, 가야금 병창 등이 주요 공연 레퍼토리이다.

□ **little** [lítl/**리**틀/**리**틀] ⓗ (-<**less**〔**lesser**〕<**least**) 〖가산명사 · 집합명사를 수식하여〗 **작은**; 귀여운; 어린; **시시한, 사소한** ⓑ 〖긍정문〗 **약간**; 〖부정문〗 **거의 ~않다, 전혀 ~하지 않다** ⓓ **조금** ☜ 고대영어로 '크지 않은, 많지 않은'이란 뜻.
★ 서술적 용법에서는 small이 보통
♠ a **little** box **작은** 상자
♠ **little boy 리틀 보이** 《히로시마에 투하된 원자폭탄의 별명; 암호명에서》
♠ **little better than ~ ~나 마찬가지의, ~나 별다름 없는**

♠ **little by little 조금씩**(=bit by bit), **서서히**
Little by little the snow disappeared. **서서히** 눈이 사라졌다.
♠ **little less than ~ ~와 거의 같은 정도의**
♠ **little more than ~ ~에 불과할 정도의, ~나 마찬가지의**
♠ **a little (bit) 조금, 조금은 (있다)**
Can you turn the volume up **a little bit**? 소리를 **좀 더** 높여 보겠니?
♠ **not a little 적지 않게, 많이; 극도로**

☐ be**little** [bilítl] [동] 작게 하다, 축소하다; 과소평가하다, 얕잡다, 하찮게 보다
☜ 작게(little) 만들다(be=make)

■ **less** [les/레스] [형] 《little의 비교급》《양(量)》 **보다 적은**, [명][대] **보다[더] 적은 수**[양/액]
[부] **보다 적게** ☜ 고대영어로 '더 적은'이란 뜻

■ **least** [li:st/리-스트] [형] 《little의 최상급》 **가장 작은; 가장 적은** [부] [때로 the ~] **가장 적게**
☜ 고대영어로 '가장 작은, 가장 낮은'이란 뜻

※ **angel** [éindʒəl] [명] **천사**, 수호신 ☜ 그리스어로 '전령, 사자(使者)'란 뜻

라이프스타일 life-style (생활양식), 스카이라이프 Skylife (무궁화 위성을 이용한 디지털위성방송사업자), 라이브 콘서트 live concert (생(生)연주회)

♣ **어원 : lif(e), liv(e) 생명; 살아있다; 활기[생기]있다, 쾌활하다**

※ **sky** [skai/스까이] [명] (the ~ 〔skies〕) **하늘**; 천국
☜ 고대영어로 '구름(장막)'이란 뜻.

※ **style** [stail/스따일] [명] **스타일, 양식, 방식; 문체**, 필체; 어조
☜ 라틴어로 '철필, 표현방식'이란 뜻

■ **life** [laif/라잎] [명] (pl. li**ves**) **생명; 목숨**; (생명 있는) **사람, 생물; 생활**; (사람의) **일생, 인생; 전기(傳記), 원기** [형] 일생의
☜ 고대영어로 '살아있는 존재, 일생'이란 뜻.

<Sky Life 가정용 안테나>

☐ **live** [liv/리브] [동] **살다**, 살아 있다, 생존하다 [laiv/라이브]
[형] **살아 있는** ☜ 고대영어로 '살아있다, 생명이 있다, 존재하다'란 뜻
♠ **live in** Seoul 서울**에서 살다**
♠ **live on 〔upon〕 ~ ~을 먹고 살다, 생활하다**
live on a small income 적은 수입으로 **생활하다**
♠ **live out (점원 따위가) 통근하다; (~에서) 살아 남다, (~보다) 오래 살다; (어떠한 생활을) 보내다**
♠ **live through ~ ~을 타개하다, 목숨을 부지하다**
♠ **live up to ~ ~에 부끄럽지 않은 생활을 하다; ~에 따라 행동하다**
♠ **get** 〔earn, make〕 **a** 〔one's〕 **living 생계를 세우다**

☐ **live**lihood [láivlihùd] [명] **생계**, 살림 ☜ lively + hood<명접>
☐ **live**liness [láivlinis] [명] 원기, 활기; 명랑, 쾌활; 생기; 선명 ☜ lively + ness<명접>
☐ **live**long [lívlɔ:ŋ] [형] 《시어》 《때를 나타내는 말에 붙여서》 온〔꼬박〕~, ~내내
☜ 완전히(live/강조) 길게(long)
☐ **live**ly [láivli] [형] (-<-li**er**<-li**est**) **생기[활기]에 넘친**, 기운찬; 명랑한; 선명한 ☜ -ly<부접>
☐ **live**n [láivən] [동] 쾌활하게 하다[되다] ☜ 쾌활하게(live) 하다(en<동접>)
☐ **live**r [lívər] [명] **생활자, ~식으로 생활하는 사람**; 〖해부학〗 **간장**(肝臟); 간(肝)
☜ -er(사람, 주체) ⇦ 간(肝)은 사람의 활력을 좌우하는 중요한 장기이다.
☐ **live**ry [lívəri] [명] **제복**; 정해진 복장 ☜ -ry<명접> ⇦ 생활하면서 입는 옷
☐ **live**s [laivz] life의 복수
☐ **live**stock [láivstàk/-stɔ̀k] [명] [집합적] **가축**(류) ☜ 살아있는(live) 가축(stock)
☐ **liv**ing [líviŋ] [형] **살아 있는**, 생명 있는; **현대의; 활발한**, 활기있는 [명] **생활** ☜ -ing<형접/명접>
☐ **liv**ing room 거실 ☜ 잠자는 방이 아닌 생활(live) 하는(ing) 방(room)
※ **concert** [kάnsə(:)rt/kɔ́n-] [명] 연주회, 음악회, **콘서트** [동] **협정하다**
☜ (약속을) 서로(con) 확실하게(cert) 하다 ★ **개인 연주회는** recital임.

✚ en**liven 활기를 띠게 하다** out**live ~보다 더 오래 살다**[계속하다] a**live 살아있는**, 생기있는

[연상] 블리저드(blizzard.강한 눈보라) 속에서도 리저드(lizard.도마뱀)는 살아남았다.

※ **blizzard** [blízərd] [명] 강한 눈보라, **블리자드** 《풍설·혹한을 동반하는 폭풍》 ☜ 미국영어로 '맹렬한 폭풍우'란 뜻.
☐ **lizard** [lízərd] [명] 〖동물〗 **도마뱀** ☜ 고대 프랑스어로 '도마뱀'이란 뜻
♠ Chameleons belong to **the lizard family**.
카멜레온은 **도마뱀과**에 속한다.

엘엔지 LNG (액화천연가스), 엘피지 LPG (액화석유가스)

♣ 어원 : **liqu** 액체; 흐르다

☐ **LNG** **L**iquefied **N**atural **G**as 액화 천연 가스
☐ **LPG** **L**iquefied **P**etroleum **G**as 액화 석유 가스

✚ **liqu**efy 녹이다, 용해시키다; 액화시키다, 녹다; 액화하다 **liqu**id **액체(의)** **nat**ural **자연의**, 자연계의, 자연계에 관한; **타고난**, 선천적인 **petrol**eum **석유** **oil 기름(의)**; 석유(의); 올리브유; 유화물감

커플룩 Couplelook (콩글 커플들이 똑같은 의상을 맞춰 입는 것) ➔ couple costume

※ co**upl**e [kʌ́pl/커플] 명 **한 쌍, 둘**; (같은 종류의) 두 개(사람); **부부**
☜ 함께(co<com) 묶다(upl(e))

■ **look** [luk/룩] 동 **보다, 바라보다; 얼굴[모양]이 ~으로 보이다**
명 **보는 것** ☜ 고대영어로 '보다, 보는 행동'이란 뜻

☐ **lo** [lou] 감 《고어》 보라, 자 ☜ 중세영어로 **lo**ok의 줄임말
♠ **Lo and behold!** ***보고 또 보라*** ➔ 이건 또 어찌된 일인가, 이상하기도 하여라.

업로드 upload (파일 올리기), 다운로드 download (파일 내려받기), 업무 로드(load.부하)가 심하다

♣ 어원 : **load, lad** 짐; 짐을 지우다

☐ **load** [loud/로우드] 명 **적하 화물**, 무거운 짐, 부담; 근심, 걱정 동 짐을 싣다; 탄약을 장전하다 ☜ 중세영어로 '짐을 두다, 무게를 더하다'란 뜻
♠ **bear a load 짐을 지다**
♠ **loads of 많은**

☐ **load**ed [lóudid] 형 짐을 진, 짐을 실은; 탄약을 장전한 ☜ -ed<형접>

☐ **load**ing [[lóudiŋ] 명 짐 싣기, 선적; 장전; 『컴퓨터』 **로딩** ☜ -ing<명접>

✚ down**load** 『컴퓨터』 **다운로드** 《컴퓨터로 데이터 내려 받기》; 다운로드하다 over**load 짐을 너무 많이 싣다**, 너무 부담을 주다; 과적재, 과부하 un**load 짐을 부리다**(내리다); (근심 등을) 덜다 up**load 업로드** 《컴퓨터(서버)로 데이터 올리기》; 업로드하다 **lade** 짐을 싣다, 적재하다; (열차·배)에 싣다 **lade**n **짐을 실은**, 적재한; (과실이) 많이 달린

연상 로프(rope.밧줄)에 로우프(loaf.빵 한덩어리)가 매달려 있다.

※ **rope** [roup/로웊] 명 **새끼, (밧)줄**, 끈, **로프; 한 엮음** 동 **밧줄로 묶다** ☜ 고대영어로 '밧줄, 끈'이란 뜻

☐ **loaf** [louf] 명 (pl. loa**ves**) **빵 한 덩어리** 동 놀고 지내다
☜ 고대영어로 '빵'이란 뜻
♠ **two loaves of** bread **두 덩어리의** 빵
♠ **Half a loaf is better than no bread** [none].
《속담》 반이라도 없는 것보다 낫다.

콜론 call loan (단기자금대출), 뱅크론 bank loan (은행간의 차관)

※ **call** [kɔːl/콜] 동 (큰소리로) **부르다**, 불러내다; 깨우다(=awake); **~에게 전화하다; 방문하다** 명 **부르는 소리;** (상대방을) 불러내기, **통화;** 초청; **짧은 방문**
☜ 중세영어로 '큰 외침'이란 뜻
♠ **call loan** 『금융』 **콜론** 《요구불(청구에 의해 바로 지급받을 수 있는) 단기 대부금》
☜ 청하면(call) (바로 주는) 대부금(loan)

※ **bank** [bæŋk/뱅크] 명 **은행;** ☜ '(환전상(商)의) 책상'이란 뜻
둑, 제방 ☜ '봉우리'란 뜻

☐ **loan** [loun] 명 **대부**(금) 동 대부하다
☜ 중세 노르드어로 '추후 반환을 약속받고 제공한 것'이란 뜻
♠ I asked them for **the loan** of the money. 나는 그들에게 돈의 **대부**를 부탁했다.

☐ **loan** shark 고리대금업자 ☜ 돈을 빌려주는(loan) 상어(shark)같은 사람

연상 그녀는 업무 로우드(load.부하)를 로우드(loathe.몹시 싫어하다)한다.

L

※ **load** [loud/로우드] ⓜ **적하 화물**, 무거운 짐, 부담; 근심, 걱정
ⓢ 짐을 싣다; 탄약을 장전하다
☞ 중세영어로 '짐을 두다, 무게를 더하다'란 뜻

☐ **loath** [louθ] ⓗ [서술적] **싫어하는**, 진저리가 난
☞ 고대영어로 '싫어하는'의 뜻

☐ **loathe** [louð] ⓢ **몹시 싫어하다**, 진저리를 내다; 질색하다
☞ loath + e<동접>
♠ I **loathe** snakes. 나는 뱀을 **무척 싫어한다**.

☐ **loath**some [lóuðsəm] ⓗ **싫은**, 지긋지긋한; 불쾌한(=disgusting); 역겨운(=sickening)
☞ 싫어하(loath) 는(some<형접>)

로비 lobby (❶ 호텔 · 극장 등의 휴게실 ❷ 막후교섭)

☐ **lobby** [lɑ́bi/lɔ́bi] ⓜ (호텔 · 극장의) **로비**, (현관의) 넓은 방; 의회의 로비에서 청원〔진정〕 운동을 하는 사람들, 압력 단체 ⓢ (의회 로비에서 의원에게) 압력을 가하다
☞ 라틴어로 '주랑(柱廊), 현관'이란 뜻
♠ a hotel **lobby** 호텔 **로비**

☐ **lobby**ism [lɑ́biìzm] ⓜ (원외의) 의안 통과〔부결〕 운동, 원외활동, 압력행사 ☞ -ism(~행위)

☐ **lobby**ist [lɑ́biist] ⓜ 원외 활동원, **로비스트** 《특히 보수를 받고 원외운동을 대행하는 사람》
☞ -ist(사람)

로브스터 > 랍스터 lobster (바다가재)

☐ **lobster** [lɑ́bstər/lɔ́b-] ⓜ 〖동물〗 **바닷가재**《큰 식용 새우》, 대하(大蝦) (spiny ~); 〖요리〗 **로브스터**
☞ 고대영어로 '거미'란 뜻; 그 모양이 비슷한데서
♠ a chicken **lobster** 어린 **새우**

로케이션, 로케 location ([영화] 스튜디오를 벗어난 야외촬영)

L

♣ **어원 : loc 장소(=place); 위치시키다, 배치하다**

☐ **loc**ate [lóukeit/**로**우케이트] ⓢ **위치를 정하다, 위치하다** ☞ 장소(loc)를 만들다(ate)
♠ **be located in 〔at〕 ~ ~에 있다, ~에 위치하다**

☐ **loc**ated [lóukeitid] ⓗ ~에 위치한, ~에 위치하여 ☞ locate + ed<수동형 형접>

☐ **loc**ation [loukéiʃən] ⓜ **장소**, 위치; 〖영화〗 **로케이션** ☞ 장소(loc) 만들(ate) 기(ion<명접>)
♠ a house in **a fine location 자리가 좋은** 집

☐ **loc**al [lóukəl/**로**우컬] ⓗ **지방의** ☞ 일정한 장소(loc) 의(al<형접>)
♠ a **local** paper **지방** 신문

☐ **loc**al color 지방색 ☞ color(색, 빛깔, 물감)

☐ **loc**al time 지방 시간, 현지 시간 ☞ time(시간, 시대; ~회)

☐ **loc**al train (역마다 정차하는) 완행열차 ☞ train(기차, 열차; 훈련하다)

☐ **loc**al war 국지전 ☞ war(전쟁)
♠ **L**ocal **A**rea **N**etwork **랜**, 근거리 통신망(**LAN**)

☐ **loc**alism 지방적임, 지방색; 지방 사투리 ☞ -ism(상태, 성질, 특성; ~주의)

☐ **loc**ality [loukǽləti] ⓜ (pl. localit**ies**) **장소** ☞ local + ity<명접>

☐ **loc**alize [lóukəlàiz] ⓢ 한 지방에 국한하다, 지방화하다 ☞ local + ize<동접>

☐ **loc**ally [lóukəli] ⓑ 장소〔위치〕상으로, 지방〔국부〕적으로; 지방주의로 ☞ local + ly<부접>

✚ al**loc**ate **할당하다, 배치하다** al**loc**ation 할당, 배치 dis**loc**ate 뒤틀리게 하다, 혼란시키다

도어록 > 도어락 door lock (출입문 자물쇠)
라커룸 > 로커룸 locker room (목욕탕 · 체육시설 등의 탈의실)

※ **door** [dɔːr/도어] ⓜ **문**, 출입문, (출)입구 ☞ 고대영어로 '큰 문'

☐ **lock** [lɑk/락/lɔk/로크] ⓜ **자물쇠** ⓢ 자물쇠를 채우다, 잠그다
☞ 고대영어로 '가두다'란 뜻
♠ open **a lock** with a key 자물쇠를 **열쇠**로 열다.
♠ **lock up 자물쇠를 채우다; ~을 감금하다**

☐ **lock**er [lɑ́kər/lɔ́k-] ⓜ **로커**, (자물쇠가 달린) 장, 작은 벽장; 잠그는 사람〔것〕
☞ 잠그는〔잠긴〕(lock) 것〔사람〕(-er) **비교** Rocker 로커, 록 연주가

☐ **lock**er room (특히 체육관 · 클럽의) **로커룸** 《옷 따위를 넣음》 ☞ room(방, 실)

☐ **lock**et [lɑ́kit/lɔ́k-] ⓜ **로킷** 《유물기념품 등을 넣어 목걸이 등에 다는 금 · 은으로 만든 작은 곽》 ☞ 작은(et) 자물쇠(lock) **비교** rocket 로켓

☐ **lock**-on [lάkὸn] 명 (레이더 등에 의한 표적의) 자동 추적, **락온**
☜ (표적을 레이더상에) 계속(on) 고정하다(lock)

☐ **lock**out [lάkàut] 명 (공장 등의) 폐쇄 동 (공장 따위를) 폐쇄하다
☜ (공장문을) 밖에서(out) 잠그다(lock)

☐ **lock**smith [lάksmìθ] 명 자물쇠 제조공〔장수〕 ☜ lock(자물쇠) + smith(대장장이, 금속세공장)

☐ **lock**up [lάkʌ̀p] 명 유치장, 구치소, 《구어》 교도소; 《영국》 (야간에 열쇠로 잠그는) 임대점포〔차고, 창고〕; 감금 ☜ 완전히(up) 잠그다(lock)

■ anti**lock** [ǽntilὰk, ǽntai-/-lɔ̀k] 형 **앤티록**(식)의 《급브레이크 때에도 바퀴의 회전이 멈추지 않는》 ☜ 반(反)(anti) 잠금(lock)식의

■ **ABS** **A**ntilock **B**rake **S**ystem (자동차) 브레이크 잠김 방지 장치 《자동차가 급제동할 때 바퀴가 잠기는 현상을 방지하기 위해 개발된 특수 브레이크》

■ head**lock** [hédlὰk] 명 〖레슬링〗 **헤드록** 《상대의 머리를 팔로 감아 누르는 기술》
☜ 머리를(head) (꼼짝 못하게) 잠그다(lock)

■ un**lock** [ʌnlάk/-lɔ́k] 동 (문 따위의) **자물쇠를 열다**
☜ un(=against/반대, not/부정) + lock(잠그다)

모션 motion (동작), 모터 motor (전동기)

♣ **어원 : mot 움직이다, 진행하다; 동요시키다**

■ **mot**ion [móuʃən/**모**우션] 명 **운동**, 이동; 운행; 동작 ☜ 움직이(mot) 기(ion<명접>)

■ **mot**or [móutər/**모**우러/**모**우터] 명 **모터**, 발동기, 내연기관; 전동기; 자동차
☜ 움직이는(mot) 기계(or)

☐ loco**mot**ive [lòukəmóutiv] 명 **기관차** 형 운동의, 이동의, 보행의 ☜ 장소(loco)의 이동(motion)
♠ steam 〔diesel · electric〕 **locomotives** 증기 〔디젤 · 전기〕 **기관차**

☐ loco**mot**ion [lòukəmóuʃən] 명 운동, 이동; 교통 기관 ☜ -ion<명접>

✚ com**mot**ion **동요**; 흥분; 소동, 소요, 폭동 e**mot**ion **감동**, 감격, 흥분; **감정** **mot**ive **동기**; 동인, 행위의 원인; 목적 **mot**ivate **~에게 동기를 주다**, 자극하다 pro**mot**ion **승진**, 진급; **촉진**, 장려; **판매 촉진, 프로모션** re**mot**e 먼, 먼 곳의; **멀리 떨어진**

L

M22 로코스트 M22 Locust (제2차 세계대전 중 사용된 공중 수송용 미국제 경전차. <메뚜기>란 뜻)

☐ **locust** [lóukəst] 명 〖곤충학〗 **메뚜기**(=grasshopper), 방아깨비
☜ 라틴어로 '메뚜기; 바닷가재'란 뜻
♠ a swarm of **locusts** **메뚜기** 떼

로지 lodge (프랑스의 고전적인 시골 숙박시설), 로그인, 로그아웃

로지는 펜션과 별로 차이는 없으나 명칭이 풍기듯 독특하고 아름다운 이미지를 갖는 고전적인 프랑스의 시골 숙박시설이다. 이 숙박시설의 특징은 맛좋은 요리와 꽃과 아름다운 원시적인 장식으로 순박한 맛을 풍기는데 있다. 규모는 객실 35~50실 정도이다. <출처 : 호텔용어사전>

♣ **어원 : log, lodg 통나무, 통나무집, 오두막집**

☐ **lodg**e [lɑdʒ/lɔdʒ] 명 (일시적인 숙박을 위한) 오두막집, **조그만 집, 로지** 동 **숙박하다, 숙박시키다**
☜ 통나무(lodg)로 된 것(e)
♠ a hunting **lodge** 사냥꾼용 **오두막**

☐ **lodg**er [lάdʒər/lɔ́dʒər] 명 숙박인, 하숙인, 동거인, 세들어 있는 사람 ☜ 숙박하는(lodge) 사람(er)

☐ **lodg**ing [lάdʒiŋ/lɔ́dʒ-] 명 **하숙**, 셋방 듦; 숙박, 투숙 ☜ -ing<명접>

☐ **lodg**ing house 하숙집 ☜ house(집)

☐ **lodg**(e)ment [lάdʒmənt/lɔ́dʒ-] 명 숙박; 숙소, 하숙 ☜ -ment<명접>

☐ **log** [lɔ(:)g/로그, lɑg] 명 **통나무**; 운행〔업무〕 일지 동 통나무로 자르다; 항해〔비행〕를 기록하다 ☜ 고대 노르드어로 '넘어진 나무'란 뜻

☐ **log** cabin 통나무 오두막집 ☜ cabin(오두막, 선실)

☐ **log**istics [loudʒístiks] 명 (pl. 단수취급) 〖군사〗 병참술〔학〕; 병참 (업무)
☜ 프랑스어로 '일시적으로 지은 집, 거기에서 숙박을 하는 것'이란 뜻

☐ **log**-in [lɔ́(:)g-ìn] 명 〖컴퓨터〗 **로그인**(log-on) 《log in하기》 ☜ 기록하러 들어가다 ⇦ 옛날 (통)나무배(log)의 항해일지(book) 기록을 시작하다(in)

☐ **log**-out [lɔ́(:)g-àut] 명 〖컴퓨터〗 **로그아웃**(log-off) 《log out하기》 ☜ 기록하고 나오다 ⇦ 옛날 (통)나무배(log)의 항해일지(book) 기록을 마치다(out)

리프트 카 lift car (높은 곳의 점검 수리를 위한 작업용 기계)

♣ 어원 : lift, loft 하늘; 높은; 높이 올리다

■ **lift** [lift/리프트] 동 **들어 올리다, 올리다; 향상시키다; 올라가다**
명 **올림, 들어 올림; 차에 태워줌; 승강기**; 공중수송
☜ 고대 노르드어로 '하늘'이란 뜻

■ up**lift** [ʌplíft] 동 (사기를) 앙양하다; 향상시키다; **들어 올리다**
명 들어 올림 ☜ 하늘(lift) 위로(up)

□ **loft** [lɔːft/lɔft] 명 **지붕 밑 방, 다락방**(=attic) 동 다락에 저장하다
☜ 고대 노르드어로 '하늘, 위층 방'이란 뜻
♠ I took out the dusty photo album **from the loft**.
나는 **다락방에서** 먼지가 잔뜩 낀 앨범을 꺼냈다

□ **loft**ily [lɔ́ːftili] 부 높게; 고상하게 ☜ loft(높은) + ly<부접>

□ **loft**iness [lɔ́ːftinis] 명 고상; 거만 ☜ loft(높은) + ness<명접>

□ **loft**y [lɔ́ːfti/lɔ́fti] 형 (-<-ti**er**<-ti**est**) **매우 높은**, 치솟은; **고상한** ☜ -y<형접>
♠ a **lofty** peak **고**봉(**高**峰)

※ **car** [kɑːr/카-] 명 **자동차** ☜ 라틴어로 '2개의 바퀴가 달린 켈트족의 전차'란 뜻

다이얼로그 dialog(ue) (대화), 로고 logo (모토, 표어)

♣ 어원 : log(ue), loq(ue) 말, 언어; 말하다

■ dia**log**(ue) [dáiəlɔ̀ːg, -lɑ̀g/-lɔ̀g] 명 **대화**, 문답, 회화 ☜ 사이에(dia) 오가는 말(logue)

□ **log**ic [lɑ́dʒik/lɔ́dʒ-] 명 **논리(학)**, 논법 ☜ 말하는(log) 학문(ic)
♠ the rules of **logic 논리학** 법칙들

□ **log**ical [lɑ́dʒikəl/lɔ́dʒ-] 형 **논리학(상)의**,논리(상)의, 논리적인; (논리상) 필연적인
☜ log + ical<형접>

□ **log**ically [lɑ́dʒikəli] 부 **논리[필연]적으로**, 논리상 ☜ logical + ly<부접>

□ **log**ician [loudʒíʃən] 명 논리학자 ☜ logic + ian(사람)

il**log**ical [ilɑ́dʒikəl/-lɔ́dʒ-] 형 비논리적인, 불합리한, 이치가 닿지 않는
☜ il(=not/부정) + logical

□ **log**o [lɔ́ːgou, lɑ́g-/lɔ́g-] 명 (상표명 · 회사명의) 의장(意匠) 문자, **로고**(=logotype)
☜ 의미를 전달하는 이미지 글자(언어) 주의 우리말의 로고송(logo song)은 콩글리시이며, 정확한 표현은 theme song이다.

□ **log**os [lóugɑs/lɔ́gɔs] 명 (pl. logo**i**) (종종 L-) 〖철학〗 **로고스**, 이성 ☜ 그리스어로 '언어'

로인 클로스 loin cloth (미개인 등이 허리에 두르는 간단한 천)

□ **loin** [lɔin] 명 (pl.) **허리**, 요부(腰部)
☜ 고대 프랑스어로 '인체의 아래 부위'란 뜻
♠ **loin** of pork 돼지 **허릿살**

□ **loin** cloth (미개인 등의) 허리에 두르는 간단한 천(옷) ☜ cloth(천, 헝겊)

연상 그 로이터(Reuter) 기자는 요즘 로이터(loiter.빈둥거리다)하고 있다.

※ **Reuter** [rɔ́itər] 명 **로이터** 《Paul Julius, Baron de ~, 독일 태생인 영국의 통신사업가; 국제적 통신사인 로이터 통신사의 창설자. 1816-99》; **로이터** 《영국의 국제통신사》

□ **loiter** [lɔ́itər] 동 **빈둥거리다, 빈둥거리며 보내다** ☜ 중세 네덜란드어로 '꾸물거리다'란 뜻
♠ They **were loitering** around the park.
그들은 공원주위를 **어슬렁거리고 있었다**.

□ **loiter**er [lɔ́itərər] 명 어슬렁거리며 돌아다니는 사람, 빈둥거리는 사람 ☜ loiter + er(사람)

□ **loiter**ingly [lɔ́itəriŋli] 부 어슬렁어슬렁, 우물쭈물, 빈둥빈둥 ☜ loiter + ing<형접> + ly<부접>

롤리팝 lollipop (빅뱅 & 2NE1의 노래. <사탕과자>란 뜻)

□ **loll** [lɑl/lɔl] 동 축 늘어져 기대다; (혀가) 축 늘어지다; 빈둥거리다
☜ 중세영어로 '빈둥거리다, 축 늘어지다'란 뜻

□ **lolli**pop [lɑ́lipɑ̀p/lɔ́lipɔ̀p] 명 (막대기 끝에 붙인) 사탕과자; 《영.구어》 (아동교통 정리원이 갖는) 「멈춤」 표지판 《Stop, Children Crossing이라고 써 있음》 ☜ lolli(혀; 혀가 늘어지다) + pop(막대가 달린 빙과) ➔ '혀를 죽 내밀어 빨아먹는 막대사탕'이란 뜻
♠ lick **a lollipop 막대 사탕**을 빨다.

© YG Entertainment

롬바르드 Lombard (6세기에 이탈리아를 정복한 게르만계의 일족)

□ **Lombard** [lámbərd, lʌ́m-, lɔ́m-] ⓜ **롬바르드**족(族) 《6세기에 이탈리아를 정복한 게르만 민족》; Lombardy 사람; 금융업자, 은행가 ⓗ 롬바르드족의, Lombardy(사람)의
☜ 초기 독일어로 '긴(Lom=long) 수염(bard=beard)'

런던 London (2,000년의 역사를 간직한 영국의 수도)

□ **London** [lʌ́ndən/**런**던] ⓜ **런던** 《영국의 수도(首都)》 ☜ 켈트어로 '호수의 도시'란 뜻
□ **London**er [lʌ́ndənər] ⓜ 런던 사람 ☜ -er(사람)

원 one (1, 하나), 원룸 one-room (콩글 침실 · 거실 · 주방 · 식당이 하나로 된 방) ➔ a studio (apartment), bedsit

♣ **어원 : one 1, 하나 ⇨ lone, lorn 외로운, 쓸쓸한**
■ **one** [wʌn/원] ⓜⓗ **하나(의); 어느, 어떤**; (특정한) 사람〔물건〕 ☜ 고대영어로 '하나의'
■ a**lone** [əlóun/얼**로**운] ⓗ 홀로, 외로이; **다만 ~뿐** ☜ 모두(all) 합해서 하나(one)
ⓑ together 함께
□ **lone** [loun] ⓗ **외로운**, 쓸쓸한, 고독한 ☜ a**lone**의 두음소실
♠ a lone traveler **외로운** 나그네
□ **lone**liness [lóunlinis] ⓜ 외로움, **고독** ☜ lonely + ness<명접>
□ **lone**ly [lóunli] ⓗ **외로운**, 쓸쓸한, 고독한 ☜ lone + ly<형접>
★ 국내외를 불문하고 'lonely'란 제목의 노래가 많다.(국내 2NE1, 씨스타, B1A4, 볼빨간 사춘기 등 다수)
□ **lone**some [lóunsəm] ⓗ **쓸쓸한**, 고독한 ⓜ 【골프】 **론섬** 《혼자서 golf 코스를 round 하는 것》
☜ lone + some(다소, 약간)
※ **room** [ruːm/루움, rum] ⓜ **방** 《생략: rm.》; (pl.) 하숙방, 셋방; **장소** ⓢ 방을 함께 차지하다, 동거하다 ☜ 고대영어로 '공간(space)'이란 뜻

롱패스 long pass (먼거리 패스), 롱타임 longtime (긴 시간) 롱펠로우 Longfellow (미국의 서정시인. <키큰 녀석>이란 뜻)

□ **long** [lɔːŋ/로옹/lɔŋ/롱] ⓗ (-<-**er**<-**est**) **긴**; **길게 느껴지는** ⓑ short 짧은
☜ 고대영어로 '끝에서 끝까지 지속되는'이란 뜻
ⓢ **애타게 바라다**, 열망〔갈망〕하다 ☜ 고대영어로 '나에게는 길게 보이다'란 뜻
♠ **a long distance 장거리**
♠ **long ago 옛날에, 훨씬 이전에**
♠ **a long time ago 오래전에, 옛날에**
♠ **long for ~ ~을 간절히 바라다**(=yearn)
We **long for** freedom and peace. 우리는 자유와 평화**를 열망한다**.
♠ **before long 오래지 않아, 곧, 이내**
♠ **not long ago 요전에, 얼마 전에**
□ **long**-awaited [lɔ́ːŋəwéitid] ⓗ 대망의 ☜ 오래(long) 기다(await) 린(ed<형접>)
□ **Long** Beach **롱비치** 《California 주 로스앤젤레스시 근처의 도시 · 해수욕장》
☜ 긴(long) 해안(beach) ★ **롱비치 해안은 총 길이가 14km나 된다.**
□ **long**bow [lɔ́ːŋbòu] ⓜ 큰〔긴〕 활 ☜ long + bow(활)
♠ AH-64D **Longbow Apache** 미 육군의 **롱보우 아파치** 공격헬기
□ **long**-cherished [lɔ́ːŋtʃériʃid] ⓗ 마음 속에 오래 간직한, 숙원의
☜ 오래(long) 소중히 간직(cherish) 한(ed<형접>)
□ **long**-distance [lɔ́ːŋdìstəns] ⓗ 장거리의 ⓟ 장거리 전화로 ☜ 긴(long) 거리(distance)
□ **long**evity [landʒévəti/lɔn-] ⓜ **장수**; 수명, 생명 ☜ 긴(long) 시간(ev) + ity<명접>
□ **long**-faced [lɔ́ːŋfèist] ⓗ 얼굴이 긴; 슬픈 듯한, 우울한; 엄숙한
☜ 긴(long) 얼굴(face) 의(ed<형접>)
□ **Long**fellow [lɔ́ːŋfèlou/lɔ́ŋ-] ⓜ **롱펠로** 《Henry Wadsworth ~, 미국의 서정시인; 1807-82》
☜ '키 큰<긴(long) 녀석(fellow)'이란 뜻
★ **대표작으로 <인생찬가>, <뉴포트의 유대인 묘지>, <잃어버린 내 청춘>, <밀물과 썰물>, <에반젤린>, <하이어워사의 노래> 등**
□ **long**ing [lɔ́(ː)ŋiŋ, láŋ-] ⓜ **동경, 갈망**, 열망 ⓗ 갈망하는
☜ 고대영어로 '나에게는 길게 보이(long) 는(ing<명접/형접>)'이란 뜻.
□ **long**itude [lándʒətjùːd/lɔ́n-] ⓜ **경도**(經度), 경선 《생략: lon(g).》 ☜ 라틴어 '길이, 세로'의 뜻
□ **long**-range [lɔ́ːŋréindʒ] ⓗ 장거리에 달하는; 원대한 ☜ 먼<긴(long) 거리에 달하는(range)
□ **long**-run [lɔ́ːŋrʌ̀n] ⓗ 장기 흥행의 ☜ 장기간<길게(long) 상영하다(run)

L

☐ **long**-sighted [lɔ́ːŋsàitid] ⓗ 원시의; 먼 데를 볼 수 있는; 선견지명(탁견(卓見))이 있는, 현명한
☜ 길게(long) 보(sight) 는(ed<형접>)
☐ **long**-term [lɔ́ːŋtəːrm] ⓗ **장기의** ☜ 긴(long) 기간(term)
☐ **long**time [lɔ́ːŋtàim] ⓗ 오랫동안의 ☜ 긴(long) 시간(time) ⓑ **short time** 숏타임, 짧은 시간
※ **pass** [pæs/패스/pɑːs/파-스] ⓜ 『구기』 **합격, 패스; 통행허가** ⓓ **지나(가)다**, 경과하다, **합격하다** ☜ 중세영어로 '지나가다, 바뀌다'라는 뜻

✚ **length 길이**, 장단; 세로; 키; 기간 **length**en **길게 하다**, 늘이다 **length**wise **세로의[로]**, 긴(길게) be**long ~에 속하다**, 소유물이다 day**long** 온종일(의); 하루 동안 life**long 일생**(평생)**의**, 생애의 ob**long** 직사각형(의); 타원형 pro**long 늘이다**, 연장하다 so **long**, so-**long** 안녕(good-bye)

커플룩 Couplelook (콩글 한국에서 커플들이 똑같은 의상을 맞춰 입는 사회적 현상) ➔ couple costume

※ **couple** [kʌ́pl/**커**플] ⓜ **한 쌍, 둘**; (같은 종류의) 두 개(사람); **부부**
☜ 함께(co<com) 묶다(upl(e))
☐ **look** [luk/룩] ⓓ **보다, 바라보다; 얼굴[모양]이 ~으로 보이다**
ⓜ **보는 것** ☜ 고대영어로 '보다, 보는 행동'이란 뜻
♠ **look at ~ ~을 보다, 바라보다**
Look at me ! 날 봐!
♠ **Look before you leap.**
《속담》 실행하기 전에 잘 생각하여라.
♠ **look about 둘러보다, 둘러보며 찾다**
♠ **look after ~ ~을 돌보다**(=take care of); **찾다, 구하다**
Don't worry, I'll **look after** the kids. 걱정 마, 내가 애들을 **돌볼**게.
♠ **look around 둘러보다**
♠ **look at ~ ~을 보다**
Look at the man. 저 사람을 **보아라**.
♠ **look back (at, on, to) 돌아다보다; 회고하다**
♠ **look down on** (upon) **깔보다, 경멸하다**
♠ **look for 찾다; 기대하다**
What are you **looking for**? 무엇을 **찾고 있**습니까?
♠ **look forward to ~ing ~을 기대하다, 손꼽아 기다리다**
I **look forward to** meeting you again. 다시 만나**기를 기대합니다**.
♠ **look a person in the face (아무의 눈 · 얼굴을) 정면으로 보다, ~에 직면하다**
♠ **look in 들여다보다; 잠깐 들르다**
♠ **look into 조사하다; 들여다보다**
♠ **look like ~ ~같이 보이다, ~을 닮았다; ~할 것 같다**
Tigers **look like** cats. 호랑이는 고양이**처럼 보인다**.
♠ **look on** (upon) **~ ~을 바라보다, 생각하다; 방관하다**
♠ **look on** (upon) **(A) as (B) A를 B로 간주하다**
♠ **look out 밖을 보다; 주의하다, 조심하다**
♠ **look out for ~ ~을 찾다; ~에 주의하다**
♠ **look over ~ ~너머로 보다; 대강 훑어보다**
♠ **look through ~ ~을 통하여 보다[보이다]; 훑어보다, ~을 조사하다**
♠ **look to ~ ~에 의지하다; ~을 돌보다**
♠ **look to (A) for (B) A에게 B를 구하다**
♠ **look up 조사하다, 찾아보다; 올려다보다**
look up a word in a dictionary 사전에서 단어**를 찾아보다**
♠ **look up to ~ ~을 존경하다, ~을 쳐다보다**
♠ **give (A) a look A를 ~한 눈[표정]으로 보다**
♠ **have** (take) **a look at ~ ~을 한번[잠깐] 보다**
♠ **steal a look at ~ ~을 몰래 훔쳐보다**
☐ **look**er-on [lùkərɑ́n/-ɔ́n] ⓜ (pl. looker**s**-on) 구경꾼, 방관자(=spectator)
☜ ~에 가까이서(on) 보는(look) 사람(er)
☐ (-)**look**ing [lúkiŋ] ⓗ [복합어] ~으로 보이는 ⓜ 봄; 탐구(探求) ☜ -ing<형접>
♠ **good-looking 잘 생긴**
☐ **look**ing-glass [lúkinglæs/-glɑ̀ːs] ⓜ 몸거울 ☜ (전체를) 보는(looking) 유리(glass)
☐ **look**out [lúkàut] ⓜ 감시, 조심, **망보기, 경계**; 조망, 전망; 《영》 **가망** ☜ 밖(out)을 보다(look)
☐ **look**-over [lúkòuvər] ⓜ 음미(吟味), 조사, 점검 ☜ 온통(over) 보다(look)
■ out**look** [áutlùk] ⓜ 조망, 전망, 경치; 예측, 전망, 전도 ☜ 밖(out)을 보다(look)

L

■ over**look** [òuvərlúk] [동] 바라보다, **내려다보다; 너그럽게 보아주다** ☜ 위에서(over) 보다(look)

[연상] 룸(room.방)안에 룸(loom.베틀)이 어렴풋이 보이다

< Loom >

※ **room** [ruːm/룸, rum] [명] **방** 《생략: rm.》 ☜ 고대영어로 '공간'이란 뜻

□ **loom** [luːm] [명] **베틀** [동] 베틀로 짜다; ☜ 중세영어로 '직물을 짜는 기계'
어렴풋이(흐릿하게) **보이다**, 곧 닥칠 것처럼 보이다
☜ 네델란드 북부의 프리슬란트어로 '천천히 움직이다'란 뜻
♠ She **sat at her loom** and continued to weave.
그녀는 **베틀에 앉아** 계속해서 직물을 짰다.
♠ A dark shape **loomed up** ahead of us.
검은 형체 하나가 우리 앞에 **흐릿하게 나타났다**.

루프 loop (❶ 여성의 자궁 내 장착하는 피임기구 ❷ 항공기가 수직으로 360 도 원을 그리는 공중제비기동)

< 항공기의 Loop 기동>

□ **loop** [luːp] [명] (끈·실·철사 등의) **고리**; 〖철도·전신〗 루프선 《본선에서 갈라졌다가 다시 본선과 합치는》; 〖스케이트〗 **루프** 《한쪽 스케이트로 그린 곡선》; 〖항공〗 공중제비 (비행)
☜ '천·로프·가죽·밧줄 등을 둘로 접은 것'
♠ **make a loop 고리를 만들다**
♠ **loop antenna** (aerial) 〖통신〗 **루프안테나**

□ **loop**hole [lúphòul] [명] (성벽 등의) 총구멍, **총안**(銃眼); 공기 빼는 구멍; 엿보는 구멍; 도망길, 빠지는 구멍 ☜ hole(구멍)

통제를 루스(loose.느슨)하게 하다 ⇔ 타이트(tight.엄격)하게 하다

□ **loose** [luːs/루스] [형] **매여 있지 않은, 풀린; 느슨한; 꽉 죄지 않은** [부] 느슨하게 [동] (매듭 등을) 풀다, 늦추다 ☜ 고대 노르드어로 '묶여있지 않은'이란 뜻
♠ a **loose** button (tooth) **실이 풀린** 단추((빠질 것처럼) 흔들리는 치아)
♠ **break loose 탈출하다, 속박을 떨쳐 버리다**
♠ **turn loose 놓아주다, 자유롭게 해주다**

□ **loose**ly [lúːsli] [부] **느슨하게**, 헐겁게 ☜ -ly<부접>

□ **loose**n [lúːsən] [동] **풀다; 늦추다; 느슨해지다** ☜ loose + en<동접>

□ **loose**ness [lúːsnis] [명] 느슨함, 헐거움, 산만; 조잡; 방종; 설사 ☜ loose + ness<명접>

※ **tight** [tait] [형] **단단한, 빈틈이 없는**, (옷 등이) **꽉 끼는** [부] **단단히**
☜ 고대 노르드어로 '결이 촘촘한'이란 뜻

L

사이드미러 (folding type) side mirror ((접히는) 자동차의 측면거울) = 《미》 side-view mirror, 《영》 wing mirror

■ **side** [said/싸이드] [명] **옆, 측면, 쪽** ☜ 고대영어로 '사람이나 물건의 측면'

□ lop**side**d [lάpsάidid, lɔ́p-] [형] 한쪽으로 기운, 균형이 안 잡힌, 남 다른 데가 있는
☜ 한 쪽(side) 가지를 잘라(lop) 낸(ed<형접>)
♠ a **lopsided** (one-sided) game **일방적인** 경기

※ **mir**ror [mírər] [명] **거울**, 반사경; 본보기, 귀감(龜鑑), 모범 [동] 비추다, 반사하다
☜ 라틴어로 '보고 놀라다'란 뜻

✚ a**side 옆에, 떨어져서** in**side 안쪽; 내부에 있는; 내부에** out**side 바깥쪽; 외부에 있는; 외부에** up**side 위쪽** river**side** 강가(의), **강변(의)** sea**side 해변**(의), 바닷가(의) **side**walk **보도, 인도**

더 로드 오브 더 링스 The Lord Of The Rings (반지의 제왕)

© New Line Cinema

영국 소설가 로웰 톨킨의 북유럽 신화에 토대를 둔 3부작 소설. 악의 군주가 세계를 지배하기 위해 절대반지를 만들었다가 요정·인간들의 공격으로 암흑세계로 사라진 뒤, 절대반지는 호빗족의 손에 들어간다. 그들는 이 반지를 파괴하기 위해 '불의 산'으로 원정을 떠난다. 이 과정에서 호빗족·인간들과 악의 무리 사이에 벌어지는 선과 악의 전쟁을 그렸다. 영화 〈반지의 제왕〉 시리즈는 가장 성공적인 판타지물이다.

□ **lord** [lɔːrd/로-드] [명] 지배자, **임금, 군주**; 〖역사〗 영주; 주인; [보통 the L~] 하나님(=God) ☜ 고대영어로 '(가족을 위해) 빵(loaf)을 확보하는 사람'이란 뜻
♠ **Man is the lord of creation. 인간은 만물의 영장이다.**

♠ **lord it over 뽐내다, ~에 군림하다**

☐ **lord**ly [lɔ́ːrdli] 형 (-<-dl**ier**<-dl**iest**) **군주[귀족]다운**, 당당한; 위엄이 있는; 오만한
☜ load + ly<부접>

☐ **lord**ship [lɔ́ːrdʃìp] 명 **귀족[군주]임**; 통치권; 영주의 권력; 영지; (종종 L-) 《영》 각하
☜ lord + ship(신분)

※ **ring** [riŋ/링] 명 **고리; 반지**, 귀고리; 『권투・레슬링』 링; **울림, 울리는 소리** 동 에워싸다; (방물・종 등이) **울리다** ☜ 고대영어로 '둥근 띠'라는 뜻

연상 로렐라이(Lorelei.독일전설의 마녀)는 로어(lore.민간전승) 전설이다

☐ **Lorelei** [lɔ́ːrəlài] 명 《독》 **로렐라이** 《독일 라인 강에 다니는 뱃사람을 노래로 유혹하여 파선시켰다고 하는 마녀》

☐ **lore** [lɔːr] 명 (특정 사항에 관한 전승적・일화적) **지식, 민간 전승**; 학문, 지식 ☜ 고대영어로 '가르침'이란 뜻

♠ **the lore** of herbs 약초**에 관한 지식**

■ folk**lore** [fóuklɔ̀ːr] 명 **민간 전승**(傳承), 민속; 민속학 ☜ folk(민족, 민속)

<라인강의 로렐라이 동상>

탱크로리 tank lorry (액체 운반을 목적으로 하는 화물용 자동차)

※ **tank** [tæŋk] 명 (물・연료・가스) **탱크**; 『군사』 전차, **탱크**
☜ 포르투갈어로 '물 저장통'이란 뜻

☐ **lorry** [lɔ́(ː)ri, lάri] 명 《영》 **화물 자동차**, 트럭(《미》 truck)
☜ 근대영어로 '긴 배달용 트럭'이란 뜻

♠ a **lorry** driver **대형 트럭** 기사

☐ **lorry**hop [lɔ́(ː)rihὰp] 동 《영.구어》 트럭 편승여행(무전여행)을 하다
☜ hop(깡충 뛰다, 단기여행을 하다)

로스엔젤리스 [엘에이] Los Angeles [LA]

미국 캘리포니아(California)주 남부태평양에 연한 도시. Los Angeles는 스페인어이며, 영어로 하면 The angels(천사들)이란 뜻이다. 줄여서 LA라고 한다. 뉴욕에 다음가는 미국을 대표하는 대도시이다. 미국내 한국 교포가 가장 많이 살고 있으며, 북서부의 할리우드에는 광대한 영화 스튜디오가 있고, 비벌리힐스는 영화배우와 유명인사들의 고급 주택가로 유명하다.

☐ Los **Angel**es [lɔ(ː)sǽndʒələs, -lìːz, lɑ-/-lìːz] **로스앤젤레스** 《미국 California주 남서부의 대도시; 생략: L.A.》 ☜ 스페인어로 '천사들'이란 뜻

☐ Los **Angel**eno, Los **Angel**ean [-æ̀ndʒəlíːnou, -æ̀ndʒəlíːən] **로스앤젤레스** 사람
☜ Angel + -eño<스페인어로 ~사람)/-an(~의/~사람)

■ **angel** [éindʒəl] 명 **천사**, 수호신 ☜ 그리스어로 '전령, 사자(使者)'란 뜻

루저 luser (실패자)
로스타임 loss time (콩글 축구 경기에서의 추가시간) ➔ injury time

☐ **lose** [luːz/루즈] 동 (-/**lost**/**lost**) **잃다, 놓치다**, (시계가) **늦게 가다; 지다**, 실패하다
☜ 고대영어로 '잃다'라는 뜻

♠ **lose one's reason 이성을 잃다**
♠ **lose no time in (~ing) 때를 놓치지 않고 ~하다**
♠ **lose one's sight 시력을 잃다**
♠ **lose one's temper 화를 내다, 울화통을 터뜨리다**
♠ **lose oneself in ~ ~에 열중하다, 빠지다**
♠ **lose the day 싸움에 지다**(=lose a battle)
♠ **lose weight 체중이 줄다, 살이 빠지다**

☐ **lose**r [lúːzər] 명 손실(損失)자; 분실자; **실패자**; 패자 ☜ -er(사람)

♠ **Losers are always in the wrong. 《속담》 패배자는 언제나 나쁜 사람이다. 이기면 충신(忠臣), 지면 역적(逆賊)**

☐ **loss** [lɔ(ː)s/로스] 명 잃음, **분실, 유실, 손실(물); 감소; 실패; 사망**
☜ 고대영어로 '파괴'라는 뜻

♠ **at a loss 어쩔 줄을 모르고, 어리벙벙하여**
I was **at a loss** (to know) what to do. 나는 **어쩔 줄 몰랐**다.

☐ **loss** ratio 『보험』 손해율 《지불 보험금의 수입 보험료에 대한 비율》 ☜ ratio(비율)

☐ **lost** [lɔ(ː)st/로스트, lɑst] 동 lose의 과거・과거분사 형 **잃은**; (시합에서) **진; 헛된**
☜ lose의 과거분사 ➔ 형용사

♠ **be lost 길을 잃다**

☐ **lost** generation [the ~] 잃어버린 세대《제1차 세계대전 무렵의 환멸과 회의에 찬 미국의 젊은 세대》
☜ generation(세대)

※ **time** [taim/타임] 명 (관사 없이) **시간, 때;** 시일, 세월; ~회, ~번
☜ 초기인도유럽어로 '나눈 것'이란 뜻

로또 lotto (숫자를 맞추는 카드놀이의 일종. 로또 복권)

☐ **lot** [lɑt/랕/lɔt/롵] 명 **제비**, 제비뽑기, 추첨; **몫**(=share); **운; 한 벌 [무더기, 몫]; 많음** 동 제비뽑기로 정하다 ☜ 고대영어로 '할당'
♠ **a lot 매우, (비교급 앞에서) 훨씬, 많은 것**
♠ **a lot of (lots of) 많은**

☐ **lot**to [lɑ́tou/lɔ́t-] 명 (pl. **-s**) **로또**《숫자를 맞추는 카드놀이의 일종》
☜ 할당한(lot) + t<단모음+단자음+자음반복> + 것(o)

☐ **lot**tery [lɑ́təri/lɔ́t-] 명 **제비뽑기**; 추첨; 운, 재수 ☜ 할당(lot) + t<단모음+단자음+자음반복> + 하기(ery<명접>)
♠ **a lottery ticket 복권**

로션 lotion (화장수)

♣ **어원 : lot, lut 씻다**

☐ **lotion** [lóuʃən] 명 바르는 물약; **세척제**; 화장수, **로션**; 《속어》 술
☜ 고대 프랑스어로 '피부에 바르는 액상 제제(製劑)'란 뜻
♠ **a lotion** to soften the skin 피부를 부드럽게 해 주는 **로션**

■ eye **lotion** 안약(眼藥) ☜ eye(눈)

■ di**lut**e [dilúːt, dai-] 동 물을 타다, 묽게 하다, 희석하다; 희박하게 하다(되다) ☜ 따로(di=apart) 씻다(lut) + e

롯데 캐슬 Lotte Castle (롯데건설의 아파트 브랜드)

롯데캐슬(Lotte Castle)은 롯데건설의 아파트 브랜드이다. 캐슬(성채)이라는 이름 답게 웅장함을 강조하며, 통상 아파트단지 입구에 세워지는 캐슬게이트는 롯데캐슬 아파트만의 상징이다. 아파트 이름 뒤에 카이저, 레전드, 골드,퍼스트, 갤럭시, 팬텀 등의 영어 단어를 많이 붙인다.

☐ **Lotte** [lάti] 명 한국의 롯데그룹 ☜ 독일의 문호 괴테가 쓴 <젊은 베르테르의 슬픔>의 여주인공 '샤롯데'의 애칭인 '롯데'를 따와 지은 것

※ ca**stle** [kǽsl, kάːsl] 명 **성**(城), 성곽, 성채 ☜ 공격(stle)을 차단하는(ca<carve) 곳

로터스 lotus ([그神] 먹으면 즐거운 꿈을 꾼다는 상상의 열매)

☐ **lotus, lotos** [lóutəs] 명 『그.신화』 **로터스**《그 열매를 먹으면 황홀경에 들어가 속세의 시름을 잊는다고 함》; **연**(꽃)
☜ 히브리 셈어로 '몰약'이란 뜻

☐ **lotus** land 열락의 나라, 도원경(桃源境), 도원향(桃源鄉) ☜ land(땅, 나라)

☐ **lotus**-eater [lóutəsìːtər] 명 『그.신화』 lotus의 열매를 먹고 괴로움을 잊었다는 사람; [일반적] 안일을 일삼는 사람, 쾌락주의자 ☜ lotus + 먹는(eat) 사람(er)

☐ **lotus**-eating [lókutəsìːtiŋ] 명형 열락(에 빠진) ☜ -ing<명접>

라우드 스피커 loudspeaker (확성기) * speaker 스피커, 확성기

☐ **loud** [laud/라우드] 형 **시끄러운; 목소리가 큰** 부 **큰 소리로** ☜ 중세영어로 '시끄러운'
♠ **be loud in praises 크게 칭찬하다**

☐ **loud**en [láudn] 동 목소리가 커지다(를 크게 하다), 소란스러워지다(스럽게 하다)
☜ loud + en<동접>

☐ **loud**ly [láudli] 부 **큰 소리로**; 소리 높게, 떠들썩하게 ☜ loud + ly<부접>

☐ **loud**ness [láudnis] 명 **큰 목소리**, 시끄러움; 좀 지나치게 화려함 ☜ loud + ness<명접>

☐ **loud**speaker [láudspìkər] 명 **확성기** ☜ 말하는/소리 내는(speak) 기계(er)

☐ **loud**-spoken [láudspóukən] 형 목소리가 큰 ☜ 크게(loud) 말해진(spoken)

■ **LOL, LoL** **l**augh **o**ut **l**oud(크게 웃다) 또는 **l**ots **o**f **l**ove(사랑을 듬뿍 보낸다)의 줄임말《이메일 · 문자 메시지 등에서 사용》

■ **ROFL** **r**olling **o**n the **f**loor **l**aughing(너무 우스워 마루바닥에 데굴데굴 구르다)의 줄임말《이메일 · 문자 메시지 등에서 사용》

루이지애나 Louisiana (카리브해(海)에 면한 미국 남부의 주)

☐ **Louis** [lúːis] 명 (프랑스의 왕) **루이** 《1세부터 18세까지 있음》
☐ **Louis**iana [lùːəziǽnə, luìːzi-] 명 **루이지애나** 《미국 남부의 주; 생략: La.》
☜ 원래 프랑스령이어서 프랑스 루이 14세를 기리는 뜻에서
☐ **Louis**ianan, **Louis**ianian [-ziǽnən, -ǽniən] 형명 **루이지애나**의(사람) ☜ -an(~의/~사람)

라운지 lounge (휴게실)

☐ **lounge** [laundʒ] 동 빈둥거리다, **어슬렁어슬렁 걷다** 명 어슬렁어슬렁 거닒; (호텔 따위의) 로비, 사교실, **휴게실**, 담화실; 거실; 안락의자
☜ 중세 스코틀랜드어로 '게으름을 피우다'라는 뜻
♠ **the departure lounge (공항의) 출국 라운지**〔출국장〕
☐ **loung**er [láundʒər] 명 어슬렁어슬렁 걷는 사람; 게으름뱅이(=idler) ☜ lounge + er(사람)
☐ **loung**ingly [láundʒiŋli] 부 빈둥빈둥 ☜ lounge + ing + ly<부접>

연상 ▶ 하우스(house.집)에 라우스(louse.기생충)가 많다.

※ **house** [haus/하우스] 명 **집**, 가옥, 주택 ☜ 고트어로 '신의 집'이란 뜻
☐ **louse** [laus] 명 (pl. **lice**) 〖곤충학〗 이; (새·물고기·식물 등의) 기생충
동 이를 제거하다 ☜ 고대영어로 '이, 기생충'이란 뜻
♠ **Sue a beggar, and catch a louse. 《속담》 거지에게 송사를 걸면 이 한 마리를 잡으리라. 일 같은 일을 하라.**

루브르 Louvre (세계 3대 박물관중 하나인 프랑스 박물관)

☐ **Louvre** [lúːvrə, -vər] 명 (the ~) **루브르** 박물관 《파리의》 ☜ 원래 '루브르궁전'으로 사용된 데서
♠ There are Egyptian mummies **in the Louvre**.
루브르 박물관에는 이집트 미라들이 있다.

러브 love (사랑), 러브레터 love letter, 러브스토리 love story

L

☐ **love** [lʌv/러브] 명 **사랑** 동 **사랑하다**
☜ 고대영어로 '사랑하는 감정, 로맨틱한 성적 매력'이란 뜻
♠ **I love you. 나는 당신을 사랑합니다.**
♠ **fall in love (with) ~ (~을) 사랑하다, (~에게) 반하다**
She **fell in love with** him. 그녀는 그 남자에게 반했다.
♠ **fall out of love (with) (애인 따위가) 싫어지다, 사랑이 식다**
♠ **for the love of ~ ~을 위하여, ~때문에**
♠ **for the love of God** 〔Heaven, Christ, mercy〕 **제발 (바라건대)**
♠ **Love means never having to say you're sorry.**
사랑은 절대 미안하다고 말하는 게 아니에요.
- 영화『Love Story』에서 '알리 맥그로우'의 대사 -
☐ **love** affair 연애 사건, 정사(情事) ☜ affair(일, 사건)
☐ **love** letter 연애편지, **러브레터** ☜ letter(편지)
☐ **love** scene **러브신**, 사랑의 장면 ☜ scene(광경, 경치)
☐ **love** song 연가(戀歌) ☜ song(노래)
☐ **love** story 연애소설, 사랑이야기, **러브스토리** ☜ story(이야기)
☐ **lov(e)**able [lʌvəbl] 형 **사랑스러운** ☜ able<형접>
☐ **love**liness [lʌvlinis] 명 **사랑스러움**, 어여쁨 ☜ -ness<명접>
☐ **love**ly [lʌ́vli/**러**블리] 형 (-<-li**er**<-li**est**) **사랑스러운, 귀여운** ☜ -ly<부접>
☐ **love**r [lʌ́vər/**러**붜] 명 **연인**, 사랑하는 사람 ☜ -er(사람)
☐ **lov**ing [lʌ́viŋ] 형 **애정이 있는**, 사랑하고 있는 ☜ -ing<형접>
☐ **lov**ingly [lʌ́viŋli] 부 애정을 기울여, 정답게 ☜ -ly<부접>
■ be**love**d [bilʌ́vid, -lʌ́vd] 형 **사랑하는**, 귀여운 ☜ 사랑(love)이 존재(be) 하는(ed)

로힐 low heel (하이힐에 상대되는 말로서, <낮은 힐>의 총칭)

☐ **low** [lou/로우] 형 **낮은** 《키·고도·온도·위도·평가 따위》; **기운 없는** ☜ 중세영어로 '보통 수준보다 아래'란 뜻
♠ **low** clouds **낮게 걸린** 구름
☐ **low**brow [lóubràu] 명 지성이나 교양이 낮은 사람 ☜ 낮은(low) 눈썹(brow)
비교 ▶ highbrow 지식인, 인텔리
☐ **low**-cost [lóukɔ́ːst, -kɔ́st] 형 값이 싼, 싼값의 ☜ cost(비용)
☐ **low**-end [lóuènd] 형 《구어》 (같은 종류 중에서) 값이 싼 쪽의, 저가격대의 ☜ end(끝; 돈)

☐ **low**er [lóuər] ⓢ **낮추다**; (가치 등을) **떨어뜨리다; 내려지다** ⓗ 〘low의 비교급〙 **아래쪽의, 하급의** ☜ 더(er<비교급>) 낮은(low)

☐ **low**est [lóuist] ⓗ 〘low의 최상급〙 최하의, 최저의; 최소의; 제일 싼 ☜ 가장(est<최상급>) 낮은(low)

☐ **low** frequency 〘통신〙 저주파 《30-300kHz; 약어 LF》 ☜ 낮은(low) 주파수(frequency)

☐ **low**-key(ed) [lóukíː(d)] ⓗ 자제하는, 감정을 드러내지 않은; 〘사진〙 화면이 어두워 명암대비가 적은 ☜ low + key(열쇠; 기조, 감정의 정도)

☐ **low**land [lóulæ̀nd, -lənd] ⓜ (주로 pl.) **저지**; (the L-s) 스코틀랜드 남동부의 저지 지방 ⓗ 저지의 ☜ 낮은(low) 땅(land)

☐ **low**-level [lóulévəl] ⓗ 저지(低地)의; 저수준의; 하급의 ☜ 수준(level)이 낮은(low)

☐ **low**ly [lóuli] ⓗ (-<-li**er**<-li**est**) **지위가 낮은**; 천한 ⓑ **천하게** ☜ -ly<부접>

☐ **low**liness [lóunis] ⓜ 겸손, 비천 ☜ lowly + ness<명접>

☐ **low**-pressure [lóupréʃər] ⓗ 저압의; 저기압의; 온건하고 설득력이 있는, 부드러운 분위기의 ☜ 낮은(low) 압력(pressure)

☐ **low**-tech(nology) [lóutek(nálədʒi)/-nɔ́l-] ⓗ 수준이 낮은 공업 기술의 ☜ 낮은(low) 기술(technology)

※ **heel** [hiːl/힐-] ⓜ **(발) 뒤꿈치**; (신발・양말의) 뒤축; **말단** ☜ 고대영어로 '발 뒷부분'이란 뜻

로열 패밀리 royal family (왕족, 왕실) * family 가족, 집안, 가문 로열티 loyalty (특허권 등 특정한 권리를 이용하는 사용료)

< 영국 엘리자베스 2세 여왕 왕실 사진 >
© express.co.uk

♣ **어원 : roy 왕의 왕립의**

■ **roy**al [rɔ́iəl/로이얼] ⓗ **왕[여왕]의**; 왕족〔황족〕의; **당당한** ☜ 왕(roy) 의(al)

■ **roy**alty [rɔ́iəlti] ⓜ 왕권, **왕위; 로열티** 《지적재산권 사용료》 ☜ 왕의(royal) 것(ty)

♣ **어원 : loy 법률**

☐ **loy**al [lɔ́iəl] ⓗ **충성스러운; 성실한** ☜ 법률(loy)에 의한(al<형접>)
♠ a **loyal** retainer 〔subject〕 **충성스러운** 신하

☐ **loy**alist [lɔ́iəlist] ⓜ 충성스러운 사람, 충신; 〘미.역사〙 (독립전쟁 때의) 독립 반대자, 국왕 지지자 ☜ loyal + ist(사람)

☐ **loy**ally [lɔ́iəli] ⓑ 충성스럽게, 충실〔성실〕하게 ☜ -ly<부접>

☐ **loy**alty [lɔ́iəlti] ⓜ 충의, 충절; **충성, 성실** ☜ 충성스러운(loyal) 것(ty)

☐ **loy**alty oath 충성 선서 ☜ oath(맹세, 서약)

■ dis**loy**al [dislɔ́iəl] ⓗ **불충한**, 불성실한 ☜ dis(=not/부정) + 충성스러운(loyal) 것(ty)

엘피판 LP Record (축음기 음반의 표준. <장시간 음반>이란 뜻)

☐ **LP** **L**ong **P**laying Record (레코드의) **엘피**판 ★ LP판은 한 면에 22분을 녹음할 수 있으며, 음반의 크기는 지름 30cm(12 인치)이다.

✚ **long 긴, 오랜, 오랫동안 play 놀다**, 놀이를 하다; **경기[게임]하다; 상영[상연]하다, 연주하다; 경기; 놀이**; 연극 re**cord 기록**, 등록; 음반, **레코드; 기록하다**, 녹음하다

엘엔지 LNG (액화천연가스), 엘피지 LPG (액화석유가스)

♣ **어원 : liqu 액체; 흐르다**

☐ **LNG** **L**iquefied **N**atural **G**as 액화 천연 가스

☐ **LPG** **L**iquefied **P**etroleum **G**as 액화 석유 가스

✚ **liqu**efy 녹이다, 용해시키다; 액화시키다, 녹다; 액화하다 **liqu**id **액체(의)** **nat**ural **자연의**, 자연계의, 자연계에 관한; **타고난**, 선천적인 **petrol**eum **석유** **oil 기름(의)**; 석유(의); 올리브유; 유화물감

엘피지에이 LPGA (미국 여자프로골프협회)

☐ **LPGA** **L**adies **P**rofessional **G**olf **A**ssociation (미국의) 여자프로골프협회
★ 매년 2월~12월 중 거의 매 주마다 LPGA 대회가 열리는데 한국 출신 선수들의 활약이 대단하다.

※ **PGA** **P**rofessional **G**olf **A**ssociation (미국의 남자) 프로골프협회

✚ **lady 귀부인, 숙녀 professional 직업적인**, 전문적인, **프로**의; 전문가, **프로**선수 **golf 골프; 골프**를 하다 as**soci**ation **연합, 협회, 교제**; 연상

엘에스티 LST (해병대원 · 전차 등을 적지에 상륙시키는 상륙함정)

☐ **LST** Landing Ship for Tank 상륙함

✚ land **뭍, 육지; 땅, 토지; 나라, 국토; 상륙[착륙]시키다** ship **배**, 함(선) tank (물 · 연료 · 가스) **탱크**; 〖군사〗 전차, **탱크**

루브겔 Lub Gel (체강내 물체를 삽입시의 외과용 수용성 윤활제)

☐ **lube** [lu:b] ⓜ 《구어》 윤활유(= ~ oil); = lubrication
☞ **lub**rication의 단축 변형어

☐ **lubric**ate [lú:brikèit] ⓢ ~에 기름을 바르다, 기름을 치다; 미끄럽게 하다
☞ 라틴어로 '미끄럽게(lubric) 하다(ate)'란 뜻

☐ **lubric**ating oil 윤활유 ☞ oil(기름, 석유; 유화)

☐ **lubric**ation [lù:brəkéiʃən] ⓜ 미끄럽게 함, 윤활; 주유(注油) ☞ -ion<명접>

☐ **lubric**ant [lú:brikənt] ⓗ 미끄럽게 하는 ⓜ 미끄럽게 하는 것; 윤활유, 윤활제 ☞ -ant<형접/명접>

※ **gel** [dʒel] ⓜ 〖물리 · 화학〗 **겔** 《colloid 용액이 젤리 모양으로 응고한 상태; 한천(寒天), 젤라틴 등》 ☞ **gel**atin(젤라틴)의 단축형

일러스트 illustration (설명을 돕기 위해 글속에 삽입되는 그림)
루시퍼 Lucifer (한국 댄스팝 보이그룹 샤이니 노래. <타락천사?>)
루미나리에 Luminarie (전구를 이용한 조형건축물 축제)

< Luminarie >

♣ 어원 : **limin, lumen, lus, luc, lux 빛, 빛나다, 밝히다**

■ il**lumin**ate [ilú:mənèit] ⓢ **조명하다**, 비추다; **계몽[계발]하다**
☞ 어두운 곳 안에(il<in) 빛(lumin)을 만들다(ate<동접>)

■ il**lus**tration [ìləstréiʃən] ⓜ **실례, 예증; 삽화; 도해** ☞ -tion<명접>

☐ **luc**id [lú:sid] ⓗ **맑은**, 밝은, **번쩍이는; 명쾌한** ☞ 빛(luc)이 있는(id<형접>)
♠ **a lucid** style 〔explanation〕 **명료한** 문체 〔**명쾌한** 설명〕

☐ **Luc**idity [lu:sídəti] ⓜ **밝음**; 맑음, 투명; 명백 ☞ lucid + ity<명접>

☐ **Luc**ifer [lú:səfər] ⓜ 샛별, 금성(=Venus); 마왕, 사탄(=Satan), 악마
☞ 라틴어로 '빛을 가져오는'이란 뜻

☐ **lumen** [lú:mən] ⓜ (pl. lum**ina**, **-s**) 〖물리〗 **루멘** 《광속의 단위; 생략: lm》
☞ 라틴어로 '빛'이란 뜻

☐ **lumin**aire [lù:mənər] ⓜ (전등 · 갓 · 소켓 등의 한 벌로 된) 조명 기구
☞ 고대 프랑스어로 '등불, 밝음; 조명'이란 뜻.

☐ **lumin**arie [lú:mineəri] ⓜ [It.] **루미나리에** 《전구를 이용한 조형건축물 축제》
☞ 이탈리아어로 '빛(lumin)의 예술(arie=art)'이란 뜻

☐ **lumin**ous [lú:mənəs] ⓗ **빛을 내는**, 빛나는; 총명한 ☞ -ous<형접>
♠ **a luminous** body 〔organ〕 **발광**체〔기관(器官)〕

■ **lux** [lʌks] ⓜ (pl. **-es,** lu**ces**) 〖광학〗 **럭스** 《조명도의 국제 단위; 생략: lx》
☞ 라틴어로 '빛'이란 뜻

러키세븐 Lucky seven (7회가 행운의 이닝이라는 야구계의 속설)

러키세븐(lucky seven)이란 운이 좋다고 하는 제7회의 이닝(inning)을 말한다. 뉴욕의 자이언츠 팀(Giants team)이 매년 시즌 중 우연히 7회째에 좋은 결과가 연속되었다. 이후, 7회째가 운이 좋다는 소문이 다른 팀에게도 퍼져 이 말이 생겼다. <출처 : 체육학 대사전>

☐ **luck** [lʌk/럭] ⓜ **운**(=fortune), 운수; **행운**, 요행 ☞ 중세영어로 '운명, 행복'이란 뜻
♠ **wish a person luck 아무의 행운을 빌다.**
♠ **good** 〔ill〕 **luck 행운** 〔불운〕 ☞ good(좋은)
♠ **by (good) luck 다행히도**

☐ **luck**ily [lʌ́kili] ⓟ **운 좋게**; 요행히(도) ☞ lucky + ly<부접>

☐ **luck**less [lʌ́klis] ⓗ **불운의**, 불행한; 혜택이 없는 ☞ luck + less(~이 없는)

☐ **lucky** [lʌ́ki/**러**키] ⓗ (-<-ki**er**<-ki**est**) **행운의**, 운 좋은; 행운을 가져오는 ☞ -y<형접>

■ un**luck**y [ʌnlʌ́ki] ⓗ (-<-ki**er**<-ki**est**) **불운한**; 불길한; **기회가 나쁜**
☞ 운(luck)이 없(un=not) 는(y)

※ **seven** [sévn/**세**븐] ⓗ **일곱의**, 일곱 개〔사람〕의; 일곱 살인 ⓜ **일곱, 7**, 일곱 개〔사람〕
☞ 고대영어로 '7'이란 뜻

루크레티아 Lucretia (고대 로마 전설에 나오는 열녀)

고대 로마의 전설적인 여인. 미모와 정절(貞節)로 유명하다. 콜라티누스의 아내였는데, 로마왕 타르퀴니우스의 아들 섹스투스에게 능욕당하여 아버지와 남편에게 복수를 부탁하고 자살하였다 한다. 그러자 민중이 들고 일어나 타르퀴니우스가(家)는 추방되어 왕정은 끝나고 로마 공화제가 성립하였다. 셰익스피어의 루크레티아의 능욕》에도 나온다. <출처 : 두산백과>

☐ **Lucretia** [lu:kríːʃiə] ⓜ **루크레티아** 《로마 전설의 정부(貞婦)》; [일반적] 정절의 귀감, 열녀

일루전 illusion (환상)

실재하지 않는 형상을 마치 실재하는 것처럼 지각하는 작용 및 형상을 일컫는다.

♣ **어원 : lus, lud(e) 연극[연주]하다, 속이다, 암시하다, 장난하다 , 놀리다**

■ **il<u>lus</u>ion** [ilúːʒən] ⓜ **환각, 환상** ☜ 머릿속 내부(il<in>)가 속임(lus)에 빠지는 것(ion<명접>)

☐ **lud**icrous [lúːdəkrəs] ⓗ **익살맞은**, 어이없는 ☜ 장난하(ludi) + cr + 는(ous<형접>)
비교 ridiculous 우스운, 우스꽝스러운; 엉뚱한
♠ a **ludicrous** suggestion **터무니없는** 제안

✚ al**lude** **암시하다**, 언급하다 col**lude** 결탁(공모)하다 de**lude** **속이다** e**lude** 몸을 돌려 피하다
inter**lude** 짬, **사이**, 중간, 동안 pre**lude** **전주곡**, 서곡

루프트한자 Lufthansa German Airlines (루프트한자 독일 항공사)

☐ **Lufthansa** [lúfthɑ̀ːnzə] ⓜ **루프트한자** 《독일 항공회사; 약칭 LH》
☜ luft는 독일어로 '공기, 항공'이란 뜻이고, Hansa는 중세 독일의 한자동맹(Hanseatic League)에서 따왔는데 이는 '합병, 연합, 동맹'이란 뜻이다. 루프트한자는 1926년에 두 개의 항공사가 합병하면서 탄생하였다.

※ **German** [dʒə́ːrmən/**저**-먼] ⓗ **독일의; 독일 사람의** ⓜ **독일 사람; 독일어**
☜ 게르만(German)족이란 뜻에서

※ **airline** [ɛ́ərlàin] ⓜ 항공로, **항로** ☜ air + line(줄, 선; 진로, 길)

루지 luge (1인용의 경주용 썰매)

☐ **luge** [luːʒ] ⓜ 《F.》 **루지** 《스위스식의 1인용의 경주용 썰매; 1964년 동계 올림픽 종목으로 채택》 ⓢ 루지로 미끄러져 내리다
☜ 라틴어로 '썰매'란 뜻

핸드백 handbag (손가방) = purse (돈지갑), tote bag (휴대용 가방)

※ **<u>hand</u>** [hænd/핸드] ⓜ **손** ☜ 고대영어로 '손'이란 뜻

■ **<u>bag</u>** [bæg/백] ⓜ **가방**, 자루 ☜ 고대 노르드어로 '꾸러미, 보따리'란 뜻

■ **bag**gage [bǽgidʒ/**배**기쥐] ⓜ 《미》 **수하물** ☜ 가방(bag) + g + 집합상태(age)

☐ **lug**gage [lʌ́gidʒ] ⓜ 《영》 **수화물**; 여행용 짐 ☜ 자루(lug) + g + 집합상태(age)
♠ a piece of **luggage** **수하물** 하나

연상 그녀는 우는 아이를 보고 헐~이라고 하면서 럴(lull.달래다)하다

☐ **<u>lull</u>** [lʌl] ⓜ 〔의성어〕 (어린애를) **달래다**; (물결이) **자다** ⓜ (물결・바람이) **잠시 잠잠함**
☜ 중세영어로 '(아이를 재우기 위한 소리) lu-lu'에서 유래
♠ **lull** a baby to sleep 어린아이를 **얼러서** 재우다

☐ **lull**aby [lʌ́ləbài] ⓜ **자장가**(=cradlesong); 졸음이 오게 하는 노래(소리)
☜ lulla('랄라'<의성어>) + by(안녕)

☐ **lull**ing [lʌ́liŋ] ⓗ 달래듯(어르듯)한 ☜ -ing<형접>

롬바르드 Lombard (6세기에 이탈리아를 정복한 게르만계의 일족)

■ **Lombard** [lɑ́mbərd, lʌ́m-, lɔ́m-] ⓜ **롬바르드**족(族) 《6세기에 이탈리아를 정복한 게르만 민족》; Lombardy 사람; 금융업자, 은행가 ⓗ 롬바르드족의, Lombardy(사람)의
☜ 초기 독일어로 '긴(Lom=long) 수염(bard=beard)'

☐ **lumber** [lʌ́mbər] ⓜ 《미》 **잡동사니;** 나무, **재목** ⓢ 재목을 베어내다
☜ 롬바르드 사람이 금융업을 하면서 쓸데없는 물건을 모은 데서
♠ **a lumber room 잡동사니를 넣어 두는 방**

☐ **lumber**man [lʌ́mbərmən] ⓜ (pl. **-men**) 벌목꾼; 제재업자 ☜ man(남자, 사람)

☐ **lumen**(루멘), **luminous**(빛을 내는) ➔ **lucid**(맑은, 밝은) **참조**

L

연상 4개의 램프(lamp.등불)를 한 럼프(lump.덩어리)로 묶다. 룸펜 lumpen (부랑자)

※ **lamp** [læmp/램프] 명 **등불, 램프**, 남포
☜ 중세영어로 '가연성 액체를 담고 있는 용기'란 뜻.

☐ **lump** [lʌmp] 명 **덩어리**, 한 조각; **혹**; 멍청이; 《영》 임시건설노동자
동 **한 묶음으로 하다** ☜ 중세영어로 '작고 딱딱한 물질'이란 뜻
♠ **a lump of** clay **한 덩어리의** 찰흙
a lump of sugar *설탕 한 덩이* ➔ 각설탕 한 개

☐ **lump**en [lʌ́mpən] 형 《G.》 부랑생활을 하는; 룸펜의 명 부랑생활자, **룸펜**
☜ 근대 독일어로 '가장 가난한 노동자'란 뜻. -en<형접/명접>

☐ **lump**ish [lʌ́mpiʃ] 형 덩어리 같은; 멍청한; (우)둔한, 바보 같은 ☜ lump + ish<형접>

☐ **lump**y [lʌ́mpi] 형 (-<-p**ier**<-p**iest**) 덩어리의; 혹투성이의 ☜ -y<형접>

☐ p**lump** [plʌmp] 형 부푼, 부드럽고 풍만한, **포동포동한** 동 불룩해지다, 포동포동 살찌다
☜ 중세영어로 '뚱뚱한'이란 뜻
♠ a baby with **plump** cheeks 볼이 **포동포동한** 아기

루나 Luna ([로神] 달의 여신)

♣ 어원 : lun, luna, luni 달

☐ **Luna** [lú:nə] 명 『로.신화』 **루나**, 달의 여신; 달 ☜ 라틴어로 '달'
비교 Diana 『로.신화』 **다이아나** 《달의 여신》, Artemis 『그.신화』 **아르테미스** 《달의 여신》, Selena 『그.신화』 **셀레나** 《달의 여신》

☐ **luna**r [lú:nər] 형 **달의**, 태음(太陰)의 ☜ 달(luna) 의(ar)
비교 solar 태양의
♠ **lunar** calendar **태음**력

☐ **luna**tic(al) [lú:nətik(əl)] 형 미친(=insane), **정신 이상의** 명 **미치광이**
☜ 라틴어로 '달의 영향을 받은'이란 뜻. 옛날에는 달에서 나오는 영기(靈氣)에 닿으면 미친다고 여겼음.

☐ **luna**tic asylum 정신병원 ☜ asylum(보호시설, 수용소)

☐ **luni**form [lú:nifɔ̀:rm] 형 (반)달 모양의 ☜ 달(luni) 모양(form)의

☐ **luni**solar [lù:nisóulər] 형 태양과 달과의; 해와 달의 인력에 의한 ☜ luni(달) + solar(태양)

브런치 brunch (조반 겸 점심)

■ **brunch** [brʌntʃ] 명 《구어》 **브런치**, 조반 겸 점심, 이른 점심 ☜ **br**eakfast(조반) + l**unch**(점심)

☐ **lunch** [lʌntʃ/런취] 명 **점심**, 《미》 간단한 식사 ☜ **lunch**eon(오찬)보다 간소하게 먹는 점심
♠ **have** 〔eat〕 **lunch 점심을 먹다**

☐ **lunch** box 도시락, **런치박스** ☜ box(상자, 박스)

☐ **lunch**eon [lʌ́ntʃən] 명 **점심**(=lunch), (특히 회합에서의 정식의) **오찬**(회)
☜ 중세영어로 '정오의 음료'라는 뜻에서

☐ **lunch**eon voucher 《영》 식권 《회사 등에서 직원들에게 지급되는》 ☜ voucher(상품권, 할인권)

☐ **lunch**eonette [lʌ̀ntʃənét] 명 경〔간이〕식당; (학교·공장 따위의) 식당 ☜ ette(작은) + luncheon(오찬)

렁 lung ([스킨스쿠버] 산소통 등 수중 산소호흡장비)

☐ **lung** [lʌŋ] 명 『해부학』 **폐**, 허파; 《미》 인공 심폐(장치); (잠수함의) 탈출장치 ☜ 고대영어로 '가벼운 기관(器官)'이란 뜻
♠ **a lung attack** 〔disease, trouble〕 **폐병**

☐ **lung**ed [lʌŋd] 형 폐가 있는; 〖복합어를 이루어〗 폐가 ~인 ☜ -ed<형접>
♠ weak-**lunged 폐가** 약(弱)**한**

☐ **lung**er [lʌ́ŋər] 명 《미.구어》 폐병 환자 ☜ -er(사람)

아르센 루팡 Arsène Lupin (괴도(怪盜) 루팡: 모리스 르블랑의 추리소설, 그 주인공)

아르센 루팡은 20세기 초에 프랑스 소설가 모리스 르블랑이 발표한 추리소설이다. 루팡은 신사이면서 강도, 사기꾼, 모험가이며, 변장의 달인이다. 귀족이나 자본가의 저택 등을 덮쳐 보석이나 미술품, 값비싼 가구 등을 훔쳐 간다. 반면 선량한 사람을 돕는 의적(義賊)의 성격도 가지고 있어서 괴롭힘을 당하는 부인이나 아이에게는 믿음직한 보호자가 된다. <출처 : 위키백과 / 요약인용>

☐ **Lupin** [lu:pǽn] 명 **루팡** 《Arsène ~, 프랑스의 M. Leblanc의 탐정 소설

L

의 주인공》 비교 Sherlock Holmes **셜록홈즈**《영국의 추리소설가 코난도일의 소설 속 인물로 활약하는 명탐정》

루어 피싱 lure fishing (가짜미끼를 사용하는 낚시)

< Lure(가짜미끼) >

☐ **lure** [luər] ⓜ **유혹물**; 매혹, 매력; **가짜미끼** ⓢ **유혹하다**
☜ 중세영어로 '유혹하거나 흥미를 돋우는 것'이란 뜻
♠ **lure away from ~ ~에서 유인해 꾀어내다**

※ **fish** [fiʃ/퓌쉬] ⓜ (pl. **-es**) **물고기**, 어류, 생선 ⓢ **낚시질하다** ☜ 고대영어로 '물고기'

러크 lurk (2016년 검거된 러시아 최대의 사이버 범죄 · 해커조직)

© kaspersky.com

☐ **lurk** [lə:rk] ⓢ **숨다**, 잠복하다 ⓜ 잠복; 밀행; 《속어》 사기
☜ 중세영어로 '숨다, 잠복하다'란 뜻
♠ **lurk** in the mountains 산 속에 **잠복하다**.

☐ **lurk**ing [lə́:rkiŋ] ⓗ 숨어 있는; 잠복(용)의 ☜ lurk + ing<형접>

☐ **lurk**ingly [lə́:rkiŋli] ⓑ 몰래, 숨어서 ☜ lurking + ly<부접>

일루전 illusion (환상)

♣ **어원 : lus, lud(e) 연극[연주]하다; 속이다, 장난하다, 희롱하다**

■ il**lus**ion [ilú:ʒən] ⓜ **환각** ☜ 머릿속 내부(il<in)가 속임(lus)에 빠지는 것(ion<명접>)

☐ **lust** [lʌst] ⓜ **강한 욕망**, 갈망; 정욕 ⓢ 갈망(열망)하다
☜ 고대영어로 '욕망', 라틴어로 '희롱하다'란 뜻
♠ **a lust** for power 권력**욕**

☐ **lust**ful [lʌ́stfəl] ⓗ 음탕한(=lewd), 호색의 ☜ 욕망(lust)이 가득한(ful)

✚ col**lude** 결탁(공모)하다 de**lude** **속이다** e**lude** 몸을 돌려 피하다 inter**lude** 짬, **사이**, 중간, 동안 **lud**icrous **익살맞은**, 어이없는 pre**lude** **전주곡**, 서곡 pro**lus**ion 서막, 서언

루미나리에 Luminarie (전구를 이용한 조형건축물 축제)
일러스트 illustration (설명을 돕기 위해 글속에 삽입되는 그림)

< Luminarie >

♣ **어원 : limin, lumen, lus(t), luc 빛, 빛나다, 광택이 있다, 건강하다**

■ **lumin**arie [lú:mineəri] ⓜ [It.] **루미나리에**《전구를 이용한 조형건축물 축제》
☜ 이탈리아어로 '빛(lumin)의 예술(arie)'이란 뜻

■ il**lus**tration [ìləstréiʃən] ⓜ **실례, 예증; 삽화; 도해** ☜ -tion<명접>

☐ **lust**er, 《영》 **lust**re [lʌ́stər] ⓜ **광택**, 윤; 광채; **영광** ⓢ 광내다, 광이 나다 ☜ -er<명접/동접>

☐ **lust**erless [lʌstərlis] ⓗ 광택이 없는 ☜ 광택(luster)이 없는(less)

☐ **lust**ily [lʌ́stili] ⓑ 원기 있게, 활발하게; 왕성하게; 진심에서. ☜ -ly<부접>

☐ **lust**iness [dʌ́stinis] ⓜ 강장, 원기왕성 ☜ -ness<명접>

☐ **lust**rous [lʌ́strəs] ⓗ 광택이 있는 ☜ 광택(lustre)이 있는(ous<형접>)

☐ **lust**y [lʌ́sti] ⓗ (-<-ti**er**<-ti**est**) 튼튼한; **건장한**; 원기 왕성한, 활발한 ☜ 건강(lust) 한(y<형접>)

✚ **luc**id **맑은**, 밝은, **번쩍이는; 명쾌한** **lumen 루멘**《광속의 단위》 **lux 럭스**《조명도의 국제단위》

루터 Luther (독일 종교 개혁자)

☐ **Luther** [lú:θər] ⓜ **루터**《Martin ~, 독일의 신학자·종교 개혁자; 1483-1546》

☐ **Luther**an [lú:θərən] ⓗⓜ Martin Luther의; 루터 교회의 (신자)
☜ Luther + an(~의/~사람)
♠ **the Lutheran** Church **루터** 교회

☐ **Luther**anism [lú:θərənìzəm] ⓜ 루터(교회)의 신조, 루터주의
☜ -ism(신조, 주의)

럭셔리 luxury (고급품, 사치품), 렉서스 Lexus (토요타 고급 승용차)

♣ **어원 : luxuri, luxury 풍부**

☐ **luxury** [lʌ́kʃəri] ⓜ **사치**, 호사; (종종 pl.) **사치품**, 고급품
☜ 라틴어로 '사치(스런 생활)'이란 뜻
♠ **live in luxury 호사스럽게** 지내다.

☐ **luxuri**ance [lʌgʒúəriəns] ⓜ 무성; 화려 ☜ luxury + ance<명접>

< Lexus >

☐ **luxuri**ant [lʌgʒúəriənt, lʌkʃúər-] ⓗ **번성한**, 울창한; **다산의**, 풍요한 ☞ -ant<형접>
☐ **luxuri**ate [lʌgʒúərièit] ⓓ 사치스럽게 지내다, ~에 탐닉하다; 무성하다 ☞ luxury + ate<동접>
☐ **luxuri**ous [lʌgʒúəriəs, lʌkʃúər-] ⓗ **사치스러운**, 호사스러운 ☞ -ous<형접>
☐ **luxuri**ously [lʌgʒúəriəsli] ⓑ **사치스럽게**, 화려하게 ☞ -ly<부접>
■ **Lexus** [léksəs] ⓜ **렉서스** 《일본 토요타자동차에서 생산한 고급 승용차명》 ☞ Luxury의 라틴어 단수형 어미(us)로 변형한 형태. 또는 Let's Export to USA (미국으로 수출하자)의 줄임말이란 설이 있으나 근거없는 얘기다.

트루라이즈 True Lies (미국 액션 코미디 영화. <순수한 거짓말>)

1994 년 개봉한 미국의 액션 코미디 영화. 아놀드 슈왈제네거, 제이미 리 커티스 주연. 컴퓨터 회사 판매담당인 남편에게 싫증이 난 아내가 가짜 첩보원과의 비밀스런 만남을 즐기지만 남편이야 말로 진짜 첩보원이었던 것. 가족까지 철저히 속이고 비밀임무 수행에 매진해온 남편이지만 질투에 눈이 멀어 아내와 테러범들의 인질신세가 되고 마는데... <출처 : 네이버영화 / 요약인용>

※ **true** [truː/츠루-] ⓗ **진실한, 참된, 진짜의, 순수한; 성실한** ⓑ 진실로 ☞ 고대영어로 '성실한, 정직한'이란 뜻
☐ **li**ar [láiər] ⓜ **거짓말쟁이** ☞ 거짓말하는(lie) 사람(ar)
☐ **lie** [lai/라이] ⓜ **거짓말** ⓓ (-/lie**d**/lie**d**) **거짓말하다;** ☞ 고대영어로 '배신하다, 속이다'란 뜻.
(-/**lay**/**lain**) **드러눕다, 누워있다** ☞ 고대영어로 '드러눕다, 쉬고 있다'란 뜻
☐ **lie**-down [láidàun] ⓜ 겉잠, (쉬려고) 누움, 드러눕기(데모) ☞ 아래에(down) 눕다(lie) 비교 sit-down 앉아서 하는, 연좌 파업의; 편히 쉬기, 연좌 파업
☐ **ly**ing [láiiŋ] ⓗ **거짓말하는**, 거짓의; 드러누워 있는 ⓜ **드러누움** ☞ lie<ie→y+ing><형접/명접>
♠ **a lying rumor 근거 없는 소문**
♠ **low-lying land 저지(低地)**

© 20th Century Fox

L

린치 lynch (적법한 절차없이 사람에게 폭력을 가하는 행위)

☐ **lynch** [lintʃ] ⓓ **~에게 린치를 가하다**, 사적 제재에 의해 죽이다《특히 교수형》 ☞ 미국 독립전쟁시 버지니아주 치안판사 Charles Lynch가 적법한 절차없이 왕정 지지자들을 사형에 처한데서 유래
♠ **lynch law 사형, 린치**
☐ **lynch**er [líntʃər] ⓜ 사형〔린치〕를 가하는 사람 ☞ -er(사람)
☐ **lynch**ing [líntʃiŋ] ⓜ 린치(를 가함), 폭력적인 사적 제재 《특히 교수형》 ☞ -ing<명접>

링스 lynx (한국 해군의 대(對)잠수함 해상작전헬기. <스라소니>)

☐ **lynx** [liŋks] ⓜ (pl. **-es**, [집합적] ~) 〖동물〗 **스라소니**; 스라소니의 모피; **링스** 《Westland 社의 대잠수함 헬리콥터》 ☞ lynx(스라소니)는 '식육목 고양이과의 포유류'이다.
♠ **A lynx** is a wild animal. **스라소니**는 야생동물이다.
☐ **lynx**-eyed [líŋksàid] ⓗ 눈이 날카로운, 눈이 좋은 ☞ 스라소니(lynx)의 눈(eye)을 가진(ed<형접>)

리라 lyre (기타 모양의 고대 그리스의 발현악기)

☐ **lyre** [láiər] ⓜ (고대 그리스의) **수금**(竪琴), 칠현금(七絃琴); (the ~) **서정시** ☞ 고대 프랑스어로 '리라 악기'. 후에 서정시의 상징이 됨. 반 epic 서사시(敍事詩: 전설·영웅담을 사실적으로 쓴 시)(적인)
☐ **lyric** [lírik] ⓜ 서정시 ⓗ **서정시의, 서정적인** ☞ 그리스어로 '리라(lyre)에 맞추어 노래 부르는'이란 뜻
♠ **a lyric poet 서정시인**, **lyric poetry 서정시**
☐ **lyric**al [lírikəl] ⓗ **서정시조(調)의**, 서정미가 있는(=lyric); 감상적인; 고양된 ☞-al<형접>
☐ **lyric**ism [lírəsìzəm] ⓜ 서정시체(體)〔조, 풍〕; 서정미, 고조된 감정 ☞ -ism(특성, 특징)
☐ **lyric**ist [lírəsist] ⓜ 서정시인; (노래·가극 따위의) 작사가 ☞ -ist(사람)

□ **ma**(엄마) ➔ **mama**(엄마) **참조**

마카오 Macao (중국 동남해안의 특별행정구. 구 포르투갈 식민지)

□ **Macao** [məkáu] ⓜ **마카오** 《중국 남동 해안의 도시; 포르투갈 영토로 있다가 1999년 중국으로 반환됨》 ☜ 1557년 포르투갈인이 아마카오(妈祖阁) 묘당 근처에서 현지인에게 이곳 지명을 물으니 현지인은 묘를 묻는 것으로 착각하여 "아마카오"라고 알려준 데서 마카오(妈祖阁)라고 불렸다.

마카로니 macaroni (이탈리아 국수)

□ **mac(c)aroni** [mækəróuni] ⓜ **마카로니**, 이탈리아 국수; (pl. **-(e)s**) (18세기 영국의) 유럽 대륙풍에 젖은 멋쟁이 ☜ 그리스어로 '보리로 만든 음식'이란 뜻. **비교** spaghetti 스파게티

□ **macaroni** western **마카로니 웨스턴** 《이탈리아에서 만든 미국 서부극의 총칭》 ☜ western(서쪽의, 서양의)

맥아더 MacArthur (한국전쟁시 인천상륙작전을 지휘한 미국 육군 원수<5성 장군>)

제2차 세계대전시 태평양전쟁 미군 최고사령관이자 일본점령군 최고사령관. 1950년 한국전쟁 때는 UN군 최고사령관으로서 인천상륙작전을 지휘하였다. 하지만 한국전쟁에 참전한 중공군과의 전면전을 주장하다가 트루먼 대통령과 갈등을 빚어 해임되었고 '노병은 죽지 않는다. 다만 사라질 뿐이다'라는 유명한 명언을 남겼다.

□ **MacArthur** [məkά:rθər] ⓜ **맥아더** 《Douglas ~, 미국 육군 원수; 1880-1964》
♠ **Old soldiers never die; they only fade away.**
노병은 죽지 않는다, 다만 사라질 뿐이다. - D. 맥아더 -

M

맥베스 Macbeth (중세 스코틀랜드 왕; 세익스피어 4대 비극의 하나, 그 주인공)

□ **Macbeth** [məkbéθ] ⓜ **맥베스** 《Shakespeare작 4대 비극의 하나; 그 주인공》
★ 셰익스피어의 4대 비극 : 『햄릿』, 『오셀로』, 『리어왕』, 『멕베스』

맥도날드 MacDonald's Corporation (세계적인 패스트푸드회사)

미국 패스트푸드 체인으로 햄버거와 프렌치 프라이, 음료 등을 판매하고 있다.

□ **Mac**Donald [məkdάnəld/먹**다**널드] ⓜ **맥도널드** 《James Ramsay ~ , 영국 정치가; 1866-1937》 ☜ 도날드(Donald)의 아들(mac)

※ **corp**orate [kɔ́:rpərit] ⓗ **법인(조직)의**; 단체의 ☜ (하나의) 몸을(corp) + or + 이루다(ate<동접>)

※ **corp**oration [kɔ̀:rpəréiʃən] ⓜ 『법률』 **법인**, 협회, 사단 법인 ☜ corporate + ion<명접>

마케도니아 Macedonia (고대 알렉산더 대왕의 모국; 그리스 북부에 있는 공화국)

□ **Macedonia** [mæ̀sədóuniə, -njə] ⓜ **마케도니아** 《옛 그리스의 북부지방》; 마케도니아(공화국) ☜ 그리스어로 '고지대(Macedos)의 사람들'이라는 뜻

□ **Macedonia**n [mæ̀sədóuniən, -njən] ⓗⓜ 마케도니아의 (사람) ☜ -an(~의/~사람)

마하 Mach (초고속 속력의 단위)

□ **Mach** [mα:k/마악, mæk/맥] ⓜ **마하** 《Ernst ~, 오스트리아의 물리학자; 1838-1916》; 『물리』 마하수(數)(Mach number)

□ **Mach** number **마하**수(數) 《탄환 · 제트기 · 미사일 등의 속력 단위; 기호 M》
★ 마하 1은 초속 340m, 시속 1,200km에 해당한다.

마키아벨리 Machiavelli (<목적이 수단을 정당화한다>는 이탈리아의 정치사상가)

☐ **Machiavelli** [mæ̀kiəvéli] 명 **마키아벨리** 《Niccolò ~, 이탈리아의 정치가; 1469-1527》
★ 대표저서 : 『군주론』, 『로마사 평론』
☐ **Machiavelli**an [mæ̀kiəvéliən] 형 **마키아벨리**(류)의; 권모술수의; 음험한, 교활한 명 권모술수가
☞ -an(형접/사람)
☐ **Machiavelli**sm [mæ̀kiəvélizəm] 명 **마키아벨리즘**〔주의〕 ☞ -sm(~주의)
★ 마키아벨리즘은 마키아벨리 저서 『군주론』에서 유래되었으며, 목적달성을 위하여 수단을 가리지 않는 것을 골자로 한다.

타임머신 time machine (시간여행을 가능하게 한다는 공상의 기계)
미싱 machine (콩글 재봉틀) ➔ sewing machine

WHERE WOULD YOU GO?
THE TIME MACHINE
© Warner Bros.

♣ 어원 : machin, machan 기계, 장치
※ **time** [taim/타임] 명 (관사 없이) **시간, 때;** 시일, 세월; ~회, ~번
☞ 초기인도유럽어로 '나눈 것'이란 뜻
☐ **machin**e [məʃíːn/머**쉬**인] 명 **기계**(장치) 형 기계의 ☞ 그리스어로 '장치'
♠ **by machine 기계로**
☐ **machin**e gun 기관총 ☞ gun(총, 포)
☐ **machin**e-gun [məʃíːngʌ̀n] 동 기관총으로 쏘다〔소사(掃射)하다〕
☐ **machin**ery [məʃíːnəri/머**쉬**-너뤼] 명 기계류(machines); (시계 따위의) 기계장치 ☞ -ery(~류)
☐ **machin**ist [məʃíːnist] 명 기계공 ☞ -ist(사람)

✚ **mechan**ic **기계공**; 정비사 **mechan**ical **기계(상)의**; 공구의; **기계적인** **mechan**ically **기계(장치)로, 기계적으로** **mechan**ics **기계학; 역학** **mechan**ism **기계(류), 메카니즘; 기계장치**

마초 macho (야성미 넘치는 남자다움; 단순무식하게 덤비는 남자)

♣ 어원 : macho, machy, mascul 남자, 남성; 싸움
☐ **machi**smo [mɑːtʃíːzmou] 명 《Sp.》 사내다움, 남성으로서의 의기〔자신〕
☞ 스페인어로 '남자(machi=macho) 다움(ismo=ism)'이란 뜻.
☐ **macho** [mɑ́ːtʃou] 명 (pl. **-s**) 《Sp.》 (건장한) 사나이, **마초** 형 사내다운, 늠름한
☞ 스페인어로 '동물의 수컷'이란 뜻
☐ **macho**drama [mǽtʃoudrɑ̀ːmə] 명 《미.속어》 사내다움을〔남성 우위를〕 강조한 영화〔극〕
☞ macho + drama
☐ **mascul**ine [mǽskjəlin] 형 남성의, **남자의; 남자다운**, 힘센, 용감한; (여자가) 남자 같은; 〖문법〗 남성의 명 남자; 〖문법〗 남성 ☞ 라틴어로 '남성(mascul) 의(ine)'란 뜻
♠ **masculine** appearance **남성다운** 풍모
☐ **mascul**inity [mæ̀skjəlínəti] 명 남자다움, 남성미 ☞ -ity<명접>
■ logo**machy** [lougɑ́məki/lɔgɔ́m-] 명 언쟁, 말다툼, 설전; 글자맞추기 놀이
☞ 그리스어로 '말(logo) 싸움(machy)'이란 뜻.

메킨토시 MacIntosh (미국 애플사가 출시한 개인용 컴퓨터의 상품명)

☐ **MacIntosh** [mǽkintɑ̀ʃ/-tɔ̀ʃ' 명 〖컴퓨터〗 **매킨토시** 《미국 Apple Computer사가 제작한 32비트 퍼스널 컴퓨터명; 상표명》 ☞ 매킨토시 컴퓨터 프로젝트팀의 리더였던 '제프 러스킨(Jef Raskin)'이 좋아한 사과 품종인 Mcintosh에서 유래 ★ **맥(Mac)이라고도 한다.**
☐ **McIntosh** [mǽkintɑ̀ʃ/-tɔ̀ʃ] 명 붉은 사과의 일종 《미국산》 ☞ 1796년 이 나무를 발견한 캐나다 온타리오 주의 존 매킨토시(John McIntosh)의 이름에서 유래.

홀리 매커렐 Holy mackerel! = Oh, my God! (세상에, 저런!)

Oh my God는 놀람·짜증·걱정 등을 나타낼 때 주로 쓰는 감탄사인데, 이때 하소연의 대상으로서 God를 쓰면 신성모독의 어감이 있으므로 God를 기피한 Oh my, 또는 Oh my Gosh, Oh my goodness로 대용한다. 그 외에도 Holy(성스러운)라는 단어를 써서 Holy mackerel(고등어), Holy cow(암소), Holy Moses(모세), Holy smoke(연기), Holy fuck(성교), Holy shit(똥), Holy crap(똥) 등을 사용하기도 한다.

※ **holy** [hóuli/**호**울리] 형 (-<-li**er**<-li**est**) **신성한**, 성스러운; 경건한
☞ 고대영어로 '성스러운'이란 뜻
☐ **mackerel** [mǽkərəl] 명 (pl. **-(s)**) **고등어** 《북대서양산》 ☞ 고대 프랑스어로 '중매인, 중개인'
♠ a school of **mackerel** **고등어**의 무리
♠ **Holy mackerel 야!, 이런(저런)!, 어머나! 세상에!**

매크로렌즈 macrolens (접사촬영용 카메라 렌즈)

♣ 어원 : macro- 큰, 거대한 ⇔ micro- 작은

□ **macro**cosm [mǽkroukɑ̀zəm/-kɔ̀z-] [명] (the ~) 대우주, 대세계; 전체, 총체, 복합체 ☜ 큰(macro) 우주(cosm=cosmos)

□ **macro**economics [mæ̀kroui:kənɑ́miks/-nɔ́m-] [명] [pl. 단수취급] 〖경제〗 거시경제학 ☜ 큰(macro) 경제학(economics)

♠ Some sociologists view society as **a macrocosm**. 일부 사회학자들은 사회를 **하나의 우주**로 본다.

□ **macro** lens (카메라의) 접사(接寫) 촬영용 렌즈 ☜ 큰(macro) 확대를 위한 렌즈(lens)

□ **macro**scopic(al) [mæ̀krəskɑ́pik(əl)/-skɔ́p-] [형] 육안으로 보이는; 천문학적 차원〔숫자〕의; 〖물리·수학〗 거시적인 ☜ 크게 보이는

맥도날드 MacDonald's Corporation (세계적인 패스트푸드회사)

♣ 어원 : mac 아들, 자손; 반점

■ **Mac**Donald [məkdɑ́nəld/먹**다**널드] [명] **맥도널드** 《James Ramsay ~, 영국 정치가; 1866-1937》 ☜ 도날드(Donald)의 아들(mac)

□ **mac**ula [mǽkjələ] [명] (pl. **-lae**) 《L.》 (광석의) 반점, 흠; (피부의) 모반(母斑); (태양의) 흑점 ☜ 작은(ula) 점(mac) + a

□ **mac**ular [mǽkjələr] [형] 흠〔반점〕이 있는 ☜ 작은(ula) 점(mac) 의(ar)

□ **mac**ulate [mǽkjəlèit] [동] 반점을 묻히다, 얼룩지게 하다; 더럽히다 ☜ 작은(ula) 점(mac)을 만들다(ate<동접>)

■ im**mac**ulate [imǽkjəlit] [형] **오점 없는**; 흠 없는, **결점 없는** ☜ im(=not/부정) + maculate(반점을 묻히다)

※ **corporation** [kɔ̀:rpəréiʃən] [명] 〖법률〗 **법인**, 협회, 사단 법인 ☜ (하나의) 몸을(corp) + or + 이루기(ation<명접>)

매드맥스 Mad Max (호주 액션 영화. <미친 맥스>란 뜻)

© Warner Bros.

1979년 개봉한 호주[오스트레일리아] 액션 영화. 조지 밀러 감독의 매드맥스 시리즈의 첫 작품. 오일 쇼크와 대공황으로 사회기반이 무너져가는 가까운 미래를 무대로 경찰인 맥스(멜 깁슨)가 황량한 벌판에서 자동차 추격을 하며, 폭주족 일당들과 싸운다는 이야기

□ **mad** [mæd/매드] [형] **미친**, 실성한; **열광한, 열중한** ☜ 고대영어로 '정신 나간'이란 뜻.

♠ a **mad** man **미친** 남자

□ **mad**den [mǽdn] [동] **미치게 하다**; 성나게 하다; 미치다; 격노하다 ☜ mad + d<단모음+단자음+자음반복> + en<동접>

□ **mad**dening [mǽdniŋ] [형] **미치게 하는**, 화나게 하는; 불쾌한; 맹렬한 ☜ -ing<형접>

□ **mad**ly [mǽdli] [부] **미친 듯이**; 결사적으로; 맹렬히; 무모하게 ☜ -ly<부접>

□ **mad**man [mǽdmən, -mæ̀n] [명] (pl. **-men**) **미친 사람** 《남자》, 광인 ☜ man(남자, 사람)

□ **mad**ness [mǽdnis] [명] **광기**(狂氣), 정신착란; 열광; 격노; 광견병 ☜ -ness<명접>

마담 madam (술집이나 다방, 보석 가게 따위의 여주인)
마드모아젤 mademoiselle ([F.] 미혼여성에 대한 경칭)

■ **ma'am** [məm, m] [명] 《구어》 **마님, 아주머니** 《하녀가 여주인에게, 점원이 여자 손님에 대한 호칭》; **선생님** 《여교사에 대한 호칭》 ☜ madam의 중간음 소실형 [mæ(:)m, mɑ:m] [명] 《영》 마마, 여왕〔공주〕에 대한 존칭

□ ma**dam** [mǽdəm] [명] (pl. **mesdames**) (종종 M-) **아씨**, 마님, **~부인** ☜ 고대 프랑스어로 '나의(ma) 숙녀(dam(e))'란 뜻

♠ May I help you **madam** 〔**ma'am**〕? 아주머니, 도와 드릴까요?

□ ma**dam**e [mǽdəm, mədǽm, mədɑ́:m] [명] (pl. **mesdames**) 《F.》 (흔히 M-) 아씨, **마님, ~부인** 《프랑스에서는 기혼부인에 대한 호칭·경칭; 영어의 Mrs.에 해당함; 생략: Mme., (pl.) Mmes.》 ☜ 고대 프랑스어로 '나의 숙녀'란 뜻

□ **madem**oiselle [mæ̀dəmwəzél, mæmzél] [명] (pl. **-s, mesdemoiselles**) 《F.》 (M-) **~양**(孃), 아가씨, **마드모아젤** 《영어의 Miss에 해당함; 생략: Mlle., (pl.) Mlles.》; 《영》 프랑스인 여자 (가정교사) ☜ 중세 프랑스어로 '미혼의 젊은 여인'이란 뜻

메이드 인 코리아 made in Korea (한국 제품. <한국에서 만든>)
메이커 maker ([콩글] 상품의 브랜드) ➔ brand, brand-name
메이크업 make-up (화장)

M

☐ **made** [meid/메이드] ⓗ **만든, 만들어진**; 조작한 ☜ make의 과거분사
★ 보통 be made of (wood, etc.)는 재료의 형태를 보존하고 있는 경우, be made from (grapes, etc.)은 재료의 형태를 분간할 수 없을 때 씀.
♠ God **made** man. 하느님이 인류를 **창조하셨다.**

☐ **make** [meik/메이크] ⓢ (-/**made**/**made**) **만들다**, 제작(제조)하다; **길들이다; ~을 하다, ~을 (억지로) 하게 하다, ~을 시키다** ☜ 고대영어로 '만들다, 구성하다, 행하다'란 뜻

☐ **maker** [méikər] ⓜ **제작자, 제조업자, 메이커**; 만드는 사람 ☜ make + er(사람)
♠ **a trouble maker 말썽꾸러기, 트러블 메이커**

☐ **make**-up, **make**up [méikʌ̀p] ⓜ **짜임새, 구성; 화장, 메이크업**
☜ 근세 영국 연극인들이 얼굴위에(up) 분장한(make)데서

■ hand**made** [hǽndmèid] ⓗ 손으로 만든, 수제의, 수공의 ☜ 손(hand)으로 만든(made)

■ well-**made** [wélméid] ⓗ (몸이) 균형 잡힌; (세공품이) 잘 만들어진; (소설·극이) 구성이 잘 된 ☜ 잘(well) 만들어진(made)

※ **in** [in/인, (약) ən/언] ⓟ 『장소·위치』 **~의 속[안]에서, ~에서** ⓟ 『시점·시간』 **~동안 [중]에, ~에, ~때에** ☜ 고대영어로 '~안에'란 뜻

※ **Korea** [kəríːə-/커**뤼**-어, kouríːə] ⓜ **대한민국** 《공식명은 the Republic of Korea; 생략: ROK》 ☜ '고려(高麗)'시대 국호가 서양에 전해진 데서

☐ **mademoiselle**(아가씨) ➔ **madam**(~아씨, 부인) **참조**

매디슨 애비뉴 Madison Avenue (미국 뉴욕의 매디슨가(街), 미국 광고업계)

많은 광고사들의 사무실이 모여 있는 미국 뉴욕(New York)의 거리 이름. 미국 맨해튼에 위치한 공원에 미국의 제4대 대통령 제임스 매디슨의 이름을 붙여 매디슨 광장(Madison Square)이라고 했으며, 이 매디슨 광장 옆에 난 길이 바로 매디슨 애비뉴(Madison Avenue)이다.

☐ **Madison** [mǽdəsən] ⓜ **매디슨** 《James ~, 미국 제4대 대통령; 1751-1836》

※ a**ven**ue [ǽvənjùː/**애**버뉴-] ⓜ **대로**(大路), **가로수길**
☜ 라틴어로 '~로(a<ad=to) 오는(ven) 길(ue)'이란 뜻.

☐ **madly**(미친 듯이), **madman**(미친 사람), **madness**(광기) ➔ **mad**(미친) **참조**

마돈나 Madonna (❶ 미국의 세계적인 팝 가수 ❷ 성모 마리아)

☐ **Madonna** [mədɑ́nə/머**다**너, -dɔ́nə] ⓜ (보통 the ~) **성모 마리아**; 그 상(像)
♠ **Madonna and Child**
어린 그리스도를 안은 성모 마리아의 (화)상

■ **Ma Donna** 《이탈》 **마 돈나**, 성모마리아 ☜ 이탈리아어로 '나의 여인'이란 뜻

※ **Notre Dame** 《프》 **노틀담**, 성모마리아 ☜ 프랑스어로 '우리의(our) 여인(lady)'

※ **Santa Maria** (the ~) **산타마리아**호(號) 《Columbus가 아메리카 대륙을 발견했을 때의 기함(旗艦)》 ☜ 이탈리아어로 '성모 마리아'란 뜻

※ **Mary** [mɛ́əri] ⓜ **메리** 《여자 이름》; 『성서』 **성모 마리아**; (영국의) **메리**여왕

< 성모 마리아 상(像) >

마드리드 Madrid (스페인의 수도)

☐ **Madrid** [mədríd] ⓜ **마드리드** 《스페인의 수도》 ☜ '10세기경 톨레도를 방어하기 위해 이슬람의 무어(Moor)인이 세운 성채(마헤리트/Mayrit)'에서 유래. 마헤리트는 아랍어로 '물의 원천'이란 뜻.

마에스트로 maestro ([It.] 예술의 거장), 마스터키, 마스터플랜...

☐ **maestro** [máistrou] ⓜ (pl. **-s**, maestr**i** [-triː]; fem. **-tra** [-trə]) 《It.》 대(大) 음악가, 대작곡가, 명지휘자; (예술 따위의) 대가, 거장(巨匠)
☜ 이탈리아어로 '대가, 거장, 명수'란 뜻. 영어의 master
♠ Mozart was a **maestro** of classical music.
모짜르트는 고전 음악의 **거장**이었다.

☐ **master** [mǽstər/**매**스터, mɑ́ːstər] ⓜ **주인**; 영주(=lord); 고용주(=employer); 선생, 우두머리 ⓗ 주인의, **명인의** ⓢ **지배하다, 숙달하다** ☜ 고대영어로 '통제권한을 가진 자'란 뜻

☐ **master** plan **마스터플랜**, 기본계획, 종합계획 ☜ plan(계획)

☐ **master** key **마스터 키** 《건물 내의 여러 자물쇠를 열 수 있는 열쇠》 ☜ key(열쇠)

메이 웨스트 Mae West (비행사의 구명조끼)

□ **Mae West** [méiwést] (종종 m- w-)《속어》(팽창형) 해상 구명조끼(=life vest, life jacket);《속어》유방 ☜ 유방이 큰 미국의 여배우 Mae West(본명 Mary Jane West 1893-1980) 이름을 그대로 붙인데서

마피아 Ma(f)fia (이탈리아·미국을 중심으로 하는 국제범죄조직)

□ **Ma(f)fia** [mάːfiːə, mǽfiːə] ⓜ《It.》(the ~) **마피아**《19세기에 시칠리아 섬에 근거지를 두었던 폭력단; 이탈리아·미국을 중심으로 하는 국제적 범죄 조직》
☜ 이탈리아 시실리어로 '대담, 허세'란 뜻
★ 영화 <대부(The Godfather)>는 마피아단의 실체를 다룬 영화이다.

매거진 magazine (잡지)

□ **magazine** [mæ̀gəzíːn/매거**지**인] ⓜ **잡지**;〖군〗창고,《특히》탄약고, 병기고, 탄창; 연료실; 천연 보고 ☜ 아랍어로 '창고'란 뜻
■ **mook** [muk] ⓜ **무크**, 잡지적인 서적, 서적풍의 잡지《기술 서적, 비즈니스북, 요리책, 대중 소설 따위》☜ magazine(잡지) + book(단행본)

마젤란 Magellan (인류 최초로 지구를 일주한 스페인 탐험가)

□ **Magellan** [mədʒélən] ⓜ **마젤란**《Ferdinando ~, 포르투갈生 스페인 항해가; 1480?-1521》
♠ **the Strait of Magellan 마젤란 해협**《대서양과 태평양을 연결하는 남미 남단의 해협. 1520년 마젤란이 발견하였다》

매직 magic (콩글 매직펜) ➔ Magic Marker(상표명), permanent marker

□ **magic** [mǽdʒik] ⓗ **마법의, 마법같은** ⓜ **마법, 마술**, 요술 ☜ 라틴어로 '마법(의)'란 뜻
♠ **magic arts 마술, a magic wand 요술 지팡이**
♠ **like** 〔as if by〕 **magic 이상하게도, 불가사의하게**
□ **Magic** Marker **매직펜**《상표명》☜ marker(표시하는 도구)
□ **magic** number〖물리〗마법수《특별히 안정된 핵종(nuclide)의 원자번호나 중성자수》;〖야구〗**매직넘버**《프로 야구의 종반에서, 제2위 팀이 나머지 경기를 전승해도 제1위 팀이 우승할 수 있는 승수(勝數)의 숫자》☜ number(숫자, 번호)
□ **magic**al [mǽdʒikəl] ⓗ **마술적인**, 마법에 걸린 듯한, 신비한 ☜ -al<형접>
□ **magic**ally [mǽdʒikəli] ⓑ 마술적으로 ☜ -ly<부접>
□ **magic**ian [mədʒíʃən] ⓜ **마법사, 마술사**, 요술쟁이 ☜ -ian(사람)

마지노선 Maginot Line (2차대전 때 프랑스 동쪽 국경의 방어선)

1930년 이후 프랑스가 라인 강을 따라 동부 국경에 쌓은 강한 요새선(要塞線). 대독 강경론자인 육군 장군 마지노(A. Maginot)의 이름을 딴 것. 그러나 제2차 세계대전 중인 1940년 6월 14일 독일 공군이 이 요새를 격파함으로써, 요새전의 무용론이 대두되었다. 오늘날에는 버틸 수 있는 마지막 한계점이란 뜻으로 사용되고 있다. <출처 : 뜻도 모르고 자주 쓰는 우리말 어원 500가지 / 요약인용>

□ **Maginot** [mǽʒənòu] ⓜ **마지노**《André ~, 프랑스의 정치가·육군 대신; 1877-1932》
□ **Maginot** Line **마지노**선《2차 대전 때 프랑스·독일 국경에 있었던 방어선》☜ line(줄, 선)

마그나 카르타 Magna C(h)arta (영국왕이 국민의 자유를 인정한 대헌장)

1215년 영국의 존(John) 왕에 대해 제후들이 일으킨 반란에 런던 시민이 동조하여 런던 시내에서 전투가 벌어지게 되었다. 결국 왕이 굴복하게 되면서 대헌장 <마그나 카르타>에 조인했는데 이 대헌장의 주요 내용은 왕의 과세권 제한과 국민의 자유 인정, 대헌장의 존중 등이었고, 이는 영국 헌법의 근원이 되었다. <출처 : 세계사 다이제스트 100 / 요약인용>

♣ **어원 : magi, magn, magni 큰, 대(大), 높은, 위대한**
□ **magi**strate [mǽdʒəstrèit, -trit] ⓜ (사법권을 가진) **행정장관**, 지사, 시장; **치안판사**
☜ 높은(magi) 층(strat) + e
♠ the chief 〔first〕 **magistrate** ***행정장관**의 우두머리* ➔ 원수, 대통령
□ **magi**stracy [mǽdʒəstrəsi] ⓜ 행정장관직〔임기, 관할구역〕, 지방장관 ☜ -acy(관직)
□ **Magn**a c(h)arta [mǽgnə-kάːrtə] ⓜ〖영국사〗[the ~] **마그나카르타**, 대헌장; 국민의 권리·자유를 보장하는 기본법 ☜ 대(magna) 헌장(chart)
□ **magn**animity [mæ̀gnənímәti] ⓜ 아량, 관대 ☜ 큰(magn) 마음(anim=mind) + ity<명접>
□ **magn**animous [mægnǽnimәs] ⓗ 관대한; 고결한 ☜ -ous<형접>

M

마그네슘 magnesium (불꽃놀이에 많이 사용되는 금속원소)
마그네틱 카드 magnetic card (자기(磁氣) 카드)

< Magnetic Card >

♣ 어원 : magnet 그리스어로 터키 서부 Magnesia산(産)의

□ **magnesium** [mæɡníːziəm, -ʒəm] ⓜ 〖화학〗 **마그네슘** 《금속 원소; 기호 Mg; 번호 12》 ☜ 그리스 테살리아(Thessaly) 지역의 마그네시아(Magnesia)에서 산출되는 마그네시아석에서 유래

□ **magnet** [mǽɡnit] ⓜ **자석**, 자철, **마그넷**; 사람 마음을 끄는 사람〔물건〕 ☜ 그리스어로 '마그네시아(Magnesia) 돌(=stone)'이란 뜻

♠ **Magnet** attracts steel. **자석**은 쇠를 끌어당긴다.

□ **magnet**ic [mæɡnétik] ⓗ **자석의**, 자기의; 자성(磁性)을 띤; 마음을 끄는, **매력 있는** ☜ magnet + ic<형접>

□ **magnet**ic card 자기카드 ☜ card(카드, 판지)

□ **magnet**ic field 자기장 ☜ field(벌판, ~장(場))

□ **magnet**ic north 자북 ☜ north(북쪽)

□ **magnet**ic pole 자극 ☜ pole(막대기, 기둥)

□ **magnet**ic storm 자기폭풍 《태양의 활동에 의한 지구 자기의 급변》 ☜ storm(폭풍)

□ **magnet**ism [mǽɡnətìzəm] ⓜ **자기**(磁氣); 자기성(磁氣性); 자력; 자기학(磁氣學) ☜ magnet + ism(성질, 학문)

□ **magnet**o [mæɡníːtou] ⓜ (pl. **-s**) 〖전기〗 (내연 기관의) 고압 자석 발전기, **마그네토**

마그나 카르타 Magna C(h)arta (영국왕이 국민의 자유를 인정한 대헌장)

♣ 어원 : magi, magn, magni 큰, 대(大), 높은, 위대한

■ **Magn**a c(h)arta [mǽɡnə-káːrtə] ⓜ 〖영국사〗 [the ~] **마그나카르타**, 대헌장; 국민의 권리・자유를 보장하는 기본법 ☜ 대(magna) 헌장(chart)

□ **magni**cide [mǽɡnəsàid] ⓜ 요인 암살 ☜ 높은/중요한(magni) (사람) 죽이기(cide)

□ **magni**ficence [mæɡnífəsns] ⓜ 장대, **장엄, 장려**, 훌륭함 ☜ 위대하게(magni) 만들(fic) 기(ence<명접>)

□ **magni**ficent [mæɡnífəsənt] ⓗ **장대한**(=grand), 장엄한, **장려한; 훌륭한** ☜ -ent<형접>

♠ a **magnificent** spectacle **장**관(**壯**觀), **볼만한** 광경

□ **magni**ficently [mæɡnífəsəntli] ⓟ 멋지게; 당당하게 ☜ -ly<부접>

M □ **magni**fico [mæɡnífəkòu] ⓜ (pl. **-(e)s**) (옛날 Venice의) 귀족; 귀인, 고관; 거물 ☜ 위대하게(magni) 만든(fic) 자(o)

□ **magni**fy [mǽɡnəfài] ⓢ **확대하다**; 과장하다; 찬미하다; 증대하다 ☜ -fy(~하게 만들다)

♠ **magnify** an object 4 times 물체를 4배로 **확대하다**

□ **magni**fier [mǽɡnəfàiər] ⓜ 확대하는 물건〔사람〕, 과장하는 사람; 확대경〔렌즈〕, 돋보기 ☜ 크게(magni) 만드는(fi) 것(er)

□ **magni**fication [mæ̀ɡnəfikéiʃən] ⓜ 확대, 과장; 〖광학〗 배율(倍率) ☜ 크게(magni) 만들(fic) 기(ation<명접>)

□ **magni**loquent [mæɡníləkwənt] ⓗ 호언장담하는, 허풍떠는; 과장한 ☜ 크게(magni) 말(loqu) 하는(ent<형접>)

□ **magni**loquence [mæɡníləkwəns] ⓜ 과장된 말투〔문체〕; 호언장담 ☜ -ence<명접>

□ **magni**tude [mǽɡnətjùːd] ⓜ **크기; 중대**(성), 중요함; 위대함, 고결; 〖천문〗 광도(光度); (지진의) 진도(震度), **매그니튜드** ☜ -tude<명접>

파이 pie (고기나 과일 등의 소를 채워 구운 서양요리)

■ **pie** [pai] ⓜ **파이**; 크림샌드위치; 잼샌드위치 ☜ 중세영어 '까치(magpie)'에서 유래. **이는 파이 속의 여러 재료들이 마치 까치가 둥지로 물어 오는 여러 형태의 것과 비슷하게 보인데서.**

■ **pie**crust [páikrʌ̀st] ⓜⓗ 파이의 껍질(처럼 부서지기 쉬운) ☜ crust(빵 껍질)

■ **pie**-in-the-sky [páiinðəskái] ⓗ 《구어》 극락 같은, 유토피아적인; 그림의 떡인 ☜ 하늘(sky) 에(in) 있는 파이(pie)

□ mag**pie** [mǽɡpài] ⓜ **까치**《총칭》; **수다쟁이**; 잡동사니 수집가 ☜ Margaret(여성 이름) + pie

♠ **The magpie** ate an apple down to the core. **까치**가 사과를 속까지 파먹었다.

♠ their **magpie chatter** 그들의 **잡담**

마호가니 mahogany (앤틱가구에 많이 사용되는 짙은 적갈색 원목)

□ **mahogany** [məhάɡəni/-hɔ́ɡ-] ⓜ 〖식물〗 **마호가니**; 마호가니재(材); 적갈색; (the ~) 《고어》 (마호가니재의) 식탁

☜ 온두라스 마야의 나무 이름으로 추정. 17세기 스페인어에 등장
♠ **have one's knees under a person's mahogany**
아무와 같이 식사하다.

마호메트 Mahomet (알라의 계시를 받고 이슬람교를 창시한 아랍의 예언자>

마호메트에게 내려진 신의 계시는 성전 『코란』에 기록돼 있다.

□ **Mahomet** [məhάmət/-hɔ́m-, -əd] ⓜ = Muhammad
■ **Muhammad, -med** [muhǽməd] ⓜ **마호메트**(Mahomet, Mohammed) 《이슬람교(教)의 시조(始祖) (570-632)》

바메이드 barmaid (술집 여종업원, 여자 바텐더)

♣ **어원 : maid 여자**
■ bar**maid** [bάːrmèid] ⓜ 술집 여종업원(접대부), 여자 바텐더
☜ bar(막대기, 술집, 법정) + maid
□ **maid** [meid/메이드] ⓜ 《문어》 **소녀**; **하녀**; **미혼 여성**, 독신녀 《old ~의 형태로만 쓰임; old miss는 콩글리시》 ☜ maiden의 줄임말
♠ **the Maid of Orléans 오를레앙의 소녀**(Joan of Arc)
♠ **old maid 노처녀**
□ **maid**servant [méidsəːrvənt] ⓜ 하녀 비교 **manservant** 하인, 머슴 ☜ maid + servant(하인, 부하)
□ **maid**en [méidn] ⓜ 《문어》 **소녀**; 처녀 ⓗ 미혼의; 처녀의
☜ 중세영어로 '미혼의 젊은 여성'이란 뜻
□ **maid**enhood [méidnhùd] ⓜ 처녀성(=virginity); 처녀 시절; 청순, 순결 ☜ maiden + hood(성질)
□ **maid**enlike [méidnlàik] ⓗⓑ 처녀다운(답게), 조심스러운(스럽게), 얌전한(하게), 수줍은(게)
☜ maiden + like(부접)

✚ brides**maid** 신부들러리 kitchen**maid** 식모; 가정부 mer**maid** 인어(人魚); 여자 수영 선수

이메일 e-mail (인터넷 등 컴퓨터 통신망을 통한 우편방식)

■ E-**mail**, e-**mail**, e**mail** [íːmèil] ⓜ 전자메일 ⓢ ~에게 e메일을 보내다
☜ E는 electronic(전자의)의 약어
□ **mail** [meil/메일] ⓜ [집합적] **우편(물)** ⓢ **우송하다**
☜ 고대 프랑스어로 '가방, 지갑'이란 뜻
비교 male **남성(의), 수컷(의)**
♠ I had a lot of **mail** this morning. 오늘 아침에는 많은 **우편물**이 왔다
□ **mail**box [méilbὰks/méilbɔ̀ks] ⓜ 《미》 **우체통**(《영》 postbox); (개인용의) 우편함 (《영》 letter box) ☜ mail + box(상자)
□ **mail**-coach [méilkòutʃ] ⓜ (옛날의) 우편 마차; **우편차** ☜ mail + coach(마차)
□ **mail**ing [méiliŋ] ⓜ 우송; 우편물 ☜ mail + ing<명접>
□ **mail**ing rates 우편 요금(=postal fees) ☜ rate(비율, 가격, 요금)
□ **mail**man [méilmæ̀n] ⓜ (pl. **-men**) 《미》 **우편 집배원**(《영》 postman) ☜ mail + man(사람)
★ 여성의 지위와 대우가 남성과 동등해지면서 성차별적 단어도 점차 중성적 의미의 단어로 바뀌고 있다. mailman도 mail carrier로 변화됨.
□ **mail** order 통신 판매 ☜ order(주문, 명령, 순서)
■ air **mail** 항공 우편(Via Air Mail 항공편으로《봉함엽서에 씀》) ☜ air(공기, 항공)

연상 마임(mime.무언극) 배우를 메임(maim.불구로 만들다)하다

※ **mime** [maim, miːm] ⓜ 무언극; (팬터)마임(=pantomime) ⓢ 무언극을 하다, 흉내 내다
☜ 그리스어로 '모방하는 사람'이란 뜻
□ **maim** [meim] ⓢ (아무를) **불구가 되게 하다**, (손·발 따위를 끊어) 병신을 만들다
☜ 고대 프랑스어로 '상처를 입히다'란 뜻
♠ He **was** badly **maimed** in the accident. 그는 그 사고로 심한 **불구가 되었다**.

메인스타디움 main stadium (주경기장)

< Incheon Asiad Main Stadium >

□ **main** [mein/메인] ⓗ **주요한**, 주된(=principal); (제일) 중요한
ⓜ (수도·가스 등의) 본관 ☜ 고대영어로 '힘'이란 뜻
♠ The **main** thing is to stay calm.
가장 **중요한** 것은 침착성을 잃지 않는 것이다.
♠ **in the main 대개는**(=on the whole, mainly), **주로**

♠ **with might and main 전력을 다하여**

☐ **main** course **메인 코스**, (식사의) 주요리 ☜ course(진로, 코스, 진행)

☐ **main** deck (함선의) **메인 데크**, 주갑판 ☜ deck(갑판, 전차・버스 등의 바닥)

☐ **Maine** [mein] ⓜ **메인** 《미국 북동부의 주; 생략: Me.; 주도는 Augusta》 ☜ 초기 정착자들이 주(州)의 많은 섬들과 비교해서 본토(Mainland)라고 부른데서 연유되었다.

☐ **main**land [méinlæ̀nd, méinlənd] ⓜ **대륙, 본토** 《부근의 섬・반도와 구별하여》 ☜ main + land(땅)

☐ **main**ly [méinli] ⓟ **주로**(=chiefly), **대개**, 대체로(=mostly) ☜ -ly<부접>

☐ **main**stream [méinstrìːm] ⓜ (강의) 본류, 주류; (활동・사상의) 주류; (사회의) 대세 ⓗ [한정적] 주류의 ☜ main + stream(시내, 흐름)

※ **stadium** [stéidiəm] ⓜ (pl. stadi**a**, **-s**) **육상 경기장, 스타디움**; 『고대 그리스』 경주장(競走場) ☜ 라틴어로 '길이 측정, 도보경기 코스'란 뜻

매니큐어 manicure (콩글 손톱에 바르는 화장품) ➔ nail polish

♣ **어원 : mani, manu, main 손**

■ **mani**cure [mǽnəkjùər] ⓜ 미조술(美爪術), **매니큐어** ⓢ 매니큐어를 하다; (손・손톱을) 손질하다 ☜ 손(mani)을 손질하기(cure)

☐ **main**tain [meintéin/메인**테**인, mən-] ⓢ **유지하다**, **지속[계속]하다; 부양하다; 주장하다** ☜ 손(main)으로 잡고 있다(tain)

♠ **maintain** world peace 세계 평화를 **유지하다**

☐ **main**tainable [meintéinəbl] ⓗ 유지할[시킬] 수 있는, 부양할 수 있는; 주장할 수 있는 ☜ -able(할 수 있는)

☐ **main**tenance [méintənəns] ⓜ **유지, 지속; 보수** (관리), 건사, 보존, 정비 ☜ 손(main)으로 잡고 있는(ten<tain) 것(ance<명접>)

✚ e**man**cipation (노예) **해방**; 이탈 **man**ager **지배인, 경영자**, 관리자, **매니저** **man**ner 방법, **방식**; **예절**, 예의 **manu**al **손의**; 손으로 하는; 수공의; **안내서, 매뉴얼**

연상 제주 메이즈랜드(Mazeland.미로공원)에 메이즈(maize.옥수수)가 없다.

※ **maze** [meiz] ⓜ **미로**(迷路); 당황 ⓢ 당황케 하다 ☜ amaze의 두음소실

※ **land** [lænd/랜드] ⓜ **뭍, 육지; 땅, 토지; 나라, 국토** ⓢ **상륙[착륙]시키다** ☜ 고대영어로 '땅, 흙'이란 뜻

☐ **maize** [meiz] ⓜ 《영》 **옥수수**; 그 열매(《미》 Indian corn); 옥수수 빛《황색》 ☜ 카리브해 원주민 아라와크어로 '옥수수'란 뜻

★ 미국・캐나다에서는 corn(옥수수)이라고 함.

♠ The **maize** is in full harvest. 그 **옥수수**는 알이 꽉 찼다.

메이저리그 major-league baseball (미국 프로야구의 American League와 National League를 아우르는 말. <큰 리그전(戰) 야구>란 뜻)

빅리그(Big League)라고도 한다. 아메리칸리그 소속 15개 팀, 내셔널리그 소속 15개 팀으로 이루어져 있으며 각각 동부지구, 중부지구, 서구지구로 나뉘어 정규 시즌을 치른다.

♣ **어원 : maj 위대한, 거대한**

MAJOR LEAGUE BASEBALL

☐ **maj**esty [mǽdʒisti, -dʒəs-] ⓜ **위엄**(=dignity); 장엄; (M-) 폐하 ☜ -y<명접>

♠ We address the king as **your Majesty**. 국왕께는 **폐하(陛下)**라는 호칭을 쓴다.

☐ **maj**estic(al) [mədʒéstik(əl)] ⓗ **장엄한, 위엄 있는**(=dignified), 웅대한, 당당한 ☜ 가장(-est/최상급) 위대(maj) 한(-ic/-ical<형접>)

☐ **maj**estically [mədʒéstikəli] ⓟ 위엄 있게, 장엄하게 ☜ majestical + ly<부접>

☐ **maj**or [méidʒər/**메**이저] ⓗ **큰 쪽의**, 대부분의; **주요한**, 일류의 ⓜ (육・공군・해병대의) 소령 ☜ 라틴어로 '위대한'의 비교급

♠ the **major** opinion **다수** 의견

♠ **major in ~ ~을 전공하다**

☐ **maj**ority [mədʒɔ́(ː)rəti/머**조**(-)뤄리/머**조**(-)뤄티] ⓜ [단・복수취급] **대부분**, 대다수 ☜ -ity<명접> 반 minority 소수, 미성년

♠ **the great majority 대다수**

♠ **a majority decision 다수결**

※ **league** [liːg/리-그] 명 **연맹, 리그(전)** 동 동맹(연합)하다 ☜ 한 데 묶(leag) 기(ue)

메이커 maker (콩글 상품의 브랜드) ➔ brand, brand-name

☐ **make** [meik/메이크] 동 (-/**made/made**) **만들다**, 제작(제조)하다; **길들이다; ~을 하다, ~을 (억지로) 하게 하다, ~을 시키다** ☜ 고대영어로 '만들다, 구성하다, 행하다'란 뜻
♠ **make a difference 차이를 낳다; 중요하다**
♠ **make a call 전화하다**
♠ **make a choice 선택하다**
♠ **make a fire 불을 피우다**
♠ **make a mistake 실수하다**
♠ **make a noise 시끄럽게 하다, 떠들다, 소리를 내다**
♠ **make a plan 계획을 세우다**
♠ **make a reservation 예약하다**
♠ **make a speech 연설하다**
♠ **make a table 탁자를 만들다**
♠ **make a trip 여행하다**
♠ **make an effort 노력하다**
♠ **make away with ~ ~을 가져가 버리다, ~을 없애다, 멸망시키다, 죽이다**
♠ **make both ends meet 장부를 맞추다, 수지를 맞추다**
♠ **make for ~ ~을 이롭게 하다, ~의 이익이 되다**
make for the peace of the world 세계평화**에 공헌하다**
♠ **make friends with ~ ~와 친해지다, ~와 사귀다**
♠ **make fun of ~ ~을 놀리다**
♠ **make good 보충하다, 보상하다, 성취하다, 해내다**
♠ **make (A) into (B) A를 B로 만들다**
♠ **make it 시간에 (알맞게) 대다; 잘 처리하다; 《명령문으로》 ~으로 해 둬라**
♠ **make it a rule to ~ ~하기로 되어 있다, ~하기로 정하다**
I **make it a rule to** go jogging every morning.
나는 아침마다 조깅**하기로 되어 있다**.
♠ **make light** (little) **of ~ ~을 소홀히 하다, 업신여기다**
♠ **make money 돈을 벌다**
♠ **make much of ~ ~을 존중하다, ~을 추어올리다**
♠ **make nothing of ~ ~을 문제시하지 않다; ~을 조금도 이해 못하다**
♠ **make (A) of** (from, out of) **(B) A로 B를 만들다**
We **make** bottles **(out) of** glass. 병은 유리로 만든다.
♠ **make off with ~ ~을 가지고 달아나다**(=run away with)
♠ **make one's way 나아가다**(=go forward); **성공하다**
♠ **make oneself at home (마음을) 편안히 하다**
♠ **make out 이해하다, 발견하다; 작성하다, 증명하다; ~인 체하다**
make out what it means 그 뜻을 **이해하다**
♠ **make over 양도[이관]하다**
♠ **make sense 이치에 맞다, 일리가 있다; 이해가 되다**
♠ **make sure (of) ~ ~을 확인[다짐]하다**
♠ **make the best of ~ ~을 될 수 있는 대로 잘 하다; 될 수 있는 대로 이용하다**
♠ **make the most of ~ ~을 될 수 있는 대로 이용하다**
♠ **make up (of) ~ ~으로 만들다, 구성하다, 작성하다; 날조하다; 분장하다**
The committee is **made up of** five members.
위원회는 5인**으로 구성되어 있다**.
♠ **make up for ~ ~의 보상을 하다**(=compensate for)
♠ **make up one's mind 결심하다**
He **made up his mind** to be nice to the elderly.
그는 노인들에게 친절해지**기로 결심했다**.
♠ **make use of ~ ~을 이용하다**

☐ **maker** [méikər] 명 **제작자, 제조업자, 메이커**; 만드는 사람 ☜ make + er(사람)
♠ **a trouble maker 말썽꾸러기, 트러블 메이커**

☐ **make**-believe [méikbilìːv, -bə-] 명형 **가장(假裝)(의)**, 거짓(의) ☜ 믿게(believe) 만들다(make)

☐ **make**-up, **make**up [méikəp] 명 **짜임새, 구성; 화장, 메이크업**
☜ 근세 영국 연극인들이 얼굴 위에(up) 분장한(make)데서

☐ **make**shift [méikʃìft] 명형 임시방편(의), 임시변통(의)
☜ make(제작) + shift(바뀌다; 변동, 임시변통)

☐ **mak**ing [méikiŋ] 명 **제작**(과정), 제조법, 만들기, 조립, 조직; 제작(물), 생산

M

☜ make + ing<명접>

☐ **mak**ing film (영화나 뮤직비디오 등) 제작과정을 촬영한 필름 ☜ film(필름, 영화)

☐ **made** [meid/메이드] ⓗ **만든, 만들어진**; 조작한 ☜ make의 과거분사
♠ **be made from ~ ~로 만들어지다** 《재료의 화학적 변화가 있을 때》
♠ **be made of ~ ~로 만들어지다** 《재료의 성질이 남아있을 때》
♠ **be made into ~ ~가 되다**
♠ **be made up of ~ ~로 이루어지다, ~로 구성되다**

■ re**make** [riːméik] ⓢ (-/-**made**/-**made**) 고쳐 만들다, 개조하다, 개작하다
ⓜ 개작, 개조; 재영화화 작품, **리메이크**작 ☜ 다시(re) 만들다(make)

말라카 해협 the Strait of Malacca (동서 교역의 최단 항로이자 해상수송의 전략적 요충지)

< 말라카 해협 >

☐ **Malacca** [məlǽkə] ⓜ **말라카** 《Malaysia 연방의 한 주; 그 주도》
☜ 야자의 일종인 말라카(Malaka) 나무에서 유래
♠ **the Strait of Malacca 말라카 해협**
★ 태평양과 인도양을 잇는 동서 교역의 최단 항로다. 지금도 세계 해상운송량의 20~25%, 중동 원유의 50%가 이 해협을 통과한다. 한국과 중국, 일본이 수입하는 원유의 90%가 이곳을 지나므로 전략적 요충지이다.

말라리아 malaria (모기가 옮기는 급성 열성 전염병)

<말라리아 감염 위험지역>

♣ **어원 : mal(e) 나쁜, 악의의**

☐ **mal**adapt [mælədǽpt] ⓢ (과학상의 발견 등을) 잘못 응용하다, 악용하다 ☜ 나쁘게(mal) 적응시키다adapt)

☐ **mal**adjusted [mælədʒʌ́stid] ⓗ 조절이 잘 안 되는; 〖심리학〗 적응이 안 되는 ☜ 나쁘게(mal) 조절(adjust) 된(ed<형접>)
♠ **school maladjusted students** 〖심리학〗 **학교 부적응 학생**

☐ **mal**adjustment [mælədʒʌstmənt] ⓜ 조절〔조정〕 불량; 부적응; (사회・경제적) 불균형
☜ 나쁜(mal) 조정(adjustment)
♠ **school maladjustment 학교생활 부적응**

M

☐ **mal**adroit [mælədrɔ́it] ⓗ 솜씨 없는, 재치 없는, 서투른, 어줍은, 졸렬한
☜ 나쁜(mal) 솜씨 있는(adroit)

☐ **mal**ady [mǽlədi] ⓜ (만성적인) 병, **질병**; 《비유적》 (사회의) 병폐 ☜ 나쁜(mal) 것(ady<명접>)
♠ a fatal **malady** 치명적인 **질병**

☐ **mal**aria [məlɛ́əriə] ⓜ 〖의학〗 **학질, 말라리아** ☜ 나쁜(mal) 공기(ari<air) + a<명접>

말레이시아 Malaysia (동남아시아의 입헌군주국)

☐ **Malay**sia [məléiʒə, -ʃə] ⓜ **말레이시아** 《말레이시아 연방. 수도 쿠알라 룸푸르(Kuala Lumpur)》; **말레이** 제도
☜ 산지(malaya)의 나라(-sia)

☐ **Malay**sian [məléiʒən, -ʃən] ⓜ **말레이시아**인 ⓗ **말레이시아**〔말레이 제도〕(사람)의 ☜ Malaysia + an(~사람/~의)

☐ **Malay**a [məléiə] ⓜ **말라야, 말레이** 반도 ☜ 말레이반도 부분과 싱가포르를 합쳐서 보통 말라야(Malaya)라고 부른다.

☐ **Malay** [məléi, méilei] ⓜ **말레이** 사람〔말〕 ⓗ **말레이** 반도〔사람・말〕의, **말레이시아**의
☜ 산스크리트어로 '산(山), 산지(山地)'란 뜻

☐ **Malay** Peninsula **말레이**반도 ☜ peninsula(반도)

몰디브 Maldives (스리랑카 남서부에 위치한 인도양의 섬나라)

☐ **Maldives** [mɔ́ːldaivz] ⓜ **몰디브** 《인도양의 공화국. 회교국; 수도 말레(Malé)》
☜ '꽃(mala)의 섬(diva)'이란 뜻 ★ 남북으로 약 760km, 동서 128km의 해역에 흩어져 있는 1,192개의 산호섬. 평균 해발고도가 2.1m로 2100년경 섬이 물에 잠길 것으로 예상.

메일 쇼비니즘 male chauvinism (남성우월주의) 페미니스트 feminist (여권신장운동가)

♣ **어원 : male 남자 // female, femin 여자**

☐ **male** [meil] ⓜ **남성**, (동물의) **수컷** ⓗ **남성의, 수컷의**
☜ 고대 프랑스어로 '남성, 수컷'이란 뜻 **비교** mail 우편(물)
♠ **male** attitudes to women 여성에 대한 **남성의** 태도

☐ **male** chauvinism **메일 쇼비니즘**, 남성우월(중심)주의 ☜ 나폴레옹 휘하의 병사인 니콜라 쇼뱅(Chauvin, N.)은 나폴레옹의 열렬한 지지자로 수십 차례의 부상에도 불구하고 황제에 충성하여 극단적인 애국심을 발휘한데서 쇼비니즘(chauvinism(극단적 애국주의)이란 용어가 유래하였다.

■ **fe**male [fíːmeil] ⓜ **여성**, (동물의) **암컷** ⓗ **여성의, 암컷의** ☜ fe(여성형 접두사)

■ **femin**ism [fémənìzəm] ⓜ **페미니즘**, 남녀동등주의; 여권 신장운동, 여성해방론
☜ 여성(femin) 주의(ism)

■ **femin**ist [fémənìzəm] ⓜ **페미니스트**, 남녀동등주의자, 여권신장운동가, 여성해방론자
☜ 여성(femin) 주의자(ist)

말라리아 malaria (모기가 옮기는 급성 열성 전염병)

♣ **어원 : mal(e) 나쁜, 악의의**

■ **mal**aria [məlέəriə] ⓜ 『의학』 **학질, 말라리아**
☜ 나쁜(mal) 공기(ari<air> + a<명접>

☐ **mal**content [mæ̀lkəntént] ⓗ 불평을 품은, 불만인, 비판적인; 불온한
ⓜ 불평가 ☜ 나쁘게(mal) 만족한(content)
♠ You are **a malcontent.** 너는 **불평꾼**이다.

☐ **male**diction [mæ̀lədíkʃən] ⓜ 저주(詛呪), 악담, 중상, 비방 ☜ 나쁘게(mal) 말하(dict) 기(ion)
♠ **utter a malediction upon ~ ~에게 저주를 퍼붓다**

☐ **male**dictory [mæ̀lədíktəri] ⓗ 저주의, 비방의; 욕하는 ☜ 나쁘게(mal) 말하(dict) 는(ory<형접>)

☐ **male**faction [mæ̀ləfǽkʃən] ⓜ 악행, 비행, 범죄(=crime), 못된 짓
☜ 나쁘게(male) 만든/행한(fac) 것(tion<명접>)

☐ **male**factor [mǽləfæ̀ktər] ⓜ (fem. **-tress**) 죄인, 범인, 악인 ☜ -or(사람)

☐ **male**ficent [məléfəsənt] ⓗ 유해한, 나쁜; 나쁜 짓을 하는, 범죄의
☜ 나쁘게(male) 만드/행하(fac) 는(ent<형접>)

☐ **male**volence [məlévələns] ⓜ 악의, 적의, 증오 ☜ 나쁘게(male) 되길 바라는(vol=will) 것(ence)
♠ **an act of pure malevolence 순전히 악의에서 한 행동**

☐ **male**volent [məlévələnt] ⓗ 악의 있는, 심술궂은 ☜ 나쁘게(male) 되길 바라(vol=will) 는(ent)

☐ **male**volently [məlévələntli] ⓑ 악의적으로 ☜ -ly<부접>

M

말라리아 malaria (모기가 옮기는 급성 열성 전염병)

♣ **어원 : mal(e), mali 나쁜, 악의의**

■ **mal**aria [məlέəriə] ⓜ 『의학』 **학질, 말라리아**
☜ 나쁜(mal) 공기(ari<air> + a<명접>

☐ **mal**feasance [mæ̀lfíːzəns] ⓜ 위법 행위, 부정, (공무원의) 부정(배임) 행위; 나쁜 짓
☜ 나쁜(mal) 행동(feas)을 한 것(ance<명접>)
♠ That's not **malfeasance.** 그것은 **불법행위**가 아니다.

☐ **mal**feasant [mæ̀lfíːzənt] ⓗ 부정을 행하는 ⓜ 부정행위자, 비행 공무원, 범죄자
☜ -ant(<형접>/사람)

☐ **mal**formation [mæ̀lfɔrméiʃən] ⓜ 꼴불견, 불구, 기형 ☜ 나쁜(mal) 형태(form)를 만든 것(ation<명접>)

☐ **mal**function [mæ̀lfəŋkʃən] ⓜ (기계의) 고장 ⓢ (기계 등이) 제대로 작동하지 않다
☜ 나쁜(mal) 기능(function)

☐ **mali**ce [mǽlis] ⓜ (적극적인) **악의**, 앙심, 적의(敵意); 원한 ☜ 라틴어로 '악, 악의'란 뜻
♠ He sent the letter **out of malice**.
그는 **악의에서[악의를 갖고]** 그 편지를 보냈다.

☐ **mali**cious [məlíʃəs] ⓗ **악의 있는**, 심술궂은; 『법률』 부당한 《체포 등》 ☜ -ous<형접>

☐ **mali**ciously [məlíʃəsli] ⓑ 심술궂게 ☜ -ly<부접>

☐ **mali**gn [məláin] ⓗ 유해한; 악성의 ⓢ 중상(비방)하다, 헐뜯다
☜ 나쁘게(mali) 태어난(gn=born)
♠ The politician **maligned** his opponent as dishonest.
그 정치인은 상대편을 부정직하다고 **비방했다**.

☐ **mali**gnant [məlígnənt] ⓗ **악의[적의] 있는**; 『의학』 악성의; 유해한 ⓜ 악의를 품은 사람
☜ 나쁘게(mali) 태어(ign) 난(ant<형접>)

☐ **mali**gnancy, -ance [məlígnənsi], [-s] ⓜ 강한 악의, 적의, 증오, 앙심; 『의학』 악성 종양
☜ -ance/-ancy<명접>

☐ **mali**gnity [məlígnəti] ⓜ 악의; 원한; (병의) 악성, 불치 ☜ -ity<명접>

☐ **mali**nger [məlíŋgər] ⓢ (특히 군인 등이) 꾀병을 부리다. ☜ 근대 프랑스어로 '병약한'이란 뜻.

□ **mal**ingery [məlíŋgəri] ⓜ 꾀병 ☜ -y<명접>
□ **mal**ingerer [məlíŋgərər] ⓜ 꾀병자 ☜ -er(사람)
♠ There are too many **malingerers** in this company!
이 회사에는 **꾀병을 부리는 사람들**이 너무 많아!
□ **mal**nourished [mælnə́:riʃt] ⓗ 영양 부족(불량)의, 영양실조의
☜ 나쁜(mal) 자양분을 주(nourish) 는(ed<형접>)
□ **mal**nutrition [mæ̀lnutríʃən] ⓜ 영양실조(장애, 부족) ☜ 나쁜(mal) 영양(nutri) + tion<명접>
♠ **suffer from malnutrition 영양실조에 걸리다**
□ **mal**odor [mælóudər] ⓜ 악취 ☜ 나쁜(mal) 냄새(odor)
□ **mal**odorant [mælóudərənt] ⓗⓜ 악취나는 (물건) ☜ 나쁜(mal) 냄새(odor)가 나는(ant)
□ **mal**odorous [mælóudərəs] ⓗ 악취 있는 ☜ 나쁜(mal) 냄새(odor)가 나는(ous<형접>)
♠ The building is built on **a malodorous swamp**.
그 건물은 **악취나는 늪** 위에 건설된다.
□ **mal**versation [mæ̀lvə:rséiʃən] ⓜ 『법률』 독직, 배임; (공금의) 부정 소비, 유용
☜ 나쁘게(mal) 바꾸(vers) 기(ation<명접>)

몰트 위스키 Malt Whiskey (보리만으로 증류한 위스키)

MONTANA
PURE MALT
WHISKEY

□ **malt** [mɔ:lt] ⓜ 맥아(麥芽), **엿기름**; 《구어》 맥주 ⓗ 엿기름의(이 든, 으로 만든) ⓢ (술을) 엿기름으로 만들다
☜ 초기인도유럽어로 '부드럽게(mal) 하는 것(t)'이란 뜻
♠ **malt liquor 맥주** 《ale, beer, porter 등》
♠ **Single Malt Whiskey 싱글 몰트 위스키** 《100% 보리(맥아)만을 증류한 위스키》
□ **malt**ase [mɔ́:lteis] ⓜ 『생화학』 **말타아제** 《맥아당을 포도당으로 분해하는 효소》
☜ 부드러운(malt) 효소(-ase)
□ **malt**y [mɔ́:lti] ⓗ (-<-ti**er**<-ti**est**) 엿기름의; 맥아 비슷한; 《속어》 술 취한 ☜ -y<형접>
※ **whiskey, -ky** [hwíski] ⓜ (pl. -key**s**, -k**ies**) **위스키**; 위스키 한 잔 ⓗ 위스키의(로 만든)
☜ 스코틀랜드 고지인 게일어로 '생명의 물'이란 뜻

몰타 Malta (이탈리아 남단 지중해에 있는 섬나라 공화국)

M

□ **Malta** [mɔ́:ltə] ⓜ **몰타** 섬; 몰타 공화국 《1964년 독립; 수도 발레타(Valletta)》
☜ 페니키아어로 '피난처'란 뜻
□ **Malt**ese [mɔ:ltí:z, -tí:s] ⓗ 몰타(사람(어))의 ⓜ (pl. ~) 몰타 사람; 몰타어(語)
☜ Malta + ese<~의/~사람>

멜서스, 멜더스 Malthus (<인구론>을 쓴 영국의 경제학자)

영국의 경제학자. 저서 《인구론》에서 인구는 기하급수적으로 증가하나 식량은 산술급수적으로 증가하므로 인구와 식량 사이의 불균형이 필연적으로 발생할 수밖에 없으며, 여기에서 기근 ·빈곤 ·악덕이 발생한다고 하였다. 이러한 불균형과 인구증가를 억제하는 방법으로 도덕적 억제를 들고 있다. 차액지대론, 과소소비설, 곡물법의 존속 및 곡물보호무역정책을 주장하였다. <출처 : 두산백과 / 요약인용>

□ **Malthus** [mǽlθəs] ⓜ **맬서스** 《Thomas Robert ~, 영국의 정치 경제학자; 1766-1834》
□ **Malthus**ian [mælθjú:ziən, -ʒən] ⓗ **맬서스**(주의)의 ⓜ **맬서스**주의자 ☜ -ian<~의/~사람>

□ **maltreat**(학대하다, 혹사하다) ➔ **mistreat**(학대하다, 혹사하다) **참조**

마마보이 mama's boy (어머니에게 의존하는 자립감이 부족한 남자)

♣ **어원 : mam, mom, dam 유방이 있는 여자**
□ **ma** [mɑ:, mɔ:] ⓜ 《구어》 엄마 《품위없는 말》 ☜ mama의 줄임말
□ **mam**a [mɑ́:mə, məmɑ́:] ⓜ 《소아어》 **엄마**; 《미.속어》 성적 매력이 있는 여자; 《미.속어》 폭주족의 여자
□ **mam**a's boy 《미.속어》 여성적인 사나이, 나약한 남자 (《영》 mother's boy)
□ **mam**ma [mɑ́:mə, məmɑ́:] ⓜ 《소아어》 **엄마**; 《미.속어》 여자, 마누라
[mǽmə] ⓜ (pl. mamma**e**) (포유동물의) 유방 ☜ mama와 동의어
□ **mam**mal [mǽməl] ⓜ **포유동물** 《어미의 젖을 먹고 자라는 동물》 ☜ mam + m + al<명접>
♠ The cheetah is the fastest **mammal** on land.
치타는 육지에서 가장 빠른 **포유동물**이다.
□ **mam**my, **mam**mie [mǽmi] ⓜ 《소아어》 엄마; 《미.남부 · 경멸적》 흑인 유모 ☜ -y, -ie<명접>
□ **mom** [mɑ́m/mɔ́m] ⓜ 《구어》 엄마 ☜ 19c. 미국식 영어. **mom**my의 줄임말
■ **mom**ma [mɑ́mə/mɔ́-] ⓜ 《소아어》 엄마 ☜ mom + m + a<여성형 어미>

■ **mom**my [mάmi/mɔ́-] 명 《소아어》 = mammy ☜ -y<명접>
■ **mother** [mʌ́ðər/**머**더] 명 **어머니** ☜ 고대영어로 '여자 부모님'이란 뜻

맘몬 Mammon ([성서] 탐욕을 상징하는 악마, 재물의 신)

맘몬은 검은 몸에 새의 머리가 두 개, 손발톱이 긴 손발을 지니고 있다고 한다. 밀턴의 『실낙원』에 따르면, 하늘에서 떨어진 천사 중 가장 치사한 근성의 소유자로, 천계의 천사였다고는 하지만 항상 고개를 숙이고 황금이 깔린 보도만을 쳐다보고 있었다고 한다. <출처 : 환상동물사전 / 요약인용>

☐ **mammon** [mǽmən] 명 (악덕으로서의) 부(富); 배금(拜金); (M-) 『성서』 부(富)·탐욕의 신(神) ☜ 아랍어로 '돈, 부(富)'란 뜻
♠ worshipers of **Mammon** ***부(富)**를 숭배하는 자들* ➔ 배금주의자들
♠ **the Mammon of** unrighteousness **사악한** 부, **악**전(**惡**錢)
☐ **mammon**ish [mǽməniʃ] 형 황금만능주의의, 배금주의의 ☜ -ish<형접>

매머드 > 맘모스 mammoth (신생대 빙하기의 큰 코끼리)

☐ **mammoth** [mǽməθ] 명 『고대 생물』 **매머드** 《신생대 제4기 홍적세의 거상(巨象)》; 거대한 것 형 매머드와 같은; 거대한
☜ 타타르어로 '대지(大地)에 사는 것'
♠ a **mammoth** task **엄청난** 과제〔일〕

슈퍼맨 superman (크립톤 행성에서 와서 지구를 지키는 초인·영웅)

© Alexander Salkind, Dovemead Films

■ super**man** [súːpərmæ̀n/sjúːpər-] 명 (pl. **-men**) **슈퍼맨**, 초인; (S-) 슈퍼맨 《미국 만화·영화 주인공인 초인》 ☜ 초인(超人)
⇦ 초월하는(super) 남자(man) ★ '슈퍼맨'은 일부 영국인의 발음이고, '수퍼맨'은 영국·미국 공히 사용하는 발음이다.
☐ **man** [mæn/맨] 명 (pl. **men**) **남자**, 사내; **사람, 인간**, 인류; (pl.) **병사** 동 **인원[병력]을 배치하다** ☜ 고대영어로 '인간, 사람'이란 뜻
♠ a good-looking **young man** 잘 생긴 **청년**
☐ **man**-eater [mǽnìːtər] 명 **식인종**; 백상아리
☜ 사람(man)을 먹는(eat) 주체(er)
☐ **man**ful [mǽnfəl] 형 늠름한, 남자다운 ☜ -ful(~로 가득한)
☐ **man**hood [mǽnhùd] 명 인간임, 인격; **성년, 남성** ☜ -hood(신분, 성질)
☐ **man**kind [mæ̀nkáind] 명 인류, 사람; 남성, 남자 ☜ kind(종류, 종족)
☐ **man**like [mǽnlàik] 형 남자다운, 남성적인 ☜ like(~같은)
☐ **man**ly [mǽnli] 형 (-<-**lier**<-**liest**) 남자다운, 씩씩한 ☜ -ly<형접>
☐ **man**liness [mǽnlinis] 명 남성다움 ☜ manly + ness<명접>
☐ **man**-made [mǽnméid] 형 **인조의**, 인공의, 합성의 ☜ 사람(man)이 만든(made)
★ 여성의 지위와 대우가 남성과 동등해지면서 성차별적 단어도 점차 중성적의미의 단어로 바뀌고 있다. man-made도 artificial, synthetic으로 변화됨.
☐ **man**ned [mænd] 형 사람을 태운, **유인**(有人)**의** ☜ 사람(man) + n + 의(ed)
☐ **man**-of-war [mǽnəvwɔ́ːr] 명 (pl. **men-**) 군함 ☜ 전쟁(war) 의(of) 남자(man), 즉 '군인'을 의미하며, 15c. 후반부터 배(ship)도 '남성'으로 지칭되었다.
☐ **man**power [mǽnpàuər] 명 인력(人力), 노동력, 인적 자원 ☜ power(힘(力))
☐ **man**servant [mǽnsəːrvənt] 명 (pl. **men**servants) **하인** ☜ servant(하인)

✚ air**man** **비행사**, 조종사 ; 항공병 business**man** **사업가, 비즈니스맨** camera**man** 사진사, **카메라맨** chair**man** **의장**, 사회자 congress**man** 《미》 **국회의원** fresh**man** (대학의) **신입생, 1학년생** fire**man** **소방관** gag**man** **개그맨** police**man** **경찰관**, 경관 sales**man** **판매원, 세일즈맨**; 점원 wo**man** **여자, (성인) 여성**

매니큐어 manicure (콩글 손톱에 바르는 화장품) ➔ nail polish

♣ 어원 : **man, mani, manu, main** 손
■ **mani**cure [mǽnəkjùər] 명 미조술(美爪術), **매니큐어** 동 매니큐어를 하다; (손·손톱을) 손질하다 ☜ 손(mani)을 손질하기(cure)
☐ **man**age [mǽnidʒ/**매**니쥐] 동 **관리하다**, 경영하다 ☜ 손(man)으로 다루다(age)
♠ **manage** a hotel 〔soccer team〕 호텔을 **경영하다** 〔축구팀을 **운영하다**〕
♠ **manage to ~ 어떻게든 해서 ~하다**
We **managed to** get there on time. 우리는 **어떻게든 해서** 정각에 그곳에 닿**았다**.
☐ **man**ageable [mǽnidʒəbəl] 형 다루기〔제어하기〕 쉬운; 관리〔처리〕하기 쉬운 ☜ -able(~하기 쉬운)
☐ **man**agement [mǽnidʒmənt] 명 **취급**, 처리; **관리, 경영**; 경영진, **경영간부** ☜ -ment<명접>

M

☐ **man**ager [mǽnidʒər] 명 **지배인, 경영자**, 관리자, **매니저**
☜ 손(man)으로 다루는(age) 사람(er)
☐ **man**agerial [mæ̀nədʒíəriəl] 형 관리인의; 취급의, 관리의, 경영의 ☜ manager + ial<형접>
☐ **man**aging [mǽnidʒiŋ] 형 지배하는, 경영을 잘 하는 ☜ manage + ing<형접>
☐ **man**date [mǽndeit] 명 **명령**, 지령; **위임, 위임통치**(령) ☜ 손(man)에 주다(date)
[mǽndeit] 동 위임통치국으로 지정하다
☐ **man**datory [mǽndətɔ̀ːri/-təri] 형 명령의; 위임의; 의무적인, 강제적인(=obligatory); 〖법률〗 필수의 명 수임자 ☜ -ory<형접/명접>
☐ **man**euver, -vre [mənúːvər] 명 〖군사〗 **기동**(機動)**작전[훈련], 작전적 행동**; (pl.) 대연습
동 연습(기동)하다, 연습시키다 ☜ 라틴어로 '손으로 일하다'란 뜻

마나슬루 Manaslu (히말라야 산맥의 제8위 고봉. 해발 8,125m)

☐ **Manaslu** [mǽnəsluː] 명 **마나슬루** 《히말라야 산맥 중 제6위의 고봉; 해발 8,125m》
☜ 산스크리트어로 '영혼의 산'이라는 뜻

맨체스터 Manchester (영국 북서부에 위치한 방적업의 중심지)

☐ **Manchester** [mǽntʃèstər, -tʃəs-] 명 **맨체스터** 《영국 서부 Greater Manchester주의 주도; 방적업의 중심지》 ☜ 켈트어로 '가죽을 얻는 장소'라는 뜻
☐ **Manchester** United FC **맨체스터 유나이티드** 축구클럽 《영국 프로축구 1부 리그인 프리미어리그(Premier League)에 소속된 프로축구클럽》
★ 2005년 7월 박지성이 입단하여 한국인 최초의 프리미어리거로 활동하였음.
☐ **Manchester**ism [mǽntʃèstərizm, -tʃəs-] 명 자유무역주의
☜ 19세기에 맨체스터 학파가 경제적 자유를 표방한데서

만주(滿洲) Manchuria (중국 동북지방의 옛 명칭)

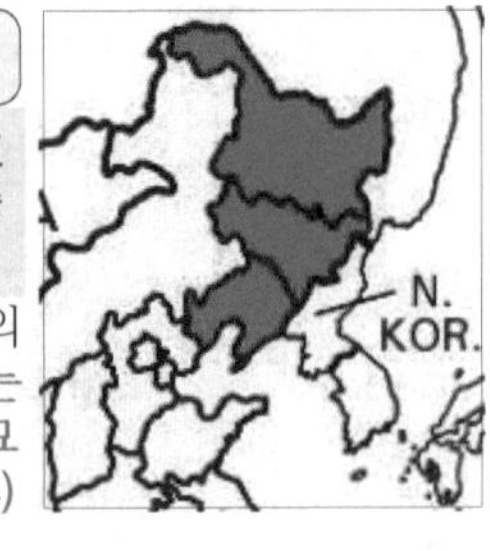

오늘날 중국의 동북(東北)지방, 즉 요령성(遼寧省)·길림성(吉林省)·흑룡강성(黑龍江省) 및 내몽고자치구(內蒙古自治區)의 동부지역을 포괄해서 가리키는 말. 총면적은 중국 전체의 약 8%이며, 우리 동포인 조선족이 약 200여만명 살고 있다.

☐ **Manchuria** [mæntʃúəriə] 명 만주 《중국 동북부의 옛 지방명》 형 만주(풍)의
☜ 산스크리트어로 '(대승불교에서 최고의 지혜를 상징하는 문수보살인) '만주슈리(Manjushri)'에서 유래. '만주'는 달다, 묘하다, 훌륭하다는 뜻이고, '슈리'는 복덕(福德)이 많다, 길상(吉祥)하다는 뜻으로, 합하여 <훌륭한 복덕을 지녔다>는 뜻이다.

M

만돌린 mandolin (크기가 작은 류트족의 현악기)

☐ **mandolin, -line** [mǽndəlin], [mæ̀ndəlíːn] 명 만돌린
☜ 후기 라틴어로 '작은 만돌라'란 뜻. 3줄로 된 류트(lute)족 초기 현악기

☐ **mandate**(명령, 위임) ➔ **manage**(관리하다) **참조**

연상 메인 코스(main course.음식의 주 요리)가 나오자 말의 메인(mane.갈기)이 곤두선다.

※ **main** [mein/메인] 형 **주요한**, 주된(=principal); (제일) 중요한
명 (수도·가스 등의) 본관 ☜ 고대영어로 '힘'이라는 뜻
☐ **mane** [mein] 명 (사자·말 따위의) **갈기**; (사람의) 길고 숱 많은 머리털
♠ a horse's **mane** 말**갈기**
☐ **mane**d [meind] 형 갈기가 있는 ☜ -ed<수동형 형접>
♠ a **maned** wolf **갈기가 있는** 늑대 《남아메리카산》
☐ **mane**less [meinlis] 형 (말·사자 따위의) 갈기가 없는 ☜ mane + less(~이 없는)
※ **course** [kɔːrs/코-스] 명 **진로**, 경로; (배·비행기의) **코스, 침로**; 골프코스; **진행, 방침**
☜ 라틴어로 '달리기, 여행; 방향'이란 뜻

마네 Manet (프랑스의 인상파 화가. 근대회화의 아버지)

☐ **Manet** [mənéi] 명 **마네** 《Édouard ~, 프랑스의 인상파 화가; 1832-83》
★ 대표작 : <풀밭위의 점심식사>, <피리부는 소년>, <막시밀리안 황제의 처형>, <발코니>, <나나>, <『폴리 베르제르의 바에서> 등

☐ **maneuver**(기동훈련) ➔ **manage**(관리하다) **참조**

망간 manganese ([화학] 건전지에 주로 사용되는 금속)

☐ **mangan**ese [mǽŋgəniːz, -niːs] [명] 『화학』 **망간** 《금속 원소; 기호 Mn; 번호 25》
☜ 16세기부터 그리스의 마그네시아(magnesia)에서 생산된 검은 광물을 말하는데 이는 그리스어 'manganizo(깨끗하다)' 또는 'manganon(마법)'이란 단어에서 유래

[연상] 메니저(manager.지배인)가 메인저(manger.여물통)속에서 잠을 자고 있다.
블라망주 blancmange (우유 등이 첨가된 희고 부드러운 푸딩)

♣ **어원 : mang(e) 음식; 먹다**

※ **man**ager [mǽnidʒər] [명] **지배인, 경영자**, 관리자, **매니저**
☜ 손(man)으로 다루는(age) 사람(er)

☐ **mange** [meindʒ] [명] (개 · 소 등의) 흡윤개선병(病) 《기생충으로 인해 생기는 포유 동물의 피부병》 ☜ (기생충이 동물의 살을) 뜯어먹다

☐ **mang**er [méindʒər] [명] (소 · 말의) **여물통**, 구유 ☜ 음식(mang)이 들어있는 것(er)
♠ **a dog in the manger** ***여물통*** *속의 개* ➔ **심술쟁이**

■ blanc**mange** [bləmɑ́ːndʒ/-mɔ́ndʒ] [명] **블라망주**, 블랑망제 《우유 등이 첨가된 희고 부드러운 푸딩》
☜ 하얀(blanc<blank) 음식(mange)

[연상] 그녀는 맹갈(mangal.맹그로브 숲)에서 맹그로브 나무를 닥치는 대로 맹글(mangle.토막토막 자르다)했다.

< Mangal >

☐ **man**gal [mǽŋgal, mɑ́ngal] [명] **망갈, 만갈** 《늪지 · 해안지역에 식생하는 맹그로브류(類)》 ☜ 말레이어로 '숲, 수목'이란 뜻.

☐ **man**grove [mǽŋgrouv] [명] 『식물』 **맹그로브** 《열대산 홍수과(紅樹科) 교목 · 관목의 총칭; 습지나 해안에서 많은 뿌리가 지상으로 뻗어 숲을 이루어 홍수림으로도 불림》
☜ 말레이어로 '조간대에 생육하는 수목'의 총칭을 나타내는 만기 만기(mangi mangi)와 영어로 '작은 숲'을 나타내는 grove의 합성어이다.

☐ **mangle** [mǽŋgəl] [동] 토막토막 베다, **난도질하다**; 《비유》 망쳐버리다, 결딴내다
☜ 고대 프랑스어로 '잘게 썰다'란 뜻
♠ His hand **was mangled** in the machine. 그의 손이 기계에 끼여 **짓이겨졌다**.

M

맨해튼 Manhattan (미국 뉴욕시의 섬)

☐ **Manhattan** [mænhǽtn] [명] **맨해튼** 《뉴욕시(市)의 주요한 상업 중심 지구》; **맨해튼** 섬
☜ 현지 인디언 언어로 '고주망태'라는 뜻. 이는 1626년 네델란드의 신대륙식민지 총독이 인디언들에게 술을 먹인 후 계약을 성사시킨 데에 대해 인디언들이 나중에 무효를 주장하면서 유래한 단어.

☐ **Manhattan** Project **맨해튼** 계획 《2차 대전 중 미 육군의 원자탄 개발계획의 암호》
☜ project(안(案), 계획, 설계; 계획하다)

슈퍼맨 superman (크립톤 행성에서 와서 지구를 지키는 초인 · 영웅)

■ <u>super**man**</u> [súːpərmæ̀n/sjúːpər-] [명] (pl. **-men**) **슈퍼맨**, 초인; (S-) 슈퍼맨 《미국 만화 · 영화 주인공인 초인》 ☜ 초인(超人) ⇦ 초월하는(super) 남자(man) ★ '슈퍼맨'은 일부 영국인의 발음이고, '수퍼맨'은 영국 · 미국 공히 사용하는 발음이다.

☐ **man** [mæn/맨] [명] (pl. **men**) **남자**, 사내; **사람, 인간**, 인류; (pl.) **병사** [동] **인원[병력]을 배치하다** ☜ 고대영어로 '인간, 사람'이란 뜻

☐ **man**hole [mǽnhòul] [명] **맨홀**; 잠입구(口); 『광물학』 (터널 속의) 대피소
☜ 사람(man)이 출입하는 구멍(hole)

☐ **man**hood [mǽnhùd] [명] **인성**, 인격; **성년**, 성인 ☜ -hood(신분, 상태)
♠ **arrive at** (come to) **manhood 성년이 되다**

☐ **man**kind [mæ̀nkáind] [명] [단수 · 복수 취급] **인류**, [집합적] **인간**, 사람 ☜ kind(종류, 종족)

☐ **man**ly [mǽnli] [형] (-<-li**er**<-li**est**) **남자다운**, 대담한, 씩씩한 ☜ -ly<형접>

매니아 < 마니아 mania ([콩글] 애호가) ➔ buff, lover, enthusiast

☐ **mania** [méiniə, -njə] [명] 『의학』 조병(躁病); (흔히 많은 사람들이 동시에 보이는) 열광, ~열, ~광 ☜ 그리스어로 '광기'란 뜻. ★ mania는 '광적인 정신상태'를 의미하고, 사람을 뜻할 때는 manic이 주로 쓰이지만 이 단어는 '~에 미친 놈'이란 부정적 의미가

있다. 그러므로 '애호가'라고 표현한다면 buff나 lover 또는 enthusiast가 적합하다.
♠ the baseball **mania** 야구**광(狂)**

☐ **mania**c [méiniæ̀k] ⓗ 광적인, 광기의; 광란의 ⓜ 미치광이; (편집광적인) 애호가
☞ mania + ac<형접>

매니큐어 manicure (콩글 손톱에 바르는 화장품) ➔ nail polish

♣ 어원 : man, mani, manu, main 손

☐ **mani**cure [mǽnəkjùər] ⓜ 미조술(美爪術), **매니큐어** ⓢ 매니큐어를 하다; (손·손톱을) 손질하다 ☞ 손(mani)을 손질하기(cure)

☐ **mani**fest [mǽnəfèst] ⓗ **명백한**, 분명한, 일목요연한 ⓢ 명백히 하다; 나타내다
☞ 분명히 알 수 있는 ⇦ 라틴어로 '손으로 맞은'의 뜻
♠ **manifest** displeasure (contentment) 불쾌감(만족감)을 **얼굴에 나타내다**

☐ **mani**festation [mæ̀nəfestéiʃən] ⓜ **표명, 명시**; 나타남; 시위행위; 정견발표; 현시(顯示)
☞ manifest + ation<명접>

☐ **mani**festo [mæ̀nəféstou] ⓜ (pl. **-(e)s**) (국가·정당 따위의) 선언서, 성명서; 포고문, 고시, 공포 ⓢ 성명서(선언서)를 발표하다 ☞ 라틴어로 '공개·공표하다'

☐ **many** [méni/**메**니] ⓗ (-<**more**<**most**) 〖복수명사 앞에 쓰이어〗 **많은**, 다수의, 여러
☞ 손가락(man)이 많은(y)

☐ **mani**fold [mǽnəfòuld] ⓗ **(다종)다양한**; 많은; 복합의 ⓜ 『기계』 분기관 ⓢ 사본을 만들다
☞ mani<many + fold(~배, ~겹)

☐ **man**ipulate [mənípjəlèit] ⓢ **교묘하게 다루다**, 조종하다; 솜씨 있게 다루다
☞ 손(mani)으로 잡아끌(pul<pull) 다(ate<동접>)

☐ **man**ipulation [mənìpjuléiʃən] ⓜ **교묘한 처리**, 조종; 시장조작; 속임수; 촉진
☞ manipulate + ion<명접>

마닐라 Manila (필리핀의 수도)

☐ **Manila** [mənílə] ⓜ **마닐라** 《필리핀의 수도; 1975년 Quezon City 등과 합병(合倂)해 Metropolitan Manila로 됨》 ☞ 닐라드(nilad)는 파시그강 주변에 산재한 흰색 꽃으로, '마이닐라드(닐라드가 피는 곳)'이란 뜻

☐ **Manila** rope **마닐라 로프** 《마닐라삼으로 만든 로프. 강하고, 물이나 습기에 견디며, 가볍고 부유력이 크다》 ☞ rope(밧줄, 끈, 로프)

M

만나 manna ([성서] 하늘에서 내린 음식)

☐ **manna** [mǽnə] ⓜ 『성서』 **만나** 《모세를 따라 이집트를 탈출한 이스라엘인들이 40년 동안 광야를 헤맬 때 하나님이 매일 내려준 음식》; 마음의 양식; 하늘의 은총; 만나꿀 《만나 나무에서 채취한 설사약》
☞ 히브리어로 '이것이 무엇이냐?, 부여받은 물건'이란 뜻

마네킹, 마네킨 manikin (다양한 목적으로 쓰이는 인체모형)

☐ **man(n)ikin** [mǽnikin] ⓜ 난쟁이; 인체 해부 모형, **마네킹** ☞ 네덜란드어로 '난쟁이'란 뜻

☐ **mannequin** [mǽnikin] ⓜ **마네킹**(걸); (양장점 따위에서 쓰는) 모델 인형
☞ manikin의 프랑스어형

☐ **mankind**(인류, 인간), **manly**(남자다운) ➔ **manhood**(인성, 성년) **참조**

매너 manner (예의범절), 매너리즘 mannerism (틀에 박힌 태도)

♣ 어원 : man, mani, manu, main 손

■ **mani**cure [mǽnəkjùər] ⓜ 미조술(美爪術), **매니큐어** ⓢ 매니큐어를 하다; (손·손톱을) 손질하다 ☞ 손(mani)을 손질하기(cure)

☐ **man**ner [mǽnər] ⓜ 방법, **방식**; (pl.) **예절**, 예의 ☞ 라틴어로 '손(행동)의 방식'이란 뜻
♠ He acted **in a very stately manner**. 그는 **매우 품위있게** 행동했다.
♠ **in a manner 말하자면, 어떤 의미에서는**(=in a sense)

☐ **manner**less [mǽnərlis] ⓗ 버릇 없는 ☞ manner + less(~이 없는)

☐ **manner**ly [mǽnərli] ⓗ 예의 있는, 정중한 ⓟ 예의 바르게, 정중하게 ☞ -ly<형접/부접>

☐ **manner**ism [mǽnərìzəm] ⓜ **매너리즘** 《특히 문학·예술의 표현 수단이 틀에 박힌 것》; 버릇 《태도·언행 따위의》 ☞ -ism(~주의, 상태, 성질)

☐ **man**euver, 《영》 **man**(o)euvre [mənúːvər] ⓜ 『군사』 **기동**(機動)**작전[훈련], 작전적 행동**; (pl.) 대연습

㉥ 연습〔기동〕하다, 연습시키다 ☜ 라틴어로 '손으로 일하다'란 뜻
♠ Foal/Eagle is a rehearsal for a **field maneuver**.
포울/이글 연습은 **야외 기동** 훈련이다.

맨션 mansion (콩글 ▸ 고급아파트) ➔ luxury apartment [flat]

♣ **어원 : man 살다**

□ **man**sion [mǽnʃən] ㉮ (개인의) **대저택**; 장원 영주의 저택; 《고어》 주거; (보통 M-; pl.) 《영》 맨션(《미》 apartment house) ☜ 사는(man) 곳(sion<명접>)
♠ an 18th century country **mansion** 18 세기 때의 시골 **대저택**

□ **man**or [mǽnər] ㉮ 〖영.역사〗 장원(莊園), 영지; [일반적] 소유지 ☜ 라틴어로 '살다, 묵다'

□ **man**orial [mənɔ́ːriəl] ㉯ 장원의, 영지의 ☜ manor + ial<형접>

망토 manteau, mantle (소매 없는 긴 외투)

□ **manteau** [mǽntoú] ㉮ (pl. **-s, -x**) 《F.》 **망토**, 외투 ☜ 고대 프랑스어로 '망토, 외투, 덮개'란 뜻

□ **mantle** [mǽntl] ㉮ **망토**, 외투; **덮개**; 가스맨틀; 외피; 〖지질〗 **맨틀** 《지각(地殼)과 중심핵 사이의 층》 ㉥ 망토로 싸다; 덮다 ☜ 라틴어로 '천, 외투'라는 뜻
♠ **the mantle** of night 〔darkness〕 밤의 **장막**

□ **mantel**, **mantel**piece [mǽntlpìːs] ㉮ **맨틀피스** 《벽난로의 앞장식》; 벽로 선반 ☜ mantel(벽난로 선반) + piece(조각, 부분)

매너 manner (예의범절), 매뉴얼 manual (입문 안내서, 사용설명서)

♣ **어원 : man, mani, manu, main 손, 지배**

■ **mani**cure [mǽnəkjùər] ㉮ 미조술(美爪術), **매니큐어** ㉥ 매니큐어를 하다; (손·손톱을) 손질하다 ☜ 손(mani)을 손질하기(cure)

■ **man**ner [mǽnər] ㉮ 방법, **방식**; (pl.) **예절**, 예의 ☜ 라틴어로 '손(행동)의 방식'

□ **manu**al [mǽnjuəl] ㉯ **손의**; 손으로 하는〔움직이는〕; 손으로 만드는, 수공의 ㉮ 소책자; 편람, 입문서, **안내서, 매뉴얼** ☜ 손(manu) 의(al)
♠ **a user manual 사용자 편람, 사용 설명서**

□ **manu**factory [mæ̀njufǽktəri] ㉮ 제작소, 공장 ☜ -ory(장소)

□ **manu**factural [mæ̀njəfǽktʃərəl] ㉯ 제조(업)의 ☜ manufacture + al<형접>

□ **manu**facture [mæ̀njəfǽktʃər/매녀**팩**춰] ㉥ **제조[제작]하다** ㉮ (대규모의) **제조; 제조(공)업; 제품** ☜ 손(manu)으로 만들어지는(fac) 것(ture)

□ **manu**facturer [mæ̀njəfǽktʃərər] ㉮ **제조(업)자**, 생산자; 공장주; 제작자 ☜ -er(사람)

□ **manu**facturing [mæ̀njəfǽktʃəriŋ] ㉯ 제조(업)의 ㉮ 제조〔가공〕(공업) ☜ -ing<형접/명접>

□ **manu**mission [mæ̀njəmíʃən] ㉮ (농노·노예의) 해방; 해방 증서, 석방장(狀) ☜ 손/지배하(manu)에서 떠나보내(miss) 기(ion<명접>)

□ **manu**mit [mæ̀njəmít] ㉥ (농노·노예를) 석방〔해방〕하다 ☜ 손/지배하(manu)에서 떠나보내다(mit)

□ **manu**re [mənjúər] ㉮ **거름, 비료** ☜ 손(manu)으로 경작하는 것(re)

□ **manu**script [mǽnjəskript] ㉮ **원고**; 사본, 필사본 ㉯ **손으로 쓴**, 베낀 ☜ 손(manu)으로 쓰다(script)

□ **many** [méni/**메**니] ㉯ (-<**more**<**most**) 〖복수명사 앞에 쓰이어〗 **많은**, 다수의, 여러 ☜ 손가락(man)이 많은(y)
♠ **Too many cooks spoil the broth. 《속담》 요리사가 많으면 수프가 맛이 없다. 사공이 많으면 배가 산으로 오른다.**
♠ **many a 많은**
♠ **many kind of ~ 많은 종류의 ~**
♠ **many times 여러 번**
♠ **a great** 〔good〕 **many 대단히**[상당히] **많은**
♠ **like so many 마치 ~처럼**

□ **many**-sided [ménisáidid] ㉯ 다변의, 다방면의; 다재다능한 ☜ 여러(many) 면(side) 의(ed<형접>)
♠ a **many-sided** writer **다재다능한** 작가

마오쩌둥, 모택동 Mao Tse-tung, Mao Zedong (중국 공산당을 창설한 정치가이자 공산주의 이론가, 국민당을 몰아내고 중화인민공화국을 건국한 전 중국 국가주석)

M

중국의 정치가. 중국공산당의 요직에서 활동하다가 중앙 제7차 전국대표대회에서 연합정부론을 발표하였으며, 장제스와의 내전에 승리하고 베이징에 중화인민공화국 정부를 세웠다. 국가주석 및 혁명 군사위원회 주석(1949~1959)으로서 제2차 5개년계획의 개시와 더불어 3면홍기 운동을 폈고 문화대혁명을 일으켜 자신의 권력을 강화하였다. <출처 : 두산백과>

- ☐ **Mao** Tse-tung, **Mao** Zedong [máuzədúŋ, -tséitúŋ/ -zʌ́dɔ́ːŋ] ⓜ **마오쩌둥**(毛澤東) 《중국의 정치가, 전 주석; 1893-1976》
- ☐ **Mao** [mau] ⓗ (옷이) 중국식(스타일)의 ☜ 모택동의 인민복에서
  ♠ **a Mao cap** (jacket) **인민모**(복)
- ☐ **Mao**ism [máuizəm] ⓜ 마오쩌둥주의(사상) ☜ Mao + ism(주의, 사상)
- ☐ **Mao**ize [máuaiz] ⓓ ~을 마오쩌둥의 영향 하에 두다, 마오쩌둥주의로 전향시키다 ☜ -ize<동접>

티맵 T map (SK텔레콤에서 제공하는 네비게이션 서비스)
로드맵 road map (❶ 도로지도 ❷ 추진전략)

- ※ **road** [roud/로우드] ⓜ **길, 도로**; 진로; 방법, 수단
  ☜ 고대영어로 '말 타고 가기(riding)'란 뜻
- ☐ **map** [mæp/맵] ⓜ **지도**; 천체도 ⓓ 지도를 만들다 ☜ 라틴어로 '냅킨, 천'이란 뜻
  ♠ produce **a map 지도**를 만들다(제작하다)
- ☐ **map**making [mǽpmèikiŋ] ⓜ 지도 제작 ☜ 지도(map) 만들(make) 기(ing)
- ☐ **map**ping [mǽpiŋ] ⓜ 지도 작성; 【수학】 함수; 【컴퓨터】 **매핑** 《컴퓨터 애니메이션에서 모델을 사실적으로 보이기 위해 2차원의 이미지를 3차원의 입체적으로 표현하는 것》
  ☜ map + p<단모음+단자음+자음반복> + ing<명접>

메이플 스토리 Maple Story (넥센의 온라인 게임. <단풍나무 이야기>)

메이플스토리는 2003년 위젯 스튜디오가 출시한 대규모 다중 사용자 온라인 역할수행 게임으로, 귀여운 캐릭터들을 성장시키는 게임이다. 2004년 넥슨 코리아가 위젯을 인수하면서, 전 세계 100여개 국가에서 1억명이 넘는 회원을 보유한 글로벌 흥행작이 되었다. 애니메이션으로도 제작돼 한국과 일본에서 큰 인기를 얻었다.

© NEXON

- ☐ **maple** [méipəl] ⓜ **단풍(丹楓)나무**, 단풍나무 재목
  ☜ 고대영어로 '단풍나무'란 뜻
  ♠ The Canadian flag has **a maple leaf** on it.
  캐나다 국기에는 **단풍잎**이 하나 있다.
- ☐ **maple** leaf 단풍나무 잎 《캐나다의 표장》 ☜ leaf(잎, 책종이의 한 장)
- ※ **story** [stɔ́ːri/스**또**-뤼] ⓜ (pl. stor**ies**) **이야기**
  ☜ hi**story**(역사)의 두음소실에서, 역사는 곧 옛날 이야기였음.

마키 Maquis (2차대전시 프랑스의 반독일 지하 유격대)

- ☐ **maquis** [mɑːkíː, mæ-] ⓜ (pl. **-**) 《F.》 (지중해 연안의) 관목 지대; (종종 M-) (2차 대전 당시 프랑스의) **마키**단, 반독(反獨) 유격대(원); 지하운동 조직(의 일원) ☜ 코르시카어로 '밀림, 잡목림'

연상 마르스(Mars.전쟁의 신)는 적진을 마(mar.망쳐놓다)했다.

- ※ **Mar**s [mɑːrz] ⓜ 【천문】 **화성**; 【로.신화】 **마르스** 《군신(軍神); 그리스의 Ares에 해당; 비교 Bellona》; [의인화] 전쟁; 용사
  ☜ 그리스어로 '불'이란 뜻
- ☐ **mar** [mɑːr] ⓓ **손상시키다**, 훼손하다; 망쳐놓다 ⓜ **손상**; 결점; 고장
  ☜ 고대영어로 '훼손하다, 망치다'란 뜻
  ♠ a painting **marred** by cracks 금이 가서 **훼손된** 유화

마라톤 Marathon (42.195km를 달리는 장거리 경주)

기원전 490년 그리스와 페르시아의 전쟁에서 그리스의 승전보를 알리기 위해 휘디피데스라는 병사가 마라톤에서 아테네까지 40km나 되는 거리를 달린 것이 그 기원이 된다. 제1회 근대올림픽인 아테네 대회에서부터 종목으로 채택되었다. <출처 : 스포츠백과>

© NEXON KOREA

- ☐ **Marathon** [mǽrəθɑ̀n, -θən] ⓜ (M-) **마라톤 평야** 《Athens 동북방의 옛 싸움터》; (때로 the ~) **마라톤 경주** 《표준 거리 42.195km》; [일반적] 장거리 경주 ⓗ 마라톤의; 장시간에 걸친 ☜ 그리스의 지명 Marathon에서 유래

마블링 marbling (물과 기름이 섞이지 않는 미술 기법. <대리석 무늬>)

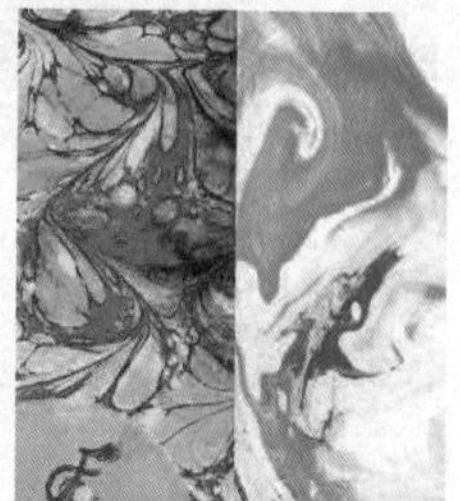

☐ **marble** [mάːrbəl] ⓜ **대리석**《종종 냉혹 무정한 것에 비유됨》; (pl.) 대리석 조각; **구슬** ⓗ 대리석의; 딱딱한 ⓓ ~에 대리석 무늬를 넣다 ☞ 그리스어로 '희게 빛나는 돌'이란 뜻
비교 marvel 놀라움, 경이
♠ **a heart of marble 냉혹[무정]한 마음**

☐ **marbled** [mάːrbld] ⓗ 대리석으로 마무리한(덮은); (고기가) 차돌박이인 ☞ marble + ed<형접>

☐ **marbling** [mάːrbliŋ] ⓜ 대리석 무늬의 착색 (기술); 대리석 무늬; (식육의) 차돌박이 ☞ marble + ing<명접>

마르스 Mars ([로神] 전쟁의 신), 웨딩마치 wedding march

< Mars >

☐ **Mars** [mαːrz] ⓜ 〖천문〗 **화성**; 〖로.신화〗 **마르스**《군신(軍神); 그리스의 Ares에 해당; 비교 Bellona》; [의인화] 전쟁; 용사 ☞ 그리스어로 '불'이란 뜻

☐ **March** [mαːrtʃ/마-취] ⓜ **3월**《생략: Mar.》 ☞ 라틴어로 '군신 마르스(Mars)의 달'

☐ **march** [mαːrtʃ/마-취] ⓜ **행진(곡), 행군; 진보** ⓓ **행진하다; 행군시키다** ☞ 고대 프랑스어로 '큰 걸음으로 걷다, 행진하다'란 뜻
♠ **a peace march 평화 행진**

■ wedding **march** **웨딩마치**, 결혼 행진곡 ☞ wedding(결혼식)

마르코니 Marconi (이탈리아의 전기 학자)

☐ **Marconi** [mαːrkóuni] ⓜ **마르코니**《Guglielmo ~, 이탈리아의 전기 학자; 무선전신 발명; 노벨 물리학상 수상(1909); 1874-1937》.

☐ **marconi** [mαːrkóuni] ⓜ 무선전신(=radiogram) ⓓ 무선전신을 치다

마르코폴로 Marco Polo (중국 문물을 유럽에 소개한 이탈리아의 상인. <동방견문록>의 저자)

이탈리아 베네치아의 상인으로 동방여행을 떠나 중국 각지를 여행하고 원나라에서 관직에 올라 17년을 살았다. 이후 이야기 작가인 루스티켈로에게 동방에서 보고 들은 것을 필록(筆錄)시켜 마르코 폴로의 여행기 《세계 경이의 서(통칭 동방견문록》가 탄생하였다. <출처 : 두산백과>

☐ **Marco Polo** [póulou] ⓜ **마르코폴로**《Marco ~, 이탈리아의 여행가 · 저술가; 1254?-1324》

마르쿠스 아우렐리우스 Marcus Aurelius (로마 황제, 스토아 철학자)

☐ **Marcus Aurelius** [mάːrkəs ɔːríːliəs, -ljəs] ⓜ **아우렐리우스**《로마 황제로서 철학자(Marcus ~ Antoninus; 121-180)》; 오릴리어스《남자 이름》

나이트메어 nightmare (악몽)

■ night**mare** [náitmὲər] ⓜ **악몽**, 가위눌림; 악몽 같은 경험; 공포감; 가위《잠자는 이를 질식시킨다는》 ☞ 말처럼 생겨서 사람들이 잠을 잘 때 찾아와 못살게 군 상상속의 요정 ⇦ 밤(night)의 암말(mare)
♠ **have (a) nightmare 가위 눌리다**

☐ **mare** [mεər] ⓜ (성장한 말 · 나귀 등의) **암말, 암컷**; 바다 ☞ 고대영어로 '암말'이란 뜻
♠ **Money makes the mare (to) go. 돈은 말을 가게 할 수도 있다. 《속담》 돈만 있으면 귀신도 부릴 수 있다.**

마렝고 marengo (닭고기를 기름에 튀겨 여러 소스를 넣어 조린 요리)

나폴레옹이 이탈리아의 마랭고에서 오스트리아 군사와 싸워 크게 이기고 난 뒤 공복을 느껴 요리사를 재촉해서 급히 만든 요리를 먹었는데 맛이 뛰어나 그 요리의 이름을 물었더니 요리사가 그 곳의 지명을 따서 즉석에서 이름을 붙였다. 마렝고는 닭고기를 기름에 튀겨서 백포도주, 버섯, 마늘, 토마토를 넣어 조린 요리를 말한다. <출처 : 호텔용어사전>

☐ **marengo** [məréŋgou] ⓜ (M~) **마렝고**《이탈리아 북서쪽의 마을. 1800년 나폴레옹 1세가 오스

트리아군을 대파한 곳》 ⓗ (때로 M-) 〖요리〗 **마렝고** 《버섯・토마토・올리브・포도주 따위로 만든 소스》의, 마렝고를 친

마가린 margarine (인조 버터)

☐ **margarin(e)** [mɑ́ːrdʒərin, -rìːń] ⓜ 인조 버터, **마가린** ☜ 고대 그리스어로 '진주'란 뜻. 마가린을 만들 때 제품의 색이 빛나는 진주색과 비슷한데서 19c 프랑스에서 붙여진 이름.

마진 margin (매매 차익금, 이윤)

☐ **margin** [mɑ́ːrdʒin] ⓜ **가장자리**; 여백, **난외; 매매차익금, 이윤**
☜ 라틴어로 '가장자리'란 뜻
♠ **a fair margin of profit** ***이윤의 상당한 폭*** **➔ 상당한 이익**

☐ **margin**al [mɑ́ːrdʒənəl] ⓗ **가장자리의,** 여백의; **경계의** ☜ margin + al<형접>

☐ **marge** [mɑːrdʒ] ⓜ 가장자리, 변두리 ☜ margin의 단축 변형어

마리아 테레지아 Maria Theresa (18세기 유럽 최대의 왕조인 합스부르크 공국(오스트리아-헝가리제국)의 여황제, 마리 앙투아네트의 어머니)

☐ **Maria Theresa** [məráiə təríːzə, -sə] ⓜ **마리아 테레지아** 《1717-80; 오스트리아 대공비(大公妃), 신성로마 제국 여제(女帝)(1740-80); Marie Antoinette의 모친》

☐ **Marie Antoinette** [məríː æ̀ntwənét] ⓜ **마리 앙투아네트** 《프랑스 루이 16세의 왕비(1755-93); 혁명재판에서 처형됨》

마리화나 marihuana (대마초)

☐ **marihuana, -juana** [mæ̀rəhwɑ́ːnə, mɑ̀ːr-] ⓜ 삼, 대마 《인도산》; **마리화나**
☜ 스페인어 '마리과나(Mariguana, 대마)'에서 유래
★ **애칭은** Mary Jane**이며, 줄여서** M.J **라고 한다**
♠ smoke **marihuana 마리화나**를 피우다

M

마린보이 박태환 Marine boy (전 국가대표 수영 선수. 베이징올림픽 수영 남자 400m 자유형 금메달리스트) * boy 소년

♣ 어원 : **mar(in) 바다, 해양, 해상; 해안; 선박**

☐ **mar**ina [məríːnə] ⓜ (해안의) 산책길; 계류장(繫留場), (요트・모터보트용의) 정박지, 독(=dock) ☜ marin(바다) + a(장소)
★ 미국 메이저리그 야구단 중 시애틀을 연고지로 하는 시애틀 머리너스(Seattle Mariners)가 있다. 시애틀은 태평양에 면한 항구도시이다.

☐ **mar**ine [məríːn] ⓗ **바다의, 해양의**; 해사의, 해운업의 ⓜ [집합적] (한 나라 소속의) **총 선박**, **해병대원** ☜ 바다(mar) 의(ine)
♠ **Once a Marine, always a Marine. 한번 해병은 영원한 해병이다.**

☐ **mar**ine engineering 선박 공학 ☜ engineering(공학, 공학 기술)

☐ **mar**ine insurance 해상 보험 ☜ insurance(보험, 보험업)

☐ **Mar**ine Corps [the ~] 해병대 (《영》 the waters) ☜ corps(~단(團), 부대)

☐ **mar**iner [mǽrənər] ⓜ 선원, 해원(海員); (M-) 미국의 화성・금성 탐사 우주선
☜ marine + er(사람/장비)

☐ **mari**time [mǽrətàim] ⓗ **바다(위)의**, 바다에 관한, 해상의; 해사(海事)의, 해운의
☜ mari + time(<라틴어 접미사> 안쪽의, 내부의)

☐ **mari**time climate 해양(성) 기후 ☜ climate(기후, 풍토, 환경)

■ sub**marine** [sʌ́bməriːn] ⓜ **잠수함** ⓗ **해저의** ☜ 바다(mar) 속(sub) 의(ine)

마크 mark (표시), 마커 marker, 북 마크 bookmark

♣ 어원 : **mark 표시, 신호; 경계, 주목**

☐ **mark** [mɑːrk/마-크] ⓜ **표식**, 흔적; **기호, 마크; 표적**, 과녁; 점수; 감화; 징후 ⓢ **채점하다; ~에 표시[기호]를 붙이다**; ~의 한계를 정하다; 특색을 이루다, 특징짓다; ~에 주의를 기울이다 ☜ 고대영어로 '경계표지, 기호, 부호'
♠ **a mark** of the lash 채찍 **자국**
♠ **mark off ~ ~을 구별하다, 구획하다**
♠ **hit** 〔miss〕 **the mark 적중하다** 〔빗나가다〕; **(소기의) 목적을 달성하다** 〔하지

못하다〕
Your prediction **hit the mark**. 네 예언이 **적중했다**.

☐ **mark**ed [maːrkt] ⓗ **기호[표식]가 있는; 저명한**; 주의를 끄는 ☜ -ed<형접>
☐ **mark**edly [máːrkidli] ⓟ 현저하게, 눈에 띄게, 뚜렷하게 ☜ -ly<부접>
☐ **mark**er [máːrkər] ⓜ 표식하는 사람〔도구〕, **마커**; 채점자; 표시가 되는 것 ☜ -er(사람/도구)
☐ **mark**ing [máːrkiŋ] ⓜ 표식하기, **마킹**; 채점; 표(mark), 점; 표지(標識); (항공기 등의) 심벌 마크 ⓗ 특징 있는, 특출한 ☜ -ing<명접/형접>
☐ **mark**ing pen **마킹펜** 《사인펜의 일종》 ☜ 표식하(mark) 는(ing) 펜(pen)
■ book**mark**(er) [búkmàːrk(ər)] ⓜ 갈피표, (장)서표; 〖컴퓨터〗 **북마크** 《인터넷을 탐색하다가 마음에 드는 사이트나 자주 사용할 사이트를 만났을 때 그 사이트를 웹 브라우저에 등록해 두는 기능》 ☜ book(책) + mark + er
■ water**mark** [wɔ́tərmàrk] ⓜ **워터마크**, 수위표(水位標); (종이의) 내비치는 무늬 ⓢ ~에 내비치는 무늬를 넣다 ☜ water(물) + mark

마크트웨인 Mark Twain (미국의 작가)

☐ **Mark Twain** [máːrktwéin] ⓜ **마크 트웨인** 《미국의 작가; 1835-1910; Samuel L. Clemens의 필명》
★ **대표 저서 : 『톰 소여의 모험』, 『허클베리 핀의 모험』, 『왕자와 거지』 등**

슈퍼마켓 supermarket (일용잡화류를 판매하는 대규모 소매점), 마트 mart

♣ **어원 : market 매매, 장사; 시장**
■ super**market** [súːpərmàːrkit] ⓜ 슈퍼마켓 ☜ 미국에서 1929년 등장한 슈퍼마켓은 당시 대단한(super) 시장(market)이라는 의미로 사용되었다.
☐ **mark**et [máːrkit/**마**-킽] ⓜ **장**; 장날(~ day); **시장; 시황, 시세**
☜ 라틴어로 '무역, 사고팔기'를 의미
♠ **a fruit market** 과일**시장**
☐ **market**able [máːrkitəbl] ⓗ **잘 팔리는**, 시장성이 높은, 시장의 《가격》 ☜ market + able<형접>
☐ **market** price 시장 가격, 시가, 시세 ☜ price(가격, 값, 물가)
☐ **market**er [máːrkitər] ⓜ 장보러 가는 사람; 시장 상인; 마켓 경영자; 마케팅 담당자
☜ market + er(사람)
☐ **market**ing [máːrkitiŋ] ⓜ (시장에서의) **매매**; 〖경제〗 **마케팅** 《제조에서 판매까지의 과정》
☜ market + ing<명접>
♠ **go marketing 장보러 가다**
☐ **market**ing research 시장조사 ☜ research(연구, 조사, 탐구)
☐ **mart** [maːrt] ⓜ **상업 중심지**; **시장**; 경매실(競賣室) ☜ 중세 네델란드어로 '시장'이란 뜻

M

말보로 Marlborough (❶ 세계에서 가장 유명한 담배 브랜드. 남성성이 강한 필립모리스의 담배 ❷ 영국 런던의 말보로거리)

☐ **Marlborough** [mɔ́ːrlbərə, máːrl-, -rou] ⓜ **말보로** 《필립 모리스의 세계적인 담배 브랜드; 필립 모리스의 담배 공장이 있었던 영국 런던의 말보로거리; 영국의 장군(1650-1722)》

플로리다 말린스 Florida Marlins (미국 플로리다 주 마이애미가 연고지인 미국 메이저리그 야구단. marlin은 낚시광인 구단주가 정했다는 <청새치>란 뜻.)

※ **Flo**rida [flɔ́(ː)ridə, flár-] ⓜ **플로리다** 《미국 대서양 해안 동남쪽 끝에 있는 주(州); 생략: Fla., Flor., FL》
☜ 스페인어로 '꽃의 축제/부활절'이란 뜻

☐ **marlin** [máːrlin] ⓜ (pl. **-(s)**) 〖어류〗 청새치류(類); 〖항해〗 가느다란 밧줄 ☜ 청새치는 20c초에 생긴 **marlin**spike fish의 줄임말.
☐ **marlin**spike [máːrlinspàik] ⓜ 〖항해〗 밧줄의 꼬임을 푸는 데 쓰는 끝이 뾰족한 쇠막대; 도둑 갈매기 ☜ 중세 네델란드어로 '가느다란 노끈(marlin)을 푸는데 쓰는 긴 못(spike)'이란 뜻.

마멀레이드 marmalade (오렌지 · 레몬 등의 껍질로 만든 잼)

☐ **marmalade** [máːrməlèid] ⓜ **마멀레이드** 《오렌지 · 레몬 등의 껍질로 만든 잼》; 〖형용사적〗 오렌지색의(줄무늬가 있는) 《고양이》
☜ 포르투갈어로 '마르멜로 열매로 만든 잼'이란 뜻

마퀴스 후즈 후 Marquis Who's Who (미국 인명정보사전)

마퀴스 후스 후(Marquis Who's Who)는 미국에서 발간하는 세계 3대 인명정보사전이다. 여러 직업의 사람들에 대해 이력을 담은 인명록과 데이터베이스를 제작하고 있다. 1899년 미국 출판업자 앨버트 넬슨 마퀴스(Albert Nelson Marquis)가 미국의 전통을 보존하기 위해 설립하였다. 매년 전세계 유명인 5만여명이 새로 등재되며, 2014년 10월 기준 약 150만명이 수록되어 있다.

☐ **marquis** [máːrkwis] 명 (fem. **marchioness**) **후작**, ~후(侯); 후작의 장자의 경칭 ☜ 고대 프랑스어로 '국경지역의 지배자'란 뜻
☐ **Marq.** [máːrk] 명 = Marquess; Marquis
☐ **marquess** [máːrkwis] 명 = marquis
☐ **marquise** [maːrkíːz] 명 (pl. **-s**) 《F.》《영》 (외국의) 후작 부인(미망인), 여(女) 후작; (달걀꼴·다면체의) 보석 ☜ 프랑스어로 marquis의 여성형
☐ **marchion**ess [máːrʃənis, màːrʃənés] 명 후작 부인(미망인); 여후작; 배의 일종 ☜ 영어로 marquis의 여성형
※ **who** [huː/후-, hu] 대 【소유격 whose; 목적격 whom, 《구어》 who(m)】《의문대명사》 **누구**, 어느 사람, 어떤 사람 ☜ 고대영어로 '누구'란 뜻

연상 메리 크리스마스(merry Christmas.즐거운 크리스마스날)에 메리(Mary.여자이름)가 메리(marry.결혼하다)했다.

※ **merry** [méri/메뤼] 형 (-<-rier<-riest) **명랑한, 유쾌한**, 재미있는, 《고어》 즐거운 ☜ 고대영어로 '단시간 계속되는'이란 뜻
☐ **marry** [mǽri/매뤼] 동 **~와 결혼하다**; 결혼시키다 ☜ 라틴어로 '남편, 신부를 얻은'의 뜻
♠ **get married** 결혼하다
☐ **marri**age [mǽridʒ/매리쥐] 명 **결혼, 혼인**; **결혼식** ☜ marry + -age(상태)
☐ **marri**age bureau 결혼 상담소 ☜ bureau(사무소, 사무국)
☐ **marri**age certificate 결혼 증명서 ☜ certificate(증명서, 면허장)
☐ **marri**age license 결혼 허가증 ☜ license(면허, 인가; 허가증)
☐ **marri**age lines 《영》 결혼 증명서 ☜ line(줄, 선; 기록, 짧은 문서) + s<복수>
☐ **marri**age services [the ~] (교회에서의) 결혼식 ☜ service(봉사, 접대, ~식(式))
☐ **marri**ed [mǽrid] 형 **결혼한**, 기혼의; 부부(간)의 명 (pl. **-s, -**) 기혼자 ☜ -ed<수동형 형접>
♠ **a married woman** 기혼 여성
■ un**marri**ed [ʌnmǽrid] 형 **미혼의**, 독신의 ☜ 결혼하지(marry) 않(un=not) 은(-ed)
※ **Christmas** [krísməs/크뤼스머스] 명 **크리스마스, 성탄절**(~ Day) 《12월 25일; 생략: X mas》 ☜ 그리스도(Christ)의 미사(mas=mass). ★ 크리스마스는 예수의 탄생일로 알고 있으나, 성경에 예수의 탄생일은 기록되어 있지 않으며, 원래의 의미는 '예수께 드리는 미사[성찬(聖餐) 의식]'이라고 한다.

매로우 marrow ([조리] 골의 내부에 있는 연한 조직)

뼈의 내부에 있는 연한 조직. 골수는 가볍고 소화가 잘되며, 뼈째 조리하거나 뼈를 제거한 다음 조리한다. 수프에 첨가한 골수는 풍미와 맛을 준다. <출처 : 조리용어사전>

☐ **marrow** [mǽrou] 명 【해부】 **뼛골, 골수**(=bone marrow); 정수(精髓); 활력; (길쭉하게 생긴) 호박 ☜ 고대영어로 '뼛골'이란 뜻
♠ donate **bone marrow 골수**를 기증하다
☐ **marrow**bone [mǽroubòun] 명 골이 든 뼈; 소의 정강이 뼈 《골을 먹음》 ☜ marrow + bone(뼈)
☐ **marrow**y [mǽroui] 형 골수가 많은; (변론·문장이) 간결하고 힘찬 ☜ marrow + y<형접>

☐ **Mars**(화성, 마르스) ➔ **March**(3월) **참조**

마시멜로 marshmallow (습지에서 잘 자라는 무궁화과 양아욱)

옛날에는 약초로 쓰인 마시멜로의 뿌리를 갈아 꿀과 섞어 약으로 쓰였다고 하나, 요즘엔 마시멜로는 전혀 들어가지 않고 이름만 남아 녹말·시럽·설탕·젤라틴 등을 섞어 만든 과자를 지칭한다고 한다.

☐ **marsh**mallow [máːrʃmèlou, -mæ̀l-] 명 【식물】 **마시멜로**, 양아욱; **마시멜로** 《녹말·젤라틴·설탕 따위로 만드는 연한 과자》; 《미.속어·경멸적》 백인; 《미.속어》 겁쟁이 ☜ 습지(marsh)에서 나는 양아욱(mallow)
☐ **marsh** [maːrʃ] 명 **습지**, 소택지, 늪; 《미.방언》 초지(草地) ☜ 고대영어로 '습지, 늪'이란 뜻
♠ Cows were grazing **on the marshes**. 소들이 **습지에서** 풀을 뜯고 있었다.

M

☐ **marsh**land [mɑ́ːrʃlæ̀nd] ⓜ 습지 지대, 소택지 ☜ marsh + land(땅)
☐ **marsh**y [mɑ́ːrʃi] ⓗ (-<-h**ier**<-h**iest**) **습지[늪]의**; 늪이 많은; 늪 같은; 늪에 나는 ☜ -y<형접>

마샬플랜 Marshall Plan (2차 대전 후 유럽부흥계획)

제2차 세계대전 후, 1947년부터 1951년까지 미국이 서유럽 16개 나라에 행한 대외원조계획이다. 정식 명칭은 유럽부흥계획(European Recovery Program, ERP)이지만, 당시 미국의 국무장관이었던 마셜(G. C. Marshall)이 처음으로 공식 제안하였기에 '마셜 플랜'이라고 한다. <출처 : 두산백과 / 요약인용>

☐ **marshal** [mɑ́ːrʃəl] ⓜ 〖군사〗 (프랑스 등의) **육군 원수** (《미》 General of the Army, 《영》 Field Marshal), 《영》 공군 원수(Marshal of the Royal Air Force) ⓢ **정렬시키다**, 집합시키다. ☜ 고대 독일어로 '마부'란 뜻
☐ **Marshall** Plan (the ~) **마셜플랜**(European Recovery Program) 《미국 국무장관 G.C. Marshall의 제안에 의한 유럽 부흥 계획; 1947-51》 ☜ plan(계획; 계획하다)
☐ **Marshall** Islands [mɑ́ːrʃəl áiləndz] (the ~) 마셜제도 《태평양 Micronesia 동부의 산호초의 섬들》 ☜ 섬(island) 들(s)
※ **plan** [plæn/플랜] ⓜ **계획**; 도면, 평면도 ⓢ **계획하다** ☜ 평면상에 도면을 그린. 평평한(pla) + n

☐ **mart**(상업중심지) ➔ **market**(시장) **참조**

마르스 Mars ([로神] 전쟁의 신), 웨딩마치 wedding march (결혼행진곡)

♣ **어원 : mar, mil 군인, 군대, 전쟁, 용맹, 무술**
■ **Mar**s [mɑːrz] ⓜ 〖천문〗 **화성**; 〖로.신화〗 **마르스** 《군신(軍神); 그리스의 Ares에 해당; 비교 Bellona》; [의인화] 전쟁; 용사 ☜ 그리스어로 '불'이란 뜻
■ **Mar**ch [mɑːrtʃ/마-취] ⓜ **3월** 《생략: Mar.》 ☜ 라틴어로 '군신 마르스(Mars)의 달'이란 뜻
■ **mar**ch [mɑːrtʃ/마-취] ⓜ **행진(곡), 행군; 진보** ⓢ **행진하다; 행군시키다** ☜ 고대 프랑스어로 '큰 걸음으로 걷다, 행진하다'란 뜻
♠ **wedding march 웨딩마치, 결혼 행진곡** ☜ wedding(결혼식)
☐ **mar**tial [mɑ́ːrʃəl] ⓗ **전쟁의, 군사**(軍事)**의**; 용감한, 호전적인; 군인다운; (M-) 군신(軍神) Mars의; (M-) 화성의 ☜ 라틴어로 '군신 마르스(Mars)의'란 뜻.
♠ declare 〔proclaim〕 **martial law 계엄령**을 선포하다
♠ He is an expert in **martial arts.** 그는 **무술**의 달인이다
☐ **mar**tial art 무도, 무술, 격투기 ☜ art(미술, 예술, 기술)
☐ **mar**tial artist 격투기선수 ☜ artist(예술가, 명인)
☐ **mar**tial law 계엄령 ☜ law(법, 법령)
☐ **mar**tial spirit 사기 ☜ spirit(마음, 정신)
☐ **mar**tialize [mɑ́ːrʃəlàiz] ⓢ ~에 전쟁 준비를 갖추게 하다; ~의 사기를 돋우다 ☜ -ize<동접>
☐ **mar**tially [mɑ́ːrʃəli] ⓑ 용감하게 ☜ -ly<부접>
※ **wed**ding [wédiŋ] ⓜ **혼례, 결혼식** ⓗ 결혼(식용)의 ☜ 결혼하다(wed) + d<단모음+단자음+자음반복> + ing<명접/형접>

산마르틴 San Martin (남미의 대(對)스페인 독립운동 지도자)

아르헨티나인. 베네수엘라의 시몬 볼리바르와 함께 남아메리카 제국의 대표적인 독립운동 지도자. 독립 혁명군을 이끌고 안데스 산맥을 넘어 아르헨티나·칠레·페루를 스페인으로부터 해방시켰다.

☐ **Martin** [mɑ́ːrtən] ⓜ **산마르틴** 《José de San ~, 아르헨티나의 대(對)스페인 독립운동 지도자; 1778-1850》; (St. ~) 성(聖)**마르탱** 《프랑스 Tours의 주교; 315?-399?》

마티니 > 마르티니 martini (베르무트·진을 혼합한 칵테일)

☐ **martini** [mɑːrtíːni] ⓜ (때로 M-) **마티니** 《진·베르무트를 섞은 것에 레몬 등을 곁들인 칵테일》 ☜ 베르무트(와인에 약초를 가미한 혼성주)를 생산하는 이탈리아 회사 '마르티니 앤 로시'의 이름에서 유래 ★ **마르티니는 칵테일의 제왕으로 불린다.**

저스틴 마터 [유스티누스] Justin Martyr [Justinus] (고대 로마의 순교자)

로마의 기독교 순교자. 이교도 출신. 스토아·페리파토스·피타고라스·아카데메이아 학파 등을 편력, 어느 학파에도 만족하지 못하여 마지막으로 그리스도에까지 이른다. 이후 기독교야말로 가장 완전한 철학이라 믿고 로마에 학교를 세워 호교(護敎)에 분투, 165년의 박해로 참수되었다. <출처 : 인명사전>

※ **Justin** [dʒʌ́stin] ⓜ 저스틴《남자이름》; **유스티누스**, 로마의 호교가
□ **martyr** [mɑ́ːrtər] ⓜ **순교자**; 희생자 ⓢ (사람을) 주의〔신앙〕 때문에 죽이다 ☜ 그리스어로 '증인'이란 뜻
♠ **a martyr** to a cause 어떤 주의〔목적〕**에 한 몸을 바친 사람**
□ **martyr**dom [mɑ́ːrtərdəm] ⓜ 순교, 순난(殉難), 순사(殉死); 수난, 고통, 고난 ☜ martyr + dom(상태)
□ **martyr**ize [mɑ́ːrtəràiz] ⓢ 순교자로서 죽이다, 희생시키다; 박해하다; 순교자가 되다 ☜ martyr + ize<동접>

백미러 back mirror (콩글 자동차의 후사경) ➔ rearview mirror
마블스튜디오 Marvel Studios (미국의 영화제작사. <경이로운 촬영소>란 뜻)

♣ **어원 : mar, mir(a), mor 놀라다, 경탄하다; 보다**

※ **back** [bæk/백] ⓜ **등, 뒤쪽** ⓗ **뒤(쪽)의** ☜ 고대영어로 '등, 뒤'
■ **mir**ror [mírər] ⓜ **거울**, 반사경; 본보기, 귀감(龜鑑), 모범 ⓢ 비추다, 반사하다 ☜ 라틴어로 '보고 놀라다'란 뜻
■ **mir**acle [mírəkəl] ⓜ **기적** ☜ 놀라운(mir) + a + 것(cle)
■ ad**mir**e [ædmáiər/애드**마**이어/ədmáiər/어드**마**이어] ⓢ 칭찬하다, **감탄하다**, 사모하다 ☜ 에(ad=to) 놀라다(mir) + e
□ **marvel** [mɑ́ːrvəl] ⓜ **놀라운 일**, 경이 ⓢ **놀라다; 이상하게 여기다** ☜ 라틴어로 '놀람'이란 뜻
♠ **marvels** of nature 자연의 **경이로움**
□ **marvel**(l)ous [mɑ́ːrvələs] ⓗ **놀라운**, 신기한, **믿기 어려운** ☜ marvel + ous<형접>
□ **marvel**(l)ously [mɑ́ːrvələsli] ⓑ 놀랍게도, 이상하게도 ☜ -ly<부접>
※ **studio** [stjúːdiòu] ⓜ (pl. -dio**s**) (예술가의) **작업장**, 아틀리에; (보통 pl.) **스튜디오**, (영화) 촬영소; (방송국의) 방송실; (레코드의) 녹음실 ☜ 애쓰는(studi<study) 곳(o)

M

(칼) 마르크스 [(칼) 막스] Marks (과학적 사회주의-공산주의 창시자)

독일의 경제학자·정치학자. 헤겔의 영향을 받아 무신론적 급진 자유주의자가 되었다. 엥겔스와 경제학 연구를 하며 집필한 저서《독일 이데올로기》에서 유물사관을 정립하였으며,《공산당선언》을 발표하여 각 국의 혁명에 불을 지폈다.《경제학비판》,《자본론》등의 저서를 남겼다 <출처 : 두산백과 / 요약인용>

□ **Marx** [mɑːrks] ⓜ **마르크스**《Karl ~, 독일의 사회주의자; 1818-83》
□ **Marx**ian [mɑ́ːrksiən] ⓜⓗ **마르크스**(주의)의; 마르크스주의자(의) ☜ -an(~의/~사람)
□ **Marx**ism [mɑ́ːrksizəm] ⓜ **마르크스**주의, **마르크시즘** ☜ -ism(~주의)
□ **Marx**ism-Leninism [mɑ́ːrksizmléninìzm] ⓜ **마르크스레닌**주의 ☜ Lenin(러시아의 사회주의 혁명가)
□ **Marx**ist [mɑ́ːrksist] ⓜⓗ **마르크스**주의자(의) ☜ -ist(사람)

매릴랜드 Maryland (미국 동부 대서양 연안의 주)

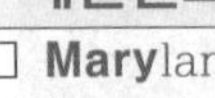
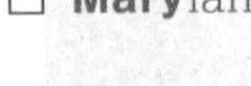

□ **Mary**land [mérələnd] ⓜ **메릴랜드**《미국 동부 대서양 연안의 주(州); 생략: Md.》 ☜ 영국 왕 찰스 1세의 왕비 메리(1609-1669)의 이름을 따서 명명

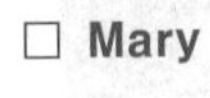
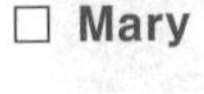

□ **Mary** [mɛ́əri] ⓜ **메리**《여자 이름》; 『성서』 **성모 마리아; 메리 스튜어트**《~ Stuart, 스코틀랜드의 여왕; 1542-87》

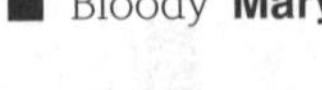

■ Bloody **Mary** **블러디 메리**《영국 여왕 Mary 1세(1516-1558)의 별명》 ☜ '피의(bloody) 메리(Mary) 란 뜻. 재위기간 동안 로마 가톨릭 복고정책으로 개신교와 성공회를 무자비하게 탄압한데서.

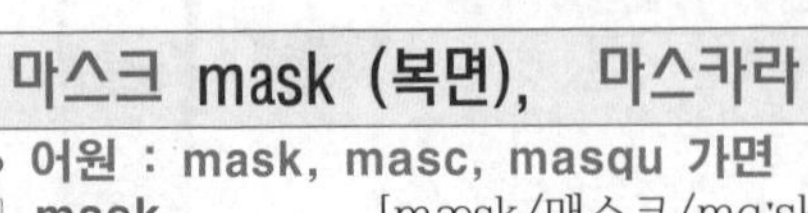

마스크 mask (복면), 마스카라 mascara (눈썹 물감)

♣ **어원 : mask, masc, masqu 가면**

□ **mask** [mæsk/매스크/mɑːsk/마-스크] ⓜ **탈; 복면**, 가면; (보호용) **마스크** ⓢ 복면을 쓰다〔씌우다〕 ☜ 고대 프랑스어로 '얼굴을 검게 하다'란 뜻
□ **mask** ball 가면무도회(=masked ball) ☜ ball(무도회; 공, 볼)
□ **mask**ed [mæskt] ⓗ 가면을 쓴, 변장한; 숨긴, 숨은; 차폐된; 『의학』 잠복성의 ☜ mask + ed<형접>

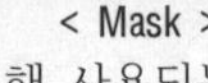
< Mask >

□ **mask**ing tape 보호 테이프《도료를 분사하여 칠할 때 다른 부분의 오손을 막기 위해 사용되는 접착

테이프》 ☜ tape(납작한 끈, 테이프)

□ **masc**ara [mæskǽrə/-kɑ́ːrə] 명 (속)눈썹에 칠하는 물감, **마스카라** 동 ~에 마스카라를 칠하다 ☜ 스페인어로 '가면, 변장'이란 뜻

□ **masqu**erade [mæ̀skəréid] 명 **가장[가면]무도회**; 가장(용 의상); 겉치레, 허구; 은폐 동 가장(가면) 무도회에 참가하다; ~으로 변장하다; ~인 체하다 ☜ 스페인어로 '가면의 모임'이란 뜻
♠ **masquerade as** a prince 왕자**로 가장하다**

마스코트 mascot (행운을 가져다 주는 사람이나 동물, 물건)

□ **mascot** [mǽskət, -kɑt] 명 **마스코트**, 행운의 신(부적), 행운을 가져오는 물건(사람, 동물) ☜ 프랑스 프로방스 지방에서 말하는 '작은 마녀'에서 유래

매사추세츠 Massachusetts (미국 북동부 대서양 연안의 주)

□ **Massachusetts** [mæ̀sətʃúːsits] 명 **매사추세츠** 《미국 동북부 대서양 연안의 주; 생략: Mass.》 ☜ 인디언 매사추세츠족의 언어로 '큰 언덕의 산록'이라는 뜻

모파상 Maupassant (<여자의 일생>을 저술한 프랑스의 순수 자연주의 작가)

□ **Maupassant** [móupəsɑ̀ːnt] 명 **모파상** 《Guy de ~, 프랑스의 작가; 1850-93》

모리타니(아) Mauritania (서북아프리카의 공화국)

□ **Mauritania** [mɔ̀(ː)ritéiniə, -njə, mɑ̀ri-] 명 **모리타니** 《서북 아프리카의 공화국; 수도 누악쇼트(Nouakchott)》 ☜ 그리스어로 '검은 사람의 나라'란 뜻

모리셔스 Mauritius (아프리카 마다가스카르 동쪽의 섬나라)

□ **Mauritius** [mɔːríʃəs, -ʃiəs] 명 **모리셔스** 《마다가스카르 동쪽에 위치한 섬나라; 수도 포트루이스(Port Louis)》 ☜ 프랑스어로 1598년 당시의 황태자 이름을 붙인 것

머슬퀸 muscle queen (근육미인대회 여왕)

□ **muscle** [mʌ́səl] 명 **근육**; 완력 동 억지로(힘으로) 관철(통과)시키다 ☜ 라틴어로 '작은 쥐'란 뜻

※ **queen** [kwiːn/퀴인] 명 **여왕, 여제**; 왕후 ☜ 그리스어로 '여자, 아내'

□ **masculine**(남자의, 남자다운) ➔ **macho**(사나이; 사내다운) **참조**

스매시 smash ([구기] 높은 볼을 강하게 때려 넣는 타법)

■ s**mash** [smæʃ] 동 **때려 부수다**, 분쇄하다, 박살내다; **부서지다** 명 깨뜨려 부숨, **분쇄**; 《구어》 강타, 세찬 일격; 『구기』 **스매시** ☜ **s**mack(세게 때리다)와 **mash**의 합성어

□ **mash** [mæʃ] 명 **짓이긴 것**, 갈아서 빻은 것; 《영.속어》 **매시트포테이토** 《으깬 감자》 동 짓찧다, 짓이기다 ☜ 고대영어로 '부드러운 혼합물'이란 뜻
♠ **mashed potatoes 매시트 포테이토, 짓이겨진 감자(요리)**

□ **mask**(탈, 복면) ➔ **mascara**(마스카라) **참조**

프리메이슨 Freemason = Mason (비밀공제조합원)

18세기 초 영국에서 시작된 세계시민주의적, 인도주의적 우애(友愛)를 목적으로 하는 단체. '로지(작은 집)'라는 집회를 단위로 구성되어 있던 중세의 석공(石工:메이슨) 길드에서 비롯되었다. 기독교 조직은 아니지만 종교적 요소를 가미하여 가톨릭교단 및 가톨릭을 옹호하는 정부로부터 탄압받게 되어 비밀결사적인 성격을 띠게 되었다. <출처 : 두산백과 / 요약인용>

■ Free**mason** [fríːmèisn] 명 **프리메이슨** 《공제(共濟)·우애(友愛)를 목적으로 하는 비밀결사인 프리메이슨단의 조합원》; (f-) 중세 석공의 숙련공 조합원 ☜ (Ancient) free and accepted masons(옛날 자유 신분의 승인된 석공들)의 약어

□ **mason** [méisən] 명 **석공**, 벽돌공; (M-) 비밀 공제(共濟) 조합원, **프리메이슨**(=Freemason) 동 돌로 만들다 ☜ 고대 프랑스어로 '석공'이란 뜻.
♠ **A mason** builds with stone, brick or similar materials.
석공은 돌, 벽돌 혹은 유사한 재료로 건축을 한다.

□ **Mason**ic [məsɑ́nik/-sɔ́n-] 형 **프리메이슨**의(같은); (m-) 석공(돌 세공)의 ☜ -ic<형접>

☐ **mason**ry [méisənri] 명 **석공술**(術); 돌(벽돌)로 만든 것, 석조 건축 ☜ -ry(직업, 일)

☐ **masquerade**(가면무도회) ➔ **mascara**(마스카라) **참조**

마스 게임 mass game (집단체조 및 율동) * game 놀이, 경기, 시합
매스컴 mass communication (신문 · TV 등 대중 전달 매체)

♣ **어원 : mass 덩어리, 무리, 많은, 큰; 대량, 거대함**

☐ **mass** [mæs/매스] 명 **덩어리; 모임**; 다량; 〖천주교〗 **미사** 《천주교의 성찬식》 형 대중의, 대량의 동 집결시키다 ☜ 그리스어로 '보리로 만든 케이크'
★ 미사(mass)란 라틴어 missa에서 유래한 단어로 가톨릭에서, 예수의 최후의 만찬을 기념하여 행하는 제사[성찬] 의식을 말한다.
♠ **a mass of** letters **산더미 같은** 편지

☐ **mass**acre [mǽsəkər] 명 **대량 학살** 동 대량 학살하다 ☜ 중세 프랑스어로 '대량학살'이란 뜻
♠ **the bloody massacre** of innocent civilians
무고한 시민들에 대한 **피의 대학살**

☐ **mass** behavior 대중행동, 집단행동 ☜ behavior(행동, 행실, 품행)

☐ **mass** communication **매스컴** 《신문 · 라디오 · 텔레비전 등에 의한 대중 전달 매체》 ☜ communication(전달, 통신)

☐ **mass**cult [mǽskʌ̀lt] 명 《구어》 대중문화 ☜ 대중(mass) 문화(culture)

☐ **mass** grave 공동묘지 ☜ grave(무덤, 묘지, 묘비; 죽음)

☐ **mass**ive [mǽsiv] 형 **부피가 큰**(=bulky); **무거운; 단단한** ☜ -ive<형접>

☐ **mass**ively [mǽsivli] 부 대량으로, 대규모로, 크게 ☜ -ly<부접>

☐ **mass** media **매스미디어** 《신문 · 라디오 · 텔레비전 등에 의한 대중 전달 매체》 ☜ media(중간 매체)

☐ **mass**-produce [mǽsprədjúːs] 동 《미.속어》 대량 생산하다, 양산하다 ☜ 대량(mass)으로 생산하다(produce)

☐ **mass** production 대량생산 ☜ mass + production(생산(물), 제작(물))

☐ **mass** psychology 군중심리(학) ☜ psychology(심리(학))

마사지 massage (안마 치료)

☐ **mass**age [məsάːʒ/mǽsɑːʒ] 명 **안마, 마사지** 동 마사지(안마)하다; (긴장을) 완화하다 ☜ 프랑스어로 '반죽하다'란 뜻
♠ get a facial (body) **massage** 얼굴(전신) **마사지**를 받다

☐ **mass**age parlor 안마(마사지) 시술소 ☜ parlor(객실, 영업실)

☐ **mass**ager [məsάːʒər] 명 안마사; 마사지 기계 ☜ massage + er(사람/기계)

마스트 mast (돛대)

☐ **mast** [mæst, mɑːst] 명 **돛대, 마스트**; 기둥, 장대 동 (배에) 돛대를 세우다; (돛을) 올리다 ☜ 고대영어로 '항해용 배의 장대'란 뜻
♠ a tall **mast** 높은 **돛대 [깃대]**

☐ **mast**ed [mæstid, mɑːstid] 형 〖보통 복합어를 이루어〗 ~개 돛대를 세운, 돛대를 갖춘 ☜ mast + ed<수동형 형접>

✚ dis**mast** (폭풍 따위가) 돛대를 앗아가다, 돛대를 부러뜨리다 fore**mast** 〖항해〗 앞 돛대
half-**mast** (조의(弔意)를 표시하는) 반기(半旗)의 위치(로); 반기(위치)의; 반기를 달다

마스터 키 master key (만능 열쇠), 마스터플랜 master plan (종합계획)

☐ **master** [mǽstər/**매**스터/mάːstər/**마**-스터] 명 **주인**; 영주(=lord); 고용주(=employer); 선생, 우두머리 형 주인의, **명인의** 동 **지배하다, 숙달하다** ☜ 고대영어로 '통제권한을 가진 자'란 뜻
♠ **Like master, like man.**
《속담》 그 주인에 그 머슴, 용장 밑에 약졸 없다.

☐ **master** key **곁쇠, 마스터키**; (난문제의) 해결, 해결의 열쇠 ☜ key(열쇠)
★ 곁쇠란 원래 열쇠가 아니면서 자물쇠를 여는 데 대신 쓰는 열쇠이다.

☐ **master**less [mǽstərlis] 형 주인이 없는; 방임된, 방랑의(하는) ☜ -less(~가 없는)

☐ **master**ly [mǽstərli] 형부 교묘한, **훌륭한**; 명인의(다운), 명인같이 ☜ -ly<형접/부접>

☐ **master**piece [mǽstərpiːs, mάːs-] 명 **걸작, 명작** ☜ piece(부분; 작품)

☐ **master** plan **마스터플랜**, 기본계획, 종합계획 ☜ plan(계획, 안(案))

☐ **master**'s (degree) 문학(이학) 석사 학위 ☜ degree(등급, 계급, 학위)

☐ **master** sergeant 〖미.육군, 해병대〗 상사, 〖미.공군〗 1등 중사

☜ sergeant (〚군사〛 부사관, 병장; 〚경찰〛 경사(警査))

☐ **master**y　[mǽstəri, mɑ́ːs-] ⓜ **지배**(력); 우세; **숙달** ☜ -y(명접)

■ **MC**　**M**aster of **C**eremonies 사회자; 의전 장관 ☜ 의식(ceremony) 의(of) 주인(master)

매트 mat (돗자리 등의 깔개)

☐ **mat**　[mæt] ⓜ **매트**, 멍석, 돗자리, **깔개**; 장식용 받침 ⓢ 돗자리를 깔다
☜ 고대영어로 '침대, 침상, 잠자리, 돗자리'라는 뜻
♠ an exercise **mat** 운동 **매트**

☐ **mat**ting　[mǽtiŋ] ⓜ [집합적] 매트, 멍석, 돗자리, 깔개; 그 재료
☜ mat + t<단모음+단자음+자음반복> + ing<형접>

마타도어, 마타도르 matador (❶ 스페인의 투우사 ❷ 흑색선전)

☐ **matador**　[mǽtədɔ̀ːr] ⓜ《Sp.》 투우사; 〚카드놀이〛 으뜸패의 일종; (M-) 《미국》 지대지(地對地) 전술 미사일; 〚정치〛 흑색선전
☜ 스페인어로 '살인자'란 뜻

매치포인트 match point ([경기] 승패를 결정하는 최후의 1점)

☐ **match**　[mætʃ/매취] ⓜ **짝; 시합**, 경기 ⓢ **~에 필적하다; ~와 조화하다, 배합하다**
☜ 고대영어로 '잘 어울리는 짝, 대등한 사람, 경쟁상대'란 뜻
ⓜ **성냥** ☜ 라틴어로 '초의 심지'란 뜻
♠ She has made **a good match**. 그녀는 **좋은 배우자**를 만났다.
♠ a box of **matches 성냥** 한 갑
♠ **be no match for ~ ~의 상대가 안 되다, ~의 적수가 못 되다**
You **are no match for** me. 너는 내 **상대가 못 된다**.

☐ **match** play　〚골프〛 **매치플레이**, 득점 경기《쌍방이 이긴 홀의 수대로 득점을 계산》
☜ play(놀다, 장난치다; 연주하다, 연기하다, 공연하다; 놀이, 유희)

☐ **match** point　〚경기〛 **매치포인트**《승패를 결정하는 최후의 1점》 ☜ point(점, 점수)

☐ **match**ing　[mǽtʃiŋ] ⓗ (색・외관이) 어울리는, 조화된 ⓜ **매칭**, 〚컴퓨터〛 맞대기, 정합(整合)
☜ -ing(형접)

☐ **match**less　[mǽtʃlis] ⓗ **무적의**, 무쌍의, 비길 데 없는 ☜ match + less(~이 없는)

룸메이트 room-mate (동숙자. 방 같이 쓰는 사람) * room 방

■ room**mate**　[rúːmèit] ⓜ 동숙인(同宿人), 한 방 사람 ☜ room(방) + mate(동료)

☐ **mate**　[meit] ⓜ **상대**; [특히] 배우자(=spouse), 짝; **동료**, 친구 ☜ 중세 독일어로 '동료'란 뜻
♠ They've been **best mates** since school.
그들은 학창시절부터 **가장 친한 친구들**이다.

✚ class**mate** **동급생**, 급우; 동창생　house**mate** 동거인　mess**mate** 식사를 함께 하는 사람, 회식 동료, 전우　play**mate** 놀이친구　ship**mate** (같은 배) 동료 선원　soul **mate** (이성(異性)의) 마음의 친구; 애인, 정부(情夫, 情婦); 지지자　team**mate** 팀 동료

마더 테레사 Mother Teresa (인도 국적의 로마카톨릭교회 수녀)

알바니아계 인도 국적의 로마가톨릭교회 수녀. 1928년 수녀가 된 뒤 1948년 인도에서 '사랑의 선교 수녀회'를 창설하여 평생을 가난하고 병든 사람들을 위하여 봉사하였다. 1997년 사망한 뒤, 1979년 노벨평화상을 수상하였다. 2016년 3월 교황청 시성위원회에서 성인으로 추대되었다. <출처 : 두산백과 / 요약인용>

© TIME

♣ **어원 : mater, matri 어머니, 자궁; 생산 ➔ 물질**

■ **mother**　[mʌ́ðər/**머**더] ⓜ **어머니**, 모친; [종종 M~] 수녀원장, 마더
ⓗ 어머니의 ⓢ 어머니로서 돌보다 ☜ 고대영어로 '여자 부모'란 뜻

☐ **mater**　[méitər] ⓜ (때로 the ~)《영.속어》 엄마, 어머니(=mother)

☐ **mater**nal　[mətə́ːrnl] ⓗ 어머니의; 모성의, 어머니다운 ☜ mater + n + al<형접>
♠ **maternal** love **모성**애

☐ **mater**nity　[mətə́ːrnəti] ⓗ 임산부를 위한 ⓜ 어머니임, 모성애; 산부인과 병원
☜ mater + n + ity<명접>

☐ **mater**ial　[mətíəriəl/머**티**어뤼얼] ⓗ **물질의**, 물질적인 ⓜ **재료**, 원료; **제재**, 자료
☜ 어머니에게서 생명이 태어나듯 '어떤 것이 만들어지는 물질'이라는 뜻. mater + ial<형접/명접>
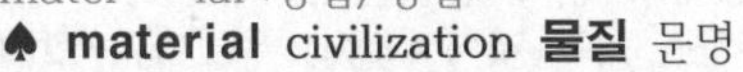
♠ **material** civilization **물질** 문명

☐ **mater**ialism [mətíəriəlìzm] [명] 〖철학〗 유물주의; 유물론 ☜ material + ism(~주의)
☐ **mater**ialist [mətíəriəlìst] [명] 유물론자 ☜ material + ist(사람)
☐ **mater**ialistic [mətìəriəlístik] [형] 유물론의, 유물주의적인 ☜ materialist + ic<형접>
☐ **mater**ialize [mətíəriəlàiz] [동] 구체화하다, 실현하다 ☜ material + ize<동접>
☐ **mater**ially [mətíəriəli] [부] **실질적으로; 물질[유형]적으로** ☜ material + ly<부접>
☐ **matter** [mǽtər/**매**러/**매**터] [명] **물질**, 물체; 재료; **제재, 내용; 문제**, 사건 [동] 문제가 되다; **중요하다** ☜ 라틴어의 mater(mother)에서 변화된 것. 어머니에게서 생명이 태어나듯 '어떤 것이 만들어지는 물질'이라는 뜻

매쓰홀릭 matholic (스마트 수학개념 익히기 어플. <수학중독>이란 뜻)
매쓰플랫 mathFLAT (스마트 수학문제은행 어플. FLAT 은 약어)

♣ **어원 : math, arith 수, 산수, 수학; 학문, 배움**

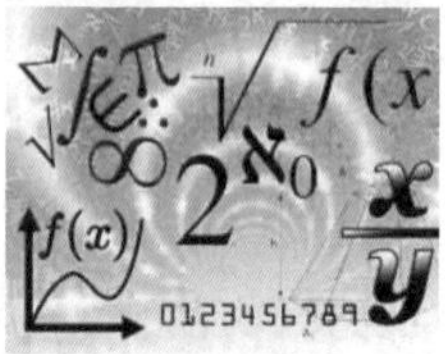

☐ **math**ematics [mæ̀θəmǽtiks] [명] **수학**
☜ 수(math)에 대한 모든(ema) 학문(ics)
♠ applied 〔mixed〕 **mathematics** 응용 **수학**
♠ pure **mathematics** 순수 **수학**
☐ **math**ematical [mæ̀θəmǽtikəl] [형] **수학(상)의**, 수리적인; 매우 정확한, 엄밀한 ☜ mathematics + al<형접>
☐ **math**ematically [mæ̀θəmǽtikəli] [부] 수학적으로, 정확하게 ☜ -ly<부접>
☐ **math**ematician [mæ̀θəmətíʃən] [명] **수학자** ☜ -ian(사람)
※ **arith**metic [əríθmətik] [명] **산수, 셈** ☜ 수(arithm)를 세는(met) 것(ic<명접>)
※ **algebra** [ǽldʒəbrə] [명] **대수학**(代數學); 대수 교과서; 대수학 논문 ☜ 아랍수학자 알 콰리즈미(Al Khwarizmi)의 방정식 저서 <al Jabr>가 유럽으로 전파된 데서

마티네 matinee (연극 · 오페라 · 음악회 등의 낮 공연)

☐ **matinee**, -nèe [mæ̀tənéi] [명] 《F.》 (연극 등의) 낮 공연; 낮 흥행, **마티네**; 여성 평상복의 일종 ☜ 프랑스어로 '아침'이란 뜻

매트릭스 the Matrix (미국 SF · 액션 영화. <수학적 사이버 공간>이란 뜻)

M

1999년 개봉한 미국의 공상과학 영화. 키아누 리브스, 로렌스 피시번 주연. 인공지능 AI에 의해 인류가 재배되고 있는 서기 2199년! 인간의 기억마저 AI에 의해 입력되고 삭제되는 진짜 같은 가상현실 '매트릭스' 에서 한 인간이 극적으로 빠져 나오면서 자신과 함께 인류를 구할 영웅을 찾아 헤맨다. 그는 마침내 낮에는 평범한 회사원으로, 밤에는 해커로 활동하는 청년 '네오'를 '영웅'으로 지목하는데…

♣ **어원 : mater, matri 어머니, 자궁; 성숙; 생산 ➔ 물질**

KEANU REEVES LAURENCE FISHBURNE
MATRIX
© Warner Bros.

■ **mother** [mʌ́ðər/**머**더] [명] **어머니**, 모친; [종종 M~] 수녀원장, 마더 [형] 어머니의 [동] 어머니로서 돌보다 ☜ 고대영어로 '여자 부모'
■ **mater** [méitər] [명] (때로 the ~) 《영.속어》 엄마, 어머니(=mother) ☜ 라틴어로 '어머니'란 뜻.
■ **mater**nal [mətə́:rnl] [형] 어머니의; 모성의, 어머니다운 ☜ mater + n + al<형접>
☐ **matri**cide [méitrəsàid, mǽt-] [명] 모친 살해 《죄 · 행위》; 모친 살해범 ☜ 어머니(matri) 죽이기(cide)
☐ **matri**culate [mətríkjəlèit] [동] 대학 입학을 허가하다, 입학하다 [명] 입학자 ☜ 성숙한(matric) 곳(u)으로 옮기다(late)
☐ **matri**mony [mǽtrəmòuni] [명] **결혼**; 결혼 생활; 결혼식 ☜ 라틴어로 '어머니인 상태'라는 뜻
☐ **matri**x [méitriks, mǽt-] [명] (pl. **-es, -trices**) 모체, 기반; 〖해부〗 자궁; 〖수학〗 행렬; 〖컴퓨터〗 **매트릭스** 《입력 도선과 출력 도선의 회로망》 ☜ 라틴어로 '자궁, 모체'란 뜻
☐ **mat**ron [méitrən] [명] (나이 지긋한 점잖은) **부인**; 간호부장; 여사감, 여간수 ☜ 라틴어로 '기혼 부인'이란 뜻
☐ **matter** [mǽtər/**매**러/**매**터] [명] **물질**, 물체; 재료; **제재, 내용; 문제**, 사건 [동] 문제가 되다; **중요하다** ☜ 라틴어의 mater(mother)에서 변화된 것. 어머니에게서 생명이 태어나듯 '어떤 것이 만들어지는 물질'이라는 뜻
♠ **a matter of ~ ~의 범위; 몇 ~; 약, 대충**
♠ **as a matter of fact 실제로, 사실은**
♠ **in the matter of ~ ~에 관해서는**
♠ **no matter how** 〔when, where, which, who, what〕 **~ (may) 비록 어떻게** [언제, 어디에서, 어느 것이, 누가, 무엇이] **~한다 해도**

No matter how you slice it, she is a good girl.
어떻게 생각해봐도 그녀는 착한 아이이다.
♠ What's the matter with ~? ~은 어찌된 일인가 ?

□ **matter**-of-fact [mætərəvfǽkt] ⓗ 사실의, 실제적인 ☜ 실제(fact) 의(of) 문제〔일〕(matter)
■ printed **matter** 인쇄물 ☜ 인쇄(print)가 된(ed) 물건(matter)

매트리스 mattress (침대요)

□ **mattress** [mǽtris] ⓜ (솜·짚·털 따위를 넣은) **침대요, 매트리스**; 침상(沈床)
☜ 아랍어로 '물건을 두는 곳'이란 뜻

메트로폴리스 metropolis (거대도시)

♣ 어원 : metro, metr, matur 큰, 거대한; 성숙한; 어머니
■ **metro**polis [mitrάpəlis/-trɔ́p-] ⓜ (pl. ~es) [the ~] **수도**; 중심도시, 주요도시; (활동의) 중심지
☜ 그리스어로 '어머니의 도시'란 뜻
□ **mature** [mətjúər, -tʃúər] ⓗ **익은**(=ripe), **성숙한; 심사숙고한**, 신중한 ⓓ 성숙시키다, 성숙하다 ☜ 라틴어로 '익은, 숙성한'이란 뜻
♠ a **mature** woman **다 자라 어른이 된** 여성
□ **matur**ity [mətjúərəti, -tʃúː-/-tjúərə-] ⓜ **성숙(기)** ☜ mature + ity<명접>
※ **professional** [prəféʃənəl] ⓗ **직업적인**, 전문적인, **프로**의 ⓜ 전문가, **프로**선수
☜ 신(神) 앞에서(pro) 선언하는(fess) 것(sion) 의(al)

✚ im**matur**e **미숙한**; 미완성의; 미성년의 im**matur**ity 미숙(상태), 미완성 pre**matur**e **조숙한**; 시기상조의; 조산의 de**mure** 수줍은 품위 있는; 침착한; 예절 바른

맥심 maxim (한국 동서식품의 커피브랜드. <금언>이란 뜻)

♣ 어원 : maxim 최대의, 최장의, 극단; 격언, 금언
□ **maxim** [mǽksim] ⓜ **격언**, 금언; 처세훈(訓), 좌우명
☜ 라틴어로 '최대의'라는 뜻
♠ My **maxim** is to help people who need support.
나의 **좌우명**은 지원이 필요한 사람들을 도와주는 것이다.
□ **maxim**al [mǽksəməl] ⓗ 최대한의, 최고의 ☜ maxim + al<형접>
□ **maxim**ize [mǽksəmàiz] ⓓ 극한까지 증가〔확대, 강화〕하다; 최대화하다, 극대화하다 ☜ maxim + ize<동접>
□ **maxim**um [mǽksəməm] ⓗ **최대의**, 최고의 ⓜ (pl. **-ma, ~s**) 최대, **최대한, 최고점** ☜ maxim + um<명접>
♠ the rainfall **maximum 최대** 강우량

마야 Maya (중앙아메리카지역의 고대 인디오 문명 및 종족)

□ **Maya** [mάːjə] ⓜ (pl. **~(s)**) **마야**족〔인〕《중앙 아메리카의 원주민》; **마야**어
□ **Maya**n [mάːjən] ⓜⓗ 마야족(의); 마야어(의) ☜ -an<~의/~사람>

메이비 세대 Generation maybe ([신조어] 결정장애 세대)

2012년 독일의 올리버 에게스라는 젊은 저널리스트가 미국 담배회사 말보로의 광고 문구 'Don't be a Maybe'를 보고 착안해 칼럼에 기고하면서 대중적인 용어가 됐다. 우리나라에서도 최근 일반화되는 경향이다. 이렇게 되는 것은 아이들이 정답이 있는 문제만 오랫동안 풀어왔기 때문이라는 주장이 있다. <출처 : 브릿지경제-원 클릭 시사. 2018.10.1.일자>

※ **generation** [dʒènəréiʃən] ⓜ **세대, 한 세대의 사람들; 발생; 생산, 산출** ☜ -ion<명접>
□ **may**be [méibiː/**메**이비-] ⓟ **어쩌면, 아마**(=perhaps)
☜ It may be ~ (아마 ~일지도 모른다)라는 말의 줄임말
□ **may** [mei/메이] ⓩⓓ 〔불확실한 추측〕 **아마 ~일[할]지도 모른다**. 《부정형은 may not》; 〔허가·허용〕 **~해도 좋다** 《'불허가'의 뜻으로 may not이나, '금지'의 뜻의 must not이 쓰임. may 대신 can이 사용될 때가 많음》; 〔목적〕 **~하기 위해, ~할 수 있도록;** 〔양보〕 **비록 ~일지라도, 설사 ~라 할지라도;** 〔바람·기원·저주〕 《문어》 **바라건대 ~하기를**〔있으라〕, ~할지어다 《이 용법에서는 may가 항상 주어 앞에 옴. 현대 영어에서는 I wish 따위를 씀》 ☜ 고대영어로 '할 수 있다'란 뜻
♠ It **may** rain. 비가 올**지도 모른다.**
♠ You **may** go now. 이제 가**도 좋다.**
♠ He is working hard (so) that he **may** pass the examination.

M

그는 시험에 합격**하기 위해** 열심히 공부하고 있다.

♠ However tired you **may be**, you must do it.
비록 네가 지쳤**더라도** 너는 그것을 해야 된다.

♠ **May** you succeed! 성공을 **빈다.**

♠ **may as well ~ (as) 차라리 ~하는 편이 낫다**(=had better)

♠ **may (might) well~ ~하는 것도 마땅하다[당연하다]**(=have good reason to)

□ **might** [mait/마이트] ㉠㉢ 조동사 may의 과거형. 《직설법에서는 보통 시제를 일치시켜서 쓰고, 가정법에서는 should, would, could처럼 시제 · 인칭대명사에 따른 어형 변화 없이 쓴다》 ☜ may의 과거형

메이퀸 May queen (5월 축제의 여왕으로 뽑힌 처녀) * queen 여왕
메이플라워호 Mayflower (청교도를 태우고 신대륙으로 건너간 배)

© Knutsford Royal Mayday

□ **May** [mei/메이] ㉹ **5월**; 《비유적》 인생의 봄, 청춘; 5월제(~ Day)
☜ '(그리스신화의) 봄의 여신 Maia(마이아)의 달'이란 뜻. 마이아는 Atlas의 딸이며, 제우스와의 사이에서 Hermes를 낳았다.

□ **May** Day 5월제 《5월1일》; **메이 데이** 《노동절》 ☜ day(일(日), 날)
★ 조난신호의 '메이데이'는 'Mayday'로 표기하며, 이는 프랑스어로 m'aider(=help me/도와줘)의 변형이다.

□ **May**flower [méiflàuər] ㉹ **5월에 피는 꽃**; 《영》 산사나무; [the ~] **메이플라워**호 《1620년 Pilgrim Fathers(청교도)를 태우고 영국에서 신대륙으로 건너간 배》
☜ 5월(May)의 꽃(flower)

마요네즈 mayonnaise (식물성 오일 · 계란 노른자로 만든 노란 소스)

□ **mayonnaise** [mèiənéiz] ㉹ 《F.》 **마요네즈**(소스); 그것으로 조미한 요리
☜ 프랑스어로 '마욘풍의 소스'라는 뜻. 마욘(Mayon)은 스페인의 마요르카(Mallorca) 섬에 있는 항구이다.

메이저리그 major-league baseball (미국 프로야구의 American League와 National League를 아우르는 말. <큰 리그전(戰) 야구>란 뜻) * baseball 야구

M

미국 프로야구의 아메리칸리그(American League)와 내셔널리그(National League)를 아우르는 말로, 빅리그(Big League)라고도 한다. 아메리칸리그 소속 15개 팀, 내셔널리그 소속 15개 팀으로 이루어져 있으며 각각 동부지구, 중부지구, 서구지구로 나뉘어 정규 시즌을 치른다. <출처 : 두산백과 / 요약인용>

♣ **어원 : maj, may 위대한, 거대한**

■ **maj**or [méidʒər/**메**이저] ㉸ **큰 쪽의**, 대부분의; **주요한**, 일류의 ㉹ (육 · 공군 · 해병대의) 소령 ☜ 라틴어로 '위대한'의 비교급

■ **maj**ority [mədʒɔ́(:)rəti/머**조**(-)뤄리/머**조**(-)뤄티] ㉹ [단 · 복수취급] **대부분**, 대다수 ☜ -ity<명접>

□ **may**or [méiər, mɛər] ㉹ **시장**, 읍장 ☜ 위대한(may) 사람(or)

♠ **the Mayor** of New York 뉴욕 **시장**

♠ the lord **mayor** 《영》 (런던 등 대도시의) **시장** ☜ lord(군주, 영주)

□ **may**oral [méiərəl] ㉸ 시장의 ☜ mayor + al<형접>

□ **may**oralty [méiərəlti, mɛ́ər-] ㉹ 시장(읍장)의 직(임기) ☜ -ty<명접>

□ **may**oress [méiəris, mɛ́ər-] ㉹ 《미》 여(女)시장; 《영》 시장 부인(Lady Mayor)
☜ -ess<여성형 명접>

※ **league** [li:g/리-그] ㉹ **연맹, 리그(전)** ㉢ 동맹(연합)하다 ☜ 한 데 묶(leag) 기(ue)

어메이징 그레이스 Amazing Grace (미국인의 영적인 국가(國歌)로 불리는 찬송가. <놀라운 은총>이란 뜻) * 실제 미국 국가(國歌)는 <The Star-Spangled Banner(별이 빛나는 깃발)>임.

미국인의 영적(靈的)인 국가(國歌)로 불리는 찬송가. 영국 성공회 사제 존 뉴턴(1725~1807)이 과거 흑인 노예무역을 했을 때 흑인을 학대했던 것을 참회하며 1722년 작사했다.

■ a**maze** [əméiz] ㉢ **몹시 놀라게 하다** ☜ 미로(maze) 로(a<ad=to) 들어가다

■ a**maz**ing [əméiziŋ] ㉸ **놀랄만한**, 굉장한 ☜ amaze + ing<형접>

□ **maze** [meiz] ㉹ **미로**(迷路); 당황 ㉢ 당황케 하다 ☜ a**maze**의 두음소실
★ 제주시 구좌읍에 메이즈랜드(Mazeland)라는 '미로공원'이 있다.

♠ **be in a maze 어찌할 바를 모르다**.

□ **maz**y [méizi] ㉸ (-<-zi**er**<-zi**est**) 미로(迷路)와 같은; 꾸불꾸불한; 복잡한; 당황한
☜ maze + y<형접>

☐ **maz**ily [méizili] ⓟ 당황하여; 구불구불하여 ☜ mazy + ly<부접>
※ **grace** [greis/그뤠이스] ⓜ **우아**, 호의; (신의) 은총, 자비 ⓢ **우아하게 하다**, 명예를 주다 ☜ 라틴어로 '우미(優美)'라는 뜻

마주르카 mazurka (폴란드의 경쾌한 민속무용과 그 무곡)

☐ **mazurka, -zour-** [məzə́ːrkə, -zúər-] ⓜ **마주르카**《폴란드의 경쾌한 춤》; 그 춤곡 ☜ 폴란드의 마조프세 지방에서 유래

엠비에이 M.B.A. (경영학 석사 과정, 경영전문대학원)

☐ **MBA, M.B.A.** **M**aster of **B**usiness **A**dministration 경영학 석사

✚ **master 주인(의), 명인의; 지배[숙달]하다** **busi**ness **사업; 직업** ad**mini**stration **관리, 경영, 행정(부)**

엠시 M.C. (사회자)

☐ **MC, M.C.** **M**aster of **C**eremonies 사회자; 의전 장관 ☜ 의식(ceremony) 의(of) 주인(master)

✚ **master 주인;** 주인의, **명인의; 지배하다, 숙달하다** **cere**mony **의식**; 의전《공적·국가적인》

메카시즘 McCarthyism (1950년 전 미국을 휩쓴 극단적인 반공운동)

☐ **McCarthyism** [məkɑ́ːrθiìzəm] ⓜ **매카시즘**《극단적 반공주의자; 미국 상원의원 J. R. McCarthy (1908-57)의 이름에서》

맥킨리 McKinley (알래스카에 있는 북미 대륙 최고봉. 6,194m)

☐ **McKinley** [məkínli] ⓜ **매킨리**《Alaska에 있는 북아메리카 대륙의 최고봉; 6,194m》 ☜ 1896년 당시 미국의 제25대 대통령이었던 맥킨리(William McKinley)로 명명함. 2015년 미국 정부가 오래전 알래스카 원주민이 붙인 이름이었던 데날리(Denaly)로 개칭했는데, 데날리란 아타바스칸어로 '위대한 것', '높은 곳'이란 뜻이다.

엠데이 M-day (전쟁 동원일)

☐ **M-day** [émdèi] ⓜ **M**obilization day 【군사】 동원일(動員日)
■ **mobilization** [mòubəlizéiʃən] ⓜ 【군사】 동원; (금융의) 운용, 유통 ☜ 움직이는(mobilize) 것(tion)
※ **D-day** [díːdèi] ⓜ 【군사】 전쟁 개시일《중요한 작전·행사가 예정된 날》 ☜ D(Day의 첫글자) + day(날)
※ **H-hour** [éitʃàuər] ⓜ 【군사】 공격(작전) 개시시각 ☜ H(hour의 첫글자) + hour(시간)

미투 운동 Me Too 운동(運動) (나도 당했다는 사실을 고발하는 운동)
아이 마이 미 마인 I My Me Mine (댄스팝 걸그룹 4Minute의 노래)

미국의 연예계, 정계, 스포츠계 등 사회 전반에 걸쳐 진행되던 <미투(Me Too, (성추행 등을) 나도 당했다 고발 운동>이 2018년 우리나라에도 강하게 확산되었다.

■ **I** [ai/아이] ⓓ **나, 본인** ☜ 고대영어로 '나(1인칭 단수 대명사)'란 뜻
■ **my** [mai/마이, məi, mə] ⓓ 〔I의 소유격〕 **나의** ☜ mine(나의 것)의 변형
☐ **me** [miː/mi/미-/미] ⓓ 〔I의 목적격〕 **나를, 나에게** ☜ 1인칭 단수 인칭대명사의 변형된 형태
♠ **me generation 《미》 미 제네레이션, 자기중심 세대**
■ **mine** [main/마인] ⓓ 〔1인칭 단수의 소유대명사〕 **나의 것**; 나의 소유물

구분	인칭	주 격	소유격	목적격	소유대명사	재귀대명사	be동사	do동사	have동사
단수	1	I	my	me	mine	myself	am	do	have
	2	You	your	you	yours	yourself	are		
	3	He	his	him	his	himself	is	does	has
		She	her	her	hers	herself			
		It	its	it	-	itself			

※ **too** [tuː/투-] ⓟ (~도) **또한**; (형용사·부사 앞) **너무나**; 대단히 ☜ 고대영어로 '추가로'란 뜻

연상 미드(미국 드라마)를 제대로 보려면 미드(mead.초원)에서 봐야한다.

♣ 어원 : me- (풀이나 곡식을) 자르다

☐ **mead** [miːd] 《시》 초원(=meadow) ☜ 고대영어로 '초원'이란 뜻

☐ **meadow** [médou] 명 풀밭, **목초지, 초원**; 강변의 낮은 풀밭
☜ 고대영어로 '건초용으로 깎은 풀로 덮인 땅'이란 뜻 ★ 미국 캘리포니아주 베이커즈필드(Bakersfield)에 메도우즈 필드 공항(Meadows Field Airport)이 있다.
♠ a floating **meadow** 침수가 잘 되는 **(목)초지**

☐ **meadow**y [médoui] 형 목초지의; 풀밭이 많은, 목초지 같은 ☜ meadow + y<형접>

연상 그는 퇴역한 미그(MIG)기 속에서 미거(meager.빈약한)하게 살고 있다.

※ **Mig, MiG, MIG** [mig] 명 **미그** 《옛 소련제 제트 전투기》
☜ 설계자 Mikoyan and Gurevich 이름에서

☐ **meager**, 《영》 **-gre** [miːgər] 형 **빈약한**, 여윈; **메마른**; 불충분한, 무미건조한 ☜ 라틴어로 '야윈'이란 뜻
♠ a **meager** income **빈약한** 수입

연상 거칠게 빻은 밀도 밀(meal.식사) 용도로 많이 쓰인다.

☐ **meal** [miːl/미일] 명 **식사**; 식사 시간; 한 끼(분) 동 식사하다
☜ 고대영어로 '식량, 식사시간'이란 뜻
비교 breakfast 조반, lunch 점심, supper 석식, dinner 석식, 만찬
♠ three meals a day 하루 세 끼

☐ **meal** [miːl] 명 (옥수수·밀 따위의) **거친[굵은] 가루**
☜ 고대영어로 '땅에서 수확한 곡식'이란 뜻

☐ **meal** ticket 식권 ☜ ticket(표, 입장권)

☐ **meal**time [míltàim] 명 식사 시간 ☜ meal + time(시간, 시대; ~회)

☐ **meal**y [míːli] 형 (-<-li**er**<-li**est**) 가루모양의, 거친 거루의 ☜ meal + y<형접>

M

매스미디어 mass media (대량전달매체)
그리니치 민 타임 GMT (영국 그리니치천문대 기준의 세계표준시간)

♣ 어원 : medi, mid, mean 중간

※ **mass** [mæs/매스] 명 **덩어리, 모임, 집단** ☜ 그리스어로 '보리로 만든 케이크'란 뜻

■ **medi**a [míːdiə] 명 (the ~) **매스컴, 매스미디어** ☜ medium의 복수

■ **medi**um [míːdiəm] 명 (pl. **-s**, medi**a**) **중간, 매개물**, 매체 형 **중위[중등, 중간]의**
☜ 중간(medi)의 것(um<명접>)

☐ **mean** [miːn] 명 중간, 중용 형 **보통의, 중간의, 평균의;** ☜ 라틴어로 '중간의'란 뜻
천한, 초라한, 뒤떨어진; 비열한 ☜ 고대영어로 '공통의, 평범한'이란 뜻. 모든 사람들이 공통으로〔보통〕 갖고 있는 것은 흔히 '저열한' 것이라는 의미에서
♠ take a **mean** course **중용의** 길을 택하다
♠ Greenwich Mean Time **그리니치 기준[평균]시간**(GMT)
♠ **mean** houses **누추한** 집

☐ **mean** Sea Level 평균해수면(MSL) ☜ 평균(mean) 바다(sea) 수준(level)

☐ **mean**ly [míːnli] 비열하게 ☜ mean + ly<부접>

☐ **mean**ness [míːnnis] 비열 ☜ mean + ness<명접>

☐ **mean** [miːn/미인] 동 (-/**meant/meant**) **~을 의미하다**, 뜻하다; **의도하다, ~할 작정이다, 꾀하다** ☜ 고대영어로 '마음 가운데(중앙)에 가지다'
명 [~s] **방법, 수단**; **재력**, 재산 ☜ 고대 프랑스어로 '수단'이란 뜻
♠ **What do you mean** by that? 그건 **무슨 뜻이냐?**
♠ **You mean everything to me. 당신은 제게 전부를 의미합니다**.
《미국의 세계적인 팝 가수 닐 세다카의 히트곡》
♠ a **means** to an end 목적 달성의 **수단**
♠ **be mean to (사람) ~에게 심술궂게 굴다**
♠ **by all means 반드시, 꼭; 《대답》 부디**(=certainly)
♠ **by any means 《부정문》 아무리 해도**(=in any way), **도무지**
♠ **by means of ~ ~에 의하여, ~을 써서**
♠ **by no means 결코 ~이 아니다[하지 않다]**(=not at all); **《대답》 천만에**
(=certainly not)
She is **by no means** an inexperienced teacher.

그녀는 **결코** 경험 없는 교사**가 아니다**.

♠ **mean to ~ ~할 작정이다, ~을 의도하다**

☐ **mean**ing [míːniŋ] ⓜ (말 따위의) **의미**, 뜻(=sense), 취지 ☜ 의미하(mean) 기(ing/명접)

☐ **mean**ingly [míːniŋli] ⓟ 뜻 있는 듯이 ☜ meaning + ly<부접>

☐ **mean**ingful [míːniŋfəl] ⓗ **의미심장한**(=significant); 뜻있는 ☜ 의미(meaning)가 가득한(ful)

☐ **mean**ingless [míːniŋlis] ⓗ **뜻이 없는**, 의미 없는, 무의미한 ☜ 의미(meaning)가 없는(less)

☐ **mean**time, **mean**while [míːntàim], [-hwàil] ⓜ (the ~) **그 동안** ⓟ **그 사이[동안]에**
☜ 중간(mean)에 있는 동안(while)

♠ **in the meantime 그러는 동안에, 그 사이에 ; (한편) 이야기는 바뀌어**

게리멘더링 GerryMandering (특정정당에 유리한 선거구 획정)

미국 매사추세츠 주지사였던 엘브리지 게리(E. Gerry)가 1812년의 선거에서 자기 당에게 유리하도록 선거구를 정했는데 그 부자연스러운 형태가 샐러맨더(salamander, 불속에 산다는 그리스 신화의 불도마뱀)와 비슷한 데서 유래하였다 <출처 : 시사상식사전 / 일부인용>

♣ **어원 : mander, meaner 뱀; 구불구불하다**

■ gerry**mander** [dʒérimæ̀ndər, gér-] ⓢ《미》(선거구를) 자기 당에 유리하게 고치다; 부정(不正)을 하다, 속이다 ⓜ (당리를 위한) 선거구 개편, **게리맨더**; 속임수
☜ 매사추세츠 주지사 게리(**Gerry**) + 그리스 신화의 불 도마뱀(sala**mander**)

■ gerry**mander**ing [dʒérimæ̀ndəriŋ, gér-] ⓜ **게리멘더링**《선거시 특정한 당에게 유리하도록 선거구를 획정하는 것》 ☜ -ing<명접>

■ sala**mander** [sǽləmæ̀ndər] ⓜ 〖그.신화〗 **샐러맨더**, 불도마뱀《불 속에 산다는 전설의 괴물》; 불의 정(精) ☜중세영어로 '불속에 살고 불을 먹는 도롱뇽'이란 뜻

☐ **meander** [miǽndər] ⓜ (pl.) (강의) 구불구불함; 꼬부랑길; 정처 없이 거닒 ⓢ 완만히 굽이쳐 흐르다; 정처 없이 걷다 ☜ 라틴어로 '구불구불한 길'이란 뜻

♠ The stream **meanders** slowly down to the sea.
그 냇물은 천천히 **구불구불 흘러** 바다로 간다.

☐ **meander**ing [miǽndəriŋ] ⓗ 구불구불한, 정처 없이 거니는 ☜ meander + ing<형접>

연상 미사일(missile.미사일)에 미즐즈(measles.홍역)가 덕지덕지 붙어있다.

M

※ **miss**ile [mísəl/-sail] ⓜ **미사일**, **유도탄**
☜ 라틴어로 '던질(miss) 수 있는 것(ile)'이란 뜻

☐ **measle**s [míːzəlz] ⓜ **홍역**; 〖수의〗 (돼지·소의) 포충증(包蟲症), 낭충증
☜ 고대 고지(高地) 독일어로 '피멍', 중세 네델란드어로 '흠, 오점'이란 뜻

♠ catch **(the) measles 홍역**에 걸리다

메저링 컵 measuring cup (눈금이 새겨진 계량컵) * cup 찻종, 컵, 잔

♣ **어원 : meas(ur), mensur, met 재다, 측정하다**

☐ **measur**e [méʒər/**메**저] ⓢ **~을 재다, 측정[평가]하다; ~의 길이[폭·높이]이다**
☜ 라틴어로 '측정하다'란 뜻

♠ The tailor **measured** me for new clothes.
재단사는 새 옷을 지으려고 내 **치수를 잿다.**

♠ The room **measures** 20 feet wide. 그 방은 **폭이** 20ft**이다**.

☐ **measur**able [méʒərəbəl] ⓗ **잴 수 있는**, 측정할 수 있는; 알맞은 ☜ measur + able(~할 수 있는)

☐ **measur**eless [méʒərlis] ⓗ《문어》무한한, 헤아릴 수 없는 ☜ -less(~이 없는)

☐ **measur**ement [méʒərmənt] ⓜ **측량**, 측정; [보통 pl.] 치수, 크기 ☜ -ment<명접>

✚ com**mensur**able 동일 단위로 잴 수 있는; 균형 잡힌 im**measur**able **헤아릴 수 없는; 광대한**

미트볼 meatball (볼처럼 둥그런 고기완자)

☐ **meat** [miːt/미잍] ⓜ (식용 짐승의) **고기** ☜ 원래는 고대영어로 '음식물, 식사'였으나, 차츰 '고기, 수육'의 뜻으로 변화되었음.

비교 meet 만나다

♠ chilled **meat** 냉장**육**

☐ **meat** grinder 고기 써는 기계 ☜ 가는/빻는(grind) 기계(er)

☐ **meat**ball [míːtbɔ̀ːl] ⓜ **미트볼**, 고기 완자; 《미.속어》 지겨운 녀석; 얼간이 ☜ ball(공)

☐ **meat**packing [míːtpækiŋ] ⓜ《미》(도살에서 가공, 도매까지 하는) 식육 가공 도매업
☜ meat + packing(포장)

메카 Mecca (사우디아라비아에 있는 마호멧의 탄생지)

☐ **Mecca** [mékə] 명 **메카** 《사우디아라비아의 도시; Muhammad 탄생지》; (or m-) 동경의 땅〔대상〕; (주의·신앙·학문 따위의) 발상〔기원〕지
☜ 아랍어로 '성스런〔거룩한〕 장소'란 뜻

타임머신 time machine (시간여행을 가능하게 한다는 공상의 기계)
메카니즘 mechanism (기계론, 사물의 작용원리나 구조)

© Warner Bros.

♣ **어원 : machin, machan 기계, 장치**
※ **time** [taim/타임] 명 (관사 없이) **시간, 때;** 시일, 세월; ~회, ~번
☜ 초기인도유럽어로 '나눈 것'이란 뜻
■ **machine** [məʃíːn/머**쉬**인] 명 **기계**(장치) 형 기계의 ☜ 그리스어로 '장치'
☐ **mechanic** [məkǽnik] 명 **기계공**; (기계) 수리공, 정비사 ☜ -ic(사람)
♠ a car **mechanic** 자동차 **정비공**
☐ **mechanical** [məkǽnikəl] 형 **기계(상)의**; 공구의; **기계적인** 명 기계적인 부분〔구조〕 ☜ mechanic + al<형접>
☐ **mechanically** [məkǽnikəli] 부 **기계(장치)로, 기계적으로**; 무감정적으로 ☜ -ly<부접>
☐ **mechanics** [məkǽniks] 명 (pl., 단수취급) **기계학; 역학** ☜ -ics(학문)
☐ **mechanism** [mékənìzəm] 명 **기계(류), 메카니즘; 기계장치**, 기구, 구조, 구성 ☜ -ism(상태)
☐ **mechanize** [mékənàiz] 동 기계화하다 ☜ mechan + ize<동접>

메달 medal (표창이나 기념의 표지로 만든 둥근 패(牌))

☐ **medal** [médl] 명 **메달**, 상패, 기념패, 기장, **훈장**
☜ 라틴어로 '금속(화폐)'란 뜻
♠ a prize **medal** 상**패**
♠ **the Medal of Honor 《미》 메달 오브 아너, 명예훈장** 《전투원에게 의회의 이름으로 대통령이 수여하는 미국 최고의 훈장》
☐ **medal(l)ist** [médəlist] 명 메달 제작〔의장(意匠), 조각〕가; 메달 수령자〔수집가〕 ☜ -ist(사람)

매스미디어 mass media (대량전달매체), 매들리 medley ([음악] 접속곡, 혼성곡)

♣ **어원 : medi, mid, mean 중간, (둘 사이의) 간섭; (여럿 사이에) 섞다**
※ **mass** [mæs/매스] 명 **덩어리, 모임, 집단** ☜ 그리스어로 '보리로 만든 케이크'란 뜻
☐ **meddle** [médl] 동 **쓸데없이 참견하다, 간섭하다;** (남의 것을) **만지작거리다**
☜ 중간에 섞(med) + d + 다(le<동접>)
♠ He had no **right to meddle** in her affairs.
그가 그녀 일에 **간섭할 권리**는 없었다.
☐ **meddler** [médlər] 명 오지랖 넓은 사람, 간섭자 ☜ -er(사람)
☐ **meddling** [médliŋ] 명 (쓸데없는) 간섭, 참견 형 참견하는, 간섭하는 ☜ meddle + ing<형접>
☐ **meddlesome** [médlsəm] 형 참견이 심한, 간섭하기 좋아하는 ☜ meddlee + some<형접>
☐ **media** [míːdiə] 명 medium의 복수; (the ~) **매스컴, 매스미디어**
☐ **mediaeval** [mìːdiíːvəl, mèd-] 형 = medieval ☜ 중세(medi) 시대(aev<age) 의(al)
☐ **mediate** [míːdièit] 동 (분쟁 등)을 조정〔중재〕하다, 화해시키다
☜ 중간(medi)을 만들다(ate) **비교** meditate 명상하다, 숙려(熟慮)하다
☐ **mediation** [mìːdiéiʃən] 명 중재, 조정 ☜ -ation<명접>
☐ **mediator** [míːdièitər] 명 조정자, 중재자; (the M-) (하느님과 사람 사이의) 중개자 《예수》
☜ -or(사람)
☐ **medium** [míːdiəm] 명 (pl. **-s,** medi**a**) **중간, 매개물**, 매체 형 **중위[중등, 중간]의** ☜ -um<명접>
♠ Air is **the medium** of sound. 공기는 소리의 **매체**이다
■ **medley** [médli] 명 **잡동사니**, 뒤범벅; 잡다한 집단; 〖음악〗 **접속곡**, 혼성곡, **메들리**
☜ 중간에 섞(med) 는(le<형접>) 것(y<명접>)

메디컬드라마 medical drama (의학적 내용이 주된 드라마) * drama 극(예술)

♣ **어원 : medi 의술, 의학, 치료; 고치다, 시중들다**
☐ **medical** [médikəl] 형 **의학의**, 의술〔의료〕의; 의약의; 내과의 ☜ 라틴어로 '의사의'란 뜻
♠ **under medical treatment 치료 중**
☐ **medical** attendant 주치의 ☜ attendant(시중드는 사람)
☐ **medical** Center 의료센터 ☜ center(중심, 센터)

© bisonbeat.net

☐ **medi**cal college 의과대학 ☜ college(단과대학, 학부)
☐ **medi**cal equipment 의료기구 ☜ equipment(장비, 설비)
☐ **medi**cal examination 건강진단 ☜ examination(시험, 검사)
☐ **medi**cal treatment (내과적) 치료 ☜ treatment(취급, 처리, 치료)
☐ **medi**cally [médikəli] [부] 의학상으로; 약에 의하여 ☜ -ly<부접>
☐ **medi**cinal [mədísənl] [형] 의약의 ☜ medicine + al<형접>
☐ **medi**cine [médəsən] [명] **약**, 약물, 《특히》 내복약; 의학, 의술 [동] 약을 주다 ☜ 라틴어로 '치료의 기술'이란 뜻
♠ **take medicine 약을 먹다**
☐ **medi**cation [mèdəkéiʃən] [명] 약물 치료〔처리〕; 약물 ☜ medi + c + ation<명접>

매스미디어 mass media (대량전달매체), 매들리 medley ([음악] 접속곡, 혼성곡)

♣ 어원 : **medi, mid, mean 중간, (둘 사이의) 간섭; (여럿 사이에) 섞다**
※ **mass** [mæs/매스] [명] **덩어리, 모임, 집단** ☜ 그리스어로 '보리로 만든 케이크'란 뜻
■ **medi**a [míːdiə] [명] medium의 복수; (the ~) **매스컴, 매스미디어**
☐ **medi**eval [mìːdiíːvəl, mèd-] [형] **중세(풍)의**, 중고의; 《구어》 낡은, 구식의 ☜ 중간(medi) 시대(ev/age) 의(al) [비교] primeval 원시시대의, 태고의
♠ **medieval history 중세사** 《A.D. 476년 서로마제국의 멸망에서부터 1400년대 르네상스까지》
☐ **medi**ocre [mìːdióukər] [형] 평범한, 보통의 ☜ 언덕(orce) 중간(medi)에 있는
☐ **medi**ocrity [mìːdiάkrəti/-ɔ́k-] [명] **평범**, 보통; 평범한 사람, 범인(凡人) ☜ 언덕(orce) 중간(medi)에 있는 것(ity)
☐ **medi**tate [médətèit] [동] **명상[묵상]하다**, 숙려(熟慮)하다; 계획하다, **꾀하다** ☜ (마음을) 중간(medi) 상태로 + t + 만들다(ate)
♠ **meditate** deeply 깊이 **명상하다**
☐ **medi**tation [mèdətéiʃən] [명] 묵상, (종교적) 명상; **심사숙고**; (pl.) 명상록 ☜ -ation<명접>
☐ **medi**tative [médətèitiv] [형] 묵상의, 묵상에 잠기는, **명상적인** ☜ -ative<형접>
☐ **medi**tator [méditèitər] [명] 묵상하는 사람, 명상가 ☜ -or(사람)
☐ **Medi**terranean [mèdətəréiniən] [형] **지중해의**; (m-) 육지에 둘러싸인 [명] (the ~) **지중해**(~ Sea) ☜ 중간(medi)에 있는 땅(terra) + ne<어근확장> + 의(an)
☐ **medi**um [míːdiəm] [명] (pl. **-s,** medi**a**) **중간, 매개물**, 매체 [형] **중위[중등, 중간]의** ☜ -um<명접>
☐ **med**ley [médli] [명] **잡동사니**, 뒤범벅; 잡다한 집단; 〖음악〗 **접속곡**, 혼성곡 ☜ 중간에 섞(med) 는(le<형접>) 것(y<명접>)

M

메두사 Medusa ([그神] 보는 이는 돌로 변하는 머리가 뱀인 괴물)

[그리스 신화] 고르고네스(Gorgones) 3자매 중 하나. 원래 아름다웠던 메두사는 아테나(Aegis) 여신이 질투하여 그녀의 머리카락을 뱀으로 만들어 사람들이 그 얼굴을 보기만 해도 돌로 변해버렸다. 세 자매 중 유일하게 불사신이 아닌 메두사는 페르세우스(Perseus)에 의해 죽는데, 페르세우스는 메두사의 머리를 잘라 아테나 여신의 방패에 붙여주었다. <출처 : 그리스로마신화 인물백과 / 일부인용>

☐ **Medusa** [mədjúːsə, -zə] [명] 〖그.신화〗 **메두사** 《세 자매 괴물(Gorgons) 중의 하나》

[연상] 시크(chic.스마트하고 매력있는)한 그녀는 미크(meek.유순한)하기 까지 하다.

※ **chic** [ʃi(ː)k] [형] (옷 등이) 매력 있고 유행에 어울리는, 멋진, 스마트한(=stylish) [명] (특히 옷의) 멋짐, 기품, 우아; (독특한) 스타일; 유행, 현대풍 ☜ 프랑스어로 '숙련, 기술'이란 뜻
☐ **meek** [miːk] [형] (온)**순한**, 유화한(=mild); 굴종적인, 기백〔용기〕 없는(=spiritless) ☜ 고대 노르드어로 '부드러운'의 뜻
♠ (as) **meek** as a lamb 〔a maid, Moses〕 양처럼 **순한**
☐ **meek**ly [míːkli] [부] 유순하게, 온순하게, 얌전히 ☜ meek + ly<부접>
☐ **meek**ness [míːknis] [명] 얌전함, 유화함, 온순함; 참을성 있음; 기백 없음, 굴종적임 ☜ -ness<명접>

미팅 meeting ([콩글] 남녀의 사교적 만남, 소개팅) ➔ blind date

☐ **meet** [miːt/미-트] [동] (-/**met/met**) **~을 만나다, ~와 마주치다**; (길·강 등이) **합치다**; **직면[대항]하다; 마중 나가다**; (처음으로) **상면하다** ☜ 고대영어로 '찾다, 발견하다'란 뜻 [비교] meat 고기, 육류
♠ We **meet** together once a week. 우리는 1주일에 한 번씩 **모인다**.

♠ **meet with ~ ~와 마주치다, 우연히 만나다, ~을 우연히 경험하다**

☐ **meet**ing [míːtiŋ/**미**-링/**미**-팅] ⓜ **만남**, 면회; **모임**, 회합, 집회 ☜ meet + ing<명접>
♠ a chance **meeting** on the street 길거리에서의 우연한 **만남**

메가폰 megaphone (손 확성기), 메가헤르츠(MHz), 메가톤(MT)...

< megaphone >

♣ **어원 : mega, megalo 큰, 거대한, 100만배의**

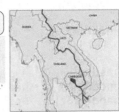

☐ **mega**phone [mégəfòun] ⓜ **메가폰**, 확성기; 대변자 ⓢ 확성기로 전하다, 큰 소리로 알리다 ☜ mega + phone(소리)
♠ speak through a **megaphone** 〔bullhorn〕 **확성기**에 대고 말하다

☐ **mega**byte [mégəbàit] 〖전산〗 **메가바이트**(MB) * 1MB=1,024KB ☜ byte(정보의 단위)

☐ **mega**city [mégəsìti] ⓜ **메가시티**, 거대 도시 《인구 100만명 이상의》 ☜ mega + city(도시)

☐ **mega**hertz [mégəhə̀ːrts] ⓜ (pl. **-**) **메가헤르츠**(MHz), 백만 헤르츠 ☜ mega + hertz(진동수/주파수의 단위)

☐ **megalo**polis [mègəlɑ́pəlis/-lɔ́p-] ⓜ 거대 도시; (대도시 주변의) 인구 과밀 지대 ☜ megalo + polis(도시)

☐ **megalo**politan [mègəloupɑ́litən/-pɔ́l-] ⓗⓜ 거대 도시의 (주민) ☜ megalo + politan(도시민)

☐ **mega**ton [mégətʌ̀n] ⓜ **메가톤**(MT), 백만 톤 《핵무기의 폭발력을 재는 단위; 1메가톤은 TNT 백만 톤의 폭발력에 상당함》 ☜ ton(톤, 무게의 단위)

☐ **mega**volt [mégəvòult] ⓜ 〖전기〗 **메가볼트**(Mv), 백만 볼트 ☜ mega + volt(전압의 단위)

☐ **mega**watt [mégəwɑ̀t] ⓜ 〖전기〗 **메가와트**(Mw), 백만 와트 ☜ mega + watt(전력의 단위)

메콩강 Mekong (인도차이나 반도를 거쳐 남중국해로 흐르는 강)

중국의 티베트에서 발원하여 미얀마-라오스-타이-캄보디아-베트남을 거쳐 남중국해로 흐르는 강. 총 길이 4,020km로 동남아시아 최대의 강이며, 세계적으로도 손꼽히는 큰 강이다.

☐ **Mekong** [méikɑ́n/-kɔ́ŋ] ⓜ (the ~) **메콩**강(江) ☜ 타이 어로 '가장 큰 강'
♠ the **Mekong** Delta **메콩강** 삼각주

멜란콜리 melancholy (우울증), 멜라닌 melanin (검은 색소)

< melancholy >

♣ **어원 : melan 검은, 우울한**

☐ **melan**choly [mélənkɑ̀li/-kɔ̀li] ⓜ (습관적・체질적인) **우울**(증), 침울 ⓗ 우울한, 침울한; 슬픈 ☜ 그리스어로 '검은 담즙'이란 뜻
♠ **melancholy** mood **우울한** 기분

☐ **melan**cholic [mèlənkɑ́lik/-kɔ́l-] ⓗ 우울한; 우울증의 ☜ -ic<형접>

☐ **melan**cholia [mèlənkóuliə] ⓜ 우울증 ☜ -ia(~증, ~병)

☐ **melan**choliac [mèlənkóuliæ̀k] ⓜ 우울증 환자 ⓗ 우울증에 걸린 ☜ -iac<형접/명접>

☐ **Melan**esia [mèləníːʒə, -ʃə] ⓜ **멜라네시아** 《오스트레일리아 북부와 서부 태평양의 군도》 ☜ 그리스어로 '검은 섬들'이란 뜻

☐ **melan**in [mélənin] ⓜ **멜라닌**, 검은 색소 ☜ -in(화학적 요소)

☐ **melan**ian [míləiniən] ⓗ 흑색의; (보통 M-) 머리칼・피부가 검은, 흑인종의 ☜ -ian<형접>

☐ **melan**ic [məlǽnik] ⓗ 흑색의; 〖의학〗 흑색증(症)의 ⓜ 흑색증 환자; 흑인(종) ☜ -ic<형접/명접>

연상 이 멜론(melon.식용 열매)은 잘 멜로우(mellow.익어 달콤한)했다.

☐ **melon** [mélən] ⓜ 〖식물〗 **멜론**(=muskmelon); 수박(=watermelon) ☜ 그리스어로 '사과 모양의 오이'란 뜻
♠ a slice of **melon 멜론** 한 조각

☐ **mellow** [mélou] ⓗ (과일이) **익어 달콤한**, 감미로운; 부드러운; 원숙한 ⓢ 익히다; 원숙하게 하다, 원숙해지다 ☜ 중세영어로 '부드럽고, 달콤하고, 즙이 있는'이란 뜻
♠ a violin with **a mellow tone 부드러운 음조**의 바이올린

☐ **mellow**ly [mélouli] ⓟ 달게 익어 ☜ mellow + ly<부접>

☐ **mellow**ness [mélounis] ⓜ 성숙, 원숙 ☜ mellow + ness<명접>

■ water**melon** [wɔ́tərmèlən] ⓜ 〖식물〗 **수박** ☜ water(물) + melon

멜로디 melody (선율)
멜로드라마 melodrama (콩글 연애 드라마) ➔ romantic drama

♣ **어원 : melo(d) 음악의**

☐ **melod**y [mélədi] 명 〖음악〗 **멜로디**, 선율(=tune); 아름다운 곡조; 가곡, 가락, 곡조
☜ 그리스어로 '노래'라는 뜻
♠ a lyrical **melody** 서정적인 **멜로디**
☐ **melod**ic [milάdik/-lɔ́d-] 형 선율의; 가락이 아름다운 ☜ -ic<형접>
☐ **melod**ious [məlóudiəs] 형 선율이 아름다운, 곡조가 좋은, 음악적인 ☜ -ious<형접>
☐ **melo**drama [mélədrὰːmə, -drӕ̀mə] 명 음악극; **멜로드라마** 《해피엔드로 끝나는 달콤하고 감상적인 통속극》; 연극 같은 사건〔행동〕 ☜ [Gk] melo(노래) + [F.] drama(극, 연극)

☐ **melon**(멜론) ➔ **mellow**(익어 달콤한) **참조**

멜트다운 meltdown (원자로가 녹아 방사능 유출로 이어지는 사고)

원자로의 냉각 장치가 정지하여 노(爐) 안의 열이 비정상적으로 올라가 원료인 우라늄을 용해하고 이때 발생하는 열로 원자로의 밑바닥을 녹이는 일. 유독성 방사능 유출로 이어지는 심각한 사고를 수반한다.

☐ **melt** [melt/멜트] 동 (-/melt**ed**/melt**ed**〔**molten**〕) **녹다**, 녹이다, 용해하다; **감동시키다** 명 **용해**(물), 용해량 ☜ 고대영어로 '액체가 되다'란 뜻
♠ Lead **melts** in the fire. 납은 불 속에서 **녹는다**
☐ **melt**down [méltdàun] 명 (금속의) 용융(熔融); (아이스크림 등이) 녹음; (원자로의) 노심(爐心)의 용해, **멜트다운** ☜ 밑으로(down) 녹는(melt)
☐ **melt**ing [méltiŋ] 형 녹는, 감동시키는; 감상적인 ☜ -ing<형접>
☐ **melt**ing point 〖물리〗 융점, 융해점 ☜ point(점, 점수, 뾰족한 끝)
☐ **melt**ing pot 도가니《쇠붙이를 녹이는 그릇》; 잡다한 인종·문화가 뒤섞인 나라 《특히 미국을 가리킴》 ☜ pot(단지, 항아리)
☐ **molt**en [móultn] 동 melt의 과거분사 형 **녹은**, 용해된; (동상 따위가) 주조된; (정열 등이) 타는 듯한 ☜ molt<melt + en<형접>
♠ a **molten** metal **용해된** 금속

허먼 멜빌 Herman Melville (고래와의 힘든 싸움을 묘사한 <백경>의 저자)

미국 소설가 겸 시인. 대표작《백경: Moby Dick 또는 the White Whale》은 강렬한 성격의 인물이 머리가 흰 거대한 고래에 도전하는 내용의 소설로 모선(범선)이 아닌 노 젓는 작은 보트로 고래를 쫓는 용감한 포경선 선원들의 생활을 생생하게 그렸다. <출처 : 두산백과 / 일부인용>

☐ **Melville** [mélvil] 명 **멜빌** 《Herman ~, 미국의 소설가; 1819-91》

멤버 member (집단의 일원)

♣ 어원 : **member, membr 수족(手足), 구성원, 조직(組織)**
☐ **member** [mémbər/**멤**버] 명 (단체·사회 따위의) **일원**(一員); 회원, 단원, 의원
☜ 고대 프랑스어로 '몸의 일부'란 뜻
♠ **a member** of the family 가족의 **구성원**
☐ **member**ship [mémbərʃìp] 명 **회원 자격**〔지위〕, 회원〔구성원〕임 ☜ -ship(신분)
☐ **member**ship card 회원증, **멤버쉽카드** ☜ card(카드, 판지)
☐ **membr**ane [mémbrein] 명 〖해부학〗 얇은 막(膜), 막(膜); (세포 생물의) 세포막
☜ (세포의) 조직(membr) + ane<명접>

메모 memo (나중에 기억하기 위해 기록하는 것), 메모리 카드...

♣ 어원 : **mem, memo, memor 기억하다. 기념하다**
☐ **mem**ento [məméntou] 명 (pl. **-(e)s**) 기념물, 유품, 추억거리, 추억
☜ 라틴어로 '기억'이란 뜻
☐ **memo** [mémou] 명 (pl. **-s**) 《구어》 비망록, **메모**
☜ **memo**randum의 줄임말
☐ **memo**ir [mémwaːr, -wɔːr] 명 **회고록**, 자서전; 전기; 연구 보고
☜ memo + ir<명접>
☐ **memor**able [mémərəbəl] 형 **기억할 만한**; 잊기 어려운, 잊지 못할; 외기 쉬운; 중대한, 유명한
☜ -able(~할 만한, ~하기 쉬운)
☐ **memor**andum [mèmərǽndəm] 명 (pl. **-s,** memorand**a**) **비망록**, **메모**
☜ 라틴어로 '기억할 만한 일'이란 뜻
☐ **memor**ial [məmɔ́ːriəl] 형 **기념의**; 추도의; 기억의 명 **기념물, 기념비[관]** ☜ -ial<형접/명접>
☐ **memor**ial Day 《미》 전몰장병기념일(=Decoration Day) ☜ day(일, 날)
☐ **memor**ialize [mimɔ́ːriəlàiz] 동 **기념하다**; ~의 기념식을 하다 ☜ -ize,동접>

M

☐ **memor**ize [méməràiz] ⓢ **기억하다**, 암기하다; 명심하다 ☜ -ize<동접>
☐ **memor**y [méməri/**메**머뤼] ⓜ **기억**(력); 추억, 추상, 회상; 『컴퓨터』 기억 장치, **메모리** ☜ -y<명접>
♠ **in memory of ~ ~의 기념으로, ~을 위하여**
♠ **to the memory of ~ ~의 영전에 바치어**
☐ **memor**y card **메모리카드** 《반도체 메모리칩을 내장한 카드》 ☜ card(카드, 판지)

✚ com**memor**ate **기념하다**, 축하하다 re**mem**ber **기억하다, 생각해 내다**, 상기하다

연상 그는 매너(manner.예의)는 고사하고 매너스(manace.협박)로 일관했다.

※ **manner** [mǽnər] ⓜ 방법, **방식**; (pl.) **예절**, 예의 ☜ 라틴어로 '손(행동)의 방식'이란 뜻
☐ **menace** [ménəs] ⓢ 위협하다, 으르다 ⓜ **협박, 위협**, 공갈 ☜ 라틴어로 '쑥 내밀다'라는 뜻
♠ a **menace** to world peace 세계 평화에 대한 **위협**
☐ **menac**ing [ménisiŋ] ⓗ 위협(협박)적인 ☜ -ing<형접>
♠ a **menacing** attitude **위협적인** 태도
☐ **menac**ingly [ménisiŋli] ⓑ 위협하듯; 험악하게, 절박하게 ☜ -ly<부접>

멘딩 테이프 mending tape (표면에 문자를 쓸 수 있는 접착테이프)
인비지블 멘딩 invisible mending (자국이 남지 않는 짜깁기 수선)

☐ **mend** [mend] ⓢ **수선하다, 고치다**(=repair); **개선하다, 고쳐지다**; (상태가) **나아지다** ☜ a**mend**의 두음소실
♠ **mend** shoes (a tear) 구두(터진 데)를 **수선하다**.
☐ **mend**ing [méndiŋ] ⓜ 수선, 바느질; 수선할 것 ☜ mend + ing<명접>
☐ **mend**ing tape **멘딩 테이프**(=magic tape) 《표면이 불투명하게 코팅되어 있어, 그 표면에 글자를 쓸 수 있는 플라스틱 접착 테이프》 ☜ tape(끈, 테이프)
■ a**mend** [əménd] ⓢ **고치다**, 수정하다 ☜ 고대불어로 '결함이 없도록 고치다'란 뜻
※ **invisible** [invízəbəl] ⓗ **눈에 보이지 않는**; 감추어진 ☜ 보이지(vis) 않(in=not) 는(ible)

멘델 Mendel (완두콩를 연구해 유전법칙을 발견한 오스트리아의 성직자・유전학자)

M

☐ **Mendel** [méndl] ⓜ **멘델** 《Gregor Johann ~, 오스트리아의 사제(司祭)・생물학자・유전학자; 1822-84》 ★ 논문: <식물잡종에 대한 실험>(1865)
☐ **Mendel**'s laws 『생물』 멘델의 유전 법칙 ☜ law(법, 법칙)

멘델스존 Mendelssohn (독일의 고전주의 낭만파 대작곡가・지휘자)

☐ **Mendelssohn** [méndlsn, -sòun] ⓜ **멘델스존** 《Felix ~, 독일의 작곡가; 1809-47》

맹자 Mengzi (중국 전국시대의 대표적인 유교사상가・교육가)

☐ **Mengzi**, **Meng-tzu**, **Meng-tze**, **Mencius** [mʌ́ŋdzʌ́], [méŋtsúː], [méŋtséi], [ménʃiəs] ⓜ **맹자** (372?-289? B.C.) ★ 맹모삼천지교(孟母三遷之教): 맹자의 어머니가 맹자를 좋은 환경에서 가르치기 위해 이사를 세 번했다는 고사성어

멘스 menses (여자의 생리, 월경) ➔ period, monthly day

☐ **mens**es [ménsiːz] ⓜ (pl.) [단・복수취급] 『생리』 월경, 월경 기간(=menstruation); 월경 분비물 ☜ 라틴어로 '매월(mens=month<moon)'이란 뜻
☐ **mens**truate [ménstruèit] ⓢ 월경하다; 달거리하다 ☜ 달(mens)마다 밀(tru) 다(ate)
☐ **mens**truation [ménstruèiʃən] ⓜ 월경; 월경 기간 ☜ -ation<명접>
※ **peri**od [píəriəd/**피**어뤼드] ⓜ **기간**, 기(期); **시대**, 시기; **마침표, 종지부; 월경** ☜ 라틴어로 '완전히(peri)을 (한바퀴) 여행하다(od<hodos)란 뜻

멘셰비키 Menshevik (레닌의 볼셰비키와 대립했던 러시아 사회민주노동당의 자유주의적 온건파・우파. <소수파>란 뜻)

☐ **Menshevik** [ménʃəvìk] ⓜ (pl. **-s, -viki**) **멘셰비키** 《러시아 사회민주당의 소수파》의 당원 ⓗ **멘셰비키**의 ☜ 러시아어로 '소수파'란 뜻
비교 Bolshevik **볼셰비키** ☜ 러시아어로 '다수파'란 뜻

멘붕 mental breakdown (콩글 멘탈붕괴, 정신적 충격) ➔ panic, chaos, meltdown; oh my god, damn

♣ **어원 : ment 생각, 마음, 정신, 지능; 생각하다**

☐ **mental** [méntl] 형 **마음의**, 정신의, 심적인; 지적인, **지능의; 정신병의**
☜ 라틴어로 '정신의'라는 뜻
♠ **make a mental note of ~ ~을 기억해 두다**
♠ **a mental breakdown 신경쇠약, 정신적 쇠약**

☐ **mental** age 정신연령, 지능연령 ☜ age(나이, 연령)

☐ **mental** arithmetic 암산 ☜ arithmetic(산수, 셈, 계산)

☐ **mental** asylum 〔hospital〕 정신병원 ☜ asylum(보호시설, 수용소)

☐ **mental** defective 〔patient〕 정신병자, 정신박약자 ☜ defective(장애자), patient(환자)

☐ **mental**ity [mentǽləti] 명 **정신성; 심성**(心性); 심적 상태 ☜ -ity<명접>

☐ **mental**ly [méntəli] 부 **정신적으로**; 마음속으로; 지적(知的)으로 ☜ mental + ly<부접>

☐ **mental** test 지능 검사, **멘탈 테스트** ☜ test(시험, 검사)

※ **breakdown** [breiˈkdauˌn] 명 고장, 파손; (자료 등의) 분석 ☜ 아래를(down) 부수다(break)

멘토 Mentor ([그神] 오디세우스의 충실한 조언자)

♣ **어원 : ment 말하다**

☐ **ment**or [méntər, -tɔːr] 명 (M-) 〖그.신화〗 **멘토르** 《Odysseus가 그의 아들을 맡긴 훌륭한 스승》; 훌륭한 조언자; 스승, 은사
☜ 말하는〔조언하는〕(ment) 사람(or)

☐ **ment**ion [ménʃən/**멘**션] 동 **말하다, 언급하다** 명 **언급**, 진술 ☜ -ion<명접>
♠ **Don't mention it**
(고맙다는 말에 대한 정중한 인사로) **별 말씀을요**
☜ '그렇게(it) 말하지(mention) 마세요(don't)'란 뜻.
♠ **not to mention ~ ~은 말할 것도 없고, ~은 물론**
He can speak French, **not to mention** English.
그는 영어**는 물론** 프랑스어도 말할 줄 안다.

© Wikipedia

☐ **ment**ioned [ménʃənd] 형 [보통 합성어로] 언급한, 전술한 ☜ mention + ed<형접>

■ above-**ment**ioned [əbʌ́vménʃənd] 형 상기의, 상술한 ☜ 위에서(above) 말(mention) 한(ed<형접>)

M

메뉴 menu (식단표)

☐ **menu** [ménjuː, méi-] 명 **식단표**, 메뉴; 식품, 요리 ☜ 프랑스어로 상세한 표'란 뜻

메피스토펠레스 Mephistopheles (괴테의 소설『파우스트』에 등장하는 악마)

메피스토펠레스는 파우스트 박사와 계약을 맺어 그 혼을 손에 넣었다고 알려진 독일의 유명한 악마이다. 인간을 유혹해서 악마의 계약을 맺게 하고, 계약에 응한 인간은 악마의 손에 갈기갈기 찢겨져 지옥에 떨어지고 만다. <출처 : 환상동물사전 / 요약인용>

☐ **Mephistopheles** [mèfəstɑ́fəlìːz/-tɔ́f-] 명 **메피스토펠레스** 《Faust 전설, 특히 Goethe의 Faust에 나오는 악마》; 악마(와 같은 사람); 음험한 인물

☐ **Mephistophele**an, -lian [-toufíːliən, -ljən] 형 악마 같은, 냉혹한, 냉소적인, 음험한 ☜ -an<형접>

메르카토르 Mercator (메르카토르 투영법으로 지도를 제작한 네델란드의 지리학자)

☐ **Mercator** [məːrkéitər] 명 **메르카토르** 《Gerhardus ~, 네덜란드의 지리학자; 1512-94》

☐ **Mercator**('s) projection 〖지도〗 **메르카토르**식 투영도법 ☜ projection(투사, 투영)

슈퍼마켓 supermarket, 머큐리 Mercury ([로神] 상업의 신)

♣ **어원 : mark, merc(h) 매매하다, 교환하다, 교역하다; 보상, 보수**

■ super**mark**et [súːpərmɑ̀ːrkit] 명 **슈퍼마켓**
☜ super(대단한, 뛰어난) + market(시장)

■ **mark**et [mɑ́ːrkit/**마**-킽] 명 **장**; 장날(~ day); **시장; 시황, 시세**
☜ 라틴어로 '무역, 사고팔기'를 의미

☐ **merc**ury [mə́ːrkjəri] 명 〖화학〗 **수은**(Hg); (M-) 〖로.신화〗 **머큐리**신《상업의 신》; (M-) 〖천문〗 수성 ☜ 라틴어로 '장사하는(merc) 것(ury)'

< Mercury >

☐ **merch**ant [mə́ːrtʃənt/**머**-쳔트] 명 **상인**; 《영》 도매 상인; 《미》 소매 상인 형 상인의, 상업의
☜ 매매하는(merch) 사람(ant)

□ **merch**ant ship (vessel) 상선 ☜ ship(배), vessel(용기, 그릇; 배, 항공기)
□ **merch**antman [mə́ːrtʃəntmən] 명 (pl. **-men**) 상선 ☜ man(사람, 남자; 배)
□ **merch**ant prince 거상(巨商) ☜ prince(왕자, 군주)
□ **merch**andise [mə́ːrtʃəndàiz] 명 [집합적] **상품**, 《특히》 제품 동 거래하다; 매매하다
☜ merchant<t→d> + ise<명접/동접>
♠ general **merchandise** 잡화
□ **merch**andiser [mə́ːrtʃəndàizər] 명 상인 ☜ 상품(merchandise)을 파는 사람(er)
□ **merch**andising [mə́ːrtʃəndàiziŋ] 명형 상품화 계획; 거래(의), 판매(의), 판매 촉진(의)
☜ merchandise + ing<형접>
□ **merc**antile [mə́ːrkəntìːl, -tàil, -til] 형 상인의, 장사(상업)의; 『경제』 중상주의(重商主義)의
☜ 프랑스어로 '상인의'의 뜻
□ **merc**enary [mə́ːrsənèri] 형 **보수를 목적으로 하는**; 고용된 명 (외국인) 용병; 고용된 사람
☜ 라틴어로 '임금이 지불된'의 뜻
□ **merc**y [mə́ːrsi] 명 **자비**, 연민, 인정; 행운 ☜ 라틴어로 '보수'란 뜻
♠ He is a stranger to **mercy**. 그는 눈물도 **인정**도 없는 녀석이다.
♠ **at the mercy of ~ ~의 처분에 달려**(=in the power of)
Man is **at the mercy of** circumstances (environment).
사람은 환경**의 지배를 받는**다
□ **merc**iful [mə́ːrsifəl] 형 **자비로운**, 인정 많은 ☜ mercy + ful(~이 가득한)
□ **merc**iless [mə́ːrsilis] 형 **무자비한**, 무정한, 냉혹한 ☜ mercy + less(~이 없는)
com**merc**e [kάmərs/**카**머스/kɔ́mərs/**코**머스] 명 **상업**; 통상, 무역, 거래; **교섭**
☜ 함께(com) 교환하다(merce)

연상 미어캣(meerkat) 것은 미어(mere.단순한)한 동물이다.

그래, 나 미어캣은 단순하다. 어쩔래 !!

※ **meerkat, mier-** [míərkæ̀t] 명 『동물』 **미어캣**, 몽구스류 《작은 육식 동물; 남아프리카산》 ☜ 중세 네델란드어로 '원숭이'란 뜻
□ **mere** [miər/미어] 형 (-<-r**er**<-r**est**) **단순한**, ~에 불과한, 단지 ~에 지나지 않는 ☜ 라틴어로 '순수한'이란 뜻
♠ **a mere child 아직 어린아이**
□ **mere**ly [míərli] 부 **단지**, 그저, 다만; 전혀 ☜ -ly<부접>
♠ **merely** (simply) **because 단지 ~라는 이유로**
♠ **not merely (A) but (B) A 뿐 아니라 B 도 또**
She was **not merely** beautiful, **but** also talented.
그녀는 아름다울 **뿐 아니라** 재능**까지** 있었다.

M

이머전시 emergency (비상상황, 비상사태)

♣ 어원 : **merg, mers, urg 담그다, 잠기게 하다, 가라 앉히다**
■ e**merg**ency [imə́ːrdʒənsi] 명 **비상**(돌발)**사태**, 위급
☜ 밖으로(e<ex) 담그다(merg) + ency<명접>
□ **merg**e [məːrdʒ] 동 **합병하다**, 합체(合體)시키다
☜ 라틴어로 '잠기게 하다, 가라앉히다'의 뜻
♠ **merge companies 회사를 합병하다**
□ **merg**er [mə́ːrdʒər] 명 『법률』 (회사 등의) 합병, 합동 ☜ 잠기게(merg) 하기(er<명접>)

✚ e**merg**e **나타나다** im**mers**e **담그다, 가라앉히다** sub**merg**e **물에 담그다**, 잠항하다 **urg**ency **긴급**, 절박, 위기 **urg**ent **긴급한**, 절박한, 매우 위급한

월드메르디앙 World Meridian (한국 월드건설산업의 아파트 브랜드)

※ **world** [wəːrld/워얼드] 명 **세계** 형 **세계의** ☜ 고대영어로 '세계, 남자의 시대'란 뜻
□ **meridian** [mərídiən] 명 『천문학 · 지리』 **자오선**, 경선(經線); 정점, **절정**, 전성기
☜ 라틴어로 '정오의, 남쪽의'라는 뜻
♠ the first (prime) **meridian** 본초 **자오선**
□ **meridion**al [mərídiənəl] 형 남부(인)의, 남부 유럽《특히 남부 프랑스》의; 자오선의 명 남부 유럽 사람 《특히 남프랑스의》 ☜ -al<형접/명접>
□ ante**meridian** [æ̀ntimərídiən] 형 오전의 ☜ 정오(meridian) 앞의(ante)

메리트 merit (장점), 메리트 훈장 the Order of Merit (영국의 문화훈장)

□ **merit** [mérit] 명 우수함, **가치; 장점**; (보통 pl.) **공적** ☜ 라틴어로 '보수'란 뜻.
♠ **the merits or demerits** of a thing 사물의 **장단점**

☐ **merit** rating　인사고과, 근무평정 ☜ rating(등급을 정함)
☐ **merit** system　《미》(임용, 승진의) 실적제, 성적제, 실력본위제도 ☜ system(체계, 제도)
☐ **merit**ed　[méritid] ⓗ 가치 있는, 당연한, 정당한, 상응한 ☜ -ed<형접>
☐ **merit**ocracy　[mèritάkrəsi/-tɔ́k-] ⓜ 수재(秀才) 교육제; 능력주의 사회, 실력 사회; 엘리트 계층 ☜ 실적/우수함(merit)에 의한 + o + 지배(cracy)
☐ **merit**ocrat　[méritəkræ̀t] ⓜ 엘리트, 영재; 실력자 ☜ **meritocr**acy + **at**(사람)
☐ **merit**orious　[mèritɔ́ːriəs] ⓗ 공(功)이 있는, 훌륭한 ☜ -orious<형접>
de**merit**　[diːmérit] ⓜ 결점, 결함, 단점; (학교의) 벌점 ☜ de(=not) + merit
※ **order**　[ɔ́ːrdər/**오**-더] ⓜ (종종 pl.) **명령, 주문**; **순서**, 정돈, 질서; **훈장** ⓢ **주문[명령]하다**, 정돈하다 ☜ 고대 프랑스어로 '규칙, 종교적 질서', 라틴어로 '줄, 열; 배열'이란 뜻

바메이드 barmaid (술집 여종업원, 여자 바텐더)

♣ 어원 : maid 여자
■ **maid**　[meid/메이드] ⓜ 《문어》 **소녀**; **하녀**; **미혼 여성**, 독신녀 《old ~의 형태로만 쓰임; old miss는 콩글리시》 ☜ **maid**en의 줄임말
■ bar**maid**　[bάːrmèid] ⓜ 술집 여종업원〔접대부〕, 여자 바텐더 ☜ bar(막대기, 술집, 법정)
☐ mer**maid**　[mə́ːrmèid] ⓜ 인어(人魚)《여자》; 여자 수영 선수, 수영 잘하는 여자 ☜ 바다(mer<marine)의 여자(maid)
♠ She looks like a real **mermaid**. 그녀는 진짜 **인어** 같다.

✚ brides**maid** 신부들러리　kitchen**maid** 식모; 가정부　**maid**en 《문어》 **소녀**; 처녀; 미혼의; 처녀의

메리크리스마스 merry Christmas (즐거운 성탄절) * Christmas 크리스마스, 성탄절

☐ **merry**　[méri/**메**뤼] ⓗ (-<-ri**er**<-ri**est**) **명랑한, 유쾌한**, 재미있는, 《고어》 즐거운 ☜ 고대영어로 '단시간 계속되는'이란 뜻
♠ I wish you a **merry** Christmas.
즐거운 성탄<예수님 탄생>이 되길 기원합니다. 성탄을 축하합니다.
☐ **merri**ly　[mérəli] ⓟ **즐겁게**, 명랑하게, 유쾌하게, 흥겹게 ☜ -ly<부접>
☐ **merri**ment　[mérimənt] ⓜ **흥겹게 떠들기, 명랑함**; 재미있음, 즐거움 ☜ merry + ment<명접>
☐ **merry**-go-round [mérigouràund] ⓜ **회전목마, 메리고라운드**; 급선회 ☜ 즐겁게(merry) 회전하며<둥글게(round) 가다(go)
☐ **merry**making　[mérimèikiŋ] 환락, 잔치 ☜ 즐거움(merry)을 만들(make) 기(ing)

M

연상 리오넬 메시(Messi)가 찬 공이 골대의 메시(mesh.그물)속으로 빨려 들어갔다.

※ **Messi**　[mèsi] ⓜ **리오넬 메시** 《Lionel Andrés ~ Cuccittini, 아르헨티나 국가대표 축구선수. 스페인 프리메라리가 바르셀로나팀 소속; 1987.6.24. ~》
★ 메시는 축구계에서 '살아있는 전설'로 불린다.
☐ **mesh**　[meʃ] ⓜ **그물**(눈); (pl.) 망사(網絲) ⓗ 그물코의 ⓢ 그물로 잡다; 그물에 걸리다 ☜ 고대영어로 '그물'이란 뜻
♠ the **meshes** of the law *법의* ***그물*** ➔ 법망(法網)
☐ **mesh**work　[méʃwəːrk] ⓜ 그물 세공; 망 ☜ mesh + work(일, 세공)
☐ **mesh**y　[méʃi] ⓗ 그물코로 된; 그물 세공 ☜ mesh + y<형접>

메소포타미아 Mesopotamia (서아시아 티그리스강과 유프라테스강 사이의 지역 일대. 메소포타미아 문명이 형성된 곳)

☐ **Mesopotamia**　[mèsəpətéimiə] ⓜ **메소포타미아** 《Tigris 및 Euphrates강 유역의 고대 국가》; 이라크(Iraq)의 옛 이름; (m-) 두 강 사이에 끼인 지역 ☜ 그리스어로 '두 강 사이에 끼인 곳'이란 뜻
☐ **Mesopotamia**n [mèsəpətéimiən] ⓗⓜ **메소포타미아**의 (사람); (m-) 강 사이에 낀 지역의 ☜ -an(~의/~사람, ~말)

연상 리오넬 메시(Messi)는 메시(messy.어질러진)한 것을 몹시 싫어한다.

말이...
안나온다 !!

※ **Messi**　[mèsi] ⓜ **리오넬 메시** 《Lionel Andrés ~ Cuccittini, 아르헨티나 국가대표 축구선수. 스페인 프리메라리가 바르셀로나팀 소속; 1987.6.24 ~》
☐ **mess**y　[mési] ⓗ (-<-ssi**er**<-ssi**est**) 어질러진; 더러운; 귀찮은, 번잡한 ☜ mess + y<형접>
☐ **mess**　[mes] ⓜ **혼란,** 무질서〔난잡〕한 상태, 뒤죽박죽, 엉망진창; (군대 등의) 식당; 음식물

㉯ 난잡하게 하다; 회식하다 ☜ 고대 프랑스어로 '식탁 위에 놓다'란 뜻
♠ **be in a mess 혼란에 빠져 있다**

메시지 > 메세지 message (문자 통신)

□ **messag**e [mésidʒ/**메**시쥐] ⓜ **메시지**, 통신, **전갈**, 전보; 《미》 (대통령의) 교서 ☜ 라틴어로 '보내다'란 뜻
♠ Here's **a message** to you. 당신에게 온 **전갈[연락]**입니다.
♠ **send** (receive) **a message 메시지를 보내다** (받다)

□ **messeng**er [mésəndʒər] ⓜ **메신저**, **사자**(使者); 심부름꾼; (소포 등의) 배달인 ☜ -er(사람)
♠ send a letter **by (a) messenger 심부름꾼을 통하여** 편지를 보내다

메스티조 mestizo (스페인 사람과 아메리카 인디언과의 혼혈아)

□ **mestizo** [mestíːzou] ⓜ (pl. **-(e)s**; fem. **mestiza**) 혼혈아 《특히 스페인 사람과 북아메리카 원주민의》 ☜ 스페인어로 '혼혈의'라는 뜻

헤비메탈 heavy metal (묵직한 비트와 전자 금속음이 특징인 록음악)

미국의 hard rock band < Guns N Roses >

※ **heavy** [hévi/**헤**뷔] ⓗ (-<-vi**er**<-vi**est**) **무거운; 대량의; 힘겨운; 맹렬한** ☜ heave(들어 올리다) + y<형접>

■ heavy **metal** **헤비메탈**(록) 《묵직한 비트와 금속음이 특징》; 중금속; 중포(탄); 유력자, 강적 ☜ 무거운(heavy) 금속(metal)

□ **metal** [métl/**메**를/**메**틀] ⓜ **금속**; 금속 원소; 주철 ㉯ 금속을 입히다 ☜ 라틴어로 '광물'이란 뜻
♠ a piece of **metal 금속** 한 조각

□ **metal**lic [mətǽlik] ⓗ **금속의**; 금속제의; 금속성의; 금속 특유의 ☜ metal + l<단모음+단자음+자음반복> + ic<형접>

□ **mettle** [métl] ⓜ 기질; 기개, 혈기, 용기, 열의 ☜ metal(금속)의 변형
♠ a man **of mettle 기개 있는** 사람

□ **mettle**d, **mettle**some [métld], [métlsəm] ⓗ 기운찬, 위세(용기) 있는, 혈기 왕성한 ☜ mettle + ed<형접>, -some<형접>

M

메타포 metaphor (은유법; 숨겨서 비유하는 수사법)

♣ **어원 : meta 옮기다, 바꾸다; ~의 뒤에, ~을 너머, ~와 함께**

□ **meta**phor [métəfɔ̀ːr, -fər] ⓜ 【수사학】 **은유**(隱喩), 암유(暗喩); 유사한(상징하는) 것 ☜ 그리스어로 '옮겨 바꾸다'란 뜻
♠ the writer's striking use of **metaphor** 그 작가의 멋진 **은유** 사용

□ **meta**phoric(al) [mètəfɔ́(ː)rik(əl), -fɑ́r-] ⓗ 은유적(비유적)인 ☜ metaphor + ic(al)<형접>

□ **meta**physical [meˌtəfiˈzikəl] ⓗ **형이상학의**, 순수 철학의; 추상적인; (종종 M-)(시인이) 형이상파(派)의 ☜ 육체/물질(physical)을 넘어 선(meta)
♠ the **metaphysical** poets **형이상파** 시인

□ **meta**physics [mètəfíziks] ⓜ (pl.) [단수취급] **형이상학**, 순정 철학; 추상론 ☜ 물리학(physics)을 넘어 선(meta)

미터 meter (길이의 단위. 1m = 100cm)

♣ **어원 : meter, metr 재다, 측정하다, 할당하다; 측정**

□ **meter**, 《영》 **metre** [míːtər] ⓜ **미터** 《길이의 SI 기본 단위; =100cm; 기호 m》; **(자동) 계량기**, 미터 ☜ 그리스어로 '측정'이란 뜻
♠ It must be **a meter long**. 그것은 **1미터 길이**가 되겠다.

□ **metr**ic [métrik] ⓗ **미터(법)의**; 미터법을 실시하고 있는 ☜ -ic<형접>

✚ speedo**meter** 속도계; 주행 기록계 alti**meter** 고도계 tachometer 타코미터, 엔진 RPM 계기 barometer 기압계 seismometer 지진계

매스미디어 mass media (대량전달매체) * mass 덩어리, 모임, 집단
매들리 medley ([음악] 접속곡, 혼성곡)

♣ **어원 : medi, met, mid 중간, (둘 사이의) 간섭**

■ **medi**a [míːdiə] ⓜ medium의 복수; (the ~) **매스컴, 매스미디어**

■ **med**ley [médli] ⓜ **잡동사니**, 뒤범벅; 잡다한 집단; 【음악】 **접속곡**, 혼성곡, **메들리**

☜ 중간에 섞(med) 는(le<형접>) 것(y<명접>)

☐ **met**eor [míːtiər, -tiɔ̀ːr] ⓜ **유성**(流星), 별똥별(=shooting 〔falling〕 star); **운석**, 별똥돌
☜ 그리스어로 '공기(eor=aero) 중에(met) 올려진'이란 뜻

☐ **met**eorite [míːtiəràit] ⓜ **운석**, 유성체, 별똥돌 ☜ -ite<명접>

☐ **met**eorological [mìːtiərəlɑ́dʒikəl/-lɔ́dʒ-] ⓗ 기상의, 기상학상(上)의
☜ 공기(eor=aero) 중의(met) 학문(ologic) 의(al<형접>)

☐ **met**eorological Office [the ~] 《영》 기상청(the Met) 《국방성 소속》 ☜ office(사무실; 사무소, 관청)

☐ **met**eorological satellite 기상위성(=weather satellite) ☜ satellite(위성)

☐ **met**eorologist [mìːtiərəlɑ́dʒist/-lɔ́dʒ-] ⓜ 기상학자 ☜ meteorology + -ist(사람)

☐ **met**eorology [mìːtiərəlɑ́dʒi/-lɔ́dʒi] ⓜ 기상학; 기상상태 ☜ -ology(학문)

■ **mid**dle [mídl/**미**들] ⓗ **한가운데의, 중앙[중간]의** ☜ mid + d + le<형접>

메소드 배우 method actor (극중 캐릭터의 내면에 숨어 있는 감정까지 이끌어 낼 수 있는 경험이 풍부한 배우, 곧 연기력이 뛰어난 배우) * actor 배우

☐ **method** [méθəd/**메**써드] ⓜ **방법**, 방식; 체계, 질서 ☜ 그리스어로 '뒤따름'이란 뜻.
♠ **a method** of learning English 영어 학습**법**

☐ **Method**ical [məθɑ́dikəl] ⓗ 질서 정연한, 계통이 선, 조직적인 ☜ method + ical<형접>

☐ **Method**ically [məθɑ́dikəli] ⓑ 조직적으로 ☜ methodical + ly<부접>

☐ **Method**ist [méθədist] ⓜ **메서디스트 교도, 감리교도** ⓗ 감리교도〔교파〕의
☜ (새로운) 방법(Method)을 믿는 사람(ist)

☐ **Method**ist Church [the ~] **메서디스트**〔감리교〕 교회 ☜ church(교회, 성당)

☐ **metre**(미터), **metric**(미터법의) ➔ **meter**(미터) **참조**

메트로 metro (지하철), 메트로폴리스 metropolis (거대도시)

METRO

♣ 어원 : metro, metr 어머니, 자궁; 핵, 핵심; 큰, 거대한, 도시의

☐ **metro, Metro** [métrou] ⓜ (the ~) (특히 파리・몬트리올・워싱턴 등의) 지하철
☜ 프랑스어로 '도시의(철도)'란 뜻

☐ **metro**land, **M-** [métrəlæ̀nd] ⓜ (종종 M-) (런던의) 지하철 지구《도심지》; 그 주민
☜ 도시의(metro) 땅/지역(land)

☐ **metro**polis [mitrɑ́pəlis/-trɔ́p-] ⓜ (pl. **-es**) [the ~] **수도**; 중심도시, 주요도시; (활동의) 중심지
☜ 그리스어로 '어머니의 도시'란 뜻
♠ **a metropolis** of religion 종교의 **중심지**

☐ **metro**politan [mètrəpɑ́litən/-pɔ́l-] ⓗ **수도의**; 대도시의; (M-) 런던의 ⓜ 수도의 주민
☜ -an(~의/~사람)
♠ **the Metropolitan** Opera House (뉴욕의) **메트로폴리탄** 오페라 극장

☐ **mettle**(기개, 혈기), **mettlesome**(혈기 왕성한) ➔ **metal**(금속) **참조**

한국 고양이는 야옹하고 울고, 영・미권 고양이는 뮤(mew)하고 운다

☐ **mew** [mjuː] ⓜ [의성어] 야옹(=meow)《고양이의 울음 소리》; 갈매기 울음 소리; 갈매기
ⓢ 야옹하고 울다 ☜ 의성어
♠ The cat **mewed** at me. 고양이가 나를 보고 **야옹하고 울었다**

☐ **meow** [miáu, mjau] ⓜ [의성어] 야옹 《고양이 울음 소리》 ⓢ 야옹하고 울다 ☜ 의성어

☐ **miaow, -aou** [miáu, mjau] ⓜ [의성어] 야옹 《고양이 울음 소리》 ⓢ 야옹하고 울다 ☜ 의성어

멕시코 Mexico (중앙 아메리카에 있는 공화국)

☐ **Mexico** [méksikòu] ⓜ **멕시코**(공화국)
☜ 아스텍족의 군신(軍神)인 멕시틀리(Mexictli)에서 유래

☐ **Mexico** City **멕시코시티** 《멕시코의 수도》

☐ **Mexic**an [méksikən] ⓗⓜ **멕시코(사람)[어]의**; 멕시코 사람〔어〕
☜ -an(~의/~사람/~말)

메조소프라노 mezzo-soprano (소프라노와 알토의 중간 고음)

☐ **mezzo** [métsou, médzou] ⓑⓗ (fem. **mezza**) 《It.》 〖음악〗 반(의) (=half); 적당히
(=moderate) ☜ 이탈리아어로 '중용'이란 뜻

☐ **mezzo** forte 《It.》 〖음악〗 조금 강하게, **메조포르테** 《약어: mf》 ☜ mezzo + forte(강음의)

☐ **mezzo** piano 《It.》 〖음악〗 조금 약하게, **메조피아노** 《약어: mp》

☜ mezzo + piano(피아노; 약하게, 부드럽게)

□ **mezzo**-soprano [métsousəprǽnou, médzou-] ⓜⓗ (pl. **-s, -prani**) 《It.》 〖음악〗 **메조소프라노**(의), 차고음(次高音)(의) ☜ mezzo + soprano(여성·아이의 최고음부)

마이애미 Miami (미국 플로리다 주 남동부의 도시)

□ **Miami** [maiǽmi] ⓜ **마이애미** 《미국 Florida주 남동부의 피한지(避寒地)·관광지·항구도시》 ☜ 인디언 부족인 '마이애미족(族)'에서 유래

□ **Miami** Beach **마이애미 비치** 《미국 플로리다 주 남동부의 도시; 피한지》 ☜ beach(해변)

마우스 mouse (컴퓨터와 사용자를 연결해주는 장치. 쥐를 닮아 <쥐>란 뜻)
미키 마우스 Mickey Mouse (월트 디즈니의 만화주인공)

□ **mice** [mais] ⓜ mouse의 복수; 《미.속어》 (TV 시청자로서의) 어린이 ☜ mouse의 복수

♠ **When the cat is away the mice will play. 고양이가 없으면 쥐가 살판이 난다. 《속담》 호랑이 없는 골에 토끼가 스승이라.**

□ **Mickey Mouse** 〖명사적〗 **미키 마우스** 《W. Disney의 만화 주인공》; 《영.공군 속어》 전기식 폭탄 투하 장치; 《미.속어》 불필요한 일, 시시한 것

□ **mouse** [maus/마우스] ⓜ (pl. **mice**) **생쥐**; 겁쟁이 ⓢ 쥐를 잡다 [mauz] ⓢ 찾다, 몰아내다; (고양이가 쥐 다루듯) 못살게 굴다 ☜ 고대영어로 '작은 쥐'란 뜻

< mouse >

< Mickey Mouse >

미켈란젤로 Michelangelo (이탈리아의 조각가·화가·건축가·시인)

□ **Michelangelo** [màikəlǽndʒəlòu, mìk-] ⓜ **미켈란젤로** 《Buonarroti ~, 이탈리아의 조각가·화가·건축가·시인; 1475-1564》 ★ **대표작 : 대리석상인 《다비드》, 그림으로 산피에트로 대성당의 《피에타》, 시스티나 대성당의 천장화인 《신과 아담》과 《최후의 심판》 등**

미시간 Michigan (미국 중북부의 주. 캐나다 접경인 5대호에 위치)

□ **Michigan** [míʃigən] ⓜ **미시간** 《미국 중북부의 주; 생략: Mich.》; (Lake ~) 미시간호 《5대호의 하나》 ☜ 북미 인디언 말로 '많은 물, 큰 호수'라는 뜻

마이크로 버스 microbus (소형 버스), 마이크로 필름 microfilm (축소복사용 필름)

♣ **어원 : micro, micr 아주 작은, 미(微), 소(小)**

□ **micro**be [máikroub] ⓜ **세균**; 미생물 ☜ 아주 작은(micro) 존재(be)

♠ **microbe** bombs 〔warfare〕 **세균**탄〔전〕

□ **micro**biology [màikroubaiɑ́lədʒi] ⓜ 미생물학, 세균학(=bacteriology) ☜ 미(micro) 생물(bio) 학(logy)

□ **micro**biologic(al) [màikroubaiɑ́lədʒik(əl)] ⓗ 미생물학의 ☜ -ic(al)<형접>

□ **micro**bus [máikroubʌ̀s] ⓜ **마이크로버스**, 소형 버스 ☜ 소형(micro) 버스(bus)

□ **micro**chip [máikroutʃìp] ⓜ 〖전자〗 **마이크로칩**, 극미 박편(薄片) 《전자 회로의 구성 요소가 되는 미소한 기능 회로》 ☜ 아주 작은(micro) 칩(chip)

□ **micro**film [máikroufìlm] ⓜ **마이크로필름** 《서적 등의 축소복사용 필름》 ☜ 초소형(micro) 필름(film)

□ **Micro**nesia [màikrəníːʒə, -ʃə] ⓜ **미크로네시아** 《태평양 서부 Melanesia의 북쪽에 퍼져 있는 작은 군도(群島); Mariana, Caroline, Marshall, Gilbert 따위의 제도를 포함》 ☜ 작은(micro) 섬들(nes)의 나라(ia)

□ **micro**phone [máikrəfòun] ⓜ **마이크(로폰)**(=mike), 확성기, 송화기(送話器) ☜ 작은(micro) 소리(phone) 주의 우리말의 마이크(mic)는 콩글리시이며, 정확한 표현은 microphone 또는 mike이다.

□ **micro**scope [máikrəskòup] ⓜ **현미경**; (the M-) 〖천문학〗 현미경자리(=Mìcroscópium) ☜ 작은(micro) 것을 보는 기계(scope)

□ **micro**scopic(al) [màikrəskɑ́pik(əl), -skɔ́p-] ⓗ **현미경의**〔에 의한〕; **현미경적인**; 현미경 관찰의; 극히 작은, 극미의 ☜ -ic(al)<형접>

□ **micro**wave [máikrəwèiv] ⓜ **마이크로**파(波), 극초단파 《파장이 1m-1cm의 전자기파》 ☜ 작은(micro) 물결/파고/파장(wave)

□ **micro**wave oven 전자레인지 ☜ microwave + oven(솥, 가마, 오븐)

□ **mike** [maik] ⓜ 《구어》 **마이크**(=microphone) ⓢ 마이크로 방송〔녹음〕하다

M

☜ microphone의 변형

마이더스 < 미다스 Midas ([그神] 손에 닿는 것은 모두 황금으로 변하게 한 프리지아의 왕)

☐ **Midas** [máidəs] 명 『그.신화』 **미다스** 《손에 닿는 모든 것을 황금으로 변하게 했다는 프리지아(Phrygia)의 왕》; [일반적] 큰 부자
♠ **the Midas touch 미다스[마이더스]의 손, 돈버는 재주**

미드필드 midfield (경기장 중앙부), 미들급 middleweight (중량급)

♣ **어원 : mid 중간, 중앙, 가운데**

☐ **mid** [mid] 형 (=mídmost) **중앙의, 중간의**, 가운데〔복판〕의; 『음성』 중모음의
☜ 고대영어로 '중간, 중앙, 가운데'란 뜻

☐ **mid**-afternoon [mídæftərnúːn] 명 오후의 중간(3~4시경) ☜ afternoon(오후)

☐ **mid**air [midέər] 명 **공중**, 상공 ☜ 하늘(air) 가운데(mid)
♠ The planes collided **in midair**. 비행기들이 **공중에서** 충돌했다.

☐ **mid**day [míddèi] 명형 **정오**(의), 한낮(의) ☜ 낮(day)의 중간(mid)

☐ **mid**dle [mídl/**미**들] 형 **한가운데의, 중앙[중간]의** ☜ mid + d + le<형접>
♠ **in the middle of ~ ~의 한가운데에, ~의 중앙에, ~하는 도중에**

☐ **mid**dle age **중년** 《보통 40-60세》 ☜ 중간(middle) 나이(age)

☐ **mid**dle-aged 중년의 ☜ age + ed<형접>

☐ **mid**dle Ages [the ~] 중세(中世) ☜ 중간(middle) 시대(ages)

☐ **mid**dle East [the ~] 중동(中東) 《지중해 동해안 지방에서 인도에 이르는 지역》
☜ 중(middle) 동(east)

☐ **mid**dle name **중간 이름**; (사람의) 두드러진 특성; 장기(長技) ☜ name(이름)

☐ **mid**dle school 중학교(=junior high school) ☜ 중(middle) 학교(school)

☐ **mid**dle-aged [mídléidʒd] 형 **중년의** ☜ 중간(middle) 나이(age)를 먹은(ed)

☐ **mid**dle class 중산 계급 ☜ 중간(middle) 계급(class)

☐ **mid**dle-class [mídlklǽs, -klάːs] 형 **중류[중산](계급)의** ☜ class(학급; 계급)

☐ **mid**dleweight [mídəlwèit] 명형 평균 체중인 사람(의); 『권투 · 레슬링 · 역도』 **미들**급(의)
☜ 중간(middle) 체중/무게(weight)

☐ **mid**field [mídfìːld] 명 **미드필드**, 경기장의 중앙부, 필드 중앙(의 선수)
☜ 들판/경기장(field)의 중앙(mid)

☐ **mid**night [mídnàit] 명 **한밤중**, 밤 12시; 암흑, 깜깜한 어둠 형 한밤중의
☜ 밤(night)의 중간(mid)
♠ (as) dark 〔black〕 as **midnight** (**한밤중** 같이) 캄캄한

☐ **mid**st [midst] 명 **중앙**, (한)가운데; 한창 부 중간에, 한가운데에
☜ 가장(-st<최상급>) 중앙(mid)에
♠ **in the midst of ~ ~하는 도중에, ~의 한가운데에**

☐ **mid**summer [mídsəmər] 명 **한여름**, 성하(盛夏); **하지 무렵** ☜ summer(여름)

☐ **mid**way [mídwèi] 형부 **중도의[에]**, 중간쯤의〔에〕(halfway) ☜ way(길, 방법)

☐ **Mid**way Islands [the ~] **미드웨이** 제도 《하와이의 북서쪽에 있음; 미국령》 ☜ Midway + island(섬) s(들)

☐ **mid**wife [mídwàif] 명 (pl. **-wives**) 조산사, 산파 ☜ wife(아내; 여자)

☐ **mid**winter [mídwíntər] 명형 **한겨울**(의), 동지(무렵의) ☜ winter(겨울)

■ a**mid** [əmíd] 전 《문어》 **~의 한복판에**, ~하는 가운데 ☜ 중앙(mid) 쪽으로(a<ad=to)

■ a**mid**st [əmídst] 전 《문어》 **~의 한복판에** ☜ 중앙(mid) 쪽에(a<ad=to) 서있는(st)

미그기(機) Mig, MIG (미코얀 & 구레비치 팀이 설계한 러시아의 주력 전투기)

☐ **Mig, MiG, MIG** [mig] 명 **미그** 《옛 소련제 제트 전투기》 ☜ 설계자 Mikoyan and Gurevich의 이름에서

연상 ▶ 미지(未知)의 세계에 미지(midge.작은 곤충)들이 득실거린다

☐ **midge** [midʒ] 명 (모기 · 각다귀 등) 작은 곤충; 꼬마(둥이)
☜ 고대영어로 '각다귀, 모기'란 뜻

☐ **midge**t [mídʒit] 명 난쟁이, 꼬마(둥이); 초소형(超小型) 형 보통〔표준〕보다 작은, 극소형의 ☜ 작은(et) 곤충/꼬마(midge)
♠ a circus **midget** 서커스의 **난쟁이**

브루스 올마이티 Bruce Almighty (미국 코미디 영화. <전지전능한 브루스>란 뜻)

M

2003년에 개봉된 미국의 코미디 드라마(comedy drama) 영화. 짐캐리(Jim Carrey), 모건 프리먼 (Morgan Freeman) 주연. 한 남자가 갑자기 전지전능한 힘을 갖게 되면서 벌어지는 이야기

© Universal Pictures

■ almighty [ɔːlmáiti] ⓗ **전능한**, 만능의 ⓜ (the A~) 전능자, 신
☜ 모든(al<all) 힘(might)을 가진(y)
♠ **Almighty** God = God **Almighty** **전능하신** 하느님

□ **might** [mait] ⓜ **힘**, 세력, 권력 ☜ 고대영어로 '힘, 권위, 능력'이란 뜻
조동 **~일지도 모른다; ~해도 좋다** ☜ 조동사 may의 과거형
♠ I said that it **might** rain.
나는 비가 **올지도 모른다**고 말했다
♠ **Might is right. 《속담》 힘이 정의(正義)이다.**
♠ **might as well (A) as (B) (B 할 바에야) A 하는 편이 낫다**
♠ **with all one's might 전력을 다하여, 힘껏**

□ **might**y [máiti/**마**이디/**마**이티] ⓗ **강력한, 힘센** ☜ 힘(might)을 가진(y)
□ **might**ily [máitili] ⓑ 강대하게, 대단히 ☜ mighty + ly<부접>
□ **might**iness [máitinis] ⓜ 강대함 ☜ mighty + ness<명접>

이머그레이션 immigration ([공항] 출입국관리소)

♣ 어원 : migr 이동; 이동하다, 옮기다

■ im**migr**ate [íməgrèit] ⓓ (타국에서) **이주하다**, 이주시키다
☜ 안으로(im<in) 이동(migr) 하다(ate<동접>)
■ im**migr**ation [ìməgréiʃən] ⓜ **이주**; 입국; 이민자 ☜ im + migr + ation<명접>
□ **migr**ate [máigreit] ⓓ **이주하다**; 이동하다 ☜ 이동(migr) 하다(ate<동접>)
♠ The birds **migrate** southward in the winter.
그 새들은 겨울에는 남쪽으로 **이동한다**.
□ **migr**ant [máigrənt] ⓗ 이주하는, 이주성의 ⓜ 이주자; 철새 ☜ -ant<형접>
□ **migr**ation [maigréiʃən] ⓜ **이주**; 이전, 이동 ☜ -ation<명접>
□ **migr**atory [máigrətɔ̀ːri] ⓗ 이주하는 ☜ -atory<형접>
■ e**migr**ate [éməgrèit] ⓓ (타국으로) **이주하다**, 이민하다
☜ 밖으로(e<ex) 이동(migr) 하다(ate<동접>)
■ e**migr**ation [èmigréiʃən] ⓜ (타국으로의) **이주**, 이민 ☜ -ation<명접>
■ e**migr**ant [éməgrənt] ⓗ (타국으로) **이주하는**, 이민의 ⓜ **이민**(자) ☜ -ant<형접>

□ **mike**(마이크) ➔ **microphone**(마이크(로폰)) **참조**

밀라노 Milan (이탈리아 제2의 도시. 경제 · 상공업 · 패션 중심도시)

비옥한 롬바르디아 평야 중앙에 있는 밀라노는 예부터 산업과 교통의 요충지로 유럽 내륙과 연결되는 곳이면서 예술적으로도 찬란한 문화를 꽃피웠다. 인구, 정치적 영향력, 문화·예술 면에서는 이탈리아 제2의 도시지만, 상업·공업·금융 분야에서는 제1의 도시이다. <출처 : 유럽 음악도시 기행 / 일부인용>

□ **Milan** [milǽn, -lɑ́ːn] ⓜ **밀라노** 《이탈리아 북부 Lombardy의 한 주; 그 중심도시》
☜ 이탈리아어로 '평야의 중심지'라는 뜻
□ **Milan**ese [mìləníːz, -s] ⓜ (pl. **-**) 밀라노(Milan) 사람 ⓗ 밀라노(사람)의 ☜ -ese(~의/~사람)

맥심 모카 골드 마일드 Maxim Mocha Gold Mild (맥심 커피의 브랜드)

맥심(Maxim)은 미국 크래프트 푸즈사(社)가 상표권을 가지고 한국의 동서식품에서 제조 및 판매하는 커피 브랜드이다. 동서식품은 대한민국 최초로 인스턴트 커피를 개발한 업체이기도 한데, 모카골드 마일드는 '부드러운 모카 커피'를 의미한 것으로 보인다.

※ **mocha** [móukə/mɔ́kə] ⓜ **모카**(= ~ coffee) 《아라비아 원산의 커피》; 《구어》 양질의 커피; 커피색; 아라비아 염소의 가죽《장갑용》
☜ 중세 커피 수출 항구였던 예멘의 무카(al-Mukhā)항에서 유래.
※ **gold** [gould/고울드] ⓜ **금, 황금**, 황금(색) ⓗ 금의, 금으로 된
☜ 고대영어로 '변색이 되지 않고, 색, 광택, 유연성 등으로 유명한 귀금속'이란 뜻
□ **mild** [maild] ⓗ (성질 · 태도가) **온순한**, 상냥한; (기후 따위가) **온화한**, 따뜻한, 화창한; (음식 · 음료가) **부드러운** ☜ 고대영어로 '상냥하고 자비로운'이란 뜻
♠ **mild** of manner 태도가 **온순한**
□ **mild**-and-bitter [máildnbítər] ⓜ 《영》 **마일드 앤드 비터**, 단맛 쓴맛이 반반인 맥주
☜ 부드러운(mild) 그리고(and) 쓴(bitter)
□ **mild**en [máildən] ⓓ 온순〔온화, 약〕하게 되다〔하다〕 ☜ mild + en<동접>

☐ **mild**ly [máildli] (부) 온순하게, **온화하게**, 친절히, 상냥하게; 조심해서 ☜ -ly<부접>
☐ **mild**ness [máildnis] (명) 온후, 온화, 온난 ☜ mild + ness<명접>

연상 밀로 만든 음식에 밀듀(mildew.곰팡이)가 생겼다

☐ **mildew** [míldjùː] (명) 『식물』 흰가루병 병균; 곰팡이(=mo(u)ld) (동) 곰팡이가 슬다 ☜ 고대영어로 'mil(꿀) + dew(이슬)'이란 뜻
♠ The whole house smells like **mildew**.
집 전체에서 **곰팡이** 냄새가 난다.
☐ **mildew**y [míldjùːi] (형) 곰팡 난, 곰팡내 나는 ☜ mildew + y<형접>

마일 mile (거리의 단위, 1마일 = 1,609m), 마일리지 mileage (총 마일수)

♣ **어원 : mil, milli 1,000, 천(千), 천분의 1**
☐ **mile** [mail/마일] (명) **마일** 《기호 m, mi.》 ☜ 라틴어로 '1,000걸음의 두 배'란 뜻. 로마군의 행군거리에서 유래
♠ **nautical mile** 〔**NM**〕 해상마일, 해리(海里) 《《영》 1,853.2m, 《미》 1,852m 를 사용》 ☜ nautical(해상의)
♠ **statute mile** 〔**SM**〕 법정마일, 육상마일 《1,609.3m》
☐ **mile**age [máilidʒ] (명) **총 마일수**(數); (마일당의) 운임; 《구어》 이익, 유용성, 은혜 ☜ mile + age(집합)
☐ **mile**stone [máilstòun] (명) **이정표**; (인생·역사 따위의) 중대 시점, 획기적인 사건 ☜ 마일 거리(mile)를 알려주는 안내표지 돌(stone)

밀리터리 룩 military look (군복느낌이 나는 패션)

♣ **어원 : milit 싸우다; 군대, 군사, 군인, 군비**
☐ **milit**ary [mílitèri/**밀**리테뤼/mílitəri/**밀**리터뤼] (형) **군의, 군대의**, 군사(軍事)의; 육군의 (명) (pl. militar**ies**) [집합적] [the ~] **군대**, 군, 군부, 군인 ☜ 라틴어로 '군인의'라는 뜻
♠ take **military action 군사적 행동**을 취하다
☐ **milit**ary Academy [the ~] 육군사관학교 ☜ academy(학원, 전문학교)
☐ **milit**ary band 군악대 ☜ band(그룹, 악단; 띠)
☐ **milit**ary law 군법 ☜ law(법)
☐ **milit**ary police [the ~; 종종 M~ P~; 집합적] 헌병대 《약어 MP, M.P.》 ☜ police(경찰)

© Daily Express

☐ **milit**ary service 병역; (중세의) 군역 ☜ service(봉사, 서비스, 근무)
☐ **milit**arily [mìlitérəli] (부) 군사적으로 ☜ military + ly<부접>
☐ **milit**ant [mílətənt] (형) **교전상태의**; 호전〔투쟁〕적인 (명) 투사; 호전적인 사람 ☜ milit(싸우는) + ant<형접/명접>
☐ **milit**arism [mílətərìzəm] (명) **군국주의**; 군인〔상무〕 정신 ☜ -sm(~주의)
☐ **milit**arist [mílitərist] (명) 군국주의자 ☜ military + ist(사람)
☐ **milit**aristic [mìlətərístik] (형) 군국주의의 ☜ militarist + ic<형접>
☐ **milit**arize [mílətəràiz] (동) 군대화하다; 무장하다, 군국화하다; 군용화하다 ☜ military + ize<동접>
☐ **mailit**arization [mìlitərəzéiʃən] (명) 군대화; 군국화; 군국주의 고취 ☜ militarize + ation<명접>
☐ **milit**ia [milíʃə] (명) 의용군, **시민군**; 《미》 **국민군** 《18-45세의 남자》 ☜ 싸우는(milit) 사람들(ia<집합명사형 어미>)
※ **look** [luk/룩] (동) **보다** (명) 봄, 용모, 패션 ☜ 고대영어로 '보다, 보는 행동'

밀크 milk (우유)

☐ **milk** [milk/밀크] (명) **젖**; 모유, 우유 (동) **젖을 짜다** ☜ 고대영어로 '우유'라는 뜻
♠ **a glass of milk 우유 한 잔**
☐ **milk** powder 《영》 분유(dry milk) ☜ powder(가루, 분말)
☐ **milk** pudding **밀크 푸딩** 《쌀이나 타피오카 등을 우유에 넣어서 구운 푸딩》 ☜ pud, pudding(푸딩)
☐ **milk** shake **밀크 쉐이크** 《우유·달걀·설탕 등을 섞어 저어서 만든 음료》 ☜ shake(흔들다; 흔들어 만드는 음료수)
☐ **milk**maid [mílkmèid] (명) **젖 짜는 여자**(=dairymaid); 낙농장에서 일하는 여자 ☜ maid(처녀, 미혼여성; 하녀)
☐ **milk**man [mílkmæ̀n, -mən] (명) (pl. **-men**) 우유 배달부 ☜ man(남자, 사람)
☐ **milk**-white [mílkwáit] (형) 우유 빛깔의, 유백색의 ☜ white(흰, 백색의)
☐ **milk**y [mílki] (형) (-<-ki**er**<-ki**est**) **젖 같은**; 유백색의; 젖의 ☜ -y<형접>
☐ **milk**y Way [the ~] 『천문』 **은하(수)**(the Galaxy); 소우주 ☜ way(길)

연상 옛날에 밀가루는 밀(mill.물방앗간)에서 가루로 만들어졌다.

☐ **mill** [mil/밀] 명 **제분기**《바람·물·증기에 의한》; 분쇄기; **물방앗간**; **제조공장** 동 **맷돌로 갈다**; **제분하다**, 분쇄하다
☜ 고대영어로 '맷돌질'이란 뜻.
♠ **No mill, no meal. 맷돌이 없으면 밥도 없다. 《속담》 부뚜막의 소금도 집어넣어야 짜다.**
♠ **The mills of God grind slowly. 하늘의 맷돌은 천천히 간다. 《속담》 하늘의 벌은 늦어도 반드시 온다.**

☐ **mill** wheel 물레방아의 바퀴 ☜ wheel(바퀴, 핸들)

☐ **mill**er [mílər] 명 **제분업자**; 방앗간 주인, 물방앗간 주인 ☜ -er(사람)
♠ **Every miller draws water to his own mill. 모든 방앗간 주인은 물을 자신의 물방앗간으로 끌어온다. 《속담》 아전인수(我田引水)**
♠ **Too much water drowned the miller. 너무 많은 물은 물방앗간 주인을 익사시켰다. 《속담》 지나침은 모자람만 못하다.**

☐ **mill**ing [míliŋ] 명 제분, 맷돌로 갈기 ☜ mill + ing<명접>

☐ **mill**pond [mílpànd, -pɔ̀nd] 명 물방아용 저수지 ☜ mill + pond(연못)

☐ **mill**stone [mílstòun] 명 **맷돌**, 분쇄기, 연자매; 『성서』 연자맷돌; 무거운 짐 ☜ stone(돌)

밀레니엄 millennium (천년간), 밀리미터 millimeter (천분의 1m)

♣ **어원 : mil, mill(i) 1,000, 천(千), 천분의 1**

■ **mile** [mail/마일] 명 (법정) **마일**(statute ~) 《약 1,609m= 1.609km; 기호 m, mi.》
☜ 라틴어로 '1,000걸음의 두 배'란 뜻

☐ **mill**ennium [miléniəm] 명 (pl. **-s**, **millennia**) 천년간; 천년기; 천년제; (the ~) 『성서』 천년 왕국(기) 《예수가 재림하여 지상을 통치한다는 신성한 천년간》
☜ 천(mill) 년(enn<ann) + i + um<명접>

☐ **mill**ennial [miléniəl] 형 《고어》 천년간의, 천년기 ☜ 천(mill) 년의(ennial<annual)

☐ **milli**meter, 《영》 -tre [míləmìtər] 명 **밀리미터** 《1미터의 1/1000; 기호 mm》
☜ 천분의(milli) 1미터(meter)

☐ **milli**on [míljən/**밀**련] 명 **백만**, 백만 달러(파운드, 원 등); (pl.) 수백만; 다수, 무수; (the ~(s)) 민중, 대중(=the masses) 형 백만의; 무수한 ☜ 라틴어로 '천(千)'이란 뜻
♠ **millions of ~ 수 백만의 ~, 무수한 ~**
millions of reasons **무수한** 이유

☐ **milli**on(n)aire [mìljənέər] 명 (fem. **-(n)airess**) **백만장자**, 대부호(大富豪) ☜ million + aire(사람)
비교 billionaire 억만장자

밀레 Millet (농촌생활을 시적(詩的)으로 표현한 바르비종파의 대표적 화가)

☐ **Millet** [miléi] 명 **밀레** 《Jean François ~, 프랑스의 화가; 1814-75》
★ **대표작: <씨뿌리는 사람>, <이삭줍기>, <만종> 등**

☐ **millstone**(맷돌) ➔ **mill**(제분기, 물방앗간) **참조**

밀턴 Milton (<실낙원>의 저자, 세익스피어에 버금가는 평가를 받는 쓴 영국의 시인)

☐ **Milton** [míltən] 명 **밀턴** 《John ~, 영국의 시인; Paradise Lost의 작자; 1608-74》

판토마임 < 팬터마임 pantomime (무언극) = mime

♣ **어원 : mim 흉내(내다), 모방(하다), 표정(짓다)**

■ panto**mime** [pǽntəmàim] 명 **무언극, 팬터마임**; 몸짓, 손짓 동 무언극을 하다
☜ 그리스어 판토(panto ; 모든 것)와 미모스(mimos ; 흉내 내는 사람)

☐ **mime** [maim, mi:m] 명 무언극; (팬터)**마임** 동 무언극을 하다, 흉내 내다
☜ 그리스어로 '모방하는 사람'이란 뜻

☐ **mim**ic [mímik] 형 **흉내 내는**, 모방의; 거짓의 명 모방자, 흉내쟁이 동 흉내 내다; 흉내 내며 조롱하다 ☜ mime + ic<형접>
♠ **the mimic stage 흉내극, 익살극**

☐ **mim**icry [mímikri] 명 **흉내**, 모방; 『생물』 의태; 모조품
☜ mimic + ry<명접>

연상 미나리가 미나렛(minaret.뾰족탑)에서 잘 크고 있다.

☐ **minaret** [mìnərét] ⓜ (회교 사원의) 뾰족탑, 첨탑
☜ 아랍어로 '등불, 등대, 첨탑'이란 뜻

미니스커트 miniskirt (무릎이 드러나는 짧은 치마)

♣ **어원 : mini, minu 적은, 작은, 소형의**

■ **mini**skirt [mínisk∂ːrt] ⓜ **미니스커트** ☜ 작은(mini) 치마(skirt)

☐ **min**ce [mins] ⓢ (고기 따위를) 다지다, **잘게 썰다**; 조심스레 말하다; 점잔빼며 말하다 ⓜ 잘게 썬(다진) 고기; 점잔뺀 걸음걸이(말투) ☜ 라틴어로 '작게(min) 하다(ce)'란 뜻
♠ **minced** meat **잘게 썬** 고기, **다진** 고기

☐ **min**ce pie **민스파이** 《mincemeat가 든 파이》 ☜ pie(파이: 재료를 넣고 구운 서양과자)

☐ **min**cemeat [mínsmiːt] ⓜ **민스미트** 《다진 고기에 잘게 썬 사과·건포도·기름·향료 등을 섞은 것; 파이 속에 넣음》 ☜ 고기(meat)를 작게(min) 하다(ce)

☐ **min**cing machine **민싱머신**, 고기 써는 기계 ☜ machine(기계)

✚ **mini**ature **미니어쳐, 축소모형; 세밀화; 소형의** **mini**mum **최소량, 최소한도; 최소의** **mini**ster **성직자; 장관; 공사**(公使) **mini**stry **성직; 내각, (정부의) 부**(部), 성(省) ad**mini**stration **관리, 경영, 행정(부)** di**mini**sh **줄이다**, 감소하다

마인드 컨트롤 mind control (콩글 자신을 통제하는 능력) ➔ self-control)

영미권에서 mind control이라고 하면 통상 타인의 마음을 통제하는 능력, 즉 <세뇌, 최면>정도로 일컫어진다.

♣ **어원 : mind, ment 마음, 정신**

☐ **mind** [maind/마인드] ⓜ **마음, 정신** 《물질·육체에 대하여》; **마음[지성]의 소유자; 의견** ⓢ **주의[유의]하다, 염두에 두다, 꺼려하다** ☜ 고대영어로 '기억, 사고'라는 뜻
♠ Do you **mind** my smoking ? No, I don't.(=No, not at all. = Certainly not = No, I would'nt mind)
당신은 저의 흡연을 ***꺼려하시겠습니까*** *? 아뇨.* ➔ 담배를 피워도 되겠습니까 ? 예, 괜찮습니다.
♠ **come into one's mind 마음에 떠오르다, 생각나다**
♠ **have ~ in mind ~을 고려[의도]하고 있다; ~을 명심하다, 유의하다**
♠ **keep (bear) ~ in mind ~을 명심하다, 유의하다**
♠ **lose one's mind 미치다, 실성하다, 발광하다**
♠ **mind ~ing ~하는 것을 꺼리다**
♠ **Mind you ! 알겠지, 잘 들어 둬**
♠ **Never mind ! 걱정 마라, 네 알 바 아니다**
♠ **one's right mind 본심, 진심**(=one's real [true] intention)
★ 일본인에게는 자신의 속마음을 쉽게 드러내놓고 말하지 않는 문화적 정서가 있다. 그래서 분위기를 고려한 포장언어와 속내를 감추는 본심이란 두개의 코드가 존재하는데, 속내를 혼네(本音)라고 하고, 배려심(Respect Others)에서 나오는 포장된 언어를 타테마에(建前)라고 한다.

☐ **mind** cure 정신 요법 ☜ 마음(mind) 치료(cure)

☐ **mind** reading 독심술 ☜ 마음(mind)을 읽(read) 기(ing)

☐ **mind**'s eye 마음의 눈, 심안(心眼) ☜ 마음(mind) 의('s) 눈(eye)

☐ **mind**ed [máindid] ⓗ ~할 마음이 있는, ~하고 싶어(하는); [합성어] ~기질의, ~한 성격의
☜ mind + ed<수동형 형접>

☐ **mind**ful [máindfəl] ⓗ 주의 깊은, 정신 차리는; **염두에 두는**, 잊지 않는
☜ 마음(mind)속에 가득한(ful)

☐ **mind**less [máindlis] ⓗ 부주의한 ☜ -less(~이 없는)

※ **control** [kəntróul/컨츠**로**울] ⓜ **지배**(력); 관리, 통제 ⓢ **지배**(통제·감독)**하다**
☜ 중세영어로 '점검, 확인, 통제'란 뜻

✚ open-**mind**ed 편견이 없는, 허심탄회한; 너그러운 re**mind** **생각나게 하다**, 상기시키다 **ment**al **마음의**, 정신의; 지적인, **지능의; 정신병의**

아이 마이 미 마인 I My Me Mine (한국의 댄스팝 걸그룹 포미닛(4Minute)의 노래)

※ **I** [ai/아이] ⓓ **나, 본인** ☜ 고대영어로 '나(1인칭 단수 대명사)'

■ **my** [mai/마이, məi, mə] ⓓ 《I의 소유격》 **나의**
☜ mine(나의 것)의 변형

M

■ **me** [miː/mi/미-/미] [대] 《I의 목적격》 **나를, 나에게**
□ **mine** [main/마인] [대] 《1인칭 단수의 소유대명사》 **나의 것**; 나의 소유물
♠ He is **a friend of mine.** 그는 **나의 친구**이다.
♠ **That's mine. 그건 내 거야.**

구분	인칭	주 격	소유격	목적격	소유대명사	재귀대명서	be동사	do동사	have동사
단수	1	I	my	me	mine	myself	am	do	have
	2	You	your	you	yours	yourself	are		
	3	He	his	him	his	himself	is	does	has
		She	her	her	hers	herself			
		It	its	it	-	itself			

미네랄 mineral (영양소로서의 광물질)

♣ 어원 : mine 광산
□ **mine** [main] [명] **광산**, 탄광; **풍부한 자원**, 보고; 『군사』 지뢰, 기뢰, 수뢰 [동] 채광하다; 채굴하다; 갱도를 파다
☜ 라틴어로 '광석, 금속'이란 뜻
♠ This book is **a mine** of information.
이 책은 지식의 **보고**다.

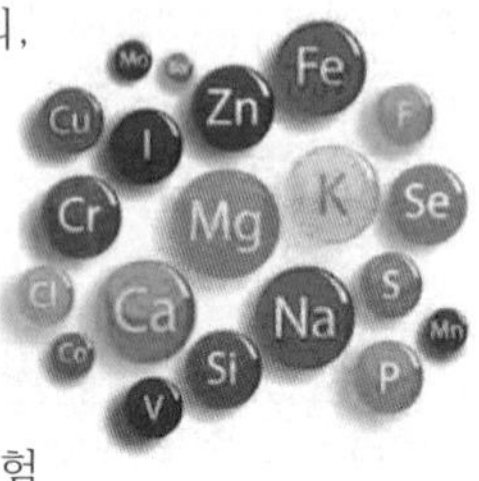

□ **mine** detector 지뢰〔기뢰〕 탐지기 ☜ 탐지하는(detect) 기계(or)
□ **mine** disposal 지뢰〔기뢰〕 처리 ☜ 처리하(dispose) 기(al<명접>)
□ **mine** worker 광산 노동자, 광부 ☜ 일하는(work) 사람(er)
□ **mine**field [máinfild] [명] 『군사』 지뢰밭, 기뢰원(原); 《비유적》 숨겨진 위험이 많은 곳 ☜ field(벌판, 밭)
□ **mine**r [máinər] [명] **광부**, 갱부; 광산업자; 『군사』 지뢰 공병; 채광기, 채탄기
☜ mine + er(사람/기계)
□ **mine**ral [mínərəl] [명] **광물**, 무기물; 미네랄 [형] 광물의, 광물을 함유하는; 무기물의
☜ miner + al<명접/형접>
□ **mine**ral water 광천수 ☜ water(물)
□ **mine**ralize [mínərəlàiz] [동] 광물화하다; 광물을 함유시키다; 광물을 채집하다
☜ mineral -ize<동접>
□ **mine**sweeper 『해군』 소해정(掃海艇) ☜ mine + 청소하는/소해하는(sweep) 주체(er)
□ **min**ing [máiniŋ] [명] 광업, **채광**(採鑛), 채탄; 지뢰〔기뢰〕 부설 [형] 채광의, 광산의
☜ mine + ing<명접/형접>

미네르바 Minerva ([로神] 지혜와 무용의 여신)

□ **Minerva** [minə́ːrvə] [명] **미네르바** 《『로.신화』 지혜 · 기예(技藝) · 전쟁의 여신》
[비교] Athena 『그.신화』 아테나(지혜 · 기예(技藝) · 전쟁의 여신)

몽그렐 mongrel (잡종개)

♣ 어원 : ming, mong 섞(이)다
■ **mong**rel [mʌ́ŋgrəl, mɑ́ŋ-] [명] (동식물의) **잡종**; 《특히》 **잡종개** [형] 잡종의
☜ 섞인(mong) 것(rel)
■ a**mong** [əmʌ́ŋ/어**멍**] [전] ~의 사이에(서), **~의 가운데에(서)**, ~에 둘러싸인
☜ 고대영어로 '~가운데'란 뜻. ~속에(a=at/in/on) + mong(섞임)
□ **ming**le [míŋgəl] [동] **섞다, 혼합하다**; 어울리다 ☜ 중세영어로 '섞다'란 뜻
♠ joy **mingled with** pain 고통**이 뒤섞인** 기쁨
■ inter**ming**le [intərmíŋgl] [동] **섞다, 혼합하다**; 혼합시키다 ☜ ~사이에(inter) 섞다(mingle)

□ **mining**(채광) ➔ **mine**(광산) **참조**

미니스커트 miniskirt (무릎이 드러나는 짧은 치마)

♣ 어원 : mini, minu 적은, 작은, 소형의
□ **mini**skirt [míniskəːrt] [명] **미니스커트** ☜ 작은(mini) 치마(skirt)
□ **mini**ature [míniətʃər, -tʃùər] [명] **미니어쳐, 축소모형; 세밀화** [형] **소형의**
☜ 작은(mini) 것(ature<명접>)
□ **mini**aturize [míniətʃəràiz, -tʃuər-] [동] 소형화하다 ☜ miniature + ize<동접>
□ **mini**bus [mínibʌ̀s] [명] **미니버스, 마이크로버스** 《약 15인승의》 ☜ 작은(mini) 버스(bus)

□ **mini**car [míniːkɑ̀ːr] 명 소형 자동차; (특히, 장난감) **미니카** ☜ 작은(mini) 차(car)
□ **mini**mal [mínəməl] 형 최소의, 극미한; 최소한도의; 미니멀 아트의 ☜ mini + m + al<형접>
□ **mini**mize [mínəmàiz] 동 **최소로 하다**; 최저로 어림잡다; 경시하다, 얕보다 ☜ mini + m + ize<동접>
□ **mini**mum [mínəməm] 명 (pl. minim**a, -s**) **최소량, 최소한도** 형 **최소의** ☜ 작은(mini)의 최상급(mum) 반 **maximum** 최대(의)
♠ **keep one's expenditure to a** [**the**] **minimum** 지출비를 **최대한** 억제하다
□ **mini**-series [mínisìəriːz] 명 〖TV〗 **미니시리즈**, 단기 프로《보통, 4-14회》 ☜ mini + series(연속, 시리즈)
□ **mini**van [mínəvæn] 명 《미》 **미니밴** 《van과 station wagon의 특징을 조화시킨 차》 ☜ mini + van 소형 유개 화물 자동차
□ **mini**ster [mínistər/**미**니스터] 명 **성직자; 장관; 공사**(公使) ☜ 작은(mini) 분야를 세우는<관리하는(st) 사람(er)
♠ **the Prime Minister (국무) 총리, 수상, 총리 대신**
♠ **minister to ~ ~의 도움이 되다, ~에 기여하다**
□ **mini**sterial [mìnəstíəriəl] 형 장관의; 목사의 ☜ minister + ial<형접>
□ **mini**stration [mìnəstréiʃən] 명 봉사, 구조, 사제(司祭) ☜ minister가 행하는 것(ation<명접>)
□ **mini**stry [mínistri] 명 **성직; 내각, (정부의) 부**(部), 성(省) ☜ 작은(mini) 분야를 세우는<관리하는(st) 곳(ry)

✚ ad**mini**stration **관리, 경영, 행정(부)** **min**ce (고기 따위를) 다지다, **잘게 썰다**; 잘게 썬〔다진〕 고기 di**mini**sh **줄이다**, 감소하다

밍크코트 mink coat [stole] (동물 밍크의 털로 만든 긴 외투)

□ **mink** [miŋk] 명 (pl. **-s, -**) 〖동물〗 **밍크** 《족제비류; 수륙 양서》; 그 모피 ☜ 중세영어로 '밍크의 가죽이나 털'이란 뜻
♠ She is wearing **a mink coat**. 그녀는 **밍크코트**를 입고 있다.
※ **coat** [kout/코우트] 명 (양복의) **상의**; 외투, 코트 동 **상의로 덮다, 상의를 입히다** ☜ 고대 프랑스어로 '웃옷'이란 뜻

미네소타 Minnesota (캐나다와 면한 미국 북부의 주)

□ **Minnesota** [mìnəsóutə] 명 **미네소타** 《12,000여개의 호수가 있는 미국 북부의 주; 생략: Minn.》 ☜ 북미 인디언말로 '하늘색 물'이란 뜻
□ **Minnesota**n [mìnəsóutən] 형명 미네소타의; 미네소타 주 사람 ☜ -an(~의/~사람)

미노스 Minos ([그神] 그리스에서 가장 큰 섬인 크레타 섬의 왕)

□ **Mino**an [minóuən] 형명 **크레타** 문명《기원전 3000-1100년경에 번영한》(의); 고대 크레타 주민(의); 미노아인(人)(의) ☜ -an(~의/~사람)
□ **Minos** [mainəs] 명 〖그.신화〗 **미노스** 《크레타 섬의 왕》
□ **Mino**taur [mínətɔ̀ːr, máinə-] 명 (the ~) 〖그.신화〗 **미노타우로스** 《인신우두(人身牛頭) 의 괴물》

미니스커트 miniskirt (짧은 치마), 마이너스 minus (빼기, —)

♣ **어원 : mini, minu 적은, 작은, 소형의**
■ **mini**skirt [mínískəːrt] 명 **미니스커트** ☜ 작은(mini) 치마(skirt)
□ **min**or [máinər] 형 **작은 편의; 중요치 않는**; 미성년의 명 **미성년자**; 부전공 과목 ☜ 라틴어로 '보다 작은(비교급)'의 뜻
♠ **Minors Not Allowed 미성년자 출입 금지** !
□ **min**or league 《미》 **마이너리그** 《2류 직업 야구단 연맹》 ☜ league(연맹, 동맹)
□ **min**ority [minɔ́ːriti, -nɑ́r-, mai-] 명 **소수; 소수 민족**; 〖법률〗 미성년(기) ☜ minor + ity<명접> 반 **majority** 다수
□ **min**strel [mínstrəl] 명 (중세의) **음유(吟遊)시인**; 《시어》 시인, 가수 ☜ 라틴어로 '하인'이란 뜻
□ **min**us [máinəs] 전 〖수학〗 **마이너스의, ~을 뺀** 형 **마이너스의[를 나타내는]** 명 마이너스, 음호, 음수 ☜ 라틴어로 '보다 작은'이란 뜻
♠ **5 minus 2** is 3. 5-2=3
□ **min**ute [mínit/**미**닡] 명 (시간의) **분** 《1시간의 1 / 60》; 잠시; **순간**(=moment) ☜ 라틴어로 '작은 부분'이란 뜻
♠ **in a minute** 〔second〕 **잠시, 곧, 순식간에**
♠ **to the minute 1 분도 틀리지 않고, 정각에**(=on time)

M

□ **min**ute [mínit] ⓗ **미소한**, 미세한; **상세한**, 자세한 ☜ 라틴어로 '작게 하다'란 뜻
□ **min**utely [mainjú:tli, mi-] ⓟ 세세하게, 상세하게, 정밀하게 ☜ -ly<부접>
[mínitli] ⓟⓗ《고어》1분마다(의); 매분마다(의); 끊임없이

페퍼민트 peppermint ([식물] 박하; 박하사탕)

■ pepper**mint** [pépərmìnt] ⓜ〖식물〗박하(薄荷); 박하 오일; **페퍼민트** 술; 박하정제(錠劑); 박하사탕 ☜ 후추 맛(pepper)이 있는 박하(mint)
□ **mint** [mint] ⓜ〖식물〗**박하**(薄荷); 박하 향미료; 박하사탕
☜ 고대영어로 '향이 좋은 풀'이란 뜻
ⓜ **조폐국** ⓢ (화폐를) **주조하다** ☜ 라틴어로 '화폐, 돈'이란 뜻
♠ **mint**-flavo(u)red toothpaste **박하** 향이 나는 치약
■ spear**mint** [spíərmìnt] ⓜ〖식물〗양박하, **스피어민트** ☜ (향이 코를) 찌르는(spear) 박하(mint)

□ **Miocene**([지질] 중신세) ➔ **recent**(최근의) **참조**

미란다 원칙 Miranda rule (경찰관의 위법수집증거 배제의 원칙)

1963년 멕시코계 미국인 에르네스토 미란다가 소녀 납치 및 강간 혐의로 체포되었다. 그는 변호사도 선임하지 않은 상태에서 범행을 인정하는 구두 자백과 범행자백자술서에 서명했으나 재판이 시작되자 모든 자백을 번복하고, 이의를 제기했다. 1966년 연방대법원은 그가 진술거부권, 변호인선임권 등의 권리를 고지받지 못했기 때문에 무죄를 선고했다. 그러나 미란다는 검찰의 증거 확보로 추후 11년형을 선고받았다

□ **Miranda** [mirǽndə] ⓜ **미란다**《여자 이름》;〖천학〗천왕성의 제5위성 ⓗ《미》(피의자에) 인권 옹호적인 ☜ 소녀 납치범 '미란다'의 이름에서
□ **Miranda** card《미》**미란다 카드**《경찰관이 체포한 용의자에게 헌법상 묵비권과 변호사 입회 등을 요구할 수 있는 권리가 있음을 알려주기 위하여 휴대하는 카드》
☜ card(카드, 판지)
□ **Miranda** Rights《미》**미란다 라이츠**《경찰에 체포될 때 묵비권과 변호사의 변호를 요구할 권리》
☜ rights(권리(의), 공민권(의))
□ **Miranda** rule〖법률〗**미란다 원칙**〔준칙〕《경찰관의 위법 수집 증거 배제의 원칙》
☜ rule(규칙, 규정, 방식, 룰)

M

백미러 back mirror (콩글 자동차의 후사경) ➔ rear-view mirror

♣ **어원 : mar, mir(a), mor 놀라다, 경탄하다; 보다A**
※ **back** [bæk/백] ⓜ **등, 뒤쪽** ⓗ **뒤(쪽)의** ☜ 고대영어로 '등, 뒤'라는 뜻
□ **mir**ror [mírər] ⓜ **거울**, 반사경; 본보기, 귀감(龜鑑), 모범 ⓢ 비추다, 반사하다
☜ 라틴어로 '보고 놀라다'란 뜻
♠ a driving **mirror**《영》(자동차의) 백미러(=rear-view mirror)
□ **mir**acle [mírəkəl] ⓜ **기적** ☜ 놀라운(mir) + a + 것(cle)
♠ work〔do, perform, accomplish〕**a miracle 기적**을 행하다.
□ **mir**aculous [mirǽkjələs] ⓗ **기적적인**, 불가사의한, 초자연적인, 신기한, 놀랄 만한
☜ miracle + ous<형접>
□ **mir**aculously [mirǽkjələsli] ⓟ 기적적으로 ☜ -ly<부접>
□ **mir**aculousness [mirǽkjələsnis] ⓜ 기적적임, 초자연적임 ☜ -ness<명접>
□ **mir**age [mirɑ́:ʒ/ˊ-] ⓜ 신기루; (M~) (프랑스제의) **미라지** 전투기 ☜ 신기한(mir) 것(age)

✚ ad**mir**e 칭찬하다, **감탄하다**, 사모하다 **mar**vel **놀라운 일**, 경이; **놀라다; 이상하게 여기다**
marvel(l)ous **놀라운**, 신기한, **믿기 어려운**

연상 와이어(wire.쇠줄)가 마이어(mire.진흙탕)에 묻혀 보이지 않는다.

※ **wire** [waiər/와이어] ⓜ **철사; 전선**, 케이블; **전신** ⓢ 철사로 매다; **전송하다**,《구어》**전보를 치다**
☜ 고대영어로 '가는 실로 뽑아낸 금속'이란 뜻
□ **mire** [maiər] ⓜ **진흙(탕)**, 진창; 수렁; (the ~) 궁지, 곤경, 오욕(汚辱)
ⓢ 진창에 빠뜨리다〔빠지다〕☜ 고대 노르드어로 '늪'이란 뜻
♠ The wheels sank deeper into **the mire**. 바퀴가 **진창** 속으로 더 깊이 빠졌다.
□ **mir**y [máiəri] ⓗ (-<-ri**er**<-ri**est**) 진창 깊은; 진흙투성이의; 더러운
☜ mir(진흙탕) + y<형접>

□ **mirror**(거울) ➔ **miracle**(기적) **참조**

연상 해피 버쓰데이(birthday.생일날)는 머쓰데이(mirth day.환희의 날)이다.

※ **happy** [hǽpi/**해**삐] ⓗ (-<-pi**er**<-pi**est**) **행복한**
☜ 고대영어로 '행복한'이란 뜻.

※ **birth**day [bə́ːrθdèi/**버**어쓰데이] ⓜ **생일** ☜ 출생(birth)한 날(day)

☐ **mirth** [məːrθ] ⓜ 명랑, 유쾌; 환락, **환희**; 희희낙락, 즐거움
☜ 고대영어로 '기쁨, 즐거움'이란 뜻
♠ sing with much **mirth 흥**이 나서 노래 부르다

☐ **mirth**ful [mə́ːrθfəl] ⓗ **유쾌한**, 명랑한, 즐거운 ☜ mirth + ful(로 가득한)

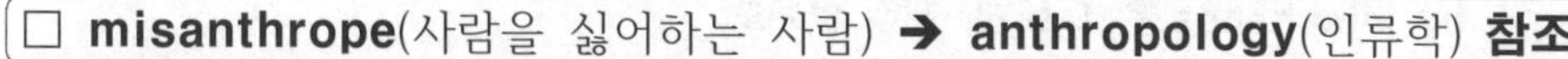
☐ **misanthrope**(사람을 싫어하는 사람) ➔ **anthropology**(인류학) **참조**

☐ **misapprehend**(오해하다) ➔ **apprehend**(걱정[체포, 이해]하다) **참조**

가스레인지 gas range (**콩글** 가스 조리기구) ➔ gas stove

♣ **어원 : range, ray 정렬하다**

※ **gas** [gæs] ⓜ (pl. **-es**, 《영》 **-ses**) **가스**, 기체
☜ 그리스어로 '공기'란 뜻

■ **range** [reindʒ/뤠인지] ⓜ (가스, 전기, 전자) **레인지: 줄, 열; 산맥; 범위; 거리; 다양성** ⓢ **가지런히 하다, 정렬시키다, 한 줄로 늘어서다** ☜ 고대 프랑스어로 '줄, 열, 산맥'이란 뜻

■ ar**range** [əréindʒ/어**뤠**인지] ⓢ **배열하다**, 정돈하다(=put in order); **준비하다**
☜ ~을(ar<ad=to) 정렬하다(range) 반 **derange** 혼란케 하다

☐ misar**range** [mìsəréindʒ] ⓢ ~의 배열을〔배치를〕 잘못하다, 틀린 장소에 두다
☜ 잘못(mis) 배열하다(arrange)
♠ **misarrangement the furniture 가구를 잘못 배치하다**

☐ misar**range**ment [mìsəréindʒmənt] ⓜ 오배열 ☜ -ment<명접>

■ rear**range** [rìːəréindʒ] ⓢ 재정리〔재배열〕하다 ☜ 다시(re=again) 배열하다(arrange)

코엑스 COEX (한국종합무역센터에 있는 종합전시관 / 서울시 소재)
킨텍스 KINTEX (한국국제전시장 / 고양시 소재)

♣ **어원 : hibit, habit, have 잡다(=take), 가지다(=have), 살다(=live)**

■ **COEX** **CO**nvention and **EX**hibition center 국제회의 및 전시 센터

■ **KINTEX** **K**orea **INT**ernational **EX**hibition center 한국국제전시장

■ ex**hibit**ion [èksəbíʃən] ⓜ **전람(회)**, 전시회, 박람회; 출품물
☜ 밖에(ex) 두는(hibit) 것(ion<명접>)

■ **have** [hæv/해브, 약 həv, əv; "to"앞에서 흔히 hæf] ⓢ **가지다, 가지고 있다; 먹다, 마시다** ☜ 고대영어로 '가지고 있다'란 뜻

M

■ be**have** [bihéiv] ⓢ **행동하다** ☜ (마음속에) 가지고 있는(have) 것을 (현실로) 만들다(be=make)

■ be**hav**ior [bihéivjər] ⓜ **행동, 행실**; 동작, 태도; 품행 ☜ -or<명접>

☐ misbe**have** [mìsbihéiv] ⓢ 나쁜 짓을 하다 ☜ mis(나쁜, 잘못된) + behave
♠ **misbehave oneself 무례하게 굴다**

☐ misbe**hav**ior [mìsbihéivjər] ⓜ 비행, 부정행위 ☜ misbehave + ior(사람)

라이프 스타일 life style (생활양식) * style 스타일, 양식, 방식, 문체

♣ **어원 : life, live, lief, live 살다, 맡기다, 사랑하다**

■ **life** [laif/라이프] ⓜ (pl. **lives**) **삶, 생명, 생활, 인생, 활기** ☜ 고대영어로 '일생'이란 뜻

■ be**lief** [bilíːf, bə-] ⓜ **믿음**, 확신, 신념; 신앙, 신뢰 ☜ be(존재하다) + lief(삶)

■ disbe**lief** [dìsbilíːf] ⓜ **불신, 의혹** ☜ dis(=not/부정) + belief(믿음)

☐ misbe**lief** [mìsbilíːf] ⓜ 그릇된 신념, 그릇된 생각; 그릇된〔이단(異端)〕 신앙
☜ 잘못된(mis) 믿음(belief)
♠ His behavior is based on **the misbelief**.
그의 행동은 **그릇된 믿음**에 근거하고 있다.

■ re**lief** [rilíːf] ⓜ **구원** ☜ re(다시) + life(삶)

미셀러니 miscellany (❶ 잡동사니 ❷ 경수필(신변잡기))

♣ **어원 : misc 섞다, 혼합하다**

☐ **misc**ellany [mísəlèini/miséləni] ⓜ 잡다, 혼합(=mixture), 잡동사니(=medley); (한 권에 수록된) 문집, 잡록; (pl.) 논문, 잡문 ☜ 라틴어로 '혼합'이란 뜻

□ **misc**ellaneous [mìsəléiniəs] ⓗ **잡다한**, 잡동사니의; 다방면의 ☜ miscellany + ous<형접>
♠ **miscellaneous** business 〔goods〕 **잡**무〔**잡**화〕

찬스 chance (기회)

■ **chance** [tʃæns/챈스, tʃɑːns/찬-스] ⓜ **기회, 가망; 우연**
☜ 고대 프랑스어로 '우연; 기회, 행운'이란 뜻
■ be**chance** [bitʃǽns, -tʃɑ́ːns] ⓢ 《고어》 (~에게 우연히) 일어나다, 생기다
☜ 우연(chance)히 되다(be)
□ mis**chance** [místʃæns, -tʃɑːns] ⓜ **불운**, 불행, 재난 ☜ 나쁜(mis) 운(chance)
♠ **by mischance 운 나쁘게, 재수 없게도**

세프 chef (주방장, 요리사)

♣ **어원 : chef, chief, chiev(e), cap, cab 머리, 우두머리, 정상**
■ **chef** [ʃef] ⓜ 《F=chief》 요리사, 주방장, 쿡(=cook)
☜ 고대 프랑스어로 '지도자, 통치자'란 뜻
■ **chief** [tʃiːf/취잎] ⓗ **최고의, 주요한** ⓜ (pl. **-s**) **장**(長), 우두머리
□ mis**chief** [místʃif] ⓜ (pl. **-s**) **해악**(害惡), 해(=harm); 악영향; **장난**, 짓궂음
☜ 고대 프랑스어로 '잘못된(mis) 결과(chief=end)가 되다'란 뜻
♠ **One mischief comes on the neck of another.**
《속담》 엎친 데 덮친다, 설상가상(雪上加霜)
□ mis**chiev**ous [místʃivəs] ⓗ **해로운; 장난을 좋아하는**, 장난기 있는; 화를 미치는
☜ mischief<f→v> + ous<형접>

✚ a**chieve** **이루다**, 달성하다 **chief**tain **두목, 족장**, 추장, 지도자 **cap**tain **장**(長), **우두머리; 선장**, 함장; 『육·공군』 대위, 『해군』 대령 **cab**bage **양배추**

컨셉 concept (개념)

♣ **어원 : cept, ceit, ceive 취하다, 잡다(=take)**
■ **concept** [kάnsept/kɔ́n-] ⓜ 『철학』 **개념**, 생각; 구상(構想), 발상 ☜ 완전히(con<com) 취하기(cept)
□ mis**conceive** [miskənsíːv] ⓢ 오해하다, 오인하다, 잘못 생각하다 ☜ 잘못(mis) 이해하다conceive)
♠ I think it is entirely **misconceived**.
나는 그것이 전적으로 **착오였다고** 생각한다.
□ mis**concep**tion [miskənseˈpʃən] ⓜ 오해, 그릇된 생각 ☜ 잘못(mis)된 생각(conception)

✚ inter**cept** **도중에서 빼앗다**〔붙잡다〕, 가로채다; 요격하다 re**ceive** **받다**, 수령하다

□ misconduct(위법행위) ➔ conduct(행위, 지도; 수행하다) 참조

인프라 infra (콩글 기반시설) ➔ infrastructure

♣ **어원 : struct, stru 세우다, 건축하다(=build)**
■ **struct**ure [strʌ́ktʃər] ⓜ **건물; 구조**; 조직, 체계; 사회 구조 ☜ 세운(struct) + 것(ure<명접>)
■ infra**struct**ure [ínfrəstrʌktʃər] ⓜ 하부 조직〔구조〕, 기반; 기초 구조, 토대
☜ 아래에(infra) 세운(struct) 것(ure<명접>)
■ con**stru**e [kənstrúː] ⓢ ~의 뜻으로 취하다; **해석하다**, 추론하다
☜ 완전히(con<com) 세우다(stru) + e
□ mis**con**stru**e** [miskənstrúː] ⓢ 잘못 해석하다, 오해하다; 곡해하다 ☜ 잘못(mis) 해석하다(construe)
♠ What he said **was misconstrued**. 그가 말한 것이 잘못 **해석되었다**.
□ miscon**struct**ion [miskənstrʌ́kʃən] ⓜ (의미의) 잘못된 해석〔구성〕, 오해, 곡해
☜ 잘못된(mis) 해석(construction)
■ con**struct**ion [kənstrʌ́kʃən] ⓜ **건설, 구조**, 건축, 구성; 해석
☜ 함께(con<com) 세운(struct) 것(ion<명접>)

저스트두잇 Just Do It (스포츠의류 · 용품 회사인 나이키의 슬로고(slogo). <일단 해봐, 한번 해보는 거야>란 뜻) * just 단지, 바로, 이제 막, 정확히 / it 그것

■ **do** [duː/두- (약) du, də] ⓩⓢ **행하다** 《현재 do, 직설법 현재 3인칭 단수 does; 과거 did》; 『부정 · 의문문』 일반동사를 돕는 조동사(助動詞) 역할
☜ 고대영어로 '만들다, 행하다'란 뜻
■ **deed** [diːd] ⓜ **행위**, 행동, 소행 ☜ 고대영어로 '행동'이란 뜻. do의 명사형

□ mis**deed** [mìsdíːd] [명] **악행**, 비행, 범죄 ☜ 잘못된(mis) 행위(deed)
♠ **commit a misdeed 비행**을 저지르다

■ in**deed** [indíːd/인**디**-드] [부] **실로, 참으로**
☜ in deed(실행상, 사실상)가 합쳐진 것

다이렉트 direct (중간과정 없이 직접)

♣ **어원 : rect(i) 옳은, 똑바른, 직접의**

■ <u>cor**rect**</u> [kərékt/커**렉**트] [형] **옳은, 정확한** [동] 바로잡다, 정정하다
☜ 완전히(cor<com) 똑바른(rect)

■ di**rect** [dirékt/디**렉**트/dairékt/다이**렉**트] [동] **지도하다**, 기울이다; 겉봉을 쓰다 [형] **똑바른, 직접의; 솔직한** [부] **곧장, 직접적으로** ☜ 완전히(di/강조) 똑바른(rect)

■ indi**rect** [ìndirékt, -dai-] [형] 곧바르지 않은; **간접적인**; 2차적인, 부차적인
☜ in(=not/부정) + direct

□ misdi**rect** [misdirékt] [동] (길 따위를) 잘못 가리키다, 그릇되게 지도하다
☜ 잘못(mis) 지도하다(direct)
♠ a **misdirected** letter **수취인의 주소 · 성명이 잘못 적힌** 편지

■ e**rect** [irékt] [형] **똑바로 선**, 직립(直立)의 [동] 똑바로 세우다
☜ 밖으로<위로(e<ex=on) 똑바른(rect)

레미제라블 Les Miserables (빅토르 위고의 소설. <비참한 사람들>이란 뜻)

♣ **어원 : miser 가엾은, 불쌍한, 비참한, 불행한, 야비한, 비열한**

■ <u>Les **Miser**ables</u> **레미제라블** 《비참한 사람들》
☜ 프랑스어로 Les(영어로 복수형 정관사 the) + misérable = miserable(불쌍한, 비참한 (사람)) + s<복수>

© penguinrandomhouse.com

□ **miser** [máizər] [명] **구두쇠**, 노랑이, 수전노 ☜ 라틴어로 '가련한'이란 뜻

□ <u>**miser**able</u> [mízərəbəl] [형] 불쌍한, 비참한, 가련한(=pitiable); 슬픈; 비천한; 빈약한 ☜ miser + able<형접>
♠ a **miserable** life **비참한** 일생

□ **miser**ably [mízərəbli] [부] **비참하게**, 불쌍하게, 초라하게; 형편없이, 지독히
☜ miser + ably<부접>

□ **miser**ly [máizərli] [형] 인색한, 욕심 많은 ☜ miser + ly<부접>

□ **miser**y [mízəri] [명] (정신적) **고통**; 고뇌; **비참함** ☜ -y<명접>
♠ **Misery loves company. 불행은 동료를 사랑한다. 《속담》 동병상련(同病相憐)**

□ com**miser**ation [kəmìzəréiʃən] [명] 가엾게 여김, 동정
☜ 완전히(com/강조) 가엾게(miser) 여김(ation<명접>)

□ com**miser**ate [kəmízərèit] [동] 가엾게 여기다, 불쌍하게〔딱하게〕 생각하다 ☜ -ate<동접>

캠프파이어 campfire (야영의 모닥불)

♣ **어원 : fire, fier 불, 불을 지르다; 몹시 사나운**

※ **camp** [kæmp/캠프] [명] **야영지, 캠프장; 야영천막; 진영** [동] **천막을 치다**
☜ 라틴어로 '들판'이란 뜻

■ <u>camp**fire**</u> [kǽmpfàiər] [명] **모닥불, 캠프파이어**; 《미》 (모닥불 둘레에서의) 모임
☜ 야영지(camp) 불(fire)

■ **fire** [faiər/퐈이어] [명] **불; 화재**; 열; 정열 [동] **불을 지르다; 발사[발포]하다**
☜ 고대영어로 '불'이란 뜻

□ mis**fire** [mísfàiər] [동] (총 따위가) 불발하다; 점화되지 않다; 빗나가다 [명] 불발; 실패
☜ 잘못(mis) 발사하다(fire)
♠ **No gun, no misfire. 총이 없다면 오발도 없다.**

포춘 Fortune (미국의 격주 간행 종합경제지)

포춘지(誌)는 1930년 2월 <Time>지(誌)를 창간한 H. R. 루스에 의해 창간되었다. 1978년 월간에서 격주간이 되었으며, 매년 5월 제1주호에서 발표하는 전미(全美) 기업 순위 500은 유명하다. 대형판 · 고급체제와 장문의 철저한 리포트, 박력있는 사진이 이 잡지의 특징이다. <출처 : 두산백과 / 요약인용>

■ <u>**fortune**</u> [fɔ́ːrtʃən/뽀-천/뽀-춘] [명] **부**(富), **재산; 운**, 운수; 행운
☜ 『로.신화』 포르투나(Fortuna. 운명의 여신)에서

■ **fortun**ate [fɔ́ːrtʃənit] ⓗ **운이 좋은**, 행운의 ☜ 운(fortune)이 있는(ate)
□ mis**fortune** [misfɔ́ːrtʃən] ⓜ **불운**, 불행, 재난 ☜ 나쁜(mis) 운(fortune)
♠ **Misfortunes never come single. = One misfortune rides upon another's back. 불행은 절대 혼자 오지 않는다. 《속담》 화불단행(禍不單行), 엎친 데 덮치다.**
♠ **Misfortune shows those who are not really friends. 불행은 누가 진정한 친구가 아닌지를 보여준다.** - 아리스토텔레스 -
■ un**fortun**ate [ʌnfɔ́ːrtʃənit] ⓗ **불운한, 불행한** ☜ un(=not) + 운(fortune)이 있는(ate)

기브 앤 테이크 give-and-take (주고받기)

< give-and-take >

■ **give** [giv/기브] ⓢ (-/**gave**/**given**) **주다**
☜ 고대영어로 '하늘이 주다'란 뜻
■ **give**-and-take [gívəntéik] ⓜ **기브 앤 테이크**, 주고받기
☜ 주다(give) 그리고(and) 받다(take)
□ mis**give** [misgív] ⓢ (-/mis**gav**e/mis**given**) 의심을 일으키다, 염려케 하다; 염려하다 ☜ 잘못/나쁘게(mis) 주다(give)
□ mis**giv**ing [misgíviŋ] ⓜ [부정 이외에는 종종 pl.] **걱정**, 불안, 염려
☜ 잘못/나쁘게(mis) 준(give) 것(ing<명접>)
♠ **have misgivings about ~ ~에 불안을 품다**

가바나 < 거버너 governor (디젤 차량에서 엔진의 회전과 부하에 따라 연료량을 조절해 주는 장치)

■ **govern** [gʌ́vərn] ⓢ **통치하다, 다스리다, 좌우하다, 제어[억제]하다**
☜ 라틴어로 '배의 키를 잡다'란 뜻
■ **govern**or [gʌ́vərnər/**거**버너] ⓜ **통치자**, 《미》 **주지사**; 《영》 (식민지의) **총독**; 『기계』 조속기
☜ govern + or(사람/기계)
■ **govern**ment [gʌ́vərnmənt/**거**번먼트] ⓜ **정부, 행정권, 정치** ☜ govern + ment<명접>
□ mis**govern** [misgʌ́vərn] ⓢ 악정을 펴다, 통치(지배)를 잘못하다 ☜ 잘못(mis) 통치하다(govern)
♠ **misgovern** the people 국민을 **그릇 통치하다**
□ mis**govern**ment [misgʌ́vərnmənt] ⓜ 악정, 실정(失政) ☜ misgovern + ment<명접>

M

핸드백 handbag (휴대용 여성 손가방)

■ **hand**bag [hǽndbæ̀g] ⓜ **핸드백**, 손가방 ☜ 손(hand) 가방(bag)
■ **hand**le [hǽndl/**핸**들] ⓜ **손잡이, 핸들** ⓢ **손을 대다**, 조종하다, **대우[취급]하다**
☜ 고대영어로 '손으로 만지다'란 뜻
□ mis**handle** [mishǽndəl] ⓢ 거칠게 다루다, 학대하다; 잘못 조처하다
☜ 잘못(mis) 다루다(handle)
♠ **mishandle** a dog 개를 **학대하다**

해프닝 happening (우발적으로 발생한 유희적인 행위)

■ **hap** [hæp] ⓜ 《고어》 우연, 운; 우연히 생긴 일 ⓢ (-/happ**ed**/happ**ed**) 우연히 ~하다
☜ 고대 노르드어로 '행운'이란 뜻
■ **hap**pen [hǽpən/**해**펀] ⓢ (일·사건 등이) **일어나다; 우연히 ~하다**
☜ (사건이) 일어나(hap) + p<단모음+단자음+자음반복> + 다(en)
■ **hap**pening [hǽpəniŋ] ⓜ (우연히 일어난) 일, **우발사건; 해프닝** ☜ -ing<명접>
□ mis**hap** [míshæ̀p] ⓜ 사고, 불운한 일, 재난; 불운 ☜ 나쁜(mis) 운(hap)
♠ **without mishap 무사히**

인터폰 interphone (구내전화), 인터폴 interpol (국제 경찰)

< Interphone >

♣ **어원 : inter ~사이에**
■ **inter**phone [íntərfòun] ⓜ 《미》 내부(구내) 전화, **인터폰** 《원래 상표명》
☜ ~사이의(inter) 소리/전화기(phone)
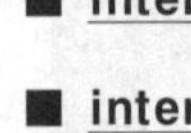
■ **inter**pol [íntərpɔ̀(ː)l, -pɑ̀l] ⓜ **인터폴**, 국제 경찰
☜ (국가) 사이의(inter) 경찰(pol=police)
■ **inter**pret [intə́ːrprit] ⓢ **통역하다, 해석하다** ☜ 사이에서(inter) 가격(pret
□ mis**inter**pret [misintə́ːrprit] ⓢ 그릇 해석(설명)하다, 오해하다(=misunderstand)
☜ 잘못(mis) 해석하다(interpret)

♠ He accused the opposition of **misinterpreting** his speech.
그는 반대세력[야당]이 자신의 연설을 **왜곡했다고** 혐의를 제기했다.

✚ **inter**pretation **통역, 해석**, 설명 **inter**preter **해석자, 통역(자)**

레이어 layer (그래픽편집 프로그램에서 여러 개의 그림을 겹쳐놓은 층(層))

♣ **어원 : layer 층이 있는, 겹친 ⇦ lay 눕히다, 놓다, 설비하다, 새기다**

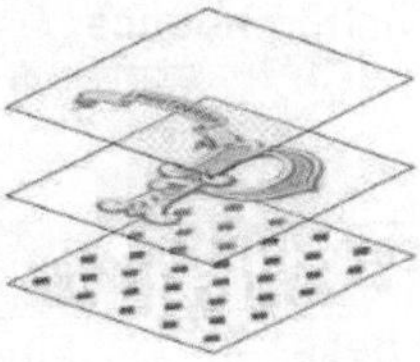

■ **lay** [lei/레이] [동] (-/**laid**/**laid**) **놓다, 눕히다**; (알을) **낳다; 쌓다; 넘어뜨리다, 때려눕히다**; **제시[제출]하다**
☜ 고대영어로 '두다, 내려놓다'란 뜻

■ **lay**er [léiər] [형] **놓는[쌓는, 까는] 사람; 층** ☜ 놓는(lay) 사람(것)(er)

■ **lay**out [léiàut] [명] (지면·공장 따위의) 구획, 배치, **설계**(법), **레이아웃**
☜ 분리하여(out) 두다(lay)

□ mis**lay** [misléi] [동] (-/mis**laid**/mis**laid**) 잘못 두다(놓다); 두고 잊다; 《비유》 잃다, (시야에서) 놓치다 ☜ 잘못(mis) 두다(lay)
♠ I seem to **have mislaid** my keys. 내가 열쇠를 **어디 엉뚱한 곳에 둔** 모양이다.

리더 leader (지도자, 선도자), 치어리더 cheerleader (응원단장)

♣ **어원 : lead 이끌다, 나르다**

■ **lead** [li:d/리-드] [동] (-/**led**/**led**) 이끌다, **인도[안내]하다; 뛰어나다; ~에 이르다** [명] **선도**, 솔선, **지휘; 납**
☜ 중세영어로 '이끄는 행위'란 뜻

■ **lead**er [lí:dər/**리**-더] [명] **선도자, 지도자, 리더** ☜ lead + er(사람)

■ **lead**ing [lí:diŋ/**리**-딩] [명] **지도**, 선도, 통솔; 납세공, 납틀 [형] **이끄는**, 선도(지도)하는; **손꼽히는** ☜ lead + ing<명접/형접>

□ mis**lead** [mislí:d] [동] (-/mis**led**/mis**led**) **잘못 인도[안내]하다**; 현혹시키다
☜ 잘못(mis) 인도하다(lead)
♠ **mislead** public opinion 여론을 **호도(糊塗)하다**

□ mis**lead**ing [mislí:diŋ] [형] 그르치기 쉬운, **오도하는**, 오해하게 하는, 현혹시키는 ☜ -ing<형접>

■ cheer**lead**er [tʃíərlì:dər] [명] 《미》 (보통 여성인) **응원단장, 치어리더**
☜ 환호하도록(cheer) 이끄는(lead) 사람(er)

M

네임펜 name pen ([콩글] 중간글씨용 유성펜) ➔ permanent marker
아카데미상 후보에 노미네이트(nominate.지명추천)되다

♣ **어원 : name, nomi(n) 이름**

■ **name** [neim/네임] [명] **이름, 성명** [동] 이름을 붙이다
☜ 고대영어로 '이름, 평판'이란 뜻

■ **nomin**ate [námənèit, nɔ́m-] [동] **지명하다**; 지명 추천하다; 임명하다
☜ 이름을(nomin) 붙이다(ate<동접>)

■ de**nomin**ation [dinàmənéiʃən] [명] **명칭**, 이름, 명의(名義); **명명**(命名)
☜ de(강조) + 지명하(nominate) 기(ion<명접>)

□ mis**nom**er [misnóumər] [명] 틀린 이름; 잘못 부름; 인명(지명) 오기(誤記)
☜ 잘못(mis) 이름을 붙인(nom) 것(er)
♠ That is a bit of a **misnomer**. 그것은 다소 **부적당한 명칭**이다.

모노가미 monogamy (일부일처제), 폴리가미 polygamy (일부다처·일처다부제)

♣ **어원 : gamy 결혼**

< 폴리가미 >

■ mono**gamy** [mənágəmi/mənɔ́g-] [명] 일부일처(一夫一妻)제[주의], **모노가미**, 단혼(單婚) ☜ (상대가) 하나(mono)인 결혼(gamy)

■ poly**gamy** [pəlígəmi] [명] 일부다처(一夫多妻), 일처다부(一妻多夫), **폴리가미**, 복혼; 『식물』 자웅혼주(混株) ☜ (상대가) 많은(poly) 결혼(gamy)

□ miso**gamy** [miságəmi, mai-/-sɔ́g-] [명] 결혼을 싫어함
☜ 결혼(gamy)을 혐오함(miso)
♠ **Misogamy** is an aversion or hatred of marriage.
Misogamy 란 결혼을 혐오하는 것이다.

아나운서 announcer (방송원)

♣ **어원 : nounce 말하다, 발음하다**

■ an**nounce** [ənáuns/어**나**운스] ⓢ 알리다, **발표하다**(=publish), 고지하다(=give notice of) ☜ ~에게(an=to) 말하다(nounce)

■ an**nounce**r [ənáunsər] ⓜ **아나운서**, 방송원; 고지자, **발표자** ☜ -er(사람)

■ pro**nounce** [prənáuns] ⓢ **발음하다**; 선언하다, 선고하다 ☜ 앞으로(pro) 말[발음]하다(nounce)

■ pro**nunc**iation [prənʌ̀nsiéiʃən] ⓜ **발음**; 발음하는 법 ☜ 앞으로(pro) 말[발음]하(nunc<nounce) + i + 기(ation<명접>)

□ mispro**nounce** [mìsprənáuns] ⓢ 잘못[틀리게] 발음하다 ☜ 잘못(mis) 발음하다(pronounce)
♠ People always **mispronounce** my name.
사람들은 항상 내 이름을 **잘못 발음한다**

패스 미스 pass miss (송구 실패)

※ **pass** [pæs/패스/pɑːs/파-스] ⓜ 『구기』 **합격, 패스; 통행허가** ⓢ **지나(가)다**, 경과하다, 건네주다; **합격하다** ☜ 중세영어로 '지나가다, 바뀌다'라는 뜻

□ **miss** [mis/미스] ⓢ **놓치다**, 빗맞히다; **그리워하다** ☜ 고대영어로 '맞추는데 실패하다'라는 뜻
♠ **miss** one's aim (목표를) **맞히지 못하다**
♠ **I will miss you. 네가 그리울 거야.**

□ **miss**ing [mísiŋ] ⓗ **있어야 할 곳에 없는**, 보이지 않는; 분실한; **행방불명의**; 결석한 ☜ -ing<형접>
♠ a book with two pages **missing** 2페이지가 **없는** 책

■ a**miss** [əmís] ⓑ 빗나가서; 잘못되어 ⓗ 빗나간, 어긋난, 형편이 나쁜 ☜ 완전히(a/강조) 실패하다(miss)

미스 김(Miss Kim)은 미스터 박(Mr. Park)과 결혼한다.

□ **miss** [mis/미스] ⓜ (pl. **-es** [mísiz]) (M-) **~양** 《미혼 여성의 성(명) 앞에 붙이는 경칭》; [단독으로] 처녀, 미혼 여성 《영국에서는 경멸적》 ☜ **mis**tress의 줄임말
★ 자매를 구분할 경우 장녀는 성만 붙여 Miss Smith, 차녀 이하는 성명을 붙여 Miss Mary Smith 처럼 씀
♠ **Miss** Smith 스미스 **양(孃)**
♠ **the Misses Smith; 《구어》 the Miss Smiths 스미스 자매**

□ **miss**y [mísi] ⓜ 《구어》《호칭》 (친숙하게 농으로 또는 경멸하여) 아가씨 ☜ miss + y<명접>. 아가씨의 농담적・경멸적 표현
★ 우리말에 '결혼을 했으나, 결혼하지 않은 젊은 여성과 같은 차림으로 다니는 여성들'을 <미시족(missy族)>이라고 하는데 이는 콩글리시이며, 영어로 이와 비슷한 표현으로는 yummy mummy(매력적인 엄마)라고 한다.
♠ Don't you speak to me like that, **missy!**
나한테 그런 식으로 말하지 마, **이 아가씨야!**

■ **Mr., Mr** [místər/**미**스터] ⓜ (pl. **Messrs** [mésərz]) **~씨**, ~선생, ~님, ~군, ~귀하 《남자의 성・성명・직명 등 앞에 붙이는 경칭》 ☜ Mister의 줄임말

□ **mister** [místər] ⓜ (M-) ~군, **씨, 선생**, 님, 귀하 《남자의 성・성명 또는 관직명 앞에 붙임; 흔히 Mr.로 생략》; 《미.구어・영.방언》 **여보**, 나리, 당신, 선생님, 여보세요 《호칭》 ☜ master(~님, 주인)의 변형

□ **monsieur** [məsjə́ːr/머**셔**-] ⓜ (pl. **Messieurs** [mesjə́ːr/메**셔**-]) 《F.》 **~씨**, ~님, ~귀하 《영어의 Mr.에 해당하는 경칭; 생략: M., (pl.) MM.》; ~님, ~선생 《Sir에 해당하는 경칭》 ☜ 프랑스어로 my lord란 뜻
★ **복수형을 영어로 쓸 때는 [mésərz]로 발음하고 보통 Messrs.라고 씀**

■ **Mrs., Mrs** [mísiz/**미**시즈, -is] ⓜ (pl. **Mmes.** [meidáːm/메이**담**-]) **~부인**(夫人), 님, 씨, ~여사 《보통 기혼 여성의 성 또는 그 남편의 성명 앞에 붙임》 ☜ Mistress의 줄임말

□ **mistress** [místris] ⓜ 여주인, **주부**; (때로 M-) 《비유적》 여지배자; (~의) 여왕 ☜ master의 여성형

■ **Ms.** [miz] ⓜ (pl. **Mses** [mízəz]) **~씨** 《미혼, 기혼의 구별이 없는 여성의 존칭》 ☜ Miss와 Mrs.의 혼성

미사일 missile (추진기를 달고 순항하는 유도탄)

♣ **어원 : miss, mit 보내다**

□ **miss**ile [mísəl/-sail] ⓜ **미사일**, **유도탄** ☜ 라틴어로 '던질(miss) 수 있는 것(ile)'이란 뜻

□ **miss**ion [míʃən] ⓜ (사절의) **임무**, 직무; **사절(단); 전도**, 포교 ⓢ 임무를 맡기다, 파견하다 ☜ 보내(miss) 기(ion<명접>)
♠ a sense of **mission 사명**감
♠ **a mission school 미션스쿨**, 종교학교, 전도 학교; 선교사 양성소

☐ **miss**ionary [míʃənèri/-nəri] 명 **선교사**, 전도사 형 전도의, 선교(사)의
☜ mission + ary<형접/명접>
♠ a **missionary** meeting **전도[포교]** 집회

✚ dis**miss** **떠나게 하다**, 해산시키다; **해고[면직]하다** trans**mit** **보내다**, **발송[전송]하다**; 전파하다

미시시피 Mississippi (멕시코만(灣)에 면한 미국 중남부의 주)

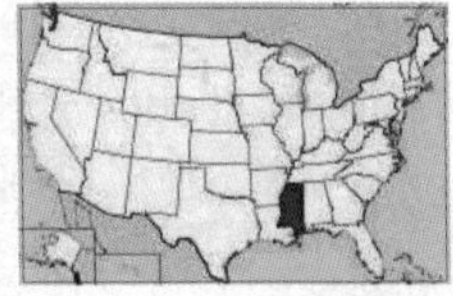

☐ **Mississippi** [mìsəsípi] 명 **미시시피**주 《미국 남부의 주(州), 생략: Miss.》; (the ~) 미시시피 강 ☜ 북미 인디언말로 '큰 강'이란 뜻
★ 미시시피주는 미국에서 흑인이 가장 많이 사는 주이다.

미주리 Missouri (미국 중부의 주)

☐ **Missouri** [mizúəri] 명 **미주리** 주 《미국 중부의 주. 생략: Mo(.)》; (the ~) 미주리 강 《미시시피 강의 지류》
☜ 북미 인디언말로 '큰 카누를 타는 사람'이란 뜻
★ 마크 트웨인의 소설 《톰소여의 모험》의 무대이며, 개척시대에는 서부로 가는 입구이기도 했다.

스펠링 spelling (단어의 철자)

■ **spell** [spel] 동 (-/**spelt**(spell**ed**)/**spelt**(spell**ed**)) (낱말을) **철자하다**; ~의 철자를 말하다(쓰다) 명 **주문, 마법**; 매력; ☜ 고대영어로 '말, 말하다'란 뜻
한 차례의 일; 잠시 ☜ 고대영어로 '교대하다'란 뜻
■ **spell**ing [spéliŋ] 명 **철자법**, 정자(正字) (정서)법; 철자; 철자하기 ☜ spell + ing<명접>
☐ mis**spell** [misspél] 동 (-/mis**spelt**(misspell**ed**)/mis**spelt**(misspell**ed**)) **철자를 잘못 쓰다**
☜ 잘못(mis) 철자하다(spell)
♠ **misspell** a word 한 글자를 **잘못 쓰다**

스탭 step (걸음걸이), 스템 stem (와인잔의 손잡이 부분)

♣ 어원 : **sta, ste 서다, 세우다, 고정시키다, 안정시키다**
■ **step** [step/스탭] 동 **걷다** 《특히 짧은 거리를》; (독특한) 걸음걸이를 하다; **한걸음 내디디다** 명 **걸음, 한 걸음; 발소리, 걸음걸이**; (댄스의) **스탭**; (pl.) **계단; 수단**
☜ 고대영어로 '계단, 걷는 행위'란 뜻 ⇦ 서있는(ste) 것(p)
☐ mis**step** [misstép] 명 실족(失足); 과실, (부주의로 인한) 실수 동 잘못(헛) 디디다; 실수를 저지르다 ☜ 잘못된(mis) 걸음을 내디디다(step)
♠ One **misstep** meant certain death. 한 번의 **실족**은 확실한 죽음을 의미했다

M

미스트 mist (스타일링을 할 때 스프레이보다 가늘게 분사되는 화장품의 일종)

☐ **mist** [mist] 명 (엷은) **안개**, 연무 동 안개가 끼다
☜ 고대영어로 '암흑'이란 뜻
♠ a thick (heavy) **mist** 농무, 짙은 **안개**
☐ **mist**y [místi] 형 (-<-ti**er**<-ti**est**) **안개 낀**; 희미한, 몽롱한, 애매한; 눈물어린 ☜ -y<형접>
♠ a **misty** idea **애매한** 개념
☐ **mist**ily [místili] 부 흐릿하게 ☜ misty + ly<부접>

기브 앤 테이크 give-and-take (주고받기)

■ give-and-**take** [gívəntéik] 명 **기브앤테이크**, 주고받기
☜ 주다(give) 그리고(and) 받다(take)
■ **take** [teik/테이크] 동 (-/**took**/**taken**) **받다, 잡다, 취하다**
☜ 고대 노르드어로 '취하다'
♠ She **took** me by the hand. 그녀는 내 손을 **잡았다**.
☐ mis**take** [mistéik/미스**테**익] 명 **잘못**, 틀림; 착각, 착오; 오해; 실수 동 (-/mis**took**/mis**taken**) **오해하다**, 잘못 해석하다; 틀리다 ☜ 고대 노르드어로 '잘못 취하다'란 뜻
♠ **by mistake 잘못하여, 실수로; 무심코**
♠ **make a mistake 실수하다, ~을 틀리다, 잘못 생각하다**
make a mistake out of ignorance 무지 때문에 **실수를 저지르다**
♠ **mistake (A) for (B) A를 B로 잘못 알다, 헛보다**

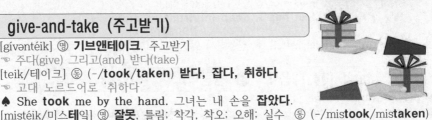

☐ mis**tak**able [mistéikəbəl] ⓗ 틀리기 쉬운, 잘못하기 쉬운, 오해받기 쉬운
☜ mistake + able(~하기 쉬운)

☐ mis**take**n [mistéikən] ⓗ (생각이) **틀린**, 잘못된
☜ mistake의 과거분사 ➔ 형용사. mistake + en<형접>

■ unmis**tak**able [ənmistéikəbəl] ⓗ 명백한, **틀림없는**, 의심의 여지가 없는; 오해의 우려가 없는
☜ un(=not) + mistakable

☐ **mister**(~씨, 선생, 여보) ➔ **miss**(~양) **참조**

연상 미사일(missile.유도탄)로 미슬토우(mistletoe.겨우살이)를 맞히다.

※ **miss**ile [mísəl/-sail] ⓜ **미사일, 유도탄**
☜ 라틴어로 '던질(miss) 수 있는 것(ile)'

☐ **mistle**toe [mísltòu, mízl-] ⓜ 〖식물〗 **겨우살이** 《다른 나무에 기생하며 사는 관목. 크리스마스 장식에 씀》; 그 잔가지 ☜ 고대영어로 '겨우살이(mistle)의 발가락<잔가지(toe<twig)'
♠ kissing **under the mistletoe 겨우살이 밑에서의** 키스 《크리스마스 장식의 겨우살이 밑에 있는 소녀에게는 키스해도 되는 풍습》

미스트랄 mistral (프랑스 남부 프로방스에 부는 찬 북서풍)

☐ **mistral** [místrəl, mistrɑ́:l] ⓜ **미스트랄** 《프랑스의 지중해 연안 지방에 부는 건조하고 찬 북서풍》; **미스트랄** 《프랑스에서 생산한 휴대용 저고도 대공미사일》
☜ 17C 프랑스어로 '프랑스의 지중해 연안에 부는 찬 북서풍'이란 뜻

헤어 트리트먼트 hair treatment (머리손질법)

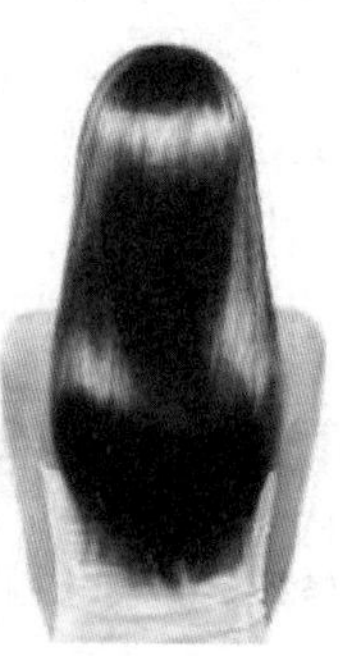

머리카락에 영양과 수분을 주는 머리손질법. 상한 모발을 정상의 상태로 회복하거나 모발의 아름다움을 유지하는 효과가 있다. <출처 : 네이버 국어사전 / 일부인용>

♣ 어원 : **treat 취급하다, 다루다; 끌다, 끌어내다**

※ **hair** [hɛər/헤어] ⓜ **털, 머리털** ☜ 고대영어로 '머리카락'이란 뜻

■ **treat** [tri:t/트리-트] ⓢ **다루다, 대우[대접]하다; 간주하다** ⓜ **한턱내기**, 대접 ☜ 라틴어로 '다루다'란 뜻

■ **treat**ment [trí:tmənt] ⓜ **처리, 대우; 치료(법)** ☜ -ment<명접>

☐ mal**treat** [mæltrí:t] ⓢ 학대[혹사]하다 ☜ 나쁘게(mal) 다루다(treat)

☐ mal**treat**ment [mæltrí:tmənt] ⓜ 학대, 혹사, 냉대 ☜ -ment<명접>

☐ mis**treat** [mistrí:t] ⓢ **학대[혹사]하다** ☜ 잘못(mis) 다루다(treat)
♠ **mistreat** a prisoner [an animal] 포로[동물]**를 학대하다**

☐ **mistress**(주부) ➔ **miss**(~양) **참조**

트러스트 trust (기업합병)

♣ 어원 : **trust 신뢰, 신용; 신뢰하다, 맡기다**

■ **trust** [trʌst/트러스트] ⓜ **신뢰**, 신용, 신임; 위탁; 〖경제〗 기업합동·합병 ⓢ **신뢰**[신임·신용]**하다**, 맡기다 ☜ 고대영어로 '믿다, 신뢰하다'란 뜻

■ dis**trust** [distrʌ́st] ⓜ **불신; 의혹** ⓢ **믿지 않다**, 신용하지 않다
☜ dis(=not/부정) + trust(신뢰)

■ en**trust** [entrʌ́st] ⓢ **맡기다**, 위탁[위임]하다 ☜ 신뢰(trust)를 만들다(en)

☐ mis**trust** [mistrʌ́st] ⓜ 불신(용), 의혹 ⓢ **신용하지 않다**, 의심하다
☜ mis(=not/부정) + trust(신뢰)
♠ She **has a deep mistrust** of strangers.
그녀는 낯선 사람들을 **깊이 불신한다**.

☐ mis**trust**ful [mistrʌ́stfəl] ⓗ 신용하지 않는, 의심(이) 많은 ☜ mistrust + ful(~이 많은)

스탠드 stand (❶ 세움대 ❷ 관람석)

♣ 어원 : **stand, stant, stanc 서다, 세우다**

■ **stand** [stænd/스땐드/스탄드] ⓢ (-/**stood**/**stood**) **서다, 서 있다**
☜ 라틴어로 '서있는(sta) 것/곳(nd)'이란 뜻

■ under**stand** [ʌ̀ndərstǽnd/언더스탠드] ⓢ (-/under**stood**/under**stood**) **이해하다; 알다**; 깨닫다 ☜ 고대영어로 '아래에[사이에](under) 서다(stand)' ➔ '말과 생각 사이에서 이해하다'란 뜻

☐ misunder**stand** [mìsʌndərstǽnd] ⓢ (-/misunder**stood**/misunder**stood**) **오해하다**,

잘못 생각하다 ☜ 잘못(mis) 이해하다(understand)
♠ I am **misunderstood**. 나는 **오해받고 있다.**

☐ misunder**stand**ing [mìsʌndərstǽndiŋ] 명 **오해**, 잘못 생각함; 의견차이, 불화(不和)
☜ misunderstand + ing<형접>
♠ **through a misunderstanding 잘못 생각하여**

☐ misunder**stood** [mìsʌndərstúd] 형 **오해된**, 진가를 인정받지 못하는
☜ misunderstand의 과거분사 ➔ 형용사

✚ circum**stanc**e **상황, 환경**; **주위의 사정** con**stant** **불변의**, 일정한; 《문어》 **충실한** di**stanc**e **거리**, 간격 in**stanc**e **실례**, **보기**, 사례

유틸리티 프로그램 utility program ([컴퓨터] 실용프로그램)

[컴퓨터] ❶ 특정한 목적을 수행하도록 설계된 program ❷ 넓은 범위에 걸쳐 사용할 수 있는 실용적인 program 또는 software

♣ **어원 : ut, us(e) 사용하다**

■ **ut**ility [juːtíləti] 명 **유용(성)**, 유익, 실용품 ☜ 사용(ut) 하는 것(ility)

■ **use** [juːs/유-스] 동 **사용하다** 명 **사용** ☜ 라틴어로 '사용하다'란 뜻

■ ab**use** [əbjúːz] 동 **남용하다**, 오용하다(=misuse), 악용하다 [əbjúːs] 동 **남용**; 학대; 악폐, 폐해 ☜ 적절한 사용(use)을 넘어서다(ab=away)

☐ mis**use** [misjúːz] 동 **오용하다**, 남용하다 [misjúːs] 명 **오용**, 남용; 학대
☜ 잘못(mis) 사용하다(use)
♠ **misuse** of authority 직권 **남용**

☐ mis**us**age [misjúːsidʒ, -zidʒ] 명 (어구 따위의) 오용(誤用); 학대, 혹사 ☜ misuse + age<명접>

엠아이티 공대 M.I.T. (미국 매사추세츠주(州) 동부 케임브리지에 있는 과학 기술계의 사립 종합대학교. 공과대학교)

☐ **MIT, M.I.T.** **M**assachusetts **I**nstitute of **T**echnology 매사추세츠 공과대학교

※ **Massachusetts** [mæ̀sətʃúːsits] 명 **매사추세츠** 《미국 동북부 대서양 연안의 주; 생략: Mass.》
☜ 북미 인디언 매사추세츠족의 언어로 '큰 언덕의 산록'이란 뜻

※ **institute** [ínstətjùːt] 동 **세우다, 설립하다** 명 **연구소; 대학** ☜ 안에(in) 세우다(stitute)

※ **technology** [teknάlədʒi/-nɔ́l-] 명 **과학 기술**; 공예(학); 응용과학 ☜ 기술(techn)의 학문(ology)

M

마거릿 미첼 Margaret Mitchell (<바람과 함께 사라지다>를 쓴 미국 소설가)

『바람과 함께 사라지다』를 쓴 미국 소설가. 『바람과 함께 사라지다』는 미국 남북전쟁 전후의 남부를 무대로 한 역사소설로 미국에서 가장 권위 있는 보도·문학·음악상인 퓰리처상(賞)을 받았으며, 발간 즉시 영화로 제작되어 아카데미 작품상을 비롯한 8개 아카데미상[오스카상]을 수상했다.

☐ **Mitchell** [mítʃəl] 명 **미첼** 《Margaret ~, 미국의 여류 소설가; Gone with the Wind(1936)의 작자(1900-49)》

연상 ▸ 하이패스 시스템은 톨게이트(Tollgate.통행료 징수소)에서의 수고를 미티게이트(mitigate.덜어주다)해 준다.

☐ **mitig**ate [mítəgèit] 동 **완화하다**, 누그러뜨리다, 진정시키다; (형벌 따위를) 가볍게하다, 경감하다 ☜ 라틴어로 '고통을 덜다'란 뜻
♠ **mitigate** inconveniences 불편을 **줄이다**

☐ **mitig**ation [mìtəgéiʃən] 명 완화, (형벌 등의) 경감; 진정(제); 완화시키는 것
☜ mitigate + ion<명접>

☐ **mitig**ative [mítəgèitiv] 형 완화시키는; 진정의 명 진정제, 완화제 ☜ -ive<형접/명접>

☐ **mitig**ator [mítəgèitər] 명 완화시키는 사람〔것〕; 완화제 ☜ -or(주체, 사람)

미토콘드리아 mitochondria(on) (세포 소기관의 하나)

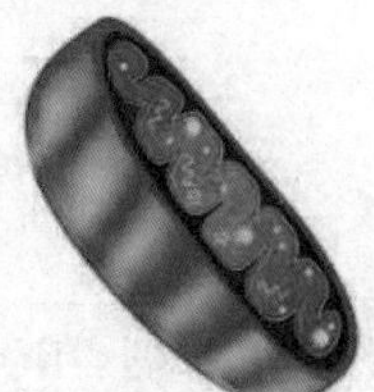

1897년 독일의 칼 벤더(Carl Benda)가 세포속의 미토콘드리아의 존재를 증명하였다. 세포에서 에너지 대사의 중추를 이루는 세포 내 소기관 중 하나로 세포호흡에 관여한다. 따라서 호흡이 활발한 세포일수록 많은 미토콘드리아를 함유하고 있으며 에너지를 생산하는 공장으로 불린다.

☐ **mitochondria** [màitəkάndriə] 명 『생명』 **미토콘드리아** 《세포호흡에 관여하는 세포 소기관의 하나》 ☜ 그리스어(語)로 'Mitos(실) + Chondrin(알갱이, 입자)'의 합성어

미트 mitt ([야구] 포수 · 1 루수용 글러브)

☐ **mitt** [mit/밑] ⓜ (야구용) **미트**; (손가락 부분이 없는) 여성용의 긴 장갑 ☜ mitten의 미음(尾音) 소실
♠ The catcher took off his **mitt**. 포수는 **장갑**을 벗었다.

☐ **mitt**en [mítn] ⓜ **벙어리장갑**《엄지손가락만 따로 나누고 나머지 네 손가락은 한데 들어가도록 만든 장갑》
☜ 고대 프랑스어로 '벙어리장갑'이란 뜻

믹서기(機) mixer ([콩글] 음식재료를 부수고, 갈고 혼합하는 기계) ➔ blender, food processor, liquidizer

☐ **mix** [miks/믹스] ⓥ (-/mix**ed**/mix**ed**) (둘 이상의 것을) **섞다**, 혼합(혼화)하다; 첨가하다; **섞이다; 사이좋게 어울리다**
☜ 중세영어로 '두가지 이상이 혼합된'이란 뜻
♠ **mix** colors 그림물감을 **섞다**
♠ **mix up 잘 섞다**
♠ **get mixed up 뒤섞이다, 혼란되다**
I **get** so **mixed up**. 나는 아주 **혼동이 된다**.

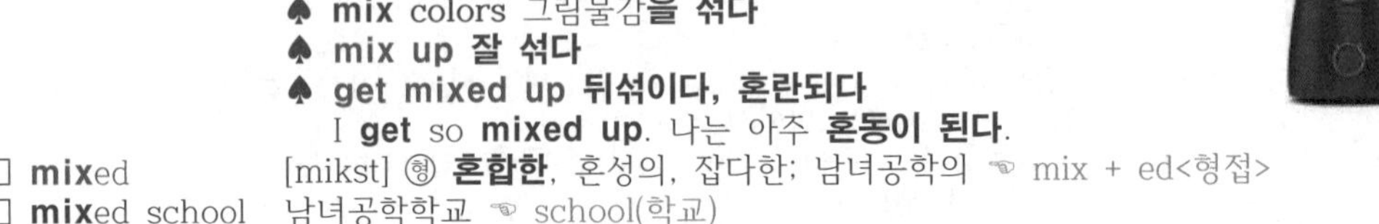

☐ **mix**ed [mikst] ⓐ **혼합한**, 혼성의, 잡다한; 남녀공학의 ☜ mix + ed<형접>

☐ **mix**ed school 남녀공학학교 ☜ school(학교)

☐ **mix**ed drink 혼성주 ☜ drink(마시다; 음료, 술)

☐ **mix**ed-up [míkstʌ́p] ⓐ 머리가 혼란한, 불안정한; 뒤범벅의; 정신착란의
☜ (아래에서) 위로(up) 섞(mix) 인(ed<형접>)

☐ **mix**er [míksər] ⓜ 혼합하는 사람; 혼합기(機); **믹서**《요리용의》; (라디오 · TV의) 음량 조정 기술자(장치); 《구어》 교제가; 『전자』 (신호의) 믹싱 장치 ☜ mix + er(사람/기기)

☐ **mix**ing [míksiŋ] ⓜ 혼합, 혼화; (음성 · 음악의) 혼성 또는 조정; 『TV』 (화면의) 조정
☜ mix + ing<형접>

☐ **mix**ture [míkstʃər] ⓜ **혼합**, 혼화(混和); (약 · 담배 따위의) **혼합물** ☜ mix + ture<명접>

M

블랙 스네이크 모운 black snake moan (미국 드라마 영화. <검은 뱀의 신음>)

2007년 개봉한 미국 드라마 영화. 사무엘 잭슨, 크리스티나 리치 주연. 악처를 만나 사랑했지만 동생과 함께 떠난 아내로 상처받은 한 남자가 어릴 때 받은 성적 학대로 심각한 정신장애를 앓고 마약과 섹스에 취해 버려진 한 여자를 만나 블루스와 종교로 상처받은 영혼을 치료해주는 과정을 그린 영화.

© Paramount Vantage

※ **black** [blæk/블랙] ⓐ **검은, 암흑의, 흑인의** ⓜ **검은색, 암흑**
☜ 고대영어로 '완전히 어두운'이란 뜻

※ **snake** [sneik] ⓜ **뱀**; 《비유적》 음흉(냉혹, 교활)한 사람
☜ 고대영어로 '기어가는 것'이란 뜻

☐ **moan** [moun] ⓥ **신음하다**; 불평(한탄)을 하다, 슬퍼하다 ⓜ **신음**(소리) ☜ 중세영어로 '비탄, 통곡'이란 뜻
♠ **moan** in (with) pain 아파서 **신음하다**

☐ **moan**ful [móunfəl] ⓐ 신음 소리를 내는, 구슬픈 ☜ moan + ful<형접>

☐ be**moan** [bimóun] ⓥ 슬퍼(한탄)하다, 애도하다; 불쌍히 여기다
☜ 신음소리(moan)를 내다(be=make)

모아트 moat (해자: 성(城) 주변에 구덩이를 파고 물을 넣어 적군의 침공이 용이하지 못하게 만든 것)

☐ **moat** [mout] ⓜ (도시나 성곽 둘레의) **해자**(垓字), 외호(外濠)
ⓥ ~에 해자를 두르다 ☜ 중세 프랑스어로 '둑, 제방'이란 뜻
★ 중국의 자금성이나 일본의 오사카성은 해자가 있는 대표적인 성이다.
♠ **economic moat 경제적 해자**《경쟁사로부터 기업을 보호해 주는 높은 진입 장벽과 확고한 구조적 경쟁 우위. 워렌 버핏이 1980년대 발표한 버크셔 해서웨이 연례보고서에서 최초로 주창한 투자 아이디어》

모바일, 모빌 mobile (이동할 수 있는), 모션 motion (동작)

♣ **어원 : mob, mov, mot 움직이다, 활동하다, 운동하다; 변동하다**

☐ **mob**ile [móubəl, -biːl/-bail, -bi(ː)l] ⓐ 움직이기 쉬운, **이동할 수 있는**, 기동성의; 『군사』

이동하는; 변하기 쉬운; 변덕스러운 [명] 《미.구어》 자동차; 【기계】 가동부(部); 【미술】 모빌 작품《움직이는 부분이 있는 조각》 ☜ 라틴어로 '움직이는'이란 뜻
♠ **a mobile force 기동 부대**
☐ **mob**ile phone 이동전화 ☜ phone(전화기, 수화기)
☐ **mob**ile station 【통신】 이동(무선)국 ☜ station(기차역; 소(所), 서(署))
☐ **mob**ility [moubíləti] [명] 가동성, **이동성**, 변동성, 유동성, 기동성; 변덕
☜ 이동(mob) 할 수 있(ili) 음(ty<명접>)
☐ **mob**ilize [móubəlàiz] [동] 【군사】 동원하다; 전시 체제로 바꾸다, 동원하다 ☜ mobile + ize<동접>
☐ **mob**ilization [mòu-bəlizéiʃən] [명] 동원, 전시체제화; 유통 ☜ mobilize + ation<명접>
☐ **mob** [mɑb/mɔb] [명] 군중; 오합지졸, **폭도**; [the ~] 《경멸》 하층민, **민중** [형] 폭도의, 군중의 [동] 떼를 지어 습격하다
☜ 라틴어로 '변덕스런 (군중)'이란 뜻. **mob**ile의 단축된 속어
♠ **an angry** 〔**unruly**〕 **mob** 성난 〔통제가 안 되는〕 **군중**
☐ **mob**ocracy [mɑbɑ́krəsi/mɔbɔ́k-] [명] 폭민(暴民) 정치; (지배 계급으로서의) 폭민
☜ 폭도(mob) + o + 정치(cracy)
☐ im**mob**ile [imóubəl, -biːl] [형] 움직일 수 없는, 고정된; 움직이지〔변하지〕 않는
☜ 움직일 수(mobile) 없는(im=not/부정)
☐ im**mob**ilize [imóubəlàiz] [동] 움직이지 않게 하다; (화폐의) 유통을 막다
☜ 움직이지(mobil) 않게(im=not/부정) 하다(ize)

✚ **mov**e **움직이다; 감동시키다** **mot**ion **운동**; **동작**, 거동, 몸짓; **몸짓으로 알리다**

모카 커피 mocha coffee (모카 원료가 가미된 커피)

☐ **mocha** [móukə/mɔ́kə] [명] **모카** 《아라비아 원산의 커피》
☜ 중세 커피 수출 항구였던 예멘의 무카(al-Mukhā)항에서 유래.
※ **coffee** [kʌ́ːfi/**커**-피, kɔ́ːfi, kɑ́fi] [명] **커피** 《나무·열매·음료》; 커피색, 다갈색; 한 잔의 커피 ☜ 중세영어로 '아라비아와 에티오피아가 원산지인 나무의 씨앗을 볶아 만든 음료'란 뜻

목업 mock-up (실물크기의 모형), 막타워 mock tower ([군사] (인간이 가장 공포심을 느끼는) 11.5m 높이의 낙하 훈련용 모형탑) ➔ the 34 foot tower

M

☐ **mock** [mɑk, mɔ(ː)k] [동] **조롱하다**, 놀리다; **흉내 내어 조롱하다**
[명] 조롱(감) [형] 가짜의, 거짓의 ☜ 중세영어로 '놀리다'란 뜻
♠ He **mocked at** my fears.
그는 내가 무서워하는 것을 **놀렸다.**
☐ **mock**ery [mɑ́kəri, mɔ́(ː)k-] [명] **조롱**, 비웃음, 모멸; 놀림감; 흉내, 가짜; 헛수고 ☜ mock + ery<명접>
♠ hold a person up to **mockery** 아무를 **놀림감**으로 삼다
☐ **mock**ingbird [mɑ́kiŋbərd] [명] 앵무새 ☜ 흉내 내(mock) 는(ing) 새(bird)
☐ **mock**-up [mɑ́kʌp, mɔ́(ː)kʌp] [명] 【공학】 실물 크기의 모형, **목업** 《실험·교수 연구·실습용》
☜ (진짜처럼) 완전히(up/강조) 흉내 내는(mock) 것
♠ **a mock-up stage 실험 단계**
※ **tower** [táuər/**타**워] [명] **탑** ☜ 고대영어로 '망루, 감시탑'이란 뜻

< the 34 foot tower >

모델 model (상품선전의 수단, 예술작품의 보조적 활동자), 모데라토...

♣ 어원 : **mod(e) 표준, 방법, 양식, 척도, 형태; 중간, 조절, 겸손**
☐ **mod**e [moud] [명] **방법**, 양식, 형식 ☜ 라틴어로 '방법'이란 뜻
☐ **mod**el [mɑ́dl/**마**들/mɔ́dl/**모**들] [명] **모형, 모델; 모범** [형] 모형의, 모범의 [동] **모형을 만들다**
☜ 라틴어로 '작은(el) 표준(mod)'이란 뜻
♠ **make a model of ~ ~을 본보기로 하다**
☐ **mod**eling, 《영》 -elling [mɑ́dəliŋ] [명] **모델링**, 조형; 모형 제작(술) ☜ model + ing<명접>
☐ **mod**el(l)er [mɑ́dlər] [명] **모형**〔찰흙 인물 형상〕 **제작자** ☜ -er(사람)
☐ **mod**erate [mɑ́dərət/mɔ́d-] [형] **겸손한** 신중한; **정숙한; 적당한**
☜ 라틴어로 틀/표준(mode)에 + r + 맞추다(ate<동접>)'란 뜻
♠ students of **moderate** ability **중간 정도의** 능력을 지닌 학생들
☐ **mod**erately [mɑ́dəritli/mɔ́d-] [부] 적당하게, 삼가서, **알맞게**; 중간 정도로
☜ moderate + ly<부접>
☐ **mod**eration [mɑ̀dəréiʃən/mɔ̀d-] [명] 완화; 절제; **알맞음**, 적당, **온건**, 중용
☜ moderate + ion<명접>

☐ **mod**erator [mάdərèitər] 명 조절기; 사회자, 감속재, 조정자 ☜ moderate + or(사람)
☐ **mod**erato [mὰdərά:tou/mɔ̀d-] 부 《It.》 『음악』 **모데라토**, 중간 속도로
☜ 이탈리아어로 '중간 속도로'란 뜻

모던 타임즈 Modern Times (찰리 채플린 주연의 미국 코미디 영화. <현대>란 뜻) 포스트 모더니즘 postmodernism (20세기 후반에 일어난 문예 운동)

모던 타임즈(Modern Times)는 1936년에 제작된 미국 코미디 영화이다. 찰리 채플린 주연. 자본주의의 인간성 무시에 대한 격렬한 분노를 고발하고 있다. <출처 : 두산백과 / 일부인용>

☐ **modern** [mάdərn/**마**런/mɔ́dərn/**모**던] 형 **근대의, 현대의; 현대식의**, 신식의, 최신(식)의(=up-to-date) 명 [종종 pl.] 현대인
☜ 라틴어로 '바로 지금의'란 뜻
♠ **modern times 현대, 근대**

CHARLIE CHAPLIN
MODERN TIMES
© United Artists

☐ **modern**ism [mάdərnìzm] 명 현대식(의 태도), 현대 사상, 현대적 방법; 현대〔근대〕 어법; (문학·미술 등의) **모더니즘** 《전통주의에 대립, 새로운 표현형식을 추구하는》 ☜ modern + ism(~주의)
☐ **modern**ize [mάdərnàiz] 동 현대화하다, 현대적으로 하다〔되다〕 ☜ modern + ize<동접>
■ post**modern**ism [poustmάdərnìzm] 명 『문학』 **포스트모더니즘** 《20세기의 모더니즘을 부정하고 고전적·역사적인 양식이나 수법을 받아들이려는 예술 운동》
☜ (20세기) 후반의(post) 모더니즘(modernism)

모델 model (상품선전의 수단), 모듈 module (규격화된 구성 단위)

♣ 어원 : **mod(e) 표준, 방법, 양식, 척도, 형태; 중간, 조절, 겸손**
■ **mod**el [mάdl/**마**들/mɔ́dl/**모**들] 명 **모형, 모델; 모범** 형 모형의, 모범의 동 **모형을 만들다**
☜ 라틴어로 '작은(el) 표준(mod)'이란 뜻
☐ **mod**est [mάdist/mɔ́d-] 형 **겸손한; 정숙한; 적당한** ☜ 라틴어로 '적당한 척도를 지킨'이란 뜻
☐ **mod**estly [mάdistli] 부 **겸손하게**, 얌전하게, 삼가서; 적당하게 ☜ -ly<부접>
☐ **mod**esty [mάdisti/mɔ́d-] 명 **겸손**, 조심성; 겸양, 수줍음; 정숙, 얌전함 ☜ -y<명접>
☐ **mod**ification [mὰdəfikéiʃən/mɔ̀d-] 명 수정, **변경**, 개수, 개량; 변형, 변용(變容)
☜ 방법(mod)을 + i + (새롭게) 만들(fic) 기(ation)

M

☐ **mod**ify [mάdəfài/mɔ́d-] 동 **수정[변경]하다; 수식[한정]하다** ☜ -fy<동접>
♠ **modify one's opinions 의견을 수정하다**
☐ **mod**ifier [mάdəfàiər/mɔ́d-] 명 **수정[변경]하는 사람[것]** ☜ modify + er(주체/사람)
☐ **mod**ule [mάdʒu:l/mɔ́-] 명 (도량(度量)의) 단위; 기본 치수〔단위〕, **모듈**; 규격화된 구성단위
☜ 라틴어로 '척도'란 뜻
☐ **mod**ulate [mάdʒəlèit/mɔ́-] 동 조정하다, 바루다; 조절하다, 완화하다 ☜ module + ate<동접>
☐ **mod**ulation [mὰdʒuléiʃən] 명 조음(調音); 조절, 조정; (음성·리듬의) 변화, 억양(법)
☜ module + ation<명접>
☐ **mod**us operandi [móudəs ὰpərǽndi:, -dai, -ɔ̀pə-] 《L.》 **모두스 오페란디**, 절차, 일처리 방식; 운용법; (범인의) 수법 ☜ modus(=mode/방식) + operandi(=operating/운용)

모하비 Mohave (아메리카 모하비 인디언)

☐ **Mohave** [mouhά:vi] 명 (pl. **-(s)**) **모하비**족(族) 《Colorado강 연안에 살던 북아메리카 원주민》; 모하비어(語); **모하비** 《기아자동차가 출시한 SUV 자동차》
☜ 인디언어로 '세 개의 산'이란 뜻
☐ **Mohave** 〔Mojave〕 Desert **모하비** 사막 《미국 캘리포니아 주 남부에 있는 사막》 ☜ desert(사막)

모이스춰라이저 moisturizer ([화장품] 보습제)

ALOE VERA
MOISTURIZER
FACIAL CREAM
COSMETIC

♣ 어원 : **moist 물기가 있는**
☐ **moist** [mɔist] 형 습기 있는, **축축한** ☜ 고대 프랑스어로 '물기가 있는'
♠ a **moist** wind from the sea 바다에서 불어오는 **습한** 바람
☐ **moist**en [mɔ́isən] 동 **축축하게 하다**, 축축해지다; 적시다, 젖다
☜ moist + en<동접>
☐ **moist**ness [mɔ́istnis] 명 물기〔습기〕가 있음 ☜ moist + ness<명접>
☐ **moist**ure [mɔ́istʃər] 명 **습기**, 수분; (공기 중의) 수증기 ☜ -ure<명접>
☐ **moist**urize [mɔ́istʃəràiz] 동 습기를 공급하다, (피부에) 수분을 주다, 가습하다
☜ moisture + ize<동접>
☐ **moist**urizer [mɔ́istʃəràizər] 명 피부의 수분 제공 크림, 보습제 ☜ moisturize + er(주체, ~하는 것)

몰딩 molding (자동차 외관의 손상 방지 및 미관을 향상하기 위해 붙이는 제품)

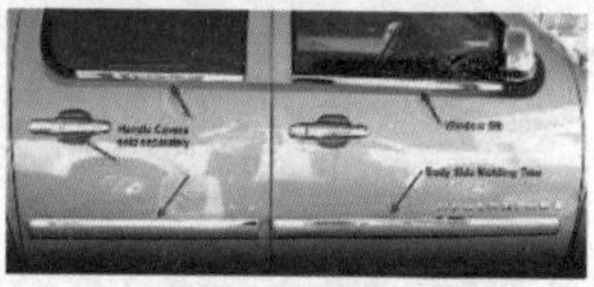

□ **mold**, **mould** [mould] [명] **틀, 주형**(鑄型)(=matrix), 거푸집; **곰팡이** [동] **틀에 넣어 만들다** ☜ 중세영어로 '속이 빈 형상'
♠ cast **a mold 주형**을 뜨다
□ **mold**ing [móuldiŋ] [명] 조형(造型), 소조(塑造), 주형(鑄型); 소조〔주조〕물 ☜ mold + ing<명접>

몰스킨 moleskin ([패션] 두더지 모피)

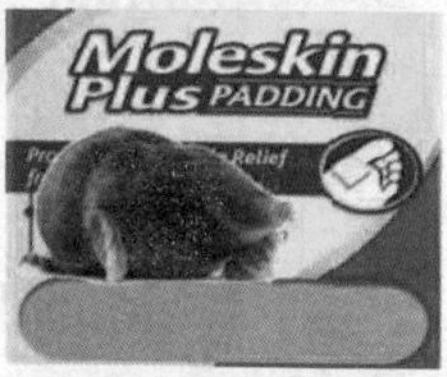

□ **mole** [moul] [명] 〖동물〗 **두더지**; 《구어》 첩자, 스파이; 방파제
☜ 중세영어로 '땅속을 파고드는 작은 동물'이란 뜻
♠ I'm blind as **a mole** when I don't wear glasses.
나는 안경을 안 쓰면 **두더지**처럼 눈이 거의 안 보인다.
□ **mole**skin [móulskìn] [명] **몰스킨**, 두더지 가죽; 능직(綾織) 무명의 일종, (pl.) 능직 무명으로 만든 바지 ☜ 두더지(mole) 피부(skin)

[연상] 이탈리아의 탄산음료 몰레콜라(molecola)를 마시면 멀레큘러(molecular.분자의) 맛이 느껴진다.

□ **mole** [moul] [명] 〖화학〗 **몰**, 《특히》 그램 분자 ☜ **mole**cule의 줄임말
★ 몰(mole)이란 물질의 양을 나타내는 화학 단위로 1몰은 분자, 원자, 이온, 전자 따위의 동질 입자가 아보가드로수인 6.02×10^{23}만큼 존재하는 물질의 집단을 말한다.
□ **mole**cule [mάləkjùːl/mɔ́l-] [명] 〖화학·물리〗 **분자**; 미분자(微分子); 그램 분자
☜ 프랑스어로 '극미세 분자'란 뜻. ⇦ mole(덩어리) + cule<cle(미세한 것)
□ **mole**cular [moulékjulər] [형] **분자의**; 분자로 된 ☜ molecule + ar<형접>
♠ a **molecular** model 〖화학·물리〗 **분자** 모형

[연상] 그는 몰래 여직원들을 멀레스트(molest.괴롭히다)하곤 했다.

□ **molest** [məlést] [동] **괴롭히다**; 성가시게 굴다; 간섭〔방해〕하다; (성적으로) 희롱하다
☜ 고대 프랑스어로 '문제나 슬픔, 고민을 야기하다'란 뜻
♠ We did not **molest** the dog.
우리는 그 개를 **괴롭히지** 않았다.
□ **molest**ation [mòulestéiʃən] [명] 방해; 박해 ☜ -ation<명접>

□ **molten**(녹은, 용해된) ➔ **melt**(녹다; 용해) **참조**

□ **mom**(엄마) ➔ **mama**(녹다; 용해) **참조**

모션 motion (동작), 모터 motor (전동기)

♣ **어원 : mo(t), mov, mob 움직이다, 이동하다, 진행하다; 동요시키다**
■ **mot**ion [móuʃən/**모**우션] [명] **운동**, 이동; 운행; 동작 ☜ 움직이(mot) 기(ion<명접>)
■ **mot**or [móutər/**모**우러/**모**우터] [명] **모터**, 발동기, 내연기관; 전동기; 자동차
☜ 움직이는(mot) 기계(or)
□ **mo**ment [móumənt/**모**우먼트] [명] **순간**, 찰나; 잠깐(사이); 시기, 기회; **중요성**
☜ 움직(mo) 임(ment<명접>)
♠ **Just 〔Wait〕 a moment, please. 잠깐만 기다려 주세요**
♠ **at the moment 마침 그때, 바로 지금**
♠ **for a moment 잠깐[잠시] 동안**
Can I borrow your book **for a moment**? 네 책 좀 **잠깐** 빌릴 수 있을까?
♠ **for the moment 당분간은, 우선, 당장은**
♠ **in a moment 곧, 당장, 즉시**(=in an instant)
♠ **of moment 중요한**
♠ **the moment (that) ~ ~하자마자 곧**(=as soon as)
□ **mo**mentary [móumәntèri/-təri] [형] **순간의**, 잠깐의, 일시적인; 덧없는 ☜ moment + ary<형접>
♠ a **momentary** impulse **일시적** 충동
□ **mo**mentarily [mòuməntérəli] [부] 잠시, 일시적으로; 잠정적으로 ☜ momentary + ly<부접>
□ **mo**mentous [mouméntəs] [형] **중대한, 중요한**, 쉽지 않은 ☜ moment + ous<형접>
♠ a **momentous** decision **중대한** 결정
□ **mo**mentously [mouméntəsli] [부] 중대하게 ☜ momentous + ly<부접>

☐ **mo**mentum [mouméntəm] 명 (pl. **-s, -ta**) 〖물리〗 **운동량**; 타성; 힘, 추진력; 〖철학〗 **모멘트**, 계기, 요소 ☜ mo + ment + um<명접>

✚ com**mot**ion **동요**; 흥분; 소동, 소요, 폭동 e**mot**ion **감동**, 감격, 흥분; **감정** **mob**ility 가동성, **이동성**, 변동성, 유동성, 기동성 **mot**ive **동기**; 동인; 목적 pro**mot**ion **승진**, 진급; **촉진**, 장려; **판매 촉진** re**mot**e 먼, 먼 곳의; **멀리 떨어진** **mov**e **움직이다; 감동시키다**

모나코 Monaco (프랑스 남동부의 공국(公國). 세계 제2의 소국)

☐ **Monaco** [mάnəkòu/mɔ́n-] 명 **모나코** 공국(公國)《프랑스 남동부의 소국》; 그 수도.
★ 면적 4km×500m. 할리우드 스타 그레이스 켈리가 모나코 전 국왕인 레니에 3세와 결혼했다. ☜ 그리스어로 '정주자(定住者)' 또는 '헤라클레스가 있는 곳'이라는 뜻

모나리자 Mona Lisa (레오나르도 다빈치가 그린 여인 초상화)

☐ **Mona Lisa** [móunəlíːsə, -zə] **모나리자** 《Leonardo da Vinci가 그린 여인상》
☜ Mona는 이탈리아어로 Madam(부인)의 뜻이며, Lisa는 Florence 사람 지오콘다(Gioconda)의 부인 이름이다.

아나키즘 anarchism (무정부주의)

♣ **어원 : arch 지도자, 통치자**

■ an**arch**ism [ǽnərkìzəm] 명 **아나키즘**, 무정부주의
☜ 지도자가 통치하지(arch) 않는(an=not) 주의(ism)

■ an**arch**ist [ǽnərkìst] 명 **아나키스트**, 무정부주의자 ☜ -ist(사람)

■ an**arch**y [ǽnərki] 명 **무정부(상태)** ☜ -y<명접>

☐ mon**arch** [mάnərk/mɔ́n-] 명 **군주**, 주권자, 제왕, 최고 지배자
☜ 혼자서(mon) 지배하는 사람(arch)
♠ **the monarch** of the textile world 섬유계의 **왕**

☐ mon**arch**ic(al) [mənάːrkik(əl)] 형 군주의, 군주다운, 군주제의 ☜ monarch + ic(al)<형접>

☐ mon**arch**ism [mάnərkìzəm/mɔ́n-] 명 군주주의 ☜ -ism(~주의)

☐ mon**arch**ist [mάnərkist] 명 군주주의자 ☜ -ist(사람)

☐ mon**arch**y [mάnərki/mɔ́n-] 명 군주제, **군주 정치[정체]**; 군주국 ☜ monarch + y<명접>
♠ an absolute 〔a despotic〕 **monarchy** 전제 **군주국**

모네 Monet (걸작으로 평가받는 <수련>(연작)을 그린 프랑스의 인상파 풍경화가)

☐ **Monet** [mounéi] 명 **모네** 《Claude ~, 프랑스 인상파의 풍경화가; 1840-1926》

몽골 > 몽고 Mongolia (몽골 공화국. 칭기스칸의 후예)

☐ **Mongol**ia [maŋgóuliə, -ljə/mɔŋ-] 명 **몽골** ☜ 몽골어로 '용기있는 사람의 나라'란 뜻 ★ 몽골과 몽고는 같은 나라를 이른 말이지만 정식 명칭은 몽골이다. 몽고(蒙古)는 중국이 몽골족을 비하하여 부른 것이므로 몽고라고 말하지 않는 것이 좋다.
♠ **Inner Mongolia 내몽고** 《중국 북부의 국경지대에 있는 몽골족 자치구. 약칭 네이멍구[內蒙古]》
♠ **Outer Mongolia 외몽고** 《현재 몽골 공화국의 영역에 해당하는 고비사막 이북의 예전 이름》

Mongolia

☐ **Mongol**ian [maŋgóuliən, -ljən/mɔŋ-] 명형 〖인류〗 몽골 인종; 몽골사람〔말〕(의) ☜ -an(~의/~사람)
♠ the **Mongolian** Republic **몽골** 공화국 《수도 울란바토르(Ulaanbaatar)》

☐ **Mongol** [mάŋgəl, -goul/mɔ́ŋgɔl] 명형 몽골 사람(의); 〖언어학〗 = Mongolian

☐ **mongo** [mάŋgou/mɔ́ŋ-] 명 (pl. **-(s)**) 몽고 《몽골 공화국의 통화단위; =1 / 100 투그릭(tugrik)》

모놀로그 monologue (독백극), 모노레일 monorail (단궤철도)

♣ **어원 : mon(o) 하나의, 혼자서**

■ **mono**log(ue) [mάnəlɔ̀ːg, -lὰg/mɔ́nəlɔ̀g] 명 〖연극〗 **모놀로그**, 독백(극), 혼자 하는 대사
☜ 혼자서(mono) 하는 말(logue)

■ **mono**rail [mάnərèil] 명 단궤(單軌)철도, **모노레일** ☜ 하나의(mono) 철도(rail)

☐ **mon**k [mʌŋk] 명 수도사 ☜ 그리스어로 '혼자서(mon) 사는(k)'의 뜻

M

☐ **mon**astery [mάnəstèri/mɔ́nəstəri] (명) 〖가톨릭〗 (주로 남자의) **수도원** 《여자 수도원은 보통 nunnery 또는 convent라 함》
☜ 그리스어로 '혼자서(mon) 사는 사람(ast)이 있는 곳(ery)'이란 뜻
♠ **austerities of monastery life 수도원**의 금욕 생활
☜ austerity(엄격)

☐ **mon**astic [mənǽstik] (형) **수도원의; 수도사의**; 수도 생활의, 금욕적인
☜ 그리스어로 '혼자서(mon) 사는 사람(ast) 의(ic<형접>)'란 뜻.

허니문 honeymoon (밀월(蜜月), 신혼기간)

♣ **어원 : moon, mon 달**

※ **honey** [hʌ́ni/**허**니] (명) **벌꿀**; 사랑스런 사람 《부부·애인·아이 등에 대한 호칭》 ☜ 고대영어로 '벌꿀'이란 뜻

■ honey**moon** [hʌ́nimùn] (명) **결혼 첫 달, 밀월**, 신혼 여행(기간), **허니문**
☜ moon(달). ⇦ 행복한 신혼기를 보름달에 비유하며, 곧 이지러져 감을 암시한 익살스런 조어

☐ **moon** [muːn/문-] (명) (보통 the ~) **달** 《천체의》; 달빛
☜ 고대영어로 '달, 월(月)'이란 뜻

☐ **Mon**day [mʌ́ndei/**먼**데이, -di] (명) **월요일** 《생략: Mon.》
☜ 고대영어로 '달(moon)의 날(day)'이란 뜻
♠ **on Monday 월요일에**

☐ **mon**th [mʌnθ/먼쓰] (명) (한)**달, 월**(月) ☜ mon<moon(달) + th<특성 접미어>
♠ **last month 지난달, next month 다음 달**

☐ **mon**thly [mʌ́nθli] (형) **매달의**, 월 1회의 (부) **한달에 한번** (명) **월간잡지** ☜ -ly<형접/부접>
♠ **a monthly salary 월급**

티-머니 T-money (한국스마트카드에서 발행하는 교통카드)

♣ **어원 : money, monet 돈, 화폐; 금융, 재정**

※ **T** = transportation [trӕnspərtéiʃən/-pɔːrt-] (명) **운송, 수송**; 《미》 교통〔수송〕 기관 ☜ 가로질러(trans) 이동하(port) 기(ation)

☐ **money** [mʌ́ni/**머**니] (명) (pl. **-s,** mon**ies**) **돈**, 금전, 통화, **화폐**
☜ 옛날 Juno Moneta(로마 충고의 여신)의 신전에서 주조된 데서 유래
♠ **change money 환전하다**
♠ **Time is money. 《속담》 시간은 돈이다.**
♠ **Money begets money. 《속담》 돈이 돈을 번다**
♠ **Bad money drives out good money. 악화(惡貨)가 양화(良貨)를 구축한다. 나쁜 돈이 좋은 돈을 몰아낸다** - 그레샴의 법칙 -
♠ **Money makes the mare (to) go. 돈은 나귀도 가게 할 수 있다. 《속담》 돈만 있으면 귀신도 부릴 수 있다.**

☐ **monet**ary [mάnətèri, mʌ́n-/mʌ́nitəri] (형) **화폐의**, 통화의; 금전(상)의; 금융의 ☜ -ary<형접>
♠ **I**nternational **M**onetary **F**und 국제통화기금(IMF, I.M.F.)

☐ **money**bag [mʌ́nibӕg] (명) 돈 주머니, 지갑; 부자 ☜ bag(가방, 자루)

☐ **money**box [mʌ́nibὰks] (명) 돈궤, 저금통 ☜ box(상자)

☐ **money**changer [mʌ́nitʃèindʒər] (명) 환금업자, 금융업자, 환전기
☜ 돈(money)을 바꾸는(change) 사람(er)

☐ **money**lender [mʌ́nilèndər] (명) 대금업자, 전당포업자, 빚 주는 사람
☜ 돈(money)을 빌려주는(lend) 사람(er)

☐ **money**-making [mʌ́nimèikiŋ] (형) 이문이 나는, 돈벌이를 잘 하는 (명) 돈벌이
☜ 돈(money) 만들(make) 기(ing<명접>)

☐ **money** order 환(換), 우편환 ☜ order(명령, 지시, 주문, 정돈; 환어음)

몽그렐 mongrel (잡종개)

♣ **어원 : ming. mong 섞(이)다**

☐ **mong**rel [mʌ́ŋgrəl, mάŋ-] (명) (동식물의) **잡종**; 《특히》 **잡종개** (형) 잡종의 ☜ 섞인(mong) 것(rel)
♠ **My dog is a mongrel** 〔mutt〕. 우리 집 개는 **잡종**이다

■ a**mong** [əmʌ́ŋ/어**멍**] (전) ~의 사이에(서), **~의 가운데에(서)**, ~에 둘러싸인
☜ 고대영어로 '~가운데'란 뜻. ~속에(a=at/in/on) + mong(섞임)

■ **ming**le [míŋgəl] (동) **섞다, 혼합하다**; 어울리다 ☜ 중세영어로 '섞다'란 뜻

■ inter**ming**le [ìntərmíŋgl] (동) **섞다, 혼합하다**; 혼합시키다 ☜ ~사이에(inter) 섞다(mingle)

모니터 monitor (컴퓨터의 모니터. <감시장치>란 뜻)

♣ 어원 : mon(i), monu 경고하다, 충고하다, 잊지 않게 하다; 감시하다

☐ **moni**tion [mouníʃən] ⓜ 충고, 경고 ☜ 경고한(moni) 것(tion<명접>)

☐ **moni**tor [mánitər/mɔ́n-] ⓜ 충고자, **권고자**; 감시장치, **모니터**, 반장 ⓢ 감시하다 ☜ 경고(감시)하는(moni) + t + 사람/장치(or)
♠ She's looking at **the computer monitor**.
그녀는 **컴퓨터 모니터**를 보고 있다.

☐ **moni**toring [mánitəriŋ/mɔ́n-] ⓜ 【전산】 감시, **모니터링** ☜ 감시하(monitor) 기(ing<명접>)

☐ **moni**tory [mánitɔ̀ːri/mɔ́nitəri] ⓗ 권고의, 훈계의, 경고하는 ☜ monitor + y<형접>

✚ ad**moni**sh **훈계하다**, 타이르다 **monu**ment **기념비, 기념물, 기념탑**; 유적 sum**mon** **소환하다**

☐ **monk**(수도사) ➔ **monastery**(수도원) **참조**

멍키 스패너 > 몽키 스패너 monkey spanner (개구부(開口部)의 간격을 자유롭게 조절할 수 있는 스패너. monkey는 상표이름) * spanner 너트를 죄는 공구

☐ **monkey** [mʌ́ŋki/**멍**키] ⓜ (pl. **-s**) **원숭이** 《포유류 영장목 중에서 사람을 제외한 동물》 ☜ 중세 네델란드어로 '원숭이'란 뜻
★ 긴 꼬리가 있으면 monkey, 꼬리가 없으면 ape
♠ **make a monkey (out) of ~ 《구어》 ~을 웃음거리로 만들다[조롱하다]; 속이다.**

☐ **monkey**ish [mʌ́ŋkiiʃ] ⓗ 원숭이 같은; 장난 좋아하는(=mischievous) ☜ monkey + ish(~같은)

☐ **monkey** wrench **멍키렌치**; 《구어》 장애물 ☜ wrench(비틀다; 볼트/너트를 돌리는 기계)

※ **Rh+/Rh-** Rh형 피 《Rh란 혈액형을 검출하는데 필요한 항혈청(抗血淸)을 얻기 위해 의학실험용으로 기른 붉은 털 원숭이(**Rh**esus monkey)의 이름에서 딴 것》

※ **chimpanzee** [tʃìmpænzíː, tʃimpǽnzi] ⓜ 【동물】 **침팬지** 《아프리카산》 ☜ 앙골라 반투어로 '서아프리카의 큰 원숭이'란 뜻

※ **orangutan** [ɔːrǽŋutæ̀n, ərǽŋ-/ɔ́ːrəŋúːtæn, -tæ̀ŋ] ⓜ 【동물】 **오랑우탄** 《동남아산》 ☜ 말레이어로 '숲(utan)에 사는 사람(orang)'이란 뜻

※ **gorilla** [gərílə] ⓜ 【동물】 **고릴라** ☜ 그리스어로 '큰 원숭이'란 뜻

모놀로그 monologue (독백극), 모노레일 monorail (단궤철도)

♣ 어원 : mon(o) 하나의, 혼자서

☐ **mono**chrome [mánəkròum] ⓜ 단색; 단색화(법), 단색(흑백) 사진 ⓗ 단색의; 흑백의 ☜ -chrome(색소)

☐ **mon**ocle [mánəkəl/mɔ́n-] ⓜ 단안경, 외알 안경 ☜ 프랑스어로 '하나의(mon) 눈알(ocle<프 oculaire)'이란 뜻

☐ **mono**crat [mánəkræt] ⓜ 독재자(=autocrat); 독재주의자, 독재 정치지지자 ☜ 1인(mono) 정치체제 지지자(crat)

☐ **mono**drama [mánədràːmə] ⓜ **모노드라마**, 1인극 ☜ drama(극, 연극; 희곡)

☐ **mono**gamy [mənágəmi/mənɔ́g-] ⓜ 일부일처(一夫一妻)제[주의], **모노가미**, 단혼(單婚) ☜ (상대가) 하나(mono)인 결혼(gamy)
ⓑ **polygamy** 일부다처(一夫多妻), 일처다부(一妻多夫), **폴리가미**, 복혼

☐ **mono**lingual [mànəlíŋgwəl] ⓗⓜ 1개 국어를 사용하는 (사람ㆍ책 따위) ☜ 1개(mono) 언어(lingu) + al<형접/명접>

☐ **mono**log(ue) [mánəlɔ̀ːg, -làg/mɔ́nəlɔ̀g] ⓜ 【연극】 **모놀로그**, 독백(극), 혼자 하는 대사 ☜ 혼자서(mono) 하는 말(logue)

☐ **mono**logist, -loguist [mənálədʒist/mənɔ́lː-], [mánəlɔ̀ːgist, -làg-/mɔ́nəlɔg-] ⓜ (연극의) 독백자; 이야기를 독점하는 사람 ☜ -ist(사람)

☐ **mono**poly [mənápəli/-nɔ́p-] ⓜ **독점, 전매**; 독점(전매)권 ☜ 혼자서(mono) 파는(pol=sell) 것(y<명접>)
♠ **the monopoly** of (on) the trade 장사의 **독점**

☐ **mono**polize [mənápəlàiz/-nɔ́p-] ⓢ 독점하다; **전매[독점]권을 얻다** ☜ monopoly + ize<동접>
♠ **monopolize** the conversation 대화를 **독차지하다**

☐ **mono**rail [mánərèil] ⓜ 단궤(單軌)철도, **모노레일** ☜ 하나의(mono) 철도(rail)

☐ **mono**tone [mánətòun/mɔ́n-] ⓜ 단조(單調); 【음악】 단조음; 《비유》 단조로움 ⓗ 단조로운 ⓢ 단조롭게 하다 ☜ 하나의(mono) 음색(tone)

☐ **mono**tonous [mənátənəs/-nɔ́t-] ⓗ **단조로운**; 변화 없는, 지루한 ☜ monotone + ous<형접>

☐ **mono**tony [mənátəni/-nɔ́t-] ⓜ 【음악】 단음(=monotone), 단조; **단조로움**, 무미건조, 지루함

M

☜ mono + tone + y<명접>

몬로 Monroe (먼로주의(상호 불간섭주의)를 제창하여 신대륙에 대한 유럽 제국의 간섭을 저지한 미국의 제5대 대통령)

☐ **Monroe** [mənróu] ⓜ **먼로** 《James ~. 미국 5대 대통령; 1758-1831》
☐ **Monroe** Doctrine [the ~] 먼로주의 《1823년 미국의 먼로 대통령이 제창한 외교 방침; 구미 양대륙의 상호 정치적 불간섭주의》 ☜ doctrine(~주의, 외교정책)
☐ **Monro**via [mənróuviə] ⓜ **몬로비아** 《아프리카 Liberia의 수도; 대서양에 면한 항만 도시》
★ James Monroe 미국 대통령 시대에 미국에서 해방된 노예의 식민(植民)정책에 의해 건설된 나라

☐ **monsieur**([F.] ~씨) ➔ **miss**(~양(孃): 미혼 여자에 대한 경칭) **참조**

몬순 monsoon (여름과 겨울에 정반대가 되는 계절풍)

☐ **monsoon** [mansúːn/mɔn-] ⓜ **몬순** 《특히 인도양에서 여름은 남서, 겨울은 북동에서 부는 계절풍》; [일반적] 계절풍; (계절풍이 부는) 계절, 우기
☜ 아랍어로 '(항해, 순례여행 등에) 연중 적절한 시기'란 뜻.
♠ the dry 〔wet〕 **monsoon** 겨울〔여름〕 **계절풍**

포켓몬스터 pocket monster (일본 애니메이션 게임 캐릭터. 피카추가 대표적)

♣ **어원 : monst(r) 기괴한, 거대한**
※ **pocket** [pɑ́kit/**파**킽, pɔ́ket/**포**켙] ⓜ **포켓, 호주머니**; 쌈지, 지갑
☜ 근대영어로 '작은(et) 주머니(pock)'란 뜻
☐ **monst**er [mɑ́nstər/mɔ́n-] ⓜ **괴물**, 도깨비; 극악무도한 사람
☜ 기괴한(monst) 것/사람(er)
♠ **kill a monster 괴물**을 죽이다
☐ **monstr**ous [mɑ́nstrəs/mɔ́n-] ⓗ **기괴한; 거대한; 극악무도한** ☜ -ous<형접>
♠ **monstrous crimes 극악무도한 범죄**
☐ **monstr**ously [mɑ́nstrəsli] ⓑ 기괴하게; 엄청나게, 굉장히 ☜ monstrous + ly<부접>
☐ **monstr**osity [manstrɑ́səti] ⓜ 괴물, 기괴함, 기형 ☜ monstr + osity<-ous형의 명접>

범인의 몽타주(montage.얼굴의 합성편집사진/그림)를 만들어 수배했다.

☐ **montage** [mantɑ́ːʒ/mɔn-] ⓜ 《F.》 『회화 · 사진』 합성 화법; 혼성화, **몽타주** 사진; 『영화』 **몽타주** 《심리적으로 관련 있는 몇 개의 화면을 급속히 연속시키는 기법》
☜ 프랑스어로 'montor(모으다, 조합하다)'라는 뜻

몽테뉴 Montaigne (프랑스의 수필가, 사상가. <수상록>의 저자)

☐ **Montaigne** [mantéin/mɔn-; F. mɔ̃tɛɲ] ⓜ **몽테뉴** 《Michel Eyquem de ~, 프랑스의 철학자 · 수필가; 1533-92》

몬태나 Montana (캐나다와 면한 미국 북서부의 주)

☐ **Montana** [mantǽnə/mɔn-] ⓜ **몬태나** 《미국 북서부의 주; 생략: Mont.》
☜ 스페인어로 '산악지대'라는 뜻
★ 서부는 로키산맥이, 동부에는 그레이트플레인스(대평원)가 있다.

몽블랑 Mont Blanc (유럽 알프스 산맥의 최고봉. 4,807m)

☐ **Mont Blanc** [mɔŋblɑ́ːŋ] **몽블랑** 《프랑스 · 이탈리아 · 스위스 국경에 있는 알프스 산맥 중의 최고봉 (4,807m)》; **몽블랑** 《독일의 필기구 제조 회사; 또는 그 제품, 특히 만년필》
☜ 프랑스어로 '흰(Blanc) 산(Mont)'이란 뜻

몬테네그로 Montenegro (유럽 발칸반도의 남서부에 위치한 공화국)

☐ **Montenegro** [mɑ̀ntəníːgrou/mɔ̀n-] ⓜ **몬테네그로** 《구 Yugoslavia 연방을 구성한 공화국의 하나; 유고연방 분열 후 1992년 Serbia와 함께 신 유고연방을 결성하였다가 2006년 독립함》
☜ 세르비아어로 '검은(negro) 산(Monte)'

M

몽테스키외 Montesquieu (<법의 정신>을 저술하고, 입법 · 사법 · 행정의 3권분립 이론을 확립하여 미국의 독립에 큰 영향을 끼친 프랑스의 사상가 · 정치철학자)

□ **Montesquieu** [mὰnteskjúː/mɔ̀n-] 명 **몽테스키외** 《Charles ~, 프랑스의 정치사상가; 1689-1755》

몬테소리 Montessori (이탈리아의 여성 유아교육가)

이탈리아의 여성 유아교육가. 1907년 로마의 슬럼가에 <아이들의 집>을 창설하였다. 그녀는 아이들의 자율적 행위의 억압을 반대하고, 교육환경 정비와 아이들의 능력개발 조성 및 놀이 감각훈련을 위한 몬테소리 교구를 고안, 독일 유아보육시스템인 프뢰벨 주의의 극복에 노력했다. 주저서로 『아이들 교육의 재건』 (1970)이 있다. <출처 : 사회복지학사전 / 요약인용>

□ **Montessori** [mὰntəsɔ́ːri] 명 **몬테소리** 《Maria ~, 이탈리아의 여류 교육가 · 의사; 1870-1952》

몽마르트르 Montmartre (예술가 집이 많은 파리 남서부의 언덕)

♣ **어원 : Mont 언덕, 구릉지대, 산**

□ **Mont**martre [mɔ̃ːmάːrtrə] 명 **몽마르트르** 《Paris시 북쪽 교외의 구릉 지구; 예술가의 주거가 많았음》 ☜ 프랑스어로 '마르스(군신)의 언덕(Mont de Mercure)'이라는 뜻이라고도 하고, '순교자의 언덕(Mont des Martyrs)'이란 뜻이라고도 함.

□ **Mont**parnasse [mãːpɑːrnάːs] 명 **몽파르나스** 《Paris시 남부의 한 지구; 예술가의 주거가 많음》 ☜ 프랑스어로 '파르나소스 산(Mont parnassos)'이란 뜻

□ **Mont**real [mὰntriɔ́ːl, mʌ̀n-/mɔ̀n-] 명 **몬트리올** 《캐나다 Quebec 주 남부의 도시》 ☜ 프랑스어로 '레알(Real) 산(Mont)'이란 뜻. 몬트리올은 프랑스어로 '몽레알'이라고 하는데 여기에는 프랑스계 주민이 많이 거주한다.

□ **Mont** Blanc [mɔŋblάːŋ] **몽블랑** 《프랑스 · 이탈리아 · 스위스 국경에 있는 알프스 산맥 중의 최고봉(4,807m)》 ☜ 프랑스어로 '흰 산'이란 뜻

□ month(달, 월), monthly(매달의) ➔ Monday(월요일) 참조

모니터 monitor (컴퓨터의 모니터. <감시장치>란 뜻)

♣ **어원 : mon(i), monu 경고하다, 충고하다, 잊지 않게 하다; 감시하다**

■ **moni**tor [mάnitər/mɔ́n-] 명 충고자, **권고자**; 감시장치, **모니터**, 반장 동 감시하다 ☜ 경고〔감시〕하는(moni) + t + 사람/장비(or)

□ **monu**ment [mάnjəmənt/mɔ́n-] 명 **기념비, 기념물, 기념탑**; 유적 ☜ 잊지 않게 하는(monu) 것(ment<명접>)
♠ **a natural monument 천연 기념물**

□ **monu**mental [mὰnjəméntl/mɔ̀n-] 형 기념 건조물의, **기념비의**; 기념되는; 불멸의 ☜ monument + al<형접>
♠ a **monumental** work **불후의** 작품, 대걸작

✚ ad**moni**sh **훈계하다**, 타이르다 sum**mon** **소환하다**, 호출하다

연상 소가 무를 달라고 무(moo.소의 울음소리)하고 울고 있다.

□ **moo** [muː] 동 (소가) 음매하고 울다 명 (pl. **-s**) 음매《소 울음소리》; 《속어》 소, 쇠고기 ☜ 의성어

※ **low** [lou] 동 (소가) 음매 울다; 울부짖듯이 말하다 명 소 우는 소리 ☜ 의성어

무드 mood (콩글 낭만적인 분위기) ➔ romantic atmosphere [vibe]

□ **mood** [muːd] 명 (일시적인) **기분**, 마음가짐; (모임 · 작품 등의) 분위기, 무드; **풍조**; (pl.) **변덕** ☜ 고대영어로 '마음, 정신'이란 뜻
♠ change one's **mood 기분**을 전환시키다

□ **mood** drug 무드 약 《흥분제 · 진정제 따위》 ☜ drug(약)

□ **mood**ily [múːdili] 부 우울하게 ☜ -ly(부접)

□ **mood**iness [múːdinis] 명 우울함, 불쾌 ☜ -ness<명접>

□ **mood** music (레스토랑 등에서 흘러나오는) 무드음악 ☜ music(음악)

□ **mood** ring **무드 링** 《액정 쿼츠(quartz)로 만든 반지; 기분의 변화에 따라 색이 변한다고 함》 ☜ ring(반지)

□ **mood**y [múːdi] 형 (-<-di**er**<-di**est**) **우울한**; 변덕스러운; 언짢은, 뚱한(=sullen) ☜ -y<형접>

모델 model (상품선전의 수단, 예술작품의 보조적 활동자)

♣ 어원 : mod(e) 방법, 양식, 척도, 형태; 중간, 조절, 겸손

■ **mod**el [mάdl/**마**들, mɔ́dl] 명 **모형, 모델; 모범** 형 모형의, 모범의 동 **모형을 만들다** ☜ 라틴어로 '근소한 차이, 표준'이란 뜻

■ **mod**e [moud] 명 **방법**, 양식, 형식 ☜ 라틴어로 '방법'이란 뜻

□ **mood** [muːd] 명 『문법』 (동사의) **법**(法); 『음악』 선법(旋法), 음계 ☜ mode의 변형; mood와의 연상(聯想)에서

✚ **mod**erate **겸손한**; **정숙한; 적당한** **mod**est **겸손한; 정숙한; 적당한** **mod**ify **수정[변경]하다**

매거진 magazine (잡지), 무크 mook (잡지풍의 서적)

■ **magazine** [mæ̀gəzíːn/매거**지**인] 명 **잡지**; 『군사』 창고, 《특히》 탄약고, 병기고, 탄창; 연료실; 천연 보고 ☜ 아랍어로 '창고'란 뜻

□ **mook** [muk] 명 **무크**, 잡지적인 서적, 서적풍의 잡지 《기술 서적, 비즈니스북, 요리책, 대중소설 따위》 ☜ **m**agazine(잡지) + b**ook**(단행본)

허니문 honeymoon (밀월(蜜月), 신혼기간)

■ honey**moon** [hʌ́nimùn] 명 **결혼 첫 달, 밀월**, 신혼여행(기간), **허니문** ☜ 벌꿀(honey)같은 달(moon) ⇦ 행복한 신혼기를 보름달에 비유하며, 곧 이지러져 감을 암시한 익살스런 조어

□ **moon** [muːn/문-] 명 (보통 the ~) **달** 《천체의》; 달빛 ☜ 고대영어로 '달, 월(月)'이란 뜻
- ♠ **new moon 초승달**, 초승달이 뜨는 무렵 ☜ new(새로운)
- ♠ **full moon 보름달, 만월(滿月)** ☜ full(가득한)
- ♠ **half-moon 반달** ☜ half(절반)
- ♠ **dark** 〔old〕 **moon 그믐달** ☜ dark(어두운), old(늙은, 오래된)

□ **moon**beam [múːnbìːm] 명 달빛 ☜ beam(빛남, 광선, 지향성 전파; 대들보)

□ **moon**light [múːnlàit] 명 **달빛** 형 달빛의, 달밤의 ☜ light(빛; 밝은)

□ **moon**lit [múːnlìt] 형 **달빛에 비친**, 달빛어린 ☜ 작은 빛(lit)의 달(moon)

□ **moon**rise [múnràiz] 명 월출; 그 시각 ☜ rise(상승; 오르다)

□ **moon**set [múnsèt] 명 월몰; 그 시각 ☜ set(일몰; 세트; 저물다, 앉히다)

□ **moon**shine [múnʃàin] 명 **달빛**; 헛소리, 쓸데없는 공상〔이야기〕 ☜ shine(빛나다, 빛나게 하다; 빛남)

□ **moon**shiny [múnʃàini] 형 달에 비친, 공상적인 ☜ moon + shiny(빛나는)

□ **moon**shot [múːnʃɑ̀t] 명 **달 로켓 발사** ☜ moon + shot(발사, 탄환)

□ **moon**struck [múːnstrək] 형 미친 ☜ moon + struck(반한, 열중하는)

□ **moon**y [múːni] 형 달의, 달 같은, 꿈결 같은 ☜ moon + y<형접>

■ **Mon**day [mʌ́ndei/**먼**데이, -di] 명 **월요일** 《생략: Mon.》 ☜ 고대영어로 '달(moon)의 날(day)'이란 뜻

■ **mon**th [mʌnθ/먼쓰] 명 (한)**달, 월**(月) ☜ mon<moon(달) + th<특성 접미사>

무어링 mooring (배를 항구나 해상의 계류부표에 묶어두는 것)

□ **moor** [muər] 동 (배・비행선 등을) **잡아매다**, 정박시키다〔하다〕, 계류하다 ☜ 중세영어로 '배를 줄로 고정시키다'란 뜻

□ **moor**ing [muəriŋ] 명 계류, 정박; (보통 pl.) 계류 장치〔설비〕 ☜ -ing<형접>

□ **moor** [muər] 명 《영》 (heather가 무성한) **황무지**, 광야; (뇌조 등의) 사냥터 ☜ 고대영어로 '불모지'라는 뜻

무어인 Moor (북아프리카 모로코에 사는 이슬람교도)

□ **Moor** [muər] 명 **무어**인 《아프리카 북서부에 삶; 8세기에 스페인을 점거한 무어 사람의 일파》; (인도의) 이슬람교도 ☜ 고대 그리스어로 '검은, 어두운'이란 뜻

무스 moose (손바닥처럼 생긴 뿔을 가진 몸집이 큰 사슴)

□ **moose** [muːs] 명 (pl. **-**) 『동물』 **말코손바닥사슴**; 《미.속어》 덩치 큰 놈 ☜ 북미 알곤킨족어로 '큰 사슴'이란 뜻
★ 몸무게 약 800kg으로 몸집이 말보다 크다, 유럽에서는 엘크

M

라고도 한다.

연상 ▸ 그녀는 팝(pop.대중음악)을 들으면서 맙(mop.자루걸레)으로 청소했다

※ **pop** [pɑp/pɔp] ⓗ《구어》 통속(대중)적인 팝뮤직의 ⓜ 대중을 위한 음악(회) ☜ **pop**ular(대중음악; 대중적인, 인기있는)의 줄임말

☐ **mop** [mɑp/mɔp] ⓜ **자루걸레, 몹** ⓢ 대걸레로 닦다
☜ 라틴어로 '냅킨'이란 뜻. 닦는 것이란 의미.
♠ **a mop of** hair ***걸레 같은*** *머리* ➔ 더벅머리

☐ **mop**stick [mάpstik] ⓜ 자루걸레의 자루 ☜ stick(막대기, 자루)

연상 ▸ 오늘은 기분이 몹시 모읍(mope.우울)한 날이다.

☐ **mope** [moup] ⓢ 침울해 하다, **우울하게 지내다** ⓜ 침울한 사람; (the ~s) 우울
☜ 근세영어로 '무기력하고 무관심하다'란 뜻. 일종의 의성어.
♠ **mope one's time away 울적한 나날을 보내다**

모럴 해저드 moral hazard (도덕적 해이)

♣ 어원 : **mor(al) 도덕, 습관; 도덕의, 윤리의, 예의상**

☐ **moral** [mɔ́(:)rəl, mάr-] ⓗ **도덕(상)의**, 윤리(상)의, 도덕(윤리)에 관한; **품행이 단정한** ⓜ **교훈, 도덕; 품행, 몸가짐** ☜ 라틴어로 '풍속, 습관에 관한'이란 뜻
♠ **moral** standards **도덕적** 기준, **moral character 인격, 품격**, **moral principles 도의**

☐ **morale** [mourǽl/mɔrά:l] ⓜ (군대의) **사기**, 의욕; 도덕, 도의
☜ 고대 프랑스어로 '도덕'이란 뜻

☐ **moral**ist [mɔ́:rəlist] ⓜ **도덕가**, 도학자; 윤리학자; 윤리 사상가, **모랄리스트** ☜ -ist(사람)

☐ **moral**istic [mɔ̀:rəlístik] ⓗ 도덕주의적인 ☜ moralist + ic<형접>

☐ **moral**ity [mɔ(:)rǽləti, mɑr-] ⓜ **도덕**, 도의; 선악의 규범; 덕행; 교훈, 우의 ☜ -ity<명접>

☐ **moral**ize [mɔ́:rəlàiz] ⓢ 교화하다, 설법하다, 도덕을 가르치다 ☜ -ize<동접>

☐ **moral**ly [mɔ́:rəli] ⓑ **도덕[도의]상**; 도덕적으로, 바르게; 사실상, 실제로 ☜ -ly<부접>

☐ **Moral** Re-Armament 도덕 재무장 운동(MRA) ☜ re(재) armament(무장)

M

☐ **mor**ose [məróus] ⓗ **까다로운**, 뚱한, 기분이 언짢은; 침울한
☜ 도덕(mor)에 얽매인(ose<형접>)

※ **hazard** [hǽzərd] ⓜ **위험(요소)**; 우연, 운에 맡기기; 〖골프〗 장애구역, **해저드**
☜ 고대 프랑스어로 '운에 좌우되는 주사위 놀이'란 뜻

✚ a**moral** 초(超)도덕의, 도덕관념이 없는 im**moral** **부도덕한**; 행실 나쁜; 음란한

연상 ▸ 모비드(mobid.모바일 기기를 필요로 하는 어린이)란 모비드(morbid.병적인)한 아이를 말한다.

※ **mobid** **콩글 ▸ 모비드**《핸드폰, 인터넷, TV 등을 필요로 하는 어린이》
☜ **mob**ile **ki**d의 합성어 ★ **영어사전에는 없는 콩글리시이다.**

☐ **morb**id [mɔ́:rbid] ⓗ **병적인**, 병의; (병적으로) 음울한; 무서운
☜ 라틴어로 '병(morb)이 흐르는(id)'이란 뜻
♠ a **morbid** interest in death 죽음에 대한 **병적인** 흥미

☐ **morb**idly [mɔ́:rbidli] ⓑ 병적으로 ☜ morbid + ly<부접>

☐ **morb**idity [mɔ:rbídəti] ⓜ 병적 상태, 병에 걸려 있음; 사망률
☜ morbid + ity<명접>

☐ **morb**idness [mɔ:rbídnis] ⓜ 병적임, 불건전 ☜ morbid + ness<명접>

매니큐어 manicure (콩글 ▸ 손톱에 바르는 화장품) ➔ nail polish

♣ 어원 : **man, mani, manu, main 손**

※ **mani**cure [mǽnəkjùər] ⓜ 미조술(美爪術), **매니큐어** ⓢ 매니큐어를 하다; (손·손톱을) 손질하다 ☜ 손(mani)을 손질하기(cure)

☐ **many** [méni/**메**니] ⓗ (-<**more**<**most**) 〔복수명사 앞에 쓰이어〕 **많은**, 다수의, 여러 ☜ 손가락(man)이 많은(y<형접>)

☐ **more** [mɔ:r/모어] ⓗ 〔many 또는 much의 비교급〕 (수·양 등이) **더 많은, 더 큰** ⓓ **더 많은 수[양, 정도, 중요성]** ⓑ **더 많이**
☜ many·much의 비교급. 고대영어로 '더(re) 큰(mo)'이란 뜻
♠ He has **more** books than his brother.
그는 형(동생)보다 **더 많은** 책을 갖고 있다

♠ **more and more 더욱 더, 점점 더**
♠ **more often** (times) **than not 반 이상; 꼭은 아니나 대개**
♠ **more or less 다소(간), 어느 정도, 얼마간**
♠ **more than ~ ~이상으로; 더할 나위 없이**
She is **more than** pleased with the result.
그녀는 그 결과에 **무척** 만족하고 있다.
♠ **more (A) than (B) B 라기 보다는 오히려 A 이다**
She is **more** kind **than** wise. 그녀는 현명**하다기보다는** 상냥하다.
♠ **more than ever 더욱 더, 점점**
♠ **no more (A) than (B) B 가 아닌 것은 A 가 아닌 것과 같다**
I am **no more** mad **than** you (are). 너**와 마찬가지로** 나도 미치지 않았다.
♠ **not ~ any more 다시는 ~하지 않다; 이미 ~아니다**
♠ **no** (nothing) **more than 겨우 ~에 지나지 않다**
♠ **the more (A), the more (B) A 하면 할수록 더욱 더 B 하다**
The more I know her, **the more** I like her.
그녀를 알**면** 알**수록 더욱** 좋아진다.
♠ **what is more 그 위에, 더욱이, 게다가**

☐ **more**over [mɔːróuvər] ㊕ **게다가, 더욱이**, 또한 ☜ 위로(over) 더(more)

☐ **most** [moust/모우스트] ㊉ 〖many 또는 much의 최상급〗 (양 · 수 · 정도 · 액 따위가) **가장 큰[많은]**, 최대(최고)의, **대개의** ㊐ **최대량[수]; 최대액; 최대한도; 대개의 사람들; 대부분** ㊕ 〖much의 최상급〗 **가장; 매우** ☜ 고대영어로 '가장 큰 수, 양, 정도'란 뜻
♠ **most of ~ 대부분의 ~**
♠ **most of all 무엇보다도**

토마스 모어 Thomas More (영국의 정치가. <유토피아>의 저자)

☐ **More** [mɔːr] ㊔ **모어** 《Sir Thomas ~, 영국의 인문주의자 · 저작가(1478-1535); 유토피아(Utopia)의 저자》

몰몬, 모르몬 Mormon (미국이 본산인 기독교의 일파)

몰몬교는 1820 년대 미국의 조셉 스미스 주니어에 의해 처음 창시되었다. 가톨릭이나 개신교에서는 이단시하는데, 사회적으로는 별도의 교파로 분류되어 있다. 조셉이 발견했다는 신이 북미대륙의 고대 주민에게 부여한『몰몬경』을 경전으로 삼고, 시온(하나님의 나라)이 아메리카 대륙에 수립된다고 믿는다. 일부다처제로 유명한데, 90 년에 미 연방정부의 권유에 의해서 이 제도는 폐지되었다.

☐ **Mormon** [mɔ́ːrmən] ㊔ **모르몬** 교도; **모르몬** 《Book of Mormon 중의 가공의 예언자》 ㊉ 모르몬교(도)의
☜ 모르몬은 <몰몬 경전>에 등장하는 예언자 이름
♠ the Book of **Mormon 모르몬교**의 성서
♠ the **Mormon** State 《미》 유타(Utah) 주 《속칭》
★ 유타(Utah)주 인구의 70%가 모르몬교도이다

☐ **Mormon**ism [mɔ́ːrmənizəm] ㊔ **모르몬**교 ☜ -ism(~교리, ~주의)

모닝글로리 morning glory (한국의 종합문구사 브랜드. <나팔꽃>이란 뜻)
모닝콜 morning call (콩글 전화로 손님을 깨우는 서비스) ➔ wake-up call

morning glory
모닝글로리

♣ **어원 : mor(n) 아침**

☐ **morn** [mɔːrn] ㊔ 《시어》 **아침**, 여명 ☜ 중세영어로 '해뜨기 직전'

☐ **morn**ing [mɔ́ːrniŋ/**모**-닝] ㊔ **아침**, 오전 ☜ morn(아침) + ing<명접>
♠ **in the morning 아침[오전]에**

☐ **morn**ing glory 〖식물〗 **나팔꽃** ☜ '아침(morning)의 영광(glory)'이란 뜻

☐ **morn**ing watch **모닝워치** 《오전 당직》 ☜ watch(지켜보다, 조심, 불침번)

☐ **mor**row [mɔ́(ː)rou, mάr-] ㊔ 《고어》 **아침**; 《고어 · 시어》 **다음날**; (사건의) 직후
☜ mor(아침) + r<자음반복> + ow<명접> ㊥ **eve** (축제일의) 전날 밤

■ to**mor**row [təmάrou/터**마**로우/təmɔ́ːrou/터**모**로우] ㊔㊕ **내일**, 명일; (가까운) 장래
☜ (다가오는) 아침(morrow) 까지(to)

모로코 Morocco (북아프리카 서부의 회교 왕국)

☐ **Morocco** [mərάkou/-rɔ́k-] ㊔ **모로코** 《아프리카 북서안의 회교국; 수도 라바트(Rabat)》
☜ 스페인어로 '숭배하는 도시'란 뜻 ★ 모로코에서 가장 큰 도시인 카사블랑카는 아름다운 항구로 영화 <카사블랑카>의 배경이 된 도시이다.

☐ **morose**(까다로운) ➔ **moral**(도덕의) **참조**

모르페우스 Morpheus ([그神] 꿈의 신), 모르핀 morphine (마취제)

< 모르페우스의 청동 두상 >

☐ **Morpheus** [mɔ́ːrfiəs, -fjuːs] ⓜ 〖그.신화〗 **모르페우스** 《잠의 신 Hypnos의 아들로, 꿈의 신》; 《속어》 잠의 신; 잠, 수면

☐ **morphine** [mɔ́ːrfiːn] ⓜ 〖약학〗 **모르핀** 《마취·진통·최면에 효력이 있다. 지속 사용시 만성중독을 일으킬 가능성이 높은 의약품이다.》
☜ 라틴어로 '잠의 신, Morpheus의 이름에서

☐ **morrow**(아침, 다음날) ➔ **morning**(아침) **참조**

모르스 < 모스 Morse (미국의 모르스식 전신기 발명가)

☐ **Morse** [mɔːrs] ⓜ **모스** 《Samuel Finley Breese ~, 미국의 전신기 발명자; 1791-1872》; Morse code ⓗ (종종 m-) 〖전신〗 모스식의

☐ **Morse** code 〔alphabet〕 [종종 the ~] 〖통신〗 모르스식 전신 부호
☜ code(규약, 규칙, 신호법, 암호), alphabet(알파벳, 자모)

☐ **morsel**(한 입, 소량) ➔ **mortal**(죽을 운명의, 치명적인) **참조**

몰타르 < 모르타르 mortar (석회·모래·물을 혼합한 회반죽)

☐ **mortar** [mɔ́rtər] ⓜ **모르타르**, 회반죽, 반죽; 절구 ⓓ ~에 모르타르를 바르다
☜ 라틴어로 '반죽'이란 뜻
♠ They used **bricks and mortar** to build a house.
그들은 집을 짓는 데에 **벽돌과 모르타르**를 사용했다.

서브프라임 모기지 론 subprime mortgage loan (비우량 주택담보 대출)

미국의 주택담보대출은 prime>Alt-A>subprime으로 구분되는데 신용도가 가장 낮은 서브프라임은 대출금리가 높다. 2000년대 초반 미국 부동산가격 급등으로 서브프라임 대출도 급증했는데 2000년대 중반 집값이 급락하자 FRB(미국 연방준비제도이사회)는 금리를 대폭 올렸고, 이자부담이 커진 저소득층은 원리금을 갚을 수 없게 되면서 2007년 서브프라임 모기지 론 사태가 발생하여 세계는 글로벌 금융위기를 맞았다.

♣ **어원 : mors, mort, morb, mori, murd 깨물다, 죽이다; 죽음, 고행**

※ **subprime** [sʌbpráim] ⓗ 2급품의; 금리가 prime rate이하의 《융자 등》
☜ prime(제1의)보다 아래의(sub)

☐ **mort**gage [mɔ́ːrgidʒ] ⓜ 〖법률〗 (양도) **저당**(권); **담보** ⓓ 저당 잡히다
☜ (권한을 넘겨주어) 죽은(mort) + g + 것(age)
♠ lend money on **mortgage 저당**을 잡고 돈을 빌려주다

☐ **mort**al [mɔ́ːrtl] ⓗ **죽을 운명의; 치명적인**; 인간의 ☜ 죽음(mort) 의(al)
♠ **Man is mortal. 인간은 죽기 마련이다.**

© afyxeqigysy.prv.pl

☐ **mort**ally [mɔ́ːrtəli] ⓑ 치명적으로; 《구어》 대단히 ☜ mortal + ly<부접>

☐ **mort**ality [mɔːrtǽləti] ⓜ **죽어야 할 운명**; 인간; 사망률 ☜ mortal + ity<명접>

☐ **mort**ar [mɔ́ːrtər] ⓜ 〖군사〗 **박격포** ⓓ 박격포로 사격하다 ☜ 죽이는(mort) 것(ar)
♠ **fire a mortar 박격포**를 쏘다

☐ **mort**ify [mɔ́ːrtəfài] ⓓ (정욕·감정 따위를) **억제하다, 고행하다**
☜ 고행(mort)을 + i + 만들다(fy)

☐ **mort**ifying [mɔ́ːrtəfàiiŋ] ⓗ 분하기 짝이 없는 ☜ mortify + ing<형접>

☐ **mort**ification [mɔ̀ːrtəfikéiʃən] ⓜ **고행; 굴욕** ☜ 고행(mort)을 + i + 만들(fic) 기(ation<명접>)

☐ **mors**el [mɔ́ːrsəl] ⓜ (음식·캔디 따위의) **한 입**(모금); 한 조각, **소량**, 조금
☜ 고대 프랑스어로 '한 번 깨물(mors) 기(el<명접>)'란 뜻
♠ **a morsel of** bread **한 조각의** 빵

☐ **murd**er [mə́ːrdər/**머**-더] ⓜ **살인**; 모살(謀殺); 살인사건; 비밀, 나쁜 일 ⓓ ~를 살해하다, 살인하다 ☜ 고대영어로 '(불법적으로) 죽인(murd) 것(er)'이란 뜻
♠ **Murder will out. 《속담》 살인[비밀, 나쁜 일]은 반드시 탄로 난다.**

※ **loan** [loun] ⓜ **대부**(금) ☜ 중세 노르드어로 '추후 반환을 약속받고 제공한 것'이란 뜻

모자이크 mosaic (여러 물체를 붙여 무늬·그림을 표현하는 기법)

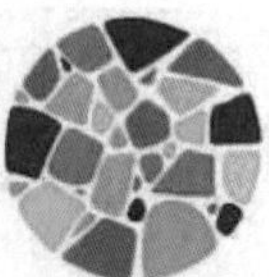

☐ **mosaic** [mouzéiik] ⓜ **모자이크**, 모자이크 세공; 모자이크 그림(무늬)
ⓗ 모자이크(식)의 ☜ 고대 프랑스어로 '모자이크 세공'이란 뜻

모스크바 Moscow (제 3 로마제국이라 칭했던 러시아의 수도)

☐ **Moscow** [mάskou, -kau/mɔ́skou] ⓜ **모스크바** 《러시아 연방의 수도》; 러시아 정부
☜ 러시아어로 '축축한 강', '젖소의 강'이란 뜻의 모스크바강에서 유래
★ 모스크바에는 <붉은 광장>과 <크렘린(크레믈린)궁>, <성 바실리 성당> 등 유서깊은 유적지가 많다. 나폴레옹이 실패했고, 히틀러가 실패했듯 군사적으로 절대 공격해서는 안 되는 난공불락의 도시이다.

모세 Moses (유대민족의 종교적 지도자이자 민족적 영웅)

호렙산에서 노예로 있던 유대민족을 해방시키라는 음성을 듣고 이집트로 돌아와 아론과 함께 그들을 구출하였으며, 시나이산에서 십계명을 받았다. '약속의 땅'인 가나안으로 들어가기 위해, 이스라엘 백성들의 지도자가 되어 40여 년 간 광야를 유랑하지만, 꿈을 이루지 못하고 숨을 거둔다. <출처 : 두산백과 / 일부인용>

< 모세가 유대민족을 이끌고 이집트를 탈출시 지팡이로 홍해를 가르는 장면 >

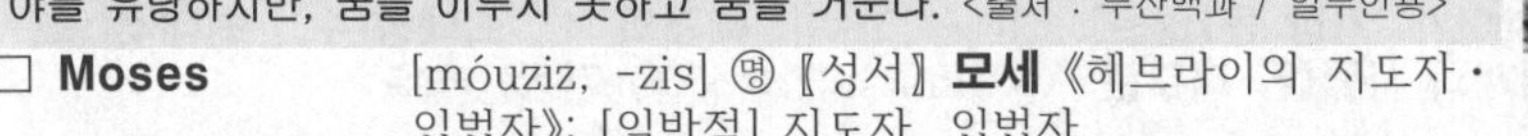

☐ **Moses** [móuziz, -zis] ⓜ 『성서』 **모세** 《헤브라이의 지도자·입법자》; [일반적] 지도자, 입법자
☐ **Mosa**ic(al) [mouzéiik(əl)] ⓗ 모세(Moses)의 ☜ -ic(al)<형접>

모샤브 moshav (이스라엘의 자영 소농(小農)이 모인 공동 농장)

☐ **moshav** [mouʃά:v] ⓜ (pl. moshav**im**) **모샤브** 《이스라엘의 자작농 협동 마을》
☜ 히브리어로 '주택, 주거지'란 뜻
비교 kibbutz 키부츠 《이스라엘 자발적 집단농장의 한 형태》

모스크 mosque (이슬람교의 예배당, 회교 사원)

☐ **mosque** [mɑsk/mɔsk] ⓜ 이슬람교 성원(聖院), 회교 사원(回敎寺院)
☜ 아랍어로 '이마를 땅에 대고 절하는 곳'이란 뜻

모스키토 mosquito (미국의 공포 영화. <모기>란 뜻)

1995년 개봉한 미국의 공포영화. 구너 한슨, 론 애쉬턴 주연. 숲속 늪지대에 외계에서 날아온 우주선이 추락한다. 인근 숲속에 사는 모기떼들은 외계인의 시체에서 나온 피를 먹고 만 배나 거대해진 후 인간을 공격하기 시작한다. 숲속의 한 농가로 피신한 일행은 그 농가의 지하실이 모기알들이 부화되고 있는 산실임을 확인하고 살인모기떼들을 박멸하기 위한 전쟁을 시작한다.

© Hemdale Communications, Inc.

☐ **mosquito** [məskí:tou] ⓜ (pl. **-(e)s**) 『곤충』 **모기**
☜ 중세 스페인어로 '작은 모기'
♠ **Mosquitoes** spread disease. **모기**는 병을 옮긴다
☐ **mosquito** boat 《미》 쾌속 수(어)뢰정 ☜ boat(보트, 작은 배)
☐ **mosquito** net 모기장 ☜ net(그물)

모스로즈 moss rose (이끼처럼 땅에 붙어 옆으로 퍼지는 장미)
모스볼 mossball (공 모양의 집합체를 만드는 담수성 이끼)

< Moss Rose >

☐ **moss** [mɔ(:)s, mɑs] ⓜ 『식물』 **이끼** ⓢ 이끼로 덮다
☜ 고대영어로 '이끼'
♠ **moss-covered** walls **이끼로 뒤덮인** 담
♠ **A rolling stone gathers no moss. 《속담》 구르는 돌에는 이끼가 끼지 않는다. 꾸준히 노력하는 사람은 계속 발전한다**
☐ **moss**ball [mɔ́(:)sbɔ̀:l, mάs-] ⓜ **모스볼** 《공모양의 담수성 이끼류》
☜ 이끼(moss) 공(ball) ★ 주로 '마리모(Marimo)'라고 불린다.
☐ **moss**-grown [mɔ́(:)sgròun, mάs-] ⓗ 이끼가 낀 ☜ grown(성장한, 자라난; 무성한)
☐ **moss**y [mɔ́(:)si, mάsi] ⓗ (-<-s**ier**<-s**iest**) **이끼 낀**; 이끼 같은; 시대에 뒤떨어진
☜ moss + y<형접>
※ **rose** [rouz/로우즈] ⓜ 『식물』 **장미**(꽃); 장밋빛; 장미향; 가장 인기 있는 여인
☜ 고대영어로 '장미'란 뜻

모사드 Mossad (이스라엘의 비밀 정보기관)

제2차 세계대전 중 독일 나치스의 집단학살에서 살아남은 유대인의 팔레스타인 이주 및 나치스 전범 색출을 목적으로 설립되었다. 대(對)아랍 정보수집 능력은 미국의 CIA를 능가한다는 평을 받는다.

☐ **Mossad** [mousɑ́d] ⓜ **모사드** 《이스라엘의 비밀정보 기관》 ☜ 히브리어로 '기관'

매니큐어 manicure (콩글 손톱에 바르는 화장품) ➔ nail polish

■ **mani**cure [mǽnəkjùər] ⓜ 미조술(美爪術), **매니큐어** ⓢ 매니큐어를 하다; (손·손톱을) 손질하다 ☜ 손(mani)을 관리하기(cure)

■ **many** [méni/**메**니] ⓗ (-<**more**<**most**) 《복수명사 앞에 쓰이어》 **많은**, 다수의, 여러 ☜ 손가락(man)이 많은(y<형접>)

■ **more** [mɔːr/모어] ⓗ 《many 또는 much의 비교급》 (수·양 등이) **더 많은, 더 큰** ⓓ **더 많은 수[양, 정도, 중요성]** ⓑ **더 많이** ☜ many·much의 비교급. 고대영어로 '더(re) 큰(mo)'이란 뜻

☐ **most** [moust/모우스트] ⓗ 《many 또는 much의 최상급》 (양·수·정도·액 따위가) **가장 큰[많은]**, 최대(최고)의, **대개의** ⓓ **최대량[수]; 최대액; 최대한도; 대개의 사람들; 대부분** ⓑ 《much의 최상급》 **가장; 매우** ☜ 고대영어로 '가장 큰 수, 양, 정도'란 뜻

♠ He won **(the) most** prizes. **가장 많은** 상을 탔다.
♠ **most of** ~ **~의 대부분**(=majority of), **대개의**
most of one's fortune 재산의 **과반**
♠ **most of all 그 중에서도, 특히**(=above all)
♠ **at (the) most 많아야, 고작해야, 기껏**(=at the maximum)
♠ **make the most of ~ ~을 최대한 이용하다; ~을 가장 소중히 하다**

☐ **most**ly [móustli] ⓑ **대개**, 대부분은, 보통은; **주로** ☜ most + ly<부접>

✚ al**most** 거의, 대체로 fore**most 맨 처음의**(앞의); **으뜸[일류]가는;** 맨 먼저, 선두에 inner**most** 맨 안쪽의, 가장 내부의; **가장 깊숙한 곳** upper**most 최상[최고]의** ut**most 최대한도(의)**

모술 Mosul (이라크 북부의 도시)

☐ **Mosul** [mousúːl, móusəl; móusəl] ⓜ **모술** 《이라크 북부 Tigris강에 면한 도시》 ☜ 아랍어로 '연결지'란 뜻. 티그리스강과 유프라테스강을 연결하는 곳.

M ■ **muslin** [mʌ́zlin] ⓜ **모슬린**, 메린스; 《미》 옥양목; 《영.속어》 여성 ☜ 최초의 제조지인 이라크의 모술(Mosul)에서 유래

연상 그 모텔(motel)에는 모트(mote.먼지)가 수북히 쌓여있다.

■ **hotel** [houtél/호우**텔**] ⓜ **호텔**, 여관 ☜ 손님을 접대하는(hot) 곳(el<명접>)

☐ **motel** [moutél] ⓜ **모텔** 《자동차 여행자 숙박소》 ⓢ 모텔에 들다. ☜ **motor**ists' ho**tel**(자동차 운전자를 위한 호텔)의 합성어

☐ **mote** [mout] ⓜ 티, (한 점의) 티끌; 아주 작은 조각; 《비유》《고어》 오점, 흠 ☜ 노르웨이어로 '작은 알갱이, 티끌'이란 뜻

♠ **mote and beam 티와 들보, 남의 작은 과실과 자기의 큰 과실.**
♠ **mote in another's eye 남의 눈 속에 있는 티, 남의 사소한 결점**

모스볼 mothball (나프탈렌 등의 방충용 알좀약)

☐ **moth** [mɔ(ː)θ, mɑθ] ⓜ (pl. **-s, -**) 『곤충』 **나방**, 옷 좀나방(clothes ~); (the ~) 《영》 좀먹음 ☜ 고대영어로 '구더기'란 뜻

♠ **get the moth (옷이) 좀먹다**

☐ **moth**ball [mɔ́θbɔ̀l] ⓜ 둥근 방충제, 알좀약 《둥근 나프탈렌 따위》 ⓢ 방충제를 넣다 ☜ moth + ball(공)

☐ **moth**ball fleet 『군사』 (퇴역한) 예비함대 《퇴역한 군함들을 모아놓은 곳으로 장기보존을 위해 모든 장비를 봉인해 놓는다. 그래서 일명 '모스볼'(Mothball, 좀약) 함대라고 한다.》 ☜ fleet(함대, 선단)

마더 테레사 Mother Teresa (인도 국적의 로마카톨릭교회 수녀)

알바니아계 인도 국적의 로마가톨릭교회 수녀. 1928년 수녀가 된 뒤 1948년 인도에서 '사랑의 선교 수녀회'를 창설하여 평생을 가난하고 병든 사람들을 위하여 봉사하였다. 1997년 사망한 뒤, 1979년 노벨평화상을 수상하였다. 2016년 3월 교황청 시성위원회에서 성인으로 추대되었다. <출처 : 두산백과 / 일부인용>

© TIME

♣ **어원 : mater, matri 어머니, 자궁; 생산 ➔ 물질**

□ **mother** [mʌ́ðər/머더] 명 **어머니**, 모친; [종종 M~] 수녀원장, 마더 형 어머니의 동 어머니로서 돌보다 ☜ 고대영어로 '여자 부모'
♠ **the mother** of two children 두 아이의 **어머니**

□ **mother** country 모국(母國) ☜ country(국가; 시골)

□ **mother**hood [mʌ́ðərhùd] 명 **어머니임, 모성**(애), 어머니 구실; 모권 ☜ mother + hood(신분)

□ **mother**-in-law [mʌ́ðərinlɔ̀ː] 명 (pl. mother**s**-in-law) **장모, 시어머니**; 의붓어머니 ☜ 법(law) 안에서(in) 어머니(mother)

□ **mother**land [mʌ́ðərlæ̀nd] 명 모국; 조국; 발상지 ☜ land(땅, 나라)

□ **mother**less [mʌ́ðərlis] 형 어머니가 없는; 작자 미상의 ☜ -less(~이 없는)

□ **mother**ly [mʌ́ðərli] 형부 **어머니의**; 어머니답게; 상냥한 ☜ -ly<부접>

□ **Mother**'s Day 《미》 어머니날 《5월의 둘째 일요일》 ☜ day(날, 일(日))

□ **mother** tongue 모국어 ☜ tongue(혀, 혓바닥)

✚ grand**mother** **할머니**, 조모 step**mother** **의붓어머니**, 계모, 서모 **mater** 《영.속어》 엄마, 어머니 **mater**nal **어머니의**; 모성의, 어머니다운 **matter** **물질**; 재료; **제재, 내용; 문제**, 사건; 문제가 되다; **중요하다** **mater**ial **물질의**, 물질적인; **재료**, 원료; **제재**, 자료 **mater**ially **물질[실질, 유형]적으로**

모션 motion (동작), 모터 motor (전동기)

< electric motor >

♣ **어원 : mot 움직이다, 진행하다; 동요시키다**

□ **mot**ion [móuʃən/모우션] 명 **운동, 동작; 동의**(動議; 안건제기) 동 **몸짓으로 지시[신호, 요구]하다** ☜ 움직이(mot) 기(ion<명접>)
♠ **laws of motion** 〖물리〗 **운동의 법칙**
♠ **in motion 움직이어, 운전중의; 흥분하여, 동여하여**
The police are **in motion**. 경찰들이 **사방으로 뛰어다니고** 있다.
♠ **set** (**put**) **~ in motion ~을 움직이다, 운전시키다**

□ **mot**ionless [móuʃənlis] 형 **움직이지 않는**, 정지한 ☜ 움직임(motion)이 없는(less)

□ **mot**ion picture 《미》 **영화**(=movie) ☜ picture(사진)

□ **mot**ivate [móutəvèit] 동 **~에게 동기를 주다**, 자극하다 ☜ 동기(motive)를 만들다(ate<동접>)

□ **mot**ivation [mòutəvéiʃən] 명 **자극**; 유도; 〖심리〗 (행동의) 동기부여; 열의, 욕구 ☜ -ation<명접>

□ **mot**ive [móutiv] 명 **동기**; 동인, 행위의 원인; 목적 ☜ -ive<명접>

□ **mot**if [moutíːf] 명 [F] (문학·예술의) **주제**, 테마; (악곡의) 동기, **모티프**; (행동의) 자극, 동기 ☜ motive의 프랑스어

□ **mot**or [móutər/모우러/모우터] 명 **모터**, 발동기, 내연기관; 전동기; 자동차 ☜ 움직이는(mot) 기계(or)

□ **mot**orboat [móutərbòut] 명 **모터보트**, 발동기선 ☜ boat(보트, 작은 배)

□ **mot**orbus [móutərbʌ̀s] 버스 ☜ bus(버스, 승합 자동차)

□ **mot**orcar [móutərkɑ̀ːr] 명 《영》 **자동차**; [흔히 motor car] 〖철도〗 전동차 《작업용》 ☜ car(자동차)

□ **mot**orcycle [móutərsàikl] 명동 **오토바이**, 자동 자전거(를 타다) ☜ motor + cycle(자전거)
★ 우리말의 오토바이(autobi)는 콩글리시이며, 바른 영어표현은 motorcycle, motorbike이다.

□ **mot**orist [móutərist] 명 (자가용) **자동차 운전자[여행자]** ☜ -ist(사람)

□ **mot**orize [móutəràiz] ~에 동력 설비를 하다; (군대 따위를) 기동화하다 ☜ -ize<동접>

□ **mot**orman [móutərmən] (pl. -men) 《미》 (전차의) 운전수 ☜ motor + man(사람, 남자)

□ **mot**or pool 《미》 **모터풀** 《배차센터에 대기주차하고 있는 자동차군》 ☜ motor + pool(물웅덩이, 저수지, 수영장)

✚ com**mot**ion **동요**; 흥분; 소동, 소요, 폭동 de**mot**ion 좌천, 강등, 격하 e**mot**ion **감동**, 감격, 흥분; **감정** pro**mot**ion **승진**, 진급; **촉진**, 장려; **판매 촉진** re**mot**e 먼, 먼 곳의; **멀리 떨어진**

모토 motto (좌우명)

□ **motto** [mɑ́tou/mɔ́tou] 명 (pl. **-(e)s**) **모토, 표어, 좌우명**; 금언, 격언(=maxim); 처세훈 ☜ 이탈리아어로 '말'의 뜻
♠ **a school motto 교훈**

M

몰딩 molding (자동차 외관의 손상 방지 및 미관을 향상하기 위한 제품)

□ **mo(u)ld** [mould] ⓜ **틀, 주형**(鑄型)(=matrix), 거푸집; **곰팡이** ⓓ **틀에 넣어 만들다** ☜ 중세영어로 '속이 빈 형상'
♠ **cast a mold 주형을 뜨다**

□ **mo(u)ld**er [móuldər] ⓓ 썩다, 붕괴하다 ⓜ 틀을 만드는 사람 ☜ mould + er<동접/사람>

□ **mo(u)ld**ing [móuldiŋ] ⓜ 조형(造型), 소조(塑造), 주형(鑄型); 소조〔주조〕물 ☜ mould + ing<명접>

□ **mo(u)ld**y [móuldi] ⓗ 곰팡이가 난, 진부한 ☜ -y<형접>

투수가 마운드(mound.흙무더기)에 들어섰다. * 야구에서 마운드란 투수가 공을 던지는 곳

♣ 어원 : **mound, mount, mont 산; 오르다**

□ **mound** [maund] ⓜ **토루**(土壘); 둑, 제방; **흙무더기; 작은 언덕**, 작은 산 ☜ 고대영어로 '손, 방어, 보호'란 뜻

□ **mount** [maunt/마운트] ⓓ (산・계단 따위를) **오르다**(=ascend), (말 따위에) **타다**, 태우다; 붙이다 ☜ 라틴어로 '산'이란 뜻
♠ **mount** a platform **등**단(登壇)하다

□ **mount**ain [máuntən/**마**운턴] ⓜ **산**, 산악; (pl.) 산맥, 연산(連山) ☜ 라틴어로 '산악지방'이란 뜻
★ 보통 hill 보다 높은 것을 말함; 고유명사 뒤에 쓰이고 앞에는 쓰지 않음.
♠ We go to **the mountains** in summer. 여름에는 **산**에 간다.
♠ The Rocky **Mountains** 록키**산맥**
♠ **a mountain of 많은, 다량[다수]의**

□ **mount**ain chain 산맥 ☜ chain(쇠사슬, 연쇄점; 『지리』 맥(脈))

□ **mount**ain climbing 등산 ☜ 오르(climb) 기(ing<명접>)

□ **mount**aineer [màuntəníər] ⓜ **등산가; 산지 사람**, 산악인 ☜ -eer(사람)

□ **mount**aineering [màuntəníəriŋ] ⓜ 등산 ☜ mountaineer + ing<명접>

□ **mount**ain-high [máuntənhài] ⓗ (파도 따위가) 산더미 같은 ☜ 산(mountain)처럼 높은(high)

□ **mount**ainous [máuntənəs] ⓗ **산이 많은**, 산지의; **산더미 같은**, 거대한(=huge) ☜ 산(mountain)이 많은(ous<형접>)
♠ a **mountainous** district **산악** 지방
♠ **mountainous** waves **산더미 같은** 파도, 큰 물결

□ **mount**ain range 산맥 ☜ mountain + range(열, 줄, 산맥)

□ **mount**ain sickness 고산병(病) ☜ mountain + sickness(병)

□ **mount**ainside [máuntənsàid] ⓜ 산허리, 산 중턱 ☜ side(옆, 측면)

□ **mount**aintop [máuntəntɑ̀p] ⓜⓗ 산꼭대기(의) ☜ top(정상, 꼭대기)

□ **mount**ed [máuntid] ⓗ **말 탄**; ~에 설치한; 『군사』 기동력이 있는 ☜ 오르다(mount) + ed<수동형 형접>

□ **mount**ing [máuntiŋ] ⓜ 설치; 말 타기, 기마 ☜ mount + ing<명접>

□ **Mt.** [maunt] 《약어》 Mount; Mountain

■ **Mont** Blanc [mɔŋblɑ́:ŋ] **몽블랑** 《프랑스・이탈리아・스위스 국경에 있는 알프스 산맥 중의 최고봉 (4,807m)》 ☜ 프랑스어로 '흰(Blanc) 산(Mont)'이란 뜻

M

연상 장례식장에서 모닝(morning.아침)부터 모닝(mourning.애도)하는 사람이 있다.

※ **morn**ing [mɔ́:rniŋ/**모**-닝] ⓜ **아침**, 오전 ☜ morn(해뜨기 직전) + ing<명접>

□ **mourn** [mɔ:rn] ⓓ **슬퍼하다**, 조상(弔喪)하다, 애도하다 ☜ 고대영어로 '애도하다'
♠ **mourn for** the dead 죽은 이를 **애도하다**

□ **mourn**er [mɔ́:rnər] ⓜ **슬퍼하는 사람**; 애도자; 조객 ☜ -er(사람)
♠ **the chief mourner 상주**

□ **mourn**ful [mɔ́:rnfəl] ⓗ **슬픔에 잠긴; 애처로운**; 음산한, 쓸쓸한(=gloomy) ☜ -ful(~로 가득한)

□ **mourn**fully [mɔ́:rnfəli] 슬피 ☜ mournful + ly<부접>

□ **mourn**ing [mɔ́:rniŋ] ⓜ **비탄**(=sorrowing), 슬픔; 애도(=lamentation); **상**(喪) ☜ -ing<명접>

마우스 mouse (컴퓨터와 사용자를 연결해주는 장치. 쥐를 닮아 <쥐>란 뜻)

■ Mickey **Mouse** 〖명사적〗 **미키 마우스** 《W. Disney의 만화 주인공》; 《영.공군 속어》 전기식 폭탄 투하 장치; 《미.속어》 불필요한 일, 시시한 것

■ church **mouse** 가난뱅이 ☜ 교회(church)에 사는 쥐(mouse)

□ **mouse** [maus/마우스] ⓜ (pl. **mice**) **생쥐**; 겁쟁이; 『컴퓨터』 **마우스**

(동) 쥐를 잡다 ☜ 고대영어로 '작은 쥐'란 뜻
[mauz] (동) 찾다, 몰아내다; (고양이가 쥐 다루듯) 못살게 굴다
♠ She is afraid of **the mouse**. 그녀는 **쥐**를 무서워한다.

☐ **mouse** color 쥐색, 잿빛, 짙은 회색 ☜ color(색)
☐ **mouse**hole [máushòul] (명) 쥐구멍; 좁은 출입구 ☜ mouse + hole(구멍)
☐ **mouse**trap [máustræ̀p] (명) 쥐덫; (주로 쥐덫에 사용하는) 품질이 나쁜 치즈 ☜ mouse + trap(올가미, 덫)
☐ **mice** [mais] 《미.속어》 (TV 시청자로서의) 어린이 ☜ mouse의 복수

< Mickey Mouse >

무스 mousse (거품이 이는 크림)

☐ **mousse** [muːs] (명) **무스**, 거품 이는 크림 《얼리거나 젤라틴으로 굳힌 것》 ☜ 프랑스어로 '거품'이란 뜻
♠ She likes chocolate **mousse**. 그녀는 초콜릿 **무스**를 좋아한다.
♠ apply **mousse** to 〔over〕 hair 머리에 **무스**를 바르다.

마우스피스 mouthpiece ([권투·악기] 입에 무는 것)
마우스 투 마우스 mouth-to-mouth (구강 대 구강 인공호흡법)

♣ **어원 : mouth, mous 입**
☐ **mouth** [mauθ/마우쓰] (명) (pl. **-s** [mauðz], 〖소유격〗 **~'s** [mauθs]) **입**, 구강; 입언저리, 입술 ☜ 고대영어로 '입, 입구, 문'이란 뜻
♠ open one's **mouth 입**을 벌리다
♠ **with one mouth 이구동성(異口同聲)으로**
☐ **mouth**ful [máuθfùl] (명) 한 입(의 양), **한 입 가득**(한 양) ☜ -ful(~로 가득한)
☐ **mouth**piece [máuθpìs] (명) (악기의) **입에 대는 구멍**; 대변자; (말의) 재갈; 〖권투〗 **마우스 피스** 《치아보호를 위해 입에 무는 고무》 ☜ piece(조각, 일부분)
☐ **mouth**-to-mouth [máuθtəmáuθ] (형) (인공호흡이) 입으로 불어넣는 식의 ☜ 입(mouth)에서 입(mouth) 으로(to)
☐ **mouth**-watering [máuθwɔ̀ːtəriŋ] (형) 군침을 흘리게 하는, 맛있어 보이는 ☜ 입(mouth) 안에 물(water)이 생기는(ing)
☐ big**mouth** [bígmàuθ] (명) 《속어》 수다스러운 사람 ☜ 큰(big) 입(mouth)
☐ **mo(u)s**tache [mʌ́stæʃ, məstǽʃ] (명) **콧수염**; (고양이 등의) 수염 ☜ 고대 그리스어로 '윗입술'이란 뜻. 입(mous)과 붙은(tach) 것(e)
비교 beard(턱수염), whisker(구레나룻)
♠ grow 〔wear〕 **a moustache 콧수염**을 기르다

< Mouth-to-mouth resuscitation >

M

무비 movie (영화)

♣ **어원 : mov, mob, mot 움직이다, 활동하다, 운동하다**
☐ **mov**ie [múːvi/**무**-비] (명) 《구어》 **영화**; (종종 the ~) 영화관 ☜ 움직이는(mov) 것(ie)
♠ **go to the movies 영화 보러 가다**
☐ **movie** camera 영화촬영용 카메라(=cinecamera), **무비카메라** ☜ movie + camera(사진기)
☐ **mov**ing [múːviŋ] (형) **움직이는**; 감동시키는 (명) 이동 ☜ 움직이(mov) 는(ing<형접>)
☐ **mov**ing sidewalk 《미》 (벨트식의) 움직이는 보도(步道) ☜ sidewalk(인도, 보도)
☐ **mov**e [muːv/무-브] (동) **움직이다; 감동시키다; 이사하다** ☜ 고대 프랑스어로 '움직이다'란 뜻
♠ **move off 떠나다; 《속어》 죽다**
♠ **move to** 〔into〕 **~ ~로 이사[이동]하다**
♠ **on the move 항상 움직[활동]이고 있는; 이동중의; (일이) 진행 중(인)**
☐ **mov**ement [múːvmənt/**무**-브먼트] (명) **움직임; 운동**, 활동 ☜ move + ment<명접>
☐ **mov**(e)able [múːvəbəl] (형) **움직일 수 있는**; 가동의; 이동하는 ☜ 움직일(mov) 수 있는(able)
■ im**mov**able [imúːvəbəl] (형) **움직일 수 없는**, 부동의, 냉정한 ☜ im<in(=not) + mov + able<형접>

로터리 모우어 rotary mower (고속회전 칼날식 잔디깎는 기계)

※ **rotary** [róutəri] (형) **도는, 회전하는**; 회전식의 (명) 도는 기계; 도는 교차로, **로터리** ☜ 라틴어로 '수레바퀴'라는 뜻
☐ **mow** [mou] (동) (-/mow**ed**/mow**ed**〔**mown**〕) (풀·보리 따위를) **베다**, 베어내다 ☜ 고대영어로 '풀을 베다'란 뜻
♠ **mow** the lawn 잔디**를 깎다**

☐ **mow**er [móuər] ⓜ 풀〔잔디·보리〕 베는 사람〔기계〕 ☜ mow + er(사람)
☐ **mow**ing [móuiŋ] ⓜ 풀베기; (풀·곡식의) 한 번 베어들인 양 ☜ mow + ing(~하기)
☐ **mow**ing machine 풀 베는 기계, 잔디 깎는 기계 ☜ machine(기계)
☐ **mow**n [moun] ⓗ 벤, 베어낸 ☜ mow의 과거분사 ➔ 형용사

모잠비크 Mozambique (아프리카 남동부의 공화국)

☐ **Mozambique** [mòuzəmbíːk] ⓜ **모잠비크** 《아프리카 남동부의 공화국; 수도 마푸투(Maputo)》 ☜ 15c말 바스코 다 가마가 이곳에 기착한 이래, 포르투갈이 식민지를 건설하면서, 지역 술탄의 이름 무사 알레비크(Muça Alebique)의 이름을 포르투갈어 모잠비크(Moçambique)로 옮겨 명명됨.

모차르트 Mozart (<음악의 신동>이라 불린 오스트리아의 작곡가, 36 세에 작고)

☐ **Mozart** [móutsaːrt] ⓜ **모차르트** 《Wolfgang Amadeus ~, 오스트리아의 작곡가; 1756-91》

☐ **MPEG**(엠페그) ➔ **picture**(사진) **참조**

미스터 Mr. ([남자] ~씨, ~님)

☐ **Mr., Mr** [místər/**미**스터] ⓜ (pl. **Messrs** [mésərz]) **~씨**, ~선생, ~님, ~군, ~귀하 《남자의 성·성명·직명 등 앞에 붙이는 경칭》 ☜ Mister의 줄임말
■ **mister** [místər] ⓜ (M-) ~군, 씨, 선생, 님, 귀하 《남자의 성·성명 또는 관직명 앞에 붙임; 흔히 Mr.로 생략》; 《미.구어·영.방언》 **여보**, 나리, 당신, 선생님, 여보세요《호칭》 ☜ master(~님, 주인)의 변형
■ **monsieur** [məsjə́ːr] ⓜ (pl. **Messieurs** [mesjə́ːr]) 《F.》 **~씨**, ~님, ~귀하 《영어의 Mr.에 해당하는 경칭; 생략: M., (pl.) MM.》; ~님, ~선생 《Sir에 해당하는 경칭》 ☜ 프랑스어로 my lord란 뜻
★ **복수형을 영어로 쓸 때는 [mésərz]로 발음하고 보통 Messrs.라고 씀**
☐ **Mrs., Mrs** [mísiz/**미**시즈, -is] ⓜ (pl. **Mmes.** [meidáːm]) **~부인**(夫人), 님, 씨, ~여사 《보통 기혼 여성의 성 또는 그 남편의 성명 앞에 붙임》 ☜ Mistress의 줄임말
■ **mistress** [místris] ⓜ 여주인, **주부**; (때로 M-) 《비유적》 여지배자; (~의) 여왕 ☜ master의 여성형
☐ **Ms.** [miz] ⓜ (pl. **Mses** [mízəz]) **~씨** 《미혼, 기혼의 구별이 없는 여성의 존칭》 ☜ Miss와 Mrs.의 혼성

M

☐ **Mt.**(산) ➔ **Mount, Mountain**(자만) **참조**

투 머치 토커 too much talker (수다쟁이. <박찬호 선수의 별명>)
티엠아이 TMI = Too Much Information (알고 싶지 않은 정보. <과다한 정보>)

※ **too** [tuː/투-] ⓟ (~도) **또한**; (형용사·부사 앞) **너무나**; 대단히 ☜ 고대영어로 '추가로'란 뜻
☐ **much** [mʌtʃ/머취] ⓗ (-<**more**<**most**) 〖셀 수 없는 명사 앞〗 다량의, **많은** ⓟ **매우**, 대단히 ⓓ **다량** ☜ 고대영어로 '양이나 범위가 큰'이란 뜻. much는 magi-, magn-, maj-, meg- 등의 범주에 속하여 '큰'이란 의미를 지닌다.
♠ **How much is it ? 가격이 얼마입니까 ?**
♠ **much less 더군다나[하물며] ~은 아니다**(=still less)
He cannot read French, **much less** write it.
그는 프랑스어를 읽지도 못하고 하물며 쓰지도 못한다
♠ **much more 더욱 더, 하물며, ~은 말할 것도 없이**(=still more)
♠ **much the same 거의 같은**
♠ **be too much for ~ ~에게 힘겹다[벅차다]**
※ **talk**er [tɔ́ːkər] ⓜ 말〔이야기〕하는 사람 ☜ 말하는(talk) 사람(er)
※ in**form**ation [ìnfərméiʃən/인풔**메**이션] ⓜ **통지**, 전달; **정보** ☜ ~안에(in) 형태를(form) 부여한 것(ation<명접>)

연상 ▸ 먹고 싸며 살았더니 먹(muck.퇴비·거름)만 늘었다.

☐ **muck** [mʌk] ⓜ 거름, 퇴비; 쓰레기 ⓢ ~을 더럽히다 ☜ 고대 노르드어로 '소똥'이란 뜻
♠ spread **muck** on the fields 들판에 **퇴비**를 뿌리다

보령 머드(mud.진흙)축제, 머드팩 mudpack (미용의 산성 백토 팩)

☐ **mud** [mʌd] 명 **진흙**, 진창; 시시한 것, 찌꺼기 ☜ 중세영어로 '짙은 진흙'이란 뜻
♠ The car wheels got stuck **in the mud**.
차바퀴가 **진창에** 빠져 버렸다.

☐ **mud**dle [mʌ́dl] 동 혼합하다; 혼란시키다, **뒤섞다** 명 혼란, 당황
☜ mud + d<단모음+단자음+자음반복> + le<동접/명접>
♠ My papers are all **in a muddle**.
내 서류가 온통 **뒤죽박죽**이다.

☐ **mud**dle-headed [mʌ́dlhèdid] 형 머리가 혼란된; 얼빠진
☜ 혼란한(muddle) 머리(head) 의ed<형접>)

☐ **mud**dy [mʌ́di] 형 (-<-di**er**<-di**est**) 진흙의; **진흙투성이의**; 진창의; 불순한; **흐리멍텅한** 동 진흙으로 더럽히다; 흐리게 하다; 혼란시키다 ☜ mud + d<단모음+단자음+자음반복> + y<형접/동접>
♠ a **muddy** road **진창**길

☐ **mud**dily [mʌ́dili] 부 진흙투성이로, 엉망진창으로 ☜ muddy + ly<부접>

☐ **mud**guard [mʌ́dgὰːrd] 명 (자동차 따위의) 흙받이(=fender) ☜ guard(감시, 보호, 방호물)

☐ **mud**pack [mʌ́dpæ̀k] 명 **머드팩**, (미용의) 산성 백토(白土) 팩 ☜ pack(꾸러미, 한 벌; 찜질 천)

마후라 < 머플러 muffler (❶ 목도리 ❷ 자동차의 소음기)

♣ 어원 : muff 감싸다

☐ **muff** [mʌf] 명 **머프**《양손을 따뜻하게 하는 모피로 만든 외짝의 토시 같은 것》; 〖기계〗 통(筒); 실수
☜ 중세 네델란드어로 '손을 따뜻하게 가리기'란 뜻

☐ **muff**in [mʌ́fin] 명 **머핀**《컵 또는 롤형으로 구운 작은 빵》
☜ 싸는(muff) 것(in<명접>)

☐ **muff**le [mʌ́fəl] 동 (따뜻하게 또는 감추기 위해) **싸다**, 감싸다; 싸서 소음(消音)하다 ☜ muff + le<동접>
♠ **muffle** oneself up (외투・목도리 따위로) 몸을 **감아 싸다**

☐ **muff**ler [mʌ́flər] 명 **머플러**, 목도리; (자동차 등의) **소음기**, 머플러 ☜ muffle + er(장치)

머그컵 mug cup (콩글 보통 손잡이가 달린 원통형 찻잔) → mug

☐ **mug** [mʌg] 명 **원통형 찻잔**, 손잡이 있는 컵; 얼굴; 조끼; 깡패 동 목을 죄다, 강도질 하다, 습격하다 ☜ 중세영어로 '음료 용기', 근대영어로 (괴상한 얼굴모양의 머그컵에서) '사람의 얼굴' 또는 '얼굴을 때리다'란 뜻
♠ a coffee **mug** 커피 **머그잔**
♠ She had **been mugged** in the street.
그녀는 길거리에서 **강도를 당했었다**.

☐ **mug** shot 《미.속어》 얼굴 사진, **머그샷**《범인을 식별하기 위해 구금 과정에서 촬영하는 얼굴 사진의 은어》 ☜ 18세기 유행하였던 얼굴의 속어 머그(mug)에서 유래. shot(발사, 촬영, 스냅사진)

☐ **mug**gy [mʌ́gi] 형 (-<-gi**er**<-gi**est**) 무더운, 후텁지근한
☜ (날씨가) 습격하(mug) + g + 는(y<형접>)
♠ It is a really **muggy** day. 정말로 **후덥지근한** 날이다.

물라토 mulatto (백인과 흑인간의 제1대 혼혈아)

☐ **mulatto** [mju(ː)lǽtou, mə-] 명 (pl. **-(e)s**) **물라토**《보통 1대째의 백인과 흑인과의 혼혈아》; [일반적] 흑백 혼혈아 형 흑백 혼혈아의; 황갈색의 ☜ 스페인어로 '어린 노새'라는 뜻인데, 이는 노새가 잡종이기 때문

☐ **mule** [mjuːl] 명 **노새**《수나귀와 암말과의 잡종》; 《구어》 고집쟁이; (동식물의) 잡종 ☜ 고대영어, 고대 프랑스어로 '나귀와 말의 잡종'이란 뜻
♠ He's as stubborn as **a mule**. *그는 **노새**만큼 고집이 세다* → 그는 고집이 황소고집이다.

※ **octo**roon [ὰktərúːn/ɔ̀k-] 명 **옥터룬**《흑인의 피를 8분의 1정도 받은 흑백 혼혈아》
☜ 스페인어로 '흑인피가 8(octo)분의 + r + 1인 것(oon)'이란 뜻

※ **quad**roon [kwadrúːn/kwɔd-] 명 **쿼드룬**《백인과 반백인과의 혼혈아; 4분의 1흑인》
☜ 스페인어로 '흑인피가 4(quard)분의 + r + 1인 것(oon)'이란 뜻

M

멀베리 mulberry (뽕나무 열매, 오디)

☐ **mul**berry [mʌ́lbèri/-bəri] ⓜ **뽕나무; 오디**; 짙은 자주색
☜ 자주색(mul) 딸기(berry)
♠ pick **mulberry** leaves **뽕**잎을 따다

멀티미디어 multimedia (문자 · 음성 · 영상 등이 혼합된 복합체)

♣ **어원 : multi 여러, 많은**

☐ **multi**channel [mʌ̀ltitʃǽnl] ⓗ 여러 채널을 사용한, 다중(多重) 채널의
☜ 여러(multi) 방송 채널(channel)의

☐ **multi**form [mʌ́ltifɔ̀ːrm] ⓗ 여러 모양을 한, 다양한; 여러 종류의, 잡다한 ☜ 많은(multi) 모양/형태(form)의

☐ **multi**formity [mʌltifɔ́ːrməti] ⓜ 다양성 ☜ -ity<명접>

☐ **multi**lingual [mʌ̀ltilíŋwəl] ⓗⓜ 여러 나라 말을 하는 (사람), 여러 나라 말로 쓰인 ☜ 여러(multi) 언어(lingu) 의(al)

☐ **multi**media [mʌ́ltimìdiə] ⓜ (pl. 단수취급) **멀티미디어** 《여러 미디어를 사용한 커뮤니케이션 (오락, 예술)》; 【컴퓨터】 다중 매체 ☜ multi + media(매개체)

☐ **multi**million [mʌ̀ltimíljən] ⓜ 수백만; 다수, 무수 ☜ multi + million(백만)

☐ **multi**ple [mʌ́ltəpəl] ⓗ **복합의; 다양한**, 복잡한 ⓜ 【수학】 **배수**, 배량; 【전기】 병렬
☜ multi + ple(곱, ~배)
♠ **multiple** copies of documents **많은** 부수의 서류들

☐ **multi**plex [mʌ́ltəplèks] ⓗ 다양의, 복합의; 【통신】 다중송신의 ⓜ 【통신】 다중송신방식; 입체 지도 작성 장치; 영화 센터〔빌딩〕, **멀티플렉스** ⓢ 다중 송신하다 ☜ multi + plex(곱, ~배)

☐ **multi**plication [mʌ̀ltəplikéiʃən] ⓜ **증가**, 증식(增殖); 【수학】 **곱셈**, 승법
☜ multi + 곱하(plic) 기(ation<명접>)

☐ **multi**plication table 구구단표 ☜ table(탁자; 표)

☐ **multi**plicative [mʌ́ltəplikèitiv, mʌltiplíkət-] ⓗ 증가하는, 증식력이 있는; 곱셈의
☜ multi + 곱하(plic) 는(ative<형접>)

☐ **multi**plicity [mʌ̀təplísəti] ⓜ 다수, 다양(성), 중복 ☜ multi + plic + ity<명접>

☐ **multi**ply [mʌ́ltəplài] ⓢ 늘리다, **증가시키다**, 번식시키다; 곱하다 ☜ multi + ply(곱하다)
♠ **multiply** five by four 5를 4**배하다**

☐ **multi**purpose [mʌ́ltipə́ːrpəs] ⓗ 용도가 많은, 다목적의 ☜ purpose(목적)

☐ **multi**tude [mʌ́ltitjùːd] ⓜ **다수; 수많음; 군중** ☜ multi + tude<명접>
♠ **a multitude** 〔multitudes〕 **of ~ 다수의[수많은] ~**

☐ **multi**tudinous [mʌ̀ltətjúːdənəs] ⓗ 다수의, 광대한, 거대한 《바다 등》 ☜ multitude + in + ous<형접>

연상 아이가 혼자서 중얼거리다가 머머(murmur)하며 속삭였다.

♣ **어원 : mur, mum, mut 중얼거림, 중얼거리다**

☐ **mur**mur [mə́ːrmər] ⓜ **중얼거림**, 불평하는 소리; (옷 · 나뭇잎 따위가) **스치는 소리**; (시냇물의) 졸졸 소리 ⓢ 졸졸 소리내다, 속삭이다
☜ 고대 프랑스어로 '중얼거리다'란 의미의 의성어
♠ **without a murmur 군말 없이**

☐ **mum**ble [mʌ́mbəl] ⓢ (기도 · 말 등을) **중얼[웅얼]거리다** ⓜ 웅얼거리는 소리
☜ 중세영어로 '중얼거리다(mum) + b + le<동접/명접>
♠ **mumble** a few words 몇 마디 **중얼거리다**

☐ **mut**ter [mʌ́tər] ⓜ **중얼거림**; 투덜거림, 불평 ⓢ **중얼거리다**; 불평을 말하다
☜ 고대 독일어로 '중얼거리다'란 뜻

마마보이 mama's boy (어머니에게 의존하는 자립감이 부족한 남자)

♣ **어원 : mam, mom, mum 유방이 있는 여자**

■ **ma** [mɑː, mɔː] ⓜ 《구어》 엄마 《품위없는 말》 ☜ mama의 줄임말

■ **mam**a [mɑ́ːmə, məmɑ́ː] ⓜ 《소아어》 **엄마**; 《미.속어》 성적 매력이 있는 여자; 《미.속어》 폭주족의 여자

■ **mama**'s boy 《미.속어》 여성적인 사나이, 나약한 남자 ☜ boy(소년)

☐ **mum**my [mʌ́mi] ⓜ 《소아어》 **엄마**(=mamma) ☜ mum + m + y<명접>
♠ **Mummy** and Daddy will be back soon. **엄마** 아빠 곧 돌아오실 거예요.

✚ **mam**ma 《소아어》 **엄마**; 《미.속어》 여자, 마누라; (포유동물의) 유방 **mam**mal **포유동물** 《어미의 젖을 먹고 자라는 동물》 **mam**my, **mam**mie, **mom**my 《소아어》 엄마; 《미.남부》 흑인 유모 **mom**ma 《소아어》 엄마

미이라 < 미라 mirra ([Port.] 방부처리된 인간 · 동물의 시체)

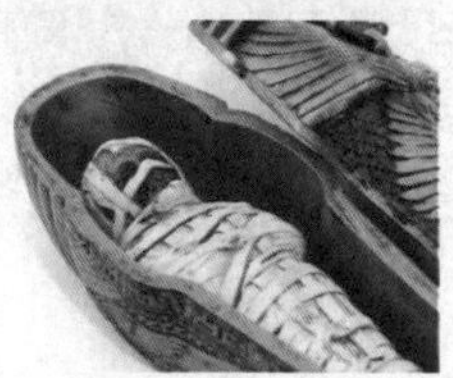

■ **mirra** [mira] 명 《포》 **미라** 《썩지 않고 건조되어 원래 상태에 가까운 모습으로 남아 있는 인간이나 동물의 사체》
☜ 아랍어 미야(mumiyah/방부물질)에서 유래

□ **mummy** [mʌ́mi] 명 **미라**. 바싹 마른 시체(물건); 짙은 갈색 동 미라로 만들다 ☜ 아랍어 미야(mumiyah/방부물질)에서 변화
♠ **The mummy** is over 2000 years old.
이 **미이라**는 2000년 이상 된 것이다.

연상 ▶ 강한 펀치(punch.타격) 한 방 맞고 분해 빵을 먼치(munch.우적우적 씹어먹다)하다.

※ **punch** [pʌntʃ] 명 **펀치**, 천공기; **주먹질**, 펀치; 《구어》 힘, 세력 동 ~에 구멍을 뚫다
☜ 고대 프랑스어로 '구멍 뚫기 위한 뾰족한 도구'란 뜻

□ **munch** [mʌntʃ] 동 **우적우적 먹다** ☜ 라틴어로 '씹다'라는 뜻
♠ **munch at** an apple 사과를 **우적우적 먹다**.

커뮤니케이션 communication (의사소통)

♣ **어원 : muni, muner (서로) 나누다, 공유하다, 교환하다; 의무를 다하다**

■ com**muni**cation [kəmjù:nəkéiʃən] 명 **전달, 통신**; **교통 수단**
☜ 함께(com) 주고받기(muni)를 + c + 만드는(ate) + 것(ion<명접>)

■ com**muni**ty [kəmjú:nəti/커**뮤**-너디/커**뮤**-너티] 명 **공동 사회**, 공동체; (the ~) **일반 사회**(the public)
☜ communi + ty<명접>

■ im**muni**ty [imjú:nəti] 명 **면제; 면역**(성)
☜ (외부의 이물질과) 교환하지(mun) 않는(im<in=not) 것(ity)

□ **muni**cipal [mju:nísəpəl] 형 **시**(市)**의, 자치 도시의**
☜ (주민들이 서로) 교환(mun)을 취하(cip=take) 는(al<형접>)
♠ **a municipal office 시청**

□ **muni**cipality [mju:nìsəpǽləti] 명 **자방자치체** 《시 · 읍 등》 ☜ -ity<명접>

□ **muni**tion [mju:níʃən] 명 (보통 pl.) **군수품** ☜ (주기적으로) 교환하러(mun) 가는(it) 것(ion<명접>)
♠ **munitions of war 군수품**

□ re**muner**ate [rimjú:nərèit] 동 보수를 주다; 보상하다; 보답하다
☜ 다시(re) 나눠주(muner) 다(ate<동접>)
♠ I must **remunerate** him for his trouble. 나는 그의 노력에 **보답해**야만 한다.

□ re**muner**ation [rimjù:nəréiʃən] 명 보수, 보상; 급료, 봉급(=pay) ☜ -ation<명접>

□ re**muner**ative [rimjú:nərèitiv/-nərətiv] 형 보수가 있는; 수지가 맞는 ☜ -ative<형접>

M

뮤럴 mural (한 폭의 그림이나 전시물 같은 벽지 · 벽화)

andreaspreis.com

□ **mural** [mjúərəl] 형 **벽의**, 벽 위(속)의; 벽과 같은; 험한 명 **벽화**, 벽 ☜ 라틴어로 '벽'이란 뜻
♠ a **mural** painting **벽**화

연상 ▶ 머더(mother.어머니)가 머더(murder.살인자)라니 믿을 수가 없다.

※ **mother** [mʌ́ðər/**머**더] 명 **어머니**, 모친; [종종 M~] 수녀원장, 마더 형 어머니의 동 어머니로서 돌보다 ☜ 고대영어로 '여자 부모'

□ **murder** [mə́:rdər/**머**-더] 명 **살인**; 모살(謀殺); 살인사건; 비밀, 나쁜 일 동 ~를 살해하다, 살인하다 ☜ 고대영어로 '불법적 살인'이란 뜻
♠ **Murder will out. 살인[비밀, 나쁜 일]은 반드시 탄로난다. 《속담》 소금 먹은 놈이 물켠다.**

□ **murder**ee [mə̀:rdərí:] 명 피살자 ☜ murder + ee(객체, 당한 사람)

□ **murder**er [mə́:rdərər] 명 (fem. murder**ess** [-ris]) **살인자**; 살인범 ☜ -er(주체, 행위자)

□ **murder**ous [mə́:rdərəs] 형 살인의, 살의가 있는; 흉악한, 잔인한; 살인적인, 지독한 ☜ -ous<형접>
♠ a **murderous** heat **살인적인** 더위

□ **murder**ously [mə́:rdərəsli] 부 잔인하게, 흉악하게 ☜ -ly<부접>

□ **murmur**(중얼거림) ➔ **mumble**(중얼거리다) **참조**

머피의 법칙 Murphy's Law (일이 꼬이기만 하는 경험 법칙) * law 법, 규칙

미국 공군의 머피 대위가 처음으로 사용했다. 어떤 실험에서 번번이 실패한 그는 그 원인을 무척 사소한 곳에서 찾게 되었다. 그때 그는 '어떤 일을 하는 방법에는 여러 가지가 있는데 그 중 하나가 문제를 일으킬 여지가 있을 때 누군가는 꼭 그 방법을 선택한다'고 했다. 안 좋은 일을 미리 대비해야 한다는 뜻으로 한 말이었지만, 사람들은 일이 잘 풀리지 않고 오히려 꼬이기만 할 때 '머피의 법칙'이란 말을 쓰게 됐다.

☐ **Murphy's Law** 머피의 법칙 《경험에서 얻은 몇 가지의 해학적인 지혜; '실패할 가능성이 있는 것은 실패한다' 따위》《영》 sod's law)
☜ law(법, 법률) ★ 좋은 일만 계속 일어나는 것은 샐리의 법칙(Sally's law)이라고 한다.

머슬퀸 muscle queen (근육미인대회 여왕) * queen 여왕, 여제, 왕후

☐ **muscle** [mʌ́səl] ⓜ **근육**; 완력 ⓢ 억지로(힘으로) 관철(통과)시키다
☜ 라틴어로 '작은 쥐'란 뜻
♠ **Physical exercises** develop muscle.
체조는 근육을 발달시킨다.

☐ **muscle**d [mʌ́sld] ⓗ 근육이 ~한 ☜ muscle + ed<형접>
♠ strong-**muscled** *강한 **근육의*** ➔ 근육이 강한

☐ **muscle**less [mʌ́slis] ⓗ 근육이 없는, 연약한(=flaccid) ☜ -less(~이 없는)

☐ **muscul**ar [mʌ́skjələr] ⓗ **근육의**; 근육이 늠름한, 억센; 힘 있는; (표현 등이) 박력 있는 ☜ muscle + ar<형접>
♠ **muscular strength 근력(筋力)**

뮤즈 Muse ([그神] 학예·시가·음악의 신), 뮤직 music (음악)

< Muse >

♣ **어원 : mus(e) 뮤즈신, 음악; 명상**

☐ **Muse** [mjuːz] ⓜ 〚그.신화〛 **뮤즈** 《시·음악·학예를 주관하는 9여신 중의 하나》; (the m-) 시적 영감, 시상, 시혼; (m-) 《시어》 시인
♠ **the (nine) Muses 뮤즈 9여신**

M

☐ **muse** [mjuːz] ⓢ **명상하다**, 숙고하다, 묵상하다(=reflect)
☜ 고대 프랑스어로 '사색하다, 꿈에 그리다, 의문을 가지다'란 뜻

☐ **mus**ing [mjúːziŋ] ⓗ 꿈을 꾸는 듯한; 생각에 잠긴 ⓜ 묵상, 숙고
☜ muse + ing<형접/명접>

☐ **muse**um [mjuːzíːəm/뮤-**지**-엄, -zíəm] ⓜ **박물관, 미술관**; 기념관
☜ 그리스어로 'Muse신의 신전'이란 뜻
♠ **a museum** of modern art 현대 미술 **미술관**

☐ **mus**ic [mjúːzik/**뮤**-직] ⓜ **음악**, 악곡; [집합적] (음악) 작품; [집합적] 악보(악곡)집; 악보 ☜ 그리스어로 'Muse신의 기술'이란 뜻
♠ **listen to music 음악을 듣다**

☐ **mus**ical [mjúːzikəl] ⓗ **음악의**, 음악용의; **음악적인** ⓜ 음악극, 음악영화, **뮤지컬**
☜ music + al<형접/명접>
♠ **a musical instrument 악기**

☐ **mus**ically [mjúːzikəli] ⓑ 음악적으로, 가락이 맞게 ☜ musical + ly<부접>

☐ **mus**ic hall 《영》 **뮤직홀**, 연예장; 《미》 음악회장; 뮤직홀의 쇼, 연예 ☜ hall(홀, 집회장, 오락장)

☐ **mus**ician [mjuːzíʃən] ⓜ **음악가**, 악사; 작곡가; 음악을 잘하는 사람 ☜ music + ian(사람)

☐ **mus**ic school 음악 학교 ☜ school(학교, 양성소; 수업)

☐ **mus**ic stand 악보대 ☜ stand(세움대; 서있다)

■ a**muse** [əmjúːz] ⓢ **즐겁게 하다**, 즐기다 ☜ ~에게(a<ad=to) 음악(muse<music)을 들려주다

모스로즈 moss rose (이끼처럼 땅에 붙어 옆으로 퍼지는 장미)
모스볼 mossball (공 모양의 집합체를 만드는 담수성 이끼)

■ **moss** [mɔ(ː)s, mɑs] ⓜ 〚식물〛 **이끼** ⓢ 이끼로 덮다
☜ 고대영어로 '이끼'란 뜻

■ **moss**ball [mǽsbɛ̀l] ⓜ **모스볼** 《공모양의 담수성 이끼류》
☜ 이끼(moss) 공(ball) ★ 주로 '마리모(Marimo)'라고 불린다.

■ **moss**y [mɔ́(ː)si, mɑ́si] ⓗ (-<-s**ier**<-s**iest**) **이끼 낀**; 이끼 같은; 시대에 뒤떨어진 ☜ moss + y<형접>

☐ **mush**room [mʌ́ʃru(ː)m] ⓜ **버섯**; 양송이; 《구어》 버섯 모양의 여성 모자; 버섯구름; 벼락부자 ⓗ 버섯 같은; 우후죽순 같은, 급성장하는

㉯ 버섯을 따다 ☜ 프랑스어로 '이끼의 한 품종'이란 뜻
★ mushroom에서 room이 별도의 의미를 갖지 않음.
♠ **go mushrooming 버섯 따러 가다.**

□ **mush**room cloud 핵폭발의 버섯구름 ☜ cloud(구름)
※ **rose** [rouz/로우즈] ㉠ 〖식물〗 **장미**(꽃); 장밋빛; 장미향; 가장 인기 있는 여인
☜ 고대영어로 '장미'란 뜻

머스크향 musk ([화장품] 사향노루의 사향·사향식물의 향기)

□ **musk** [mʌsk] ㉠ **사향**(의 냄새); 〖동물〗 사향노루; 〖식물〗 사향식물 《musk rose 따위》 ☜ 페르시아어로 '사향(麝香)'이란 뜻
★ 사향(麝香)이란 수컷 사향노루의 생식기에 붙어있는 향낭을 건조시켜 얻는 분비물을 말한다.
♠ the perfume of **musk 사향**의 향기

□ **musk** deer (중앙아시아산) 사향노루 ☜ deer(사슴)
□ **musk** cat 사향고양이 ☜ cat(고양이, 심술궂은 여자)
□ **musk**melon [mʌ́skmèlən] **머스크멜론** 《사향 비슷한 냄새가 나는 멜론》 ☜ melon(멜론, 수박)
□ **musk**rat [mʌ́skræt] ㉠ (pl. **-, -s**) **사향뒤쥐, 머스크랫**; 그 모피 ☜ rat(쥐)
□ **musk** tree 사향나무 ☜ tree(나무)
□ **musk**y [mʌ́ski] ㉡ (-<-ki**er**<-ki**est**) 사향의; 사향 냄새 나는; 사향 비슷한 ☜ -y<형접>

머스켓총 musket (조총(鳥銃): 강선이 없는 구식 보병총)

□ **musket** [mʌ́skət] ㉠ **머스켓총** 《구식 보병총; rifle의 전신: 총강(銃腔)에 강선(鋼線)이 없음》; (총강(銃腔)에 강선이 없는) 구식 소총
☜ 프랑스어로 '수컷 새매'란 뜻
♠ resist a shot from **musket 머스켓 소총**의 총알을 막다.

□ **musket**ry [mʌ́skətri] ㉠ [집합적] 소총; 소총 부대; 〖군사〗 소총 사격(술) ☜ -ry<명접>

무슬림 Muslim (이슬람교도)

□ **Muslim, -lem** [mʌ́zləm, mús-, múz-] ㉠㉡ (pl. **-, -s**) **이슬람교도**(의), 이슬람교의
☜ 아랍어로 '신앙에 복종하는 사람'이란 뜻
※ **Islam**ic, **Islam**itic [islǽmik, -lɑ́:mik, ìsləmítik] ㉡ 이슬람교(도)의, 회교도의, 이슬람교적인
☜ 아랍어로 '신의 뜻에 복종(Islam) 하는(ic/-tic<형접>'

모술 Mosul (이라크 북부 티그리스강 서안에 있는 이라크 제2의 도시), 모슬린 muslin (평직으로 짠 무명)

< muslin >

■ **Mosul** [mousú:l, móusəl; móusəl] ㉠ **모술** 《이라크 북부 Tigris강에 면한 도시》 ☜ 아랍어로 '연결지'란 뜻.
티그리스강과 유프라테스강을 연결하는 곳.
□ **muslin** [mʌ́zlin] ㉠ **모슬린**, 메린스; 《미》 옥양목; 《영.속어》 여성
☜ 최초의 제조지인 이라크의 모술(Mosul)에서 유래

연상 리오넬 메시(Messi)는 메시(messy.어질러진)한 것을 몹시 싫어한다.

※ **Messi** [mési] ㉠ **리오넬 메시** 《Lionel Andrés ~ Cuccittini, 아르헨티나 출신 세계적인 축구선수. 스페인 프리메라리가 바르셀로나팀 소속; 1987.6.24 ~ 》
★ 메시는 축구계에서 '살아있는 전설'로 불린다.
■ **mess**y [mési] ㉡ (-<-ss**ier**<-ss**iest**) 어질러진; 더러운; 귀찮은, 번잡한
☜ mess + y<형접>
■ **mess** [mes] ㉠ **혼란,** 무질서〔난잡〕한 상태, 뒤죽박죽, 엉망진창; (군대 등의) 식당; 음식물 ㉯ 난잡하게 하다; 회식하다
☜ 고대 프랑스어로 '식탁 위에 놓다'란 뜻
□ **muss** [mʌs] ㉯ 《미.구어》 엉망〔뒤죽박죽〕으로 만들다; 짓구겨 놓다
㉠ 엉망, 뒤죽박죽; 법석, 싸움 ☜ mess의 변형
♠ The wind **mussed** her hair. 바람으로 그녀의 머리가 **흐트러졌다**.

무솔리니 Mussolini (이탈리아의 파시스트당 당수, 독재정치가)

M

이탈리아의 파시스트당 당수이자 총리. 아돌프 히틀러와 함께 파시즘적 독재자의 대표적 인물. 1939년 독일과 군사동맹을 체결, 나치스 독일-일본과 함께 국제파시즘 진영을 구성하였다. 1945년 4월 25일 이탈리아의 반(反)파쇼 의용군에게 체포되어, 정부(情婦)와 함께 사살되었다. <출처 : 두산백과 / 일부인용>

☐ **Mussolini** [mùsəlíːni, mùːs-] ⓜ **무솔리니** 《Benito ~, 이탈리아의 독재 정치가; 1883-1945》

메이비 세대 Generation maybe ([신조어] 결정장애 세대)

2012년 독일의 올리버 에게스라는 젊은 저널리스트가 미국 담배회사 말보로의 광고 문구 'Don't be a Maybe'를 보고 착안해 칼럼에 기고하면서 대중적인 용어가 됐다. 우리나라에서도 최근 일반화되는 경향이다. 이렇게 되는 것은 아이들이 정답이 있는 문제만 오랫동안 풀어왔기 때문이라는 주장이 있다. <출처 : 브릿지경제-원 클릭 시사. 2018.10.1.일자>

※ **generation** [dʒènəréiʃən] ⓜ **세대, 한 세대의 사람들**; **발생; 생산, 산출** ☜ -ion<명접>

■ **may**be [méibiː/**메**이비-] ⓟ **어쩌면, 아마**(=perhaps)
☜ It may be ~ (아마 ~일지도 모른다)라는 말의 줄임말

■ **may** [mei/메이] ⓩⓓ **아마 ~일[할]지도 모른다; ~해도 좋다**; 《문어》 **바라건대 ~하기를** 〔있으라〕 ☜ 고대영어로 '할 수 있다'란 뜻

☐ **must** [mʌst/머스트, (약) məst] ⓩⓓ (must not의 간약형 mustn't) 〖필요ㆍ의무ㆍ명령〗 **~해야 한다**, ~하지 않으면 안된다; 〖금지(부정문)〗 **~해서는 안되다;** 〖추정〗 **~임에 틀림없다**; (과거에 대한 추정) ~이 없음[하였음]에 틀림없다
☜ 고대영어로 '해야 하다, ~할 수 있다'란 뜻
♠ I **must** go now. 난 지금 가**야만 한다**.
♠ You **must not** do it. 넌 그것을 **해서는 안 된다**.
♠ War **must** follow. 전쟁은 **반드시** 일어**날 것이다**.

☐ **must**-read [mʌ́strìːd] ⓗ 필독의 ☜ read(읽다, 독서하다)

☐ **must**-see [mʌ́stsíː] ⓜ 《구어》 (경치나 연예 등) 꼭 보아야 할 것 ☜ see(보다)

마우스 투 마우스 mouth-to-mouth (구강 대 구강 인공호흡법) 머스태시 mustache (콧수염)

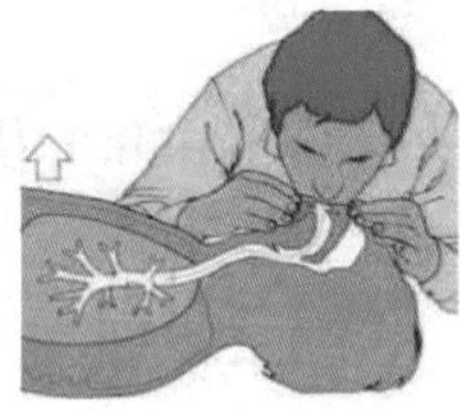

< Mouth-to-mouth resuscitation >

♣ 어원 : mouth, mous 입

■ **mouth** [mauθ/마우쓰] ⓜ (pl. **-s** [mauðz], 〖소유격〗 **-'s** [mauθs]) **입**, 구강; 입언저리, 입술 ☜ 고대영어로 '입, 입구, 문'이란 뜻

☐ **m(o)us**tache [mʌ́stæʃ, məstǽʃ] ⓜ **콧수염**; (고양이 등의) 수염
☜ 고대 그리스어로 '윗입술'이란 뜻. 입(mous)과 붙은(tach) 것(e)
비교 beard(턱수염), whisker(구레나룻)
♠ grow 〔wear〕 **a mustache 콧수염**을 기르다

무스탕 mustang (❶ 작은 반야생마 ❷ 2차 대전시의 전투기)

☐ **mustang** [mʌ́stæŋ] ⓜ (멕시코 등의) 야생마; 〖미.공군〗 **무스탕** 《2차 대전시의 전투기》; (M-) 포드제 승용차의 일종 《상표명》
☜ 맥시코 스페인어로 '길 잃은 동물'이란 뜻
★ 우리가 흔히 양털 자켓을 무스탕(mustang)이라고 하는데 이것은 콩글리시이며, 정확한 표현은 leather jacket, sheep skin jacket, lamb skin jacket, swede coat 등이다.

머스터드 mustard (겨자 양념)

☐ **mustard** [mʌ́stərd] ⓜ **겨자**(양념), **머스터드**; 《미.속어》 자극, 활기, 열의
☜ 라틴어로 '새 포도주'란 뜻
♠ English 〔French〕 **mustard** 물을 탄〔초를 친〕 **겨자**

☐ **mustard** gas 겨자탄, **이피리트** 《1차대전시 독일군이 벨기에 서부에 있는 소도시, 이프레스(Ypres)에서 사용한 독가스》 ☜ gas(가스, 기체)

연상 마스터(master.주인)는 하인들을 즉시 머스터(muster.소집)했다.

※ **master** [mǽstər/**매**스터/mάːstər/**마**-스터] ⓜ **주인**; 영주(lord); 고용주; 선생, 우두머리 ⓗ 주인의, **명인의** ⓓ **지배하다, 숙달하다** ☜ 고대영어로 '통제권한을 가진 자'란 뜻

☐ **muster** [mʌ́stər] ⓜ 소집, 검열, 점호; 집합 ⓓ 모으다, **소집하다; 모이다**

☜ 라틴어로 '나타낸 것'이란 뜻

□ **muster** book　점호명부 ☜ book(책)

모이스춰라이저 moisturizer ([화장품] 보습제)

♣ **어원 : moist 물기[습기]가 있는, 곰팡이 핀**

■ **moist**　[mɔist] ⓗ 습기 있는, **축축한** ☜ 고대 프랑스어로 '물기가 있는'
♠ a **moist wind** from the sea 바다에서 불어오는 **습한 바람**

□ **moist**ure　[mɔ́istʃər] ⓜ **습기**, 수분; (공기 중의) 수증기 ☜ -ure<명접>

□ **moist**urizer　[mɔ́istʃəràizər] ⓜ 피부의 수분 제공 크림, 보습제
☜ moisturize + er(주체, ~하는 것)

□ **must**y　[mʌ́sti] ⓗ (-<-st**ier**<-st**iest**) 곰팡 핀, 곰팡내 나는; 케케묵은 ☜ moist의 변형

뮤트 mute ([오디오] 재생 음량의 침묵 기능, 소리나지 않게 하는 기능)

♣ **어원 : mut, mutil 절단; 자르다**

□ **mute**　[mjuːt] ⓗ **무언의; 벙어리의** ⓜ 벙어리; 『음악』 묵음; (악기의) 약음기 ⓢ 소리를 죽이다
☜ 라틴어로 '소리가 없는' ⇦ (소리를) 자르다(mut) + e
♠ a **mute** appeal **무언의** 호소

□ **mut**ely　[mjúːtli] ⓑ 무언(無言)으로 ☜ mute + ly<부접>

□ **mut**eness　[mjúːtnis] ⓜ 벙어리, 무언(無言) ☜ mute + ness<명접>

□ **mutil**ate　[mjúːtəlèit] ⓢ (수족 따위를) **절단하다**; 병신을 만들다; 못쓰게 만들다
☜ 절단(mutil) 하다(ate)
♠ **mutilate** his body 그의 몸을 **불구로 만들다**

□ **mutil**ation　[mjùːtəléiʃən] ⓜ (수족 등을) 절단하기; 문서 훼손 ☜ 자르(mutil) 기(ation<명접>)

□ **mutil**ator　[mjúːtəlèitər] ⓜ (수족 따위의) 절단자; 훼손자 ☜ mutilate + or(사람)

□ **mut**ism　[mjúːtizəm] ⓜ 벙어리(의 상태); 침묵; 『심리』 함묵증(緘默症)
☜ mute + ism(상태; ~증상)

모션 motion (동작), 모터 motor (전동기)

< electric motor >

♣ **어원 : mot, mut 움직이다, 진행하다; 동요시키다**

■ **mot**ion　[móuʃən/**모**우션] ⓜ **운동**, 이동; 운행; 동작
☜ 움직이(mot) 기(ion)

■ **mot**or　[móutər/**모**우러/**모**우터] ⓜ **모터**, 발동기, 내연기관; 전동기; 자동차 ☜ 움직이는(mot) 기계(or)

□ **mut**iny　[mjúːtəni] ⓜ (특히 군인·수병 등의) **폭동**, 반란; 『군사』 하극상
☜ 라틴어로 '움직이다'란 뜻
♠ the Indian **Mutiny** 인도**폭동** 《1857-58년의 벵골의 반란》

□ **mut**ineer　[mjùːtəníər] ⓜ 폭도; 『군사』 항명자 ⓢ 폭동을 일으키다; 반항하다
☜ -eer(사람/<동접>)

□ **mut**inous　[mjúːtənəs] ⓗ 폭동의; 반항적인, 불온한 ☜ -ous<형접>

✚ e**mot**ion **감동**, 감격, 흥분; **감정**　**mot**ive **동기**; 동인, 행위의 원인; 목적　pro**mot**ion **승진**, 진급; **촉진**, 장려; **판매 촉진**　re**mot**e 먼, 먼 곳의; **멀리 떨어진**

□ **mutter**(중얼거리다) ➔ **mumble**(중얼거리다) **참조**

연상 ▶ 버튼(button.단추)을 누르니 요리된 머튼(mutton.양고기)이 나왔다.

※ **button**　[bʌ́tn] ⓜ **단추** ⓢ **단추를 채우다** ☜ 고대 프랑스어로 '돌기'란 뜻

□ **mutton**　[mʌ́tn] ⓜ **양고기**; 《우스개》 양 ☜ 중세 영어로 '식용 양의 살'이란 뜻
♠ I ate **mutton** with my girlfriend. 나는 여자친구와 **양고기**를 먹었다.

커뮤니케이션 communication (의사소통)

♣ **어원 : mun(i), mutu (서로) 나누다, 공유하다, 교환하다; 의무를 다하다**

■ com**muni**cation　[kəmjùːnəkéiʃən] ⓜ **전달, 통신**; **교통 수단**
☜ 함께(com) 주고받기(muni)를 + c + 만드는(ate) + 것(ion<명접>)

□ **mutu**al　[mjúːtʃuəl] ⓗ **서로의**, 상호 관계가 있는; 공동의, 공통의
☜ 서로 나누(mutu) 는(al<형접>)
♠ by **mutual** consent **쌍방의** 합의에 의하여

□ **mutu**al aid　상호 부조〔협력〕 ☜ aid(도움, 보조물)

☐ **mutu**ality [mjùːtʃuǽləti] [명] 상호 관계 ☜ mutual + ity<명접>
☐ **mutu**ally [mjúːtʃuəli] [부] **서로**, 공동으로 ☜ mutual + ly<부접>

✚ com**muni**ty **공동 사회**, 공동체; **일반 사회** im**mun**ity **면제; 면역**(성) **mun**icipal **시**(市)**의, 자치 도시의**

노즐 nozzle (끝이 가늘게 된 호스), 머즐 에너지 muzzle energy (총구에서 발사된 탄환의 에너지) * energy 에너지, 정력, 활기, 원기, 힘

■ **noz**zle [nάzəl/nɔ́zəl] [명] (끝이 가늘게 된) 대통(파이프 · 호스) 주둥이, **노즐**; 《속어》 코 ☜ 중세영어로 '작은 관'이란 뜻
■ **nose** [nouz/노우즈] [명] **코**; 후각 [동] 냄새 맡다 ☜ 고대영어로 '코'
☐ **muz**zle [mʌ́zəl] [명] (동물의) 콧등 부분, **주둥이**; 입마개, 재갈; 총구, 포구 [동] 재갈을 물리다 ☜ 고대 프랑스어로 '코'라는 뜻
♠ **muzzle** one's opponents 반대자의 **입을 틀어막다**
■ un**muz**zle [ənmʌ́zəl] [동] (개 등의) 입마개를 벗기다; 《비유》 속박을 풀다; 언론의 자유를 주다 ☜ un(=not/부정) + muzzle(재갈을 물리다)

엠브이피 MVP ([야구] 최우수 선수)

☐ **MVP** **M**ost **V**aluable **P**layer 『야구』 최우수선수

✚ **most 가장 큰[많은]**, 최대(최고)의, **대개의; 최대량[수]; 최대액; 최대한도; 대부분; 가장; 매우** **valu**able **금전적 가치가 있는, 값 비싼** **play**er 노는 사람(동물); **경기자**, 선수; 배우; **연주자**

인 마이 포켓 in my pocket ([콩글] 착복하다, 횡령하다) ➔ embezzel 아이 마이 미 마인 I My Me Mine (댄스팝 걸그룹 포미닛(4Minute)의 노래)

※ **in** [in/인, (약) ən/언] [전] 『장소 · 위치』 **~의 속[안]에서, ~에서** ☜ 고대영어로 '~안에'란 뜻
■ **I** [ai/아이] [대] **나, 본인** ☜ 고대영어로 '나(1인칭 단수 대명사)'
☐ **my** [mai/마이, məi, mə] [대] 《I의 소유격》 **나의** ☜ mine(나의 것)의 변형
♠ There is little money **in my pocket**.
내 주머니에는 돈이 거의 없다.

< Embezzel >

☐ **me** [miː/미-, mi] [대] 《I의 목적격》 **나를, 나에게**
☐ **mine** [main/마인] [대] 《1인칭 단수의 소유대명사》 **나의 것**; 나의 소유물
☐ **my**self [maisélf/마이**셀**프] [대] (pl. **ourselves**) 《I의 복합 인칭대명사》 [강조적] **나 자신**, 나 스스로; 나 자신을(에게) ☜ 내(my) 스스로(self)
♠ I saw it **myself**. 나는 그것을 ***내 자신이*** ➔ **내가 직접** 보았다.

구분	인칭	주 격	소유격	목적격	소유대명사	재귀대명서	be동사	do동사	have동사
단수	1	I	my	me	mine	myself	am	do	have
	2	You	your	you	yours	yourself	are		
	3	He	his	him	his	himself	is	does	has
		She	her	her	hers	herself			
		It	its	it	-	itself			

※ **pocket** [pάkit/**파**킽/pɔ́ket/**포**켙] [명] **포켓, 호주머니**; 쌈지, 지갑 ☜ 근대영어로 '작은(et) 주머니(pock)'란 뜻

미케네 Mycenae (고대 그리스의 도시. 미케네 문명의 중심도시)

☐ **Mycenae** [maisíːniː] [명] **미케네** 《그리스 본토 남단의 옛 도시》 ☜ 미케네를 세운 미케네우스(Myceneus)의 이름에서 유래

미리어 myria (1만(萬)을 나타내는 보조단위)

미리어(myria)란 10의 4승에 해당. 기호는 ma. 미리어미터(myriameter : mam), 미리어리터(myrialiter : maℓ)와 같이 단위명 앞에 붙여 쓴다.

♣ **어원 : myria 1만의, 무수한**
☐ **myria**- [míriə] '1만의, 무수한'의 뜻의 결합사 ☜ 그리스어로 '1만'이란 뜻.

☐ **myria**d [míriəd] 명 **1만**(萬); **무수**; 무수한 사람〔물건〕 형 무수한 ☜ 그리스어로 '1만'이란 뜻
♠ **a myriad of** stars **무수한** 별들
☐ **myria**gram, 《영》 -gramme [míriəgræm] 명 1만 그램 ☜ myria + gram(me)
☐ **myria**liter, 《영》 -tre [míriəlìːtər] 명 1만 리터 ☜ myria + liter
☐ **myria**meter, 《영》 -tre [míriəmìːtər] 명 1만 미터 ☜ myria + meter

머틀 myrtle (지중해 연안이 원산지인 허브. 은매화)

☐ **myrtle** [mə́ːrtl] 명 〖식물〗 **은매화**, 도금양(桃金孃) 《상록 관목》
☜ 라틴어/그리스어로 '은매화'란 뜻
★ 그리스신들은 자신을 대표하는 나무들을 골랐는데 제우스는 참나무를, 아폴로는 월계수를, 아테네는 올리브를, 비너스는 은매화(myrtle)를 각각 골랐다.

☐ **myself**(나 자신) ➔ **my**(나의) **참조**

미스테리 mystery (신비(神秘))

♣ **어원 : myst, myth (신의) 비밀, 신비, 신화**
☐ **myst**ery [místəri] 명 **신비**, 불가사의, 비밀; 추리소설, **미스테리**; 비법, 비결
☜ 그리스어로 '신비한(myst) 것(ery)'이란 뜻
♠ be wrapped **in mystery 신비에** 싸여 있다.
♠ **Yesterday is history. Tomorrow is mystery. Today is a gift. That's why we call it the present. 어제는 역사이고, 내일은 수수께끼. 그래서 우리는 오늘을 선물(현재)이라 부르는 거야.** - 영화 『쿵푸팬더』 중에서 -
☐ **myst**erious [mistíəriəs] 형 **신비한**, 불가사의한; 수수께끼 같은, 신비스러운; 비밀의
☜ mystery + ous<형접>
♠ Mona Lisa's **mysterious smile** 모나리자의 **신비로운 미소**
☐ **myst**eriously [mistíəriəsli] 부 신비적으로, 불가사의하게 ☜ -ly<부접>
☐ **myst**ery story 추리소설 ☜ story(이야기, 설화, 동화, 소설)
☐ **myst**ic [místik] 형 (종교적) **비법의**, 비전의; **신비적인** 명 신비가, 신비주의자
☜ -ic<형접/명접>
♠ **mystic** beauty **신비스런** 아름다움
☐ **myst**ical [místikəl] 형 신비적인; 비법의, 비전의, 비결의; **신비설의**; 영감(靈感)의
☜ mystic + al<형접>
☐ **myst**ify [místifài] 동 신비화하다, 속이다, 어리둥절하게 하다
☜ 신비(myst)를 + i + 만들다(fy)
☐ **myst**ification [mìstəfikéiʃən] 명 신비화, 속임수 ☜ 신비(myst) + i + 만들(fic) 기(ation<명접>)
☐ **myst**icism [místəsìzm] 명 신비주의 ☜ mystic + ism(~주의)
☐ **myth** [miθ] 명 **신화**; 전설; 꾸며낸 이야기
☜ 그리스어로 '구전된(입에서 입으로 전해진) 이야기'란 뜻
♠ **the Greek myths 그리스 신화**
☐ **myth**ical [míθikəl, -θik] 형 신화 같은; 가공의 ☜ myth + i + cal<형접>
☐ **myth**ography [miθάgrəfi/-θɔ́g-] 명 신화 예술 《회화 · 조각 따위》; 신화집
☜ 신화(myth)에 대해 + o + 쓴(graph) 것(y)
☐ **myth**ographic(al) [miθάgrəfik(əl)/-θɔ́g-] 형 신화의, 지어낸 이야기의 ☜ -ic(al)<형접>
☐ **myth**ology [miθάlədʒi/-θɔ́l-] 명 [집합적] **신화**(神話); 신화집; 신화학 ☜ myth + o + logy(학문)
☐ **myth**ological [mìθəlάdʒikəl] 형 신화의 ☜ mythology + i + cal<형접>

M

내그웨어 nagware (사용자 등록을 요구하는 소프트웨어. <잔소리하는 프로그램>) 한국의 말은 히힝하고 울고, 영·미권 말은 네이(neigh)하고 운다

□ **nag** [næg] ⓜ **작은 말**; 《구어》 말; 늙은 말; 《미.속어》 (별로 신통치 못한) 경주마;
☜ 중세영어로 '작은 말, 늙은 말'이란 뜻
잔소리(꾼); 《구어》 잔소리가 심한 여자 ⓢ 성가시게 잔소리하다, 바가지 긁다
☜ 고대 노르드어로 '물어뜯다, 갉다'란 뜻
♠ My mom **nags a lot**. 우리 엄마는 **잔소리가 심하다**

□ **nag**ware [nǽgwὲər] ⓜ 〖컴퓨터〗《속어》 **내그웨어** 《사용자 등록이 완료될 때까지 매회 경고를 발하는 셰어웨어(shareware)의 일종》
☜ **nag**(잔소리하다) + soft**ware**(소프트웨어, 프로그램)의 합성어

□ **neigh** [nei] ⓜ (말의) 울음 ⓢ (말이) 울다 ☜ 의성어

네일아트 nail art (손톱이나 발톱을 미적으로 표현하는 것) * art 예술, 미술, 기술

□ **nail** [neil/네일] ⓜ **손톱, 발톱; 못**; 징 ⓢ 못을 박다
☜ 고대영어로 '금속 핀, 손톱/발톱'이란 뜻
♠ cut 〔pare, trim〕 one's **nails 손톱[발톱]**을 깎다

□ **nail** clipper 손톱깎이 ☜ 자르는(clip) + p<자음반복> + 기계(er<명접>)

□ **nail** nippers 손톱깎는 가위 ☜ (집게발로) 무는(nip) + p + 기계(er) + s(복수: 집게발이 두 개이므로)

□ **nail** polish 매니큐어액 ☜ polish(닦다, 윤을 내다)

□ **nail** puller 못뽑이, 장도리 ☜ 당기는(pull) 기계(er<명접>)

나이라버리 Nairobbery (범죄가 급증한 케냐 수도 나이로비의 오명)

나이로비(Nairobi)와 강도질(robbery)의 합성어. 나이로비와 나이라버리는 음율적으로도 거의 일치한다.

♣ **어원 : rob, rav 빼앗다, 강탈하다, 약탈하다**

□ **Nairobi** [nairóubi] ⓜ **나이로비** 《동아프리카의 케냐(Kenya)의 수도》
☜ 마사이어로 '맛있는〔차가운〕 물'이란 뜻

■ **robbery** [rάbəri/rɔ́b-] ⓜ 강도 (행위), 약탈; 〖법률〗 강도 죄
☜ 고대 프랑스어로 '강도, 도둑; 약탈하다'란 뜻

연상 그리스 승리의 여신 니케(Nike)가 네이키드(naked.벌거벗은) 상태로 나타났다.

※ **Nike** [náiki:] ⓜ 〖그.신화〗 **니케** 《승리의 여신》; 〖미군〗 **나이키** 《지대공 미사일의 일종》 ☜ 그리스어로 '승리'란 뜻

□ **naked** [néikid] ⓗ **벌거벗은**, 나체의; 적나라한
☜ 고대영어로 '완전히 벗은'이란 뜻.
♠ strip a person **naked** 아무를 ***나체로 벗기다*** ➔ 발가벗기다
★ 네이키드 소사이어티(naked society)란 '비밀이 있을 수 없는 on-line 저널리즘이 활발한 사회'를 말한다.

□ **naked** eye 육안, 나안 ☜ eye(눈)

□ **naked**ness [néikidnis] ⓜ 벌거숭이; 있는 그대로임, 적나라; 무자력(無資力), 결핍 ☜ naked + ness<명접>

네임펜 name pen (콩글 중간글씨용 유성펜) ➔ permanent marker
닉네임 nickname (별명)

□ **name** [neim/네임] ⓜ **이름**, 성명; (물건의) 명칭 ⓢ **명명하다**, 이름붙이다; **지정하다**
☜ 고대영어로 '이름, 평판'이란 뜻
★ Edgar Allan Foe에서 앞의 두 개는 personal 〔given〕 Christan name (때로는 forename, 또는 prename), 또한 Poe는 family name 〔surname〕; 또한 《미》에서는 Edgar를 first name. Allan을 middle name, Poe를 last name 이라고도 함.

♠ **a common name 통상명칭**
♠ **name after 〔for〕 ~ ~의 이름을 따서 명명하다.**
He was **named after** his father.
그는 아버지**의 이름을 따서 작명되었다**.
♠ **by name 이름으로, 이름은**
♠ **by the name of ~ ~이라는 이름의[으로]**
a girl **by the name of** Jane. 제인**이라는 이름의** 소녀
♠ **make a name for oneself 유명해지다**
♠ **under the name of ~ ~라는 이름으로, ~의 명칭하에**

□ **name**less [néimlis] ⓗ **이름 없는**, 무명의, **익명의; 형언할 수 없는**, 언어도단의 ☜ name + less(~이 없는)
□ **name**ly [néimli] ⓟ **즉**, 다시 말하자면(=that is to say) ☜ -ly<부접>
□ **name**plate [néimplèit] ⓜ 명찰; 표찰; 문패 ☜ plate(판; 접시)
□ **name**sake [néimsèik] ⓜ **동명인**(同名人) ☜ 근세영어로 for the name's sake의 약자. 원래 의미는 '누군가를 좋아해서 (같은) 이름을 붙인 사람(person named for the sake of someone)'이란 뜻. (for the sake of ~)는 ~ 때문에, ~를 위해서, ~를 좋아해서, ~을 얻기〔지키기〕 위해서란 뜻.
♠ We are **namesakes**. 우리는 **같은 이름**이다.

✚ brand **name** 상표명(=trade name); 유명 상품　nick**name** **별명**, 애칭; 별명을 붙이다; 별명〔애칭〕으로 부르다　sur**name** **성**(姓)(=family name)

나미비아 Namibia (남아공 식민지에서 1990년 독립한 아프리카 서남부의 공화국)

□ **Namibia** [nəːmíbiə] ⓜ **나미비아**《아프리카 서남부 대서양 연안에 있는 공화국. 구칭: South-West Africa; 1990년 독립; 수도 빈트후크(Windhoek)》
☜ '나미브의 나라'란 뜻인데, 나미브는 원주민어로 '사람이 없는 토지'란 뜻
★ **영토의 대부분이 건조한 사막지대. 세계 3위의 다이아몬드 생산국**

나노 nano (접두어이며, <10억분의 1>이란 뜻)

□ **nano**- [nǽnə, néinə] ⓟ '10억분의 1'의 뜻《기호 n》; '미소(微小)'의 뜻
□ **nano**meter [néinəmìːtər, nǽnə-] ⓜ **나노미터**《10^{-9}미터; 기호 nm》 ☜ 10억분의 1m

연상 냅색(knapsack.작은 배낭)에 들어가서 냅(nap.선잠, 낮잠)을 자다. 냅룸 nap room (마사지와 낮잠을 동시에 즐길 수 있는 수면실)

※ **knap**sack [nǽpsæk] ⓜ (여행용의) **냅색,** (작은) **배낭**
☜ 작은 산(knap)을 오를 때 사용하는 면가방(sack)
□ **nap** [næp] ⓜ **선잠**, 낮잠　ⓢ **잠깐 졸다**, 낮잠 자다; 방심하다
☜ 중세영어로 '잠깐 동안의 잠'이란 뜻
♠ **take 〔have〕 a nap 선잠[낮잠]을 자다**
■ cat**nap** [kǽtnæp] ⓜⓢ 선잠〔풋잠, 노루잠〕(을 자다) (=doze)
☜ 고양이(cat)의 선잠(nap)
※ **room** [ruːm/룸, rum] ⓜ **방**《생략: rm.》 ☜ 고대영어로 '공간'이란 뜻

네이팜탄 napalm bomb (강렬한 유지 소이탄) * bomb 폭탄

알루미늄, 비누, 팜유(油), 휘발유 등을 섞어 젤리 모양으로 만든 네이팜을 연료로 하는 유지소이탄(油脂燒夷彈). 소이력이 매우 커서 3,000℃의 고열을 내면서 직경 60m 지역을 불바다로 만들고, 사람을 타 죽거나 질식하여 죽게 한다. 2차 세계대전 때부터 비행기에서 투하하는 방법으로 쓰였다. <출처 : 두산백과>

□ **napalm** [néipɑːm] ⓜ 『화학』 **네이팜**《화염성 폭약의 원료로 쓰이는 젤리 형태의 물질》
☜ **na**phthenic(나프텐) **palm**itic(야자기름에서 뺀) acids(산)
♠ They'll all burn in a flood of **napalm**.
그들 모두가 쏟아지는 **네이팜탄**으로 불 탈 것이다
□ **naphtha** [nǽfθə, nǽp-] ⓜ 『화학』 **나프타**; 석유(=petroleum)
☜ 페르시아어로 '원유를 증류시킨 후 남는 검은 찌꺼기'란 뜻
□ **naphtha**lene, -line [nǽfθəlìːn, nǽp-], [-lin] ⓜ 『화학』 **나프탈렌**《고체에서 액체를 거치지 않고 바로 기체로 변화하는 승화성 탄화수소 화합물》 ☜ naphtha + lene/line<화학 접미사>

냅킨 napkin (식탁에 올려놓은 조그만한 천)

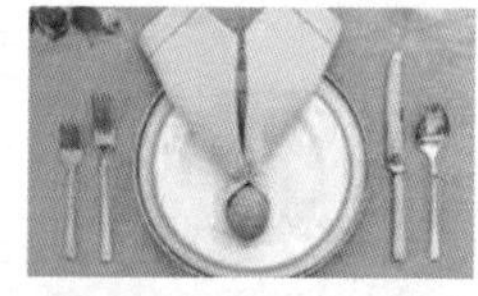

☐ **napkin** [nǽpkin] 명 (식탁용) **냅킨**(table ~); 《영》 기저귀
☜ 프랑스어로 '테이블을 덮는 천'이란 뜻
♠ fold a **napkin** **냅킨**을 접다

나폴레옹 Napoleon (프랑스혁명 후 제1제정을 건설한 프랑스 황제)

프랑스의 군인 ·제1통령·황제. 프랑스혁명의 사회적 격동기 후 제1제정을 건설했다. 제1통령으로 국정을 정비하고 법전을 편찬하는 등 개혁정치를 실시했으며 유럽의 여러 나라를 침략하며 세력을 팽창했다. 그러나 러시아원정 실패로 엘바섬에, 워털루전투 패배로 세인트 헬레나섬에 유배되었다. <출처 : 두산백과>

☐ **Napoleon** [nəpóuliən, -ljən] 명 **나폴레옹** 1세 《~ Bonaparte; 프랑스의 장군·제1통령·황제; 1769-1821》; 또는 3세 《Louis ~. 나폴레옹의 조카, 통령·황제; 1808-73》; (n-) 옛 프랑스 금화 《20 프랑》 ★ 나폴레옹 1세는 군대를 이끌고 알프스산맥을 넘으며, "내 사전에 불가능은 없다"고 말했다.
♠ **"Impossible" is a word to be found only in the dictionary of fools,**
"불가능"은 바보들의 사전에서나 찾아볼 수 있는 단어이다.
➔ **내 사전에 불가능은 없다**. - 나폴레옹 -

나폴리 Naples (로마, 밀라노에 이은 이탈리아 제3의 도시)

☐ **Naples** [néiplz] 명 **나폴리** 《이탈리아 남부의 항구 도시》 ☜ B.C.470년경 그리스 이주민들이 세운 식민지 네아폴리스(Neapolis), 즉 '새로운 도시'라는 뜻
♠ **See Naples and then die. 나폴리를 보고 죽어라**
《나폴리 경치를 극찬하는 말》

☐ **Napoli** [nάːpɔːlìː] 명 **나폴리** ☜ Naples의 이탈리아명

☐ **Neapolitan** [nìːəpάlətən/nìːəpɔ́li-] 형 나폴리의; 나폴리 사람의 명 나폴리 사람
☜ -an(~의/~사람)

나르시스 Narcissus ([그神] 자기도취로 물에 빠져 죽은 미소년)

< 나르시스와 에코 >

♣ **어원 : narc(o) 혼미, 마취**

☐ **Narcissus** [nɑːrsísəs] 명 〖그.신화〗 **나르시스, 나르시소스, 나르키소스** 《물에 비친 자기 모습을 연모하다가 빠져 죽어서 수선화가 된 미모의 소년》; 미모로 자부심이 강한 청년; (pl. **-(es)**, Narciss**i**) 〖식물〗 **수선화** ☜ 그리스어로 '감각을 잃은, 마비된'이란 뜻

☐ **narc**issism, **narc**ism [nάːrsisìzəm], [nάːrsizəm] 명 자기애; 자기중심주의; 〖정신분석〗 **나르시시즘**, 자기도취증 ☜ -ism(~주의, ~증(症))

☐ **narco**tic [nɑːrkάtik/-kɔ́t-] 형 **마취약의**, 최면성의; 마약의 명 마취약, 마약; 최면약
☜ 마취(narco) 된 (것)(tic<형접/명접>)
♠ **a narcotic drug 마(취)약**

☐ **narco**tize [nάːrkətàiz] 동 마취제를 투여하다; 마취시키다 ☜ -ize<동접>

나레이션 < 내레이션 Narration (장면 밖에서 들려오는 해설자의 목소리)

♣ **어원 : narr 이야기, 말**

☐ **narr**ate [nǽréit] 동 말하다, 이야기하다, 서술하다(=tell); 내레이터가 되다
☜ 말(narr) 하다(ate<동접>)

☐ **narr**ation [nǽréiʃən, nə-] 명 **서술**, 이야기하기; 이야기(=story); 〖문법〗 **화법**
☜ narrate + ion<명접>
♠ Jane has recorded **the narration** for the production.
제인은 그 작품의 **내레이션**을 녹음했다.

☐ **narr**ative [nǽrətiv] 형 이야기의; **이야기체[식]의**, 설화식의; 화술의 명 **이야기**
☜ narrate + ive<형접/명접>
♠ in **narrative** form **이야기의** 형식으로

☐ **narr**ator, -er [nǽréitər] 명 (fem. -tress) **이야기하는 사람**; 해설자, **내레이터**
☜ narrate + or, -er(사람<명접>)

내로우 뱅크 narrow bank (제한된 은행업을 하는 은행) * bank 은행; 둑

모든 은행 업무를 취급하는 은행이 아닌 제한된 은행업을 하는 은행. 대출(자금중개) 기능 없이 지급·결제 기능만 갖는다. 지급결제의 안정성을 보장하기 위하여 내로우뱅크는 예금을 단기 국·공채 등 안전하고 유동성 높은 자산에만 운용하게 된다. <출처 : 한경 경제용어사전>

☐ **narrow** [nǽrou/**내**로우, -rə] ㊍ (-<-**er**<-**est**) **폭이 좁은**; 옹색한; (지역 · 범위가) 한정된 ㊋ **좁히다, 좁아지다** ☜ 고대영어로 '좁은'이란 뜻
♠ a **narrow** bridge (street, path) **좁은** 다리(가로, 길)
☐ **narrow** gate [the ~] 『성서』 좁은 문 ☜ gate(문, 입구)
☐ **narrow**ly [nǽrouli] ㊌ **좁게**, 편협하게; **간신히**, 가까스로; 엄밀히 ☜ -ly<부접>
☐ **narrow**-minded [nǽroumάindid] ㊍ **마음(도량)이 좁은**, 편협한 ☜ 마음(mind) 의(ed<형접>
☐ **narrow**ness [nǽrounis] ㊔ 좁음, 편협, 협소; 궁핍 ☜ -ness<명접>

나사 NASA (미국 항공우주국)

☐ **NASA** [nǽsə, néisə] **N**ational **A**eronautics and **S**pace **A**dministration 미국 항공우주국, **나사** ★ 미국 내에 NASA 본부와 17개의 산하 시설, 세계 각국에 40개의 추적소를 갖고 있다.

✚ **nation**al **국가**(국민)**의**, **국가**(국민)**적인** **aero**nautics 항공학(술) **space 공간**; (대기권 밖의) 우주; **장소, 여지** ad**mini**stration **관리, 경영, 행정(부)**

노즐 nozzle (끝이 가늘게 된 호스)

♣ **어원 : nas, nos, noz 코, 끝, 주둥이**
■ **noz**zle [nάzəl/nɔ́zəl] ㊔ (끝이 가늘게 된) 대통(파이프 · 호스) 주둥이, **노즐**; 《속어》 코 ☜ 중세영어로 '작은 관'이란 뜻
■ **nose** [nouz/노우즈] ㊔ **코**; 후각 ㊋ 냄새 맡다 ☜ 고대영어로 '코'
☐ **nas**al [néizəl] ㊍ **코의**; 콧소리의; 『음성』 비음의 ㊔ **콧소리**, 비음 ☜ 코(nas) 의(al<형접>)
♠ **the nasal organ 《비유적》 코**

나스닥 NASDAQ (미국의 장외주식시장의 시세보도시스템)

☐ **NASDAQ** [nǽzdæk] **N**ational **A**ssociation of **S**ecurity **D**ealers **A**utomated **Q**uotation 전미증권업협회(NASD)가 운영하는 자동(전산)화 시세보도시스템

✚ **nation**al **국가**(국민)**의**, **국가**(국민)**적인** as**soci**ation **연합, 협회, 교제** **secur**ity **안전**, **안심**; **보안**; **보증** **deal**er **상인**; 『증권 · 주식』 《미》 **딜러** **auto**mated 자동화한 **quot**ation **인용(구)**; 시세(표)

N

나세르 Nasser (아랍의 통일을 추진하고, 수에즈운하의 국유화를 선언한 이집트의 군인 · 대통령)

☐ **Nasser** [nάːsər, nǽs-] ㊔ **나세르** 《Gamal Abdel ~, 이집트의 군인 · 정치가; 대통령 재임 (1956-70); 1918-70》
★ 저서 : 『**혁명의 철학** The Philosophy of the Revolution』(1954)

나사렛 Nazareth (팔레스타인 북부의 작은 도시, 예수의 성장지)

☐ **Nazareth** [nǽzərəθ] ㊔ 『성서』 **나사렛** 《Palestine 북부의 도시; 예수의 성장지》 ☜ 히브리어로 '초소, 망루'란 뜻
☐ **Nazarite, -irite** [nǽzəràit] ㊔ (옛 헤브라이의) 수도자; 《드물게》 나사렛 사람
☐ **Nazarene** [næ̀zəríːn] ㊔ 『성서』 나사렛 사람; (the ~) 예수; 《미》 나사렛 교도 《초기 기독교도의 한 파》; 기독교도 《유대인 · 이슬람교도들이 쓰는 경멸어》 ㊍ 나사렛(사람, 교도)의

나치 Nazi (히틀러가 창당한 국가사회주의 독일 노동자당)

1919년부터 1945년까지 존재했던 독일의 정당. 나치는 반유대주의, 반공주의, 전체주의, 인종주의, 군국주의 등을 중점적 정책으로 내세웠다. 제1차 세계대전의 독일 책임을 물은 베르사유 조약에 강력히 반대했고, '게르만인(독일인)'의 우월주의를 주장하며, 1939년 제2차 세계대전을 일으켰으나 연합군에 패배했다. 2차대전 중 유대인들을 단 3년만에 600만명이나 가스실에서 죽였다. <출처 : 위키백과 / 일부인용>

☐ **Nazi** [nάːtsi, nǽ-] ㊔㊍ (pl. **-s**) 《독》 **나치** 《전(前)독일의 국가 사회당원》(의); (pl.) 나치당(의); (보통 n-) 나치주의 신봉자(의) ☜ 독일어로 Nationalsozialist (= National Socialist/국가사회주의자)

☐ **Nazi**fication [nὰːtsifikéiʃən, næ̀-] 명 (or n-) 나치화 ☜ 나치(Nazi) 만들(fic) 기(ation<명접>)
☐ **Nazi**fy [nάːtsifài, nǽ-] 동 (or n-) 나치화하다 ☜ 나치(Nazi)를 만들다(fy<동접>)
☐ **Nazi**(i)sm [nάːtsizəm, nǽtsi-/ -ìzəm] 명 독일 국가사회주의, 나치주의 ☜ -sm(~주의)

네스팅족(族) nesting people ([신조어] 가정의 화목을 중시하고 집안 꾸미기에 열중하는 사람들) * people 사람들, 국민, 민족

☐ **nest** [nest/네스트] 명 **보금자리**, 둥우리; 피난처; 소굴 동 보금자리를 짓다
☜ 고대영어로 '새의 둥지'라는 뜻
♠ **sit on a nest of eggs** (암탉 등이) **알을 품다**
☐ **nest**le [nésəl] 동 《고어》 **깃들이다**; 편히 드러눕다
☜ 고대영어로 '보금자리(nest)를 만들다(le)'는 뜻
☐ **nas**ty [nǽsti, nάːs-] 형 (-<-**tier**<-**tiest**) **불쾌한, 더러운**; (맛 · 냄새 따위가) **역겨운**
☜ 네델란드어로 '새의 둥지(nest) 같은(y), 더러운'이란 뜻
♠ a **nasty** smell **악**취

네이티브 스피커 native speaker (원어민) * speaker 스피커, 말하는 사람

♣ **어원 : nat, nasc, naiss 태생(출생); 태어나다, 발생[창조]하다**
☐ **nat**ive [néitiv/**네**이리브/**네**이티브] 형 **출생(지)의**; 원주민〔토착민〕의; **그 지방 고유의; 타고난** ☜ 태어(nat) 난(ive)
♠ **his native place 그의 출생지 [고향]**
☐ **nat**ivity [nətívəti] 명 탄생; 예수의 성탄 ☜ native + ity<명접>
☐ **nat**ive-born [néitivbɔ́ːrn] 형 **그 나라〔고장〕 태생의**, 본토박이의
☜ native + born(태어난, 태생의)
☐ **nat**ion [néiʃən/**네**이션] 명 **국가**, [집합적] **국민** ☜ 태어난(nat) 것(ion<명접>)
♠ I did fealty **to the nation**. 나는 **국가에** 충성을 맹세했다.
☐ **nat**ional [nǽʃənəl/**내**셔널] 형 **국가의, 국민의** ☜ -al<형접>
☐ **nat**ional anthem 국가(國歌) ☜ anthem(성가, 축가, 송가)
☐ **nat**ional Assembly [the ~] 국회 ☜ assembly(집회; 의회)
☐ **nat**ional flag 국기(國旗) ☜ flag(기, 깃발)
☐ **nat**ionalism [nǽʃənəlìzəm] 명 국가주의; **민족주의**; 국수주의; 애국심 ☜ -ism(~주의<명접>)
☐ **nat**ionalist [nǽʃənəlist] 명 민족〔국가〕주의자 ☜ -ist(사람)
☐ **nat**ionalistic [næ̀ʃənəlístik] 형 민족〔국가〕주의(자)의 ☜ nationalist + ic<형접>
☐ **nat**ionality [næ̀ʃənǽləti] 명 **국민임, 국적**; 국민성, 민족성 ☜ -ity<명접>
☐ **nat**ionalize [nǽʃənəlàiz] 동 국유화하다, 국가적으로 만들다 ☜ -ize<동접>
☐ **nat**ionalization [næ̀ʃənəlizéiʃən] 명 국유(화), 국민화 ☜ -ation<명접>
☐ **nat**ionwide [néiʃənwàid] 형 **전국적인** ☜ 국가(nation)적인 폭/넓이(wide)인
☐ **nat**ure [néitʃər/**네**이쳐] 명 **(대)자연, 본바탕, 천성**, 성질, 본질
☜ (자연스럽게) 생긴(nat) 것(ure<명접>)
♠ **Return to nature! 자연으로 돌아가라** - 루소 -
♠ **by nature 나면서부터, 본래**(=naturally)
♠ **in nature 사실상**
☐ **nat**ured [néitʃərd] 형 성질(性質)이 ~한 ☜ -ed<형접>
♠ **good**〔ill〕**-natured 호인인** 〔심술궂은〕
☐ **nat**ural [nǽtʃərəl/**내**춰얼] 형 **자연[천연]의; 자연스런; 타고난** ☜ -al<형접>
☐ **nat**uralism [nǽtʃərəlìzm] 명 **자연주의**, 실증주의, 유물주의 ☜ natural + ism(~주의)
☐ **nat**uralist [nǽtʃərəlist] 명 박물학자, 동물학자; 자연주의자 ☜ -ist(사람)
☐ **nat**uralistic [næ̀tʃərəlístik] 형 자연(주의)적인; 박물학(자)의 ☜ -ic<형접>
☐ **nat**uralize [nǽtʃərəlàiz] 동 **귀화시키다**, (외국인)에게 시민권을 주다 ☜ -ize<동접>
♠ **be naturalized in** Canada 캐나다**에 귀화하다**.
☐ **nat**uralization [næ̀tʃərəlizéiʃən] 명 귀화, 순응, 이입 ☜ naturalize + ation<명접>
☐ **nat**urally [nǽtʃərəli/**내**춰럴리] 부 **자연히, 본래, 당연히**; 자연스럽게 ☜ -ly<부접>
☐ **nat**uralness [nǽtʃərəlnis] 명 **자연**; 당연 ☜ natural + ness<명접>
■ in**nat**e [inéit] 형 **타고난**, 천부의, 선천적인; 본질적인 ☜ 내부에(in) 생(nat) 긴(e)

나토 NATO (서유럽의 집단안보 및 상호 군사적 원조기구)

☐ **NATO, Nato** [néitou] **N**orth **A**tlantic **T**reaty **O**rganization 북대서양조약기구

✚ **north 북**, 북부; **북(부)의; 북으로[에] Atlant**ic 대서양(의) **treaty 조약**, 협정; 조약문서; (개인간의) 약정; 협상, 교섭 **org**anization **조직(화)**, 구성, 편제, 편성; 기구, 체제; 단체

노우 no (안돼, 부정)

♣ **어원 : no, non, nor, not, nul ~가 아닌, ~가 없는; 미(未), 불(不), 무(無); 부정, 반대**

■ **no** [nou/노우] ⓗⓟⓜ **아니오;** 《비교급 앞에서》 **조금도 ~않다; 하나의 ~도 없는,** 조금의 ~도 없는; 결코 ~아닌; ~이 있어서는 안 되다
☜ not + one에서 non(e)로 발전했다가 다시 n이 탈락한 것

■ **not** [(강) nɑt/낱, (약) nt, n, (강) nɔt, (약) nt, n] ⓟ **~않다, ~아니다**
☜ 중세영어로 '아니다, 없다'란 뜻

■ **none** [nʌn/넌] ⓙ **아무것도 ~않다; 아무도 ~않다**; 조금도 ~않다
☜ 고대영어로 not + one에서

■ **nor** [nɔːr/노-, (약) nər] ⓙ 《neither 또는 not과 상관적으로》 **~도 또한 ~않다**
☜ 중세영어로 or에 의해 영향을 받은 부정형 단어
비교 either ⓐ or ⓑ ⓐ 거나 또는 ⓑ, both ⓐ and ⓑ ⓐ와 ⓑ 둘 다

■ **nought** [nɔːt, nɑːt] ⓜ 『고어·시어』 무(無), 《영》 제로 ☜ n(=not) + aught(=thing)

□ **naught** [nɔːt, nɑːt] ⓜ **무**(無), 《미》 **제로** ⓗ **무가치한** ☜ n(=not) + aught(= thing)
주의 **발음이 not과 같다**
♠ **get a naught 영점**을 받다.

□ **naught**y [nɔ́ːti, nɑ́ːti] ⓗ (-<-tier<-tiest) **장난꾸러기의**; 버릇없는; 못된, 나쁜
☜ naught + y<형접>
♠ Don't **be naughty** to her. 그녀에게 짓궂은 **장난을 치지** 마라

□ **nay** [nei] ⓟ 《고어·문어》 **아니, 부**(否)(=no); 글쎄, 그렇긴 한데 ⓜ '아니'라는 말; 부정; 거절, 반대 ☜ 고대 노르드어로 '아니다'란 뜻.

내비게이션 navigation (길 도우미. <주행지시>란 뜻), 네이비 navy (해군)

♣ **어원 : nav, naut, naus 배, 해상, 항해; 항해하다**

□ **nav**igate [nǽvəgèit] ⓢ **항행[항해]하다; 조종[운전]하다**
☜ 라틴어로 '배를 움직이다'의 뜻
♠ **navigate** by the stars 별을 보며 **방향을 읽다**

□ **nav**igable [nǽvigəbəl] ⓗ **항행[조종]할 수 있는** ☜ -able(~할 수 있는)

□ **nav**igator [nǽvəgèitər] ⓜ **항해자**, 항행자; 『항공』 **항공사, 항법사**(士); (항공기·미사일의) 자동 조종 장치 ☜ -or(사람/기계<명접>)

□ **nav**igation [næ̀vəgéiʃən] ⓜ **항해**(술); **항공**학(술); 항행, 항법; 주행지시, **네비게이션**
☜ -tion<명접>

□ **nav**igational [næ̀vəgéiʃənl] ⓗ 항해의; 항공의; **항행의** ☜ -al<형접>

□ **nav**y [néivi] ⓜ (종종 N-) **해군** ☜ 라틴어로 '배'란 뜻

□ **nav**y-blue [néiviblúː] ⓗ 짙은 감색의 ☜ blue(청색)

□ **Nav**y Department [the~] 《미》 해군성 (《영》 Admiralty) ☜ department(성(省), 부(部), 국(局), 과(課); 학부, 과(科))

□ **nav**al [néivəl] ⓗ **해군의**; 군함의; 해군력이 있는 ☜ navy + al<형접>

□ **nav**alism [néivəlizm] ⓜ 해군 제일주의 ☜ -ism(~주의)

□ **naus**ea [nɔ́ːziə] ⓜ 뱃멀미, 메스꺼움; 혐오 ☜ 항해(naus)하면 생기는 것(ea)

□ **naut**ical [nɔ́ːtikəl, nɑ́ti-] ⓗ 해상의, 항해〔항공〕의; 선박의; 선원의, 뱃사람의
☜ 해상(naut) 의(ical<형접>)

□ **naut**ical mile 해상마일, 해리(sea mile) 《영국에서는 1,853.2m, 미국에서는 1,852m》 ☜ mile(마일)
★ 해상 항해시나 항공 비행시에는 해상마일(nautical mile)을 사용하고, 육지에서는 법정마일(statute mile) 1,609.3m를 사용한다.

네안데르탈인 Neanderthal man (독일 네안데르탈에서 발견된 구석기 시대의 원시 인류)

□ **Neanderthal** [niǽndərtɑ̀ːl, -θɔ̀ːl] ⓗ **네안데르탈**인(人)의〔같은〕 ⓜ 『지리』 **네안데르탈** 《독일 서부 뒤셀도르프(Düsseldorf) 근처의 골짜기》
☜ 독일어로 '네안데르(Neander) 계곡(thal)' 이란 뜻

□ **Neanderthal** man **네안데르탈**인 《독일 네안데르탈에서 유골이 발견된 구석기 시대 원시 인류》
☜ man(남자, 사람)

니어미스 near miss (공중에서 두 항공기간 충돌위험이 있는 근접조우)

□ **near** [niər/니어] ⓟ (-<-r**er**<-r**est**) (공간·시간적으로) **가까이,** 접근하여 ⓙ **~의 가까이(에), ~에 가깝게** ⓗ **가까운**
☜ 고대영어로 '더 가까이'란 뜻
♠ **come** 〔draw〕 **near 접근하다, 다가오다**

N

♠ **near at hand 바로 가까이, 손닿는 데에**(=close at hand); **가까운 장래에**

☐ **near**by [nìərbái] ⓗ **가까운**, 가까이의 ⓟ **가까이로, 가까이에**
☜ 중세영어로 '옆(by)에 가까이(near)'란 뜻
★ **영국에서는 near by가 일반적임.**

☐ **Near** East (the ~) 근동(近東) 《서남아시아와 아라비아 반도를 포함하는 지방》
☜ 가까운(near) 동쪽(east) ★ **영국을 기준으로 함.**

☐ **near**ly [níərli/**니**얼리] ⓟ **거의**, 대략(=almost); 긴밀하게, 밀접하게 ☜ -ly<부접>
♠ **nearly** dead with cold 추위로 **거의** 죽게 되어

☐ **near** miss 『군사』 (목표의) 근방에 맞음, 지근탄(至近彈); (항공기 등의) 이상(異常) 접근, **니어미스**; 위기일발; 목표에 가까운 성과, 일보 직전 ☜ near + miss(놓치다, 실패하다)

☐ **near**ness [níərnis] ⓜ 가까움, 친밀; 접근; 근친 ☜ near + ness<명접>

☐ **near**-sighted [níərsάitid] ⓗ **근시의; 근시안적인**, 소견이 좁은
☜ near + sight(시야, 시력, 전경; 보다) + ed<형접>

☐ **near**-term [níərtə́ːrm] ⓗ 머지않은 장래의 ☜ term(기간, 기한)

연상 ▸ 니트웨어(knitwear.뜨개옷)를 입은 니트(neat.말쑥)한 남자

※ **knit** [nit] ⓢ (-/knit**ted**(knit)/knit**ted**(knit)) **뜨다, 짜다**; (눈살을) **찌푸리다** ☜ 고대영어로 '매듭을 만들다'라는 뜻

※ **knitwear** [nítwὲr] ⓜ 뜨개질한 옷, 뜨개 것 ☜ wear(의류; 입다)

☐ **neat** [niːt] ⓗ **산뜻한**, 말쑥(깔끔, 단정)한; **솜씨 좋은**; 순수한
☜ 중세 프랑스어로 '깨끗한, 순수한'이란 뜻
♠ a **neat** dress **말쑥한** 옷
♠ a **neat** worker **솜씨 좋은** 일꾼

☐ **neat**ly [níːtli] ⓟ 산뜻하게, **깔끔하게**; 말쑥하게; 교묘하게 ☜ -ly<부접>
♠ **neatly** dressed **말쑥한** 복장의

☐ **neat**ness [níːtnəs] ⓜ 정연함; 청초(淸楚)함 ☜ neat + ness<명접>

네브래스카 Nebraska (농업 · 낙동업이 발달한 미국 중서부의 주)

☐ **Nebraska** [nibrǽskə] ⓜ **네브래스카** 《미국 중서부의 주; 약: Neb(r)》
☜ 북미 인디언어로 '평야지역에 있는 얕고 넓은 하천'이란 뜻

네블라이저 nebulizer ([의료] 호흡기 질환 치료용 분무기)

☐ **nebul**a [nébjələ] ⓜ (pl. **-lae, -s**) 『천문』 **성운**; 『의학』 각막예(角膜翳), 흐린 눈; 분무제 ☜ 라틴어로 '안개, 구름'이란 뜻

☐ **nebul**ar [nébjələr] ⓗ 성운의; 흐릿한 ☜ nebula + ar<형접>

☐ **nebul**ize [nébjəlàiz] ⓢ 안개 모양으로 하다; (환부에 약액을) 분무기로 뿜다 ☜ -ize<동접>

☐ **nebul**izer [nébjulàizər] ⓜ (의료용) 분무기, **네블라이저** ☜ -er(기계)

☐ **nebul**ous, -lose [nébjələs, -lous] ⓗ 성운(모양)의; 흐린, 불투명한; 애매(모호)한 ☜ -ous<형접>

악세서리 accessory (콩글 ▸ 보석류) ➔ jewelry

♣ **어원 : cess, cease, cede, ceed 가다, 오다**

■ ac**cess** [ǽkses] ⓜ **접근, 출입** ☜ ~로(ac<ad=to) 가다(cess)

■ ac**cess**ory, -ary [æksésəri] ⓜ (보통 pl.) 부속물; 부속품, **액세서리**
☜ -ory(따라가는 것)

■ ex**ceed** [iksíːd] ⓢ (수량 · 정도 · 한도 · 범위를) **넘다, 초과하다**
☜ 외부로(ex) 넘쳐 나가다(ceed)

☐ ne**cess**ary [nésəsèri/**네**써**쎄**뤼] ⓗ **필요한, 없어서는 안 될**
☜ 가지(cess) 않게(ne=not) 하는(ary<형접>)
♠ Exercise **is necessary to** health. 운동은 건강**에 필요하다**

☐ ne**cess**ary condition 『논리 · 철학』 필요조건 ☜ condition(조건, 상태)
비교 ▸ sufficient condition 충분조건

☐ ne**cess**arily [nèsəsérəli, nésisərili] ⓟ **필연적으로**, 필연적 결과로서, **반드시**; 부득이
☜ necessary + ly<부접>

☐ ne**cess**itate [nisésətèit] ⓢ **~을 필요로 하다**, 요하다; (결과를) 수반하다
☜ 가지(cess) 않게(ne=not) + i + t + 하다(ate)

☐ ne**cess**ity [nisésəti/네**쎄**서리/니**쎄**써티] ⓜ **필요**, 필요성; 필수품; 필연(성) ☜ -ity<명접>
♠ **Necessity is the mother of invention. 《속담》 필요는 발명의 어머니**
♠ **of necessity 필요하여; 필연적으로, 하는 수 없이**

넥타이 necktie (남성 정장시 목에 매는 것)

☐ **neck** [nek/넥] (명) **목**; (의복의) 옷깃; (양 따위의) 목덜미 살
☜ 고대영어로 '목덜미'란 뜻
♠ **break a person's neck 아무의 목을 부러뜨리다** 《위협의 말로 씀》

☐ **neck**erchief [nékərtʃif] (명) 목도리 ☜ neck + kerchief(여성의 머리수건, 목도리, 손수건)

☐ **neck**tie [néktài] (명) **넥타이**; 《속어》 교수형용 밧줄 ☜ 목(neck)을 묶다(tie)

☐ **neck**tie pin **넥타이 핀**(=tie clip) ☜ pin(핀, 못바늘)

☐ **neck**lace [néklis] (명) (보석・금줄 따위의) **목걸이**, **네크리스**; 《익살》 목을 달아매는 끈
☜ neck + lace(끈)

넥타 nectar (과실음료), 넥타르 Nectar ([그神] 신의 음료)

☐ **nectar** [néktər] (명) 〖그.신화〗 신주(神酒); [일반적] 감미로운 음료, 감로(甘露); 과즙, **넥타**; 〖식물〗 화밀(花蜜); 기쁜 일
☜ 그리스어로 '죽음(nec)을 극복하다(tar)'란 뜻
비교 ambrosia (먹으면 불로불사(不老不死)한다는) 신의 음식
♠ **the Sea of Nectar** 〖**천문**〗 **신주(神酒)의 바다, 넥타르의 평원 《달 표면의 명칭》**

니즈 needs (생활자의 생리적, 신체적인 욕구)

☐ **need** [ni:d/니-드] (명) **필요(한 것)**, 소용; **어려울[다급할] 때** (동) **필요로 하다** ☜ 고대영어로 '필요성'이란 뜻
♠ **our daily needs 일용 필수품**
♠ **be in need (of) 필요하다, (~을) 필요로 하다; 다급하다**
A friend in need is a friend indeed.
《속담》 ***필요한 때의*** ~ ➔ **어려운 때의 친구가 참다운 친구다.**
♠ **need to ~ ~할 필요가 있다**

☐ **need**ful [ní:dfəl] (형) **필요한**, 없어서는 안 될; 《고어》 가난한 (명) (the ~) 필요한 것
☜ 필요성(need)이 충분한(ful<형접>)

☐ **need**less [ní:dlis] (형) **불필요한**, 쓸데없는 ☜ -less(~이 없는<형접>)
♠ **needless to say 말할 필요도 없이**

☐ **need**n't [ní:dnt] 《구어》 need not의 간략형 ☜ need not의 줄임말

☐ **need**s [ni:dz] (명) **필요**, 요구, 수요 (동) **해야 한다** (부) 《문어》 **반드시**, 꼭, 어떻게든지
☜ 고대영어로 '필연적으로, 반드시'란 뜻. need + s<복수/소유격>
♠ **Needs** by the end of the month. 이달 말까지 **필요**.
♠ We must **needs** depart. 우리는 **꼭** 떠나야 한다.
★ 긍정문에서 must와 함께 쓰임

☐ **need**y [ní:di] (형) (-<-di**er**<-di**est**) **매우 가난한**, 생활이 딱한 ☜ 필요(need) 한(y<형접>)

니들 needle (계기판의 지침, 바늘)

☐ **needle** [ní:dl/니-들] (명) **바늘**, 바느질 바늘, 뜨개바늘; (주사・외과・조각・축음기 따위의) 바늘; (계기류의) **지침** (동) **바늘로 꿰매다**
☜ 고대영어로 '꿰매는 도구'라는 뜻 ★ 시계의 바늘은 hand
♠ **a needle and thread 실이 꿰어져 있는 바늘**

☐ **needle** case 바늘 쌈 《바늘 24개를 단위로 세는 말》 ☜ case(상자, 케이스, 용기)

☐ **needle** therapy 침술, 침요법 ☜ therapy(치료, 치료법)

☐ **needle**woman [ní:dlwùmən] (명) (pl. **-women**) 침모, 삯바느질하는 여자 ☜ needle + woman(여자)

☐ **needle**work [ní:dlwə̀:rk] (명) **바느[뜨개]질(기술・작품)**; 자수 ☜ work(일; 제작, 제작품)

☐ **ne'er**(결코 ~않다) ➔ **never**(결코 ~않다) **참조**

네거티브 마케팅 negative marketing (경쟁사의 이미지나 제품을 깎아내리면서 자사의 이미지를 부각시키는 광고. <부정적인 광고>) * marketing 매매

♣ **어원 : neg 부정; 부인하다**

☐ **neg**ative [négətiv] (형) **부정[부인]의**; 거부의; **소극적인** (명) 부정, 거부 (동) 거부(거절)하다
☜ 부정(neg) 적인(ative<형접>)
♠ a **negative** answer **부정의** 대답
♠ a **negative** character **소극적인** 성격

□ **neg**ative campaign **네거티브 캠페인**, 상대 후보 공격이 중점인 선거운동
☜ campaign(유세, 선거운동)
□ **neg**ative growth (경제의) 마이너스 성장 ☜ growth(성장)
□ **neg**ative list 〖무역〗 **네거티브 리스트** 《GATT에 보고하는 수입 제한 품목》
☜ list(목록)
□ **neg**atively [négətivli] [부] 부정〔소극, 거부〕적으로, 부인하여; 음전기를 띠고 ☜ -ly<부접>
□ **neg**ativism [négətivìzm] [명] 소극주의 ☜ negative + ism(~주의)
□ **neg**ation [nigéiʃən] [명] 부정, 부인, 거절 ☜ -ation<명접>
□ **neg**lect [niglékt] [동] **게을리 하다; 무시하다** [명] **태만; 무시**
☜ 부정/거부(neg)를 선택하다(lect)
♠ **neglect** of duty 의무의 **태만**
□ **neg**lectful [negléktfəl] [형] 태만〔소홀〕한, 부주의한 ☜ -ful(~가 가득한)
□ **neg**ligence [néglidʒəns] [명] **태만**, 등한; 부주의; 무관심 ☜ 의무(lig)를 부인(neg) 함(ence<명접>)
□ **neg**ligent [néglidʒənt] [형] 태만한, 부주의한 ☜ -ent<형접>
□ **neg**ligible [néglidʒəbəl] [형] **무시해도 좋은**, 하찮은, 무가치한, 사소한 ☜ -ible<형접>
□ **neg**otiate [nigóuʃièit] [동] **협상[협정]하다, 교섭하다** ☜ -ate<동접>
♠ He **negotiated** a loan with the British Government.
그는 영국 정부와 차관에 대해 **협상했다**.
□ **neg**otiation [nigòuʃiéiʃən] [명] (종종 pl.) **협상, 교섭**, 절충 ☜ 틈(oti)을 부정(neg) 하기(ation)
□ **neg**otiator [nigóuʃièitər] [명] (fem. **-atress, -atrix**) 협상〔교섭〕자; 어음 양도인 ☜ -or(사람)
□ **neg**otiable [nigóuʃiəbl] [형] 유통되는; 협상할 수 있는 ☜ -able(~할 수 있는)

니그로 Negro (아프리카계의 흑인), 니거 nigger (일반적인 흑인)

♣ **어원 : negr(o), nig(r) 검은, 흑색의; 흑인**
□ **Negro** [ní:grou] [명] (pl. **-es**; fem. **Negr**ess) **니그로, 흑인** 《특히 아프리카(계)의》; 피부가 검은 사람 [형] 니그로의; 흑인(종)의
☜ 스페인어, 포르투갈어로 '검은색'이란 뜻
♠ work like a **negro** **니그로**처럼 (새까맣게 그을려) 일하다.
□ **Negro**phobia, **negro**- [ní:groufóubiə] [명] 흑인 혐오 ☜ phobia(공포, 혐오)
□ **Negro** spiritual 흑인 영가 ☜ 흑인(Negro) 정신(spirit) 적인(ual)
□ **Negr**illo [nigrílou] [명] (pl. **-(e)s**) **니그릴로** 《중앙・남아프리카의 키 작고 왜소한 준(準)흑색 인종》 ☜ 스페인어로 '작은(illo) 흑인(negro)'이란 뜻
□ **Negr**ito [nigrí:tou] [명] (pl. **-(e)s**) **니그리토** 《오세아니아 주 및 동남아시아의 키 작고 왜소한 준(準)흑색 인종》 ☜ 스페인어로 '작은(ito) 흑인(negro)'이란 뜻

N

■ **nig**ger [nígər] [명] 《경멸》 **니거** 《일반적인 흑인》, 검둥이; 사회적으로 불우한 사람
☜ 라틴어로 '검은'이란 뜻
■ **nig**ga [nígə] [명] 흑인 ☜ nigger의 미국 남부 슬랭. 하층 흑인들의 발음으로 er을 a로 발음한 것

자와할랄 네루 Jawaharlal Nehru (인도의 독립운동지도자, 수상)

네루는 인도의 명문 가문 출신으로 영국 케임브리지 대학에서 공부한 뒤 변호사가 되었다. 1919년부터 마하트마 간디 밑에서 인도 독립을 위한 반영(反英) 투쟁에 나섰고 독립 후 초대 총리를 지냈다. 『세계사 편력』은 그가 옥중 생활을 하면서 그의 외동딸 인디라 간디에게 쓴 편지글을 엮은 것이다. 이 편지들을 읽고 자란 인디라 간디는 훗날 인도의 여성 총리가 되었다. <출처 : 해외저자사전 / 일부요약인용>

□ **Nehru** [néiru:/nέəru:] [명] **네루** 《Jawaharlal ~, 인도 공화국의 정치가(1889-1964); 수상: 1947-64》

□ **neigh**(말의 울음, 말이 울다) ➔ **nag**(작은 말; 잔소리(하다)) **참조**

굿네이버스 Good Neighbors (한국의 국제구호개발 NGO(비정부 기구). <좋은 이웃들>이란 뜻)

굿네이버스
Good Neighbors

※ **good** [gud/굳] [형] (-<**better**<**best**) **좋은, 선량한, 유익한, 친절한, 잘하는** [명] **선**(善), **이익**; 좋은 것〔물건〕 ☜ 고대영어로 '훌륭한, 좋은'
□ **neighbo(u)r** [néibər/**네**이버] [명] **이웃(사람)**, 옆의 사람 [동] **이웃하다**, 인접하다
☜ 고대영어로 '가까이(nigh) 사는 사람'이란 뜻
♠ **my next-door neighbor 이웃집 사람**
♠ **a neighbor at dinner 식탁에서 옆자리(에 앉은) 사람**
□ **neighbo(u)r**hood [néibərhùd] [명] **근처, 이웃**, 인근; **이웃 사람들**; 주위, 지방, 지역

☜ neighbo(u)r + hood(신분, 성질)

☐ **neighbo(u)r**ing [néibəriŋ] ⓗ **이웃의, 인근의, 근처의**, 인접(근접)해 있는, 가까운 ☜ -ing<형접>
☐ **neighbo(u)r**ly [néibərli] ⓟ 붙임성 있는, 친절한, 상냥한, 이웃 사람다운 ☜ -ly<부접>

이더오아 Either/Or (키에르케고르의 저서. <양자택일>이란 뜻)

EITHER/OR
PART II
Søren Kierkegaard

덴마크의 실존주의 철학자, 렌 키에르케고르가 1843년 발간한 첫 저서. Either/Or는 탐미적인 인생관과 윤리적인 인생관 중 하나를 택하라고 강요하며, 윤리적인 인생관을 택하지 않을 수 없다는 결론을 내리고 있다. <출처 : 두산백과 / 요약인용>

♣ **어원 : ther 2, 둘(=two)**

■ **ei<u>ther</u>** [íːðər/**이**-더/áiðər/**아**이더] ⓟ **~이든 또는 ~이든**, 〔부정문〕 ~도 또한 (~하지 않다) ⓗ **어느 한 쪽의** ⓓ (둘 중의) **어느 하나**; 어느 쪽이든 ⓙ 〔either ~ or …의 형태로〕 **~거나 또는 ~거나**
☜ 고대영어로 '둘(ther<two) 다 모두(ei)'란 뜻

☐ nei**ther** [níːðər/**니**-더/náiðər/**나**이더] ⓗ **어느 ~도 …아니다** ⓓ **어느 쪽도 ~아니다[않다]** ⓟ 〔neither ~ nor ~로 상관접속사적으로 써서〕 **~도 …도 아니다[않다]**; **~도 또한 …않다[아니다]** ☜ not + either의 줄임말
♠ **Neither** statement is true. **어느 쪽** 주장**도** 진실은 **아니다**
♠ **Neither** is (are) good. **어느 쪽 (것)도** 다 좋지 **않다**
♠ **neither (A) nor (B) A와 B 둘 다 아닌**
Neither you **nor** I am to blame. 너**도** 나**도** 잘못이 **없다**
《동사는 제일 가까운 주어에 맞춤》

■ whe**ther** [hwéðər/**훼**더] ⓙ 〔명사절을 인도〕 **~인지 어떤지**(를, 는); 〔양보를 나타내는 부사절을 인도〕 **~이든지 아니든지** ☜ wh<which(어떤 것) + either(2개 중의)

※ **<u>or</u>** [ɔːr/오-어, (약) ər] ⓙ **혹은, 또는**, ~이나 ☜ 고대영어로 '또는'이란 뜻

넬슨 Nelson (이순신 장군과 대비되는 영국의 제독)

영국의 제독. 영국군으로서 미국 독립전쟁과 프랑스 혁명전쟁에 참전하였다. 코르시카 섬을 점령했으나 이때 한 쪽 눈을 잃었고, 세인트 빈센트 해전에서도 수훈을 세웠으나 이때는 한 쪽 팔을 잃었다. 프랑스 함대와 결전을 치른 지브롤터해협 트라팔가르 곶에서 나폴레옹의 프랑스-스페인 연합 함대를 격멸했으나 완승 직전에 적의 저격을 받아, 기함 빅토리호(號)에서 전사하였다. <출처 : 두산백과 / 요약인용>

☐ **Nelson** [nélsn] ⓜ **넬슨** 《Horatio ~, 영국의 제독. Trafalgar 해전의 승리자; 1758-1805》

네온사인 neon sign (네온·아르곤 등의 저압가스를 유리관에 넣고 고압전기를 방전시켜 빛을 내는 광고등) * sign 기호, 표시; 서명[사인]하다

♣ **어원 : neo(n) 새로운; 신(新), 부활, 근대의, 후기**

☐ **<u>neon</u>** [níːɑn/-ən, -ɔn] ⓜ 『화학』 **네온** 《비활성 기체 원소의 하나; 기호 Ne; 번호 10》; **네온사인** (조명) ☜ 그리스어로 '새롭게 발견된 것'이란 뜻
♠ **The street was ablaze with neon signs.** 거리는 **네온사인**으로 휘황찬란했다

☐ **neo**classic(al) [nìːouklǽsik(əl)] ⓗ 『경제·미술·문예』 신(新)고전주의(파)의
☜ 신(neo) 고전의(classic)

☐ **neo**colonialism [nìːoukəlóuniəlìzm] ⓜ 신(新)식민주의 《제2차 세계 대전 후 약소국에 대한 강대국의 정치적·경제적 헤게모니》 ☜ 신(neo) 식민지(colony) + al<형접> + ism(~주의)

☐ **Neo**lithic [nìːoulíθik] ⓗ 신(新)석기 시대의 ☜ 신(neo) 돌(lith) 의(ic)
♠ **the Neolithic Age** (Era, Period) **신석기 시대**(= the New Stone Age)

☐ **neo**logism [niːάlədʒìzəm/-ɔ́l-] ⓜ 신조어, 신어구(어의) 채택; 『신학』 신(新)교리
☜ 신(neo) 말/낱말(log) 체계(ism)

☐ **neo**logize [niːάlədʒàiz/-ɔ́l-] vi. 신어를 만들다(쓰다); 『신학』 신교리를 채택하다
☜ 새로운(neo) 말/낱말(log)을 만들다(ize<동접>)

☐ **Neo**-Nazi activities **네오나치**운동, 신(新)나치스 운동 《1959년에 시작된 반유대 운동》
☜ activity(활동, 운동)

네팔 Nepal (석가모니가 탄생한 나라. 히말라야 산맥의 나라)

☐ **Nepal** [nipɔ́ːl/니**포**올, -pάːl, -pǽl] ⓜ **네팔** 《인도·티베트 사이에 있는 왕국; 수도 카트만두(Katmandu)》 ☜ '다리가 있는 계곡'이란 뜻과 '성스러운(Ne) 동굴(pal)'이라는 두가지 설

☐ **Nepal**ese [nèpəlíːz, -líːs] ⓜⓗ 네팔 사람; 네팔(사람(말))의 ☜ -ese(~의/~사람/~말)

☐ **Nepal**i [nipɔ́ːli, -pάːli, -pǽli] ⓜ (pl. **-, -s**) 네팔사람; 네팔어 ⓗ 네팔(사람(어))의

☜ -i<복수형 어미>

네포티즘 nepotism (친족중용주의 · 족벌주의)

'조카(nephew)'와 '편애(favoritism)'가 합쳐진 말로 자신의 친척에게 관직을 주거나 측근으로 두는 친족중용주의 혹은 족벌주의를 일컫는다. 막강한 권력을 가졌던 중세 유럽의 주교, 수도원장 등 고급성직자들이 친족의 아이(조카, 네포스)에게 요직을 주거나 자신의 후계자로 만든 데서 유래한 말이다. 네포티즘은 현재까지도 이어져 정치계의 비리나 재계의 족벌경영 등의 문제를 낳고 있다. <출처 : 시사상식사전>

© globalvillagespace.com

♣ 어원 : nephew, nepot 손자, 조카; 친척, 동족

□ **nephew** [néfjuː/névjuː] ⓜ **조카**, 생질; 《완곡》 성직자의 사생아; 《고어》 자손, 《특히》 손자
☜ 라틴어로 '손자, 자손'이란 뜻
♠ a wife's **nephew** (niece) 처**조카**

□ **nepot**ism [népətìzəm] ⓜ **네포티즘**, (관직 임용 따위에서의) 친척 편중, 동족 등용
☜ 라틴어로 '손자, 조카'란 뜻

■ **niece** [niːs] ⓜ **조카딸**, 질녀; 《완곡》 성직자의 사생아 《여자》 ☜ 라틴어로 '손녀'란 뜻

넵튠 Neptune ([로神] 바다의 신. 그리스 신화의 Poseidon에 해당)

□ **Neptune** [néptjuːn] ⓜ 【로.신화】 **냅튠**, 바다의 신 《그리스 신화의 Poseidon》; 바다, 해양; 【천문】 해왕성(海王星)
♠ **sons of Neptune 뱃사람**

□ **Neptun**ian [neptjúːniən] ⓗ 넵튠의; 바다의; 【천문】 해왕성의; (종종 n-) 【지질】 수성(水成)의
☜ Neptune + an<형접>

□ **neptun**ium [neptjúːniəm] ⓜ 【화학】 **넵투늄** 《방사성 원소의 하나; 기호 Np; 번호 93》
☜ Neptune + um<명접>

네로 Nero (기독교도를 박해한 로마의 제5대 황제. 폭군의 대명사)

□ **Nero** [níːrou] ⓜ **네로** 《로마의 폭군; 37-68》
♠ **the Nero Deep 네로 해연**(海淵) 《괌 섬 부근의 깊은 바다; 깊이 9,580m》

□ **Nero**nian, -nic [niəróuniən], [-rάnik/-rɔ́n-] ⓗ 네로(시대)의; 네로와 같은; 잔학한, 방탕한, 전횡(專橫)의 ☜ -ian, -ic<형접>

N

노이로제 《독》 neurose, 《영》 neurosis (신경증)

♣ 어원 : neur(o), nerv(e) 신경; 기력, 힘, 힘줄

■ **neuro**sis [njuəróusis] ⓜ (pl. **-ses**) 【의학】 신경증, **노이로제**; 【심리】 신경 감동
☜ 신경(neuro) 증(症)(sis)

□ **nerve** [nəːrv] ⓜ **신경**; 치아의 신경; **용기**; 무례; 신경과민증 ⓢ 힘을 주다, 용기를 북돋우다, 격려하다 ☜ 라틴어로 '건(腱)'의 뜻
♠ the optic **nerve** 시(視)**신경**
♠ **get on (A)'s nerves A 의 신경을 건드리다, A 를 짜증나게 하다**

□ un**nerve** [ʌnnə́ːrv] ⓢ 용기를(기력을, 결단력을, 확신을) 잃게 하다, 무기력화하다
☜ un(=against/반대, not/부정) + nerve(기력을 북돋우다)

□ **nerve** cell 신경세포 ☜ cell(작은 방, 세포)

□ **nerve** center 신경중추; [the ~] (조직운동 등의) 중추(중심)부, 수뇌부 ☜ center(중심)

□ **nerve** gas 신경가스 《독가스의 일종》 ☜ gas(가스, 기체)

□ **nerve**less [nə́ːrvəsli] ⓗ 무기력한 ☜ 기력(nerve)이 없는(less)

□ **nerve** war 신경전, 선전전 ☜ war(전쟁)

□ **nerv**ous [nə́ːrvəs] ⓗ **신경(성)의**, 신경에 작용하는; **신경질적인**, 신경과민의
☜ nerv + ous<형접>
♠ a **nervous** disease (disorder) **신경**병

□ **nerv**ous breakdown 신경쇠약 ☜ breakdown(고장, 파손; 쇠약)

□ **nerv**ously [nə́ːrvəsli] ⓑ **신경질적으로**; 안달이 나서 ☜ -ly<부접>

□ **nerv**ousness [nə́ːrvəsnis] ⓜ **신경질**, 신경과민 ☜ nervous + ness<명접>

□ **nerv**ous system 신경계(통) ☜ system(체계, 계통, 시스템)

사이언스지(誌) Science (세계 최고 권위의 미국 과학전문 주간지)
YTN 사이언스 YTN science (YTN 과학전문방송)

♣ 어원 : sci 알다, 이해하다

■ **sci**ence [sáiəns/싸이언스] [명] **과학**; 《특히》 자연 과학
☜ 아는(sci) 것(ence<명접>)70
■ con**sci**ence [kάnʃəns/kɔ́n-] [명] **양심**, 도의심, 도덕 관념
☜ (상식인) 모두(con<com) 아는 것(science)
□ ne**sci**ence [néʃiəns] [명] 무지(無知)(=ignorance); 『철학』 불가지론(=agnosticism) ☜ ne(=not/부정) + 아는(sci) 것(ence<명접>)
♠ **betray one's nescience of ~ ~에 대한 무지를 드러내다**
□ ne**sci**ent [néʃiənt] [형] 무지한; 『철학』 불가지론(자)의 [명] 불가지론자(不可知論者)(=agnostic) ☜ -ent(<형접>/사람)

네스팅족 nesting족(族) ([신조어] 가정의 화목을 중시하고 집안 꾸미기에 열중하는 사람들)

□ **nest** [nest/네스트] [명] **보금자리**, 둥우리; 피난처; 소굴 [동] 보금자리를 짓다
☜ 고대영어로 '새의 둥지'라는 뜻
♠ build **a nest 보금자리**를 짓다
□ **nest** egg 밑알; (저금 따위의) 밑천, 밑돈; 비상금 ☜ egg(계란, 달걀)
□ **nest**le [nésəl] [동] 《고어》 **깃들이다**; 편히 드러눕다
☜ 고대영어로 '보금자리(nest)를 만들다(le)'는 뜻
♠ **nestle down** in bed 침대에 **편안히[기분 좋게] 드러눕다**
□ **nest**ling [néstliŋ] [명] 갓 깬 새끼 새, 둥우리를 떠날 수 없는 새끼; 젖먹이, 유아(乳兒)
☜ nestle + ing<명접>

인터넷 internet (국제적 컴퓨터 전자정보망)

♣ 어원 : net 그물, 망(網)
■ Inter**net** [íntərnèt] [명] **인터넷** 《국제적 컴퓨터 전자정보망》
☜ (국가) 사이의(inter) 그물망(net)
□ **net** [net/넽] [명] **그물, 네트**; 거미줄; 올가미; 통신망, 네트워크, 방송망 [동] **그물로 잡다** ☜ 고대영어로 '그물, 거미줄'이란 뜻
♠ **a fishing net 어망(漁網)**
□ **net** [net] [형] **에누리 없는**; **순량의**; 정가의; 결국의 [명] 순량, 순익; 정가
☜ 중세영어로 '그물로 한번 거른 것', '거르고 남은 것'이란 뜻
♠ **a net price 정가(正價)**
♠ **N**et **D**omestic **P**roduct 국내순생산(NDP)
□ **net**ting [nétiŋ] [명] 그물뜨기(세공) ☜ net + t + ing<명접>
□ **net**work [nétwə̀ːrk] [명] **그물[망] 세공**, 『전기』 회로망; **방송망, 네트워크**
☜ net + work(일; 세공물품)
♠ an intelligence **network** 정보**망**
♠ **a network** of railroads 철도**망**
■ drag**net** [drǽgnèt] [명] 저인망; 《비유》 (경찰의) 수사망; 대량 검거
☜ (바닥에서) 끄는(drag) 그물(net)

네델란드 Netherlands (국토의 1/6이 바다보다 낮은 유럽의 입헌군주제 국가. 풍차의 나라)

□ **nether** [néðər] [형] 《문어·희극》 아래(쪽)의, 하계(下界)의; 지하의, 지옥의 ☜ 고대영어로 '아래(로)'란 뜻
□ **Nether**lands [néðərləndz] [명] (the ~) [단·복수취급] **네덜란드**(=Holland) 《공식명 the Kingdom of the ~; 수도 암스테르담(Amsterdam), 정부 소재지는 헤이그(The Hague)》 ☜ (바다보다) 아래의(nether) 땅(land) 들(s)
□ **Nether**lander [néðərlæ̀ndər, -lənd-] [명] 네덜란드 사람 ☜ -er(사람)
□ **Nether**landish [néðərlæ̀ndiʃ] [형] 네덜란드 사람(어(語))의 ☜ -ish<형접>
※ **Dutch** [dʌtʃ/더취] [형] **네덜란드의** [명] **네덜란드 말[사람]**
☜ 본래 '독일의'란 뜻이었으나 17세기부터 '네델란드의'란 뜻으로 바뀜
★ 네델란드는 Holland, 공식적으로는 the Kingdom of the Netherlands라고 칭한다. Dutch에는 경멸적인 뜻이 내포되어 있어 자국인들은 쓰지 않는다.
※ **Dutch**man [dʌ́tʃmən] [명] (pl. **-men**) **네덜란드 사람**(=Netherlander, Hollander)
☜ Dutch + man(사람, 남자)

노이로제《독》neurose,《영》neurosis (신경증)

♣ **어원 : neur(o), nerv(e) 신경; 기력, 힘, 힘줄**

☐ **neuro**sis [njuəróusis] ⓜ (pl. **-ses**) 〖의학〗 신경증, **노이로제**; 〖심리〗 신경 감동
☜ 신경(neuro) 증(症)(sis)

☐ **neuro**logy [njuərάlədʒi/-rɔ́l-] ⓜ 신경(병)학 ☜ -logy(~학문)

☐ **neuro**n, neurone [njúərαn/-rɔn], [-roun] ⓜ 〖해부학〗 신경 단위, **뉴런** ☜ neuro + ne<명접>

☐ **neuro**surgeon [njùrousə́rdʒən] ⓜ 신경외과 의사 ☜ surgeon(외과의사)

☐ **neuro**surgery [njùərousə́ːrdʒəri] ⓜ 신경외과(학) ☜ surgery(외과)

☐ **neuro**tic [njuərάtik/-rɔ́t-] ⓗ **신경증의**, 신경(계)의; 신경과민의 ⓜ 신경증 환자
☜ neuro + tic<형접/명접>
♠ They're **neurotic** about AIDS. 그들은 에이즈에 대해 **신경과민 상태에** 있다.

☐ **neuro**tomist [njuərάtəmist/-rɔ́t-] ⓜ 신경 해부가 ☜ 신경(neuro)을 자르(tom)는 사람(ist)

☐ **neuro**tomy [njuərάtəmi/-rɔ́t-] ⓜ 〖의학〗 신경 절제(술); 신경 해부학
☜ 신경(neuro)을 자르(tom) 기(y)

☐ **neur**algia [njuərǽldʒə] ⓜ 〖의학〗 신경통 《보통, 머리·얼굴의》 ☜ -algia(아픈 병)

☐ **neur**asthenia [njùərəsθíːniə] ⓜ 〖의학〗 신경 쇠약(증) ☜ neur + asthenia(무력증, 쇠약)

■ **nerve** [nəːrv] ⓜ **신경**; 치아의 신경; **용기**; 무례; 신경과민증 ⓢ 힘을 주다, 용기를 북돋우다, 격려하다 ☜ 라틴어로 '건(腱)'의 뜻

뉴트론 neutron ([물리] 중성자. 전하를 띠지 않는 입자)

♣ **어원 : neut(r) 가운데, 중성, 중립**

☐ **neutr**on [njúːtrαn/njúːtrɔn] ⓜ 〖물리〗 중성자, **뉴트론**
☜ neutr(중성) + on(물질)

☐ **neutr**on bomb 중성자 폭탄 ☜ bomb(폭탄)

☐ **neut**er [njúːtər] ⓗ 〖문법〗 중성의; (동사가) 자동의; 중립의
ⓜ 〖문법〗 중성명사〔형용사·대명사〕; 자동사
☜ neut(중성) + er<형접/명접>

Nucleus
Electron
Proton
Neutron
Carbon Atom
© awo.aws.org

☐ **neutr**al [njúːtrəl] ⓗ **중립의**, 국외(局外) 중립의; 중립국의;
불편부당의; 중성의 ⓜ 중립(국) ☜ neutr(중립) + al<형접>
♠ a **neutral** nation 〔state〕 **중립**국

☐ **neutr**ality [njuːtrǽləti] ⓜ 중립 ☜ neutral + ity<명접>

☐ **neutr**ally [njúːtrəli] ⓟ 중립적으로 ☜ neutral + ly<부접>

☐ **neutr**alism [njúːtrəlìzm] ⓜ 중립주의〔태도, 정책, 표명〕 ☜ neutral + ism(~주의)

☐ **neutr**alist [njuːtrəlist] ⓜ 중립주의자 ☜ neutral + ist(사람)

☐ **neutr**alize [njúːtrəlàiz] ⓢ **중립화하다**; 무효로 하다; 중화하다 ☜ neutral + ize<동접>
♠ **neutralize** snake venom 〔poison〕 뱀의 독을 **해독하다**

☐ **neutr**alization [njùːtrəlizéiʃən] ⓜ 중립화, 중립(상태); 무효화; 중화 ☜ neutralize + ation<명접>

네바다 Nevada (관광·도박으로 유명한 미국 서부의 주)

☐ **Nevada** [nivǽdə, -vάːdə] ⓜ **네바다** 《미국 서부의 주; 생략: Nev., NV》
☜ 스페인어로 '흰 눈이 덮인'이란 뜻
★ 관광·오락 도시로 <라스베이거스>와 <리노>가 유명하다.

네버랜드 Neverland (동화 <피터팬>에 나오는 가공의 나라)

영국의 소설가 겸 극작가 제임스 매슈 배리 경의 작품인 연극 <피터팬: 자라지 않는 아이>와 소설 <피터와 웬디>에 등장하는 가공의 나라이다. 네버랜드에 사는 피터팬은 나이를 먹지도 않고 늙지도 않으며, 하늘을 날아다니는 즉, 현실에서는 결코 존재할 수 없는 꿈의 나라이다.

PETER PAN RETURN TO NEVER LAND
© Buena Vista Pictures

☐ **never** [névər/**네**버] ⓟ **결코 ~않다; 한번도 ~없다**
☜ 원래는 not + ever 에서
♠ He **never** gets up early.
그는 **한 번도** 일찍 일어난 일이 **없다**.
♠ **Never mind ! 걱정하지 마라, 괜찮아.**
♠ **never (A) but (that) (B) A 하면 반드시 B 한다**
It **never** rains **but** it pours. 비**만 오면 언제나** 억수로 퍼붓**는다**

☐ **never**-ending [névəréndiŋ] ⓗ 끝없는, 항구적인, 영원한 ☜ 결코 끝(end)이 없(never) 는(ing)

☐ **never**-failing [névərfèiliŋ] ⓗ 무진장한 ☜ 부족(failing)할 수 없는(never)

☐ **never**more [névərmɔ̀r] ⓟ **두 번 다시 ~않게** ☜ 더 이상(more) 할 수 없게(never)

N

☐ **never**-never land 오스트레일리아의 Queensland 북서부의 땅. 불모지: 공상적〔이상적〕인 곳
☜ <피터팬>의 저자 배리 경은 처음에 '꿈의 나라'를 never-never land로 정했다가 오스트레일리아에 never-never land가 실재한 것을 알고 neverland로 개칭했다.
☐ **never**theless [nèvərðəlés/네버덜**레**스] [부] **그럼에도 불구하고**, 그렇지만(=yet)
☜ 결코 적은 양(the less)이 아닌(never)
♠ a small but **nevertheless** important change
사소하지만 **그럼에도 불구하고** 중요한 변화
☐ **ne'er** [nɛər] [부] 《시》 결코 ~않다 ☜ 중세영어로 'never'의 축소형

뉴스 news (새로운 소식들)

BREAKING
NEWS
< 긴급 뉴스, 속보 >

♣ **어원 : new 새로운**
☐ **new** [njuː/뉴-] [형] **새로운**; 신식의; 근세[근대]의 [부] 새로이, 다시
☜ 고대영어로 '새로운, 신선한, 최근의'라는 뜻
♠ a **new** book **신간(新刊)** 서적
☐ **new**-blown [njúːblóun] [형] (꽃이) 갓 피어난 ☜ blown(만발한, 핀)
☐ **new**born [njúːbɔ̀rn] [형] **갓난**, 신생의; 재생의, 갱생한 [명] (pl. **-(s)**) 신생아
☜ new + born(태어난)
☐ **new**comer [njúːkʌ̀mər] [명] **새로 온 사람**; 초심자, 신인, 신출내기
☜ 새로(new) 온(come) 사람(er)
☐ **new**fangled [njúːfǽŋgld] [형] 신식의 ☜ 새로(new) 유행(fangle) 한(ed)
☐ **new**-fashioned [njúːfǽʃənd] [형] 새 유행의 ☜ 새로(new) 유행(fashion) 한(ed)
☐ **new** look 《미》 최신 유행의 복장, 최신형 ☜ look(보다; 패션 유형, 외관)
☐ **new**ly [njúːli] [부] **최근**, 요즈음; **새로이**; 다시 ☜ new + ly<부접>
☐ **new**lywed [njúːliwèd] [명] 《구어》 **갓 결혼한 사람**; (pl.) 신혼부부 ☜ newly + wed(결혼하다)
☐ **new**-mown [njuːmóun] (목초 따위를) 갓 벤 ☜ mown(벤, 베어낸)
☐ **New** Right (the ~) **뉴라이트**, 신우익 《New Left에 대응하는 신보수주의》 ☜ right(오른쪽, 우익)
☐ **New** Stone Age (the ~) 신석기 시대(=Neolithic Age) ☜ 새로운(new) 돌(stone) 시대(age)
☐ **New** Testament (the ~) **신약성서**; 『신학』 신약 《인간에 대한 그리스도의 새로운 구원의 계약》
☜ testament(유언장, 유서; 성서)
☐ **new** town (종종 N- T-) 교외〔변두리〕 주택단지 ☜ town(읍, 도회지)
☐ **new** year (보통 the ~) **새해**; (보통 N- Y-) 설날 ☜ year(해, 년(年))
♠ **Happy New Year. 새해 복 많이 받으세요.**
☐ **news** [njuːs/뉴-스, njuːz] [명] [보통 단수취급] **뉴스**(프로), 보도; (신문의) 기사(記事)
☜ 새로운(new) 것들(s)
♠ the latest **news** 최신 **뉴스**
☐ **news**agent [njúːzèidʒənt] [명] 《영》 **신문〔잡지〕 판매업자**
☜ news + agent(대리인, 대리점; 정부직원)
☐ **news**boy [njúːzbɔ̀i] [명] **신문팔이 소년** ☜ news + boy(소년)
☐ **news**cast [njúːzkæ̀st] [명][동] 뉴스 방송(을 하다) ☜ 뉴스(news)를 던지다(cast)
☐ **news**caster [njúːzkæ̀stər] [명] **뉴스 방송〔해설〕자** ☜ news + cast + er(사람)
☐ **news**letter [njúːzlètər] [명] (회사 등의) 회보, 연보, 월보; 시사 통신, 시사 해설
☜ 뉴스(news) 편지(letter)
☐ **news**paper [njúːspèipər/**뉴**-스**페**이퍼, njúːz-] [명] **신문**(지); 신문사 《조직·기관》
☜ 뉴스(news) 종이(paper)
☐ **news**paperman [njúːzpèipərmæ̀n] [명] (pl. **-men**) **신문 기자**, 신문인
☜ news + paper + man(남자, 사람)
☐ **news**print [njúːzprìnt] [명] 신문 (인쇄)용지
☜ news + print(인쇄, 인쇄하다; 신문용지)
☐ **news**reel [njúːzrìːl] [명] 뉴스 영화 ☜ news + reel(감개, 릴, 얼레; (필름의) 한 두루마리의 양)
☐ **news**stand [njúːzstæ̀nd] 《미》 신문 가판대, 신문 판매점
☜ news + stand(서있다; 대(臺), 노점, 계단식 관람석)
☐ **news**y [njúːzi] [형] (-<-si**er**<-si**est**) 《구어》 뉴스감이 많은; 화제가 풍부한; 말이 많은
☜ news + y<형접>
☐ **New** Year's Day 정월 초하루, 설날 ☜ 새(new) 해(year) 의('s) 날(day)

뉴욕시(市) New York City (미국 최대의 도시)

NEW YORK
CITY, N.Y.C.

♣ **어원 : new 새로운**
☐ **New**castle [njúːkæ̀səl, -kɑ̀ːsəl] [명] **뉴캐슬** 《① 석탄 수출로 유명한 잉글랜드 북부의 항구도시 ② 잉글랜드 중서부 Staffordshire의 공업도시》 ☜ '새로운(new) 성(城)(castle)'이란 뜻

N

☐ **New** Deal (the ~) **뉴딜** 정책 《미국의 F. D. Roosevelt 대통령이 1933-39년에 실시한 사회 보장·경제 부흥 정책》; (the ~) 루스벨트 정권; (the n- d-) 혁신적 정책 ☜ deal(거래, 취급; 분배하다, 다루다)

☐ **New** Delhi [njúːdéli] **뉴델리** 《인도 공화국의 수도》 ☜ 새로운(new) 델리(Delhi)

☐ **New** England **뉴잉글랜드** 《미국 북동부 Connecticut, Massachusetts, Rhode Island, Vermont, New Hampshire, Maine의 6주의 총칭》 ☜ 새로운(new) 영국(England)

☐ **New**foundland [njúːfəndlənd, -lænd/njuːfáundlənd] ⓜ **뉴펀들랜드** 《캐나다 동해안에 있는 섬 및 이 섬과 Labrador 지방을 포함하는 주(州)《생략: N.F., NFD, Nfd, Newf.》 ☜ 새로(new) 발견된(found) 땅(land) ⇦ 1497년 유럽인 존 캐벗이 발견

☐ **New** Frontier (the ~) **뉴 프런티어** 《신개척자 정신; 1960년 대통령 후보 수락 연설에서 Kennedy가 내세움》; Kennedy 정권(1961-63) ☜ **새롭게(new) 전선(front)을 확대해 나가는 사람(-ier)** ⇦ 미국의 서부개척사를 보면 동부에서 서부로 끊임없이 땅을 넓혀 나갔던 데서 유래한 말.

☐ **New** Guinea **뉴기니** 섬 《오스트레일리아 북방의 섬. 생략: N.G.》 ☜ 새로운(new) 기니(Guinea) ★ **세계에서 두 번째로 큰 섬**

☐ **New** Hampshire **뉴 햄프셔** 《미국 북동부의 주; 생략: N.H., NH》; 미국산 닭의 일종 ☜ 새로운(new) 햄프셔(Hampshire; 영국 남해안의 주)

☐ **New** Jersey [njúːdʒə́ːrzi] **뉴저지** 《미국 동부의 주; 생략: N.J., NJ》 ☜ 새로운(new) 저지(Jersey; 영국해협에 있는 섬)

☐ **New** Mexico **뉴멕시코** 《미국 남서부의 주. 생략: New M., N.Mex., N.M., NM》 ☜ 새로운(new) 멕시코(Mexico)

☐ **New** Orleans **뉴올리언스** 《미국 Louisiana주 남동부의 항구 도시》 ☜ 새로운(new) 오를레앙(Orleans; 프랑스 중부의 도시)

☐ **New** World (the ~) **신세계**, 서반구, 《특히》 남북 아메리카 대륙 ☜ world(세계)

☐ **New** York [njuːjɔ́ːrk] **뉴욕시**(=New York City) 《생략: N.Y.C.》; 뉴욕 주(=New York State) 《생략: N.Y., NY》 ☜ 새로운(new) 요크(York; 영국 노스 요크셔주의 주도)

☐ **New** York City **뉴욕시** 《미국 New York 주에 있는 미국 최대의 도시; 약어 N.Y.C.》 ☜ city(시) ☜ 뉴욕시는 미국 최대의 계획도시로 '잠들지 않는 도시(The city that never sleeps)', 'Big Apple', 'Gotham City', 'Satan's Condom' 등의 애칭으로도 불린다.

☐ **New** Yorker **뉴요커**, 뉴욕 주 사람; 뉴욕 시 시민; (the ~) 미국의 주간지의 하나 ☜ 뉴욕(New York) 사람(er)

☐ **New** Zealand [-zíːlənd] ⓜ **뉴질랜드** 《남태평양에 있는 영연방의 하나; 수도 웰링턴(Wellington)》 ⓗ 뉴질랜드의; 『생물지리』 뉴질랜드 구〔아구(亞區)〕의 ☜ '새로운(new) 바다(sea) 땅(land)'이란 뜻

N

뉴턴 Newton (만유인력·미적분을 발견한 영국의 물리학자·수학자)

☐ **Newton** [njúːtn] ⓜ **뉴턴** 《Isaac ~, 영국의 물리학자·수학자; 1642-1727》; (n-) 『물리』 힘의 단위 《기호 N》

스타트렉 : 넥스트 제네레이션 StarTrek : the Next Generation (미국의 대표적인 TV의 공상과학(SF) 드라마시리즈)

스타트랙(StarTrek)은 미국의 대표적인 TV SF 드라마시리즈로 원래 1966년부터 1969년까지 방송되었다. 23세기를 배경으로 커크 선장이 이끄는 우주연합함선 엔터프라이즈호와 그 승무원들의 모험을 유토피아적인 세계관으로 다룬다. 이후 팬들의 성원에 힘입어 1979년부터 2009년까지 수많은 영화와 TV 드라마가 후속 및 파생작으로 제작되었고, 수십개의 컴퓨터 및 비디오게임, 수백편의 소설까지 등장하였다.

© memory-alpha.wikia.com

※ **Star Trek** **스타트렉** 《미국 NBC TV의 과학 드라마 시리즈(1966-69)》 ☜ '우주<별(star) + 여행(trek)'이란 뜻

☐ **next** [nekst/넥스트] ⓗ [시간적으로] **다음의**, 이번의 ⓑ **다음에[으로]**; **다음번에**, 이번에 ☜ 고대영어로 '가장 가까운, '다음의'란 뜻

♠ **next to ~ ~옆에, ~에 가장 가깝게, ~에 다음 가는; 《부정어 앞에서》 거의 ~와 같은**

the building **next to** the corner 모퉁이에서 **두 번째** 건물

I know **next to** nothing about it. 나는 그것에 대해 **거의** 모르는 것과 **같**다.

♠ **the next day 그 다음날**

♠ **(the) next time ~ 다음에 ~할 때, 다음번에**

☐ **next**-door [nékstdɔ̀ːr] ⓗ **이웃(집)의** ☜ door(문)

※ **gener**ation [dʒènəréiʃən] ⓜ **세대, 대**(代) ☜ (한 사람을) 낳는(generate) 것(ion<명접>)

엔지오 NGO (비정부조직)

NGO는 입법 · 사법 · 행정 · 언론에 이어 '제5부(제5권력)'로 불리며, 정부와 기업에 대응하는 '제3섹터'라는 용어로도 쓰인다. 자율 · 참여 · 연대 등을 주요 이념으로 하며, 활동영역에 따라 인권 · 사회 · 정치 · 환경 · 경제 등의 분야로 나눌 수 있다. 대표적인 NGO로 '세계자연보호기금(WWF)', '그린피스(Greenpeace)', '국제사면위원회(AI : Amnesty International)' 등이 있다. <출처 : 시사상식사전 / 일부인용>

☐ **NGO** **N**on-**g**overnmental **O**rganization 비정부조직〔단체〕

✚ **non-** '무(無), 비(非), 불(不)'의 뜻 **govern**mental **정부의, 정치(상)의** **org**anization **조직(화)**, 구성, 편제, 편성; 기구, 체제; 단체

나이아가라 Niagara (미국과 캐나다 동부 국경에 있는 강)

☐ **Niagara** [naiǽgərə] 명 (the ~) **나이아가라** 《미국과 캐나다 국경의 강, 폭포》 ☜ 이로쿼이 인디언어로 '목'이란 뜻. 두 개의 물줄기가 합쳐진다는 의미

☐ **Niagara** Falls (the ~) **나이아가라** 폭포; 그 폭포 양안의 두 도시 ☜ fall(가을, 폭포; 떨어지다)
★ 나이아가라 폭포는 세계에서 가장 큰 폭포로 높이가 55미터에 폭은 671미터이다.

니빠 < 니퍼 nipper (못뽑이, 펜치)

♣ 어원 : nib, nip 물다, 물어뜯다; 자르다

☐ **nip** [nip] 동 **물다**, 집다, 꼬집다 ☜ 중세영어로 '갑자기 꼬집다'

☐ **nip**per [nípər] 명 집는〔무는, 꼬집는〕 사람〔것〕; 따는 사람〔것〕; (pl.) 펜치, 못뽑이 ☜ 무는(nip) + p<+자음반복> + 것/장비(er)

☐ **nip**ping [nípiŋ] 형 통렬한, 신랄한, 살을 에는 듯한 ☜ nip + p + ing<형접>

☐ **nib** [nib] 명 (새의) 부리; 펜촉 동 끝을 뾰족하게 하다 ☜ 중세영어로 '새부리'라는 뜻

☐ **nib**ble [níbəl] 동 (짐승 · 물고기 등이) **조금씩 물어뜯다**, 갉아 먹다 명 조금씩 물어뜯음 ☜ 물어뜯(nib) + b<단모음+단자음+자음반복> + 다(le)
♠ Caterpillars **are nibbling away** the leaves. 모충이 잎을 **갉아 먹고 있다**

■ s**nip** [snip] 동 ~을 가위로 자르다, 싹둑 베다 명 싹둑 자름; 가위질 ☜ 근세영어로 '잘라낸 작은 천 조각'이란 뜻

니카라과 Nicaragua (중앙아메리카의 공화국)

☐ **Nicaragua** [nikərɑ́ːgwə] 명 **니카라과** 《중앙 아메리카의 공화국; 생략: Nicar.; 수도 마나과(Managua)》 ☜ 인디언 부족의 추장 니카라오(Nicarao)의 이름에서
★ 이란-콘트라 사건(Iran-Contra Affair)은 1986년 미국 레이건 행정부의 국가안전보장회의(NSC)가 니카라과 좌익정부 전복을 위해 비밀리에 이란에 무기를 판매하고, 그 대금의 일부를 니카라과 콘트라 반군에 지원한 사건이다.

N

나이스 샷 nice shot ([골프] <잘 쳤다>라는 뜻. 굿 샷과 같은 뜻)

☐ **nice** [nais/나이스] 형 (-<-c**er**<-c**est**) **좋은**, 훌륭한
☜ 중세영어로 '정밀하고 신중한'이란 뜻
; 미묘한, 어려운 ☜ 라틴어로 '알지 못하는'이란 뜻. ni(=not) + ce(알다)
♠ **a nice day 기분 좋은[맑게 갠] 날씨**
♠ **nice** shades of meaning **미묘한** 의미 차이

☐ **nice**-looking [náislùkiŋ] 형 《구어》 (얼굴이) 잘 생긴, 예쁜; 애교가 있는 ☜ look(보다, 보이다) + -ing<형접>

☐ **nice**ly [náisli] 부 **훌륭하게; 정밀하게**; 제대로 ☜ nice + ly<부접>

☐ **nice**ness [náisnis] 명 좋음, 멋짐, 깨끗함; 까다로움 ☜ -ness<명접>

☐ **nice**ty [náisəti] 명 빈틈없음, 정밀 ☜ nice + ty<명접>

※ **shot** [ʃɑt/ʃɔt] 명 발포, **발사, 탄환**; 총성; 『사진 · 영상』 촬영, 스냅(사진), 한 화면, **샷** ☜ shoot의 단축형. 고대영어로 '쏘기'란 뜻

© Amazon.com

닉 nick ([생화학] DNA · RNA의 한 사슬에 있는 새김눈)

☐ **nick** [nik] 명 **새김눈**, 새긴 자국; 철창; (접시 따위의) 흠, 깨진 곳; 『인쇄』 활자 몸체의 홈; 『생화학』 **닉** 《DNA나 RNA의 한 사슬에 있는 새김눈》 동 눈금을 새기다, 홈을 내다, 상처를 내다 ☜ 중세영어로 '홈을 내다, 구멍을 내다'란 뜻

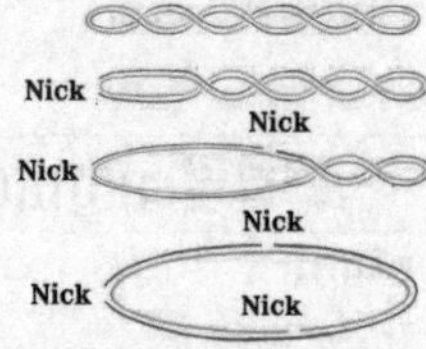

♠ He **nicked** himself while shaving. 그는 면도를 하다가 얼굴을 **베였다**.

니켈 nickel (은백색의 광택을 지닌 화폐로 많이 쓰이는 금속)

☐ **nickel** [níkəl] ⓜ 『화학』 **니켈** 《금속 원소; 기호 Ni; 번호 28》; 《미》 5센트짜리 백통화 ⓢ 니켈 도금하다 ☜ 18세기 스웨덴어로 '구리색 광석', 독일어로 '악마의 구리'란 뜻
♠ **plate with nickel 니켈 도금을 하다**

☐ **nickel**-and-dime [níkəl-ən-daim] ⓢ 《미.구어》 인색하게 굴다, ~을 인색하게 대우하다 ⓗ 인색한, 소액의 ☜ dime(10센트 니켈 동전)

네임펜 name pen (콩글 중간글씨용 유성펜) ➔ permanent marker
닉네임 nickname (별명)

■ **name** [neim/네임] ⓜ **이름**, 성명; (물건의) 명칭 ⓢ **명명하다**, 이름붙이다; **지정하다** ☜ 고대영어로 '이름, 평판'이란 뜻

☐ nick**name** [níknèim] ⓜ **별명**, **닉네임** 《Shorty '꼬마', Fatty '뚱뚱이' 따위》; Christian name의 약칭 《Robert를 Bob라고 부르는 따위》 ⓢ 별명을 붙이다; 별명(애칭)으로 부르다 ☜ 중세영어로 '추가이름인 ekename을 nekename으로 오해한 데서' 유래
♠ They **nicknamed** him Shorty. 그들은 그에게 꼬마**라는 별명을 붙였다.**

■ sur**name** [sə́ːrnèim] ⓜ **성**(姓)(=family name) 《Christian name에 대한》; 별명 ⓢ 성을 붙이다 ☜ 라틴어로 super(최고의) + name

니코틴 nicotine ([화학] 담배에 많이 함유된 염기성 유기 화합물)

☐ **nicotine** [níkətìːn, -tin] ⓜ 『화학』 **니코틴** ☜ 담배를 처음으로 프랑스에 소개한 외교관 Jean Nicot의 이름에서 유래

연상 니스(varnish)를 니스(niece.조카딸)가 모르고 마셔버렸다.

※ **varnish** [vɑ́ːrniʃ] ⓜ **니스**; 유약(釉藥); 광택면 ⓢ **니스를 칠하다** ☜ 중세 라틴어로 '냄새나는 수지'란 뜻 ★ varnish가 니스가 된 것은 일본식 발음 니수(nisu)가 한국으로 유입되었기 때문임.

☐ **niece** [niːs] ⓜ **조카딸**, 질녀; 《완곡》 성직자의 사생아 《여자》 ☜ 라틴어로 '손녀'란 뜻
♠ a wife's **niece** 처의 **여조카**

※ **nephew** [néfjuː/névjuː] ⓜ **조카**, 생질; 《완곡》 성직자의 사생아; 《고어》 자손, 《특히》 손자 ☜ 라틴어로 '손자, 자손'이란 뜻

니스 NIES (신흥공업경제지역)

☐ **NIES** [nɑ́iz] **N**ewly **I**ndustrializing **E**conomics 신흥공업경제지역

✚ **new**ly **최근**, 요즈음; **새로이**; 다시 **industrial**ize 산업(공업)화하다 **industrial**izing 산업화하는, 공업화하는 **economics 经济学**

니체 Nietzsche (독일의 철학자. 실존주의의 선구자)

☐ **Nietzsche** [níːtʃə] ⓜ **니체** 《Friedrich Wilhelm ~, 독일의 철학자; 1844-1900》

☐ **Nietzsche**an [níːtʃiən] ⓗ 니체 철학의 ⓜ 니체 철학의 연구가 ☜ Nietzsche + an(~의/~사람)

니제르 Niger (국토의 80%가 사막인 아프리카 중서부의 공화국)
나이지리아 Nigeria (인구 세계 7위(약 1.95억명)인 아프리카 서부의 공화국)

☐ **Niger** [náidʒər] ⓜ (the ~) **니제르** 강 《서아프리카를 통하여 Guinea 만으로 들어가는》; **니제르** 《아프리카 서부의 공화국; 수도 니아메(Niamey)》 ☜ 니제르강(江)에서 유래했는데 이는 :큰 하천'이란 뜻.

☐ **Nigeria** [naidʒíəriə] ⓜ **나이지리아** 《아프리카 서부의 공화국; 생략: Nig.; 수도 아부자(Abuja)》 ☜ 니제르강(江)에서 유래했는데 이는 :큰 하천'이란 뜻.

나이트클럽 nightclub (밤에 술 마시고 춤추며 즐길 수 있는 곳)

☐ **night** [nait/나이트] ⓜ **밤**, 야간, 저녁(때); 《비유》 죽음의 암흑 ⓗ 밤의, 야간의 ☜ 고대영어로 '밤, 어둠'이란 뜻

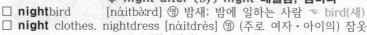

비교 knight (중세의) 기사, (영국의) 나이트 작위(爵位)
♠ **Good night ! 안녕히 주무세요!**
♠ **at night 밤에**
♠ **by night 밤에는**
♠ **night after 〔by〕 night 매일밤, 밤마다**

© downloads.tomsguide.com

□ **night**bird [nɑ́itbə̀ːrd] 명 밤새; 밤에 일하는 사람 ☜ bird(새)
□ **night** clothes, nightdress [nɑ́itdrès] 명 (주로 여자 · 아이의) 잠옷 ☜ cloth(천, 헝겊), clothes(옷, 의복), dress(의복, 복장)
□ **night**club [nɑ́itklə̀b] 명 나이트클럽(=nightspot) 동 나이트클럽에서 놀다 ☜ club(곤봉; 사교클럽)
□ **night** duty 야근 ☜ duty(의무, 임무)
□ **night**fall [nɑ́itfɔ̀l] 명 해질녘, **황혼**, 땅거미(=dusk) ☜ fall(가을, 낙하; 떨어지다)
□ **night**gown [náitgàun] 명 (여성 · 어린이용) **잠옷** ☜ gown(가운, 잠옷)
□ **night**long [náitlɔ̀ːŋ/-lɔ̀ŋ] 형 철야의 ☜ 밤(night) 사이<내내(long)
□ **night**ly [náitli] 형 **밤의**, 밤마다의; 밤 같은 부 밤에; 밤마다 ☜ -ly<형접/부접>
□ **night**mare [náitmɛ̀ər] 명 **악몽**, 가위눌림 ☜ 중세영어로 '잠자는 사람을 질식하게 만드는 사악한 여자'란 뜻. ⇦ 밤(night)의 암말/암컷(mare)
□ **night** school 야간 학교 ☜ school(학교; 수업)
□ **night**shirt [náitʃə̀rt] (남자의) 긴 잠옷 ☜ shirt(셔츠, 웃옷)
□ **night**time [náittàim] 명형 **야간**(의), 밤중(의) ☜ time(시간)
□ **night**walker [náitwɔ̀ːkər] 명 밤에 배회하는 사람; 몽유병자; 밤도둑; 매춘부; 야행 동물 ☜ 밤(night)에 걷는(walk) 사람(er)
□ **night** watch 야경(夜警), 야번(夜番); 야경꾼; (보통 pl.) 야경 교대시간 ☜ watch(감시하다; 당직)
■ over**night** [óuvərnàit] 형 **밤을 새는, 밤새의**; 하룻밤 사이의〔에 출현한〕 부 **밤새**, 밤새도록 ☜ 밤(night)을 너머(over)

나이팅게일 Nightingale (크림전쟁에 참전, 병원 · 의료제도를 개혁한 영국의 간호사)

오늘날 국제적십자사에서는 매년 우수간호사에게 '나이팅게일상(賞)'을 수여하고 있으며, '나이팅게일 선서'는 간호사의 좌우명으로 유명하다.

□ **Nightingale** [náitəngèil, -tiŋ-] 명 **나이팅게일** 《Florence ~, 영국의 간호사; 근대 간호학 확립의 공로자; 1820-1910》; 『조류』 **나이팅게일**; 미성(美聲)의 가수 ☜ 초기 독일어로 '밤(night)에 노래하다(sing)'란 뜻

니힐리즘 nihilism ([철학] 허무주의)

□ **nihil**ism [náiəlìzəm, níːə-] 명 『철학 · 윤리학』 허무주의, **니힐리즘**; 『정치』 허무주의, 폭력혁명〔무정부〕주의; (N-) (러시아 혁명 전 약 60년간의) 폭력 혁명 운동 ☜ 라틴어로 '공허, 무(無)(nihil) 주의(ism)'란 뜻
□ **nihil**istic [náihilistik] 형 허무〔무정부〕주의의 ☜ -istic<형접>
□ **nihil**ity [naihíləti, niː-] 명 허무, 무(無); 무가치한 것 ☜ -ity<명접>

니케, 나이키 Nike ([그神] 승리의 여신)

□ **Nike** [náikiː] 명 『그.신화』 **니케** 《승리의 여신》; 『미군』 **나이키** 《지대공 미사일의 일종》; **나이키** 《미국의 스포츠 용품 제작 회사》 ☜ 그리스어로 '승리'란 뜻

나일강 Nile (아프리카 동부에서 발원하여 지중해로 흘러드는 강)

□ **Nile** [nail] 명 (the ~) **나일** 강 《아프리카 동부에서 발원, 지중해로 흘러드는 세계 최장의 강》 ☜ 셈어로 '하천', 아랍어로는 '대단히 큰 물이 있는 바다'
□ **Nilo**tic [nailɑ́tik/-lɔ́t-] 형 나일 강의; 나일 강 유역 (주민)의 ☜ -tic<형접>

연상 님비(Nimby.지역이기주의)현상에는 님블(nimble.민첩)하게 대처해야 한다.

□ **NIMBY, Nimby** [nímbi] 명형 **님비**(의) 《지역 환경에 좋지 않은 원자력 발전소 · 군사 시설 · 쓰레기 처리장 등의 설치에 반대하는 사람 또는 주민〔지역〕의 이기적 태도에 관해 말함》 ☜ **N**ot **I**n **M**y **B**ackyard (내 뒷마당에는 안 된다)의 줄임말
□ **nimble** [nímbəl] 형 (-<-bl**er**<-bl**est**) 재빠른, **민첩한**; 영리한, 재치 있는; (화폐가) 유통이 빠른 ☜ 고대영어로 '재빨리 잡는'의 뜻
♠ He **is nimble** on his feet. 그는 발이 **빠르다**.

N

☐ **nimbl**y [nímbli] ㉻ 재빠르게 ☜ nimble + ly<부접>

님로드 Nimrod ([성서] 창세기에 등장하는 용감한 사냥꾼)

☐ **Nimrod** [nímrɑd/-rɔd] ㉹ 〖성서〗 **님롯** 《여호와께서도 알아주시는 힘센 사냥꾼》; (보통 n-) 수렵가, 사냥꾼; 영국 공군의 대잠초계기(1967-2011)

나인뮤지스 Nine Muses (❶ [그神] 아홉 여신 ❷ 한국의 댄스팝 걸그룹)

나인뮤지스란 그리스 신화에 등장하는 제우스의 딸들 중 시, 음악, 무용 등 예술과 관련한 9명의 여신인 <뮤즈(Muse)>를 의미한다.

♣ **어원 : nin(e), novem 9, 아홉**

☐ **<u>nine</u>** [nain/나인] ㉹㉳ **9(의)**, 9명〔개〕(의); 9세; 9시; 9명 ㉶ [복수 취급] **9개[사람]** ☜ 고대영어로 '9, 아홉'이란 뜻
- ♠ **It is nine (o'clock). 9시이다**
- ♠ **nine times out of ten 십중팔구, 대개**

☐ **nine**fold [náinfòuld] ㉳ 9배의 ㉻ 9배로 ☜ 9(nine) 배(倍)/겹(-fold)

☐ **nine**pins [náinpinz] ㉹ **나인핀즈**, 구주희(九柱戱) 《병 모양으로 된 아홉 개의 나무 토막을 세워 놓고 공을 굴려 넘어뜨리는 놀이. 오늘날 볼링의 원조》 ☜ 아홉 개(nine)의 핀/말뚝/볼링핀(pin) 들(s)

☐ **nin**th [nainθ/나인쓰] ㉹㉳ **제9(의)**, 아홉째(의); 9분의 1(의); (달의) 9일 ☜ nine + th<서수 접미사>

☐ **nine**teen [náintíːn/**나**인**티**인] ㉹㉳ **19(의)**; 19명〔세, 개〕(의); 19번째(의) ☜ nine(9) + teen(10, 10대)
- ♠ the **nineteen**-hundreds **19**00년대

☐ **nine**teenth [náintíːnθ] ㉹㉳ **제19(의)**, 열아홉째(의); 19분의 1(의), (달의) 19일 ☜ nine + teen(10, 10대) + th<서수 접미사>

☐ **nine**ty [náinti/**나**인디/**나**인티] ㉹㉳ (pl. **-ties**) **90(의)**, 90개〔명, 세〕(의); (세기의) 90년대 ☜ nine + ty<명접>

☐ **nine**tieth [náintiiθ] ㉹㉳ **제90(의)**; 90분의 1(의) ☜ nine + tie<복수 명접> + th<서수 접미사>

☐ **nine**-to-five, 9-to-5 [náintəfáiv] ㉳ 봉급생활자의, 회사원의 ㉹ 일상적인 일 ㉲ (지루하고) 규칙적인 일을〔근무를〕 하다 ☜ '평일 오전 9시부터 오후 5시까지 근무하는'이란 뜻

☐ **Novem**ber [nouvémbər/노우**벰**버] ㉹ **11월** 《생략: Nov.》 ☜ 9(novem) + ber<형접 ➔ 명접>. 원래 **9월**이었으나 중간에 7월, 8월이 추가되면서 11월로 **변경됨**.

※ **<u>Muse</u>** [mjuːz] ㉹ 〖그.신화〗 **뮤즈** 《시·음악·학예를 주관하는 9여신 중의 하나》; (the m-) 시적 영감, 시상, 시혼; (m-) 《시어》 시인

☐ **nip**(물다, 집다), **nipper**(못뽑이, 펜치) ➔ **nib**(새의 부리, 펜촉) **참조**

니트로벤젠 nitrobenzene ([화학] 벤젠을 혼합산으로 하여 얻어지는 인체에 유해한 황색 액체. 여러 물질을 만드는 공업용으로 사용됨)

♣ **어원 : nitr(o) 질산(窒酸), 질소(窒素)**

☐ **nitro**benzene [nàitroubénziːn | -zoul] ㉹ 〖화학〗 **니트로벤젠** 《황색의 결정·액체》 ☜ 질소(nitro) + 벤젠(benzene; 콜타르에서 채취한 용제)

☐ **nitro**gen [náitrədʒən] ㉹ 〖화학〗 **질소** 《기호 N; 번호 7》 ☜ 질(窒)(nitro) 소(素)(gen)

닉슨 Nixon (임기 중 <워터게이트 사건>으로 사임한 미국의 제37대 대통령)

하원의원 시절에는 반공주의자로 유명하였으며 이후 상원의원, 부통령 등을 거쳐 대통령에 당선되었다. 미국민의 반전여론에 의해 《닉슨독트린》을 발표하고 베트남전에서 미군을 철수시키자 베트남은 2년만에 공산화되었다. 1972년 대통령 재선을 위해 워터게이트빌딩에서 민주당 중앙위 본부를 도청하다 발각된 《워터게이트사건》으로 1974년 하원에서 탄핵결의가 가결되자 대통령직을 전격 사임하였다.

☐ **Nixon** [níksən] ㉹ **닉슨** 《Richard Milhous ~, 미국의 제37대 대통령; 1913-94》

☐ **Nixon** Doctrine [the ~] **닉슨 독트린** 《국방은 해당국가에 맡기고, 미군을 철수시킨 정책》 ☜ doctrine(교리, 주의, 신조, 외교정책)

노우 no (안돼, 부정)

♣ **어원 : no, non, nor, not, nul ~가 아닌, ~가 없는; 미(未), 불(不), 무(無); 부정, 반대**

☐ **no** [nou/노우] (형) **~이 없는[않는, 아닌]**; (게시 등에서) **~금지**, 사절, ~반대; ~없음 (부) 〖질문·의뢰 따위에〗 **아뇨, 아니**; 〖부정형 질문에〗 네, 그렇습니다 《긍정의 물음이든 부정의 물음이든 관계없이 답의 내용이 부정이면 No, 긍정이면 Yes》 (명) **부정**, 거절 ☜ not + one에서 non(e)로 발전했다가 다시 n이 탈락한 것

♠ Are you a teacher ? **No**, I am not. I am a student.
당신은 선생님입니까 ? **아니오**. 나는 학생입니다.

♠ **no better than ~ ~이나 마찬가지**(=as bad as)

♠ **no (A) but (that) (B) A 하면[이면] 반드시 B 하다, B 하지 않는 A 는 없다** (=never (A) but (B))
There is **no** man **but** wants to be rich. 부자가 되고 싶**지 않은** 사람은 **없다**.

♠ **no fewer than ~ ~이나** 《수가 많음을 이를 때》

♠ **no less than ~ ~만큼이나; ~에 지나지 않는**(=nothing but)

♠ **no less ~ than ~에 못지않게**

♠ **no little 적지 않은, 정말 많은** 《양·정도 등을 나타낼 때》

♠ **no longer 이미[더 이상] ~아니다**(=no more)

♠ **no more 더 이상[이미] ~아니다;** 《속어》 **죽어서**

♠ **no more than 겨우 ~뿐, 다만 ~에 불과한**

♠ **no more (A) than (B) A 가 아님은[없음은] B 가 아님과[없음과] 같다**

♠ **no sooner (A) than (B) A 하자마자 B 하다**
No sooner had he seen me **than** he ran away.
그는 나를 보**자마자** 달아나 버**렸다**.

♠ **no way 조금도 ~않다; 싫다**

♠ **no wonder ~은 당연하다, 놀랄 것도 없다**

☐ **no**body [nóubὰdi/**노**우바리/nóubədi/**노**우버디] (대) **아무도 ~않다** ☜ no + body(몸; 사람)

♠ **Nobody** knows it. **아무도** 그것을 모른다

☐ **non**e [nʌn/넌] (접) **아무것도 ~않다; 아무도 ~않다; 조금도 ~않다**
☜ 고대영어로 not + one에서

♠ **none of ~ 아무(것)도 ~않다**

☐ **no** one, **no**-one [nóuwʌ̀n] (대) **아무도 ~않다** ☜ (어떤) 사람(one)도 ~않다(no)

☐ **no**pe [noup] (부) 《구어》 아니, 아니요(=no) (반) yep (부) 《구어》 = yes ☜ no의 강조형

☐ **not** [(강) nɑt/낱, (약) nt, n, (강) nɔt, (약) nt, n] (부) **~않다, ~아니다**
☜ 중세영어로 '아니다, 없다'란 뜻

♠ **I don't** (do not) **know. 나는 모른다**

♠ **not ~ any longer** (more) **더 이상 ~않다**

♠ **not ~ at all 전혀 ~아니다**

♠ **not (A) but (B) A 가 아니라 B**
It is **not** me **but** you who messed everything up.
모든 것을 엉망으로 만든 것은 내**가 아니고** 너야.

♠ **not always** [부분 부정] **항상 ~인 것은 아니다**

♠ **not as** (so) **(A) as (B) B 만큼 A 하지 않은**
He is **not as** rich **as** all that. 그는 그 **정도로** 부자**는 아니다**.

♠ **not only (A) but (also) (B) A 뿐만 아니라 B 도 역시**
He can speak **not only** English **but also** French.
그는 영어**뿐만 아니라** 불어**도 역시** 말할 수 있다

☐ **not**hing [nʌ́θiŋ/**너**씽] (대)(명) **아무것[일]도 ~ 없음[아님]** ☜ no + thing

☐ **nought** [nɔːt, nɑːt] (명) 〖고어·시어〗 **무**(無), 《영》 제로 ☜ n(=not) + aught(= thing)

☐ **naught** [nɔːt, nɑːt] (명) **무**(無), 《미》 **제로** (형) **무가치한**
☜ n(=not) + aught(= thing). ★ 발음이 not과 같다

☐ **nay** [nei] (부) 《고어·문어》 **아니, 부**(否)(=no); 글쎄, 그렇긴 한데 (명) '아니'라는 말; 부정; 거절, 반대 ☜ 고대 노르드어로 '않다, 아니다(not)'

☐ **nor** [nɔːr/노-, (약) nər] (접) 〖neither 또는 not과 상관적으로〗 **~도 또한 ~않다**
☜ 중세영어로 or에 의해 영향을 받은 부정형 단어
비교 either ⓐ or ⓑ ⓐ 거나 또는 ⓑ, both ⓐ and ⓑ ⓐ와 ⓑ 둘 다

♠ I have **neither** money **nor** job. 돈**도** 직업**도 없다**

☐ **No.**(number의 약어, 제 ~번(호)) ➔ **number**(숫자; 번호를 매기다) **참조**

노아 Noah ([성서] 대홍수를 대비한 유대인 족장)

☐ **Noah** [nóuə] (명) **노아** 《〖성서〗 헤브라이(Hebrew) 사람의 족장(族長)》

☐ **Noah**'s Ark 〖성서〗 노아의 방주; 장난감 방주《장난감 동물이 들어 있음》; 구식의 대형 트렁크(운반 도구) ☜ ark(방주, 피난처, 평저선)

노벨 Nobel (다이너마이트 발명자. 노벨상 창시자)

☐ **Nobel** [noubél] ⓜ **노벨** 《Alfred Bernhard ~, 스웨덴의 화학자 · 다이너마이트 발명자; 1833-96》
☐ **nobel**ist [noubélist] ⓜ (종종 N-) 노벨상 수상자 ☜ -ist(사람)
☐ **Nobel** prize [nóubel praiz] 노벨상 《Nobel의 유언에 의해 매년 세계의 평화 · 문예 · 학술 등 6개 부문에 공헌한 사람들에게 수여하는 상》 ☜ prize(상, 상금, 상품)
♠ Up to now about 800 people received **the Nobel Prize**. 지금까지 약 800 명의 사람들이 **노벨상**을 받았다.

노블레스 오블리주 noblesse oblige (고위직의 도덕적 의무)

프랑스어로 '고귀한 신분(귀족)'을 뜻하는 noblesse 와 '책임이 있다'는 oblige 가 합해진 것. 높은 사회적 신분에 상응하는 도덕적 의무를 말한다.

♣ **어원 : know, no 알다, 알게 하다**
☐ **no**ble [nóubəl/**노**우벌] ⓗ **귀족의, 고귀한** ☜ 알(k**no**w) 만한(a**ble**)
♠ **a noble family 귀족**(의 가문)
☐ **no**bility [noubíləti] ⓜ 숭고, **고결함**; 고귀한 태생(신분); (the ~) [집합적] **귀족(사회)** ☜ -ity<명접> ★ 영국의 귀족에는 다음의 6계급이 있음: duke (공작), marquis (후작), earl (백작, 영국 이외의 지역에서는 count), viscount (자작), baron (남작), Baronets (준남작)
☐ **no**bleman [nóublmən] ⓜ (pl. **-men**) **귀족** ☜ man(남자, 사람)
☐ **no**blesse [noublés] ⓜ 귀족, 귀족계급 ☜ 알(k**now**) 만한(a**ble**) 위치에 있는 신분(**sse**)
☐ **no**ble-minded [nóublmáindid] ⓗ 고결한, 존경할만한, 마음이 고상한 ☜ 고결한(noble) 마음(mind) 의(ed<형접>)
☐ **no**bly [nóubli] ⓑ **훌륭하게, 고귀하게**; 귀족으로서(답게) ☜ -ly<부접>
ig**no**ble [ignóubəl] ⓗ **저열한**, 비열한 ☜ ig(=not/부정) + noble(고귀한)
※ **oblige** [əbláidʒ/어블**라**이쥐] ⓢ **~에게 의무를 지우다** ☜ ~에(ob) 묶어두려(lig) 한다(e)
※ **oblig**ation [àbləgéiʃən/ɔ̀b-] ⓜ **의무, 책임** ☜ oblige + ation<명접>

☐ **nobody**(아무도 ~않다) ➔ **no**(안돼, 부정) **참조**

엔오시 NOC (국가올림픽위원회), 아이오시 IOC (국제올림피구이원회)

☐ **NOC** **N**ational **O**lympic **C**ommittee 국가올림픽위원회
IOC, I.O.C. **I**nternational **O**lympic **C**ommittee 국제올림픽위원회

✚ **nation**al **국가**(국민)**의**, **국가**(국민)**적인** inter**nation**al **국제적인** **Olympic** (고대) 올림피아 경기의; (근대) 국제 올림픽 경기의; 올림포스의 신; **올림픽 경기** com**mit**tee **위원회**

녹턴 nocturne ([음악] 야상곡(夜想曲)), 이자녹스 ISA KNOX (LG 생활건강의 화장품 브랜드. <아름답고 우아한 밤의 여신>이란 뜻)

프랑스어인 Isa는 아름답고 우아한 여성의 애칭으로 널리 불리며, Knox는 라틴어로 로마신화에 등장하는 밤의 여신이다.

♣ **어원 : noct(i), nox 밤(=night)**
☐ **noct**urne [nάktəːrn/nɔ́k-] ⓜ 『음악』 야상곡; 야경(화(畫))(=night scene) ☜ 밤(noc)의 곡(turne<tune)
♠ This is **a nocturne** I wrote for piano. 이것이 내가 쓴 피아노 **야상곡**이다.
☐ **noct**ambulation, -bulism [nɑktæ̀mbjəléiʃən/nɔk-], [-lìzəm] ⓜ 몽중 보행, 몽유병(=sleepwalking) ☜ 밤(noct)에 돌아다니(ambul) 기(ation<명접>)
☐ **nocti**vagant, -gous [nɑktívəgənt/nɔk-], [-gəs] ⓗ 밤에 돌아다니는(나다니는), 야행성(夜行性)의 ☜ 밤(nocti)에 돌아다니(vag) 는(ant/ous<형접>)
♠ **be noctivagant** like an owl 올빼미처럼 **밤에 돌아다니다**
☐ **noct**urnal [nɑktə́ːrnl/nɔk-] ⓗ **밤의**, 야간의; 야행성의; 야상곡 같은; 『식물』 밤에 피는 ⓜ 《고어》 (별의 위치로 측정하는) 야간 시각측정기 ☜ 밤(noc) 의(urnal)

연상 ▸ 강아지가 노들섬에서 노들(noddle.머리)을 계속 노드(nod.끄덕)했다.

☐ **nod** [nɑd/나드/nɔd/노드] ⓢ (-dd-) **끄덕이다**; 끄덕하고 인사하다; 끄덕여 승낙(명령)하다 ⓜ (동의 · 인사 · 신호 · 명령 등의) **끄덕임** ☜ 중세영어로 '재빨리 고개를 숙이다'란 뜻

♠ **nod** like a mandarin
(머리를 흔드는 중국인형처럼) **연달아 끄덕이다**

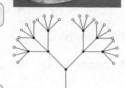

☐ **nod**dle [nάdl/nɔ́dl] 명 《구어》 머리 동 (머리를) 끄덕이다, 흔들다
☜ 끄덕(nod) + d<단모음+단자음+자음반복> + 이다(le<동접>)

노드 node (통신망에서 각각의 연결점)

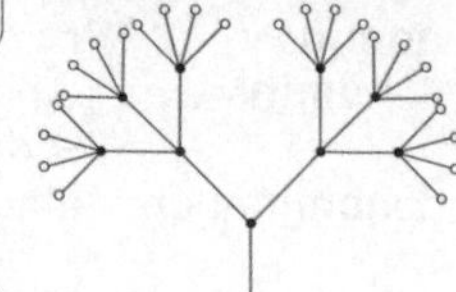

☐ **node** [noud] 명 마디, 결절; 혹 ☜ 라틴어로 '매듭'이란 뜻

☐ **nod**ule [nάdʒuːl/nɔ́-] 명 작은 마디; 작은 혹; 『식물』 뿌리혹
☜ 라틴어로 '매듭(node) + 작은 것(ule)'이란 뜻

노엘 noel (크리스마스를 축하하는 함성이나 축가)

☐ **Noel, noel** [nouél] 명 [F.] 크리스마스; (n-) 성탄절 축가(祝歌); 그 노래 속의 축하말 《감탄사》 ☜ 라틴어로 '탄생, 생일'이란 뜻

노이즈 마케팅 noise marketing (상품을 각종 구설수에 휘말리도록 함으로써 소비자들의 이목을 집중시켜 판매를 늘리려는 마케팅 기법)

☐ **noise** [nɔiz/노이즈] 명 (불쾌하고 비음악적인) 소리; 소음, 시끄러운 소리, 소란; 잡음 동 소문내다; 소리를 내다 ☜ 라틴어로 '뱃멀미로 난리를 피우는 데에서 nausea (매스꺼움, 뱃멀미)'을 의미
♠ deafening **noises** 귀청이 터질 듯한 **소음**
♠ **make a noise 떠들다, 시끄럽게 굴다**

☐ **noise**less [nɔ́izlis] 형 **소리[잡음]이 없는**[적은], 조용한 ☜ -less(~가 없는)

☐ **noise**lessly [nɔ́izlisli] 부 조용히 ☜ noiseless + ly<부접>

☐ **nois**ily [nɔ́izili] 부 **요란하게**, 시끄럽게 ☜ noise + ily<부접>

☐ **nois**iness [nɔ́izinis] 명 시끄러움, 떠들썩함 ☜ noise + ness<명접>

☐ **nois**y [nɔ́izi] 형 (-<-si**er**<-si**est**) **떠들썩한**, 시끄러운; 야한, 화려한《복장·색채 따위》
☜ noise + y<형접>
♠ **noisy** streets **시끄러운** 거리

※ **market** [mάːrkit/**마**-킽] 명 **장**; 장날(~ day); **시장; 시황, 시세**
☜ 라틴어로 '무역, 사고팔기'란 뜻

※ **market**ing [mάːrkitiŋ] 명 매매, 시장거래; 『경제』 **마케팅** 《제조에서 판매까지의 과정》
☜ market + ing<명접>

N

노마드 nomad (유목민)

☐ **nomad**(e) [nóumæd] 명 **유목민**; 방랑자 형 유목(민)의; 방랑하는
☜ 라틴어로 '아라비아의 유랑단체'란 뜻

☐ **nomad**ic [noumǽdik] 형 유목(생활)의; 유목민의; 방랑(생활)의
☜ nomad + ic<형접>
♠ **nomadic** tribes **유목** 민족

☐ **nomad**ism [nóumædìzm] 명 유목(생활); 방랑 생활 ☜ -ism(~행위)

☐ **nomad**ize [nóumædàiz] 동 유목〔방랑〕 생활을 하다; 방랑하게 만들다
☜ nomad + ize<동접>

네임펜 name pen (콩글 중간글씨용 유성펜) ➔ permanent marker
아카데미상 후보에 노미네이트(nominate.지명추천)되다

♣ 어원 : name, nomi(n) 이름

■ **name** [neim/네임] 명 **이름, 성명** 동 이름을 붙이다
☜ 고대영어로 '이름, 평판'이란 뜻

☐ **nomin**al [nάmənl/nɔ́m-] 형 **이름만의**, 명목상의; 이름의, 명의상의; 아주 적은; 『문법』 명사의 ☜ 이름(nomin) 의(al<형접>)
♠ a **nominal** list of officers 직원 **명**부

☐ **nomin**alism [nάmənəlìzm] 명 명목론 ☜ nominal + ism(~론, 학설, 주의)

☐ **nomin**alist [nάmənəlist] 명 유명론자(唯名論者), 명목론자 ☜ -ist(사람)

☐ **nomin**ate [nάmənèit, nɔ́m-] 동 **지명하다**; 지명 추천하다; 임명하다
☜ 이름을(nomin) 붙이다(ate<동접>)
♠ **nominate (A) for 〔to〕 (B) A를 B에 임명[추천]하다**
He **was nominated for** the position of president.

그는 대통령 후보로 **지명받았다**.

□ **nomin**ation [nὰmənéiʃən] [명] **지명**, 추천(권); (관직의) **임명** ☜ 지명하(nominate) 기(ion<명접>)

□ **nomin**ator [nάmənèitər, nɔ́m-] [명] 지명〔임명〕자 ☜ -or(사람)

□ **nomin**ative [nάmənətiv, nɔ́m-] [형] 〖문법〗 **주격**(主格)**의**; 지명〔임명〕의 [명] 〖문법〗 주격; 주어
☜ nominate + ive<형접/명접>
♠ **the nominative case 주격**

□ **nomin**ee [nὰməníː] [명] 피(被)지명자, 후보자 ☜ -ee(<수동형> 사람/객체)

■ de**nomin**ate [dinάmənèit/-nɔ́m-] [동] ~의 이름을 붙이다, 명명하다
☜ de(강조) + nominate(지명하다)

■ de**nomin**ation [dinὰmənéiʃən] [명] **명칭**, 이름, 명의(名義); **명명**(命名)
☜ de(강조) + 지명하(nominate) 기(ion<명접>)

노우 no (안돼, 부정), 노바디 Nobody (댄스팝 걸그룹 원더걸스의 노래)

♣ **어원 : no, non, nor, not, nul ~가 아닌, ~가 없는; 미(未), 불(不), 무(無); 부정, 반대**

■ **no** [nou/노우] [형][부][명] **아니오;** 《비교급 앞에서》 조금도 ~않다; 하나의 ~도 없는, 조금의 ~도 없는; 결코 ~아닌; ~이 있어서는 안되다
☜ not + one 에서 non(e)로 발전했다가 다시 n 이 탈락한 것

■ **no**body [nóubὰdi/**노**우바리/nóubədi/**노**우버디] [대] **아무도 ~않다**
☜ no + body(몸; 사람)

■ **no** one, **no**-one [nóuwʌn] [대] **아무도 ~않다** ☜ (어떤) 사람(one)도 ~않다(no)

□ **non**aggression [nὰnəgréʃən] [명] 불침략, 불가침
☜ 불(不)(non) 침략(aggression)
♠ **a nonaggression pact** 〔treaty〕 **불가침 조약**

□ **non**combatant [nὰnkάmbətənt/nɔ̀nkɔ́m-] [명][형] 〖군사〗 비(非)전투원(의)
☜ 비(非)(non) 전투(combat) 사람(ant)

□ **non**confidence [nankάnfidəns/nɔnkɔ́n-] [명] 불신임
☜ 불(不)(non) 신임/신뢰(confidence)
♠ **a vote of nonconfidence 불신임 투표**

□ **non**durable [nandjúərəbl/nɔn-] [형] 비(非)내구의 [명] 비(非)내구재
☜ 비(非)(non) + 오래갈/견딜(dur) 수 있는(able)

□ **non**e [nʌn/넌] [대] **아무것도 ~않다; 아무도 ~않다; 조금도 ~않다**
☜ 고대영어로 not + one 에서
♠ **None** have left yet. 아직 **아무도** 출발하지 **않았다**
♠ **none other than 다름아닌 [바로 그] ~**
♠ **none the less 그래도, 그럼에도 불구하고**

□ **non**existence [nὰnigzístəns] [명] 존재〔실재〕치 않음〔않는 것〕, 무(無)
☜ non(=not/부정) + 존재하다(exist) + ence<명접>

□ **non**existent [nὰnigzístənt] [형] 존재〔실재〕치 않는, 가공의 ☜ -ent<형접>

□ **none**theless [nὰnðəlés] [부] **그럼에도 불구하고**, 그렇지만(=nevertheless)
☜ (결코) 적은 양(the less)이 아닌(none)

논픽션 nonfiction (허구·소설이 아닌 사실에 기초한 기록 문학)
난센스 nonsense (무의미한 말이나 생각)

♣ **어원 : no, non, nor, not, nul ~가 아닌, ~가 없는; 미(未), 불(不), 무(無); 부정, 반대**

□ **non**fiction [nanfíkʃən] [명] **논픽션**, 소설이 아닌 산문 문학 《전기·역사·탐험 기록 등》
☜ 비(non) 허구(fiction). ⇦ 만들어(fic) 내지 않은(non) (사실의) 것(tion<명접>)

□ **non**linear [nanlíniər/nɔn-] [형] 직선이 아닌, 비선형(非線形)의
☜ 선(line)이 아(non) 닌(ar<형접>)

□ **non**plus [nanplʌ́s,/nɔn-] [동] 어찌 할 바를 모르게 하다 [명] 당혹, 난처; 곤경, 궁지
☜ 더욱 더(plus=more) 아닌(non) 상태에 빠지다
♠ She was completely **nonplused**. 그녀는 아주 **난처했다**.

□ **non**productive [nὰnprədʌ́ktiv/nɔ̀n-] [형] 비생산적인, 효과가 없는; 비생산 분야의
☜ 비(非)(non) 생산적인(productive)

□ **non**resident [nὰnrézədənt] [형] 살지 않는; 숙박자 이외의 [명] 비거주자
☜ 비(非)(non) 거주자/거주하는(resident)

□ **non**scientist [nάnsáiəntist] [명] **자연과학 분야 이외의 연구자**
☜ 비(non) + scientist(과학자)

□ **non**sense [nάnsens/nɔ́nsəns] [명] **무의미한 말**; 터무니없는 생각, **난센스**; 허튼말〔짓〕; 시시한 일 [형] 무의미한, 엉터리없는 ☜ 감각/의미(sens)가 없는(non) 것(e)

□ **non**sensical [nansénsikəl] [형] 당치 않는, 터무니없는 ☜ non + sense + ical<형접>

□ **non**smoking [nάnsmòukiŋ] ⓗ (건물 · 차량 따위가) 금연의 ☜ 비(non) 흡연(smoke) 의(ing<형접>)

논스톱 nonstop (어떤 행위나 동작을 멈추지 아니하고 계속함, 안 멈춤)

♣ **어원 : no, non, nor, not, nul ~가 아닌, ~가 없는; 미(未), 불(不), 무(無); 부정, 반대**

□ **non**stop [nάnstàp] ⓗⓟ 직행의(으로); 연속의, 안 쉬는(쉬지 않고), **논스톱**의
ⓜ 직행열차(버스); 직행운행 ☜ 멈추지(stop) 않는(non)

□ **non**verbal [nάnvə́rbəl] ⓗ **말에 의하지 않는**, 말을 쓰지 않는; 비언어적인, **넌버벌**; 말이 서투른
☜ 비(non) 언어(verb) 적인(al<형접>)

□ **non**violence [nanváiələns] ⓜ **비폭력**(주의), 비폭력 데모 ☜ 비(non) 폭력(violence)

□ **non**violent [nanváiələnt] ⓗ 비폭력(주의)의 ☜ -ent<형접>

□ **no**where [nóuhwὲər] ⓟ 아무데도 ~없다 ☜ 어느 곳(where)에도 없다(no)
ⓜ 어딘지 모르는 곳 ☜ 어느 곳(where)인지 모른다(no)
♠ He was **nowhere** to be found. **아무데서도** 그를 찾아내지 **못했다**.
♠ **from (out of) nowhere 어디선지 모르게, 불시에**

□ **not** [(강) nɑt/낱, (약) nt, n/(강) nɔt, (약) nt, n] ⓟ **~않다, ~아니다**
☜ 중세영어로 '아니다, 없다'란 뜻
♠ **not a bit 조금도 ~아니다[않다]**(=not in the least)
♠ **not a few 적지 않은, 꽤 많은 수의**
♠ **not a little 대단히, 적지 않게**
♠ **not all** 《부분 부정》 **모두가 다 ~은 아니다**
♠ **not always** 《부분 부정》 **반드시 ~은 아니다**
♠ **not ~ any more** (longer) **더 이상 ~아니다**(=no more [longer])
I can **not** speak **any more. 나는 더 이상** 말할 수 **없다**.
♠ **not (A) any more than (B) B 가 아닌 것과 같이 A 가 아니다**
♠ **not (A) because (B) B 라고 해서 A 가 아니다**
♠ **not because (A) but because (B) A 때문이 아니라 B 때문에**
♠ **not (A) but (B) A 가 아니고 B 이다**
This is **not** my pen, **but** my brother's. 이것은 내 펜**이 아니라** 형의 펜**이다**.
♠ **not less (A) than (B) B 보다 더할지언정 [나으면 나았지] A 하지 않은**
♠ **not more (A) than (B) B 만큼 A 하지 않다**(=not so ~as)
♠ **not only (A) but (also) (B) A 뿐만 아니라 B 도 또한**
(=not simply [merely, alone] (A) but (also) (B))
He **not only** speaks English **but** French as well.
그는 영어 **뿐만 아니라** 프랑스어**도** 말할 줄 안다.
♠ **not so much as ~ ~조차 아니다 [아니하다]**
♠ **not so much (A) as (B) A 라기 보다는 오히려 B**
His plan is **not so much** ambitious **as** plain.
그의 계획은 야심차다**기 보다는** 평범하다.
♠ **not to mention ~ ~은 말할 것도 없고**
♠ **not to speak of ~ ~은 말할 것도 없고**
♠ **not yet 아직 ~아니다**

□ **not**hing [nʌ́θiŋ/**너**띵/**너**씽] ⓓⓜ 무(無), 공, 『수학』 영(零); **아무것[일]도 ~ 없음[아님]**
☜ no + thing

□ **not**withstanding [nὰtwiðstǽndiŋ] ⓙ **~에도 불구하고**(=in spit of) ⓟ 그런데도 불구하고, 그래도 역시(=nevertheless) ☜ ~에 저항하지 않은, 저항하지 않음에도.
⇦ not(부정) + with-(~에 대항하여) + stand(서다, 견디다) + ing
★ 여기서 with는 전치사 with(~와 함께)가 아니라 접두사 with-(뒤쪽으로; ~에 대항하여) 이므로 혼동하지 않도록 한다.

□ **nor** [nɔːr/노-, (약) nər] ⓙ 『neither 또는 not과 상관적으로』 **~도 또한 ~않다**
☜ 중세영어로 or에 의해 영향을 받은 부정형 단어

□ **nought** [nɔːt, nɑːt] ⓜ 『고어 · 시어』 **무**(無), 《영》 제로
☜ 고대영어로 '아무것도 없음'이란 뜻. n(=not) + aught(=thing)

■ **naught** [nɔːt, nɑːt] ⓜ **무**(無), 《미》 **제로** ⓗ **무가치한**
☜ n(=not) + aught(=thing). 발음이 not과 같다

■ **never**theless [nèvərðəlés/네버덜**레스**] ⓟ **그럼에도 불구하고**, 그렇지만(=yet)
☜ never(결코 ~않다) the less(보다 적은 양)

누드 nude (나체), 컵누들 cup noodle (당면형 컵라면)

※ **cup** [kʌp/컵] ⓜ **찻종, 컵, 잔** ☜ 고대영어, 라틴어로 '잔'이란 뜻

□ **nud**e [njuːd] ⓗ **발가벗은, 나체의**; 노출된 ⓜ 나체화(상); (the ~) 나체 ⓢ 벌거벗기다
☜ 라틴어로 '발가벗은, 나체의'란 뜻

N

☐ **nood**le [nú:dl] ⓜ **누들** 《밀가루와 달걀로 만든 국수의 일종》; 바보; 《속어》 머리
☜ 독일어 Nudel로 '가늘고 긴 모양의 밀가루 반죽'이란 뜻
이란 뜻 ⇦ nude(노출된, 발가벗은)에서 발전
♠ chicken **noodle** soup **국수를 넣은** 닭고기 수프

연상 ▸ 눅눅한(축축한) 눅(nook.구석)에서 자지마라.

☐ **nook** [nuk] ⓜ (방 따위의) **구석**, 모퉁이(=corner); 외진 곳, 벽지(僻地); 피난처, 숨는 곳
☜ 노르웨이어로 '구부러진 모양'을 의미
♠ **every nook and corner** 〔cranny〕 **도처, 구석구석**

하이눈 High Noon (미국 대통령들이 가장 즐겨본 서부영화)

1952년에 제작된 미국 서부영화. 게리 쿠퍼, 그레이스 켈리 주연. 아카데미상 4개 부문에서 수상한 명작. 작은 마을의 보안관이 은퇴 후 아내와 평화로운 삶을 누리고자 하지만 5년전 체포돼 교수형을 언도받은 악당이 사면으로 풀려나 복수하기 위해 온다는 소식이 정오쯤에 전해지자 보안관이 무법자들과 고독하게 싸운다는 내용. 역대 미국 대통령들이 가장 즐겨본 영화로 꼽히기도 했다. <출처 : 시사상식사전 / 요약인용>

© United Artists

※ **high** [hái/**하**이] ⓗ **높은** ☜ 고대영어로 '높은, 키가 큰, 고급스런'
■ high **noon** 정오, 한낮; 한창때, 전성기, 절정
☐ **noon** [nu:n/누운] ⓜ **정오**, 한낮; 전성기, 절정 ⓗ 정오의 ⓢ 점심을 먹다, 낮 휴식을 취하다 ☜ 중세영어로 '정오, 점심식사'란 뜻
♠ **at (high) noon (딱) 정오에**
☐ **noon**day [nú:ndèi] ⓜⓗ **정오**(의), 대낮(의) ☜ day(일, 날, 낮)
♠ **at the noonday of ~ ~의 한창 때 [절정] 에**
☐ **noon**tide [nú:ntàid] ⓜ 정오, 한낮; 전성기, 절정 ☜ tide(조수, 조류, 조석)
☐ **noon**time [nú:ntàim] ⓜ **정오**, 대낮, 한낮 ☜ time(시간)

☐ **nor**(~도 또한 ~않다) ➔ **none**(아무것도 ~않다) **참조**

노라드 NORAD (북미 항공우주방위사령부)

☐ **NORAD** [nɔ́:ræd] **Nor**th American **A**erospace **D**efense Command
북미 항공우주방위사령부 ★ 1975년 창설된 미국과 캐나다의 공동방공기구. 미국 콜로라도 주 샤이엔 산 복합체에 위치

✚ **north 북**, 북부; **북(부)의; 북으로[에]** Americ**a**n **아메리카[사람]의, 미국의; 미국인** **aero**space **우주 공간**, 항공우주산업 **de**fense, 《영》 **de**fence **방위**, 방어; 피고측; 변호 com**mand 명(령)하다, 지배[지휘]하다, ~의 값어치가 있다; 명령, 지배력**

노말한 normal (정상의)

♣ 어원 : **norm 표준, 규범**
☐ **norm** [nɔ:rm] ⓜ 기준; **규범; 표준**, 모범 ☜ 라틴어로 '목수의 곱자(ㄱ자 형태의 자)'라는 뜻
☐ **norm**al [nɔ́:rməl] ⓗ **정상의**, 정상적인; **보통의** ☜ norm + al<형접>
♠ **a normal condition 정상적인 상태**
☐ **norm**alcy [nɔ́:rməlsi] ⓜ 정상 상태 ☜ normal + cy<명접>
☐ **norm**ality [nɔ:rmǽləti] ⓜ 정상(상태), 표준적임 ☜ normal + ity<명접>
☐ **norm**alize [nɔ́:rməlàiz] ⓢ 정상화하다 ☜ normal + ize<동접>
☐ **norm**ally [nɔ́:rməli] ⓟ **정상적으로**, 평소〔관례〕대로; 평상 상태로는, 보통은 ☜ -ly<부접>

✚ ab**norm**al **비정상의**, 이상한; 불규칙한 e**norm**ous **거대한**, 막대한

노르만족 Norman (북유럽을 원주지로 하는 게르만 민족. 바이킹(Viking))
노스페이스 North Face (미국의 아웃도어 제품회사. <알프스의 3대 북벽>을 의미)

♣ 어원 : **nor(d), north 북(쪽)**
☐ **Nord**ic [nɔ́:rdik] ⓜⓗ 북유럽 사람(의); 게르만 민족(의); 〖스키〗 **노르딕** 경기(의) ☜ 북쪽(nord)의 사람/~의(ic)
☐ **Nor**man [nɔ́:rmən] ⓜ (pl. **-s**) **노르만**족(族) 《10세기경 북프랑스 등에 침입한 스칸디나비아 출신의 북유럽 종족》; **노르망디** 사람 《프랑스 Normandy 지방의 주민》 ⓗ 노르만족〔사람〕의; 노르망디(사람)의
☜ 북쪽(nor)의 사람(man)

☐ **Nor**mandy [nɔ́ːrməndi] ⓜ **노르망디**《영국 해협에 면한 프랑스 북서부의 지방》
☜ 노르만족(Norman)이 정착한 곳(dy)
♠ **the Normandy Invasion** (2차대전시 연합군의) **노르망디 상륙작전**

☐ **Nor**way [nɔ́ːrwei] ⓜ **노르웨이**《북유럽의 왕국; 수도 오슬로(Oslo); 생략: Nor(w).》
☜ '북쪽(Nor) 경로(way)'란 뜻

☐ **Nor**wegian [nɔːrwíːdʒən] ⓗ **노르웨이의** ⓜ 노르웨이 사람(말)《생략: Nor(w).》
☜ -an(~의/~사람/~말)

☐ **north** [nɔːrθ/노-쓰] ⓜ (the ~) **북, 북쪽**, 북부《약어: N, N., n.》 ⓗ **북(부)의**
ⓑ **북으로[에]** ☜ 고대영어로 '북쪽의; 북쪽으로'란 뜻.
♠ the true north 진북(眞北), the magnetic north 자북(磁北)
★ '동서남북'은 보통 '북남동서(north, south, east and west)'라고 말함.

☐ **North** America **북미**, 북아메리카(대륙) ☜ 북쪽의(north) 아메리카(America). 아메리카는 신대륙 발견자인 Amerigo Vespucci의 라틴명 Americus Vespucius의 이름에서

☐ **North A**tlantic **T**reaty **O**rganization [the ~] 북대서양 조약 기구(NATO)

☐ **North** Carolina **노스캐롤라이나**《미국 남동부의 주; 약어 N.C.》 ☜ **최초 프랑스인이 정착하여 프랑스의 샤를 9세를 기념하여 붙여진 지명인데, 영국이 이 지역을 획득한 후에, 영국의 왕인 찰스의 라틴어인 카롤루스(Carolus)라고 개칭한데서 유래.**

☐ **North** Dakota **노스다코타**《미국 중서부의 주; 약어 N.Dak., N.D.》
☜ Dakota는 북미 인디언어로 '동맹'이란 뜻

☐ **north**east [nɔ̀ːrθíːst,《항해》nɔ̀ːríːst] ⓜ (the ~) **북동**《생략: NE》 ⓗ 북동(에서)의
ⓑ 북동으로(에서) ☜ 북(north) 동쪽(east)

☐ **north**easter [nɔ̀ːrθíːstər,《항해》nɔ̀ːríːst-] ⓜ 북동풍 ☜ 북(north) 동쪽(east)의 것(er)

☐ **north**eastern [nɔ̀ːrθíːstərn,《항해》nɔ̀ːríːst-] ⓗ **북동(부)의**; (종종 N-) 북동부 지방의
☜ 북(north) 동쪽(east) 의(ern)

☐ **north**erly [nɔ́ːrðərli] ⓗ 북쪽의, 북쪽으로의; 북쪽에서 오는, ⓑ 북쪽으로; 북으로부터
☜ 북쪽(north)의 것(er) + ly<형접/부접>

☐ **north**ern [nɔ́ːrðərn/노-던] ⓗ **북쪽의[에 있는]**, 북부에 사는; (N-) 북부 지방의
☜ 북쪽(north) 의(ern<형접>)

☐ **north**erner [nɔ́ːrðərnər] ⓜ 북국(부) 사람 ☜ northern + er(사람)

☐ **North** Korea **북한** ☜ Korea(한국) ★ **북한의 공식 국명은 '조선민주주의 인민공화국'(Democratic People's Republic of Korea)이다.**

☐ **North** Pole [the ~] (지구의) **북극**, [n~ p~] (하늘의) 북극, N극 ☜ pole(극(極); 기둥)

☐ **North** Sea [the ~] 북해《유럽 대륙과 영국 사이의 얕은 바다》 ☜ sea(바다)

☐ **North** Star [the ~] (하늘의) **북극성(北極星)** ☜ star(별)

☐ **north**ward [nɔ́ːrθwərd,《항해》nɔ́ːrðərd] ⓑ **북쪽으로** ⓗ **북향한** ⓜ (the ~) 북부(지역), 북방
☜ north + ward(~쪽으로<접미사>)

☐ **north**wards [nɔ́ːrθwədz] ⓑ 북쪽으로 ☜ = northward

☐ **north**west [nɔ̀ːrθwést,《항해》nɔ̀ːrwést] ⓜ **북서**《생략: NW》. 북서부 ⓗ **북서(부)의**
ⓑ **북서로[에]** ☜ 북(north) 서(west)

☐ **north**western [nɔ̀ːrθwéstərn,《항해》nɔ̀ːrwést-] ⓗ **북서의**; (종종 N-) 북서부 지방의
☜ 북(north) 서(west) 의(ern<형접>)

※ **face** [feis/퀘이스] ⓜ **얼굴; 표면** ⓓ **~에[을] 면하다; 향하다**
☜ 라틴어로 '형태, 표면, 외양'이란 뜻

노즐 nozzle (끝이 가늘게 된 호스)

♣ **어원 : nas, nos, noz, nuz 코(=nose), 끝, 주둥이**

☐ **noz**zle [nάzəl/nɔ́zəl] ⓜ (끝이 가늘게 된) 대통(파이프・호스) 주둥이,
노즐; 《속어》 코 ☜ 중세영어로 '(코처럼 끝이 튀어나온) 작은 관'

■ **nuz**zle [nʌ́zəl] ⓓ 코로 (구멍을) 파다; 코로 비비다; (머리・얼굴・코 등을) 디밀다; ~에 다가붙다
☜ 중세영어로 '코(nose)를 + z + 땅에 대다(le)'란 뜻

☐ **nose** [nouz/노우즈] ⓜ **코**; 후각 ⓓ 냄새 맡다 ☜ 고대영어로 '코'란 뜻
♠ **a blocked** (runny) **nose 막힌** (콧물이 흐르는) **코**
♠ a dog **with a good nose 후각이 발달한** 개
♠ **under one's (very) nose 코앞에, 바로 눈앞에, (아무의) 면전에서**

☐ **nose**d [nóuzd] '~코의'란 뜻의 결합사 ☜ ~코(nose) 의(ed<수동형 형접>)
♠ large-**nosed** *큰 **코의*** ➔ 코가 큰

☐ **nose** gear (항공기의) 앞바퀴 ☜ 앞부분<코(nose) 무게 지지장치<동력전달장치(gear)

☐ **nos**tril [nάstril/nɔ́s-] ⓜ **콧구멍** ☜ 고대영어로 '코(nose) 구멍(tril<hole)'이란 뜻

☐ **nos**y [nóuzi] ⓗ (-<-si**er**<-si**est**) 코가 큰, 큰 코의; 참견을 좋아하는; 《구어》 악취 나는; 향기가 좋은 ⓜ 코 큰 사람, '코주부' ☜ -y<형접/명접>

☐ **nas**al [néizəl] (형) **코의**; 콧소리의; 『음성』 비음의 (명) **콧소리**, 비음 ☜ 코(nas) 의(al<형접>)

노스탤지어 nostalgia (과거를 그리워하는 향수병)

☐ **nostalgia** [nɑstǽldʒiə/nɔs-] (명) 향수, **노스탤지어**, 향수병(=homesickness); 과거에의 동경, 회고의 정 ☜ 그리스어로 '집에 가는(nost=homecoming) 병(algia)'이란 뜻

☐ **not**(~않다, ~아니다) ➔ **none**(아무것도 ~않다) **참조**

스코어 score (경기 · 시합의 득점, 점수)
스카치 테이프 Scotch tape (미국 3M사의 투명한 접착용 테이프 브랜드)

♣ **어원 : otch 자르다, 베다, 새기다**

※ **score** [skɔːr/스코어] (명) **스코어, 득점, 점수; 이유**, 근거; (pl.) 20 (동) 기록하다, **장부에 기입하다** ☜ 고대영어로 '새기다, 새긴 눈금'이란 뜻

■ Sc**otch** [skɑtʃ/skɔtʃ] (형) **스코틀랜드**(Scotland)**의**, 스코틀랜드 사람(말)의; 《구어》 인색한(=stingy) (명) (the ~) [집합적] 스코틀랜드 사람(말); 《구어》 스카치 위스키
☜ 후기 중세영어로 '**sc**ore(새기다) + n**otch**(눈금)'의 합성어.
★ 스코틀랜드인들이 물건에 눈금을 새겨가며 사용할 정도로 인색하다는 의미인데, 미국의 3M사에서는 이를 '스코틀랜드인다운 실용성'으로 강조하여 브랜화한 것이 Scotch tape이다.

< Scotch Tape >

☐ n**otch** [nɑtʃ/nɔtʃ] (명) (V자 모양의) 새김눈, 벤자리; 단계; (V자 모양의) 협곡 (동) 금을 새기다 ☜ n<소유 접두어> + otch(새기다)
♠ **notch** items **down** on a tally 항목을 하나하나 **눈금을 내어 기록하다**.

노트 note ([콩글] 공책) ➔ notebook
노트북 notebook ([콩글] 노트북컴퓨터) ➔ laptop

♣ **어원 : not(e), noti (잊지 않도록) 기록(하다), (주의를 끌기위해) 표시하다; 알다**

☐ **note** [nout] (명) (짧은) **기록**; (pl.) **각서**, 비망록, **메모**; **주(해)**, 주석; **짧은 편지**; 주의, 주목; (악기의) **음**; 《영》 **지폐** (동) **적어두다; 주의하다** ☜ 라틴어로 '주의를 끌기위한 표시'란 뜻
♠ speak from **notes 메모[원고]**를 보며 말하다
♠ **take** (make) **a note** (notes) **(of, on ~)** **(~을) 필기[메모]하다**
♠ **take note of ~ ~에 주의하다**
Take note of the warning. 그 경고**에 주의해라**.

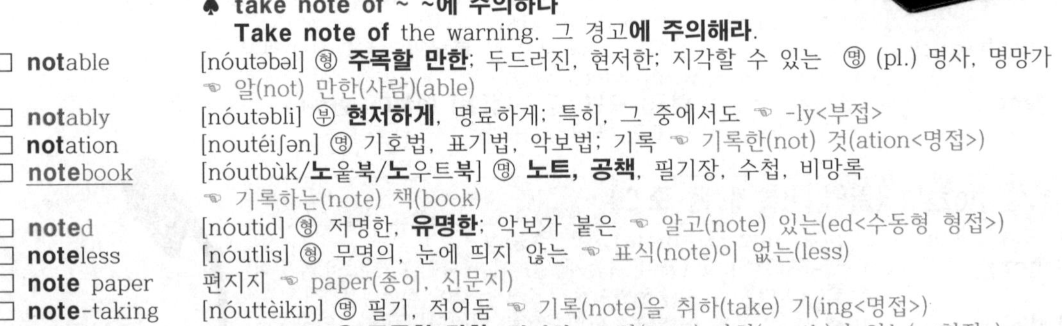

☐ **not**able [nóutəbəl] (형) **주목할 만한**; 두드러진, 현저한; 지각할 수 있는 (명) (pl.) 명사, 명망가 ☜ 알(not) 만한(사람)(able)

☐ **not**ably [nóutəbli] (부) **현저하게**, 명료하게; 특히, 그 중에서도 ☜ -ly<부접>

☐ **not**ation [noutéiʃən] (명) 기호법, 표기법, 악보법; 기록 ☜ 기록한(not) 것(ation<명접>)

☐ **note**book [nóutbùk/**노**웉북/**노**우트북] (명) **노트, 공책**, 필기장, 수첩, 비망록 ☜ 기록하는(note) 책(book)

☐ **note**d [nóutid] (형) 저명한, **유명한**; 악보가 붙은 ☜ 알고(note) 있는(ed<수동형 형접>)

☐ **note**less [nóutlis] (형) 무명의, 눈에 띄지 않는 ☜ 표식(note)이 없는(less)

☐ **note** paper 편지지 ☜ paper(종이, 신문지)

☐ **note**-taking [nóuttèikiŋ] (명) 필기, 적어둠 ☜ 기록(note)을 취하(take) 기(ing<명접>)

☐ **note**worthy [nóutwəːrði] (형) **주목할 만한**, 현저한 ☜ 알(note) 가치(worth)가 있는(y<형접>)

☐ **noti**ce [nóutis/**노**우리스/**노**우티스] (명) **통지; 주의**, 주목; **예고**, 경고; **고시**, 게시 (동) **알아채다; 주의하다** ☜ 알게(noti) 하는 것(ce<명접>)
♠ attract (deserve) (one's) **notice 사람의 눈**을 끌다(**주목**할 만하다).
♠ **at** (on) **short notice 충분한 예고 없이; 급히, 곧**
♠ **come to the notice of ~ ~에 알려지다**
♠ **take notice** (note) **of ~** 《종종 부정문에서》 **~에 주의[유의]하다, 주목하다; 호의적으로 대하다**

☐ **noti**ceable [nóutisəbəl] (형) **눈에 띄는**, 이목을 끄는; 두드러진, 현저한; 주목할 만한 ☜ notice + able<형접>

☐ **noti**ceably [nóutisəbli] (부) 현저히 ☜ notice + able + ly<부접>

☐ **noti**ce board 게시판, 고시판 ☜ board(널, 판지, 판자)

☐ **noti**fy [nóutəfài] (동) **통지[통고]하다** ☜ 알게(noti) 만들다(fy<동접>)

☐ **noti**fication [nòutəfikéiʃən] 명 통지, 통고 ☜ 알게(noti) 만들(fic) 기(ation<명접>)
☐ **not**ion [nóuʃən] 명 **관념**, 개념; 생각, 의견
☜ 라틴어로 '인지'라는 뜻 ⇦ 알게(not) 하는 것(ion<명접>)
☐ **not**ional [nóuʃənl] 형 관념적인, 공상적인 ☜ notion + al<형접>
☐ **not**orious [noutɔ́ːriəs] 형 (보통 나쁜 의미로) 소문난, **유명한**, 악명 높은
☜ 알려(not) 진(orious<형접>)
☐ **not**oriety [nòutəráiəti] 명 (나쁜) 평판, 악평 ☜ not + oriety<명접>

✚ con**note** (말이) 언외(言外)의 뜻을 갖다; 《구어》 의미하다; 〖논리〗 내포하다. de**note** **나타내다**, 표시하다, ~의 표시이다; 의미하다 un**noti**ced **주목되지 않는**, 주의를 끌지 않는, 무시된

☐ **nothing**(아무 것도 없음) ➔ **none**(아무것도 ~없다) **참조**

마담 madam (술집이나 다방, 보석 가게 따위의 여주인), 노트르담, 노틀담 Notre Dame (파리의 성모 성당. <우리의 성모님>이란 뜻)

♣ **어원 : dam(e), donna 숙녀, 여인**
■ ma**dam** [mǽdəm] 명 (pl. **mesdames**) (종종 M-) **아씨**, 마님, **~부인**
☜ 고대 프랑스어로 '나의(ma) 숙녀(dam(e))'란 뜻
■ ma**dame** [mǽdəm, mədǽm, mədɑ́ːm] 명 (pl. **mesdames**) 《F.》 (흔히 M-) 아씨, **마님, ~부인** 《프랑스에서는 기혼부인에 대한 호칭·경칭; 영어의 Mrs.에 해당함; 생략: Mme., (pl.) Mmes.》 ☜ 고대 프랑스어로 '나의 숙녀'란 뜻
☐ Notre **Dame** [nòutrə déim/- dɑ́ːm] 《프》 **노틀담**, 성모마리아; 성모 성당 《특히 파리의 노트르담 성당》 ☜ 프랑스어로 '우리의(Notre) 여인(Dame)'이란 뜻
♠ The hunchback of **Notre Dame** **노틀담**의 꼽추
★ <노틀담의 곱추>는 세기의 문호 빅토르 위고의 1831년작인 『노틀담 드 파리(Notre Dame de Paris)』에 대한 영어식 제목이다.
■ **dame** [deim] 명 《고어·시어》 **귀부인**(=lady); 지체가 높은 숙녀
☜ 고대 프랑스어로 '숙녀, 여주인, 부인'이란 뜻
※ Ma **Donna** 《이탈》 **마 돈나**, 성모마리아 ☜ 이탈리아어로 '나의 여인'이란 뜻
※ Ma**donna** [mədɑ́nə/머**다**너, -dɔ́nə] 명 (보통 the ~) **성모 마리아**; 그 상(像)
※ Santa **Maria** [sǽntə məríːə] (the ~) **산타마리아**호(號) 《Columbus가 아메리카 대륙을 발견했을 때의 기함(旗艦)》 ☜ 이탈리아어로 '성모 마리아'란 뜻
※ **Mary** [mέəri] 명 **메리** 《여자 이름》; 〖성서〗 **성모 마리아**; (영국의) **메리**여왕

< Notre Dame >

N

☐ **notwithstanding**(~에도 불구하고), **nought**(무(無), 제로) ➔ **none**(아무것도 ~없다) **참조**

네임펜 name pen (콩글 중간글씨용 유성펜) ➔ permanent marker 아카데미상 후보에 노미네이트(nominate.지명추천)되다

♣ **어원 : name, nomi(n), noun 이름**
■ **name** [neim/네임] 명 **이름, 성명** 동 이름을 붙이다
☜ 고대영어로 '이름, 평판'
■ **nomin**ate [nɑ́mənèit/nɔ́m-] 동 **지명하다**; 지명 추천하다; 임명하다
☜ 이름을(nomin) 붙이다(ate<동접>)
☐ **noun** [naun] 명형 〖문법〗 **명사**(의) ☜ 라틴어로 '이름'이란 뜻
♠ **a noun** of multitude 집합(集合)**명사**
☜ multitude(다수, 군중)
♠ **a noun** clause 〔phrase〕 **명사**절〔구〕
☜ clause(조항, 절(節)), phrase(구(句))
■ pro**noun** [próunàun] 명 〖문법〗 **대명사** 《생략: pron.》
☜ 대신하는(pro) 명사(noun)

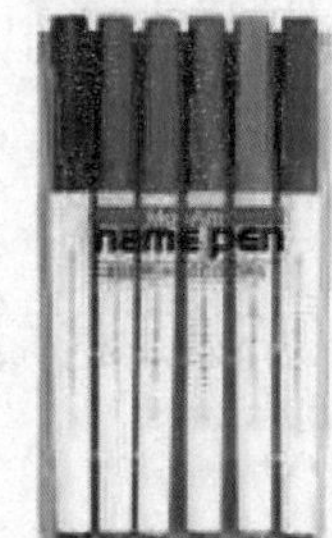

너리싱 크림 nourishing cream ([화장품] 영양크림) 너싱 홈 nursing home (만성질환자를 위한 노인 전문요양병원)

♣ **어원 : nour, nutr, nors 기르다, 양육하다**
☐ **nour**ish [nɔ́ːriʃ, nʌ́r-] 동 ~에 자양분을 주다, **기르다**; 키우다, 조정하다; (희망·원한·노염 등을) 마음에 품다
☜ 고대 프랑스어로 '기르(nour<norriss) 다(ish<동접>)'란 뜻
♠ **nourish** an infant with milk 어린애에게 우유**를 주다**〔우유로 **키우다**〕

□ **nour**ishing [nə́:riʃiŋ] ⓗ **자양분이 있는, 영양이 되는** ☜ -ing<형접>
□ **nour**ishment [nə́:riʃmənt] ⓜ **자양물**, 음식, 영양(물); 양육, 육성, 조장 ☜ nourish + ment<명접>
※ **cream** [kri:m/크뤼임] ⓜ **크림**, 유지(乳脂); 크림 과자〔요리〕; 화장용〔약용〕 크림
☜ 고대 프랑스어로 '성스러운 기름'이란 뜻

✚ **nurs**e **유모; 간호사**, 간병인; **젖먹이다; 간호하다**; **돌보다**; (희망 등을) **품다** **nurs**ery **육아실**; 탁아소; 보육원 **nutr**ition **영양(물); 영양물 섭취**; 자양물; 영양학

카사노바 Casanova ([It.] 호색가, 엽색꾼, 색골)

♣ **어원 : new, nov(a) 새로운**
■ Casa**nova** [kæ̀zənóuvə, -sə-] ⓜ (or c-) 엽색(獵色)꾼, 색마(=lady-killer)
☜ 새로운(nova) 집(casa). 18c. 스페인계 이탈리아의 문학가이자 모험가이며 엽색가인 Giacomo Girolamo Casanova의 이름에서 유래.
□ **nova** [nóuvə] ⓜ (pl. -va**e**, **-s**) 『천문』 신성(新星)
☜ 라틴어 nova stella의 약어로 '새로운 별'이란 뜻
□ **nov**el [nάvəl/nɔ́v-] ⓗ 신기한(=strange), **새로운**(=new); 기발한; 이상한
☜ 라틴어로 '새로운'이란 뜻
ⓜ (장편) **소설**; (the ~) 소설 문학 ☜ 라틴어로 '새로운 이야기'라는 뜻
♠ **a novel idea 기발한 생각, 참신한 아이디어**
♠ a detective **novel** 추리 **소설**
□ **nov**elist [nάvəlist/nɔ́v-] ⓜ **소설가**, 작가 ☜ novel + ist<사람>
□ **nov**elize [nάvəlàiz/nɔ́v-] ⓢ (연극·영화 따위를) 소설화하다 ☜ novel + ize<동접>
□ **nov**elty [nάvəlti/nɔ́v-] ⓜ **신기로움, 진기함**; 새로움; 새로운 것; 새로운 경험
☜ novel + ty<명접>
□ **nov**elette [nὰvəlét] ⓜ 단편 소설, 소품(小品) ☜ novel + ette(작은)
□ **nov**ice [nάvis/nɔ́v-] ⓜ 신참자, 초심자, **풋내기**; 수련 수사(修士)〔수녀〕; 새 신자
☜ 새로운(nov) + i + 주체(ce<명접>)
♠ Even the big stars were once **novices**. 대(大)스타도 한때는 **애송이**였다

✚ in**nov**ation (기술)**혁신**, 일신, **쇄신** re**nov**ate 새롭게 하다, 혁신하다, 쇄신하다

□ **November**(11월) ➔ **nine**(9, 9개; 9사람) **참조**

N

뉴스 news (새로운 소식들)

♣ **어원 : new, now 새로운, 최근의**
■ **new** [nju:/뉴-] ⓗ **새로운**; 신식의; 근세〔근대〕의 ⓟ 새로이, 다시
☜ 고대영어로 '새로운, 신선한, 최근의'라는 뜻
■ **new**s [nju:s/뉴-스, nju:z] ⓜ [보통 단수취급] **뉴스**(프로), 보도; (신문의) 기사(記事)
☜ 새로운(new) 것들(s)
□ **now** [nau/나우] ⓟ **지금**, 현재, **방금**; 자!, 어서! ⓗ 지금의, 현재의 ⓜ **지금**, 현재
ⓙ (이제) **~이니까** ☜ 라틴어로 '새로이(=newly), 최근'이란 뜻
♠ I'm busy **now.** 나는 **지금** 바쁘다.
♠ **by now 지금쯤은, 이미**
♠ **from now on 지금부터, 금후**
♠ **(every) now and then 때때로**(=now and again)
♠ **now (that) ~ ~이니까, ~인 이상은**(=since)
□ **now**adays [náuədèiz] ⓟ 요즈음에는, **오늘날에는** ⓜ 요즈음, 현대, 오늘날
☜ 최근(now) 의(a) 날(day) 들(s)
♠ Students **nowadays** don't work hard.
요즘엔 학생들이 열심히 노력하지 않는다.

□ **nowhere**(아무데도 ~없다; 어딘지 모르는 곳) ➔ **none**(아무것도 ~않다) **참조**

노즐 nozzle (끝이 가늘게 된 호스)

♣ **어원 : nas, nos, noz 코(=nose), 끝, 주둥이**
■ **nose** [nouz/노우즈] ⓜ **코**; 후각 ⓢ 냄새맡다 ☜ 고대영어로 '코'란 뜻
□ **noz**zle [nάzəl/nɔ́zəl] ⓜ (끝이 가늘게 된) 대통〔파이프·호스〕 주둥이, **노즐**; 《속어》 코
☜ 중세영어로 '(코처럼 끝이 튀어나온) 작은 관'이란 뜻
♠ I guess **the nozzle** is clogged. **노즐**이 막혀있는 것 같아요.

☐ **noz**zleman [nάzlmən] 명 (pl. **-men**) 노즐(호스 끝)을 잡는 사람; 소방대원 ☜ nozzle + man(사람)

뉘앙스 nuance ([F.] 미묘한 차이)

☐ **nuance** [njúːɑːns] 《프》 **뉘앙스**, 미묘한 차이 ☜ 18c. 프랑스어로 '미묘한 차이, 색조', 라틴어로 '안개, 수증기'란 뜻

엔피티 NPT (핵확산금지조약)

☐ **NPT** (Nuclear) **N**on**p**roliferation **T**reaty 핵확산금지조약

✚ **nuclear** 【생물】 (세포)**핵의**; 【물리】 **원자핵의; 원자력의**; 핵무기의; 핵무기 **nonproliferation** 비(非)증식(의); (핵무기 등의) 확산방지(의) **treat**y **조약**, 협정; 협상, 교섭

엔에스시 NSC (국가안전보장회의)

☐ **NSC** **N**ational **S**ecurity **C**ouncil 국가안전보장회의

✚ **nation**al **국가**(국민)**의**, **국가**(국민)**적인** **secur**ity **안전**, 무사; **안심**; **보안**, 방위(수단); **보증** coun**cil** **회의**; 협회; **위원회**, 심의회, 평의회

코코넛 coconut (코코야자 열매), 넛 크래커 nutcracker (호두까는 기구)

♣ **어원 : nut, nucle, nucleo 딱딱한 (것), 견과, 핵**

■ coco**nut** [kóukənʌ̀t] 명 **코코야자 열매**, **코코넛** ☜ 열대야자나무(coco)의 딱딱한 것(nut)

■ pea**nut** [píːnʌ̀t] 명 【식물】 **땅콩**; 《속어》 하찮은 사람[것]; (pl.) 《속어》 아주 적은 액수 ☜ 딱딱한 것(nut)으로 싸인 콩(pea)

< coconut >

☐ **nut** [nʌt/넡] 명 **견과** 《호두·개암·밤 따위》; 어려운 일, 난문; 【기계】 **너트**, 고정나사 ☜ 고대영어로 '딱딱한 씨'란 뜻

☐ **nut**cracker [nʌ́tkrækə(r)] 명 (보통 pl.) 호두 까는 기구 ☜ (호두 등) 견과(nut)를 깨는(crack) 기구(er)

☐ **nut**shell [nʌ́tʃèl] 명 견과의 껍질 동 요약하다, 간결하게 표현하다 ☜ 견과류(nut) 껍질(shell)
♠ **in a nutshell 아주 간결하게**
♠ **a hard nut to crack 난문제, 어려운 문제[것]** ☜ 깨야할 단단한 껍질
This is **a hard nut to crack**. 이 문제는 **까다롭다**

☐ **nucle**ar [njúːkliər] 형 【생물】 (세포)**핵의**, 핵을 이루는; 【물리】 **원자핵의; 원자력의**; 핵무기의 명 핵무기; 핵보유국 ☜ 딱딱한 것(nucle) 의(ar<형접>)
♠ The North Korean **nuclear issue** fell into disarray.
북한 **핵문제**가 혼란해졌다.

☐ **nucle**ar bomb 핵폭탄 ☜ bomb(폭탄; 《미》 대실패, 《영》 대성공))
☐ **nucle**ar family 핵가족 ☜ family(가족, 집안, 가문)
☐ **nucle**ar fission 【물리】 핵분열 ☜ fission(분열)
☐ **nucle**ar fusion 【물리·화학】 핵융합 ☜ fusion(용해, 융해, 합병)
☐ **nucle**ar plant 원자력 발전소 ☜ plant(식물; 제조 공장)
☐ **nucle**ar power 원자력; 핵무기 보유국 ☜ power(힘, 능력; 동력)
☐ **nucle**ar reaction 【물리】 핵반응 ☜ reaction(반응, 반작용)
☐ **nucle**ar test 핵실험 ☜ test(시험, 검사)
☐ **nucle**ar umbrella 핵우산 ☜ umbrella(우산)
☐ **nucle**ar warhead 핵탄두 ☜ warhead(미사일·어뢰 등의 탄두)

< 핵 실험 장면 >
© guardianlv.com

☐ **nucle**us [njúːkliəs] 명 (pl. nucle**i**, **-es**) **핵**, 핵심; 토대; (원자)핵; 【생물】 세포핵 ☜ 딱딱한(nucle) 것(us<명접>)
♠ The family is **the nucleus** of the community.
가정은 사회의 **핵심**이다.

누드 nude (나체), 컵누들 cup noodle (당면형 컵라면)

☐ **nud**e [njuːd] 형 **발가벗은, 나체의**; 노출된 명 나체화(상); (the ~) 나체 동 벌거벗기다 ☜ 라틴어로 '발가벗은, 나체의'란 뜻
♠ **a nude model 누드모델**

☐ **nud**ie [njúːdi] 명 《속어》 누드 영화 형 누드를 다룬, 누드를 내세우는 ☜ -ie는 -y<명접/형접>의 옛 철자

☐ **nud**ist [njúːdist] 명 나체주의자 ☜ -ist(사람)

■ **nood**le [núːdl] 명 **누들** 《밀가루와 달걀로 만든 국수의 일종》; 바보; 《속어》 머리

N

☜ 독일어 Nudel로 '가늘고 긴 모양의 밀가루 반죽'이란 뜻 ⇦ nude (노출된, 발가벗은)에서 발전

뉴슨스 nuisance ([법률] 안온방해(安穩妨害). 생활방해)

안온방해란 생활방해라고도 부르며 직접적인 가해행위에 의하지 않고 매연, 가스, 음향(소음), 광열, 진동 등의 방산(放散)으로 타인에게 불법하게 손해를 발생시키면 손해배상의 책임을 진다.(민법 제217조 1항) <출처 : 법률용어사전 / 일부인용>

☐ **nuis**ance [njúːsəns] ⓜ **폐(弊), 성가심**, 귀찮음, 불쾌; 귀찮은 행위(사람); 〖법률〗 불법 방해
☜ 라틴어로 '해치는(nuis) 것(ance)'이란 뜻
♠ the index number of **nuisance 불쾌** 지수
♠ Mosquitoes are **a nuisance**. 모기란 **귀찮은 존재**다

연상 넘(너무) 추워서 손발이 넘(numb.감각을 잃은)했다.

☐ **numb** [nʌm] ⓗ (얼어서) **감각을 잃은, 곱은**, 언; 마비된 ⓢ 감각을 잃게 하다, 마비시키다 ☜ 중세영어로 '움직임이나 느낌을 잃은'
♠ **numb** with cold 추워서 **곱은[언]**
♠ She **was numb** with grief.
그녀는 슬픔으로 인해 **멍해 있었다**.
☐ **numb** hand 《구어》 서투른 사람 ☜ hand(손)
☐ **numb**ing [nʌ́miŋ] ⓗ 마비시키는, 저리게 하는; 아연(망연)케 하는
☜ numb + ing<형접>
■ be**numb** [binʌ́m] ⓢ **무감각 하게하다**, 마비시키다, 저리게 하다; 실신케 하다; 멍하게 하다 ☜ be<동사형 접두사> + numb

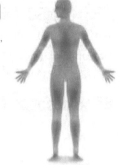

백넘버 back number (콩글 등번호) ➔ player's number, uniform number

♣ **어원 : number, numer 수, 다수; 계산; 세다, 계산하다**

※ **back** [bæk/백] ⓜ **등, 뒤쪽** ⓗ **뒤(쪽)의** ☜ 고대영어로 '등, 뒤'란 뜻
☐ **number**, **No.**, **N°**, **no.** [nʌ́mbər/넘버] ⓜ **수**(數), 숫자; (pl. Nos., N°s, nos.) 〖숫자 앞에 붙여〗 **제 ~번, 제 ~호, ~번지** 《따위》 ⓢ **번호를 매기다**, (수를) **세다**; 총계 ~이 되다 ☜ 라틴어로 '수'란 뜻
♠ **The number of students** has been increasing.
학생 수가 늘어나고 있다.
♠ **a good** (great, large) **number of 상당히 [대단히] 많은**
A large number of people came to the concert.
대단히 많은 사람들이 그 콘서트에 왔다.
♠ **a number of 다수의; 얼마간의**
♠ **in large** (small) **numbers 다수**(소수)**로**
♠ **in numbers (잡지 등을) 분책하여; 몇 번에 나누어서**
☐ **number**less [nʌ́mbərlis] ⓗ **셀 수 없는**(=innumerable), **무수한**; 번호 없는
☜ 셀 수(number) 없는(less)
☐ **number** nine [**No.** 9] (pill) 《영국군 속어》 제9호 환약, 만능약 ☜ nine(9, 아홉)
☐ **number** one [**No.** 1] 제1호(번), 제1인자, 중심인물 ⓗ 제1의, 일류의, 최고의 ☜ one(1, 하나)
☐ **numer**al [njúːmərəl] ⓗ 수의; 수를 나타내는 ⓜ **숫자** ☜ 수(numer) 의(al<형접>)
♠ the Arabic (Roman) **numerals** 아라비아(로마) **숫자**
☐ **numer**ical [njuːmérikəl] ⓗ **수의**, 숫자상의; 숫자로 나타낸; 계산 기술의(에 관한)
☜ -ical<형접>
☐ **numer**ically [njuːmérikəli] ⓟ 수로, 수적으로 ☜ numerical + ly<부접>
☐ **numer**ous [njúːmərəs/뉴-머뤄스] ⓗ **다수의**, 수많은; 많은 사람의 ☜ 수(numer) 많은(ous<형접>)
♠ **a numerous army 대군**

✚ e**numer**ate **열거하다**; 낱낱이 세다 in**numer**able **셀 수 없는, 무수한**, 대단히 많은 back **number** 시대에 뒤진 사람(물건 · 방법), (명성 · 인기를 잃은) 과거의 사람

연상 넌 정말 마음씨 착한 넌(nun.수녀)이구나.

☐ **nun** [nʌn] ⓜ **수녀**; 흰 집비둘기의 일종; 독나방의 일종
☜ 고대영어로 '서약을 하고 신앙생활에 헌신하는 여인'이란 뜻
♠ become **a nun 수녀**가 되다
☐ **nun**nery [nʌ́nəri] ⓜ (pl. nuner**ies**) 수녀원, 수녀단(團)
☜ 수녀(nun) + n<단모음+단자음+자음반복> + 장소(ery)

※ **mon**k [mʌŋk] 명 **수도사** ☜ 그리스어로 '혼자서(mon) 사는(k)'의 뜻

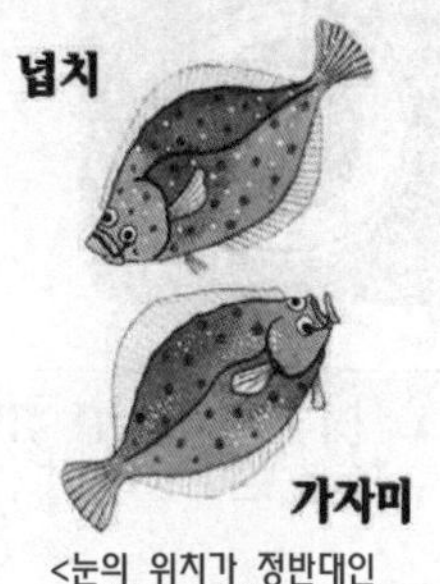

<눈의 위치가 정반대인 넙치와 가자미>

연상 넙치와 가자미가 넙셜(nuptial.결혼식)을 거행하였다.

♣ **어원 : nub, nupt 결혼(하다), 부부, 배우자**

☐ **nupt**ial [nʌ́pʃəl] 형 결혼 생활의, **결혼(식)의** 명 (pl.) 결혼식, 혼례
☜ 라틴어로 '남편을 취하다'란 뜻
♠ **a nuptial ceremony 혼례**

■ pre**nupt**ial [priːnʌ́pʃəl] 형 혼전(婚前)의; 교미 전의
☜ 결혼하기(nupt) 전(pre) 의(tial)

■ post**nupt**ial [pòustnʌ́pʃəl] 형 결혼 후의; 신혼여행의; (동물의) 교미 후의
☜ 결혼한(nupt) 후(post) 의(tial)

✚ **nub**ile 나이찬, 혼기의; (여자가) 성적 매력이 있는 con**nub**ial 결혼(생활)의; 부부의, 배우자의

너싱 홈 nursing home (만성질환자를 위한 노인 전문요양병원)
너리싱 크림 nourishing cream ([화장품] 영양크림) * cream 크림(의)

♣ **어원 : nur(s), nour 기르다, 양육(하다); 영양(을 공급하다)**

☐ **nurs**e [nəːrs/너-스] 명 **유모; 간호사**, 간병인; 양성하는 사람; 양성소 동 **젖먹이다; 간호하다**; **돌보다**; (희망 등을) **품다**
☜ 라틴어로 '양육(자)'란 뜻
♠ **nurse a baby** at the breast **아기를** 모유로 **키우다**

☐ **nurs**(e)ling [nə́ːrsliŋ] 명 유아, 젖먹이; 묘목(苗木)
☜ 양육하(nurse) 기(ling)

☐ **nurs**emaid [nə́ːrsmèid] 명 어린애 보는 하녀(=nursery maid)
☜ nurse + maid(미혼 여성, 하녀)

☐ **nurs**ery [nə́ːrsəri] 명 아이 방, **육아실**; 탁아소(day ~); 보육원 ☜ nurse + ry(장소)

☐ **nurs**ing [nə́ːrsiŋ] 형 **양육하는**; 간호하는 명 보육(업무), 간호(업무)
☜ nurse + ing<형접/명접>

☐ **nurs**ing home (사립) 요양원; 《영》 (소규모의) 사립 병원 ☜ home(가정, 고향)

☐ **nur**ture [nə́ːrtʃər] 동 **양육하다** 명 양육; 양성, 훈육, 교육; 영양(물), 음식
☜ nur(양육) + ture<명접/동접>

☐ **nutr**ient [njúːtriənt] 형 영양이 되는 명 영양제
☜ 영양을 공급하(nutr) + i + 는/기(ent<형접/명접>)

☐ **nutr**iment [njúːtrəmənt] 명 영양물; 영양소 ☜ 영양(nutr) + i + ment<명접>

☐ **nutr**ition [njuːtríʃən] 명 **영양(물); 영양물 섭취**; 자양물, 음식물; 영양학
☜ 영양을 공급하(nutr) + i + 기(tion<명접>)

☐ **nutr**itional [njuːtríʃənl] 형 **영양의**, 자양의 ☜ nutrition + al<형접>

☐ **nutr**itious [njuːtríʃəs] 형 자양분 있는, **영양이 되는** ☜ 영양을 공급하(nutr) + i + 는(tious<형접>)

☐ **nutr**itive [njúːtrətiv] 형 **영양에 관한**, 자양분 있는 ☜ 영양이(nutr) 있는/관한(itive<형접>)

nourish [nə́ːriʃ, nʌ́r-] 동 ~에 자양분을 주다, **기르다**; 키우다, 조장하다; (희망·원한·노염 등을) 마음에 품다 ☜ -ish<동접>

☐ **nut**(견과, 너트), **nutcracker**(호두까는 기구) ➔ **nuclear**(핵의, 원자핵의) **참조**

나일론 nylon (폴리아미드계 합성섬유)

☐ **nylon** [náilɑn/-lɔn] 명 **나일론**; 나일론 제품; (pl.) 여자용 나일론 양말
☜ 1938년 미국의 뒤퐁사에서 개발한 섬유제품명

님프 nymph (그리스·로마 신화에 나오는 요정의 총칭)

☐ **nymph** [nimf] 명 【그리스·로마신화】 **님프**, 정령(精靈), **요정**; 《시어》 아름다운 처녀 ☜ 라틴어로 '반신반인의 여신'
♠ **wood nymph** 숲의 **요정**(=dryad)

※ **fair**y [fέəri] 명 (pl. -**ries**) **요정**, 선녀 형 요정의, 요정 같은
☜ 요정(fair) 같은(y)

J. W. Waterhouse 作 <Hylas and the Nymphs>1896)

오 마이 갓 Oh my god (맙소사. <오 ~ 나의 하나님>이란 뜻)

□ **O, oh** [ou/오우] ㉿ [의성어] **오오 !**
♠ **O yeah** ! 《미.속어》 **아니 뭐라구** ! 《불신 · 강한 반대 · 반항을 나타냄》

※ **my** [mai/마이, məi, mə] ㉹ 〖I의 소유격〗 **나의** ☜ mine(나의 것)의 변형

※ **god** [gɑd/가드/gɔd/고드] ⓜ (G-) (일신교, 특히 기독교의) **신, 하나님**, 하느님, 조물주
☜ 고대영어로 '신, 조물주'란 뜻

✚ **ah 아아 !** **aha, ah ha 아하 !** **alas 아아 !**, 슬프다, 가엾도다 **aw 저런!**, 아니 !, 에이 ! **wow 야아 !** 《놀라움 · 기쁨 · 고통 등을 나타냄》

오크통(桶) oak barrel (참나무로 만든 양조용 나무통)

□ **oak** [ouk/오욱] ⓜ (pl. **-s, -**) 〖식물〗 **오크** 《떡갈나무 · 참나무류의 총칭》; 오크 재목 ⓗ 오크(제)의 ☜ 고대영어로 '오크 나무'란 뜻

□ **oak**en [óukən] ⓗ **오크(제)의** ☜ oak + en<형접>

□ **Oak**land [óuklənd] ⓜ **오클랜드** 《California주의 항구도시》 ☜ land(땅).
★ 오크나무(Oak)는 해안가에서 잘 자란다고 함.

※ **bar**rel [bǽrəl] ⓜ (중배 부른) **통**; 한 통의 분량, **배럴** 《액량 · 건량의 단위》 ☜ 나무(bar)로 만든 통

노(櫓) = 오어(oar), 로잉머신 rowing machine (노젓기 운동기구)

□ **oar** [ɔːr/오어] ⓜ **노, 오어**; 노 젓는 사람; 젓는 배, 보트 ⓢ 노를 젓다 ☜ 라틴어로 '노', 그리스어로 '노젓는 사람'이란 뜻
♠ a good 〔practiced〕 **oar 노질** 잘 **하는**〔노질에 익숙한〕 **사람**

□ **oar**sman [ɔ́ːrzmən] ⓜ (pl. **-men**) 노 젓는 사람(=rower)
☜ 노(oar) 들(s)을 젓는 사람

□ **oar**smanship [ɔ́ːrzmənʃip] ⓜ 조정술(漕艇術); 노 젓는 솜씨
☜ oarman + -ship(상태, 기술)

■ **row** [rou/로우] ⓢ (노로 배를) **젓다** ⓜ 노젓기; **열**, (좌석의) **줄**
☜ 고대영어로 '물가로 가다, 노젓다'란 뜻

■ **row**ing [róuiŋ] ⓜ **로잉** 《shell(경주용 경(輕)보트)에 의한 보트레이스》
☜ 노젓(row) 기(ing<명접>)

※ **machin**e [məʃíːn/머**쉬**인] ⓜ **기계**(장치) ☜ 그리스어로 '장치'란 뜻

오아시스 oasis (사막가운데 수분공급이 되는 녹지)

□ **oasis** [ouéisis/오우**에**이시스] ⓜ (pl. **-ses**) **오아시스** 《사막 가운데의 녹지》; 《비유》 휴식처, 위안의 장소
☜ 그리스어로 '비옥한 땅'이란 뜻
♠ **an oasis** in the desert 답답함을 벗어나게 해주는 것; 기사회생이 되는 것

□ **oasi**tic [òuəsítik] ⓗ 오아시스와 같은; 안식을 주는 ☜ oasis + tic<형접>

오트밀 oatmeal ([식품] 볶은 후 빻은 귀리)

□ **oat** [out] ⓜ (보통 pl.) 〖식물〗 **귀리**; 오트밀 ⓗ 귀리로 만든
☜ 고대영어로 '귀리 가루, 야생 귀리'란 뜻
♠ **Oats** provide good, nutritious food for horses.
귀리는 말에게 맛있고 영양 많은 먹이가 된다.
♠ **feel one's** 〔its〕 **oats**
《구어》 원기왕성하다; 《미》 잘난 체하다.

□ **oat**meal [óutmìːl] ⓜ **오트밀**; 곱게 탄〔빻은〕 귀리; 오트밀 죽 《우유와 설탕을 넣어 조반으로 먹음》 ☜ 귀리(oat) 식사(meal)

오스 The Oath (아이슬란드 범죄 · 스릴러 영화. <선서>라는 뜻)

2018년 개봉한 아이슬란드의 범죄/스릴러영화. 헤라 힐마, 발타자르 코루마쿠르 주연. 평온했던 외과의사의 일상이 딸의 연인으로 인해 무너지게 된다. 마약 중독과 범죄의 위협 속에 놓여 있는 딸을 지키고 딸의 남친의 위협과 폭력에서 벗어나기 위해 히포크라테스 선서를 한 의사로서 해서는 안될 극단적 선택을 하게 되는 이야기이다. 아이슬란드 에다어워즈에서 여우주연상을 포함한 6개 부문 수상했다.

© Roadside Attractions Topic Studios

□ **oath** [ouθ] 명 (pl. **-s** [ouðz, ouθs]) **맹세**, 서약, 선서
☜ 고대영어로 '(신에 대한) 맹세'라는 뜻
♠ a false **oath** 거짓 **맹세**
♠ **Hippocratic oath 히포크라테스 선서** 《의사가 될 사람들이 서약하는 의사들의 윤리 강령》
♠ **on one's oath 맹세코**
♠ **take** (make, swear) **(an, one's) oath 맹세하다, 선서하다**
take (swear) **an oath** of allegiance 충성을 맹세하다

□ **oath**-taking [óuθtèikiŋ] 명 선서; 맹세 ☜ 취하(take) 기(ing)

□ **obdurate**(완고한, 고집센) ➔ **during**(~동안) **참조**

오디오 audio (음향기기), 오디션 audition (예능심사)

♣ **어원 : aud(i), edi, ey 듣다, 귀를 기울이다**

■ **audio** [ɔ́ːdiòu] 형 〖통신〗 가청주파(可聽周波)의 명 (pl. **-s**) 〖TV〗 (음의) 수신; 음성 부문; 가청(음역), **오디오** ☜ 라틴어로 '듣다'란 뜻

■ **audi**tion [ɔːdíʃən] 명 청각; 청력; (가수 · 배우 등의) **오디션** ☜ 듣는(audi) 것(tion)

■ **audi**ence [ɔ́ːdiəns] 명 [집합적] **청중; 관중**, 관객, 청취(시청)자 ☜ -ence<명접>

□ ob**ey** [oubéi/오우**베**이] 동 **복종하다**, 따르다 ☜ ~에(ob<ad=to>) 귀를 기울이다(ey)
♠ **obey** one's mother 어머니**의 말을 잘 듣다**

□ ob**edi**ence [oubíːdiəns] 명 **복종**, 공순, 순종; (법률 · 명령의) 준수 ☜ obey + ence<명접>
♠ **in obedience to ~ ~에 순종하여, ~에 따라**

□ ob**edi**ent [oubíːdiənt] 형 **순종하는**, 유순한, 고분고분한, 말 잘 듣는 ☜ -ent<형접>

□ ob**edi**ently [oubíːdiəntli] 부 고분고분하게; 정중하게 ☜ -ly<부접>

disob**ey** [dìsəbéi] 동 **따르지 않다. 위반하다**, 반항하다 ☜ dis(=not) + obey

오벨리스크 obelisk (고대 이집트 왕조 때 태양신앙의 상징으로 세워진 방첨탑, 기념비)

□ **obelisk** [ɑ́bəlìsk/ɔ́b-] 명 **오벨리스크, 방첨탑**(方尖塔); 〖인쇄〗 단검표《†》
☜ 그리스어로 '뾰족한 기둥'이란 뜻
♠ **an advertising obelisk 광고탑**

오바이트 overeat (콩글 음식 · 술 등을 과식하여 토해내는 일) ➔ vomit, throw up, barf, puke

♣ **어원 : eat, edi, ese 먹다**

■ **eat** [iːt/이-트] 동 (-/**ate**/**eaten**) **먹다**, (수프 따위를) 마시다
☜ 고대영어로 '먹다'란 뜻

■ over**eat** [òuvəríːt] 동 (-/over**ate**/over**eaten**) **과식하다**
☜ 지나치게(over) 먹다(ese)

□ ob**ese** [oubíːs] 형 (-<-s**er**<-s**est**) 지나치게 살찐, 뚱뚱한
☜ ob(지나치게/강조) + ese(먹다)
♠ **become more obese 더 뚱뚱해지다**

□ ob**esi**ty [oubíːsəti] 명 비만, 비대 ☜ ob(지나치게/강조) + esi(먹은) 것(ty)

✚ **edi**ble **먹을 수 있는**(=eatable) in**edi**ble 먹을 수 없는, 식용에 적합지 않는

프로젝트 project (사업계획안(案)), 제트기(機) jet airplane 오브제 objet ([F.][미술] 작품에 활용된 물건) ➔ object

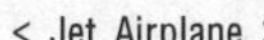
< Jet Airplane >

♣ **어원 : ject, jet, jac 던지다**

■ pro**ject** [prədʒékt/프러**젝**트] 명 **계획(안)** 동 **계획[설계]하다**, 발사하다
☜ 앞으로/미래로(pro) 내던지다(ject)

■ **jet** [dʒet] ⓜ **분출**, 사출; **제트기**, 제트엔진 ⓗ 분출하는; 제트기(엔진)의
☜ 프랑스어로 '던짐, 던지기'란 뜻
□ ob**ject** [ɑ́bdʒikt/**아**브쥑트/ɔ́bdʒekt/**옵**젝트] ⓜ **물건, 사물; 목적; 대상**
☜ ~ 위로(ob=on) 내던져져(ject) 드러난 것
[əbdʒékt/어브**젝**트] ⓓ **반대하다** ☜ 반대로(ob=against) 내던지다(ject)
□ ob**ject**ion [əbdʒékʃən] ⓜ **반대**; 이의; 불복(不服); 반대 이유; 결함; 장애
☜ object + ion<명접>
♠ **Objection!** (의회 따위에서) **이의 있습니다.**
□ ob**ject**ionable [əbdʒékʃənəbəl] ⓗ **반대할만한**, 이의가 있는, 불만인; 불쾌한
☜ objection + able<형접>
♠ an **objectionable** manner **불쾌한** 태도
□ ob**ject**ive [əbdʒéktiv] ⓗ **객관적인**; 물질적인; **목적〔목표〕의** ⓜ **목적, 목표**
☜ object + ive<형접/명접>
□ ob**ject**ively [əbdʒéktivli] ⓑ 객관적으로 ☜ -ly<부접>
■ in**ject** [indʒékt] ⓓ **주사하다**, 주입하다 ☜ 내부로(in) 내던지다(ject)
■ re**ject** [ridʒékt] ⓓ **거부하다**, 물리치다 ☜ 뒤로(re=back) 던지다(ject)

노블레스 오블리주 noblesse oblige (고위직의 도덕적 의무)

프랑스어로 '고귀한 신분(귀족)'을 뜻하는 noblesse 와 '책임이 있다'는 oblige 가 합해진 것. 높은 사회적 신분에 상응하는 도덕적 의무를 말한다.

♣ **어원 : lig, li, leag, log, loy, ly 묶다, 연결하다**
※ **noble** [nóubəl/**노**우벌] ⓗ **귀족의, 고귀한** ☜ 알(k**no**w) 만한(a**ble**)
※ **noblesse** [noublés] ⓜ 귀족, 귀족계급 ☜ 알(k**no**w) 만한(a**ble**) 위치에 있는 신분(**sse**)
□ ob**lig**ate [ɑ́bləgèit/ɔ́b-] ⓓ ~에게 의무를 지우다 ⓗ 의무를 진, 강제된, 불가피한
☜ ~에(ob=to) 묶어두(lig) 다(ate<동접/형접>)
□ ob**lig**ation [ɑ̀bləgéiʃən/ɔ̀b-] ⓜ **의무, 책임** ☜ oblige + ation<명접>
□ ob**lig**atory [əblígətɔ̀ːri, ɑ́blig-/əblígətəri, ɔ́blig-] ⓗ 의무적인; 필수(必須)의
☜ oblige + ory<형접>
□ ob**lig**e [əbláidʒ/어블**라**이쥐] ⓓ **어쩔 수 없이 ~하게 하다**; **의무를 지우다;** 《수동형으로》 **고맙게 여기다** ☜ ~에(ob=to) 묶어두려(lig) 한다(e)
♠ The law **obliges** us to pay taxes. *법률은 우리가* ***어쩔 수 없이*** *세금을 지불****하도록 한다*** ➔ 법률에 따라 세금을 **내지 않으면 안 된다**.
♠ **be obliged to ~ ~하지 않을 수 없다**
♠ **be obliged to (A) for (B) B 에 대해 A 에게 감사하다**
♠ **be under an obligation to ~ ~할 의무가 있다**
You **are under an obligation to** pay for it.
너는 그것을 갚을 **의무가 있다**.
□ ob**lig**ing [əbláidʒiŋ] ⓗ 친절한 ☜ oblige + ing<형접>

✚ al**loy** **합금(하다)** al**ly** **동맹[연합·제휴]하게 하다** **leag**ue **연맹, 리그(전)** **li**able ~할 책임[의무]이 있는; **~하기 쉬운** **li**aison **연락**, 접촉, 연락원 re**lig**ion **종교** re**lig**ious **종교적인**, 신앙심이 깊은 re**ly** **의지하다**, 신뢰하다 re**li**able **의지가 되는**, 믿음직한

리큐어 > 리큐르 liqueur (증류주에 과즙·약초·감미료 등을 섞은 혼성주)

♣ **어원 : liqu 액체; 흐르다**
■ **liqu**eur [likə́ːr/-kjúər] ⓜ 《F.》 **리큐어** 《달고 향기 있는 독한 술》
ⓓ 리큐어로 맛들이다 ☜ 액체(liqu)로 만든 것(eur<명접>)
■ **liqu**id [líkwid] ⓗ **액체의** ⓜ **액체** ☜ -id<형접/명접>
■ **liqu**or [líkər] ⓓ 술에 취하다 ⓜ **알코올 음료**, 술 ☜ -or<명접>
□ ob**liqu**e [əblíːk] ⓗ **비스듬한**, 기울어진; 부정(不正)한, 속임수의; 간접적인; 사각의 ⓜ 사선, 비스듬한 것 ⓓ 기울다 ⓑ 비스듬히 (기울어져) ☜ ~로(ob=to) 흐르다(liqu) + e
♠ an **oblique** surface **경사**면
□ ob**lique** angle 『수학』 사각(斜角) ☜ angle(각도)
□ ob**lique**ly [əblíːkli] ⓑ 비스듬히, 간접적으로 ☜ -ly<부접>

러브레터 love letter (연애편지), 레터링 lettering (문자 도안화)

♣ **어원 : liter, letter 글자, 문자; 글자를 쓰다**
※ **love** [lʌv/러브] ⓜ **사랑** ⓓ **사랑하다**
☜ 고대영어로 '사랑하는 감정, 로맨틱한 성적 매력'이란 뜻

■ letter [létər/**레**러/**레**터] [명] **글자**, 문자; **편지**, 서한; **문학** ☜ 중세영어로 '문자'란 뜻
■ lettering [létəriŋ] [명] 글자 쓰기, 글자 새기기; 레터링〔문자 도안화〕
☜ letter + ing<명접>
■ **liter**ature [lítərətʃər, -tʃùər] [명] **문학, 문헌** ☜ 문자(liter)로 쓰여진 것(ature)
□ ob**liter**ate [əblítərèit] [동] (글자 따위를) **지우다**, 말살하다; 흔적을 없애다
☜ ob(=against/반대) + 글자를 쓰(liter) 다(ate<동접>)
♠ **obliterate** one's footprints 〔signature〕 발자국〔서명〕**을 지우다**
□ ob**liter**ation [əblìtəréiʃən] [명] 말살, 삭제; 제거, 소거, 소멸
☜ obliterate + ion<명접>
□ ob**liter**ative [əblítərèitiv, -rətiv] [형] 말살하는, 지울 힘이 있는
☜ obliterate + ive<형접>

오블리비언 Oblivion (미국 SF 영화. <망각>이란 뜻)

© Universal Pictures

2013년 개봉한 미국의 액션/SF 영화. 톰 크루즈, 모건 프리먼, 올가 쿠릴렌코 주연. 외계인의 침공이 있었던 지구 최후의 날 이후, 모두가 떠나버린 지구의 마지막 정찰병이 정체불명의 우주선을 발견한다. 자신을 이미 알고 있는 한 여자를 만나 기억나지 않는 과거 속에 어떤 음모가 있었음을 알게 된 그는 지하조직의 리더를 통해 모든 것에 의심을 품기 시작하고, 지구의 운명을 건 마지막 전쟁을 시작한다.

□ **obliv**ion [əblíviən] [명] **망각**; 잊혀짐; 잊기 쉬움, 건망(健忘); 『법률』 대사(大赦) ☜ 잊어버리는(obliv) 것(ion<명접>)
♠ a former movie star now **in oblivion**
지금은 **잊혀진** 왕년의 영화 스타
□ **obliv**ious [əblíviəs] [형] **잘 잊어버리는**, 건망증이 있는; 안중에 없는
☜ -ious<형접>

롱패스 long pass (먼거리 패스), 롱타임 longtime (긴 시간)

■ **long** [lɔːŋ/롱, lɔŋ] [형] (-<-**er**<-**est**) **긴**; **길게 느껴지는**
☜ 고대영어로 '끝에서 끝까지 지속되는'이란 뜻
[동] **애타게 바라다**, 열망〔갈망〕하다 ☜ 고대영어로 '나에게는 길게 보이다'란 뜻
■ **long**time [lɔ́ŋtàim] [형] 오랫동안의 ☜ 긴(long) 시간(time)의
□ ob**long** [ɑ́blɔːŋ, -lɑŋ/ɔ́blɔŋ] [형] 직사각형의; 타원형의 [명] **직사각형**; 타원형
☜ ~쪽으로(ob<ad=to) 더 긴(long)
♠ The melon has **a oblong shape**. 그 멜론은 **타원형**이다.
※ **pass** [pæs/패스/pɑːs/파-스] [명] 『구기』 **합격, 패스; 통행허가** [동] **지나(가)다**, 경과하다, **합격하다** ☜ 중세영어로 '지나가다, 바뀌다'라는 뜻

O

모놀로그 monologue (독백, 1인극), 콜로퀴엄 colloquium (전문가 회의)

♣ **어원 : log, logue, loqui 말, 말하다**
■ mono**logue** [mɑ́nəlɔ̀ːg, mɔ́nəlɔ̀g] [명] 『연극』 **모놀로그**, 독백, 혼자 하는 대사
☜ 혼자서(mono) 하는 말(logue)
■ col**loqu**ium [kəlóukwiəm] [명] (pl. **-s**, -qui**a**) 전문가 회의, **콜로퀴엄**; (대학에서의) 세미나
☜ 함께(col<com) 말하는(loqui) 것(um<명접>)
□ ob**loqu**y [ɑ́bləkwi/ɔ́b-] [명] (일반 대중에 의한) 욕지거리, 악담, 비방; 악평, 오명, (널리 알려진) 불명예 ☜ ~에 반대하여(ob=against) 말(loqu) 함(y)
♠ They held their convictions **in spite of obloquy.**
대중의 악평에도 불구하고 그들은 그들의 소신을 굽히지 않았다.

✚ **logic 논리**, 논법; 조리 circum**locu**tion 완곡; 완곡한 표현; 핑계 e**loqu**ent **웅변의**, 설득력 있는; 감동적인 al**locu**tion 연설, 강연; 교황 담화 **loqu**acious 말 많은, 수다스러운; 시끄러운 col**loqu**ial 구어(口語)(체)의, **일상 회화의**

이노센트 Innocent (한국의 가구 브랜드 중 하나)

♣ **어원 : noc, nec, nox, tox 독(毒), 해(害); 독이 있는, 해로운**
■ in**noc**ent [ínəsnt] [형] 무구한, **청정한, 순결한; 결백한; 순진한**
☜ 독이(noc) 없(in/부정) 는(ent<형접>)
□ ob**nox**ious [əbnɑ́kʃəs/-nɔ́k-] [형] 밉살스러운, 불쾌한, 싫은; 미움받고 있는
☜ 아주(ob/강조) 독(nox)이 많은(ious)
□ ob**nox**iously [əbnɑ́kʃəsli/-nɔ́k-] [부] 밉살스럽게, 불쾌하게, 거슬리게 ☜ -ly<부접>

✚ **nox**ious 유해한, 유독한; 불건전한 **tox**ic **독(성)의**; 중독(성)의 inter**nec**ine 서로 죽이는, 내분의; 치명적인, 살인적인

시나리오 scenario (영화 촬영을 목적으로 창작된 대본)
베드씬 bed scene (콩글 (영화) 남녀의 정사장면) ➔ bedroom scene

■ **scen**ario [sinɛ́əriòu, -nɑ́ːr-] 명 (pl. **-s**) 《It.》 〖연극〗 극본; 〖영화〗 **시나리오,** 영화 각본; 촬영 대본; 행동 계획, 계획안 ☜ 이탈리아어로 '장면'이란 뜻

■ **scen**e [siːn/씬-] 명 (영화・TV 등의) **장면**; 배경; **경치**, 풍경; **무대**; (극의) **장**(場) ☜ 그리스어로 '무대'란 뜻 비교 seen (see<보다>의 과거분사)

□ ob**scene** [əbsíːn] 형 외설(음란)한; 추잡한; 《구어》 역겨운 ☜ 멀리(ob=away)해야 할 장면(scene)
♠ **obscene language 음탕한 말**

□ ob**scen**ity [əbsénəti, -síːn-] 명 외설, 음란; (pl.) 음탕한 말, 외설행위 ☜ -ity<명접>

※ **bed** [bed/베드] 명 **침대; 모판, 화단** ☜ 고대영어로 '잠자리, 침대, 침상'

카바 < 커버 cover (덮개, 뚜껑, 책의 표지)

♣ 어원 : **cover, cur(f) 완전히 가리다, 덮다**

■ **cover** [kʌ́vər/커붜] 동 (뚜껑을) **덮다**, 씌우다, 싸다 명 **덮개**, 커버 ☜ 완전히(co<com) 덮다(over)

■ **cur**few [kə́ːrfjuː] 명 (중세기의) 소등(消燈); 만종, 저녁 종; (야간) 통행 금지(시각); 〖군사〗 귀영(歸營) 시간 ☜ 고대 프랑스어로 '불(few<fire)을 덮다(cur<cover)'란 뜻

□ obs**cur**e [əbskjúər] 형 (-<-cur**er**<-cur**est**) **어두컴컴한**(=dim); **분명치 않은**, 불명료한; **눈에 띄지 않는** 동 가리다, 덮다; 어둡게 하다, 흐리게 하다 명 암흑, 야음 ☜ 라틴어로 '~위로(ob=over) + s + 완전히 가리(cur) 기(e)'란 뜻
♠ an **obscure** corner **어두컴컴한** 한쪽 구석

□ obs**cur**ity [əbskjúərəti] 명 **불분명**; 애매함, 난해함; 무명(인); 낮은 신분; **어둠** ☜ obscure + ity<명접>
♠ rise from **obscurity** to fame **낮은 신분**에서 출세하다

✚ dis**cover 발견하다** re**cover 되찾다**; 회복하다 un**cover 뚜껑[덮개]를 벗기다, 폭로하다**

서비스 service (콩글 무료 봉사) ➔ no charge, free of charge
옵서버, 옵저버 observer (관찰자, 입회자)

♣ 어원 : **serv(e) 봉사하다, 섬기다; 지키다, 감시하다, 보존하다; 노예**

■ **serv**e [səːrv/써-브] 동 **섬기다**, 시중들다, 봉사하다 ☜ 중세영어로 '~에게 습관적으로 복종하다'란 뜻

■ **serv**ice [sə́ːrvis/써-뷔스] 명 **봉사**, 수고; **서비스**, 접대 ☜ 섬기는(serv) + i + 것(ce)

□ ob**serv**ance [əbzə́ːrvəns] 명 **준수**, 엄수; (pl.) 의식, 식전, 계율; 습관 ☜ ~을(ob=to) 지키는(serv) 것(ance<명접>)
♠ **strict observance** of the rule 규칙의 **엄수**

□ ob**serv**ant [əbzə́ːrvənt] 형 **주의 깊은**; 준수하는, **엄수하는** 명 엄수자, 준수자 ☜ observe + ant<형접/명접>
♠ **observant** of the traffic rules 교통규칙을 **지키는**

□ ob**serv**ation [ɑ̀bzərvéiʃən/ɔ̀b-] 명 **관찰(력), 주목**, 주시; **발언** ☜ observe + ation<명접>

□ ob**serv**atory [əbzə́ːrvətɔ̀ːri/-təri] 명 **천문[기상]대**, 측후소; **관측소**; 전망대 ☜ ~을(ob=to) 지키는<감시하(serv)는 곳/장소(atory)

□ ob**serve** [əbzə́ːrv/업저어브] 동 **관찰하다**; (관찰에 의해) **알다**; **진술하다**; **준수하다**; (법률 등을) 지키다 ☜ ~를(ob=to) 계속 지키다(serve)

□ ob**serv**er [əbzə́ːrvər] 명 **관찰자**; 감시자; 입회인, **옵서버** 《배석은 하나 투표권이 없는》; 참관자 ☜ observe + er(사람)

□ ob**serv**ing [əbzə́ːrviŋ] 형 관찰력이 예민한; 주의 깊은 ☜ observe + ing<형접>

✚ **serv**ant **하인, 종** con**serve 보존하다**; 보호하다 pre**serve 보존하다**, **저장하다** re**serve 비축하다**; **예약해 두다**

세단 sedan (지붕이 있는 일반적인 승용차 형식)

♣ 어원 : **sed, sess, sit, set, seat 앉다**

■ **sed**an [sidǽn] 명 《미》 **세단**형 자동차(《영》 saloon)

☜ 라틴어로 '의자'란 뜻. 앉는(sed) 것(an)

□ ob**sess** [əbsés] (동) 《흔히 수동태》 (귀신 · 망상 따위에) 들리다, **사로잡히다**; 괴롭히다
☜ 라틴어로 '맞은편에 앉다'란 뜻. ob(=against) + sess(=sit)
♠ She **was obsessed by** 〔with〕 jealousy. 그녀는 질투심**에 사로잡혔다**.

□ ob**sess**ion [əbséʃən] (명) (귀신 · 망상 · 공포 관념 따위가) ~을 사로잡음; 붙어서 떨어지지 않는 관념, 강박관념, 망상 ☜ obsess + ion<명접>

□ ob**sess**ive [əbsésiv] (형) 붙어 떨어지지 않는, 강박관념의, 망상의 (명) 망상에 사로잡힌 사람
☜ obsess + ive<형접>

✚ **sit 앉다**, 앉아있다 **seat 자리, 좌석; 착석시키다** **set 두다, 놓다;** 한 벌, **한 조, 세트**; 일몰

솔로 Solo ([음악] 독주)

♣ **어원 : solo, sol(e), soli 혼자인, 외로운, 유일한, 단독의**

■ **solo** [sóulou] (명) (pl. **-s**, sol**i**) 《음악》 **독주(곡); 독창(곡)**; 《항공》 단독비행
☜ 라틴어로 '혼자서, 고독한'이란 뜻

■ **sole** [soul] (형) **오직 하나[혼자]의**, 유일한 ☜ 라틴어로 '혼자서'란 뜻

□ ob**sole**te [àbsəlíːt, ɔ́bsəlìːt] (형) **쓸모없이 된, 폐물이 된**; 쇠퇴한, 구식의 (명) 시대에 뒤진 사람; 폐물 ☜ 혼자서(sole) 멀리 떨어져(ob=away) 있는(te)
비교 ab**solut**e [ǽbsəlùːt/**앱**설루-트] (형) **절대적인**
♠ **obsolete** equipment **노후**설비

□ ob**sole**tely [àbsəlíːtli, ɔ́bsəlìːtli] (부) 시대에 뒤져; 폐어로서 ☜ -ly<부접>

✚ con**sole 위로하다**, 위문하다 de**sol**ate **황량한**; **쓸쓸한**, 외로운, 고독한 i**sol**ate **고립시키다**, 분리〔격리〕하다

스탠드 stand (세움대; 관람석)

♣ **어원 : stand, stant, st(a), stin 서다, 세우다**

■ **stand** [stænd/스땐드/스탄드] (동) (-/**stood**/**stood**) **서다, 서 있다**
☜ 라틴어로 '서있는(sta) 것/곳(nd)'이란 뜻

□ ob**sta**cle [ɑ́bstəkəl/ɔ́b-] (명) **장애(물)**, 방해(물)
☜ ~에 대항하여(ob=against) 서있(sta) 기(cle<명접>)
♠ encounter 〔meet with〕 **obstacles 장애물**을 만나다

□ ob**sta**cle race 장애물 경주 ☜ race(경주, 경쟁)

□ ob**stin**acy [ɑ́bstənəsi/ɔ́b-] (명) **완고, 고집**; 완고한 언행
☜ (돌아서서) 옆에(ob=by) 서있(stin) 기(acy<명접>)
♠ **with obstinacy 완강히, 끈질기게**

□ ob**stin**ate [ɑ́bstənit/ɔ́b-] (형) **완고한, 고집 센**; 완강한, 집요한 ☜ -ate<형접>
♠ **obstinate resistance to ~ ~에 대한 완강한 저항**

✚ circum**st**ance **상황, 환경**; **주위의 사정** di**st**ance **거리**, 간격

인프라 infrastructure (기반시설)

♣ **어원 : struct, stru 세우다, 건축하다(=build)**

■ **struct**ure [strʌ́ktʃər] (명) **건물; 구조**; 조직, 체계; 사회 구조
☜ 세운(struct) 것(ure<명접>)

■ infra**struct**ure [ínfrəstrʌktʃər] (명) 하부 조직〔구조〕, 기반; 기초 구조, 토대
☜ 아래에(infra) 세운(struct) 것(ure<명접>)

■ con**struct** [kənstrʌ́kt] (동) **조립하다; 세우다**, 건조〔축조 · 건설〕하다
☜ 함께(con<com) 세우다(struct)

□ ob**struct** [əbstrʌ́kt] (동) (길 따위를) **막다**; 차단하다, 방해하다(=hinder)
☜ ~에 반대하여(ob=against) 세우다(struct)
♠ **obstruct** a road 길을 **막다**

□ ob**struct**ion [əbstrʌ́kʃən] (명) **방해**; 장애(물), 지장; 의사 방해; 차단 ☜ -ion<명접>

□ ob**struct**ive [əbstrʌ́ktiv] (형) 방해가 되는 (명) 장애 ☜ ive<형접/명접>

컨테이너 container (화물수송용 큰 금속상자)

♣ **어원 : tain, tin, ten 확보하다, 유지하다, 보유하다**

■ con**tain** [kəntéin/컨**테**인] (동) **포함하다; 억제하다**
☜ 함께(con<com) 유지하다(tain)

■ con**tain**er [kəntéinər] (명) **그릇, 용기; 컨테이너** ☜ -er(장비)

☐ ob**tain** [əbtéin/업**테**인] ⓢ **얻다, 획득하다** ☜ 완전히(ob/강조) 확보하다(tain)
♠ **obtain certification 인증을 받다**
☐ ob**tain**able [əbtéinəbl] ⓗ **얻을 수 있는**; 손에 넣을 수 있는 ☜ -able(~할 수 있는)
☐ ob**tain**ment [əbtéinmənt] ⓜ 획득, 얻기 ☜ -ment<명접>

✚ re**tain** **보류[보유, 유지]하다** sus**tain** **유지[계속]하다** **ten**ant **차용자, 소작인**

인트루더 Intruder (미국 해군의 A-6 공격기 별명. <침입자>란 뜻)

♣ **어원 : trud(e), trus, thrust 밀다, 강요하다, 누르다, 들이대다**
■ in**trude**r [intrúːdər] ⓜ **침입자**, 불청객
☜ 안으로(in) 밀고 들어가는(trude) 사람(er)
☐ ob**trude** [əbtrúːd] ⓢ 강요하다, 끼어들다
☜ ~로(ob<ad=to) 밀고 들어가다(trude)
♠ You had better not **obtrude** your opinion on (upon) others.
자기 의견을 남에게 **강요하지** 않는 것이 좋다.
☐ ob**trus**ion [əbtrúːʒən] ⓜ (의견 따위의) 강요; 주제넘은 참견 ☜ -ion<명접>
☐ ob**trus**ive [əbtrúːsiv] ⓗ 강요하는, 주제넘게 참견하는 ☜ -ive<형접>
☐ unob**trus**ive [ənəbtrúːsiv] ⓗ 주제넘지 않은, 겸손한
☜ un(=not/부정) + obtrusive(주제넘게 참견하는)

✚ abs**trus**e 심원한, 난해한 de**trude** 밀어내다; 밀치다 ex**trude** **밀어내다**, 밀려나다; 쫓아내다; (금속 등을) 성형하다 pro**trude** **튀어나오다**, 돌출하다, 내밀다

컨베이어 conveyer (운반장치), 보이저 voyager (미국의 탐사위성)

♣ **어원 : vey, voy, via, vi 길(=way)**
■ con**vey** [kənvéi] ⓢ **나르다, 운반[전달]하다**
☜ 함께(con<com) 길(vey)을 가다
■ con**vey**er, -or [kənvéiə] ⓜ 운반 장치; (유동 작업용) **컨베이어** ☜ -er(기계)

< conveyer >

■ **via** [váiə, víːə] ⓙ 《L.》 **~을 경유하여, ~을 거쳐**(=by way of) ☜ 길(via) 따라
☐ ob**vi**ate [ɑ́bvièit/ɔ́b-] ⓢ (위험 · 곤란 따위를) 없애다, 제거하다; 회피하다, 미연에 방지하다
☜ ~로(ob=to) 길(vi)을 내다/만들다(ate), 즉 장애를 제거하다
♠ **obviate the trouble of ~ ~의 곤란[문제]을 제거하다.**
☐ ob**vi**ation [ɑ̀bviéiʃən/ɔ̀b-] ⓜ 제거; 회피, 방지 ☜ -ation<명접>
☐ ob**vi**ous [ɑ́bviəs/ɔ́b-] ⓗ **명백한**, 명확한, 명료한; 속이 들여다뵈는, 빤한; 알기 쉬운; 눈에 잘 띄는 ☜ 길(vi<via=way) 위에(ob=on) 있는(ous<형접>)
♠ an **obvious** drawback **명백한** 약점
☐ ob**vi**ously [ɑ́bviəsli] ⓟ **분명[명백]하게**; 두드러지게 ☜ -ly<부접>

O

✚ con**voy** **호송, 호위**; 호위자(대); 호위함(선); **호위[경호, 호송]하다** **voy**age **항해**, 항행 **voy**ager 항해자; 모험적 항해자; 여행자; (V-) 【우주】 **보이저** 《미국의 목성 · 토성 탐사 위성》

오카리나 ocarina (도기 · 금속으로 만든 고구마 모양의 피리)

☐ **ocarina** [ɑ̀kəríːnə/ɔ̀k-] ⓜ **오카리나**(=sweet potato) 《도기(陶器)(금속제)의 고구마형 피리》 ☜ 이탈리아어로 '거위'라는 뜻.
모양이 거위와 닮은 데서 유래.

케이스 case (사례), 케스케이드 cascade (작은 계단형 폭포)

♣ **어원 : cas, cad, cid 떨어지다(=fall)**
■ **cas**e [keis/케이스] ⓜ **경우**(=occasion), **사례** ☜ 떨어진(cas) 일(e)
■ **cas**ca**d**e [kæskéid] ⓜ (계단상으로) 흘러내리는 **작은 폭포**; (정원의) 인공폭포 ☜ 이탈리아어로 '폭포'라는 뜻 ⇦ 떨어지고(cas) 또 떨어지는(cad) 곳(e) **비교** cataract 큰 폭포

< cascade >

☐ oc**cas**ion [əkéiʒən/어**케**이전] ⓜ **(특별한) 경우[일]**, 행사; **기회, 호기; 이유**, 근거
☜ ~로(oc=to) 떨어지는(cas) 것(ion)
♠ **on occasion(s) 때때로, 이따금**(=now and then)
☐ oc**cas**ional [əkéiʒənəl] ⓗ **이따금씩의**, 수시의; 임시의, 예비의 ☜ occasion + al<형접>
♠ an **occasional** visitor **가끔씩 오는** 손님
☐ oc**cas**ionally [əkéiʒənəli] ⓟ **때때로**, 이따금, 가끔, 왕왕; 임시로 ☜ -ly<부접>
☐ Oc**cid**ent [ɑ́ksədənt/ɔ́k-] ⓜ (the ~) **서양**, 서구, 구미; 서반구
☜ ~쪽으로(oc=to) (해가) 떨어지는(cid) 곳(ent) ⓑ **Orient 동양, 오리엔트**

☐ Oc**cid**ental [ɑ̀ksədéntl/ɔ̀k-] ⓗ (O-) **서양(인)의**, 서구의, 서방의 ⓜ 서양사람 ☜ -al<형접>
♠ **Occidental** civilization **서양**문명
☐ Oc**cid**entalize [ɑ̀ksidéntəlàiz/ɔ̀k-] ⓓ 서양식으로〔서구화〕 하다 ☜ Occidental + ize<동접>
☐ Oc**cid**entalism [ɑ̀ksidéntəlìzm/ɔ̀k-] ⓜ 서양풍, 서양기질, 서양정신; 서양숭배; 서양문화
☜ Occidental + ism(~성향, 성질, 특성)

클로우즈업 close-up (영화 · 사진의 근접촬영)

♣ **어원 : clos, claus, clud, clus 닫다, 덮다, 가두다, 밀착시키다**
■ **clos**e [klouz/클로우즈] ⓓ (눈을) 감다, (문 · 가게 따위를) **닫(히)다**; ⓗ **가까운**(=near) ☜ 라틴어로 '덮다, 닫다'란 뜻
■ **clos**e-up [klóusʌp] ⓜ 〖영화 · 사진〗 근접 촬영, **클로즈업**; (일의) 실상
☜ 더 크게(up/강조) 밀착시키다(close)
☐ oc**clude** [əklúːd/ɔk-] ⓓ (통로 · 구멍 따위를) 폐색하다; 못 들어오게〔나오게〕 막다; 방해하다
☜ ~에 대하여(oc=against) 막다(clude)
♠ **occlude the passage of ~ ~의 통로를 폐쇄하다.**
☐ oc**clus**ion [əklúːʒən/ɔk-] ⓜ 폐색, 폐쇄; 차단; (아래윗니의) 교합(咬合)
☜ ~에 대하여(oc=against) 막는(clus) 것(ion<명접>)

✚ en**clos**e **둘러싸다, 에워싸다** dis**clos**e **나타내다; 드러내다**, 폭로하다 in**clude** **포함하다**

칼라 < 컬러 colo(u)r (색깔)
오컬트 occult (과학적으로 해명할 수 없는 신비적 · 초자연적 현상)

♣ **어원 : col, cul 덮다, 감추다**
■ **colo(u)r** [kʌ́lər/컬러/칼라] ⓜ **색, 빛깔**, 색채; 채색, 색조; 명암; **안색**
☜ 라틴어로 '덮은 것, 감추다'란 뜻
■ **colo(u)r**ful [kʌ́lərfəl] ⓗ **색채가 풍부한**, 다채로운; 극채색(極彩色)의 ☜ -ful<형접>
☐ oc**cul**t [əkʌ́lt, ɑ́kʌlt/ɔkʌ́lt] ⓗ 신비로운; 비밀의; 오묘한 ⓜ (the ~) 비학(秘學), **오컬트**; 신비 ⓓ 숨(기)다 ☜ 완전히(oc/강조) 덮은(cul) 것(t)
♠ the twilight world **of the occult 불가사의한** 초자연적 세계
☐ oc**cul**tation [ɑ̀kʌltéiʃən/ɔ̀k-] ⓜ 〖천문〗 엄폐《한 천체가 다른 천체에 의해 가려짐》; 자취를 감춤 ☜ -ation<명접>
☐ oc**cul**tism [əkʌ́ltizəm/ɔk-] ⓜ 신비주의〔학, 론, 요법, 연구〕 ☜ -ism(~주의)

컨셉 concept (개념), 캡션 caption (자막), 캡춰 capture (갈무리)

♣ **어원 : cap(t), cep(t), cup, ceive 잡다, 받아들이다, 이해하다**
■ con**cept** [kánsept/kɔ́n-] ⓜ 〖철학〗 **개념**, 생각; 구상(構想), 발상 ☜ 모든(con<com) (생각을) 잡다(cept)
■ **capt**ion [kǽpʃən] ⓜ (기사 따위의) 표제, 제목, (삽화의) 설명문; 〖영화〗 자막, **캡션** ☜ (마음을) 잡는(capt) 것(ion<명접>)
■ **capt**ure [kǽptʃər] ⓜ **포획** ⓓ **사로잡다** ☜ -ure<명접/동접>
☐ oc**cup**y [ɑ́kjəpài/**아**커파이/ɔ́kjəpài/**오**커파이] ⓓ **차지하다; 점령[점거]하다** ☜ 손 안에(oc=in) 잡고(cup) 있다(y<동접>)
♠ The building **occupies** an entire block.
그 건물은 한 블록 전체를 **차지하고 있다**.
♠ **be occupied** 〔occupy oneself〕 **in** 〔with〕 **~ ~에 종사하고 있다, ~으로 바쁘다**

"Isn't that just kick-you-in-the-crotch, spit-on-your-neck fantastic?"
< Caption >

☐ oc**cup**ied [ɑ́kjupài] ⓗ 점령〔점거〕된; ~에 종사하고 있는 ☜ occupy + ed<수동형 형접>
★ 탈의실이나 화장실에 누가 들어가 있을 때는 occupied라고 하고, 비어있을 때는 vacant라고 한다. 비행기내 화장실에서도 occupied일 경우에는 빨간색 불이 들어오고, vacant일 때는 초록색 불이 들어온다.
☐ oc**cup**ant [ɑ́kjəpənt/ɔ́k-] ⓜ **점유자**; 현 거주자; 〖법률〗 점거자 ☜ -ant(사람)
☐ oc**cup**ation [ɑ̀kjəpéiʃən/ɔ̀k-] ⓜ **직업**(=vocation), 종사; **점유, 점령**, 점거 ☜ -ation<명접>
☐ oc**cup**ational [ɑ̀kjəpéiʃənəl/ɔ̀k-] ⓗ **직업(상)의**, 직업 때문에 일어나는; 점령의 ☜ -al<형접>
■ inter**cept** [ìntərsépt] ⓓ **도중에서 빼앗다**, 가로채다, 차단하다 ☜ ~사이에서(inter) 잡다(cept)

코스 course (진로)

♣ **어원 : course, cur 달리다, 흐르다**
■ **course** [kɔːrs/코-스] ⓜ **진행, 방향, 진로**; **방침, 과정** ⓓ 달리다
☜ 라틴어로 '달리기, 여행; 방향'이란 뜻
☐ oc**cur** [əkə́ːr/어**커**-] ⓓ (사건 따위가) **일어나다, 생기다** ☜ ~로(oc=to) 달려오다(cur)

O

♠ When **did** the accident **occur** ? 사고가 언제 **일어났는가** ?

☐ oc**cur**rence [əkə́:rəns, əkʌ́r-] ⓜ **사건**, 생긴 일; (사건의) **발생**, 일어남
☞ occur + r<단모음+단자음+자음반복> + ence<명접>
♠ unexpected **occurrences** 뜻밖의 **사건**

☐ oc**cur**rent [əkə́:rənt, əkʌ́r-] ⓗ 현재 일어나고 있는(=current); 우연의(=incidental)
ⓜ 일시적인 것 ☞ -ent<형접>

✚ con**course** **집합**; 합류(점); 경마장, 경기장 con**cur** 일치하다, **동의하다**; 협력하다 **cur**rent 통용하고 있는; 현행의 in**cur** (분노·비난·위험을) **초래하다**

오케아노스 Oceanus ([그神] 대양(大洋)의 신)
오세아니아 Oceania (남태평양의 여러 섬을 총칭. <대양>이라는 뜻)

< Oceanus >

☐ **Ocean**us [ousí:ənəs] ⓜ 〖그.신화〗 **오케아노스**, 대양(大洋)의 신
☞ 그리스신화에서 '대지를 둘러싸고 흐르는 거대한 강 또는 그 강을 의인화한 신'

☐ **Ocean**ia [òuʃiǽniə, -ɑ́:niə] ⓜ **오세아니아**주, 대양주 《오스트레일리아와 그 주변의 섬》 ☞ -ia(국명, 지명)

☐ **ocean** [óuʃən/**오**우션] ⓜ **대양**, 해양; (the O-) ~양 《5대양의 하나》; (the ~) 《문어》 바다 ☞ 그리스어로 '대지를 둘러싸고 흐르는 거대한 강/바다'란 뜻
♠ **the Pacific Ocean 태평양**

☐ **ocean**ography [òuʃiənɑ́grəfi] ⓜ **해양학** ☞ ocean + o + graphy(기록학)

☐ **ocean**ic [òuʃiǽnik] ⓗ 대양의; 대양산(産)의; (기후가) 해양성의; 광대한; (O-) 대양주의
☞ ocean + ic<형접>

☐ o'clock(~시, ~시 방향) ➔ clock(시계) 참조

오엠알 카드 OMR card (광학 마크 판독 장치용 카드)

성 명												
과목명												
문항	1	2	3	4	5	문항	1	2	3	4	5	문항
1						11						21
2						12						22
3						13						23

※ **OMR** **O**ptical **M**ark **R**eader 〔**R**ecognition〕 광학 마크 판독 장치

☐ **OCR** **O**ptical **C**haracter **R**eader 〔**R**ecognition〕 광학 문자 판독 장치

✚ **optical 눈의**, 시각(시력)의; 빛의, 광학(상)의 **character 특성, 성격; (등장) 인물; 문자; 기호** **reader 독자**; 낭독자; 〖컴퓨터〗 읽개, 판독기 **recognition** 인지, **인식; 승인**, 허가; 발언의 허가

오시에스 OCS ([군사] 사관후보생, 장교후보생) * OCS는 대학졸업 후 군사훈련 실시

O

☐ **OCS** **O**fficer **C**andidate **S**chool (학사)사관후보생, (학사)장교후보생
비교 **R**eserve **O**fficers' **T**raining **C**orps 《미》 학생군사훈련단**(ROTC)**

✚ **officer 장교**, 사관; (고위) 공무원, 관리; 경관 **cand**idate **후보자**; 지원자, 지망자 **school 학교; 수업; 학부; 전교학생; 학파;** 학교의; 가르치다

옥타브 octave ([음악] 8개의 음정. <도/레/미/파/솔/라/시/도>)

♣ 어원 : **oct(a), octo 8, 여덟**

☐ **octa**gon [ɑ́ktəgɑ̀n, -gən/ɔ́ktəgən] ⓜ 〖수학〗 8변형; 8각형; 팔각당(堂)〔정, 탑〕
☞ 8(octa) 각(gon)

☐ **oct**angle [ɑ́ktæŋgəl/ɔ́k-] ⓜⓗ 8각(의), 8각형(의) ☞ 8(oct) 각(angle)

☐ **oct**angular [ɑktǽŋgjələr/ɔk-] ⓗ 8각의, 8각형의 ☞ 8(oct) 각(angul<angle) 의(ar)

☐ **octa**ve [ɑ́ktiv, -teiv/ɔ́k-] ⓜ 8개 한 벌의 것; 에이트 《보트의 크루 따위》; 〖음악〗 **옥타브**, 8도 음정 ☞ 8(octa) 파트(ve)

☐ **Octo**ber [ɑktóubər/악**토**우버/ɔktóubər/옥**토**우버] ⓜ **10월** 《생략: Oct.》; 《영》 10월에 만드는 맥주 ☞ 8(octo) + ber<형접 ➔ 명접>. **원래 8월**이었으나 **중간에 7월, 8월이 추가되면서 10월로 밀려남.**
♠ **in October 10월에**
♠ **the October Revolution (러시아의) 10월 혁명**

☐ **octo**pus [ɑ́ktəpəs/ɔ́k-] ⓜ **낙지** ☞ 라틴어로 '8개(octo)의 발(pus)'이란 뜻

■ **eight** [eit/에잍] ⓜ **여덟, 8** ⓗ 여덟의, 8의, 8개〔사람〕의; 8살인
☞ 고대영어로 '8'이란 뜻. octo<okto에서 유래

오드코트 odd court ([배드민턴] 왼쪽 서비스 코트)

☐ **odd** [ɑd/ɔd] ⓗ **남은, 우수리**(잔돈)**의; ~남짓의; 한짝의**; 임시의; **홀수[기수]의; 이상한** ☜ 고대 노르드어로 '❶ (짝수에서 여분이 있는) 홀수의 ❷ 짝이 없어 특이한'이란 뜻
♠ **an odd number 홀수**
♠ **odds and ends 나머지, 지스러기, 잡동사니**

☐ **odd**ity [ɑ́dəti/ɔ́d-] ⓜ 기이함, 괴상함, 기묘함 ☜ odd + ity<명접>
☐ **odd**-looking [ɑ́dlùkiŋ] ⓗ 괴상하게 보이는, 기묘한
☜ 괴상하게(odd) 보이(look) 는(ing<형접>)
☐ **odd**ly [ɑ́dli] ⓟ **기묘**(기이)**하게**, 이상하게; 기수(홀수)로 ☜ odd + ly<부접>
☐ **odd**s [ɑdz/ɔdz] ⓜ **차이**, 우열의 차; **유리한 조건; 가능성**, 가망
☜ 중세영어로 '(짝이 맞지 않고) 물건이 초과하거나 부족한 양'이라는 뜻
♠ **The odds** were against us. **형세**는 우리에게 불리하다.
※ **court** [kɔːrt/코-트] ⓜ **안마당**, 뜰; (테니스 등의) **코트**; (종종 C~) **궁정; 법정**
☜ 라틴어로 '둘러싸인 마당'이란 뜻

오데움 odeum (그리스 · 로마시대의 음악당이나 극장)

☐ **ode**um [oudíːəm] ⓜ (pl. **-s,** ode**a**) **오데움**, (옛 그리스 · 로마의) 주악당(奏樂堂); (현대의) 음악당, 극장
☜ 그리스어로 '노래하는(ode) 곳(um)'이란 뜻
☐ **ode** [oud] ⓜ **송시**(頌詩), **오드**, 부(賦)《특정 인물이나 사물을 읊은 고상한 서정시》 ☜ 라틴어로 '서정시'란 뜻
♠ **ode to youth 청춘예찬**

오딘 Odin ([북유럽神] 최고의 신)

♣ **어원 : od(i) 증오, 싫어하다**
☐ **Odin** [óudin] ⓜ 〖북유럽신화〗 **오딘**《예술 · 문화 · 전쟁 · 사자(死者) 등의 신》 ☜ 초기 인도유럽어로 '격노한, 미친'이란 뜻에서
☐ **odi**um [óudiəm] ⓜ 증오, 혐오; 지겨움; 비난, 악평 ☜ 싫어하(odi) 기(um)
☐ **odi**um theologicum [óudiəm-θìːəlɑ́dʒikʌm] ⓜ 〖라틴어〗 (의견이 다른) 신학자 간의 증오 ☜ 신(theo)의 학문(logic) + um<라틴어 명접>
☐ **odi**ous [óudiəs] ⓗ **증오할**, 싫은, (얄)미운, **밉살스러운**, 가증한; 불쾌한
☜ -ous<형접>
♠ **an odious smell 악취**

오존 ozone (산소 원자 3개로 이루어진 산소의 동소체)

♣ **어원 : od, ol, ozone 냄새; 냄새 맡다**
■ **ozone** [óuzouń] ⓜ 〖화학〗 **오존**; 《구어》 (해변 등지의) 신선(新鮮)한 공기; 《비유》 기분을 돋우어 주는 힘(것) ☜ 고대 그리스어로 '냄새 맡다'란 뜻
☐ **od**or, 《영》 **od**our [óudər] ⓜ **냄새, 향기**; 방향(芳香); 좋지 못한 냄새, 악취
☜ 라틴어로 '(좋거나 싫은) 냄새'란 뜻
♠ **have a foul odor 구린내가 나다**
☐ **od**orous [óudərəs] ⓗ 향기로운 ☜ -ous<형접>
☐ **od**orless [óudərlis] ⓗ 무취의 ☜ -less(~이 없는)
☐ red**ol**ent [rédələnt] ⓗ 향기로운; ~의 냄새가 강한; ~을 생각나게 하는, 암시하는
☜ 강한(re/강조) + d + 냄새(ol)가 나는(ent<형접>)
♠ **redolent of garlic 마늘 냄새 나는**
☐ red**ol**ence, -ency [rédələns] ⓜ 방향(芳香), 향기 ☜ -ence/-ency<명접>

오디세이(아) Odyssey (고대 그리스의 시인 호메로스가 쓴 <大서사시>)

<오디세이(Odyssey)>는 고대 그리스의 시인 호메로스(Homeros)가 기원전 약 700년경에 쓴 작품으로, <일리아드(Iliad)>와 함께 그리스 · 트로이 간의 전쟁을 다루고 있으며 당시 그리스 영웅들의 귀국담을 노래하여 그들의 세계관과 인생관을 표현하고 있는 장편 서사시(敍事詩)이다. 이 시는 지혜로 이름이 높은 이타카의 왕 오디세우스의 10년간에 걸친 귀향 모험담을 그린 작품이다. <출처 : 시사상식사전 / 일부인용>

☐ **Odyssey** [ɑ́dəsi/ɔ́d-] ⓜ (the ~) **오디세이**《Troy 전쟁 후 Odysseus의 방랑을 노래한 Homer의 서사시》; (종종 o-) 긴(파란 만장한) 모험 여행
☜ 고대 그리스어로 '오디세우스(Odysseus)의 이야기'란 뜻
☐ **Odysseus** [oudísiəs, -sjuːs] ⓜ 〖그.신화〗 **오디세우스** 《《Ithaca의 왕; Homer의 시 Odyssey의 주인공; 라틴명은 율리시스(Ulysses)》

O

☜ 그리스어로 '미움 받는 자' 또는 '노여워하는 자'라는 뜻

☐ **Odysse**an [ɑ̀dəsíːən/ɔ̀d-] ⓗ Odyssey의〔와 같은〕; 장기 모험 여행의 ☜ -an<형접>

오이시디 OECD (정치 · 경제 선진국들의 모임인 경제협력개발기구)

회원국 간 상호 정책조정 및 협력을 통해 세계경제의 공동 발전 및 상호 무역 증진, 인류의 복지 증진을 도모하기 위하여 발족한 국제기구로 정치적으로 대의제, 경제적으로 자유시장 원칙을 받아들인 선진국들이 회원국이다. 1961년 9월 30일 파리에서 발족되었으며, 한국은 1996년 가입했다. 2018년 말 기준 회원국은 총 36개국이다.

☐ **OECD, O.E.C.D.** **O**rganization for **E**conomic **C**ooperation and **D**evelopment 경제개발협력기구

✚ **org**anization **조직(화)**, 구성, 편제, 편성; 기구, 체제; 단체 eco**nom**ic **경제학의, 경제(상)의** co(-)**opera**tion **협력**, 협동, 제휴 de**velop**ment **발달**, 발전; 발육, 성장; **개발**

오이디푸스 컴플렉스 Oedipus complex (아들이 어머니에 대해 무의식적으로 품는 성적 사모, 프로이트가 제시한 개념)

테베의 왕 라이오스는 왕자가 장성하면 그를 죽일 것이라는 신탁을 받고 아이를 죽이려 한다. 아이는 가까스로 살아남아 지주의 양자가 되는데 그가 오이디푸스이다. 후에 왕과 마주친 오이디푸스는 그가 친아버지인 것을 모른 채 죽이고, 왕으로 추대되어 왕비 이오카스테와 결혼하게 된다. 훗날 진실을 알게 된 어머니 이오카스테는 스스로 목숨을 끊고 오이디푸스는 자신의 두 눈을 찔러 실명시킨 뒤 방랑길에 오른다.

☐ **Oedipus** [édəpəs, íːd-] ⓜ 〖그.신화〗 **오이디푸스** 《부모와의 관계를 모르고 아버지를 죽이고 어머니를 아내로 삼은 Thebes의 왕》 ☜ 그리스어로 '부은(oedi) 발(pus)'이란 뜻

☐ **Oedip**al [édəpəl, íːd-] ⓗ 〖정신의학〗 **오이디푸스 콤플렉스**의〔에 기초한〕 ☜ -al<형접>

※ **complex** [kəmpléks, kɑ́mpleks/kɔ́mpleks] ⓗ **복잡한**, 착잡한
[kɑ́mpleks/kɔ́m-] ⓜ 복합체; 종합 빌딩; 〖정신분석〗 **콤플렉스**, 무의식적 감정
☜ (여러 개를) 함께(com) 채우는(ple) 것(x)

오이엠 OEM (한 나라의 기업이 다른 나라에 공장을 지어 제품을 만들고, 자기 나라 상표를 달아 판매하는 방식. <주문자 상표 부착 생산>)

☐ **OEM** **O**riginal **E**quipment **M**anufacturing 주문자 상표 부착 생산

✚ **ori**ginal **최초의, 본래의**, 근원〔기원〕의; 독창적인; **원작**; 기원, 근원 e**quip**ment **장비, 설비, 비품**; 능력; 준비 **manu**facture **제조[제작]하다;** (대규모의) **제조; 제조(공)업; 제품**

O

사운드 오브 뮤직 The Sound of Music (미국 뮤지컬 영화. <음악(의) 소리>란 뜻)

© 20th Century Fox

1965년 제작된 미국의 뮤지컬 로맨스 영화. 줄리 앤드류스, 크리스토퍼 플러머 주연. 할리우드 뮤지컬영화를 대표하는 걸작. 오스트리아 해군 대령 폰 트랩가의 실화를 영화화한 작품. 알프스의 아름다운 풍광과 함께 주옥같은 노래들이 소개된다. 노래를 좋아하는 견습 수녀 마리아가 상처입고 경직된 가족을 회복시키고, 음악을 통해 나치 치하에서 스위스로 망명하는 이야기다. <출처 : 세계영화작품사전 / 일부인용>

※ **sound** [saund/사운드] ⓜ **소리**, 음, 음향, 음성 ⓓ **소리가 나다; ~하게 들리다; 소리내다; 두드려 조사하다**
☜ 고대 프랑스어로 '음성, 소리'라는 뜻

☐ **of** [(약) əv/어브, ɑv, ʌv/ɔv;] ⓙ 〔소유〕 **~의**; 〔재료〕 **~으로 만든**; 〔관계〕 **~에 있어서**; 〔거리 · 위치 · 시간〕 **~에서**, ~부터; 〔기원 · 출처〕 **~으로부터**
☜ 고대영어로 '~에서 떨어져'라는 뜻
♠ the love **of** God 하나님**의** 사랑(God's love)
♠ **made of** gold 금**으로 만든**
♠ within 10 miles **of** Seoul 서울**에서[로부터]** 10마일 이내에
♠ **be come of** 〔from〕 Korea 한국 **출신이다**.
♠ **of all 허구 많은 중에서**(=among all), **하필이면, 그것도**
♠ **of oneself 저절로, 자연히**
She awoke **of herself**. 그녀는 **저절로** 잠이 깼다.

※ **musi**c [mjúːzik/**뮤**-직] ⓜ **음악** ☜ 라틴어로 '음악의 예술'이란 뜻

오프라인 off-line (네트워크 · 통신이 단절된 상태) * line 줄, 선
오프로드 off-road ([차량] 비포장도로용의), 옵셋인쇄, 오프더레코드

□ **off** [ɔːf/오-프, ɑf/ɔf] [부] **~에서 떨어져서**, 벗어나서, 분리되어; 생활 상태가 ~인; **~을 끝내다** [형] 갈라진 ☜ 고대영어로 'of'의 강조형
♠ **Keep off** the grass. 잔디**에서 떨어지시오**. 잔디**에 들어가지 마시오**.
♠ He **is well** (badly) **off**. 그는 **생활상태가 유복하다** (어렵다)
♠ **finish off 다 끝내다**
♠ **an off road 옆길**
♠ **off and on 단속적으로, 불규칙하게**(=on and off)
♠ **a day** (week, year, etc.) **off 1 일**[1 주일, 1 년]**의 휴가**

□ **off**-day [ɔ́(ː)fdèi] 비번 날, 쉬는 날 ☜ (노동)일(day)에서 벗어난(off)

□ **off**-duty [ɔ́(ː)fdjúːti] [형] 비번의, 휴식의 ☜ 임무/근무(duty)에서 벗어난(off)

□ **off**-hand [ɔ́(ː)fhǽnd] [형] 즉석의 [부] 즉석에서, 준비없이 ☜ 준비<손(hand)이 없이(off)

□ **off**ing [ɔ́(ː)fiŋ, ɑ́f-] (연안에서 바라보이는) 앞바다 ☜ (연안에서) 벗어(off) 난(ing<형접>)

□ **Off** Limits 《미》 출입 금지구역 ☜ 경계(limits)를 벗어난(off)

□ **off**-road [ɔ́(ː)fròud] [형] 일반(포장) 도로를 벗어난 (곳을 주행하는); 일반(포장) 도로 밖에서 하게 만든, **오프로드**용의 《차량》 ☜ 도로(road)에서 벗어난(off)

□ **off**-season [ɔ́(ː)fsìːzən] [형][부] **한산기의[에]**, 철이 지난 (때에) [명] **한산기**, **시즌 오프**, 계절 외 ☜ 제철/계절(season)에서 벗어난(off)

□ **off**set [ɔ́ːfsèt] [동] **차감 계산을 하다**, 상쇄하다 [명] 상쇄하는 것, 차감계산; **옵셋** 인쇄법 ☜ 차단/종료(off) 상태로 두다(set)

□ **off**shoot [ɔ́(ː)fʃùt] 분지(分枝), 가지; 지류; 분파, 방계자손 ☜ (가지를) 멀리(off) 뻗게 하다(shoot)

□ **off**shore [ɔ́(ː)fʃɔːr] [형][부] **앞바다의**(로) ☜ 해안(shore)에서 멀어진(off)

□ **off**spring [ɔ́(ː)fspriŋ] [명] (pl. ~(s)) [집합적] **자식**, 자녀; 자손, 후예; (동물의) 새끼 ☜ 원천/기원(spring)으로부터 멀어진(off). spring은 '샘물'처럼 '솟아난다'는 의미.

□ **off**stage [ɔ́(ː)fstéidʒ] [형] 무대 뒤(의), 사생활의, 비공식의 [부] 무대 뒤에서; 사생활에서는 ☜ 무대(stage)에서 벗어난(off)

□ **off** the record **오프 더 레코드** 《기자단에 참고 · 정보에 그치고 보도되지 않는다는 전제로 하는 기자 회견》 ☜ (공식적인) 기록(the record)으로부터 거리가 먼(off)

□ **off**-the-record [ɔ́ːfðərékərd] [형][부] 비공개의(로); 기록에 남기지 않는(않고); 비공식의(으로) ☜ 기록(the record)에서 먼(off)

펜스 fence (울타리), 펜싱 fencing ([스포츠] 펜싱)

♣ **어원 : fence, fense, fend 치다, 때리다, 찌르다, 공격하다**

fence [fens/펜스] [명] **울타리**, 담, 둘러막는 것; 검술 [동] **~에 울타리[담]을 치다**, 둘러막다; 검술을 하다 ☜ de**fense**의 두음소실

fencing [fénsiŋ] [명] **펜싱**, 검술; [집합적] 울타리 ☜ 때리(fence) 기(ing<명접>)

□ of**fense**, 《영》 -**fence** [əféns] [명] (규칙 · 법령 따위의) **위반**, 반칙; **화냄; 공격** ☜ offend의 명사형 [반] defense, defence 방어
♠ a traffic **offense** 교통**위반**

□ of**fend** [əfénd] [동] **성나게 하다, 죄[과오]를 범하다** ☜ ~을 너머(of<over) 치다(fend)

□ of**fend**er [əféndər] [명] (법률상의) 위반자; **범죄자**; 무례한 자; 남의 감정을 해치는 것 ☜ offend + er(사람)
♠ the first **offender** 초**범자**
♠ **an old** (a repeated) **offender 상습범**

□ of**fens**ive [əfénsiv] [형] **불쾌한**, 싫은; **무례한; 공격적인** [명] 공격, 공세 ☜ offense + ive<형접/명접> [반] **inoffensive** 불쾌하지 않은, **defensive** 방어

□ of**fens**ively [əfénsivli] [부] 공격적으로, 공세적으로 ☜ -ly<부접>

■ de**fend** [difénd/디**펜**드] [동] **방어하다**, 지키다, 변호하다 ☜ 때리는(fend) 것에 반대하다(de=against)

■ de**fense**, de**fence** [diféns/디**펜**스, díːfens] [명] **방어**, 수비, **디펜스**; 변호 ☜ defend의 명사형

O

카페리 car ferry (여객과 자동차를 싣고 운항하는 배)

♣ **어원 : fer 나르다, 가져가다, 낳다**

※ **car** [kɑːr/카-] [명] **자동차** ☜ 라틴어로 '2개의 바퀴가 달린 켈트족의 전차'란 뜻

■ **fer**ry [féri] [명] **나루터**, 도선장 ☜ 나르는(fer) 곳(ry)

□ of**fer** [ɔ́(ː)fər/**오**-퍼, ɑ́f-] [동] **제공하다; 제출하다; 제의[제안]하다**; (신 등에) 바치다; 기도를 드리다 [명] **제공**, 제안 ☜ ~로(of=to) 가져가다(fer)
♠ **offer** an opinion 의견을 **제출하다**

☐ offerer, -or　[ɔ́(:)fərər] ⓜ 신청인, 제공자; 제의자 ☜ -er, -or(사람)
☐ offering　[ɔ́(:)fəriŋ] ⓜ (신에의) 공물, 제물, **봉납**(물); (교회에의) 헌금, 헌납 ☜ offer + ing<명접>
☐ offering price　『증권』 (개방형 투자 신탁의) 매출 가격 ☜ price(가격; 상금)

✚ de**fer** **늦추다**, 물리다, 연기하다　trans**fer** **옮기다, 이동[운반]하다**; 전임〔전속·전학〕시키다

오피스텔 officetel (콩글 업무와 주거가 동시에 가능한 건물) office + hotel(호텔) 합성어 ➔ studio apartment, office home

♣ **어원 : fic 만들다(=make)**

☐ of**fic**e　[άːffis/**아**-퓌스/ɔ́fis/**오**퓌스] ⓜ **사무소, 사무실**; 관공서; 관직, 공직; 임무, 직책
☜ 일을(of<op=work) 만드는(fic) 곳(e)
♠ **the head 〔main〕 office 본사, 본점**

☐ of**fic**er　[άːffisər/**아**-퓌서/ɔ́(:)fisər/**오**-퓌서] ⓜ **장교**, 사관; (고위) 공무원, 관리; 경관
☜ office + er(사람). 라틴어로 '일(office)하는 사람(er)'이란 뜻

☐ of**fic**e boy　급사 ☜ boy(소년, 사환, 보이)
☐ of**fic**e hours　집무 시간 ☜ hour(시간, 시각), hours(근무시간)
☐ of**fic**e worker　사무원 ☜ work(일, 작업; 일하다) + er(사람)
☐ of**fic**ial　[əfíʃəl/어**퓌**셜] ⓗ **공무상의, 공적인**, 관(官)의, **공식의** ⓜ **공무원**
☜ office + ial(~의/~사람)
☐ of**fic**ially　[əfíʃəli] ⓟ **공무상**, 직책상; 공식으로, 직권에 의해 ☜ -ly<부접>
☐ of**fic**ious　[əfíʃəs] ⓗ 부질없이 참견하는 ☜ (부질없이) 일을(of<op=work) 만드(fic) 는(ious)
♠ **officious interference 주제넘은 간섭**
■ **SOHO**　**s**mall **o**ffice **h**ome **o**ffice **소호** 《개인이 자기 집 또는 작은 사무실에서 인터넷을 활용하는 사업을 하는 소규모 업체》

☐ off-road, off-season, offset, offspring, off-the-record ➔ off 참조

연상 그 가게는 오픈(often.종종) 오픈(open.문을 열다)했다가 문 닫기를 반복하고 있다.

※ **open**　[óupən/**오**우펀] ⓗ (-<**more** ~〔-**er**〕<**most** ~〔-**est**〕) **열린; 공개된;** (유혹 등에) 빠지기[걸리기] 쉬운; 공공연한 ⓓ **열다**; 개척하다; **공개[개방]하다; 개업하다; 개시하다**; 터놓다; 열리다; 통하다 ⓜ 공터; 개막전; 열기 ☜ 고대영어로 '마감하지 않은'
♠ **open the window 창문을 열다**

☐ **oft**en　[ɔ́(:)fən/**오**(-)펀, άftən] ⓟ (-<-**er**〔**more** ~〕<-**est**〔**most** ~〕) **자주**, 종종, **흔히** ☜ 고대영어의 oft(흔히, 종종)의 확장어
♠ He **often** comes here. 그는 **자주** 여기 온다
♠ **more often than not 가끔, 빈번히**(=as often as not)

OPEN　CLOSED

☐ **oft**　[αft, ɔ(:)ft] ⓟ 《주로 복합어》 =often

오 마이 갓 Oh my god (맙소사. <오 ~ 나의 하나님>이란 뜻)

☐ **oh, O**　[ou/오우] ⓚ [의성어] **오오 !**
♠ **Oh yes ! 그렇고 말고**
☐ **ooh**　[uː] ⓚ [의성어] 앗, 어, 아 《놀람·기쁨·공포 등의 강한 감정》 ⓜ 놀람 ⓓ 앗 하고 놀라다
☐ **oops**　[u(:)ps] ⓚ [의성어] 아이쿠, 저런, 아뿔싸, 실례 《놀람·낭패·사죄 따위를 나타냄》
☐ **ouch**　[autʃ] ⓚ [의성어] **아얏**, 아이쿠

✚ **ah 아아 !** 《놀람·괴로움·기쁨·슬픔·분함 따위의 발성》 **aha, ah ha 아하 !**　**alas 아아 !**, 슬프다, 가엾도다　**aw 저런!**, 아니 !, 에이 !　**ugh** 우, 와, 오 《혐오·경멸·공포 따위를 나타냄》

오 헨리 O. Henry (<마지막 잎새>를 쓴 미국의 단편 소설가)

☐ **O. Henry**　[óu-hénri] ⓜ **O 헨리** 《미국의 단편 소설가; 본명 William Sydney Porter; 1862-1910》 ★ 주요 단편 : 《경찰관과 찬송가》, 《마지막 잎새》, 《현자의 선물》, 《20년 후》 등

오하이오 Ohio (5대호 중 이리호 남쪽에 있는 미국 북동부의 주)

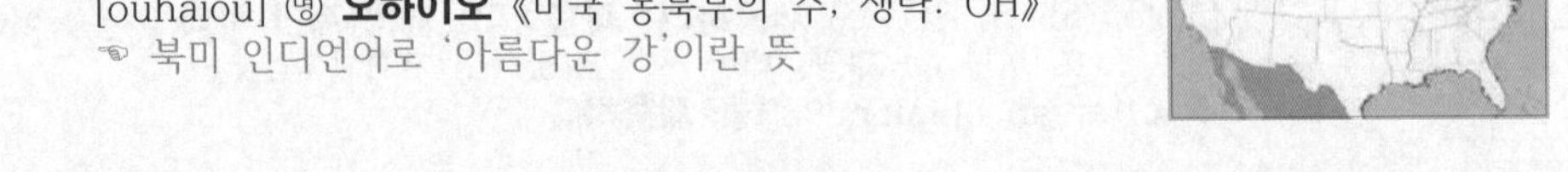

☐ **Ohio**　[ouháiou] ⓜ **오하이오** 《미국 동북부의 주; 생략: OH》
☜ 북미 인디언어로 '아름다운 강'이란 뜻

오일 oil (기름), 오일 펜스 oil fence (수면에 유출된 기름의 확산을 막는 방책) 오일뱅크 oil bank (콩글 주유소) ➔ gas station, filling station

☐ **oil** [ɔil/오일] 명 **기름**; 석유; 올리브유; 유화물감 형 기름의; 석유의
☜ 중세영어로 '올리브 오일'이란 뜻 ★ 자동차 기름은 미국에서는 gas나 gasoline으로, 영국에서는 petrol로 표현한다.
♠ **cooking oil 식용유**

☐ **oil**cloth [ɔ́ilklɔ̀ːθ] 명 **유포**(油布), 방수포 ☜ cloth(천)

☐ **oil** colour 유화 그림물감; 유화(油畵) ☜ colo(u)r(색, 빛깔, 색채)

☐ **oil**er [ɔ́ilər] 명 주유자(注油者); 급유기; 유조선, 탱커(=tanker); 《미》 방수복 ☜ oil + er(사람/장비)

< Oil Fence >
© koc.chunjae.co.kr

☐ **oil** fence **오일펜스**, 수면에 유출한 기름을 막는 방책 ☜ fence(담장)

☐ **oil** field 유전(油田) ☜ field(밭, 들판)

☐ **oil** painting 유화(법) ☜ oil + 칠(paint) 하기(ing)

☐ **oil**paper 유지(油紙) ☜ oil + 기름(oil) 종이(paper)

☐ **oil** shock **오일쇼크**, 석유파동 《1973년과 1979년의》 ☜ shock(충격)
★ 오일쇼크(oil shock)란 1973년의 아랍 산유국의 석유 무기화 정책과 1978년의 이란 혁명 이후, 두 차례에 걸친 석유 공급 부족과 석유 가격폭등으로 세계 경제가 큰 혼란과 어려움을 겪은 일을 말한다.

☐ **oil**stove [ɔ́ilstòuv] 명 석유난로 ☜ oil + stove(난로)

☐ **oil**-tanker [ɔ́iltæ̀ŋkər] 명 유조선(차), **탱커** ☜ 기름(oil) 통(tank)을 (이동시키는) 배나 차(-er)

☐ **oil**y [ɔ́ili] 형 (-<-**ier**<-li**est**) **기름[유질 · 유성]의**, 기름칠한; (피부가) 지성(脂性)의
☜ oil + y<형접>

※ **bank** [bæŋk/뱅크] 명 **둑, 제방**; ☜ 고대영어로 '작은 언덕'이란 뜻
은행 ☜ 고대영어로 '(환전상(商)의) 책상, 벤치'란 뜻

오인트 크림 oint cream (건성 피부 치료용 연고형 크림)

☐ **oint** [ɔ́int] 동 (종교 의식에서 머리에) 성유를 바르다
☜ 고대 프랑스어로 '상처에 바르는 연고'란 뜻

☐ **oint**ment [ɔ́intmənt] 명 『약학』 **연고**, 고약(膏藥)
☜ 고대 프랑스어로 '연고'란 뜻
♠ Apply **this ointment** on your wound.
상처에 **이 연고를** 바르세요.

■ an**oint** [ənɔ́int] 동 (상처 따위에) **기름을**〔연고를〕 **바르다**; (사람의) 머리에 기름을 붓다 ☜ 고대 프랑스어로 '~위에(an<on) 연고를 바르다(oint)'란 뜻

※ **cream** [kriːm/크뤼임] 명 **크림** ☜ 고대 프랑스어로 '성스러운 기름'이란 뜻

O

오케이 O.K., OK (좋아)

☐ **O.K., OK** [òukéi/오우**케**이] 형 **좋은**; 틀림없는 부 **틀림없이, 좋아**(=all right); 알았어(=agreed); 이제 됐어(=yes) 형 승인, 허가 동 승인하다 ☜ 19세기 중반, 보스톤과 뉴욕에서 유행한 속어에서 유래. all correct를 일부러 oll korrect라고 쓴 데서.
♠ **That's O.K. 좋아. 괜찮아**
♠ Gunfight At The **O.K.** Corral **OK** 목장의 결투 《미국 서부영화》

☐ **okay, okeh, okey** [òukéi] 형부명동 《구어》 = OK

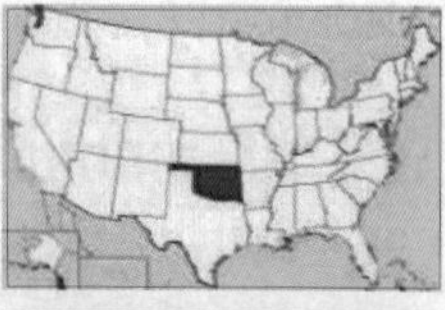

오클라호마 Oklahoma (존 스타인벡 作 <분노의 포도>의 배경이 된 대표적인 황진(黃塵)지대, 미국 남부의 주)

☐ **Oklahoma** [òukləhóumə] 명 **오클라호마** 《미국 중남부의 주; 주도 Oklahoma City; 생략: Okla.》 ☜ 북미 인디언어로 '빨간 사람들'이란 뜻

올드미스 old Miss (콩글 노처녀) ➔ old maid, spinster 올드보이 Old Boy (한국 미스테리 영화. <정정한 노인>이란 뜻)

올드보이(Old Boy)는 2003년 개봉한 한국의 미스테리/범죄/스릴러영화. 박찬욱 감독, 최민식, 유지태 주연. 15년간 사설 감금방에 이유도 모른 채 갇혀 있던 주인공이 자신을 감금한 사람의 정체를 밝혀가는 과정을 그린 영화. 2004년 칸영화제 심사위원 대상, 동년 대종상영화제 5개부문 수상작. <출처 : 두산백과 / 일부인용>

☐ **old** [ould/오울드] 형 (-<-**er**〔**elder**〕<-**est**〔**eldest**〕) **나이 먹은**,

늙은, (만) ~세의〔인〕 ⓜ **옛날** ☜ 고대영어로 '오래된, 골동품의'란 뜻
♠ How old are you ? 몇 살이니 ?

☐ **old**-age pension 노후 연금 ☜ 노인(오래된(old) 나이(age)) 연금(pension)
☐ **old**en [óuldən] ⓗ 《고어·문어》 오래된, **옛날의** ☜ old + en<형접>
☐ **old**-fashioned [óuldfǽʃənd] ⓗ **구식의**, 고풍의, **유행에 뒤떨어진** ☜ 오래된(old) 패션(fashion) 의(ed)
☐ **old** maid **올드미스**, 노처녀; 《미》 깐깐하고 까다로운 사람 ☜ maid(미혼여성)
☐ **Old** Stone Age [the ~] 구석기 시대 ☜ stone(돌), age(나이, 시대)
☐ **old**-time [óuldtάim] ⓗ **옛날의**, 옛날부터의 ☜ old + time(시간)
☐ **Old** World [the ~] 구세계 《Asia, Europe, Africa》; 동반구 ☜ world(세계)
■ **eld**er [éldər] ⓗ 〖old의 비교급〗 **손위의, 연장의** ⓜ 연장자 ☜ 나이가 더(er<비교급>) + 많은(eld)
■ **eld**est [éldist] ⓗ 〖old의 최상급〗 **가장 나이가 많은**, 맏이의 ☜ 나이가 가장(est<최상급>) + 많은(eld)
※ **miss** [mis/미스] ⓓ **놓치다**, 빗맞히다 ☜ 고대영어로 '맞추는데 실패하다'란 뜻
※ **boy** [bɔi/보이] ⓜ **소년, 남자 아이** ☜ 중세영어로 '하인, 평민, 악당'이란 뜻

올리브 olive (기름 함량이 높은 올리브 나무·열매)

☐ **olive** [άliv/ɔ́l-] ⓜ 〚식물〛 **올리브(나무)** 《남유럽 원산의 상록수》; 올리브 열매 ⓗ 올리브(색)의 ☜ 라틴어로 '오일, 기름'이란 뜻
☐ **olive** oil 올리브유(油) ☜ oil(기름)

올림픽 Olympic (국제올림픽경기)

♣ 어원 : olymp 올림포스 산

☐ **Olymp**ic [əlímpik, ou-] ⓗ (고대) 올림피아 경기의; **(근대) 국제 올림픽 경기의**; 올림피아(평원)의; 올림포스 산의 ⓜ 올림포스의 신; (the ~s) = Olympic Games ☜ 그리스의 '(테살리아에 있는 높이 2,917m의) 올림포스(Olympos) 산의'란 뜻
♠ an Olympic medallist 올림픽 메달리스트

< Olympic Rings >

☐ **Olymp**ic Games [the ~; 단수·복수 취급] (근대의) 국제 올림픽 대회(Olympiad) 《1896년부터 4년마다 개최》 ☜ game(경기) + s(들)
☐ **Olymp**ia [əlímpiə, ou-] ⓜ **올림피아** 《고대 그리스 Peloponnesus 반도 서부의 평원. 옛날에 Olympic Games가 열렸던 곳》 ; 미국 워싱턴 주의 주도 ☜ -ia(지명/국명)
☐ **Olymp**iad [əlímpiæ̀d, ou-] ⓜ (옛 그리스의) 4년기(紀) 《한 올림피아 경기에서 다음 경기까지의 4년간》; **국제 올림픽 대회**(=the Olympic Games); (정기적으로 개최되는) 국제 경기 대회 ☜ -iad(기간)
☐ **Olymp**us [əlímpəs, ou-] ⓜ Mount ~ **올림포스 산** 《그리스 신들이 살고 있었다는 산》; (신들이 사는) 하늘(=heaven) ☜ 그리스어로 '높은 산'이란 뜻

O

오만 Oman (신밧드의 고향으로 알려진 아라비아 남동부의 독립국)

☐ **Oman** [oumάːn] ⓜ **오만** 《아라비아 동남단의 왕국; 수도는 무스카트(Muscat)》 ☜ 로마시대 기록상 최초 Oman 땅 발견자(Omana로 추정) 이름에서 유래
☐ **Oman**i [oumάːni] ⓗ 오만의 ⓜ 오만사람〔말〕 ☜ -ee(사람)의 변형

옴부즈만 ombudsman (행정기관에 대한 민원 조사관)

☐ **ombuds**man [άmbʌdzmən/ɔ́m-] ⓜ (pl. **-men**) **옴부즈맨** 《북유럽 등에서 정부·국가 기관 등에 대한 일반 시민의 고충을 처리하는 입법부 임명의 행정 감찰관》; [일반적] (기업 노사간의) 고충 처리원; (대학과 학생간의) 상담역; 개인 권리 옹호자 ☜ 스웨덴어로 '위원; (정부의 위임을 받은) 위원회(ombuds) 사람(man)'이란 뜻

알파와 오메가 the Alpha and the Omega (처음과 끝; 신(神))

※ **alpha** [ǽlfə] ⓜ **알파** 《그리스 알파벳의 첫 글자. A, α ; 로마자의 a에 해당》; 근본적인 이유; 제1위의 것, 제일, 처음; 《영》 (학업 성적의) A
※ **alphabet** [ǽlfəbèt/**앨퍼벳**, -bit] ⓜ **알파벳** 《그리스·로마 문자 등 서구 언어의 표기에 쓰이는 문자들》 ☜ 그리스어의 첫 번째 글자 'alpha'와 두 번째 글자 'beta'를 합해서 만든 합성어

■ **alpha** and **omega** **알파**와 **오메가** 《처음과 끝. 영원; 하나님, 예수그리스도》; (the ~) 근본적인 이유
☜ 그리스어의 '첫 번째(alpha) 와(and) 마지막 번째(omega)' 글자
□ **omega** [oumíːgə, -méi-, -mé-] ⓜ **오메가** 《그리스 알파벳의 스물넷째〔마지막〕 글자. Ω, ω; 로마자의 Ō, ō에 해당함》; 끝, 마지막, 최후(=end)

< Omelet >

오믈렛 omelet(te) (달걀을 풀어 얇게 부쳐 만드는 달걀 요리) 오므라이스 Omurice (콩글 볶은 밥에 케첩을 섞고 오믈렛으로 싼 일본 요리) ➔ omelette over rice

□ **omelet(te)** [ɑ́məlit/ɔ́m-] ⓜ **오믈렛** ☜ 라틴어로 '작은 접시'란 뜻
♠ **You cannot make an omelet(te) without breaking eggs.**
《속담》 계란을 깨지 않고는 오믈렛을 만들 수 없다; 희생 없이는 목적을 달성할 수 없다.

© 20th Century Fox

오멘 The Omen (미국 공포영화. <징조>란 뜻)

2006년 개봉된 존 무어(John Moore) 감독의 미국 공포영화. 리브 슈라이버(Liev Schreiber), 줄리아 스타일스(Julia Stiles) 주연. 미국의 젊은 외교관이 666이라는 악령이 깃든 악마의 자식을 죽이기 위한 힘든 여정을 그린 영화.

♣ **어원 : omen, omin 불길한 징조**
□ **omen** [óumən] ⓜ **징조**, 전조; 예언, 예감 ☜ 라틴어로 '불길한 예감'
□ **omin**ous [ɑ́mənəs/ɔ́m-] ⓗ **불길한**, 나쁜 ☜ 불길한 징조(omin) 의(ous)
♠ I had **an ominous dream** last night.
어젯밤에 **불길한 꿈**을 꾸었다
■ ab**omin**able [əbɑ́mənəbəl/əbɔ́m-] ⓗ **싫은**(=hateful), 혐오스러운(=detestable)
☜ 불길한 징조(omin)를 멀리(ab=away) 할 수 있는(able)

미사일 missile (추진기를 달고 순항하는 유도탄)

♣ **어원 : miss, mit 보내다**
■ **miss**ile [mísəl/-sail] ⓜ **미사일**, **유도탄** ☜ 라틴어로 '던질(miss) 수 있는 것(ile)'이란 뜻
□ o**mit** [oumít] ⓓ 빼다, **빠뜨리다, 생략하다** ☜ ~로(o<ad=to) 보내다(mit)
♠ **omit a letter** in a word 단어에서 **글자 하나를 빠뜨리다**
□ o**miss**ion [oumíʃən] ⓜ **생략**(된 것); 탈락(부분); 소홀, 태만
☜ ~로(o<ad=to) 보내(miss) 기(ion<명접>)
□ o**miss**ive [oumísiv] ⓗ 태만한; 빠뜨리는 ☜ -ive<형접>

✚ compro**mise** **타협**, 화해, 양보; **타협하다** pro**mise** **약속**, 계약; **약속[서약]하다** trans**mit** (화물 등을) 보내다, **부치다**, 발송하다

O

옴니버스 영화 omnibus film (하나의 주제·내용의 여러 이야기를 한 편의 작품 속에 모아 놓은 형식의 영화) * film 필름, 영화

♣ **어원 : omni 모든, 전(全) ~, 총(總) ~**
※ **bus** [bʌs/버스] ⓜ (pl. **-(s)es**) **버스** ☜ 프랑스어 omnibus(승합마차)의 줄임말
□ **omni**bus [ɑ́mnəbʌ̀s, -bəs/ɔ́m-] ⓜ (pl. **-es**) **승합마차; 버스**《생략: bus》 ⓗ 여러 가지 것을 포함하는; 총괄적인 ☜ 프랑스어로 '모든 사람을 위한 (탈 것)'이라는 뜻
♠ The movie is in **omnibus format**. 그 영화는 **옴니버스 형식**으로 되어 있다
□ **omni**bus book 〔volume〕 **옴니버스북** 《보통 한 작가 또는 같은 주제의 작품을 모은 염가 보급판》
☜ book((내용적) 책), volume((외형적) 책, 서적)
□ **omni**potent [amnípətənt] ⓗ 전능의, 무엇이든 할 수 있는
☜ omni(모든) + potent(유력한, 힘센, 능력 있는)
□ **omni**science, -ciency [ɑmníʃəns/ɔm-], [-si] ⓜ 전지(全知), 박식(博識); (the O-) 전지의 신
☜ 모두(omni) 아는(sci) 것(ence<명접>)

옴파로스 omphalos (<대지의 배꼽>으로 불리는 그리스의 돌)

고대 그리스인들은 그리스를 지구의 중심이라 생각했다. 그중에서도 아테네에서 북서쪽으로 170㎞ 떨어진 곳에 위치한 델포이시는 그리스신화에 등장하는 '대지의 배꼽(옴파로스)'이라는 유물을 통해 델포이가 '지구의 배꼽'이라 불리고 있다. 현재 이 돌은 델포이 박물관에 소장되어 있다. <출처 : 시사상식사전 / 일부인용>

☐ **omphalos** [ɑ́mfələs/ɔ́m-] ⓜ (pl. omphal**i**) 〚고대그리스〛 (방패 한복판에 있는) 돌기; (Delphi의 Apollo 신전에 있는) 원뿔꼴의 돌《세계의 중심이라고 여겼던》; 중심점, 중추; 〚해부학〛 배꼽 ☜ 그리스어로 '배꼽'이란 뜻

오엠알 OMR (광학 마크 판독 장치)

☐ **OMR** **O**ptical **M**ark **R**eader 〔**R**ecognition〕 광학 마크 판독 장치
※ **OCR** **O**ptical **C**haracter **R**eader 〔**R**ecognition〕 광학 문자 판독 장치

✚ **optical** **눈의**, 시각〔시력〕의; 빛의, 광학(상)의 **mark** **표(시)**, 기호, 부호, **마크;** 표시를 하다, 부호〔기호〕를 붙이다 **reader** **독자**; 독서가; 낭독자; 〚컴퓨터〛 읽개, 판독기 **recognition** 인지, **인식; 승인**, 허가; 발언의 허가

온라인 on-line (네트워크 · 통신이 연결된 상태) * line 줄, 선

❶ 시간(~에) : at 은 특정한 시각, on 은 날이나 요일, in 은 주, 달, 계절, 연도 등 긴 기간 앞에 사용
❷ 장소(~에서) : at 은 좁은 지점, in 은 넓은 지역, on 은 위 접촉면, above 는 위쪽, over 는 바로 위, beneath 는 아래 접촉면, under 는 바로 아래, below 는 아래쪽, up 은 위쪽 방향으로, down 은 아래쪽 방향으로 등에 사용

☐ **on** [ɔːn/온, ɔn, ɑn] ⓟ 〚장소〛 **~위에**; 〚소지 · 착용〛 **~을 입고**; 〚방향〛 ~으로 향하여; 〚날짜 · 시간〛 **~에, ~하자마자, ~의 도중에**; 〚수단 · 근거〛 ~에 의거〔근거〕하여, ~으로; 〚관계〛 ~에 대〔관〕하여; 〚종사〛 ~에 종사하여 ⓑ **위에**; **계속**, 끊임없이; **몸에 지니고 [입고]**; 〚진행〛 작동〔상연〕하여, 켜져서 ☜ 고대영어로 '~위에, ~안에, ~안으로'란 뜻
♠ There is a book **on the desk. 책상 위에** 책이 있다.
♠ **Put** your coat **on**! 외투 **입어**!
♠ march **on London** (군대가) **런던을 향하여** 행진하다
♠ **on Monday 월요일에, on July 15 7 월 15 일에**
♠ **On arriving** in Seoul, he called me up on the phone.
그는 서울에 **도착하자마자**, 나에게 전화를 걸었다.
♠ I saw it **on TV**. 나는 **TV 에서** 그것을 보았다.
♠ **call on** a person. 사람**을 방문하다**.
♠ He **is on** a murder case. 그는 살인사건**을 담당하고 있다**.
♠ **sleep on 계속 자다**
♠ **Turn on** the radio. 라디오**를 켜라**.
♠ **from ~ on ~이후[이래]**
♠ **on all sides 주위에, 사방팔방으로, 여기저기**
♠ **on and on 계속해서, 쉬지 않고**
He walked **on and on**. 그는 계속해서 (쉬지 않고) 걸었다.
♠ **on business** 〔errand, journey〕 **사업**〔심부름, 여행〕 **목적으로**

O

☐ **on**coming [ɔ́nkʌ̀miŋ] ⓗ 다가오는 ⓜ 접근 ☜ '~로(on=to) 오다(come) + ing<형접/명접>
☐ **on**-line, **on**line, **on** line [ɔ́nlɑ́in] ⓜ 〚컴퓨터〛 **온라인**《컴퓨터가 인터넷 등에 연결되어 있는 상태》 ⓗ 〚컴퓨터〛 **온라인(식)의**, (인터넷 등에) **연결된** ☜ 선(line) 상(on)의
☐ **on**looker [ɔ́nlùkər] ⓜ **구경꾼**, 방관자(=bystander) ☜ 계속(on) 보는(look) 사람(er)
☐ **on**set [ɑ́nsèt] ⓜ 개시, 착수; 공격, **습격**; (병의) 발병 ☜ '~에(on=to) 집중하다(set)'란 뜻
☐ **on**to [강 ɑ́ntuː, ɔ́(ː)n-, 약 -tə] ⓟ **~의 위에**; 《구어》 (음모를) 알아차리고, 알고 ☜ on(위) + to(~에)
☐ **on**ward [ɑ́nwərd, ɔ́(ː)n-] ⓑⓗ **전방으로(의)**, 앞으로 (전진하는) ☜ on(위<앞) + -ward(~쪽으로)
☐ **on**wards [ɑ́nwərdz, ɔ́(ː)n-] ⓑ 앞으로, 전방으로, 나아가서

원피스 one-piece (위 아래가 붙은 일체형 옷) ➔ a dress
원룸 one-room (콩글 침실 · 거실 · 주방 · 식당이 하나로 된 방) ➔ a studio (apartment), bedsit
원플러스원 one plus one (콩글 상품 한 개를 사면 덤으로 한 개를 더 주는 판촉 방법) ➔ by one get one (free), BOGO

< dress >

☐ **one** [wʌn/원] ⓜⓗ **하나(의); 어느, 어떤**; (특정한) 사람〔물건〕 ☜ 고대영어로 '하나의'라는 뜻
♠ **one after another 하나씩, 차례로, 계속적으로**
♠ **one after the other 번갈아**(=by turns), **차례차례로**
♠ **one another** (3 인 이상일 때) **서로** 비교 each other (2 인이) 서로

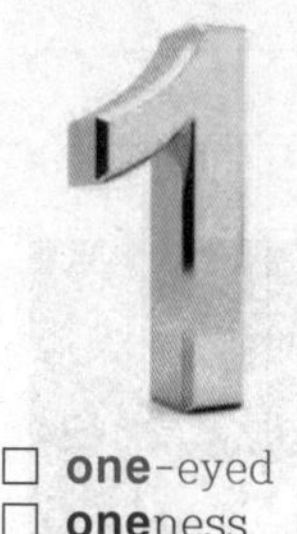

♠ **one by one 하나씩, 차례로**
♠ **one day** (과거 또는 미래의) **어느 날** 비교 someday (미래의) 언젠가
♠ **one of ~ ~중의 하나**
♠ **one (A) the other (B) (둘 중) 하나는 A 이고 또 하나는 B 이다.**
I have two sons; **one** is a teacher, **the other** a doctor.
내겐 두 아들이 있다. **하나는** 교사이고, **또 하나는** 의사이다.
♠ **(A) one thing (B) another A 와 B 는 다르다**
♠ **the one ~ the other 전자 ~ 후자**

□ **one**-eyed [wʌ́nάid] ⓗ 애꾸의, **시야가 좁은**; 불공평한 ☜ 한(one) 눈(eye) 의(ed<형접>)

□ **one**ness [wʌ́nnis] ⓜ 단일, 통일성 ☜ one + ness<명접>

□ **one-piece** [wʌ́npìːs] ⓜⓗ (옷이) 원피스(의), (아래위) 내리닫이(의) ☜ one + piece(조각, 부분)

□ **one**'s [wʌnz] ⓓ one의 소유격, one is의 줄임말

□ **one**self [wʌnsélf/원**셀**프] ⓓ [재귀] 자기 자신을〔에게〕; [강조] 몸소, 스스로 ☜ -self(자신)
♠ **by oneself 혼자서, 단독으로**(=alone)

□ **one**-sided [wʌ́nsάidid] ⓗ 일방적인 ☜ 한(one) 쪽(side) 의(ed)

□ **one**way [wʌ́nwéi] ⓗ 일방통행의, (차표가) 편도(片道)의; 한쪽 방향만의; 일방적인 ☜ one + way(길)
♠ **oneway traffic 일방통행**
♠ **a oneway ticket 편도 승차권**(《영》 single ticket)
비교 roundtrip ticket 왕복 승차권(《영》 return ticket)

□ **once** [wʌns/원스] ⓑ **한 번**, 일회, **한 차례; 일단**(~하면); 이전에, 일찍이 ⓙ ~하자마자 ☜ 중세영어로 one(하나)의 부사적 소유격
♠ **once a week** 〔day〕 **1주일**(하루)**에 한 번**
♠ **Once bit, twice shy. 한 번 물리면 두 번째는 겁내는 법. 《속담》 자라 보고 놀란 가슴 솥뚜껑 보고 놀란다.**
♠ **once and again (한 번뿐만 아니고) 여러 번**
♠ **once (and) for all 단 한 번만, 이번뿐, 단연**
♠ **once in a while 이따금, 때때로; 드물게**
He says mindless things **once in a while**. 그는 가끔씩 생각없이 이야기를 한다.
♠ **once more** 〔again〕 **한 번 더[다시], 다시 한 번**
♠ **once upon a time 옛날 옛적에**(=long ago)
♠ **at once 곧, 즉시**
♠ **at once (A) and (B) A 하기도 하고 동시에 B 하기도 한다**
♠ **for once (특별히) 한 번만, 이 번 한 번만**

□ **only** [óunli/**오**운리] ⓗ **유일한, 단지 ~뿐인; 최적의**; 다만 ☜ 하나(on<one) 같이(iy=like)
♠ **only a few** 〔little〕 **불과 얼마 안 되는, 극소수[극소량]의**
♠ **only to do 단지 ~하기 위하여; 단지 ~한 결과가 되다**
♠ **only too 대단히; 유감스럽지만**

■ al**one** [əlóun/얼**로**운] ⓗ 고독한 ⓑ **홀로**, 외로이 ☜ al(강조) + one 또는 a(강조) + lone(외로운)

※ **room** [ruːm/루움, rum] ⓜ **방** 《생략: rm.》; (pl.) 하숙방, 셋방; **장소** ⓢ 방을 함께 차지하다, 동거하다 ☜ 고대영어로 '공간(space)'란 뜻

□ **oncoming**(다가오는; 접근) ➔ **on**(~위에) **참조**

유니언 잭 Union Jack (잉글랜드 + 스코틀랜드 + 북아일랜드기를 합친 영국 국기)

■ **uni**on [júːnjən/**유**-년] ⓜ **결합**(=combination), 연합, 합동, 병합, 융합; 일치, 단결, 화합 ☜ 라틴어로 '진주 한 개'나 '양파 한 개'를 뜻함.

□ **oni**on [ʌ́njən] ⓜ 『식물』 **양파**; [일반적] 파; 《속어》 머리, 사람; 최루탄 ⓗ 양파의; 양파로 조리한, 양파 같은 ⓢ ~에 양파로 맛을 내다 ☜ 라틴어로 '일체(union)'의 뜻
♠ beef and **boiled onion 데친 양파**를 곁들인 쇠고기

※ **jack** [dʒæk] ⓜ (J-) **사나이; 남자**, 놈; 노동자; 잭 《무거운 것을 들어 올리는 장치》; 『항해』 (국적을 나타내는) 선수기(船首旗) ⓢ 들어 올리다 ☜ 라틴어로 'Jacob(야곱)', 영어로 'John'

□ **onlooker**(구경꾼, 방관자), **onset**(습격) ➔ **on**(~위에) **참조**

온타리오 Ontario (캐나다 남부에 있는 주)

□ **Ontario** [ɑntέəriòu/ɔn-] ⓜ **온타리오** 《캐나다 남부의 주》; 온타리오 호 《북아메리카 5대호의 하나》 ☜ 북미 인디언말로 '큰 호수'란 뜻

☐ **onto**(~위에), **onward**(전방으로) ➔ **on**(~위에) **참조**

☐ **oops**(아이쿠, 저런) ➔ **oh**(오오) **참조**

[연상] 우주에서 알 수 없는 우즈(ooze.분비물)가 스며나왔다.

ooze

☐ **ooze** [uːz] [동] (물이) **스며[새어]나오다**; 분비하다; 새다, 누설하다 [명] (특히 바다밑·강바닥 따위의) 연한 찰진 흙(=slime); 늪지, 습지; 스며나옴; **분비**(물) ☜ 고대영어로 '액즙(液汁)'이란 뜻
♠ **Water oozed** through the paper bag.
종이 봉지에서 **물이 스며나왔다.**

☐ **oozy** [úːzi] [형] (-<-z**ier**<-z**iest**) 줄줄 흐르는, 새는, 스며나오는 ☜ ooze + y<형접>

오팔 opal (7가지 무지개색을 보유한 보석)

☐ **opal** [óupəl] [명] 〖광물〗 **오팔, 단백석**(蛋白石; 반투명 또는 불투명한 함수 규산의 광물); (반투명의) 젖빛 유리 ☜ 라틴어로 '보석'

■ **Ophir** [óufər] [명] 〖성서〗 **오빌** 《Solomon이 금·보석 등을 얻은 곳; 금의 산지》 ★ 현대자동차 <오피러스(Opirus)>는 라틴어로 '보석(금)의 땅'(Ophir Rus), 또는 영어로 '우리의 여론주도자(opinion leader of us)'란 뜻이라고 함.

애퍼리션 Apparition (미국 스릴러 영화. <환영, 유령>이란 뜻.)

ONCE YOU BELIEVE
YOU DIE
THE APPARITION

© Warner Bros.

2012 년 개봉한 미국 스릴러 영화. 심령현상 실험중 불러낸 초자연적인 존재를 가두지 못하면서 시달리게 되는 공포 스릴러 영화. 애슐리 그린(Ashley Greene), 톰 펠튼(Tom Felton) 주연

♣ **어원 : par, pear, pare, paq, pac 보이다, 나타나다**

■ ap**par**ition [æ̀pəríʃən] [명] 환영, **유령** ☜ 라틴어로 '나타난 것; 유령'이란 뜻

■ ap**pear** [əpíər/어**피**어] [동] **나타나다**, 출현하다
☜ ~쪽으로(ap<ad) 나타나다(pear)

■ disap**pear** [dìsəpíər] [동] **사라지다**, 소멸하다 ☜ dis(=not) + appear(나타나다)

☐ o**paq**ue [oupéik] [형] **불투명한**; 불분명한, 우중충한; 둔한 [명] 불투명체; (the ~) 암흑 ☜ 들여다보이지(paq) 않(o=not) 는(ue)
♠ an **opaque** body **불투명**체

☐ o**pac**ity [oupǽsəti] [명] 불투명; (전파·소리 따위를) 통하지 않음; 불투명체; 〖사진〗 불투명도; (의미의) 불명료; 애매; 우둔, 어리석음 ☜ 들여다보이지(pac) 않(o=not) 는 것(ity<명접>)

■ trans**par**ent [trænspέərənt] [형] **투명한** ☜ (유리 등을) 통하여(trans) 나타(par) 난(ent)

오페크 < 오펙 OPEC (석유수출국기구)

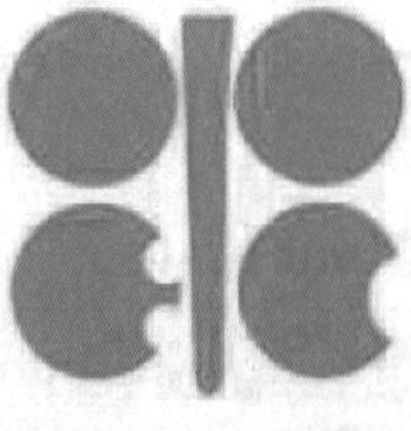

☐ **OPEC** [óupek] **O**rganization of **P**etroleum **E**xporting **C**ountries
석유수출국 기구, **오펙**

✚ **org**anization **조직(화)**, 구성, 편제, 편성; 기구, 체제; 단체 **petrol**eum **석유** ex**port** **수출하다; 수출(품)** **country** **국가; 시골**

오프너 opener (병따개), 오픈북, 오픈게임, 오프닝...
오픈카 open car ([콩글] 지붕이 없는 승용차) ➔ convertible

☐ **open** [óupən/**오**우펀] [형] (-<**more** ~(-**er**)<**most** ~(-**est**)) **열린; 공개된;** (유혹 등에) 빠지기[걸리기] 쉬운; 공공연한 [동] **열다**; 개척하다; **공개[개방]하다; 개업하다**; 개시하다; 터놓다; 열리다; 통하다 ☜ 눈을 뜨(op) 다(en<동접>)
♠ **open the window 창문을 열다**
♠ **be open to ~ ~에게 열려[개방되어] 있다, ~가 이용할 수 있다, ~의 여지가 있다**
♠ **open up 열다; 시작하다; 나타나다**

☐ **open**er [óupənər] [명] 여는 사람, 개시자; 따는 도구, 병(깡통)따개, **오프너**; 첫 번 경기
☜ open + er(사람)

☐ **open** account 당좌 계정 ☜ account(계산, 셈; 계정)

☐ **open**-air [óupənέər] [형] **옥외의**; 야외의, 노천의; 옥외를 좋아하는 ☜ 열린(open) 공기(air)

☐ **open**-book examination **오픈북** 시험 《사전·참고서를 마음대로 보아도 좋은 시험》
☜ book(책), examination(시험)

□ **open**-eyed [óupənàid] ⓗ 눈이 동그래진, 놀란 ☜ 열린(open) 눈(eye) 의(ed<형접>)
□ **open** game **오픈 게임** 《본 시합에 앞서 하는 선수권에 관계없는 시합·경기》 ☜ game(경기, 시합)
□ **open**-handed [óupənhǽndid] ⓗ 아끼지 않는 ☜ 벌린(open) 손(hand) 의(ed<형접>)
□ **open**-hearted [óupənhɑ́:rtid] ⓗ 솔직한 ☜ 열린(open) 마음(heart) 의(ed<형접>)
□ **open**ing [óupəniŋ] ⓜ **열기**; 개방; 개시, 개장; **열린 구멍**, 틈; 통로; 빈 터; **취직 자리**
☜ open + ing<명접>
♠ **an opening** in a fence 울타리의 **개구멍**
□ **open**ly [óupənli] ⓑ **공공연히**; 드러내놓고; 숨김없이, 솔직하게 ☜ open + ly<부접>
□ **open**-minded [óupənmáindid] ⓗ 편견이 없는, 허심탄회한; 너그러운
☜ 열린(open) 마음(mind)을 가진(ed<형접>)
□ **open**-mouthed [óupənmáuðd] ⓗ **입을 벌린**; 시끄러운; (병 따위가) 아가리가 넓은
☜ 벌린(open) 입(mouth) 의(ed<형접>)
□ **open**ness [óupənis] ⓜ 개방 상태; 개방성, 솔직; 무사(無私), 관대 ☜ open + ness<명접>
□ re**open** [rióupən] ⓢ **다시 열(리)다**; 다시 시작하다, 재개하다 ☜ 다시(re) 열다(open)
♠ **reopen** a discussion 논의를 **재개하다**
※ **car** [kɑ:r/카-] ⓜ **자동차** ☜ 라틴어로 '2개의 바퀴가 달린 켈트족의 전차'란 뜻

오페라 opera (가극(歌劇), 노래를 중심으로 한 음악극)

< The Phantom of the Opera >
© broadwaybox

♣ 어원 : **opera 일, 노동; 일하다**
□ **opera** [ɑ́pərə/ɔ́p-] ⓜ **오페라**, 가극; 오페라 극장; 가극단
☜ 이탈리아어로 '일, 노동'이란 뜻
♠ a new **opera** 신작 **오페라**
□ **opera** glasses **오페라 글라스** 《관극용 작은 쌍안경》 ☜ glass(유리), glasses(안경)
□ **opera** hat 오페라 모자 《접을 수 있는 실크 모자》 ☜ hat(테 있는 모자)
□ **opera** house 가극장; (일반적으로) 극장 ☜ house(집, 주택; 가게, 혈통)
♠ soap **opera** 연속극, (멜로)드라마 ★ **그냥** soap**라고도 함.**
☜ 본디 주로 비누회사가 스폰서였던 데서 유래
□ **oper**etta [ɑ̀pərétə/ɔ̀p-] ⓜ (pl. **-s,** operett**i**) (단편) 희가극, 경가극, **오페레타**
☜ 18c. 이탈리아어로 '가벼운(etta=light) 오페라(opera)'란 뜻
□ **opera**te [ɑ́pərèit/ɔ́p-] ⓢ **작동하다, 움직이다, 수술하다, 경영하다**
☜ 일을 하게(opera) 하다(ate<동접>)
□ **opera**ting [ɑ́pərèitiŋ] ⓗ 수술의〔에 쓰는〕; 경영〔운영〕상의〔에 요하는〕 ☜ -ing<형접>
□ **opera**ting system 『전산』 **오퍼레이팅 시스템**, 운영시스템 《컴퓨터의 관리를 위한 프로그램; 약어 **OS**》 ☜ system(체계, 계통, 시스템)
□ **opera**tion [ɑ̀pəréiʃən/아퍼**뤠**이션/ɔ̀pəréiʃən/오퍼**뤠**이션] ⓜ **가동**(稼動), **작용, 작업, 실시, 수술**
☜ 일하게 하는(operate) 것(ion<명접>)
□ **opera**tional [ɑ̀pəréiʃənəl/ɔ̀p-] ⓗ **조작상의**; 『군사』 작전상의; 운전〔활동〕 중인; 언제든지 행동〔운영〕할 수 있도록 정비된 ☜ -al<형접>
□ **opera**tive [ɑ́pərətiv, -rèi-/ɔ́p-] ⓗ **움직이는**; 운전하는; 효과적인; 『의학』 수술의; 실시(중)의
ⓜ 직공 ☜ -tive<형접/명접>
□ **opera**tor [ɑ́pərèitər/ɔ́p-] ⓜ (기계의) **조작자, 기사**, 운전자; 교환수; 수술자; 경영자 ☜ -or(사람)
■ co(-)**opera**te [kouɑ́pərèit/-ɔ́p-] ⓢ **협력하다, 협동하다** ☜ 함께(co<com) 일하다(operate)

오피니언 리더 opinion leader (타인의 사고·행동에 영향을 주는 사람)

□ **opinion** [əpínjən/어**피**년/어**피**니언] ⓜ **의견, 견해**(=view); (보통 pl.) 지론, 소신; 여론; 판단, 평가 ☜ 라틴어로 '(마음)속에서(in) 선택하는(op<option) 것(ion<명접>)'
♠ **hold an opinion 의견을 갖고 있다**
♠ **in my opinion 내 의견[생각]으로는**
♠ **in the opinion of ~ ~의 의견으로는**
□ **opinion**ated [əpínjənèitid] ⓗ 자기주장을 고집하는; 고집이 센
☜ (자기) 의견(opinion)을 만드(ate) 는(ed<형접>)
□ **opinion** poll 여론조사 ☜ poll(투표, 여론조사)
※ **lead**er [lí:dər/**리**-더] ⓜ **선도자, 지도자, 리더** ☜ 중세영어로 '이끄는(lead) 사람(er)'이란 뜻

아편 opium (마취제·설사·이질 등에 쓰이는 마약의 일종)

□ **opium** [óupiəm] ⓜ **아편**; 아편과 같은 것 ☜ 그리스어로 '양귀비 즙'
□ **Opium** War [the ~] 아편전쟁(1839-42) 《영국과 청나라 사이의》 ☜ war(전쟁)

□ **opponent**(적대하는; 적수, 반대자) ➔ **oppose**(반대하다) **참조**

O

포털 portal (네이버, 다음(Daum) 등 인터넷 접속시 거쳐야 하는 사이트)

♣ 어원 : port 나르다, 운반하다, 옮기다; 항구

■ **port** [pɔːrt/포-트] 명 **항구**, 무역항 ☜ (물건을) 나르는 곳

■ **portal** [pɔ́ːrtl] 명 (우람한) **문, 입구; 정문; 포털사이트** ☜ (~를 통해) 운반하는(port) 곳(al)

NAVER GOOGLE DAUM

□ op**port**une [ὰpərtjúːn] 형 때에 알맞은; 형편 좋은 ☜ ~로(op=to) (적시에) 옮기(port) 는(une)

□ op**port**unist [ὰpərtjúːnist] 명 기회주의자 ☜ ~로(op=to) (적절히) 옮기(port) 는(une) 사람(ist)

□ op**port**unism [ὰpərtjúːnizəm/ɔ̀pərtjùːn-] 명 기회주의, 편의주의 ☜ -ism(~주의)

□ op**port**unity [ὰpərtjúːniti/아퍼**튜**-니디/ɔ̀pərtjúːnəti/오퍼**튜**-너티] 명 **기회**, 호기; 행운; 가망 ☜ ~로(op=to) 한 번(uni) 나르(port) 기(ty<명접>)
♠ **Opportunity seldom knocks twice.**
《속담》 좋은 기회는 두 번 다시 오지 않는다.
♠ **have an (the) opportunity of (for) doing (to) ~ ~하는 기회를 갖다**

□ inop**port**une [inὰpərtjúːn/-ɔ́p-] 형 시기를 놓친, 시기가 나쁜(=ill-timed), 부적당한, 형편이 나쁜 ☜ in(=not/부정) + opportune(때에 알맞은, 형편 좋은)

□ inop**port**unely [inὰpərtjúːnli/-ɔ́p-] 부 시기를 놓쳐; 공교롭게도 ☜ -ly<부접>

✚ air**port** **공항** ex**port** **수출하다; 수출(품)** im**port** **수입하다: 수입(품)** im**port**ant **중요한**; 거드름 피우는 **port**able 들고 다닐 수 있는; **휴대용의; 휴대용 기구** **port**er **운반인**; 짐꾼, 포터

포즈(pose.자세)를 취하다, 프로포즈 propose (청혼하다)

♣ 어원 : pos(e), posit, pon 놓다, 두다; 배치하다

■ **pose** [pouz] 명 **자세, 포즈**; 마음가짐; 겉치레 동 자세(포즈)를 취하다 ☜ 고대 프랑스어로 '놓다, 두다, 위치시키다'란 뜻

■ pro**pose** [prəpóuz] 동 **신청하다**; 제안(제의)하다; 청혼하다 ☜ 앞에(pro) (결혼하고 싶은 마음을) 내놓다(pose)

□ op**pon**ency [əpóunənsi] 명 반대, 대항, 적대; 대항 상태 ☜ ~에 대항하여(op<ob=against) 두는(pon=put) 것(ency<명접>)

□ op**pon**ent [əpóunənt] 형 반대하는, **적대하는** 명 **적수; 반대자** ☜ -ent<형접>/사람

□ op**pose** [əpóuz/어**포**우즈] 동 **반대[대항]하다** ☜ ~에 대항하여(op) 놓다(pose)
♠ **oppose the enemy 적에 대항하다**
♠ **be opposed to ~ ~에 반대[대립]되다**
♠ **in opposition to ~ ~에 반대[반항]해서**

□ op**pose**d [əpóuzd] 형 **반대된**, 적대(대항)하는; 대립된; 마주 바라보는, 맞선 ☜ ~에 대항하여(op=against) 배치(pose) 된(ed<형접>)

O

□ op**posit**e [ɑ́pəzit/**아**퍼지트/ɔ́pəzit/**오**퍼지트] 형 **마주보고 있는**, 맞은편의, 반대쪽의; **정반대의** 명 **정반대의 일**[사람, 말] 부 **정반대의 위치에,** 맞은편에 전 **~의 맞은편에** ☜ 맞은편(op=against)에 두다(posit) + e

□ op**posit**ion [ὰpəzíʃən/ɔ̀p-] 명 **반대**, 반항; 방해; 적대, 대립; 반대당, 야당 ☜ op + posit + ion<명접>

✚ com**pose** **조립[구성]하다**; **작문[작곡]하다** de**pose** **면직[해임]하다** ex**pos**e (햇볕 등에) **쐬다, 드러내다; 폭로하다; 진열[노출]하다** im**pose** (의무를) 지우다, **부과하다**; 강요하다 **posit**ion **위치, 장소**; 처지, 입장; 지위, 신분 sup**pose** **가정[상상]하다**

콤프레셔 < 컴프레서 compressor (공기압축기)
프레스센터 press center (언론회관)

♣ 어원 : press 누르다

프레스센터
PRESS CENTER

■ com**press**or [kəmprésər] 명 **압축기**; **컴프레서** ☜ 완전히(com) 누르는(press) 장비(or)

■ **press** [pres/프뤠스] 동 **누르다**; **강조하다**; **압박하다**; 돌진하다; **서두르다** 명 **누름**; **인쇄기**; **출판물** ☜ 중세영어로 '누르다'란 뜻

□ op**press** [əprés] 동 **압박하다**, 억압하다, 학대하다 ☜ 반대편에서(op) 누르다(press)

□ op**press**ion [əpréʃən] 명 **압박**, 압제, 탄압, 학대; 압박감; 의기소침; 고난 ☜ -ion<명접>
♠ struggle against **oppression** **압제**와 싸우다.

□ op**press**ive [əprésiv] 형 **압제적인**, 가혹한; 압박적인; (날씨가) 음침한, 무더운 ☜ -ive<형접>

□ op**press**or [əprésər] 명 **압제자**, 박해자 ☜ oppress + or(사람)

※ **center**, 《영》 **centre** [séntər/**쎈**터] 명 **중심**(지); **핵심**; **중앙** ☜ 라틴어로 '원의 중심'이란 뜻

✚ de**press** **풀이 죽게 하다, 우울하게 하다** im**press** **~에게 감명을 주다, ~을 감동시키다** **press**ure **누르기**; 압력; 압축, 압착 re**press** **억누르다**; 저지〔제지〕하다; 진압하다 sup**press** **억압하다**; (반란 등을) 가라앉히다, **진압하다**

해피 버스데이 투 유 Happy birthday to you ! (당신의 생일을 축하합니다)

♣ **어원 : bir, bear, bri 나르다, 가져오다, 데려오다**

※ **happy** [hǽpi/**해**삐] ⓗ (-<-pi**er**<-pi**est**) **행복한** ☜ 고대영어로 '행복한'

■ **bir**thday [bə́ːrθdèi/**버**어쓰데이] ⓜ **생일** ☜ 출생(birth)한 날(day)

■ **bri**ng [briŋ/브링] ⓓ (-/**brought**/**brought**) **가져오다, 데려오다** ☜ 고대영어로 '나르다, 가져오다, 데려오다'란 뜻

□ oppro**bri**um [əpróubriəm] ⓜ 불명예, 오명, 치욕; 악담, 욕지거리, 비난 ☜ 완전히(op/강조) 앞으로(pro) 가져온/드러낸(bri) 것(um<명접>)
♠ His money brought him only **opprobrium**. 그의 돈은 그에게 **비난**만 가져다 줬다.

□ oppro**bri**ous [əpróubriəs] ⓗ 욕하는, 무례한; 창피한, 부끄러운 ☜ -ous<형접>

■ **bear** [bɛər/베어] ⓓ (-/**bore**/**born(e)**) **운반하다, 지탱하다, 견디다; (애를) 낳다** ☜ 고대영어로 '나르다'란 뜻 **비교** bare 벗은, 텅 빈

□ **opt**(선택하다, 고르다) ➔ **option**(취사선택(권)) **참조**

오프너 opener (병따개), 상점이 오픈(open.개업하다)하다

♣ **어원 : op 눈, 광학; 눈을 뜬**

■ **op**en [óupən/**오**우펀] ⓗ (-<**more** ~〔-**er**〕<**most** ~〔-**est**〕) **열린; 공개된;** (유혹 등에) 빠지기[걸리기] 쉬운; 공공연한 ⓓ **열다**; 개척하다; **공개[개방]하다; 개업하다**; 개시하다; 터놓다; 열리다; 통하다 ☜ 눈(op)을 뜨다(en<동접>)

■ **op**ener [óupənər] ⓜ 여는 사람, 개시자; 따는 도구, 병〔깡통〕따개, **오프너**; 첫 번 경기 ☜ open + er(사람)

□ **op**tic [ɑ́ptik/ɔ́p-] ⓗ **눈의**, 시력〔시각〕의; 《고어》 광학의 ⓜ 《구어》 눈 ☜ -tic<형접/명접>
♠ **the optic nerve 시신경(視神經)**

□ **op**tical [ɑ́ptikəl/ɔ́p-] ⓗ **눈의**, 시각〔시력〕의; 빛의, 광학(상)의 ☜ 그리스어로 '눈(op)으로 볼 수 있는(tical<형접>)'이란 뜻

□ **op**tics [ɑ́ptiks] ⓜ (pl. 단수취급) **광학**; 광학적 제(諸)특성 ☜ 눈(op)의 학문(tics)

□ **op**tician [aptíʃən] ⓜ 안경상(商), 광학기계상(商) ☜ optic + ian(사람)

옵티마 Optima (기아자동차의 중형 세단. <최상, 최적>이란 뜻)

♣ **어원 : optim 가장 좋은, 최고의, 최선의, 최적의; 낙관, 낙천**

□ **optim**a [ɑ́ptəmə/ɔ́pt-] ⓜ optimum의 복수형 ☜ 라틴어로 '최상의 것들'이란 뜻

□ **optim**ism [ɑ́ptəmìzəm/ɔ́pt-] ⓜ **낙천주의**; 낙관(론), 무사태평 ☜ -ism(~주의)

□ **optim**ist [ɑ́ptəmist] ⓜ **낙천가** ☜ 낙천적인(optim) 사람(ist)

□ **optim**istic(al) [ɑ̀ptəmístik(əl)/ɔ̀pt-] ⓗ 낙관적인, 낙천적인; **낙천주의의** ☜ -ic(al)<형접>
♠ He's **optimistic** about the future. 그는 장래에 대해 **낙관적**이다.

□ **optim**ization [ɑ̀ptə-məzéiʃən] ⓜ **낙관적 사실**; 가장 효과적인 상태 ☜ -ation<명접>

□ **optim**ize [ɑ́ptəmàiz/ɔ́pt-] ⓓ 낙관하다; 최대한으로 활용하다 ☜ -ize<동접>

□ **optim**um [ɑ́ptəməm/ɔ́pt-] ⓜ (pl. optim**a**, **-s**) 최적조건 ⓗ 가장 알맞은, 최적의 ☜ -um<명접>

얼리 어답터 early adopter (조기 체험소비자), 옵션 option (선택)

신제품이 출시될 때 가장 먼저 구입해 평가를 내린 후 주위에 제품의 정보를 알려주는 성향을 가진 소비자군(群)

♣ **어원 : opt 선택하다(=choose)**

※ **early** [ə́ːrli/**얼**-리] ⓗ (-<-li**er**<-li**est**) **이른**, 빠른 ⓑ **일찍이** ☜ 고대영어로 '이전에'란 뜻 ⓑ late 늦은, 늦게

■ ad**opt** [ədɑ́pt/어**답**트/ədɔ́pt/오**돕**트] ⓓ **채용[채택]하다**; 양자〔양녀〕로 삼다 ☜ ~으로(ad=to) 선택하다(opt)

■ ad**opt**er [ədɑ́ptər, ədɔp-] ⓜ 채용〔채택〕자, 양부모 ☜ adopt + er(사람)

□ **opt** [ɑpt/ɔpt] ⓓ 선택하다; (양자 중) ~쪽을 고르다 ☜ 라틴어로 '선택하다'

□ **opt**ion [ɑ́pʃən/ɔ́p-] ⓜ **취사선택**(권), 선택의 자유, 옵션 ☜ 선택한(opt) 것(tion<명접>)
♠ **I have no option** in the matter. **나는** 그 문제에 대한 **선택의 자유가 없다**.

□ **opt**ional [ɑ́pʃənəl/ɔ́p-] ⓗ **임의의**, 마음대로의, 선택의 ☜ option + al<형접>

■ co-**opt** [kouɑ́pt/-ɔ́pt] ⓓ (새위원으로) 선출〔선임〕하다; (조직에서) ~을 흡수〔접수〕하다;

징용하다; 제멋대로 쓰다 ☜ 함께(co) 선택하다(opt)

이더오아 Either/Or (키에르케고르의 저서. <양자택일>이란 뜻)

덴마크의 실존주의 철학자, 렌 키에르케고르가 1843년 발간한 첫 저서. Either/Or는 탐미적인 인생관과 윤리적인 인생관 중 하나를 택하라고 강요하며, 윤리적인 인생관을 택하지 않을 수 없다는 결론을 내리고 있다. <출처 : 두산백과 / 일부인용>

※ **either** [íːðər/**이**-더/áiðər/**아**이더] ⓟ **~이든 또는 ~이든**, 〔부정문〕 ~도 또한 (~하지 않다) ⓗ **어느 한 쪽의** ⓓ (둘 중의) **어느 하나**; 어느 쪽이든 ⓙ 〔either ~ or …의 형태로〕 **~거나 또는 ~거나** ☜ 고대영어로 '둘(ther<two) 다 모두(ei)'란 뜻

※ **neither** [níːðər/**니**-더/náiðər/**나**이더] ⓗ **어느 ~도 …아니다** ⓓ **어느 쪽도 ~아니다[않다]** ⓟ 〔neither ~ nor ~로 상관접속사적으로 써서〕 **~도 …도 아니다[않다]; ~도 또한 …않다[아니다]** ☜ not + either의 줄임말

□ **or** [ɔːr/오-어, (약) ər] ⓙ **혹은, 또는**, ~이나 ☜ 고대영어로 '또는'이란 뜻
- ♠ **Answer yes or no. 예 또는 아니오로 대답하시오.**
- ♠ **or else 그렇지 않으면**
- ♠ **or so ~쯤, ~정도, ~내외**
- ♠ **or something ~인가 뭔가**
- ♠ **명령문, or … ~해라, 그렇지 않으면 …**
  Study hard, or you will fail the test.
  열심히 공부해라, 그렇지 않으면 넌 시험에 낙방할 것이다.
  비교 **명령문, and … ~해라, 그러면 …**

오럴 테스트 oral examination [test] (구두평가)
오라클 oracle (소프트웨어 및 하드웨어를 개발하는 미국 회사)

♣ **어원 : or(a) 입, 말; 말하다, 숭배[사모 · 존경]하다; 기도[기원]하다**

□ **or**al [ɔ́ːrəl] ⓗ **구두(口頭)의, 구술의** ⓜ (종종 pl.) 《구어》 구술시험 ☜ 말(or) 의(al<명접>)
- ♠ **an oral examination 〔test〕 구두[구술] 시험**

□ **or**ally [ɔ́ːrəli] ⓟ 구두로 ☜ oral + ly<부접>

□ **ora**cle [ɔ́(ː)rəkəl, ɑ́r-/ɔ́r-] ⓜ **신탁**(神託), **오라클**, 〖성서〗 신의 계시 ☜ (신이) 말한(ora) 것(cle<명접>)

□ **ora**cular [ɔːrǽkjələr/ɔr-] ⓗ 신탁(神託)의, 엄숙한 ☜ -ar<형접>

■ ad**or**e [ədɔ́ːr] ⓢ **숭배하다**, 찬미하다 ☜ ~을(ad=to) 숭배하다(or) + n

■ ad**or**n [ədɔ́ːrn] ⓢ **꾸미다**, 장식하다 ☜ ~을(ad=to) 숭배하다(or) + n

※ ex**am**ination [igzæ̀mənéiʃən] ⓜ **조사**, 검사, **시험**, 심문 ☜ examine + ation<명접>

※ **test** [test/테스트] ⓜ **테스트, 시험**, 검사, 실험; 고사 ⓢ **시험하다** ☜ 라틴어로 '질그릇 단지'란 뜻. 금속 시험에 이 질그릇 단지를 사용한 데서 유래.

오렌지 orange (감귤류에 속하는 열매의 하나)

□ **orange** [ɔ́(ː)rindʒ/**오**(-)륀쥐, ɑ́r-] ⓜ **오렌지**, 등자(橙子), 감귤류 《과실 · 나무》; 오렌지색, 주황색 ⓗ **오렌지의; 오렌지색의**, 주황색의 ☜ 산스크리트어로 '오렌지 나무'란 뜻

오랑우탄 orangutan (동남아 말레이제도에 서식하는 나무 위 영장류)

□ **orangutan, orangoutang** [ɔːrǽŋutæ̀n, ərǽŋ-/ɔ́ːrəŋúːtæn] ⓜ **오랑우탄**, 성성이 ☜ 말레이어로 '숲(utan=forest)에 사는 사람(orang=man)'

※ **monkey** [mʌ́ŋki/**멍**키] ⓜ (pl. **-s**) **원숭이** 《포유류 영장목 중에서 사람을 제외한 동물》 ☜ 중세 네델란드어로 '원숭이'란 뜻
- ★ 긴 꼬리가 있으면 monkey, 꼬리가 없으면 ape

※ **chimpanzee** [tʃìmpænzíː, tʃimpǽnzi] ⓜ 〖동물〗 **침팬지** 《아프리카산》 ☜ 앙골라 반투어로 '서아프리카의 큰 원숭이'란 뜻

※ **gorilla** [gərílə] ⓜ 〖동물〗 **고릴라** ☜ 그리스어로 '큰 원숭이'란 뜻

오라토리오 oratorio (작은 규모의 오페라로, 성경 내용을 노래함)

♣ **어원 : or(a) 입, 말; 말하다, 숭배[사모 · 존경]하다; 기도[기원]하다**

□ **or**ate [ɔːréit, ´-] ⓢ 연설하다; 연설조로 말하다 ☜ 말(or) 하다(ate<동접>)

□ **or**ation [ɔːréiʃən] ⓜ **연설**; 식사(式辭), 웅변대회; 〖문법〗 화법 ☜ -ation<명접>
- ♠ **a funeral oration (장례식장에서의) 추도사**

☐ **or**ator [ɔ́(ː)rətər, ɑ́r-] ⓜ (fem. **-tress**) 연설자, 강연자; **웅변가**
☜ 말하는(ora) + t + 사람(or)

☐ **or**atorical [ɔ̀ːrətɔ́ːrikəl, ɑ̀r-/ɔ̀rətɔ́r-] ⓗ 연설의; 연설가의; 수사적(修辭的)인
☜ 말하는(ora) + t + 사람(or) 의(ical)

☐ **ora**torio [ɔ̀(ː)rətɔ́ːriòu, ɑ̀r-] ⓜ (pl. **-s**) 〖음악〗 **오라토리오** 《17~18세기에 가장 성행했던 대규모의 종교적 극음악》, 성담곡(聖譚曲)
☜ 이탈리아어로 '기도실'이란 뜻. 말하는(ora) 곳(torio)

☐ **or**atory [ɔ́ːrətɔ̀ːri, ɑ́r-/ɔ́rətəri] ⓜ **웅변**(술); 수사(修辭), 과장한 언사〔문체〕 ☜ -atory<명접>

오빗포인트 orbit point ([항공] 비행기의 공중 선회대기지점)

♣ 어원 : orb 둥근; 원, 고리, 구(球)

☐ **orb** [ɔːrb] ⓜ **구**(球); 천체; 《시어》 안구, 눈; (행성의) 궤도 ⓢ 둘러싸다, 궤도를 움직이다
☜ 라틴어로 '원, 고리'란 뜻

☐ **orbit** [ɔ́ːrbit] ⓜ 〖천문〗 **궤도**; 생활궤도; 활동범위, (인생) 행로, 생활과정; 〖해부학〗 안와(眼窩) ⓢ 궤도를 그리며 돌다 ☜ 중세영어로 '눈구멍(eye socket)'이란 뜻
♠ **put a satellite into orbit** 인공위성을 **궤도**에 올리다.

☐ **orb**ital [ɔ́ːrbitəl] ⓗ **궤도의**; 도시 교외를 환상으로 통하는 《도로》; 안와(眼窩)의 ☜ -al<형접>

※ **point** [pɔint/포인트] ⓜ 뾰족한 끝, **점**, 요점; **점수**, 포인트 ⓢ **가리키다**, 뾰족하게 하다
☜ 라틴어로 '뾰족한 끝'이라는 뜻

연상 아프리카의 차드(Chad)에는 오차드(orchard.과수원)가 많다(?)

※ **Chad** [tʃæd] ⓜ **차드**호(湖) 《아프리카 중북부》; **차드** 《아프리카 중북부의 공화국; 공식명은 the Republic of ~; 수도 은자메나(N'Djamena)》 ☜ 국명은 차드호수(Lake Chad)에서 유래
★ Tchad라고도 적음.

☐ **orchard** [ɔ́ːrtʃərd] ⓜ **과수원**; [집합적] (과수원의) 과수; 《야구속어》 야구장; 외야 ☜ 고대영어로 '야채(orc) 두는 곳(hard)'이란 뜻
♠ **plant an orchard 과수원**을 만들다.

☐ **orchard**ist [ɔ́ːrtʃərdist] ⓜ 과수 재배자 ☜ -ist(사람)

오케스트라 orchestra (관현악단)

☐ **orches**tra [ɔ́ːrkəstrə] ⓜ **오케스트라, 관현악단**; 관현악단원; (극장의) 관현악단석, 오케스트라 박스
☜ 그리스어로 '춤을 추는(orches) 반원형 장소(tra)'란 뜻
♠ **a symphony orchestra 교향악단**

☐ **orches**tral [ɔːrkéstrəl] ⓗ 오케스트라(용)의, 관현악단이 연주하는 ☜ orchestra + al<형접>

☐ **orches**trate [ɔ́ːrkəstrèit] ⓢ 관현악용으로 편곡〔작곡〕하다; 잘 배합하다; 결집하다
☜ orchestra + ate<동접>

☐ **orches**tration [ɔ̀ːrkəstréiʃən] ⓜ 관현악 편곡〔작곡〕; 관현악 편성(법) ☜ orchestra + tion<명접>

오키드 orchid (난초), 로얄 오키드 호텔 Royal Orchid Hotel

☐ **orchid** [ɔ́ːrkid] ⓜ 〖식물〗 난초(의 꽃); 연자주색 ⓗ 연자주색의
☜ 그리스어로 '(남성의) 고환'이란 뜻. 난(蘭)의 구근이 고환과 닮은 데서 붙은 이름
♠ **a wild orchid 야생란**

오다 < 오더 order (주문), 서브오더 serve order ([배구] 선수들의 서브 순서)

♣ 어원 : ord(er), ordin 질서, 순서, 서열, 위치, 계급; 명령, 주문; 정하다

※ **serve** [səːrv/써-브] ⓢ **섬기다**, 시중들다, 봉사하다
☜ 중세영어로 '~에게 습관적으로 복종하다'란 뜻

☐ **order** [ɔ́ːrdər/오-더] ⓜ (종종 pl.) **명령, 주문**; **순서**, 정돈, 질서; **훈장** ⓢ **주문[명령]하다**, 정돈하다 ☜ 고대 프랑스어로 '규칙, 종교적 질서', 라틴어로 '줄, 열; 배열'이란 뜻
♠ **call to order 개회를 선언하다**
♠ **come to order 개회하다**
♠ **in (good) order 정돈되어; 순조롭게; 건강하여**
♠ **in order that ~ ~하기 위하여, ~할 목적으로**(=so that)
♠ **in order to ~ ~하기 위하여**(=so as to, with the aim to)
She arrived early **in order to** get a good seat.

그녀는 좋은 자리를 잡**으려고** 일찍 도착했다.

♠ **out of order 문란하여, 고장나서, 어긋나서**

The phone is **out of order**. 전화가 **고장**이다.

♠ **put** (set) **~ in order ~을 정리[정돈]하다**

☐ **order** book　주문철 ☜ book(책, 장부, 기입장)

☐ **order** form　주문용지 ☜ form(형태, 모양; 서식, 용지)

☐ **order**ly　[ɔ́ːrdərli] ⓗ **차례로 된**, 정돈된, 규칙적인; **규율이 있는**, 질서를 지키는; 순종하는, 예의 바른, 정숙한; 『군사』 명령의, 전령의, 당번의 ⓜ 『군사』 전령, 연락병
☜ 순서(order)가 있는(ly<형접>)

♠ **orderly behavior 예의바른 태도**

연상 우리는 각자 자기가 먹을 오뎅을 오데인(ordain.정하다)했다.

♣ **어원 : ord(er), ordin 질서, 순서, 서열, 위치, 계급; 명령, 주문; 정하다**

☐ **ord**ain　[ɔːrdéin] ⓢ (신 · 운명 등이) **정하다**; (법률 등이) 규정하다, 제정하다, 명하다; 『교회』 ~에게 성직을 주다, (목사로) 임명하다
☜ 라틴어로 '질서를 바르게 하다'란 뜻

♠ God **has ordained that** we (should) die.
신은 우리 인간을 죽어야 **할 운명으로 정했다**.

☐ **ordin**al　[ɔ́ːrdənəl] ⓜ 서수; 『영.국교』 성직 수임식순(授任式順) ⓗ 순서를 나타내는, 서수의
☜ 순서(ordin) + al<명접/형접>

☐ **ordin**al number　서수 《first, second, third 등》 ☜ number(수, 숫자, 번호)

☐ **ordin**ance　[ɔ́ːrdənəns] ⓜ **법령**, 포고; (시읍면의) 조례; 『교회』 **의식**, 《특히》 성찬식
☜ 질서(ordin)를 잡는 것(ance<명접>)

☐ **ordn**ance　[ɔ́ːrdnəns] ⓜ [집합적] 화기, 대포; 병기(=weapons), 군수품; 군수품부
☜ 명령(ordn<order)에 따라 사용되는 것(ance<명접>)

☐ **ordin**arily　[ɔ̀ːrdənérəli, ɔ́ːdənrili] ⓟ 《문장 전체를 수식하여》 **보통, 대개**; 보통정도로, 그만하게
☜ ordinary + ly<부접>

☐ **ordin**ary　[ɔ́ːrdənèri/**오**-더네뤼, ɔ́ːdənri] ⓗ **보통의**, 통상의, 평상의 ⓜ 보통 일(사람); 판사
☜ 라틴어로 '(여느 때처럼) 순서(ordi) + n + 대로의(ary)'

♠ He writes stories about **ordinary people**.
그는 **보통 사람들**에 대한 이야기들을 쓴다.

☐ **ord**eal　[ɔːrdíːəl, ɔ́ːrdiːl] ⓜ **호된 시련**, 고된 체험; (옛날 튜턴 민족이 썼던) 죄인 판별법 《열탕(熱湯)에 손을 넣게 하여 화상을 입지 않으면 무죄로 하는 따위》
☜ 고대영어로 '질서를 잡는 재판'이란 뜻

♠ **withstand a severe ordeal 가혹한 시련**을 견디다

☐ re**order**　[riɔ́ːrdər] ⓢ **다시 질서를 잡다**(정리하다); 『상업』 **추가 주문[재주문]하다**
ⓜ 『상업』 추가 주문, 재주문 ☜ 다시(re) 정하다(order)

♠ **reorder** one's priorities 우선 사항들을 **재정리하다**.

✚ co(-)**ordin**ate **대등한**, 동등한, 동격의, 동위의　**extra**ordinary **이상한, 비상한**; 임시의

피이네 오어 Peene Ore (1997년도 세계 최우수 초대형 광석운반선으로 선정된 대우조선해양이 건조한 32만톤급 광석운반선)

※ **Peene**　[péːnə] ⓜ [the를 붙여서] **페네** 강 《독일 동북부를 동쪽으로 흘러서 발트 해에 이르는 강》 ☜ 슬라브어로 '실개천'이란 뜻

☐ **ore**　[ɔːr] ⓜ 원광(原鑛), **광석**; 《시어》 금속 《특히 금》
☜ 고대영어로 '광석, 가공되지 않은 금속'이란 뜻

♠ **iron ore 철광석**

오레곤, 오리건 Oregon (미국 서부 태평양 연안 북부의 주)

□ **Oregon** [ɔ́:rigàn, -gən, ár-/ɔ́rigən, -gɔ̀n] [명] **오리건** 《미국의 태평양 연안 북부의 주; 생략: Ore(g)., OR》 ☜ 북미 인디언어로 '해질녘'이란 뜻

에너지 energy (정력, 힘), 오르간 organ ([악기] 오르간)

♣ **어원 : erg, org, urg 일, 힘, 정력, 활기, 열기**

■ <u>en**erg**y</u> [énərdʒi/**에**너쥐] [명] **정력**, 활기, 원기 ☜ 내재된(en<in) 힘(erg) + y

□ <u>**org**an</u> [ɔ́:rgən/**오**-건] [명] **오르간**, 《특히》 파이프 오르간; (생물의) **기관**(器官), **장기**(臟器) ☜ 일하는(org) 기능(an)

□ **org**anic [ɔ:rgǽnik] [형] **유기체[물]의; 기관의; 유기적인**, 체계적인 ☜ organ + ic<형접>

□ **org**anically [ɔ:rgǽnikəli] [부] 유기적으로; 기관(器官)에 의해서; 조직적으로; 근본적으로 ☜ organical + ly<부접>

□ **org**anism [ɔ́:rgənìzəm] [명] **유기체**(물); (미)생물(체); 유기적 조직체 《사회 따위》 ☜ organ + ism<명접>

□ **org**anist [ɔ́:rgənist] [명] 오르간 연주자 ☜ -ist(사람)

□ **org**anization [ɔ̀:rgənəzéiʃən/오-거니**제**이션, -naiz-] [명] **조직(화)**, 구성, 편제, 편성; 기구, 체제; 단체 ☜ 일하는(org) 기능을(an) 만들(ize) 기(ation)
♠ **political** (**religious**) **organization 정치**(종교) **단체**

□ **org**anize [ɔ́:rgənàiz] [동] (단체 따위를) **조직하다**, 편제(편성)하다; 창립하다; 준비하다 ☜ organ + ize<동접>
♠ **organize an army 군대를 편성하다**

□ **org**anizer [ɔ́:rgənàizər] [명] **조직자**; 창립위원; 발기인, 주최자, 조직책; 형성체; 분류서류철 ☜ organize + er(사람)

□ **org**asm [ɔ́:rgæzəm] [명] 성적흥분의 최고조; **오르가슴**; 극도의 흥분 ☜ 열기(org) 속에 있음(-asm<명접>)

□ re**org**anize [riɔ́:rgənaiz] [동] **재편성하다**, 개편(개조, 개혁)하다 ☜ 다시(re) 조직하다(organize)
♠ **reorganize** (reshuffle) the cabinet 내각을 **개편하다**

□ re**org**anization [ri:ɔ̀:rgənizéiʃən, -nai-] [명] 재편성, 개조 ☜ reorganize + ation<명접>

✚ all**erg**y 『의학』 **알레르기**, 과민성; 반감, 혐오 in**org**anic **생활기능이 없는**, 무생물의; **무기성의**

연상 ▶ 그들은 오지(奧地.두메산골)에서 오지(orgy.술판)를 벌였다.

□ **orgy, orgie** [ɔ́:rdʒi] [명] (pl.) **진탕 마시고 떠들기, 법석대기**; 유흥, 방탕; (pl.) (고대 그리스·로마에서 비밀히 행하던) 주신제(酒神祭) 《마시며 노래하고 춤추는》; 난교 파티 ☜ 중세영어로 '그리스·로마신들을 숭배하는 비밀 의식'
♠ **a drunken orgy 진탕 마시는 술판**

O

오리엔트 orient (동방), 오리지날 original (최초의)

♣ **어원 : ori, ort 솟아오르다, 생기다, 일어나다(=rise)**

□ <u>**ori**ent</u> [ɔ́:riənt, -ènt] [명] (the O~) **동양**, 동방 ☜ 해가 떠오르는(ori) 곳(ent<명접>)
♠ **the Orient Express 오리엔트 특급** 《1883 년부터 2009 년까지 운행했던 유럽 횡단 호화 열차; 프랑스 Paris-터키 Istanbul(1883-1977); 프랑스 Paris-오스트리아 Vienna(2007-2009); 이후 운항 중지됨》

□ **Ori**ental [ɔ̀:riéntl] [형] **동양의** ☜ 해가 떠오르는(ori) 곳(ent) 의(al<형접>)

□ **ori**entation [ɔ̀:rientéiʃən] [명] **방위; 적응(지도)**, 예비교육, **오리엔테이션** ☜ 해가 뜨는<바른 방향으로(orient) 향하는 것(ation<명접>)

□ **ori**gin [ɔ́:rədʒin, árə-/ɔ́r-] [명] **기원**; 가문(家門) ☜ 생긴(ori) 근원(gin<gen)
♠ **the origin(s)** of civilization 문명의 **기원**

□ <u>**ori**ginal</u> [ərídʒənəl/어**뤼**저널] [형] **최초의, 본래의**, 근원[기원]의; 독창적인 [명] **원작**; 기원, 근원 ☜ 생긴(ori) 근원(gin<gen) + al<형접/명접>

□ **ori**ginality [ərìdʒənǽləti] [명] **원형[원물]임**; **독창성[력]**, 창의, 기발; 기인; 진품, 원형 ☜ original + ity<명접>

□ **ori**ginally [ərídʒənəli] [부] **원래**; 최초에; 최초부터; 독창적으로 ☜ original + ly<부접>

□ **ori**ginate [ərídʒənèit] [동] **시작하다**; 창설하다, 발명하다; **비롯하다**, 일어나다, 생기다 ☜ origin + ate<동접>

□ **ori**ginator [ərídʒənèitər] [명] 창시자, 발기인 ☜ originate + or(사람)

✚ ab**ori**ginal 토착의; 원주민의 ab**ort** 유산하다; (비행을) 중지하다; (비행체의) 비행중지(중단)

볼티모어 오리올스 Baltimore Orioles (미국 동부지구 메이저 리그 야구팀의 이름. <볼티모어 꾀꼬리들>이란 뜻)

※ **Baltimore** [bɔ́:ltəmɔ̀:] ⓜ **볼티모어** 《미국 동부 메릴랜드(Maryland) 주의 항구 도시》 ☜ 메릴랜드 주를 개척한 캘버트 가(家)의 '볼티모어 남작' 이름에서 유래

☐ **oriole** [ɔ́:riòul] ⓜ 〖조류〗 **꾀꼬리**의 일종; 《미》 찌르레깃과(科)의 작은 새 ☜ 라틴어로 '금빛'이란 뜻
★ oriole은 볼티모어가 속한 메릴랜드 주의 상징새이다.

오리온 Orion ([그神] 몸집이 크고 힘센 미남 사냥꾼)

☐ **Orion** [əráiən] ⓜ 〖그·로.신화〗 **오리온** 《거대한 사냥꾼》; 〖천문〗 오리온자리 ☜ 그리스 신화에 나오는 거인의 이름. ★ 오리온(Orion)은 사냥의 여신 아르테미스(Artemis)가 실수로 쏜 화살에 맞아 죽었다.

오너먼트 ornament (❶ 건축물의 장식 ❷ [패션] 장식품 ❸ [자동차] 보닛 앞에 붙은 엠블럼)

< Hood Ornament >

♣ **어원 : orn 꾸미다, 장식하다**

☐ **orn**ament [ɔ́:rnəmənt] ⓜ **꾸밈, 장식(품)**, 장신구; 훈장; 〖음악〗 꾸밈음 [[ɔ́:rnəmènt] ⓢ **꾸미다**, 장식하다 ☜ -ment<명접/동접>

☐ **orn**amental [ɔ̀:rnəméntl] ⓗ **장식의, 장식용의** ⓜ (pl.) 장식품, 장식(감상)용 식물 ☜ -al<형접>
♠ **an ornamental plant 관상식물**

☐ **orn**amentation [ɔ̀:rnəmentéiʃən] ⓜ 장식, 수식; [집합적] 장식품(류) ☜ -ation<명접>

☐ **orn**ate [ɔ:rnéit] ⓗ **잘 꾸민**(장식한); (문체가) 화려한 ☜ -ate<동접>
♠ a mirror in an **ornate** gold frame **화려하게 장식된** 금색 틀에 끼운 거울

☐ **orn**ately [ɔ:rnéitli] ⓑ 공들여 꾸며, 화려하게; 수사적으로 ☜ -ly<부접>

■ ad**orn** [ədɔ́:rn] ⓢ **꾸미다**, 장식하다 ☜ ~을(ad=to) 장식하다(ore)

오르페우스 Orpheus ([그神] 음유시인이자 하프의 명수)

그의 노래와 하프[리라]연주는 초목과 짐승들까지도 감동시켰다고 한다. 사랑하는 아내 에우리디케가 뱀에 물려 죽자 저승까지 내려가 음악으로 저승의 신들을 감동시켜 다시 지상으로 데려가도 좋다는 허락을 받아냈다. 그러나 지상의 빛을 보기까지 절대로 뒤를 돌아보지 말라는 경고를 지키지 못해 결국 아내를 데려오지 못하고 슬픔에 잠겨 지내다 비참한 죽음을 맞았다. <출처 : 그리스로마신화 인물백과 / 일부인용>

O

☐ **Orph**eus [ɔ́:rfiəs, -fju:s] ⓜ 〖그.신화〗 **오르페우스** 《하프의 명수; 동물·나무·바위까지 황홀하게 하였다고 함》 ☜ 그리스어로 '어둠, 고아'란 뜻

☐ **orph**an [ɔ́:rfən] ⓜ **고아**, 양친이 없는 아이 ⓗ 고아의; 버림받은 ⓢ 고아로 만들다 ☜ 중세영어로 '친족이 없는 아이'란 뜻
♠ **an orphan asylum (home) 고아원**

☐ **orph**anage [ɔ́:rfənidʒ] ⓜ 고아임; [집합적] 고아; **고아원** ☜ -age(신분)

오서독스 orthodox (정통파)

☐ **ortho**dox [ɔ́:rθədɑ̀ks/-dɔ̀ks] ⓗ (특히 종교상의) **정설**(正說)**의**, 정통파의; 전통적인 ☜ 그리스어로 '바른(ortho) 의견(dox)'란 뜻
ⓑ heterodox 이교(異敎)의; 이설의, 이단의
♠ **the Orthodox (Eastern) Church 동방 정교회**

☐ **ortho**doxy [ɔ́:rθədɑ̀ksi] ⓜ 정통파, 정교, 정설, 정통파의 교의(신앙) ☜ -y<명접>

☐ **ortho**graphy [ɔ:rθɑ́grəfi/-θɔ́g-] ⓜ 바른 철자, 정자법, 철자법 ☜ 바른(ortho) 기록(graph) 법(y)
♠ **Orthography** is a matter of style, not meaning.
철자법은 스타일의 문제이지 의미의 문제가 아니다.

☐ **ortho**graphic(al) [ɔ̀:rθəgrǽfik(əl)] ⓗ 철자법(정자법)의; 철자가 바른 ☜ -ic(al)<형접>

조지오웰 George Orwell (전체주의를 풍자한 영국의 정치우화 소설가)

영국 소설가. 러시아 혁명과 스탈린의 배신에 바탕을 둔 정치우화 《동물농장》으로 일약 명성을 얻게 되었으며, 지병인 결핵으로 입원 중 걸작 《1984년》을 완성했다. <출처 : 두산백과 / 일부인용>

☐ **Orwell** [ɔ́:rwel, -wəl] 명 **오웰**《George ~, 영국의 소설가 · 수필가; 1903-50》
☐ **Orwell**ian [ɔ:rwéliən] 형 오웰풍의,《특히》그의 작품『1984년』의 세계와 같은《조직화되어 인간성을 잃은》☜ Orwell + ian<형접>
☐ **Orwell**ism [ɔ́:rwelìzm] 명 (선전활동을 위한) 사실의 조작과 왜곡 ☜ Orwell + ism(~주의, 사상)

오스카상(賞) the Oscar award (미국의 가장 권위있는 영화상)

미국에서 가장 권위있는 영화상으로 정식명칭은 영화예술과학아카데미상(賞)(the Academy award)이며, 오스카상(the Oscar award) 이라고도 한다.

☐ **Oscar** [ɑ́skər/ɔ́s-] 명【영화】**오스카**《매년 아카데미상 수상자에게 수여되는 작은 황금상(像)》; [일반적] (연간) 최우수상
☜ 고대영어로 '신(Os=god)의 창(car=spear)'이란 뜻
♠ **the Oscar film 아카데미상 수상 영화**
■ **academy** [əkǽdəmi] 명 **학교, 학원**, 전문학교, 사관학교
☜ 철학자 plato가 가르친 학원이름(Akademia)에서 유래
■ **award** [əwɔ́:rd] 동 **상을 주다**, 수여하다 명 상(賞)
☜ 고대 프랑스어로 '심사숙고 후 의견을 주다'란 뜻

오실로그래프 oscillograph ([물리] 진동 기록기)

☐ **oscill**ate [ɑ́səlèit/ɔ́s-] 동 (시계추처럼) 요동(진동 · 동요)하다; 흔들리다;【통신】발진(發振)하다; 진동(동요)시키다 ☜ 라틴어로 '흔들리다'
♠ **oscillate between (A) and (B)**
(값 등이) A 와 B 의 사이를 동요(상하) 하다.
☐ **oscill**ation [ɑ̀səléiʃən] 명 진동; 동요, 변동;【물리】(전파의) 진동, 발진; 진폭 ☜ -ation<명접>
☐ **oscill**ator [ɑ́səlèitər/ɔ́s-] 명【전기】발진기;【물리】진동자; 동요하는 사람 ☜ -or(사람/기계)
☐ **oscillo**graph [əsíləgræ̀f, -grɑ̀:f] 명【전기】**오실로그래프**《전류의 진동기록장치》
☜ 진동(oscillo) 기록계(graph)

오스만 Osman (터키인의 조상으로 오스만투르크 제국의 창건자)

오스만 제국(1299~1922)은 오토만 제국(Ottoman Empire)이라고도 하며, 13 세기 말 셀주크 투르크를 정복하고 아나톨리아(소아시아) 반도에 등장한 이슬람국가이다. 아시아 · 아프리카 · 유럽의 3 개 대륙에 걸친 광대한 영토를 정복하고 통치했다.

☐ **Osman** [ɑ́zmən, ɑ́s-/ɔzmɑ́:n] 명 **오스만** 1세《~ I. 오스만 제국의 시조(1299); 1259-1326》
♠ **the Osman Empire 오스만 제국**
☐ **Ottoman** [ɑ́təmən/ɔ́t-] 형 오스만 제국의; 터키 사람(민족)의 명 (pl. **-s**) 터키 사람; (o-) **오토만**, 긴의자의 일종《등받이 · 팔걸이가 없는》; 쿠션달린 발판; 일종의 견직물
☜ 아랍인의 이름 우트만('uṭmān)의 터키식 발음에서

텐트 tent (천막), 텐션 tension (긴장상태)

♣ **어원 : tent, tens(e) 펼치다, 잡아당기다**
■ **tent** [tent/텐트] 명 **텐트, 천막** ☜ 초기 인도유럽어로 '펼치다'란 뜻
■ **tens**ion [ténʃən] 명 **긴장(상태)**, 절박 ☜ -ion<명접>
☐ os**tens**ible [ɑsténsəbəl/ɔs-] 형 외면(상)의; 표면의, 거죽만의, 겉치레의
☜ 위로(os=on) 펼쳐(tens) 진(ible<형접>)
♠ It is just **an ostensible reasons**. 그것은 단지 **표면상의 이유**일 뿐이다.
☐ os**tens**ibly [ɑsténsəbli/ɔs-] 부 표면상으로, 겉으로는 ☜ -ibly(ible의 부사형 어미)
☐ os**tent**ation [ɑ̀stentéiʃən/ɔ̀s-] 명 허식; 겉보기; 겉치장, 과시
☜ ~로(os=toward) 펼쳐(tent) 보인 것(ation)
♠ **ostentation of power 힘의 과시**
☐ os**tent**atious [ɑ̀stentéiʃəs/ɔ̀s-] 형 과시하는, 겉보기를 꾸미는, 여봐란 듯한, 야한 ☜ -atious<형접>
☐ os**tent**atiously [ɑ̀stentéiʃəsli/ɔ̀s-] 부 과시하여, 허세를 부리고 ☜ -ly<부접>
■ in**tense** [inténs] 형 **강한**, 격렬한 ☜ 안으로(in) 잡아당긴(tense)

오스트리치 ostrich ([조류] 타조; [패션] 타조의 가죽)

☐ **ostrich** [ɔ́(:)stritʃ, ɑ́s-] 명【조류】**타조**;
☜ 라틴어로 '새(os<awi=bird) + 개똥지빠귀(trich<thrush)'란 뜻
《구어》현실(위험) 도피자, 무사안일주의자, 방관자 ☜ 타조가

궁지에 몰리면 머리를 모래 속에 처박는다는 속설에서 유래
♠ **an ostrich farm (깃털을 위한) 타조 사육장**

007 어나더데이 Die Another Day (영국 첩보 영화. <다른 날 죽어>란 뜻)

이안 플레밍(Ian Fleming) 원작의 007 시리즈 20번째 영화. 2002년에 개봉한 영국의 첩보영화로 피어스 브로스넌, 할리베리가 주연을 맡았다. 북한을 배경으로 살인면허를 가진 주인공 007 제임스본드가 세계정복을 꿈꾸는 젊은 갑부를 제압한다는 내용

© MGM

※ **die** [dai/다이] ⓢ **죽다** ☜ 고대 덴마크, 노르드어로 '죽다'란 뜻
■ an**other** [ənʌ́ðər/어**너**더] ⓗⓓ **또 다른**, 별개의, 다른 하나(사람)의
☜ an(=one) + other
♠ **one another** (3인 이상일 때) **서로**
□ **other** [ʌ́ðər/**어**더] ⓗ **그 밖의, 다른 또 하나의, 다른** ⓓ **그 밖의 것**
☜ 고대영어로 '제2의, 둘 중의 하나'란 뜻
♠ **other people 다른 사람들** ☜ the other people처럼 the가 붙으면 '나머지 사람들(전부)'란 뜻
♠ **each other** (2인이) **서로, 상호** ☜ each(각각)
♠ **other than ~ ~와 다른; ~외에**
You are quite **other than** what I think.
너는 내가 생각하고 있는 것**과는** 전혀 **다르**다.
♠ **in other words 바꿔 말하면**
♠ **no (none) other than ~ 다름 아닌 바로 ~인, ~에 불과한**
It was **no other than** her voice. 그것은 **다름 아닌 바로** 그녀의 목소리였다.
♠ **one ~ the other (둘 중의) 하나 ~나머지 하나**
♠ **the other day 일전에, 요전에, 며칠 전에**
□ **other**wise [ʌ́ðərwàiz/**어**더와이즈] ⓑ **딴 방법으로, 그렇지는 않게; 그렇지 않으면; 다른 점에서** ⓗ 다른 ☜ 다른(other) 쪽(방식)으로(wise)
♠ I cannot do **otherwise. 다른 방법으로** 할 수가 없다
※ **day** [dei/데이] ⓜ **낮**, 주간; **~날** ☜ 고대영어로 '일, 날, 일생'이란 뜻

이데올로기 ideology (관념형태)

♣ **어원 : logy 말, 학문**
■ ideo**logy** [àidiάlədʒi] ⓜ 관념학, (사회·정치상의) **이데올로기**, 관념형태
☜ 생각/관념(ideo<idea) 학문(logy)
□ oto**logy** [outάlədʒi/-tɔ́l-] ⓜ 【의학】 이과(耳科)(학) ☜ 귀(oto=ear) 학문(logy)
□ oto**log**ist [outάlədʒist/-tɔ́l-] ⓜ 이과의(耳科醫) ☜ otology + ist(사람)
□ otorhinolaryngo**logy** [òutəràinəlæriŋgάlədʒi/-gɔ́l-] ⓜ 이비인후과(耳鼻咽喉科)
☜ 귀(oto) + 코(rhin) + o + 목구멍/후두(laryng) + 학문(ology)

O

연상 캐나다 오타와(Ottawa.캐나다 수도)에는 오터(otter.수달)가 많다(?)

□ **Ottawa** [άtəwə, -wɑ̀ː/ɔ́təwə] ⓜ **오타와** 《캐나다의 수도. 캐나다 남동부 온타리오주에 위치》
☜ 아메리칸 인디언 알곤킨(Algonquin)의 언어로 '무역'이란 뜻
□ **otter** [άtər/ɔ́t-] ⓜ 【동물】 **수달**; 수달피; 낚시 도구의 일종 《담수용》
☜ 고대영어로 '수달'이란 뜻
♠ Since 1977 **otter hunting** has been illegal.
1977년 이후로 **수달 사냥**은 불법이 되었다.

□ **ouch**(아얏, 아이쿠) ➔ **oops**(아이쿠, 저런), **oh**(오오) **참조**

유 오타 노우 You oughta know (캐나다의 여성 락가수 앨라니스 모리셋의 노래. 빌보드 싱글차트 6위곡. <넌 알아야만 돼>라는 뜻)

© Wikipedia

※ **you** [juː/유-, (약) ju/유, jə] ⓓ **당신, 너, 여러분**
☜ 초기 인도유럽어로 '두 번째 사람'이란 뜻
□ **ought** [ɔːt/어-트/오-트] ⓩⓢ (oughta는 ought to의 단축형이며, 부정 단축형은 oughtn't 이다) 【항상 to가 붙은 부정사를 수반하며, 과거를 나타내려면 보통 완료형부정사를 함께 씀】
~해야만 하다, ~하는 것이 당연하다, ~하는 편이 좋다
☜ 중세영어로 '지불할 의무가 있는'이란 뜻

♠ **ought to ~ ~해야 한다**(=must)
You **ought to** start at once. 너는 즉시 출발**해야 한다**

※ **to** [tuː/투-, tə, tu] ㉑ 〖방향 · 시간〗 **~(쪽)으로, ~까지**; 〖결과 · 효과〗 **~에게, ~에 대하여**; 〖목적〗 **~을 위하여**; 〖비교 · 대비〗 **~에 비하여**; 〖적합 · 일치〗 **~에 맞추어서**
☜ 고대영어로 '~방향으로, ~목적으로'란 뜻

※ **know** [nou/노우] ㉭ (-/**knew**/**known**) **알고 있다** ☜ 고대영어로 '구별할 수 있다'란 뜻

온스 ounce (야드-파운드법의 질량, 부피의 단위. 1온스는 28.35g)

□ **ounce** [auns] ㉮ (중량 단위의) **온스** 《생략: oz.; 상형(常衡)에서는 1/16파운드, 28.3495g; 단, 금형(金衡)·약국형(藥局衡)에서는 1/12파운드, 31.1035g》; (액량단위의) **온스**(fluid ~) 《미국에서는 1/16파인트, 29.6cc; 영국에서는 1/20파인트, 28.4cc》; (an ~) 극소량(a bit) ☜ 라틴어로 '(파운드의) 12분의 1'이란 뜻
♠ **An ounce of practice is worth a pound of theory.**
실천의 1온스는 이론의 1파운드보다 더 값어치가 있다.
《속담》 열 마디 말보다 한 번의 실천

위 아 더 월드 We are the world (세계적인 가수들의 합창곡. 직역하면 <우리는 세계>이나 <우리는 하나>라는 표현이 적절)

© TeePublic

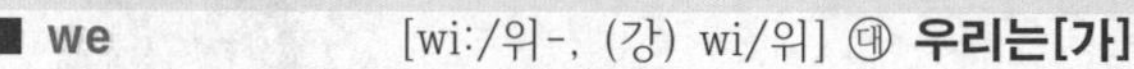

1985 년 미국 LA(Los Angeles)에서 마이클 잭슨, 라이오넬 리치 등 세계적인 가수 45 명이 모여 아프리카 난민을 위한 자선기금 마련을 위해 제작한 노래이다.

■ **we** [wiː/위-, (강) wi/위] ㉥ **우리는[가]**
☜ 고대영어로 '나 그리고 다른 사람들'이란 뜻

□ **our** [auər/아우어, ɑːr] ㉥ 〖we의 소유격〗 **우리의**, 우리들의
☜ 고대영어로 '우리의(of us)'란 뜻
♠ **our country 우리나라**

□ **our**s [auərz/아워즈, ɑːrz] ㉥ 〖we의 소유대명사〗 **우리의 것**; 〖of ~로〗 우리의
☜ we의 소유대명사. 우리의(our) 것(s)
♠ **a friend of ours 우리의 친구**
★ our는 a, an, this, that, no 등과 함께 나란히 명사 앞에 둘 수 없으므로 our를 of ours로 하여 명사 뒤에 둠.

□ **our**selves [àuərsélvz/아워**셀**브즈, ɑːr-] ㉥ (pl.) 〖강조용법〗 **우리 스스로**; 〖재귀용법〗 우리들 자신에게〔을〕 ☜ we의 재귀대명사

※ **are** [ɑːr/아-, (약) ər] ㉭ **~이다, ~이 있다** ☜ be동사 현재2인칭 단수 또는 복수

※ **the** [(자음 앞) (약) ðə/더, (모음 앞) ði/디; (강) ðiː] ㉯ **그, 이; ~라는 것; ~의 사람들** ㉰ 《비교급 앞에 붙여》 **그만큼**, 점점 더; 《the + 비교급, the + 비교급》 **~하면 할수록**
☜ 초기 인도유럽어로 '그것(that)'이란 뜻

O

※ **world** [wəːrld/워얼드] ㉮ **세계** ㉱ **세계의** ☜ 고대영어로 '세계, 남자의 시대'란 뜻

구분	인칭	주 격	소유격	목적격	소유대명사	재귀대명서	be동사	do동사	have동사
복수	1	We	our	us	ours	ourselves	are	do	have
	2	You	your	you	yours	yourselves			
	3	They	their	them	theirs	themselves			

스탠드 stand (세움대; 관람석)

♣ **어원 : stand, stant, st 서다, 세우다**

■ **stand** [stænd/스땐드/스탄드] ㉭ (-/**stood**/**stood**) **서다, 서 있다**
☜ 라틴어로 '서있는(sta) 것/곳(nd)'이란 뜻

□ ou**st** [aust] ㉭ **내쫓다**; 구축하다; (권리 등을) 빼앗다
☜ ~에 대항하여(ou=against) 서있다.(st<stand)
♠ He **was ousted from** his post. 그는 그 지위**에서 쫓겨났다**.

✚ circum**st**ance **상황, 환경**; **주위의 사정** di**st**ance **거리**, 간격

아웃 out (❶ 선수의 자격상실, ❷ 공이 경계선 밖으로 나가는 것)

♣ **어원 : out, ut 바깥쪽, 바깥쪽으로; 우월한, 과도한**

□ **out** [aut/아울] ㉰ **밖에[으로]**, 밖에 나가〔나와〕; (싹이) **나와서**, (꽃이) **피어서; 큰 소리로; 마지막까지**, 완전히; 바닥이 나서, 끝나서, **벗어나서** ☜ 고대영어로 '밖, ~이 없는'이란 뜻

♠ **go out for a walk 산책하러 나가다**
♠ **He is out. 그는 지금 외출중이다.**
♠ **shoot out buds 싹이 트다**
♠ The cherry blossoms **are out**. 벚꽃이 **피었다**.
♠ **Hear me out. 내 이야기를 마지막까지 들어주시오.**
♠ **The arm is out. 팔이 탈구되었다.**
♠ **out of ~ ~에서[밖으로]; ~의 범위 밖에; ~을 잃고; ~에서 (만든); 때문에**
♠ **out of breath 숨이 차서**
♠ **out of it 따돌림 당해; (사건에) 관여하지 않고**
♠ **out of sight 안 보이는 (곳에)**
♠ **Out with it ! (생각하고 있는 것을) 말해 보아라 !**

☐ **out**back [áutbæ̀k] 명 《Austral.》 (미개척의) 오지(奧地), **아웃백** ☜ 밖(out) + 뒤(back)
☐ **out**break [áutbrèik] 명 **발발**, 돌발, 창궐; 분출; **폭동**, 반란, 소요 ☜ 밖으로(out) 깨다(break)
☐ **out**burst [áutbə̀ːrst] 명 (화산 따위의) **폭발**, 파열; (감정 따위의) 격발, (눈물 따위의) 분출 ☜ 밖으로(out) 터지다(burst)
☐ **out**cast [áutkæ̀st] 형 (집·사회에서) 내쫓긴, 버림받은; 집 없는 명 추방당한 사람, 부랑자; 폐물 ☜ 밖으로(out) 던지다(cast)
☐ **out**come [áutkʌ̀m] 명 **결과**, 과정; 성과 ☜ 밖으로(out) 나오는(come) 것
☐ **out**cry [áutkrài] 명 **부르짖음**, 고함소리; 야유; 항의; 경매 동 부르짖다 ☜ 밖으로(out) 울다(cry)

아웃도어 outdoor (wear) (야외활동복, 등산복)

♣ **어원 : out, ut 바깥쪽, 바깥쪽으로; 벗어난; 우월한, 능가한**

☐ **out**date [àutdéit] 동 낡게 하다, 시대에 뒤지게 하다 ☜ 시대(date)에 벗어난(out)
☐ **out**dated [àutdéitid] 형 시대에 뒤진, 구식의 ☜ outdate + ed<형접>
☐ **out**distance [àutdístəns] 동 훨씬 앞지르다(능가하다) ☜ 밖으로(out) 앞지르다(distance) ★ **distance: 거리; 앞지르다**
☐ **out**do [àutdúː] 동 (-/out**did**/out**done**) **~보다 낫다**, 능가하다; ~을 물리쳐 이기다 ☜ 우월하게(out) 행하다(do)
☐ **out**door [áutdɔ̀ːr] 형 **집 밖의**, 옥외의, 야외의; 《영》 (국회에서) 원외(院外)의 ☜ door(문) 밖의(out)
♠ People are sitting at **an outdoor cafe**.
사람들이 **야외[노천] 카페**에 앉아 있다.
☐ **out**doors [àutdɔ́ːrz] 부 **옥외[야외]에서[로]** 형 야외의 명 (pl. 단수취급) 옥외 ☜ outdoor + s

☐ **out**er [áutər] 형 (최상급 **outermost, outmost**) **밖의**, 외부(외면)의 ☜ out + er<비교급>
☐ **out**ermost [áutərmòust] 형 제일 밖에 있는, 가장 먼 ☜ outer + most<최상급>
☐ **out**face [àutféis] 동 노려보다; ~에게 대담하게 대항하다; 도전하다 ☜ 밖에서(out) (얼굴을 맞대고) 용감하게 맞서다(face)

아웃필드 outfield ([야구] 외야), 아울렛 outlet (상품의 직판장)

♣ **어원 : out, ut 바깥쪽, 바깥쪽으로; 벗어난; 우월한, 능가한**

☐ **out**field [áutfìːld] 명 변두리 밭; 변경; 미지의 세계; 〖야구·크리켓〗 **외야**; 외야진 ☜ field(밭, 들판)
☐ **out**fit [áutfìt] 명 (여행 따위의) **채비**, 장비; (배의) 의장(艤裝); (장사) 도구 한 벌; **의상 한 벌** 동 공급하다 ☜ fit(적합한, 준비가 된)
♠ She was wearing **a new outfit**. 그녀는 **새 옷**을 입고 있었다.
☐ **out**flow [áutflòu] 명 유출; 유출물, 유출량; 돌발; (감정 따위의) 격발 ☜ 밖으로(out) 흐름(flow)
♠ **capital outflow 자금[자본]의 유출**
☐ **out**go [áutgòu] 명 지출 동 (-/-**went**/-**gone**) 능가하다 ☜ 밖으로(out) 나가다(go)
♠ They **outgo** themselves. 그들은 지금까지보다 **훨씬 더 잘한다**.
☐ **out**going [áutgòuiŋ] 형 **나가는, 떠나가는**; 사임하는; 사교적인 명 떠남, 출발; 지출 ☜ 밖으로(out) 가(go) 는(ing<형접/명접>)
☐ **out**grow [àutgróu] 동 (-/-**grew**/-**grown**) ~보다 커지다 ☜ 위로<밖으로(out) 자라다(grow)
♠ **outgrow one's brother 형보다 커지다**
☐ **out**growth [áutgròuθ] 명 자연적인 발전[산물], 결과; 생성물; 성장, 싹틈 ☜ out + grow + th<명접>
☐ **out**ing [áutiŋ] 명 산놀이, **소풍**(=excursion); 산책 ☜ 밖으로 나가(out) 기(ing<명접>)
☐ **out**land [áutlæ̀nd] 명 변두리; 멀리 떨어진 땅; 《고어》 외국 형 변두리의, 지방의; 외국의 ☜ 바깥쪽(out) 나라/땅(land)

☐ **out**lander [áutlæ̀ndər] 명 외국인; 외래자; 외부인, 국외자, 문외한 ☜ -er(사람)
♠ Why do you dislike **the Outlander**?
당신은 왜 **외국인[이방인]**을 싫어하십니까?
☐ **out**landish [autlǽndiʃ] 형 이국풍(異國風)의; 이상스러운; 외진, 벽촌의; 《고어》 외국의
☜ 바깥쪽(out) 나라/땅(land) 풍의(ish<형접>)
☐ **out**last [àutlǽst] 동 ~보다 오래 견디다〔가다, 계속하다〕; ~보다 오래 살다
☜ ~이상으로(out=over) 지속하다(last)
☐ **out**law [áutlɔ̀] 명 무법자; 상습범 동 ~로부터 법의 보호를 빼앗다, 무법자로 선언하다
☜ 법(law) 밖에(out)
☐ **out**lay [áutlèi] 명 비용, 경비; 지출 [àutléi] (-/outlaid/outlaid) 동 소비하다, 지출하다
☜ 밖으로(out) 눕히다(lay)
☐ **out**let [áutlet, -lit] 명 배출구, **출구**; (상품의) 판로, 직판장, 대리점, **아울렛**; 『전기』 콘센트
☜ 밖으로(out) (나가게) 하다(let)

아웃라인 > 아우트라인 outline ([윤곽, 개요)

♣ **어원 : out, ut 바깥쪽, 바깥쪽으로; 벗어난; 우월한, 능가한**
☐ **out**line [áutlàin] 명 (종종 pl.) **윤곽; 약도**; 개요, 요강; 테두리, **아웃라인** 동 ~의 윤곽을 그리다; ~의 약도를 그리다; 개설(槪說)하다 ☜ 바깥쪽(out) 선(line)
☐ **out**live [àutlív] 동 **~보다도 오래 살다**; 살아남다; 오래 살아서 ~을 잃다; 무사히 헤어나다
☜ 벗어나서<초과하여(out) 살다(live)
☐ **out**look [áutlùk] 명 **조망**, 전망, 경치; **예측**, 전망, 전도 ☜ (멀리) 밖(out)을 보기(look)
☐ **out**mode [àutmóud] 동 유행에 뒤지다; 시대에 뒤떨어지다
☜ 유행(mode)이 밖으로(out) 나가다/지나다
♠ This way of thinking **is outmoded.** 이런 사고방식은 **시대에 뒤떨어졌다.**
☐ **out**moded [àutmóudid] 형 유행에 뒤떨어진, 구식의
☜ 유행(mode)이 밖으로(out) 나간/지난(ed<형접>)
☐ **out**number [àutnʌ́mbər] 동 수적으로 우세하다 ☜ 우월한(out) 수(number)
☐ **out**-of-date [áutəvdéit, -ɔv;-] 형 **구식인**, 시대에 뒤떨어진, 낡은 ☜ 시대(date)에 벗어난(out-of)
★ **보어로 쓰일 때는 out of date로 써야함.** 반 **up-to-date** 신식의
♠ **out-of-date** technology **시대에 뒤떨어진** 기술
♠ Her outfit is very **out of date.** 그의 복장은 꽤 **패션감각이 떨어진다**.
☐ **out**-of-door [áutəvdɔ́ːr, -ɔv;-] 형 옥외의, 야외의 ☜ 문(door) 의(of) 밖의(out)
☐ **out**-of-doors [áutəvdɔ́ːrs, -ɔv;-] 부 옥외에 명 옥외, 야외 ☜ out-of-door + s<부접>
☐ **out**-of-sight [áutəvsáit, -ɔv;-] 형 《미.속어》 발군(拔群)의, 출중한 ☜ 시야(sight)에서 벗어난(out-of)
☐ **out**-of-the-way [áutəvðiwéi, -ɔv;-] 형 외딴; 보통 아닌, 괴상한 ☜ 길(the way) 의(of) 밖에(out)
☐ **out**patient [áutpèiʃənt] 형 외래 환자 ☜ 밖(out)에서 다니는 환자(patient)
☐ **out**play [àutpléi] 동 『경기』 ~보다 잘 하다, 이기다 ☜ ~이상으로(out=over) 놀이(play)를 하다
☐ **out**pour [áutpɔ̀ːr] 동 흘러나오(게 하)다; 유출시키다; (감정을) 토로하다 명 유출; 토로
☜ 밖으로(out) 붓다/흘리다(pour)
☐ **out**pouring [áutpɔ̀ːriŋ] 명 유출(물), 분출; (감정 등의) 발로, 토로 ☜ -ing<명접>

아웃풋 output (결과물의 산출) ⇔ 인풋 input (입력, 투입)

♣ **어원 : out, ut 바깥쪽, 바깥쪽으로; 벗어난; 우월한, 능가한**
☐ **out**put [áutpùt] 명 **생산(고)**; 산출〔생산〕량; 『전기・기계』 **출력**
☜ 밖으로(out) 내놓다(put) 반 **input** 투입, 입력; 입력하다
☐ **out**rage [áutrèidʒ] 명 **불법행위; 무도; 난폭**, 폭행, 능욕, 모욕 동 (법률・도의 등을) **범하다**, 어기다; **폭행하다** ☜ 밖으로(out) 격노하다(rage)
♠ **outrage against the law 위법**
☐ **out**rageous [autréidʒəs] 형 **난폭한**, 잔인무도한; 무법의, 부당한; 지나친; 괴이한 ☜ -ous<형접>
☐ **out**right [áutráit] 부 **철저히**; 공공연히; 곧, 당장 형 노골적인; 철저한
☜ 밖으로(out) 똑바로(right)
☐ **out**run [àutrʌ́n] 동 (-/out**ran**/out**run**) ~보다 빨리〔멀리〕 달리다, **달려서 이기다**
☜ 벗어나서<초과하여(out) 달리다(run)
☐ **out**set [áutsèt] 명 (the ~) **착수**; 시작, 최초 ☜ 밖에서(out) 착수하다(set)
☐ **out**shine [àutʃάin] 동 ~보다 강하게 빛나다; ~보다 낫다, ~을 무색케 하다
☜ 우월하게(out) 빛나다(shine)

아웃사이드 outside (바깥쪽) ⇔ 인사이드 inside (안쪽)

♣ **어원 : out, ut 바깥쪽, 바깥쪽으로; 벗어난; 우월한, 능가한, 초과한**
☐ **out**side [άutsáid/아웃**싸**이드] 명 **바깥쪽** 형 **외부에 있는** 부 **외부에** ☜ 바깥(out) 쪽(side)

O

♠ The **outside of the house** needs painting.
집의 외벽에 페인트칠을 해야 한다.

☐ **out**sider [àutsáidər] 명 부외(국외)자, 외부인, **아웃사이더; 문외한** ☜ outside + er(사람)
☐ **out**skirt [ɑ́utskə̀rt] 명 (pl.) **변두리**, 교외 ☜ 밖(out) 변두리(skirt)
☐ **out**skirts [ɑ́utskə̀rtz] (pl.) 교외 ☜ skirt(치마), skirts(교외, 변두리)
☐ **out**-speak [àutspíːk] 동 말로 이기다, 거침없이 말하다, 솔직[분명]하게 말하다 ☜ 밖으로(out) (솔직하게) 말하다(speak)
☐ **out**-spoken [ɑ́utspóukən] 형 솔직한 ☜ 밖으로(out) 말한(spoken: speak의 과거분사)
♠ **an outspoken opponent** of the leader
지도자에 대해 **솔직한[노골적인] 반대 의사자**
☐ **out**-spokenly [ɑ́utspóukənli] 형 솔직하게, 기탄없이 ☜ -ly<부접>
☐ **out**standing [àutstǽndiŋ] 형 **돌출한, 눈에 띄는**, 현저한; 미지불의; 미해결의; (채권 등) 공모하는 ☜ 밖에(out) 서있(stand) 는(ing<형접>)
☐ **out**stretch [àutstrétʃ] 동 뻗치다 ☜ 밖으로(out) 펼치다(stretch)
☐ **out**stretched [àutstrétʃt] 형 **펼친**, 편, 뻗친 ☜ 밖으로(out) 펼치(stretch) 는(ed<형접>)
♠ **outstretch one's hand** in welcome 환영하여 **손을 내밀다**
☐ **out**ward [áutwərd] 형 **밖을 향한**, 외부로의 명 **외부**, 외모 부 **바깥쪽으로** ☜ 바깥(out) 쪽으로(ward)
♠ **outward investment 국외 투자**
☐ **out**wards [áutwərdz] 부 밖으로; 외관상으로 ☜ outward + s<부접>
☐ **out**wardly [áutwərdli] 부 표면상, 외면상으로, 외관상으로 ☜ outward + ly<부접>
☐ **out**weigh [àutwéi] 동 ~보다 중요하다(무겁다) ☜ 초과하여(out) 무게가 나가다(weigh)
☐ **out**wit [àutwít] 동 선수치다, ~의 의표(허)를 찌르다, 속이다 ☜ ~보다 우월한(out=over) 재치(wit)가 있다

연상 오븐(oven.화덕)이 오벌(oval.타원형)이다.

☐ **oven** [ʌ́vən] 명 **솥**, 가마, 화덕, **오븐** ☜ 고대영어로 '화덕'이란 뜻
♠ **an electric** (a gas) **oven 전기** (가스) **오븐**
☐ **oval** [óuvəl] 형 **달걀 모양의, 타원형의** 명 달걀 모양; 달걀 모양의 물건, 타원체 ☜ 중세 프랑스어로 '타원형'이란 뜻
♠ **an oval face 계란형 얼굴**

오바이트 overeat (콩글 음식·술 등을 과식하여 토해내는 일) ➔ vomit, throw up, barf, puke

♣ 어원 : **over 위에, 위로; 넘어서, ~이상으로; 초과하여, 과대하게, 과장하여**

O

☐ **over** [óuvər/**오**우버] 전 〖위치〗 **~의 위쪽에**(의); 도처에; **~을 너머; ~의 저쪽[편]의[으로]**; 〖범위·수량〗 **~을 넘어서**; 〖지배·우위〗 ~을 지배하여; ~동안에, ~하는 중, ~하면서; (전화 등)에 의해서 부 **위(쪽)에; 멀리 떨어진 곳에**; 뒤집어서, **끝나서**, 처음부터 끝까지, 되풀이해서; **넘쳐서** ☜ 고대영어로 '~을 너머, ~위로, ~을 가로질러'란 뜻
♠ a bridge **over a river 강위의** 다리
♠ **all over the world 세계 도처에**
♠ **be over 끝나다**
♠ **jump over** a fence 울타리를 **뛰어넘다**
♠ the house **over the street 거리 저편의** 집
♠ He was **over fifty**. 그는 **50살이 넘어**있었다.
♠ **rule over** a country 나라를 **지배하다**
♠ She did it **over the weekend**. 그녀는 **주말 동안**에 그것을 하였다.
♠ **talk over a beer 맥주를 마시면서** 이야기하다
♠ We heard it **over the radio**. 우리는 **라디오에서** 그것을 들었다.
♠ **over again 되풀이하여, 다시 한 번**(=once more)
♠ **over and over (again) 몇 번이고, 되풀이하여**
♠ **over there** (here) **저쪽**(이쪽)**에, 저기**(이쪽)**에**
☐ **o'er** [ouər] 부전 《시》 =over
☐ **over**act [òuvərǽkt] 동 지나치게 하다; 과장하여 연기하다 ☜ 지나치게(over) 행동하다(act)
☐ **over**action [òuvərǽkʃən] 명 과도한 행동; 연기의 과장 ☜ -ion<명접>
☐ **over**active [òuvərǽktiv] 형 지나친 행동[활동]을 하는 ☜ -ive<형접>
☐ **over**eat [òuvəríːt] 동 (-/over**ate**/over**eaten**) **과식하다** ☜ 지나치게(over) 먹다(eat)
☐ **over**all [óuvərɔ̀ːl] 명 **전부의** 부 **전체로(서)** ☜ 완전히(over) 모든(all)

☐ **over**bear [òuvərbέər] [동] (-/over**bore**/-over**borne**) 위압하다, 압박하다, 억압하다; ~보다 앞서다; 자식을 너무 많이 낳다 ☜ ~위로/~이상으로(over) 나르다/낳다(bear)
☐ **over**bearing [òuvərbέəriŋ] [형] 거만(오만)한, 건방진, 횡포한, 고압적인 ☜ -ing<형접>
☐ **over**board [óuvərbɔ̀:rd] [부] **배 밖에[으로]**, (배에서) 물속으로; 《미》 열차에서 밖으로 ☜ 배(board)를 너머서(over)
☐ **over**book [òuvərbúk] [동] (비행기 · 호텔 등의) 예**약을 너무 많이 받다** ☜ 과도하게(over) 예약하다(book)
☐ **over**burden [òuvərbə́rdən] [동] ~에 과중한 짐을 지우다 ☜ 과도한(over) 짐을 지우다(burden)

오버코트 overcoat (추위를 막기 위하여 겉옷 위에 입는 옷)

♣ **어원 : over 위에, 위로; 넘어서, ~이상으로; 초과하여, 과대하게, 과장하여**
☐ **over**cast [óuvərkæ̀st] [동] (-/over**cast**/over**cast**) **구름으로 덮다**, 흐리게 하다; 어둡게 하다; 흐리다; 어두워지다 [형] 흐린; 음울한 ☜ 위로(over) 던지다<드리우다(cast)
☐ **over**cautious [òuvərkɔ́:ʃəs] [형] 지나치게 조심하는 ☜ 지나치게(over) 조심하는(cautious)
☐ **over**charge [òuvərtʃάrdʒ] [동] 부당한 (값을) 요구하다; 탄약을 너무 많이 재우다; 지나치게 충전하다; 짐을 너무 싣다; 바가지 씌우다 [명] 지나친 값의 청구, 바가지; 적하 과중, 과다 충전 ☜ 지나치게(over) 부과하다<충전하다(charge)
☐ **over**cloud [òuvərkláud] [동] 흐리게 하다 ☜ 완전히(over) 구름이 끼다(cloud)
☐ <u>**over**coat</u> [óuvərkòut] [명] **오버(코트)**, 외투; 보호막 《페인트 · 니스 등》 [동] ~에 코팅을 하다 ☜ 완전히(over) (덮은) 코트(coat) ★ **우리말의 롱코트(long coat)라는 표현은 콩글리시이며, 정확한 표현은 overcoat이다.**
☐ **over**come [òuvərkʌ́m] [동] (-/over**came**/over**come**) **이겨내다**, 극복하다; 정복하다, 압도하다 ☜ ~을 너머(over) 도달하다/찾아오다(come)
♠ **overcome difficulties 곤란을 이겨내다**
☐ **over**confident [òuvərkάnfidnt/-kɔ́n-] [형] 자신만만한, 자부심이 강한 ☜ 지나치게(over) 자신이 있는(confident)
☐ **over**crowd [òuvərkráud] [동] **혼잡하게 하다** ☜ 지나친(over) 군중(crowd)

오버핏 overfit (×) ([콩글] 헐렁한 옷) ➔ a loose fit

♣ **어원 : over 위에, 위로; 넘어서, ~이상으로; 초과하여, 과대하게, 과장하여**
☐ **over**do [òuvərdú:] [동] (-/over**did**/over**done**) 지나치게 하다, 도를 지나치다; 과장하다; 과로케 하다; 너무 굽다(삶다) ☜ 지나치게(over) 행하다(do)
☐ **over**dose [óuvərdòus] [명] 과다 복용; 과잉 투여 [동] 과도하게 투약하다 ☜ 지나치게(over) 복용하다(dose) ★ 한국 댄스팝 보이그룹 엑소(EXO)의 노래 중에 'Overdose(중독)'이란 노래가 있다.
☐ **over**dress [òuvərdrés] [동] 옷치장을 지나치게 하다 [명] (얇은) 웃옷, (얇은) 겉옷 ☜ 지나치게(over) 옷을 입다/치장하다(dress)
☐ **over**drink [òuvərdríŋk] [동] (-/over**drank**/over**drunk**) 과음하다 ☜ 지나치게(over) 마시다(drink)
☐ **over**due [òuvərdú] [형] (지급) 기한이 지난, 미불의; 늦은 ☜ 만기/지급기일(due)이 지난(over)
☐ **over**estimate [òuvəréstəmèit] [동] 과대평가하다, 높이 사다 [명] 과대하게 어림침, 과대평가, 높이 사기 ☜ 지나치게(over) 평가하다(estimate)
☐ **over**fish [òuvərfíʃ] [동] (어장에서) **물고기를 남획하다** ☜ 지나치게(over) 고기를 잡다(fish)
☐ **over**flow [òuvərflóu] [동] (-/over**flowed**/over**flown**) **넘치다; 범람하다** [명] 넘쳐흐름, 범람, 유출 ☜ 위로(over) 흐르다(flow)
☐ **over**flowing [òuvərflóuiŋ] [형] 넘쳐흐르는, 넘칠 정도의 ☜ overflow + ing<형접>
☐ **over**generous [óuvərdʒénərəs] [형] 너무 관대한[후한] ☜ 지나치게(over) 관대한(generous)
☐ **over**grow [òuvərgróu] [동] 만연하다, 너무 커지다 ☜ 지나치게(over) 커지다(grow)
☐ **over**hang [òuvərhǽŋ] [동] (-/over**hung**/over**hanged**) **~의 위에 걸리다[걸치다]**, 돌출하다; 위협하다; (분위기가) 충만하다 [명] 쑥 내밈, 돌출 ☜ 위에(over) 걸다(hang)

오버홀 overhaul (기계나 엔진을 분해하여 점검하고 수리하는 일) 오버헤드 킥 overhead kick ([축구] 자기의 머리 위를 넘어서 뒤쪽으로 공이 가도록 차는 킥) = bicycle kick(바이시클 킥)

♣ **어원 : over 위에, 위로; 넘어서, ~이상으로; 초과하여, 과대하게, 과장하여**
☐ <u>**over**haul</u> [òuvərhɔ́:l] [동] **분해 검사[수리]하다**; 정밀검사하다 [명] 분해

O

검사(수리), **오버홀**; 정밀검사 ☜ 완전히(over/강조) 잡아끌다(haul)

☐ **over**head [óuvərhéd] 부 **머리 위에**, 높이 형 **머리 위의** ☜ 머리(head) 위에(over)
♠ Planes flew **overhead** constantly. **머리 위로** 계속 비행기들이 날아다녔다.

☐ **over**hear [òuvərhíər] 동 (-/over**heard**/over**heard**) **우연히 듣다**; 엿듣다, 도청하다 ☜ ~를 너머로(over) 듣다(hear)

☐ **over**heat [òuvərhíːt] 동 너무 뜨겁게 하다, 과열시키다(하다); [종종 수동태] 몹시 흥분시키다, 몹시 초조하게 하다 ☜ 지나치게(over) 가열하다(heat)

☐ **over**joy [òuvərdʒɔ́i] 동 몹시 기쁘게 하다 ☜ 완전히(over/강조) 기쁘게 하다(joy)

☐ **over**land [óuvərlæ̀nd, óuvərlənd] 형 **육로[육상]의** 부 육로로; 육상으로 명 《속어》 멀리 외떨어진 지역 동 《Austral.》 가축떼를 몰면서 육로로 가다 ☜ 땅(land)을 가로질러(over)

※ **kick** [kik/킥] 동 **차다**, 걷어차다 명 **차기**, 걷어차기 ☜ 중세영어로 '발로 가하는 일격'이란 뜻

오버랩 overlap ([영화] 한 장면과 다음 장면의 겹침)

♣ **어원 : over 위에, 위로; 넘어서, ~이상으로; 초과하여, 과대하게, 과장하여**

☐ **over**lap [òuvərlǽp] 동 **겹치다** 명 중복; 『영화』 **오버랩** 《한 장면과 다음 장면의 겹침》 ☜ 위에서(over) 겹치다(lap)

Overlap

☐ **over**learn [òuvərlə́ːrn] 동 **과잉 학습하다** ☜ 지나치게(over) 배우다(learn)

☐ **over**load [òuvərlóud] 동 **짐을 너무 많이 싣다**, 너무 부담을 주다 명 과적재, 과부하 ☜ 초과하여(over) 짐을 싣다(load)

☐ **over**look [òuvərlúk] 동 바라보다, **내려다보다; 너그럽게 보아주다** ☜ 위에서(over) 보다(look)
♠ **overlook** the whole city 시내 전체를 **한 눈에 내려다보다**

☐ **over**ly [óuvərli] 부 《미》 몹시, 지나치게 ☜ over + ly<부접>

☐ **over**night [óuvərnàit] 형 **밤을 새는, 밤새의**; 하룻밤 사이의(에 출현한) 부 **밤새**, 밤새도록 ☜ 밤(night)을 너머(over)

☐ **over**pass [òuvərpǽs] 명 **육교**, 고가도 ☜ 가로질러(over) 지나가다(pass)

☐ **over**population [òuvərpapjəléiʃən] 명 인구 과잉 ☜ 과잉(over) 인구(population)

☐ **over**power [òuvərpáuər] 동 (보다 강한 힘으로) **이기다**, 지우다; 압도하다, 못 견디게 하다 ☜ 완전히(over/강조) 강화하다(power)

☐ **over**praise [òuvərpréiz] 동 **지나치게 칭찬하다** 명 과찬 ☜ 지나치게(over) 칭찬하다(praise)

☐ **over**production [òuvərprədʌ́kʃən] 명 **과잉생산**, 생산과잉 ☜ 지나친(over) 생산(production)

☐ **over**rate [òuvərréit] 동 과대평가하다 ☜ 지나치게(over) (높게) 평가하다(rate)

오바하다 < 오버하다 over (콩글 ▶ 과잉반응하다) ➔ overreact

☐ **over**reach [òuvərríːtʃ] 동 ~이상으로 퍼지다(미치다); 지나쳐 가다; (팔·몸을) 너무 뻗다; 속이다; 무리를 하다 ☜ ~이상으로(over) 미치다(reach)

☐ **over**react [òuvərriːǽkt] 동 과도(과다, 과격)하게 반응하다. ☜ 지나치게(over) 반응하다(react)

☐ **over**refine [òuvərrifáin] 동 세밀하게 구별하다; 지나치게 정제(精製)하다; 지나치게 세련되다 ☜ 지나치게(over) 다시(re) 좋게 하다(fine)

☐ **over**ride [òuvərráid] 동 (-/over**rode**/over**ridden**(over**rid**)) (적국을) 짓밟다, 유린하다; 무시하다; 거절하다 ☜ 말 타고(ride) ~위로(over) 지나가다
♠ **override the country 국토를 짓밟다**

☐ **over**riding [òuvərráidiŋ] 형 최우선의; 가장 중요한; 압도적인, 지배적인; 횡포한 ☜ override + ing<형접>

☐ **over**rule [òuvərrúːl] 동 지배하다; 위압하다, 억누르다; 기각하다, (결정을) 뒤엎다 ☜ 위에서(over) 지배하다(rule)
♠ **overrule an objection 반대 의견을 기각하다**

☐ **over**ruler [òuvərrúːlər] 명 최고지배자 ☜ overrule + er(사람)

☐ **over**run [òuvərrʌ́n] 동 (-/over**ran**/over**run**) **~에 퍼지다**; 들끓다; **우거지다, 범람[만연]하다** ☜ ~너머로(over) 퍼지다(run)

☐ **over**sea(s) [óuvərsíː(z)] 형 **해외(로부터)의**, 외국의; 해외로 가는 부 **해외로**(에,에서) ☜ 바다(sea) 너머(over)

☐ **over**see [òuvərsíː] 동 감시(감독)하다; 두루 살피다 ☜ 지나치게(over) 보다(see)

☐ **over**sensitive [òuvərsénsitiv] 형 신경과민인 ☜ 지나치게(over) 민감한(sensitive)

☐ **over**shadow [òuvərʃǽdou] 동 **그늘지게 하다**, 가리다, 어둡게 하다 ☜ ~위로(over) 그늘지게 하다(shadow)

오버슈즈 overshoes (방수나 방한용 덧신)

♣ **어원 : over 위에, 위로; 넘어서, ~이상으로; 초과하여, 과대하게, 과장하여**

☐ **over**shoe [óuvərʃùː] 명 (보통 pl.) **오버슈즈**, 방수용(방한용) **덧신** ☜ ~위의(over) 신(shoe)

☐ **over**sleep [òuvərslíːp] ⓢ (-/over**slept**/over**slept**) **너무 자다**, 늦잠자다
☞ 지나치게(over) 자다(sleep)
♠ **oversleep oneself 늦잠을 자다**
☐ **over**spread [òuvərspréd] ⓢ (-/over**spread**/over**spread**) ~에 만연하다, **온통 뒤 덮다**, 그득 차다 ☞ 지나치게(over) 퍼지다(spread)
☐ **over**supply [òuvərsəplάi] ⓢ ~에 지나치게 공급하다
[óuvərsəplài] ⓜ 공급과잉 ☞ 지나치게(over) 공급하다(supply)
☐ **over**take [òuvərtéik] ⓢ (-/over**took**/over**taken**) **따라잡다**; 추월하다, 만회하다 ☞ 완전히(over) 잡다(take)
♠ He pulled out to **overtake a truck**. 그가 옆으로 끼어들며 그 **트럭을 추월했다**.
☐ **over**tax [òuvərtǽks] ⓢ **~에 지나치게 과세하다** ☞ 지나치게(over) 세금을 부과하다(tax)
☐ **over**throw [òuvərθróu] ⓢ (-/over**threw**/over**thrown**) **뒤엎다**, 타도하다, 무너뜨리다
ⓜ **전복, 타도** ☞ (밑에서) 위로(over) 던지다(throw)
♠ **overthrow** the government 정부를 **전복시키다**

오바로크 < 오버로크 overlock (콩글 천의 테두리 부분을 휘감는 박음질, 휘갑치기) ➔ overcasting

♣ **어원 : over 위에, 위로; 넘어서, ~이상으로; 초과하여, 과대하게, 과장하여**
☐ **over**time [óuvərtàim] ⓜ **규정 외 노동시간**; 시간외 노동, 초과근무
ⓗ 시간 외의, 초과근무의 ☞ 시간(time)을 넘어서(over)
☐ **over**tire [óuvərtάiər] ⓢ **과로하다**(시키다) ☞ 지나치게(over) 피로하게 하다(tire)
☐ **over**tone [óuvərtòun] ⓜ 〖음악〗 배음(倍音); 함축, 울림, 느낌; (인쇄 잉크의) 상색(上色)
☞ 지나친(over) 음조/음색/색깔(tone)
☐ **over**ture [óuvərtʃər, -tʃùər] ⓜ (종종 pl.) 교섭 개시, **제의**; 서곡, 전주곡
☞ 건너편에(over) 전한 것(ture)
♠ **overtures** of peace 평화의 **제안**
☐ **over**turn [òuvərtə́ːrn] ⓢ **뒤집다**, 전복시키다, 타도하다; 뒤집히다, 전복되다, 넘어지다
ⓜ **전복, 타도** ☞ (아래에서) 위로(over) 돌리다(turn)
☐ **over**use [òuvərjúːz] ⓢ 과도히 쓰다, 남용하다 ⓜ 남용, 혹사 ☞ 지나친(over) 사용(use)
☐ **over**view [óuvərvjùː] ⓜ **개관, 개략** ☞ 완전히(over) 보기(view)
♠ **give an overview of ~ ~을 개략적으로 설명하다.**
☐ **over**weening [òuvərwíːniŋ] ⓗ 뽐내는, 자신만만한; 거들먹거리는; 과도한, 중용을 잃은
☞ 지나치게(over) 생각하/믿/기대하(ween) 는(ing<형접>)
☐ **over**weight [óuvərwèit] ⓜ **초과중량**, 과중 ☞ 지나친(over) 무게(weight)
☐ **over**whelm [òuvərhwélm] ⓢ **압도하다**, 제압하다, 궤멸시키다; 가라앉다, 매몰하다
☞ 완전히(over) 덮다(whelm)
♠ **overwhelm an enemy 적을 압도하다**
☐ **over**whelming [òuvərhwélmiŋ] ⓗ 압도적인, 저항할 수 없는 ☞ -ing<형접>
☐ **over**work [òuvərwə́ːrk] ⓢ **과로하다, 과로시키다**, 너무 일을 시키다 ⓜ **과로**
☞ 지나친(over) 일(load)

아이 오 유 IOU = I owe you (약식 차용증서)

■ **IOU, I.O.U.** [àiòujúː] ⓜ (pl. **-s, -'s**) 약식 차용증서
☞ I owe you(내가 너에게 빚지고 있다)의 약어
※ **I** [ai/아이] ⓓ **나, 본인** ☞ 고대영어로 '나(1인칭 단수 대명사)'란 뜻
☐ **owe** [ou] ⓢ **빚지고 있다**; (성공 등을) **~에 돌리다**, (은혜를) 입고 있다; ~의 덕택이다
☞ 고대영어로 '소유하다'란 뜻
♠ **I owe you** 5 dollars. **나는 너에게** 5달러의 **빚이 있다**.
♠ **owe (A) to (B) A는 B의 덕택이다, B의 은혜를 입고 있다**
You **owe** your success **to** me. 너의 성공**은** 내 **덕택이야**.
♠ **owing to ~ ~ 때문에, ~으로 말미암아**
☐ **ow**ing [óuiŋ] ⓗ **빚지고 있는**; **~덕택에**, ~탓으로 ☞ -ing<형접>
※ **you** [juː/유-, (약) ju/유, jə] ⓓ **당신, 너, 여러분** ☞ 초기 인도유럽어로 '두 번째 사람'

연상 아웃렛(outlet.할인 직판점) 앞에 아울릿(owlet.올빼미)이 있다.

※ **outlet** [áutlet, -lit] ⓜ 배출구, **출구**; (상품의) 판로, 직판장, 대리점; 〖전기〗 콘센트 ☞ 밖으로(out) (나가게) 하다(let)
☐ **owl** [aul] ⓜ **올빼미**; 밤을 새우는 사람, 밤에 일하는(다니는) 사람; 점잔빼는 사람 ☞ 고대영어로 '올빼미'라는 뜻

♠ **An owl** hooted nearby. **부엉이**가 가까이에서 부엉부엉 울었다.

□ **owl**et [áulət] 명 새끼 올빼미, 작은 올빼미 ☜ owl + let(작은)

오너 드라이버 owner driver (자가 운전자, 손수[직접] 운전자)

□ **own** [oun/오운] 형 **자기 자신의; 고유한**; 스스로 하는 동 **소유[소지]하다** 명 자신의 것 ☜ 고대영어로 '~에 의해 점유된'이란 뜻

♠ This is **my own car**. 이것은 **내 차**다.

♠ **of one's own 자기 소유[자신]의**

A burden of one's own choice is not felt.

《속담》 스스로 선택한 짐은 무겁게 느껴지지 않는다.

♠ **of one's (own) ~ing 자신이 ~한**

♠ **on one's own 자신이, 혼자 힘으로; 자기 돈[책임 · 생각]으로**

make a decision **on one's own 독단으로** 결정하다

□ **own**er [óunər/**오**우너] 명 **임자**, 소유(권)자; 《항해속어》 선장, 함장 ☜ -er(사람)

♠ **the owner** of a house 집**주인**

□ **own**ership [óunərʃip] 명 **소유자임**(자격), **소유권** ☜ -ship(권한<명접>)

※ **driv**er [dráivər] 명 **운전자, 운전사**; 『골프』 **드라이버** 《1번 우드(wood) 클럽》 ☜ 모는(drive) 사람(er)

옥스포드 Oxford (영국 남부 템즈강 상류의 도시)

□ **Ox**ford [ɑ́ksfərd/ɔ́ks-] 명 **옥스퍼드** 《잉글랜드 남부의 도시》 ☜ 고대영어로 '소가 건너는 여울'이라는 뜻

♠ **O**xforf **E**nglish **D**ictionary 옥스퍼드 영어사전 《세계 최대의 영어사전; 약어 OED》

□ **ox** [ɑks/ɔks] 명 (pl. **oxen**) **황소** ☜ 고대영어로 '황소'란 뜻

♠ He is **as strong as an ox**. 그는 **황소처럼 강하**다.

옥시크린 Oxyclean (한국 OCI사(社)에서 생산하는 산소계 표백제 이자 세제의 상품명. <oxygen(산소) + clean(깨끗한)> 합성어로 추정)

♣ **어원 : ox(y) 산소성, 산소를 함유하는 ⇦ 날카로운, 산성(酸性)인(=acid)**

□ **oxy**gen [ɑ́ksidʒən/ɔ́ks-] 명 『화학』 **산소** 《비(非)금속 원소; 기호 O; 번호 8》 ☜ 산소(oxy) + gen(비금속 화합물)

♠ **an oxygen** breathing apparatus **산소** 흡입기

□ **oxy**genate [ɑ́ksidʒənèit] 동 산소로 처리하다, 산소와 화합시키다, 산화하다 ☜ -ate(~을 만들다)

□ **oxy**genic [ɑ̀ksidʒénik] 형 산소의, 산소를 포함하는(발생하는) ☜ oxygen + ic<형접>

□ **ox**ide [ɑ́ksaid, -sid/ɔ́ksaid] 명 『화학』 **산화물** ☜ 산소(ox) 화합물(ide)

□ **ox**idation [ɑ̀ksədéiʃən] 명 산화 ☜ oxide + ation<명접>

□ **ox**idize [ɑ́ksədàiz/ɔ́ks-] 동 **산화시키다**; 녹슬(게 하)다; 그슬려 산화시키다 ☜ -ize<동접>

□ par**oxy**sm [pǽrəksìzəm] 명 『의학』 (주기적인) 발작; 경련; (감정 등의) 격발; 발작적 활동; 격동 ☜ 아주(par/강조) 날카로운(oxy) 상태(sm)

♠ have **a paroxysm** of coughing 심하게 **경련**을 일으키다.

□ par**oxy**smal [pærəksízməl] 명 감정이 폭발한, 발작의, 발작적인 ☜ -al<형접>

오이스터 oyster ([해산물] 굴, 조개류)

□ **oyster** [ɔ́istər] 명 『패류』 **굴**; 굴과 비슷한 쌍각류(雙殼類)의 조개류; (닭 따위의) 골반 속의 맛이 좋은 살점 동 굴을 따다 ☜ 그리스어로 '뼈, 딱딱한 껍질'이란 뜻

♠ **Oyster beds** are a form of fish farming.

굴 양식장은 양식 어장의 한 형태이다.

□ **oyster** culture 굴 양식 ☜ culture(문화, 교양, 양식)

□ **oyster** farm (field, park) 굴 양식장 ☜ farm(농장), field(밭, 들판), park(공원, 주차장)

□ **oyster** shell 굴 껍질 ☜ shell(껍질, 조개)

오존 ozone (산소 원자 3개로 이루어진 산소의 동소체)

□ **ozone** [óuzouń] 명 『화학』 **오존**; 《구어》 (해변 등지의) 신선(新鮮)한 공기; 《비유》 기분을 돋우어 주는 힘(것) ☜ 고대 그리스어로 '냄새 맡다'란 뜻

♠ an **ozone** apparatus **오존** 발생장치

□ **ozone** layer (shield) 오존층 ☜ layer(층), shield(방패)

P

시험에 패스(pass.합격)하다, 페이스메이커 pacemaker (속도 조절자)

♣ 어원 : pass, pace, ped 발; 도보, 보행

■ **pass** [pæs/패스/pɑːs/파-스] [동] **지나가다, 통과하다, 건너다; 합격하다; 보내다, 넘겨주다; 승인하다; 사라지다** [명] **통행**, 통과; **패스**; 여권; (산)**길, 고개**
☜ 라틴어로 '걸음, 보행'이란 뜻

□ **pace** [peis/페이스] [명] **(한) 걸음**; 보폭; **걸음걸이, 걷는 속도, 페이스** [동] (천천히 또는 바른 걸음으로) 걷다; (거리를) 보측하다 ☜ 고대 프랑스어로 '걸음걸이'란 뜻
♠ **a fast pace in walking 빠른 걸음**
♠ **a quick pace 속보**
♠ **keep pace with ~ ~와 보조를 맞추다**
Keep pace with the tempo. 박자**에 맞추어라**.

□ **pace**maker [péismèikər] [명] (다른 주자·기수 등을 위한) 보조〔속도〕 조정자, **페이스 메이커**; 모범이 되는 사람, 선도자, 주도자; 〖의학〗 **페이스메이커**, 심장 박동 조절 장치, 맥박 조정기 ☜ 걷는 속도(pace)를 만드는(make) 사람(er)

■ **ped**al [pédl] [명] **페달, 발판** [동] 페달을 밟다 ☜ 발(ped) 의(al)

그린피스 Greenpeace (국제 환경보호단체)

핵실험 반대와 자연보호운동 등을 통해 지구의 환경을 보존하고 평화를 증진시키는 활동을 벌이는 국제 환경보호단체. 비정부기구(NGO)이다.

♣ 어원 : peace, pease, paci 평화

■ Green**peace** [gríːnpiːs] [명] **그린피스**《핵무기 반대·야생동물 보호 등 환경 보호를 주장하는 국제적인 단체; 1969년 결성》 ☜ 녹색(green) 평화(peace)

■ **peace** [piːs/피-스] [명] **평화** ☜ 중세 앵글로 프렌치어로 '시민의 자유'란 뜻
♠ **If you want peace, prepare for war.**
평화를 원한다면 전쟁에 대비하라. -로마의 군사집필가 베게티우스 -

■ ap**pease** [əpíːz] [동] 달래다, 진정시키다 ☜ ~을(ap<ad=to) 평화롭게 하다(pease)

□ **paci**fic [pəsífik] [형] **평화로운**, 평화의, 태평한
☜ 라틴어로 '평화(pac<pax)를 + i + 만들다(fic)'란 뜻
♠ **a pacific era 태평한 시대**

□ **Paci**fic [pəsífik] [형] **태평양의** [명] [the ~] **태평양**
☜ 마젤란이 "이 바다가 조용하다<평화롭다"고 말한 데서 유래

□ **Paci**fic Ocean [the ~] **태평양** ☜ ocean(해양, 대양)

□ **paci**fication [pæsəfikéiʃən] [명] 화해, 평온, 평정; 강화 (조약) ☜ 평화(paci) 만들(fic) 기(ation)

□ **paci**fism [pǽsəfìzm] [명] 평화주의, 전쟁 반대, 폭력 부정 ☜ -sm(~주의)

□ **paci**fist [pǽsəfist] [명] **평화주의자** ☜ 평화(paci)를 만드는(fy) 사람(ist)

□ **paci**fy [pǽsəfài] [동] **달래다**, 진정시키다, 가라앉히다; ~에 평화를 회복시키다, 진압〔평정〕하다 ☜ 평화(paci)를 만들다(fy)

패키지 투어 Package tour (여행사 주관의 단체여행) * tour 관광여행(하다)

□ **pack** [pæk/팩] [명] **꾸러미**, 보따리, 포장한 짐〔묶음〕, 짐짝; **팩**, 포장 용기; 룩색, 배낭 [동] **(짐을) 꾸리다**, 싸다, 묶다, 포장하다 ☜ 저지(低地) 독일어로 '한 묶음'이란 뜻
♠ **I haven't packed yet. 난 아직 짐을 못 쌌어.**

□ **pack**age [pǽkidʒ/**패**키쥐] [명] 포장; **꾸러미, 소포**, 고리, **패키지**; 포장한 상품; 기계〔장치〕의 유닛〔단위 완성품〕 ☜ -age(집합<명접>)

□ **pack**age deal 일괄 거래〔계약〕, 일괄 제공 상품 ☜ deal(거래, 타협, 취급)

□ **pack**age paper 포장지 ☜ paper(종이, 신문)

□ **pack**age(d) tour **패키지 투어**《여행사 주관의 단체여행》 ☜ tour(관광 여행)

□ **pack**er [pǽkər] [명] **짐 꾸리는 사람**; 포장업자; 통조림업자〔공〕; 정육 출하업자; 포장기〔장치〕 ☜ -er(사람<명접>)

□ **pack**et [pǽkit] [명] 소포; (편지 따위의) **한 묶음**, 한 다발; 우편선; 〖전산〗 **패킷**《한 번에 전송하는 정보 조작단위》 ☜ -et(작은 것<명접>)

□ **pack**ing [pǽkiŋ] [명] 짐꾸리기, **포장**; 《미》 통조림(제조)업; 식료품 포장 출하업 ☜ -ing<명접>

P

패드 pad (여성의 생리용구)
패딩 padding ([의류] 솜이나 오리털을 넣어 누빈 옷. 누비옷)

< padding >

☐ **pad** [pæd] 명 (충격 · 마찰 · 손상을 막는) **덧대는 것**, 메워 넣는 것, 받침, **패드**; (흡수성) **패드** 《여성의 생리용구》; (웃옷의) 어깨심, 패드 《padding이 정식》 동 ~에 덧대다, ~에 패드를 넣다
☜ 근대영어로 '동물 발바닥의 쿠션 같은 부위'란 뜻
♠ **pad the shoulders** of a coat
상의 어깨에 **패드[심]를 넣다**

☐ **pad**ding [pǽdiŋ] 명 채워 넣기, 패드를 댐(넣음), 심을 넣음; 심, (웃옷의) 어깨심, 충전물 《헌솜 · 털 · 짚 등》, **패딩**
☜ 덧대는(pad) + d + 것(ing<명접>)

패들 paddle (❶ 카누의 노 ❷ 수영 연습시 손에 끼는 주걱)

☐ **paddle** [pǽdl] 명 (카누 따위의) **짧고 폭 넓은 노**; 노(주걱) 모양의 물건; 《미》 (탁구의) 라켓, (패들 테니스의) 패들; 물갈퀴 동 노로 젓다 ☜ 중세 라틴어로 '작은 삽'이란 뜻
♠ We **paddled** downstream for about a mile.
우리는 약 1 마일쯤 하류로 **노를 저어 갔다**.

☐ **paddl**er [pǽdlər] 명 물을 젓는 사람(물건, 장치); 카누를 젓는 사람; 탁구 선수 ☜ paddle + er(사람)

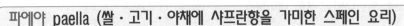

연상 패디(paddy.논)에 들어가 벼를 심었더니 패드(pad.생리대)가 젖었다.

※ **pad** [pæd] 명 (충격 · 마찰 · 손상을 막는) **덧대는 것**, 메워 넣는 것, 받침, **패드**; (흡수성) **패드** 《여성의 생리용구》; (웃옷의) 어깨심, 패드 《padding이 정식》 동 ~에 덧대다, ~에 패드를 넣다
☜ 근대영어로 '동물 발바닥의 쿠션 같은 부위'란 뜻

☐ **paddy** [pǽdi] 명 논(=paddy field), 쌀(=rice), 벼; 격노(=rage)
☜ 말레이어로 '쌀'이란 뜻
♠ This **paddy** has good drainage. 이 **논**은 배수가 잘 된다

파에야 paella (쌀 · 고기 · 야채에 샤프란향을 가미한 스페인 요리)

☐ **paella** [pɑːéilə, -élə, -éiljə] 명 **파에야** 《쌀 · 고기 · 어패류 · 야채 등에 사프란향(香)을 가미한 스페인 요리; 그것을 끓이는 큰 냄비》
☜ 프랑스 고어로 '팬, 냄비'란 뜻

파가니즘 paganism (주요 종교를 믿지 않는 이교신앙, 무종교)

☐ **pagan** [péigən] 명 **이교도**(異教徒) 《기독교 · 유대교 · 마호메트교의 신자가 아닌 사람》, 《특히》 (유대교 이전의 그리스 · 로마의) 다신교도, 우상 숭배자
☜ 라틴어로 '소작 농민'이란 뜻
♠ **a pagan custom 이교 풍습**

☐ **pagan**ism [péigənìzm] 명 이교 (신앙), 우상 숭배; 무종교; 관능 예찬 ☜ -ism(주의, 사상)

페이지 page (책의 면, 쪽), 홈페이지 home page (누리집)

☐ **page** [peidʒ/페이쥐] 명 **페이지** 《생략: p., pl. pp.》, 쪽, 면; (인쇄물의) 한 장
☜ 라틴어로 '단단히 조르다, 죄다'란 뜻
★ 읽을 때 5페이지는 page 5(five)라고 읽고, 쓸 때는 p. 5라고 생략해서 쓴다. pp. 5-10은 pages five to ten으로 읽는다.

■ home **page** 『컴퓨터』 **홈 페이지**, 누리집 《인터넷의 정보 제공자가 정보 내용을 간단히 소개하기 위해 갖는 페이지》 ☜ home(가정, 주택, 고향)

페이지보이 page boy (호텔의 사환, 보이)

☐ **page** [peidʒ] 명 (호텔의) **사환,** (제복 입은) 보이(~ boy), 급사; (결혼식에서의) 시동(侍童); 『역사』 수습 기사(騎士) 《기사의 수종 소년》
☜ 그리스어로 '젊은이, 사내'란 뜻

☐ **page**boy [péidʒbɔ̀i] 명 급사, 보이; 남아 시종; 견습 기사; (결혼식에서

P

신부의) 시동(侍童); ☜ boy(소년, 남자아이)
안말이 《안쪽으로 말아 넣은 여자의 머리형》 ☜ 옛날 페이지 보이의 머리형에서
♠ I don't want to be **a pageboy** all me life.
나는 평생 **페이지 보이**로 살고 싶진 않다.

패전트 pageant (중세 영국에서 유행하던 연극공연 방식)

© High Resolution

☐ **pageant** [pǽdʒənt] [명] (역사적 장면을 표현하는) **야외극**, 구경거리, **패전트**; (축제 따위의) 화려한 **행렬**, 가장행렬, 꽃수레
☜ 라틴어로 '무대'란 뜻
♠ **give a pageant 야외극을 상연하다**

☐ **pageant**ry [pǽdʒəntri] [명] 장관(壯觀), 허식 ☜ pageant + ry<명접>

파고다(pagoda.불교·힌두교의 다층으로 된 동양의 탑) 공원

☐ **pagoda** [pəgóudə] [명] (동양식(式)의 여러 층으로 된) 탑; 탑 모양의 정자
☜ 포르투갈어로 '탑'이란 뜻 [비교] tower 서양의 탑, 타워
♠ **a seven-storied pagoda 7층탑**

더치페이 Dutch pay (각자 지불), 페이 pay (봉급, 급료)

※ **Dutch** [dʌtʃ/더취] [형] **네덜란드의** [명] **네덜란드 말[사람]** ☜ 본래 '독일의'란 뜻이었으나 17세기부터 '네델란드의'란 뜻으로 바뀜

☐ **pay** [pei/페이] [동] (-/**paid**/**paid**) (돈을) **지불하다, 치르다**, (빚을) 갚다; (존경·경의를) **표하다**; (일 등이) **수지가 맞다; 벌을 받다** [명] **지불; 급료**, 봉급
☜ 라틴어로 '(지불하여) 평화롭게 하다'란 뜻
♠ **pay one's debts 빚을 갚다**

☐ **paid** [peid/페이드] [형] **유급의**; 고용된(=hired); 유료의 ☜ pay의 과거분사
♠ **a paid vacation 유급 휴가**

아이스 페일 Ice Pail (업소에서 주로 활용하는 얼음통)

※ **ice** [ais/아이스] [명] **얼음, 빙판** [동] **얼리다**
☜ 고대영어로 '얼음, 얼음조각'이란 뜻

☐ **pail** [peil] [명] **들통**, 버킷 ☜ 라틴어로 '작은 접시'란 뜻
♠ **a dinner pail 《미》 도시락 통**

☐ **pail**ful [péilfùl] [명] 한 들통 (가득한 양) ☜ -ful(~이 가득한)

파이에트, 파예트 paillette ([패션] 옷의 장식으로 쓰이는 번쩍이는 금속·유리 조각. 구슬·보석 등)

☐ **paillette** [paijét, pæljét, pəlét] [명] **파예트** 《의복·막 따위에 쓰는 반짝이는 장식용의 금속 조각·구슬·보석 따위》
☜ 고대 프랑스어로 '작은(ette) + 짚/밀짚(paille)'이란 뜻.
[비교] spangle (무대 의상 따위의) 번쩍이는 금속 조각

☐ **pallet** [pǽlit] [명] **짚 요**; 초라한 침상 ☜ 고대 프랑스어로 '왕겨(벼의 겉껍질)'란 뜻

[연상] 페인이 되면 마음도 페인(pain.고통)스러워진다.

☐ **pain** [pein/페인] [명] 아픔, **고통**, 괴로움, 고뇌; 비탄; 근심; (보통 pl.) **노력, 노고**, 고심; 수고 [동] 고통을 주다, **괴롭히다**
☜ 그리스어로 '형벌'이란 뜻
♠ **a pain in the head 두통**
♠ **No pains, no gains. 고통이 없으면 얻는 게 없다. 《속담》 수고가 없으면 이득도 없다.**

☐ **pain**ful [péinfəl] [형] **아픈**, 괴로운; **고통을 주는**, 힘드는 ☜ pain + ful<형접>
☐ **pain**fully [péinfəl] [형] **아파하여, 고생하여**, 애써, 수고하여 ☜ painful + ly<부접>
☐ **pain**less [péinlis] [형] **아프지 않은**, 무통의; 힘 안드는 ☜ 고통(pain) 없는(less)
☐ **pain**lessly [péinlisli] [부] 고통 없이 ☜ painless + ly<부접>
☐ **pain**killer [péinkìlər] [명] 《구어》 진통제 ☜ 고통(pain)을 죽이는(kill) 것(er)
☐ **pain**staking [péinztèikiŋ, péins-] [형] **수고를 아끼지 않는**, 근면한, 성실한, 정성을 들이는; 힘드는;

공들인, 고심한 ⓜ 수고, 정성, 고심 ☜ pain + s + take(취하다) + ing<형접/명접>

☐ **pang** [pæŋ] ⓜ (갑자기 일어나는) **격심한 통증**, 고통; 고민, 번민, 상심 ☜ pain의 변형

페인트 paint (결합제와 섞어서 만든 유색도료)

☐ **paint** [peint/페인트] ⓜ (pl.) **그림물감, 페인트**, 도료; 화장품; 착색 ⓢ **페인트칠하다**; (그림물감으로) **그리다** ☜ 라틴어로 '그림 그리다'란 뜻
♠ **paint a gate green** 대문을 초록색으로 **칠하다**.

☐ **paint**ed [péintid] ⓗ 그린, 그려진, 채색된 ☜ 그려(paint) 진(ed<형접>

☐ **paint**er [péintər] ⓜ **화가; 페인트공**, 칠장이, 도장공 ☜ -er(사람)

☐ **paint**ing [péintiŋ] ⓜ 그림, 회화; 유화, 수채화; **그림그리기; 채색**, 착색; 도료, 페인트 ☜ paint + ing<명접>

파 par ([골프] 기준 타수. <동등>이라는 뜻)

♣ **어원 : par, pair, per, peer 동등한, 같은**

☐ **par** [pɑːr] ⓜ **동등**, 등가; 『골프』 기준타수 ☜ 라틴어로 '동등한, 같은'이란 뜻
★ 골프에서 각 홀의 기준타수인 par보다 1타 적게 끝내는 것은 버디(birdie), 2타 적은 것은 이글(eagle), 1타 많은 것은 보기(bogey), 2타 많은 것은 더블보기 (double bogey)라고 한다.

☐ **pair** [pεər/페어] ⓜ (pl. **-s**, 《구어》 **-**) **한 쌍**(의 남녀), (두 개로 된) **한 벌** ☜ 라틴어로 '같은 것'이란 뜻 **비교** **pear [과일] 배**
♠ **a pair of ~ 한 쌍의, 한 벌[켤레]의**
a pair of shoes 〔glasses, scissors, trousers〕
구두 한 켤레 〔안경 하나, 가위 한 자루, 바지 한 벌〕
♠ **in a pair** 〔**pairs**〕 **둘이 한 쌍이 되어**

☐ **peer** [piər] ⓜ **동료, 동배**, 대등한 사람 ☜ 라틴어로 '평등'이란 뜻

✚ com**par**e **비교하다**, 대조하다 dis**par**age 깔보다, 얕보다; 헐뜯다, 비방〔비난〕하다 im**pair** **감하다**, 손상시키다, 해치다 im**per**ious **전제적인; 긴급한** im**per**ial **제국**(帝國)**의**; [I~] **대영제국의**

파자마 pajamas (잠옷)

☐ **pajamas**, 《영》 **pyjamas** [pədʒɑ́ːməz, -dʒǽməz] ⓜ (pl.) **파자마**, 잠옷; (회교도 등이 입는) 통 넓은 헐렁한 바지
☜ 인도 무슬림인들이 입은 '헐렁한 바지'란 뜻
♠ **a suit** 〔**pair**〕 **of pajamas** 파자마 **한 벌**

파키스탄 Pakistan (인도 북서부에 있는 이슬람 공화국)

☐ **Paki**stan [pɑ̀ːkistɑ́ːn, pǽkistæ̀n] ⓜ **파키스탄** 《영연방내의 공화국; 공식 명칭은 the Islamic Republic of ~ 파키스탄 회교 공화국; 수도는 이슬라마바드(Islamabad)》
☜ 페르시아어로 '맑고 깨끗한(paki) 나라(stan)'란 뜻

☐ **Paki**stani [pɑ̀ːkistɑ́ːni, pæ̀kistǽni] ⓜ (pl. **-**, **-s**) 파키스탄 사람〔주민〕 ⓗ 파키스탄(사람)의
☜ Pakistan + i(~의/~사람)

펜팔 Pen Pal (편지를 통해 친분을 유지하는 친구)

※ **pen** [pen/펜] ⓜ **펜촉**(nib); **펜**; 만년필; 문장; 문체 ⓢ (글을) 쓰다, 짓다
☜ 중세영어로 '쓰는 도구'란 뜻
♠ **write with pen and ink 펜으로[잉크로]** 쓰다 《대구(對句)로 무관사》

☐ **pal** [pæl] ⓜ 《구어》 **동아리**, 단짝, 친구; 동료; 《호칭》 여보게, 자네; 공범
☜ 18세기 집시어로 '형제, 동료'란 뜻

☐ **pal**imony [pǽləmòuni] ⓜ 《미.속어》 (동거하다가 헤어진 여자에게 주는) 위자료
☜ pal(단짝) + alimony(별거 수당)

삼성 타워 팰리스 Tower Palace (한국의 아파트 브랜드 중 하나)

♣ **어원 : pala, palat, palad 궁전, 궁중**

※ **tower** [táuər/**타**우어] ⓜ **탑**, 망루, 타워 ⓢ **솟다** ☜ 고대영어로 '탑'이란 뜻

☐ **pala**ce [pǽlis/**팰**리스, -əs] ⓜ **궁전**, 왕궁, 궁궐; 대저택; 호화판 건물 ⓗ 궁전의
☜ 로마 황제가 최초의 궁전을 세운 팔라틴 언덕(Palatine Hill)에서
♠ **Buckingham Palace (영국) 버킹엄 궁전** ☜ 1703 년 버킹엄 공작 셰필드의

P

저택으로 건축되었다가 1761년 조지 3세가 이를 구입한 이후 왕실 건물이 됨

☐ **palad**in [pǽlədin] ⓜ **팔라딘** 《샤를마뉴(Charlemagne) 대제의 뛰어난 12용사의 한 사람》; (중세의) 무예를 닦는 사람; (전설적) 영웅, 무협가(武俠家); 《문어》 주의·주장의 주창자; **팔라딘** 《미군의 M-109A1 자주포의 이름》 ☜ 라틴어로 '궁중 관료'란 뜻

☐ **palat**ial [pəléiʃəl] ⓗ 궁전의, 궁전과 같은 ☜ 궁전(palat) 의(ial)

☐ **palat**ine [pǽlətàin, -tin] ⓗ 궁전의; 왕권의 일부를 행사할 수 있는; 궁내관(宮內官)의 ⓜ **팔라틴** 백작(count 〔earl〕 ~)《자기 영토 안에서 왕권의 일부를 행사할 수 있었던 중세의 영주》; (고대 로마의) 궁내관(宮內官) ☜ 궁전(palat) 의(ine<형접>)

☐ **Palat**ine Hill [the ~] **팔라틴** 언덕 《로마황제가 최초의 궁전을 세운 곳》 ☜ hill(언덕)

연상 ▸ 파레트(palette.조색판)를 입에 물고 있다가 팰리트(palate.입천장)가 상처를 입었다.

♣ **어원 : palat 입, 구개(口蓋), 입천장**

※ **palette** [pǽlit] ⓜ **팔레트**, 조색판(調色板); 팔레트의 채료, (한 벌의) 그림물감; (어느 화가의) 독특한 색채〔물감의 배합〕 ☜ 고대 프랑스어로 '작은 삽'이란 뜻

☐ **palat**e [pǽlit] ⓜ 〖해부〗 **구개**(口蓋), **입천장**; **미각**; 취미, 기호(=liking); 심미〔감식〕안 ☜ 고대 프랑스어로 '입천장'이란 뜻

♠ **have a good palate** for coffee 커피의 **깊은 맛을 알다**.

☐ **palat**able [pǽlətəbəl] ⓗ (음식 등이) 맛난, 풍미 좋은; 기분 좋은, 바람직한, 마음에 드는 ☜ palate + able<형접>

☐ **palat**al [pǽlətl] ⓗ 구개(음)의 ⓜ 구개골(骨); 〖음성〗 구개음 《[j, ç] 따위》 ☜ palate + al<형접/명접>

☐ **palat**alize [pǽlətəlàiz] ⓓ 〖음성〗 구개음으로 발음하다, 구개(음)화하다 《[k]를 [ç], [tʃ]로 발음하는 따위》 ☜ palatal + ize<동접>

☐ **palat**alization [pæ̀lətəlizéiʃən] ⓜ 구개음화 ☜ palatalize + ation<명접>

페일 핑크 pale pink ([화장품] 파스텔톤의 엷은 분홍색)

☐ **pale** [peil] ⓗ (얼굴이) 핼쑥한, **창백한**; (빛깔 따위가) **엷은**; (빛이) 어슴푸레한, 희미한; 가냘픈, 약한, 힘 없는 ⓓ 창백해지(게 하)다, (색·빛 등이) 엷어지(게 하)다 ☜ 고대 프랑스어로 '창백한, 색이 엷은'이란 뜻

♠ **You look pale. 당신은 안색이 좋지 않군요.**

☐ **pale**-eyed [péiláid] ⓗ 눈이 흐리멍덩한 ☜ 흐릿한(pale) 눈(eye) 의(ed<형접>)

☐ **pale**-hearted [péilhɑ́:rtid] ⓗ 겁많은 ☜ 약한(pale) 마음(heart) 의(ed<형접>)

☐ **Pale** Horse 창백한 말 《죽음의 상징》, 죽음의 사자, 죽음 ☜ 창백한(pale) 말(horse)

※ **pink** [piŋk] ⓜ **분홍색**, 핑크색(옷); 《구어》 좌익에 기운 사람 ⓗ 분홍색의 ☜ 17세기 영어로 '엷은 장미 색'이란 뜻

팔레스타인 Palestine (이스라엘을 중심으로 한 지중해의 동해안 일대)

☐ **Palestine** [pǽləstàin] ⓜ **팔레스타인** 《지중해 동쪽의 옛 국가; 1948년 이후 Israel과 아랍 지구로 나뉨》 ☜ 헤브르어로 '필리스틴사람(Philistine)의 땅'이란 뜻

☐ **P**alestine **L**iberation **O**rganization [the ~] **팔레스타인 해방기구** 《1964년 창설; 약어 **PLO**》

★ 팔레스타인 독립국가 건설을 목표로 1964년 결성된 비밀저항조직. 아라파트가 PLO 의장이 되면서 항공기 납치, 뮌헨올림픽 이스라엘 선수단 대학살, 차량폭탄테러 등 무차별 테러를 자행했다. 1993년 오슬로 중동평화협정에 참여, 팔레스타인 자치정부(PNA)로서 합법적으로 존속하고 있다.

팔리움 pallium ([천주교] 대주교가 어깨에 두르는 흰 양털띠)

♣ **어원 : pall 외투**

☐ **pall** [pɔ:l] ⓜ **관**〔영구차, 무덤(등)〕**을 덮는 보**《보통 검정·자주 또는 흰색의 벨벳》; 휘장, 장막; 《고어》 외투(=cloak) ☜ 라틴어로 '외투'란 뜻

♠ **a pall of darkness 어둠의 장막**

☐ **pall**ium [pǽliəm] ⓜ (pl. palli**a**, **-s**) (옛 그리스·로마 사람들의) 큰 외투; 〖가톨릭〗 **팔리움**, (교황·대주교의) 영대(領帶)《흰 양털로 짬》; 제단보(=altar cloth) ☜ -ium<명접>

© cnstopstories.com

P

팔라스 Pallas ([그神] 지혜 · 공예의 여신. 아테네 여신의 이름)

☐ **Pallas** [pǽləs] ⓜ 〚그.신화〛 **팔라스** 《Athena 여신의 이름; 지혜 · 공예의 여신》
☜ 그리스어로 '창을 휘두르는 자'란 뜻

☐ **Pallad**ian [pəléidiən] ⓗ 〚그.신화〛 Pallas 여신의; 지혜의, 학문의 ☜ -ian<형접>

☐ **pallad**ium [pəléidiəm] ⓜ (pl. pallad**ia, -s**) (P-) Pallas 여신상 《특히 Troy시(市)를 수호하는》; (p-) 보호, 수호 ☜ -ium<명접>

☐ **pallet**(짚 요, 초라한 침상) ➔ **paillette**(파이에트, 파예트) **참조**

팜비치 Palm Beach (미국 플로리다주 동남 해안의 관광지)

♣ 어원 : palm, palp 손바닥

☐ **palm** [pɑːm] ⓜ **손바닥**; 손바닥 모양의 물건(부분); 장갑의 손바닥; 노의 편평한 부분; 《잎이 손바닥처럼 생긴》 **종려, 야자**; [the ~] **승리**, 영광, 영예 ⓢ 손바닥으로 쓰다듬다 ☜ 라틴어로 '손바닥'
♠ **sweaty palms 땀에 젖은 손바닥**

☐ **Palm** Beach **팜비치** 《미국 플로리다주 동남 해안의 관광지》 ☜ beach(해안, 해변)

☐ **palm**er [pɑ́ːmər, pɑ́ːl-] ⓜ (팔레스타인) **성지 순례자**; [일반적] 순례(자); 제물낚시
☜ 성지순례의 기념으로 종려(palm) 잎을 가지고 돌아간 데서 유래

☐ **palm**ful [pɑ́ːmfùl] ⓜ (pl. **-s**) 손바닥 가득(한 양), 한 줌 ☜ palm + ful(~이 가득한)

☐ **palm**y [pɑ́ːmi] ⓗ 야자의; 야자가 무성한; 번영하는 ☜ palm + y<형접>

☐ **palm**ist [pɑ́ːmist] ⓜ 손금쟁이 ☜ palm + ist(사람)

☐ **palp**able [pǽlpəbəl] 손으로 만져볼 수 있는, 명백한; 촉진할 수 있는
☜ 손바닥(palp)으로 (느낄) 수 있는(able)

팜플렛 pamphlet (광고 · 선전 · 설명 등을 위하여 만든 소책자)

☐ **pamphlet** [pǽmflit] ⓜ (가철한) **팸플릿**, 작은 책자; 시사 논문(논평), 소논문
☜ 그리스어로 '모든(pam<pan) 이들이 사랑하는(phl<philos) 작은 것(et)'

후라이팬 < 프라이팬 frying pan (튀김용 냄비)

♣ 어원 : pan, pand, pans, panto 넓은, 펼친; 모든, 전체의, 총(總), 범(汎)

※ **fry** [frai/프롸이] ⓢ (기름으로) **튀기다** ☜ 라틴어로 '굽거나 튀기다'란 뜻

☐ **pan** [pæn] ⓜ **납작한 냄비** ☜ 라틴어로 '얇게 펼친 것'이란 뜻
♠ **pots and pans 취사도구** ☜ '단지와 냄비'란 뜻

☐ **pan-** [pæ̀n] '전(全), 범(汎), 총(總)'의 뜻의 결합사

☐ **Pan**-Am [pǽnǽm] **팬암** 《**Pan Am**erican World Airways의 약어. '범미(汎美) 세계항공'이란 뜻이며, 1927년 설립되어 1991년 파산한 미국 항공사》

☐ **pan**cake [pǽnkèik] ⓜ **팬케이크** 《밀가루에 달걀을 섞어 프라이팬에 얇게 구운 것》
☜ 팬(pan)에서 구운 케이크(cake)

■ ex**pand** [ikspǽnd] ⓢ 펴다, 펼치다; **넓히다; 퍼지다, 팽창하다**, 발전하다
☜ 밖으로(ex) 넓어지다(pand)

파나마 Panama (태평양과 대서양을 운하로 잇는 중앙아메리카의 공화국)

☐ **Panama** [pǽnəmɑ̀ː, pæ̀nəmɑ́ː] ⓜ **파나마** 공화국 《중앙 아메리카의 공화국. 그 수도》; (때로 p-) 파나마 모자(~ hat) ☜ '풍부한 나비'란 뜻

☐ **Panama** Canal [the ~] 파나마 운하 《1914년 완성. 대서양과 태평양을 잇는 운하》 ☜ canal(운하, 수로)

☐ **pancake**(팬케이크) ➔ **pan**(냄비) **참조**

판다 panda (티베트 · 중국 남부산의 흑백곰의 일종)

☐ **panda** [pǽndə] ⓜ 〚동물〛 **판다** 《히말라야 등지에 서식하는 너구리 비슷한 짐승》; 흑백곰의 일종(giant ~) 《티베트 · 중국 남부산》
☜ 네팔어로 '대나무를 먹는 것'이란 뜻

데모크러시 democracy (민주주의), 데마고그 demagog(ue) (민중 선동가)

♣ 어원 : dem, demo 국민, 민중, 사람들

■ **demo**cracy [dimɑ́krəsi/-mɔ́k-] ⓜ **민주주의**; 민주정치(정체)
☜ 국민(demo)에 의한 정치(cracy)

■ **dem**agog(ue) [déməgɔ̀ːg, -gɑ̀g/-gɔ̀g] 명 (민중) 선동자; 선동 정치가; (옛날의) 민중의 지도자 동 ~로서 행동하다; (말·연설 등을) 과장해서 말하다 ☜ 민중(dem)의 지도자(agog(ue))

□ pan**dem**ic [pændémik] 형명 전국적〔세계적〕으로 유행하는 (병); 일반적인, 보편적인 ☜ 모든(pan) 사람들(dem) 의(ic<형접>)
♠ **a global influenza pandemic 전 세계적인 유행성 전염병**

■ epi**dem**ic [èpədémik] 명 유행병, **전염병** 형 유행병〔전염병〕의 ☜ 사람들(dem) 사이(epi=among) 의(ic<형접>)

□ **pandemonium**(지옥, 복마전) ➔ **demon**(악마, 귀신) **참조**

판도라의 상자 Pandora's box ([그神] 제우스가 판도라에게 보낸 상자)

제우스가 판도라에게 보낸 상자. 제우스가 절대 열지 말라는 상자의 뚜껑을 판도라가 열자 안에서 온갖 해독과 재앙이 나와 세상에 퍼지고 상자 속에는 오직 '희망'만이 남았다고 한다. 원래는 판도라의 항아리이지만 번역을 잘못해서 '판도라의 상자'라고 알려지게 되었다. 뜻밖의 재앙의 근원을 말하기도 한다.

□ Pan**dor**a [pændɔ́ːrə] 명 『그.신화』 **판도라** 《Prometheus가 불을 훔쳤기 때문에 인류를 벌하기 위해 Zeus가 지상에 보낸 최초의 여자》 ☜ (여러 신들이) 모든(pan) 선물을 준(dor) 여자(a)'이란 뜻

※ **box** [bɑks/박스/bɔks/복스] 명 **상자; (따귀를) 손바닥[주먹]으로 침** ☜ 고대영어로 '장방형의 나무 용기'란 뜻

판넬 panel (틀 안에 넣는 판지), 패널 panel (심사원단)

□ **pane** [pein] 명 (한 장의) 창유리; 판벽널; (네모꼴의) 한 구획, (바둑판의) 눈, (미닫이의) 틀 동 ~에 창유리를 끼우다 ☜ 라틴어로 '헝겊'이란 뜻
♠ **a pane of glass 판유리 한 장**

□ **pane**l [pǽnl] 동 판 벽널을 끼우다 명 **판벽널, 머름; (창)틀**; 화판; ☜ 라틴어로 '헝겊' (토론회 참가하는) **패널**, 강사단, 심사원단 ☜ 앵글로 프랑스어로 '배심원이 적힌 양피지 조각'이란 뜻

■ counter**pane** [káuntərpèin] 명 침대의 겉덮개, (장식적인) 이불 ☜ 한 쪽에(counter) 펼친 천(pane)

■ window**pane** [wíndoupèin] 명 (끼워놓은) **창유리** ☜ window(창) + pane(한 장의 창유리)

□ **pang**(격심한 통증) ➔ **pain**(고통) **참조**

패닉 panic (대혼란, 공황)

□ **Pan** [pæn] 명 『그.신화』 **판**신(神), 목양신(牧羊神) 《목동·산야의 신; 염소뿔과 염소 다리를 가졌으며 피리를 붊; 로마신화의 Silvanus에 해당됨》

□ **pan**ic [pǽnik] 명 (원인이 분명치 않은) **돌연한 공포**; 겁먹음; 당황, 낭패; 『경제』 **공황, 패닉** 형 (공포가) 돌연한, 공황적인 동 ~에 공포를 일으키다 ☜ Pan신이 '대혼란을 일으킨다'는 옛날 생각에서 유래.
♠ **be in** 〔get into〕 **a panic 공포상태에 있다** 〔빠지다〕

파노라마 panorama (회전그림, 주마등)

♣ **어원 : pan, pand, pans, panto 넓은, 펼친; 모든, 전체의, 총(總), 범(汎)**

© helpx.adobe.com

■ **pan** [pæn] 명 **납작한 냄비** ☜ 라틴어로 '얇게 펼친 것'이란 뜻

□ **pan**nikin [pǽnikin] 작은 접시〔냄비〕; (금속제의) 작은 잔(에 가득한 양) ☜ 작은(-kin) 팬(pan) + n + i

□ **pan**orama [pæ̀nərǽmə, -rɑ́ːmə] 명 **파노라마**, 회전그림; 주마등; 전경; 광범위한 조사, 개관 ☜ 그리스어로 '모두가 보인다'는 뜻

□ **pan**oramic(al) [pæ̀nərǽmik(əl)] 형 파노라마의〔같은〕, 파노라마식의 ☜ -ic(al)<형접>

□ **panto**mime [pǽntəmàim] 명 **무언극, 팬터마임**; 《영》 크리스마스 때의 동화극(Christmas ~); 몸짓, 손짓; (고대의) 무언극 배우 동 손짓·몸짓으로 (뜻을) 나타내다 ☜ 그리스어로 '모든 것(panto)을 흉내 내는(mime) 사람'의 뜻

■ ex**pand** [ikspǽnd] 동 펴다, 펼치다; **넓히다; 퍼지다, 팽창하다**, 발전하다 ☜ 밖으로(ex) 넓어지다(pand)

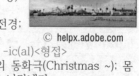

팬지 pansy (진하고 짙은 적색을 띤 보랏빛 삼색제비꽃)

□ **pansy** [pǽnzi] 명 『식물』 **팬지**; 《구어》 여자 같은 사내, 동성애하는

남자 ⓗ 여자같이 간들거리는; (물건이) 세련된, 멋진
☜ 라틴어로 '생각하다' **비교** fancy 공상, 상상

연상 **팬츠(pants.바지)가 너무 조여서 숨이 팬트(pant.헐떡거리다)하다.**

☐ **pants** [pænts] ⓜ (pl.) 《구어》 **바지**(=trousers); 《영》 속바지, (남자의) **팬츠**(=underpants); (여성·아이의) **팬티**, 드로어즈 ☜ 19세기 영어로 '바지'

☐ **pant** [pænt] ⓢ **헐떡거리다, 숨차다**; 갈망(열망)하다, 그리워하다 ⓜ 헐떡거림, 숨가쁨 ⓗ 바지의, 팬티의 ☜ 고대 프랑스어로 '숨이 차서 가쁘다'라는 뜻
♠ She finished the race **panting heavily.**
그녀는 **거칠게 숨을 헐떡이며** 경주를 끝냈다 (결승점을 통과했다).
♠ **pant for liberty 자유를 갈망하다**

☐ **Pant**alone [pæ̀ntəlóuni] ⓜ (옛 이탈리아 희극의) 늙은이 역; (현대 무언극의) **늙은 어릿광대**
☜ 이탈리아의 순교자 聖판타로네에서 따온 말. 판타로네는 로마 황제 디오클레티아누스에 의해 참수되어 베네치아 수호성인이 되었으며, 16세기 이탈리아에서 인기를 모았던 코미디극 <아델타루테에 판타로네>에서 '어릿광대'란 의미가 되었다.

☐ **pant**aloon [pæ̀ntəlúːn] ⓜ [P-]= Pantalone; (pl.) 《구어》 **판탈롱**, 바지
☜ 16세기 이탈리아에서 인기를 모았던 코미디극 <아델타루테에 판타로네>에서 주인공 판탈로네가 입었던 괴상한 복장에서 연유된 명칭

☐ **pant**ie (**pant**y) girdle (belt) **팬티 거들** 《코르셋의 일종》 ☜ girdle(거들, 허리띠)
★ 우리말의 팬티스타킹(panty stocking)은 콩글리시이며, 바른 표현은 미국 영어로 pantyhose, 영국 영어로 tights이다.

판테온 Pantheon (가장 잘 보존된 고대 로마의 신전)

이탈리아 로마(Rome)에서 가장 잘 보존되어 있는 건물로 로마제국의 장군이었던 M. V. 아그리파(Agrippa)에 의해 만들어졌다. 1 세기에 P. A. 하드나누스(Hadnanus) 황제 때 개축되었으며, 다신교였던 로마의 모든 신들에 바치는 신전이다.

♣ **어원 : theo, thei, thea, thu 신(神)**

☐ pan**theo**n [pǽnθiɑ̀n, -ən/pænθíːən] ⓜ **판테온** 《신들을 모신 신전》, 만신전(萬神殿); (the P-) 한 나라의 위인들의 무덤·기념비가 있는 전당
☜ 그리스어로 '모든 신을 위한 신전'이란 뜻

☐ pan**thei**sm [pǽnθiìzəm] ⓜ 다신교 ☜ 많은(pan) 신(thei)을 숭배하는 교리(sm)

✚ a**thei**st **무신론자** en**thu**siasm **열광, 열성, 열정** mono**thei**sm 일신교 poly**thei**sm 다신론, 다신교 **thea**rchy 신정 **thei**sm 유신론, 일신교 **theo**logy **신학**

팬더, 팬서 panther (퓨마, 표범)

☐ **panther** [pǽnθər] ⓜ (pl. **-s**, [집합적] **-**; fem. **-ess**) 【동물】 《미》 퓨마(puma), 표범 (=leopard) ☜ 그리스어로 '모든(pan) 짐승(ther)'이란 뜻

P

☐ **pantomime**(무언극, 팬토마임) ➔ **pan**(냄비) **참조**

팬트리 pantry (식료품 창고)

☐ **pantry** [pǽntri] ⓜ **식료품 (저장)실**, 찬방(饌房), 식기실(butler's ~); 《미.속어》 위(胃)
☜ 앵글로 프랑스어로 '빵(pan)을 보관하는 방(try)'이라는 뜻
♠ I use **that pantry** a lot.
나는 **그 식료품 저장실**을 많이 사용한다.

☐ **panty**(팬티거들) ➔ **pant**(헐떡거리다, 숨쉬다) **참조**

판저 파우스트 panzer faust (독일의 휴대용 대전차 로켓포. <전차의 주먹>)

☐ **panzer** [pǽnzər; G. pántsər] ⓗ 《독》 【군사】 기갑(장갑)의; 기갑 부대(사단)의 ⓜ (기갑 부대를 구성하는) 장갑차, 전차; (pl.) 기갑 부대 ☜ 독일어로 '갑옷'이란 뜻
♠ **a panzer division 기갑 사단**

☐ **Panzer** faust (독일군의) 대전차화기(PZF), **판저 파우스트** 《로켓 추진식의 탄두를 매우 기초적인 발사대에서 발사하는 일회용 무반동 포》 ☜ 파우스트(faust)는 전지전능을 바라며 혼을 악마 <메피스토펠레스>에게 판 독일 전설상의 인물이며, 괴테의 소설 제목이기도 하다. 독일어로 '주먹'이란 뜻이다.

패트리어트 Patriot (Missile) (미국제 지대공미사일. <애국자>)

♣ 어원 : papa, patri, father 아버지

□ **papa** [pɑ́:pə, pəpɑ́:] 명 《소아어·고어》 **아빠** 비교 mama 엄마

□ **papa**cy [péipəsi] 명 로마 교황의 지위〔임기〕, 교황권; (보통 P-) 교황 정치〔제도〕 ☜ -cy(지위)

□ **papa**l [péipəl] 형 **로마 교황의**; 교황 제도의; 가톨릭 교회의 ☜ papa + al<형접>

□ **patri**ot [péitriət, -ɑ̀t/pǽtriət] 명 **애국자**, 우국지사 ☜ 아버지(patri)의 나라 사람(ot)

□ **patri**arch [péitriɑ̀:rk] 명 가장; 족장 ☜ 아버지(patri) 이자 지도자(arch)

■ **pope** [poup] 명 (or P-) **로마 교황** ☜ 아버지(patri)란 뜻

■ **father** [fɑ́:ðər/**퐈**-더] 명 **아버지**, 부친; 선조, 조상 비교 mother 어머니 ☜ 고대영어로 '아이를 낳는 자, 가장 가까운 남자 조상'이란 뜻

※ **missile** [mísəl/-sail] 명 **미사일**, **유도탄** ☜ 라틴어로 '던질(miss) 수 있는 것(ile)'

□ **paparazzi**(파파라치) ➔ **pharmacy**(조제술, 약학) **참조**

컨닝 페이퍼 cunning paper (콩글 시험 부정행위용 쪽지) ➔ crib sheet, cheat sheet, 파피루스 papyrus (파피루스 종이)

※ **cunning** [kʌ́niŋ] 형 **교활한**; 약삭빠른 ☜ 중세영어로 '교묘하게 속이는'이란 뜻

□ **paper** [péipər/**페**이퍼] 명 **종이; 신문(지); 논문; 시험문제;** (pl.) **서류,** 문서 ☜ 그리스어로 '파피루스(papyrus)'란 뜻. 이 식물로 옛 이집트 사람들이 종이를 만듦)
♠ **a sheet of paper 종이 한 장**

□ **paper**back [péipərbæ̀k] 명 종이 표지 책 ☜ 뒤(back) 종이(paper)

□ **paper**boy [péipərbɔ̀i] 명 신문 파는 아이 ☜ boy(소년, 보이)

□ **paper** knife 종이 베는 칼 ☜ knife(칼)

□ **paper** mill 제지 공장 ☜ mill(맷돌; 물방앗간; 제분소; 공장)

□ **paper** money 지폐 ☜ money(돈, 화폐, 금전)

□ **paper** tiger 종이호랑이; 허장성세(虛張聲勢) ☜ tiger(범, 호랑이)

□ **paper**weight [péipərwèit] 명 문진(文鎭), 종이를 눌러두는 물건 ☜ weight(무게, 중량)

news**paper** [njú:spèipər/**뉴**-스**페**이퍼, njú:z-] 명 **신문**(지); 신문사 《조직·기관》 ☜ 뉴스(news) 종이(paper)

□ **papyrus** [pəpáiərəs] 명 (pl. **-es**, papyr**i**) 『식물』 **파피루스** 《고대이집트의 제지 원료》; 파피루스 종이 ☜ 그리스어로 '종이 식물'이란 뜻.

파푸아 뉴기니 Papua New Guinea (뉴기니 동반부의 공화국)

□ **Papua** [pǽpjuə] 명 **파푸아** 섬, 뉴기니 섬(New Guinea) ☜ 말레이어로 '곱슬머리'란 뜻

□ **Papua** New Guinea **파푸아 뉴기니** 《호주 북쪽의 뉴기니 동반부를 차지하는 독립국; 수도 포트 모레스비(Port Moresby)》 ☜ 뉴기니(New Guinea)는 아프리카 기니(Guinea)의 주민들과 유사한 데서 명명됨.

P

□ **par**(동등; 『골프』 기준타수) ➔ **pair**(한 쌍, 한 벌) **참조**

파라솔 parasol (양산), 패러글라이딩 paragliding (활공스포츠)

♣ 어원 : para 낙하산의, 포물선의

■ **para**sol [pǽrəsɔ̀:l, -sɑ̀l/-sɔ̀l] 명 (여성용) 양산, **파라솔** ☜ 태양(sol)을 차단하는 포물선(para)형 우산

□ **para**bola [pərǽbələ] 명 『수학』 포물선; **파라볼라**《집음(集音) 마이크 따위의 구형체(球形體)를 이룬 것》 ☜ 볼(bol<ball>)같은 포물선(para)

□ **para**bolic(al) [pæ̀rəbɑ́lik(əl)/-bɔ́l-] 형 『수학』 포물선의; 비유의, 우화 같은 ☜ 볼(bol<ball>)같은 포물선(para) 인(ic/ical<형접>)

□ **para**chute [pǽrəʃù:t] 명 **낙하산, 파라슈트**; 『식물』 (민들레 따위의) 풍산 종자; 『동물』 (박쥐 따위의) 비막(飛膜) 동 낙하산으로 떨어뜨리다〔강하하다〕 ☜ 포물선(para)의 낙하장치(chute)
♠ **parachute out 낙하산으로 탈출하다.**

□ **para**drop [pǽrədrɑ̀p] 명동 **패러드롭**, (낙하산으로) 공중투하(하다) ☜ 낙하산(para)으로 강하하다(drop)

✚ **para**glider **패러글라이더** 《굴신 자재익(自在翼)이 있는 삼각연(鳶) 꼴 장치; 우주선 등의 착륙시 감속용으로 쓰임》 **para**sail **파라세일** 《낙하산 비행놀이용 낙하산; 모터보트 등으로 끎》; 파라세일 비행을 하다 **para**trooper 〖군사〗 낙하산병

퍼레이드 parade (열병, 행렬), 카퍼레이드 car parade (자동차가 대열을 이루며 하는 행진) = motorcade

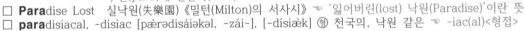

♣ **어원 : par, para, pare, pair 준비하다; 정돈하다; 배열하다**

※ **car** [kɑːr/카-] 명 **자동차** ☜ 라틴어로 '2개의 바퀴가 달린 켈트족의 전차'란 뜻

☐ **par**ade [pəréid] 명 **열병**(식), 행렬, **퍼레이드**, 행진; **과시** 동 **열지어 행진하다; 과시하다** ☜ 준비/정돈/배열하여(par) 움직임(ade)
♠ **march in parade 행렬 행진하다**
♠ **on parade (배우 등이) 총출연하여, 행렬을 지어**

✚ pre**pare** **준비하다**, 채비하다 re**pair** **수리**〔수선, 수복〕**하다; 수선, 수리** se**par**ate **떼어 놓다**, 분리하다, **가르다, 격리시키다;** 따로따로의 insepa**r**able **분리할 수 없는**; 불가분의; 떨어질 수 없는

패러다임 paradigm (한 시대의 지배적 사고의 틀이나 개념), 파라다이스 paradise (낙원)

♣ **어원 : para 옆, 주변, 근처, 주위**

☐ **para**digm [pǽrədim, -dàim] 명 보기, 범례, 모범; **패러다임** 《특정 영역·시대의 지배적인 사고의 틀이나 개념》; 〖문법〗 어형 변화표 ☜ 라틴어로 '모범, 본보기' ⇦ 옆(para)을 보여주다(digm)

☐ **para**dise [pǽrədàis, -dàiz] 명 **천국, 낙원, 파라다이스**; (the P-) 에덴동산; 안락, 지복(至福) ☜ 그리스어로 '정원'이란 뜻. 주변(para)에 만들다(dise)

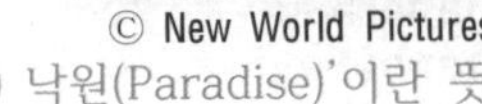
© New World Pictures

☐ **Para**dise Lost 실낙원(失樂園) 《밀턴(Milton)의 서사시》 ☜ '잃어버린(lost) 낙원(Paradise)'이란 뜻

☐ **para**disiacal, -disiac [pæ̀rədisáiəkəl, -zái-], [-dísiæ̀k] 형 천국의, 낙원 같은 ☜ -iac(al)<형접>

패러독스 paradox (모순되어 보이나 실제로는 옳은 이론)

♣ **어원 : para 반대되는, 반하는**

☐ **para**dox [pǽrədɑ̀ks/-dɔ̀ks] 명 **역설, 패러독스** 《틀린 것 같으면서도 옳은 이론》; 불합리한 연설, 자기모순된 말, 자가당착(自家撞着)의 말, 모순된 일〔말〕 ☜ 그리스어로 '반대되는(para) 의견(dox)'이란 뜻
비교 heterodox 이설의, 이단의, orthodox 정설의, 정통의

☐ **para**doxical [pæ̀rədɑ́ksikəl/-dɔ́ks-] 형 **역설적인**, 모순된, 불합리한, 역설을 좋아하는 ☜ -ical<형접>

☐ **para**doxically [pærədɑ́ksikəli] 부 역설적으로, 역설적이지만 ☜ -ly<부접>

☐ **para**doxy [pǽrədɑ̀ksi/-dɔ̀ks-] 명 역설적임, 모순됨, 불합리 ☜ -y<명접>

P

☐ **paradrop**(패러드롭, 낙하산의 공중투하) ➔ **parachute**(낙하산) **참조**

파라핀 paraffin(e) (원유 정제시 생기는, 백색 무취의 반투명 고체)

☐ **paraffin(e)** [pǽrəfin] 명 〖화학〗 **파라핀** 동 파라핀을 바르다 ☜ 라틴어로 '친화력(affine)이 너무 낮은(par)'이란 뜻. 화학적으로 '중성인' ★ 파라핀은 원유를 정제할 때 생기는, 희고 냄새가 없는 반투명한 고체로 주로 양초, 연고, 화장품 따위를 만드는 데 사용된다.

동양 파라곤 paragon (한국의 아파트 브랜드 중 하나)

☐ **paragon** [pǽrəgɑ̀n, -gən] 명 모범, 본보기, 전형(典型), 귀감; **패러건** 《100캐럿 이상의 완전한 금강석》 ☜ 그리스어로 '날카롭게 하다'란 뜻. 옆(para)의 숫돌(agon)
♠ **a paragon of beauty 미의 전형[화신], 절세의 미인**

파라다이스 paradise (낙원)

♣ **어원 : para 옆, 주위, 주변, 근처**

■ **para**dise [pǽrədàis, -dàiz] 명 **천국, 낙원, 파라다이스**; (the P-) 에덴동산; 안락, 지복(至福) ☜ 그리스어로 '정원'이란 뜻. 주변(para)에 만들다(dise)

☐ **para**graph [pǽrəgræ̀f, -grɑ̀ːf] 명 (문장의) **절**(節), 항(項), 단락; (신문의) 단편 기사; 단평; **패러그래프**(참조, 단락) 부호《¶》 동 (문장을) 절로〔단락으로〕 나누다

☜ 그리스어로 '옆으로(para) 쓰다(graph)'란 뜻
♠ an opening 〔introductory〕 **paragraph** 도입 **단락**
♠ **an editorial paragraph 사설(社說)**(=《미》 an editorial (article); a leading article, 《영》 a leader)

☐ **para**graphic(al) [pæ̀rəgrǽfik(əl)] ⓗ 절(節)의, 절로 나눈; 단편 기사의 ☜ -ic(al)<형접>
☐ **para**llel [pǽrəlèl] ⓗ **평행의**, 평행하는, 나란한 ⓜ **평행선; 유사(물); 대등한 것** ⓢ **평행시키다, ~에 유사하다**, 대등〔필적〕하다 ☜ 그리스어로 '옆으로(para) 각각(allel)'이란 뜻
☐ **para**llelism [pǽrəlelìzəm] ⓜ 평행; 유사; 비교, 대응; 『수사학』 대구법(對句法)
☜ parallel + ism(행위, 상태)

파라과이 Paraguay (방송인 아비가일의 모국인 남미(南美)의 공화국)

☐ **Paraguay** [pǽrəgwài, -gwèi] ⓜ **파라과이** 《남아메리카의 공화국; 수도는 아순시온(Asunción); 생략: Para.》 ☜ 과라니족어로 '위대한 강으로부터'라는 뜻. 위대한 강이란 이과수 폭포와 연결되어 있는 '파라나강(江)'을 의미

☐ **parallel**(평행의; 평행선; 평행시키다) ➔ **paragraph**(문장의 절, 단락) **참조**

패럴림픽 Paralympic (국제장애인올림픽위원회(IPC)가 주최하여 4년 주기로 개최되는 신체장애인들의 국제경기대회)

PyeongChang 2018
PARALYMPIC GAMES
© POCOG

♣ 어원 : **par, para 옆, 주위, 주변, 근처**
☐ **Para**lympic [pæ̀rəlímpik] ⓜ [pl.] 국제 장애인 올림픽
☜ '**para**plegia(하반신마비)'와 'o**lympic**s(올림픽)'의 합성어
☐ **para**lysis [pərǽləsis] ⓜ (pl. **-ses**) 『의학』 (완전) **마비**, 불수(不隨); **중풍**; 활동불능, 무(기)력 ☜ 그리스어로 '옆(para)이 약해지다'란 뜻
♠ **infantile paralysis 소아마비**
☜ 소아에게 발병하여 후에 수족 마비의 후유증을 남기는 병
♠ **cerebral paralysis 뇌성마비**
☜ 미성숙한 뇌의 손상으로 자세와 운동의 이상이 생기는 질환
☐ **para**lyse, **para**lyze [pǽrəlàiz] ⓢ **마비시키다**, 불수가 되게 하다; **무력[무능]하게 만들다**
☜ -ize<동접>
♠ **be paralyzed** in both legs 두 다리가 **마비되다**.
☐ **para**lyzation [pæ̀rəlizéiʃən] ⓜ 마비시킴; 무력화 ☜ -ation<명접>
☐ **para**meter [pərǽmitər] ⓜ 『수학』 **파라미터**, 매개(媒介) 변수; 『통계』 모수(母數); 《구어》 한정요소, 한계, 제한 (범위) ☜ 그리스어로 '옆(para)을 재다(meter)'란 뜻

파라마운트 픽처스 Paramount Pictures Corporation (미국의 저명한 영화사. <최고의 영화사>란 뜻)

Paramount

☐ **para**mount [pǽrəmàunt] ⓗ **최고의**; 주요한; 탁월한, 훌륭한; 최고 권위를 가진 ⓜ 최고 권위자, 수령, 군주
☜ 라틴어로 '산(mount) 위의(para)'란 뜻
♠ **of paramount importance 가장 중요한**
☐ **para**mountcy [pǽrəmàuntsi] ⓜ 최고권〔위〕, 주권; 지상, 최상, 탁월 ☜ -cy<명접>
※ **pict**ure [píktʃər/**픽춰**] ⓜ **그림**, 회화; 초상화; **사진** ⓢ 그리다 ☜ 그린(pict) 것(ure<명접>)
※ **corp**oration [kɔ̀ːrpəréiʃən] ⓜ 『법률』 **법인**, 협회, 사단 법인 ☜ corporate + ion<명접>

파라다이스 paradise (낙원)

♣ 어원 : **para 옆, 주위, 주변, 근처**
■ **para**dise [pǽrədàis, -dàiz] ⓜ **천국, 낙원, 파라다이스**; (the P-) 에덴동산; 안락, 지복(至福)
☜ 그리스어로 '정원'이란 뜻. 주변(para)에 만들다(dise)
☐ **par**amour [pǽrəmùər] ⓜ 《문어》 정부(情夫), 정부(情婦), 애인
☜ 가까이(par)에서 사랑(am) 하는 자(our)
☐ **para**noia, -noea [pæ̀rənɔ́iə], [-níːə] ⓜ 『정신의학』 편집병(偏執病), 망상증, 피해망상증
☜ 옆/한쪽에 치우친(para) 마음(noia/noea)
☐ **para**pet [pǽrəpit, -pèt] ⓜ (지붕·다리 등의) **난간**; 『축성』 흉벽(胸壁), 흉장(胸牆)
☜ 그리스어로 '가슴(pet)의 옆(para)'이란 뜻
☐ **para**phrase [pǽrəfrèiz] ⓢ (알기 쉽게) **바꾸어 말하다**, 의역하다, 부연하다 ⓜ **바꾸어 말하기**, 의역, 부언 ☜ 그리스어로 '옆(para)으로 말하다(phrase)'란 뜻
☐ **para**plegia [pæ̀rəplíːdʒiə] ⓜ 『의학』 (양쪽의) 하반신 불수

P

☜ 그리스어로 '옆(para)을 때리다(plegia)'란 뜻

☐ **para**site [pǽrəsàit] ⓜ 『생물』 기생 동(식)물, **기생충**(균); 『식물』 겨우살이; 기식자, 식객; 어릿광대; (고대 그리스의) 아첨꾼 ☜ 그리스어로 '음식물(site) 옆(para)'이란 뜻

☐ **para**sitic(al) [pæ̀rəsítik(əl)] ⓗ 기생하는; 기생충의 ☜ -ic(al)<형접>

☐ **para**siticide [pæ̀rəsítəsàid] ⓜ 구충제 ⓗ 기생충을 구제하는 ☜ 기생충(parasite)을 죽이는 것(cide)

☐ **parapet**(난간), **paraphrase**(바꾸어 말하다) ➔ **paramour**(정부, 애인) **참조**

☐ **paraplegia**(하반신 불수) ➔ **paramour**(정부, 애인) **참조**

☐ **parasite**(기생충) ➔ **paramour**(정부, 애인) **참조**

파라솔 parasol (양산)

♣ **어원 : para 낙하산의, 포물선의**

☐ **para**sail [pǽrəsèil] ⓜ **파라세일** 《낙하산 비행놀이용 낙하산; 모터보트 등으로 끎》 ⓢ 파라세일 비행을 하다 ☜ 낙하산(para)형 돛(sail)

☐ **para**sol [pǽrəsɔ̀:l, -sɑ̀l/-sɔ̀l] ⓜ (여성용) 양산, **파라솔** ☜ 태양(sol)을 차단하는 포물선(para)형 우산

☐ **para**trooper [pǽrətrù:pər] ⓜ 『군사』 낙하산병 ☜ 낙하산(para) 병력(troop) 일원(er)

■ **para**chute [pǽrəʃù:t] ⓜ **낙하산**; 『식물』 (민들레 따위의) 풍산 종자; 『동물』 (박쥐 따위의) 비막(飛膜) ⓢ 낙하산으로 떨어뜨리다(강하하다) ☜ 낙하산(para)의 낙하장치(chute)

■ **para**drop [pǽrədrɑ̀p/-drɔ̀p] ⓜⓢ **파라드롭**, (낙하산으로) 공중투하(하다)(=airdrop) ☜ 낙하산(para) 강하(drop)

파트 part (일부분), 아파트 apartment (5층 이상의 다세대 주거형 건물)

♣ **어원 : par(t), parsi 일부, 조각, 입자, 작은 것, 부(副), 준(準); 나누다**

■ **part** [pɑ:rt/파-트] ⓜ **일부, 부분** ⓢ **갈라지다, 헤어지다** ☜ 라틴어로 '일부분'이란 뜻

■ a**part**ment [əpɑ́:rtmənt] ⓜ 《미》 **아파트** (《영》 flat) ☜ 따로따로(a) 나눈(part) 것(ment<명접>)

☐ **par**cel [pɑ́:rsəl] ⓜ **꾸러미, 소포**, 소화물; 《경멸》 한 무리, 한 떼 ☜ 고대 프랑스어로 '작은(par) 것(cel<cle)'이란 뜻
♠ **wrap** (do) **up a parcel 소포를 만들다[싸다]**

☐ **parsi**mony [pɑ́:rsəmòuni/-məni] ⓜ 인색(=stinginess); 극도의 절약 ☜ 라틴어로 '너무 작은(parsi) 상태(mony)'란 뜻

☐ **parsi**monious [pɑ̀:rsəmóuniəs] ⓗ 인색한, 지나치게 알뜰한 ☜ parsimony + ous<형접>

✚ com**part**ment 칸막이, **구획** im**part 나누어 주다** **part**ial **일부분의, 불공평한**

파마 pama (×) (콩글 모발에 열이나 약을 사용해 장기간 곱슬 형태로 고정시키는 것, 또는 그 머리형태) ➔ permanent wave

P

♣ **어원 : per, par 완전히**

■ **per**manent [pɑ́:rmənənt] ⓗ **(반)영구적인, 영속하는**; 불변의, 내구성의; 상설의 ⓜ **파마**(~ wave, perm) ☜ 라틴어로 '완전히(per) 머무르(man) 는(ent)'이란 뜻

■ **per**ish [périʃ/**페**뤼쉬] ⓢ **멸망하다**, (갑자기) **죽다**; 말라죽다; 썩다, 타락하다; 몹시 괴롭히다 ☜ 라틴어로 '완전히(per) 가다(is) + h'란 뜻

☐ **par**ch [pɑ:rtʃ] ⓢ (콩 따위를) **볶다**, 굽다; 태우다; 바싹 말리다(마르다); (목)마르게 하다; (곡물 등을) 말려서 보존하다 ☜ 중세영어로 'perish'의 변형
♠ **parched peas 볶은 콩**

☐ **par**chment [pɑ́:rtʃmənt] ⓜ **양피지**(羊皮紙), **파치먼트**; 모조 양피지; 양피지의 문서; 커피 열매의 껍질 ☜ parch + ment<명접>

☐ **par**don [pɑ́:rdn] ⓜ **용서**, 허용, 관대; 『법률』 특사(特赦) ⓢ **용서하다**(=forgive) ☜ 라틴어로 '완전히(par) 주다<기증하다(don<donate)'란 뜻
♠ **Pardon me** my offence. 제 잘못을 **용서해 주십시오.**

☐ **par**donable [pɑ́:rdənəbl] ⓗ 용서할 수 있는 ☜ pardon + able<형접>

퍼레이드 parade (행진)

♣ **어원 : par, para, pare, pair 준비하다; 정돈하다; 배열하다**

parade [pəréid] ⓜ **열병**(식), 행렬, **퍼레이드**, 행진; **과시** ⓢ **열지어 행진하다; 과시하다** ☜ 정돈/배열하여(par) 움직이다(ade)

☐ **pare** [pɛər] ⓢ (과일 따위의) **껍질을 벗기다**, 잘라내다; (손톱 등을) 가지런히 깎다; 삭감

하다 ☜ 중세 프랑스어로 '준비하다'란 뜻. pre**pare**의 단축형.
★ 귤·바나나·삶은 달걀의 껍질 따위처럼 손으로 벗기는 경우는 peel
♠ She **pared** the apple. 그녀가 사과**를 깎았다**.

☐ **par**ing [pέərin] 명 껍질 벗기기; (손톱 등의) 깎기; 벗긴〔깎은〕 껍질; 부스러기 ☜ pare + ing<명접>

✚ pre**pare** **준비하다**, 채비하다 re**pair** **수리**〔수선, 수복〕**하다; 수선, 수리** se**par**ate **떼어 놓다**, 분리하다, **가르다, 격리시키다;** 따로따로의

페어런트 트랩 The Parent Trap (미국 코미디 영화. <부모님 속이기>란 뜻)

1998년 제작된 미국의 가족/코미디 영화. 린제이 로한, 데니스 퀘이드, 나타샤 리차드슨 주연. 부모의 이혼으로 각기 다른 환경에서 자란 쌍둥이 자매가 우연히 참가한 여름캠프에서 만나서 서로가 쌍둥이 자매란 사실을 알게된 후 부모님의 재결합을 위해 계획을 꾸미는데.. 린제이 로한이 어릴 적 1인2역한 영화.

© Walt Disney Pictures

☐ **parent** [pέərənt/**페**어런트] 명 **어버이**; (pl.) **양친**; 선조; 근원, 원인, 근본, 기원; 수호신, 보호자, 후견인; (pl.) 조상 형 어버이의, 근원의 동 태어나게 하다 ☜ 생산한(par) 사람(ent)
♠ **Industry is the parent of success. 《격언》 근면은 성공의 근원**

☐ **parent**age [pέərəntidʒ] 명 친자 관계; 출생 ☜ parent + age<명접>

☐ **parent**al [pərέntl] 형 **어버이의**, 어버이다운 ☜ -al<형접>

☐ **parent**hood, -ship [pέərənthùd], [-ʃip] 명 어버이임 ☜ -hood/-ship(신분)

☐ **Parent**-Teacher Association 사친회(師親會) 《약어》 P.T.A. ☜ teacher(교사, 선생님), association(연합, 협회)

※ **trap** [træp] 명 올가미, 함정; **덫**; 속임수, 음모; (배·선박의) **트랩** 동 **덫으로 잡다**; 속이다 ☜ 고대영어로 '올가미'란 뜻

패러다임 paradigm (한 시대의 지배적 사고의 틀이나 개념) 파라다이스 paradise (낙원(樂園))

© New World Pictures

♣ **어원 : para, paro 옆, 주변, 근처, 주위**

■ **para**digm [pǽrədim, -dàim] 명 보기, 범례, 모범; **패러다임** 《특정 영역·시대의 지배적인 사고의 틀이나 개념》; 〖문법〗 어형 변화표 ☜ 라틴어로 '모범, 본보기'란 뜻 ⇦ 옆(para)을 보여주다(digm)

■ **para**dise [pǽrədàis, -dàiz] 명 **천국, 낙원, 파라다이스**; (the P-) 에덴동산; 안락, 지복(至福) ☜ 그리스어로 '정원'이란 뜻 ⇦ 주변(para)에 만들다(dise)

☐ **par**enthesis [pərénθəsis] 명 (pl. **-ses**) 〖문법〗 **삽입구**; (보통 pl.) **괄호**《( )》 ☜ 그리스어로 '양옆(par<para) 가운데에(en<in) 배열한(the) 것(sis<명접>)'
♠ put something in **parenthesis 괄호**를 치다

☐ **par**ish [pǽriʃ] 명 《주로 영》 본당(本堂), **교구**(敎區) 《각기 그 교회와 성직자가 있음》; 지역의 교회 ☜ 그리스어로 '주변(par<para)에 있는 집'이란 뜻
♠ Every parish **was named after** a saint.
모든 교구는 성인**의 이름을 따서 지어졌다**.

☐ **par**ishioner [pəríʃənər] 명 교구민 ☜ parish + ion<명접> + er(사람)

☐ **paro**chial [pəróukiəl] 형 **교구의**; 지방적인; (감정·흥미 등이) 편협한 ☜ 후기 라틴어로 '교구(paroch=parish) 의(ial<형접>)'란 뜻
♠ a member of **the parochial church council 교구 교회 평의회**의 일원

파르페 parfait (과일·시럽·아이스크림 등을 섞은 디저트)

☐ **parfait** [pɑːrféi] 명 《F.》 **파르페** 《빙과의 일종》 ☜ 19세기 프랑스어로 '완벽한'이란 뜻

파리 Paris (프랑스의 수도), 파리지앵 Parisian (파리사람)

☐ **Paris** [pǽris/**패**리스] 명 **파리** 《프랑스의 수도》; 〖그.신화〗 **파리스** 《Troy왕 Priam의 아들; Sparta왕 Menelaus의 아내인 Helen을 빼앗아 Troy 전쟁이 일어났음》 ☜ 2세기 이곳에 살던 민족 파리지(Parisii)에서 유래

☐ **Paris**ian [perí(ː)ʒiən, pərízien] 형 **파리(식)의, 파리 사람의** 명 **파리 토박이, 파리지앵**, 파리 사람 ☜ -an(사람)

P

□ **Paris**ienne [pəri:zién] ⑲ 《F.》 파리 여자〔아가씨〕 ☜ -enne<여성형 접미사>

□ **parish**(본당, 교구), **parishioner**(교구민) ➔ **parenthesis**(삽입구, 괄호) **참조**

파 par ([골프] 기준 타수. <동등>이라는 뜻)

♣ **어원 : par, pair, per, peer 동등한, 같은**

■ **par** [pa:r] ⑲ **동등**, 등가; 〖골프〗 기준타수 ☜ 라틴어로 '동등한, 같은'이란 뜻

■ **pair** [pɛər/페어] ⑲ (pl. **-s**, 《구어》 **-**) **한 쌍**(의 남녀), (두 개로 된) **한 벌** ☜ 라틴어로 '같은 것'이란 뜻 **비교** pear [과일] 배

□ **par**ity [pǽrəti] ⑲ 동등, 동격; **등가**(等價); 《미》 평형 (가격), **패리티** 《농산물 가격과 생활필수품 가격과의 비율》; 출산경력 ☜ 라틴어로 '같은(par) 것(ity)'이란 뜻
♠ **be on a parity with ~ ~와 균등[동등]하다**

□ **par**ity product **패리티** 제품 《같은 부류에 속하여 기본적으로는 유사한 제품; 식기세제 · 불소 치약 · 소다수 등》 ☜ product(생산품, 제품)

✚ com**par**e **비교하다**, 견주다, 대조하다 im**per**ial **제국**(帝國)**의**; [I~] **대영제국의**

파킹 parking (주차), 파크랜드 PARKLAND (한국의 남성용 정장 브랜드)

□ **park** [pa:rk/파-크] ⑲ **공원**; 《미》 유원지; 《영》 (귀족 · 호족의) 대정원; **주차장** ⑤ **주차하다** ☜ 고대영어로 '울 막은 장소'란 뜻
♠ **a national park 국립공원**

□ **park**ing [pá:rkiŋ] ⑲ **주차**, 주차 허가; 주차장; (공원 안의) 녹지 ☜ park + ing<명접>
♠ **No parking here. 《게시》 주차 금지!**

□ **park**ing brake (차의) 주차브레이크, **파킹브레이크** ☜ brake(브레이크)

□ **park**ing lot 《미》 주차장 (《영》 a car park) ☜ lot(할당된 구역)

□ **park**land [pá:rklæ̀nd] ⑲ 공원 용지; 《영》 대저택 주위의 정원; 수림(樹林) 초원 ☜ park + land(땅)

파카 parka (에스키모인의 후드 달린 모피 재킷)

□ **parka** [pá:rkə] ⑲ (에스키모 사람의) 두건 달린 모피 옷; 두건 달린 긴 웃옷, **파카** ☜ 18세기 러시아어로 '가죽 재킷'이란 뜻

파를란도, 팔란도 parlando ([음악] 이야기하듯이)

♣ **어원 : par(l) 말, 연설, 대화**

□ **parl**ando [pa:rlá:ndou] ⑱⑭ 《It.》 〖음악〗 이야기하는 듯한〔하듯이〕 ☜ 이탈리아어로 '말하기'란 뜻

□ **parl**ey [pá:rli] ⑲ 회담, 상의(相議), 교섭, **협상**; (전쟁터에서의) 적과의 회견〔담판〕 ⑤ 회담〔상의〕하다, 교섭〔담판〕하다 ☜ -ey<명접/동접>
♠ **a cease-fire parley 휴전 교섭**

□ **parl**iament [pá:rləmənt] ⑲ (보통 P-) (영국) **의회**, 국회; 하원; (프랑스 혁명 전의) 고등법원 ☜ 고대 프랑스어로 '이야기하는(parl) + ia + 것(ment)'
♠ **convene** 〔dissolve〕 Parliament 의회를 **소집**〔해산〕**하다**

□ **parl**iamentary [pà:rləméntəri] ⑱ **의회의**, 의회에서 제정된 ☜ -ary<형접>

□ **parl**or, 《영》 -our [pá:rlər] ⑲ 《미》 객실, **거실; 응접실**; 《미》 **팔러**, 영업실 ⑱ 객실의 ☜ 고대 프랑스어로 '말하는(parl) 곳(or)'이란 뜻

□ **parl**ormaid [pá:rlərmèid] ⑲ 손님 시중을 드는 하녀, 잔심부름하는 계집아이 ☜ parlor + maid(소녀, 미혼여성)

□ **parol**e [pəróul] ⑲ 맹세, 서약; **가석방, 집행 유예** ☜ 고대 프랑스어로 '말'

□ **par**rot [pǽrət] ⑲ **앵무새**; 앵무새처럼 되뇌이는 사람 ⑤ (남의 말을) 앵무새처럼 되뇌이다 ☜ 근대영어로 '(말을) 이해없이 되풀이하는 것'이란 뜻

□ **parochial**(교구의, 편협한) ➔ **parenthesis**(삽입구, 괄호) **참조**

파라다이스 paradise (낙원), 패러디 parody (풍자)

♣ **어원 : para, paro 옆, 주변, 근처, 주위**

■ **para**dise [pǽrədàis, -dàiz] ⑲ **천국, 낙원, 파라다이스**; (the P-) 에덴동산; 안락, 지복(至福) ☜ 그리스어로 '정원'이란 뜻. 주변(para)에 만들다(dise)

□ **paro**dy [pǽrədi] ⑲ **패러디**, 모방 시문, 희문(戲文), 풍자적인 개작 노래; 서투른 모방 ⑤ 비꼬아 개작하다 ☜ 그리스어로 '옆(paro<para)에서 부르는 노래(dy)'란 뜻

P

□ **paro**dist [pǽrədist] 명 parody 작자 ☜ -ist(사람)

□ **paroxysm**(발작, 경련) ➔ **oxygen**(산소) **참조**

퍼레이드 parade (행진)

♣ 어원 : **par, para, pare, pair 준비하다; 정돈하다, 배열하다; 방어하다**

■ **par**ade [pəréid] 명 **열병**(식), 행렬, **퍼레이드**, 행진; **과시** 동 **열지어 행진하다; 과시하다**
☜ 정돈/배열하여(par) 움직이다(ade)

□ **par**ry [pǽri] 동 (공격・질문을) 받아넘기다, (펜싱 등에서) (슬쩍) 피하다; 회피하다
명 받아넘김, 슬쩍 피함 ☜ 준비/방어하다(par) + r + y<동접/명접>
♠ He **parried a blow** to his head. 그는 머리에 가해지는 **타격을 막았다.**

■ pre**pare** [pripέər/프리페어] 동 **준비하다**, 채비하다 ☜ 미리(pre) 준비하다(pare)

■ re**pair** [ripέər] 동 **수리**(수선, 수복)**하다** 명 **수선, 수리** ☜ 다시(re) 준비하다(pair)

□ **parsimony**(인색, 극도의 절약) ➔ **parcel**(꾸러미, 소포) **참조**

파슬리 parsley (요리에 쓰이는 대표적인 미나리과 향초)

□ **parsley** [pάːrsli] 명 『식물』 **파슬리** 형 파슬리로 풍미를(맛을) 낸, 파슬리를 곁들인 ☜ 라틴어로 '돌(par<petros) 셀러리(sley<selinon)'
♠ fish with **parsley sauce 파슬리 소스** 생선 요리

페르소나 《그》 persona (연극배우가 쓰는 가면. 가면을 쓴 인격)

■ **persona** [pərsóunə] 명 (pl. -na**e**) 《L.》 (pl.) (극・소설의) 등장 인물; 『심리』 **페르소나**, 외적 인격《가면을 쓴 인격》
☜ 라틴어로 '배우의 가면; 인간'이란 뜻

■ **person** [pə́ːrsən/**퍼**얼선/**퍼**-슨] 명 **사람, 인물; 신체** ☜ 라틴어로 '배우의 가면; 인간'이란 뜻

■ **person**al [pə́ːrsənəl/**펄**-서널] 형 **개인의; 본인의; 인격적인; 신체의** ☜ -al<형접>

■ im**person**al [impə́ːrsənəl] 형 **개인에 관하지 않는**, 일반적인; **비인칭의**
☜ im<in(=not) + person + al<형접>

□ **parson** [pάːrsən] 명 **교구 사제**; 《구어》 [일반적] 성직자, (개신교의) 목사 ☜ person의 변형
★ 교구(教區)란 렉타(rector)라고 불리는 교구사제가 목회를 주관하는 일정한 구역임.
♠ That man is **a village parson**. 저 사람은 **마을 교구 목사**이다.

아파트 apartment (5 층 이상의 다세대 주거형 건물), 파트...

♣ 어원 : **part 부분, 조각, 입자; 나누다**

■ a**part**ment [əpάːrtmənt] 명 《미》 **아파트** (《영》 flat) ☜ 따로따로(a) 나눈(part) 것(ment<명접>)

□ **part** [pɑːrt/파-트] 명 **일부, 부분** 동 **갈라지다, 헤어지다** ☜ 라틴어로 '일부분'이란 뜻
♠ **(a) part of ~ ~의 일부**
♠ **part from + 사람 ~와 헤어지다**
♠ **part with + 물건 ~을 버리다, 손 떼다, 양도하다**
He **parted with** his girlfriend. 그는 여자친구**와 헤어졌다**
♠ **for one's part ~ ~로서는**
♠ **for the most part 대개, 대부분은, 대체로**
They were **for the most part** students. 그들은 **대부분** 학생들이었다.
♠ **in part 어느 정도, 일부분은**
♠ **on the part of ~ ~편에서는, ~쪽에서는**(=on one's part)
♠ **take part in ~ ~에 참여[참가]하다** ☜ ~에 일부로서 자리하다
I **took part in** the party. 나는 그 파티**에 참가했다.**

□ **part**ake [pɑːrtéik] 동 (-/part**ook**/part**aken**) **참여하다, 함께 하다**; 기미가 있다
☜ (함께) 나누다 ⇦ 부분(part)을 취하다(take)

□ **part**ed [pɑːrtid] 형 나뉜, 따로따로 된; 갈라진; 조각난 ☜ -ed<형접>

□ **part**ial [pάːrʃəl] 형 **일부분의, 불공평한** ☜ part + ial<형접>

□ **part**iality [pɑ̀ːrʃiǽləti] 명 불공평, 편파, 국부성 ☜ partial + ity<명접>

□ **part**ially [pάːrʃəli] 부 **부분적으로**, 일부분은; **불공평하게**, 편파적으로 ☜ -ly<부접>

□ **part**icipate [pɑːrtísəpèit] 동 **참여하다, 관여하다**, 관계하다 ☜ 일부분(part)을 가지(cip) 다(ate)

□ **part**icipant [pɑːrtísəpənt] 형 **참여하는**, 관계하는, 참가하는 명 **참가자** ☜ -ant(~의/~사람)

□ **part**icipation [pɑːrtìsəpéiʃən] 명 **관여**, 참여, 관계, 참가 ☜ -ation<명접>

□ **part**icipial [pɑ̀ːrtəsípiəl] 형 『문법』 **분사의**, 분사적인 명 분사 형용사
☜ participle + ial<형접/명접>

□ **part**iciple [pάːrtəsìpəl] ⓜ 『문법』 **분사**《생략: p., part.》 ☜ -le<명접>
♠ **a present 〔past〕 participle 현재** 〔과거〕 **분사**

□ **part**icle [pάːrtikl] ⓜ **입자**, 분자, 극히 작은 조각; **극소량** ☜ part(부분) + i + cle(작은)

■ bi**part**isan, -zan [baipάːrtəzən] ⓗ 두 정당의; 양당 제휴[연립]의, 초당파(超黨派)의
☜ 두(bi) 당파의(partisan)

생일파티 birthday party, 파트너 partner (짝이 되는 상대)

< Birthday Party >

♣ **어원 : part 부분, 조각, 입자; 나누다**

□ **part**icular [pərtíkjələr/퍼**티**켤러] ⓗ **특별한, 특유의, 특수한**; 상세한
ⓜ (pl.) **상세,** 명세
☜ 라틴어로 '작은(cul<cle) 부분(part) 의(ar)'란 뜻
♠ **in this particular case 특히 이런 경우는**
♠ **in particular 특히, 각별히**

□ **part**icularly [pərtíkjələrli/퍼**티**켤럴리] ⓑ **특히**, 각별히; 현저히; **자세히** ☜ -ly<부접>
♠ I **particularly** mentioned that point. 나는 **특히** 그 점을 언급했다

□ **part**icularize [pərtí-kjulərὰiz] ⓢ 상술하다 ☜ -ize<동접>

□ **part**icularity [pərtìkjulǽrəti] ⓜ 상세, 특질; (pl.) 특수한 사정 ☜ -ity<명접>

□ **part**ing [pάːrtiŋ] ⓜ **작별, 이별; 분할** ⓗ **떠나[저물어]가는; 이별의** ☜ 나누(part) 기(ing)

□ **part**isan, -zan [pάːrtəzən/pὰːrtizǽn] ⓜ 도당, **일당**, 파당; **빨치산**, 유격대 ⓗ 당파심이 강한
☜ 일부(part)의 + i + 사람들(san)

□ **part**isanship [pάːrtəzənʃip] ⓜ 당파심, 당파 근성; 가담 ☜ -ship(상태, 성질)

□ **part**ition [pɑːrtíʃən, pər-] ⓜ **분할**, 분배, 구분; 한 구획 ⓢ 칸을 막다
☜ 나누는(part) + i + 것(tion)

□ **part**ly [pάːrtli] ⓑ **부분적으로**, 일부(는); **어느 정도는**, 조금은 ☜ -ly<부접>
♠ **partly ~, partly ~ 한편으로는 ~, 또 한편으로는 ~**

□ **part**ner [pάːrtnər] ⓜ 조합원; 공동 경영자, 사원; **동료**, 협력자; **파트너**, (댄스 등의) **상대**
☜ part + n + er(사람)

□ **part**nership [pάːrtnərʃip] ⓜ **공동, 협력**, 제휴; 조합영업; 합명〔합자〕 회사
☜ partner + ship(성질, 지위)

□ **part**-time [pάːrttàim] ⓗ **파트타임의**, 비상근의 ⓑ 파트타임〔비상근〕으로
☜ 일부(part)의 시간(time)

□ **part**y [pάːrti/**파**-리/**파**-티] ⓜ (정치적) **파**, 당파, **정당; 일행; 당사자**; (사교상의) 모임, 회(會), **파티** ⓗ 파티(용)의; 정당의, 당파의 ⓢ 《미.속어》 파티에서 접대하다
☜ 나누어진(part) 것(y). 즉 한쪽 편을 의미하여 '일행', '정당'이란 뜻과 '모임'이란 뜻을 지니게 됨.
♠ **the opposition party 야당**
♠ **a birthday party 생일 축하 파티**

✚ com**part**ment 칸막이, **구획** im**part 나누어 주다** im**part**ial **치우치지 않는, 편견이 없는, 공평한**

P

파트리지 partridge (자고(鷓鴣): 꿩과의 새, 또는 그 고기)

□ **partridge** [pάːrtridʒ] ⓜ (pl. **-s**, [집합적] **-**) 『조류』 반시(半翅) · **자고**(鷓鴣)류 《유럽 · 아시아산 엽조(獵鳥: 사냥이 허락된 새)》; 목도리 뇌조; (북아메리카산) 메추라기의 일종 ☜ 라틴어로 '물떼새'

파스칼 Pascal (<팡세>를 저술한 프랑스의 수학자 · 물리학자 · 철학자)

프랑스의 수학자, 물리학자, 철학자, 종교사상가. '파스칼의 정리'가 포함된 《원뿔곡선 시론》, '파스칼의 원리'가 들어있는 《유체의 평형》 등 많은 수학, 물리학에 대한 글들을 발표하고 연구하였다. 또한 활발한 철학적, 종교적 활동을 하였으며, 유고집 《팡세》 가 있다. <출처 : 두산백과 / 일부인용>

□ **Pascal** [pǽskəl] ⓜ **파스칼** 《Blaise ~, 프랑스의 철학자 · 수학자; 1623-62》; (p~) 『물리』 파스칼 《압력의 SI 조립 단위; 1 pascal=1 newton/m², =10μ bar; 기호 Pa., Pas., pas.》

□ **Pascal**'s principle (물리학) 파스칼의 원리(原理) ☜ principle(원리, 원칙)

시험에 패스(pass.합격)하다, 패싱 passing (지나감, 지나침)

♣ **어원 : pass, pace, ped 발; 도보, 보행; 지나가다**

□ **pass** [pæs/패스/pɑːs/파-스] ⓢ **지나가다, 통과하다, 건너다; 합격하다; 보내다, 넘겨주다; 승인하다; 사라지다** ⓜ **통행**, 통과; **패스**; 여권; (산)**길, 고개**
☜ 라틴어로 '걸음, 보행'이란 뜻
♠ **pass an examination 시험에 합격하다**

♠ **No passing permitted. 추월 금지 《도로 표지》**
♠ **pass away 경과하다, 소멸하다, 죽다**
He **pass**ed **away** last year. 그는 작년에 **사망했다.**
♠ **pass by 통과하다, 묵과하다, 경과하다, 지나치다**
I almost **pass**ed him **by**. 나는 그를 그냥 **지나칠** 뻔했다
♠ **pass down 전하다, 전래되다**
♠ **pass for ~ ~으로 통하다, ~으로 간주되다**
♠ **pass on 지나가다, 나아가다; (시간이) 경과하다; 죽다**
♠ **pass out 기절하다; 건네주다**
♠ **pass over ~ ~을 넘다, 간과하다, 못 본 체하다**
♠ **pass through ~ ~을 통과하다; 경험하다**
♠ **come to pass 일어나다**

□ **pass**able [pǽsəbəl, pɑ́ːs-] ⓗ **통행[합격]할 수 있는**, 건널 수 있는《강 따위》; 상당한, 보통의, 괜찮은 ☜ pass + able(~할 수 있는)
비교 **passible** 감수성 있는, 쉽게 감동하는
□ **pass**ably [pǽsəbli] ⓟ 상당히, 꽤 ☜ 통과할(pass) 수 있게(ably)
□ **pass**age [pǽsidʒ/**패**씨쥐] ⓜ **통행, 통과; 경과, 추이**; (인용한) **구절** ⓓ 나아가다 ☜ -age<명접/동접>
□ **pass**ageway [pǽsidʒwèi] ⓜ 통로; 낭하, **복도** ☜ way(길)
□ **pass**enger [pǽsindʒər/**패**씬저] ⓜ **승객, 여객** ⓗ 여객용의 ☜ passeng<passage + er(사람)
□ **pass**er [pǽsər] ⓜ 통행인; 시험 합격자 ☜ 통과한(pass) 사람(er)
□ **pass**er(-)by [pǽsərbái, pɑ́ːs-] ⓜ (pl. passer**s**-by) 지나가는 사람, **통행인** ☜ 옆(by)을 지나가는(pass) 사람(er)
□ **pass**ing [pǽsiŋ] ⓗ **통행[통과]하는**; 지나가는; 현재의 ⓜ **통행, 통과** ☜ -ing<형접/명접>

✚ **pace (한) 걸음**; 보폭; **걸음걸이, 걷는 속도, 페이스;** (천천히) 걷다 **ped**al **페달(을 밟다), 발판**

패시브 passive ([체육] 수동적 · 소극적인 선수)

♣ **어원 : pass, pat(i) 고통, 격한 감정; 동정; 고통을 겪다, 견디다, 괴로워하다, 동정하다**

□ **pass**ion [pǽʃən/**패**션] ⓜ **열정**; 격정; **열애**, 열심, 열중 ☜ 라틴어로 '고통스런(pass) 것(ion)'이란 뜻
♠ **have a passion for ~ ~에 대한 열정을 가지고 있다. ~에 열중하다**
□ **pass**ionate [pǽʃənit] ⓗ **열렬한**, 정열적인; 격렬한, 강렬한; 성미가 급한 ☜ -ate<형접>
□ **pass**ionately [pǽʃənətli] ⓟ **열렬히**, 격심하게, 격노하여 ☜ -ly<부접>
□ **pass**ionless [pǽʃənlis] ⓗ 열(정)이 없는; 감동이 없는, 냉정한 ☜ -less(~이 없는)
□ **pass**ive [pǽsiv] ⓗ **수동적인**; **무저항의; 비활동적인** ☜ (묵묵히) 견디(pass) 는(ive<형접>)
♠ **become passive 수동적이 되다**
□ **pass**ively [pǽsivli] ⓟ 피동적으로; 『문법』 수동태로 ☜ -ly<부접>
□ **pass**ivity [pæsívəti] ⓜ 수동성, 소극, 무저항, 비활동 ☜ passive + ity<명접>
□ dis**pass**ion [dispǽʃən] ⓜ 냉정, 평정(平靜); 공평무사 ☜ dis(=against/반대, not/부정) + passion(열정, 격정)
□ dis**pass**ionate [dispǽʃənit] ⓗ 감정에 움직이지 않는, 침착한, 냉정한; 공평무사한 ☜ dis(=against/반대, not/부정) + passionate(열렬한, 정열적인)
□ dis**pass**ionately [dispǽʃənitli] ⓟ 냉정하게, 편견없이, 공평하게 ☜ -ly<부접>

✚ com**pass**ion **불쌍히 여김,** (깊은) 동정(심) **pati**ent **인내심이 강한**, 끈기 좋은〔있는〕 **pati**ence **인내(력)**, 참을성; 끈기 in**pati**ent 입원환자 out**pati**ent (병원의) 외래환자

패스포트 passport (여권), 패스워드 password (암호)

♣ **어원 : pass, pace, ped 발; 도보, 보행; 지나가다**

■ **pass** [pæs/패스/pɑːs/파-스] ⓓ **지나가다, 통과하다, 건너다; 합격하다; 보내다, 넘겨주다; 승인하다; 사라지다** ⓜ **통행**, 통과; **패스**; 여권; (산)**길, 고개** ☜ 라틴어로 '걸음, 보행'이란 뜻
□ **pass**port [pǽspɔːrt] ⓜ 여권; 통행 허가증 ☜ 항구(port)를 통과하다(pass)
□ **pass**word [pǽswərd] ⓜ **패스워드**, 암호(말), 군호; 『컴퓨터』 암호 ☜ pass + word(낱말, 단어)
□ **past** [pæst/패스트/pɑːst/파-스트] ⓗ **지나간, 과거의** ⓜ (보통 the ~) **과거** ⓙ (시간이) **지나서; 지나쳐서; ~이상,** ~이 미치지 않는 ☜ passed의 옛 꼴. 지나(pass) 간(ed<수동형 형접>)
♠ The time for discussion **is past**. 논의를 할 때는 **이미 지났다.**
♠ **in the past 과거에는**

☐ **past** participle 【문법】 과거분사 ☜ participle(분사(分詞): 동사의 활용형으로 형용사적인 기능을 가지는 형식)
☐ **past** perfect 【문법】 과거완료 ☜ perfect(완전한, 완료한; 완료)
☐ **past** tense 【문법】 과거시제 ☜ tense(동사의 시제, 시칭)
☐ **past**ime [pǽstàim, pάːs-] ⓜ **기분 전환, 오락**, 유희, 소일거리
☜ (재미있게) 보내는(pass) 시간(time)

파스타 pasta (밀가루로 만드는 이탈리아의 대표 요리)
파스텔 pastel (연하고 부드러운 가루로 된 크레용)

< Pasta >

♣ **어원 : past 가루, 가루반죽**
☐ **past**a [pάːstə] ⓜ **파스타** 《달걀을 섞은 가루 반죽을 재료로 한 이탈리아 요리》 ☜ 라틴어로 '가루반죽'이란 뜻
★ 우리말의 크림파스타(cream pasta)는 콩글리시이며, pasta with cream sauce가 바른 표현이다.
☐ **past**e [peist] ⓜ **풀; 반죽한 것, 페이스트**; 【컴퓨터】 붙이기 ⓢ 풀로 바르다
☜ 라틴어로 '가루반죽'이란 뜻
★ 우리가 흔히 말하는 파스(pass)는 콩글리시인데 이는 붙이는 것을 뜻하는 독일어 Pasta에서 유래했다. 영어로 표현한다면 붙이는 파스는 plaster, pain relief patch, medicated patch (pad)이고, 물파스처럼 바르는 파스는 pain relief medication (cream, ointment, gel), anti-inflammatory medication (cream, ointment, gel)이다.
♠ **paste** the wall **with** paper 벽에 종이**를 바르다**.
☐ **past**eboard [péistbɔ̀ːrd] ⓜ 판지, 마분지 ☜ 풀로 겹겹이 붙여(paste) 만든 종이 판(board)
☐ **past**el [pæstél/pǽstl] ⓜ **파스텔**, 색분필; 파스텔화(법); 파스텔풍의 색조(色調) ⓗ 파스텔화(법)의 ☜ paste와 동일한 어원 ⇦ -el<명접/형접>
☐ **past**ry [péistri] ⓜ 밀가루반죽; **가루 반죽으로 만든 과자** ☜ -ry<명접>

파스퇴르 Pasteur (젖산균 · 효모균을 발견한 프랑스의 세균학자)

☐ **Pasteur** [pæstə́ːr] ⓜ **파스퇴르** 《Louis ~, 프랑스의 화학자 · 세균학자; 1822-95》
☐ **pasteur**ize [pǽstəràiz, -tʃə-] ⓢ (우유 등에) 저온 살균을 하다; 파스퇴르 접종법(광견병 예방접종)을 하다 ☜ Pasteur + ize<동접>
♠ **pasteurized milk 저온 살균 우유**
☐ **pasteur**ization [pæstərizéiʃən] ⓜ 저온 살균(법); 광견병 예방 접종 ☜ Pasteurize + ation<명접>

☐ **pastime**(기분전환, 오락) ➔ **past**(지나간; 지나서; 과거) **참조**

파스토랄레 pastorale ([It.] 시칠리아의 양치기들이 부르는 목가곡)

♣ **어원 : past 목축, 목장, 전원(생활); 양을 치다, 풀을 먹이다**
P
☐ **past**orale [pæ̀stərάːli, -rάːl] ⓜ (pl. **-li, ~s**) 《It.》 【음악】 **파스토랄레**, 전원곡; 목가적 가극《16-17세기의》 ☜ 양을 치는(past) 사람(or) 의(ale<al<명접>)
☐ **past**oral [pǽstərəl, pάːs-] ⓜ **목가**, 전원시; 전원곡 ⓗ **양치기의**, 전원생활의 ☜ -al<명접/형접>
♠ **pastoral life** (scenery, poetry) **전원 생활**(풍경, 시)
☐ **past**or [pǽstər, pάːs-] ⓜ **사제, 목사**; 정신적 지도자 ☜ -or(사람)
☐ **past**ure [pǽstʃər, pάːs-] ⓜ **목장**, 방목장; 목초지 ⓢ 방목하다, 풀을 먹다
☜ -ure<명접/동접>

☐ **pastry**(밀가루 반죽, 밀가루 반죽으로 만든 과자) ➔ **pasta**(파스타) **참조**

패팅 patting (화장후 얼굴을 가볍게 톡톡 두드리는 것)

☐ **pat** [pæt] ⓜ **톡톡 가볍게 두드리기** ⓢ 똑똑 두드리다, 가볍게 치다 ☜ 의성어
♠ **pat ~ on the back** (칭찬 · 찬성의 표시로) **~의 등을 톡톡 치다, ~을 칭찬[격려, 위로]하다**
☐ **pat**ting [pætiŋ] ⓜ **패팅**, 가볍게 두드리기; 【축산】 털 두들기기
☜ pat + t<단모음+단자음+자음반복> + ing(명접)
☐ **pat**ter [pǽtər] ⓢ (비가) **후두둑 떨어지다;** 또닥또닥 소리가 나다 (소리를 내다)
☜ pat + t<단모음+단자음+자음반복> + er(계속 ~하다)

파타고니아 Patagonia (남미 아르헨티나 남부의 고원)

☐ **Patagonia** [pætəgóunjə] ⓜ **파타고니아** 《남아메리카 대륙의 남쪽 끝, 남위 약 39° 이남의 지역》

☜ 1520년 마젤란이 원주민의 발자국을 보고 이름을 붙인 것. '커다란 발'이라는 뜻

패치 patch ([전산] 게임 등 프로그램에서 수정이 필요할 때, 일부 파일이나 소스코드 등을 변경해 수정하는 것. <깁는 헝겊> 이란 뜻)

□ **patch** [pætʃ] 명 (옷 따위를 깁는) **헝겊 조각**, 깁는 헝겊; 천 조각 동 **헝겊[천조각]을 대고 깁다** ☜ 고대 프랑스어로 '한 조각'이란 뜻
♠ be full of **patches 누덕누덕** 기워져 있다

□ **patch**work [pǽtʃwə̀rk] 명 여러 헝겊을 잇댄 세공, 끌어 모은 것 ☜ work(일; 세공, 세공물)

패이턴트 레더 patent leather (특허를 받은 검은 에나멜 가죽)

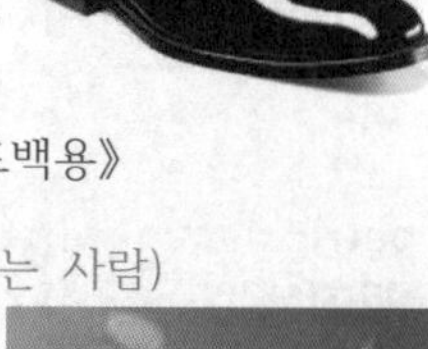

□ **patent** [pǽtənt, péit-] 명 (전매)특허(증), **특허권**; 에나멜 가죽 형 (전매) **특허의**; 특허권을 가진 ☜ 중세영어로 '공개서한' ⇦ 열린(pat<pete) 것(ent<명접>)
♠ **take out 〔get〕 a patent 특허를 얻다**

□ **patent** leather 〖원래 특허 제품인 데서〗 (검은) 에나멜 가죽 《여자 구두・핸드백용》 ☜ leather(가죽, 가죽제품)

□ **patent**ee [pætntíː] 명 (전매) 특허권 소유자 ☜ patent + ee(~상태에 있는 사람)

패트리어트 Patriot (Missile) (미국제 지대공미사일. <애국자>)

♣ 어원 : **patri, pater, papa 아버지(=father)**

■ **patri**ot [péitriət, -ὰt/pǽtriət] 명 **애국자**, 우국지사 ☜ 아버지(patri)의 나라 사람(ot)

□ **pater** [péitər] 명 《영.속어》 아버지; (종종 P-) 주(主)기도문 ☜ 라틴어로 '아버지'란 뜻 ★ 미국 메이저리그 야구단 중에 샌디에이고 파드리스(San Diego Padres) 가 있는데, padre는 라틴어로 '아버지'란 뜻이다.

□ **pater**nal [pətə́ːrnl] 형 **아버지의**, 아버지다운, 아버지 편의; 온정주의의 ☜ pater + n + al<형접>
♠ He gave me a piece of **paternal advice**.
그는 내게 **아버지 같은 충고**를 한 마디 해 주었다.

□ **pater**nity [pətə́ːrnəti] 명 부성(父性), 부계(父系); 기원(起源) ☜ pater + n + ity<명접>

■ **papa** [pάːpə, pəpάː] 명 《소아어・고어》 **아빠** 비교 **mama** 엄마

■ **pope** [poup] 명 (or P-) **로마 교황** ☜ 아버지(patri)란 뜻

※ **missile** [mísəl/-sail] 명 **미사일, 유도탄** ☜ 던질(miss) 수 있는 것(ile)

패스파인더 Pathfinder (미국의 무인 화성탐사선. <탐험가>)

□ **path** [pæθ/패쓰/pɑːθ/파-쓰] 명 (pl. **-s**) 오솔길, **작은 길**, 보도(步道); (인생의) 행로; 방침 ☜ 고대영어로 '밟아 다녀서 생긴 길'이란 뜻
♠ **walk along a path 길을 따라 걷다**

□ **path**finder [pǽθfàindər] 명 개척자, 탐험자, 파이어니어; (폭격대(隊) 따위의) 선도기; (P-) 〖우주〗 **패스파인더** 《미국의 무인 화성 탐사선》 ☜ 길(path)을 찾는(find) 사람(er)

□ **path**way [pǽθwèi] 명 통로, **작은 길**(path); 〖생화학〗 경로 ☜ path + way(길)

텔레파시 telepathy (정신감응)

♣ 어원 : **path 느낌(=feeling)**

■ tele**path**y [təlépəθi] 명 **텔레파시**, 정신감응(술); 이심전심 ☜ 멀리(tele)서 통한 느낌(path) + y<명접>

□ **path**etic(al) [pəθétik(əl)] 형 **감상적인, 애처로운**, 애수에 찬 명 (pl.) 비애, 애수 ☜ 느낌(path)이 + e + 있는(tic/tical<형접>)
♠ a **pathetic** and lonely old man **불쌍하고** 외로운 노인

© smithsonianmag.com

□ **path**etically [pəθétikəli] 부 가련하게도, 애처러울 정도로 ☜ -ly<부접>

✚ a**path**etic(al) 냉담한; 무관심한 anti**path**y 반감, 혐오 em**path**y 감정이입, 공감 sym**path**y **동정**; 조문, 위문; 공감

파토스, 페이소스 pathos ([철학] 열정・고통・깊은 감정)

♣ 어원 : **pat 고통, 고민; 아파하다, 고통스러워하다**

□ **pat**hos [péiθɑs/-θɔs] 명 **애절감**, 비애; 정념, **파토스** 반 logos 로고스, 이성

☜ 그리스어로 '느낌'이란 뜻

□ **pat**ience [péiʃəns] ⓜ **인내**(력), 참을성; 끈기 ☜ 고통스러운(pat) + i + 것(ence)
♠ **grow one's patience 참을성을 기르다**

□ **pat**ient [péiʃənt/**페**이션트] ⓗ **인내심[참을성]이 있는** ⓜ **환자** ☜ -ent<형접/명접>
♠ **be patient of ~ ~에 견딜 수 있다; ~의 여지가 있다**

□ **pat**iently [péiʃəntli] ⓟ 참을성 있게, 끈기 있게 ☜ patient + ly<부접>

■ im**pat**ience [impéiʃəns] ⓜ **성급함, 조급함**, 참을성 없음 ☜ im<in(=not/부정)

□ **pathway**(좁은 길) ➔ **path**(작은 길) **참조**

패트리어트 Patriot (Missile) (미국제 지대공미사일. <애국자>란 뜻)

♣ 어원 : **patri, pater, papa 아버지(=father)**

□ **patri**arch [péitriὰ:rk] ⓜ 가장; 족장 ☜ 아버지(patri) 이자 지도자(arch)

□ **patri**cian [pətríʃən] ⓜ (고대 로마의) **귀족**; 명문가 ⓗ 귀족의, 고귀한
☜ patri + c + ian(사람/~의)
♠ James has the style and manner of **a patrician**.
제임스는 **귀족**적인 스타일과 매너를 지니고 있다.

□ **patri**cide [pǽtrəsàid] ⓜ 부친 살해범 《사람, 죄》 ☜ 아버지(patri) 죽이기(cide)

□ **patri**ot [péitriət, -ὰt/pǽtriət] ⓜ **애국자**, 우국지사 ☜ 아버지(patri)의 나라 사람(ot)
♠ He was a true soldier, a true **patriot**. 그는 진정한 군인이며, **애국자**였다.

□ **patri**otic [pèitriάtik/pæ̀triɔ́tik] ⓗ 애국적인, **애국의**, 우국의 ☜ -ic<형접>

□ **patri**otism [péitriətìzəm/pǽt-] ⓜ **애국심** ☜ -ism(~사상, ~주의)

※ **missile** [mísəl/-sail] ⓜ **미사일**, **유도탄** ☜ 라틴어로 '던질(miss) 수 있는 것(ile)'

시험에 패스(pass.합격)하다, 패트롤카 patrol car ([경찰] 순찰차)

< Patrol Car >

♣ 어원 : **pass, pace, pat, ped 발; 도보, 보행; 걷다, 지나가다**

■ **pass** [pæs/패스/pa:s/파-스] ⓓ **지나가다, 통과하다, 건너다; 합격하다; 보내다, 넘겨주다; 승인하다; 사라지다** ⓜ **통행**, 통과; **패스**; 여권; (산)**길, 고개** ☜ 라틴어로 '걸음, 보행'이란 뜻

■ **past** [pæst/패스트/pa:st/파-스트] ⓗ **지나간, 과거의** ⓜ (보통 the ~) **과거** ⓙ (시간이) **지나서; 지나쳐서; ~이상,** ~이 미치지 않는
☜ passed의 옛꼴. 지나(pass) 간(ed<수동형 형접>)

□ **patrol** [pətróul] ⓜ **순찰, 패트롤**, 순시, 순회; 정찰, 초계(哨戒); 순찰대; (척후병・비행기 따위의) 정찰대 ⓓ 순찰[순시]하다, 행진하다 ☜ 고대 프랑스어로 '진창길을 걷다'란 뜻
♠ Troops **patrolled** the border. 군인들이 국경**에서 순찰을 돌았다.**

□ **patrol** car 순찰차(=squad car) ☜ car(차, 자동차)

■ **ped**al [pédl] ⓜ **페달, 발판** ⓓ 페달을 밟다 ☜ 발(ped) 의(al)

P

패트리어트 Patriot (Missile) (미국제 지대공미사일. <애국자>란 뜻)

♣ 어원 : **patri, pater, papa 아버지(=father)**

■ **patri**ot [péitriət, -ὰt/pǽtriət] ⓜ **애국자**, 우국지사 ☜ 아버지(patri)의 나라 사람(ot)

□ **patr**on [péitrən] ⓜ (fem. **-ess**) **보호자, 후원자; 단골손님**
☜ 라틴어로 '보호하는(patr) 사람(on)'이란 뜻
♠ She wants to become our **patron**. 그녀는 우리의 **후원자**가 되고 싶어한다

□ **patr**onage [péitrənidʒ, pǽt-] ⓜ **보호**, 후원, 찬조, 장려; 단골 ☜ patron + age(행위)

□ **patr**onize [péitrənàiz, pǽt-] ⓓ **보호[수호]하다**, 후원하다, 장려하다 ☜ patron + ize<동접>

※ **missile** [mísəl/-sail] ⓜ **미사일**, **유도탄** ☜ 라틴어로 '던질(miss) 수 있는 것(ile)'

□ **patter**(후두둑 떨어지다) ➔ **pat**(톡톡 가볍게 두드리기) **참조**

패턴 pattern (모범, 양식)

□ **pattern** [pǽtərn/**패**런/**패**턴] ⓜ **모범**, 본보기, 귀감; **원형, 모형; 양식, 패턴; 도안, 무늬** ⓓ 본떠서 만들다; 무늬를 넣다
☜ 중세영어로 '행동모델'
♠ **set the pattern 모범을 보이다**
♠ **pattern after** (on, upon) **~ ~를 모방하여 만들다**
♠ **on the pattern of ~ ~을 본떠서, 모방하여**

< Pattern >

파스타 pasta (밀가루로 만드는 이탈리아의 대표 요리)
파스텔 pastel (연하고 부드러운 가루로 된 크레용)

< Pastel >

♣ 어원 : past, pat 가루, 가루반죽

■ **pasta** [pɑ́:stə] 명 **파스타** 《달걀을 섞은 가루 반죽을 재료로 한 이탈리아 요리》 ☜ 라틴어로 '가루반죽'이란 뜻

■ **paste** [peist] 명 **풀; 반죽한 것, 페이스트**; 『컴퓨터』 붙이기 동 풀로 바르다 ☜ 라틴어로 '가루반죽'이란 뜻

■ **pastel** [pæstél/pǽstl] 명 **파스텔**, 색분필; 파스텔화(법); 파스텔풍의 색조(色調) 형 파스텔화(법)의 ☜ paste와 동일한 어원 ⇦ -el<명접/형접>

□ **patty, pattie** [pǽti] 명 **패티** 《다진 고기 등을 동글 납작하게 만든 요리》, **작은 파이** ☜ 고대 프랑스어로 '반죽한 것을 구워낸 것'이란 뜻
♠ **a hamburger patty 햄버거용 패티**

사도 바울 Paul (기독교 최초의 전도자)

□ **Paul** [pɔ:l] 명 **바울** 《Saint ~, 예수의 사도로 신약성서 여러 서간들의 필자》; **폴** 《남자 이름》

연상 그 모델은 포즈(pose.자세) 취하기를 잠시 포즈(pause.멈춤)했다.

< Bruce Lee의 포즈 >

※ **pose** [pouz] 명 **자세, 포즈**; 마음가짐(=mental attitude) 동 **자세[포즈]를 취하다** ☜ 고대 프랑스어로 '놓다, 두다, 위치시키다'

□ **pause** [pɔ:z/포-즈] 명 **잠깐 멈춤, 중지** 동 중단하다, 잠시 멈추다 ☜ 그리스어로 '멈춤'이란 뜻 반 proceed 계속 나아가다
♠ **pause for breath 멈추어 한숨을 돌리다**

□ **pausal** [pɔ́:zəl] 형 쉬는, 구절을 끊는 ☜ pause + al<형접>

연상 도로를 페이브(pave.포장하다)하면 결과적으로 비용이 세이브(save.저축하다)된다.

※ **save** [seiv/세이브] 동 (위험 따위에서) **구하다; 모아두다, 저축하다, 저금하다** 명 『야구』 **세이브** ☜ 라틴어로 '안전한'이란 뜻, 고대 프랑스어로 '안전하게 지키다, 방어하다'란 뜻

□ **pave** [peiv] 동 (도로를) **포장하다** ☜ 라틴어로 '누르다, 내리치다'란 뜻
♠ **pave the way for (to) ~**
~의 길을 닦다, 준비를 하다, 촉진하다

□ **pavement** [péivmənt] 명 《미》 **포장도로**; 《영》 인도, 보도 ☜ -ment<명접>

파빌리온 pavilion (정자 또는 그에 속하는 경미한 정원건축)

□ **pavilion** [pəvíljən] 명 (야유회·운동회 등의) **큰 천막**; 간편한 임시 건물; 《영》 (야외 경기장 등의) 관람석; (공원·정원의) 누각, **정자**; 별관; (박람회 등의) 전시관 ☜ 라틴어로 '나비; 천막'이란 뜻
♠ **the US pavilion** at the Trade Fair
무역 박람회의 **미국 전시장**

P

파블로프 Pavlov (러시아의 생리학자. 조건반사의 실험자)

□ **Pavlov** [pǽvlɔ:f, pɑ́:v-] 명 **파블로프** 《Ivan Petrovich ~, 러시아의 생리학자; 1849-1936》

사우스포 southpaw ([복싱·야구] 왼손잡이 선수)

■ south**paw** [sáuθpɔ̀:] 명형 《구어》 왼손잡이(의); 『야구』 왼손잡이 투수; 『권투』 왼손잡이 선수 ☜ 남쪽(south)의 손(paw) ★ 미국 남부 지역에서 왼손잡이 투수가 많이 배출된 데서 비롯 또는 동쪽을 향해 많이 지어진 경기장 타석에서 투수의 왼손이 남쪽을 향하게 되었기 때문이라는 설.

□ **paw** [pɔ:] 명 (발톱 있는 동물의) **발**; 《익살·경멸》 사람의 손; 《고어》 필적 동 (짐승이) 앞발로 할퀴다(긁다), (말이) 앞발로 땅을 차다 ☜ 고대 프랑스어로 '손, 주먹'이란 뜻
♠ **The nails in a cat's paw** are sharp. **고양이 발톱**은 날카롭다

연상 폰(phone.전화기)을 폰샵(pawnshop.전당포)에 폰(pawn.저당잡히다)했다.

※ **phone** [foun] 명 《구어》 **전화(기)**; 수화기 ☜ tele**phone**의 두음소실

☐ **pawn** [pɔːn] ⓜ **전당**; 전당물, 저당물; 볼모, 인질; 《비유》 맹세, 약속 ⓢ 전당잡히다 ☜ 중세영어로 '담보물'이란 뜻
♠ **give (put) something in pawn 전당잡히다**
☐ **pawn**shop [pɔ́ːnʃɑ̀p] ⓜ 전당포; 유질물(流質物) 취급점 ☜ shop(가게, 상점)

팍스 로마나 Pax Romana (로마의 지배에 의한 평화)

☐ **pax** [pæks] ⓜ 《L.》 『가톨릭』 성패(聖牌) 《예수·성모 등의 상을 그린 작은 패; 미사 때 여기에 입을 맞춤》; 친목의 키스; (P-) 『로.신화』 **팍스**, 평화의 여신
☜ 라틴어로 '평화'란 뜻
♠ **Pax! Pax! (싸우지 마) 화해다, 화해**
☐ **Pax** Romana [pæks rouméinə] [L.] **팍스 로마나** 《로마 지배에 의한 평화; 일반적으로 강국의 강제에 의한 평화》 ☜ Rome(로마)의 이탈리아식 발음은 Roma이다.
★ "로마에 의한 평화"를 뜻하는 라틴어인 "팍스 로마나"는 서기 1세기와 2세기 사이 로마 제국이 누린 상대적으로 평화로웠던 오랜 기간을 말함.
☐ **Pax** Americana **팍스 아메리카나** 《미국의 지배에 의한 평화》
☐ **Pax** Britanica [-britǽnikə] **팍스 브리타니카** 《(특히 19세기의) 영국의 지배에 의한 평화》
☜ Britain(영국)

더치페이 Dutch pay (비용의 각자 부담), 페이 pay (봉급, 급료)

※ **Dutch** [dʌtʃ/더취] ⓗ **네덜란드의** ⓜ **네덜란드 말[사람]** ☜ 본래 '독일의'란 뜻이었으나 17세기부터 '네델란드의'란 뜻으로 바뀜
☐ **pay** [pei/페이] ⓢ (-/**paid**/**paid**) (돈을) **지불하다, 치르다**, (빚을) 갚다; (존경·경의를) **표하다**; (일 등이) **수지가 맞다; 벌을 받다** ⓜ **지불; 급료**, 봉급
☜ 라틴어로 '(지불하여) 평화롭게 하다'란 뜻
♠ **pay a visit to 방문하다**
♠ **pay attention to ~ ~에 주의를 기울이다**
♠ **pay one's debts 빚을 갚다**
♠ **pay back (빚 따위를) 갚다, 보복하다**
♠ **pay dear(ly) for ~ ~에 대단한 희생을 치르다, 혼나다**
♠ **pay for ~ ~의 대가를 치르다, ~에게 보답하다; ~의 보답[보복]을 받다**
He'll **pay for** this foolish behavior.
그는 이 어리석은 행동**에 대한 벌을 받게 될** 것이다.
♠ **pay off (빚 따위를) 갚다, 급료를 치르고 해고하다; 성과가 있다**
He **paid off** his debts 그는 그의 빚을 **청산했다**
♠ **pay one's (own) way 빚 안 지고 살다[해나가다]; 수지를 맞추다**
♠ **pay out (돈을) 지불하다; (아무에게) 화풀이하다, 보복하다, 혼쭐내다**
☐ **pay**able [péiəbl] ⓗ **지불할 수 있는**; 지불해야 할; 수지맞는; 『법률』 지급만기의
☜ pay + able(~할 수 있는)
☐ **pay**day [péidèi] ⓜ 지불일, 봉급날 ☜ pay + day(일, 날)
☐ **pay**ee [peiíː] ⓜ 영수인 ☜ pay + ee(피동적 행위자)
☐ **pay**er [péiər] ⓜ 지불인 ☜ pay + er(사람)
☐ **pay**master [péiərmæ̀stər, -mɑ̀ːstər] ⓜ 회계원, 재정관 ☜ master(주인, 영주)
☐ **pay**ment [péimənt] ⓜ **지불**, 지급, 납부, 납입; 상환, 변상; **보수**, 보상 ☜ pay + ment<명접>
♠ **make a payment (every month) (매달) 지불하다**
☐ **pay**off [péiɔ̀f] ⓜ 급료 지급(일); (일체의) 청산, 보복 ☜ 지급(pay) 종료(off)
☐ **pay**out [péiàut] ⓜ 지급(금), 지출(금); 지급 장소; 보복, 징벌 ☜ 밖으로(out) 지급하다(pay)
☐ **pay**roll [péiròul] ⓜ 《미》 급료 지불 명부 ☜ pay + roll(회전, 구르다; 두루마리)

✚ **paid 유급의**; 고용된; 유료의 re**pay** (아무에게 돈을) **갚다; 보답하다**, 은혜를 갚다; 보복하다

피시 PC (개인용 컴퓨터)
피시방(房) 콩글 PC room (×) ➔ Internet Cafe

☐ **PC** **P**ersonal **C**omputer 개인용 컴퓨터

✚ **person**al **개인의; 본인의; 인격적인; 신체의 computer, -or 전자계산기, 컴퓨터**; 계산하는 사람

피넛 peanut (땅콩), 피그린 pea green (딴 지 얼마 안 된 완두콩의 선명한 황록색)

☐ **pea** [piː] ⓜ (pl. **-s**, 《고어·영국방언》 **-se**) 『식물』 **완두(콩)**, 완두

P

비슷한 콩과 식물 ☜ pease를 복수로 오해하여 생긴 역성어
♠ **shell peas 완두콩의 꼬투리를 까다**
♠ **(as) like as two peas 흡사한, 꼭 닮은**

☐ **pea**se [piːz] 명 《고어 · 영국방언》 (pl. **-**) 완두콩(=pea) ☜ 라틴어로 '완두콩'이란 뜻 비교 peace **평화, 태평**

☐ **pea**nut [píːnʌ̀t] 명 『식물』 **땅콩**; 《속어》 하찮은 사람[것]; (pl.) 《속어》 아주 적은 액수 ☜ 딱딱한 것(nut)으로 싸인 콩(pea)

※ **green** [griːn/그륀-] 형 **녹색의** 명 **녹색** ☜ 고대영어로 '살아있는 식물의 색'이란 뜻

그린피스 Greenpeace (국제 환경보호단체)

핵실험 반대와 자연보호운동 등을 통해 지구의 환경을 보존하고 평화를 증진시키는 활동을 벌이는 국제비정부기구(NGO).

♣ **어원 : peace, pease, paci 평화**

※ **green** [griːn/그륀-] 형 **녹색의** 명 **녹색** ☜ 고대영어로 '살아있는 식물의 색'이란 뜻

☐ **peace** [piːs/피-스] 명 **평화** ☜ 중세 앵글로 프렌치어로 '시민의 자유'란 뜻
비교 piece 조각, 단편, 부분품, pease 완두콩
♠ **If you want peace, prepare for war.**
평화를 원한다면 전쟁에 대비하라. - 로마의 베게티우스 -
♠ **in peace 평화롭게, 평안하게, 안심하여**
♠ **make peace with ~ ~와 화해하다**

☐ **peace**able [píːsəbəl] 형 **태평한, 무사한**; 평화를 애호하는, 얌전한 ☜ peace + able<형접>

☐ **peace**ful [píːsfəl] 형 **평화스러운**, 태평한; 평온한; 평화적인 ☜ peace + ful<형접>

☐ **peace**fully [píːsfəli] 부 **평화적으로**, 평온히 ☜ peaceful + ly<부접>

☐ **peace**fulness [píːsfəlnis] 명 **평화로움**, 평온함 ☜ peaceful + ness<명접>

☐ **peace**maker [píːsmèikər] 명 조정〔중재〕자; 평화유지군 ☜ 평화(peace)를 만드는(make) 사람(er)

☐ **peace**time [píːstàim] 명형 **평시**, 평화시(의) ☜ time(시간, 시대)

☐ **peace** treaty 강화 조약 ☜ treaty(조약)

✚ ap**pease** 달래다, 진정시키다 **paci**fic **평화로운**, 평화의, 태평한 **paci**fy **달래다**, 진정시키다, 가라앉히다 **paci**fist **평화주의자**

피치 멜바 Peach Melba (바닐라 아이스크림에 복숭아 시럽을 끼얹은 디저트)

1800년대 후반 유명한 프랑스 요리사 에스코피에(Escoffier)가 오스트레일리아의 인기있는 오페라 가수였던 넬리에 멜바(Nelie Melba) 부인을 위해 만든 디저트.
<출처 : 두산백과>

☐ **peach** [piːtʃ] 명 『식물』 **복숭아**, 복숭아나무(~ tree); 복숭아빛 《연분홍빛》; 《구어》 훌륭한 〔멋진〕 사람〔것〕, 예쁜 소녀 형 복숭아빛의 ☜ 라틴어로 '페르시아의 사과'란 뜻
♠ a mellow **peach** 물이 많고 달콤한 **복숭아**

☐ **peach** Melba **필치 멜바** 《바닐라 아이스크림에 반쪽의 복숭아와 멜바 소스가 얹어진 것》 ☜ Melba(디저트로 아이스크림 위에 복숭아 설탕 조림을 얹어 내는 것)

칵테일 cocktail (혼합주(酒))

■ **cock** [kɑk/kɔk] 명 **수탉** ☜ 고대영어로 '가금(家禽)의 수컷'이란 뜻
반 hen 암탉 ★ **미국에서 수탉은 rooster를 흔히 씀.**

■ **cock**tail [kάktèil/kɔ́k-] 명 **칵테일**, 혼합주 《양주와 감미료 · 향료를 혼합한》 ☜ cock(수탉) + tail(꼬리). 여러 설이 있지만 특히 '투계판에서 닭의 꽁지 깃털을 뽑아 술잔에 넣어 마셨다'는 설에서 유래

☐ pea**cock** [píːkὰk/-kɔ̀k] 명 (pl. **-s**, [집합적] **-**) 『조류』 **공작** 《특히 수컷; 암컷은 peahen》; 걸치레꾼 동 자랑하다 ☜ 고대영어로 '공작'이란 뜻. pea(공작) + cock(가금)
♠ **play the peacock 뽐내다, 으스대다**

☐ pea**fowl** [píːfàul] 명 공작 《암수 모두 총칭》 ☜ pea + fowl(닭, 가금)

임금피크제 salary peak (일정 연령에 된 근로자의 임금을 삭감하는 대신 정년까지 고용을 보장하는 제도)

※ **salary** [sǽləri/쌜러뤼] 명 **봉급**, 급료 동 ~에게 봉급을 주다 ☜ 라틴어로 '(고대 로마에서 병사들의 급료로 지급된) 소금을

사기 위한 돈'이란 뜻

□ **peak** [pi:k] [명] **(뾰족한) 끝**, 첨단; (뾰족한) **산꼭대기**, 봉우리; 고봉(高峰); **절정**, 최고점 [동] 뾰족해지다, 우뚝 솟다 ☜ pike의 변형
♠ **the highest peak of ~ ~의 최고봉**

□ **peak**ed [pi:kt] [형] 뾰족한 ☜ peak + ed<형접>

✚ **pike** (옛날의) **창**, 창끝; 바늘, 가시; 창으로 찌르다 s**pike** 긴 못; **스파이크**화(靴) 《신발바닥에 못이 박힌》; 『배구』 **스파이크;** 못을 박다

프로펠러 propeller (회전날개, 추진기), 섹스 어필 Sex Appeal (성적 매력)

섹스 어필이란 다른 사람에게 성적인 흥미를 일으키는 개인의 능력으로 개인의 외향, 의상, 몸짓, 냄새(향수) 등이 성적 매력이 될 수 있다.

♣ **어원 : peal, pel 몰고 가다(=drive), 몰아가다, 몰아내다**

※ **sex** [seks/섹스] [명] **성**(性), 성별, 성행위 ☜ 남녀를 나누다(sex)

■ ap**peal** [əpí:l/어**피**일] [명] **호소**, 간청; 매력 [동] **호소[간청]하다**; 항의하다; 흥미를 끌다 ☜ ~쪽으로(ap<ad=to) 마음을 몰아가다(peal)

□ **peal** [pi:l] [명] (종·천둥·대포 등의) **울림**(소리) [동] (종 따위를) 울리다 ☜ ap**peal**의 두음소실
♠ **a peal of thunder 천둥소리**

■ pro**pel**ler [prəpélər] [명] **프로펠러**, 추진기 ☜ 앞으로(pro) 몰고 가는(pel) + l<단모음+단자음+자음반복> + 장비(er)

✚ com**pel** **강요하다** dis**pel** **쫓아버리다** ex**pel** **쫓아내다**, 추방하다 re**pel** **쫓아버리다**, 격퇴하다

□ peanut(땅콩) ➔ pea(강낭콩) 참조

[연상] 페어(pair.쌍)로 팀을 이루면 페어(pear.과일 배)를 선물로 준다.

※ **pair** [pɛər/페어] [명] (pl. **-s**, 《구어》 **-**) **한 쌍**(의 남녀), (두 개로 된) **한 벌** ☜ 라틴어로 '같은 것'이란 뜻

□ **pear** [pɛər] [명] 『식물』 (서양)**배**; 서양배나무 ☜ 고대영어로 '배, 배나무'라는 뜻
♠ **A pear drops when a crow flies from the tree. 《속담》 까마귀 날자 배 떨어진다. 오비이락(烏飛梨落)**

펄 하버 Pearl Harbor (태평양 중앙에 있는 미국 하와이의 진주만)

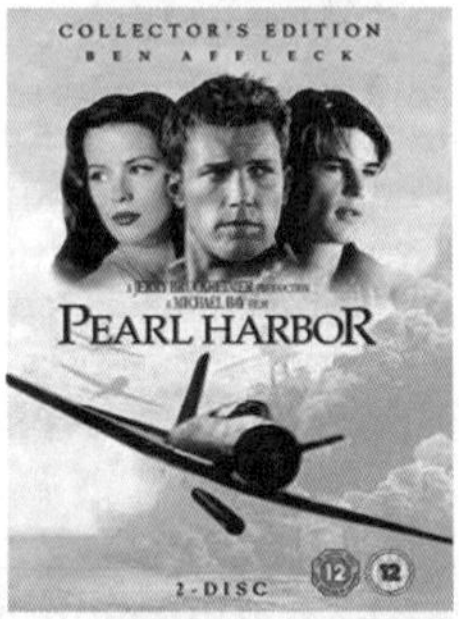

© Buena Vista Pictures

□ **pearl** [pə:rl/퍼얼] [명] **진주**; (pl.) 진주 목걸이 [형] 진주의 ☜ 라틴어로 '진주, 바다홍합'이란 뜻
♠ an artificial (a false, an imitation) **pearl** 모조(가짜) **진주**

□ **Pearl** Harbor **펄 하버**, 진주만 《하와이(Hawaii)의 오아후(Oahu)섬 남안에 있는 군항》 ☜ harbor(항구)

□ **Pearl**y [pə́:rli] [형] 진주 같은, 진주로 꾸민 ☜ pearl + y<형접>

□ **Pearl** fishery 진주 채취업 ☜ fishery(어업, 수산업; 어장)

※ **harbo(u)r** [hɑ́:rbər/**하**-버] [명] **항구; 피난처** [동] **숨겨주다**, (사상·감정 등을) **품다** ☜ 고대영어로 '군대의 피난처'라는 뜻

패전트 룩 peasant look (농부 옷의 특징을 살려 자연의 꾸미지 않은 아름다움을 표현한 복장 스타일)

□ **peasant** [pézənt] [명] **농부**, 소작농, **시골뜨기** [형] 소작농(농민)의; 시골뜨기의 ☜ 라틴어로 '시골의'라는 뜻
♠ He was born into **a peasant family**.
그는 한 **농가**에서 태어났다.

□ **peasant**ry [pézəntri] [명] (보통 the ~) [집합적] 농민; 소작농, 소작인계급; 농민(소작인)의 지위(신분); 시골티 ☜ -ry(직업, 신분)

※ **look** [luk/룩] [동] **보다** [명] 봄, 용모, 패션 ☜ 고대영어로 '보다, 보는 행동'

샌드페블스 sand pebbles (1977년 대학가요제에서 「나 어떡해」를 불러 대상을 수상한 서울대학교 보컬그룹. <모래 자갈>이란 뜻)

※ **sand** [sænd/쌘드] [명] **모래**; (pl.) **모래땅**; 모래톱, 사주 [동] 모래를 뿌리다

P

☜ 고대영어로 '모래'란 뜻

☐ **pebble** [pébəl] 명 (물흐름 작용으로 둥글게 된) **조약돌**, 자갈(=pebblestone) ☜ 중세영어로 '작고 매끈한 돌'이란 뜻
♠ **There are plenty of other pebbles on the beach** 〔shore〕. **《속담》 해변에는 더 많은 조약돌이 있다. 기회는 얼마든지 있다**

☐ **pebble**stone [péblstòun] 명 조약돌 ☜ pebble + stone(돌)

☐ **pebbl**y [pébli] 형 자갈이 많은 ☜ pebble + y<형접>

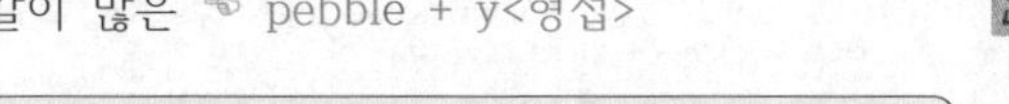

피칸 pecan (북미 인디언의 주요 식량이었던 미국산 호두 열매)

☐ **pecan** [pikǽn, -kɑ́:n, pí:kæn] 명 〚식물〛 **피칸** 《북아메리카산(產) 호두나무의 일종》; 그 열매; 그 재목
☜ 북미 인디언 알곤킨어로 '단단한 껍질의 견과'
★ 피칸(pecan)은 히코리(hickory)라고도 불린다. 불포화지방산이 다량 함유되어 있고, 뇌신경을 안정시키는 칼슘과 신경비타민인 비타민 B군의 함량도 대단히 높아 영양적으로도 우수한 견과류이다. 파이, 케이크, 아이스크림 등에 많이 사용된다.

피켓(picket.자루잘린 널빤지)을 들고 시위하다

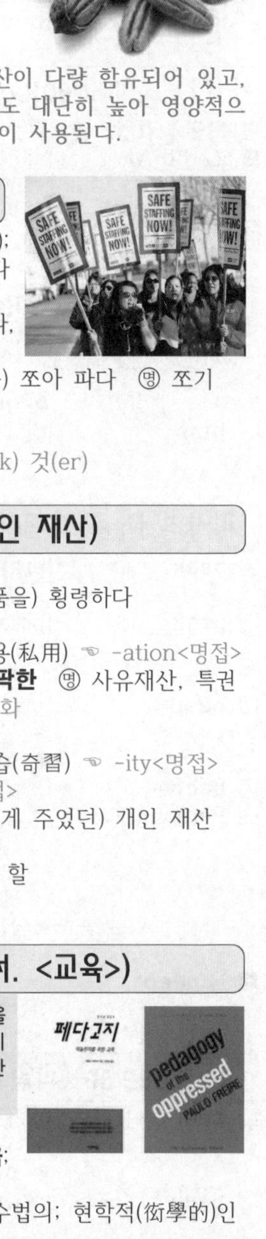

■ **pick**et [píkit] 명 **(끝이 뾰족한) 말뚝**; 〚군사〛 전초(前哨), 경계초(哨); (노동쟁의 등의) **피켓**, 감시원 동 말뚝을 박다; 울타리를 치다
☜ 프랑스어로 '뾰족한 말뚝'이란 뜻

■ **pick** [pik/픽] 동 **따다, 뜯다**, 채집하다; **골라잡다**; 쿡쿡 찌르다; 쪼다, 우비다 ☜ 프랑스어로 '뾰족한 것으로 찌르다'란 뜻

☐ **peck** [pek] 동 (부리로) **쪼다**, 쪼아 먹다, 주워 먹다; (구멍 따위를) 쪼아 파다 명 쪼기
☜ 중세 독일어로 '부리로 쪼아 먹다'란 뜻
♠ **peck corn (out) 낟알을 쪼아 먹다.**

■ wood**peck**er [wúdpèkər] 명 〚조류〛 **딱따구리** ☜ 나무(wood)를 쪼는(peck) 것(er)

페쿨리움 peculium (고대 로마에서 노예에게 허용해 주었던 개인 재산)

♣ **어원 : pecu(l) 돈, 사유재산**

☐ **pecul**ate [pékjəlèit] 동 (공금·위탁금을) 잘라 쓰다, 써 버리다; (위탁품을) 횡령하다
☜ 라틴어로 '돈(pecul)을 (임의로) 쓰다(ate)'란 뜻

☐ **pecul**ation [pèkjuléiʃən] 명 공금·위탁금 횡령, 관물(官物)·위탁물 사용(私用) ☜ -ation<명접>

☐ **pecul**iar [pikjú:ljər] 형 **독특한, 고유의, 특별한**, 특이한; **기묘한, 괴팍한** 명 사유재산, 특권
☜ 라틴어로 '사유재산의' ➔ '개인의, 독특한'이란 뜻으로 변화
♠ a **peculiar** smell 〔taste〕 **이상한** 냄새 〔맛〕

☐ **pecul**iarity [pikjù:liǽrəti] 명 **특색**, 특수성; 특권; 기묘, 이상; 버릇, 기습(奇習) ☜ -ity<명접>

☐ **pecul**iarly [pikjú:ljərli] 부 **특(별)히**; 개인적으로; **기묘하게** ☜ -ly<부접>

☐ **pecul**ium [pikjú:liəm] 명 사유재산; 〚로마법률〛 (노예·아내·아이들에게 주었던) 개인 재산
☜ 라틴어로 '사유재산' + ium<단수 명접>

☐ **pecu**niary [pikjú:nièri/-njəri] 형 금전(상)의, 재정상의; 벌금을 물려야 할
☜ 라틴어로 '돈(pecu) + ni + 의(ary<형접>)라는 뜻

P

페다고지 pedagogy (브라질의 파울로 프레이리가 쓴 교육이론서. <교육>)

브라질의 교육사상가 파울로 프레이리가 쓴 대표작. 몸소 수많은 민중교육 실천작업을 펼쳐왔고, 온 몸으로 교육현장에 뛰어든 교육 실천가 프레이리의 작업 결과물이다. 이 책은 탁상공론식의 교육이론서가 아닌, 새로운 실천의 일치를 제시하는 실천을 위한 교육이론서이다. <출처 : 알라딘>

♣ **어원 : ped 어린이; 교육하다, 가르치다**

☐ **ped**agogy [pédəgòudʒi, -gɑ̀dʒi] 명 교육학, 교수법(=pedagogics); **교육**; 교직 ☜ 어린이(ped)를 이끌(agog) 기(y<명접>)

☐ **ped**agogic(al) [pèdəgɑ́dʒik(əl), -góudʒ-] 형 교육학적인, 교육학상의; 교수법의; 현학적(衒學的)인
☜ -ic, -ical<형접>

☐ **ped**agogics [pèdəgɑ́dʒiks] 명 (pl. 단수취급) 교육학, 교수법(=pedagogy) ☜ -ics(~학, ~법)

☐ **ped**agogue, 《미》 -gog [pédəgɑ̀g, -gɔ̀:g] 명 교사, 교육자; 《경멸》 아는 체하는 사람, 현학자(衒學者)
☜ 어린이(ped) 지도자(agog, agogue)

☐ **ped**agog(u)ism [pédəgɑ̀gizəm] 명 교사 기질, 선생인 체함; 현학(衒學) ☜ -ism(~특성, 특징; ~주의)

페달 pedal (발판)

♣ 어원 : ped 발; 도보, 보행; 걷다, 지나가다

☐ **ped**al [pédl] ⓜ **페달, 발판** ⓢ 페달을 밟다 ☜ 발(ped) 의(al<형접>)

☐ **ped**dler, 《영》 **ped**lar [pédlər] ⓜ **행상인**; 마약 판매인; (소문 등을) 퍼뜨리는 사람; 《미.속어》 역마다 정차하는 완행열차 ☜ 발(ped)로 + d + l + 걸어다니는 사람(er, ar)
♠ He is a **peddler** by occupation. 그의 직업은 **행상인**이다.

☐ **ped**estal [pédəstl] ⓜ (조각상 등의) 주춧대, 대좌(臺座), **받침대**; 주각(柱脚), 기둥다리; 근저, 기초 ☜ 발(ped)이 존재하는(est) 것(al<명접>)

☐ **ped**estrian [pədéstriən] ⓗ **도보의**, 보행하는 ⓜ **보행자**; 도보 여행자 ☜ -estrian(~하는 사람)

☐ **ped**estrian crossing 횡단보도 ☜ pedestrian + 가로지르(cross) 기(ing)

☐ **ped**icure [pédikjùər] ⓜ 발 치료 《티눈・물집 따위의》; 발 치료 의사; **페디큐어** 《발톱 가꾸기》 ☜ 발(ped) + i + 치료(cure)

이데올로기 ideology (관념형태)

♣ 어원 : logy 말, 학문

■ ideo**logy** [àidiɑ́lədʒi] ⓜ 관념학, (사회・정치상의) **이데올로기**, 관념형태 ☜ 생각/관념(ideo<idea) 학문(logy)

☐ pedo**logy** [pidɑ́lədʒi/-dɔ́l-] ⓜ 토양학; 아동학(연구), 육아학 ☜ 토양/아동(pedo) 학문(ology)

☐ pedo**log**ist [pidɑ́lədʒist/-dɔ́l-] ⓜ 토양학자; 육아학자 ☜ -ist(사람)

한국말로 "쉬"한다는 말을 영어로는 피(pee.오줌누다)라고 한다.

☐ **pee** [piː] ⓢ 《구어》 쉬하다, 오줌 누다; 오줌을 지리다 ⓜ 오줌(=piss) ☜ 근대영어로 '오줌을 뿌리다'란 뜻
♠ **go for 〔have〕 a pee 오줌을 누다**

☐ **piss** [pis] ⓢ 《비어》 소변보다; (피 따위를) 오줌과 함께 배출하다 ⓜ 소변 ☜ 고대 프랑스어로 '소변보다'란 뜻.

피카부 Peek-A-Boo (한국의 댄스팝 걸그룹 레드벨벳의 노래 <까꿍>이란 뜻)

☐ **peek** [piːk] ⓢ 살짝 들여다보다, 엿보다(=peep) ⓜ 엿봄; 흘끗 봄 ☜ 중세영어로 '잽싸게 훔쳐보다'란 뜻

☐ **peek**aboo [píːkəbùː] ⓜ 《미》 (숨어 있다가 어린이를 놀리는) 까꿍(놀이) (《영》 bopeep) ☜ peek + a + boo(놀래킬 때, 비난〔위협〕할 때 사용하는 소리)

☐ **peep** [piːp] ⓢ **엿보다**, 슬쩍 들여다보다 ⓜ 엿봄, 슬쩍 봄 ☜ 근대영어로 '슬쩍 봄'이란 뜻
♠ **peep through a keyhole 열쇠 구멍으로 엿보다**

© KBS 2TV <뮤직뱅크 >

P

☐ **peep**er [píːpər] ⓜ 엿보는 사람; 삐악삐악 우는 새 ☜ peep + er(사람, 주체)

☐ **Peep**ing Tom (종종 p- T-) **피핑 톰**, 엿보기 좋아하는 호색가; 캐기 좋아하는 사람 ☜ '엿보는 톰'이란 뜻. ★ 11세기 초 영국의 한 봉건영주가 주민들에게 가혹한 세금을 부과하자 이에 반발한 Godiva부인이 "알몸으로 시내를 누비면 세금을 낮춰주겠다"는 백작의 말에 부인은 시민들에게 집안에 들어가도록 한 뒤 알몸으로 말을 타고 시내를 돌았는데 이때 톰이란 양복재단사가 그녀의 알몸을 몰래 엿보다가 눈이 멀었다는 전래 이야기에서 유래한 것.

■ bo**peep** [boupíːp] ⓜ 《영》 까꿍놀이(《미》 peekaboo)《숨어 있다가 나타나 아이를 놀래주는 장난》 ★ "bopeep bopeep"은 한국의 댄스팝 걸그룹 티아라(T-ara)의 노래이다.

필러 peeler (과일 등의 껍질을 벗기는 기구)

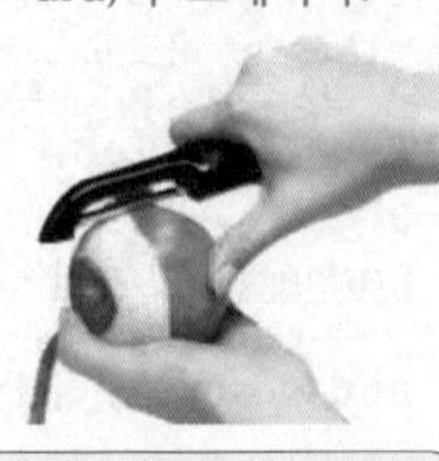

☐ **peel** [piːl] ⓜ **과실 껍질**, 나무껍질 ⓢ **~의 껍질을 벗기다** ☜ 고대영어로 '껍질을 벗기다, 허물을 벗다'란 뜻
♠ **peel** a banana 바나나 **껍질을 벗기다**

☐ **peel**er [píːlər] ⓜ 껍질 벗기는 사람〔기구〕 ☜ -er(사람/기구)

파 par ([골프] 기준 타수. <동등>이라는 뜻)

♣ 어원 : par, pair, per, peer 동등한, 같은

■ **par** [pɑːr] ⓜ **동등**, 등가; 〖골프〗 기준타수
★ 골프에서 각 홀의 기준타수인 par보다 1타 적게 끝내는 것은 버디(birdie), 2타 적은 것은 이글(eagle), 1타 많은 것은 보기(bogey), 2타 많은 것은 더블보기(double

bogey)라고 한다.

■ **pair** [pɛər/페어] ⓜ (pl. **-s**, 《구어》 **-**) **한 쌍**(의 남녀), (두 개로 된) **한 벌**
☜ 라틴어로 '같은 것'이란 뜻

□ **peer** [piər] ⓜ **동료, 동배**, 대등한 사람; 《영》 귀족 ☜ 라틴어로 '평등'이란 뜻
ⓢ ~에 필적하다; **자세히 들여다 보다, 보이기 시작하다**
♠ She enjoys the respect of **her peers**. **그녀는 동료들**의 존경을 받고 있다.
♠ **peer into** a dark cave 어두운 동굴 **안을 가만히 들여다보다**

□ **peer**age [píəridʒ] ⓜ 귀족 계급 ☜ peer + age(신분)

□ **peer**less [píərlis] ⓗ 비길 데 없는 ☜ 동등함(peer)이 없는(less)

✚ dis**par**age 깔보다; 헐뜯다, 비난하다 im**pair** **감하다**, 손상시키다, 해치다 com**par**e **비교하다**

파마 pama (×) (콩글 모발에 열이나 약을 사용해 장기간 곱슬 형태로 고정시키는 것, 또는 그 머리형태) ➔ permanent wave

♣ **어원 : per, pee 완전히, 완전하게**

■ **per**manent [pə́ːrmənənt] ⓗ **(반)영구적인, 영속하는**; 불변의, 내구성의; 상설의 ⓜ **파마**(~ wave, perm)
☜ 라틴어로 '완전히(per) 머무르(man) 는(ent)'이란 뜻

□ **pee**vish [píːviʃ] ⓗ 성마른, **까다로운**; 떼를 쓰는, 불평하는
☜ 라틴어로 '완전히(pee<per) 변하는(vish)'이란 뜻
♠ Someone who is **peevish** is bad-tempered.
짜증을 잘 내는 사람은 성질이 고약하다.

✚ **per**fect **완전한**, **정확한**, **완성하다** **per**verse **괴팍한**, 심술궂은, 별난

페그 peg (텐트의 쐐기, 말뚝)

□ **peg** [peg] ⓜ (나무·금속의) **못**, 쐐기; 말뚝; 걸이못; 빨래집게; 의족(義足) ⓢ 나무못(말뚝)을 박다; 고정하다
☜ 중세 네덜란드어로 '나무못'이란 뜻
♠ **peg** one's nameplate 명패를 **못 박아 붙이다**

페가수스 Pegasus ([그神] 시신(詩神) 뮤즈가 타는 날개달린 말)

□ **Pegasus** [pégəsəs] ⓜ 『그.신화』 **페가수스**, 날개 달린 말 《시신(詩神) 뮤즈의 말》; 『천문』 페가수스자리; 시흥(詩興), 시재(詩才); 《미》 『우주』 유성진(流星塵) 관측용 과학위성
☜ 그리스어로 '샘'이란 뜻. 대지를 둘러싸고 흐르는 거대한 강(大洋江)인 오케아노스의 샘터에서 태어났기 때문

뻬이징 Peking, Beijing (중국의 수도, 북경)

□ **Peking**, Beijing [piːkíŋ], [bèidʒíŋ] ⓜ **베이징**(北京) 《중국의 수도》 ☜ 한자로 '북쪽의 수도'라는 뜻
★ **베이징은** 전국시대에는 연(燕)나라의 수도였으며, 요(遼)·금(金)·원(元)·명(明)·청(淸)나라 등을 거쳐 800년의 역사를 이어왔다.

□ **Peking**ese [piːkiŋíːz, -s] ⓗ 베이징(인)의 ⓜ (pl. ~) 베이징인; 베이징어 ☜ -ese(<형접>/사람/말)

□ **Peking** man 『인류』 북경 원인(原人) 《북경 서남방의 주구점(周口店)에서 발굴》 ☜ man(남자, 사람)

펠리컨 pelican (사다새목(目) 사다새과(科)의 조류. 가람조(伽藍鳥))

□ **pelican** [pélikən] ⓜ 『조류』 **펠리컨**, 사다새; (종종 P-) 《미.속어》 루이지애나 주(州) 사람; 잘 빈정거리는 여자; 대식가(大食家)
☜ 고대영어, 라틴어, 그리스어로 '펠리컨'이란 뜻

펠라그라 pellagra (니코틴산 결핍증후군, 옥수수 홍반 피부병)

□ **pellagra** [pəléigrə, -lǽg-] ⓜ 『의학』 니코틴산(酸) 결핍 증후군, **펠라그라**, 옥수수 홍반(紅斑) 《피부병》
☜ 라틴어 pel(피부) + 그리스어 agra(점령) 합성어

펠로폰네소스 Peloponnesus (도시국가가 있었던 그리스 남쪽의 반도)

P

☐ **Peloponnesus**, **-sos** [pèləpəníːsəs], [-níːz, -s] ⓜ **펠로폰네소스** 반도
☜ 그리스어로 '영웅(pelops)의 섬(nesos)'이란 뜻
☐ **Peloponnesian** war [the ~] **펠로폰네소스** 전쟁《431-404 B.C.》
★ BC 431~BC 404년 아테네와 스파르타가 각각 자기 편 동맹시(同盟市)들을 거느리고 싸운 전쟁. 스파르타가 그리스의 헤게모니를 쥐는 계기가 됨.

프로펠러 propeller (회전날개, 추진기)

♣ **어원 : pel 몰고 가다(=drive), 몰아내다; 던지다**
■ pro**pel**ler [prəpélər] ⓜ **프로펠러**, 추진기
☜ 앞으로(pro) 몰고 가는(pel) + l<단모음+단자음+자음반복> + er(기계)
☐ **pel**t [pelt] ⓢ (돌 등을) **내던지다**; 퍼붓다; (비 등이) 세차게 몰아치다; (동물 등을) 몰다 ⓜ 투척; 강타, 연타; 난사 ☜ 중세영어로 '던지다, 몰아내다'란 뜻
♠ **pelt** a girl with snowballs 소녀에게 눈덩이를 **던지다.**

✚ com**pel** **강요하다** dis**pel** **쫓아버리다** ex**pel** **쫓아내다**, 추방하다 re**pel** **쫓아버리다**, 격퇴하다

페미컨 pemmican (인디언의 휴대식품이었던 말린 쇠고기)

☐ **pem(m)ican** [pémikən] ⓜ **페미컨**《말린 쇠고기에 지방·과일을 섞어 굳힌 인디언의 휴대 식품》; 비상용·휴대용 보존 식품; 요지(要旨), 요강(=digest) ☜ 북미 인디언 크리(Cree)족어로 '기름, 지방'

불펜 bull pen ([야구] 구원투수의 준비운동 장소)

※ **bull pen** **불펜**《『투우』 투우가 투우장에 드나드는 통로, 『야구』 구원투수의 준비운동 장소》 ☜ pen(우리, 축사)
☐ **pen** [pen] ⓜ **우리**, 어리, 축사; 『야구』 불펜(=bull pen)
ⓢ (-/penn**ed**〔**pent**〕/penn**ed**〔**pent**〕) 우리에 넣다; 가두다, 감금하다 ☜ 고대영어로 '동물의 우리'란 뜻

펜팔 Pen Pal (편지를 통해 친분을 유지하는 친구) * pal 동아리, 친구

☐ **pen** [pen/펜] ⓜ **펜촉**(=nib); **펜**; 만년필; 문장; 문체 ⓢ (글을) **쓰다**, 짓다
☜ 중세영어로 '깃털'이란 뜻. 당시 깃털로 펜을 만들어 썼으므로
♠ **write with pen and ink** **펜으로[잉크로]** 쓰다《대구(對句)로 무관사》
☐ **pen** name 필명(筆名) ☜ name(이름, 성명, 명칭)
☐ **PEN Club** International Association of **P**oets, **P**laywrights, **E**ditors, **E**ssayists and **N**ovelists **펜클럽**《문학에 의한 세계 사상의 교환을 목적으로 하는 협회, 본부는 런던에 있음》
☐ **pen**holder [pénhòuldər] ⓜ 펜대 ☜ 펜(pen)을 쥐는(hold) 것(er)
☐ **pen**knife [pénnàif] ⓜ (pl. **-kni**ves) 주머니칼 ☜ 중세영어로 깃털(pen) 칼(knife)'이란 뜻
☐ **pen**man [pénmən] ⓜ (pl. **-men**) 필자, 문학자 ☜ pen + man(사람, 남자)
☐ **pen**manship [pénmənʃip] ⓜ 서법, 서도 ☜ penman + ship(성질, 기술)

페널티 킥 penalty kick (페널티 킥) * kick (공을) 차다, 걷어차다

♣ **어원 : pen, pun 죄, 형벌; 벌주다, 벌받다**
☐ **pen**alty [pénəlti] ⓜ **형벌, 처벌; 벌금**
☜ 벌주는(pen) + al + 것(ty<명접>)
♠ The defendant faced **the death penalty**. 피고는 **사형 선고**를 받았다.
☐ **pen**alty area 『축구』 **페널티 에어리어**, 벌칙 구역《이 안에서의 수비측의 반칙은 상대에게 패널티 킥을 줌》 ☜ area(구역, 지역)
☐ **pen**alty kick 『럭비·축구』 **페널티 킥** ☜ kick(차기, 차다)
☐ **pen**ance [pénəns] ⓜ **참회**, 회개; 소행; 『가톨릭』 고해성사 ⓢ 속죄시키다
☜ 중세영어로 '벌(pen) 받기(ance)'란 뜻
☐ **pen**itence [pénətəns] ⓜ 후회, 참회, 개전; 속죄 ☜ 벌(pen)을 사하러 가는(it) 것(ence<명접>)
☐ **pen**itent [pénətənt] ⓗ 참회한, **회개하는** ⓜ 참회자; 『가톨릭』 고백자 ☜ -ent<형접/명접>
☐ **pen**ology [piːnɑ́lədʒi/-nɔ́l-] ⓜ 행형학(行刑學); 교도소 관리학 ☜ 형벌(pen) 학문(ology)
☐ **pen**ological [piːnɑ́lədʒik(əl)/-nɔ́l-] ⓗ 행형학(行刑學)의 ☜ -ical<형접>
☐ **pen**ologist [piːnɑ́lədʒist/-nɔ́l-] ⓜ 행형학자 ☜ -ist(사람)
■ **pun**ish [pʌ́niʃ] ⓢ **벌하다**; 응징하다 ☜ 벌(pun) 하다(ish<동접>)
■ im**pun**ity [impjúːnəti] ⓜ **형**〔벌·해·손실〕**을 받지 않음**, 처벌되지 않음

☜ 벌 받지(pun) 않(im<in=not) 음(ity<명접>)

펜팔 Pen Pal (편지를 통해 친분을 유지하는 친구) * pal 동아리, 친구

■ **pen** [pen/펜] 명 **펜촉**(=nib); **펜**; 만년필; 문장; 문체 동 (글을) **쓰다**, 짓다
☜ 중세영어로 '깃털'이란 뜻. 당시 깃털로 펜을 만들어 썼으므로
♠ write **with pen and ink** **펜으로[잉크로]** 쓰다 《대구(對句)로 무관사》
□ **pen**cil [pénsəl/**펜**설] 명 **연필** 동 연필로 쓰다 ☜ 고대 프랑스어로 '예술가의 화필'이란 뜻
□ **pen**cil case 필통 ☜ case(상자)
□ **pen**cil sharpener 연필깎이 ☜ pencil + 날카롭게(sharp) 하는(en) 기계(er)

펜던트 pendant (장식을 달아 늘어뜨린 목걸이), 펜트하우스..

♣ **어원 : pend, pens(e), pent 매달다, 무게를 달다, 계량하다; (돈을) 지불하다**
□ **pend** [pend] 동 미결인 채로 있다; 매달리다; 매달아 두다; 결정을 미루다 ☜ 라틴어로 '매달다'란 뜻
□ **pend**ant [péndənt] 명 늘어져 있는 물건, **펜던트**, 늘어뜨린 장식 《목걸이 · 귀고리 따위》; 부록, 부속물 ☜ 매달려(pend) 있는 것(ant)
□ **pend**ent [péndənt] 형 매달린; 미결의, 미정의, 현안의 ☜ 매달려(pend) 있는(ent)
□ **pend**ing [péndiŋ] 형 **미정[미결]의**, 계류 중의; 현안의; 절박한 전 ~중, ~의 사이; (~할) 때까지는 ☜ 매달려(pend) 있는(ing<형접>)
♠ The matter **is pending** in court. 그 사건은 법원에 ***계류 중이다*** ➔ 재판 중이다
□ **pend**ulum [péndʒələm, -də-] 명 (시계의) **진자**, 흔들리는 것; 매단 램프, 샹들리에; 마음을 잡지 못하는 사람 ☜ 매달려(pend) + ul + 있는 것(um<명접>)
□ **pend**ulous [péndʒuləs] 형 흔들흔들 매달린, 흔들리는 ☜ 매달려(pend) + ul + 있는(ous<형접>)
□ **pent**house [pénthàus] 명 벽에 붙여 비스듬히 내단 지붕〔작은 집〕; **펜트하우스** 《빌딩 옥상의 고급 주택》; (호텔의 꼭대기 층) 특실; 옥탑(屋塔) ☜ 매달린<부속한(pent) 집(house)

✚ de**pend** ~나름이다, **(~에) 달려 있다** ex**pens**ive **값비싼** inex**pens**ive **비싸지 않은** s**pend** (돈을) **쓰다, 소비[소모]하다** sus**pend** **(매)달다**, 걸다

페네트레이션 penetration ([경영] 의도적인 저가전략. <침투>란 뜻)

♣ **어원 : penetr- 관통, 통과, 통찰, 간파; 관통하다, 통과하다**
□ **penetr**ate [pénətrèit] 동 **꿰뚫다**, 관통하다, 침입하다; **스며들다; 꿰뚫어 보다; 통과하다**
☜ 침투(penetr) 하다(ate)
♠ The arrow **penetrated** the warrior's chest. 화살이 전사의 가슴을 **꿰뚫었다.**
□ **penetr**ating [pénətrèitiŋ] 형 **꿰뚫는**, 관통하는; 통찰력이 있는, 예리한, 예민한
☜ penetrate + ing<형접>
□ **penetr**ation [pènətréiʃən] 명 꿰뚫고 들어감; 침투(력); 〖군사〗 (적진으로의) 침입, 돌입; (탄알 따위의) **관통**; 통찰(력); 간파(력) ☜ -ation<명접>
□ **penetr**ation price policy 〖경영〗 침투 가격 정책 《신제품을 처음부터 싼 값에 매출, 시장 점유율을 조속히 획득하는 가격 정책》 ☜ price(가격, 물가), policy(정책)
□ **penetr**ative [pénətrèitiv] 형 침투하는, 통찰력이 있는 ☜ -ative<형접>
■ im**penetr**able [impénətrəbəl] 형 (꿰)뚫을 수 없는; (삼림 등) 지날 수 없는; 〖물리〗 불가입성의
☜ im(=not/부정) + 침투(penetr) 할 수 있는(able)

펭귄 penguin (남극에 사는 날지 못하는 바다새)

□ **penguin** [péŋgwin, pén-] 명 〖조류〗 **펭귄**; (지상) 활주 연습기; 《속어》 (공군의) 지상 근무원
☜ 영국 웨일스(Welsh)어로 '흰 머리'란 뜻

□ **penholder**(펜대) ➔ **pen**(펜, 펜촉; 글을 쓰다) **참조**

페니실린 penicillin (최초의 항생제로 세균에 의한 감염을 치료하는 약물)

■ **pen** [pen/펜] 명 **펜촉**(=nib); **펜**; 만년필; 문장; 문체 동 (글을) **쓰다**, 짓다
☜ 중세영어로 '깃털'이란 뜻. 당시 깃털로 펜을 만든데서 유래
■ **pen**cil [pénsəl/**펜**설] 명 **연필** 동 연필로 쓰다
☜ 고대 프랑스어로 '예술가의 화필'이란 뜻
□ **pen**icillin [pènəsílin] 명 〖약학〗 **페니실린**
☜ 곰팡이 모양이 '화필'(penicil + li + um)을 닮아 붙여진 이름
★ 페니실린이 박테리아를 죽이는 기능이 있다는 것은 1928년 스코틀랜드 생물학자 알렉산더 플레밍(Alexander Fleming) 경이 발견하였다.

페니스 penis (남성의 성기), 페넌트 레이스 pennant race ([야구] 우승기를 놓고 겨루는 시합), 인슐린 insulin (췌장에서 분비되는 단백질 호르몬)

♣ **어원 : pen, pend, pens(e), pent 매달다, 무게를 달다, 계량하다; (돈을) 지불하다**

□ **pen**insula [pinínsələ, -sjə-] ⓝ 반도; (the P-) 이베리아 반도 《스페인과 포르투갈》
☜ (대륙의) 안에(in) 매달려(pen<pend) 감싸고(sul) 있는 것(a)
♠ divided **Korean peninsula** 분단된 **한반도**

□ **pen**insular [pinínsələr, sjə-] ⓐ 반도(모양)의; (P-) Iberia 반도의
☜ -ar<형접>

□ **pen**is [píːnis] ⓝ (pl. pen**es**, **-es**) 【해부】 음경, **페니스** 《남성의 성기》
☜ 매달린(pen<pend) 것(is)

□ **pen**nant [pénənt] ⓝ **페넌트**, 길고 좁은 삼각기(旗); (취역함(就役艦)의) 기류(旗旒); 《미》 (특히 야구의) **페넌트, 우승기** ☜ pendant의 변형

□ **pen**nant race **페넌트 레이스**, 우승기를 놓고 겨루는 시합 ☜ race(경기, 시합)

■ in**sul**ar [ínsələr, -sjə-] ⓐ 섬사람의; 편협한(=narrowminded) ☜ 섬(sul) 안(in) 의(ar)

■ in**sul**in [ínsəlin, -sjə-] ⓝ **인슐린** 《췌장에서 분비되는 단백질 호르몬; 당뇨병 치료제》
☜ 섬(sul) 안(in)에 있는 화학물질(in)

□ **penitent**(회개하는) ➔ **penalty**(형벌, 벌금) **참조**

□ **penknife**(주머니칼), **penman**(필자) ➔ **pen**(펜, 펜촉; 글을 쓰다) **참조**

펜실베니아 Pennsylvania (미국 북동부에 있는 주)

□ **Pennsylvania** [pènsilvéiniə, -njə] ⓝ **펜실베이니아** 《미국 동부의 주; 생략: Pa.,Penn (a).》
☜ 1681년 영국왕으로부터 땅을 하사받은 귀족 윌리엄 펜(William Penn)의 이름을 따서 명명. '펜(Penn)의 숲(라틴어.sylvanus=forest)의 나라(ia)'란 뜻.

페니 penny (영국의 화폐단위. 1페니는 1파운드의 100분의 1)

♣ **어원 : penny, penni, pecuni 돈, 화폐**

□ **penni**less [pénilis] ⓐ **무일푼의**, 몹시 가난한 ☜ 페니(penny)가 없는(less)

□ **penny** [péni/**페**니] ⓝ (pl. **pennies, pence**) **페니**, **1페니의 동전** 《영국의 화폐 단위. 1 / 100 pound》; 《미.구어》 1센트 동전 《복수는 pennies》; 푼돈 ☜ 고대영어로 '페니화'란 뜻
♠ **A penny saved is a penny earned.**
《속담》 한 푼의 절약은 한 푼의 이득
★ 2018년 9월초 현재, 1페니는 한화 약 15원에 해당된다.

□ **penny**-wise [péniwáiz] ⓐ 한 푼을 아끼는 ☜ 1페니(penny)의 식으로(wise)
♠ **Penny-wise and pound-foolish.**
《속담》 싼 게 비지떡; 한 푼 아끼다가 백냥 손해 본다.

□ **penny**worth [péniwəːrθ] ⓝ 1페니어치, 소액 ☜ penny + worth(가치, 값어치)

□ im**pecuni**ous [ìmpikjúːniəs] ⓐ 돈이 없는, 무일푼의, 가난한 ☜ 돈이(pecuni) 없(im=not/부정) 는(ous)

□ im**pecuni**osity [ìmpikjúːniάsəti/-ɔ́s] ⓝ 무일푼, 가난 ☜ impecunious + ity<명접>

□ **penology**(행형학, 교도소관리학) ➔ **penalty**(형벌; 벌금) **참조**

□ **pen pal**(펜팔, 편지 친구) ➔ **pen**(펜) **참조**

팡세 pensée (프랑스 수학자 파스칼의 소설. <생각>이란 뜻)

♣ **어원 : pend, pens(e), pent 매달다, 무게를 달다, 계량하다; (돈을) 지불하다**

□ **pens**ee [F. pɑ̃se] ⓝ (pl. **-s**) 《F.》 생각, 사고, 사상(=thought); 회상; (pl.) 명상록, 수상록; 금언; (P-s) **'팡세'** 《Pascal의》
☜ 중세 프랑스어로 '생각', ⇦ '무게를 재는 것'이란 뜻

□ **pens**ile [pénsail, -sil] ⓐ 매달린, 드리워진 ☜ 매달(pens) 린(ile<형접>)

□ **pens**ion [pénʃən] ⓝ **연금**, 양로 연금, 부조금
☜ 계량하여(pens) 주는 것(ion)
[pɑːnsjɔ́ːn] ⓝ 《F.》 (프랑스·벨기에 등지의) 하숙집, 기숙사; 식사를 겸한 하숙비 ☜ 고대 프랑스어로 '집세, 임대료'란 뜻
★ 유원지에 많이 분포한 숙박 시설인 우리말의 펜션(pension)은 영어로 timeshare (공동 사용 휴가용 주택)라고 한다.

♠ live on his **retirement pension** 그의 **퇴직연금**으로 생활하다

☐ **pens**ionary [pénʃənèri/-əri] ㊎ 연금을 받는, 연금의 ㊔ 연금 수령자; 고용인, 부하

☐ **pens**ioner [pénʃənər] ㊔ 연금을 받는 사람 ☜ pension + er(사람)

☐ **pens**ive [pénsiv] ㊎ **생각에 잠긴**, 수심〔시름〕에 잠긴; 구슬픈
☜ 라틴어로 '무게를 재(pens) 는(ive)', '생각에 잠긴'이란 뜻
♠ **look pensive 수심이 있어 보이다**

펜타곤 pentagon (5 각형의 미국 국방부 본청 건물)

♣ **어원 : penta, pento 5, 5각형(의)**

☐ **penta**gon [péntəgɑ̀n/-gɔ̀n] ㊔ 〖수학〗 **5각형**; 5변형; (the P-) 미국 국방부 《건물이 오각형임》 ☜ 5(penta) 각형(**gon**ia=angle)
★ 한국의 육·해·공군본부가 있는 계룡대는 8각형이다. 계룡산 아래 산과 물이 태극의 모양으로 돌아나가며 도읍의 기운이 서린 길지라는 의미에서 건물을 팔괘모양으로 건축하였다고 한다.

☐ **penta**gonal [pentǽgənəl] ㊎ 5각〔변〕형의 ☜ penta + gon + al<형접>

☐ **pento**mic [pentɑ́mik/-tɔ́m-] ㊎ 〖미군〗 **팬토믹** 《핵 공격 따위에서 5전투 그룹〔부대〕 단위의》 ☜ 5(pento) + m + 의(ic)

☐ penthouse(펜트하우스) ➔ pendulum(시계의 진자) 참조

피플파워 people power (필리핀에서 독재정권을 몰아낸 민주화 혁명. <민중의 힘>이란 뜻)

☐ **people** [píːpl/**피**-플] ㊔ [복수취급] (일반적) **사람들, 세상 사람들**; (a ~, pl. **-s**) **국민** ☜ 중세영어로 '사람들'이란 뜻
♠ **Several people** were hurt. **몇몇 사람들**이 다쳤다.

☐ **people** power **피플 파워** 《필리핀에서 발생한 2차례의 시민혁명. 1986년 당시 집권하고 있던 독재·부패 정권인 페르디난도 마르코스 대통령과 2001년 조셉 에스트라다 대통령 모두 피플파워로 물러나게 됨》 ☜ power(힘, 능력)

☐ **People**'s Liberation Army 중국 인민해방군 《중국의 정규군》
☜ liberation(해방, 석방), army(육군, 군대)

boat **people** **보트 피플** 《베트남전쟁(1955-1975)이 시작되고 나서부터 1970년대 초반부터 바다를 통해 베트남을 탈출하던 난민들을 가리킴. 최근에는 중동이나 북아프리카에서 보트를 타고 지중해를 건너는 난민들을 가리키기도 함.》 ☜ boat(보트, 작은 배)

페퍼민트 peppermint (박하. <톡 쏘는 성질이 있는 향초>란 뜻)
칠리페퍼 chilli pepper (매운맛이 강한 고추)

< Peppermint >

☐ **pepper**mint [pépərmìnt] ㊔ 〖식물〗 박하; 박하유; **페퍼민트**《술》; 박하 정제(錠劑); 박하사탕 ☜ '향기가 후추(pepper)의 톡 쏘는 성질을 닮은 향초(mint)'란 뜻

☐ **pepper** [pépər] ㊔ **후추, 고추**; 자극성 (있는 것); 신랄함; 혹평; 성급함 ㊟ 후추를 뿌리다
☜ 라틴어로 '고추'라는 뜻
♠ **pepper the soup 수프에 후추를 치다**

☐ **pepper**-and-salt [pépərənsɔ́ːlt] ㊎㊔ 희고 검은 점이 뒤섞인 (옷감); (머리가) 희끗희끗한
☜ 후추(pepper) 와(and) 소금(salt)

☐ **pepper**box [pépərbɑ̀ks], **pepper** pot ㊔ 후추통〔병〕
☜ box(박스, 상자), pot(단지, 항아리, 냄비)

☐ **Pepper** Fog **페퍼 포그** 《폭동진압용 최루탄의 일종; 상표명》 ☜ fog(안개)

☐ **Pepper**y [pépəri] ㊎ 후추의〔같은〕; 매운; 신랄한, 통렬한, 열렬한; 화 잘 내는, 성급한
☜ pepper + y<형접>

※ **chil(l)i, chile** [tʃíli] ㊔ (pl. **-s, chillies**) 고추(hot pepper); 〖식물〗 칠레 고추 《열대 아메리카 원산》 ㊎ 《미.속어》 멕시코풍의 ☜ 남미 주산지인 칠레(Chile)에서 유래

앰뷸런스 ambulance (구급차)

♣ **어원 : ambul, amble 걷다, 가다**

■ **ambul**ance [ǽmbjuləns] ㊔ **구급차** ☜ 가는(ambul) 것(ance<명접>)

☐ per**ambul**ate [pərǽmbjəlèit] ㊟ 순회〔순시〕하다, 답사하다; 배회하다; 유모차를 몰다 ☜ 미리 앞서(per<pre) 가(ambul) 다(ate<동접>)

☐ per**ambul**ation [pərӕmbjuléiʃən] ㊔ 배회, 순회; 순회〔답사, 측량〕구(區); 답사 보고서

P

☜ -ation<명접>

□ per**ambul**ator [pərǽmbjulèitər] ⓜ 답사(순찰)자; 《영》 **유모차**(《미》 baby carriage) 《생략: pram》 ☜ 완전히(per) 가는(ambul) 사람/주체(ator)
♠ **the perambulator** method of education (과보호의) **유모차식** 교육법

퍼센트 percent (백분율. <cent(100)에 대하여>란 뜻)

♣ **어원 : per(i), pess ~마다; 완전히**

□ **per** [pəːr, 약 pər] ⓟ 《L.》 【수단・행위자】 **~에 의하여, ~에 대하여, ~마다**
☜ 라틴어로 '~에 의해, ~ 때문에'란 뜻
♠ **R**evolutions **P**er **M**inute **알피엠**, (엔진의) 분당회전율(**RPM**)
♠ **as per ~ ~에 따라서**(=according to); **~와 같이**

□ **per** capita **머릿수로 나눠서**, 각 사람에 대하여(=income per capita 1인당 소득)
☜ per caput(=head)의 잘못

□ **per**cent, **per** cent [pərsént/퍼**쎈**트] ⓜ (pl. **-, -s**) **퍼센트**, 100분 《기호 %; 생략: p.c., pct.》; 《구어》 **백분율** ☜ 라틴어로 '100에 대하여'란 뜻
★ 흔히 퍼센트(percent)를 프로(pro)라고 말하는 경향이 있는데 이는 어원을 찾기 힘든 콩글리시이다. pro가 protage의 준말이라는 설도 있으나 어디에도 이런 단어는 없다. 영어의 percent에 해당하는 네델란드어 procent나 독일어 prozent의 줄임말로 추정된다.
♠ **a (one) hundred percent 100 퍼센트(%)**

□ **per**centage [pərséntidʒ] ⓜ 백분율, 백분비; 비율, 율 ☜ -age(상태, 성질)

□ **per**ceive [pərsíːv] ⓢ **지각**(知覺)**하다**, 감지하다, 인지하다; **이해하다**, 파악하다
☜ 라틴어로 '완전히(per) 잡다(ceive)'란 뜻

□ **per**cept [pə́ːrsept] ⓜ 【철학】 지각(知覺)의 대상; 인식결과; 지각된 것
☜ 완전히(per) 잡은 것(cept)

□ **per**ceptible [pərséptəbəl] ⓗ **인지[지각]할 수 있는**; 눈에 뜨이는, 상당한
☜ 라틴어로 '완전히(per) 잡을(cept) 수 있는(ible<형접>)

□ **per**ception [pərsépʃən] ⓜ **지각**(작용); 인식; 지각력; 지각 대상; 【법률】 취득액
☜ -ion<명접>

□ **per**ceptive [pərséptiv] ⓗ 지각의, 지각이 예민한, 현명한 ☜ -ive<형접>

퍼치 perch (길이 단위의 하나. 1 퍼치=5.03m. <막대기>라는 뜻)

□ **perch** [pəːrtʃ] ⓜ (새의) **횃대**; 《비유》 **높은 지위, 안전한 지위**, 편안한 자리; 막대, 장대; 《영》 **퍼치** 《길이의 단위, 약 5.03m; 면적의 단위, 약 25.3m²》 ⓢ **(새가) ~에 앉다**
☜ 고대 프랑스어로 '길이를 측정하는 막대기, 장대'에서 유래
♠ **take one's perch (새 따위가) 횃대에 앉다.**

디스커션 discussion (토론)

♣ **어원 : cuss 치다, 흔들다**

■ dis**cuss** [diskʌ́s] ⓢ **토론[논의]하다**(=debate) ☜ 원탁에서(disc) 서로 치다/흔들다(cuss)

■ dis**cuss**ion [diskʌ́ʃən] ⓜ **토론**; 토의, 검토 ☜ discuss + ion<명접>

□ per**cuss** [pərkʌ́s] ⓢ 치다, 두드리다; 【의학】 타진하다 ☜ 강하게(per/강조) 치다(cuss)

□ per**cuss**ion [pərkʌ́ʃən] ⓜ 충격, 충돌; (충돌에 의한) 진동, 격동; 타악기; (총의) 격발
☜ 강하게(per/강조) 친(cuss) 것(ion<명접>)

□ per**cuss**ive [pərkʌ́siv] ⓗ 충격의, 충격에 의한; 【의학】 타진(打診)(법)의
☜ 강하게(per/강조) 치(cuss) 는(ive<형접>)
♠ the traditional Korean **percussive instrument** 한국의 전통 **타악기**

■ con**cuss** [kənkʌ́s] ⓢ (뇌)진탕을 일으키게 하다; 세차게 흔들다, 충격을 주다
☜ 강하게(con/강조) 흔들다(cuss)

듀라셀 Duracell (미국의 건전지 브랜드. <오래가는 건전지>란 뜻)

1920년대에 미국의 말로리 컴퍼니에서 생산을 시작했으며, 1964년에 듀라셀이라는 브랜드명을 붙였다. 현재는 프록터앤드겜블사가 소유하고 있다. 듀라셀은 오래 견딘다는 durable과 전지라는 뜻의 Cell이 결합된 신조어이며, 동종의 건전지인 Energizer 등과 경쟁을 벌이고 있다. <출처 : 두산백과 / 일부인용>

♣ **어원 : dur(e) 지속하다, 계속하다**

■ **dur**able [djúərəbəl] ⓗ 오래 견디는, 튼튼한; **영속성이 있는**
☜ 지속할(dur) 수 있는(able)

■ **dur**ing [djúəriŋ/**듀**어링] ⓟ **~동안** (내내) ☜ 지속하는(dur) 동안(ing)

☐ per**dur**able　[pə(ː)rdjú(ː)rəbəl/-djúər-] ⓗ 오래가는; 영속의; 불변의, 불멸〔불후〕의
☞ 끝까지(per) 지속하(dure) 는(able<형접>)
♠ A composer creates **a perdurable aesthetic object**.
작곡가는 **불후의 명작**을 창작한다.
☐ per**dure**　[pə(ː)rdjúər] ⓓ 영속하다; (오래) 견디다 ☞ 끝까지(per) 지속하다(dure)
※ **cell**　[sel/쎌] ⓜ **작은 방**; 『생물』 **세포**; 『전기』 **전지** ☞ 라틴어로 '작은 방'이란 뜻

✚ en**dure** **견디다, 참다**　ob**dur**ate 완고한, 고집 센; 냉혹한　unen**dur**able **견딜 수 없는**

프리미엄 premium (사례금, 상여금)

♣ 어원 : **em, (e)mpt, amp(t) 잡다, 취하다**
■ pr**em**ium　[príːmiəm] ⓜ **할증금**; 할증 가격; **프리미엄**; 상(금); 포상금, 상여(=bonus); 보험료; 수수료; 이자; 사례금, 수업료; (증권의) 액면 초과액　ⓗ 특히 우수한; 고급의, 값비싼
☞ 라틴어로 '(가장 잘한) 특정 행위에 대한 보상금'이란 뜻.
⇦ 앞서(pre) 잡은(em) 것(ium<명접>)
■ pr**em**ier　[primíər, príːmi-] ⓜ **수상**(=prime minister); 국무총리; (캐나다 · 호주의) 주지사
ⓗ 첫째의, 1등의; 최초의, 최고참의
☞ 라틴어로 '제1의'란 뜻. 앞서(pre) 잡은(em) 것(ier<명접>)
☐ per**empt**ory　[pərémptəri, pérəmptɔ̀ːri] ⓗ 단호한, 독단적인, 엄연한; 거만한, 강제적인
☞ 완전히(per/강조) 잡(empt) 은(ory<형접>)
♠ **a peremptory command 단호한 명령**
☐ per**empt**orily　[pərémptərili, pérəmptɔ̀ːrili] ⓑ 단호히, 거만하게 ☞ -ly<부접>

✚ pre**empt** 먼저 점유하다[차지하다]; 선취하다; 회피하다　ex**amp**le **예, 보기**, 실례; 모범; 견본
pro**mpt** **신속한**, 기민한; 즉석의; 자극〔촉진〕하는 것; **자극하다**, 격려〔고무〕하다

파마 pama (×) (콩글 오래 지속되는 곱슬형 헤어스타일) ➔ permanent wave
퍼펙트게임 perfect game ([야구] 무안타 · 무4구 · 무실책으로 영패시키는 것)

♣ 어원 : **per(i), pess 완전히, 지나치게<나쁘게; 내내; ~에 따라서**
■ **per**manent　[pə́ːrmənənt] ⓗ **(반)영구적인, 영속하는**; 불변의, 내구성의; 상설의　ⓜ **파마**(~ wave, perm)
☞ 라틴어로 '완전히(per) 머무르(man) 는(ent)'
☐ **per**ennial　[pəréniəl] ⓗ **사철 내내**; 연중 계속하는, 영원한; 『식물』 다년생의　ⓜ 다년생 식물
☞ 라틴어로 '1년(ennial<annual) 내내(per)'란 뜻
♠ **the perennial problem** of water shortage
계속되는 물 부족 **문제**
☐ **per**ennially　[pəréniəli] ⓑ 영속적으로; 끊임없이; 1년 내내 ☞ -ly<부접>
☐ **per**fect　ⓗ [pə́ːrfikt/**퍼**퓍트] **완전한**, 결점이 없는; **정확한**, 틀림없는, 순수한
ⓜ 『문법』 완료 시제　ⓓ [pə(ː)rfékt/퍼(-)**펙**ㅌ] **완성하다**; 수행하다
☞ 라틴어로 '완전하게(per) 만들다(fect)'란 뜻
♠ **the present** 〔future, past〕 **perfect 현재**〔미래, 과거〕**완료**
♠ **Practice makes perfect. 연습하면 완벽해진다.**
☐ **per**fect game　『야구』 **퍼펙트게임**, 완전 시합 《무안타 · 무4구 · 무실책으로 영패시키는 것》; 『볼링』 **퍼펙트** 《12투 연속 스트라이크; 300점》 ☞ game(시합, 경기)
☐ **per**fection　[pərfékʃən] ⓜ **완전**, 완벽; 완비; 극치, 이상 (상태) ☞ perfect + ion<명접>
☐ **per**fectly　[pə́ːrfiktli/**퍼**퓍을리/**퍼**퓍틀리] ⓑ **완전히**, 더할 나위 없이 ☞ -ly<부접>
☐ **per**fectness　[pə́ːrfiktnis] ⓜ 완전 ☞ perfect + ness<명접>

퍼포먼스 아트 performance art (신체를 이용하여 표현하는 예술적 행위)

♣ 어원 : **per(i), pess 완전히, 지나치게<나쁘게; 내내; ~에 따라서**

☐ **per**fidious　[pərfídiəs] ⓗ 불신의, 불성실한; 배반하는, 딴 마음이 있는
☞ 지나치게<나쁘게(per) 믿게(fid) 하는(ious<형접>)
☐ **per**fidy　[pə́ːrfədi] ⓜ 불신, 불성실, 배반 ☞ 나쁘게(per) 믿게(fid) 하기(y)
☐ **per**forate　[pə́ːrfərèit] ⓓ 구멍을 내다, 꿰뚫다, 관통하다
☞ 완전히 뚫고(per) 구멍을 만들(for=pierce) 다(ate<동접>)
♠ The bullet **perforated** the wall. 총알이 벽에 **구멍을 냈다**.
☐ **per**foration　[pə̀ːrfəréiʃən] ⓜ 구멍을 냄, 관통; 천공, 절취선 ☞ -ation<명접>
☐ **per**forator　[pə́ːrfərèitər] ⓜ 구멍을 내는 사람, 천공기; 개찰 기구 ☞ -ator(사람)
☐ **per**form　[pərfɔ́ːrm/퍼**포**옴] ⓓ **실행하다, 이행하다, 수행하다**; 성취하다; (극을) **상연하다**,

(역을) **연기하다** ☜ 라틴어로 '완전한(per) 모양을 만들다(form)'란 뜻
♠ **perform one's promise 약속을 이행하다.**
♠ **perform** a surgical operation 외과 수술을 **행하다**.

☐ **per**formance [pərfɔ́ːrməns] 명 **실행**, 수행, 성취; **공연,** 상연, 연기 ☜ -ance<명접>

☐ **per**formance art **퍼포먼스 아트** 《육체행위를 음악·영상·사진 등을 통하여 표현하려는 예술 양식》 ☜ art(예술, 미술)

☐ **per**former [pərfɔ́ːrmər] 명 **행위자, 실행**〔이행, 수행, 성취〕**자**; 연기자, 연주자, 가수; 곡예사 ☜ perform + er(사람)

☐ **per**fume [pə́ːrfjuːm, pərfjúːm] 명 향기, 방향(芳香); **향료, 향수**(=scent) 동 향기를 풍기다 ☜ 라틴어로 '완전히<온통(per) 냄새가 나다(fume)'란 뜻
♠ **the heady perfume of the roses 황홀한 장미 향기**

☐ **per**fumery [pərfjúːməri] 명 향수류; 향수 제조소 ☜ perfume + ry<명접>

☐ **per**functory [pəːrfʌ́ŋktəri] 형 형식적인, 마지못한, 겉치레인; 피상적인 ☜ 철저히(per) (틀에 맞게) 진행하(funct) 는(ory<형접>)
♠ **perform duties in perfunctory and absent-minded way 적당히 건성으로 일을 하다.**

☐ **per**functorily [pərfʌ́ŋktərəli] 부 건성으로, 형식적으로, 겉치레로 ☜ -ly<부접>

☐ **per**fuse [pərfjúːz] 동 전면에 쏟아 붓다〔뿌리다〕; 흩뿌리다; 『의학』 (기관·조직)의 속을 관류(灌流)하다 ☜ ~을 통하여(per) 붓다(fuse)
♠ **perfuse water over the fields 밭에 물을 뿌리다**

☐ **per**fusion [pərfjúːʒən] 명 살포; 살수(세례); 살포액; 『의학』 관류 ☜ -ion<명접>

☐ **per**haps [pərhǽps/퍼**햅**스, (구어) pərǽps] 부 **아마**, 형편에 따라서는, 혹시, 어쩌면 ☜ 라틴어로 '어떤 일이 발생하느냐(hap<happen)에 따라서(per)'란 뜻
♠ **Perhaps** he's forgotten. **아마** 그가 잊어버린 모양이다.

☐ **per**jure [pə́ːrdʒər] 동 위증하다; 맹세를 저버리게 하다. ☜ 지나치게<나쁘게(per) 맹세하다(jure)
♠ The judge warned the witness **not to perjure** herself. 판사는 그녀에게 **위증하지 말라고** 경고했다.

☐ **per**jured [pə́ːrdʒərd] 형 위증한, 맹세를 저버린 ☜ -ed<형접>

☐ **per**jurer [pə́ːrdʒərər] 명 거짓 맹세하는 사람, 위증자 ☜ perjure + er(사람)

☐ **per**jurious [pəːrdʒúəriəs] 형 거짓 맹세하는, 위증의 ☜ -ous<형접>

☐ **per**jury [pə́ːrdʒəri] 명 『법률』 거짓 맹세, 위증(죄); 맹세를 깨뜨림; 새빨간 거짓말 ☜ 지나치게<나쁘게(per) 맹세(jur) 함(y<명접>)

페리클레스 Pericles (민주정치의 전성기를 이끌었던 고대 아테네의 장군·정치가)

☐ **Pericles** [pérəklìːz] 명 **페리클레스** 《아테네의 정치가; 495?-429 B.C.》

페릴포인트 peril point (임계[최저] 관세율. <위험 지표>란 뜻)

P

수입품의 관세를 그 이상 더 내리게 되면 국내 산업이 커다란 타격을 받게 된다고 생각되는 수준의 임계 관세율을 말하며, 관세율의 책정운용에 중요한 기준이 된다. <출처 : 매일경제>

☐ **peril** [pérəl] 명 **위험**, 위난; 모험 동 위태롭게 하다 ☜ 고대 프랑스어로 '위험'이란 뜻
♠ **Glory is the fair child of peril. 영광은 위기의 바로 그 자식이다. 《속담》 호랑이굴에 가야 호랑이 새끼를 잡는다.**
♠ **at the peril of ~ ~을 무릅쓰고, 감히**

☐ **peril** point 『경제』 임계점(臨界點), 임계 세율 《국내 산업을 저해 않는 한도의 최저 관세》 ☜ point(점, 점수; 뾰족한 끝)

☐ **peril**ous [pérələs] 형 **위험한**, 위험이 많은, 모험적인 ☜ peril + ous<형접>

■ im**peril** [impéril] 동 (생명·재산 따위를) **위태롭게 하다**, 위험하게 하다(=endanger) ☜ 위험(peril) 속에(im<in) 두다.

파마 pama (×) (콩글 오래 지속되는 곱슬형 헤어스타일) → permanent wave
페리스코프 periscope (잠수함의 잠망경. <전 방향을 보는 장비>란 뜻)

♣ **어원 : per(i), pess 완전히, 내내; ~에 따라서**

■ **per**manent [pə́ːrmənənt] 형 **(반)영구적인, 영속하는**; 불변의, 내구성의; 상설의 명 **파마**(~ wave, perm) ☜ 라틴어로 '완전히(per) 머무르(man) 는(ent)' 이란 뜻

☐ **peri**od [píəriəd/**피**어뤼드] 명 **기간**, 기(期); **시대**, 시기; **마침표, 종지부; 수업시간** ☜ 라틴어로 '완전히(peri) (한바퀴) 여행하다(od<hodos)
♠ **for a** 〔**the**〕 **period of** five years = **for a** five-year

period 5 년**이라는 기간 동안**

□ **peri**odic [pìəriάdik/-ɔ́dik] (형) **주기적인**, 정기의; 간헐적인 ☜ -ic<형접>

□ **peri**odical [pìəriάdikəl/-ɔ́d-] (형) **정기 간행의** (명) **정기 간행물** 《일간지 제외》, 잡지 ☜ periodic + al<형접/명접>

□ **peri**odically [pìəriάdikəli] (부) 정기적으로, 주기적으로 ☜ -ly<부접>

□ **peri**scope [périskòup] (명) (잠수함의) 잠망경, **페리스코프**; (참호 따위의) 전망경(展望鏡) ☜ 라틴어로 '완전히<전방향을(peri)을 보는 기계(scope)'란 뜻

< Periscope >

□ **per**ish [périʃ/**페**리쉬] (동) **멸망하다**, (비명(非命)에) **죽다**; 썩어 없어지다, 사라지다; 썩다, 타락하다
☜ 라틴어로 '완전히(per) 가다(ish)'란 뜻
♠ **perish by the sword 칼로 망하다**

□ **per**ishable [périʃəbl] (형) **썩기 쉬운** (명) (pl.) 부패하기 쉬운 물건(음식) ☜ perish + able<형접>

파마 pama (×) (콩글 오래 지속되는 곱슬형 헤어스타일) ➔ permanent wave

♣ 어원 : **per(i), pess ~마다; 전부, 모조리, 완전히, 내내; 두루, 주변(전반)에**

□ **per**manent [pə́ːrmənənt] (형) **(반)영구적인, 영속하는**; 불변의, 내구성의; 상설의 (명) **파마**(~ wave, perm) ☜ 라틴어로 '완전히(per) 머무르(man) 는(ent)'

□ **per**manently [pə́ːrmənəntli] (부) **영구히**; (영구)불변으로 ☜ -ly<부접>

□ **per**manence, -cy [pə́ːrmənəns], [-si] (명) 영구 불변, 영속적 지위
☜ 라틴어로 '완전히(per) 머무르는(man) 것(ence/ency<명접>)

□ **per**meate [pə́ːrmièit] (동) 스며들다, 침투하다, 투과하다; 충만하다, 퍼지다
☜ 두루(per) 들어가(mea) 다(ate)
♠ Water **can permeate into** sandy ground. 물은 모래바닥**에 스며들 수 있다**.

□ **per**meation [pə̀ːrmièiʃən] (명) 침투; 보급 ☜ -ation<명접>

□ **per**meable [pə́ːrmiəbəl] (형) 침투성(투과할 수) 있는 ☜ -able(~할 수 있는)

□ **per**mit [pəːrmít/퍼-**밑**] (동) **허락하다, 허가하다**, 인가하다
☜ 라틴어로 '완전히(per) 가게 하다<보내다(mit)'란 뜻
♠ Smoking **is not permitted** in the room. 이 방에서는 흡연이 **금지된다**, 이 방에서는 금연이다.

□ **per**mission [pəːrmíʃən] (명) **허가**, 면허; 허용, 인가 ☜ 완전히(per) 보내(miss) 기(ion<명접>)
♠ **with your permission 당신 허락을 [양해를] 얻어**

□ **per**missible [pərmísəbl] (형) **허가할 수 있는** ☜ -ible<형접>

□ **per**missive [pərmísiv] (형) 허가되는, 허락된, 임의의; 자유방임의
☜ 완전히(per) 보내(miss) 는(ive<형접>)

□ **per**nicious [pəːrníʃəs] (형) **유해한**, 유독한, 치명적인, 악성의; 악독한
☜ 완전히(per) 죽이(nic<necis) 는(ious<형접>)
♠ remedy **a pernicious evil 유해한 악폐**를 교정하다.

□ **per**niciously [pəːrníʃəsli] (부) 해롭게, 치명적으로 ☜ -ly<부접>

□ **per**pendicular [pə̀ːrpəndíkjələr] (형) **수직의**, 직립한; (P-) 〖건축〗 수직식의 (명) 수선(垂線); 수직면
☜ 라틴어로 '완전히(per) 매단(pend) + i + 것(cul<cle) 의(ar). 매달면 수직모양이 되므로
♠ **a perpendicular line 수직선**

□ **per**pendicularity [pə̀ːrpəndìkjəlǽrəti] (명) 수직, 직립 ☜ -ity<명접>

□ **per**petrate [pə́ːrpətrèit] (동) (나쁜 짓·죄를) 행하다, 범하다 ☜ 완전히(per) 수행하(petr) 다(ate<동접>). 원래 라틴어와 프랑스어에서는 좋은 일이나 나쁜 일 모두 '실행하다'라는 포괄적인 개념이었으나 영어로 넘어오면서 나쁜 의미로만 사용됨.

□ **per**petual [pərpétʃuəl] (형) **영구의**, 영속하는, 종신의; 부단한, **끊임없는**
☜ 라틴어로 '완전히(per) 돌진하(pet) + u + 는(al<형접>)
♠ **perpetual punishment 종신형**

□ **per**petually [pərpétʃuəli] (부) 영구히 ☜ perpetual + ly<부접>

□ **per**petuate [pərpétʃuèit] (동) 영속시키다 ☜ -ate<동접>

□ **per**petuation [pərpètʃuéiʃən] (명) 영속 ☜ -ation<명접>

□ **per**petuity [pə̀ːrpətjúːəti] (명) 영속, 종신 연금 ☜ -ity<명접>

□ **per**plex [pərpléks] (동) **당혹케 하다**, 난감(난처)하게 하다; 혼란에 빠뜨리다
☜ 라틴어로 '완전히(per) 얽히게 하다(plex)'란 뜻
♠ **be perplexed about (at) ~ ~에 고민하다, ~에 당혹하다**

□ **per**plexed [pərplékst] (형) 난처한; 착잡한 ☜ perplex + ed<형접>

□ **per**plexedly [pərpléksidli] (부) 당혹하여, 난감하여 ☜ -ly<부접>

□ **per**plexity [pərpléksəti] (명) **당혹**; 혼란; 난처한 일, 난국 ☜ -ity<명접>

□ **per**quisite [pə́ːrkwəzit] (명) 팁, 임시 수당; 부수입

P

☜ 충분히(per) 획득한/찾은(quis=seek) 것(ite<명접>)

☐ **per**secute [pə́ːrsikjùːt] ⓢ **박해하다**, 학대하다; **괴롭히다**
☜ 라틴어로 '완전히(per) 뒤쫓(secu) 다(te)'란 뜻
♠ The Nazis **persecuted** the Jews. 나치스는 유대인을 **박해했다**.

☐ **per**secution [pə̀ːrsikjúːʃən] ⓜ (특히 종교상의) **박해**; 졸라댐, 괴롭힘 ☜ persecute + ion<명접>

☐ **per**secutive, **per**secutory [pə̀ːrsikjúːtiv], [-təri] ⓗ 박해(학대)하는 ☜ -ive<형접>

☐ **per**secutor [pə́ːrsikjùːtər] ⓜ 박해자 ☜ persecute + or(사람)

페르세폴리스 Persepolis (고대 페르시아의 수도), 페르시아 Persia

☐ **Perse**polis [pəːrsépəlis] ⓜ **페르세폴리스** 《고대 Persia의 수도; Iran 남부에 유적이 있음》
☜ 그리스어로 '페르시안(Persian)의 도시(polis)'란 뜻

☐ **Persia** [pə́ːrʒə, -ʃə] ⓜ **페르시아** 《1935년에 Iran으로 개칭》 ☜ 고대 이란계 부족의 이름 혹은 이들이 주로 살던 이란 남서부의 땅 파르사(Pārsa)에서 유래.

☐ **Persia**n [pə́ːrʒən, -ʃən] ⓗ **페르시아**의; **페르시아**어(語)(사람)의 ⓜ **페르시아** 사람(어)
☜ Persia + an(~의/~사람/~말)

페르세우스 Perseus ([그神] 메두사를 퇴치하고 안드로메다를 구한 영웅)

☐ **Perseus** [pə́ːrsjuːs, -siəs] ⓜ 【그.신화】 **페르세우스** 《Zeus의 아들로 여괴(女怪) 메두사(Medusa)를 퇴치한 영웅》; 【천문】 **페르세우스**자리

파마 pama (×) (콩글 오래 지속되는 곱슬형 헤어스타일) ➔ permanent wave

♣ 어원 : **per(i), pess 완전히, 내내; ~마다, ~에 따라서**

■ **per**manent [pə́ːrmənənt] ⓗ **(반)영구적인, 영속하는**; 불변의, 내구성의; 상설의 ⓜ **파마**(~ wave, perm)
☜ 라틴어로 '완전히(per) 머무르(man) 는(ent)' 이란 뜻

☐ **per**severe [pə̀ːrsəvíər] ⓢ 참다, **인내하다, 견디다**
☜ 라틴어로 '완전히<매우(per) 엄한(severe)'이란 뜻

☐ **per**severance [pə̀ːrsəvíːrəns] ⓜ **인내**(력), 참을성, 버팀 ☜ -ance<명접>
♠ They showed **great perseverance** in the face of difficulty.
그들은 어려움에 직면하여 **대단한 인내심**을 보여 주었다.

☐ **per**severant [pə́ːrsəvíərənt] ⓗ 불요불굴의, 인내심 강한 ☜ -ant<형접>

☐ **per**sist [pəːrsíst, -zíst] ⓢ **고집하다, 주장하다; 지속하다**
☜ 라틴어로 '완전히<내내(per) 서있다(sist)'란 뜻
♠ **persist in 주장하다**(=insist on), **고집하다**
♠ **persist in** one's belief 자기의 신념을 **밀고 나아가다**

☐ **per**sistence, -tency [pəːrsístəns, -zíst-], [-ənsi] ⓜ **끈덕짐**, 고집; **영속**, 지속(성)
☜ persist + ence/ency<명접>

P

☐ **per**sistent [pəːrsístənt, -zíst-] ⓗ **고집 센, 완고한**, 끈덕진; **영속하는**, 끊임없는
☜ persist + ent<형접>

☐ **per**sistently [pərsístəntli] ⓑ 끊임없이, 지속적으로, 끈질기게 ☜ -ly<부접>

☐ **Persia**(페르시아) ➔ **Persepolis**(페르세폴리스) **참조**

연상 시몬(Simon)은 퍼시몬(persimmon.과)을 무척 좋아한다.

☐ **persimmon** [pəːrsímən] ⓜ **감(나무)** ☜ 북미 원주민어로 '인공적으로 말린 과일'이란 뜻

페르소나 persona [Gk.] (연극배우가 쓰는 가면. 가면을 쓴 인격)

MIT ADT
PERSONA
FEST'18

☐ **person**a [pərsóunə] ⓜ (pl. -na**e**) 《L.》 (pl.) (극·소설의) 등장인물; 【심리】 **페르소나**, 외적 인격 《가면을 쓴 인격》
☜ 라틴어로 '사람'이란 뜻

☐ **person** [pə́ːrsən/**퍼**얼선/퍼-슨] ⓜ **사람, 인물; 신체** ☜ 고대 프랑스어로 '인간, 사람'이란 뜻
♠ Who is **this person** ? **이 녀석**은 누구냐 ?
♠ **in person 몸소, 친히; 그 사람 자신은, 진짜는**
♠ **on one's person 몸에 지니고, 휴대하고**

☐ **person**age [pə́ːrsənidʒ] ⓜ **명사**(名士), 요인; 사람, 개인; (극·소설 중의) 인물; 《고어·익살》 자태, 풍채 ☜ person + age(신분, 상태)

☐ **person**able [pə́rsənəbl] ⓗ 품위있는, 외모가 단정한, 잘생긴; 풍채가 좋은 ☜ person + able<형접>

☐ **person**ate [pə́ːrsənèit] ⓢ ~역으로 출연하다 ☜ person + ate<동접>

□ **person**ation [pə̀:rsənéiʃən] ⓜ 분장(扮裝); (신분의) 사칭 ☜ -ation<명접>

□ **person**al [pə́:rsənəl/**펄**-서널] ⓗ **개인의; 본인의; 인격적인; 신체의** ☜ person + al<형접>

□ **person**al computer 〖컴퓨터〗 개인용 컴퓨터, 퍼스널 컴퓨터 《생략: PC》
☜ personal + 계산하는(comput) 기계(er) ★ 우리말의 PC 방을 PC room으로 표현하면 이는 콩글리시이다. 바른 표현은 internet café이다

□ **person**ality [pə̀:rsənǽləti] ⓜ **개성, 성격**, 인격; 매력; 개인, 인간, **명사**(名士)
☜ personal + ity<명접>
♠ She has a strong **personality**. 그녀는 **개성**이 강하다.

□ **person**ally [pə́:rsənəli] ⓑ **몸소**, 친히; **개인적으로** ☜ -ly<부접>

□ **person**ify [pə:rsɑ́nəfài] ⓓ 인격화하다, 의인화(擬人化)시키다 ☜ person + i + fy(만들다)

□ **person**ification [pə:rsɑ̀nəfikéiʃən/-sɔ̀-] ⓜ **인격화; 의인화**; 구현, 체현; (the ~) 화신
☜ 사람(person)으로 + i + 만들(fic) 기(ation<명접>)

□ **person**nel [pə̀:rsənél] ⓜ [집합적] (관청·회사 등의) 전직원, **인원**; 사원, 대원; 인사과
ⓗ 직원의, 인사의 ☜ person + n<자음반복> + el<le<명접/형접>

■ im**person**al [impə́:rsənəl] ⓗ **개인에 관하지 않는**, 일반적인; **비인칭의**
☜ im<in(=not) + person + al<형접>

파마 pama (×) (콩글 오래 지속되는 곱슬형 헤어스타일) ➔ permanent wave

♣ **어원 : per(i), pess 완전히, 내내, ~마다, ~에 따라서**

■ **per**manent [pə́:rmənənt] ⓗ **(반)영구적인, 영속하는**; 불변의, 내구성의; 상설의 ⓜ **파마**(~ wave, perm) ☜ 라틴어로 '완전히(per) 머무르(man) 는(ent)'이란 뜻

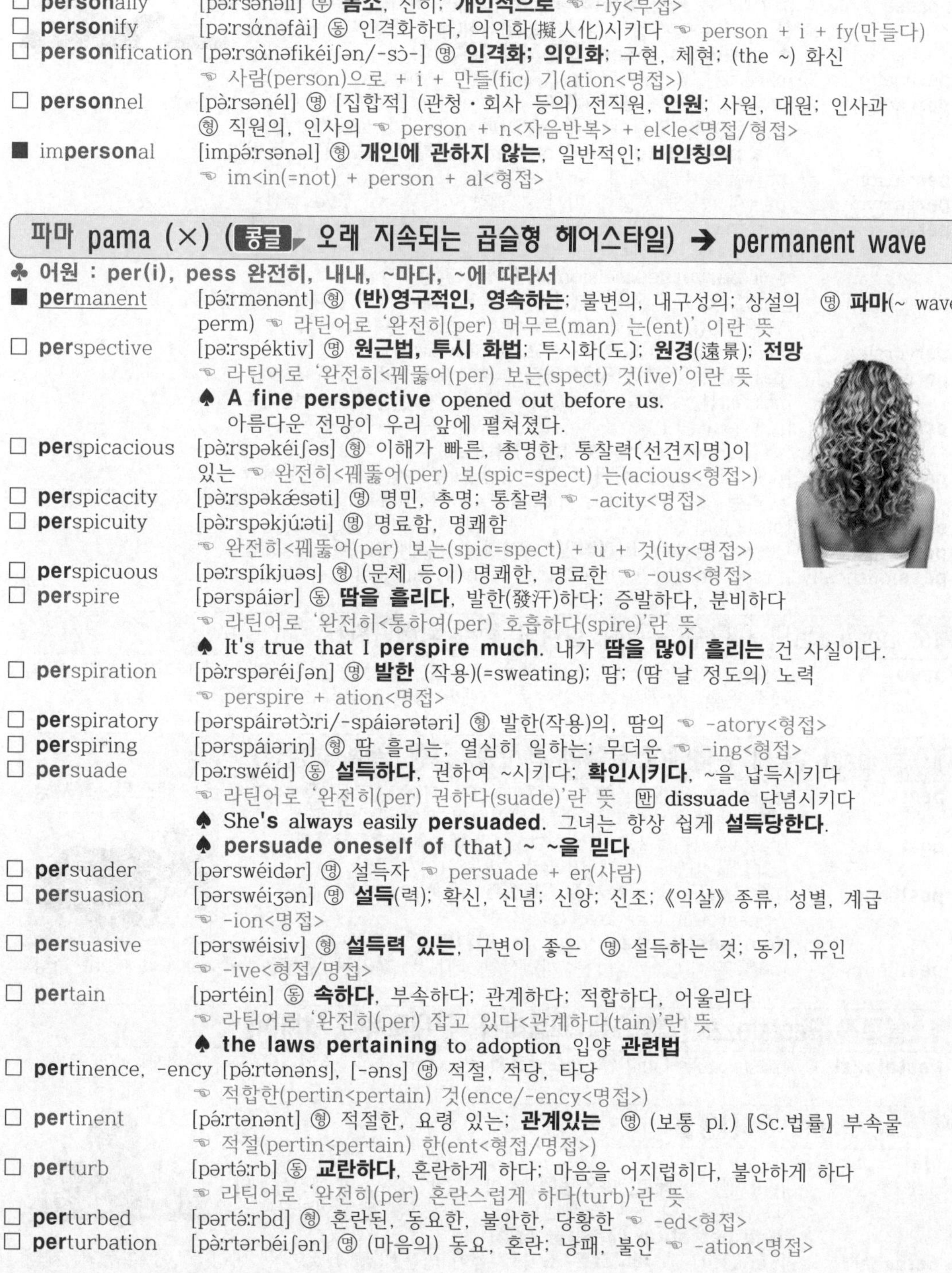

□ **per**spective [pərspéktiv] ⓜ **원근법, 투시 화법**; 투시화(도); **원경**(遠景); **전망**
☜ 라틴어로 '완전히<꿰뚫어(per) 보는(spect) 것(ive)'이란 뜻
♠ **A fine perspective** opened out before us.
아름다운 전망이 우리 앞에 펼쳐졌다.

□ **per**spicacious [pə̀:rspəkéiʃəs] ⓗ 이해가 빠른, 총명한, 통찰력(선견지명)이 있는 ☜ 완전히<꿰뚫어(per) 보(spic=spect) 는(acious<형접>)

□ **per**spicacity [pə̀:rspəkǽsəti] ⓜ 명민, 총명; 통찰력 ☜ -acity<명접>

□ **per**spicuity [pə̀:rspəkjú:əti] ⓜ 명료함, 명쾌함
☜ 완전히<꿰뚫어(per) 보는(spic=spect) + u + 것(ity<명접>)

□ **per**spicuous [pərspíkjuəs] ⓗ (문체 등이) 명쾌한, 명료한 ☜ -ous<형접>

□ **per**spire [pərspáiər] ⓓ **땀을 흘리다**, 발한(發汗)하다; 증발하다, 분비하다
☜ 라틴어로 '완전히<통하여(per) 호흡하다(spire)'란 뜻
♠ It's true that I **perspire much**. 내가 **땀을 많이 흘리는** 건 사실이다.

□ **per**spiration [pə̀:rspəréiʃən] ⓜ **발한** (작용)(=sweating); 땀; (땀 날 정도의) 노력
☜ perspire + ation<명접>

□ **per**spiratory [pərspáirətɔ̀:ri/-spáiərətəri] ⓗ 발한(작용)의, 땀의 ☜ -atory<형접>

□ **per**spiring [pərspáiəriŋ] ⓗ 땀 흘리는, 열심히 일하는; 무더운 ☜ -ing<형접>

□ **per**suade [pə:rswéid] ⓓ **설득하다**, 권하여 ~시키다; **확인시키다**, ~을 납득시키다
☜ 라틴어로 '완전히(per) 권하다(suade)'란 뜻 반 dissuade 단념시키다
♠ She's always easily **persuaded**. 그녀는 항상 쉽게 **설득당한다**.
♠ **persuade oneself of (that) ~ ~을 믿다**

□ **per**suader [pərswéidər] ⓜ 설득자 ☜ persuade + er(사람)

□ **per**suasion [pərswéiʒən] ⓜ **설득**(력); 확신, 신념; 신앙; 신조; 《익살》 종류, 성별, 계급
☜ -ion<명접>

□ **per**suasive [pərswéisiv] ⓗ **설득력 있는**, 구변이 좋은 ⓜ 설득하는 것; 동기, 유인
☜ -ive<형접/명접>

□ **per**tain [pərtéin] ⓓ **속하다**, 부속하다; 관계하다; 적합하다, 어울리다
☜ 라틴어로 '완전히(per) 잡고 있다<관계하다(tain)'란 뜻
♠ **the laws pertaining** to adoption 입양 **관련법**

□ **per**tinence, -ency [pə́:rtənəns], [-əns] ⓜ 적절, 적당, 타당
☜ 적합한(pertin<pertain) 것(ence/-ency<명접>)

□ **per**tinent [pə́:rtənənt] ⓗ 적절한, 요령 있는; **관계있는** ⓜ (보통 pl.) 〖Sc.법률〗 부속물
☜ 적절(pertin<pertain) 한(ent<형접/명접>)

□ **per**turb [pərtə́:rb] ⓓ **교란하다**, 혼란하게 하다; 마음을 어지럽히다, 불안하게 하다
☜ 라틴어로 '완전히(per) 혼란스럽게 하다(turb)'란 뜻

□ **per**turbed [pərtə́:rbd] ⓗ 혼란된, 동요한, 불안한, 당황한 ☜ -ed<형접>

□ **per**turbation [pə̀:rtərbéiʃən] ⓜ (마음의) 동요, 혼란; 낭패, 불안 ☜ -ation<명접>

페루 Peru (잉카제국이 탄생한 남미 서해안의 공화국)

□ **Peru** [pərú:] ⓜ **페루** 《남아메리카의 공화국; 수도 리마(Lima)》

P

☜ 잉카어로 '강'이란 뜻 ★ 잉카 제국의 유적으로 남미 안데스 산맥에 있는 '마추픽추(태양의 도시 · 공중 도시 · 잃어버린 도시)'가 있다.

☐ **Peru**vian [pərúːviən, -vjən] ⓗ 페루의; 페루 사람의 ⓜ 페루 사람
☜ Peru + vi + an(~의/~사람)

페시미즘 pessimism (세상 · 인생에 대한 비관주의, 염세주의)

♣ 어원 : per(i), pess 완전히, 내내, ~마다, ~에 따라서

☐ **per**use [pərúːz] ⓢ **숙독[정독]하다**; (안색 · 마음 따위를) 읽다(=scan); 《드물게》 음미하다 ☜ 라틴어로 '완전히(per) 사용하다(use)'란 뜻
♠ **peruse a report 보고서를 정독하다**

☐ **per**usal [pərúːzəl] ⓜ 숙독, 정독, 정사(精査) ☜ peruse + al<형접>

☐ **per**vade [pərvéid] ⓢ **~에 널리 퍼지다**, 고루 미치다, 보급하다; 스며들다
☜ 라틴어로 '완전히<두루(per) (퍼져) 나가다(vade)'란 뜻
♠ **a pervading mood** of fear **만연하고 있는** 공포 **분위기**

☐ **per**vasion [pərvéiʒən] ⓜ 퍼짐, 충만 ☜ pervade + sion<명접>

☐ **per**vasive [pərvéisiv] ⓗ 전면에 퍼지는, 널리 미치는 ☜ -sive<형접>

☐ **per**verse [pərvə́ːrs] ⓗ **괴팍한**, 심술궂은, 별난, 외고집인; 사악한; 잘못된
☜ 라틴어로 '완전히(per) (반대로) 도는<변하는(verse)'이란 뜻
♠ a **perverse** decision **비뚤어진** 결정

☐ **per**version [pərvə́ːrʒən, -ʃən] ⓜ (의미의) 곡해, 왜곡; 악용; 타락; 전도(轉倒)
☜ 완전히(per) (반대로) 도는<변한(verse) 것(ion<명접>)

☐ **per**versity [pərvə́ːrsəti] ⓜ 외고집, 완고 ☜ perverse + ity<명접>

☐ **per**vert [pəːrvə́ːrt] ⓢ **오해[곡해]하다**; 나쁜 길로 이끌다, 타락시키다
[pə́ːrvəːrt] ⓜ 타락자; 배교자; 변절자 ☜ 완전히(per) 반대로 돌다(vert)

☐ **per**vious [pə́ːrviəs] ⓗ (빛 · 물 따위를) 통과시키는, 통하게 하는
☜ 길(vi=via=voy)을 통하(per) 는(ous)

☐ **pess**imism [pésəmìzəm] ⓜ **비관(주의)**; 비관설〔론〕, 염세관, 염세 사상
☜ 라틴어로 '완전히(per<pess) + i + 나쁜(mis<malus) 주의(sm)' 즉, '최악' 이란 뜻

☐ **pess**imist [pésəmist] ⓜ 염세주의자, 비관론자 ☜ -ist(사람)

☐ **pess**imistic [pèsəmístik] ⓗ **비관적인**, 염세적인; 염세론의 ☜ -tic<형접>

☐ **pess**imistically [pèsəmístikəli] ⓑ 비관적으로 ☜ pessimistical + ly<부접>

페소 peso (남미 대다수 나라와 필리핀 등의 화폐단위)

☐ **peso** [péisou] ⓜ (pl. **-s**) 《Sp.》 **페소** 《필리핀 · 멕시코 및 중남미 여러 나라의 화폐 단위》; 페소 은화 ☜ 중세 스페인어로 '스페인 동전', 라틴어로 '무게'란 뜻

페스트 pest (중세 유럽에서 유행한 흑사병. 급성 열성 전염병)

P

☐ **pest** [pest] ⓜ 유해물; **해충**; 《구어》 골칫거리; 《드물게》 악역(惡疫); **페스트, 흑사병**; 역병(=plague) ☜ 라틴어로 '치명적인 전염병'이란 뜻

☐ **pest**icide [péstəsàid] ⓜ 농약 《살충제 · 살균제 · 제초제 · 살서제(殺鼠劑) 따위》 ☜ 해충(pest) + i + 살인자(cide)

☐ **pest**ilence [péstələns] ⓜ 악역(惡疫); **페스트**; 유행병; 《고어》 폐해
☜ pest + il + ence<명접>
♠ **A pestilence** broke out. **전염병**이 발생했다.

☐ **pest**ilent [péstələnt] ⓗ 전염하는, 치명적인; 해로운; 성가신; 귀찮은 ☜ pest + il + ent<형접>

페스탈로치 Pestalozzi (스위스의 교육학자. 근대교육의 아버지)

☐ **Pestalozzi** [pèstəlɑ́tsi/-lɔ́tsi] ⓜ **페스탈로치** 《Johann H. ~, 스위스의 교육 개혁자; 1746-1827》

페트 < 펫 pet (애완동물)

♣ 어원 : pet 작은

☐ **pet** [pet/펱] ⓜ **페트, 애완동물**; 총아, 착한 아기 ⓗ 애완동물의 ⓢ 귀여워하다 ☜ 스코틀랜드어로 '길들여진 동물'이란 뜻
♠ **a pet shop 애완동물 상점**

☐ **pet**ticoat [pétikòut] ⓜ **페티코트**《스커트 속에 입는》; (pl.) 소아복, 여성복 ⓗ 여성의; 페티코트를 입은 ☜ 작은(pet) + t<자음반복> + i<y→i> + 코트(coat)

☐ **pet**tiness [pétinis] ⓜ 작음, 편협함; 비열 ☜ pet + t + i + ness<명접>

☐ **pet**ty [péti] ⓗ (-<pett**ier**<pett**iest**) **작은**, 사소한, 대단찮은; **마음이 좁은**

☜ pet + t<단모음+단자음+자음반복> + y<형접>
♠ **petty** squabbles **사소한** 말다툼

☐ **pet**it [péti] ⓗ《F.》『법률』 작은; 가치 없는; 시시한, 사소한(=little)
☜ 프랑스어로 '작은'이란 뜻

☐ **pet**ite [pətíːt] ⓗ《F.》 작은, 몸집이 작은《여자에 말함》 ☜ petit의 여성형

연상 메탈(metal.금속)로 장미의 페탈(petal.꽃잎)을 만들어 달았다.

※ **heavy metal** **헤비메탈**(록)《묵직한 비트와 금속음이 특징》; 중금속; 중포(탄); 유력자, 강적 ☜ 무거운(heavy) 금속(metal)

※ **metal** [métl/**메**를/**메**틀] ⓜ **금속**; 금속 원소; 주철 ⓢ 금속을 입히다
☜ 라틴어로 '광물'이란 뜻

☐ **petal** [pétl] ⓜ『식물』 **꽃잎**; (pl.)《속어》 음순(陰脣)
☜ 그리스어로 '잎, 금속의 얇은 판'이란 뜻
♠ six-**petal(l)ed** 여섯 **꽃잎의**

☐ **petal**ine [pétəlàin, -lin] ⓗ 꽃잎(모양)의, 꽃잎에 붙은 ☜ -ine<형접>

베드로 Peter ([성서] 예수의 제자. 초기 기독교의 중심적 지도자)

☐ **Peter** [píːtər] ⓜ『성서』 **베드로**《예수의 12제자 중 한 사람; Simon Peter라고도 부름》; **표트르**(Pyotr) 대제《러시아 황제; 1672-1725》; **피터**《남자 이름》

☐ **Peter** Pan **피터팬**《영국 제임스 매튜 배리(J. M. Barrie)작 동화의 주인공; 영원한 소년》

☐ **Petr**ine [píːtrain, -trin] ⓗ 사도 베드로(의 교의(教義))의 ☜ -ine<형접>

애피타이저 appetizer (식욕 촉진요리)

식사 순서 중 가장 먼저 제공되어 식욕 촉진을 돋구어 주는 소품요리

♣ **어원 : pet 추구하다, 요구하다**

■ ap**pet**ite [ǽpitàit] ⓜ **식욕, 욕구** ☜ ~을(ap<ad=to) 추구하는(pet) 것(ite)

■ ap**pet**izer [ǽpitàizər] ⓜ **애피타이저**《식욕 돋우는 음식》
☜ -izer(~하게 만드는 것)

☐ **pet**ition [pitíʃən] ⓜ **청원, 탄원**, 진정; (신에의) 기원; 청원(탄원, 진정)서
ⓢ **청원하다** ☜ 요구하러(pet) 가(it=go) 기(ion<명접>)
♠ **make (a) petition 청원하다**
♠ **file a petition against (for) ~ ~에 반대(찬성)하는 탄원서를 제출하다.**

☐ **pet**itioner [pətíʃənər] ⓜ **청원자**, (이혼소송의) 원고 ☜ -er(사람)

✚ com**pet**e **겨루다**, 경쟁하다 im**pet**us **힘**, 관성(慣性), 추진력 im**pet**uous (바람 · 속도 따위가) **격렬한**, 맹렬한 per**pet**ual **영구의**, 영속하는

오일 oil (기름), 가솔린 gasoline (휘발유)

♣ **어원 : oil, ol, ole 기름, 오일**

■ **oil** [ɔil/오일] ⓜ **기름**; 석유; 올리브유; 유화물감 ⓗ 기름의; 석유의
☜ 중세영어로 '올리브 오일'이란 뜻

■ gas**ol**ine, -lene [gæ̀səlíːn] ⓜ **가솔린, 휘발유** (《영》 petrol)
☜ 가스(gas) 기름(ol) 물질(ine)

☐ petr**ol** [pétrəl] ⓜ **가솔린**, 휘발유 ☜ 라틴어로 '돌(petr)과 기름(ole)'이란 뜻
♠ **fill a car up with petrol** 차에 **휘발유**를 가득 채우다

☐ petr**ol**eum [pitróuliəm] ⓜ **석유** ☜ 돌(petr)과 기름(ole) + um<명접>

☐ petr**ol** station《영》 주유소 (《미》 filling station, gas station) ☜ station(장소, ~소(所))

♣ **어원 : petr 돌**

☐ **petr**ology [pitrɑ́lədʒi/-trɔ́l-] ⓜ 암석학 ☜ 돌(petr) 학문(ology)

☐ **petr**ologic(al) [pètrəlɑ́dʒik(əl)/-lɔ́dʒ-] ⓗ 암석학의 ☜ 돌(petr) 학문(ology) 의(ic(al))

☐ **petr**ologist [pitrɑ́lədʒist/-trɔ́l-] ⓜ 암석학자 ☜ 돌(petr) 학문(ology)하는 사람(ist)

☐ **petticoat**(페티코트, 속치마), **petty**(작은) ➔ **pet**(애완동물) **참조**

피튜니아, 페튜니아 petunia (남아메리카 원산의 가지과 풀꽃)

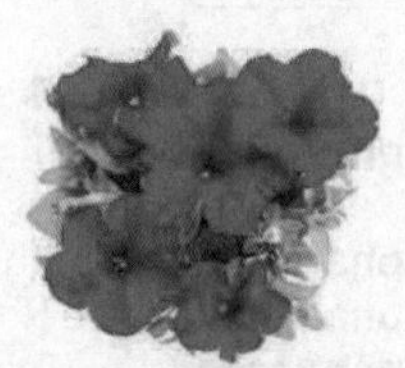

☐ **petunia** [pitjúːniə, -njə] ⓜ『식물』 **피튜니아**; 암자색(暗紫色)
☜ 브라질 원주민어인 'petum(담배)'에서 유래. 피튜니아의 잎을

담배에 섞어 흡입했다고 한다.

푸조 Peugeot (프랑스의 자동차 제조회사. 푸조사의 자동차)

☐ **Peugeot** [pə́:ʒou] ⓜ **푸조** 《프랑스 Peugeot사의 자동차; 1885년에 설립된 프랑스 자동차 제조회사》 ☜ 푸조가(家)의 실업가 아르망 푸조(Armand Peugeot)의 이름을 따서 명명
★ 푸조자동차 앰블럼인 사자는 푸조공장이 설립된 프랑스 벨포르(Belfort)시의 상징적인 동물이다. 푸조자동차는 프랑스 영화 <택시> 시리즈에서 <푸조 406> 모델이 등장한 바 있다.

피지에이 PGA (미국 프로골프협회)

☐ **PGA** **P**rofessional **G**olf **A**ssociation (미국의 남자) 프로골프협회
■ **LPGA** **L**adies **P**rofessional **G**olf **A**ssociation (미국의) 여자프로골프협회

✚ **lady 귀부인, 숙녀** **professional 직업적인**, 전문적인, **프로**의; 전문가, **프로**선수 **golf 골프; 골프**를 하다 as**soci**ation **연합, 협회, 교제**; 연상

파에톤 Phaethon ([그神] 태양신 헬리오스의 아들)

☐ **Phaethon** [féiəθən] ⓜ 〖그.신화〗 **파에톤** 《Helios(태양신)의 아들; 아버지 마차를 잘못 몰아 Zeus의 번갯불에 맞아 죽음》

팔랑스 phalanx (고대 그리스의 방어 진형)

☐ **phalanx** [féilæŋks, fǽl-] ⓜ (pl. **-es**, phalan**ges**) **팔랑스**, (고대 그리스의) 방진(方陣) 《창병(槍兵)을 네모꼴로 배치하는 진형》; 밀집대형; 동지들 ☜ 그리스어로 '전선'이란 뜻

팬시 fancy (상상이 가미된 장신구), 판타지 fantasy ([음악] 환상곡) 팬텀 phantom (F-4 전폭기의 별명. <유령>이란 뜻)

♣ **어원 : fan, fanc, phan 보여주다, 보이다**

■ **fanc**y [fǽnsi/팬시] ⓜ **공상(력), 상상(력); 변덕; 애호, 기호** ⓓ **공상하다** ⓗ **공상적인** ☜ 보여준(fanc) 것(y)

■ **fan**tasy, phan- [fǽntəsi, -zi] ⓜ **공상**, 환상; 〖음악〗 **환상곡** ⓓ 공상〔상상〕하다 ☜ 보이며(fan) 펼쳐지는(ta) 것(sy)

■ **fan**tastic(al) [fæntǽstik] ⓗ **환상[공상]적인, 기이한** ☜ 보이며(fan) 펼쳐지(ta) 는(syic)

☐ **phan**tasy [fǽntəsi] ⓜ 공상, 환상 ☜ fantasy의 고어(古語)

☐ **phan**tom [fǽntəm] ⓜ **환영**(幻影), **유령**, 도깨비; 환각, **착각**, 망상; **상**(像); (P-) 〖미군〗 **팬텀** 전폭기 《F-4》 ⓗ 환상의, 망상의; 유령의; 외견상의 ☜ 중세영어로 '환상, 비현실'이란 뜻
♠ **a phantom ship 유령선**

파라오, 바로 Pharaoh (고대 이집트 왕의 칭호)

☐ **Pharaoh** [fέərou] ⓜ (고대 이집트의) 왕, **파라오**; (종종 p-) [일반적] 전제적인 국왕, 혹사자(酷使者) ☜ 고대영어/라틴어/그리스어/헤브르어로 '위대한 집'이란 뜻

팜파라치 pharmparazzi (콩글 포상금을 노리고 약사들의 약 임의 조제 등 불법행위 장면을 몰래 촬영해 신고하는 사람들. <pharmacy + paparazzi>)

♣ **어원 : pharmac 약, 약물**

☐ **pharmac**y [fɑ́:rməsi] ⓜ 조제술, 약학; 제약업; 약국(=drugstore) ☜ 고대 프랑스어로 '설사약'이란 뜻
♠ **go to the pharmacy 약국에 가다**

☐ **pharmac**ist [fɑ́:rməsist] ⓜ 조제사, 약사(=pharmaceutist) ☜ -ist(사람)

☐ **pharmac**ology [fɑ̀:rməkɑ́lədʒi/-kɔ́l-] ⓜ 약리학(藥理學), 약(물)학 ☜ pharmacy + ology(학문)

☐ **pharmac**ologist [fɑ̀:rməkɑ́lədʒist/-kɔ́l-] ⓜ 약리학자 ☜ -ist(사람)

☐ **paparazzi** [pæ̀pərǽtsi] ⓜ 《It.》 **파파라치** 《특종을 위해 유명인을 쫓아다니는 프리랜서 사진사》

☞ 이탈리아어로 '파리처럼 웽웽거리며 달려드는 벌레'란 뜻. 영화 <달콤한 인생(La Dolce Vita)>의 극중 신문사 사진사 '파파라초'에서 유래

포토 photo (사진)

♣ **어원 : pho, pha, pheno 보다, 보여주다, 나타나다**

■ **pho**to [fóutou] [명] (pl. **-s**) 《구어》 **사진** [동] 사진을 찍다 ☞ **photo**graph의 줄임말

□ **pha**se [feiz] [명] (발달 · 변화의) **단계, 국면; 위상**(位相), 상(象) ☞ 보이는/나타난(pha) 상태(se)
♠ **enter on 〔upon〕 a new phase 새로운 국면**으로 들어가다.

□ **pheno**menon [finάmənὰn/-nɔ́mənən] [명] (pl. -en**a**) **현상** ☞ 보이는(pheno) 상태(menon)

□ **pheno**mena [finάmənə/-nɔ́m-] phenomenon(현상)의 복수

□ **pheno**menal [finάmənl] [형] 현상의, 지각할 수 있는; 놀랄만한, 경이적인 ☞ phenomenon + al<형접>

■ em**pha**sis [émfəsis] [명] (pl. **-ses**) **강조** ☞ 완전히(em/강조) 보여준(pha) 상태(sis)

■ em**pha**size [émfəsàiz] [동] **강조[역설]하다** ☞ 완전히(em/강조) 보여(pha) 주다(size)

파시스 Phasis ([그神] 흑해로 흘러드는 파시스 강의 신)

[그神] 파시스는 어느 날 자신의 어머니가 애인과 함께 있는 것을 발견하고는 그녀를 죽인 후 자신의 행동을 후회하며 스스로 강에 뛰어들어 목숨을 끊었다. 그 뒤 그 강은 그의 이름을 따서 파시스 강이라고 불리게 되었고, 그는 그 강의 신이 되었다고 한다. 콜키스(Colchis; 오늘날 조지아/Georgia) 서부의 리오니 강(Rioni River)이라 불리는 파시스 강은 흑해로 흘러들어간다. <출처 : 두산백과 / 일부인용>

□ **Phasis** [féisis] [명] 〖그.신화〗 **파시스** 《그리스 신화에 등장하는 인물로 옛 지명인 콜키스(Colchis)에 있는 파시스 강의 신》

□ **pheasan**t [fézənt] [명] (pl. **-s**, [집합적] **-**) **꿩** ☞ 꿩의 원산지였던 흑해 연안의 파시스 강(Phasian river)에서 유래
♠ The hunter killed **a pheasant** with a single shot.
사냥꾼은 단발에 **꿩**을 잡았다

□ **pheasan**t-eyed [féznttáid] [형] (꽃이) 꿩 눈 같은 반점이 있는
☞ 꿩(pheasant) 눈(eye) 의(ed<수동형 형접>)

페놀 phenol (산성 냄새와 맛이 나는 유독성 화합물의 하나)

□ **phenol** [fíːnoul, -nɑl, -nɔ(ː)l] [명] 〖화학〗 **페놀**, 석탄산(酸)
☞ phenyl(페닐기(基)) + alcohol(알코올)
♠ **Phenol** is also found in coffee and some fruits and teas.
페놀은 커피 그리고 약간의 과일과 차에서도 검출되었다.

□ **phenol** resin 〖화학〗 **페놀** 수지《열경화성》 ☞ resin(나무의 진, 수지, 송진)

페로몬 pheromone (동물의 체외로 분비되는 종(種)내의 유인물질)

■ hor**mone** [hɔ́ːrmoun] [명] 〖생화학〗 **호르몬** ☞ 그리스어로 '자극'이란 뜻

□ phero**mone** [férəmòun] [명] 〖생화학〗 **페로몬**, 유인(誘引) 물질
☞ 그리스어 '**pher**an(운반하다)과 h**orman**(흥분하다)'의 합성어
♠ There may also be a connection with **smell and pheromones** in men and women. 남성과 여성에게 있어 **냄새(체취)와 페로몬**은 서로 연관이 있는지도 모른다.

P

필하모닉 오케스트라 philharmonic orchestra (교향악단)
필라델피아 Philadelphia (미국 최초의 수도였던 동부 펜실베니아의 주도)

♣ **어원 : phil(o) 사랑하는, 좋아하는**

□ **phil**harmonic [fìlhɑːrmάnik, filər-/-mɔ́n-] [형] **음악 애호의**; 《특히》 교향악단의 [명] 음악 애호가, 음악 협회; 음악회 《음악 협회가 개최하는》, 교향악단 ☞ 그리스어로 '조화<음악(harmony)을 사랑하(phil) 는(ic)'이란 뜻
♠ **a philharmonic society 음악 협회**

□ **phil**harmonic orchestra 교향악단 ☞ orchestra(관현악단)

□ **Phil**adelphia [fìlədélfiə, -fjə] [명] **필라델피아** 《미국 Pennsylvania 주의 도시; 생략: Phil., Phila.》
☞ 그리스어로 '형제(adelph)간의 사랑(phil)의 도시(ia)'란 뜻

□ **Phil**anthropist [filǽnθrəpist] [명] **박애가**(주의자), 자선가
☞ 인류(anthropo=mankind)를 사랑하는(phil) 사람(ist)

□ **philo**logy [filάlədʒi/-lɔ́l-] [명] 문헌학; 언어학(=linguistics) ☞ 말(logy)을 사랑하는(philo) 학문

☐ **philo**logist [filάlədʒist/-lɔ́l-] ⓜ 문헌학자; 언어학자 ☜ -ist(사람)
☐ **philo**sophy [filάsəfi/-lɔ́s-] ⓜ **철학**, 형이상학; 철학 체계, 철학서; 철리, 원리, (근저) 사상
☜ 그리스어로 '지식, 학문(sophy)에 대한 사랑(phil)'이란 뜻
♠ the Kantian **philosophy** 칸트 **철학**
☐ **philo**sopher [filάsəfər/-lɔ́s-] ⓜ **철학자**; 현인, 달관한 사람 ☜ -er(사람)
☐ **philo**sophic(al) [filəsάfik(əl),-sɔ́f-] ⓗ **철학의**, 철학에 관한; 이성적인; 냉정한 ☜ -ic(al)<형접>
☐ **philo**sophize [filάsəfàiz/-lɔ́s-] ⓓ 철학적으로 생각하다 ☜ -ize<동접>

필리핀 Philippines (동남아시아에 있는 섬나라 공화국)

☐ **Philip** [fílip] ⓜ 【성서】 **빌립** 《예수의 12사도 중 한 사람》; **필립** 《남자 이름》
☐ **Philip**pines [filəpíːnz] ⓜ [the ~] **필리핀** 공화국 《the Republic of the Philippines, 수도는 마닐라(Manila)》 ☜ 스페인 식민지 시기에 스페인 황태자인 필립의 이름을 따서 '필립의 섬들'이란 뜻
♠ Currently South Korea is providing the largest overseas development assistance to the **Philippines**.
현재 남한은 가장 많은 해외 개발 원조를 **필리핀**에 제공하고 있다.
☐ **Philip**pine [filəpìːn, filəpíːn] ⓗ **필리핀**(사람)의 ☜ 필립(Philip) + p + 의(ine)

☐ **philology**(문헌학, 인문학), **philosophy**(철학) ➔ **Philadelphia**(필라델피아) **참조**

프놈펜 Phnom Penh (캄보디아의 수도)

☐ **P(h)nom Penh** [pənɔ́ːm pén] ⓜ **프놈펜** 《캄보디아의 수도》
☜ '펜(Penh/여인의 이름)의 언덕(Phnom)'이란 뜻
♠ Royal Palace of **Phnom Penh 프놈펜** 왕궁
★ 펜(Penh)이라는 여인이 홍수 때 메콩 강 상류에서 떠내려 온 불상을 건져 근처의 언덕 위에 사원을 세웠다고 함.

페니키아 Phoenicia (현재의 시리아 연안에 있었던 고대 국가)

☐ **Phoenicia, Phe-** [finíʃə, -níː-/-ʃiə] ⓜ **페니키아** 《지금의 시리아 연안에 있던 도시국가》
☜ 그리스어로 '보라색의 사람'이란 뜻. 페니키아인들이 B.C. 13세기부터 값 비싼 보랏빛 염료를 만드는 기술을 보유하고 있었기 때문.
♠ **The history of Phoenicia** was the history of two cities called Sidon and Tyre. **페니키아의 역사**는 시돈과 티레라는 두 도시의 역사였다.

피닉스 Phoenix (❶ 미국 애리조나 주(州)의 주도 ❷ 불사조)

☐ **Phoenix** [fíːniks] ⓜ (종종 P-) **피닉스**, (이집트 신화의) **불사조** 《500년 또는 600년에 한 번씩 스스로 타 죽고, 그 재 속에서 다시 태어난다는 영조(靈鳥)》; 불사의 상징; 불사(불멸)의 것(사람) ☜ 그리스어로 '신비스런 새, 보라색'이란 뜻
★ 대한민국의 국군체육부대(경북 문경 소재) 상징물은 '피닉스'이다.
♠ **Phoenix** is the capital and the largest city of Arizona.
피닉스는 아리조나의 주도이자 가장 큰 도시이다.

P

핸드폰 hand phone (콩글 ▶ 휴대폰) ➔ cell(ular) phone, mobile phone)

♣ **어원 : phon(o) 소리, 목소리, 말**
※ **hand** [hænd/핸드] ⓜ (사람의) **손**, 일손 ⓓ 건네주다 ☜ 고대영어로 '손'이란 뜻.
☐ **phone** [foun] ⓜ 《구어》 **전화**(기); 수화기 ⓓ **전화를 걸다** ☜ tele**phone**의 줄임말
※ cell **phone**, cellular **phone**, mobile (**phone**) 휴대폰
home **phone**, private **phone** 집전화
company **phone**, business **phone** 회사전화
pay **phone**, public (tele)**phone** 공중전화
landline **phone** 일반 유선전화
♠ You are wanted (Someone wants you) **on the phone**.
네게 **전화**가 왔다.
♠ **on the phone 전화상으로, 통화 중인**
☐ **phone** book 전화번호부 ☜ book(책)
☐ **phone** number 《구어》 전화번호 ☜ number(수, 숫자; 번호)
☐ **phone**tic(al) [fənétik(əl), fou-] ⓗ **음성(상)의**, 음성을 표시하는; 음성학의 ☜ -tic(al)<형접>
♠ **phonetic signs** (alphabet, symbols) **음표 문자, 음성 기호**

□ **phone**tics [fənétiks] 명 음성학, 발음학 ☜ -ics(과학 또는 학문 접미사)
□ **phono**graph [fóunəgræ̀f, -grɑ̀ːf] 명 《미》 **축음기**(《영》 gramophone); 레코드플레이어
☜ 소리(phono)를 기록한 것(graph)
♠ **the phonograph of Edison 에디슨의[이 발명한] 축음기**
□ **phono**graphy [founɑ́grəfi, fə-/-nɔ́g-] 명 표음식 철자(쓰는)법; 표음 속기법(술)
☜ 소리(phono)를 기록하는(graph) 법(y)
□ **phono**graphic(al) [fòunəgrǽfik(əl)] 형 축음기의; 속기(문자)의; 표음 문자의
☜ phonography + ic(al)<형접>
□ **phono**logy [fənɑ́lədʒi, fou-/-nɔ́l-] 명 (한 언어의) 음운론; 음성학 ☜ 소리(phono) 학문(logy)
□ **phono**logist [fənɑ́lədʒist, fou-/-nɔ́l-] 명 음운학자; 음성학자 ☜ -ist(사람)
□ caco**phon**y [kækɑ́fəni/-kɔ́f-] 명 불협화음(=discord); 불쾌한 음조; 소음
☜ 나쁜(caco=bad) 소리(phon) + y

✚ tele**phone** **전화; 전화기**; **전화를 걸다** ear**phone** **이어폰**, **리시버**, 수신기

□ **cacophony**(불협화음; 불쾌한 음조) ➔ **phone**(전화, 전화를 걸다) **참조**

포스포로스 Phosphor(us) ([그神] 샛별의 신)

[그神] 새벽에 동쪽 하늘에 매우 밝게 보이는 샛별을 의인화한 신화 인물이다. '포스포로스(Phosphorus)' 또는 '에오스포로스(Eosphorus)' 라고도 한다. 새벽의 금성을 '헤스포로스(Hesphorus)'라 하고, 해질 무렵의 금성은 '헤스페로스(Hesperus)'라고 했다.
<출처 : 두산백과 / 일부인용>

♣ **어원 : phos 빛**
□ **phos**phor [fɑ́sfər/fɔ́s-] 명 (P-) 〖그.신화〗 **포스포로스** 《샛별의 신. 로마신화의 Lucifer에 해당》; 〖물리〗 형광체, 인광체(燐光體); 《고어》 인(燐); (P-) 《시어》 샛별(=morning star)
☜ 그리스어로 '빛(phos)을 나르다(phoros)'란 뜻
□ **phos**phorus [fɑ́sfərəs/fɔ́s-] 명 (pl. **-ri**) 〖화학〗 인(燐) 《비금속 원소; 기호 P; 번호 15》; 《드물게》 인광체 ☜ 그리스어로 '빛(phos)을 나르는(phor) 것(us)'란 뜻
□ **phos**phoric [fasfɔ́ːrik] 형 인(燐)의 ☜ Phosphor + ic<형접>
□ **phos**phorescence [fɑ̀sfərésns] 명 인광(燐光); 청광(靑光)
☜ Phosphor + escence(작용, 과정, 변화, 상태)
□ **phos**phate [fɑ́sfeit/fɔ́s-] 명 〖화학〗 **인산염**(塩); 인산 비료; 인산이 든 탄산수
☜ 인산(phosph)의 소금(ate)
♠ **phosphate-free** washing powder **인산염이 들어 있지 않은** 세제
□ **phos**phoric [fɑsfɔ́ːrik, -fɑ́r-/fɔsfɔ́rik] 형 **인(燐)의**, 인을 함유한 ☜ 인(燐)(phos) 의(ic)

포토 photo (사진), 포토제닉 photogenic (사진이 잘 받는 상태)

♣ **어원 : pho, pha, pheno 보다, 보여주다, 나타나다; 빛**
□ **pho**to [fóutou] 명 (pl. **-s**) 《구어》 **사진** 동 사진을 찍다 ☜ **photo**graph의 줄임말
□ **pho**togenic [fòutədʒénik] 형 사진 촬영에 적합한 《얼굴 등》; 〖생물〗 발광성의
☜ 빛(photo)에 의해 생기(gen) 는(ic)
□ **pho**tograph [fóutəgræ̀f/**포**뤄그래프/-grɑ̀ːf/**포**터그라프] 명 **사진** 동 **사진을 찍다**
☜ 보는 것(photo)을 기록한 것(graph)
♠ **take a photograph of ~ ~을 사진 찍다.**
□ **pho**tographer [fətɑ́grəfər/-tɔ́g-] 명 **사진사**, 촬영자 ☜ -er(사람)
□ **pho**tographic(al) [fòutəgrǽfik(əl)] 형 **사진(술)의**, 사진용의, 사진에 의한(관한); 사진 같은
☜ photograph + ic(al)<형접>
□ **pho**tography [fətɑ́grəfi/-tɔ́g-] 명 **사진술**; 사진 촬영 ☜ photograph + y<명접>
□ **pho**tometer [foutɑ́mitər/-tɔ́-] 명 광도계(光度計); 〖사진〗 노출계(計)
☜ 빛(photo)의 세기를 재는 장치(meter)
□ **pho**tometry [foutɑ́mətri/-tɔ́-] 명 광도 측정(법); 측광(測光)(법); 측광학
☜ 빛(photo)을 재는(meter) 방법/기술(y)
□ **pho**tometric(al) [fòutəmétrik(əl)] 형 광도계의, 광도 측정의 ☜ -ic(al)<형접>
□ **pho**tosynthesis [fòutəsínθəsis] 명 **광합성** ☜ photo + synthesis(통합, 합성)

✚ **pha**se **단계, 국면; 위상**(位相) **pheno**menon **현상** em**pha**sis **강조** em**pha**size **강조하다**

캐치프레이즈 catchphrase (타인의 주의를 끌기 위한 기발한 문구)

♣ **어원 : phras(e) 말(하다), 이야기(하다), 연설(하다)**

P

■ <u>catch**phrase**, catch **phrase**</u> [kǽtʃfrèiz] 명 **캐치프레이스**, 주의를 끄는 글귀, (짤막한) 유행어, 표어 ☜ (사람의 마음을) 붙잡는(catch) 말(phrase)
☐ **phras**al [fréizəl] 형 구(句)의, 구(句)로 된; 관용구적인 ☜ phrase + al<형접>
☐ **phrase** [freiz] 명 〖문법〗 **구**(句); 관용구(=idiom), 숙어; 말씨, 말솜씨, 어법; 경구, 명구 ☜ 그리스어로 '이야기하다'란 뜻
♠ **an adjective** (adjectival) **phrase 형용사구**
☐ **phrase** book 숙어집 ☜ book(책, 서적, ~권)
☐ **phrase**ological [frèiziάlədʒikəl] 형 말씨의, 어법(상)의 ☜ phraseology + ical<형접>
☐ **phrase**ologist [frèiziάlədʒist] 명 어법전문가 ☜ phraseology + ist(사람)
☐ **phrase**ology [frèiziάlədʒi] 명 말씨, 어법 ☜ 말하는(phrase) 학문/기법(ology)

피지컬 physical (미국 빌보드가 역대 팝송 중 가장 섹시한 팝송으로 선정한 호주 출신 올리비아 뉴튼 존의 노래. <육체의>란 뜻)

팝 역사상 빌보드 차트에서 10주간 1위를 차지했던 곡은 세 곡이 있는데, 55년에 페레조 프라도의 <Cherry Pink And Apple Blossom White>와 77년에 데비 분(Debby Boone)이 노래한 <You Light Up My Life>, 그리고 올리비아 뉴턴 존의 <Physical>이다. 이 곡은 81년 10월 3일에 차트에 든 후 10주간 1위를 차지하였다. <출처 : 이야기 팝송 여행 & 이야기 샹송칸초네 여행>

Olivia Newton-John
PHYSICAL
45 tours géant version longue
© Discogs

♣ **어원 : physi, physio 천연, 자연, 물리, 물질, 형상, 육체, 신체, 생리, 의학**
☐ **physi**c [fízik] 명 《고어》 의술, 의업; 《구어》 약, 의약; 《특히》 **하제**(下劑; 설사가 나게 하는 약) 동 치료하다 ☜ 의학(phys) + ic<명접/동접>
☐ <u>**physi**cal</u> [fízikəl] 형 **육체의**, 신체의; **자연의, 물질의**, 물질적인; **물리학(상)의**, 물리적인 ☜ physic + al<형접>
♠ **physical beauty 육체미**
♠ **a physical change 물리적 변화**
☐ **physi**cal education (training) 체육 ☜ education(교육), training(훈련)
☐ **physi**cal examination 신체검사 ☜ examination(시험, 검사)
☐ **physi**cally [fízikəli] 부 **물리적으로, 물질적으로; 육체적으로**; 눈에 보이는 모양으로 ☜ physical + ly<부접>
☐ **physi**cal science 물리학, 자연과학 《생물학은 제외》 ☜ science(과학)
☐ **physi**cian [fizíʃən] 명 《미》 **의사, 내과의(사)**; 치료(구제)자 ☜ 의학(physi) + c + 사람(ian)
♠ **consult a physician 의사의 치료를[진찰을] 받다**
☐ **physi**cist [fízisist] 명 **물리학자**; 유물론자 ☜ physic + ist(사람)
☐ **physi**cs [fíziks] 명 (pl. 단수취급) **물리학**; 물리적 현상(과정, 특성) ☜ 물리(physi) 학(ics)
☐ **physi**ological [fìziəlάdʒik(əl), -lɔ́dʒ-] 형 **생리학(상)의**, 생리적인 ☜ 생리(physi) 학(ology) + c + 의(al<형접>)
☐ **physi**ologist [fìziάlədʒist/-ɔ́l-] 명 생리학자 ☜ -ist(사람)
☐ **physi**ology [fìziάlədʒi/-ɔ́l-] 명 **생리학**; 생리 기능(현상) ☜ -ology(학문)
☐ **phys**ique [fizíːk] 명 **체격**, 체형; (토지 따위의) 지형, 지상(地相), 지세 ☜ 신체/자연(phys) + ique<명접>

P

피아노 piano (건반이 달린 타현악기)

☐ <u>**piano**</u> [piǽnou/피**애**노우/피**아**노우] 명 (pl. **-s**) **피아노** 부 《It.》 약하고 부드럽게 《생략: p.》 ☜ **piano**forte의 줄임말
♠ **play (on) the piano 피아노를 치다.**
☐ **pian**ist [piǽnist, píːən-] 명 **피아니스트**, 피아노 연주자 ☜ -ist(사람)
☐ **piano**forte [piǽnəfɔ̀ːrt, piæ̀nəfɔ́ːrti] 명 **피아노** ☜ 부드럽고(piano) 강하게(forte)

피카소 Picasso (스페인 태생의 프랑스 입체파 화가 · 조각가)

☐ **Picasso** [pikάːsou, -kǽ-] 명 **피카소** 《Pablo ~, 스페인 태생의 화가 · 조각가; 1881-1973》
★ 대표작 : 《아비뇽의 아가씨들》(1907), 《게르니카》(1937) 등 다수

픽업트럭 pickup truck (짐칸이 뚜껑이 없는 소형 트럭)
픽미 pick me (Mnet 『PRODUCE 101』의 테마곡. <날 뽑아주세요>란 뜻)

♣ **어원 : pick, pierc 찌르다, 쑤시다; (콕 찍어) 골라잡다**
☐ <u>**pick**</u> [pik/픽] 동 **따다, 뜯다**(=pluck); **골라잡다**; (기회를) **붙잡다** 명 선택(권), (따낸) 수확량; 엄선한 것 ☜ 고대 프랑스어로 '찌르다, 쑤시다'란 뜻
♠ **Pick** a number from one to twenty.

1 에서 20 까지의 수 중에서 하나를 **선택하라**.

♠ **pick out 고르다; 파내다; (뜻을) 알다, 이해하다**

♠ **pick up 줍다; (사람을) 찾아내다; 붙잡다; 알게 되다; (속력 따위를) 빠르게 하다; 차에 태우다**

< Pickup Truck >

□ **pick**up truck 《미.구어》 **픽업트럭** 《소형 오픈 트럭》 ☜ truck(트럭, 화물차)

□ **pick**et [píkit] ⓜ **(끝이 뾰족한) 말뚝**; 『군사』 전초(前哨), 경계초(哨); (노동 쟁의 등의) **피켓**, 감시원 ⓢ 말뚝을 박다; 울타리를 치다 ☜ 프랑스어로 '뾰족한 말뚝'이란 뜻

□ **pick**ing [píkiŋ] ⓜ (곡괭이 등으로) **파기**; 채집〔취득〕(물, 양); (pl.) 따고 남은 것; 이삭, 잔물; (pl.) (직위를 이용한) 부정 수입; 장물 ☜ pick + ing<명접>

□ **pick**pocket [píkpὰkit/-pɔ̀k-] ⓜⓢ **소매치기**(하다) ☜ 호주머니(pocket)에 (손을) 찌르다(pick)

□ **pick**up [píkʌ̀p] ⓜ **습득물**, 횡재; 자동차 편승 여행자(를 태우기); 《구어》 잘 되어 감, 개선, 진보; 경기 회복; 《미.구어》 (자동차의) 가속 (성능); **픽업트럭**; 『구기』 **픽업** 《공이 바운드한 직후에 잡음〔침〕》 ☜ 위로(up) 골라잡다(pick)

■ **peck** [pek] ⓢ (부리로) **쪼다**, 쪼아먹다, 주워먹다; (구멍 따위를) 쪼아 파다 ⓜ 쪼기 ☜ 중세 독일어로 '부리로 쪼아 먹다'란 뜻

※ **me** [miː/mi/미-/미] ⓓ **나를, 나에게** ☜ I(나)의 목적격

피클 pickle (서양식 소금(초) 절임 장아찌)

□ **pick**le [píkəl] ⓜ (pl.) **절인 것** 《오이지 따위》, **피클**; 절이는 물 《소금물・초 따위》; 《구어》 곤경, 당혹 ⓢ (야채 등을) 소금물에 절이다 ☜ 중세 독일어로 '소금물'이란 뜻

피크닉 picnic (소풍)

□ **picnic** [píknik/**피**크닉] ⓜ **피크닉, 소풍** ⓢ **소풍가다**
☜ 프랑스어로 piquenique, 즉 '(음식을) 골라잡다(pique=pick) + nique<무가치 접미사>'는 뜻.
중세 사냥 후 먹는 야외식사에서 유래.

♠ **go (out) on 〔for〕 a picnic 피크닉[소풍] 가다**

□ **picnic**ker [píknikər] ⓜ 소풍객 ☜ picnic + k + er(사람)

□ **picnic**ky [pǽniki] ⓗ 피크닉의, 흥겨운 ☜ picnic + k + y<형접>

픽셀 pixel (디지털 이미지를 이루는 화소), 픽토그램 pictogram (그림문자)

♣ **어원 : pic, picto 그림; 색칠하다, 그림을 그리다**

□ **pix**el [píksəl] ⓜ 『컴퓨터・TV』 **픽셀, 화소**(畫素) 《비디오 화면 표시 체계에서 독립적으로 처리할 수 있는 화상의 최소 요소》
☜ 픽처(**pic**ture) + 엘리먼트(**el**ement/요소, 성분)의 합성어

□ **pic**ture [píktʃər/**픽**춰] ⓜ **그림**, 회화; 초상화; **사진**; 《영》 영화 ⓢ 그리다, 묘사하다, 상상하다 ☜ 라틴어로 '그린(pic) 것(ture)'이란 뜻

♠ **a picture postcard 그림엽서**

♠ May I take your **picture** ? 당신 **사진**을 찍어도 좋습니까?

♠ **picture to oneself 상상하다, 머리속에 그리다**

□ **picto**gram, **picto**graph [píktəgræ̀m], [píktəgræ̀f, -grὰːf] ⓜ 그림문자 《원시시대의 벽면 등에 그린》, 상형문자; **픽토그램**, 그림문자로 된 문서; 『수학』 그림그래프, **픽토그래프**
☜ 그림(picto) 문자(gram)

□ **picto**rial [piktɔ́ːriəl] ⓗ **그림의**; 그림으로 나타낸; 그림 같은 ⓜ 화보, 그림 잡지〔신문〕 ☜ 그림(picto) + ri + 의(al)

□ **pic**turesque [pìktʃərésk] ⓗ **그림 같은**, 아름다운; 생생한; 재미있는〔즐거운〕
☜ picture + esque(~같은, ~풍의)

□ **pic**ture book 그림책 ☜ book(책, 서적, ~권)

□ **pic**ture gallery 미술관, 화랑 ☜ gallery(화랑, 미술관, 복도, 관람석)

□ **pic**ture (post) card 그림엽서 ☜ post(우편), card(카드, 판지; 엽서)

< Sports Pictogram >

□ **MPEG** [émpèg] **M**otion **P**icture **E**xperts **G**roup **엠페그**, 동영상 압축방식 중 하나 《동화상 압축 전문 그룹(ISO)에서 데이터로서의 동화상 압축보존 방식의 표준규격으로 제안한 규격》 ☜ motion(운동, 움직임), picture(그림, 사진), expert(전문가), group(그룹)

파이 pie (고기나 과일 등의 소를 채워 구운 서양요리)

□ **pie** [pai] ⓜ **파이**; 크림샌드위치; 잼샌드위치 ☜ 중세영어 '까치(magpie)'에서 유래. 이는 파이 속의 여러 재료들이 마치 까치가 둥지로 물어 오는 여러 형태의 것과 비슷한데서.

♠ a slice of **apple pie 애플파이** 한 조각

P

☐ **pie**crust [páikrʌ̀st] 명형 파이의 껍질(처럼 부서지기 쉬운)
☞ pie + crust(빵 껍질)
♠ **Promises are like piecrust, made to be broken.**
《속담》 약속이란 파이 껍질같이 깨어지기 쉬운 것이다.

☐ **pie**-in-the-sky [páiinðəskái] 형 《구어》 극락 같은, 유토피아적인; 그림의 떡인
☞ 하늘(sky) 에(in) 있는 파이(pie)
♠ This is not **pie in the sky**; this can be done.
이것은 '**그림의 떡**'이 아니다. 이루어질 수 있다.

■ mag**pie** [mǽgpài] 명 까치 《총칭》; 수다쟁이; 잡동사니 수집가 ☞ Margaret(여성 이름) + pie

원피스 one-piece (콩글 위 아래가 붙은 일체형 옷) ➔ a dress

■ one-**piece** [wʌ́npìːs] 명형 (옷이) 원피스(의), (아래위) 내리닫이(의)
☞ 한(one) 조각(piece)

☐ **piece** [piːs/피-스] 명 **조각**, 단편; (한 벌인 물건 중의) 일부, 부분, 부분품 ☞ 중세영어로 '조각'이란 것 비교 peace **평화**
♠ **a piece of 한 개의, 한 조각의**
a piece of bread 〔cloth〕 빵〔천〕 **한 조각**
♠ **go to pieces 산산조각이 나다, 엉망이 되다**
♠ **into pieces 산산조각으로**
♠ **to 〔in, into〕 pieces 산산이, 조각조각, 갈기갈기**

☐ **piece**meal [píːsmìːl] 부 조금씩, 조각조각으로 형 조각조각의, 단편적인
☞ 한 번에(meal) 조각(piece)으로

☐ **piece**work [píːswə̀ːrk] 명 삯일 ☞ piece + work(일, 노동, 세공품)

산타바바라 피어 Santa Barbara Pier (미국 LA 인근 산타바바라 해안에 설치되어 있는 잔교. <성(聖) 바르바라의 부두>란 뜻.)

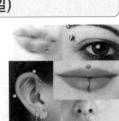

※ **Santa Barbara 산타바바라** 《미국 LA에서 약 148km 떨어진 해안 관광지》
☞ 'Saint(성인(聖人)) 바르바라'라는 뜻. 초기 기독교의 동정녀 순교자이자 14성인 가운데 한 사람.

☐ **pier** [piər] 명 **부두**, 잔교(棧橋); 방파제; 교각, 교대(橋臺)
☞ 중세영어로 '다리의 짧은 지주'란 뜻
♠ **a landing pier 상륙용 잔교**

☐ **pier**age [píəridʒ] 명 부두세(稅) ☞ -age(요금)

피어싱 piercing (신체의 특정 부위를 뚫어 장신구로 치장하는 일)

♣ **어원 : pierc, piqu, pick 찌르다, 쑤시다; (콕 찍어) 골라잡다**

☐ **pierc**e [piərs/피어스] 동 **꿰찌르다, 꿰뚫다**, 관통하다; 깊이 감동시키다, **사무치다** ☞ 라틴어로 '구멍을 뚫다'라는 뜻
♠ The spear **pierced** his shoulder.
창이 그의 어깨를 **꿰찔렀다**

☐ **pierc**ing [píərsiŋ] 형 꿰찌르는, **꿰뚫는**; 뼈에 사무치는; 날카로운
☞ pierce + ing<형접>

☐ **piqu**e [piːk] 명 **화**, 불쾌 동 ~의 감정을 상케 하다, 성나게 하다; 자극하다; 자랑하다 ☞ 중세 프랑스어로 '찌르다'란 뜻
♠ **in a fit of pique 홧김에, 화가 나서**
♠ **take a pique against ~ ~ 에게 반감을 품다**

■ **pick** [pik/픽] 동 **따다, 뜯다**(=pluck); **골라잡다**; (기회를) **붙잡다** 명 선택(권), (따낸) 수확량; 엄선한 것 ☞ 고대 프랑스어로 '찌르다, 쑤시다'란 뜻

피에로 pierrot ([F.] 프랑스 무언극의 어릿광대) ➔ clown (광대)

☐ **pierrot** [píːəròu] 명 (fem. Pierr**ette**) 《F.》 (종종 p-) **피에로**, 어릿광대
☞ 고대 프랑스어로 '판토마임에 등장하는 인물'이란 뜻

피에타 pieta (미켈란젤로가 조각한 <슬퍼하는 성모마리아상>)

♣ **어원 : pi 경건한, 숭고한, 충성의, 효성의; 인정이 많은, 불쌍히 여긴, 자비를 베푼**

☐ **pi**eta [pjeitɑ́ː, pìːei-] 명 《It.》 **피에타** 《예수의 시체를 안고 슬퍼하는 마리아상》
☞ 이탈리아어로 '(신이여) 자비를 베푸소서(pity)'란 뜻

☐ **pi**ety [páiəti] 명 **경건, 신앙심**; 충성(심); 경애; 효심; 신앙심〔충성심〕 깊은 언동 ☜ -ty<명접>
♠ **piety towards God 신에 대한 경건함**

☐ **pi**ous [páiəs] 형 신앙심이 깊은; **경건한**; (세속적인 데 대해) 종교적인 ☜ 경건(pi) 한(ous<형접>)

☐ **pi**ously [páiəsli] 부 경건하게 ☜ pious + ly<부접>

✚ im**pi**ety 불신앙; 경건하지 않음; 불충실; 불효; (pl.) 불경한〔사악한〕 행위 〔말〕 im**pi**ous 불신앙의, 경건치 않은, 불경한, 사악한; 불효한 **pi**ty **불쌍히 여김, 동정; 애석한 일, 유감스러운 일;** 유감의 이유; **불쌍히[딱하게] 여기다**

기니피그 guinea pig (실험용 · 애완용으로 많이 사육되는 설치류)

※ **Guinea** [gíni] 명 **기니** 《아프리카 서부의 공화국; 수도 코나크리(Conakry)》 ☜ 아프리카 서북부지방 민족인 베르베르어로 '검은 사람의 땅'이란 뜻

☐ **pig** [pig/피그] 명 **돼지**; 《미》 **돼지새끼**; 돼지고기; 《구어》 돼지 같은 사람; 불결한 사람, 탐욕스러운 사람, 완고한 사람 ☜ 고대영어로 '돼지'
♠ In many countries, **pigs** are a symbol of good luck.
많은 나라에서 **돼지**는 행운의 상징이다.

피존 pigeon (한국 피죤기업의 섬유유연제 브랜드. <비둘기>라는 뜻)

☐ **pigeon** [pídʒən] 명 (pl. **-s**, [집합적] **-**) **비둘기**; 집비둘기; 짙은 자회색(紫灰色); (아름다운) 젊은 처녀; 《구어》 잘 속는 사람, '봉', 멍청이; 풋내기 ☜ 라틴어로 '새 새끼'라는 뜻
♠ let loose **a pigeon 비둘기**를 날리다

☐ **pigeon**hole [pídʒənhòul] 명 비둘기집 드나드는 구멍; (서류 정리용 선반 등의) 작은 칸 동 분류〔정리〕하다; 미루어 두다 ☜ 비둘기(pigeon) 구멍(hole)

☐ **pigeon**-breast 〔chest〕 새가슴 ☜ breast(가슴, 유방), chest(가슴; 대형 상자)

☐ homing 〔carrier〕 **pigeon** 전서구(傳書鳩: 통신에 이용되는 훈련된 비둘기) ☜ 집으로 돌아오는(homing) 〔(편지의) 운반용(carrier)〕 비둘기(pigeon)

페인트 paint (결합제와 섞어서 만든 유색도료)

♣ **어원 : paint, pig 색칠하다**

■ **paint** [peint/페인트] 명 (pl.) **그림물감, 페인트**, 도료; 화장품; 착색 동 **페인트칠하다**; (그림물감으로) **그리다** ☜ 라틴어로 '그림 그리다'란 뜻

☐ **pig**ment [pígmənt] 명 **그림물감**; 『공학 · 화학』 **안료**(顔料); 『생물 · 화학』 **색소** 동 ~에 색칠하다, 물감을〔도료를〕 칠하다; 물들다 ☜ 라틴어로 '칠하는(pingere<pig) 도구(mentum<ment)'라는 뜻
♠ It is **the red pigment** contained in tomatoes.
이것은 토마토에 들어있는 **적색 색소**이다.

☐ **pigment** cell (생물) 색소 세포 ☜ cell(세포, 작은 방; 전지)

임금피크제 salary peak (일정 연령이 된 근로자의 임금을 삭감하는 대신 정년까지 고용을 보장하는 제도)

※ **salary** [sǽləri/샐러뤼] 명 **봉급**, 급료 동 ~에게 봉급을 주다 ☜ 라틴어로 '(고대 로마에서 병사들의 급료로 지급된) 소금을 사기 위한 돈'이란 뜻

■ **peak** [pi:k] 명 **(뾰족한) 끝**, 첨단; (뾰족한) **산꼭대기**, 봉우리; 고봉(高峰); **절정**, 최고점 동 뾰족해지다, 우뚝 솟다 ☜ pike의 변형

☐ **pike** [paik] 명 (옛날의) **창**, 창끝; 《영.방언》 곡괭이; 바늘, 가시 동 창으로 찌르다 ☜ 프랑스어로 '찌르다'란 뜻
♠ **Pike** was a main weapon of foot soldier in former times.
창은 예전에 보병의 주된 무기였다.

■ s**pike** [spaik] 명 긴 못; (보통 pl.) **스파이크**화(靴) 《신발바닥에 못이 박힌》; 『배구』 **스파이크** 동 못을 박다 ☜ 고대영어로 '큰 못'

필로티 piloti (1 층은 기둥만 있는 건축형태. <기둥>이란 뜻>

♣ **어원 : pil 기둥, 지주**

☐ **pil**e [pail/파일] 명 **쌓아올린 더미**; (가공용의) 쇠막대 다발 동 겹쳐

P

쌓다, 쌓아올리다 ☜ 라틴어로 '기둥, 말뚝'이란 뜻
비교 file 서류철
♠ a pile of books 책**더미**, a pile of hay 건초**더미**
♠ **pile up 쌓아 올리다; (돈·눈 따위가) 쌓이다**

□ **pil**lar [pílər] 명 **기둥**; 표주(標柱), 기념주 동 기둥으로 장식하다 ☜ pil + l + ar<명접>
□ **pil**lar box 우체통(=《미》 mailbox) ☜ box(박스, 상자)
□ **pil**oti(s) [pilάti/-lɔ́ti] 명 《F.》 〖건축〗 **필로티** 《건물의 높은 지주(支柱); 밑을 툭 틔워 놓음》 ☜ 프랑스어로 '받치는 기둥'이란 뜻
★ 필로티공법은 스위스 출신의 프랑스 건축가 르 코르뷔지에(Le Corbusier)가 1920년대 소개한 특수 공법이다. 그는 필로티를 통해 비워진 1층이 휴식처가 되고 기능적으로도 벌레, 습기, 열기를 막는 효과가 있다고 강조했다. 우리나라에선 주로 주차공간으로 쓰인다.

필그림 파더즈 Pilgrim Fathers (1620 년 신앙의 자유를 찾아 신대륙으로 건너간 영국 청교도단)

W.J. Aylward 작 <청교도단의 상륙>

□ **pil**grim [pílgrim] 명 **순례자**, 성지 참배자; 나그네, 방랑자; (P-) 〖미.역사〗 청교도 단원 형 순례의; 방랑자의 동 순례(유랑)하다 ☜ 라틴어로 '들판(gri<agri)을 건너/가로질러(pil<per) 간 자(m)'란 뜻
□ **pil**grimage [pílgrimidʒ] 명 **순례여행**; 긴 여행; 정신적인 편력 동 순례의 길에 오르다 ☜ -age<명접/동접>
♠ **make (go on) a pilgrimage to ~ ~로 성지 순례를 떠나다**
□ **Pil**grim Fathers [the ~] 〖미.역사〗 **필그림 파더즈** 《1620년 메이플라워(Mayflower)호로 미국에 건너가 플리머스(Plymouth)에 주거를 정한 102명의 영국 청교도단》 ☜ father(아버지) s(들)

포이즌 필 poison pill (기업의 경영권 방어수단의 하나. <독이 든 알약>)

포이즌 필(poison pill)이란 기업의 경영권 방어수단의 하나로, 적대적 M&A(기업인수·합병)나 경영권 침해 시도가 발생하는 경우 기존 주주들에게 시가보다 훨씬 싼 가격에 지분을 매입할 수 있도록 미리 권리를 부여하는 제도인데 달리 말하면 기업사냥꾼에겐 매수가를 높게 해 놓은 장치라고 할 수 있다.

※ **poison** [pɔ́izən] 명 **독**(毒), 독물, **독약**; 폐해, 해독(害毒) 형 독 있는, 해로운 동 독을 넣다, 독살하다 ☜ 고대 프랑스어로 '마실 것'이란 뜻
□ **pill** [pil] 명 **알약**; 경구 피임약 동 알약을 먹이다, 알약으로 만들다 ☜ 라틴어로 '작은 공'이란 뜻
비교 power medicine 가루약, liquid medicine 물약
♠ **Take one pill three times a day.**
한 번에 한 알씩 하루에 세 번 복용하세요.

P

필러 peeler (과일 등의 껍질을 벗기는 기구)

■ **peel** [piːl] 명 **과실 껍질**, 나무껍질 동 (귤·바나나·삶은 달걀 등의) **껍질을 벗기다** ☜ 고대영어로 '껍질을 벗기다, 허물을 벗다'란 뜻
★ 귤·바나나가 아닌 기타 과일의 껍질 등을 벗기는 경우는 pare
■ **peel**er [píːlər] 명 껍질 벗기는 사람(기구) ☜ -er(사람/기구)
□ **pill** [pil] 《고어》 약탈하다; 《고어·방언》 (껍질을) 벗기다, 까다(=peel) ☜ 라틴어로 '껍질을 벗기다, 털을 뽑다'란 뜻
□ **pill**age [pílidʒ] 명 약탈, 강탈 《특히 전쟁 중의》; 약탈물 명 약탈(강탈)하다 ☜ pill + age<명접/동접>
♠ Pirates are engaging in **pillage** (plunder) near the shore.
해적들이 연안에서 **노략질**을 일삼고 있다

바디필로우 body pillow ([신조어] 전신베개. 임산부용 베개로도 유명)

※ **body** [bάdi/**바**리/bɔ́di/**보**디] 명 **몸; 본문** ☜ 고대영어로 '통'이란 뜻
□ **pillow** [pílou] 명 **베개**; 베개가 되는 물건《쿠션 따위》; 헤드 레스트 동 베개 위에 올려놓다; 베개를 베다 ☜ 라틴어로 '쿠션'이란 뜻
♠ **pillow** his head on his arm 그의 팔**베개를 베다**.
□ **pillow**case [píloukeis] 명 베갯잇, 베개 커버 ☜ case(상자, 용기, 주머니)
□ **pillow** slip 베갯잇, 베개 커버 ☜ slip(옆으로 미끄러짐; 여성용 속옷; 베갯잇)
□ **pillow**y [píloui] 형 베개 같은; 폭신폭신한 ☜ pillow + y<형접>

파일럿 pilot (❶ 항공기 조종사 ❷ 수로 안내인, 도선사)

☐ **pilot** [páilət/**파**일럿] 명 『항공』 (비행기 · 우주선 등의) **조종사**; **수로 안내인**, 도선사(導船士); 지도자, 안내인 동 수로를 안내하다, (항공기 등을) 조종하다
☜ 그리스어로 '노'란 뜻
♠ **In a calm sea every man is a pilot.**
《속담》 잔잔한 바다에서는 모두가 수로 안내인이 될 수 있다.

☐ **pilot**age [páilətidʒ] 명 수로 안내(료); 지도; 항공기 조종(술) ☜ pilot + age<명접>

☐ **pilot** boat 수로 안내선 ☜ boat(작은 배, 보트)

☐ **piloti**(필로티 건축공법) ➔ **pile**(쌓아올린 더미) **참조**

핀 pin (못바늘, 장식핀)

☐ **pin** [pin/핀] 명 **핀**, 못바늘; 장식 바늘; (핀이 달린) 기장(記章); 브로치; 마개(peg); 못; 빗장(=bolt) 동 핀으로 고정하다, 핀을 꽂다 ☜ 고대영어로 '나무못, 빗장'이란 뜻
♠ **take (pull) the pin off** a hand grenade 수류탄의 안전**핀을 뽑다**

☐ **pin**nacle [pínəkəl] 명 『건축』 **작은 뾰족탑**; 뾰족한 산봉우리; 정상; (the ~) 정점, 절정 동 높은 곳에 두다 ☜ 라틴어로 '뾰족한(pin) + n<자음반복> + a + 끝(cle<명접>)'이란 뜻

☐ **pin**point [pínpɔ̀int] 명 핀(바늘) 끝; 아주 작은 것; 정확(정밀)한 위치 결정; 작은 표적; 정밀 조준 포격 동 ~의 위치를 정확히 나타내다 형 정확한 ☜ 핀(pin) 뾰족한 끝 점(point)

핀셋 pincette ([F] 물건을 집는 데 쓰이는 쇠붙이)

♣ **어원 : pinc, pinch 꼬집다**

☐ **pinc**ette [pænsét] 명 (pl. **-s**) 《F.》 **핀셋**(=tweezers)
☜ 작은(ette) 꼬집는(pinc) 것

☐ **pinc**ers [pínsərz] 명 (pl.) **펜치**(=nipper), 못뽑이, 족집게; 『동물』 (새우 · 게 등의) 집게발 ☜ 꼬집는(pinc) 것(er) 들(s<복수>)

☐ **pinch** [pintʃ] 동 **꼬집다**, (두 손가락으로) **집다**, (사이에) 끼다, 물다
명 **꼬집기; 한 번 집은 양**; [the ~] **위기, 핀치** ☜ 고대 프랑스어로 '꼬집다'란 뜻
♠ He **pinched** the boy's cheek. 그는 소년의 뺨을 **꼬집었다**

☐ **pinch**-hit [píntʃhít] 명 『야구』 대타(代打), **핀치히터** 동 『야구』 핀치히터로 나가다; 《미》 (절박한 경우에) 대역(代役)을 하다 ☜ pinch + hit(때리다)

☐ **pinch** hitter 『야구』 대타자, **핀치히터**; 《미》 대역 **비교** designated hitter 지정타자
☜ 잡아서 사이에 넣는(pinch) 때리는(hit) + t<자음반복> + 사람(er)

☐ **pinch**er [píntʃər] 명 집는(따는) 사람(물건); (pl.) **펜치**(=pincers) ☜ 꼬집는(pinch) 것(er)

파인애플 pineapple (파인애플과에 속하는 (아)열대 상록 다년초)

☐ **pine** [pain/파인] 명 『식물』 **솔**, 소나무(~ tree); 소나무 재목
☜ 라틴어로 '소나무'란 뜻
명 **갈망[열망]하다; 수척해지다** ☜ 라틴어로 '벌(罰)'이란 뜻
♠ **a pine forest 소나무 숲, 송림(松林)**
♠ **pine for** one's family 가족을 **그리워하다**
♠ **pine from** anxiety 근심으로 **수척해지다**

☐ **pine**apple [páinæ̀pl] 명 『식물』 **파인애플**; 그 열매; 《군사속어》 폭탄, 수류탄; 상고머리
☜ pine(소나무) + apple(사과); 파인애플의 모양이 소나무의 솔방울을 닮은 데서 유래.

☐ **pine** cone 솔방울 ☜ cone(원뿔, 솔방울)

☐ **pine** needle 솔잎 ☜ needle(바늘, 침엽수의 잎)

☐ **pine** tree 소나무 ☜ tree(나무; 계보)

핑퐁외교 ping-pong diplomacy (자유 · 공산진영 간 냉전상황 하에서 1971년 탁구를 통해 미국과 중국이 수교를 튼 스포츠외교)

☐ **ping-pong** [píŋpɑ̀ŋ, -pɔ̀(:)ŋ] 명 **탁구, 핑퐁**(=table tennis); 《구어 · 비유》 주거니 받거니 하기 동 《구어 · 비유》 왔다 갔다 하다, 주거니 받거니 하다 ☜ 19세기에 등장한 의성어
♠ **play Ping-Pong 탁구를 치다**

※ **diplomacy** [diplóuməsi] 명 **외교**; 외교술(수완); 권모술수 ☜ 그리스어로 '둘(di)로 접은(plo) 것<종이(ma)를 들고 다니는 행위(cy<명접>)

핑크 pink (분홍색)

☐ **pink** [piŋk] ⓜ **분홍색**, 핑크색(옷); 《구어》 좌익에 기운 사람 ⓗ 분홍색의
☜ 17세기 영어로 '엷은 장미 색'이란 뜻
♠ She's wearing a blue shirt and **a pink skirt**.
그녀는 파란색 셔츠와 **분홍치마**를 입고 있다.

☐ **pink**ish [píŋkiʃ] ⓗ 핑크색(분홍색)을 띤 ☜ 분홍색(pink)을 띤(ish<성질 형접>)

☐ **pink** lady **핑크 레이디** 《칵테일의 일종》 ☜ 1911년 런던, 연극 「핑크레이디」의 마지막 날 공연을 기념하는 파티에서 주연 여배우에게 이 칵테일이 바쳐진데서 붙은 이름

☐ **pink**y [píŋki] ⓗ 연분홍빛을 띤 ☜ 분홍색(pink) 의(y<형접>)

☐ **pinnacle**(작은 뾰족탑) ➔ **pin**(핀) **참조**

피노키오 Pinocchio (이탈리아 동화의 주인공인 나무인형)

☐ **Pinocchio** [pinάkiòu/-nɔ́k-] ⓜ **피노키오** 《이탈리아의 작가 카를로 콜로디(Carlo Collodi)가 지은 동화의 주인공인 나무 인형》

파인트 pint (액량의 단위. 1 파인트는 0.47(미)~0.57 리터(영))

☐ **pint** [paint] ⓜ **파인트** 《액량의 단위; 《미》 0.473l; 《영》 0.568l; 건량(乾量)의 단위; 《미》 0.550l; 《영》 0.568l》 ☜ 고대 프랑스어로 '액량(液量)'이란 뜻.

파이오니아 pioneer (일본의 대표적인 음향제품 제조·판매업체. <개척자>란 뜻)

☐ **pioneer** [pàiəníər] ⓜ **개척자, 선구자**; (P-) 미국의 행성 탐사용 인공 행성; 행성탐사 계획
ⓗ 초기의; 개척자의 ⓢ 개척하다; 개설하다
☜ 고대 프랑스어로 '보병'이란 뜻. 발(pion)로 걷는 자(eer)

☐ **pious**(경건한) ➔ **piety**(경건, 신앙심) **참조**

파이프 pipe (속이 빈 가늘고 긴 관)

☐ **pipe** [paip/파이프] ⓜ **파이프, 관**(管), 도관(導管), 통(筒); (담배) 파이프(tobacco ~), 담뱃대; **피리**, 관악기; 파이프오르간의 관 (organ ~) ☜ 라틴어로 '삐삐 소리 나다'란 뜻
♠ a water **pipe** 수도**관**
♠ a distributing **pipe** 배수**관**
♠ **pipe up 취주[노래]하기 시작하다; (새된 소리로) 말하다**

☐ **pipe**line [pάiplàin] ⓜ **파이프라인, 도관**(導管), 송유관; 가스 수송관; (정보 따위의) 루트, 경로; (상품의) 유통(공급) 경로, 제조 과정 ⓢ 도관으로 보내다, 도관을 설치하다
☜ 파이프(pipe)가 연결된 선(line)

P

☐ **pipe** organ **파이프 오르간** ☜ organ(건반이 여러 개 달린 관악기)

☐ **pip**er [páipər] ⓜ **피리 부는 사람**; 『어류』 성대류; 숨가빠하는 말(=horse)
☜ pipe + er(사람/주체)

☐ **pip**ing [páipiŋ] ⓜ **피리를 붊**; 관악(管樂); 피리 소리; 울음 소리 ⓗ 피리를 부는
☜ pipe + ing<형접>

☐ **pique**(화, 불쾌) ➔ **pierce**(꿰찌르다, 꿰뚫다, 사무치다) **참조**

피츠버그 파이어러츠 Pittsburgh Pirates (미국 프로야구 메이저리그에서 펜실베이니아주 피츠버그가 연고지인 구단. 강정호 소속 구단. <피츠버그의 해적들>)

■ **Pitts**burgh [pítsbəːrg] ⓜ **피츠버그** 《미국 Pennsylvania주의 철공업 도시》
☜ '피트(Pitt) 의(s) 자치도시(burg(h))란 뜻. 1758년 영국군이 이곳을 점령한 다음 윌리엄 피트(William Pitt) 수상의 이름을 따서 명명한 데서 유래.

PITTSBURGH PIRATES

☐ **pira**te [páiərət] ⓜ **해적**; 해적선; 표절자, 저작권(특허권) 침해자; 훔치는 사람, 약탈자 ⓢ 해적 행위를 하다; 약탈하다; 표절하다
☜ 그리스어로 '공격하다, 시도하다'란 뜻
♠ **a pirated edition 해적판, 위조 출판물**

☐ **pira**cy [páiərəsi] 해적 행위; 저작권 침해, 표절 ☜ 공격(pira) 함(cy<명접>)

☐ **pira**tical [pairǽtikəl] 해적의; 표절의 ☜ 공격하(pira) 는(tical<형접>)

피사 Pisa (피사의 사탑으로 유명한 이탈리아 중부의 도시)

□ **Pisa** [píːzə] ⓜ **피사** 《이탈리아 중부의 도시》 ☜ 그리스 남부의 펠로폰네소스에 거주했던 피사인들(Pisatae)이 정착한 곳. 이들은 원래 트로이 원정에 참여했다가 돌아오는 길에 길을 잃어 일부가 이곳에 정착하게 되었다고 한다.
♠ **the Leaning Tower of Pisa 피사의 사탑**〔기울어진 탑〕

□ **piss**(소변보다) ➔ **pee**(쉬하다, 오줌 누다) **참조**

연상 ▶ 피스톨(pistol.권총)로 식물의 피스틸(pistil.암술)을 쏘아 명중시켰다.

□ **pistol** [pístl] ⓜ **피스톨, 권총** ⓢ 권총으로 쏘다〔상처를 입히다〕
☜ 중세 프랑스어로 '작은 화기'란 뜻
♠ a revolving **pistol** *(탄창이) 회전하는* ***권총*** ➔ 연발 권총
★ 보통 revolver 또는 automatic pistol이라고 한다.

□ **pistil** [pístəl] ⓜ 〖식물〗 **암술** 비교 ▶ stamen 수술
☜ 라틴어로 '꽃의 여성 기관'이란 뜻

□ **pistil**late [pístəlit, -lèit] ⓗ 암술이 있는, 암술만의
☜ pistil + l + ate<형접>
♠ **pistillate flowers 암꽃**

피스톤 piston (실린더 안을 왕복하며, 회전력을 발생시키는 구성품)

□ **piston** [pístən] ⓜ 〖기계〗 **피스톤**; 〖음악〗 (금관 악기의) 판(瓣); 《미.속어》 트롬본
☜ 라틴어로 '연타(계속 때리다)'라는 뜻

□ **piston** ring 〖기계〗 **피스톤링** ☜ ring(고리)

핏불테리어 Pit bull terrier (세계에서 가장 위험한 개로 꼽히는 투견)

□ **pit** [pit] ⓜ (땅의) 구덩이, **구멍**; 갱(坑); 함정 ⓢ 구멍을 내다, 흠집을 내다 ☜ 라틴어로 '우물'이란 뜻
♠ **the pitted surface** of the moon **움푹움푹한** 달 **표면**

□ **pit** bull terrier **핏불테리어**(= American Staffordshire Terrier) ☜ '구멍이 나도록(pit) 소(bull)를 물어뜯는 (특정한) 땅<지역(terr)의 주체(ier)'란 뜻

□ **pit**fall [pítfɔ̀l] ⓜ 함정; 뜻하지 않은 위험 ☜ 구덩이(pit)로 떨어지다(fall)

□ **pit**hole [píthòul] ⓜ 작은 구멍; 작고 오목한 것; 마맛자국; 〖광산〗 갱, 굿; 무덤
☜ pit + hole(구멍)

※ **bull** [bul] ⓜ **황소**; (물소·코끼리·고래 등의) 수컷 ☜ 고대 노르드어로 '숫소'란 뜻

피처 pitcher ([야구] 투수), 피칭 pitching ([야구] 투구)

□ **pitch** [pitʃ] ⓢ (내)**던지다**; 〖야구〗 투구지다; (땅에) **처박다**, (말뚝을) 박다; (거처를) **정하다**; 거꾸로 떨어지다〔넘어지다〕 ⓜ (내)**던지기**; ☜ 중세영어로 '밀어내다, 묶다'란 뜻
피치 《원유 등을 증류시킨 뒤 남는 검은 찌꺼기》; 송진, 수지
☜ 중세영어로 '수지물질'이란 뜻
♠ **pitch a ball 공을 던지다, 투구하다**
♠ **He who touches pitch shall be defiled therewith.**
피치를 만지는 자는 즉시 더러워질 것이다. 《속담》 근묵자흑(近墨者黑)

□ **pitch**er [pítʃər] ⓜ 던지는 사람; 〖야구〗 **투수;** (손잡이와 주둥이가 있는) **물주전자**
☜ 던지는(pitch) 사람(er)
♠ **Pitchers have ears. 주전자는 귀가 있다.**
《속담》 낮말은 새가 듣고 밤말은 쥐가 듣는다

□ **pitch**ing [pítʃiŋ] ⓜ **포석**(鋪石; 도로포장에 쓰이는 돌); 돌바닥; 〖야구〗 **투구, 피칭**
☜ pitch + ing<명접>

피에타 pieta (미켈란젤로가 조각한 <슬퍼하는 성모마리아상>)

♣ **어원 : pi, pite, piti, pity 충성[효성]의; 인정이 많은, 불쌍히 여긴**

■ **pi**eta [pjeitάː, piːei-] ⓜ 《It.》 **피에타** 《예수의 시체를 안고 슬퍼하는 마리아상》
☜ 이탈리아어로 '불쌍히 여김(pity)'이란 뜻

□ **pi**ty [píti/**피리/피티**] ⓜ **불쌍히 여김, 동정; 애석한 일, 유감스러운 일;** 유감의 이유

㉦ **불쌍히[딱하게] 여기다** ☜ 불쌍히(pi) 여김(ty<명접>)
♠ **Pity is akin to love.**
연민(憐憫)은 사랑과 유사하다. 《속담》 연민은 애정으로 통한다.
♠ **have 〔take〕 pity on ~ ~을 불쌍히 여기다**(=feel pity for)

□ **pite**ous [pítiəs] ㉪ **불쌍한**, 비참한, 가엾은, 측은한; 《고어》 인정 많은 ☜ pite + ous<형접>
□ **piti**able [pítiəbl] ㉪ 비참한 ☜ 불쌍히 여길(piti) 수 있는(able<형접>)
□ **piti**ful [pítifəl] ㉪ 인정 많은, 동정적인; **가엾은, 비참한**, 불쌍한; 보잘 것 없는; 천한 ☜ piti + ful(~이 가득한)
□ **piti**fully [pítifəli] ㉫ 인정 많게, 가엾게 ☜ pitiful + ly<부접>
□ **piti**less [pítilis] ㉪ **무자비한**, 몰인정한, 냉혹한 ☜ -less(~이 없는)
□ **pit**tance [pítns] ㉪ (수도원 등에의) 기부; 약간의 수당〔수입〕, 소량 ☜ 불쌍히 여긴(pit) + t + 것(ance<명접>)

피스헬멧 pith helmet (열대지역에서 머리보호용으로 쓰는, 가볍고 단단한 콩과식물의 <심>으로 만든 헬멧형 챙모자)

□ **pith** [piθ] ㉰ 〖식물〗 **속**, (초목의) 수(髓), 심; (귤 등의) 중과피; 〖해부〗 골수; 척수; 체력, **정력**, 기력, 원기; 급소, **요점**; 중요(부분) ㉦ 골을 제거하다 ☜ 고대영어로 '식물의 심, 핵심'이란 뜻
♠ **a man of pith 정력가**
♠ **the pith of a speech 연설의 요점**
□ **pith**less [pǽθlis] ㉪ 골수 없는; 기력 없는 ☜ pith + less(~이 없는)
※ **helm**et [hélmit] ㉰ 헬멧, **철모**; 투구 ㉦ ~에 헬멧을 씌우다 ☜ 감추는(helm) 것(et)

피벗포인트 pivot point (회전체의 무게중심축)

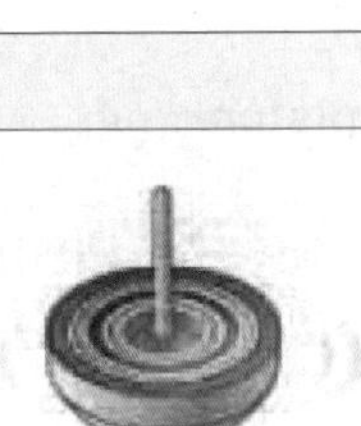

□ **pivot** [pívət] ㉰ 〖기계〗 **피벗, 선회축**(旋回軸); 중심점; 〖군사〗 기준병, 향도; 〖스포츠〗 중심 선수 ㉦ 추축(樞軸) 위에 놓다, ~을 축으로 하여 돌다 ☜ 고대 프랑스어로 '경첩의 힌지 핀'이란 뜻
♠ **turn on a pivot 축을 중심으로 회전하다**
□ **pivot**al [pívətl] ㉪ 주축(主軸)을 이루는, 핵심적인 ☜ pivot + al<형접>
※ **point** [pɔint/포인트] ㉰ 뾰족한 끝, **점,** 요점; **점수**, 포인트 ㉦ **가리키다**, 뾰족하게 하다 ☜ 중세영어로 '손가락으로 지시하다, 검의 날카로운 끝'

피사로 Pizarro (페루의 잉카제국을 멸망시킨 스페인의 군인)

□ **Pizarro** [pizɑ́ːrou] ㉰ **피사로** 《Francisco ~, 잉카 제국을 정복한 스페인의 군인; 1475?-1541》

피자 헛 Pizza Hut (미국의 피자 체인점 브랜드. <피자 오두막>)

□ **Pizza (pie)** [píːtsə] ㉰ 《It.》 피자(=~ pie) ☜ 이탈리아어로 '케이크, 과일파이'란 뜻
♠ Do you like **pizza** or chicken?
피자를 드시겠어요, 아니면 치킨을 드시겠어요?
※ **hut** [hʌt] ㉰ (통나무) **오두막** ☜ 17세기 프랑스어로 '시골집, 오두막'이란 뜻

피치카토 pizzicato ([음악] 손톱으로 현을 뜯는 연주법)

□ **pizzicato** [pìtsikɑ́ːtou] ㉰ (pl. -cat**i**) 〖음악〗 **피치카토**곡〔악절〕 《활을 쓰지 않고 손가락으로 현을 퉁기는 연주법; 생략: pizz.》 ㉪㉫ 피치카토의〔로〕 ☜ 이탈리아어로 ~을 뜯다'란 뜻

플랭카드 plan card (×) (콩글 현수막) → placard 플라자 Plaza (광장), 플랫폼 platform (승강장)

< Placard >

♣ **어원 : pla(c), pla(i)n, plat 편편한, 평평한; 명백한**
□ **plac**ard [plǽkɑːrd, -kərd] ㉰ **플래카드**; 간판, 벽보, 게시; 포스터(=poster); 전단; 꼬리표, 명찰 [plækɑ́ːrd] ㉦ ~에 간판을〔벽보를〕 붙이다 ☜ 고대 프랑스어로 '평평하게(plac) 놓다(ard)'란 뜻
□ **plac**e [pleis/플레이스] ㉰ **장소; 입장, 지위; 자리, 좌석** ㉦ **두다**, 놓다, 배치하다 ☜ 편편한(plac) 장소(e)

♠ **be no place for ~ ~가 있을[올] 곳이 아니다; ~의 여지가 없다**
This **is no place for** young people. 여기는 청소년들**이 오는 데가 아니다**
♠ **from place to place 여기저기**
♠ **give place to ~ ~에게 자리를 내주다, ~에게 양보하다**
♠ **in place of ~ ~의 대신으로**(=in one's place)
In place of praise, we heard scoldings. 칭찬 **대신** 우리는 꾸지람을 들었다.
♠ **in** (into) **place 적당한 자리에, 제자리에; 적소에; 적절한**
♠ **in places 곳곳에, 군데군데**
♠ **in the first** (second) **place 첫째**(둘째)**로, 처음으로**(두번째로)
I'm riding a bicycle **in the first place**. 나는 **처음으로** 자전거를 타고 있어.
♠ **out of place 부적당한 (자리에)**
♠ **place an order (for) 주문하다**
♠ **take one's place 착석하다, ~에 대신하다**
♠ **take place 일어나다, 발생하다**
What time did it **take place**? 몇 시에 **사고가 났습니까**?
♠ **take the place of ~ ~을 대신하다**

☐ **plac**ement [pléismənt] 명 놓음, **배치**; 직업 소개; 취직 알선; 채용; (구직자에게 주는) 일자리; (인원의) 배치; 공을 땅 위에 놓기, 그 위치, 그에 의한 득점; 『테니스』 쇼트 볼; 투자 ☜ place + ment<명접>
☐ **plac**id [plǽsid] 형 **평온한**, 조용한(=calm); 침착한; 매우 만족한 ☜ 평평(plac) 한(id)
♠ **a placid lake** 잔잔한 **호수**
☐ **plac**idity [pləsídəti] 명 평온, 평정 ☜ placid + ity<명접>
■ **pla**za [plɑ́ːzə, plǽzə] 명 《Sp.》 대광장; 《미》 쇼핑센터 ☜ 편편한(pla) 장소(za)
■ **plat**form [plǽtfɔ̀ːrm] 명 (역의) **플랫폼**, 승강장 ☜ 편편한(plat) 장소(form)

제품에 대해 컴플레인(complaint.불만사항)을 제기하다

♣ **어원 : pla, plague 역병, 전염병**
■ com**plain** [kəmpléin] 동 **불평하다**, 푸념하다, 한탄하다 ☜ 함께(com) 역병(pla)에 걸리다(in)
■ com**plaint** [kəmpléint] 명 **불평, 불만**, 푸념; 불평거리, 고충; 『민사』 고소
☐ **plague** [pleig] 명 **역병**(疫病), 전염병; (흔히 the ~) 페스트, 흑사병; 재앙, 천재, 천벌, 저주 동 **괴롭히다**; 역병(재앙 따위)에 걸리게 하다 ☜ 라틴어로 '타격'이란 뜻
♠ **The Great Plague** (of London) 런던 **대역병** ☜ 1664-65년에 약 7만명 사망
☐ **plague**some [-səm] 형 《구어》 성가신, 귀찮은 ☜ -some<형접>
☐ **pla**int [pleint] 명 《시어·고어》 비탄, 탄식; 불평(=complaint); 『영.법률』 고소; 고소장 ☜ 고대 프랑스어로 '비탄'이란 뜻
☐ **pla**intive [pléintiv] 형 **애처로운**, 슬픈 듯한, 애조를 띤; 호소하는 듯한 ☜ plaint + ive<형접>

플래드 plaid (격자무늬·체크무늬의 모직물)

☐ **plaid** [plæd] 명 **격자무늬의 모직물[천]**; 격자무늬 형 격자무늬의 ☜ 중세 스코틀랜드어로 '담요, 망토'라는 뜻
♠ **plaid pants** (trousers) **체크무늬 바지**
☐ **plaid**ed [plǽdid] 형 격자무늬의; **어깨걸이를 걸친** ☜ -ed<형접>

P

플라자 Plaza (광장), 플랫폼 platform (승강장)

♣ **어원 : pla, pla(i)n, plat 편편한, 평평한; 명백한**
■ **pla**za [plɑ́ːzə, plǽzə] 명 《Sp.》 대광장; 《미》 쇼핑센터 ☜ 편편한(pla) 장소(za)
■ **plat**form [plǽtfɔ̀ːrm] 명 (역의) **플랫폼**, 승강장 ☜ 편편한(plat) 장소(form)
☐ **plain** [plein/플레인] 형 **평평한; 분명한, 명백한; 검소한; 평범한; 평직(平織)의** 명 **평지** ☜ 평평한(plain) 비교 plane 비행기
♠ **in plain English 쉬운 영어로, 쉽게 말하자면**
♠ **to be plain with you. 솔직히 말하자면**
☐ **plain**ly [pléinli] 부 **명백히**; 솔직히; 검소하게, 수수하게 ☜ plain + ly<부접>
☐ **plain**ness [pléinnis] 명 명백; (얼굴이) 예쁘지 않음; 검소, 솔직 ☜ -ness<명접>
☐ **plain**-spoken [pléinspóukən] 형 솔직한 ☜ 명백하게(plain) 말한(spoken; speak의 과거분사 → 형용사)
■ ex**plain** [ikspléin/익스플**레**인] 동 **설명하다**, 명백하게 하다 ☜ 외부에(ex) 대해 명백하게(plain) 하다

☐ **plaint**(비탄, 탄식; 고소), **plaintive**(구슬픈) → **plague**(전염병) **참조**

플레이트 plait ([패션] 머리카락을 땋은 것 같이 꼰 끈 장식)

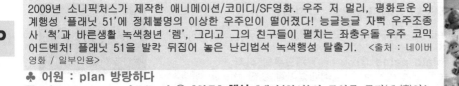

☐ **plait** [pleit, plæt] 명 (천의) 주름(=pleat); 변발(辮髮); 땋은 끈 동 주름잡다, 접다(=fold); 땋다, 엮다
☜ 고대 프랑스어로 '접다; 접는 방식'이란 뜻
♠ **plaited work 엮음질 세공**

☐ **pleat** [pliːt] 명 (스커트 따위의) 주름, **플리트**; 주름 모양의 것 동 주름을(플리트를) 잡다
☜ 중세영어로 plait의 변형

마샬플랜 Marshall Plan (2차 대전 후 유럽부흥계획)
웨딩플래너 wedding planner (결혼식 기획·조직·거행 대행업자)

마샬플랜은 제2차 세계대전 후, 1947-1951년간 미국이 서유럽 16개 나라에 행한 대외원조계획이다. 정식 명칭은 유럽부흥계획(European Recovery Program, ERP)이지만, 당시 미국의 국무장관이었던 마셜(G. C. Marshall)이 처음으로 공식 제안하였기에 '마셜 플랜'이라고 한다. <출처 : 두산백과 / 일부인용>

♣ **어원 : pla(i)n 편편한, 평평한**

■ Marshall **Plan** (the ~) **마셜플랜**(European Recovery Program) 《미국 국무장관 G.C. Marshall의 제안에 의한 유럽 부흥 계획; 1947-51》

※ **wedding** [wédiŋ] 명 **혼례, 결혼식**; 결혼기념일; (이질적인 것의) 융합 형 결혼의, 결혼식용의
☜ 결혼하(wed) + d<단모음+단자음+자음반복> + 기(ing<명접>)

☐ **plan** [plæn/플랜] 명 **계획**; 도면, 평면도 동 **계획하다**
☜ 평면상에 도면을 그린 ⇦ 평평한(plan)
♠ **master plan 마스터플랜**, 종합기본계획, 전체계획
♠ **plan on ~ing ~할 계획이다, ~할 것을 기대하다**
♠ **plan to ~ ~할 계획이다**
♠ **make a plan (plans) for ~ ~의 계획을 세우다, 설계하다**
make a plan for a house 집을 **설계하다.**

☐ **planner** [plǽnər] 명 **계획[입안]자**; 사회 경제 계획 감독(참여, 창도)자
☜ plan + n<단모음+단자음+자음반복> + er(사람)
♠ **a city planner 도시 계획자**

☐ **plane** [plein/플레인] 명 **평면**, 수평면; **수준; 비행기** 형 **편편한**, 평탄한
☜ 편편한(plan) 지면(e) 비교 **plain 명백한, 분명한; 보통의; 검소한**

☐ **plank** [plæŋk] 명 **널빤지, 두꺼운 판자** 《보통 두께가 2-6인치, 폭 9인치 이상; board 보다 두꺼움》; 의지가 되는 것 동 널빤지를 대다(덮다, 붙이다) ☜ 라틴어로 '판자'란 뜻

플래닛 Planet 51 (애니메이션 SF 모험 영화. <행성 51>이란 뜻)

© TriStar Pictures

2009년 소니픽처스가 제작한 애니메이션/코미디/SF영화. 우주 저 멀리, 평화로운 외계행성 '플래닛 51'에 정체불명의 이상한 우주인이 떨어졌다! 능글능글 자뻑 우주조종사 '척'과 바른생활 녹색청년 '렘', 그리고 그의 친구들이 펼치는 좌충우돌 우주 코믹 어드벤처! 플래닛 51을 발칵 뒤집어 놓은 난리법석 녹색행성 탈출기. <출처 : 네이버 영화 / 일부인용>

♣ **어원 : plan 방랑하다**

☐ **planet** [plǽnət] 명 『천문』 **행성** 《태양(항성)의 주위를 공전(公轉)하는 대형 천체》; (the ~) 지구; 《본디》 하늘을 이동하는 천체 《달·태양도 포함했었음》; 운성(運星) 《사람의 운명을 좌우한다는》
☜ 그리스어로 '방랑하는(plan) 것(et)'이란 뜻
♠ **primary (secondary) planets 행성** (위성)

☐ **planetarium** [plæ̀nətέəriəm] 명 (pl. **-s**, -tari**a**) 『천문』 **플라네타륨**, 별자리 투영기; 천문관(館)
☜ planet + arium(도구, 장소)

☐ **planetary** [plǽnətèri/-təri] 형 『천문』 **행성의**(같은); 행성의 작용에 의한; 방랑(유랑)하는; 이 세상의, 지구(상)의 ☜ planet + ary<형접>

블로고 스피어 blogosphere (인터넷에 형성된 가상세계. <블로그 영역>이란 뜻)

♣ **어원 : sphere 둥근, 구, 범위/영역**

■ **sphere** [sfiər] 명 **구**(球), **구체, 천체** ☜ 그리스어로 '공, 구(球)'란 뜻

■ blogo**sphere** [blάːgsfiər/ blɒg-] 명 **블로고스피어** 《인터넷상에서 서로 연결되어 형성된 blog들의 집합체》 ☜ blog(인터넷 개인 홈페이지) + o + sphere(천체, 공간)
★ blog란 웹(web) 로그(log)의 줄임말로, 보통사람들이 자신의 관심사에 따라 자유롭게 글을 올릴 수 있는 웹 사이트를 말한다.

☐ plani**sphere** [plǽnəsfiər] 명 평면 구형도(球形圖); 『천문』 별자리 일람표, 평면 천체도

☜ 평평한(plan) + i + (천체의) 구(sphere)

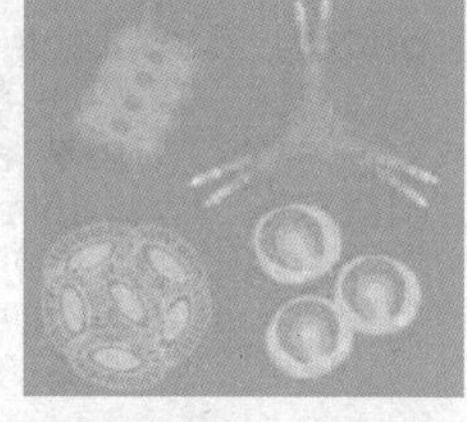

플랑크톤 plankton (물에 떠다니는 생물, 부유생물)

☐ **plankton** [plǽŋktən] 명 **플랑크톤**, 부유 생물
☜ 그리스어로 '방랑하는 자'란 뜻
♠ The fish live on **the plankton**.
물고기는 **플랑크톤**을 먹고 산다.

임플란트 implant (턱뼈에 구멍을 내어 심은 인공치아)

♣ **어원 : plant 심다**

■ im**plant** [implǽnt, -plάːnt] 동 ~에 심다, 불어넣다, 주입(注入)시키다; 끼워넣다; 〖의학〗 이식하다 [ímplæ̀nt, -plὰːnt] 명 끼워진〔심어진〕 것; 〖의학〗 이식(移植) 조직; (외과에서) **임플란트** 《치료 목적으로 체내에 삽입되는 용기에 든 방사성 물질》 ☜ 안에(im<in>) 심다(plant)

☐ **plant** [plænt/플랜트/plɑːnt/플란-트] 명 **식물**, 초목; 묘목, 모종; 농작물; **공장**, **플랜트**; 공장 설비 동 (식물을) **심다**, 이식하다; (사람·물건을) **놓다**, 앉히다; 〖권투〗 **찌르다, 때려박다; 창립[건설]하다** ☜ 라틴어로 '심다'란 뜻
♠ All **plants** need light and water. 모든 **식물**은 빛과 물을 필요로 한다.
♠ a chemical **plant** 화학 **공장**

☐ **plant**ation [plæntéiʃən] 명 재배지, **농원**, **플랜테이션**, 농장 《특히 열대·아열대 지방의》; 식림지, 조림지; (식민지의) 건설; 식민(지); 이민; 설립, 창설 ☜ plant(심다) + ation<명접>
♠ **a coffee plantation 커피 재배원**

☐ **plant**er [plǽntər] 명 **심는 사람**, 경작자, 재배〔양식〕자; 〖미史〗 (초기의) 대농장주
☜ -er(사람/기계)

☐ **plant**-eating [plǽntiːtiŋ] 형 식물을 먹는, 초식의 ☜ 먹다(eat) + ing<형접>

☐ re**plant** [riplǽnt] 동 다시 심다, 이식하다; 다시 결합시키다 ☜ 다시(re) 심다(plant)
♠ They **replant** trees. 그들은 나무를 **다시 심는다**.

■ trans**plant** [trænsplǽnt, -plάːnt] 동 옮겨 심다, **이식하다**; 이주하다〔시키다〕; 식민(植民)하다
☜ 옮겨(trans) 심다(plant)

안티프라그 Anti-plaque (부광약품의 치약 브랜드. <치태제거>란 뜻)

※ **anti** [ǽnti, -tai] 명 (pl. **-s**) 《구어》 **반대(론)자** 형 반대(의견)의 전 ~에 반대하여(=against) ☜ 고대 그리스어로 '반대'란 뜻

※ **anti-** [ǽnti, -tai] 접두 '반대, 적대, 대항, 배척' 따위의 뜻

☐ **plaque** [plæk/plɑːk] 명 (금속·도자기 따위의) 장식판; (벽에 끼워 넣는) 기념 명판(銘板); 소판(小板)꼴의 브로치《훈장의 일종》; 〖치과〗 치태, **플라크**; 〖의학·세균〗 반(斑), 플라크
☜ 19세기 영어로 '장식판; 이빨에 사는 세균'이란 뜻

플라스틱 plastic (가열·가압으로 성형이 가능한 재료나 제품)

♣ **어원 : plas 모양, 형태**

☐ **plas**tic [plǽstik] 형 **조형의**, 형체를 만드는; 빚어 만들 수 있는; **플라스틱의**〔으로 만든〕; 유연한; 온순한, 감수성이 강한, 가르치기 쉬운 명 **플라스틱**, 합성수지
☜ 라틴어로 '형태를 만들 수 있는'이란 뜻

☐ **plas**tic bag 비닐봉지 ☜ bag(가방)

☐ **plas**tic bomb 〔explosive〕 **플라스틱** 폭탄 ☜ bomb(폭탄), explosive(폭발성의; 폭약)

☐ **plas**tic surgery 성형외과 ☜ surgery(외과, 수술)

☐ **plas**ticity [plæstísəti] 명 가소성(可塑性); 유연성(柔軟性), 적응성 ☜ plastic + ity<명접>

☐ **plas**ma [plǽzmə] 명 〖생리〗 **혈장**(血漿); 〖생물〗 원형질; 〖물리〗 **플라스마**, 전리 기체 《원자핵과 전자가 분리된 가스 상태》 ☜ 그리스어로 '틀에 넣거나 만든 것'이란 뜻

☐ **plas**ter [plǽstər, plάːs-] 명 **회반죽**, 벽토; 분말 석고; 깁스; **고약**, 경고(硬膏); 《영》 반창고 동 회반죽을 바르다; 고약을 붙이다; 바르다 ☜ 형태(pals)를 + t + 만드는 것(er)
♠ **plaster a wall 벽을 바르다**

플라자 Plaza (광장), 플랫폼 platform (승강장)

♣ **어원 : pla, plat 편편한, 평평한; 평범한; 명백한**

☐ **pla**za [plάːzə, plǽzə] 명 《Sp.》 대광장; 《미》 쇼핑센터 ☜ 편편한(pla) 장소(za)

☐ **plat**form [plǽtfɔ̀ːrm] 명 (역의) **플랫폼**, 승강장; 승강구; 포좌(砲座); **단**(壇); 강령, 주의; 기반,

P

근거 ☜ 편편한(plat) 장소(form)

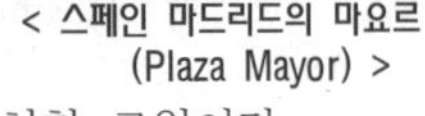
< 스페인 마드리드의 마요르 광장 (Plaza Mayor) >

☐ **plat**e　[pleit/플레잍] ⓜ **접시; 판금**, 금속판; 판유리; 문패
☜ 편편한(plat) 것(e)
♠ **an iron plate 철판**

☐ **plat**eau　[plætóu] ⓜ (pl. **-s, -x** [-z]) **고원**, 대지(臺地); (위가 평평한) 여자용 모자; 큰 접시, 쟁반; 〖교육〗 학습고원(高原) 《학습 정체기》, **플래토; 슬럼프** ☜ 편편한(plat) 것(eau)
♠ **The Tibetan plateau** is the highest plateau in the world. **티베트 고원**은 세계에서 가장 높은 곳에 위치한 고원이다.

☐ **plat**itude　[plǽtətjùːd] ⓜ 단조로움, 평범함, 진부함; 평범한 의견, 상투어
☜ 평범한(plat) + i + 것(tude<명접>)

플래티넘 platinum (100만장 이상 팔린 음반)

☐ **platin**um　[plǽtənəm] ⓜ 〖화학〗 **백금, 플라티나** 《금속 원소; 기호 Pt; 번호 78》; 백금색 ⓗ LP 레코드가〔음반이〕 100만 장 팔린
☜ 스페인어로 '은'이란 뜻. platin(백금) + um<명접>

☐ **platin**ize　[plǽtənàiz] ⓢ ~에 백금을 입히다; 백금과 합금으로 하다
☜ platin + ize<동접>

플라톤 Plato (관념론을 창시한 그리스 철학자. 소크라테스의 제자)

☐ **Plato**　[pléitou] ⓜ **플라톤** 《그리스의 철학자; 427?-347? B.C.》
★ 주요저서 : **『소크라테스의 변명』, 『파이돈』, 『향연』, 『국가론』**

☐ **Platon**ic　[plətάnik, pleit-/-tɔ̀n-] ⓗ **플라톤의**; 플라톤 학파〔철학〕의; (보통 p-) 순정신적〔우애적〕인; (보통 p-) 정신적 연애를 신봉하는; 이상적〔관념적〕인, 비실행적인 ⓜ 플라톤 학파의 사람; (pl.) 정신적 연애 감정〔행위〕 ☜ Platon + ic<형접/명접>

☐ **Platon**ic love　**플라토닉 러브**, 정신적 연애 ☜ love(사랑)

플래툰 platoon (미국의 베트남 전쟁 영화. <전투소대>라는 뜻)

1986년 제작된 찰리 신, 톰 베린저 주연의 미국 전쟁 영화. 베트남전에 자원한 병사의 눈을 통해, 전쟁에 대한 공포와 인간의 이중성이 빚어내는 도덕적 위기를 그린 전쟁영화

☐ **platoon**　[plətúːn] ⓜ 〖군사〗 (보병·공병·경관대의) **소대**; 일조(一組), 일단(一團); 〖미.축구〗 공격〔수비〕 전문의 선수들 ⓢ 소대로 나누다 ☜ 프랑스어로 '한 무리의 사람들'이란 뜻

익스플로전 샷 explosion shot ([골프] 벙커샷) * shot 발사, 치기; 스냅(사진), 샷

[골프] 벙커(bunker)에 빠진 공을 쳐낼 때 바로 앞의 모래와 함께 폭발시키듯 공을 날리는 타법으로 블라스트(blast)라고도 한다.

♣ **어원 : plod, plaud, plos, plaus, pleas 치다, 때리다, 박수치다, 기뻐하다**

■ ex**plod**e　[iksplóud] ⓢ **폭발하다**[시키다] ☜ 외부로(ex) 때리(plod) 다(e)

■ ex**plos**ion　[iksplóuʒən] ⓜ **폭발** ☜ -ion<명접>

☐ **plaud**it　[plɔ́ːdət] ⓜ 박수, 갈채, 칭찬 ☜ 라틴어로 '박수치다, 칭찬하다'

☐ **plaus**ible　[plɔ́ːzəbəl] ⓗ (이유 등이) **그럴듯한**, 정말 같은; 말재주가 좋은
☜ 박수칠(plaus) 만한(ible)
♠ **sound plausible 그럴듯하게 들리다**

☐ **plaus**ibility　[plɔ̀ːzəbíləti] ⓜ 그럴 듯함, 정말 같음 ☜ plausible + -ity<명접>

☐ **pleas**ant　[plézn̩t/플**레**즌트] ⓗ (-<**more** ~〔~**er**〕<**most** ~〔~**est**〕) **즐거운**, 유쾌한; (날씨가) 좋은; 명랑한 ☜ 기뻐하(pleas) 는(ant)
♠ **pleasant news 유쾌한 소식**
♠ **have a pleasant time 즐겁게 시간을 보내다**

✚ ap**plaud** **박수치다**, 갈채하다, 성원하다　im**plod**e 안으로 파열하다

플레이 play (경기하다, 놀다), 플레이보이 playboy (콩글 바람둥이) ➔ womanizer, lady-killer, skirt-chaser, flirt

☐ **play**　[plei/플레이] ⓢ **놀다, 경기[시합]을 하다; 연주[연극]하다, 상연[상영]하다; 출연하다**; 행동〔수행〕하다 ⓜ **놀기, 놀이; 경기**, 시합; **솜씨; 연극; 활동**
☜ 고대영어로 '빠른 동작'이라는 뜻　★ 어린이가 놀 때는 play, 어른들이 놀 때는

hang out(~에서 많은 시간을 보내다)을 쓴다.
♠ **play (at) hide-and-seek 숨바꼭질하다**
♠ **play a 〔the〕 part (of) ~ ~의 역할[구실]을 하다**
♠ **play a role 역할을 하다**
♠ **play at ~ ~놀이를 하다, ~을 하고 놀다**
♠ **play into one's hands ~의 이익이 되는 행동을 하다, ~의 계략에 빠지다**
I admit that I was **played into his hands**.
내가 **그의 손에 놀아난** 것을 인정한다.
♠ **play with ~ ~을 가지고 놀다, ~을 만지작거리다**
♠ **at play 놀고 있는**
♠ **be played out 기진맥진하다; 다 써버리다**
He **is played out** by overwork and worry. 그는 과로와 걱정으로 **지쳐버렸다**.

□ **play**boy [pléibɔ̀i] ⓜ 명랑한〔인기 있는〕 사내; 바람둥이, 한량, **플레이보이** ☜ play + boy(소년)
★ 미국의 성인잡지 『Playboy』의 영향으로 우리가 흔히 플레이보이(playboy)를 전적으로 '바람둥이'로만 알고 있으나 playboy는 바람둥이라기 보다는 '명랑해서 인기있는 남자', 또는 '자신의 즐거움을 위해 시간·돈을 아낌없이 투자하는 사람'을 말한다.
□ **play**er [pléiər/플**레**이어] ⓜ 노는 사람; **경기자**, 선수; **연주자**; 자동연주장치 ☜ play + er(사람/기계)
□ **play**ful [pléifəl] ⓗ 쾌활한; **놀기 좋아하는**, 농담 좋아하는; **농담의**, 장난의, 희롱하는 ☜ play + ful(~이 가득한)
□ **play**ground [pléigràund] ⓜ (학교 등의) **운동장**; (아이들의) 놀이터; 행락지 ☜ play + ground(지면, 땅; 운동장)
□ **play**mate [pléimèit] ⓜ **놀이친구** ☜ play + mate(동료, 친구)
□ **play**-off [pléiɔ̀(:)f] ⓜ 『경기』 (무승부·동점인 경우의) 결승경기; (시즌 종료 후의) 우승 결정전 시리즈, **플레이오프** ☜ play + off(시공간적으로 이격된, 떨어진)
□ **play**ing card 트럼프 ☜ card(카드, 카드놀이; 판지, 마분지)
□ **play**thing [pléiθìŋ] ⓜ **장난감**, 노리개 (취급받는 사람) ☜ play + thing(~것, 물건, 물체)
□ **play**time [pléitàim] ⓜ 노는 시간; 방과 시간; (연극의) 흥행〔개막〕 시간 ☜ play + time(시간)
□ **play**wright [pléiràit] ⓜ **극작가**(=dramatist) ☜ wright(건조자, 제작자)
record **play**er **레코드 플레이어**, 전축 ☜ record(기록; 음반)

□ **plaza**(대광장) ➔ **platform**(역의 승강장, 플랫폼) **참조**

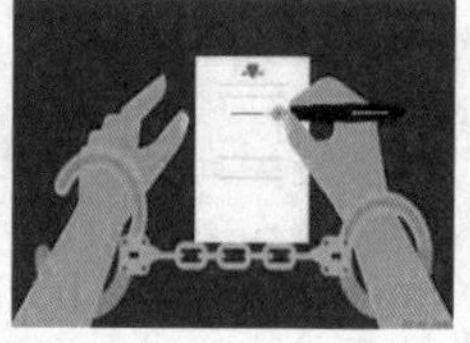

플리바게닝 plea bargaining (유죄협상제도) * bargain 매매, 거래

수사과정에서 피의자[범죄자]가 유죄를 시인하거나 수사에 적극 협조하는 대신 검찰이 구형을 가볍게 해주는 유죄협상제도. <(죄를 가볍게 하기 위한) 청원 거래>란 뜻이다

♣ **어원 : plea(d), pleas 기쁘게 하다, 위로하다**
□ **plea** [pliː] ⓜ 구실, **탄원, 청원; 변경** ☜ 라틴어로 '기쁘게 하는 것'이란 뜻
□ **plead** [pliːd] ⓓ (-/plead**ed**〔**pled**〕/plead**ed**〔**pled**〕) **변호하다, 변론하다**, 탄원하다, 항변하다 ☜ 라틴어로 '기쁘게 하는 것'이란 뜻
♠ **plead** a person's case 아무의 사건을 **변호하다**
□ **plead**ing [plíːdiŋ] ⓜ 변론 ⓗ 탄원하는 ☜ plead + ing<형접>
□ **plead**er [plíːdər] ⓜ 변호인, 탄원자 ☜ plead + er(사람)
□ **pleas**ant [pléznt/플**레**즌트] ⓗ (-<-**er**〔**more** -〕<-**est**〔**most** -〕) **즐거운, 유쾌한** ☜ 기쁘게(pleas) 하는(ant) 반 **unpleasant** 불유쾌한
□ **pleas**antly [plézntli] ⓑ **즐겁게**, 유쾌하게, 쾌적하게; **상냥하게**, 쾌활하게 ☜ -ly<부접>
□ **pleas**antness [plézntnis] ⓜ 유쾌함 ☜ pleasant + ness<명접>
□ **pleas**antry [plézəntri] ⓜ 익살, 농담, 놀림 ☜ pleasant + ry<명접>
□ **pleas**e [pliːz/플리-즈] ⓓ **기쁘게 하다** ⓑ 부디, **제발** ☜ 기쁘게(pleas) 하다(e)
반 **offend** 감정을 상하게 하다
♠ **be pleased with 〔at〕 ~ ~가 마음에 들다, ~에 만족하다, ~을 기뻐하다**
□ **pleas**ed [pliːzd] ⓗ 기뻐하는, 만족한 ☜ please + ed<형접>
□ **pleas**ing [plíːziŋ] ⓗ 즐거운, 기분좋은, **유쾌한**, 만족한; 호감이 가는, **붙임성 있는**; 애교 있는 ☜ -ing<형접>
□ **pleas**ure [pléʒər/플**레**저] ⓜ **기쁨, 즐거움** ☜ 기쁘게(pleas) 하기(ure)
♠ **for please 재미로**
♠ **with please 기꺼이, 쾌히**
Will you come with me ? - **With pleasure**.
같이 가 주시겠습니까 ? - **기꺼이 가지요.**
□ **pleas**ure boat 유람선 ☜ boat(작은 배, 보트)
□ **pleas**ure ground 유원지 ☜ ground(지면, 땅, 운동장)

P

☐ **pleas**ure trip 유람 여행 ☜ trip(짧은 여행, 출장)
☐ **pleas**urable [pléʒərəbl] ⓗ 유쾌한 ☜ pleasure + able<형접>
dis**pleas**e [displíːz] ⓢ **불쾌하게 하다** ☜ 불(不)(dis=not/부정) 유쾌하게 하다(please)
un**pleas**ant [ʌnplézənt] ⓗ **불쾌한**, 기분 나쁜, 싫은 ☜ 불(不)(un=not/부정) 유쾌한(pleasant)

☐ **pleat**(스커트 따위의 주름, 주름을 잡다) ➔ **plait**(주름; 땋은 끈; 땋다) **참조**

플리비언 plebeian (고대 로마시대의 평민)

♣ 어원 : **pleb 평민, 서민, 국민**
☐ **pleb**e [pliːb] ⓜ《미》육군(해군)사관학교의 최하급생, 신입생; 〖고대로마〗 평민(=the plebs)
☜ **plebe**ian의 줄임말
☐ **pleb**eian [plibíːən] ⓜ 〖고대로마〗 **평민**, 서민; 대중; 비천한 사람 ⓗ 평민의; 하층계급의; 하등의; 보통의; 비속한 비교 patrician 〖고대로마〗 귀족
☜ 라틴어로 '보통(pleb) + ei + 사람(an)'이란 뜻
♠ **plebeian** tastes **교양 없는** 취향
☐ **pleb**iscite [plébəsàit, -sit] ⓜ (국가적 중요 문제에 관한) 국민(일반)투표(=referendum)
☜ 라틴어로 '보통 사람(plebis)의 결정(scite)'이란 뜻
☐ **pleb**s [plebz] ⓜ (pl. ple**bes** [plíːbiːz]) (the ~) [집합적] 〖고대로마〗 평민, 서민; [일반적] 대중; (공동체의) 주민의 의사 표명; 〖고대로마〗 평민회에서 의결한 법률
☜ **plebe**ian의 줄임말

더 기빙 플레지 The giving pledge (사후 재산의 대부분을 사회에 기부하는 운동. <기부 서약>이란 뜻. 미국 기업인 빌게이츠와 워렌버핏이 주도)

※ **give** [giv/기브] ⓢ (-/**gave**/**given**) **주다**
☜ 고대영어로 '하늘이 주다'란 뜻
☐ **pledge** [pledʒ] ⓜ **서약**, 맹세; 저당, **담보; 보증** ⓢ **맹세하다**
☜ 고대 프랑스어로 '보증하다'란 뜻
♠ **pledge** allegiance to the flag 국기에 충성을 **맹세하다**
☐ **pledge**able [plédʒəbl] ⓗ 저당 잡힐 수 있는; 보증(서약)할 수 있는; 축하할 만한
☜ able(~할 수 있는)

THE GIVING PLEDGE

미션 컴프리션 mission completion (임무완수)

♣ 어원 : **ple(n), pli, ply 채우다(=fill)**
※ **mission** [míʃən] ⓜ 임무, 직무; **사절(단); 전도**, 포교 ☜ 보낸(miss) 것(ion)
■ com**ple**tion [kəmplíːʃən] ⓜ **성취**, **완성**; 수행, 실행 ☜ complete + ion<명접>
☜ 완전히(com) 채우(ple) 기(tion<명접>)
☐ **plen**ary [plíːnəri, plén-] ⓗ **완전한**; 절대적인; 전원 출석의; 전권을 가진; 〖법률〗 정식의, 본식의 ☜ 채워(plen) 진(ary)
☐ **plen**teous [pléntiəs, -tjəs] ⓗ《시어》**많은, 풍부한**, 윤택한 ☜ plenty<y→e> + ous<형접>
☐ **plen**tiful [pléntifəl] ⓗ **많은, 풍부한**, 윤택한, 충분한 ☜ 채움(plenty)이 가득한(ful<형접>)
☐ **plen**ty [plénti/플**렌**티] ⓜⓗ **풍부**(한), **다량**(의), 충분(한) ☜ 채우는(plen) 것(ty)
♠ **a year of plenty 풍년**
♠ **plenty of 많은**
plenty of people **많은** 사람들

✚ accom**pli**sh **이루다, 성취하다** sup**ply 공급하다, 지원하다** re**plen**ish 다시 채우다; (연료를) 계속 공급하다; 새로 보충(보급)하다 re**ple**te 가득 찬, 충만한, 충분한; 포만한, 포식한

펜치 pinchers (물건을 조이거나 자를 때 사용하는 공구) ➔ pliers, nippers

※ **pinch**er [píntʃər] ⓜ 집는(따는) 사람(물건); (pl.) **펜치**(=pincers)
☜ 꼬집는(pinch) 것(er)
☐ **plier** [pláiər] ⓜ 휘는 사람(것); (pl.) [때로 단수취급] 집게, 펜치 (=pincher) ☜ 고대 프랑스어로 '접는 것'이란 뜻

연상 기장은 안전한 플라이트(flight.비행)를 플라이트(plight.맹세) 했는데 오히려 비행 중에 플라이트(plight.곤경)에 처했다.

※ **fl**ight [flait] ⓜ 날기, **비행; 도주** ☜ 날아간(fl) 것(ight)
☐ **plight** [plait] ⓜ **곤경**, 궁지; ☜ 중세영어로 '나쁜 조건이나 상태'란 뜻

《문어》 서약, 맹세; 약혼 ⓓ 맹세하다; 약혼시키다
☜ 중세영어로 '서약하다'란 뜻
♠ **in a sorry** 〔miserable, piteous, woeful〕 **plight**
비참한 처지에
♠ She **plighted herself** to him. 그녀는 그와 **약혼했다.**

☐ **Pliocene**([지질] 선신세) ➔ **recent**(최근의) **참조**

피엘오 PLO (팔레스타인 해방 기구)

☐ **PLO** **P**alestine **L**iberation **O**rganization [the ~] 팔레스타인 해방 기구《1964년 창설》

✚ **Palestine 팔레스타인**《지중해 동쪽의 옛 국가; 1948년 이후 Israel과 아랍 지구로 나뉨》 **liber**ation 해방; 석방; 해방운동 **org**anization **조직(화)**, 구성, 편제, 편성; 기구, 체제; 단체

연상 ▸ 그는 소설의 플롯(plot.줄거리, 구성)을 고민하면서 플라드(plod.터벅터벅 걷다)했다.

☐ **plod** [plɑd/plɔd] ⓓ **터벅터벅 걷다; 끈기 있게 일[공부]하다** ☜ 의태어
♠ The old man **plodded along** the road.
노인은 길을 **터벅터벅 걸어갔다.**
♠ **plod along with work 꾸준히 일하다**

PLOT...

P L O D

☐ **plot** [plɑt/plɔt] ⓜ **줄거리, 플롯**, 구상; **음모,** (비밀) 계획, 책략; **작은 구획의 땅** ⓓ **몰래 꾸미다**; 모의하다
☜ 고대영어로 '기본 계획; 한 뙈기의 땅'이란 뜻
♠ a **tightly-plotted** thriller **탄탄하게 구성이 짜인** 스릴러
♠ **plot** to kill a person 아무의 암살을 **꾀하다**
♠ **a vegetable plot 채소밭**

☐ **plot**ter [plɑ́tər] ⓜ 음모자, 밀모자; 계획자, 구상을 짜는 사람; 지도〔도면〕 작성자〔기(機)〕; 『컴퓨터』 **플로터**, 도형기《작도 장치》
☜ plot + t + er(사람/기구)

■ com**plot** [kɑ́mplɑ̀t/kɔ́mplɔ̀t] ⓜ《고어》 공모, 음모 ☜ 함께(com) 싼 기본계획(plot)
[kəmplɑ́t/-plɔ́t] ⓓ 공모하다, ~의 음모를 꾀하다

연상 ▸ 그 플레이보이(playboy)는 알고 보니 플라우보이(plowboy.촌부)였다.

※ **play**boy [pléibɔ̀i] ⓜ 명랑한〔인기 있는〕 사내; 바람둥이, 한량, **플레이보이** ☜ play + boy(소년)

☐ **plow**, **plough** [plau] ⓜ **쟁기**; 쟁기 모양의 기구 ⓓ (밭을) **갈다**, 경작하다
☜ 고대영어로 '쟁기, 경작지'란 뜻
♠ **be at** 〔follow, hold〕 **the plow 농업에 종사하다**

☐ **plow**boy, **plough**boy [pláubɔ̀i] ⓜ 쟁기 멘 소를〔말을〕 끄는 남자; 농부; 시골사람 ☜ boy(소년, 청년)

☐ **plow**man, **plough**man [pláumən] ⓜ (pl. **-men**) **농부**; 시골뜨기 ☜ man(남자)

☐ **plow**share, **plough**share [pláuʃèir] ⓜ 보습 ☜ share(보습의 날)

연상 ▸ 플러그(plug.마개)를 힘껏 플럭(pluck.뽑다)했다.

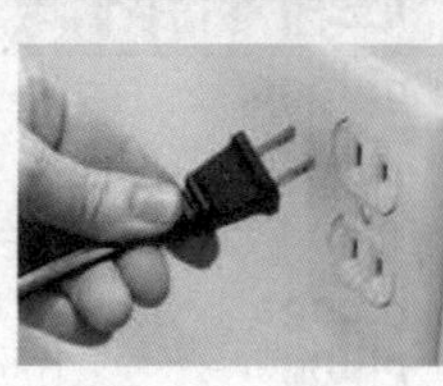

☐ **pluck** [plʌk] ⓓ **잡아 뜯다, 뽑다**; (과실을) 따다; (용기를) 불러일으키다 ⓜ 잡아 뜯기; 잡아당김; **용기**, 담력
☜ 고대영어로 '끄집어내다'란 뜻
♠ **pluck out** 〔up〕 **weeds 잡초를 뽑아내다**
♠ **A drowning man plucks at a straw.**
《속담》 물에 빠진 자는 지푸라기라도 붙든다.

☐ **pluck**y [plʌ́ki] ⓗ (-<-ki**er**<-ki**est**) 용기 있는 ☜ pluck + y<형접>

☐ **plug** [plʌg] ⓜ **마개**; 틀어막는 것; 소화전; 『기계』 점화전, **점화플러그**; 『전기』 (콘센트에 끼우는) **플러그**; 《구어》 소켓 ⓓ 마개를 하다, 틀어막다
☜ 중세 네델란드어로 '나무못'이란 뜻

☐ **plug**-in [plʌ́gin] ⓗⓜ 플러그 접속식의 (전기제품) ☜ plug + in(안, 내부)

연상 ▸ 플럼(plum.자두)이 플룸(plume.깃털)처럼 날아서 플럼(plumb.납추)처럼 떨어졌다.

☐ **plum** [plʌm] ⓜ 『식물』 **플럼, 자두, 서양오얏**; 건포도; 짙은 보라색 ⓗ 근사한
☜ 고대영어로 '자두'란 뜻
♠ **plum jam 자두 잼**

♣ 어원 : plum 새의 솜털

□ **plume** [pluːm] ⓜ **깃털**, 깃털 장식 ⓢ **깃으로 장식하다**, 자랑하다
☜ 라틴어로 '새의 솜털'이란 뜻
♠ a black hat with **an ostrich plume**
타조 깃털을 꽂은 검은 모자

□ **plum**age [plúːmidʒ] ⓜ [집합적] (조류의) **깃털**, 깃; 아름다운 옷, 예복
☜ plum(새의 솜털) + age<명접>

♣ 어원 : plumb, plumbo 납

□ **plumb** [plʌm] ⓜ 연추(鉛錘), 납추; 측추(測錘), 측연(測鉛)(=plummet); 수직 ⓗ 연추의; 똑바른, 곧은; 수직〔연직〕의 ☜ 고대 프랑스어로 '물의 깊이를 재는데 쓰는 측심연(測深鉛)'이란 뜻. 당시 측심연은 '납'으로 만들어졌다.
♠ learning to **wire and plumb** the house
집에 **배선을 하고 배관을 하는** 것을 배우기

□ **plumb**er [plʌ́mər] ⓜ 배관공(配管工) ☜ 고대 프랑스어로 '납(plumb) 제련업자(er)'란 뜻

□ **plumb**ing [plʌ́miŋ] ⓜ (수도・가스의) 배관 공사 ☜ 납(plumb) 제련하기(ing)

□ **plump**(포동포동한) ➔ **lump**(덩어리) **참조**

연상 펌프(pump.펌프)에 부딪힌 토끼는 플럼프(plump.털썩 주저앉다)했다.

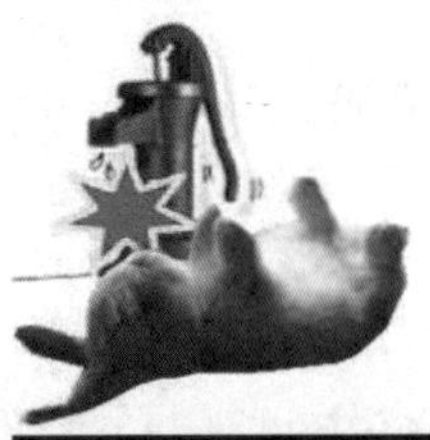

※ **pump** [pʌmp] ⓜ **펌프**, 흡수기, 양수기, 압출기; 펌프의 작용; 유도신문 ⓢ 펌프로 (물을) 퍼올리다 ☜ 중세 독일어로 '물을 퍼내다'란 뜻

□ **plump** [plʌmp] ⓢ **털썩 떨어지다**〔주저앉다〕, 갑자기 뛰어들다
☜ 털썩 떨어지는 소리〔의성어〕
♠ **plump down** on the bed 침대에 **털썩 드러눕다**

플런더 작전 Operations Plunder (제 2 차대전시 연합군의 독일 라인강 도하작전명. <약탈 작전>이란 뜻)

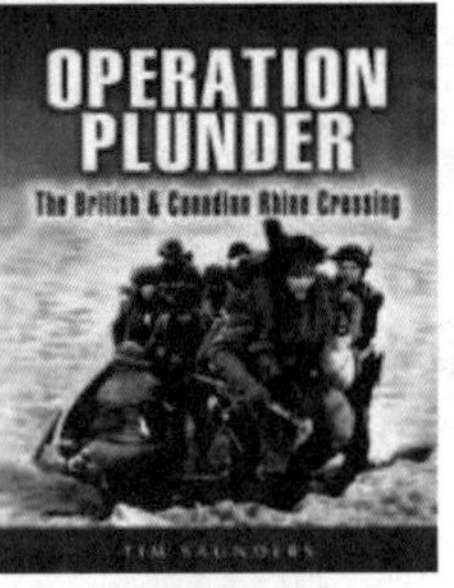

© booktopia.com.au

※ **operation** [àpəréiʃən/아퍼**뤠**이션/ɔ̀pəréiʃən/오퍼**뤠**이션] ⓜ **가동**(稼動), **작용, 작업, 실시, 수술** ☜ 일하게 하는(operate) 것(ion<명접>)

□ **plunder** [plʌ́ndər] ⓢ **약탈하다** ⓜ 약탈(품); 《구어》 벌이, 이득; 《미.방언》 가재, 동산 ☜ 중세 독일어로 '가재도구를 가져가다'란 뜻
♠ **plunder** a person **of** his property
아무**로부터** 재산을 **빼앗다**

□ **plunder**age [plʌ́ndəridʒ] ⓜ 약탈; 〖법률〗 선하(船荷) 횡령; 횡령한 뱃짐
☜ plunder + age<명접>

□ **plunder**er [plʌ́ndərər] ⓜ 약탈자; 도둑 ☜ -er(사람)

□ **plunder**ous [pʌ́ndərəs] ⓗ 약탈하는, 약탈적인 ☜ -ous<형접>

P

플런저 plunger (피스톤과 같은 유체(流體)를 압축하거나 내보내기 위해 왕복운동을 하는 기계 부분)

□ **plunge** [plʌndʒ] ⓢ **던져넣다**, 내던지다, 찌르다; **뛰어들다**, 잠기다 ⓜ 뛰어듦; 돌진, 돌입; 큰 도박, 큰 투기
☜ 중세영어로 '깊은 웅덩이'란 뜻.
♠ **plunge into** water 〔danger〕 물〔위험〕**에 뛰어들다**

□ **plunge** board (수영의) 다이빙보드 ☜ board(판지)

□ **plung**er [plʌ́ndʒər] ⓜ 뛰어드는 사람; 잠수자, 잠수부; 돌입〔돌진〕자; 〖기계〗 (피스톤의) **플런저**; 《구어》 무모한 도박꾼〔투기꾼〕 ☜ plunge + er(사람/기계)

□ **plung**ing [plʌ́ndʒiŋ] ⓗ 뛰어드는; 곧장 내려오는; 돌진하는; 내려쏘는 ☜ plunge + ing<형접>

플러스 plus (더하기, +), 플러스 알파 plus alpha (**콩글** 추가로 더하는 것, +α) ➔ plus something extra, in addition
원플러스원 one plus one (**콩글** 상품 한 개를 사면 덤으로 한 개를 더 주는 판촉 방법) ➔ by one get one (free), BOGO

♣ 어원 : plus, plur 다수

□ **plur**al [plúərəl] ⓗ 〖문법〗 **복수(형)의**; [일반적] 두 개 이상의 ⓜ 〖문법〗 복수; 복수형
☜ 라틴어로 '더 많은'이란 뜻

♠ **the plural number** 〚문법〛 **복수**

☐ **plur**ally [plúərəli] [부] 복수(꼴)로; 복수로서; 복수의 뜻으로 ☜ -ly<부접>

☐ **plur**ality [pluərǽləti] [명] 득표차, 초과 득표수, 대다수, 복수(複數) ☜ -ity<명접>

☐ **plus** [plʌs] [전] **~을 더하여**(더한); ~이외에 [형] 〚수학〛 **플러스의** [명] **플러스**(부호); 더한 것; 나머지, 이익 ☜ 라틴어로 '더 많은'이란 뜻
♠ **(A) plus (B) equals (C) A + B = C**, A에 B를 더하면 C
2 plus 3 equals 5 2 + 3 = 5

플러시천 plush (벨벳처럼 기모(起毛)나 솜털을 재단한 모직물)

☐ **plush** [plʌʃ] [명] 견면(絹綿) 벨벳, **플러시**천; (pl.) 플러시천으로 만든 바지 《마부용》 [형] **호화로운**
☜ 중세 프랑스어로 '보풀, 보풀이 일게 짠 천'이란 뜻
♠ He lives in **a plush house**. 그는 **호화로운 집**에서 산다.

플루타르크 Plutarch (그리스의 역사가로 영웅전 작가)

☐ **Plutarch** [plúːtɑːrk] [명] **플루타르크** 《그리스의 전기 작가; 46?-120?; 『영웅전』으로 유명》

플루토늄 plutonium (우라늄이 핵변환으로 만들어지는 초우라늄 원소)

☐ **Pluto** [plúːtou] [명] **플루토**, 〚그.신화〛 플루톤 《하계(下界)의 신》; 〚천문〛 명왕성(冥王星)
☜ 태양계의 가장 바깥쪽을 도는 명왕성을 플루토로 명명한 것은 '지옥의 별'이란 의미가 있다. 명왕성의 '명'자도 '어두울 명(冥)'이다.

☐ **Pluto**cracy [pluːtɑ́krəsi/-tɔ́k-] [명] 금권 정치(지배, 주의) ☜ cracy(정체, 정치)
☜ 고대 그리스어로 '부/부자(pluto)에 의한 정치(ceacy)'란 뜻. 플루토(Pluto)는 '지옥의 신'이기도 하지만 '부(富)의 신'이기도 하다.
♠ **Plutocracy** and corruption are rampant. **금권**과 부패가 만연하고 있다.

☐ **Pluto**crat [plúːtoukræ̀t] [명] 부호 정치가, 금권주의자; 《구어》 부자, 재산가
☜ **Plutocr**acy + **at**(사람)

☐ **Pluto**cratic(al) [plùːtoukrǽtik(əl)] [형] 금권 정치(가)의; 재벌의 ☜ -ic(al)<형접>

☐ **Pluto**nian [pluːtóuniən] [형] 플루토의; 하계(下界)의(와 같은); (p-) 〚천문〛 명왕성의 ☜ -ian<형접>

☐ **pluto**nium [pluːtóuniəm] [명] 〚화학〛 **플루토늄** 《방사성 원소; 기호 Pu; 원자 번호 94》
☜ Pluto(그리스 로마신화에서 하계(지옥)의 신) + ni + um<명접>

애플리케이션 [앱] application [app] (스마트폰 응용프로그램)

스마트폰 등에 다운받아 사용할 수 있는 응용프로그램. 원어로는 어플리케이션(application)이나 줄여서 앱(app)이라고 부른다.

♣ **어원 : ply, pli, plic 붙들다; 채우다**

■ ap**pli**cation [æ̀plikéiʃən] [명] **적용, 신청(서)**
☜ ~에(ap<ad=to) 붙드는(plic) 것(ation<명접>)

■ ap**ply** [əplái/어플**라**이] [동] **~을 적용하다, 신청하다** ☜ ~에(ap<ad) 붙들다(ply)

☐ **ply** [plai] [동] (무기·연장 따위를) **부지런히 쓰다, 바쁘게 움직이다; ~에 열성을 내다, 열심히 일하다**; (배·버스 등이) **정기적으로 왕복하다** ☜ ap**ply**의 두음소실(頭音消失)
♠ **ply a trade 장사를 열심히 하다**

✚ com**ply** **동의[승낙]하다** im**ply** **함축하다**, 암시하다 multi**ply** **곱하다**, 늘리다 sup**ply** **공급하다**

플리머스 Plymouth (미국 북동부 매사추세츠주의 항구)

☐ **Plymouth** [plíməθ] [명] **플리머스**, 잉글랜드 남서부의 군항; 미국 Massachusetts 주의 도시; 미국제 자동차의 하나 《상표명》
☜ 영국 플리머스항을 출발한 청교도단이 영국 지명을 그대로 붙인 것
★ 1620년 영국 청교도단이 메이플라워호를 타고 도미(渡美)하여 정착한 곳

☐ **plywood**(합판, 베니어판) ➔ **veneer**(합판용의 박판, 베니어 단판) **참조**

투에이앰 2AM (한국의 남성 발라드 음악 그룹. <오전 2 시>란 뜻)
투피앰 2PM (한국의 남성 댄스팝 음악 그룹. <오후 2 시>란 뜻)

※ **a.m.** [éiém/**에**이**앰**] [부] **오전에, 오전의** ☜ 라틴어 ante meridiem(정오 이전)의 약자

☐ **p.m.** [píːém/**피-앰**] [형][부] **오후에, 오후의** ☜ 라틴어 post meridiem(정오 이후)의 약자

♠ **at 4 p.m. 오후 4시에**

연상 ▸ 암모니아(ammonia) 기체와 뉴모니아(pneumonia.폐렴)는 관련이 없다

※ **ammon**ia [əmóunjə, -niə] 명 『화학』 **암모니아 기체**, 암모니아 수
☜ 이집트의 태양신 Amun<ammon + ia(알칼로이드 이름)

☐ **pneumon**ia [njumóuniə/뉴**모**니어] 명 『의학』 **폐렴**
☜ 그리스어로 '폐(pneumon) 병(ia)'이란 뜻
주의 ▸ 발음 주의. pneumonia의 p는 묵음
♠ **acute** 〔chronic〕 **pneumonia 급성**〔만성〕 **폐렴**

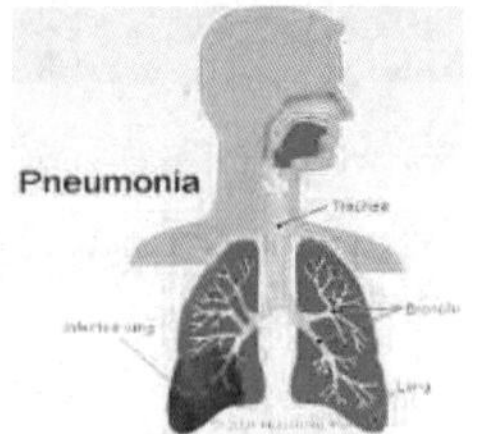

☐ **pneumon**ic [njumɑ́nik/-mɔ́n-] 형 폐의; 폐를 침범하는; 폐렴의; 폐렴에 걸린 ☜ -ic<형접>

포켓 pocket (호주머니)
포켓볼 pocket ball (콩글 ▸ 6개의 구멍에 공을 넣는 당구) ➔ pocket billiards, pool

※ **in** [in/인, (약) ən/언] 전 『장소·위치』 **~의 속[안]에서, ~에서**
☜ 고대영어로 '~안에'란 뜻

※ **my** [mai/마이, məi, mə] 대 《I의 소유격》 **나의**
☜ mine(나의 것)의 변형

☐ **pocket** [pɑ́kit/**파**킽/pɔ́ket/**포**켙] 명 **포켓, 호주머니**; 쌈지, 지갑
☜ 근대영어로 '작은(et) 주머니(pock)'란 뜻
♠ **a trouser pocket 바지 주머니**

☐ **pocket**ful [pɑ́kitfùl/pɔ́k-] 명 (pl. **-s,** pocket**s**ful) 한 주머니 가득; 《구어》 많음
☜ -ful(~이 가득한)

☐ **pocket**book [pɑ́kətbùk] 명 **지갑**; 《미》 (어깨끈이 없는) 핸드백; 자금; 문고판, **포켓북**; 《영》 **수첩**
☜ 호주머니(pocket) 안의 책(book)

☐ **pocket** money 용돈 ☜ money(돈, 화폐)

로켓 포드 rocket pod (로켓 발사관)

※ **rocket** [rɑ́kit/**롸**킽/rɔ́ket/**로**케트] 명 **로켓**(무기); 봉화 동 로켓을 발사하다
☜ 이탈리아어로 '(실을 감는) 실패'라는 뜻

☐ **pod** [pɑd/pɔd] 명 (완두콩 따위의) **꼬투리**; 『항공』 **포드** 《비행기 날개〔동체〕 밑에 단 유선형의 용기》; 『우주』 **포드** 《우주선의 분리가 가능한 부분》 동 꼬투리가 되다
☜ 17세기 영어로 '식물껍질'이란 뜻
♠ fresh peas **in the pod 꼬투리 속에 들어 있는** 싱싱한 완두콩

포디움 podium (연설자·지휘자 등이 올라서는 단(壇), 지휘대)

P

♣ **어원 : ped, pod 발; 도보, 보행; 걷다, 지나가다**

■ **ped**al [pédl] 명 **페달, 발판** 동 페달을 밟다 ☜ 발(ped) 의(al<형접>)

☐ **pod**ium [póudiəm] 명 (pl. **-s,** podi**a** [-diə]) 『건축』 맨 밑바닥의 **토대석**(土臺石); **연단**(演壇), (오케스트라의) 지휘대, **포디움**
☜ 고대 그리스어로 '꽃병의 발'이란 뜻. 발(pod)이 있는 것(ium)
♠ The President **stepped to the podium** and announced.
대통령이 **연단에 올라서서** 발표했다.

연상 ▸ 애드가 앨런 포(Poe)는 포잇(poet.시인)이다.

☐ **Poe** [pou] 명 **포** 《Edgar Allan ~, 미국의 시인·소설가; 1809-49》
★ **대표작 : <애너벨 리>, 『어셔가의 몰락』, 『모르그가의 살인사건』, 『검은 고양이』 등**

☐ **po**em [póuim/**포**우임] 명 (한 편의) **시**; 운문(韻文), 시적인 문장; 시취(詩趣)가 풍부한 것, 훌륭한 것
☜ 그리스어로 '만들어진(po) 것(em)'이란 뜻
♠ **compose** 〔write〕 **a poem 시를 짓다**〔쓰다〕
♠ **a lyric poem 서정시, an epic poem 서사시, a prose poem 산문시**

☐ **po**et [póuit/**포**우잍] 명 (fem. **-ess**) **시인**; 가인(歌人); 시적 재능을 가진 사람
☜ 만드는(po) 사람(et)

☐ **po**etic [pouétik] 형 **시의, 시적인**; 시의 소재가 되는; 시인의; 시를 좋아하는; 낭만적인
☜ poet + ic<형접>

☐ **po**etical [pouétikəl] ⓗ **시로 쓰여진** ☜ poet + ical<형접>
☐ **po**etry [póuitri] ⓜ [집합적] **시**, 시가, 운문; 시집; 작시법; 시정(詩情), 시심(詩心)
☜ poet + ry<명접>

☐ **poi**(하와이의 토란요리), **poignant**(신랄한, 날카로운) ➔ **poison**(독, 독약) **참조**

포인트 point (점수)

♣ **어원 : point 뾰족한 끝, 점, 점수; 가리키다, 지시하다**

☐ **point** [pɔint/포인트] ⓜ 뾰족한 끝, **점,** 요점; **점수**, 포인트 ⓢ **가리키다,** 뾰족하게 하다
☜ 중세영어로 '손가락으로 지시하다, 검의 날카로운 끝'이란 뜻
♠ **the point** of a pencil 연필 **끝**
♠ **point out ~ ~을 지시하다; ~에 눈을[주의를] 돌리다, ~을 지적하다**
♠ **point to ~ ~을 가리키다**
♠ **from ~ point of view ~의 견지[관점]에서 보면**
Look at it **from** your **point of view**. 여러분**의 관점에서** 생각해 보세요.
♠ **make a point of ~ing** (it a point to ~) **~하는 것을 중요시하다, 반드시 ~하다, ~하는 것이 보통이다.**
♠ **on the point of 바야흐로 ~하려고 하다**
♠ **to the point** (purpose) **적절한, 요령을 갖춘, 핵심을 찌르는**

☐ **point** blank [pɔ́intblǽŋk] ⓗ 직사(直射)의, 노골적인 ☜ 목표(blank=goal)를 바로 가리키다(point)
☐ **point**ed [pɔ́intid] ⓗ **뾰족한**: 강조한 ☜뾰족/지시(point) 한(ed<형접>)
☐ **point**er [pɔ́inter] ⓜ **지시하는 사람**[물건], **포인터**, 포인터종 사냥개
☜ 지시하는(point) 사람/물건(er)
☐ **point**less [pɔ́intlis] ⓗ 끝이 뭉툭한; 요령 부득의, 한 점도 얻지 못한
☜ 뾰족한 끝(point)이 없는(less), 또는 점수(point)가 없는(less)
■ ap**point** [əpɔ́int] ⓢ **지명하다**, 임명하다, (시일·장소를) 정하다
☜ ~로(ap<ad=to) 낙점하다(point)

포이즈 poise ([댄스] 발과 상체의 균형)

☐ **poise** [pɔiz] ⓢ **균형 잡히게 하다**, 평형 되게 하다 ⓜ 균형, 평형; 평정, 안정
☜ 고대 프랑스어로 '무게를 재다'란 뜻
♠ **poise oneself** on one's toes 발끝으로 서서 **균형을 유지하다**

포이즌 poison (한국의 댄스팝 걸그룹 시크릿의 노래. <독>이란 뜻)

☐ **poison** [pɔ́izən] ⓜ **독**(毒), 독물, 독약; 폐해, 해독; 해로운 주의(설(說), 영향) ⓗ 독 있는, 해로운 ⓢ 독을 넣다, 독살하다 ☜ 고대 프랑스어로 '마실 것'이란 뜻
♠ He killed himself **by taking poison.** 그는 **음독** 자살했다.
☐ **poison**er [pɔ́iznər] ⓜ 독살자, 해독자 ☜ poison + er(사람)
☐ **poison** gas 독가스 ☜ gas(가스, 기체)
☐ **poison**ing [pɔ́izəniŋ] ⓜ 독살; 중독 ☜ poison + ing<명접>
♠ **gas poisoning 가스 중독**
♠ **(get) food poisoning 식중독(에 걸리다)**
☐ **poison**ous [pɔ́izənəs] ⓗ **유독[유해]한**: 악의의; 악취를 풍기는; 《구어》 불쾌한 ☜ -ous<형접>
☐ **poi** [pɔi, póui] ⓜ (하와이의) 토란 요리 ☜ 하와이어로 '타로(taro) 토란 뿌리로 만든 음식'이란 뜻. 생(生)타로는 독성이 있어 먹으면 마비 증세나 가시가 걸린 듯한 느낌과 아릿아릿한 통증이 있다.
♠ **The key ingredient in poi** is taro, brought to the Hawaiian islands by Polynesians some 2,000 years ago. **포이에 들어가는 주재료**는 타로인데, 약 2천 년 전에 폴리네시아인들이 하와이 제도로 들여왔다.
☐ **poign**ant [pɔ́injənt] ⓗ 신랄한, 격렬한, 날카로운; (맛·냄새가) 콕 찌르는, 얼얼한
☜ 고대 프랑스어로 '날카로운, 찌르는'이란 뜻
♠ **It is poignant** that he missed his last chance.
그가 마지막 기회를 놓쳤다는 것이 **마음 아프다**.
☐ **poign**ancy [pɔ́injənsi] ⓜ 신랄함, 통렬함, 날카로움 ☜ poign + ancy<명접>

연상 ▸ 포크(fork)로 포크(poke.찌르다)하다

※ **fork** [fɔːrk] ⓜ **포크**, 삼지창; **갈퀴**, 쇠스랑 ⓢ 분기하다, 포크를 쓰다 ☜ 고대영어로 '끝이 갈라진 무기'라는 뜻
☐ **poke** [pouk] ⓢ (손·막대기 따위의 끝으로) **찌르다**, 쑤시다 ⓜ 찌름,

P

쑤심 ☜ 중세 네덜란드어로 '(주머니칼로) 찌르다'란 뜻

♠ **poke** a person **in** the ribs
아무의 옆구리를 **콕콕 찔러 주의시키다**

☐ **poke**r [póukər] 명 **찌르는 사람**(물건); 부지깽이; 낙화(烙畫) 도구
☜ poke + er(사람)

포커 poker (포커 카드놀이), 포커페이스 poker face (표정을 숨기는 사람)

☐ **poker** [póukər] 명 **포커** 《카드놀이의 일종》
☜ 주머니(poke<pocket)속에 숨긴 것(er)

♠ I play in the same weekly **poker game**.
나는 매주 같은 **포커 게임**을 한다.

☐ **poker** face **포커페이스**, 《구어》 무표정한 얼굴(의 사람) ☜ face(얼굴)

폴란드 Poland (유럽 중부 발트해에 면해 있는 공화국)

☐ **Pol**and [póulənd] 명 **폴란드** 《수도 바르샤바(Warsaw)》
☜ '원주민 폴라니에(polanie)족의 나라(land)'란 뜻

☐ **Pol**ack [póulæk] 명 《미.속어 · 경멸적》 폴란드계(系)의 사람
☜ 16세기 폴란드어 Polak(폴란드인)에서

☐ **Pole** [poul] 명 폴란드(=Poland) 사람 ☜ 폴란드어로 '들판에 사는 사람들'이란 뜻

☐ **Pol**ish [póuliʃ] 형 **폴란드의**; 폴란드 사람(말)의 명 폴란드어 ☜ -ish(~의/~말)

☐ **pol**lack [pάlək/pɔ́l-] 명 (pl. **-s**, [집합적] **-**) 【어류】 대구류 《북대서양산(産)》
☜ Polack의 변형어인데, Polack은 폴란드어로 '폴란드인'이란 뜻이다.

☐ **pol**onaise [pὰlənéiz, pòul-/pɔ̀l-] 명 **폴로네즈** 《3박자 댄스》; 그 곡; (평상복 위에 입는) 여성복의 일종 《스커트 앞이 갈라져 있음》 ☜ 프랑스어로 '폴란드의 (춤)'이란 뜻

☐ **Pol**ska [pɔ́ːlskɑː] 명 **폴스카** ☜ Poland의 폴란드어 이름

폴라리스 Polaris (미해군 잠수함용 중거리 탄도탄. <북극성>이란 뜻)

☐ **polar** [póulər] 형 **극지의, 남극[북극]의**; 【전기】 음극(양극)을 가진; 자기(磁氣)가 있는; **정반대의** ☜ 중세 프랑스어로 '극지를 향해 존재하는', 라틴어로 '축의 끝'이란 뜻

♠ **The polar** climate is very cold. **극지**의 날씨는 매우 춥다.

♠ **the polar lights 극광, 오로라** ☜ light(빛) + s(복수)

☐ **Polar**is [pouléəris, -lǽr-] 명 【천문】 북극성; 【미.해군】 **폴라리스** 《잠항 중의 잠수함에서 발사하는 중거리 탄도탄》 ☜ 라틴어로 '극지의(polar) 별(is)'이란 뜻

☐ **pole** [poul] 명 【천문 · 지리】 **극**(極), **극지**, 북극성; 전극; 자극; (전지의) 극판, 극선; 극단
☜ 그리스어로 '축(軸)'이란 뜻 **비교** poll **여론조사; 투표**

♠ **the North Pole 북극**, **the South Pole 남극**

☐ **pole** jump, pole vault 장대높이뛰기 ☜ jump(높이뛰기), vault(뜀, 도약)

☐ **pole**star [póulstὰːr] 명 북극성 ☜ (북)극(pole)의 별(star)

텐트의 폴(pole.기둥)대, 야구장의 파울라인 끝에 설치된 폴(pole)대

☐ **pole** [poul/포울] 명 **막대기, 장대**, 기둥; 마스트; 낚시대 동 막대기로 받치다
☜ 라틴어로 '말뚝'이란 뜻

♠ **a fishing pole 낚싯대**

■ bean**pole** [bíːnpòul] 명 콩 섶; 《구어》 키다리 ☜ 콩(bean) 대/줄기(pole)
★ 한국의 패션 브랜드로 삼성물산의 대표적인 의류 브랜드인 빈폴(Beanpole)은 콩줄기를 많이 생산하는 미국 Boston 지역의 고풍스럽고 전통적인 이미지를 함축하고 있다고 한다.

아크로폴리스 acropolis (아크로폴리스 신전), 인터폴 interpol (국제 경찰)

♣ **어원 : polis, polic(e), polit 도시, 국가; 도시[국가]를 관장하다**

■ acro**polis** [əkrάpəlis/-rɔ́p-] 명 (그리스 아테네의) **아크로폴리스** 신전 유적지 ☜ 높은(acro) 도시(polis) ★ 원래는 고대 그리스 도시국가들의 중심지에 있던 높은 언덕이 폴리스였는데 훗날 도시국가가 폴리스로 불리게 되자 원래 폴리스였던 작은 언덕은 'akros(높은)'를 붙여 아크로폴리스라고 부르게 되었다.

■ inter**pol** [íntərpɔ̀(ː)l, -pὰl] 명 **인터폴**, 국제 경찰 ☜ (국가) 사이의(inter) 경찰(pol=police)

☐ **police** [pəlíːs/펄**리**-스] 명 **경찰**(관), 경찰청 ☜ 그리스어로 '도시', 중세영어로 '도시를 관장

하다'란 뜻
♠ **traffic police 교통경찰**
☐ **police** box 파출소 ☜ box(박스, 상자)
☐ **police**man [pəlíːsmən/펄**리**-스먼] 명 (pl. **-men**) **경찰관**, 경관 ☜ police + man(사람)
★ 여성의 지위와 대우가 남성과 동등해지면서 성차별적 단어도 점차 중성적 의미의 단어로 바뀌고 있다. policeman도 police officer로 변화됨.
☐ **police** officer 경찰관 ☜ officer(장교, 공무원, 경관)
☐ **police** state 경찰국가 ☜ state(상태, 국가; 진술하다)
☐ **police** station **경찰서** ☜ police + station(장소)
☐ **police**woman [pəlíːswùmən] 명 (pl. **-women**) 여순경 ☜ woman(여자)
☐ **polic**y [pάləsi/pɔ́l-] 명 **정책**, 방책, 수단; **보험증권**, 도박 ☜ 도시[국가]를 관장하다
♠ **foreign policies 외교정책, insurance policy 보험증권**
■ metro**polis** [mitrάpəlis/-trɔ́p-] 명 **메트로폴리스**, **주요 도시**, 수도, 중심지
☜ metro(어머니)+ polis(도시)

폴리오 바이러스 poliovirus ([의학] 소아마비 병원체)

♣ **어원 : poli, polio 회백질**
☐ **polio** [póuliòu] 명 【의학】 **폴리오, 소아마비** ☜ 그리스어로 '회백질(척추동물의 중추신경에서 신경세포가 모여 있는 곳)'이란 뜻 **비교** folio 2절지(책); 마주보는 페이지
♠ All children are inoculated against **polio**.
모든 아이들이 **소아마비** 예방접종을 받는다.
☐ **polio**virus [póuliouvàirəs, pòuliouvái-] 명 **폴리오 바이러스**, 소아마비 바이러스
☜ polio + virus(병균)

☐ **Polish**(폴란드의) ➔ **Poland**(폴란드) **참조**

네일 폴리시 nail polish (광택·선명도를 위해 손톱에 바르는 매니큐어)

♣ **어원 : pol 닦다, 매끄럽게 하다, 광을 내다**
※ **nail** [neil/네일] 명 **손톱, 발톱; 못**; 징 동 못을 박다
☜ 고대영어로 '금속 핀, 손톱/발톱'이란 뜻
☐ **pol**ish [pάliʃ/pɔ́l-] 동 **닦다, 윤내다** 명 **광택**, 윤
☜ 매끄럽게(pol) 하다(ish)
♠ **polish (up) the floor 마루를 닦다**
☐ **pol**ite [pəláit] 형 (-<-t**er**<-t**est**) **공손한**, 예의 바른; 세련된
☜ 매끄럽게(pol) 하는(ite<형접>)
♠ **in polite language 정중한 말씨로**
☐ **pol**itely [pəláitli] 부 **공손히**, 은근히; 체모 있게; 품위 있게, 우아하게 ☜ -ly<부접>
☐ **pol**iteness [pəláitnis] 명 **공손; 예의바름**; 고상; 우아 ☜ -ness<명접>
☐ **pol**itic [pάlitik/pɔ́l-] 형 **사려 깊은**, 현명한; 적합한, 교묘한
☜ 매끄럽게(pol) 하(ite) 는(ic<형접>)
■ im**pol**ite [ìmpəláit] 형 무례한, **버릇없는** ☜ im<in(= not/부정) + polite

P

아크로폴리스 acropolis (그리스 아테네의 아크로폴리스 신전)

♣ **어원 : polis, polic(e), polit 도시, 국가; 도시[국가]를 관장하다**
■ acro**polis** [əkrάpəlis/-rɔ́p-] 명 (그리스 아테네의) **아크로폴리스** 신전 유적지 ☜ 높은(acro) 도시(polis)
■ metro**polis** [mitrάpəlis/-trɔ́p-] 명 **메트로폴리스**, **주요 도시**, 수도, 중심지
☜ metro(어머니)+ polis(도시)
☐ **polit**ic [pάlitik/pɔ́l-] 형 **정치[정책]의**; 정책적인, 정치상의 명 정치역학, 역학관계
☜ 그리스어로 '국가를 관장하다(polit) + ic<형접/명접>'란 뜻
☐ **polit**ical [pəlítikəl/펄**리**리껄/펄**리**티컬] 형 **정치의, 정치적인**, 정치상의 ☜ politic + al<형접>
♠ **a political** campaign **정치** 운동
☐ **pol**itically [pəlítikəli] 부 정치상 ☜ political + ly<부접>
☐ **polit**ician [pὰlətíʃən/pɔ̀l-] 명 **정치가** ☜ politic + ian(사람)
☐ **polit**ics [pάlitiks/pɔ́l-] 명 **정치(학)** ☜ 도시[국가]를 관장하는(polit) 학문(ics)

갤럽폴 Gallup Poll (미국의 갤럽 여론조사. 1935 년 조지갤럽이 설립)

※ **Gallup** [gǽləp] 명 **갤럽** 《George H. ~, 미국의 여론연구소 소장(1901~1984)》
☐ **poll** [poul/포울] 명 **투표**; 투표결과, 투표수; 선거인 명부; 여론조사 동 **투표하다**

☜ 중세 네델란드어로 '머리'라는 뜻. 투표는 머리수를 센다는 의미.
비교 pole 막대기, 장대; 극지방
♠ **a heavy (light) poll 높은(낮은) 투표율**

- □ **poll**ing [póuliŋ] 명 투표; 『컴퓨터』 폴링 ☜ -ing<명접>
- □ **poll**ing booth (투표장의) 기표소 ☜ booth(매점, 작은 칸막이 방)
- □ **poll**ing place 《미》 투표장(소) ☜ place(장소)

□ **pollack**(대구류) ➔ **Poland**(폴란드) **참조**

연상 팔린 꽃에 팔런(pollen.꽃가루)이 너무 많았다.

- □ **pollen** [pάlən/pɔ́l-] 명 『식물』 **꽃가루**, 화분(花粉) 동 수분하다, (꽃)가루받이하다 ☜ 라틴어로 '고운 밀가루'라는 뜻
  ♠ I'm allergic to **pollen**. 나는 **꽃가루** 알레르기가 있다.
- □ **pollin**ate [pάlənèit/pɔ́l-] 동 『식물』 ~에 수분(가루받이)하다 ☜ -ate<동접>

일러스트 illustration (설명을 돕기 위해 글속에 삽입되는 그림, 삽화)

♣ **어원 : limin, lumen, lus, luc, lut, lux 빛, 빛나다, 밝히다**

- ■ il**lus**trate [íləstrèit, ilʌ́streit] 동 **설명하다; 삽화를 넣다**
  ☜ 안을(il<in) 밝게(lus) 투과(tr) 하다(ate<동접>)
- ■ il**lus**tration [ìləstréiʃən] 명 **실례, 예증; 삽화; 도해** ☜ -tion<명접>
- □ pol**lut**e [pəlúːt] 동 **더럽히다**, 불결하게 하다, 오염시키다; 모독하다
  ☜ 거짓으로(pol<per) 빛나게(lut) 하다(e)
  ♠ **pollute** a person's honor 아무의 명예를 **더럽히다**
- □ pol**lut**ant [pəlúːtənt] 명 오염 물질 ☜ pollute + ant<명접>
- □ pol**lut**er [pəlúːtər] 명 오염자, 오염원(源) ☜ pollute + er(사람/주체)
- □ pol**lut**ion [pəlúːʃən] 명 불결, **오염**, 환경 파괴, 공해, 오염 물질; 모독; 타락
  ☜ pollute + ion<명접>
  ♠ **river pollution 수질오염, noise pollution 소음공해**
- □ unpol**lut**ed [ʌ̀npəljúːtid] 형 오염되지 않은, 청정한
  ☜ un(=not/부정) + 더럽혀(pollute) 진(ed<형접>)

✚ il**lumin**ate **조명하다**, 비추다; **계몽[계발]하다** il**lus**ion 환영(幻影), **환각** **lumin**aria **루미나리아** 《크리스마스 장식용 등(燈)》 **lumin**ous **빛을 내는**, 빛나는; 총명한 **luc**id **맑은**, 밝은, **번쩍이는**

폴로 polo (4명이 1조가 되어 말을 타고 하는 공치기)

- □ **polo** [póulou] 명 **폴로** 《말 위에서 공치기하는 경기》; 수구(水球) (water ~) ☜ 티벳어로 '공'이란 뜻
  ♠ **a polo pony 폴로 경기용의 작은 말**

P

폴라티 pola T (콩글 자라목 티셔츠. <poloneck + T-shirt 합성어>) ➔ turtleneck, Polar

- □ **poloneck** [póulounèk] 형 《영》 자라목 깃의 명 =turtleneck
  ☜ Polar사에서 제작했다는 설과 극지(polar)에서 추울 때 입는 셔츠라는 설이 있다. polo<polar + neck
- ※ **turtleneck** [tə́rtəlnèk] 명 **터틀넥**, 목 부분이 자라목처럼 된 것(셔츠·스웨터)
  ☜ 바다거북(turtle)의 목(neck)
- ※ **shirt** [ʃəːrt/셔-트] 명 **와이셔츠, 셔츠**; 칼라·커프스가 달린 셔츠블라우스; 내복
  ☜ 고대영어로 '(날카로운 것에 의해) 짧게 잘린 의복'이란 뜻

폴리네시아 Polynesia (태평양 중남부에 산재한 작은 섬들의 총칭)

♣ **어원 : poly 많은, 다(多), 여러**

- □ **Poly**nesia [pὰləníːʒə, -ʃə/pɔ̀l-] 명 **폴리네시아** 《태평양 중남부에 산재한 작은 섬들의 총칭; 하와이·사모아 제도 등이 포함됨》 ☜ 그리스어로 '많은(poly) 섬들(nesia)'이란 뜻
  ※ **Micronesia** 미크로네시아 《태평양 서부 Melanesia의 북쪽에 퍼져 있는 작은 군도(群島)》 ☜ 그리스어로 '작은(micro) 섬들(nesia)'이란 뜻
- □ **poly**chrome [pάlikròum/pɔ́l-] 형 다색채(多色彩)의; 다색 인쇄의 명 다색화(畫); 다색, 색채 배합
  ☜ 많은(poly) 색소/색깔(chrome)
- □ **poly**gamy [pəlígəmi] 명 일부다처(제); 《드물게》 일처다부(제) ☜ 많은(poly) 번식/결혼(gamy)

반 monogamy 일부일처제

☐ **poly**theism [pάliθìːizəm/pɔ́l-] 명 다신교〔론〕, 다신 숭배 ☜ 많은(poly) 신(the) 주의/교리(ism)
반 monotheism 유일신론, 유일신교

포마드 pomade (두발의 광택과 모양새를 만드는 머릿기름)

☐ **pomade** [pαméid, poumάːd] 명 **포마드**, 향유, 머릿기름 동 포마드를 바르다 ☜ 라틴어로 '사과'란 뜻. 원래 사과로 향기를 낸 데서 유래

퐁파두르 pompadour (여자의 이마 위에 높이 빗어 올린 머리)

☐ **pomp**adour [pάmpədɔ̀ːr, -dùər/pɔ́mpədùər] 명 **퐁파두르**《여자 머리형의 일종; (남자의) 올백의 일종》; 깃을 낮고 모나게 자른 여성용 윗옷; 연분홍색 ☜ 프랑스 국왕 루이 15세의 애첩 '퐁파두르 부인(1721-64)'의 머리형에서 생겨난 것으로 18세기말부터 19세기 말까지 프랑스에서 유행한 머리스타일이 되었다.

☐ **pomp** [pαmp/pɔmp] 명 **화려**, 장관(壯觀); (pl.) **허영**, 과시, 허세; 《고어》 화려한 행렬 ☜ 그리스어로 '엄숙한 행렬'이란 뜻
♠ **with pomp 화려하게**
♠ **pomps and vanities 허식과 공허**

< 마담 퐁파두르 >

☐ **pomp**osity [pampάsəti] 명 점잔뺌 ☜ pomp + osity<명접>

☐ **pomp**ous [pάmpəs/pɔ́m-] 형 호화로운, 성대한; 젠체하는, **점잔빼는** ☜ -ous<형접>

폼페이 Pompeii (A.D. 79년 화산 분화로 매몰된 이탈리아 고대 도시)

☐ **Pompeii** [pαmpéii/pɔm-] 명 **폼페이**《이탈리아 나폴리(Naples) 근처의 옛 도시; 서기 79년 베수비오(Vesuvius) 화산의 분화(噴火)로 매몰되었음》☜ 고대 이탈리아 남부 오스칸(Oscan)어로 '다섯(pompe) 구역(ii)'이란 뜻.

판초 poncho (흔히 우비로 알고 있는 남미 원주민의 외투)

☐ **poncho** [pάntʃou/pɔ́n-] 명 (pl. **-s**) **판초**《남아메리카 원주민의 한 장의 천으로 된 외투; 그 비슷한 우의》
☜ 칠레 아라우칸어로 '양모사 직물'이란 뜻.

연상 ▶ 판다(panda)곰이 판드(pond.연못)에 빠져 허우적거리고 있다.

※ **panda** [pǽndə] 명 〖동물〗 **판다**《히말라야 등지에 서식하는 너구리 비슷한 짐승》; 흑백곰의 일종(giant ~)《티베트·중국 남부산》
☜ 네팔어로 '대나무를 먹는 것'이란 뜻

☐ **pond** [pαnd/판드/pɔnd/폰드] 명 **못, 연못**; 늪; 샘물; 양어지; (the ~) 《영.익살》 바다, 《특히》 대서양 동 (물을 막아) 못으로 만들다
☜ 중세영어로 '밀폐된 장소'라는 뜻
★ **영국에서는 주로 인공적인 것, 미국에서는 작은 호수도 포함.**
♠ **dig a pond 못을 파다**

P

파운드 pound (❶ 무게의 단위 ❷ 영국의 화폐 단위)

♣ **어원 : po(u)nd 무게, 무게를 재다[두다]; 깊이 생각하다**

■ **pound** [paund/파운드] 명 (pl. **-s**, [집합적] **-**) **파운드**《무게의 단위; 생략: lb.; 상형(常衡)(avoirdupois)은 16온스, 약 453.6g; 금형(金衡)(troy)은 12온스, 약 373g》; **파운드**《영국의 화폐 단위; 1971년 2월 15일 이후 100 pence; 종전에는 20 shillings에 해당; 생략: £》☜ 라틴어로 '무게'라는 뜻

☐ **pond**er [pάndər/pɔ́n-] 동 **숙고하다, 깊이 생각하다** ☜ 라틴어로 '무게를 달다'라는 뜻
♠ He **pondered** long and deeply over the question.
그는 그 문제에 대해 오랫동안 **곰곰이 생각했다**.

☐ **pond**eringly [pάndəriŋli, pɔ́n-] 부 생각하면서, 숙고하여 ☜ ponder + ing + ly<부접>

☐ **pond**erous [pάndərəs/pɔ́n-] 형 **대단히 무거운**, 묵직한, 육중한; 다루기 힘든; 답답한, 지루한 《담화·문체 따위》 ☜ ponder + ous<형접>

☐ pre**pond**erance [pripάndərəns] 명 (무게·힘에 있어서의) 우위; 우세, 우월
☜ 앞에(pre) 무게를 둔(ponder) 것(ance<명접>)
♠ My constituency has **a preponderance** of elderly people.
내 지역구는 노인 인구가 **우세**하다.

□ **po**re [pɔːr] ⓢ **숙고하다**, 곰곰이 생각하다; 주시하다 ☜ 중세영어로 '뚫어지게 보다'란 뜻
ⓜ 털구멍; 【식물】 기공(氣孔) ☜ 그리스어로 '구멍'이란 뜻
♠ He started **to pore over** theological problems.
그는 신학문제에 대해 **깊이 생각하기** 시작했다.

□ **po**rous [pɔ́ːrəs] ⓗ 구멍이 많은, 다공성의; 침투성의 ☜ -ous<형접>

폰티액 Pontiac (미국 제너럴 모터스(GM)의 승용차 브랜드)

□ **Pontiac** [pάntiæ̀k/pɔ́n-] ⓜ **폰티액** 《캐나다 오타와(Ottawa) 인디언의 추장(1720?-66); 영국인에게 반란을 일으켰음; **폰티액** 《미국 GM의 승용차 브랜드 중 하나》
☜ 영국인에게 반란을 일으킨 오타와 인디언 추장의 이름에서

폰툰 pontoon (강을 건너기 위해 임시로 가설하는 부교(浮橋))

□ **pontoon** [pantúːn/pɔn-] ⓜ (바닥이 평평한) 너벅선, 거룻배; 납작한 배; 【군사】 (가교(架橋)용) 부교, **폰툰**; 경주정(輕舟艇) 또는 고무보트; 【항공】 (수상 비행기의) 플로트(=float) ⓢ 부교를 가설하다; 부교로 강을 건너다 ☜ 라틴어로 '다리'라는 뜻

□ **pontoon** bridge 부교(浮橋) ☜ bridge(다리, 교량)

포니 pony (한국 최초의 양산형 고유모델 승용차. <조랑말>이란 뜻)

□ **pony** [póuni] ⓜ **조랑말** 《키가 4.7 feet 이하의 작은 말》; [일반적] 작은 말 ☜ 라틴어로 '동물 이란' 뜻 ★ **망아지는** colt임
♠ A small horse is **a pony**. 작은 말은 **조랑말**이다.

□ **pony** car 2도어의 소형차 ☜ car(자동차)

□ **pony**tail [póunitèil] ⓜ **포니테일** 《뒤의 높은 데에서 묶어 아래로 드리운 머리》; 젊은 처녀 ☜ 말(pony) 꼬리(tail)

푸들 poodle (작고 영리한 복슬개)

□ **poodle** [púːdl] ⓜ **푸들** 《작고 영리한 복슬개》 ⓢ (개의) 털을 짧게 깎다
☜ 독일어로 '물을 튀기며 노는 개'란 뜻

■ **puddle** [pʌ́dl] ⓜ 웅덩이; 이긴 흙 《진흙과 모래를 섞어 이긴 것》; 《구어》 뒤범벅, 뒤죽박죽 ⓢ 더럽히다; 진흙투성이로 만들다
☜ 중세영어로 '더럽고 작은 물웅덩이'란 뜻

푸 pooh ([의성어] 피 !, 체 !, 흥 !)

P

□ **pooh** [puː] ⓖ 흥, 피, 체 《경멸·의문 따위를 나타냄》 ☜ 의성어로 우리말의 '피'에 해당
♠ It stinks! **Pooh!** 그거 냄새 나! **웩!**

풀장(場) pool (수영장), 카풀 car pool (자동차의 공동이용)

□ **pool** [puːl] ⓜ 물웅덩이, 연못; (인공의) 못; (수영용) **풀**; ☜ 고대영어로 '작은 물줄기'란 뜻
공동출자; 《미.속어》 **물건 두는 곳** ⓢ 공동 출자하다 ☜ 프랑스어로 '내기'란 뜻
♠ **swimming pool 수영장**
♠ **a pool car 공용 자동차**

※ **car** [kaːr/카-] ⓜ **자동차** ☜ 라틴어로 '2개의 바퀴가 달린 켈트족의 전차'란 뜻

하우스 푸어 house poor (집만 있고, 대출·세금부담으로 빈곤한 사람들)

♣ 어원 : **poor, pover 가난한, 빈곤한**

※ **house** [haus/하우스] ⓜ **집**, 가옥, 주택 ☜ 고트어로 '신의 집'이란 뜻

□ **poor** [puər/푸어] ⓗ **가난[빈곤]한**, 초라한, 불쌍한 ☜ 라틴어로 '가난한'이란 뜻
♠ **poor people 가난한 사람들**
♠ **be poor at ~ ~이 서툴다**

□ **poor**ly [púərli] ⓑ **가난하게**, 빈약하게; 불충분하게; **서툴게**; 졸렬하게 ☜ -ly<부접>
♠ **poorly paid 박봉의**
♠ **speak (swim) very poorly 말(수영)이 서투르다**

□ **poor**house [púəhàus] ⓜ 빈민구호소, 구빈원(救貧院) ☜ poor + house(집)

■ **pover**ty [pάvərti/pɔ́v-] ⓜ **가난, 빈곤** ☜ 가난한(pover) 것(ty<명접>)

■ im**pover**ish　[impάvəriʃ/-pɔ́v-] [동] **가난하게 하다**
☞ 가난(pover) 속으로(im<in>) 가게하다(ish<동접>)

팝콘 popcorn (튀긴 옥수수), 뽀빠이 Popeye (미국 만화주인공)

□ **pop**　[pɑp/pɔp] [동] **펑 소리나다**; 펑 터지다, 빵(탕)하고 쏘다; (눈알이) 튀어 나오다; **뻥하고 소리내다[폭발시키다]** [명] 뻥하는 소리; 발포 [감] 뻥!, 펑! ☞ 터지는 소리
♠ **The balloon popped. 풍선이 팡 터졌다.**
□ **pop**corn　[pάpkɔ̀ːrn] [명] **팝콘**, 튀긴 옥수수(=popped corn)
☞ corn(낟알, 곡식, 옥수숫)
□ **pop** eye　튀어나온 눈; (놀라움·흥분 등으로) 휘둥그레진 눈 ☞ eye(눈)
□ **pop**eye　[pάpai] [명] **뽀빠이, 포파이** 《시금치를 먹으면 힘이 솟는 미국 만화 주인공인 선원》
□ **pop**-up　[pάpʌ̀p] [명] 『야구』 내야 플라이(=popfly); 펼치면 그림이 튀어나오는 책 [형] 펑 튀어나오는; (책을) 펼치면 그림이 튀어나오는; 『컴퓨터』 **팝업**(식)의 《프로그램 실행 중 특정 화면(데이터)을 맨 위로 호출하는 방식》 ☞ 위로(up) 튀어나오는(pop)

팝송 pop(ular) song (대중가요) = pop music * song 노래 / music 음악

♣ **어원 : pop, popul 사람, 대중; 대중적인, 인기있는**
□ **popul**ar　[pάpjələr/**팝**펼러/pɔ́pjələr/**포**펼러] [형] **민중의**, 대중의; **대중적인, 인기있는**; 서민적인, 값싼 [명] 대중신문 ☞ 라틴어로 '민중/사람(popul<people> 의(ar)'란 뜻
□ **pop**　[pɑp/pɔp] [형] 《구어》 통속(대중)적인 팝뮤직의; 대중음악의 [명] 대중음악(회)
[동] 뻥 울리다; 펑 터지다; 탕 쏘다 ☞ **pop**ular의 줄임말
♠ Are you interested in **pop music**? 너는 **팝 음악**에 관심이 있니?
□ **pop** art　《미》 **팝아트**, 대중미술 ☞ art(예술)
□ **pop** singer　유행가 가수 ☞ 대중음악(pop)을 노래하는(sing) 사람(er)

패트리어트 Patriot (Missile) (미국제 지대공미사일. <애국자>란 뜻)

♣ **어원 : patri, papa, father 아버지**
■ **patri**arch　[péitriὰːrk] [명] 가장; 족장 ☞ 아버지(patri) 이자 지도자(arch)
■ **patri**ot　[péitriət, -ὰt/pǽtriət] [명] **애국자**, 우국지사
☞ 아버지(patri)의 나라 사람(ot)
■ **papa**　[pάːpə, pəpάː] [명] 《소아어·미.구어·영.고어》 **아빠** [비교] mama 엄마
□ **pope**　[poup] [명] (or P-) **로마 교황** ☞ 아버지(patri)란 뜻
♠ the election of **a new pope 새 교황**의 선출
■ **father**　[fάːðər/**파**-더] [명] **아버지**, 부친; 선조, 조상 [비교] mother 어머지
☞ 고대영어로 '아이를 낳는 자, 가장 가까운 남자 조상'이란 뜻
※ **missile**　[mísəl/-sail] [명] **미사일, 유도탄** ☞ 라틴어로 '던질(miss) 수 있는 것(ile)'이란 뜻

P

포플러 poplar (가로수에 널리 애용된 버드나무과 사시나무)

□ **poplar**　[pάplər/pɔ́p-] [명] 『식물』 **포플러**; 그 목재 ☞ 라틴어로 '포플러 나무'

뽀삐 poppy (양귀비꽃)

□ **poppy**　[pάpi/pɔ́pi] [명] 『식물』 **양귀비** 《양귀비속 식물의 총칭》; 양귀비의 엑스(트랙트) 《약용》, 《특히》 아편 ☞ 라틴어로 '양귀비꽃'
★ 유한킴벌리의 화장지 브랜드와 그 마스코트 캐릭터인 '**뽀삐**'는 puppy(강아지)를 의미한다고 함.

팝송 pop(ular) song (대중가요) = pop music * song 노래 / music 음악
포퓰리즘 Populism (대중 인기영합주의)

♣ **어원 : pop, popular 사람, 대중; 대중적인, 인기있는**
■ **pop**　[pɑp/pɔp] [형] 《구어》 통속(대중)적인 팝뮤직의; 대중음악의 [명] 대중음악(회)
[동] 뻥 울리다; 펑 터지다; 탕 쏘다 ☞ **pop**ular의 줄임말
□ **popul**ar　[pάpjələr/**팝**펼러/pɔ́pjələr/**포**펼러] [형] **민중의**, 대중의; **대중적인, 인기있는**; 서민적인, 값싼 [명] 대중신문 ☞ 라틴어로 '민중/사람(popul<people> 의(ar)'란 뜻
♠ **the popular opinion** (voice) **여론**
♠ **be popular with** (among) ~ **~에게 인기가 좋다**

□ **popul**ace [pάpjələs/pɔ́p-] ⓜ 민중, **대중**, 서민; 전(全)주민 ☜ 대중(popul) 류(類)(ace<acea)
□ **popul**ar concert 대중 음악회 ☜ concert(콘서트, 연주회, 음악회)
□ **popul**ar edition 보급〔염가〕판 ☜ edition(판(版), 간행, 책)
□ **popul**ar song 대중가요, 유행가, 팝송 ☜ song(노래)
□ **popul**arity [pὰpjəlǽrəti/pɔ̀p-] ⓜ **인기**, 인망; 대중성, 통속성; 유행 ☜ popular + ity<명접>
□ **popul**arly [pάpjulərli] ⓟ **일반적으로**, 널리; 쉽게, 평이하게; 인기를 얻도록 ☜ -ly<부접>
□ **popul**arize [pάpjuləràiz] ⓢ 일반화하다, 통속화하다 ☜ -ize<동접>
□ **popul**arization [pὰpjulərəzéiʃən] ⓜ 통속화, 보급(普及) ☜ -ation<명접>
□ **popul**ate [pάpjəlèit/pɔ́p-] ⓢ 장소를 차지하다, 거주하다; **거주시키다**; 식민하다
☜ 사람/대중(popul)이 살다(ate<동접>)
□ **popul**ation [pὰpjəléiʃən/**팝펄레**이션/pɔ̀pjuléiʃən/**포퓰레**이션] ⓜ **인구, 주민**(수); 개체군 ☜ -ation<명접>
♠ **an increase of population 인구의 증가**
□ **Popul**ism [pάpjəlìzəm/pɔ́p-] ⓜ 〖미.역사〗 인민당의 주의〔정책〕; 〖러.역사〗 (1917년 혁명 전의) 러시아 인민주의; **포퓰리즘**, 대중주의 《대중의 인기에 영합하는》
☜ 대중/인기(popul) 주의(ism)
□ **popul**ous [pάpjələs/pɔ́p-] ⓗ **인구가 조밀한**; 사람이 붐비는; 사람이 혼잡한; 사람수가 많은
☜ -ous<형접>

포셀린[포슬린] 페인팅 porcelain painting (도자기 그림 공예)

© Christine Bennetts

□ **porcelain** [pɔ́ːrsəlin] ⓜ **자기**(磁器); (pl.) 자기 제품 ⓗ 자기의
☜ 이탈리아어로 '조개'라는 뜻
♠ a dainty **porcelain cup** 우아한 **도자기 컵**
※ **paint**ing [péintiŋ] ⓜ 그림, 회화; 유화, 수채화; **그림그리기; 채색**, 착색; 도료, 페인트 ☜ 그림 그리(paint) 기(ing<명접>)

포치 porch (본 건물에서 달아낸 지붕 딸린 현관)

□ **porch** [pɔːrtʃ/포-취] ⓜ **포치, 현관**, 차 대는 곳; (the P-) 아테네(Athens)에서 철학자 Zeno가 제자들에게 강의하던 회당의 복도; 스토아학파, 스토아철학
☜ 중세영어로 '지붕이 있는 입구'란 뜻
□ **porch**ed [pɔːrtʃt] ⓗ (현관에) 차대는 곳이 있는 ☜ -ed<형접>

□ **pore**(숙고하다), **porous**(구멍이 많은) ➔ **ponder**(숙고하다) **참조**

연상 포크(fork)로 포크(pork.돼지고기)를 집어 먹다

※ **fork** [fɔːrk] ⓜ **포크**, 삼지창; **갈퀴**, 쇠스랑 ⓢ 분기하다, 포크를 쓰다 ☜ 고대영어로 '끝이 갈라진 무기'라는 뜻
□ **pork** [pɔːrk] ⓜ **돼지고기**《식용》; 《고어》 돼지; 《미.속어》 의원이 정치적 배려로 주게 하는 정부 보조금〔관직 등〕
☜ 프랑스어, 라틴어로 '돼지'란 뜻
♠ I like beef better than **pork**.
나는 **돼지고기**보다 쇠고기를 더 좋아한다.
□ **pork** butcher 돼지고기 전문점(店) ☜ butcher(푸줏간, 정육점 주인)
□ **pork** cutlet **포크커틀릿, 돈가스** ☜ 일본어인 돈가스는 <pork(돼지 돈(豚)) + 얇게 저민 고기 (cutlet/가츠레츠(ポークカツレツ))>를 합치고 줄여서 '돈가스'가 되었다.
□ **pork**er [pɔ́ːrkər] ⓜ 식용 돼지 ☜ pork + er(주체)
□ **pork**et, **pork**ling [pɔ́ːrkit], [pɔ́ːrkliŋ] ⓜ 새끼돼지 ☜ 작은(et) 돼지(pork)
□ **pork** steak 돼지고기 스테이크 ☜ steak(스테이크: 두꺼운 육류 조각을 구운 서양요리)
□ **pork**y [pɔ́ːrki] ⓗ (-<-ki**er**<-ki**est**) 돼지(고기) 같은; 살찐; 《미.속어》 건방진 ☜ -y<형접>
□ **porc**upine [pɔ́ːrkjəpàin] ⓜ 〖동물〗 (몸에 긴 바늘이 달린) **호저**(豪豬), **포큐파인**
☜ 고대 프랑스어로 '가시(pine<spine)가 있는 돼지(porc<pork)'란 뜻

포르노 porno (인간의 성적(性的) 행위를 묘사한 작품)

♣ 어원 : **porno 외설, 창부**
□ **porno, porn** [pɔ́ːrnou], [pɔːrn] ⓜ (pl. **-s**) 《구어》 **포르노**; 도색〔포르노〕 영화; 포르노 작가
ⓗ 포르노의 ☜ **porno**graphy의 줄임말
□ **porno**graph [pɔ́ːrnəgrǽf, -grɑ̀ːf] ⓜ **포르노**, 호색 작품
☜ 그리스어로 '외설(porno)을 기록한 것(graph)'이란 뜻
♠ I'm not a **pornographer**. I'm a writer.
나는 **포르노물 제작자**가 아니다. 나는 작가이다.

P

☐ **porno**grapher [pɔːrnάgrəfər/-nɔ́g-] ⓜ 도색 서적〔포르노〕 작가; 춘화가(春畵家) ☜ -er(사람)
☐ **porno**graphic [pɔːrnάgrəfik/-nɔ́g-] ⓗ 포르노의, 춘화의 ☜ -ic<형접>
☐ **porno**graphy [pɔːrnάgrəfi/-nɔ́g-] ⓜ **포르노**, 춘화(春畵), 외설책, 에로책; 호색 문학
☜ 그리스어로 '외설(porno)을 기록한 것(graphy)'이란 뜻

포리지 porridge (오트밀에 우유 또는 물을 넣어 만든 죽)

☐ **porri**dge [pɔ́ːridʒ, pάr-/pɔ́r-] ⓜ **포리지**《오트밀을 물이나 우유로 끓인 죽》; (말레이시아에서) 쌀죽; 《영.속어》 교도소, 수감(收監), 형기
☜ 중세영어로 'pottage(진한 수프)의 변형'
♠ **cook rice porridge 죽을 쑤다**
☐ **porri**nger [pɔ́ːrindʒər, pάr-/pɔ́r-] ⓜ 작은 죽그릇《주로 어린이들의 수프 또는 porridge용》
☜ 중세영어 potager(스튜용 작은 접시)의 변형
☐ **pottage** [pάtidʒ/pɔ́t-] ⓜ《고어》 진한 채소 스튜; 진한 수프, **포타주**; 《비유》 잡동사니, 뒤범벅
☜ 고대 프랑스어로 '야채 수프'란 뜻

포르쉐 Porsche (독일 폭스바겐 그룹 산하의 스포츠카 제조업체)

☐ **Porsche** [pɔːrʃ] ⓜ **포르셰**《독일 Porsche사(社)제 스포츠카; 상표명》 ☜ 오스트리아의 자동차공학자인 페르디난트 포르쉐(Ferdinand Porsche)가 1931년 설립한데서

포털 portal (네이버, 야후 등 인터넷 접속시 거쳐야 하는 사이트)

♣ **어원 : port 나르다, 운반하다**

☐ **port** [pɔːrt/포-트] ⓜ **항구(도시)**, 무역항 ☜ (물건을) 운반하는 곳
♠ **port facilities 항만시설**
☐ **port**able [pɔ́ːrtəbəl] ⓗ 들고 다닐 수 있는; **휴대용의** ⓜ **휴대용 기구**
☜ 운반(port)할 수 있는(able)
☐ **port**al [pɔ́ːrtl] ⓜ (우람한) **문, 입구; 정문; 포털사이트**
☜ (~를 통해) 운반하는(port) 곳(al<명접>)
☐ **port**er [pɔ́ːrtər] ⓜ **운반인**; 짐꾼, **포터**; 《영》 **문지기** ☜ 운반하는(port) 사람(er)
☐ **port**folio [pɔːrtfóuliòu] ⓜ (pl. **-s**) 서류첩, 손가방; **포트폴리오**, 대표작품선집
☜ 종이(folio)를 나르는(port) 것
☐ **port**ress [pɔ́ːrtris] ⓜ 여자 수위; (빌딩의) 청소부(婦) ☜ -less<여성형 어미>

✚ air**port** **공항** ex**port** **수출하다; 수출(품)** im**port** **수입하다; 수입(품)** im**port**ant **중요한**; 거드름 피우는 op**port**unity **기회**, 호기; 행운; 가망

포트 port ([컴퓨터] 본체의 주변기기 · 외부회선 접합 단자)

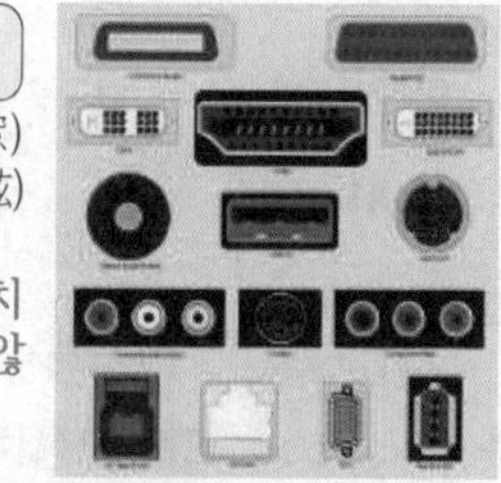

☐ **port** [pɔːrt] ⓜ (군함의) 포문, 총안(銃眼); (상선의) 현문; 현창(舷窓) (=porthole) 창구; 배출구; 〖컴퓨터〗 단자, **포트**; (배의) 좌현(左舷)
☜ (물건을) 운반하는 곳, 배를 대는 쪽(왼쪽)
★ 고대 북유럽 배는 우측에 노<조향장치(steer board)>가 설치되어 있었으며, 배를 항구에 댈 때는 우측의 노가 손상되지 않도록 배의 왼쪽면을 항구(port)에 붙인데서 유래.
♠ **an exhaust port 배기구**
※ **starboard** [stάːrbərd] ⓜ 〖항해〗 우현(右舷)(⇔ port 좌현); 〖항공〗 (기수의) 우측 ⓗ 우현의 ⓢ (배의) 진로를 오른쪽으로 잡다, 우현으로 돌리다 ☜ 고대 북유럽 배는 우측에 노<조향장치(star<steer board)>가 설치되어 있었던 데서 유래.

텐트 tent (천막)

♣ **어원 : ten(e), tent, tend, tense (팽팽하게) 뻗히다, 펼치다, 늘리다, 넓히다**
■ **tent** [tent/텐트] ⓜ **텐트, 천막** ☜ 초기 인도유럽어로 '펼치다'
■ **tend** [tend/텐드] ⓢ **~하는 경향이 있다**, ~하기 쉽다; **돌보다**, 시중들다 ☜ (어느 한쪽으로 관심이) 뻗치다
☐ por**tend** [pɔːrténd] ⓢ 전조(前兆)가 되다, 미리 알리다, 예고하다; 경고를 주다
☜ 앞쪽으로/미래로(por=pro) 펼치다(tend)
♠ **portend** a grave situation 중대한 사태의 **전조(前兆)**를 보이다.
☐ por**tent** [pɔ́ːrtənt] ⓜ (불길한) 징조, 전조(=omen); 경이적인 사람〔사물〕
☜ 앞쪽으로/미래로(por=pro) 펼친(ten) 것(t)
☐ por**tent**ous [pɔːrténtəs] ⓗ 전조의; 불길한; 놀라운; 무서운; 엄숙한 ☜ -ous<형접>

포션 portion (몫, 일부), 파트 part (부분)

♣ 어원 : port, part 몫, 일부분

□ **port**ion [pɔ́ːrʃən/**포**-션] ⓜ **일부**, 부분(=part); 몫(=share)
☜ 라틴어로 '몫'이란 뜻. port(일부분)+ tion<명접>
♠ **a portion of land 한 구획의 토지; 약간의 땅**

■ **part** [pɑːrt/파-트] ⓜ (전체 속의) **일부, 부분** ☜ 라틴어로 '일부분'이란 뜻.

트랙터 tractor (견인력을 이용해서 각종 작업을 하는 특수 차량)

♣ 어원 : tract, trai, tray 끌다, 당기다, 늘리다, 펼치다

■ **tract**or [trǽktər] ⓜ **트랙터**, 견인(자동)차 ☜ 끄는(tract) 기계(or)

□ por**trai**t [pɔ́ːrtrit, -treit] ⓜ **초상(화)**; 인물 초상사진; 상세한 묘사; 《구어》 구경거리 ☜ 라틴어로 '앞으로(por<pro) 끌어낸(tray=draw) 것(t)'이란 뜻
♠ **a pencilled portrait 연필로 그린 초상화**

□ por**tray** [pɔːrtréi] ⓢ (인물·풍경 따위를) **그리다**, 초상을 그리다; (문장에서 인물을) 묘사하다; (배우가 역을) 연기하다
☜ 라틴어로 '앞으로(por<pro) 끌어내다(tray=draw)'란 뜻

□ por**tray**al [pɔːrtréiəl] ⓜ 묘사; 초상 ☜ portray + al<명접>

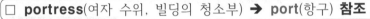

□ **portress**(여자 수위, 빌딩의 청소부) ➔ **port**(항구) **참조**

포르투갈 Portugal (유럽 이베리아 반도 서부에 위치한 공화국)

□ **Portu**gal [pɔ́ːrtʃəgəl] ⓜ **포르투갈** 《유럽 서남부 공화국. 수도 리스본(Lisbon)》
☜ 라틴어로 '서쪽 항구'란 뜻. 항구(Portu<Portus) 서쪽(gal<Cale)

□ **Portu**guese [pɔ̀ːrtʃəgíːz, -gíːs] ⓜ (pl. **-**) **포르투갈 사람[말]** ⓗ **포르투갈**(사람·말)**의**
☜ 서쪽 항구(Portugu) 사람/말/~의(ese)

포즈(pose.자세)를 취하다, 프로포즈 propose (청혼하다)

♣ 어원 : pos(e), pos(i)t 놓다, 두다; 배치하다; 자리, 위치

□ **pose** [pouz] ⓜ **자세, 포즈**; 마음가짐; 겉치레 ⓢ **자세[포즈]를 취하다** ☜ 고대 프랑스어로 '두다, 놓다, 위치시키다'란 뜻
♠ **pose for a picture 사진을 위해 포즈를 취하다**

< Bruce Lee의 포즈 >

□ **pose**r [póuzər] ⓜ 포즈를 취하는 사람; 어려운 문제(를 내는 사람)
☜ -er(사람)

□ **posit**ion [pəzíʃən/퍼**지**션] ⓜ **위치, 장소**; 처지, 입장; 지위, 신분
☜ 놓아둔(posit) 곳(ion)

□ **post**ure [pɑ́stʃər/pɔ́s-] ⓜ **자세**, 자태; 젠체하는 태도; (정신적) 태도, 마음가짐; 사태, 정세 ⓢ 자세를 취하다; 포즈를 잡다 ☜ 놓아둔(post) 것(ure)

■ pro**pose** [prəpóuz] ⓢ **신청하다**; 제안(제의)하다; 청혼하다
☜ 앞에(pro) (결혼하고 싶은 마음을) 내놓다(pose)

✚ com**pose** **조립[구성]하다**; **작문[작곡]하다** de**pose** **면직[해임]하다** ex**pos**e (햇볕에) **쐬다, 드러내다; 폭로하다; 진열**(노출)**하다** im**pose** (의무를) 지우다, **부과하다**; 강요하다 op**pose** **반대**(대항)**하다** sup**pose** **가정**(상상)**하다**

포세이돈 Poseidon ([그神] 바다의 신)

□ **Poseidon** [pousáidən, pə-] ⓜ 〚그.신화〛 **포세이돈** 《바다의 신; 로마 신화의 Neptune에 해당》; 〚미.해군〛 포세이돈 미사일 《수중(수상) 발사 핵미사일》

프로포즈 propose (청혼하다), 포지티브 positive (적극적인)

♣ 어원 : pos(e), pos(i)t 놓다, 두다; 배치하다; 자리, 위치

■ pro**pose** [prəpóuz] ⓢ **신청하다**; 제안(제의)하다; 청혼하다
☜ 앞에(pro) (결혼하고 싶은 마음을) 내놓다(pose)

□ **pos**itive [pɑ́zətiv/pɔ́z-] ⓗ **확신하는; 명확한; 완전한; 궁극적인, 적극적인**; 실증적인 ⓜ 현실, 실재; 확실성; 긍정
☜ (확정된) 위치(pos)로 가(it) 는(ive<형접>)
♠ **a positive answer 긍정적인 대답**

☐ **pos**itive number 〖수〗 양수(陽數) ☜ number(수, 숫자)
☐ **pos**itively [pάzətivli | pɔ́z-] ㊊ 절대적으로; 적극적으로; 긍정적으로 ☜ -ly<부접>
☐ **pos**itiveness [pάzətivnis, pɔ́z-] ㊔ 명백함, 긍정적임 ☜ -ness<명접>
☐ **pos**itivity [pὰzətívəti] ㊔ 적극성' 확실, 확신 ☜ positive + ity<명접>
☐ **pos**sess [pəzés/퍼**제스**] ㊐ **소유하다, 지니다**; 유지하다, 억제하다; 지배하다
☜ 자리(sess)를 배치하다(pos)
♠ **be possessed of ~ ~을 가지고 있다**
be possessed of a devil 악령**에 들리다**
♠ **be possessed by 〔with〕 ~ ~에 사로잡혀[홀려] 있다**
☐ **pos**sessed [pəzést] ㊗ **홀린**, 씐, 미친, 열중한; 침착한, 냉정한 ☜ -ed<형접>
☐ **pos**session [pəzéʃən/퍼**제**션] ㊔ **소유**; 입수; [종종 pl.] **소유물, 재산**; 홀림 ☜ -ion<명접>
♠ **be in (the) possession of ~ ~을 소유[점유]하다**
He **was in possession of** the key. 그가 열쇠**를 가지고 있다**.
♠ **take posession of ~ ~을 점유[점령]하다**
☐ **pos**sessive [pəzésiv] ㊗ **소유의**; 소유욕이 강한; 〖문법〗 소유를 나타내는 ㊔ 〖문법〗 소유격; 소유형용사〔대명사〕 ☜ -ive<형접/명접>
☐ **pos**sessor [pəzésər] ㊔ **소유자**; 〖법률〗 점유자 ☜ -or(사람)

미션 임파서블 Mission Impossible (미국 액션 영화. <불가능한 임무>)

♣ **어원 : pos(e), pos(i)t 놓다, 두다; 배치하다; 자리, 위치**
※ **mission** [míʃən] ㊔ (사절의) **임무**, 직무; **사절(단); 전도**, 포교
㊐ 임무를 맡기다, 파견하다 ☜ 보내(miss) 기(ion<명접>)
■ im**pos**sible [impάsəbəl/임**파**써블] ㊗ **불가능한**
☜ im<in(=not/부정) + possible(가능한)
☐ **pos**sibility [pὰsəbíləti/pɔ̀s-] ㊔ **가능성**, 실현성, 있을〔일어날〕 수 있음
☜ possible + ity<명접>
☐ **pos**sible [pάsəbəl/**파**서블] ㊗ **가능한; 있음직한**
☜ (~에) 둘(pos) + s + 수 있는(ible)
♠ **Is that possible ? 그게 가능합니까 ?**

© Paramount Pictures

☐ **pos**sibly [pάsəbli/**파**써블리/pɔ́səbli/**포**써블리] ㊊ **아마**, 혹시; **어떻게든지**; **아무리 해도**
☜ possible + ly<부접>
☐ **pos**t [poust] ㊔ **지위, 직**(職), 직장, 부서; 초병 ㊐ 배치하다 ☜ 배치한(pos) 곳(t)

스탠드 stand (세움대; 관람석), 포스트잇 post-it (접착식 메모지) ➔ post-it-memo

♣ **어원 : stand, stant, st 서다, 세우다**
■ **stand** [stænd/스땐드/스탄드] ㊐ (-/**stood/stood**) **서다, 서 있다**
☜ 라틴어로 '서있는(sta) 것/곳(nd)'이란 뜻
☐ po**st** [poust] ㊔ **기둥**, 말뚝, 문기둥, 지주(支柱); 푯말 ㊐ (벽보 등을) 벽에 붙이다 ☜ 라틴어로 '앞에(po<fore) 세우다(st)'란 뜻
♠ **post up a notice** on the board 게시판에 **게시하다**
☐ Po**st**-it [póustìt] ㊔ **포스트잇** 《미국의 3M사가 개발한 접착식 메모지 브랜드》 ☜ "그것을 (아무데나) 붙여라[게시해라]"정도의 의미로 추정됨.
☐ po**st**ed price 공시〔고시〕가격 ☜ 붙여(post) 진(ed) 가격(price)
☐ po**st**er [póustər] ㊔ **포스터**, 벽보, 광고 전단; 벽보 붙이는 사람 ㊐ 전단〔포스터〕을 붙이다
☜ post + er(것/사람)
■ goal po**st** 〖축구〗 골대, **골포스트** ☜ 골(goal) 대/기둥/말뚝(post)
■ guidepo**st** [gáidpòust] ㊔ 도표(道標), **지침** ☜ 안내(guide) 푯말(post)

워싱턴포스트 The Washington Post (미국 워싱턴에서 발행되는 조간신문)

♣ **어원 : post 우편, 신문**
※ **Washington** [wάʃiŋtən/와싱턴, wɔ́(:)ʃ-] ㊔ **워싱턴(시)** 《미국의 수도. 보통 Washington, D.C.라 함》; 미국 정부; 워싱턴 주 《주도: Olympia; 생략: Wash., WA》; 조지워싱턴 《George ~, 미국 초대 대통령; 1732-99》 ☜ 워싱턴시는 초대 대통령 '조지 워싱턴'에서 유래
☐ **post** [poust/포우스트] ㊔ 《영》 **우편**(《미》 the mail); [집합적] 우편물; **우체국, 우체통**; [P~] ~신문 ㊐ 《영》 **우송하다, 우체통에 넣다** ☜ 이탈리아어로 '역(驛)'이란 뜻
♠ send a book **by post 소포로** 책을 보내다.
☐ **post**age [póustidʒ] ㊔ **우편요금** ☜ post + age(요금<명접>)
☐ **post**age stamp **우표**; 매우 좁은 장소 ☜ stamp(도장, 소인, 우표)

P

□ **post**al [póustəl] ⓗ **우편의**; 우체국의; 우송에 의한 ☜ post + al<형접>
□ **post**box [póustbɑ̀ks] ⓜ 우체통 (《미》 mailbox) ☜ post + box(박스, 상자)
□ **post**card [póustkɑ̀ːrd] ⓜ **우편엽서**; 《미》 **사제엽서**, 《특히》 그림엽서 ☜ post + card(카드, 판지)
□ **post**free [póustfríː] ⓗ 우편요금 면제의; 우편요금 선불의 ☜ post + free(자유로운, 면제된)
□ **post**man [póustmən] ⓜ (pl. **-men**) **우편집배원**(《미》 mailman), 우체부 ☜ man(남자, 사람)
□ **post**mark [póustmɑ̀rk] ⓜ 소인 ⓓ 소인을 찍다 ☜ post + mark(기호, 부호, 소인)
□ **post**master [póustmæ̀stər] ⓜ (fem. post**mistress**) **우체국장** 《생략: P.M.》; 장학생; 『컴퓨터』 **포스트 마스터** 《전자우편을 처리하는 서버 사이트에서 전자 메일 관련 문제점을 해결하고 시스템을 관리하는 사람》 ☜ master(주인, 영주, 석사)
□ **post** office **우체국**; (the P- O-) 《영》 체신 공사; 《미》 우정성(郵政省) 《1971년 우정공사(the Postal Service)로 개편》 ☜ office(사무실, 사무소)
□ **post**paid [póustpéid] ⓗ 우편료 선불의 ☜ post + paid(지급된, 유료의)

투피앰 2PM (한국의 댄스팝 남성 음악 그룹. <오후 2 시>란 뜻)
포스트 모더니즘 postmodernism (20 세기 후반에 일어난 문예 운동)

♣ **어원 : post 뒤의, 후의, 이후**

2PM <HANDS UP> M/V
© JYP Entertainment

□ **post**date [pouˌstdeit] ⓓ 날짜를 실제보다 늦추다; (시간적으로) ~의 뒤에 오다 ⓜ 사후일자 ☜ 후의(post) 일자(date)
반 antedate 앞선 날짜로 하다
□ **post**erior [pɑstíəriər/pɔs-] ⓗ (시간・순서가) **뒤의, 후부의**; (위치가) 뒤의, 배면(背面)의 ⓜ (몸의) 후부(後部); (종종 pl.) 《우스개》 엉덩이 ☜ 라틴어로 '뒤에 오는'이란 뜻. 뒤(post) 의(er) + 더욱 더(-ior<비교급>)
♠ **posterior** to the year 2025 2025 년 **이후의**
□ **post**erity [pɑstérəti/pɔs-] ⓜ [집합적] **자손**(=descendants); 후세, 후대 ☜ poster + ity(~것<명접>)
♠ I will hand down my story **to posterity**.
나는 내 이야기를 **후손에게** 전달하겠다.
□ **post**graduate [poustgrǽdʒuit, -èit] ⓗ **대학 졸업 후의**, 대학원의 ⓜ 대학원생, 대학원 과정 ☜ (대학) 졸업한(graduate) 후의(post)
□ **post**humous [pɑ́stʃuməs/pɔ́s-] ⓗ 유복자로 태어난; 저자의 사후에 출판된; 사후의 ☜ 땅(hum)에 묻힌 후(post) 의(ous<형접>)
♠ **posthumous** collection of poems **유고**시집
□ **post**humously [pɑ́stʃuməsli/pɔ́s-] ⓑ 사후에, 죽은 후에 ☜ -ly<부접>
□ **post**lude [póustluːd] ⓜ 『음악』 후주곡; (교회에서) 예배 마지막 오르간 독주; 《비유》 (문학 작품 등의) 결미(結尾); 끝맺는 말 ☜ 뒤의(post) 연주(lude)
□ **post**ludium [poustlúːdiəm] ⓜ 후주곡 ☜ 뒤에(post) 연주하는(lude) 것(ium)
□ **post**meridian [pòustməridiən] ⓗ 오후의, 오후에 일어나는 ☜ 정오(meridian) 후의(post)
반 antemeridian 오전에
■ p.m. [píːém/**피-앰**] ⓗⓑ **오후에, 오후의** 반 a.m. 오전에 ☜ 라틴어 post meridiem(정오 이후)의 약자
□ **post**modernism [poustmɑ́dərnìzm] ⓜ 『문학』 **포스트모더니즘** 《20세기의 모더니즘을 부정하고 고전적・역사적인 양식이나 수법을 받아들이려는 예술 운동》 ☜ (20세기) 후반의(post) 모더니즘/현대주의(modernism)
□ **post**mortem [poustmɔ́ːrtəm] ⓗ 《L.》 사후(死後)의; 사후(事後)의 ⓜ 시체 해부, 검시(檢屍), 부검 ☜ 죽음(mort(em)) 후의(post)
♠ **a postmortem examination 시체 해부, 검시**(=autopsy)
□ **post**pone [poustpóun] ⓓ **연기하다**(=put off), 뒤로 미루다 ☜ 라틴어로 '뒤에(post) 놓다(pone)'란 뜻. ★ postpone은 격식있는 표현이며, casual한 표현은 put off이다.
♠ Can you **postpone** your meeting until ten-thirty?
당신은 10 시 30 분까지 회의를 **연기할** 수 있습니까?
□ **post**ponement [poustpóunmənt] ⓜ 연기, 미룸 ☜ -ment<명접>
□ **post**script [póustskrìpt] ⓜ (편지의) **추신** 《약어: P.S.》; (책의) 발문(跋文); 후기(後記); 《영》 뉴스 방송 끝의 해설 ☜ 라틴어로 '후에(post) 쓰여진(script)'이란 뜻
□ **post**-season [póustsíːzən] ⓗ 『야구』 공식전(公式戰) 이후 시즌의 ☜ 이후(post) 시즌(season)의
□ **post**war [póustwɔ́ːr] ⓗ **전후**(戰後)**의**, 《특히》 제2차 대전 후의 ☜ 전쟁(war) 후의(post)
반 prewar 전전(戰前)의
□ pre**post**erous [pripɑ́stərəs/-pɔ́s-] ⓗ 앞뒤가 뒤바뀐; 터무니없는; 불합리한 ☜ 앞(pre)이 뒤(post)로 가는(erous<형접>)
□ pre**post**erously [pripɑ́stərəsli/-pɔ́s-] ⓑ 터무니없이, 심하게 ☜ -ly<부접>

P

☐ **posture**(자세) ➔ **pose**(자세, 포즈; 포즈를 취하다) **참조**

커피포트 coffeepot (커피를 끓이는 주전자)

※ **coffee** [kʌ́:fi/**커**-피, kɔ́:fi, kɑ́fi] ⓜ **커피** 《나무·열매·음료》; 커피색, 다갈색; 한 잔의 커피 ☜ 중세영어로 '아라비아와 에티오피아가 원산지인 나무의 씨앗을 볶아 만든 음료'란 뜻

☐ **pot** [pɑt/pɔt] ⓜ **단지, 항아리**, 독, 병; (깊은) 냄비; 변기, 요강; 화분
☜ 고대영어 및 고대 프랑스어로 '냄비, 그릇, 사발'이란 뜻
♠ **A little pot is soon hot.**
《속담》 작은 그릇은 쉬이 단다, 소인은 화를 잘 낸다
♠ **A watched pot never boils.**
《속담》 지켜보는 냄비는 좀처럼 끓지 않는다. 서두르지 마라.
♠ **The pot calls the kettle black. 《속담》 냄비가 주전자 보고 검다고 한다. 똥 묻은 개가 겨 묻은 개 나무란다**

☐ **pot**boiler [pɑ́tbɔ̀ilər] ⓜ 《구어》 돈벌이 위주의 조잡한 문학〔미술〕 작품〔작가〕
☜ 주전자(pot)를 끓이는(boil) 것(er). 즉 큰 노력없이 쉽게 하는 것.

☐ **potter** [pɑ́tər/pɔ́t-] ⓜ **도공**(陶工), 옹기장이, 도예가 ☜ -er(사람)

☐ **pottery** [pɑ́təri/pɔ́t-] ⓜ [집합적] **도기류**, 오지그릇; 도기 제조법; 도기 제조소
☜ -ery(류(類), 장소)

포이즌 poison (한국의 댄스팝 걸그룹 시크릿의 노래. <독>이란 뜻)

♣ **어원 : po(i), pot 마시다**

■ **poi**son [pɔ́izən] ⓜ **독**(毒), 독물, 독약; 폐해, 해독; 해로운 주의〔설(說), 영향〕 ⓗ 독 있는, 해로운 ⓓ 독을 넣다, 독살하다 ☜ 고대 프랑스어로 '마실 것'이란 뜻

☐ **pot**able [póutəbəl] ⓗ 마시기에 알맞은 ⓜ (보통 pl.) 음료, 술
☜ 라틴어로 '마실(pot) 수 있는(able)'이란 뜻 **비교** portable 휴대용의
♠ The water **is not potable**. 그 물은 마시기에 **적합지 않다.**

포타지움 < 포타슘 potassium ([화학] 칼륨, 알칼리 금속의 일종)

☐ **potassi**um [pətǽsiəm] ⓜ 〖화학〗 **칼륨, 포타슘** 《금속 원소; 기호 K; 번호 19》.
☜ 재(potassi)로 된 것(um). 아라비아어 al-qaliy, '재, 타고남은 재'란 뜻.
★ 칼륨(Kalium)이란 말은 실재로는 거의 쓰이지 않음.
♠ **potassium carbonate 탄산칼륨**
♠ **potassium cyanide 시안화칼륨, 청산칼리**

포테이토칩 potato chip (얇게 썬 감자튀김)

☐ **potato** [pətéitou/퍼**테**이토우] ⓜ (pl. **-es**) **감자**(white 〔Irish〕 ~); 《미》 고구마(sweet ~); 《속어》 머리; 《미.속어》 추한 얼굴
☜ 중세 스페인어 및 아이티의 카리브어로 '단 감자'란 뜻
♠ **hot potato 뜨거운 감자, 난감한 문제**

☐ **potato** chip 《미》 (얇게 썬) 감자튀김(《영》 potato crisp)
☜ chip(토막, 부스러기, 얇은 조각)

임포텐스 impotence ([의학] 남성의 발기부전증)
포텐샤 Potentia (KIA 자동차 브랜드. <잠재적인 힘>을 의미)

< KIA Potentia>

♣ **어원 : pot 가능(성)**

■ im**pot**ence, -cy [ímpətəns, -si] ⓜ 무력, 무기력, 허약; 〖병리〗 (남성의) 성교불능, **임포텐스** ☜ 불(im<in/not) 가능한(pot) 것(ence<명접>)

■ im**pot**ent [ímpətənt] ⓗ **무력한**, 허약한; 능력이 없는
☜ 불(im<in/not) 가능(pot) 한(ent<형접>)

☐ **pot**ent [póutənt] ⓗ **세력 있는**, 유력한, 힘센 ☜ 가능(pot) 한(ent<형접>)

☐ **pot**ence, -cy [póutəns, -si] ⓜ 능력, 권세; 힘 ☜ pot + ence<명접>

☐ **pot**entate [póutəntèit] ⓜ **유력자**; 권력가, 주권자, 군주 ☜ -ate<명접>

☐ **pot**ential [pouténʃəl] ⓗ **잠재적인; 가능한** ☜ 가능(pot) 한(ent) 것(i) 의(al)
♠ **a potential genius 천재의 소질이 있는 사람**

☐ **pot**entially [pəténʃəli] ⓟ 잠재적으로; 아마도, 어쩌면 ☜ -ly<부접>

☐ **pot**entiality [poutènʃiǽləti] ⓜ **가능성; 잠재력**; (발전의) 가망 ☜ -ity<명접>

포토맥 Potomac (미국 워싱턴시를 지나 흐르는 강)

☐ **Potomac** [pətóumək] 명 (the ~) **포토맥** 《미국의 수도 Washington 시를 흐르는 강》
☜ 북미 인디언어로 '매년 공물(貢物)을 바치는 곳'이라는 뜻

포츠담 Potsdam (베를린 인근 독일 동북부의 도시)

☐ **Potsdam** [pάtsdæm/pɔ́ts-] 명 **포츠담** 《독일 동북부의 도시, 브란덴부르크주의 주도》
☐ **Potsdam** Declaration [the ~] 포츠담 선언 《1945년 7월 26일, 일본에게 무조건 항복을 요구한 미·영·소·중국의 공동 선언》 ☜ declaration(선언, 포고)

☐ **pottage**(포타주, 진한 스프) ➔ **porridge**(포리지, 오트밀 죽) **참조**

☐ **potter**(도공), **pottery**(도기류) ➔ **pot**(단지, 항아리) **참조**

파우치 pouch (❶ 가죽으로 만든 작은 주머니 ❷ 외교 행랑)

☐ **pouch** [pautʃ] 명 **작은 주머니**, 주머니; 우편 행낭(行囊); **파우치, 외교 행랑** 동 주머니에 넣다; 파우치에 넣어 수송하다
☜ 프랑스어로 '주머니, 포켓'이란 뜻
♠ **a tobacco pouch 담배 주머니**

연상 파울(foul.반칙)을 하면 파울(fowl · poul-.닭)이 달려든다

♣ **어원 : fowl, poul 닭**
※ **foul** [faul] 형 **더러운, 악취가 나는, 지저분한**; 반칙의, 부당한, 파울의 명 반칙; **파울** 동 더럽히다 ☜ 고대영어로 '더럽다, 썩다'의 뜻
※ **fowl** [faul] 명 (pl. **-s**, [집합적] **-**) **가금**(닭·거위·칠면조 등); 《고어·시어》 **새**, 닭 ☜ 고대영어로 '새, 깃털이 있는 척추동물'이란 뜻
☐ **poult** [poult] 명 (닭·꿩·칠면조 등의) 새끼 ☜ **poult**ry의 단축형
☐ **poul**try [póultri] 명 [집합적; 복수취급] **가금**(家禽); 새(닭)고기
☜ 고대 프랑스어로 '영계(어린 닭)'이란 뜻
♠ **keep** (raise) **poultry 양계하다**

펀치 punch (❶ 구멍뚫는 기계 ❷ [복싱] 타격, 펀치)

■ **punch** [pʌntʃ] 명 **펀치**, 천공기; **주먹질**, 펀치; 《구어》 힘, 세력 동 ~에 구멍을 뚫다 ☜ 고대 프랑스어로 '창'이란 뜻
☐ **pounce** [pauns] 동 와락 달려들다, **갑자기 덤벼들다**; 맹렬히 비난하다 명 (맹금의) 발톱; 무기; 급습
☜ 고대 프랑스어로 '구멍 뚫는 뾰족한 도구(무기)'란 뜻
♠ The cat **pounced on** (upon) a mouse.
고양이가 **갑자기** 쥐**에게 달려들었다**.

P

☐ **pound** [paund] 동 **마구 치다**, 세게 치다; 때려 부수다; 가루로 만들다 명 타격, 연타
☜ 고대영어로 '때리다, 찌그러뜨리다'란 뜻
♠ **pound** the door with one's fist 주먹으로 문을 **탕탕 두드리다**.
☐ **pound**-foolish [pάundfúːliʃ] 형 한 푼을 아끼고 천금을 잃는 ☜ foolish(어리석은, 바보 같은)

파운드 pound (❶ 무게의 단위 ❷ 영국의 화폐 단위)

♣ **어원 : po(u)nd 무게, 무게를 재다**
☐ **pound** [paund/파운드] 명 (pl. **-s**, [집합적] **-**) **파운드** 《무게의 단위; 생략: lb.; 상형(常衡) (avoirdupois)은 16온스, 약 453.6g; 금형(金衡)(troy)은 12온스, 약 373g》; **파운드** 《영국의 화폐 단위; 1971년 2월 15일 이후 100 pence; 종전에는 20 shillings에 해당; 생략: £》
☜ 라틴어로 libra **pondo**(무게를 달다)의 줄임말. '매달다'라는 뜻.
■ **pond**er [pάndər/pɔ́n-] 동 **숙고하다, 깊이 생각하다** ☜ 라틴어로 '무게를 달다'

연상 적에게 포를 포(pour.퍼붓다)해라, 퓨리턴 Puritan (청교도)

☐ **pour** [pɔːr/포어] 동 **따르다**, 쏟다, 붓다, 흘리다; (탄환·조소·경멸 따위를) 퍼붓다; (빛·열 따위를) **쏟다**, 방사하다; (피 등을) 흘리다; **넘쳐흐르다**
☜ 라틴어로 '깨끗이 하다, 씻어내다'란 뜻
♠ **It never rains but it pours. 《속담》 비가 오면 억수로 퍼붓는다.**

불행은 겹치는 법, 설상가상(雪上加霜)

☐ pure [pjuər/퓨어] 형 **순수한**, 깨끗한, 결백한, 맑은; 순종의
☜ 라틴어로 '깨끗한, 섞이지 않은'이란 뜻

☐ **Puri**tan [pjúərətən] 명 『종교』 **퓨리턴, 청교도** ☜ 깨끗한(puri) + t + 사람(an)

연상 그녀는 파우치(pouch.주머니)를 분실하자 파우티(pouty.뿌루퉁한)한 얼굴을 했다.

♣ 어원 : pout, pouch 부풀리다, 튀어나오게 하다

※ **pouch** [pautʃ] 명 **작은 주머니**, 주머니; 우편 행낭(行囊); **파우치, 외교 행낭** 동 주머니에 넣다; 파우치에 넣어 수송하다
☜ 프랑스어로 '주머니, 포켓'이란 뜻

☐ **pout** [paut] 동 **입을 삐죽거리다**; 토라지다 명 입을 삐죽거림, 샐쭉거림
☜ 스웨덴어로 '무언가를 부풀리다'라는 뜻
♠ **have the pouts 토라지다**

☐ **pouty** [páuti] 형 (-<-tier<-tiest) 부루퉁한; 잘 부루퉁하는 ☜ -y<형접>

■ s**pout** [spaut] 동 (액체 · 증기 · 화염 등을) **내뿜다**; 분출하다 (=eject) 명 분출, 용솟음 ☜ 중세영어로 '액체를 내뿜다'라는 뜻

하우스 푸어 house poor (집만 있고, 대출 · 세금부담으로 빈곤한 사람들)

♣ 어원 : poor, pover 가난한, 빈곤한

※ **house** [haus/하우스] 명 **집**, 가옥, 주택 ☜ 고트어로 '신의 집'이란 뜻

■ **poor** [puər/푸어] 형 **가난[빈곤]한**, 초라한, 불쌍한 ☜ 라틴어로 '가난한'이란 뜻

☐ **pover**ty [pάvərti/pɔ́v-] 명 **가난, 빈곤** ☜ 가난한(pover) 것(ty<명접>)
♠ **live in poverty 가난하게 살다**

☐ **pover**ty-stricken [pάvərtistrìkən, pɔ́v-] 형 몹시 가난한, 가난에 시달린
☜ stricken(strike의 과거분사, 맞은, 다친)

■ im**pover**ish [impάvəriʃ/-pɔ́v-] 동 **가난하게 하다**
☜ 가난(pover) 속으로(im<in) 가게하다(ish<동접>)

베이킹 파우더 baking powder (빵을 부풀게 하고 풍미를 주는 팽창제)

※ **bak**e [beik/베이크] 동 **(빵을) 굽다** ☜ 고대영어로 '빵을 굽다'란 뜻

☐ **powder** [páudər] 명 **가루, 분말; 화약** 동 **가루로 만들다; 뿌리다**
☜ 라틴어로 '먼지'란 뜻
♠ **grind** coffee beans **into** (to) **powder** 커피콩을 **가루로 빻다**

☐ **powder** box 화장통, 분갑 ☜ box(박스, 상자)

☐ **powder** magazine 화약고, 탄약고 ☜ magazine(잡지, 창고, 탄약고)

☐ **powder** puff 분첩 ☜ puff(훅 불기; 분첩)

☐ **powder**y [páudəri] 형 가루(모양)의 ☜ powder + y<형접>

P

파워 power (힘), 파워포인트 PowerPoint (프리젠테이션 프로그램)

미국 마이크로소프트(MS)사에서 개발한 오피스 시스템으로 프레젠테이션을 실행하는 소프트웨어. 프레젠테이션은 '소개·발표·표현·제출'을 뜻하는 용어로, 많은 사람에게 효과적으로 메시지를 전달하고자 할 때 사용한다. power point는 원래 <콘센트>를 뜻하는 용어이지만, 여기서는 <힘의 원천>이라는 의미로 생각된다.

♣ 어원 : power 힘

☐ **power** [páuər/**파**우워] 명 **힘**, 능력; 권력 ☜ 중세영어로 '능력, 힘'이란 뜻
♠ **the power of nature 자연의 힘**
♠ **come into power 세력을 얻다, 권력[정권]을 잡다**
The party has **come** back **into power**.
그 정당은 다시 **정권을 잡았다.**
♠ **in one's power 힘이 미치는, (자기) 지배하에**
♠ **in** (**out of**) **power 정권을 쥐어**(잃어)
♠ **win** (**have**) **power over ~ ~을 지배하다**

POWER

☐ **power**ful [páuərfəl/**파**우어펄] 형 **강한, 강력한** ☜ 힘(power)이 가득한(ful)

☐ **power**fully [páuərfəli] 부 강력하게 ☜ powerful + ly<부접>

☐ **power**house [páuərhàus] 명 발전소; 정력가; 강력한 그룹 ☜ house(집, 주택, 가정, 혈통)

☐ **power**less [páuərlis] 형 **무력한**, 무능한; 세력이 없는; 효능이 없는; 마비된 ☜ -less(~이 없는)

☐ **power** plant 발전[동력]장치, 엔진; 《미》 발전소 ☜ plant(식물; 공장)

☐ **power point** 《영》 콘센트; 『컴퓨터』 **파워포인트** 《프리젠테이션 프로그램, 약어: PPT》
☜ point(점, 접점; 점수)

☐ **power** station 발전소 ☜ station(정거장, 역; ~소(所), ~서(署))

✚ em**power** **~에게 권능[권한]을 주다**, ~을 할 수 있게 하다 over**power** **이기다, 압도하다** electric **power** 전력 nuclear **power** 원자력; 원자 전력; 핵(무기) 보유국 water **power** 수력

액션영화 an action film [movie] (활극영화) * film 필름, 영화 / movie 영화

♣ **어원 : act 행위, 법령, 막(幕) // pract 실행하다**

■ **act** [ækt/액트] ⓢ **행하다**; 연기하다 ⓜ **행위**; 법령
☜ 활동적으로 움직이다, 움직이게 하다

■ **action** [ǽkʃən/**액**션] ⓜ **활동, 행동, 동작; 연기**; 작용
☜ 행하는(act) 것(ion)

☐ **pract**ice, -ise [prǽktis/프**랙**티스] ⓜ **실행; 연습**, 실습; 습관 ⓢ **실행[연습 · 실습]하다** ☜ 실행(pract) 하다(ice, ise<명접/동접>)
♠ **Practice makes perfect. 《격언》 연습은 완벽을 만든다. 배우기보다 익혀라.**
♠ **in practice 실제로; 개업 중의**
♠ **put in** (into) **practice 실행에 옮기다**

☐ **pract**ical [prǽktikəl/프**랙**티컬] ⓗ **실제의, 실제[실용]적인** ☜ -ical<형접>

☐ **pract**ically [prǽktikəli/프**랙**티컬리] ⓑ **실지로**, 실질적으로; **사실상** ☜ -ly<부접>

☐ **pract**icality [præktikǽləti] ⓜ 실제적임, 실용성; 실용주의 ☜ -ity<명접>

☐ **pract**icable [prǽktikəbəl] ⓗ **실행할 수 있는**; 사용할 수 있는, 실제적인, 실용적인
☜ -able(~할 수 있는)

☐ **pract**iced, -ised [prǽktist] ⓗ **연습을 쌓은**, 경험 있는, 숙련된(=skilled); (웃음 등) 일부러 지은, 억지스러운, 부자연스러운 ☜ -ed<형접>

☐ **pract**itioner [præktíʃənər] ⓜ **개업자** 《특히 개업의(醫) · 변호사 따위》
☜ 실행하러(pract) 가(it) 기(ion) + er(사람)

✚ im**pract**ical **비실용[비현실]적인**; 실행할 수 없는 im**pract**icable **실행 불가능한**

프라하 Prague (유럽 체코 공화국의 수도)

☐ **Prague** [prɑːg/프라-그] ⓜ **프라하** 《Czech 공화국의 수도; 체코명(名)은 Praha [prɑ́ːhɑː]》
☜ 체코어로 '문턱'이란 뜻
★ 1968년 1월의 '프라하의 봄'으로 지칭되는 자유화운동이 구 소련 등 바르샤바 조약군(軍)의 침입으로 짓밟힌 역사적인 사건의 무대가 됨.

프래그머티즘 pragmatism ([철학] 실용주의)

♣ **어원 : pract, prag, prax 실행하다, 움직이다; 실행, 실리, 실용, 실제**

☐ **prag**matic [prægmǽtik] ⓗ 분주한, 활동적인; 실제(실용, 현실)적인; 참견하는; 독단적인; 내정의
☜ 실행하는(prag) 것(ma) 의(tic)
♠ adopt **a pragmatic line 실용주의 노선**을 취하다

☐ **prag**matism [prǽgmətizəm] ⓜ 『철학』 **프래그머티즘**, 실용주의, 실리주의, 현실주의; 쓸데없는 참견; 독단 ☜ -ism(~주의)

☐ **prag**matize [prǽgmətàiz] ⓢ (상상을) 현실화하다; (신화를) 합리화하다 ☜ -ize<동접>

프레리 prairie (북미지역의 거대한 초원이자 곡창지대)

프레리는 로키산맥 동부에서 미시시피 강 유역 중부에 이르는 동서 길이 약 1,000㎞, 남북 길이 약 2,000㎞의 거대한 초원이다. 프레리 지역은 인디언 거주 시대부터 개척 시대 초기까지는 목장으로 이용되었으나, 1870년대 이후 미국의 경제 발전과 철도망 건설에 힘입어 오늘날에는 세계 제일의 농경지대가 되었다. <출처 : 살아있는 지리 교과서 / 일부인용>

Short grass
Mixed grass
Tall grass

© prairiefieldtrip.blogspot.com

☐ **prairie** [prέəri] ⓜ **대초원** 《특히 북아메리카 Mississippi 강 연안의》; 목장, 대목초지; 《미.속어》 나쁜 골프 코스; 《미.방언》 숲속의 작은 빈터 ☜ 프랑스어로 '풀밭'이란 뜻
♠ **The prairie** stretched beyond the sight. **대초원**이 끝없이 펼쳐졌다.

☐ **Prairie** State [the ~] 미국 일리노이(Illinois)주의 속칭 ☜ state(상태, 국가)

그랑프리 Grand Prix ([F.] 대상(大賞))

♣ **어원 : price, praise, preci 가치, 값; 가치를 매기다**

※ **grand** [grænd] ⓗ **웅대한**, 위대한, 장대한 ☜ 고대 프랑스어로 '큰, 대(大)'란 뜻

P

■ **prise, prize** [prais/프라이스, praiz] [명] **상(품)**, 상금; **포획물** [동] **포획하다; 높이 평가하다** ☜ 고대 프랑스어로 '상, 가치'라는 뜻

■ **price** [prais/프라이스] [명] **가격**, 대가(代價); 값, 시세, 물가, 시가 ☜ 고대 프랑스어로 '가격, 가치'란 뜻

■ **price**less [práislis] [형] 대단히 귀중한, 돈으로 살 수 없는 ☜ 가치가(price) 없는(less)

□ **praise** [preiz/프뤠이즈] [명] **칭찬**, 찬양; 숭배, 찬미; 신을 찬양하는 말 [동] **칭찬하다** ☜ 라틴어로 '가치'란 뜻
♠ **Praise makes good men better and bad men worse.**
《속담》 칭찬하면 선한 사람은 더 선하게 되고 악인은 더 악하게 된다.

□ **praise**worthy [préizwə̀ːrði] [형] 칭찬할 만한, 기특한, 갸륵한 ☜ 칭찬(praise)할 가치(worth)가 있는(y<형접>)

□ **preci**ous [préʃəs/프뤠셔스] [형] **비싼, 귀중한**, 가치가 있는 ☜ 가치(preci)가 있는(ous<형접>)

□ **preci**ously [préʃəsli] [부] 비싸게; 까다롭게; 《구어》 대단히, 몹시 ☜ -ly<부접>

✚ ap**preci**ate **평가하다**, 감정〔판단〕하다 de**preci**ate (화폐를) **평가 절하하다**; 가치를 낮추다 de**preci**ation **가치하락**; 감가상각; 경시

[연상] 프랑스(France) 말이 프랜스(prance. 껑충거리며 뛰어나가다)했다.

※ **France** [fræns/프랜스/frɑːns/프란-스] [명] **프랑스** 《공식명칭은 the French Republic; 수도 파리(Paris)》 ☜ 프랑크족(Franks)이란 뜻

□ **prance** [præns, prɑːns] [동] (말이) **껑충거리며 뛰다니다**; 《비유》 의기양양하게 가다 [명] (말의) 도약; 활보 ☜ 중세영어로 '자랑하다'
♠ **prance** around the room 방 안을 **뛰어다니다.**

□ **prance**r [prǽnsər] [명] 날뛰는 사람〔말〕, 기운 좋은 말; 《속어》 기마사관(士官) ☜ -er(주체/사람)

□ **pranc**ingly [prǽnsiŋli] [부] 날뛰듯이; 의기양양하게 ☜ prance + ing<형접> + ly<부접>

[연상] 프랭크 시나트라(Frank Sinatra)가 심한 프랭크(prank. 농담)로 구설수에 올랐다(?)

※ **Frank Sinatra** [명] **프랭크 시나트라** 《미국의 가수 겸 배우. 1915-1998》
★ 대표곡 :「섬싱 스투피드(Somethin' Stupid)」,「댓츠 라이프(That's Life)」,「마이웨이(My Way)」,「심 프롬 뉴욕 뉴욕(Theme From New York, New York)」등

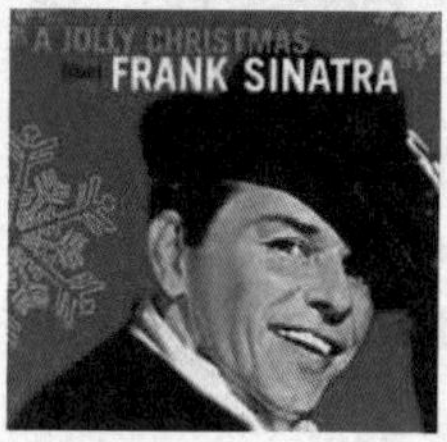

□ **prank** [præŋk] [명] **농담**, 희롱; 《우스개》 (기계 등의) 비정상적인 움직임 ☜ 중세영어로 '우스꽝스러운 속임수'란 뜻
♠ **play pranks on ~ ~에게 못된 장난을 하다, ~을 놀리다**

□ **prank**ish [prǽŋkiʃ] [형] 장난치는, 희롱거리는 ☜ -ish<형접>

프라우다 Pravda (소련 공산당 중앙기관지. 현재는 대중 일간신문)

□ **Pravda** [prάːvdə] [명] 《러》 **프라우다** 《옛 소련 공산당 중앙 위원회의 기관지》 ☜ 러시아어로 '진리'란 뜻

P

[연상] 플레이(play. 경기)하면서 프레이(pray. 기도)하는 쟤는 누구니?

< 멕시코의 Javier Hernandez, 애칭 Chicharito >

♣ **어원 : pray, prek, prec, preach 기원[기도](하다)**

※ **play** [plei/플레이] [동] **놀다**, (~의) 놀이를 하다; **경기[게임]하다**; **상영[상연]하다, 연주하다** ☜ 고대영어로 '빠른 동작'이란 뜻

□ **pray** [prei/프뤠이] [동] 빌다, **기원하다**; 간원(懇願)하다《for》; 《문어·고어》 제발, 바라건데 ☜ 라틴어로 '빌다(beg)'란 뜻
[비교] prey (육식동물의) 먹이
♠ **pray twice a day 하루에 두 번 기도하다**
♠ **pray for pardon 용서를 빌다**
♠ **pray for ~ ~을 기원하다, 희구하다**

□ **pray**er [prɛər/프뤠어] [명] **빌기**, 기도; {종종 pl.} 기도문, 탄원서; [P~] 기도식; **기도하는 사람** ☜ pray + er(사람)
♠ **Lord's Prayer 주기도문(主祈禱文)** ☜ 예수가 제자들에게 가르쳐준 모범기도
※ **Acts of the Apostles 사도행전(使徒行傳)**
☜ 예수 승천 후 사도(使徒)들이 복음(福音)을 전한 행적이란 뜻

□ **preach** [priːtʃ] [동] **전도하다; 설교하다** ☜ (타인을 위해) 기도하다(preach)
♠ **preach to heathens 이교도에게 전도하다.**

□ **preach**er [príːtʃər] [명] **설교자**, 전도사, 목사; 주창자, 훈계자; (the P-) 『성서』 전도서의 저자

《솔로몬이라고도 함》; 전도서 ☜ preach + er(사람)

☐ **preach**ing [príːtʃiŋ] ⓜ **설교하기**; 설교, 설법, 설교가 있는 예배 ⓗ 설교의(같은) ☜ -ing<명접/형접>

☐ **preach**ment [príːtʃmənt] ⓜ (지루한) 설교, 쓸데없이 긴 이야기 ☜ -ment<명접>

☐ **prec**arious [prikέəriəs] ⓗ **불확실한**, 믿을 수 없는, 불안정한; 위험한 ☜ 라틴어로 '기도 여하에 달린', '기도(prec)에 달린(arious<형접>)'이란 뜻

☐ **prec**ariously [prikέəriəsli] ⓑ 불확실하게, 불안하게 ☜ -ly<부접>

가스레인지 gas range (콩글 가스 조리기구) ➔ gas stove

♣ **어원 : range, ray 정렬하다, 배열하다**

※ **gas** [gæs] ⓜ (pl. **-es**, 《영》 **-ses**) **가스**, 기체 ☜ 그리스어로 '공기'란 뜻

■ **range** [reindʒ/뤠인지] ⓜ (가스, 전기, 전자) **레인지: 줄, 열; 산맥; 범위; 거리; 다양성** ⓢ **가지런히 하다**, **정렬시키다**, **한 줄로 늘어서다** ☜ 고대 프랑스어로 '줄, 열, 산맥'이란 뜻

■ ar**range** [əréindʒ/어**뤠**인지] ⓢ **배열하다**, 정돈하다(=put in order); **준비하다** ☜ ~을(ar<ad=to) 정렬하다(range) 반 **derange** 혼란케 하다

☐ prear**range** [prìːəréindʒ] ⓢ 사전에 협의(조정, 협정)하다; 미리 준비를 갖추어 놓다, 예정하다 ☜ 미리(pre) 배열하다(arrange)

♠ **He was waiting at the prearranged spot.**
그는 **앞서 정해 놓은 장소**에서 기다리고 있었다.

☐ prear**range**ment [prìːəréindʒmənt] ⓜ 사전 협의; 예정 ☜ -ment<명접>

■ rear**range** [rìːəréindʒ] ⓢ 재정리(재배열)하다 ☜ 다시(re=again) 배열하다(arrange)

홀로코스트 Holocaust (나치스의 유대인 대학살)

제2차 세계대전 중 나치 독일이 자행한 유대인 대학살. 특히 폴란드 아우슈비츠의 유대인 포로수용소가 해방될 때까지 600만 명에 이르는 유대인이 인종청소라는 명목 아래 나치스에 의해 학살되었는데, 인간의 폭력성, 잔인성, 배타성, 광기를 극단적으로 보여준 20세기 최대의 치욕적 사건

© libguides.wustl.edu

♣ **어원 : caust, caut 태우다, 녹슬다, 부패하다**

■ holo**caust** [hάləkɔ̀ːst, hóu-] ⓜ (유대교의) 전번제(全燔祭) 《짐승을 통째 구워 신 앞에 바침》; 대학살; (the H-) 나치스의 유대인 대학살 ☜ 완전히(hol) + o + 불태우는(caust) 것

■ **caut**ion [kɔ́ːʃən] ⓜ **조심, 신중**(=carefulness) ☜ 불을 피워(caut) 알리는 것(tion<명접>)

■ **caut**ious [kɔ́ːʃəs] ⓗ **주의 깊은, 신중한, 조심하는** ☜ -ious<형접>

☐ pre**caut**ion [prikɔ́ːʃən] ⓜ **조심**, 경계; **예방책** ☜ 미리(pre) 조심(caution)

♠ **take precautions against ~ ~을 경계하다; ~의 예방책을 강구하다.**

☐ pre**caut**ionary [prikɔ́ːʃənèri, -əri] ⓗ 예방(경계)의 ☜ -ary<형접>

☐ pre**caut**ious [prikɔ́ːʃəs] ⓗ 조심(경계)하는, 주의깊은 ☜ -ious<형접>

악세서리 accessory (콩글 보석류) ➔ jewelry

♣ **어원 : cess, cease, cede, ceed 가다, 오다**

■ ac**cess**ory, -ary [æksésəri] ⓜ (보통 pl.) 부속물; 부속품, **액세서리** ☜ ~로(ac<ad=to) (부가적으로 따라)가는(cess) 것(ory)

☐ pre**cede** [prisíːd] ⓢ ~에 선행하다, **~에 앞서다**, 선도(先導)하다 ☜ 미리(pre) 가다(ceed)

♠ **precede ~ to the grave ~보다 먼저 무덤에 가다[죽다].**

☐ pre**ced**ent [présədənt] ⓜ 선례, **전례**; 관례 ☜ precede + ent<명접>

☐ pre**ced**ence, -cy [présədəns, prisíːdns] [-si] ⓜ 선행(先行), 우선권; (의식 등에서의) 서열 ☜ precede + nce/ncy<명접>

☐ pre**ced**ing [prisíːdiŋ] ⓗ (보통 the ~) **이전의; 바로 전의**; 전술한 ☜ precede + ing<형접>

✚ ac**cess** **접근, 출입** ex**ceed** (수량·정도·한도·범위를) **넘다, 초과하다** ne**cess**ary **필요한, 없어서는 안 될** re**cede** **물러나다**, 퇴각하다 pro**ceed** (앞으로) **나아가다, 가다, 전진하다**

컨셉 concept (개념)

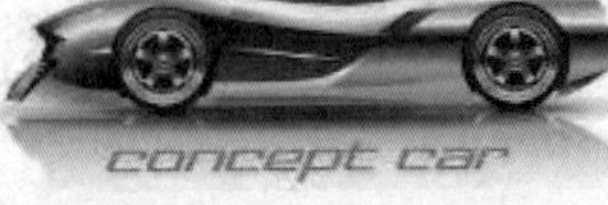

♣ **어원 : cept, ceit, ceive, cip 취하다, 잡다(=take)**

con**cept** [kάnsept/kɔ́n-] ⓜ 【철학】 **개념**, 생각; 구상(構想),

발상 ☜ 완전히(con<com) 취하기(cept)

☐ pre**cept** [príːsept] 명 **교훈**, 훈시; 권고; 『법』 명령서, 영장(令狀); (기술 등의) 형(型), 법칙
☜ 미리(pre) 취하다(cept)
♠ **Practice 〔Example〕 is better than precept.**
《속담》 실천[모범]은 교훈보다 낫다.

☐ pre**cept**ive [priséptiv] 형 교훈의, 교훈적인; 명령적인 ☜ -ive<형접>

☐ pre**cept**or [priséptər] 명 훈계자, (개인) 교사, 지도의사 ☜ -or(사람)

✚ ex**cept** **~을 제외하고**, ~외에는; **~을 빼다, 제외하다** inter**cept** **도중에서 빼앗다**, 가로채다; (적기·미사일을) 요격하다; 가로채기; 차단, 방해; 요격; 『경기』 **인터셉트** parti**cip**ate **참가하다**, 관여하다, 관계하다 re**ceive** **받다**, 수령하다

☐ **pre-Christian**(예수 이전의) ➔ **Christian**(기독교도; 기독교의) **참조**

연상 프리싱크(FreeSync.영상이 끊기거나 깨지지 않는 기술의 브랜드명) 회사가 이 프리싱크(precinct.구역)에 있다.

♣ **어원 : cinct 묶다, 둘러싸다**

※ **FreeSync** 『전자』 **프리싱크** 《모니터상의 영상이 끊기거나 깨지는 현상을 줄이고 동적 재생률을 지원하는 LCD 디스플레이용 적응형 동기화(synchronization) 기술의 브랜드 이름. 미국의 다국적 반도체 회사인 AMD가 개발함》
☜ '동기화(synchronization)가 자유롭다(free)'는 뜻

☐ pre**cinct** [príːsiŋkt] 명 《주로 미》 (행정상의) **관할 구역**; 《주로 영》 (교회 따위의) 경내(境內); **구내**; 영역; (보통 pl.) 경계(=boundary); 주위, 주변, 부근; 계(界)
☜ 라틴어로 '둘러싸다', '미리(pre) (일정범위의 땅을) 묶다(cinct)'
♠ **a shopping precinct 상가 구역**

☐ suc**cinct** [səksíŋkt] 형 간결한, 간명한; 《시어》 걷어 올린 ☜ 아래(suc<sub)를 묶다(cinct)

☐ suc**cinct**ly [səksíŋktli] 부 간결하게 ☜ -ly<부접>

■ **cinct**ure [síŋktʃər] 명 울로 쌈(=enclosure); 주변 지역; 《문어》 띠 동 띠로 감다; 둘러싸다
☜ 둘러싼(cinct) 것(ure<명접>)

☐ **precious**(비싼, 귀중한), **preciously**(비싸게; 대단히) ➔ **praise**(칭찬) **참조**

캡틴 captain (선장), 현대캐피탈 capital (현대자동차그룹 계열의 할부금융회사)

♣ **어원 : cap, cape, cab, chap, cip 머리, 우두머리**

■ **cap**tain [kǽptin/캡틴] 명 **장**(長), 지도자; 보스; **선장**, 『육·공군』 대위; 『해군』 대령
☜ 중세영어로 '우두머리'라는 뜻

■ **cap**ital [kǽpitl] 명 **수도; 대문자; 자본(금)**, (종종 C-) 자본가 계급 형 **주요한**, 으뜸가는
☜ 고대 프랑스어로 '머리의'라는 뜻

■ **cap** [kæp/캡] 명 (양태 없는) **모자** ☜ 고대영어로 '머리를 보호하는'이란 뜻

☐ pre**cip**ice [présəpis] 명 (거의 수직의) **절벽**, 벼랑, 낭떠러지; 위기
☜ 머리(cip)를 앞쪽으로(pre) 가져가(ic) 기(e)

☐ pre**cip**itate [prisípətèit] 동 **거꾸로 떨어뜨리다**; 몰아대다; 덤비다 ☜ -ate<동접>
[prisípətit, -tèit] 형 거꾸로의; 돌진하는; 덤비는, 경솔한 ☜ -ate<형접>
♠ **precipitate** a person **into** misery 아무**를** 불행**에 빠뜨리다**.

☐ pre**cip**itately [prisípətitli] 부 다급히; 곤두박질로; 황급〔경솔〕히; 갑자기 ☜ -ly<부접>

☐ pre**cip**itant [prisípitənt] 형 거꾸로의; 조급한, 갑작스러운 ☜ -ant<형접>

☐ pre**cip**itation [prisìpətéiʃən] 명 **투하**, 낙하, 추락; 돌진; 조급, 경솔; 촉진; 『기상』 강수〔강우〕량
☜ -ation<명접>

☐ pre**cip**itous [prisípətəs] 형 **험한**, 가파른, 절벽의; 가파른, 급경사의; 성급한, 무모한 ☜ -ous<형접>

✚ **cab**bage **양배추**, 캐비지 **cape 곶, 갑**(岬); (the C~) 희망봉 《남아프리카 공화국 남단의 곶》; (여성의) 어깨망토 **chap**ter (책·논문 따위의) **장**(章) 《생략: chap., ch., c.》

콘사이스 concise (휴대용 사전 또는 소형 사전)

♣ **어원 : cis(e) 자르다(=cut)**

■ con**cise** [kənsáis] 형 **간결한**, 간명한
☜ 불필요한 것을 함께(con<com) 자르다(cise)

☐ pre**cise** [prisáis] 형 (-<-s**er**<-s**est**) **정밀한, 정확한**
☜ 앞(pre)을 자르다(cise)
♠ **precise measurements 정밀한 측정(치)**

□ pre**cise**ly [prisáisli] ㉮ **정밀하게**, 엄밀히; 바로, **정확히**(=exactly); 틀림없이, 전혀
☜ precise + ly<부접>

□ pre**cis**ion [prisíʒən] ⓝⓐ **정확**(한), **정밀**(한); 꼼꼼함; 정밀도; 정확 ☜ -ion<명접>

✚ de**cis**ion **결정, 결심**, 결의 ex**cise** 물품세, 소비세, 면허세; 잘라내다 in**cise** 절개하다; ~을 째다; ~에 표〔문자, 무늬〕를 새기다

클로우즈업 close-up (영화 · 사진의 근접촬영)

♣ **어원 : clos(e), claus, clud(e), clus 닫다, 덮다, 가두다, 밀착시키다**

■ **clos**e [klouz/클로우즈] ⓥ (눈을) 감다, (문 · 가게 따위를) **닫(히)다; 덮다; 차단하다; 끝내다** ⓐ **가까운**(=near), 절친한; **정밀한; 닫힌** ㉮ **~과 접하여, 밀접하여, 바로 곁에**
☜ 라틴어로 '닫다; (닫힌 공간에서의 간격이) 좁은'이란 뜻

■ **clos**e-up [klóusʌp] ⓝ 〖영화 · 사진〗 대사(大寫), 근접 촬영, **클로즈업**; (일의) 실상 ☜ 더 크게(up/강조) 밀착시키다(close)

□ pre**clud**e [priklúːd] ⓥ 제외하다, 미리 배제하다; 방해하다, 막다 ☜ 미리(pre) 닫다(clude)
♠ **preclude** all doubt 모든 의혹을 **미리 배제하다**.

□ pre**clus**ion [priklúːʒən] ⓝ 제외, 배제; 방지; 방해 ☜ -ion<명접>

□ pre**clus**ive [priklúːsiv] ⓐ 제외하는; 방해하는, 방지하는; 예방의 ☜ -ive<형접>

✚ dis**clos**e **나타내다; 드러내다**, 들추어내다, 폭로〔적발〕하다 en**clos**e, in**clos**e **둘러싸다, 에워싸다** un**clos**e 열(리)다; 나타나다; 드러나다

쿠커 cooker (난로 · 오븐 등의 조리기구)

♣ **어원 : cook, coc 요리하다, 익다**

■ **cook** [kuk/쿡] ⓥ **요리[조리]하다**, 음식을 만들다 ⓝ **쿡, 요리사**
☜ 고대영어로 '요리'란 뜻

■ **cook**er [kúkər] ⓝ 요리〔조리〕 기구 ☜ 요리하는(cook) 기구(er)

□ pre**coc**ious [prikóuʃəs] ⓐ 조숙한, 일된, 어른스러운; 〖식물〗 조생(早生)의
☜ 미리(pre) 익(coc=cook) 은(ious<형접>)
비교 precautious 조심하는, 신중한
♠ **a precocious child 조숙한 아이**

□ pre**coc**ity [prikásəti/-kɔ́s-] ⓝ 조숙; 일찍 꽃핌; (야채 · 과일 따위의) 조생(早生)
☜ 미리(pre) 익(coc=cook) 은(ious<형접>)

컨셉 concept (개념)

♣ **어원 : cept, ceit, ceive, cip 취하다, 잡다(=take)**

■ con**cept** [kánsept/kɔ́n-] ⓝ 〖철학〗 **개념**, 생각; 구상(構想), 발상 ☜ 완전히(con<com) 취하기(cept)

□ precon**ceive** [prìːkənsíːv] ⓥ ~에 선입관을 갖다, 미리 생각하다, 예상하다
☜ 미리(pre) 완전히(con/강조) 취하다(ceive)
♠ He was influenced by **preconceived ideas**. 그는 선입관에 지배되어 있다.

□ precon**cept**ion [prìkənsépʃən] ⓝ 예상; 선입관; 편견 ☜ 미리(pre) 완전히(con/강조) 취하기(cept)

✚ anti**cip**ate **기대하다, 예상하다**, 예감하다, 내다보다 ex**cept** **~을 제외하고**, ~외에는 ⓥ **~을 빼다, 제외하다** inter**cept** **도중에서 빼앗다**〔붙잡다〕, 가로채다; 〖군사〗 (적기 · 미사일을) 요격하다

사이언스지(誌) Science (세계 최고 권위의 미국 과학전문 주간지)

♣ **어원 : sci 알다, 이해하다**

■ **sci**ence [sáiəns/**싸**이언스] ⓝ **과학**; 《특히》 자연 과학
☜ 아는(sci) 것(ence<명접>)

■ con**sci**ous [kánʃəs/kɔ́n-] ⓐ **의식[자각]하고 있는, 정신[의식]이 있는**
☜ 함께(con<com) 알고(sci) 있는(ous)

□ precon**sci**ous [priːkánʃəs/-kɔ́n-] ⓐⓝ 〖정신분석〗 전의식(前意識)(의)
☜ 미리(pre) 알고/의식하고(sci) 있는(ous<형접>)
♠ preconscious memory 〖심리〗 전의식적 기억(前意識的記憶)

커서 cursor (컴퓨터 모니터 화면에서 입력 위치를 나타내는 깜박이는 표지)

♣ **어원 : cur(s), course 달리다**

■ **curs**or [kə́:rsər] 명 (컴퓨터의) **커서**, 깜박이
☞ 라틴어로 '달리는(curs) 것(or)'이란 뜻

□ pre**curs**or [prikə́:rsər, prí:kə:r-] 명 선구자, 선각자; 선임자; 전조(前兆)
☞ 먼저(pre) 달려간(curs) 사람(or)
♠ Saying is **the precursor** to doing. 말은 행동의 **전조**이다.

□ pre**curs**ory [prikə́:rsəri, prí:kə:r-] 형 선구의, 선임의; 전조의 ☞ -y<형접>

■ **course** [kɔ:rs/코-스] 명 **진로**, 경로; (배 · 비행기의) **코스**, **침로**; 골프코스; **진행, 방침**
☞ 라틴어로 '달리기, 여행; 방향'이란 뜻

더 프레데터 The Predator (미국 SF · 스릴러 영화. <약탈자>란 뜻)

2018년 9월 개봉한 미국의 SF · 액션 · 스릴러 영화. 보이드 홀브룩, 올리비아 문 주연. 다른 종의 DNA를 이용해 더욱 영리하고 치명적으로 진화한 외계 빌런(Villain · 악당)의 등장으로 지구는 위협에 휩싸이게 된다. 특수 부대원 출신 주인공은 비밀 정부 미션에 참여 중인 진화생물학자를 만나게 되고, 범죄 전력이 있는 전직 군인들과 함께 '프레데터'에 맞서 생존을 위한 사투를 벌이게 되는데…

© 20th Century Fox

♣ 어원 : **pred 약탈; 욕심, 포식, 탐욕**

□ **pred**ator [prédətər] 명 약탈자; 육식 동물 ☞ 약탈(pred) 하는(ate) 자(or)
♠ the relationship between **predator and prey**
포식자와 먹이[먹잇감] 사이의 관계

□ de**pred**ator [déprədèitər] 명 약탈자
☞ 완전히(de/강조) 약탈하는 자(predator)

□ de**pred**ate [déprədèit] 동 《고어》 강탈〔약탈〕하다 ☞ -ate<동접>

□ de**pred**ation [dèprədéiʃən] 명 약탈; (pl.) 약탈 행위, 파괴(된 흔적) ☞ -ation<명접>

데카당스 decadence (퇴폐주의, 세기말(世紀末)적 문예사조)

쇠미 · 쇠퇴를 뜻하는 프랑스 말. 로마 제국이 난숙(爛熟)에서 쇠퇴 · 파멸로 향하는 과정에서 나타난 병적이고 향락주의적인 문예풍조를 가리킨다. 19세기말 프랑스에서 악마주의와 상징주의의 영향을 받은 일단의 상징파 시인들이 스스로를 데카당이라고 부른 데서 호칭이 되었다. <출처 : 국어국문학자료사전 / 일부인용>

♣ 어원 : **cad, cay, cid, ceas 떨어지다, 가다**

■ de**cay** [dikéi] 동 **썩다**, 부패〔부식〕하다; 쇠하다 ☞ 밑으로(de=down) 떨어지다(cay)

■ de**cad**ence, -cy [dékədəns, -i] 명 쇠미; 타락; (문예상의) **데카당** 운동
☞ 밑으로(de=down) 떨어진(cad) 것(ence<명접>)

■ de**ceas**e [disí:s] 명동 **사망(하다)** ☞ 멀리(de=away) 가다(ceas) + e

■ de**ceas**ed [disí:st] 형 **죽은, 사망한**, 고(故)~ ☞ -ed<수동형 형접>

□ prede**ceas**e [prédisès/prí:disès] 동명 (어느 사람 또는 때보다) 먼저 죽다〔죽음〕
☞ 먼저(pre) 죽다(decease)

□ prede**cess**or [prédisèsər/prí:disèsər] 명 **전임자**(⇔ successor); 선배; 선행자; 전의 것, 앞서 있었던 것; 《고어》 선조 ☞ 먼저(pre) 죽은(decess) 사람(or)
♠ share the fate of its **predecessor** ***전임자**의 운명을 같이하다* ➔ 전철을 밟다.

P

터미널 terminal (종착역), 터미네이터 terminator (미국 SF 영화. <종결자>)

♣ 어원 : **termin 끝, 한계, 경계**

■ **termin**al [tə́:rmənəl] 형 말단의, **종말의** 명 **끝, 말단**; 종점, 터미널, 종착역 ☞ 끝(termin) + al<형접/명접>

■ **termin**ate [tə́:rmənèit] 동 **끝내다**; 종결시키다 ☞ 한계(termin)를 두다(ate)

■ de**termin**e [ditə́:rmin/디**터**-민] 동 **결심시키다, 결정하다**
☞ 완전히(de/강조) 끝을(termin) 내다(e)

■ de**termin**ation [ditə̀:rmənéiʃən] 명 **결심; 결단(력)** ☞ -ation<명접>

□ prede**termin**ate [prì:ditə́:rmənit] 형 예정의(=foreordained)
☞ 미리(pre) 결정(determine) 한(ate<형접>)

□ prede**termin**ation [prì:ditə:rmənéiʃən] 명 선결, 예정, 숙명론 ☞ -ation<명접>

□ prede**termin**e [prì:ditə́:rmin] 동 **예정하다, 미리 결정하다**
☞ 미리(pre) 결정하다(determine)
♠ The present **is predetermined by** the past. 현재는 과거**에 의해 결정된다**.

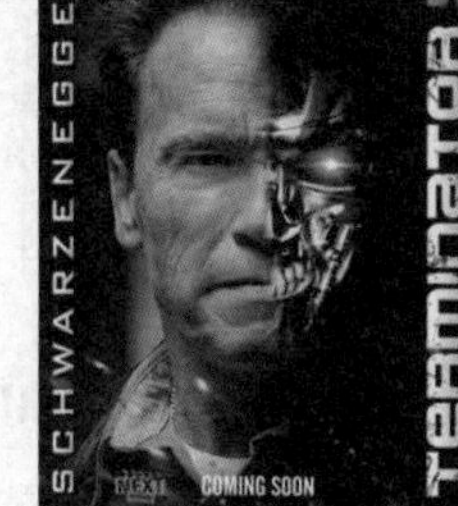

© Orion Pictures

딕셔너리 dictionary (사전)

♣ 어원 : **dic, dict 말, 말하다**

■ **dic**tionary [díkʃənèri/**딕**셔네뤼, -ʃənəri] 명 **사전**, 사서, 옥편

☜ 말하는(dic) 것(tion)의 모음(ary<명접>)

☐ pre**dic**ament [pridíkəmənt] 명 **곤경**, 궁지; 종류, 범주; 《고어》 (특수한) 상태, 상황
☜ 라틴어로 '미리(pre) 누설된(dic) + a +것(ment<명접>)

☐ pre**dic**ate [prédikit] 명 〖문법〗 **술부, 술어**(⇔ subject) 형 〖문법〗 술부〔술어〕의
☜ -ate<명접/형접>
[prédikèit] 동 단언〔단정〕하다 ☜ -ate<동접>

☐ pre**dic**ative [prédikèitiv, -kə-/pridíkətiv] 형 **단정적인**; 〖문법〗 서술적인 명 술사, 서술어
☜ -ative<형접/명접>

☐ pre**dict** [pridíkt] 동 **예언하다**(=prophesy); 예보하다 ☜ 미리(pre) 말하다(dict)
♠ **predict** the future 미래를 **예언하다**.
♠ **predict** the weather 날씨를 **예보하다**.

☐ pre**dic**tion [pridíkʃən] 명 **예언; 예보** ☜ 미리(pre) 말(dic) 하기(tion<명접>)
☐ pre**dic**tive [pridíktiv] 형 예언〔예보〕하는, 예언적인; 전조가 되는 ☜ -tive<형접>
☐ pre**dic**table [pridíktəbl] 형 예언할 수 있는 ☜ predict + -able(~할 수 있는)
☐ pre**dic**tor [pridíktər] 명 예언자 ☜ predict + -or(사람)

✚ **dict**ation **구술; 받아쓰기** **dict**ator **독재자** bene**dic**tion **축복; 감사** contra**dic**tion **부정; 모순**

☐ **predilection**(선입견적 애호, 편애) ➔ **select**(선택하다, 고르다) **참조**

포지션 position (위치)

♣ **어원 : pos, pose, posi 두다, 놓다, 배치하다**

■ **posi**tion [pəzíʃən/퍼**지**션] 명 **위치, 장소** ☜ 놓아둔(posit) 곳(ion)

☐ predis**posi**tion [pri̩dispəzíʃən] 명 **경향**, 성질; 〖의학〗 질병 소질, 소인(素因)
☜ 이전(pre)의 성질(disposition)
♠ a **predisposition** to violence 폭력으로 치닫는 **경향**

☐ predis**pose** [prìdispóuz] 동 ~상태가 되기 쉽게 하다, ~경향을 주다; ~하도록 만들다, 쉽게 병에 걸리게 하다 ☜ 이전에(pre) 따로(dis=away) 배치하다(pose)

✚ ap**posi**tion **동격** pre**posi**tion **전치사** dis**posi**tion **배열**, 처분 im**posi**tion (의무를) 지움, 둠, 놓음

콘도미니엄 condominium (공동지분 개념의 주거시설)
도메인 domain (인터넷 주소를 알기 쉬운 영문으로 표현한 것. <영토>란 뜻)

♣ **어원 : domin, domain 소유권, 지배권**

■ con**domin**ium [kɑ̀ndəmíniəm/kɔ̀n-] 명 (pl. **-s**) 《미》 **콘도미니엄**; 분양 아파트, 맨션; 공동 주권
☜ 함께(con) 소유/지배한(dominate) 것(ium<라틴계 명접>)

■ **domain** [douméin] 명 **영토**, 영지; 소유지; 영역
☜ 중세 프랑스어로 '소유지'란 뜻

■ **domin**ate [dɑ́mənèit/dɔ́m-] 동 **지배[통치]하다**, 위압하다
☜ 지배권(domin)이 있다(ate<동접>)

< Condominium >

☐ pre**domin**ate [pridɑ́mənèit/-dɔ́m-] 동 주권장악하다, **우세하다**
☜ (남보다) 앞서(pre) 지배권(domin)이 있다(ate<동접>)
♠ Women **predominated** in the audience. 청중은 여성이 **지배적이었다**.

☐ pre**domin**ation [pridɑ̀mənèiʃən/-dɔ̀m-] 명 우세, 우월, 탁월; 지배 ☜ -ation<명접>
☐ pre**domin**ance, -ancy [pridɑ́mənəns, -si] 명 우세, 우월; 지배 ☜ -ance<명접>
☐ pre**domin**ant [pridɑ́mənənt/-dɔ́m-] 형 **우세한, 탁월한**; 유력한, 현저한, 지배적인 ☜ -ant<형접>
♠ a **predominant** feature **두드러진** 특징
☐ pre**domin**antly [pridɑ́mənəntli] 부 우세하게; 주로, 대부분은 ☜ -ly<부접>
☐ pre**domin**ating [pridɑ́mənèitiŋ] 형 **우세한**, 탁월한; 주된, 지배적인 ☜ predominate + ing<형접>

프라미넌스 prominence (태양의 가장자리에 보이는 홍염(紅焰))

태양의 가장자리에 보이는 불꽃모양의 가스. 흑점이 출현하는 영역에 집중적으로 나타나는 경향이 있다. 불꽃의 주성분은 수소원자로 붉은 빛이 강하며, 크기는 높이 3만 km, 길이 20만 km, 폭 500만 km이고, 온도는 약 7000K, 자장은 5~10 Gauss(가우스)이다. <출처 : 두산백과 / 부분인용>

♣ **어원 : min 돌출하다, 내밀다**

■ pro**min**ent [prɑ́mənənt/prɔ́m-] 형 **현저한, 두드러진**; 저명한; 돌기한
☜ 앞으로(pro) 튀어나(min) 온(ent<형접>)

■ pro**min**ence, -nency [prɑ́mənəns/prɔ́m-, -i] 명 **돌출; 탁월**, 두드러짐; 〖천문〗 (태양 주변의) 홍염(紅焰), **프로미넌스** ☜ 앞으로(pro) 튀어나온(min) 것(ence)

☐ preeminent [priːémənənt] ⓗ 우위의, 탁월한, 출중한
☜ 미리(pre) 밖으로(e<ex) 튀어나(min) 온(ent<형접>)
♠ He **is preeminent** in the field.
그는 그 분야에서 **뛰어나다.**

☐ preeminently [priémənəntli] ⓟ 우세하게 ☜ -ly<부접>

☐ preeminence [priːémənəns/prɔ́m-] ⓜ 걸출(傑出), 탁월 ☜ -ence<명접>

✚ eminent **저명한**; 현저한, 뛰어난 imminent **절박한**, 긴급한 imminence 급박, 긴박(성); 절박한 위험

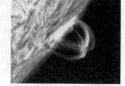

프리미엄 premium (사례금, 상여금)

♣ **어원 : em, (e)mpt, amp(t) 잡다, 취하다**

■ premium [príːmiəm] ⓜ **할증금**; 할증 가격; **프리미엄**; 상(금); 포상금, 상여(=bonus); 보험료; 수수료; 이자; 사례금, 수업료; (증권의) 액면 초과액 ⓗ 특히 우수한; 고급의, 값비싼
☜ 라틴어로 '(가장 잘한) 특정 행위에 대한 보상금'이란 뜻. ⇦ 앞서(pre) 잡은(em) 것(ium<명접>)

■ peremptory [pərémptəri, pérəmptɔ̀ːri] ⓗ 단호한, 독단적인, 엄연한; 거만한, 강제적인
☜ 완전히(per/강조) 잡(empt) 은(ory<형접>)

☐ preempt [priémpt] ⓓ 먼저 점유하다[차지하다]; 선취하다; 회피하다 ☜ 먼저(pre) 잡다(empt)

☐ preemption [priémpʃən] ⓜ 선매(권); 우선 매수권. 선취(先取)(권) ☜ -ion<명접>

☐ preemptive [priémptiv] ⓗ 선매의, 선취권이 있는; 선제의 ☜ -ive<형접>
♠ **a preemptive attack 선제공격**

✚ example **예, 보기**, 실례 premier **수상**; 국무총리; 첫째의, 1등의 prompt **신속한; 자극하다**

페브리즈 Febreze (미국의 P&G가 생산·판매하는 비누·세제 제조업체. <섬유탈취제>. fabric(직물) + breeze(산들바람) 합성어)

■ **fabric** [fǽbrik] ⓜ **직물, 천**, 피륙; **구조**; 조직 ☜ 라틴어로 '작업장'
♠ make **fabric 직물**을 짜다

☐ prefab [príːfæ̀b] ⓗ 조립식의 ⓜ 조립식 주택 ⓓ 조립식으로 짓다

☐ prefabricate [priːfǽbrəkèit] ⓓ (부품 등을) 미리 제조하다; 조립식으로 만들다
☜ 미리(pre) 만들다(fabricate)
♠ Studies on **prefabricated houses** in the farm
농촌의 **조립주택**에 관한 연구

☐ prefabrication [prìːfæbrikéiʃən] ⓜ 미리 만들기, 조립식 공정; 조립식으로 만들기 ☜ 미리(pre) 제작(fabrication)

아이린 카라(Irene Cara)의 히트곡 페임(fame.명성)

아이린 카라는 1959년 미국 출생의 싱어송라이터(singer-songwriter)이자 배우이다.

♣ **어원 : fa, fe, phe 목소리, 말**

■ **fame** [feim/퀘임] ⓜ **명성**, 명예, 평판 ⓓ 유명하게 하다
☜ 말(fa)로 평가된 것

☐ preface [préfis] ⓜ **서문**, 서언, 머리말(=foreword); 《비유》 전제; 시작의 말 ⓓ 서문을 쓰다
☜ 라틴어로 '미리(pre) 말(fa) 하다(ce)'란 뜻
♠ write a **preface** to a book 책에 **서문**을 쓰다.

☐ prefatory [préfətɔ̀ːri/-təri] ⓗ 서문의, 머리말의; 앞에 위치를 점한
☜ 앞에서(pre) 말하(fa) 는(tory<형접>)

✚ **fable 우화** blaspheme **불경스러운 말을 하다** prophecy **예언(서)** professor **교수**

픽션 fiction (허구, 소설), 논픽션 nonfiction (사실적 산문문학)

♣ **어원 : fect, fic(t), fac(t) 만들다(=make)**

■ **fiction** [fíkʃən] ⓜ [집합적] **소설**; 꾸민 이야기, 가공의 이야기
☜ (사실이 아닌) 만들어 낸(fic) 것(ion<명접>)

■ nonfiction [nὰnfíkʃən] ⓜ **논픽션**, 소설이 아닌 산문문학 《전기 역사 탐험 기록 등》
☜ non(=not/부정) + fiction(허구, 소설)

■ **fact** [fækt/팩트] ⓜ **사실**, 실제(의 일), 진실 ☜ 실제로 벌어진/만들어진(fact) 일

☐ prefect, prae- [príːfekt] ⓜ 『고대로마』 장관, 제독; (프랑스·이탈리아의) 지사; 《영》 (공립학교의) 반장 ☜ 미리(pre) 만들어놓는(fect) 자리

☐ prefecture [príːfektʃər] ⓜ prefect의 직〔임기·관할지〕; **도**(道), 현(縣); 도청; 지사 관저

P

☜ -ture<명접>

♠ Kangwon-Do **Prefecture** 〔province〕 강원**도**

☐ pre**fect**ural [priféktʃərəl] ⓗ 현(縣)의 ☜ prefecture + al<형접>

카페리 car ferry (여행객과 자동차를 함께 싣고 운항하는 여객선)

♣ **어원 : fer, 옮기다, 나르다, 운반하다**

※ **car** [kɑːr/카-] ⓜ **자동차** ☜ 라틴어로 '2개의 바퀴가 달린 켈트족의 전차'란 뜻

■ **fer**ry [féri] ⓜ **나루터**, 도선장; **나룻배**, 연락선 ☜ 나르는(fer) 것/곳(ry)

☐ pre**fer** [prifə́ːr/프리풔] ⓢ **(오히려) ~을 좋아하다**, 차라리 ~을 택하다; 등용하다; 제출하다
☜ 라틴어로 '앞쪽으로(pre) 나르다(fer)'란 뜻
♠ **prefer (A) to (B) B보다 A를 더 좋아하다, ~을 기뻐하다; ~을 택하다**
He **prefer**s spring **to** autumn. 그는 가을**보다** 봄을 **더 좋아한다**.
♠ **prefer to (A) (rather than (B)) (B하기 보다) A하기를 더 좋아하다**

☐ pre**fer**able [préfərəbəl] ⓗ 차라리 나은, **오히려 더 나은**, 바람직한 ☜ prefer + able<형접>
♠ **Poverty is preferable to ill health. 《속담》 가난이 병보다 낫다.**

☐ pre**fer**ably [préfərəbli] ⓑ **즐겨**, 오히려 ☜ prefer + ably<부접>

☐ pre**fer**ence [préfərəns] ⓜ **더 좋아함**, 편애; **더 좋아하는 물건**, 더 좋아하는 것 ☜ -ence<명접>

☐ pre**fer**ment [prifə́ːrmənt] ⓜ 승진(昇進) ☜ prefer + ment<명접>

☐ pre**fer**red [priːfə́ːrd] ⓗ 우선적인, 우선권이 있는; 박탈된 ☜ prefer + r<자음반복> + ed<형접>

☐ pre**fer**ential [prèfərénʃəl] ⓗ 우선적인, 차별제의, 특혜의 ☜ prefer + ent<명접> + ial<형접>

✚ con**fer** **수여하다**; **의논[협의]하다** **fer**tile **비옥한; 다산**(多産)**의** trans**fer** **옮기다**; **갈아타다; 이전**

(사람이나 물체의) 위치를 픽스(fix.고정)시키다

♣ **어원 : fix 고정하다, 붙이다**

■ **fix** [fiks/픽스] ⓢ (-/fix**ed**/fix**ed**) **고정시키다; 붙이다; 수리하다** ⓜ **곤경**, 궁지
☜ 중세영어로 '무엇을 ~에 두다', 라틴어로 '고정하다'란 뜻

☐ pre**fix** [príːfiks] ⓜ 〖문법〗 **접두사** [priːfíks] ⓢ **~에 접두사를 붙이다** ☜ 앞에(pre) 붙이다(fix)
♠ add **a prefix** to a word 단어에 **접두사**를 붙이다

■ suf**fix** [sʌ́fiks] ⓜ 〖문법〗 **접미사** [səfíks] ⓢ ~에 접미사로서 붙이다
☜ 밑에(suf) 붙이다(fix)

제네레이터 generator (발전기), 엔진 engine (발동기)

< 제네레이터 원리 >

♣ **어원 : gen(e), gine, gnan 만들다, 태어나다, 발생하다; 출생, 유전, 기원**

■ **gene**rator [dʒénərèitər] ⓜ **발전기, 제네레이터**, 발생시키는 사람〔물건〕
☜ 출생(gene)을 + r + 만드는(ate) 사람/물건(or)

■ en**gine** [éndʒin/**엔**진] ⓜ **엔진, 발동기**, 기관 ☜ 발생(gine)을 만들다(en)

☐ pre**gnan**t [prégnənt] ⓗ **임신한** ☜ 태어나기(gnan) 전(pre) 의(t)
♠ be six months **pregnant** **임신** 6개월이다.

☐ pre**gnan**cy [prégnənsi] ⓜ 임신; 풍부, 풍만; 함축성이 있음, (내용) 충실, 의미심장 ☜ -cy<명접>

☐ pre**gnan**cy test 임신 검사 ☜ test(시험, 평가, 검사)

히스토리 채널 The History Channel (미국의 A+E 네트웍스의 국제위성 및 케이블방송 채널. <역사 채널>) * channel 채널; 수로, 해협

■ **histor**y [hístəri/**히**스터뤼] ⓜ **역사**(책), 사실(史實); 경력
☜ 고대 그리스어 historia로 '연구를 통해 얻은 지식'이란 뜻

■ **histor**ic(al) [histɔ́(ː)rik(əl), -tɑ́r-] ⓗ **역사(상)의**, 역사적인 ☜ -ic(al)<형접>

☐ pre**histor**ic(al) [priːhistɔ́ːrik(əl), -tɑ́r-/-tɔ́r-], [-əl] ⓗ **유사**(有史) **이전의**, 선사시대의; 《구어》 아주 옛날의, 구식의 ☜ 역사(histor) 이전(pre) 의(ic/ical)
♠ **in prehistoric times 선사 시대에**

☐ pre**histor**y [priːhístɔːri, -tər-] ⓜ 유사 이전(의 사건); 선사시대, 선사학(先史學); (사건의) 경위, 전말 ☜ pre + history

저스티스 justice (미국 하버드대학 마이클샌델 교수의 정치철학서. <정의>)

미국 하버드대학교(Harvard University) 교수이자 정치철학자로 유명한 Michael J. Sandel이 지은 정치 철학서. 원제는 『Justice : What's the right thing to do? (정의란 무엇인가?). 한국에서도 베스트셀러에 올랐다.

♣ **어원 : just, jud 바른, 법률(상)의; 판단**

■ **just**ice [dʒʌ́stis/**저**스티스] ⓜ **정의, 공명정대; 재판**
☜ 바르게(just) 하기(ice)

■ **jud**ge [dʒʌdʒ/저쥐] ⓜ **재판관**, 법관, 판사; 심판관; 감정가 ⓢ **재판하다; ~라고 판단하다** ☜ 판단하다(jud) + ge

□ pre**jud**ice [prédʒədis] ⓜ **편견**, 선입관; 『법률』 **침해**, 불리, 손상
ⓢ **편견을 갖게 하다, ~에 손해를 주다**
☜ 미리(pre) 판단한(jud) 것(ice)
♠ racial 〔party〕 **prejudice** 인종적〔당파적〕 **편견**

□ pre**jud**icial [prèdʒədíʃəl] ⓗ 편파적인, 불리한 ☜ prejudice + ial<형접>

□ pre**jud**ge [priːdʒʌ́dʒ] ⓢ 미리 판단하다; 충분히 심리하지 않고 판결하다; 조급히 결정하다 ☜ 미리(pre) 판단하다(jud) + ge<어근확장>

□ pre**jud**gement [priːdʒʌ́dʒmənt] ⓜ 심리 전(前) 판결, 속단; 예단(豫斷) 재결 ☜ -ment<명접>

✚ **just 단지; 바르게; 올바른** **just**ify **정당화하다** ad**just** **맞추다**, 조절하다 ad**jud**ge 판결[선고]하다

딜레이 delay (뒤로 미루다)

♣ **어원 : lay, lat ~에 두다; ~로 나르다, 옮기다, 가져가다**

■ de**lay** [diléi] ⓢ **미루다, 연기하다** ☜ (뒤쪽으로) 멀리(de=away) 두다(lay)

■ ob**lat**e [ɑ́bleit/ɔ́bleit] ⓗ 『교회』 축성(祝聖)된; 수도 생활에 몸을 바친 ⓜ 수도 생활에 몸을 바친 사람 ☜ (신)에게(ob=to) (나를) 가져가다(lat) + e

□ pre**lat**e [prélət] ⓜ **고위 성직자**, 대수도원장 ☜ 앞서/위로(pre) 태어난/옮겨진(lat) 사람(e)
♠ **The prelate** is to retire this time. 그 **고위 성직자**는 이번에 은퇴할 예정이다.

레전드 legend (전설)

© 20th Century Fox

♣ **어원 : lec(t), leg, lig 읽다; 모으다; 보내다**

■ **leg**end [lédʒənd] ⓜ **전설**; 위인전 ☜ 라틴어로 '읽혀야 할 것'

□ pre**lect** [prilékt] ⓢ 강연하다, 강의하다 《특히 대학 강사로서》
☜ 앞에서(pre) 읽다(lect)
♠ **prelect at a university 대학에서 강연하다**

□ pre**lect**ion [prilékʃən] ⓜ 강의, 강연 《특히 대학의》 ☜ -ion<명접>

□ pre**lect**or [preléktər] ⓜ (특히 대학의) 강사(=lecturer) ☜ -or(사람)

■ **lec**ture [léktʃər] ⓜ **강의**, 강연 ☜ 읽는(lec) 행위(ture<명접>)

리미티드 에디션 Limited Edition (한정판) * edition (초판 · 재판의) 판(版)

리미티드 에디션은 마케팅의 일환으로 음반이나 DVD 등 제품들을 발매할 때 따로 보너스곡이나 화보집 등을 수록한 한정판을 말한다. <출처: 위키백과 / 요약인용>

♣ **어원 : limin, limit 문턱, 입구; 경계**

■ **limit** [límit/**리**미트] ⓜ (종종 pl.) **한계(선)**, 한도, 극한 ⓢ **한정[제한]하다** ☜ 라틴어로 '경계선'이란 뜻

■ **limit**ed [límitid] ⓗ **한정된**, 유한의 ☜ limit(제한하다) + ed<형접>

□ pre**limin**ary [prilímənèri/-nəri] ⓗ **예비의**, 준비의 ⓜ **준비; 예비시험**
☜ 문턱(limin) + ~앞(pre) + ary<형접/명접>
♠ **a preliminary examination 예비시험** 《구어로 prelim》

□ pre**limin**arily [prilímənèrili/-nəri] ⓟ 예비적으로 ☜ -ly<부접>

✚ **limit**ation 제한, **한정** un**limit**ed **끝없는, 무제한의** e**limin**ate **제거하다** e**limin**ation **배제, 제거**

일루전 illusion (환상)

♣ **어원 : lus, lud(e) 연극하다, 연주하다, 속이다, 암시하다, 장난하다 , 행동하다, 놀리다**

■ il**lus**ion [ilúːʒən] ⓜ **환각** ☜ 머릿속 내부(il<in)가 속임(lus)에 빠지는 것(ion<명접>)

□ pre**lude** [préljuːd, préi-, príː-] ⓜ 『음악』 **전주곡**, 서곡; 전조
☜ 미리(pre) 연주하다(lude)
♠ **play a prelude 서곡을 연주하다**

□ pro**lus**ion [proulúːʒən] ⓜ 서막, 서언
☜ 앞서(pro) 연주하(lus) 기(ion<명접>)

□ pro**lus**ive [proulúːsiv] ⓗ 서곡의; 서막의; 전조가 되는 ☜ -ive<형접>

✚ al**lude** **암시하다** de**lude** **속이다** inter**lude** 짬, **사이**, 중간 **lud**icrous **익살맞은**, 어이없는

아마추어 amateur (어떤 일을 비직업적으로 순수하게 좋아하는 사람)

아마추어(amateur)란 문학, 예술, 운동경기 등을 직업으로서가 아니고 취미나 도락으로 하는 사람을 가리킨다. 반대로 직업적으로 하는 사람을 프로(professional)라고 한다.

♣ **어원 : matur, mateur 익은, 성숙한**

■ **amateur** [ǽmətʃùər, -tʃər, -tər, æ̀mətə́ː] ⓜ **아마추어**, 직업적이 아닌 사람 ⓗ 아마추어의, 직업적이 아닌 ☜ 비(a<an=not) 성숙한(mature)
⇦ ama(사랑) 하는 자(teur). 돈이 목적이 아닌 일이 단지 좋아서 하는 사람

■ **mature** [mətjúər, -tʃúər] ⓗ 익은(=ripe), **성숙한** ☜ 라틴어로 '익은, 숙성한'이란 뜻

□ pre**mature** [prìːmətjúər] ⓗ **조숙한**; 시기상조의; 조산의 ☜ 미리(pre) 성숙한(matur) + e
♠ **a premature birth 〔delivery〕 조산(早産)** 《임신 28주째 이후》
♠ **a premature decay 조로(早老)**

□ pre**matur**ely [prìːmətjúərli] ⓑ 너무 이르게 ☜ -ly<부접>

□ pre**maturi**ty [prìːmətjúərəti] ⓜ 조숙; 시기 상조; 일찍 핌; 조산 ☜ -ity<명접>

■ im**matur**e [ìmətjúər] ⓗ **미숙한**; 미완성의; 미성년의 ☜ 성숙(matur)하지 못한(im<in=not) + e

매스미디어 mass media (대량전달매체), 매들리 medley ([음악] 접속곡, 혼성곡)

♣ **어원 : medi, mid, mean 중간, (둘 사이의) 간섭; (여럿 사이에) 섞다**

※ **mass** [mæs/매스] ⓜ **덩어리, 모임, 집단**
☜ 그리스어로 '보리로 만든 케이크'란 뜻

■ **media** [míːdiə] ⓜ medium의 복수; (the ~) **매스컴, 매스미디어**

■ **med**ley [médli] ⓜ **잡동사니**, 뒤범벅; 잡다한 집단; 『음악』 **접속곡**, 혼성곡 ☜ 중간에 섞(med) 는(le<형접>) 것(y<명접>)

■ **medi**tate [médətèit] ⓢ **명상[묵상]하다**, 숙려(熟慮)하다; 계획하다, **꾀하다** ☜ (마음을) 중간(medi) 상태로 + t + 만들다(ate)

■ **medi**tation [mèdətéiʃən] ⓜ 묵상, (종교적) 명상; **심사숙고**; (pl.) 명상록 ☜ -ation<명접>

□ pre**medi**tate [priːmédətèit] ⓢ 미리 생각〔의논, 연구, 계획〕하다 ☜ 미리(pre) 숙고하다(meditate)

□ pre**medi**tation [prìmedətéiʃən] ⓜ 사전 계획; 『법률』 고의, 예모(豫謀)
☜ 미리(pre) 숙고한(meditate) 것(ion<명접>)

□ pre**medi**tative [priːméditèitiv, -tə-] ⓗ 사려 깊은; 계획적인 ☜ -ive<형접>

프리미엄 premium (사례금, 상여금)

♣ **어원 : prim(e), prem 제1의, 첫 번째의 ⇦ 앞서(pre) + 잡은(em)**

■ **prime** [praim] ⓗ 첫째의, **제1의, 주요한**; 최초의 ⓜ **전성기, 초기** ☜ 라틴어로 '제1의'란 뜻

□ **prem**ium [príːmiəm] ⓜ **할증금**; 할증 가격; **프리미엄**; 상(금); 포상금, 상여(=bonus); 보험료; 수수료; 이자; 사례금, 수업료; (증권의) 액면 초과액 ⓗ 특히 우수한; 고급의, 값비싼
☜ 라틴어로 '(가장 잘한) 특정 행위에 대한 보상금'이란 뜻

□ **prem**ier [primíər, príːmi-] ⓜ **수상**(=prime minister); 국무총리; (캐나다·호주의) 주지사
ⓗ 첫째의, 1등의; 최초의, 최고참의 ☜ 라틴어로 제1의'란 뜻
비교 ▶ premiere 첫 공연〔상연〕; 주연 여배우; 첫 공연하다
♠ **take 〔hold〕 the premier place 제1위를[수석을] 차지하다.**

□ **prem**iership [primíərʃìp, príːmi-] ⓜ 수상의 직〔임기〕 ☜ -ship(직책)

■ sub**prime** [sʌ̀bpráim] ⓗ 2급품의; 금리가 prime rate이하의 《융자 등》 ☜ prime보다 아래의(sub)

미사일 missile (추진기를 달고 순항하는 유도탄)

< Missile >

♣ **어원 : miss, mit 보내다**

■ **miss**ile [mísəl/-sail] ⓜ **미사일**, **유도탄**
☜ 라틴어로 '던질(miss) 수 있는 것(ile)'이란 뜻

□ pre**mise** [prémis] ⓜ 『논리』 **전제**(前提) (⇔ conclusion 결말); (pl.) (the ~) 전술한 사항; (pl.) 토지, 부동산, 집과 대지, 구내
[primáiz, prémis] ⓢ 전제로 말하다, 제언하다.
☜ 미리(pre) 던져놓다(mise)
♠ **make a premise 전제를 달다**

✚ compro**mise** **타협(하다)**, 화해, 양보 pro**mise** **약속(하다)**, 계약 trans**mit** (화물 등을) **부치다**

모니터 monitor (컴퓨터의 모니터. <감시장치>란 뜻)

♣ **어원 : mon(i), monu 경고하다, 충고하다, 잊지 않게 하다; 감시하다**

■ **moni**tor [mɑ́nitər/mɔ́n-] ⓜ 충고자, **권고자**; 감시장치, **모니터**, 반장

㉠ 감시하다 ☞ 경고〔감시〕하는(moni) + t + 사람/장치(or)

■ **moni**tion [mouníʃən] ㉮ 충고, 경고 ☞ 경고한(moni) 것(tion<명접>)

□ pre**moni**sh [primániʃ/-mɔ́n-] ㉠ 미리 경고하다, 예고하다 ☞ 미리(pre) 경고(moni) 하다(sh)

□ pre**moni**tion [prèməníʃən] ㉮ 사전 경고, 예고; 예감, 징후, 전조 ☞ 미리(pre) 경고한(moni) 것(tion<명접>)
♠ **a premonition of disaster 재난이 있을 것 같은 예감**

□ pre**moni**tory [prəmánətəri] ㉱ 예고의; 전조(前兆)의 ☞ -tory<형접>

컨셉 concept (개념), 캡춰 capture (갈무리), 캡션 caption (자막)

♣ **어원 : cap(t), cep(t), cup, ceive 잡다, 받아들이다, 이해하다**

■ con**cept** [kánsept/kɔ́n-] ㉮ 〖철학〗 **개념**, 생각; 구상(構想), 발상 ☞ 모든(con<com) (생각을) 잡다(cept)

■ oc**cup**y [ákjəpài/**아**켜파이/ɔ́kjəpài/**오**켜파이] ㉠ **차지하다; 점령[점거]하다** ☞ (손)안에(oc=in) 잡고(cup) 있다(y)

□ preoc**cup**y [priákjəpai] ㉠ **선취(**先取**)하다**, 먼저 점유하다; 마음을 빼앗다, 열중케 하다 ☞ 먼저(pre) (손)안에(oc=in) 잡고(cup) 있다(y<동접>)
♠ **preoccupy a seat 자리를 먼저 차지하다.**

□ preoc**cup**ied [priákjəpaid] ㉱ 선취(先取)된; **몰두한**, 여념이 없는, 열중한 ☞ preoccupy<y→i> + ed<형접>

□ preoc**cup**ation [priàkjəpéiʃən] ㉮ **선취(**先取), 선점(先占); 선입관, 편견; 몰두, 전심, 열중; 첫째 임무; (중대) 관심사 ☞ preoccupy<y→i> + ation<명접>

✚ ac**cept** **받아들이다** **capt**ion (기사의) 표제, 제목, 〖영화〗 자막 **capt**ure **포획; 사로잡다**
de**ceive** **속이다**, 기만하다, 현혹시키다 inter**cept** **도중에서 빼앗다**, 가로채다, 차단하다

퍼레이드 parade (행진)

♣ **어원 : par, para, pare, pair 준비하다; 정돈하다; 배열하다**

■ **par**ade [pəréid] ㉮ **열병**(식), 행렬, **퍼레이드**, 행진; **과시** ㉠ **열지어 행진하다; 과시하다** ☞ 정돈/배열하여(par) 움직이다(ade)

□ pre**pare** [pripέər/프뤼**페**어] ㉠ **준비하다**, 채비하다 ☞ 미리(pre) 준비하다(pare)
♠ **prepare for ~ ~을 준비[대비]하다**
prepare for war 전쟁 **준비를 하다,** 전쟁**에 대비하다**
♠ **be prepared for** 〔**to**〕 **~ ~의[~을 할] 준비[각오]가 되어 있다**
be prepared for the worst 최악의 경우**에 대비하고 있다**

□ pre**pare**d [pripέərd] ㉱ 채비〔준비〕가 되어 있는; 각오하고 있는; 조제〔조합(調合)〕한 ☞ prepare + ed<형접>

□ pre**pare**dness [pripέəridnis, -pέərd-] ㉮ 준비(완료 상태); 각오 ☞ prepared + ness<명접>

□ pre**par**ation [prèpəréiʃən/프뤠퍼**뤠**이션] ㉮ **준비[예비]**, 예습 (시간); **태세**, 각오; 작성, 조제; 요리 ☞ prepare + ation<명접>

□ pre**par**atory [pripǽrətɔ̀ːri/-təri] ㉱ **준비의**, 예비의; 예습적인; 입학 준비의 ☞ prepare + atory<형접>

□ pre**par**atorily [pripǽrətɔ̀ːrili/-təri-] ㉯ 예비(적으)로, 준비로서 ☞ -ly<부접>

■ unpre**par**ed [ənpripέərd] ㉱ **준비가 없는**, 즉석의; 준비〔각오〕가 되어 있지 않은; 예고없이 발생하는, 불의의 ☞ un(=not/부정) + prepare + ed<형접>

✚ re**pair** **수리(하다)** se**par**ate **떼어 놓다**, **가르다, 격리시키다** inse**par**able **분리할 수 없는**

펜던트 pendant (늘어뜨린 장식), 서스펜스 suspense (계속된 긴장감)

♣ **어원 : pend, pense 매달다, 무게를 달다; 걸리다**

■ **pend**ant [péndənt] ㉮ **펜던트, 늘어뜨린 장식** 《목걸이·귀고리 따위》 ☞ 매단(pend) 것(ant)

■ sus**pense** [səspéns] ㉮ **서스펜스, 계속된 긴장감**; 미결; 모호함 ☞ 아래로(sus) 매달다(pense)

□ pre**pense** [pripéns] ㉱ 숙고한 뒤의; 계획적인, 고의의 ★ 명사 뒤에 씀 ☞ 미리(pre) 무게를 단(pense)
♠ **of malice prepense 살의를 품은**

✚ ap**pend**ix **부속물**, 부가물; **부록** de**pend** **의지하다; ~에 달려 있다**

P

☐ **preponderance**(우위, 우세, 우월) ➔ **ponder**(깊이 생각하다) **참조**

포지션 position (위치)

♣ **어원 : pos, pose, posi 두다, 놓다, 배치하다**

■ **posi**tion [pəzíʃən/퍼**지**션] ⓜ **위치, 장소** ☜ 놓아둔(posit) 곳(ion)

☐ pre**posi**tion [prèpəzíʃən] ⓜ **전치사**(약어: prep.) ☜ 앞에(pre) 위치한(posi) 것(tion)
♠ In "by bus", "by" is a **preposition**. 'by bus'에서 'by'는 **전치사**이다.

☐ pre**posi**tional [prèpəzíʃənəl] ⓗ 전치사의 ☜ pre + position + al<형접>

✚ ap**posi**tion **동격** dis**posi**tion **배열**, 처분 im**posi**tion (의무를) 지움, 둠 predis**posi**tion **경향**

☐ **preposterous**(앞뒤가 뒤바뀐, 터무니없는) ➔ **postwar**(전후의) **참조**

인터로게이터 interrogator ([통신] 질문기, [군사] 적아식별장치의 질문기)

♣ **어원 : rog 묻다, 질문(하다), 요구(하다), 요청(하다), 일하다**

■ inter**rog**ator [intérəgèitər] ⓜ 심문(질문)자; 《통신》 질문(호출)기(機)
☜ (둘) 사이에서(inter) 질문(rog)을 만드는(ate) 사람(or)

■ inter**rog**ate [intérəgèit] ⓢ 질문하다; **심문하다** ☜ -ate<동접>

■ inter**rog**ative [ìntərάgətiv/-rɔ́g-] ⓗ **의문의**, 질문의, **미심쩍은 듯한** ⓜ 의문사, 의문문
☜ -ative<형접/명접>

☐ pre**rog**ative [prirάgətiv/-rɔ́g-] ⓜ **특권**, 특전; 우선 투표권; 우선(권)
ⓗ 특권을 가진 ☜ 라틴어로 '먼저(pre) 요구할(rog) 수 있는(ative) (권리)
★ privilege(특권, 특전)보다도 격식을 갖춘 말.
♠ **the prerogative of mercy 사면권** ☜ mercy(자비, 감형재량권)
♠ **prerogative right 특권** ☜ right(권리)

☐ ab**rog**ate [ǽbrəgèit] ⓢ 취소하다; (법률·습관 따위를) 폐지(철폐, 파기)하다.
☜ 멀리(ab=away)하도록 요구(rog) 하다(ate<동접>)

☐ sur**rog**ate [sə́:rəgèit, -git, sʌ́r-] ⓜ 대리인 ⓗ 대리의 ⓢ ~의 대리 노릇을 하다
☜ 아래에서(sur) (역할을) 요청(rog) 하다(ate<동접>)

프레스비테리안 Presbyterian Church (장로교회)

16세기 종교개혁 이후 로마 가톨릭교회에서 분파한 기독교인들을 프로테스탄트(Protestant/신교도)라고 하는데, 이는 구교에 '항거하는 자들'이란 뜻이다. 이들을 다시 영국에서는 퓨리턴(Puritan/청교도), 스코틀랜드에서는 프레스비테리안(Presbytarian), 프랑스에서는 위그노(Huguenots)라고 불렀는데, 프레스비테리안 교회는 장로교회를 말하며, 선출된 일정수의 장로(presbyter)가 교회 운영에 참가한다.

♣ **어원 : presby(o), priest 노년, 노인**

☐ **presby**ter [prézbitər] ⓜ 《교회》 장로; (감독 교회의) 목사(=priest)
☜ 그리스어로 '보다 늙은'이란 뜻

P

☐ **Presby**terian [prèzbitíəriən] ⓗ (종종 p-) 장로파의; 장로 교회의
ⓜ **장로교회파의 사람** ☜ presbyter + ian(~의/~사람)
♠ **the Presbyterian Church 장로교회**
비교 the Baptist Church 침례교회

PRESBYTERIAN CHURCH (USA)

☐ **priest** [pri:st] ⓜ (fem. **-ess**) **성직자**; 신부, 목사; 봉사(옹호)자
ⓢ 성직자로 만들다; 사제(목사)로 임명하다 ☜ 라틴어로 '노인'이란 뜻
♠ **a priest of science 과학의 사도**

☐ **priest**hood [prísthud] ⓜ 성직, 《집합적》 승려 ☜ priest + hood(신분)

☐ **priest**ly [prí:stli] ⓗ 사제의, 승려의, 성직자다운 ☜ priest + ly<형접>

RECIPE

☐ **prescience**(예지, 선견, 통찰) ➔ **science**(과학) **참조**

레시피 recipe (조리법), 스크립트 script (방송대본)

♣ **어원 : scrib(e), script, cipe 쓰다(=write)**

■ re**cipe** [résəpi:] ⓜ **조리법, 레시피**, 제조법 ☜ 라틴어로 '(약을) 받아라 (=receive)'란 의미로 prescription(처방전)에서 유래. ⇦ 미리(pre) 써준(script) 것(ion)

■ **script** [skript] ⓜ 정본, 손으로 쓴 것, **스크립트**, 방송대본 ☜ 라틴어로 '쓰여진 것'이란 뜻

☐ pre**scribe** [priskráib] ⓢ **규정하다, 지시하다**; (약을) **처방하다**
☜ (조제하기 전에) 미리(pre) 쓰다(scribe)
♠ **prescribe** medicine to (for) a patient 환자에게 약제를 **처방하다**

☐ pre**script** [prí:skript] ⓜ 명령; 규칙, 규정; 법령, 법률 ☜ 미리(pre) 쓴 것(script)
[priskrípt, prí:skript] ⓗ 규정(지령, 지시)된

☐ pre**script**ion [priskrípʃən] ⓜ **명령, 규정**; 〖의약〗 **처방전** ☜ -ion<명접>
☐ pre**script**ive [priskríptiv] ⓗ 규정하는; 〖법률〗 시효에 의하여 얻은 ☜ -ive<형접>

✚ de**scribe** **기술하다, 설명하다** manu**script** **원고, 필사본** **script**ure **성서** sub**scribe** **기부하다, 서명하다, 구독하다** in**scribe** **새기다, 등록하다** in**script**ion **명**(銘), 비문(碑文)

프리젠테이션 presentation (시청각 설명회)

♣ **어원 : es, esse 존재하다**

☐ pr**es**ence [prézəns/프**뤠**전스] ⓜ **존재**, 현존, 실재; **출석**, 임석; 참석; (군대 등의) 주둔; 면전; 거동; 인격
☜ (눈)앞에(pre) 존재(es<esse) 하기(ence<명접>)
♠ **in the presence of ~ ~의 면전에서**(=in one's presence); **~에 직면하여**(=in (the) face of ~)

☐ pr**es**ent [prézənt/프**뤠**전트] ⓗ (사람이) **있는**, 존재하는, **출석한; 현재의** ⓜ **현재; 선물**
[prizént/프뤼**젠**트] ⓢ **선물하다, 증정하다**, 바치다, 주다; **제출하다**, 내놓다; **소개하다**
☜ (눈)앞에(pre) 존재(es<esse) 하는(ent<형접>), or 앞으로(pre) 내밀다<주다(sent)
♠ I **was present at** the meeting. 나는 그 모임**에 참석했다**.
♠ **present oneself 출두하다, 나타나다**
♠ **at present 현재에 있어서는**(=in the present time), **목하(目下)**
♠ **for the present 현재로서는, 당분간**(=for the time being)
♠ **Yesterday is history. Tomorrow is mystery. Today is a gift. That's why we call it the present. 어제는 역사이고, 내일은 수수께끼. 그래서 우리는 오늘을 선물(현재)이라 부르는 거야.** - 영화 『쿵푸팬더』 중에서 -

☐ pr**es**ent-day [prézntdéi] ⓗ **현대의**, 오늘날의 ☜ day(일, 날)

☐ pr**es**ently [prézəntli/프**뤠**전틀리] ⓟ **이윽고**, 곧(=soon); 《미·Sc.》 목하, 현재(=at present); 《고어》 즉시(=at once) ☜ -ly<부접>
♠ He is **presently** away from home. 그는 **지금** 집에 없다.

☐ pr**es**entable [prizéntəbl] ⓗ 남 앞에 내놓을 만한; 보기 흉하지 않는 ☜ present + able(~할 만한)

☐ pr**es**entation [prèzəntéiʃən] ⓜ **증여**, 수여, 증정; 수여식; (공식적인) 선물(=gift); 소개, 피로(披露); 배알, 알현; 제출; 표시; 진술; 표현, 발표
☜ (눈)앞에(pre) 존재(es<esse) 하는(ent) 것(ation<명접>)

✚ repr**es**entative **대표하는**; **대표자, 대리인**; **국회의원**

서비스 service (콩글 무료 봉사) ➔ no charge, free of charge

♣ **어원 : cervi, serve 봉사하다, 지키다, 보존하다, 계속하다**

■ **servi**ce [sə́ːrvis/**써**-뷔스] ⓜ (종종 pl.) **봉사**, 공헌; (기차 등의) **편**(便); (관청 등의) **부문**; **복무**, 병역; **고용**; **예배** ⓢ 편리하게 하다; 수리하다; (도움을) 제공하다
☜ 중세영어로 '~에게 습관적으로 복종하는 것'이란 뜻

■ **serve** [səːrv/써-브] ⓢ **섬기다**, 시중들다, 봉사하다
☜ 중세영어로 '~에게 습관적으로 복종하다'란 뜻

☐ pre**serve** [prizə́ːrv/프뤼**저**어브] ⓢ **보존하다, 저장하다** ☜ 미리(pre) 보존하다(serve)
♠ **preserve (A) from (B) A를 B로 부터 보호하다**

☐ pre**serv**ation [prèzərvéiʃən] ⓜ **보존**, 저장; 보호, 보관; 보존 상태 ☜ -ation<명접>
♠ **for the preservation** of one's health 건강 **유지**를 위해

☐ pre**serv**ative [prizə́ːrvətiv] ⓗ **보존력이 있는** ⓜ **예방법**, 예방약 ☜ -ative<형접>

☐ pre**serv**ationist [prèzərvéiʃənist] ⓜ (야생 동식물·역사적 문화재 따위의) **보호주의자**
☜ preservation + ist(사람)

☐ pre**serv**er [prizə́ːrvər] ⓜ **보존자**, 보호자; 통〔병〕조림업자(=packer); 금렵지 관리인
☜ preserve + er(사람)

✚ con**serve** **보존하다**; 보호하다 con**serv**ative **보수[전통]적인**, 보수주의의 ob**serve** **관찰하다**; (관찰에 의해) **알다**; **진술하다**; **준수하다** re**serve** **비축하다**; **예약해 두다** re**serv**ation **보류**; **예약**

레지던트 resident (수련중인 의사)

인턴(intern) 과정을 수료한 뒤 전문의(醫)가 되기 위해 수련 중인 의사

♣ **어원 : sid, sit, sed, sess 앉다**

■ re**sid**e [rizáid] ⓢ **살다, 거주하다** ☜ 다시(re) (눌러)앉다(sid) + e

■ re**sid**ent [rézidənt] ⓗ **거주하는; 고유의**, 내재하는 ⓜ **거주자**, 거류민; 텃새; ☜ reside + ent(사람)

© 20th Television

《미》 전문의(醫), **레지던트**; 수련자 ☜ 19c말 미국식 영어에서 최초 등장

☐ pre**sid**e [prizáid] ⓢ **의장이 되다**, 사회를 보다 ☜ 앞에(pre) 앉다(sid) + e
♠ **preside at 〔over〕 the meeting 사회를 보다.**

☐ pre**sid**ency [prézidənsi] ⓝ president의 **직[지위, 임기]**; 통할, 주재(主宰)
☜ preside + ency<명접>

☐ pre**sid**ent [prézidənt/프뤠지던트] ⓝ **의장, 총재, 회장, 총장**; (종종 P-) **대통령**
☜ preside + ent(사람)

☐ pre**sid**ential [prèzədénʃəl] ⓗ **대통령의**; **주재**〔관할, 지배, 감독〕**하는** ☜ president + ial<형접>

✚ **sit 앉다**, 앉아있다 **sed**entary 앉아서 하는 **sess**ion **회기, 기간; 학기**

컴프레서 compressor (압축기), 프레스센터 press center (언론회관)

♣ **어원 : press 누르다; 압축, 억압, 인쇄**

■ com**press**or [kəmprésər] ⓝ **압축기**; **컴프레서**
☜ 완전히(com) 누르는(press) 장비(or)

☐ **press** [pres/프뤠스] ⓢ **누르다**; **강조하다**; **압박하다**; 돌진하다; **서두르다** ⓝ **누름**; **인쇄기**; **출판물** ☜ 중세영어로 '누르다'
♠ **press 〔ring, push〕 the bell 벨을 누르다**
♠ **freedom of speech and the press 언론, 출판의 자유**

☐ **press** clipping, **press** cutting 신문에서 오려낸 것
☜ 자른(clip) + p<단모음+단자음+자음반복> + 것(ing<명접>),
자른(cut) + t<단모음+단자음+자음반복> + 것(ing<명접>)

☐ **press** conference 기자 회견 ☜ conference(회담, 회의)

☐ **press**ing [présiŋ] ⓗ 절박한, **긴급한**(=urgent); **간청하는** ☜ 누르(press) 는(ing<형접>)

☐ **press**man [présmən] ⓝ (pl. **-men**) 인쇄공; 신문 기자 ☜ man(사람, 남자)

☐ **press**ure [préʃər] ⓝ **누르기**; 압력; 압축, 압착 ☜ 누르(press) 기(ure<명접>)

☐ **press**ure cooker 압력솥 ☜ 압력(press)으로 요리하는(cook) 기계(er)

☐ **press**ure group 『사회』 **압력단체** ☜ group(그룹, 집단, 단체)

※ **center, 《영》 centre** [séntər/쎈터] ⓝ **중심**(지); **핵심**; **중앙** ☜ 라틴어로 '원의 중심'이란 뜻

✚ de**press 풀이 죽게 하다, 우울하게 하다** im**press ~에게 감명을 주다, ~을 감동시키다** op**press 압박[억압, 학대]하다** re**press 억누르다**; 저지〔제지, 진압〕하다 sup**press 억압하다**; **진압하다**

프레스티지 Prestige (개인 · 집단의 능력 · 업적이 뛰어나 남에게 미치는 영향이나 효과. <위신 · 명성>이란 뜻)

☐ **prestige** [prestíːdʒ, préstidʒ] ⓝ **위신**, 위세, 명성, 신망, 세력 ⓗ 명성이 있는, 신망이 두터운 ☜ 라틴어로 '눈을 끌다'라는 뜻
♠ **loss of prestige 위신의 손상**
♠ **national prestige 국위**

☐ **prestig**ious [prestídʒiəs] ⓗ **명성 있는**; 유명한, 칭송〔존경〕받는
☜ -ious<형접>

프레스토 presto ([It.] [음악] 빠르게)

☐ **prest**o [préstou] ⓟⓖ 『음악』 《It.》 **프레스토**, 빠르게; 급히, 빨리 《요술쟁이의 기합 소리》 ⓗ 빠른, 신속한; 요술 같은
☜ 라틴어/이탈리아어로 '준비가 된', '미리(pre) 서있다(sto<stand)'란 뜻

☐ **prest**issimo [prestísimòu] ⓟ 《It.》 『음악』 **프레스티시모**, 아주 빠르게
☜ 이탈리아어로 'presto(빠르게)보다 빠르게'란 뜻

블랙 컨슈머 black consumer (악성 소비자)

기업 등을 상대로 부당한 이익을 취하고자 제품을 구매한 후 악성민원을 고의적, 상습적으로 제기하는 소비자

♣ **어원 : sum(e), sump 취하다**

※ **black** [blæk/블랙] ⓗ **검은, 암흑의, 흑인의** ⓝ **검은색, 암흑**
☜ 고대영어로 '완전히 어두운'이란 뜻

■ con**sume**r [kənsúːmər] ⓝ **소비자**, 수요자 ☜ 완전히(con<com) 취하는(sume) 사람(er)

☐ pre**sume** [prizúːm] ⓢ **가정하다, 추정하다** ☜ 미리(pre) 취하다(sume)
♠ I **presume** that you are right. 당신 말이 옳다고 **생각합니다**.

☐ pre**sum**able [prizúːməbl] ⓗ **가정[추정]할 수 있는** ☜ presume + able(~할 수 있는)

☐ pre**sum**ably [prizúːməbli] ⓟ **추측상**; 아마 ☜ presume + ably(~할 수 있게)

☐ pre**sum**ing [prizjúːmiŋ] ⓗ 주제넘은, 건방진 ☜ presume + ing<형접>
☐ pre**sump**tion [prizʌ́mpʃən] ⓜ **추정**, 가정, 추측; 추정의 근거; 있음직함, 가망; 외람됨, 참견, 무례
☜ 미리(pre) 취하(sump) 기(tion<명접>)
☐ pre**sump**tive [prizʌ́mptiv] ⓗ 가정(추정)의 ☜ presump + tive<형접>
☐ pre**sump**tuous [prizʌ́mptʃuəs] ⓗ 주제넘은, 뻔뻔한, 건방진 ☜ presump + tuous<형접>

✚ as**sume** **~라고 여기다, 생각하다, ~인 체하다** as**sump**tion ~라고 생각함, **가정**
re**sume** **다시 시작하다, 회복하다; 요약, 개요**

텐트 tent (천막)

♣ **어원 : tent, tend, tense, text 팽팽하게 뻗히다, 펼치다, 늘리다, 넓히다**
■ **tent** [tent/텐트] ⓜ **텐트, 천막** ☜ 초기 인도유럽어로 '펼치다'
■ **tend** [tend/텐드] ⓢ **~하는 경향이 있다**; 돌보다, 시중들다
☜ (어느 한쪽으로 관심이) 뻗치다
☐ pre**tend** [priténd] ⓢ **~인 체하다**, 가장하다; 속이다, 거짓말하다, 핑계하다
☜ 라틴어로 '(얼굴) 앞에(pre) 펼치다(tend)'란 뜻
♠ **pretend to ~ ~하는 체하다, 뻔뻔스럽게[주제넘게] ~하다**
He **pretended to** be sick. 그는 아픈 **체했다**
☐ pre**tend**er [priténdər] ⓜ **~인 체하는 사람**; 요구자; 왕위 요구자 ☜ -er(사람)
☐ pre**tend**ing [priténdiŋ] ⓗ 거짓의 ☜ -ing<형접>
☐ pre**tense**, -**tence** [priténs] ⓜ **구실**, 핑계; **겉치레**, 가면, 거짓; **허위**, 허식; 주장, 요구
☜ 라틴어로 '(얼굴) 앞에(pre) 펼치다(tense)'란 뜻
♠ **on (under) the pretense of ~ ~을 가장하여, ~을 구실삼아, ~을 빙자하여**
☐ pre**tens**ion [priténʃən] ⓜ **요구**, 주장, 권리; 자부; 구실; 가장, 허식 ☜ -ion<명접>
☐ pre**tent**ious [priténʃəs] ⓗ **자부하는**, 우쭐하는; 뽐내는, 허세부리는, 과장된; 거짓의 ☜ -ious<형접>

✚ at**tend** **~에 출석하다; 시중들다** at**tent**ion **주의, 주목** con**tend** **다투다, 경쟁하다** ex**tend** **뻗히다**, **늘리다**, **넓히다** in**tend** **~할 작정이다, 의도하다** in**tense** **강한** **tens**ion **긴장(상태)**

미사일 missile (유도탄), 미션 mission (임무)

♣ **어원 : miss, mit 허락, 위임, 용서; 보내다, 허락하다**
■ **miss**ile [mísəl/-sail] ⓜ **미사일**, **유도탄** ☜ 라틴어로 '던질(miss) 수 있는 것(ile)'이란 뜻
■ **miss**ion [míʃən] ⓜ (사절의) **임무**, 직무; **사절(단)**; **전도**, 포교 ⓢ 임무를 맡기다, 파견하다
☜ 라틴어로 '보내(miss) 기(ion<명접>)'란 뜻
☐ preter**mit** [prìːtərmít] ⓢ 불문에 부치다, 묵과하다; 등한히 하다, 게을리 하다, 빼먹다, 중단하다
☜ 지나쳐(preter=past) 보내다(mit)
♠ do not **pretermit** own development 자기개발을 **게을리 하지 않다**
☐ preter**miss**ion [prìːtərmíʃən] ⓜ 간과(看過), 무시, 탈락, 중단 ☜ -ion<명접>

☐ pretext(구실, 핑계) ➔ text(본문, 원문) 참조

프리티 우먼 pretty woman (미국 영화. <귀여운 여인>이란 뜻)

1990년 개봉한 미국의 로맨스/코미디 영화. 리처드 기어, 줄이아 로버츠 주연. 매력적인 독신남 사업가가 LA에 출장을 갔다가 우연히 매춘부를 만나 그녀와 함께 수일을 보내게 된다. 그녀는 그의 배려로 그의 신용카드를 무제한으로 쓰면서 옷을 사고, 교양도 배운다. 그는 순수하고 따뜻한 마음을 가진 그녀를 점차 사랑하게 된다. <피그말리온 효과>가 가미된 <신데렐라> 같은 영화다.

© Buena Vista Pictures

☐ **pret**ty [príti/프**뤼**리/프**뤼**티] ⓗ (-<-ti**er**<-ti**est**) **예쁜, 귀여운**; 깔끔한, 훌륭한, 멋진; 꽤, 상당한 ☜ 고대영어로 '교묘한'이란 뜻
♠ **a pretty child 귀여운 아이**
☐ **pret**tily [prítili] ⓑ **예쁘게**, 곱게, 귀엽게; 얌전히 ☜ pretty<y→i> + ly<부접>
☐ **pret**tiness [prítinis] ⓜ 예쁘장함, 귀여움; 말쑥함 ☜ pretty<y→i> + ness<명접>
☐ **pret**tyish [prítiiʃ] ⓗ 깔끔한, 예쁘장한, 귀여운, 좋아 보이는 ☜ pretty<y→i> + ish<형접>
※ wo**man** [wúmən/**우**먼] ⓜ (pl. **-men**) **여자, (성인) 여성**
☜ 고대영어로 성인여자를 뜻하는 wife와 man의 합성어

네임 밸류 name value (콩글 이름값, 명성) ➔ social reputation

♣ **어원 : val(u), vail 가치, 의미, 가격; 강한**
※ **name** [neim/네임] ⓜ **이름, 성명** ⓢ 이름을 붙이다 ☜ 고대영어로 '이름'이란 뜻
■ **val**ue [vǽljuː]/**밸**유-] ⓜ **가치, 유용성** ☜ 고대 프랑스어로 '가치, 값'이란 뜻

■ a**vail** [əvéil] ⓢ **유용하다** ⓜ **효용** ☜ 쪽에(a<ad=to) 있는 가치(vail)

□ pre**vail** [privéil] ⓢ **우세하다, 이기다**, 극복하다 ☜ (~보다) 앞서(pre) 힘이 센(vail)

♠ **Truth will prevail. 《속담》 진리는 늘 이긴다. 사필귀정(事必歸正)**

♠ **prevail against** 〔over〕 **~ ~을 이겨내다, ~보다 우세하다**

□ pre**vail**ing [privéiliŋ] ⓗ **유력한**, 효과적인; **널리 행해지는**, 유행하는; 일반적인, 보통의 ☜ -ing<형접>

□ pre**val**ence, -ency [prévələns], [-si] ⓜ **널리 퍼짐**, 보급, 유행 ☜ -ence/-ency<명접>

□ pre**val**ent [prévələnt] ⓗ **널리 행해지는**; 유행하고 있는; 우세한, 유력한; 효과 있는 ☜ -ent<형접>

✚ **val**id **확실한, 유효한** e**val**uate **평가하다** in**val**id **효력없는[무효한], 근거없는, 무가치한**

이벤트 event (콩글 ▶ 판촉행사) ➔ promotional event 브리티시 인베이전 British Invasion (영국 록음악의 미국내 인기몰이)

브리티시 인베이전이란 <영국의 침공>이란 뜻인데, 이는 1960년대 영국의 비틀즈와 롤링스톤즈 등의 록그룹의 음악이 미국내에서 선풍적인 인기를 끌면서 미국 음악계를 좌지우지했던 사실을 말함.

♣ **어원 : ven, vad(e), vas 오다, 가다; 모이다**

■ e**ven**t [ivént/이**벤**트] ⓜ (중요한) **사건, 행사** ☜ 밖으로(e<ex) 나오는(ven) 것(t)

■ in**vade** [invéid] ⓢ **침입[침공ㆍ침략ㆍ침투]하다**; 퍼지다 ☜ 안으로(in) (밀고 들어) 가다(vade)

■ in**vas**ion [invéiʒən] ⓜ **침입**, 침략; **침해** ☜ -ion<명접>

□ pre**ven**t [privént/프뤼**벤**트] ⓢ **막다**, 방해하다; **예방하다** ☜ 미리(pre) 가서(ven) 진을 치다 + t

♠ **prevent war 전쟁을 예방하다**

♠ **prevent (A) from (B) A가 B하는 것을 못하게 (방해)하다**

Heavy rain **prevent**ed him **from** starting.

*폭우가 그**가 출발하는 것을 막았다*** ➔ 폭우 때문에 그는 출발하지 못했다.

□ pre**ven**table, -tible [privéntəbl] ⓗ 예방할 수 있는 ☜ -able(~할 수 있는)

□ pre**ven**tion [privénʃən] ⓜ **방지, 예방**; 예방법; 방해 ☜ -tion<명접>

♠ **Prevention is better than cure. 《속담》 예방은 치료보다 낫다.**

□ pre**ven**tive [privéntiv] ⓗ **예방적인**, 예방하는; 막는, 방지하는 ⓜ 예방법〔책, 약〕; 피임약 ☜ -tive<형접/명접>

□ pre**ven**tively [privéntivli] ⓑ 예방적으로 ☜ -ly<부접>

✚ ad**ven**ture **모험(심)** e**vade 피하다, 면하다** per**vade ~에 널리 퍼지다**

인터뷰 interview (면담, 면접)

♣ **어원 : view, vis 보다**

■ **view** [vjuː/뷰-] ⓜ **봄, 바라봄; 보는 힘**, 시력; **시계**, 시야; **경치, 조망**, 풍경; **견해**, 생각 ☜ 라틴어로 '보다'란 뜻

■ inter**view** [íntərvjùː] ⓜ **회견**; 회담, 대담; **인터뷰, 면접** ⓢ 인터뷰〔면담〕하다 ☜ 서로(inter) 보다(view)

□ pre**view** [príːvjùː] ⓜ 시사회, 시연(試演); 예고편; 사전검토; 예습; 미리보기 ⓢ 시사〔시연〕을 보다〔보이다〕 ☜ 미리(pre) 보다(view)

♠ **A preview** of the new movie was held at the cinema.

극장에서 새 영화의 **시사회**가 열렸다.

□ pre**vis**e [priváiz] ⓢ 《드물게》 예지〔예고〕하다 ☜ 미리(pre) 보다(vise)

□ pre**vis**ion [priviʒən] ⓜ 선견, 예지 ⓢ 예견하다(=foresee) ☜ 미리(pre) 보는(vis) 것(ion<명접>)

♠ **the prevision of a statesman 정치가의 예지**

□ pre**vis**ional [priviʒənəl] ⓗ 선견지명이 있는; 예지의 ☜ -al<형접>

✚ rear**view** mirror (자동차의) 백미러 re**view 재조사**, 재검토, **재음미; 정밀하게 살피다**; **복습하다**

컨베이어 conveyer (운반장치), 콘보이 convoy (호송, 호위)

♣ **어원 : voy, vey, vi, via 길; 길을 가다**

■ con**vey** [kənvéi] ⓢ **나르다, 운반[전달ㆍ운송]하다** ☜ 함께(con<com) 길을 가다(vey)

■ con**vey**er, -or [kənvéiər] ⓜ 운반 장치; (유동 작업용) **컨베이어** ☜ -er〔or〕(기계)

< Convoy >

□ pre**vi**ous [príːviəs] ⓗ **앞의, 이전의**; 사전의, 앞서의; 서두른, 성급한 ☜ 앞에(pre) 가(vi) 는(ous<형접>)

♠ **two days previous to** his arrival 그의 도착 **2일 전(에)**

□ pre**vi**ously　[príːviəsli] 부 **이전에**, 본래는; 사전에, 먼저, 미리; 예비적으로 ☜ -ly<부접>

✚ con**voy** **호송(하다), 호위(하다)**　en**voy** (외교) **사절; 공사**(公使)　tri**via** **하찮은[사소한] 일**　**via ~를 경유하여**　**voy**age **항해(하다)**

□ **prevision**(예지, 선견; 예견하다) ➔ **preview**(미리보기, 시사회) **참조**

스타워즈 Star Wars (미국 공상과학 영화. <별들의 전쟁>이란 뜻)

© Walt Disney Company

1977년부터 제작된 조지 루카스 감독의 미국 공상과학(SF)영화 시리즈. 1편의 경우, 고집 센 젊은이가 늙은 제다이(은하계의 평화를 지키는 조직) 기사와 삐걱거리는 두 로봇, 건방진 우주 비행사 그리고 털복숭이 친구 츄바카 등과 힘을 모아 악당에게서 공주를 구하러 우주여행을 떠난다는 내용.

※ **star**　[stɑːr/스따-/스타=] 명 **별**, 인기연예인; 〖군대〗 장군
☜ 고대영어로 '별'이란 뜻

■ **war**　[wɔːr/워-] 명 **전쟁**, 싸움, 교전상태 《주로 국가 사이의》
☜ 고대영어로 '대규모의 군사분쟁'이란 뜻

□ pre**war**　[príːwɔ́ːr] 형 **전쟁 전의**(⇔ postwar 전후의)
☜ 전쟁(war) 전(pre)의
♠ **in prewar days 전전(戰前)에는**

연상 플레이(play.경기)에 참가한 개들에게 프레이(prey.먹이)를 주었다.

※ **play**　[plei/플레이] 동 **놀다, 경기[시합]을 하다; 연주[연극]하다**, 상연〔상영〕하다; 출연하다; 행동〔수행〕하다　명 **놀기, 놀이; 경기**, 시합; 솜씨; 연극; 활동 ☜ 고대영어로 '빠른 동작'이란 뜻

□ **prey**　[prei] 명 **먹이**, 희생, (먹이로서의) 밥; 포획; 포식(捕食); 《고어》 전리품, 약탈품
동 **잡아먹다**; 먹이로 하다; 약탈하다, 휩쓸다 ☜ 라틴어로 '전리품'이란 뜻
비교 pray 기도하다, 간절히 바라다
♠ **a beast of prey 맹수(猛獸), 육식 동물(사자 · 호랑이 등)**
♠ He was a **prey** to fears. *그는 두려움의 **희생자**였다* ➔ 그는 공포에 사로잡혀 있었다.

그랑프리 Grand Prix ([F.] 대상(大賞))

♣ **어원 : price, praise, preci 가치, 값; 가치있는, 가치를 매기다**

※ **grand**　[grænd] 형 **웅대한**, 위대한, 장대한
☜ 고대 프랑스어로 '큰, 대(大)'란 뜻

■ **prise, prize**　[praiz/프라이스, praiz] 명 **상(품)**, 상금; **포획물**　동 **포획하다; 높이 평가하다** ☜ 고대 프랑스어로 '상, 가치'라는 뜻

□ **price**　[prais/프라이스] 명 **가격**, 대가(代價); 값, 시세, 물가, 시가
☜ 고대 프랑스어로 '가격, 가치'란 뜻
※ a net price 정가(正價), a fixed 〔set〕 price 정가(定價), a reduced price 할인가격, a market price 시가, a retail price 소매가격, a special price 특가
♠ **at any price** 〔cost〕 **값이 얼마든; 무슨 대가[희생]을 치르더라도**

□ **price** index　물가 지수 ☜ index(색인, 눈금, 지표, 지수)

□ **price**less　[práislis] 형 **아주 귀중한, 돈으로 살 수 없는** ☜ 가치(price)가 없는(less)

□ **price** list　정가표 ☜ list(목록, 표)

□ **price** tag　정가표 ☜ tag(꼬리표)

✚ **praise 칭찬(하다)**　**prec**ious **귀중한**　ap**preci**ate **감사하다**　de**preci**ate **가치를 떨어뜨리다**

연상 트릭(trick.속임수)를 써서 바늘로 그를 프릭(prick.따끔하게 찌르다)해라

※ **trick**　[trik] 명 **묘기**(妙技), 재주; **비결, 책략, 계교**, 속임수　형 교묘한
동 속임수를 쓰다 ☜ 고대 프랑스어로 '사람의 눈을 속임'이란 뜻

□ **prick**　[prik] 동 (바늘 따위로) **따끔하게 찌르다**, (바늘 등을) 꽂다; (양심 따위가) 찌르다, ~에 아픔을 주다, ~에 자극을 주다, 재촉하다　명 찌름, 찌른 자국
☜ 고대영어로 '점(point), 점을 꿰뚫다'란 뜻
♠ **prick one's finger 손가락을 찌르다**

□ **prick**er　[príkər] 명 찌르는 사람〔물건〕; 바늘, 송곳; 《고어》 경기병(輕騎兵)

P

☜ peick + er(사람/기구)

☐ **prick**le [príkəl] ⓜ 가시 《동식물의 표피(表皮)에 돋친》, 바늘; 쑤시는 듯한 아픔 ⓢ 찌르다; 뜨끔뜨끔 들이쑤시게 하다〔쑤시다〕; (가시) 바늘 처럼 서다 ☜ prick + le<명접/동접>

☐ **prick**ly [príkli] ⓗ (-<-li**er**<-li**est**) 가시가 많은; 따끔따끔〔쑤시고〕 아픈; 다루기 힘든 ☜ prick + ly<부접>

프라이드 Pride (기아자동차의 승용차 브랜드 중 하나. <자존심>이란 뜻)

☐ **pride** [praid/프롸이드] ⓜ **자존심**, 긍지, **프라이드**; 득의, 만족; **자만심**, 오만, 거만, 거드름 ☜ 고대영어로 '자존심, 오만함, 허세'란 뜻 ⇦ 맨 앞의(pri) 것(de)

♠ **pride of birth 가문의 자랑**

♠ **Pride goes before destruction. = Pride will have a fall.**
《속담》 교만은 패망의 선봉이다, 권불십년(權不十年; 권력이 10년을 가지 못함)

♠ **take (a) pride in ~ ~을 자랑하다**

☐ **proud** [praud/프롸우드] ⓗ **뽐내는, 자랑하는; 거만한**(=haughty); **자존[자부]심이 있는** ☜ 라틴어로 '맨 앞에(pro) 있는 것(ud)'이란 뜻

☐ **priest**(성직자) ➔ **presbyterian**(장로교회의; 장로교 회원) **참조**

프림 prim (콩글 커피의 산도를 중화시키는 식물성 첨가물) ➔ cream, 프리마 돈나 prima donna (가극의 주연 여배우)

♣ **어원 : prim, prem, prin 제1의, 최고의, 주요한; 최초의, 원시의**

☐ **prim** [prim] ⓗ 꼼꼼한, 딱딱한; 깔끔한 ☜ 라틴어로 '가장 좋은, 제일의'란 뜻
★ 커피에 타는 프림(prim)의 올바른 표현은 크림(cream)이다. 프림은 Prima(최고의)와 cream(크림)의 합성어로 추정된다.

☐ **prim**a [príːmə] ⓗ 《It.》 제1의, 주된, 첫째가는 ☜ 이탈리아어로 '제1의'라는 뜻

☐ **prim**a ballerina 《It.》 **프리마 발레리나** 《발레단 최고위 여성 댄서》

☐ **prim**a donna [prì(ː)mədɑ́nə, príːmədɔ́nə] ⓜ (pl. **-s**, prim**e** donn**e**) 《It.》 **프리마 돈나**, 가극의 주역 여배우〔가수〕; 《구어》 변덕꾸러기 ☜ 이탈리아어로 'first lady'란 뜻

☐ **prim**acy [práiməsi] ⓜ 제일, 수위; 탁월; 대주교의 직(職)〔지위〕; 『가톨릭』 교황의 지상권(至上權) ☜ prime + acy<명접>

☐ **prim**al [práiməl] ⓗ 제일의, 주요한, 근본의 ☜ prime + al<형접>

☐ **prim**ary [práimèri, -məri] ⓗ **첫째의**, **제1의**, 주요한; **최초의**, 처음의; **초등의**, 초보의; 원시적인 ⓜ 제1의〔주요한〕 사물; 제1원리; 《미》 (정당의) 예비 선거 ☜ -ary<형접/명접>

♠ **a matter of primary importance 가장 중요한** 사항

☐ **prim**ary education 초등교육 ☜ education(교육)

☐ **prim**ary election 《미》 예비선거 ☜ election(선거)

☐ **prim**ary school 초등학교 ☜ school(학교)

☐ **prim**arily [praimérəli/práimәri-] ⓑ **첫째로**, 최초로, 주로; 근본적으로(는); 본래 ☜ primary<y→i> + ly<부접>

♠ The land of Australia is **primarily** desert. 호주 대륙은 **주로** 사막이다.

☐ **prim**ates [praiméitiːz] ⓜ (pl.) 『동물』 영장류(靈長類) ☜ 라틴어로 '첫째 서열의, 일류의'란 뜻

프리미어 리그 Premier League (잉글랜드의 프로축구 1부 리그)

♣ **어원 : prem, prim, prin 맨 앞의, 제1의, 주요한, 최초의; 원시의**

■ **prem**ier [primíər, príːmi-] ⓜ **수상**(=prime minister); 국무총리; (캐나다 · 호주의) 주지사 ⓗ 첫째의, 1등의; 최초의, 최고참의 ☜ 라틴어로 제1의'란 뜻

☐ **prim**e [praim] ⓗ 첫째의, **제1의, 주요한**; 최초의 ⓜ **전성기, 초기** ☜ 라틴어로 '첫째의'란 뜻

♠ **of prime importance 가장 중요한**

☐ **prim**e minister 국무총리, **수상**(=premier) ☜ minister(목사, 장관)

☐ **prim**ely [prɑ́imli] ⓑ 최초로; 《구어》 굉장히, 뛰어나게☜ -ly<부접>

☐ **prim**er [prímər/práim-] ⓜ 첫걸음《책》, **초보 독본**, 입문서; 『역사』 소기도서(小祈禱書) 《특히 종교 개혁 이전의》; **프리머** 《활자의 이름》 ☜ 맨 앞의(prime) 것(er)

☐ **prim**eval, **prim**aeval [praimíːvəl] ⓗ 원시 시대의 ☜ prime + ev<aevum(시간, 시대) + al<형접>

☐ **prim**itive [prímətiv] ⓗ **원시의**, 원시시대의, 태고의; **원시적인**; 야만의 ⓜ 원시인; 원색 ☜ -itive<형접/명접>

☐ **prim**itively [prímətivli] ⓑ 원시적으로, 원래, 본래 ☜ -ly<부접>

□ **prim**rose　[prímròuz] ⓜ 앵초(櫻草) ☞ 라틴어로 '제일(prime)의 장미(rose)'란 뜻.
※ **leag**ue　[li:g/리-그] ⓜ **연맹, 리그(전)** ☞ 한 데 묶(leag) 기(ue)

✚ sub**prim**e 2급품의　su**prem**e **최고의 (것)**　su**prem**acy **최고; 주권**

프린스턴 대학 Princeton University (미국 뉴저지의 사립명문대학)

♣ **어원 : prin, prim(o), prem 맨 앞의, 제1의, 주요한, 최초의; 원시의**

□ **prin**ce　[prins/프린스] ⓜ (fem. prince**ss**) **왕자**, 황태자; 《문어》 왕, **군주**; (영국 이외의) **공작**(公爵) ☞ 라틴어로 '최초의(prin) 사람(ce)'이란 뜻
♠ **the Prince of Wales 웨일스공(公)** 《영국 왕세자》

□ **Prin**ceton　[prínstən] ⓜ **프린스턴** 《미국 New Jersey주의 학원 도시》; 프린스턴 대학 (=~ Univérsity) 《Ivy League 대학의 하나; 1746년 창립》
☞ '왕자(prince)의 마을(ton<town>)'이란 뜻

□ **prin**cely　[prínsli] ⓗ (-<-li**er**<-li**est**) **왕자로서의**; 왕자다운; 기품 높은　ⓑ 왕자답게
☞ prince + ly<부접>

□ **prin**cess　[prínsis, -səs/prinsés] ⓜ (pl. **-es**) **공주, 왕녀**, 황녀(皇女); **왕비**, 왕자비; (영국 이외의) 공작부인 ☞ -cess<여성형 접미사>

□ **prin**cipal　[prínsəpəl/프**륀**써펄] ⓗ **주요한**; 제1의; 중요한; 『문법』 주부의　ⓜ **장**(長), 장관; 사장; 교장; 회장 ☞ 라틴어로 '최초의', 최초로(prin) 잡(cip) 는(al)
비교 ▶ **principle** 원리, 원칙, 법칙, 방침; 주의(主義); 원소(元素)
♠ **a principal cause 주요한 원인**

□ **prin**cipality　[prinsəpǽləti] ⓜ **공국** 《prince가 통치하는》; (the P-) 《영》 Wales의 별명
☞ -ity<명접>

□ **prin**cipally　[prínsəpəli] ⓑ **주로**; 대개 ☞ -ly<부접>

□ **prin**ciple　[prínsipl/프**륀**씨플] ⓜ **원리, 원칙**, (물리·자연의) 법칙; 근본 방침, **주의**(主義)
☞ 라틴어로 '최초의 것'란 뜻. 최초로(prin) 잡는(cip) 것(le)
♠ **in principle 원칙적으로**
♠ **on principle 원칙상, 주의[원칙]에 따라**
We are supposed to leave early **on principle**.
원칙상 우리는 일찍 나가야 한다.

※ **uni**versity　[jù:nəvə́:rsəti/유너**붜**-서리/유너**붜**-서티] ⓜ **(종합)대학교** ☞ 우주(전 영역)가 하나로(uni) 도는(vers) 것(ity). 즉 '우주(전 영역)가 하나로 모아져 진리를 탐구하는 곳'이란 뜻.

프린터 printer (인쇄기), 프린트(물) print ([콩글] 유인물) ➔ handout

□ **print**　[print/프륀트] ⓢ **인쇄하다; 출판**(간행)**하다**; (마음·기억에) 인상을 주다; 무늬를 박다
ⓜ **인쇄**; 출판물; **자국**; 인상; 판화; 날염 ☞ 라틴어로 '누르다'라는 뜻
♠ **print pictures 그림을 인쇄하다.**

□ **print**er　[príntər] ⓜ **인쇄업자; 인쇄기**; 『사진』 인화기 ☞ -er(사람/기계)

□ **print**ing　[príntiŋ] ⓜ **인쇄**, 인쇄술(업); (제) ~쇄(刷) 《동일 판(版)에 의한》; 인쇄물(부수); 날염; 『사진』 인화 ☞ -ing<명접>

□ **print**out　[príntàut] ⓜ 『컴퓨터』 인쇄 출력 《프린터의 출력》(=printed material)
☞ 밖으로(out) 출력해 내다(print)

■ im**print**　[imprínt] ⓢ **누르다, 찍다; 인쇄하다; 감명을 주다**　ⓜ **누른[찍은·박은] 자국**
☞ ~위를(im<on) 누르다(press)

프라이드 Pride (기아자동차의 승용차 브랜드 중 하나. <자존심>이란 뜻)

■ **pri**de　[praid/프라이드] ⓜ **자존심**, 긍지, **프라이드**; 만족; **자만심**, 오만, 거만, 거드름
☞ 고대영어로 '자존심, 오만함, 허세'란 뜻. 앞의(pri) 것(de)

□ **pri**or　[práiər] ⓗ **이전의**, 사전의; (~보다) 앞선, 상석(上席)의; **~보다 중요한** ☞ 라틴어로 '~보다 앞의'란 뜻. pri(앞) + or(~보다 더<비교급>)　ⓑ posterior 뒤의, 다음의
♠ **a prior engagement 선약(先約)**
♠ **prior to ~ ~앞의[에], ~전의[에]**

□ **pri**ority　[praiɔ́(:)rəti, -ɑ́r-] ⓜ (시간·순서가) **앞[먼저]임**; 보다 중요함, 우선(권), 상석
☞ prior + ity<명접>　ⓑ posteriority 뒤(다음)임

프리즘 prism (빛의 분산·굴절을 위한 유리·수정의 광학 장치)

□ **prism**　[prizəm] ⓜ **프리즘**; 분광기; (pl.) 7가지 빛깔; 『수학』 각기둥; 『결정』 주(柱)

P

☜ 라틴어로 '톱으로 잘린 것'이란 뜻
♠ a prism finder 〖사진〗 프리즘식 반사 파인더
♠ a triangular prism 3각 기둥

☐ **prism**atic [prizmǽtik, -ikəl] ⓗ 프리즘의, 무지개빛의; 빛깔이 찬란한
☜ prism + atic<형접>

서프라이즈 surprise (놀람, 경악)

MBC TV의
< 신비한 TV 서프라이즈 >

♣ 어원 : pris(e), pren 잡다(=take), 쥐다

■ sur**prise** [sərpráiz/서프롸이즈] ⓢ (깜짝) **놀라게 하다** ⓜ **놀람, 경악**
☜ 위에서(sur) 갑자기 잡다(prise)

☐ **pris**on [prízn/프뤼즌] ⓜ **교도소**, 감옥; 구치소; 금고, 감금, 유폐
☜ 잡아두는(pris) 곳(on). 라틴어로 '잡음'이란 뜻

☐ **pris**oner [príznər/프뤼즈너] ⓜ **죄수**; 형사 피고인; **포로**; 사로잡힌 자, 자유를 빼앗긴 자 ☜ prison + er(사람)
♠ a prisoner's camp 포로수용소
♠ a prisoner of war 전쟁 포로(POW)

✚ im**pris**on **투옥[감금, 구속]하다** ap**pren**tice **제자**(로 삼다); **견습**(으로 보내다) com**prise** **포함하다** enter**prise** **기획**, **기업**(체), 사업; 기업경영

프라이버시 privacy (남의 간섭을 받지 않는 개인의 사생활)

♣ 어원 : priv 혼자, 개인; 비밀, 비공식

☐ **priv**acy [práivəsi/prív-] ⓜ 사적〔개인적〕 자유; **사생활, 프라이버시**; 비밀; 은둔
☜ 중세영어로 '사적인 문제, 비밀'이란 뜻
♠ an invasion of one's **privacy** **프라이버시** 침해

☐ **priv**ate [práivit/프롸이빝] ⓗ **사적인**, 개인의; **비밀의; 사유의, 사설의**, 민간의 ⓜ 병사; 음부
☜ 사적(priv) 인(것)(ate<형접/명접>)
♠ in private 몰래, 내밀히; 사생활에 있어서

☐ **priv**ate law 사법 ☜ law(법) ※ legislation 입법, administration 행정

☐ **priv**ate school 사립학교 ☜ school(학교)
※ national school 국립학교, public school 공립학교

☐ **priv**ately [práivitli] ⓑ 개인으로서; 은밀히, 비공식으로 ☜ -ly<부접>

☐ **priv**atize [práivətàiz] ⓢ 민영화하다 ☜ -ize<동접>

☐ **priv**atization [pràivətizéiʃən/-vətai-] ⓜ 민영화 ☜ privatize + ation<명접>

☐ **priv**ilege [prívəlidʒ] ⓜ **특권**; 특전; 혜택; 명예; (기본적인 인권에 의한) 권리 ⓢ 특권〔특전〕을 주다; ~을 면제하다 ☜ 라틴어로 '개인(priv)을 위한 법률(leg)'이란 뜻
♠ **privilege** against self-incrimination
《미.법》 불리한 진술을 강요받지 않을 **권리**

P

☐ **priv**ileged [prívəlidʒd] ⓗ 특권 있는, 특권의, 기득권의 ☜ privilege + ed<형접>

☐ **priv**y [prívi] ⓗ (-<-vi**er**<-vi**est**) **비밀리에 관여하는**; 《고어》 비밀의; 사적인 ⓜ 〖법률〗 이해관계인, 당사자; 《미.속어》 옥외 변소(=outhouse) ☜ 사적(priv) 인(y<형접/명접>)

그랑프리 Grand Prix ([F.] 대상(大賞))

♣ 어원 : price, praise, preci 가치, 값; 가치있는, 가치를 매기다

※ **grand** [grænd] ⓗ **웅대한**, 위대한, 장대한
☜ 고대 프랑스어로 '큰, 대(大)'란 뜻

☐ **prize, prise** [praiz/프롸이즈] ⓜ **상(품)**, 상금; **포획물** ⓢ **포획하다; 높이 평가하다** ☜ 고대 프랑스어로 '상, 가치'라는 뜻
♠ the Nobel **Prize** for literature **노벨** 문학**상**

☐ **prize**winning [práizwíniŋ] ⓗ 입상한, 수상한
☜ 상(prize)을 타(win) + n<자음반복> + 는(ing<형접>)

✚ **price** **가격**, 시세, 물가 **praise** **칭찬(하다)**, 찬양; 숭배, 찬미

프로(페셔널) pro(fessional) (직업 선수, 프로 선수)

☐ **pro** [prou] ⓜ (pl. **-s**) 《구어》 **프로**, 전문가, 직업 선수 ⓗ 직업적인, 직업선수의, 프로의 ☜ **pro**fessional의 줄임말
♠ a pro golfer 프로 골프 선수

☐ **professional** [prəféʃənəl] ⓗ **직업적인**, 전문적인, **프로**의 ⓜ 전문가, **프로**선수
☜ 신(神) 앞에서(pro) 선언하는(fess) 것(sion) 의(al)

※ **amateur** [ǽmətʃùər, -tʃər, -tər, æ̀mətə́ː] 명 **아마추어**, 직업적이 아닌 사람 형 아마추어의, 직업적이 아닌 ☜ ama(사랑) 하는 자(teur). 돈이 목적이 아닌 단지 일이 좋아서 하는 사람

프로브 probe (자동차 배기가스 검사기에 딸린 탐침봉)

배기가스 중에 함유된 일산화탄소, 탄화수소 검사기에 딸린 튜브 모양의 탐침봉. 측정할 때에는 검사기에 호스를 연결한 다음 배기관 끝부분에 삽입하여 측정한다. <출처 : 자동차용어사전 / 일부인용>

♣ 어원 : prob, prov(e), proof 증명하다, 시험하다, 검사하다; 좋은; 찬성하다, 시인하다

☐ **prob**e [proub] 명 『의학』 소식자(消息子), **탐침**(探針) 《좁은 관에 삽입하여 질환 따위를 살피는 기구》; **탐침봉** ☜ 시험하는(prob) 것(e)

☐ **prob**able [prάbəbəl/prɔ́b-] 형 **개연적인**, 있음직한, 사실 같은 ☜ 증명할(prob) 수 있는(able)

☐ **prob**ably [prάbəbli/프롸버블리/prɔ́bəbli/프로버블리] 부 **아마**, 필시, 대개, **십중팔구** ☜ -ly<부접>
♠ You're **probably** right. 당신이 **아마** 맞을 거예요.

☐ **prob**ability [prὰbəbíləti/prɔ̀b-] 명 **있을법함, 일음직함**, 사실 같음; 가망; 개연성, **확률** ☜ -ity<명접>
♠ **in all probability 아마도, 십중팔구는**(=most probably)

☐ **prob**ate [próubeit] 동 (유언서를) 검인하다; 보호관찰 하에 두다 ☜ 증명/검사(prob) 하다(ate<동접>)

☐ **prob**ation [proubéiʃən] 명 **검정**(檢定), 시험; 입증; 보호관찰; **집행유예**; 가채용 ☜ 시험하(prob) 기(ation<명접>)

✚ **prove 증명[입증]하다** ap**prove 승인[찬성]하다** disap**prove 불승인하다** im**prove 개량[개선]하다, 개선하다** re**prove 꾸짖다**, 비난[훈계]하다 water**proof** 방수의; 물이 새지 않는; 방수복

프로듀서[피디] producer (영화감독, 연출가) ➔ 《미》 director
노 프라블럼 No problem (전혀 문제없어요, 괜찮아요) * no 아니다, 없다; 부정

♣ 어원 : pro- 미리, 앞에, 앞으로; 나서서, 찬성하여(~을 위하여)

■ **pro**ducer [prədjúːsər] 명 **생산[제작]자**, 영화감독 ☜ 앞으로(pro) (결과물을) 이끄는(duce) 사람(er)

☐ **pro** [prou] 명 (pl. **-s**) 《L.》 **찬성(론)**; 찬성 투표; 찬성자; 이로운 점 부 찬성하여 ☜ 라틴어로 '(앞에서) 찬성하여, ~을 위하여'
♠ **pro and con 찬반**
♠ **pros and cons 찬부 양론(贊否兩論); 이해 득실**

☐ **pro**blem [prάbləm/프롸블럼/prɔ́bləm/프로블럼] 명 **문제**, 의문; 연습 문제 형 문제의, 다루기 어려운, 문제가 많은 ☜ 라틴어로 '앞에 있는(pro) 오점/결점(blem<blemish)'이란 뜻
♠ **solve a problem 문제를 풀다**

☐ **pro**blematic(al) [prὰbləmǽtik(əl)] 형 의문의, 문제의 ☜ problem + atic(al)<형접>

☐ **pre**cede [prisíːd] 동 ~에 선행하다, **~에 앞서다**, 선도(先導)하다 ☜ 앞으로(pro) 가다(cede)
♠ **precede ~ to the grave ~보다 먼저 죽다.**

☐ **pre**cedent [présədənt] 명 선례, **전례**; 관례 ☜ 앞으로(pro) 간(ced) 것(ent<명접>)

☐ **pro**cedure [prəsíːdʒər] 명 순서, 수순, **절차; 진행**, 발전 ☜ 앞으로(pro) 가는(ced) 것(ure)

☐ **pro**ceed [prousíːd/프로우씨-드] 동 (앞으로) **나아가다, 진행하다**; 착수하여 계속하다; 고소[소송]하다 ☜ 앞으로(pro) 가다(ceed)

☐ **pro**ceeding [prousíːdiŋ] 명 **진행**; 행동; 조처; (pl.) 소송 절차; 변론; (pl.) 의사(록) ☜ proceed + ing<명접>

☐ **pro**cess [prάses/프롸쎄스/próuses/프로우쎄스] 명 **진행, 과정; 방법** 동 **가공[저장]하다** ☜ 앞으로(pro) 가다(cess)
♠ **in process of ~ ~의 진행 중에, 한창 ~하는 중에**

☐ **pro**cession [prəséʃən] 명 **행진, 행렬** ☜ process + ion<명접>

☐ **pro**cessor [prάsesər, próu-] 명 (농산물의) 가공업자; 『컴퓨터』 (중앙) 처리장치, **프로세서** ☜ process + or(사람/기계/장치)

☐ **pro**claim [proukléim, prə-] 동 **선언하다**, 공포(포고)하다; 성명하다; 증명하다 ☜ 라틴어로 '앞에(pro) 외치다(claim)'란 뜻
♠ **proclaim war 선전 포고하다**

☐ **pro**clamation [prὰkləméiʃən/prɔ̀k-] 명 **선언**, 포고, 발포; 선언(성명)서 ☜ proclaim + ation<명접>

☐ **pro**clamatory [prouklǽmətɔ̀ːri/-təri] 형 선언(포고, 공포)의; 선언적인 ☜ -ory<형접>

☐ **pro**clivity [proukli ́vəti] 명 경향, 성벽, 기질 ☜ 앞으로(pro) 경사(cliv) 짐(ity<명접>)

P

프로덕션 production (영화제작소)

♣ 어원 : pro- 미리, 앞에, 앞으로; 나서서, 찬성하여(~을 위하여)

□ **pro**crastinate [proukrǽstənèit] [동] 지연하다(시키다), 꾸물거리다, 질질 끌다
☜ 내일(crastin=tomorrow) 앞으로(pro) 보내다(ate<동접>)
♠ It's not wise to **procrastinate** your work.
당신의 일을 지연시키는 것은 현명하지 않다.

□ **pro**crastination [proukræstənéiʃən] [명] 지연, 미루기, 꾸물대는 버릇
☜ -ation<명접>

□ **pro**create [próukrièit] [동] (자식을) 보다, 자손을 낳다; (신종(新種) 따위를) 내다.
☜ 앞으로(pro) 만들어내다(creat)

□ **pro**creation [pròukriéiʃən] [명] 출산; 생식 ☜ -ion<명접>

□ **pro**creative [próukrièitiv] [형] 낳는, 출산의; 생식력이 있는, 생식적인 ☜ -ive<형접>

□ **pro**cure [proukjúər, prə-] [동] **획득하다**, (필수품을) 조달하다; 초래하다
☜ 미리(pro) 돌보다(cure)
♠ **difficult to procure 손에 넣기 어려운**

□ **pro**curement [proukjúərmənt, prə-] [명] **획득**, 조달; 처리; 주선; 《미》 정부 조달
☜ procure + ment<명접>

□ **pro**curer [proukjúərər/prə-] [명] 획득자, 매춘부알선자, 뚜쟁이 ☜ procure + er(사람)

□ **pro**curation [pràkjuréiʃən] [명] 획득, 대리권(代理權) ☜ procure + ation<명접>

□ **pro**digal [prádigəl/prɔ́d-] [형] **낭비하는; 방탕한**; 아낌없는 [명] 낭비자; 방탕아
☜ 미리(pro) + d + (무리하게) 행하(ig=do) 는(al<형접/명접>)
♠ **prodigal with money 돈을 마구 쓰다[낭비하다]**
♠ **be prodigal of ~ ~을 아낌없이 주다**

□ **pro**digality [pràdəgǽləti] [명] 방탕; 풍부 ☜ prodigal + ity<명접>

□ **pro**digy [prádədʒi/prɔ́d-] [명] **경이**(驚異)(=wonder), 불가사의; 장관(壯觀), 비범, 천재; 절세의 미인; 괴물 ☜ 라틴어로 '예언'이란 뜻 ⇦ 미리(pro) + d + 말하(ig/say) 기(y<명접>)

□ **pro**digious [prədídʒəs] [형] **거대한, 막대한**; 비범한, 경이적인, 놀라운
☜ prodigy<y→i> + ous<형접>

□ **pro**duce [prədjúːs/프러**듀**-스/프러**쥬**-스] [동] **생산[제작]하다**
☜ 앞<진보<발전<완성(pro)으로 이끌다(duce)

□ **pro**ducer [prədjúːsər] [명] **생산[제작]자**, 영화감독 ☜ produce + er(사람)

□ **pro**duct [prádəkt/프**라**덕트/prɔ́dəkt/프**로**덕트] [명] (종종 pl.) **생산품**; 제조물; **성과**, 결과, 소산
☜ 라틴어로 '앞으로(pro) 이끈(duc) 것(t)'이란 뜻

□ **pro**duction [prədʌ́kʃən/프뤄**덕**션] [명] **생산**, 산출; 제작, **제품**; 영화제작소, **프로덕션**
☜ product + ion<명접>
♠ **mass production 대량 생산**

□ **pro**ductive [prədʌ́ktiv] [형] **생산적인; 다산의**, 풍요한, 비옥한 ☜ product + ive<형접>

□ **pro**ductivity [pròudʌktívəti, pràd-/prɔ̀d-] [명] **생산성**, 생산력; 다산, 풍요
☜ productive + ity<명접>

P

□ re**pro**duce [rìːprədjúːs] [동] 재생[재현·재연]하다; 복사[모사]하다; 복제하다
☜ 다시/재(再)(re) 생산하다(produce)

□ re**pro**duction [rìːprədʌ́kʃən] [명] 재생; 복제(물), 복사, 모사; 생식, 번식
☜ 다시/재(再)(re) 생산(production)

프로파일 < 프로필 profile (❶ 인물 약력 ❷ 옆얼굴)

♣ 어원 : pro- 미리, 앞에, 앞으로; 나서서, 찬성하여(~을 위하여)

■ **pro**ducer [prədjúːsər] [명] **생산[제작]자**, 영화감독
☜ 앞으로(pro) (결과물을) 이끄는(duce) 사람(er)

□ **pro**fane [prəféin, prou-] [형] **불경한**, 신성을 더럽히는; 비속한; 세속적인
[동] (신성을) 더럽히다; 남용하다
☜ 라틴어로 '신전/사원(fane) 앞에서(pro)'란 뜻.
♠ **profane language 불경스러운 언사**

□ **pro**fess [prəfés] [동] **공언하다**, 명언하다, 고백하다
☜ 라틴어로 '앞에서(pro) (대중에게) 말하다(fess)란 뜻

□ **pro**fessed [prəfést] [형] 공공연한 ☜ profess + ed<형접>

□ **pro**fessedly [prəfésidli] [부] 공공연히, 표면상 ☜ professed + ly<부접>

□ **pro**fession [prəféʃən] [명] **직업; 공언**; 고백 ☜ -ion<명접>.
대중에게 지식/기량을 공언하는 것은 전문직업인만 가능한데서
♠ **by profession 직업이, 직업은**
She is a singer **by profession**. 그녀는 **직업이** 가수이다.

□ **pro**fessional [prəféʃənəl] [형] **직업(상)의** [명] **지적 직업인**; 기술 전문가; **직업 선수**, 프로 선수

☜ profession + al<형접/명접>

☐ **pro**fessionally [prəféʃənəli] [부] 직업적으로, 전문적으로 ☜ -ly<부접>

☐ **pro**fessor [prəfésər/프뤄**풰**서] [명] (대학) **교수**
☜ 라틴어로 '앞에서(pro) (대중에게) 말하는(fess) 사람'이란 뜻
※ **a full professor 정교수, an associate〔assistant〕 professor 부〔조〕교수**
a professor emeritus 명예 교수, a visiting professor 초빙 교수
a professor extraordinary 객원(客員) 교수
♠ **Professor Kim 김교수**

☐ **pro**fessorship [prəfésərʃip] 교수의 직〔지위〕 ☜ professor + ship(신분, 직위)

☐ **pro**fessorial [pròufəsɔ́ːriəl, prὰf-/prɔ̀f-] 교수의, 학자인 체하는; 학자적인
☜ professor + ial<형접>

☐ **pro**ffer [prάfər/prɔ́fər] [동] **제의[제안]하다**; (~에게) 제공하다 [명] 제언, 제공
☜ 라틴어로 '앞에서(pro) 제안하다(offer)'는 뜻

☐ **pro**ficient [prəfíʃənt] [형] **숙달된**, 능숙한, 익숙한 [명] 숙달된 사람, 명인
☜ (대중) 앞에서(pro) 잘 만드(fic) + i + 는(ent<형접/명접>)
♠ She's very **proficient** in English. 그녀는 영어를 **아주 잘한다.**

☐ **pro**ficiently [prəfíʃəntli] [부] 능숙하게, 솜씨 좋게 ☜ -ly<부접>

☐ **pro**ficiency [prəfíʃənsi] [명] **숙달**, 연달(練達), 능숙 ☜ -ency<명접>

☐ **pro**file [próufail] [명] **옆얼굴**, 측면; 반면상; 윤곽(=outline), 소묘(素描); 인물단평〔소개〕, **프로필**; 측면도 [동] 윤곽을 그리다 ☜ 라틴어로 '앞으로(pro) 실을 뽑아내다(file)'란 뜻

프로그램 program (❶ [방송] 방영종목 ❷ [컴퓨터] 실행명령어 모음) ❸ 진행순서

♣ **어원 : pro- 미리, 앞에, 앞으로; 나서서, 찬성하여(~을 위하여)**

< 방송 프로그램 >

☐ **pro**fit [prάfit/프**롸**핕/prɔ́fit/프**로**핕] [명] (금전상의) **이익**, 수익
[동] 이익이 되다 ☜ (대중) 앞에서(pro) 많이 만들다(fit<fic)
♠ **net 〔clear〕 profit 순익**
♠ **gross profits 총수익금**
♠ **profit and loss 손익**

☐ **pro**fitable [prάfitəbəl/prɔ́f-] [형] **유리한**, 이익이 있는; **유익한**
☜ profit + able<형접>

☐ **pro**fitably [prάfitəbli] [부] 유익〔유리〕하게 ☜ profit + ably<부접>

☐ **pro**fiteer [prὰfitíər] [명] 폭리 상인 [동] 폭리를 취하다 ☜ -eer(사람/<동접>)

☐ **pro**fitless [prάfitlis] [형] 이익이 없는, 무익한 ☜ profit + less(~이 없는)

☐ **pro**found [prəfáund] [형] **깊은**; 뜻 깊은, 심원한 [명] [the ~] 《문어》 심연
☜ 라틴어로 '밑바닥(found) 앞에(pro)'란 뜻 [비교] propound 제출하다, 제의하다
♠ **profound sleep 깊은 잠**

☐ **pro**foundly [prəfáundli] [부] **깊이**; 심오하게; 간절히, 크게 ☜ -ly<부접>

☐ **pro**fundity [prəfʌ́ndəti] [명] 심오(深奧); 난해함, 격심함 ☜ profound + ity<명접>

☐ **pro**fuse [prəfjúːs] [형] 많은, **풍부한**; 헤픈, 대범한; 아낌없는, 사치스러운
☜ 라틴어로 '앞으로(pro) 흘러나와(fuse) 고이는'이란 뜻
♠ **be profuse in hospitality 아낌없이 사람을 대접하다**

☐ **pro**fusely [prəfjúːsli] [부] 아낌없이; 풍부하게 ☜ -ly<부접>

☐ **pro**fusion [prəfjúːʒən] [명] 대량, **풍부**; 통이 큼; 낭비, 사치 ☜ -ion<명접>

☐ **pro**geny [prάdʒəni/prɔ́dʒ-] [명] 자손, 후계자; 결과; 종족
☜ 미래에<앞으로(pro) (자식을) 생산한(gen) 것(y<명접>)
♠ **His progeny** are scattered all over the country.
그의 자손들은 전국 방방곡곡에 흩어져 살고 있다.

☐ **pro**genitor [proudʒénətər] [명] (fem. -**tress**) 조상; 창시자, 선구자, 선배; 원본(原本); (동식물의) 원종(原種) ☜ -itor(사람)

☐ **pro**gnosticate [prɑgnάstikèit/prɔgnɔ́sti-] [동] (전조에 의해) 예지하다, 예언〔예측〕하다; ~의 징후를 보이다 ☜ 미리(pre) 인식하(gnostic) 다(ate<동접>)
♠ **prognosticate a depression 불경기를 예측하다**

☐ **pro**gnostication [pragnὰstikéiʃən/prɔgnɔ̀s-] [명] 예지, 전조, 예언 ☜ -ion<명접>

☐ **pro**gnosticator [pragnάstikèitər/prɔgnɔ́s-] [명] 예언자 ☜ -or(사람)

☐ **pro**gnostic [prɑgnάstik/prɔgnɔ́s-] [형] 전조를 나타내는, 『의학』 예후(豫後)의 [명] 전조; 예측, 예상, 예언 ☜ 미리(pre) 인식하다(gnostic)

☐ **pro**gram, 《영》 -gramme [próugræm/프**로**우그램, -grəm] [명] **프로그램, 진행 순서**, 차례표; 계획(표), 예정(표); 『컴퓨터』 프로그램; 『방송』 방영종목, 『공연』 상연종목
[동] 프로그램을 짜다 ☜ 그리스어로 '앞에서(pro) (공개적으로) 쓰다(gram)'란 뜻

☐ **pro**grammer [próugræmər] [명] (영화・라디오 따위의) 프로그램 작성자; 『컴퓨터』 **프로그래머**; 계획 작성자 ☜ program + m<자음반복> + er(사람)

P

☐ **pro**gramming [próugræmiŋ] [명] 『컴퓨터』 **프로그래밍**; 『라디오 · TV』 프로그램 편성; (편성된) 프로그램 ☜ program + m + ing<명접>

프로젝트 project (연구나 사업. 또는 그 계획)

♣ **어원 : pro- 미리, 앞에, 앞으로; 나서서, 찬성하여(~을 위하여)**

☐ **pro**gress [prάgres/프**롸**그레스/próugres/프**로**우그레스] [명] **전진**, 진행; **진보**, 발달
[prəgrés/프뤄그**뤠**스] [동] **전진하다, 진척하다** ☜ 앞으로(pro) 가다(gress)
♠ **progress in knowledge 지식이 늘다.**
♠ **make progress 진보하다, 진척하다; 전진하다**

☐ **pro**gression [prəgréʃən] [명] **전진**, 진행; 연속; 진보, 발달, 개량 ☜ -ion<명접>

☐ **pro**gressive [prəgrésiv] [형] (부단히) **전진하는, 진보하는, 진보적인** [명] 진보주의자
☜ progress + ive<형접> [반] **conservative** 보수적인

☐ **pro**gressive jazz **프로그레시브 재즈** 《1950년대의 하모니 중심의 재즈》; 모던 재즈 ☜ jazz(재즈 음악)

☐ **pro**hibit [prouhíbit] [동] **금지하다**; 방해하다 ☜ 라틴어로 '미리(pro) 붙들다(hibit=hold)'란 뜻
♠ **Smoking is prohibited. 흡연을 금지함.**

☐ **pro**hibition [pròuhəbíʃən] [명] **금지**, 금제(禁制); 금령 ☜ -ion<명접>

☐ **pro**hibitive, **pro**hibitory [prouhíbətiv], [-tɔ̀ːri/-təri] [형] 금지(금제)의; 엄청나게 비싼
☜ -ive/-ory<형접>

☐ **pro**hibitively [prouhíbətivli] [부] 엄두를 못 낼 만큼, 엉첨나게 ☜ -ly<부접>

☐ **pro**ject [prədʒékt] [동] 입안하다, **계획[기획]하다; 발사하다; 투영[투사]하다** [명] **계획, 기획**
☜ 라틴어로 '앞으로(pro) 던지다(ject)'라는 뜻
♠ **draw up a project 계획을 세우다**

☐ **pro**jectile [prədʒéktil, -tail] [형] 투사(발사)하는; 추진하는 [명] 투사물, 사출물; 『군사』 발사체
☜ project + ile<형접/명접>

☐ **pro**jecting [pradʒéktiŋ] [형] 돌출한, 튀어나온 ☜ -ing<형접>

☐ **pro**jection [prədʒékʃən] [명] 사출(射出), **투사**, 발사; 『물리』 투영(법); 『영화』 영사 ☜ -ion<명접>

☐ **pro**jective [prədʒéktiv] [형] 투영법의, 투사의; 튀어나온; 『심리』 주관을 반영하는 ☜ -ive<형접>

☐ **pro**jector [prədʒéktər] [명] 설계자, **계획자**; (유령 회사의) 발기인; 『영화』 **영사기**
☜ -or(사람/기계)

슬리퍼 slipper (실내화), 타임랩스 time lapse (영상빨리돌리기, 미속(微速)촬영)

♣ **어원 : (s)lip, lap, lapse 넘어지다, 떨어지다, 미끄러지다; 버리다**

< Time Lapse >

■ **slip**per [slípər] [명] (pl.) (가벼운) **실내화** ☜ 미끄러지는(slip) + p + 것(er)

※ **time** [taim/타임] [명] (관사 없이) **시간, 때;** 시일, 세월; ~회, ~번
☜ 초기인도유럽어로 '나눈 것'이란 뜻

■ **lapse** [læps] [명] **착오, 실수**; (시간의) **경과**, 추이 [동] (나쁜 길로) 빠지다 ☜ 라틴어로 '미끄러져 떨어지다'란 뜻
♠ **after a lapse of several years** 수년이 지난 후에

☐ pro**lapse** [proulǽps, ´-] [명] (자궁 · 직장 등의 정상 위치에서의) 탈출(증)
[proulǽps] [동] (자궁 · 직장이) 탈수(脫垂)하다, 빠져 처지다
☜ 앞으로(pro) 미끄러지다(lapse)

■ ec**lip**se [iklíps] [명] 『천문』 (해 · 달의) **식**(蝕) [동] (천체가) 가리다
☜ 라틴어로 '버리다'라는 뜻 [비교] **ellipsis** (말의) 생략, 생략부호

프롤레타리아 proletariat(e) (재산이 없는 무산계급, 노동계급)

♣ **어원 : prole 자식, 자손, 후예**

☐ **prole**tariat(e) [pròulitέəriət] [명] **프롤레타리아, 무산계급**(⇔ bourgeoisie 부르주아); 『로마사』 최하층 사회 ☜ 라틴어로 '재산으로서가 아니라 자손으로 국가에 봉사하는 사람'이란 뜻

☐ **prole**tarian [pròulətέəriən] [명][형] **프롤레타리아**(의), 무산 계급(의) ☜ -an(~의/~사람)
♠ **proletarian dictatorship 프롤레타리아 독재**

픽션 fiction (허구, 소설), 논픽션 nonfiction (사실적 산문문학)

♣ **어원 : fic(t), fac(t), fect 만들다(=make)**

■ **fic**tion [fíkʃən] [명] [집합적] **소설**; 꾸민 이야기, 가공의 이야기
☜ (사실이 아닌) 만들어 낸(fic) 것(ion)

■ non**fic**tion [nὰnfíkʃən] [명] **논픽션**, 소설이 아닌 산문문학 《전기 · 역사 · 탐험 · 기록 등》 ☜ non(=not/부정) + fiction(허구, 소설)

☐ proli**fic** [proulífik] [형] **아이[새끼]를 많이 낳는**, 열매를 맺는; (토지가) 비옥한; (작가가) 다작의; 많이 생기는 ☜ 라틴어로 '자손(proli: 앞으로(pro) 자라는(li))을 많이 만드는(fic)'이란 뜻.

♠ **a prolific writer 다작 작가**
☐ proli**fic**acy [prəlífikəsi] (명) 출(생)산력; 다산; 풍부 ☜ -acy<명접>
☐ proli**fer**ate [proulífərèit] (동) 급증식(급번식)하다; 급격히 늘다 ☜ 자손(proli)을 옮기(fer) 다(ate)
☐ proli**fer**ation [prəlìfəréiʃən] (명) 증식; 분아 번식; 확산 ☜ -ation<명접>

✚ **fact 사실**, 실제(의 일), 진실 **fact**ory **공장**, 제조소 ef**fect** **효과**, 결과

모놀로그 monologue (독백), 프롤로그 prologue (머리말)

♣ **어원 : log(ue), loc(u), loq(u) 말, 언어**
■ mono**log(ue)** [mάnəlɔ̀:g, -lɑ̀g/mɔ́nəlɔ̀g] (명) 〖연극〗 **모놀로그**, 독백, 혼자 하는 대사
☜ 혼자서(mono) 하는 말(logue) (반) epilog(ue) 맺음말
■ dia**logue** [dáiəlɔ̀:g, -lɑ̀g/-lɔ̀g] (명) **대화**, 토론; 의견교환 ☜ ~사이에(dia) 하는 말(logue)
☐ pro**logue** [próulɔ:g, -lɑg/-lɔg] (명) 머리말, **서언, 프롤로그**; 서막 ☜ 앞에서(pro) 하는 말(logue)
♠ The incident was just **the prelude to tragedy**.
그 사건은 **비극의 서막**에 불과했다

✚ apo**log**y 사죄, **사과** e**loqu**ence **웅변**, 능변 soli**loqu**y 혼잣말; 〖연극〗 독백

롱타임 long time (오랜 시간) ⇔ short time * time 시간, 때, ~회

■ **long** [lɔ:ŋ/lɔŋ/롱] (형) (-<-**er**<-**est**) **긴, 오랜, 오랫동안**
☜ 고대영어로 '끝에서 끝까지 지속되는'이란 뜻
■ **long**time [lɔ́:ŋtàim] (형) 오랫동안의(⇔ short time 숏타임, 짧은 시간) ☜ 오랜(long) 시간(time)
■ be**long** [bilɔ́(:)ŋ/빌**롱**, -lάŋ] (동) **~에 속하다**, 소유물이다 ☜ 오랫동안(long) 존재하다(be)
☐ pro**long** [proulɔ́:ŋ, -lάŋ] (동) **늘이다**, 연장하다(=lengthen); 오래 끌다, 연기하다; 길게 발음하다 ☜ 라틴어로 '앞쪽으로(pro) 길게 하다(long)'란 뜻
♠ The operation could **prolong** his life by two or three years.
그 수술은 그의 생명을 2, 3년 **연장시킬** 수 있을 것이다.
☐ pro**long**ation [pròulɔ:ŋgéiʃən] (명) 연장, 연기 ☜ prolong + ation<명접>
☐ pro**long**ed [prəlɔ́:ŋd, -lάŋd] (형) 오래 끄는, 장기의 ☜ -ed<형접>

프로모션 promotion ([영화] 홍보활동, 마케팅)

< 미국 배우 톰 크루즈의 영화 프로모션 © 연합 >

♣ **어원 : pro- 미리, 앞에, 앞으로; 나서서, 찬성하여(~을 위하여)**
☐ **pro**menade [prὰmənéid, -nά:d/prɔ̀m-] (명) **산책**, 산보; (말·수레를 탄) 행렬
(동) 거닐다, 산책하다
☜ 라틴어로 '앞쪽으로(pro) 소리치며 동물을 몰다(menade)'란 뜻
♠ I'll go **for a promenade**. 난 **산책하러** 나갈 것이다.
☐ **pro**menader [prὰmənéidər] (명) 산책하는 사람; 《영.구어》 프롬나드 콘서트의 단골
☜ peomenade + er(사람)
☐ **pro**minence, -ency [prάmənəns/prɔ́m-], [-i] (명) **돌기**, 돌출; **두드러짐, 현저**
☜ 라틴어로 '앞으로(pro) 튀어나(min<emin) 옴(ence<명접>)'이란 뜻
☐ **pro**minent [prάmənənt/prɔ́m-] (형) **현저한, 두드러진**; 저명한, 걸출(탁월)한
☜ 앞으로(pro) 튀어나오(min<emin) 는(ent<형접>)
♠ Dr. Kim is **prominent in** surgery.
김박사는 외과 수술**에 있어서는 뛰어난** 분이다(유명하다).
☐ **pro**minently [prάmənəntli] (부) 현저하게 ☜ -ly<부접>
☐ **pro**miscuous [prəmískjuəs] (형) (성행위 등이) 난잡한, 혼잡한, 마구잡이의
☜ 앞으로(pro) 섞(misc=mix) 는(uous<형접>)
☐ **pro**mise [prάmis/프**롸**미스/prɔ́mis/프**로**미스] (명) **약속**, 계약; (밝은) **전망** (동) **약속[서약]하다; ~의 가망이 있다** ☜ 라틴어로 '앞으로(pro) 가게 하다(mise)'
♠ **His promise** was a big lie. **그의 약속**은 순 사기였다.
♠ **make a promise 약속하다**(=make an appointment)
♠ **promise to ~ ~하기로 약속하다**
☐ **pro**mising [prάməsiŋ/prɔ́m-] (형) **장래성 있는**, 가망 있는, 유망한, 믿음직한
☜ promise + ing<형접>
☐ **pro**missory [prάmisɔ̀:ri] (형) 약속의, 약속하는 (명) 약속어음 ☜ pronise + s + ory<형접/명접>
☐ **pro**montory [prάməntɔ̀:ri] (명) 곶; 융기, 돌기 ☜ 앞쪽(pro)의 언덕(mont)같은 곳(ory)
☐ **pro**mote [prəmóut] (동) **승진[진급]시키다**; 진전(진척)시키다, 조장(증진)하다, 장려하다
☜ 라틴어로 '앞으로(pro) 움직이다(mote)'란 뜻
♠ **promote** world peace 세계 평화**를 증진하다**
☐ **pro**moter [prəmóutər] (명) **증진자**; 조장자; 장려자; (새 회사의) **발기인**; 주창자; 흥행주, **프로**

P

모터: 선동자, 주동자 ☜ -er(사람)

☐ **pro**motion [prəmóuʃən] 명 **승진**, 진급; **촉진**, 진흥; 주창, 발기 ☜ promote + ion<명접>
반 demotion 좌천, 강등
♠ **give** (get) **a promotion 승진시키다** (하다)

☐ **pro**motive [prəmóutiv] 형 증진하는; 장려하는 ☜ promote + ive<형접>

프롬프터 prompter (연기 중인 배우 또는 연설 중인 연설자에게 대사나 동작을 알려주는 역할을 하는 장치 · 사람)

♣ **어원 : pro- 미리, 앞에, 앞으로; 나서서, 찬성하여(~을 위하여)**

☐ **pro**mpt [prɑmpt/prɔmpt] 형 **신속한**, 기민한; 즉석의, 즉시(기꺼이) ~하는 명 자극(촉진)하는 것 동 **자극하다**, 격려(고무)하다
☜ 라틴어로 '앞에서(pro) 취하다/잡다(mpt<empt=take)'라는 뜻
♠ **a prompt reply 즉답**

☐ **pro**mpter [prɑ́mptər] 명 격려(고무)자; 〖연극〗 (배우에게) 대사를 일러주는 자, **프롬프터**
☜ prompt + er(사람)

■ Tele**Pro**mpTer [téləprɑ̀mptər/-prɔ̀mp-] 명 **텔레프롬프터**《TV출연자에게 대본을 확대시켜 보이며, 화면에는 비치지 않는 장치; 상표명》 ☜ tele(원거리의) + prompter

☐ **pro**mptly [prɑ́mptli/prɔ́mpt-] 부 **신속히**, 재빠르게; 즉석에서, **즉시**; 정확하게, 정각에
☜ prompt + ly(부접)

☐ **pro**mptitude [prɑ́mptitjùːd], **pro**mptness [prɑ́mptnis] 명 신속, 즉결
☜ prompt + i + tude(-ness)<명접>

☐ **pro**ne [proun] 형 **~의 경향이 있는**, ~하기 쉬운; 수그린, 납작 엎드린
☜ 라틴어로 '앞쪽으로(pro) 기울어진(ne)'이란 뜻
♠ **be prone to accidents 사고를 일으키기 쉽다.**

☐ **pro**noun [próunàun] 명 〖문법〗 **대명사** 《생략: pron.》
☜ 라틴어로 '이름(noun=name) 대신<앞(pro)'이란 뜻
♠ an adjective **pronoun** 형용**대명사**
♠ a possessive **pronoun** 소유**대명사**

☐ **pro**nominal [prounɑ́mənl] 형 대명사의 ☜ pro + nomin=name) + al<형접>

☐ **pro**nounce [prənáuns] 동 **발음하다; 선언하다** ☜ 라틴어로 '앞에서(pro) 알리다(nounce)'란 뜻
♠ The 'b' in 'doubt' **is not pronounced**. doubt의 b는 **발음하지 않는다**.

☐ **pro**nounced [prənáunst] 형 뚜렷한, 현저한; **명백한**; 단호한, 확고한 ☜ pronounce + ed<형접>

☐ **pro**nouncement [prənáunsmənt] 명 **선언**, 공고, 발표; 결정, 판결; 의견, 견해 ☜ -ment<명접>

☐ **pro**nunciation [prənʌ̀nsiéiʃən] 명 **발음**; 발음하는 법 ☜ pronounce + i + ation<명접>

프롱(prong)세팅: 갈퀴형으로 반지의 보석을 고정시키는 방법

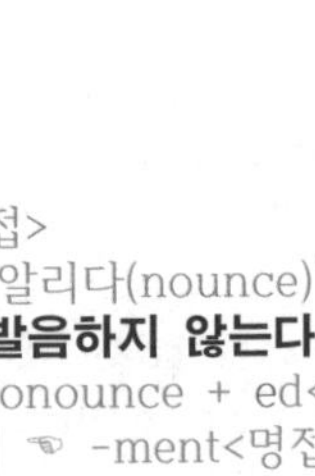

☐ **prong** [prɔːŋ/prɔŋ] 명 포크 모양의 물건, 갈퀴, 쇠스랑; (포크 따위의) 갈래 동 찌르다 ☜ 앵글로 라틴어로 '끝이 뾰족한 연장'이란 뜻.
♠ The devil in hell is holding **a three-pronged fork**.
지옥의 악마들은 **삼지창**을 들고 있다.

프로브 probe (자동차 배기가스 검사기에 딸린 탐침봉)

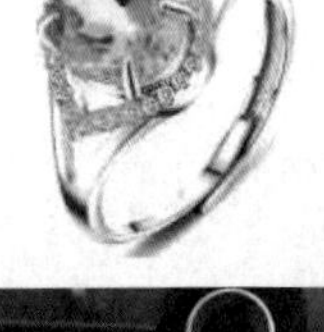

배기가스 중에 함유된 일산화탄소, 탄화수소 검사기에 딸린 튜브 모양의 탐침봉. 측정할 때에는 검사기에 호스를 연결한 다음 배기관 끝부분에 삽입하여 측정한다. <출처 : 자동차용어사전 / 일부인용>

♣ **어원 : proof, prob, prov(e) 증명하다, 시험하다; 좋은**

■ **prob**e [proub] 명 〖의학〗 **소식자**《의료용 대롱모양의 기구》, **탐침**(探針)
☜ 시험하는(prob) 것(e)

■ **prove** [pruːv] 동 (-/prove**d**/prove**d**(prove**n**)) **증명하다**, 입증(立證)하다
☜ 라틴어로 '시험하여 증명하다'란 뜻.

☐ **proof** [pruːf] 명 (pl. **-s**) **증명, 증거; 시험** ☜ prove의 명사형
♠ **be not susceptible of proof 증명할 수 없다**

☐ **proof**less [prúːflis] 형 증거 없는, 증명이 안된 ☜ proof + less(~이 없는)

☐ **proof**read [prúːfrìːd] 동 교정(校正)보다 ☜ proof + read(읽다; 판독(교정)하다)

☐ **proof**reader [prúːfrìːdər] 명 교정자(校正者) ☜ proof + read + er(사람)

☐ **proof** sheet 교정쇄 ☜ sheet(얇은 판; 한 장의 종이, 인쇄물; 침대의 시트커버)

✚ dis**prove** **~의 반증을 들다** im**prove** **개량[개선]하다** **prob**able **있음직한** water**proof** **방수(의)[복]**

P

프로퍼갠더 propaganda (선전, 선동), 프로펠러 propeller (회전날개, 추진기)

♣ **어원 : pro- 미리, 앞에, 앞으로; 나서서, 찬성하여(~을 위하여), 지지하여**

WOMEN OF BRITAIN
COME INTO
THE FACTORIES
< Propaganda >

□ **prop** [prɑp/prɔp] [명] **지주**(支柱), **버팀목**; 지지자, 후원자; 소품 [동] 버티다, 버팀목(木)을 대다 ☜ **prop**agation의 단축 변형

□ **pro**paganda [prɑ̀pəgǽndə/prɔ̀p-] [명] [보통 무관사] (주의・신념의) **선전, 프로퍼갠더**; 선전 활동; (선전하는) 주의, 주장; 선전 기관(단체) ☜ propagation의 변형
♠ **a propaganda film 선전 영화**

□ **pro**pagandist [prɑ̀pəgǽndist] [명] 전도자; 선전자 ☜ propaganda + ist(사람)

□ **pro**pagate [prɑ́pəgèit/prɔ́p-] [동] **번식[증식]하다[시키다]**; 선전(보급)하다; 전파하다, 전하다; 유전하다, 전염시키다 ☜ 라틴어로 '앞쪽<미래(pro)를 조이(pag) 다(ate<동접>)'란 뜻
♠ The germs **propagate** rapidly. 그 균(菌)은 급속히 **번식한다.**

□ **pro**pagation [prɑ̀pəgéiʃən] [명] (동물 따위의) **번식**, 증식; 선전, 보급, 전파; 전달; (틈・금 등의) 확대 ☜ -ion<명접>

□ **pro**pel [prəpél] [동] **추진하다**, 몰아대다 ☜ 라틴어로 '앞으로(pro) 밀다(pel)'란 뜻
♠ **propelling power 추진력**

□ **pro**pellant [prəpélənt] [명] 추진시키는 것(사람); (총포의) 발사 화약; (로켓의) 추진제 ☜ propel + l<단모음+단자음+자음반복> + ant(사람/사물)

□ **pro**peller [prəpélər] [명] **프로펠러, 추진기**; 추진시키는 사람(것) ☜ er(사람/기계)

□ **pro**pensity [prəpénsəti] [명] 경향, 성질, 성벽(=inclination), 버릇 ☜ (마음이) 앞에(pro) 매달린(pen) 상태(sity<명접>)

프라이버시 privacy (사생활)

♣ **어원 : priv(i), propr, proper 사적인, 개인적인, 자신의; 분리하다**

■ **priv**ate [práivit] [형] **사적인**; 비공식의, 비밀의 ☜ 사적으로(priv) 만들다(ate)

■ **priv**acy [práivəsi/prív-] [명] 사적(개인적) 자유; **사생활, 프라이버시**; 비밀 ☜ 사적인(priv) 것(acy)

□ **proper** [prɑ́pər/프**롸**퍼/prɔ́pər/프**로**퍼] [형] **고유의, 적당[타당]한; 예의바른** ☜ '자신만의 것의'란 뜻. 개인(per)을 위한(pro)
♠ the proper **word** 적당한 **말**

□ **proper** noun (name) 『문법』 **고유명사** ☜ noun(명사), name(이름)

□ **proper**ly [prɑ́pərli/prɔ́p-] [부] **적당히, 마땅히**, 정당하게; 철저히 ☜ -ly<부접>

□ **proper**tied [prɑ́pərtid/prɔ́p-] [형] 재산이 있는 ☜ property<y→i> + ed<형접>

□ **proper**ty [prɑ́pərti/프**롸**퍼디/prɔ́pərti/프**로**퍼티] [명] [집합적] **재산**, 자산; 소유물(지); (고유한) 성질, 특성, **특질** ☜ 중세영어로 'proper + ty'란 뜻
♠ **a man of property 재산가**

□ **proper**ty right 재산권 ☜ right(오른, 오른쪽; 바른; 권리)

□ **proper**ty tax 『법률』 재산세 ☜ tax(세금)

□ **propr**ietor [prəpráiətər] [명] (fem. -tress) **소유자**; 경영자 ☜ 자신의(propr) + ie + 것을(t) 가진 사람(or)
♠ **a landed proprietor 지주**

□ **propr**ietorship [prəpráiətərʃip] [명] 소유권 ☜ -ship(특성, 권한)

□ **propr**iety [prəpráiəti] [명] **타당(성)**, 적당; 정당함; **예의바름**, 교양; (pl.) 예의범절 ☜ -ty<명접>

□ im**proper** [imprɑ́pər/-prɔ́p-] [형] **부적당한**, 부적절한 ☜ im<in(=not) + proper

✚ ap**propri**ate **적당한;** (공공물을) 전유하다, 착복하다 **privi**lege **특권; 특전**; (the ~) 대권

프로포즈 propose (청혼하다)

♣ **어원 : pro- 미리, 앞에, 앞으로; 나서서, 찬성하여(~을 위하여)**

□ **pro**phet [prɑ́fit/prɔ́-] [명] (fem. **-ess**) **예언자**; 신의(神意)를 전달하는 사람; 선지자 ☜ 그리스어로 '예언자, 즉 미리(pro) 말하는(phe) 사람(t)'이란 뜻

□ **pro**phetic(al) [prəfétik(əl)] [형] **예언(자)의**, 예언적인; 경고의; 전조의 ☜ prophet + ic(al)<형접>

□ **pro**phecy [prɑ́fəsi/prɔ́-] [명] [pl. -phec**ies**] **예언**; 신의(神意)의 전달; 예언능력; 『성서』 예언서 ☜ -cy<명접>

□ **pro**phesy [prɑ́fəsài/prɔ́-] [동] **예언[예보]하다**; 예측하다; 《고어》 (성경을) 해석하다 ☜ -sy<동접>
♠ He **prophesied** war. 그는 전쟁을 **예언했다**

P

□ **pro**pitious [prəpíʃəs] ⓗ 순조로운, (형편) 좋은, 알맞은; 길조의, 행운의
☜ 호의적/적절(propit: 미리(pro) 희망한(pit)) 한(ious<형접>)

□ **pro**pone [prəpóun] ⓢ 제안[제의]하다, (변명 등을) 꺼내다
☜ 앞에(pro) 내놓(pon=put) 다(e)

□ **pro**ponent [prəpóunənt] ⓜ 제안자, 제의자, 발의자; 옹호자, 지지자 ☜ -ent(사람)

□ **pro**portion [prəpɔ́:rʃən/프뤄**포**-션] ⓜ **비**(比), **비율**; 조화, **균형**; 부분; **몫**; 《비유》 **정도**
ⓢ 균형 잡히게 하다 ☜ 라틴어로 '부분(portion)을 위해(pro)'라는 뜻
♠ **proportion of three to one 1대 3의 비율**
♠ **in proportion as ~ ~에 비례하여, ~에 따라서**(=according as)
♠ **in proportion to (with) ~ ~에 비례하여, ~함에 따라**

□ **pro**portional [prəpɔ́:rʃənəl] ⓗ 『수학』 비례의; 균형이 잡힌, 조화된, **비례하는** ☜ -al<형접>

□ **pro**portionate [prəpɔ́:rʃənit] ⓗ 균형 잡힌, 비례를 이룬, 적응한 [prəpɔ́:rʃənèit] ⓢ **균형잡히게 하다**; 비례시키다; 적응시키다 ☜ proportion + ate<형접/동접>

□ **pro**portionately [prəpɔ́:rʃənətli] ⓑ 비례하여 ☜ proportionate + ly<부접>

□ **pro**pose [prəpóuz/프뤄**포**우즈] ⓢ **제의[제안]하다; 청혼하다**, 신청하다; **작정하다**
☜ 라틴어로 '앞에(pro) (결혼하고 싶은 마음을) 내놓다(pose)'라는 뜻.
♠ I **proposed** to her. 나는 그녀에게 **청혼했다.**
♠ **Man proposes, God disposes.**
《속담》 인간은 일을 계획하고 하느님은 성패를 가르신다.

□ **pro**posal [prəpóuzəl] ⓜ **신청; 제안**, 제의; 청혼 ☜ propose + al<명접>

□ **pro**position [prὰpəzíʃən/prɔ̀p-] ⓜ **제안**, 제의, 건의; **계획**, 안(案) ☜ propose + ition<명접>

□ **pro**poser [prəpóuzər] ⓜ 제의자, 신청인 ☜ propose + er(사람)

□ **pro**pound [prəpáund] ⓢ 제출하다, 제의하다 ☜ 앞에(pro) 놓다(pound=put)
♠ **propound (ask) a riddle 수수께끼를 내다**

□ **pro**pulsion [prəpʌ́lʃən] ⓜ 추진(력) ☜ 앞으로(pro) 미는(pul<pel) 것(sion<명접>)

□ **pro**pulsive [prəpʌ́lsiv] ⓗ 추진하는, 추진력이 있는 ☜ - sive<형접>

□ dis**pro**portionate [dìsprəpɔ́:rʃənit] ⓗ 불균형의, 어울리지 않는
☜ 불(dis=not/부정) 균형의(proportionate)

□ **proprietor**(소유자), **propriety**(타당, 예의바름) ➔ **property**(재산) **참조**

프로스펙스 Prospecs (한국 LS 네트웍스의 운동화 브랜드. <프로(Professional)를 위한 사양(Specification)>으로 추정)

♣ **어원 : pro- 미리, 앞에, 앞으로; 나서서, 찬성하여(~을 위하여), 지지하여**

■ **pro**fession [prəféʃən] ⓜ **직업; 공언**; 고백 ☜ 라틴어로 '앞에서(pro) (대중에게) 말하(fess) 기(ion<명접>)'란 뜻. 대중에게 지식을 설파하고 기량을 선보이는 것은 전문 직업인만 가능한데서

■ **pro**fessional [prəféʃənəl] ⓗ **직업(상)의** ⓜ **지적 직업인**; 기술 전문가; **직업 선수**, 프로 선수 ☜ profession + al<형접/명접>

□ **pro**se [prouz] ⓜ **산문**; 평범, 단조(로운 이야기/문장) ⓗ 산문(체)의; 평범한, 단조로운
ⓢ 산문으로 쓰다 비교 verse 운문, 시(詩)
☜ 라틴어로 '똑바른<앞쪽으로(pro) 향한(se) (말)'이란 뜻
♠ the author's clear **prose** 그 작가의 명료한 **산문체**

□ **pro**saic(al) [prouzéiik(əl)] ⓗ 산문의; 무미건조한 ☜ -ic(al)<형접>

□ **pro**scribe [prouskráib] ⓢ 인권을 박탈하다, 법률의 보호 밖에 두다; 추방하다; 금지(배척)하다
☜ 미리(pro) (~을 못하게) 글로 쓰다(scribe)
♠ **proscribe** a religion 종교를 **금하다**

□ **pro**scription [prouskrípʃən] ⓜ 추방, 금지, 인권박탈 ☜ 미리(pro) 쓴(script) 것(ion)

□ **pro**scriptive [prouskríptiv] ⓗ 금지하는; 추방하는; 인권 박탈의
☜ 미리(pro) (~을 못하게) 써(script) 놓은(ive<형접>)

□ **pro**sy [próuzi] ⓗ 무취미한, 평범한 ☜ -y<형접>

□ **pro**se poem 산문시 ☜ poem(한 편의 시, 운문)

□ **pro**se writer 산문 작가 ☜ writer(필자, 작가)

□ **pro**secute [prάsəkjù:t/prɔ́-] ⓢ **수행하다**, 행하다; 『법률』 **기소하다**, 소추하다
☜ 라틴어로 '앞을(pro) 따르(secu) 다(te)'라는 뜻

□ **pro**secution [prὰsəkjú:ʃən/prɔ̀-] ⓜ 실행, **수행**; 경영; **기소**, 소추(訴追), 고소; 구형
☜ prosecute + ion<명접>
♠ **a criminal prosecution 형사 소추**

□ **pro**secutor [prάsəkjù:tər/prɔ́-] ⓜ (fem. -cut**rix**; fem. pl. -t**rices**) **실행자**, 수행자, 경영자; 『법률』 **기소자**, 검찰관, **검사** ☜ -or(사람)

■ **pro**ceed [prousí:d/프로우**씨**-드] ⓢ (앞으로) **나아가다, 진행하다**; 착수하여 계속하다; 고소

[소송]하다 ☜ 앞으로(pro) 가다(ceed)

☐ **pro**spect [prάspekt/prɔ́s-] 명 조망(眺望), **전망**; 경치; **예상**, 기대; (종종 pl.) (장래의) 가망 ☜ 라틴어로 '앞(pro)을 보는(spec) 것(t)'란 뜻

♠ **command a fine prospect** ***좋은 전망****을 내려다보다* ➔ 전망이 훌륭하다, 경치가 좋다

☐ **pro**spective [prəspéktiv] 형 **예기되는**, 가망이 있는; 장래의; 선견지명이 있는 ☜ -ive<형접>

☐ **pro**spector [prάspektər/prəspék-] 명 탐광자(探鑛者), 답사자, 시굴자; 투기자 ☜ 앞/미리(pro)을 보는(spect) 사람(or)

☐ **pro**sper [prάspər/prɔ́s-] 동 **번영[번창]하다**〔시키다〕, 성공하다〔시키다〕; 잘 자라다, 번식하다 ☜ 라틴어로 '희망대로 되다'란 뜻. 희망(sper)을 위해(pro)

♠ **prosper in business 사업이 번창하다, 사업에 성공하다**

☐ **pro**sperity [prɑspérəti/prɔs-] 명 **번영**, 번창, 융성; 성공; 행운, 부유 ☜ -ity<명접>

☐ **pro**sperous [prάspərəs/prɔ́s-] 형 **번영하는**, 번창하고 있는, 성공한; 부유한; 순조로운 ☜ prosper + ous<형접>

☐ **pro**stitute [prάstətjùːt/prɔ́s-] 명 매춘부; 매음 동 매음시키다, 몸을 팔다; (돈에 명예 따위)를 팔다 ☜ (집)앞에(pro) 서있다(stit) + ute<명접/동접>

♠ He was arrested with a **prostitute**. 그는 **매춘부**와 함께 체포되었다.

☐ **pro**stitution [prὰstətjúːʃən/prɔ̀s-] 명 매춘, 매음; 오욕(汚辱) ☜ -ion<명접>

☐ **pro**stitutor [prάstətjùːtər/prɔ́s-] 명 매춘시키는 사람; 변절자 ☜ -or(사람)

☐ **pro**strate [prάstreit/prɔstréit] 동 넘어뜨리다, 뒤엎다 [prάstreit/prɔ́s-] 형 엎어진, 엎드린; 패배한 ☜ 앞으로(pro) 엎드리다<(몸을) 펼치다(str<strec) + ate<동접/형접>

♠ **be prostrate** beneath the tyranny of the oppressor. 압제자의 폭정 아래 **굴복하다.**

☐ **pro**stration [prastréiʃən] 명 엎드림, 굴복, 엎드려 절함 ☜ -ion<명접>

※ <u>**spec**ification</u> [spèsəfikéiʃən] 명 상술, 상기(詳記), 열거; (보통 pl.) (명세서 등의) 세목; 상세서 ☜ 보이게(spec) + i + 만드는(fic) 것(ation<명접>) ★ 우리가 흔히 말하는, 취업에 필요한 학벌이나 토익점수 등의 스펙(spec.)은 specification의 줄임말이다.

☐ **protagonist**(연극의 주역, 소설의 주인공) ➔ **protocol**(프로토콜) **참조**

프로텍터 protector ([야구 · 태권도] 가슴보호대), 프로테스탄트 protestant (종교개혁과 더불어 구교에서 분파한 신교도)

♣ **어원 : pro- 미리, 앞에, 앞으로; 나서서, 찬성하여(~을 위하여)**

☐ **pro**tect [prətékt/프뤄**텍**트] 동 **보호하다, 막다**, 지키다; 보장하다 ☜ 라틴어로 '앞에(pro) 덮다(tect)'란 뜻

♠ **protect one's privacy 사생활을 보호하다**

♠ **protect (A) against** 〔from〕 **(B) B로부터 A를 지키다[막다]**

☐ **pro**tection [prətékʃən] 명 **보호**, 보안; 후원; 보호하는 사람〔물건〕 ☜ -ion<명접>

☐ **pro**tectionism [prətékʃənizm] 명 『경제』 보호무역주의〔론〕, 보호 정책 ☜ -ism(~주의)

☐ **pro**tectionist [prətéktʃənist] 명형 『경제』 보호무역론자(의); 야생동물 보호를 주장하는 (사람) ☜ protection + ist(사람)

☐ **pro**tective [prətéktiv] 형 **보호하는**, 방어하는; 보호무역(정책)의 명 보호물 ☜ protect + ive<형접/명접>

♠ **a protective vest 방탄 조끼**

♠ **protective trade 보호 무역**

☐ <u>**pro**tector</u> [prətéktər] 명 (fem. -t**ress**) **보호자**, 옹호자; **보호[안전]장치**; 『야구』 가슴받이, **프로텍터** ☜ protect + or(사람/장비)

☐ **pro**tectorate [prətéktərit] 명 보호국〔령〕; 섭정정치 ☜ protector + ate(직무, 직능)

☐ **pro**test [prətést] 동 **단언[주장]하다, 항의하다** ☜ (대중)앞에서(pro) 증언하다(test)

♠ **protest one's innocence 자기의 결백을 주장하다**

♠ **protest against the measure 그 조치에 항의하다**

☐ **pro**testation [prὰtəstéiʃən] 명 항의; (~의) 주장 ☜ protest + ation<명접>

☐ <u>**Pro**testant</u> [prάtəstənt/prɔ́-] 형 『기독교』 **프로테스탄트**의, **신교도의** 명 **신교도** ☜ -protest + ant(~의/~사람)

☐ **Pro**testantism [prάtəstəntìzm] 명 신교 ☜ protestant + ism(교리, ~주의)

☐ **pro**tester, -or [prətéstər] 명 항의자 ☜ -er/-or(사람)

프로토콜 protocol (❶ 통신규약 ❷ 외교상의 의전)

♣ **어원 : prote, proto 최초의, 원시의, 주요한, 중요한**

☐ **pro**tagonist [proutǽgənist] 명 『연극』 주역, (소설 · 이야기 따위의) 주인공; 주역; (주의 · 운동 ·

P

사상의) 주창자 ☜ 주요(prot) 싸움을 하는(agon) 사람(ist)
♠ **female protagonist 여주인공**

☐ **prot**ein [próutiːin] 명 『생화학』 단백질 ☜ 그리스어로 '중요한(prote) 것(in)'이란 뜻
☐ **proto**col [próutəkɑ̀l, -kɔ̀ːl/-kɔ̀l] 명 (문서의) 원본, **프로토콜**, 의정서(議定書); 조서(調書); (조약 등의) 원안; 외교 의례, 의전(儀典)
☜ 그리스어로 '최초로(proto) 붙이는 것(col)'이란 뜻
☐ **proto**plasm [próutouplæ̀zəm] 명 『생물』 원형질 ☜ 최초의(proto) 모양(plasm=form)
☐ **proto**type [próutoutàip] 명 **프로토타입**, 원형(原型), 기본형; 시작품; 모범, 본(보기)
☜ 최초의(proto) 유형(type)

트랙터 tractor (견인력을 이용해서 각종 작업을 하는 특수 차량)

♣ **어원 : tract 끌다, 당기다, 늘리다, 펼치다**
■ **tract**or [trǽktər] 명 **트랙터**, 견인(자동)차 ☜ 끄는(tract) 기계(or)
☐ pro**tract** [proutrǽkt] 동 오래 끌게 하다, 연장하다(=prolong)
☜ 앞쪽으로(pro) (길게) 끌다(tract)
♠ **protract** one's stay for seven days 체재(滯在)를 7일간 **연장하다**.
☐ pro**tract**ion [proutrǽkʃən] 명 연장, 연기; 오래 끌기, 길게 늘이기; 제도, 도면 뜨기 ☜ -ion<명접>

✚ at**tract** (주의 등을) **끌다, 유인하다** de**tract, dis****tract** (주의 등을) **딴 데로 돌리다**, 줄이다, 손상시키다 ex**tract** **뽑아내다**, 빼어내다 re**tract** **철회하다**, 취소하다 sub**tract** **빼다, 감하다**

인트루더 Intruder (미 해군의 A-6 공격기 별명. <침입자>란 뜻)

♣ **어원 : trud(e), trus, thrust 밀다, 강요하다, 누르다, 들이대다**
■ in**trude** [intrúːd] 동 밀어붙이다, **밀고 들어가다; 침범하다**, 방해하다 ☜ 안으로(in) 밀고 들어가다(trude)
■ in**trude**r [intrúːdər] 명 **침입자**, 불청객
☜ 안으로(in) 밀고 들어가는(trude) 사람(er)
☐ pro**trude** [proutrúːd] 동 **튀어나오다**, 돌출하다, 내밀다 ☜ 앞으로(pro) 밀어내다(trude)
♠ **a protruding** (projecting) **rock 돌출된 바위**
☐ pro**trude**nt [proutrúːdənt] 형 불쑥 나온, 내민 ☜ protrude + ent<형접>
☐ pro**trus**ion [proutrúːʒən] 명 내밂, 돌출, 비어져나옴; 『의학』 돌기(부(물)), 융기(부(물))
☜ 앞으로(pro) 내밀(trus) 기(ion<명접>)
☐ pro**trus**ive [proutrúːsiv] 형 내미는; 내민, 돌출한; 주제넘게 나서는, 눈꼴사나운
☜ 앞으로(pro) 내미(trus) 는(ive<형접>)

✚ ex**trude** **밀어내다; 돌출[분출]하다** ob**trude** 강요하다, 끼어들다 de**trude** 밀어내다; 밀치다 abs**trus**e 심원한, 난해한

P

프리마 돈나 prima donna (가극의 주연 여배우), 프라이드..

♣ **어원 : prim, pri, pro 맨 앞의, 제1의, 주요한, 최초의; 원시의**
■ **prim**a donna [prì(ː)mədɑ́nə, prímədɔ́nə] 명 (pl. **-s,** prim**e** donn**e**) 《It.》 **프리마 돈나**, 가극의 주역 여배우(가수); 《구어》 변덕꾸러기
☜ 이탈리아어로 'first lady'란 뜻
■ **prim**ary [práimèri, -məri] 형 **첫째의**, **제1의**, 주요한; **최초의**, 처음의; **초등의**, 초보의; 원시적인 명 제1의(주요한) 사물; 제1원리; 《미》 (정당의) 예비 선거 ☜ -ary<형접/명접>
■ **pri**de [praid/프롸이드] 명 **자존심**, 긍지, **프라이드**; 득의, 만족; **자만심**, 오만, 거만, 거드름
☜ 고대영어로 '자존심, 오만함'이란 뜻. 맨 앞의(pri) 것(de)
☐ **pro**ud [praud/프롸우드] 형 **뽐내는, 자랑하는; 거만한**(=haughty); **자존[자부]심이 있는**
☜ 라틴어로 '맨 앞에(pro) 있는 것(ud)'이란 뜻
♠ **be proud of ~ ~을 자랑하다[뽐내다], ~을 자랑스럽게 여기다**
I **am** so **proud of** you. 나는 정말 네가 **자랑스럽다**
☐ **pro**udly [práudli] 부 **자랑스럽게** ☜ proud + ly<부접>
☐ **pro**w [prau] 형 《고어》 용감한, 용맹스런 ☜ 라틴어로 '맨 앞에서(pro) + e'란 뜻
☐ **prow**ess [práuis] 명 용감, **무용**(=valor); 용감한 행위; 훌륭한 솜씨 ☜ prow + ess<명접>
♠ a soldier of no mean **prowess** *뒤떨어짐이 없이* ***용감한*** *병사* ➔ 용맹무쌍한 병사 ☜ mean(뒤떨어지는, 보통의, 하잘것없는)

프로브 probe (자동차 배기가스 검사기에 딸린 탐침봉)

배기가스 중에 함유된 일산화탄소, 탄화수소 검사기에 딸린 튜브 모양의 탐침봉. 측정할 때에는 검사기에 호스를 연결한 다음 배기관 끝부분에 삽입하여 측정한다. <출처 : 자동차용어사전 / 일부인용>

♣ 어원 : proof, prob, prov(e) 증명하다, 시험하다; 좋은

■ **prob**e [proub] 명 〖의학〗 **소식자** 《의료용 대롱모양의 기구》, **탐침**(探針)
☜ 시험하는(prob) 것(e)

■ **prob**able [prάbəbəl/prɔ́b-] 형 개연적인, **있음직한** ☜ 증명할(prob) 수 있는(able)

□ **prov**able [prúːvəbl] 형 입증할 수 있는 ☜ 증명(prove)할 수 있는(able)

□ **prove** [pruːv] 동 (-/prove**d**/prove**n**) **증명하다**, 입증(立證)하다
☜ 라틴어로 '시험하여 증명하다'란 뜻
♠ **prove** his(her) identity 그의(그녀의) 신원을 **증명하다**

□ **prov**en [prúːvən] 형 증명된(=demonstrated) ☜ prove의 과거분사

✚ ap**prove** **승인[찬성]하다** dis**prove** **~의 반증을 들다** im**prove** **개량[개선]하다** **proof 증명, 증거; 시험** water**proof** **방수의**; 물이 새지 않는; 방수복

프로포즈 propose (청혼하다), 서비스 프로바이더 Service Provider (인터넷 접속 서비스 설비업체) * service 봉사, 서비스

♣ 어원 : pro- 미리, 앞에, 앞으로; 나서서, 찬성하여(~을 위하여)

■ **pro**pose [prəpóuz/프뤄**포**우즈] 동 **제의[제안]하다; 청혼하다**, 신청하다; **작정하다** ☜ 라틴어로 '앞에(pro) (결혼하고 싶은 마음을) 내놓다(pose)'란 뜻

□ **pro**venance [prάvənəns/prɔ́v-] 명 기원(起源)(=origin), 출처, 유래
☜ 선대(先代)<앞서(pro) 온(ven) 것/곳(ance<명접>)

□ **pro**verb [prάvəːrb/prɔ́v-] 명 **속담**, 격언(=adage), 금언(金言)
☜ 선대(先代)<앞서(pro) 남긴 말(verb=word)
♠ **as the proverb goes** (runs, says) **속담에 이른바, 속담에 이르기를**

□ **pro**verbial [prəvə́ːrbiəl] 형 **속담의**; 속담투의; 속담에 있는; 소문난, 이름난 ☜ -ial<형접>

□ **pro**verbially [prəvə́ːrbiəli] 부 속담대로, 널리 (알려져서) ☜ -ly<부접>

□ **pro**vide [prəváid/프뤄**봐**이드] 동 **제공[공급]하다**, 주다
☜ 라틴어로 '미래에 대비하다'란 뜻. 앞을(pro) 내다보다(vide)
♠ **provide (A) with (B) A에게 B를 제공[공급]하다**
provide a person **with** food = **provide** food **for** a person
아무**에게** 식사**를 내놓다**
♠ **provide against (위험 따위에) 대비하다**
♠ **provide for ~ ~에 대하여 준비[대비]하다; 부양하다**
provide for old age 노년**에 대비하다**
♠ **provide with ~ ~을 공급[설비]하다, 수여하다**

□ **pro**vided [prəváidid] 접 **~을 조건으로 하여; 만약 ~이라면**(=if, if only)
☜ -ed(수동형 조건절 접속사)

□ **pro**vidence [prάvədəns/prɔ́v-] 명 (종종 P-) **섭리**, 하느님의 뜻; (P-) **신**, 하느님(=God), 천주
☜ 라틴어로 '예견'이란 뜻. 앞을(pro) 내다보는(vid) 것(ence)

□ **pro**vident [prάvədənt] 형 선견지명이 있는, 조심성 있는 ☜ -ent<형접>

□ **pro**vidential [prὰvədénʃəl] 형 신의에 의한 ☜ provident + ial<형접>

□ **pro**vider [prəváidər] 명 공급자; 설비자, 준비자; (가족의) 부양자 ☜ provide + er(사람)

□ **pro**viding [prəváidiŋ] 접 〔종종 ~ that로; 조건을 나타내어〕 **만약 ~라면** 《★ if보다는 문어적이나 provided보다는 구어적임》 ☜ provide + ing<능동형 조건절 접속사>

P

프로포즈 propose (청혼하다)

♣ 어원 : pro- 미리, 앞에, 앞으로; 나서서, 찬성하여(~을 위하여)

■ **pro**pose [prəpóuz/프뤄**포**우즈] 동 **제의[제안]하다; 청혼하다**, 신청하다; **작정하다**
☜ 라틴어로 '앞에(pro) (결혼하고 싶은 마음을) 내놓다(pose)'란 뜻.

□ **pro**vince [prάvins/prɔ́v-] 명 **지방**, 지역, 시골; 주(州), 성(省), **도**(道); 영토
☜ 라틴어로 '앞쪽으로(pro) 정복해(vinc) 나간 땅(e)'이란 뜻
♠ Seoul and **the provinces** 수도 서울과 **지방**

□ **pro**vincial [prəvínʃəl] 형 **지방의**, 시골의; 지방민의; 주(州)의, 도(道)의; 영토의 명 지방민
☜ -ial<형접>

□ **pro**vincialism [prəvínʃəlìzm] 명 시골(지방)티, (지방) 사투리 ☜ -ism(특징)

□ **pro**vision [prəvíʒən] 명 예비, **준비**, 설비; 공급, 지급; (pl.) 양식, **식량**; 저장품
형 식량을 파는 동 양식을 공급하다

☜ (미래를 대비하여) 미리(pro) 보는(vis) 것(ion<명접>)

☐ **pro**visional [prəvíʒənəl] ⓗ **일시적인**, 가(假)~, 잠정적인, 임시의 ⓜ 임시 우표
☜ (바로 현재의) 앞을(pro) 보는(vis) 것(ion) 의(al<형접>)

☐ **pro**viso [prəváizou] ⓜ (pl. **-(e)s**) 단서(但書); 조건(=condition)
☜ 앞에(pro) 보이는(vis) 것(o)

☐ **pro**vocation [pràvəkéiʃən/prɔ̀v-] ⓜ **성나게 함**; 화남, 약오름; 도전, 도발, 자극
☜ provoke<ke→c> + ation<명접>

☐ **pro**vocative [prəvákətiv/-vɔ́k-] ⓗ **성나게 하는**, 약올리는; 자극하는, 도발하는
ⓜ 자극; 흥분제 ☜ provoke<ke→c> + ative<형접/명접>

☐ **pro**voke [prəvóuk] ⓢ (감정 따위를) **일으키다; 성나게 하다**(=enrage); **자극하여 ~시키다** (=incite); 야기시키다 ☜ 앞으로(pro) 불러내다(voke)
♠ **provoke a laugh 웃음이 나오게 하다**
♠ **provoke** pity 동정심을 **불러일으키다**

☐ **pro**voking [prəvóukiŋ] ⓗ 화가 나는; 자극하는, 귀찮은 ☜ provoke + ing<형접>

☐ **prowess**(용맹) ➔ **proud**(자만) **참조**

프라울러 prowler (미국 해군의 EA-6B 전자전기의 별명. <부랑자>)

☐ **prowl** [praul] ⓢ (먹이를) **찾아 헤매다**; 배회하다(=wander)
☜ 중세영어로 '~을 찾아다니다'란 뜻
♠ **prowl after** one's prey 먹이**를 찾아 헤매다**

☐ **prowl**er [práulər] ⓜ 부랑자, 배회자; 좀도둑, 빈집털이 ☜ -er(사람)

어프로치샷 approach shot (골프홀 가까이로 공을 침) * shot 발사, 치기, 촬영

♣ **어원 : proach, prov, prob, proxim 가까이**

■ ap**proach** [əpróutʃ/어프**로**우취] ⓢ 다가가다, **접근하다**(=come near) ⓜ **접근**(법)
☜ ~로(ap=to) 가까이(proach) 가다

■ ap**proxim**ate [əpráksəmèit] ⓢ 접근하다, **접근시키다** [əpráksəmit] ⓗ 대략의, 비슷한, **어림셈의**
☜ ~에(ap=to) 가까이(proxim) 하다(ate)

☐ **proxim**ate [práksəmit/prɔ́k-] ⓗ 가장 가까운(=nearest), 바로 다음〔앞〕의; 근사(近似)한
☜ 라틴어로 '가까이(proxim) 하다(ate)'란 뜻
♠ The **most proximate** planet from Earth is Venus.
지구에서 **가장 가까운** 행성은 금성이다.

비전 vision (미래상), 프루덴셜 Prudential Co. (영국에 본사를 둔 금융 서비스회사. <신중한>이란 뜻)

PRUDENTIAL
INVESTMENT MANAGERS

P

♣ **어원 : vis(e), vid, ud 보다, 보이다, 보여주다, 지켜보다; 시각**

■ **vis**ion [víʒən] ⓜ **시력**, 시각; 상상력; 환상; **미래상, 비전** ☜ 보는(vis) 것(ion)

■ impr**ud**ence [imprúːdəns] ⓜ **경솔**, 무분별
☜ im(=not/부정) + 앞을(pr<pro) 내다보는(ud<vid) 것(ence<명접>)

■ impr**ud**ent [imprúːdənt] ⓗ **경솔한**, 무분별한 ☜ -ent<형접>

☐ pr**ud**ence [prúːdəns] ⓜ **신중**, 조심; 절약 ☜ 앞을(pr<pro) 내다보는(ud<vid) 것(ence)
♠ a **prudent** businessman **신중한** 사업가

☐ pr**ud**ent [prúːdənt] ⓗ **신중한**, 조심성 있는; 절약하는 ☜ -ent<형접>

☐ pr**ud**ential [pruːdénʃəl] ⓗ 신중한, 조심성 있는, 세심한; 분별 있는 ☜ -ial<형접>

☐ pr**ud**ery [prúːdəri] ⓜ 얌전한〔숙녀인〕 체하기; (pl.) 얌전 빼는 행위〔말〕
☜ 앞을(pr<pro) 내다보는(ud<vid) 행위(ery<명접>)

✚ impro**vise** (시 · 음악 등을) **즉석에서 짓다**; 즉흥적으로 하다 super**vise 관리[감독]하다**
tele**vis**ion **텔레비전** **vis**it **방문하다**

프로포즈 propose (청혼하다)

♣ **어원 : pro-, pru- 앞(부분), 앞에, 앞으로**

■ **pro**pose [prəpóuz/프러**포**우즈] ⓢ **제의[제안]하다; 청혼하다**, 신청하다; **작정하다**
☜ 라틴어로 '앞에(pro) (결혼하고 싶은 마음을) 내놓다(pose)'란 뜻.

☐ **pru**ne [pruːn] ⓢ (가지 · 뿌리 등을) **잘라내다, 치다**; 가지치기〔전지(剪枝)〕하다; (불필요한 부분을) 제거하다 ☜ 고대 프랑스어로 '앞부분(pru<pro)을 자르다(ne)'란 뜻
♠ **prune** 〔trim〕 **a tree 가지를 치다, 전지를 하다**

☐ **pru**ner [prúːnər] ⓜ 가지 치는 일꾼; 전정(剪定) 가위 ☜ -er(사람/기구)

프룬잼 prune jam (말린 자두로 만든 짙은 자주색 잼)

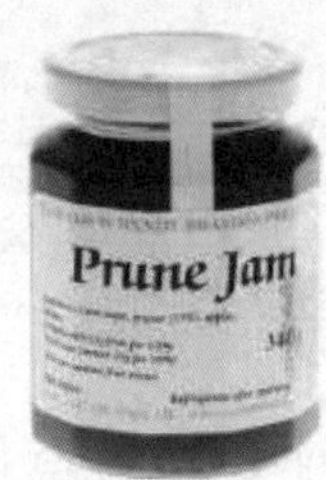

□ **prune** [pruːn] [명] 서양 자두; **말린 자두**; 짙은 적자색(赤紫色); 《구어》 바보, 얼간이; 매력 없는 사람 ☜ 중세영어로 '말린 자두'란 뜻
♠ stewed **prunes** 뭉근히 익힌 **말린 자두**

※ **jam** [dʒæm] [명] **잼**; 《영.속어》 맛있는 것; 유쾌한 일 [동] ~에 잼을 바르다 ☜ 18세기 영어로 '과일을 으깨어 저장한 것'이란 뜻

프로이센 > 프러시아 Prussia (유럽 동북부에 있었던 지방 · 나라)

□ **Prussia** [prʌ́ʃə] [명] **프로이센** 《독일 북부에 있었던 왕국(1701-1918)》 ☜ 발트족의 일파인 프루사(고대 프로이센어: Prūsa)족에서 유래.

□ **Prussian** [prʌ́ʃən] [형] **프로이센의; 프로이센 사람[말]의**; 프로이센식의, 훈련이 엄격한 [명] 프로이센 사람; 프로이센 말 ☜ -an(~의/~사람/~말)

[연상] 우리집 강아지가 계란 프라이(fry.튀김)를 훔치려고 내 눈치를 프라이(pry.살피다)하고 있다

※ **fry** [frai/프라이] [동] (기름으로) **튀기다** [명] **튀김**(요리), **프라이**, (특히) 감자튀김 ☜ 라틴어로 '굽거나 튀기다'란 뜻

□ **pry** [prai] [동] **엿보다**(=peep), 동정을 살피다; 파고들다, 캐다 ☜ 중세영어로 '안을 들여다 보다', 고대영어로 '눈을 깜박이다'란 뜻.
♠ **pry about** the house 집 **주위의 동정을 살피다.**

[연상] 삶이 그대를 속일수록 삼(psalm.시편)을 찬송해라.

□ p**salm** [sɑːm/사암] [명] **찬송가**, 성가(=hymn), 성시(聖詩); (the P-s) [단수취급] 『성서』 (구약성서의) **시편**(詩篇)(=the Book of Psalms) 《생략: Ps., Psa., Pss.》 [비교] palm 손바닥 ☜ 그리스어로 '하프에 맞춰 부르는 노래'란 뜻
♠ chant a **psalm 찬송가(찬미가)**를 부르다

■ **shalom** [ʃəlɔ́ːm] [감] **샬롬** 《히브리어로 만날 때나 헤어질 때 하는 인사》 ☜ 히브리어로 '평화'란 뜻

■ Jeru**salem** [dʒirúːsələm, -zə-] [명] **예루살렘** 《Palestine의 옛 수도; 현재 신시가는 이스라엘의 수도》 ☜ 히브리어로 '평화의 도시'란 뜻

수더님 에르떼 Pseudonym Erte (프랑스의 전설적인 패션 일러스트레이터. 수더님은 <익명, 필명>이란 뜻) * 본명 : Romain de Tirtoff (1892-1990) / 러시아 生

P

♣ 어원 : **pseud(o) 가짜, 조작된, 거짓의** [주의] p는 묵음

□ **pseud** [suːd] [형] 《구어》 거짓의, 가짜의,~인 체한 [명] 잘난 체하는 사람, 거드름 피우는 사람; 사이비, 가짜~ 《사람》 ☜ 그리스어로 '거짓'

□ **pseudo**morph [sjúːdəmɔ̀ːrf] [명] 비정규형(非定規形), 위형(僞形); 『광물』 가상(假像) ☜ 거짓(pseudo) 형상(morph=form)

□ **pseudo**nym [súːdənim] [명] 익명, (특히 저작자의) 아호(雅號), 필명(=penname) ☜ 그리스어로 '거짓(psedo) 이름(nym=name)'
♠ **under the pseudonym of ~ ~라는 필명으로**
♠ **write under a pseudonym 익명으로 쓰다**.

□ **pseudo**nymous [suːdɑ́nəməs/-dɔ́n-] [형] 익명[필명]의, 아호를[필명을] 쓴 ☜ -ous<형접>

사이키, 프시케 Psyche ([그神 · 로神] 큐피드가 사랑한 소녀) 사이코 psycho (괴짜), 사이코패스 psychopath (정신병질자)

< Psyche >

♣ 어원 : **psych(e), psycho 마음, 영혼, 정신, 심리; 정신병; 뇌**

□ **Psyche** [sáiki] [명] 『그 · 로.신화』 **사이키, 프시케** 《영혼을 인격화한 것으로서, 나비 날개를 단 미녀의 모습을 취함; 그리스신화에서 Eros의 연인, 로마신화에서 Cupid의 연인》; (the p-, one's p-) (육체에 대해서) 영혼, 정신; 『심리』 정신, 프시케 《의식적 · 무의식적인 정신생활의 전체》

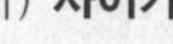

□ **psyche**delic [sàikidélik] [형] 황홀한, 도취(감)의; 환각을 일으키는, 도취적인; (색채 · 무늬가) **사이키**

델릭조(調)의《환각 상태를 연상시키는》 ⓜ 환각제; 환각제 상용자
☜ 그리스어로 '영혼이 보이는'이란 뜻

☐ **psych**ic(al) [sáikik(əl)] ⓐ 마음의, 심적인(⇔ physical 육체적인); **영혼의**, 심령(현상)의; 심령 작용을 받기 쉬운 ⓜ 무당, 영매 ☜ 영혼(psych) 의(ic(al))
♠ **a psychic medium 영매, psychic research 심령 연구**

☐ **psycho** [sáikou] ⓜ (pl. **-s**)《구어》정신 분석; 정신 신경증 환자, 광인; 괴짜, 기인, **사이코** ⓐ 정신 의학의, 정신병 요법의; 정신 신경증의 ⓥ 정신 분석을 하다
☜ **psycho**logical의 줄임말

☐ **psycho**analysis [sàikouənǽlisis] ⓜ 정신분석(학)《생략: psychoanal.》 ☜ analysis(분석, 해석)

☐ **psycho**drama [sàikədrǽmə] ⓜ 【정신의학】 심리극《정신병 치료를 위하여 환자에게 시키는 극》
☜ drama(극, 연극)

☐ **psycho**logic(al) [sàikəlɑ́dʒik(əl)/-lɔ́dʒ-] ⓐ **심리학(상)의**, 심리학적인; 정신적인 ☜ logical(논리적인)
♠ **psychological effect 심리적 효과**

☐ **psycho**logist [-dʒist] ⓜ **심리학자** ☜ -ist(사람)

☐ **psycho**logy [saikɑ́lədʒi/-kɔ́l-] ⓜ **심리학**; 심리 (상태) ☜ logy(학문)

☐ **psycho**path [sáikoupæ̀θ] ⓜ (반사회적 또는 폭력적 경향을 지닌) 정신병질자, **사이코패스**
☜ psycho(영혼) + path<pathos(고통, 깊은 감정)
♠ He is a violent **psychopath**. 그는 폭력적인 **사이코패스**이다.

☐ **psycho**pathic [sàikəpǽθik] ⓐ 정신병의, 정신병에 걸린 ⓜ 정신병자 ☜ -ic<형접/명접>

☐ **psycho**pathy [saikɑ́pəθi/-kɔ́p-] ⓜ 정신병; 정신병질 ☜ -y<명접>

☐ **psycho**surgery [sàikousə́ːrdʒəri] ⓜ 【의학】 정신 외과, 뇌외과 ☜ 정신/뇌(psycho) 수술(surgery)

☐ **psycho**technology [sàikouteknɑ́lədʒi/-nɔ́l-] ⓜ 정신공학, 심리공학; 정신기법
☜ 정신(psycho) 공학(technology)

☐ **psycho**technics [sàikoutékniks] ⓜ 정신기술, 정신기법 ☜ -technics(기술, 기법)

피티에이 P.T.A. (교육효과를 높이기 위하여 조직하는 교사와 학부모간의 상호 협동체, 사친회(師親會))

☐ **P.T.A., PTA** **P**arent-**T**eacher **A**ssociation 사친회(師親會)의 약어
☜ parent(아버지 또는 어머니; (pl.) 양친), teacher(선생님, 교사), association(연합, 결합, 합동, 교제, 협회)
♠ My parents and Tom's parents met each other at **a PTA meeting** for the first time. 우리 부모님과 톰의 부모님은 **사친회**에서 처음 만나셨다.

퍼블릭 골프장 public golf course (비회원제 대중 골프장) * 통상 6~9홀의 대중 골프장

♣ **어원 : pub, publ 대중(의), 공개(의), 공적인 (것); 성숙한, 시민의**

☐ **publ**ic [pʌ́blik/**퍼**블릭] ⓐ **공공의, 공중의**, 일반 국민의; **공립의**, 공설의; 공적인, 공무의; **공공연한** ⓜ [the ~; 집합적] **공중**, 대중; 국민;《영.속어》선술집(=pub), 주막
☜ 라틴어로 '사람들과 관련된'이란 뜻
♠ **in public 공공연하게, 여러 사람 앞에서**
speak **in public** 대중 앞에서 연설하다

퍼블릭 코스 Public Course

© Jisan CC Public Course

☐ **publ**ic bath 공중목욕탕 ☜ bath(목욕(통), 목욕탕)

☐ **publ**ic education 공교육(⇔ Private education 사교육)
☜ education(교육)

☐ **publ**ic enterprise 공기업 ☜ enterprise(기업체, 사업, 기업경영)

☐ **publ**ic interests 공익 ☜ interests(이익, 이해관계)

☐ **publ**ic market 공설 시장 ☜ market(장, 시장; 시세; 슈퍼마켓)

☐ **publ**ic opinion 여론 ☜ opinion(의견, 견해)

☐ **publ**ic property 공공물〔재산〕 ☜ property(재산, 자산, 소유물)

☐ **publ**ic relations [단수취급] 홍보〔선전〕 활동《생략: PR》; 섭외 (사무) ☜ relation(관계, 관련)

☐ **publ**ic safety 치안 ☜ safety(안전)

☐ **publ**ic school 《미》(초·중등) **공립학교**;《영》**사립 중·고등학교**《상류 자제들을 위한 자치·기숙사 제도의 대학 예비교로 Eton, Winchester 등이 유명》 ☜ school(학교)

☐ **publ**ic welfare 공공복지 ☜ welfare(복지, 후생)

☐ **publ**ication [pʌ̀bləkéiʃən] ⓜ **발표**, 공표; 발포(發布); 간행, **출판**, 발행; 출판물 ☜ -ation<명접>

☐ **publ**ic-hearted, public-minded, public-spirited ⓐ 공공심이 있는
☜ 마음(heart, mind, spirit)이 있는(ed<형접>)

☐ **publ**icist [pʌ́blisist] ⓜ 정치평론가 ☜ public + ist(사람)

☐ **publ**icity [pʌblísəti] ⓜ 주지(周知), **널리 알려짐**; 명성, 평판; 공표, 공개; 선전, 광고, 홍보
☜ -ity<명접>

☐ **publ**icize [pʌ́bləsàiz] ⓥ 선전〔공표, 광고〕하다 ☜ -ize<동접>

P

☐ **publ**icly [pʌ́blikli] ㊇ **공공연히**; 여론〔공적〕으로 ☜ -ly<부접>

☐ **publ**ish [pʌ́bliʃ/**퍼**블리쉬] ㊍ **발표[공표]하다**; (법률 등을) 공포하다; **출판하다**, 발행하다; (가짜돈 등을) 사용하다 ☜ 라틴어로 '공개하다'란 뜻. -ish<동접>
♠ **publish** the results of the examination 시험 성적을 **발표하다**.
♠ The first edition **was published** in 2018. 초판은 2018 년에 **출판되었다**.

☐ **publ**isher [pʌ́bliʃər] ㊔ 발표자, 출판업자, 발행자 ☜ publish + er(사람)

푸치니 Puccini (이탈리아의 가극 작곡가)

이탈리아의 작곡가. 작품으로 《라보엠 La Boheme》, 《토스카 Tosca》, 《나비부인 Madame Butterfly》 등이 유명하다. 유려하고도 애절한 정에 넘치는 선율, 자신의 양식에 적합할 뿐만 아니라 청중에게도 호소력이 큰 대본의 선택 등에 의하여 큰 성공을 거두었다. <출처 : 두산백과 / 일부인용>

☐ **Puccini** [puːtʃíːni] ㊔ **푸치니** 《Giacomo ~, 이탈리아의 오페라 작곡가; 1858-1924》

푸딩 pudding (디저트에 많이 쓰이는 찐과자)

☐ **pudd**ing [púdiŋ] ㊔ **푸딩** 《밀가루에 우유·달걀·과일·설탕·향료를 넣고 찐〔구운〕, 식후에 먹는 과자》 ☜ 중세영어로 '소세지의 일종'이란 뜻
♠ **Pudding rather than praise.**
푸딩이 칭찬보다 낫다. 《속담》 금강산도 식후경(食後景)
♠ **The proof of the pudding is in the eating.**
푸딩의 맛은 먹어봐야 안다. 《속담》 백문이 불여일견[百聞而不如一見]

푸들 poodle (작고 영리한 복슬개)

■ **poodle** [púːdl] ㊔ **푸들** 《작고 영리한 복슬개》 ㊍ (개의) 털을 짧게 깎다 ☜ 독일어로 '물을 튀기며 노는 개'란 뜻

☐ **puddle** [pʌ́dl] ㊔ 웅덩이; 이긴 흙 《진흙과 모래를 섞어 이긴 것》; 《구어》 뒤범벅, 뒤죽박죽 ㊍ 더럽히다; 진흙투성이로 만들다 ☜ 중세영어로 '더럽고 작은 물웅덩이'란 뜻

푸에르토 리코 Puerto Rico (서인도 제도에 있는 미국의 자치령)

☐ **Puerto Rico** [pɔ́ərtə-ríːkou] ㊔ **푸에르토 리코** 《서인도 제도의 대(大)앤틸리스 제도에 있는 미국의 자치령. 수도 산후안(San Juan)》 ☜ 스페인어로 '부유한 항구'(rich port)라는 뜻

한국의 기차는 칙칙폭폭, 영·미권 기차는 퍼프퍼프(puff-puff)

☐ **puff** [pʌf] ㊔ **훅 불기**(부는 소리); 한 번 휙 불기; 한 번 부는 양; (담배의) 한 모금; 불룩한 부분; 부푼 것; **퍼프**, 분첩 ㊍ (숨을) 훅 불다, (연기 따위를) 내뿜다
☜ 고대영어로 '빠르고 강한 바람'이란 뜻. 의성어
♠ **a puff of** the wind **한바탕 휙 부는** 바람

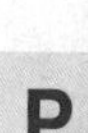

☐ **puff**ing [pʌ́fiŋ] ㊔ 훅 불기; 몹시 칭찬하기 ☜ puff + ing<명접>

☐ **puff-puff** [pʌ́fpʌ̀f] ㊔ 《영》 폭폭 《연기 따위를 내뿜는 소리》; 《소아》 칙칙폭폭 《기차》, 기관차 ☜ 의성어

☐ **puff**y [pʌ́fi] ㊕ 훅 부는; 부풀어 오른; 헐떡이는, 과장된 ☜ -y<형접>

퍼그 pug (눌린 듯한 코를 가진 애완용 발바리 개)

☐ **pug** [pʌg] ㊔ **발바리의 일종, 퍼그** 《불독 비슷한 얼굴의 발바리의 일종》; 《애칭》 여우, 원숭이 ☜ 중세영어로 '작은 요정'이란 뜻

☐ **pug** nose 들창코(=snub nose) ☜ nose(코)

퓰리처상 Pulitzer Prize (미국의 가장 권위있는 보도·문학·음악상)

저명한 언론인 J.퓰리처의 유산 50만 달러를 기금으로 하여 1917년에 창설되었다. 언론 분야는 뉴스·보도사진 등 14개 부문, 문학·드라마·음악 분야는 7개 부문에서 수상자를 선정한다. 매년 4월에 수상자를 발표하고, 5월에 컬럼비아대학교에서 시상식이 열린다. 수상자에게는 1만 달러의 상금을 지급하며, 공공서비스 부문 수상자에게도 금메달을 수여한다. <출처 : 시사상식사전 / 일부인용>

☐ **Pulitzer** [pjúːlitsər] ㊔ **퓰리처** 《Joseph ~, 헝가리 출생의 미국 언론인; 1847-1911》

※ **prize, prise** [praiz/프라이즈] ㊔ **상(품)**, 상금; **포획물** ㊍ **포획하다; 높이 평가하다**

☜ 고대 프랑스어로 '상, 가치'라는 뜻

풀다운 pull down ([컴퓨터] 클릭하면 메뉴가 아래로 펼쳐지는 것)

☐ **pull** [pul/풀] ⓢ **당기다, 끌(리)다**(⇔ push 밀다); (열매를) **따다** ⓜ **한번 당기기**
☜ 중세영어로 '고기잡는 그물; 쏠림; 당기는 행위'라는 뜻
♠ **pull** a cart 짐수레를 **끌다**
♠ **pull back 물러가다, 후퇴하다**
♠ **pull in (목 따위를) 움츠리다; 절약하다, (기차 따위가) 도착하다, 들어오다**
♠ **pull off ~ ~을 벗다, 벗기다; 《속어》 (어려운 일 따위를) 잘 해내다**
She **pulled off** her socks. 그녀는 양말을 **벗었다**
I **pulled off** the deal. 나는 그 계약을 **성사시켰다.**
♠ **pull on ~ ~을 입다[끼다, 신다], 잡아당기다**
♠ **pull out ~ 뽑다, 빼내다; 꺼내다; (기차가) 역을 발차하다**
♠ **pull up (차를) 멈추다, 잡아 올리다**

☐ **pull** hitter 〖야구〗 **풀히터** 《공을 좌·우로 나가게 끌어치는 타자》
☜ hitter; 때리는(hit) + t<자음반복> + 사람(er)

☐ **pull** switch **풀 스위치** 《끈을 당겨 켜고 끄는》 ☜ switch(스위치, 개폐기)

☐ **pull**over [púlòuvər] ⓜⓗ **풀오버**(식의) 《머리로부터 입는 스웨터 따위》
☜ 위에서(over) 당기다(over)

※ **down** [daun/다운] ⓑ **아래로, 하류로, 밑으로** ☜ 고대영어로 '아래로; 언덕에서'라는 뜻

풀리 pulley (로프를 걸어 회전시키는 바퀴형 도르래)

☐ **pulley** [púli] ⓜ **도르래**, 활차(滑車), **풀리** ⓢ 도르래로 들어올리다; 도르래를 달다 ☜ 고대 프랑스어로 '도르래', 그리스어로 '주축'
♠ lead a rope through **a pulley 도르래**에 밧줄을 걸다.

☐ **pulley** block 〖기계〗 활차장치 ☜ block(큰 덩이; 도로의 구획; 장애물; 도르래)

풀먼 Pullman ([철도] 침대 설비가 있는 특별 호화 차량)

☐ **Pullman** [púlmən] ⓜ (pl. **-s**) 〖철도〗 **풀먼차** 《쾌적한 설비가 있는 침대차》 ☜ 1880년대에 고급전차를 생산한 조지 풀먼(George M. Pullman)의 이름에서 유래

☐ **pullover**(풀오버) ➔ **pull**(당기다, 끌다) **참조**

펄프 pulp (종이의 원료; 목재·섬유식물에서 추출한 섬유소)

P

☐ **pulp** [pʌlp] ⓜ **과육**(果肉); 연한 덩어리, 걸쭉한 것; **펄프** 《제지 원료》; (보통 pl.) 선정적인 싸구려 잡지 ⓢ 펄프로 만들다, 펄프화하다
☜ 라틴어로 '동물 또는 식물 펄프'라는 뜻
♠ Cook the fruit gently **until it forms a pulp.**
그 과일을 **걸쭉하게 될 때까지** 익혀라.

☐ **pulp**ify [pʌ́lpəfài] ⓢ **펄프**화(化)하다, 걸쭉하게 만들다 ☜ -ify<동접>

풀핏(pulpit.설교단)에 풀빛 리본이 드리워져 있다

☐ **pulpit** [púlpit, pʌ́l-] ⓜ **설교단**(壇); (the ~) [집합적] 목사; 설교; 종교계; 《공군속어》 조종석(=cockpit) ☜ 라틴어로 '단(壇)'이란 뜻
♠ **occupy the pulpit 설교하다**(=give a sermon, preach)

☐ **pulpit**eer [pùlpətíər] ⓜ 《경멸》 설교사〔꾼〕 ⓢ 설교하다
☜ -eer(사람/<동접>)

프로펠러 propeller (회전날개, 추진기)

♣ **어원 : pel, pul(s) 밀다, 누르다, 몰고 가다, 몰아대다**

■ pro**pel** [prəpél] ⓢ **추진하다**, 몰아대다 ☜ 앞으로(pro) 밀다(pel)

■ pro**pel**ler [prəpélər] ⓜ **프로펠러**, 추진기; 추진시키는 사람
☜ 앞으로(pro) 미는(pel) + l<단모음+단자음+자음반복> + 것(er)

☐ **puls**e [pʌls] ⓜ **맥박**, 고동; (광선·음향 따위의) **파동**, 진동; 〖전기〗 **펄스**
☜ 라틴어로 '밀다'라는 뜻
♠ **His pulse** is still beating. **그의 맥**은 아직 뛰고 있다.

☐ **puls**ate [pʌ́lseit] ⓢ (맥박 등이) 뛰다, 가슴이 두근거리다(뛰다); 정확하게 고동하다 〖전기〗 (전류가) 맥동(脈動)하다; 떨다, 진동하다 ☜ pulse + ate<동접>
☐ **puls**ation [pʌlséiʃən] ⓜ 동계(動悸), 고동 ☜ pulse + ation<명접>

✚ re**puls**e **격퇴하다**; 논박[거절]하다; 격퇴; 거절 com**puls**ion 강요, **강제**; 〖심리〗 강박 충동

퓨마 puma (❶ 아메리카 표범 ❷ 독일 스포츠 브랜드)

☐ **puma** [pjú:mə] ⓜ (pl. **-s**, [집합적] **-**) 〖동물〗 **퓨마**(=cougar); 퓨마의 모피 ☜ 18세기 스페인어, 잉카 케추아족어 puma에서 유래
★ 퓨마(puma)는 쿠거(Cougar) 또는 팬서 (Panther)라고도 한다.

연상 펌프(pump.양수기)를 틀었더니 펌프킨(pumpkin.호박)이 튀어나왔다.

☐ **pump** [pʌmp] ⓜ **펌프**, 흡수기, 양수기, 압출기 ⓢ 펌프로 (물을) 퍼올리다 ☜ 중세 독일어로 '물을 퍼내다'란 뜻
♠ **a feed (feeding) pump 급수 펌프**
☐ **pump**ing [pʌ́mpiŋ] ⓜ 〖물리〗 **펌핑** 《전자나 이온에 빛을 흡수시켜 낮은 에너지 상태에서 높은 에너지 상태로 들뜨게 하는 일》; (양수 따위에의) 펌프 사용; 펌프 작용 ☜ pump + ing<명접>
☐ **pump**kin [pʌ́mpkin, pʌ́ŋkin] ⓜ 〖식물〗 (서양) **호박**; 호박 줄기(덩굴); (보통 (some) ~s) 《미.구어》 주요 인물, 거물; 중요한 것, 훌륭한 것 ☜ 그리스어로 '큰 멜론'이란 뜻
♠ **a pumpkin pie 호박 파이**

펀치 punch (❶ 구멍뚫는 기계 ❷ [복싱] 타격, 펀치)

☐ **punch** [pʌntʃ] ⓜ **펀치**, 천공기; **주먹질, 펀치**; 《구어》 힘, 세력 ⓢ ~에 구멍을 뚫다, 주먹으로 치다 ☜ 고대 프랑스어로 '창'이란 뜻
♠ **give (get) a punch on ~ ~을 한 대 갈기다**(맞다)

펜타곤 pentagon (5 각형의 미국 국방부 본청 건물)

♣ **어원 : penta, pento, punch 5, 5각형(의)**
■ **penta**gon [péntəgàn/-gɔ̀n] ⓜ 〖수학〗 **5각형**; 5변형; (the P-) 미국 국방부《건물이 오각형임》 ☜ 5(penta) 각형(gonia/angle)
■ **pento**mic [pentámik/-tɔ́m-] ⓗ 〖미군〗 **팬토믹** 《핵 공격 따위에서 5전투 그룹(부대) 단위의》 ☜ 5(pento) + m + 의(ic)
☐ **punch** [pʌntʃ] ⓜ **펀치** 《레몬즙·설탕·포도주 등의 혼합 음료》; 펀치가 나오는 파티; 프루츠 펀치 《갖가지 과즙·설탕·탄산수를 섞은 음료》 ☜ 북인도어로 '5'라는 뜻. '5가지 재료 (알코올, 물, 레몬주스, 설탕, 향료)가 섞인 음료 형태'라는 뜻
♠ Let's all have **a little punch** now. 지금은 우리 모두 **펀치나** 마십시다.
☐ **punch** bowl **펀치볼** 《펀치 담는 큰 사발》; 주발 모양의 분지(盆地)
☜ 펀치(punch)를 담는 사발(bowl) ★ **강원도 양구군에 펀치볼이 있다. 한국전쟁시 한국 해병대 제1연대와 미 해병대 제1사단이 이 지역을 확보하기 위하여 북한군 1사단과 치열한 전투끝에 확보하였다.**

빵구 < 펑크 punk (콩글 구멍난 타이어) ➔ punctured [flat] tire

♣ **어원 : pung, punct (바늘 따위로) 찌르다, 쑤시다, 꽂다; 반(점)**
☐ **punct** [pʌ̀ŋkt] ⓜ **punct**uation의 줄임말
☐ **punct**uation [pʌ̀ŋktʃuéiʃən] ⓜ **구두점; 구두(법)**; 중단
☜ 라틴어로 '점(punct)을 + u + 찍기(ation<명접>)
♠ put (use) **punctuation marks 구두점**을 달다
☐ **punct**uation mark 구두점 ☜ mark(기호, 부호)
☐ **punct**ual [pʌ́ŋktʃuəl] ⓗ **시간[기한]을 엄수하는**; 어김없는; 《고어》 착실한, 꼼꼼한 ☜ punct + u + al<형접>
☐ **punct**ually [pʌ́ŋktʃuəli] ⓑ 시간대로, 정각에 ☜ punctual + ly<부접>
☐ **punct**uality [pʌ́ŋktʃuǽləti] ⓜ 시간 엄수 ☜ punctual + ity<명접>
☐ **punct**uate [pʌ́ŋktʃuèit] ⓢ 구두점을 찍다; (말 등을) 강조하다; (말을) 중단시키다 ☜ punct + u + ate<동접>
☐ **punct**ure [pʌ́ŋktʃər] ⓜ (바늘 따위로) **찌르기**; (찔러서 낸) 구멍; **펑크** 《타이어 따위의》 ⓢ (바늘 따위로) 찌르다; (타이어를) 펑크 내다; 펑크 나다 ☜ punct + ure<명접/동접>

P

☐ com**punct**ion [kəmpʌ́ŋkʃən] ⓜ 양심의 가책, 후회, 회한
☞ 강하게(com/강조) (마음을) 찌(punct) 름(ion<명접>)
☐ com**punct**ious [kəmpʌ́ŋkʃəs] ⓗ 후회하는, 양심에 가책되는 ☞ -ious<형접>
※ **tire, 《영》 tyre** [taiər] ⓜ **타이어** ☞ 중세영어로 '옷을 입히다'란 뜻. at**tire**의 두음소실
ⓜ 피로 ⓢ **피로[피곤]하게 하다**, 피로해지다 ☞ 고대영어로 '실패하다, 중지하다'란 뜻

페널티 킥 penalty kick (페널티 킥)

♣ **어원 : pen, pun 죄, 형벌; 벌주다, 벌받다**

■ **pen**alty [pénəlti] ⓜ **형벌, 처벌** ☞ 형벌의 + ty<명접>
☐ **pun**ish [pʌ́niʃ] ⓢ **벌하다**; 응징하다 ☞ 벌(pun) 하다(ish<동접>)
☐ **pun**ishable [pʌ́niʃəbl] ⓗ 벌 주어야 할 ☞ punish + able<형접>
☐ **pun**ishment [pʌ́niʃmənt] ⓜ **벌, 형벌**, 처벌; 응징, 징계; 혹사, 학대; 『권투』 강타
☞ punish + ment<명접>
♠ **capital punishment 극형, corporal punishment 체형, disciplinary punishment 징계, divine punishment 천벌**
☐ **pun**itive [pjúːnətiv] ⓗ 형벌의, 징벌의, 응보의 ☞ -itive<형접>
■ im**pun**ity [impjúːnəti] ⓜ **형(벌·해·손실)을 받지 않음**, 처벌되지 않음
☞ 벌 받지(pun) 않(im<in=not) 음(ity)
※ **kick** [kik/킥] ⓢ (공을) **차다, 걷어차다** ☞ 중세영어로 '발로 가하는 일격'이란 뜻

펑키 funky ([재즈] 흑인적인 감각이 풍부한 리듬이나 연주)

1950년대 후반 유행한 재즈 용어. '흑인의 체취'라는 뜻을 가진 은어로, 재즈 연주를 할 때 흑인 특유의 감성과 선율이 잘 드러날 경우 '펑키한 연주'라는 표현을 했다. 이후 1960년대 발생한 미국 흑인 댄스음악의 한 장르가 되었는데, 대중음악가 제임스 브라운에 의해 널리 알려졌다. <출처: 시사상식사전 / 일부인용>

■ **funk** [fʌŋk] ⓜ 《미》 악취; **펑키재즈**; 겁, 두려움 ⓢ 연기를 뿜다; **펑키** 재즈를 연주하다; 겁내다 ☞ 중세영어로 '나쁜 냄새'란 뜻
■ **funk**y [fʌ́ŋki] ⓗ 퀴퀴한; 『재즈』 **블루스**풍의, **펑키**한; 겁많은 ☞ funk + y<형접>
☐ **punk** [pʌŋk] ⓜ 썩은 나무; 불쏘시개; 하찮은 것; 쓸모없는 사람 ⓗ **펑크**조(調)의 《1970년대 영국에서 유행한 반항적이며 강렬한 록음악, 기발한 머리 모양·복장 등》
☞ 20세기초 funky에서 파생된 단어
♠ **a punk band 펑크 밴드, a punk haircut 펑크식 헤어스타일**
☐ **punk** jazz 『재즈』 **펑크재즈** 《1970년대 후반에 영국에서 일어난 punk의 흐름을 1980년대에 재즈에서 흡수 발전한 음악 조류》 ☞ jazz(재즈, 재즈음악)
☐ **punk** rock 『음악』 **펑크록** 《1970년대 후반에 영국에서 일어난 사회 체제에 대한 반항적인 음악의 조류; 강렬한 박자, 괴성과 과격한 가사가 특징》
☞ rock(록 음악, 로큰롤(rock'n'roll)에서 파생된 록음악)

P

뽀삐 Popee (유한킴벌리의 화장지 브랜드. <puppy(강아지)>란 뜻)
허시파피 Hush Puppies (미국 신발브랜드. <입다문 강아지들>이란 뜻)

허시파피는 미국의 가죽신발브랜드이다. 1958년에 탄생한 허시파피는 개(바셋하운드)를 로고로 쓰고 있는데 이 브랜드는 시끄럽게 짖는 개들에게 허시파피라는 옥수수가루로 만든 튀긴 빵을 던져주면 그걸 먹느라 조용해진다는 데서 착안해 아픈 발을 조용히 쉬게 해주는 신발이란 뜻으로 만들어졌다.

♣ **어원 : pup 어린, 작은, 소수의; 소녀, 인형**

※ **hush** [hʌʃ] ⓖ [⁺ʃː] 쉿 《조용히 하라는 신호》 ⓜ **침묵** ⓢ **잠잠하게 하다**, 입다물게 하다 ☞ 중세영어로 '조용한, 침묵한'이란 뜻
※ **hush** puppy **허시파피** 《미국 남부의 옥수수 가루로 만든 둥근 튀김빵》; [H~ P~] **허시파피** 《가볍고 부드러운 가죽구도; 상품명》
☞ 조용한(hush) 강아지(puppy)

Hush Puppies

☐ **pup**py [pʌ́pi] ⓜ **강아지**; (물개 따위의) 새끼(=pup); 건방진 애송이
☞ 중세 프랑스어로 '인형'이란 뜻
비교 poppy [pɑ́pi/pɔ́pi] 『식물』 **양귀비**
☐ **pup** [pʌp] ⓜ **강아지**; (개·여우·이리·바다표범 따위의) **새끼**; 건방진 풋내기 ⓢ (암캐가) 새끼를 낳다 ☞ **pup**py의 줄임말
☐ **pup**a [pjúːpə] ⓜ (pl. **-pae** [-piː], **-pas**) 번데기 ☞ 라틴어로 '소녀, 인형'
☐ **pup**il [pjúːpəl/**퓨**-펄] ⓜ **학생** 《흔히 초등 학생·중학생》; 제자; 『법률』 미성년자, 피보호자 《남자 14세, 여자 12세 미만》
☞ 라틴어로 '소년(pupus), 소녀(pupa)'란 뜻. pu=few(어린 사람)이란 의미.

☐ **pup**pet [pʌ́pit] 명 작은 인형; **꼭두각시**; 괴뢰, 앞잡이 ☜ 인형(pup) + p + et(작은)
비교 marionette 마리오네트, 꼭두각시
☐ **pup**peteer [pʌpətíər] 명 꼭두각시 부리는 사람 ☜ -eer(사람)

스티플 체이스 steeple chase (장거리 장애물 경주) * 예) 3,000m SC

※ **steeple** [stíːpəl] 명 (교회 따위의) **뾰족탑** ☜ 고대영어로 '높은 탑'이란 뜻
■ **chase** [tʃeis] 동 **뒤쫓다**, 추적하다; 추격하다 ☜ 라틴어로 '잡다'란 뜻
☐ pur**chase** [pə́ːrtʃəs] 동 **사다**, 구입하다; (노력·희생을 치르고) **획득하다**, 손에 넣다 명 **구매, 구입(물)** ☜ 라틴어로 '추구하다'. 잡기(chase) 위하여(pur=for)
♠ **purchase freedom** 〔victory〕 **with blood**
피 흘려 **자유**〔승리〕**를 쟁취하다**

☐ pur**chase**r [pə́ːrtʃəsər] 명 **사는 사람**, 구매자 ☜ -er(사람)
☐ pur**chas**able [pə́ːrtʃəsəbəl] 형 살 수 있는; 뇌물이 통하는
☜ -able(~할 수 있는)

퓨리턴 Puritan (청교도)

16세기 후반 영국 국교회(國敎會)에 반대하여 순결한 신앙과 철저한 신교주의를 취한 칼뱅파의 신교도로, 1620년 메이플라워호를 타고 신대륙으로 건너가 온갖 고난을 겪으며 미국 건축의 기초를 닦았다. 밀턴의 <실락원>은 청교도 문학의 대표적 작품이다. <출처 : 시사상식사전 / 일부인용>

© Ariel Learning

♣ **어원 : pur(e), puri 순수한, 청순한, 깨끗한, 맑은; 순종의**
☐ **pure** [pjuər/퓨어] 형 **순수한**, 깨끗한, 결백한, 맑은; 순종의
☜ 라틴어로 '깨끗한, 섞이지 않은'이란 뜻
♠ **pure skin 깨끗한 피부**
☐ **pure**ly [pjúərli] 부 **순수하게**, 맑게, **깨끗하게**, 순결하게; 전연, 순전히, 아주 ☜ -ly<부접>
♠ be **purely** accidental **순전히** 우연이다.
☐ **pure**ness [pjúərnis] 명 순수, 청순 ☜ pure + ness<명접>
☐ **pur**ge [pəːrdʒ] 동 **깨끗이 하다**; (죄(罪)·더러움을) **제거하다**, 일소하다; 추방하다, **숙청하다**
☜ 라틴어로 '청결하게 하다'란 뜻
♠ **purge away** one's sins 죄**를 씻다**
☐ **pur**gee [pəːrdʒíː] 명 추방당한 사람 ☜ 추방(purge) 당한 사람(ee)
☐ **puri**fy [pjúərəfài] 동 깨끗이 하다, **정화하다**, 정리하다 ☜ 순수하게(puri) 하다(fy)
♠ She **was purified from** all sins. 그녀는 모든 죄**에서 정화되었다**.
☐ **puri**fication [pjùərəfikéiʃən] 명 **정화**(淨化), 정제, 세정(洗淨); 『종교』 몸을 정화하는 의식
☜ 깨끗하게(puri) 만들(fic) 기(ation<명접>)
☐ **Puri**tan [pjúərətən] 명 『종교』 **퓨리턴, 청교도** ☜ 깨끗한(puri) + t + 사람(an)
♠ We live in **a puritan culture**. 우리는 **청교도 문화** 속을 산다.
☐ **Puri**tanic(al) [pjùəritǽnikəl] 형 청교도적인, 금욕적인 ☜ -ic(al)<형접>
☐ **Puri**tanism [pjúərətənìzm] 명 청교도(주의); (P-) 엄정(嚴正) 주의 ☜ -ism(~주의)
☐ **puri**ty [pjúərəti] 명 **청결, 맑음; 순도** ☜ 순수(puri) 함(ty<명접>)
■ im**pure** [impjúər] 형 **더러운, 순수하지 않은, 불순한**
☜ 순수하지(pure) 않는(im<in=not/부정)

P

딥퍼플 Deep Purple (영국의 5인조 록 밴드. <진한 보랏빛>이란 뜻)

1968년 결성된 영국의 록 그룹. 레드 제플린(Led Zeppelin), 블랙 사바스(Black Sabbath)와 함께 영국의 하드록, 헤비메탈을 대표하는 주요 밴드이다. 대표앨범으로는 《Machine Head》(1973년 미국 빌보드 앨범차트 7위)가 꼽히며, 대표곡으로는 <Hush>, <Black Night>, <Smoke On The Water>(1973년 미국 빌보드 싱글차트 4위) 등이 있다. <출처 : 두산백과 / 일부인용>

※ **deep** [diːp/디입] 형 **깊은**; 깊이가 ~인
☜ 고대영어로 '심오한, 신비한, 깊은'이란 뜻

☐ **purpl**e [pə́ːrpəl] 형 **자줏빛의**, 진홍색의, 새빨간; 제왕의; 화려한
명 자줏빛, 진홍색 ☜ 고대영어로 '자주색 염료'란 뜻
♠ The inside of the house is **a deep purple**.
집 내부는 **짙은 자주색**으로 이루어져 있다.
☐ **purpl**ish, -ply [pə́ːrpliʃ], [-pli] 형 자줏빛을 띤 ☜ -ish/-ly<형접>

포털 portal (네이버, 야후 등 인터넷 접속시 거쳐야 하는 사이트)

♣ **어원 : port 나르다, 운반하다**

■ **port** [pɔːrt/포-트] 명 **항구(도시)**, 무역항 ☜ (물건을) 운반하는 곳
■ **port**able [pɔ́ːrtəbəl] 형 들고 다닐 수 있는; **휴대용의, 포터블** 명 **휴대용 기구** ☜ 운반(port)할 수 있는(able)
■ **port**al [pɔ́ːrtl] 명 (우람한) **문, 입구; 정문; 포털사이트** ☜ (~를 통해) 운반하는(port) 곳(al)
□ pur**port** [pərpɔ́ːrt, pə́ːrpɔːrt] 동 의미하다, ~을 취지로 하다
[pə́ːrpɔːrt] 명 (서류·연설 등의) **의미**, 취지, 요지; 목적
☜ 앞으로(pur<pro) 나르다(port)
♠ **the main purport** of his speech 그의 연설**요지**
□ pur**port**ed [pərpɔ́ːrtid, pə́ːrpɔːrtid] 형 ~라고 하는(소문난) ☜ -ed<형접>
□ pur**port**edly [pərpɔ́ːrtidli, pə́ːrpɔːr-] 부 소문에 의하면 ☜ -ly<부접>
□ pur**port**less [pə́ːrpəslis] 형 무익한, 목적없는, 무의미한 ☜ -less(~이 없는)

✚ **port**er **운반인**; 짐꾼, **포터**; 《영》 **문지기** air**port 공항** ex**port 수출하다; 수출(품)** im**port 수입하다; 수입(품)**

포즈(pose.자세)를 취하다, 프로포즈 propose (청혼하다)

♣ 어원 : **pos(e), pos(i)t 놓다, 두다; 배치하다; 자리, 위치**
■ **pose** [pouz] 명 **자세, 포즈**; 마음가짐; 겉치레 동 **자세[포즈]를 취하다** ☜ 고대 프랑스어로 '두다, 놓다, 위치시키다'란 뜻
■ pro**pose** [prəpóuz] 동 **신청하다**; 제안(제의)하다; 청혼하다
☜ 라틴어로 '앞에(pro) (결혼하고 싶은 마음을) 내놓다(pose)'
□ pur**pose** [pə́ːrpəs/**퍼**-퍼스] 명 **목적**(=aim), 의도; 용도; **취지** 동 작정(결심)하다, ~하려고 생각하다
☜ 라틴어로 '앞쪽에(pur<pro) 내놓다(pose)'라는 뜻
♠ **bring about** (attain, accomplish, carry out) **one's purpose 목적을 이룩[달성]하다**
♠ **for the purpose of ~ ~ 의 목적으로, ~을 위하여**
It was built **for the purpose of** exploration.
그것은 탐험을 **목적으로** 만들어졌다.
♠ **on purpose 고의로, 일부러**(=intentionally, purposely)
♠ **serve** (answer) **one's purpose 목적에 합치하다, 소용에 닿다**
♠ **to no** (little) **purpose 전연[거의] 효과 없이, 헛되이**
♠ **to the purpose 목적에 알맞게, 유효하게**
□ pur**pose**ful [pə́ːrpəsfəl] 형 목적이 있는, 중대한 ☜ -ful(~로 가득한)
□ pur**pose**less [pə́ːrpəslis] 형 목적이 없는, 무의미한 ☜ -less(~이 없는)
□ pur**pose**ly [pə́ːrpəsli] 부 목적을 갖고, **고의로**, 일부러 ☜ -ly<부접>

< Bruce Lee의 포즈 >

✚ **posit**ion **위치, 장소**; 입장; 신분 ex**pos**e (햇볕에) **쐬다, 드러내다; 폭로하다; 진열**(노출)**하다**

P

푸시킨 Pushkin (<삶이 그대를 속일지라도>로 친숙한 러시아의 시인)

□ **Pushkin** [púʃkin] 명 **푸슈킨** 《Aleksandr Sergeevich ~, 러시아의 작가·시인; 1799-1837》
★ 푸시킨은 아내의 연인으로 알려진 프랑스인 당테스에게 결투를 신청했고, 결투에서 부상한 뒤 이틀 만에 38세의 젊은 나이로 사망했다.

퍼시 앤 퍼피 pussy & puppy (야옹이와 멍멍이)

■ **pup**py [pʌ́pi] 명 **강아지**; (물개 따위의) 새끼(=pup); 건방진 애송이
☜ 중세 프랑스어로 '인형'이란 뜻
□ **puss**y [púsi] 명 《소아어》 **고양이**; 털이 있고 부드러운 것; 《비어》 여자의 성기
☜ 중세영어로 '고양이'란 뜻
□ **puss** [pus] 명 **고양이**, 나비《주로 호칭》; 《구어》 계집애; 《영》 산토끼
☜ 중세영어로 '고양이의 관심을 끌기 위해 사용된 휘파람 같은 소리'란 뜻
★ 한국의 댄스팝 걸그룹 AOA '지민'과 래퍼 '아이언'이 콜라보레이션하여 부른 곡으로 <퍼스(puss)>가 있다.
□ **purr** [pəːr] 동 (고양이가 기분 좋은 듯이) **그르렁거리다**; 목구멍을 울리다 명 고양이가 그르렁거리는 소리; 목구멍의 울림(소리) ☜ 의성어
♠ **Cats purr. 고양이가 가르랑거리다**
■ **burr** [bəːr] 명 드릉드릉, 윙윙 《벌·파리·기계 소리》 동 드릉드릉(윙윙)하다 ☜ 의성어
■ **curr** [kəːr] 동 (비둘기·고양이처럼) 구구(가르랑)거리는 목울림 소리를 내다 ☜ 의성어

프렌치퍼스 French Purse (루이비똥의 중지갑 브랜드)

※ **French** [frentʃ/프렌취] ⓗ **프랑스의; 프랑스인[어 · 풍]의** ⓜ **프랑스어[사람, 국민]** ☜ 고대영어로 '프랑스의'란 뜻

☐ **purse** [pəːrs] ⓜ **돈주머니**, 돈지갑; 《미》 (어깨끈이 없는) 핸드백; 금전, 자금; 현상금 ☜ 고대영어로 '가죽으로 만든 작은 자루/가방'
비교 pulse 맥박, 파동, 『전기』 펄스 ☜ 라틴어로 '밀다'
♠ **Who holds the purse rules the house.**
지갑을 갖고 있는 자가 집안을 다스린다. 《속담》 돈이 제갈량(諸葛亮) 《세상 일이 돈으로 좌우됨을 비유》

☐ **purse**r [pəːrsər] ⓜ 사무장, 경리관 ☜ 돈지갑(purse)을 찬 사람(er)

☐ **burse** [bəːrs] ⓜ 귀중품 주머니; 장학기금, 장학금
☜ 고대 프랑스어로 '돈지갑', 중세 라틴어로 '자루'란 뜻

☐ reim**burse** [riːimbəːrs] ⓢ (빚 따위를) 갚다; 상환하다; ~에게 변상(배상)하다.
☜ 다시/도로(re) 지갑(burse) 속에(im=in) 되돌려주다

☐ reim**burse**ment [riːimbəːrsmənt] ⓜ 상환(償還), 환급(還給), 변제(辨濟); 배상, 보전 ☜ -ment<명접>

요즘 사회적인 이슈(issue.쟁점)는 무엇인가 ?

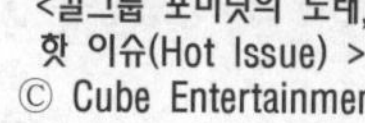
<걸그룹 포미닛의 노래, 핫 이슈(Hot Issue) >
© Cube Entertainment

♣ **어원 : su(e), sequ 뒤따르다, ~의 뒤를 쫓다**

■ is**sue** [íʃuː/**이**슈-, ísjuː] ⓢ (명령 · 법률 따위를) 발포하다; **발행하다**; 유출하다; 유래하다 ⓜ **쟁점, 논점; 발행(물); 결과**; 유출; 자녀
☜ 고대 프랑스어로 '밖으로 나가다'란 뜻

■ **sue** [suː/sjuː] ⓢ **고소하다**, 소송을 제기하다; 청원하다
☜ 라틴어로 '따르다'란 뜻

■ en**sue** [ensúː] ⓢ **뒤이어 일어나다**, ~의 결과로서 일어나다
☜ 뒤에(en=after) 잇따르다(sue)

☐ pur**su**ance [pərsúːəns] ⓜ 추구, 종사 ☜ pursue + ance<명접>

☐ pur**sue** [pərsúː/-sjúː] ⓢ **뒤쫓다**, 추적하다; **추구하다; 속행하다**
☜ 앞(pur<pro)을 보고 쫓아가다(sue)
♠ **pursue** a robber 강도를 **뒤쫓다**

☐ pur**sue**r [pərsúːər] ⓜ **추적자**; 수행자; 종사자, 연구자; 『영.법률』 원고(原告)
☜ pursue + er(사람)

☐ pur**sui**t [pərsúːt/-sjúːt] ⓜ **추적**; 추격; 추구; **속행**, 수행, 종사; 일, 직업, 연구
☜ 뒤 쫓는(pursue) 것(it<명접>)
♠ **in pursuit of ~ ~을 찾아서, 추적[추구]하여**

☐ pur**sui**t race 추월 경기(경주) ☜ race(경주, 경마)

인터뷰 interview (면담, 면접)

♣ **어원 : view, vis 보다**

■ inter**view** [íntərvjùː] ⓜ **회견**; 회담, 대담; **인터뷰, 면접** ⓢ 인터뷰(면담)하다 ☜ 서로(inter) 보다(view)

■ **view** [vjuː/뷰-] ⓜ **봄, 바라봄; 보는 힘**, 시력; **시계**, 시야; **경치, 조망**, 풍경; **견해**, 생각 ☜ 라틴어로 '보다'란 뜻

☐ pur**view** [pəːrvjuː] ⓜ 범위; 권한; 시계(視界), 시야; 『법률』 조항
☜ 앞에(pur=pre) 보이는(view) 것

✚ pre**view** 시사회, 시연(試演); 예고편; 사전검토; 시사(시연)을 보다(보이다) rear**view** mirror (자동차의) 백미러 re**view** **재조사**, 재검토, **재음미; 정밀하게 살피다; 복습하다**

푸시버튼 push button (누름 단추), 푸시업 push-up (엎드려 팔굽혀펴기)

☐ **push** [puʃ/푸쉬] ⓢ **밀다**, 밀치다, 밀어 움직이다; 압박하다 ⓜ 밀기; 노력; 압박 ☜ 라틴어로 '두드리다, 때리다, 밀다'란 뜻
♠ **push a door open 문을 밀어 열다**
♠ **push forward**
추진하다; 전진하다; ~에 사람의 주의를 끌다

☐ **push** button **푸시버튼**, (벨 등의) 누름 단추 ☜ button(버튼, 단추)

☐ **push**cart [púʃkɑ̀ːrt] 《미》 (상인 · 장보기용) **미는 손수레**; 《영》 유모차
☜ push + cart(2륜 짐마차, 손수레)

☐ **push**er [púʃər] ⓜ **미는 사람[물건]**, 후원자; 『항공』 추진 프로펠러 ☜ push + er(사람/기계)

☐ **push**-up [púʃʌp] ⓜ 『체조』 **푸시업**, (엎드려) 팔굽혀펴기 ☜ 위로(up) 밀다(push)

P

☐ **puss**(고양이), **pussy**(야옹이) ➔ **purr**(고양이가 그르렁거리다) **참조**

인풋 / 아웃풋 input / output ([기계 · 전산] 입력 / 출력)

☐ **put** [put/풑] [동] (-/**put**/**put**) (어떤 위치에) **놓다, 두다; 가져가다; 붙이다; 표현하다**
☜ 덴마크어로 '두다'란 뜻
♠ **Put** your pencils **down**. 연필을 **내려놓아라**.
♠ **put (A) into (B) A를 B 안에 넣다, A를 B로 옮기다[번역하다]**
♠ **put aside** 〔away〕 **제쳐놓다, 치우다**
Let's **put** it **aside** for the time being. 당분간은 저걸 **제쳐 두**자.
♠ **put away 치우다**
♠ **put by 떼어[남겨] 두다; 저축하다**
♠ **put down 내려놓다; 진압하다; (가격 따위를) 떨어뜨리다; (지위 · 권력을) 빼앗다; (~의 원인을) ~에 돌리다; 적(어 두)다**
put down a rebellion 반란을 **진압하다**
♠ **put forth 제의하다; 싹트다; (힘 · 수완을) 발휘하다**
♠ **put forward ~ ~ 제안[제출]하다, 내다, 추천[천거]하다**
♠ **put off 연기하다; 출발하다; 벗어나다; 떼어버리다; 방해하다**
Never **put off** till tomorrow what you can do today.
오늘 할 수 있는 일을 내일로 **미루지** 마라.
♠ **put on (몸에) 걸치다, 입다; (속도 · 체중을) 늘리다; ~을 가장하다, ~인 체하다**
Hurry up! **Put** your coat **on**! 서둘러! 외투 **입어**!
♠ **put on weight 체중이 늘다**
♠ **put out 내다, 발표하다; (불을) 끄다; 출항하다**
♠ **put to use 사용하다, 이용하다**
♠ **put together ~ ~을 조립하다, 편찬하다; 합계하다**
♠ **put up ~ ~을 올리다, (텐트를) 치다, 설치하다; (자금을) 마련하다**
♠ **put up at ~ ~에 숙박하다**
♠ **put up with ~ ~을 참다, 견디다**
I can't **put up with** noise from the fridge.
난 냉장고에서 나는 소음을 **참을** 수가 없다.

■ in**put** [ínpùt] [명] **입력, 투입(량)** [동] 입력하다 ☜ 안에(in) 넣다(put)
■ out**put** [áutpùt] [명] 산출, **생산(량); 출력** [동] 출력하다 ☜ 밖으로(out) 가져오다(put)

퍼팅 putting ([골프] 그린 위에서 컵을 향하여 공을 치는 행위)

☐ **putt** [pʌt] [동] 〖골프〗 퍼트하다 《green에서 hole을 향하여 가볍게 침》; 공을 가볍게 치다 [명] 경타(輕打), **퍼트**
☜ 중세 스코틀랜드어로 '밀다, 떠밀다'라는 뜻
☐ **putt**er [pʌ́tər] [명] 〖골프〗 **퍼터** 《putt하는 데 쓰는 채(클럽)》; putt하는 사람 ☜ put + t<단모음+단자음+자음반복> + er(사람/기구)
☐ **putt**ing green **퍼팅 그린** 《hole 주위의 잔디》; 퍼트 연습장
☜ green(녹색; 초원, 물밭)

퍼티 putty (창유리 따위의 접합제)

☐ **putty** [pʌ́ti] [명] **퍼티** 《창유리 따위의 접합제》 [동] 퍼티로 접합하다 〔메우다〕 ☜ 근대영어로 '회반죽으로 된 접착제'란 뜻, ⇦ 프랑스어 '광택 가루'에서 유래.
♠ **plasterer's putty** (유리창용/도장(塗裝) 공사용) **회반죽 퍼티**

퍼즐 puzzle (풀면서 지적 만족을 얻도록 만든 알아맞히기 놀이)

☐ **puzzl**e [pʌ́zl] [명] **수수께끼, 퍼즐**, 알아맞히기, 퀴즈; 난문, 난제; **당혹**, 곤혹 [동] **당황하게 하다**, 난처하게 만들다; 혼란스러워 어쩔 줄 모르다 ☜ 중세영어로 '혼란스런 상태'란 뜻
♠ **a crossword puzzle 크로스워드퍼즐** 《낱말을 가로세로 맞추기》
☐ **puzzl**ed [pʌ́zld] [형] 당황한, 어찌할 바를 모르는 ☜ puzzle + ed<형접>
☐ **puzzl**ing [pʌ́zliŋ] [형] **당황하게 하는**, 어리둥절케 하는; 영문 모를, 어려운
☜ puzzle + ing<형접>

파자마 pyjamas (상의와 바지로 된 서양식 잠옷)

☐ **pajamas**, 《영》 **pyjamas** [pədʒɑ́ːməz, -dʒǽməz] ⓜ (pl.) **파자마**, 잠옷; (회교도 등이 입는) 통 넓은 헐렁한 바지
☜ 페르시어로 '다리(pa<pad)까지 내려오는 옷(jamas)'이란 뜻
♠ a suit 〔pair〕 of **pyjamas** **파자마** 한 벌

피그말리온 이펙트 Pygmalion effect (피그말리온 효과)

긍정적인 기대나 관심이 사람에게 좋은 영향을 미치는 효과. 자기충족적 예언(self-fulfilling prophecy)과 같은 말이다. 자신이 만든 여인조각상(갈라테이아)을 사랑한 피그말리온에 감동한 여신 아프로디테가 여인상에 생명을 불어넣어 주었다. <출처 : 상식으로 보는 세상의 법칙 / 일부인용>

☐ **Pygmalion** [pigméiljən, -liən] ⓜ 〖그.신화〗 **피그말리온** 《자기가 만든 조각상(像)에 반한 키프로스의 왕 · 조각가》
※ ef**fect** [ifékt/이**펙**트] ⓜ **효과, 결과** ⓢ 초래〔달성〕하다
☜ 밖으로(ef<ex) 만들어내다(fect)

피그미 Pygmy (중앙아프리카의 키 작은 흑인종)

☐ **Pygmy, Pig-** [pígmi] ⓜ **피그미**족 《아프리카 적도 부근에 사는 작은 흑인》; 〖그.신화〗 **피그마이오스** 《두루미와 싸우다 멸망한 난쟁이족》; (p-) 난쟁이 ⓗ 난쟁이의; 아주 작은; 하찮은
☜ 고대 그리스어로 '난쟁이족'이란 뜻.
☐ **pygmy**ish [pígmiiʃ] ⓗ 난쟁이 같은, 왜소한 ☜ pygmy + ish<형접>

피라미드 pyramid (금자탑(金字塔): 모양이 金자와 비슷한 데서)

☐ **pyramid** [pírəmìd] ⓜ **피라미드**, 금자탑; 각뿔, 각추(角錐) ⓢ (피라미드 모양으로) 점차 증가하다 ☜ 라틴어로 '이집트의 피라미드'란 뜻. 고대 이집트의 수학용어인 페르 엠 우스(per-em-us: 우스로부터의 수직선)에서 왔다는 설.

피레네 Pyrenees (프랑스와 스페인의 국경에 있는 산맥)

☐ **Pyrenees** [pírəniːz] ⓜ (pl.) (the ~) **피레네** 산맥 《프랑스 · 스페인 국경의》 ☜ 그리스 신화에서 헤라클레스에게 사랑 받았던 베브릭스 왕의 딸로 피레네 산의 명조(名祖)가 됨.

피타고라스 Pythagoras (그리스의 철학자 · 수학자)

☐ **Pythagoras** [piθǽgərəs] ⓜ **피타고라스** (580?-500? B.C.) 《그리스의 철학자 · 수학자》
☐ **Pythagore**an [piθæ̀gəríːən] ⓗⓜ 피타고라스의 (학설을 신봉하는 사람) ☜ -an(~의/~사람)
☐ **Pythagore**an theorem [proposition] [the ~] **피타고라스**의 정리 ☜ theorem(원리, 법칙, 정리)

P